U0955170

陶行知（1891—1946）

陶行知在美国伊利诺伊大学留影。

1919年5月，杜威（前排右一）应邀来华讲学时由陶行知（后排右二）、史量才（前排左一）、胡适（后排左一）、蒋梦麟（后排左二）等陪同参观上海申报馆时留影。

1922年7月中华教育改进社第一届董事部常委合影。中排右为陶行知，左为蔡元培。前排右为黄炎培，中为朱其慧。后排右一为张伯苓，右二为李建勋，左二为熊希龄。

1936年10月陶行知在马克思墓前留影。

1937年陶行知在墨西哥演讲。

1945年10月11日，陶行知（右一）代表民盟中央，为中共中央毛泽东主席完成重庆谈判后飞返延安送行。左一为郭沫若夫人于立群，左二为张治中，右二为陈诚。

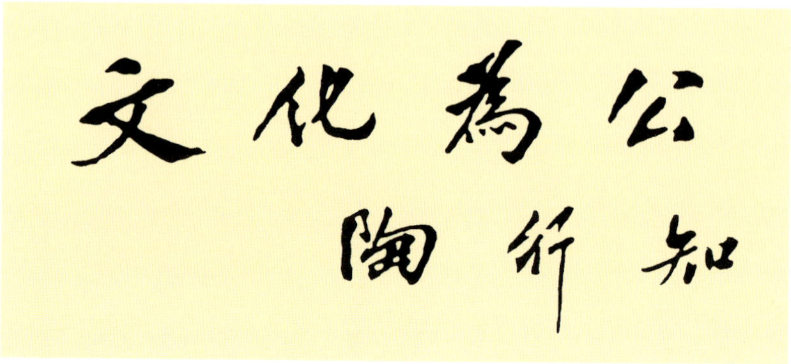

陶行知手迹之一

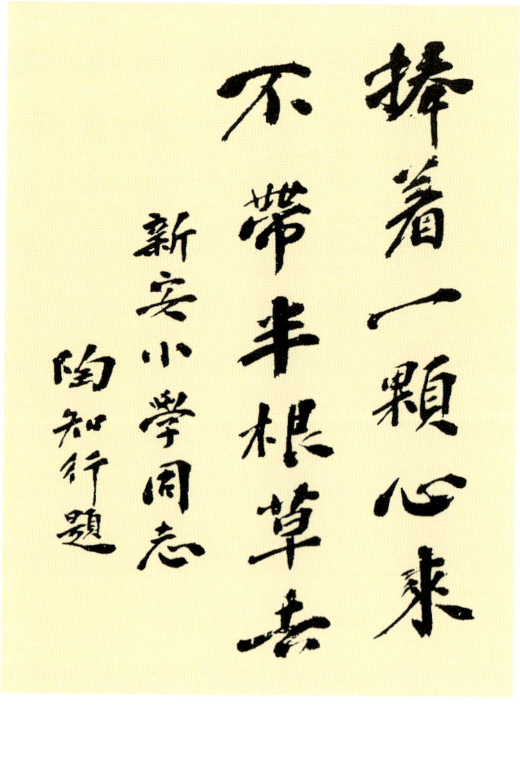

陶行知手迹之二

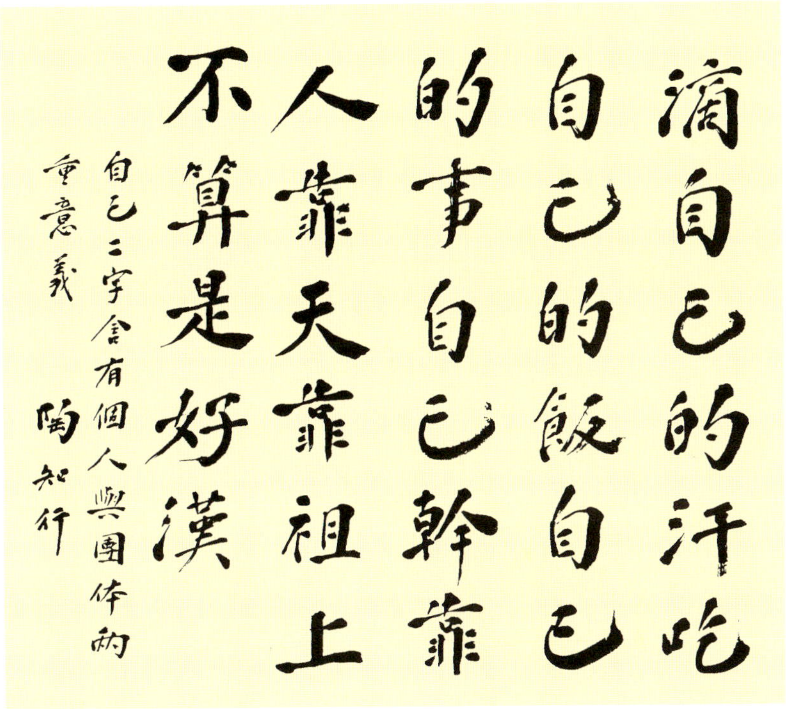

陶行知手迹之三

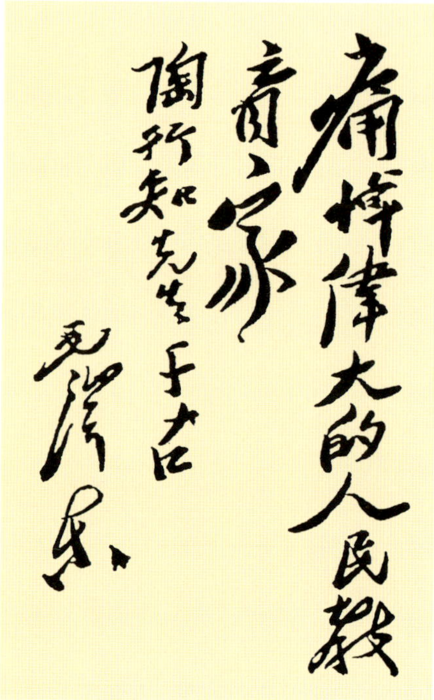

毛泽东题词

宋庆龄题词

中 国 教 育 名 著 丛 书

陶行知教育论著选

TAO XINGZHI JIAOYU LUNZHUXUAN

董宝良　主编

喻本伐　周洪宇　副主编

人民教育出版社

·北京·

图书在版编目（CIP）数据

陶行知教育论著选/董宝良主编.—北京:人民教育出版社,2015.7(2024.1 重印)
(中国教育名著丛书)
ISBN 978-7-107-29023-7

Ⅰ.①陶… Ⅱ.①董… Ⅲ.①陶行知(1891—1946)—教育思想—文集
Ⅳ.①G40-092.6

中国版本图书馆 CIP 数据核字（2014）第 209769 号

中国教育名著丛书 陶行知教育论著选

出版发行 人民教育出版社
（北京市海淀区中关村南大街 17 号院 1 号楼 邮编：100081）
网 址 http://www.pep.com.cn
经 销 全国新华书店
印 刷 人民教育出版社印刷厂有限公司
版 次 2015 年 7 月第 1 版
印 次 2024 年 1 月第 5 次印刷
开 本 890 毫米×1 240 毫米 1/32
印 张 22.75
插 页 4
字 数 583 千字
印 数 8 501~10 500 册
定 价 53.80 元

版权所有·未经许可不得采用任何方式擅自复制或使用本产品任何部分·违者必究
如发现内容质量问题、印装质量问题，请与本社联系。电话：400-810-5788

《中国教育名著丛书》出版说明

中国教育制度源远流长，教育活动丰富多彩，教育思想博大精深，在数千年波澜壮阔的教育史上产生过无数鸿篇巨制。尤其是近现代以来，许多教育家、思想家、理论家和实践家，通过长期艰辛的教育探索和严密的思考、审慎的研究，撰写了不少对中国乃至世界教育发展产生了巨大而深远影响的伟大著作。即使人类历史进入了21世纪，这些著作仍然保持着强盛的生命力。

实现中华民族伟大复兴的中国梦，促进从教育大国到教育强国的跨越，建立和完善中国特色社会主义教育体系，不仅需要研究外国教育的历史和现状，吸取外国教育的经验，更需要不断提高中华民族教育的自尊、自信、自豪和自觉，全面探讨我国教育的历史和现状，系统总结我国教育的思想智慧，发扬光大我国教育的优良传统。

为了给广大教育工作者提供有关我国教育思想理论著作的读物，特别是给教育科研人员、中小学教师和各级各类师范院校师生提供学习研究参考书，本着“服务教育，促进科研，弘扬学术，繁荣文化”的宗旨，人民教育出版社决定组织专家学者精选在中国教育发展史上产生过并将继续产生重大影响的作品，汇编成《中国教育名著丛书》。这套丛书选收中国古代、近代、现代对中国乃至世界有较大影响的教育名家的富有代表性的教育思想理论著作，包括整本专著、文章汇编或者著作节选。毋庸讳言，本丛书所选收的著作既闪耀着人类教育智慧的光芒，又不可避免地有着时代的局限。我们相信读者会做出思辨，时间会做出判断，实践会做出检验。

为了帮助读者阅读和理解教育名著的内容，我们特请编者或有关专家为每一本书撰写了前言，有的书还附有年表、图片或其他参考资料。当然，前言只是一家之言，而不是对某书的定评，读者完全可以对这本书进行更加广泛、更加深入的研究。

限于水平和经验，本丛书的编辑出版工作或有不少缺点和错误。热诚希望广大读者对这套丛书的编辑出版工作提出宝贵意见，以使之日臻完善。

人民教育出版社文化教育编辑室

2014年8月

本书编者说明

为了保存历史文献，有利于全面了解和研究中国近代著名教育家陶行知的教育思想和实践，推动我国教育科学研究和教育事业的改革与发展，我们应人民教育出版社之约，编辑了这本《陶行知教育论著选》。

本书收录了陶行知在其各个时期著述的教育方面的主要著作，既反映了他在其各个时期的学术成就，也反映了他思想的发展过程。内容包括论文、演讲、提案、书信、序跋等。卷末附录若干首教育诗。限于篇幅，若干字数较多的著作（如《古庙敲钟录》、《平民千字课》等），未被编入。本次编选，收入《陶行知全集》未及辑录的陶行知佚文 12 篇。对于收入本书的论著，逐一反复校勘。我们力求使本书做到精、新、真。

本书篇目均以写作（或演讲）时间先后为序；如无写作（或演讲）时间者，依发表时间先后排列；既无写作（或演讲）时间又无发表时间者，以编者考定的时间排列。

编者力求保持原作的面貌。节选的论著，篇名后注明“节选”，并在正文有删节处注明“（略）”。编者对标题酌加或酌改者，均在题注中说明。

对于原著中明显的错字，将订正之字置于错字之后的〔 〕号内。脱字的增补，置于〈 〉号内。对于残缺或模糊难辨之字，用□号表示。凡原著中因直排而出现的“如左”字样，均改为“如下”。凡涉及繁体字、异体字和通假字等，均按国家有关规定处理。

原著无标点的，由编者添加标点；原著用旧式标点或不规范的，重新标点。

编者对原文一般不加注释，必要时简注。注释分为三种情况：一是题注，用 * 号表示，置于标题页的下方；二是作者原注，用①②③……表示，置于本页的下方；三是编者注释，注在篇末出处记载之后。

本书由董宝良任主编，喻本伐、周洪宇任副主编。由于我们水平有限，本书不足之处在所难免，敬希读者、专家们不吝赐教。

陶行知的生平和教育思想

（代 前 言）

陶行知（1891—1946）是我国近代伟大的人民教育家，是由杰出的民主主义战士转变成为卓越的共产主义战士，是中国进步知识分子的典型。

陶行知生于安徽歙县西乡黄潭源村，原名文濬；因受王阳明“知行合一”学说影响，改名“知行”；后又受到唯物主义熏陶，相信“行是知之始”，再改名“行知”；其后主张辩证法，独创一个“衔”字作笔名，表示认识不仅是由行到知，还要由知到行。可见，他对名字的更改，体现出他在思想认识上的变化和发展。

一

陶行知幼年，家境清寒，仅间断地受教于私塾。中学以后，均入教会学校：1906 年至 1908 年就读于歙县崇一学堂；后考入广济医学堂，因不满该校歧视非信教学生，几天后愤然退学；1909 年考入汇文书院，次年春因书院并入金陵大学，遂升进金陵大学文科，1914 年毕业，获文科学士学位。

1914 年夏末，他赴美留学。先入伊利诺伊大学学市政，获文科（政治学）硕士学位；1915 年，入哥伦比亚大学师范学院学习和研究教育，杜威、孟禄、斯特雷耶等为其导师。1917 年夏，获哥伦比亚大学都市学务总监资格文凭，满怀改造中国社会和教育之情，启程返国。

二

陶行知在1917年秋，应聘为南京高等师范学校专任教员，后任教务主任和教育科主任等职。在此期间，他大力提倡教育改革，五四运动爆发后，把“教授法”改为“教学法”；1920年6月，与北大相约最早招收女生；同年夏，首次举办暑期学校。

1921年，南京高师与东南大学合并后，陶行知任教授兼任教育科和教育系主任，组织学生从事平民教育，为玄武湖渔民子弟创办昆明学校。1923年秋，创办安徽公学；1927年3月，创办晓庄试验乡村师范学校。在办晓庄师范期间，还派出学生在1928年创办湘湖师范学校和在1929年创办新安小学。1931年春，开设“自然学园”，推行“科学下嫁”；1932年创办儿童科学通讯学校。1932年10月，创办山海工学团，还办有报童、晨更、流浪儿等工学团。1935年10月，举办“空中学校”，通过广播普及教育。1938年11月，在香港筹创中华业余学校；1939年7月，创办育才学校；1946年1月，创办社会大学。

陶行知创办上述学校，可以说多半是自筹经费，自己管理，为此呕心沥血，备尝艰辛。为了到南京北郊办乡村师范学校，宁肯放弃大学教授职位，脱去西装革履，由城市下到农村，与“牛大哥”同睡，自找苦吃。尽管学校越办越低，职衔越来越小，生活越来越差，但他始终不以为然。他所以矢志不渝地走办学试验道路，是因为他怀着一个崇高的理想，就是要为改造中国寻觅新的教育曙光！

陶行知不但重视办学，开展教育试验，他还重视开展教育运动，向人民大众进行教育。早在1921年，就提倡平民教育；1923年，与朱其慧、晏阳初等发起平民教育运动。他为推行平民教育，奔走于冀、察、苏、浙、皖、赣、豫、鄂等省。

陶行知随着对平民教育认识的加深，主张平民教育下乡，推行乡村教育，提出了生活教育思想，开展了生活教育运动。他的生活教育运动，按其发展历程，可分为六大运动：一、乡村教育运动（1927—1930）；二、普及教育运动（1931—1935）；三、国难教育运动（1935—1937）；四、战时教育运动（1937—1939）；五、全面教育运动（1940—1945）；六、民主教育运动（1945—1946）。从生活教育运动的发展轨迹来观察，它是与时代并进的，与当时的民族民主革命运动紧密结合并为其服务的，这是生活教育运动所具有的重要特点。

三

陶行知的一生，是不断进步、勇于追求真理的一生。他的座右铭是“千教万教教人求真，千学万学学做真人”。他以“捧着一颗心来，不带半根草去”的献身精神，致力于人民教育、民族解放和社会改革事业。

陶行知总结我国废科举、兴学校以来的经验教训，认为改革旧教育、建设新教育，绝对不能“沿袭陈法”和“仪型他国”。他特别反对照抄照搬他人的教育思想和经验，其着重之点在于进行教育试验。他为了探寻教育新理，坚持办学实践，开展教育运动，参加民主革命斗争，终于创立了生活教育理论，丰富了我国教育思想的宝库。

陶行知的生活教育理论，是他教育思想的核心。按照他的构建，生活教育理论由三大教育原理所组成：一是“生活即教育”，二是“社会即学校”，三是“教学做合一”。生活教育论的根本特质是生活的、行动的、大众的、前进的、世界的和有历史联系的。在他看来，生活教育论是“在半殖民地半封建的国家建立争取自由平等之教育理论和方法”。（《陶行知全集》第3卷，第338页）

陶行知的生活教育论，扩展了我国以学校教育为中心的传统教育观念，是一种广义的教育观，也就是通常所说的大教育观。这种教育观，就受教育者范围来看，要使人人受到教育，主张实行全民教育；就受教育者个体来看，要使人得到和谐不断的发展，主张实行全面教育、终生教育。关于全民教育，从我国当时社会实际情况出发，强调实行平民教育、乡村教育、女子教育、民族教育；关于全面教育，重视实行德智体美劳诸方面的教育；关于终生教育，不仅要使青少年受到初、中、高等各级学校教育，还强调进行幼稚教育、社会教育、成人教育和特殊教育。总之，只要有人们的生活，就要有教育，要以生活来教育，为生活向上的需要而教育。

四

陶行知既重视教育上革新，又重视政治上革命，把教育革新与政治革命紧密相结合。他在从事乡村教育时，就曾指出："既有国民政治上的革命，同时还须有教育上的革命。"他认为，只有"二者同时并进，同时革新，国民革命才有基础和成功的希望"。（《陶行知全集》第2卷，第17页）

"五四"时期，他积极支持学生反帝爱国运动。北伐时期，他发动晓庄师范学生积极支援北伐军。"四一二"反革命政变后，他坚决支持学生声援下关和记工厂工人反对英商剥削和反对日本军舰停泊南京的反帝大游行。国民党反动派对学生爱国反帝的行动气急败坏，在1930年春季下令查封晓庄师范，他本人也被以所谓"勾结叛逆，阴谋不轨"等罪名，遭到通缉，被迫逃亡日本。

"九一八"前后，他目睹国民党反动派卖国投降，对其所谓"攘外必先安内"等言行，给予了猛烈抨击。"一二·九"以后，他与沈钧儒等发起救国运动，为著名的爱国运动领袖。1936年7月，与沈钧儒、章乃器、邹韬奋联名发表团结御侮宣言。1936年夏，他受全国各界救国会委托，为宣传抗日救国主张，开展人民外交，出访28个国家和地区。他到伦敦，先后三次拜谒马克思墓。国民党政府对他从事抗日救国活动极端仇视，他再次遭到通缉。直到"七七"事变后，他才在1938年8月返国，受聘为国民参政会的参政员。1944 年 10 月，参加中国民主同盟，次年被选为中央常委兼教育委员会主任，主办《民主》星期刊。

抗战胜利后，陶行知投身到民主革命运动的前列。1946 年 4 月，他为筹备育才学校迁校等事宜回到上海，在不到三个月时间，不顾国民党特务的威胁，连续演讲百余次，大声疾呼反内战要和平、反独裁要民主。当民主战士李公朴、闻一多先后遭到国民党特务暗杀后，他得知自己列入到暗杀黑名单上，毫无畏惧，并坚定地表示："我等着第三枪!"他终因刺激过深、劳累过度，在 1946 年 7 月 25 日突发脑溢血，在上海逝世。周恩来认为，他十年来"是一个无保留追随党的党外布尔什维克"。毛泽东称他是"伟大的人民教育家"。宋庆龄赞扬他是"万世师表"。

陶行知富有创造和开辟精神，勤于笔耕，留下了大量著作，它们是中华民族的宝贵精神财富。为了便于学习、研究和运用他的教育思想和办学经验，我们编辑了这本《陶行知教育论著选》。它对我国进行教育改革，发展社会主义教育事业，多出人才，出好人才，有重要借鉴作用。

目　　录

为考试事敬告全国学子

口诵心维，日就月将。一学期之韶光，行且风驰电掣过去矣！今者暑假伊迩，吾人对于此将至未至之考期，其观念果何如乎？大概勤生多主乐观，惰生多主悲观。彼勤生兢兢业业，一日读一日之书，一时学一时之业。平日不虚度分阴，至考则不待楮墨，已有左券之操，更逆计前列之荣，师友之鉴赏，父母之宠幸，怡然意满，安得不乐乎？惰者则异是，平日惟宴安是娱，逸豫是耽。光阴宜宝贵也，而等于闲度；学业宜精思也，而苟于涉猎，至考则有落第之虞，更逆知点额之辱，师友之藐视，父母之责备，溯往自伤，而往者不可追，嗒然若失，又安得不悲乎？

然此二者，不足以尽将考时学子之态度也。夫畏辱思荣，荣益求荣，人之情也。彼惰者之自悲，吾无间焉。所惧者，彼既以惰而荒业，复不愿自居下风，谓美名可以幸邀，令誉可以幸取。因畏辱心而生侥幸心，复因侥幸心而生谲诈心者，比比然也。彼勤者之有荣，吾之悦也。所惧者，溺于虚名，不自满足，自量才智不如人，犹殚思竭虑，求有以达其冠军之目的。始于一念之贪，终于欺诈之行，此又学子考试时通常之态度也。

噫！两军对垒而阴谋用，五洲互市而狡计生，考试之时有试探焉！试探维何？夹带也，枪替也。稍敛形迹者，则剽窃焉，耳语焉。其为名虽繁，其为欺则一。而所以陷溺之者，则不出畏、贪之二念。试言其害：

（一）欺亲师　事亲莫大于孝，事师莫大于敬。不孝不敬，莫大于欺。考以舞弊而前列，终非庐山真面目。师不及察，给以优分是师见欺矣。考卷寄家，亲不及辨，以为是真吾儿之英隽，是亲见欺矣。欺师不敬，欺亲不孝，不孝不敬，是为败德。败德之人，不得志害身家，得志害天下。自来滔天罪恶，盖有始于此者矣。

（二）自欺 彼舞弊者，果得售其术耶？吾以为能欺父母，能欺师傅，而不能欺同学。彼不肖之流，固相与朋比为奸，而自洁之士，必贱其行，必耻与伍。常见弄术者，考试未完，人言已藉藉而不堪入耳。彼固欲假此以邀前列，不知及因此而遭同学之鄙弃，召同学之藐视。将以求荣，适以受辱；将以欺人，适以欺己，其愚亦已甚矣。

（三）违校章 行欺禁令，载在章程。学校之章程，学校之法律也。违背学校章程而行欺，是藐视学校之法律也，是违背学校之法律也，是以学生而为犯人也。学生将以正人者也，己不自正而欲正人，可乎？学生将以治人者也，己不自治而欲治人，可乎？学生将以引人服从法律者也，己不服从而令人服从，可乎？学生之位置，最高贵之位置也；学生之前程，最远大之前程也。以尊荣之学生，而行同偷窃，甘以身试法，不独行为不轨，亦且太自轻其身分矣。

（四）辱国体 其任专门大学中，教员有外人，学生有外人。吾华生之一举一止，一言一行，莫不为彼邦人士所注意。倘不慎而所安、所由、所以，皆未能出于诚，则彼外人行将以一斑而概全豹，慢谓吾“中华之大病在于不诚”。则诸君有何面目对于此大好山川乎？吾之为此言，非欲诸君之媚外也。吾辈既忝为共和之国民，则不可不有共和之精神。共和之精神维何？自由而已！西谚曰：“惟真诚为能令国民自由。”言行真诚，以保守扩张此铁血换来之自由，使外人对于中华民国皆存爱敬心，不起轻慢心，则吾人所当黾勉者矣！不此之务，而惟欺诈是尚，则不徒召外人之藐视，亦且失其共和国民之精神矣。

（五）害子孙 舞弊者岂仅一己行欺而已哉？其影响且及于

子孙矣。生人之一举一动，皆印于神经系内。浅者霎时即没，深者历世不移，遗传而成本能。故父母惯于行欺，其恶根性之于子女，与生俱传。及长，子女可以不学而能欺。且孩童最易受影响人者也，父母之言行举动，子女多于不知不觉中被其激触，效而尤之。今日之学子，即他年之父母也。为学子而行欺，是不啻引将来子女之行欺矣。可不惧哉？

曰欺亲师，曰自欺，曰违校章，曰辱国，曰害子孙，考试舞弊之五恶德也。文文山[1]曰："读圣贤书，所学何事？"学欺亲师耶？学自欺耶？学违校章耶？学辱国耶？学害子孙耶？毋亦不大背圣贤之道，而违其莘莘求学之初心也。闻之"道德为本，智勇为用"，欲载岳岳千仞之气概，必先具谡谡松风之德操；欲运落落雪鹤之精神，必先养皑皑冰雪之心志。德也者，所以使吾人身体揆于中道，智识不致偏倚者也。身体揆于正道，而后乃能行其学识，以造人我之幸福；学识不致偏倚，而后乃能指挥身体，以负天降之大任。道德不立，智勇乃乖。故有勇无德，楚项羽所以有垓下之围；有才无道，盆成括[2]所以有杀身之祸；智勇兼备而无德，拿破仑所以有拘囚之恨。世顾有无德而能善其终者乎？吾辈学子可以深长思矣！

且吾人今日，盖莫不以爱国爱人自任矣。对于吞赃纳贿，则重斥之；对于任用私人，则訾议之；对于运动位置，则鄙弃之。吾嘉其志，吾佩其言，然爱国者必遵守法律。今日不服从学校之法律，安望其他日服从国家之法律乎？爱人者，必推亲及疏。今日师傅之昵而欺之，父母之亲而欺之，己身之切而又欺之，安望其他日之能爱人乎？孔子曰："君子素其位而行。"（Perform your duty where you are.）今日之责不尽，安望其将来之尽责乎？况彼贪官污吏，其成也非一朝一夕之故。始于天性遗传之不良，继之以家庭教育之不良，继之以塾师教育之不良，终而入世，又复浮沉于不良之政府、社会中，习与性成，斯一举手而蠹国殃民。甚矣，始之不可不慎也！为学生而可求人枪替，为官亦可以金钱运动位置；为学生而为人枪替，为官亦可任用私人；为学生而夹带，而剽窃，而耳语，为官亦可吞赃纳贿。何则？履霜坚冰，其所由来也渐耳。故欲他日爱国爱人，必自今日不欺始。欺人欺己而自谓爱国爱人者，假爱也。亲且不爱，遑论乎疏？己且不自爱，遑论乎推己而爱人？

观彼行欺者流，鼠窃狗偷，畏首畏尾。未考之先，藏之惟恐不密；当考之时，袭之惟恐不速；既考之后，虑之惟恐不远。其用心殆可谓劳矣，而其结果乃如是之恶，则人亦何乐而为此？无如世道凌夷，俗尚欺诈，各校规则复未能严紧，加之教员多以得学生欢心，为保全位置计，见若不见，闻若不闻，弗敢穷究。驯致中人以下皆未免逐浪浮沉，习以为常，恬不为怪。不思其行为之鄙陋，反矜其运技之神速。噫！斯风不振，教育之前途何堪设想？敢以孔圣之言进告吾所敬爱之学子："过则勿惮改。"失之于前，改之于后，不失为颜回，不失为周处〔3〕。若其徘徊歧路，不改前愆，则正邪不两立，清浊不同流。吾所敬爱之学子中，不乏洁身自好之士，所望毋惮权势，毋循私情，择善而行，见义而为。大声疾呼而忠告之，耳提面命而规谏之，忠告规谏之不从，割席与绝之；割席之不悛，鸣鼓而攻之，必达肃清之目的而后已。诸君，诸君！今日不能止同学之欺行，安望他日除国家之秕政，革社会之恶俗乎？挽狂澜而息颓风，是所望于诸君之力行。

《金陵光》第4卷第4期（1913年5月）

注释

〔1〕文文山　即文天祥（1236—1238），其号文山。

〔2〕盆成括　战国时人物，以聪明机巧著称。《孟子·尽心下》记有：当他在齐国为官时，孟子就料定他必有杀身之祸。尽管他才智过人，然而他却缺乏伦理道德观念。后果然被孟子所言中。

〔3〕周处（240—299）　西晋义兴阳羡（今江苏宜兴南）人，字子隐。相传少时横行乡里，与蛟、虎并称为"三害"，后改过迁善，终成有用之人。

共和精义（节选）*

（上略）

共和与教育

吾于共和之险象，既已详言之矣。然戒险防险，思所以避之，则可；因畏险而灰心，则大不可也。避之之道唯何？曰：人民贫，非教育莫与富之；人民愚，非教育莫与智之；党见，非教育不除；精忠，非教育不出。教育良，则伪领袖不期消而消，真领袖不期出而出。而多数之横暴，亦消于无形。况自由平等，恃民胞而立，恃正名而明。同心同德，必养成于教育；真义微言，必昌大于教育。爱尔吴曰："共和之要素有二：一曰教育，二曰生计。"然教育苟良，则人民生计必能渐臻满意。可见教育实建设共和最要之手续，舍教育则共和之险不可避，共和之国不可建，即建亦必终归于劣败。罗比尔曰："吾英人第一责任，即教育为国家主人翁之众庶是已。"故今日当局者第一要务，即视众庶程度，实有不足。但其为可教，施以相当之教育，而养成其为国家主人翁之资格焉。

（略）

---

* 本篇系陶行知在金陵大学求学时撰写的毕业论文。全文共分十节：绪论、共和之三大信条、共和主义对于个人之观念、共和主义对于社会之观念、共和主义对于政治之观念、共和之险象、共和与教育、共和与交通、共和与人文之进化、共和与秩序。这里，仅节选其中两节。

共和与人文之进化

共和者，人文进化必然之产物也。使宇宙万物无进化，则共和可以无现；使进化论放诸邦国社会而不准，则共和犹可以无现，无如进化非人力所能御也。进化非人力所能御，即共和非人力所能避。

（一）民智日进，自觉心生。于是觉苦思甘，觉劳思逸，觉捆缚思解脱。人不能甘之，逸之，解脱之，则亦惟思所以自助自为而已。不自由无宁死，实感情必至之现象。人而至于不惜杀身以赴其目的，则何事不可成？况此种现象最易痒染，一夫作难，和者万人。不徒理想，诚事实也。强有力者，亦未尝不欲施愚民政策，以塞人之自觉、自治之源。无如万国交通，必群策群力，群运群智，然后方可以制胜。若恃一二人之智力，则鲜不受天然之淘汰。故不教育其群者，必受外侮，而臻于亡。况世多慈善之家，苟有不教育人民之国，则又安能阻受教人民之发生自觉心也？自觉心不可逃避，即共和不可逃避。

（二）人民相处日久，互爱心生。他人痛痒，视同切肤。民胞主义，渐以昌明。宗教家、伦理家复从而提倡之，躬行之，以为民表。耶教“天父以下皆兄弟”，孔教“四海之内皆兄弟”之义，不独深印人心，凡奉其教义者，抑且不惜披发缨冠，以趋人之急难也。故民胞主义愈膨胀，则专制荼毒愈衰微，共和主义益不能不应时而遍布于全球矣。此共和为人文进化不可逃避之结果者二。知共和之不可避，则吾人亦无容施其抵抗共和之拙计，以生建设共和之阻力，而耗国家之元气也。

（下略）

《金陵光》第6卷第5期、第6期（1914年10月、11月）

我的生活经历和今后打算*

——致罗素的信

亲爱的罗素[1]院长：

2 月 11 日大札敬悉，甚为高兴。信中嘱我向利文斯顿奖学金[2]捐赠人提交一份有关本人生活经历和今后打算的简要说明，我很乐意写此材料。

我现年 22 岁，出生在与外界几乎完全隔绝的徽州。幼年从父亲以及别的教师那里接受中国式的启蒙教育，直到 14 岁才进了一所内地会在华开办的学校[3]，就学于吉布斯先生（Mr. Gibbs）[4]门下，他是当时学校里唯一教授西学的教师[5]。两年后该校因吉布斯先生回英国而停办。我只好怀着学医的念头冒险去了杭州。然而，由于进的那所学校[6]对非基督徒学生有明显歧视，甚至反映在学习课程等问题上，三天之后我就退了学。失望地回到了徽州，专心于英语学习，直至次年。接着，我考入了南京金陵大学。令人高兴的是，金大对于基督徒学生和非基督徒学生均一视同仁。三年后第一次革命[7]爆发了，我回到徽州，任县议会的秘书。干了半年[8]，又返校继续完成学业。在校方的信任和同学们的协助下，我开始编辑大学学报的中文报[9]。在包文博士（Dr. Bowen）[10]和亨克博士（Dr. Henke）[11]的指导下，又深受詹克教授（Prof. Jenk）的《基督教的社会意义》[12]一书观点的影响，我于 1913 年成为一个基督徒。1914 年 6 月，即入金大的第五年末，我

---

* 本篇原为英文书信。由周洪宇翻译。今题为编者所拟。

获得了第一个学位。此后，在父母和友人的资助下，我赴美就读于伊利诺斯大学，在那里学习了一年，除了学到许多宝贵的知识，还获得一个副产品——文科硕士学位。在伊大的后半年期间，我担任学生俱乐部干事。

三年前，我就选择哥伦比亚大学作为自己在美国的最终目标，但此计划因经费不足而被暂搁下来。我的毕生志愿是通过教育而非武力来创建一个民主国家。在目睹了我们突然诞生的共和国的种种严重弊端之后，我坚信没有真正的公共教育就不可能有真正的共和国。去年夏天，在日内瓦湖举行的基督教青年会〔13〕夏季会议上，我受到了极大的鼓舞。我毕生献身于教育行政的想法更为具体化了。遍览所有的大学，再次确认还是哥伦比亚大学师范学院对我最合适。但选择学校是一回事，有无足够财力入学是另一回事。由于我父亲 1915 年 1 月去世，整个家庭负担全都压在我的肩上，经济状况窘迫至极。幸亏在我决定进入哥大师范学院不久，我国政府便授予我部分奖学金，再加上其他资助，我才有足够的勇气起步。然而，纽约的生活费用比我预计的要贵得多。住了半年后，我便发觉囊中所有远不足以应付深造。因此，经孟禄博士（Dr. Monroe）〔14〕惠意介绍，我得以申请利文斯顿奖学金，您又慷慨地授予了我。在此，除了表示本人的衷心感谢外，我愿向您以及利文斯顿奖学金捐赠人保证：在斯特雷耶教授（Prof. Strayer）〔15〕的指导下，经过两年多的深造，我回国后将与其他教育工作者合作，为我国人民建立一套有效的公共教育体制，使之紧步美国人民的后尘，保持和发展一种真正的民主制度。它将是唯一正义与自由的现实的理想国。

如果您能提供一些住在本市附近的捐赠人的姓名，以便我登门拜访，本人将极感兴趣。

谨致以良好的祝愿！

尊敬您的

陶文濬〔16〕

1916年2月16日

于哥伦比亚大学哈特莱大楼〔17〕1010号

原件存美国哥伦比亚大学师范学院

注释

〔1〕罗素（J. E. Russell） 当时的哥伦比亚大学师范学院院长，不是那位曾著有《西方哲学史》等书的英国哲学家伯特兰·罗素（Bertrand Russell）。

〔2〕美国大学里多设有各类名目繁多的奖学金，以资助学生学习和研究。经费来源不一，或公或私，利文斯顿奖学金属于后一类情况。

〔3〕即崇一学堂，全名为“安徽省徽州府崇一私立中学堂”。由基督教内地会开办。

〔4〕吉布斯（Gibbs） 汉名唐进贤。早年来华传教，当时为内地会教堂牧师兼崇一学堂校长。曾慧眼识珠，免费收陶行知入崇一。后又介绍陶行知考入汇文书院。1919—1921年任内地会中国理事会副主席。

〔5〕崇一学堂开设的课程有：德行、修身、经学、国文、英文、中西历史、算学、代数、格致、地理、音乐和体操等。唐进贤一人兼授英文等七门西学课程。

〔6〕“那所学校”即杭州广济医学堂。

〔7〕“第一次革命”指1911年的辛亥革命。

〔8〕1911年10月武昌起义爆发后，陶行知赶回故乡徽州参加了地方开明绅士余德民领导的屯溪阳湖余家庄起义，担任县议会秘书有半年之久，后返校继续学习。

〔9〕金陵大学学生办的学报《金陵光》，于1909年12月创刊，始为英文报，从第4卷第1期起增设中文报。

〔10〕包文（Bowen） 时任金陵大学校长。

〔11〕亨克（Henke） 时任金陵大学教师。

〔12〕詹克教授此书的原名为《耶稣生活与教导的政治与社会意义》，基

督教青年委员会国际委员会，纽约，1906年版。

〔13〕简称“青年会”。基督教新教社会活动机构之一。

〔14〕孟禄（Paul Monroe，1869—1947） 美国教育家，曾任哥伦比亚大学教授、师范学院院长。1921年来华进行教育调查，曾任中华教育改进社名誉董事、中华教育文化基金会董事。

〔15〕斯特雷耶（Strayer） 哥伦比亚大学教授，教育行政学专家，陶行知的论文指导教师。

〔16〕陶行知原名陶文濬。1912年，另取名“陶知行”，次年用作笔名。1917年留美回国后，正式改名“陶知行”。1934年7月16日发表《行知行》一文，又改名为“陶行知”。世人后多以“陶知行”或“陶行知”称之。

〔17〕当时哥伦比亚大学男生宿舍共三座：哈特莱大楼（Hartley Hall）、利文斯顿大楼（Livingston Hall）和佛纳大楼（Furnald Hall）。前两座为老建筑，后一座为新建筑。后来许多中国政界和文教界的知名人物当年都曾居住在这三座大楼里。陶行知、孙科、蒋梦麟等人住在前两座旧宿舍里，胡适、宋子文、张耘（后改名张奚若）等人则住在后一座新建筑里。

试验主义之教育方法

荀子曰："大天而思之，孰与物畜而制之！从天而颂之，孰与制天命而用之！望时而待之，孰与应时而使之！因物而多之，孰与骋能而化之！思物而物之，孰与理物而勿失之也！"此数语，可谓中试验精神之窍要矣。盖凡天下之物，莫不有赖于其所处之境况。境况不同，象征自异。故欲致知穷理，必先约束其境况，而号召其象征，然后效用乃能发现。若其待天垂象，俟物示征，则以有限之时间，逐必不可得之因果，是役于物，而制于天也，安得不为所困哉？即得矣，或出于偶然；有常矣，或所示者吝，吾又安能穷其极处，无不到哉？

昔王阳明格竹七日而病，及在夷中，乃恍然以为："天下之物，本无可格。其格物之功，只在身心上。"呜呼！此皆不能约束其境况，号召其象征，有以致之也。彼善致知者，役物而不为物所役，制天而不为天所制。设统系，立方法，举凡欲格之物，尽纳之于轨范之中。远者近之，微者大之，繁者简之，杂者纯之，合者析之，分者通之，多方以试之，屡试以验之。更较其异同，审其消长，观其动静，察其变化，然后因果可明，而理可穷也。故试验者，发明之利器也。试验虽不必皆有发明，然发明必资乎试验。人禽之分，在试验之有无；文野之别，在试验之深浅。试验之法，造端于物理、生物、生理，浸假而侵入人群之诸学，今则哲理亦且受其影响矣。盖自培根（Bacon）[1]用以格客观之物。笛卡儿（Descartes）[2]用以致主观之知。试验精神，遂举形而上学、形而下学而贯彻之。穷其结果，则思想日精，发明日盛。欧美之世界，几变其形。

吾国数千年来，相传不绝之方法，惟有“致知在格物”一语。然格物之法何在？晦翁[3]与阳明各持一说。晦翁以即物穷理释之，近矣。然而即物穷理，又当用何法乎？无法以即物穷理，则物仍不可格，知仍不可致。阳明固尝即物而穷理者也，然未得其法，格物不成，归而格心。使阳明更进一步，不责物之无可格，只责格之不得法，兢兢然以改良方法自任，则近世发明史中，吾国人何至迄今无所贡献？故欧美之所以进步敏捷者，以有试验方法故；中国之所以瞠乎人后者，以无试验方法故。征之世界进步，试验方法既如此，不可废也，则其应用于教育界者，又何若哉？

教育为群学之一种，介乎形而上学、形而下学之间。故其采用试验方法也，较迟于物理、生物诸学。然近二百年来，教育界之进步，何莫非由试验而来？是以泼斯泰来齐（Pestalozzi）[4]试验幼子，而官觉之用以明；赫耳巴尔忒（Herbart）[5]设研究科，而统觉之理以阐；福禄伯（Froebel）[6]创幼稚园，而游戏之效以著；杜威（J. Dewey）之集成教育哲学，也以试验；忒耳诺泰刻（Thorndike）[7]之集成教育心理也，亦以试验。他若全部发育也，先质后文也，自动也，兴味也，感应结也，习惯法也，无一不根源于试验。举凡今日教育界所视为金科玉律者，何莫非昔贤屡试不爽之所遗留哉？是故试验之消长，教育之盛衰系之。

柏林大学保尔生（Paulsen）[8]曰：德国中世纪以前，狉狉榛榛，等于化外之民，及拉丁文输自罗马，民情一变。既而文艺北渐，蕴成宗教变革[9]，而民德又一进，是德人再得力于拉丁民族也。当十七世纪，法国礼乐艺术最盛，德人见异思迁，其贵族咸以能说法语为荣。及十八世纪，大风烈铁骑帝（Fredrick the Great）[10]又定法文为学校必修科，并聘法人为高级教师。其学于法人也，可谓勤矣！此外，于英吉利及希腊之文化，皆无所不吸收。此德人师天下之期也。迨至十八世纪之初，哈里大学（Halle

University）与郭听斯堡大学（Göttinsburg University）相继而兴，皆以宣扬试验精神为务。其后赫耳巴尔忒与福禄伯诸贤，先后辈出，凡所建树，皆根本于试验。虽执政者屡加干预，而其教之流行，速于置邮传命，不数十年，而弟子几遍国中。至十八世纪末叶，复与国家主义会合，以国家主义定目的，试验主义定方法，相演相成，用著大效。此后言教育者多宗德人。故十九世纪以前，德人师天下；十九世纪以后，天下师德人。试验主义实与有力焉！

美国三十年前之教育，亦几无事不模仿旧大陆。自乾姆(James)〔11〕创设心理试验科，而学者趋向一变。至于今日，凡著名大学，莫不设教育科，其同时试验教育心理者以百计。其试验机关与从事实地试验教育之人，几无处无之；其试验精神之充塞，可谓盛矣。观其效果，虽未必人人皆有贡献，然英德识者，佥谓美国近今小学教法冠天下。其收效之速，有如此者，夫岂偶然哉？

吾国办学十余年，形式上虽不无可观，而教育进化之根本方法，则无人过问。故拘于古法，而徒仍旧贯者有之；慕于新奇，而专事仪型者有之。否则思而不学，凭空构想，一知半解，武断从事。即不然，则朝令夕罢，偶尔尝试。提学使〔12〕弗善也，一变而为教育司；教育司弗善也，再变而为教育科；教育科弗善也，三变而为教育厅。不满十年，而变更者三，岂其善于试验哉？毋亦尝试而已。孔子曰："温故而知新，可以为师矣。"仍旧贯，只是温故；仪型他国，则吾人以为新，他人以为旧矣。空想无新可见，武断绝自新之路，尝试则新未出而已中途废矣。何怪乎吾国教育之不振也！故欲教育之刷新，非实行试验方法不为功。盖能试验，则能自树立；能自树立，则能发古人所未发，明今人所未明。人将师我，岂惟进步已哉？若徒因人成事，逐世浮沉，则人进一尺，我进一寸；人退一寸，我退一尺，亦太可怜矣！

今之议者，每曰：教育救国。教育岂尽能救国乎？吾敢断言曰：非试验的教育方法，不足以达救国之目的也。虽然，试验岂易言哉？知其要而无其才，不足以言试验；有其才而无百折不回之气概，犹不足以言试验也！故试验者，当内省其才，外度其势；视阻力为当然，失败为难免；复贯以再接再厉之精神，然后功可成也。吾教育界有急起直追以试验自矢者乎？吾将拭目以待之。

《金陵光》第9卷第4期（1918年4月）

注释

〔1〕培根　指弗兰西斯·培根（Francis Bacon，1561—1626）。“英国唯物主义和整个现代实验科学的真正始祖。”（马克思语）

〔2〕笛卡儿（Rene Descartes，1596—1650）　法国哲学家、数学家和物理学家。

〔3〕晦翁　即朱熹（1130—1200），南宋哲学家、教育家。字元晦，另字仲晦，号晦庵。

〔4〕泼斯泰来齐　通译裴斯泰洛齐（Johann Heinrich Pestalozzi，1746—1827）。瑞士教育家。

〔5〕赫耳巴尔忒　通译赫尔巴特（Johann Friedrich Herbart，1776—1841）。德国哲学家、心理学家、教育家。

〔6〕福禄伯　通译福禄培尔（Friedrich Wilhelm August Froebel，1782—1852）。德国学前教育家。

〔7〕忒耳诺泰刻　通译桑代克（Edward Lee Thorndike，1874—1949）。美国心理学家。

〔8〕保尔生　通译保罗生（Fr. Paulsen）。德国哲学家。

〔9〕即16世纪欧洲新兴资产阶级在宗教改革的旗帜下，所发动的一次大规模反封建的社会政治运动。

〔10〕大风烈铁骑帝　即弗里德里希二世（Friedrich II，1712—1786），又称腓特烈大帝，普鲁士国王。

〔11〕乾姆　通译詹姆斯（William James，1842—1910）。美国哲学家、心理学家。

〔12〕提学使　清末学官名。

师范生应有之观念*

鄙人承贵两校之嘱，来与诸君畅谈，不胜快乐。鄙人最喜同学生谈话，因十余年来，无日不做学生；即现在当教员，亦未尝不是做学生，盖不学则不能教。既为学生，则与诸君均为同志，同志相谈，自必非常快乐。诸君为师范生，所研究者为教育，而鄙人所研究者，亦为教育，尤为同志中之同志，所以更为快乐。诸君平日在校，已受良好之教训，故无庸鄙人多谈。惟是同志相聚，亦不可不有所研究，尚希诸同志加以指正为荷。今日所讲之题，即《师范生应有之观念》。

（一）教育乃最有效力之事业

教育能改良个人之天性。人之性情〈有善有恶〉，教育能使恶人变善，善者益善。即个人性情中亦有善分子与恶分子，且善分子中亦含有恶。如爱乃性情中之善分子也，而爱极生妒，变善为恶矣。恶分子中亦含有善，如怒乃性情中之恶分子也，然文王一怒而善〔安〕天下，用恶为善矣。教育乃取恶性中之善分子，去善性中之恶分子，如开矿然：泥内含金，金内亦杂有泥，开矿者取泥内之金，去金内之泥，然后成为贵品。教育亦若是矣。

---

* 本篇系演讲记录稿。1918 年 5 月，陶应邀赴故乡安徽向省立第一师范和省立第一女子师范师生演讲，由省一师学生徐克勋、谢荣冠、陈硕梁、吕瑛、郑上元、王式禹当场笔记，整理后铅印成文（未经陶本人审阅）。未见在当时报刊上公开发表，《陶行知全集》亦未收入。蒋元卿解放初期从收购的旧书中发现此文，并于 1986 年公之于世。本次收选，对标点和个别字句有所修正。

教育能养成共和之要素。共和国有二大要素：一须有正当领袖，一须有认识正当领袖之国民。盖领袖有正当者，亦有不正当者。正当领袖能引导国民行正当之事业，不正当领袖能诱致国民行不正当之事业。故又必须养成能认识正当领袖之国民，领袖正当则从之，领袖不正当则去之。由是正当领袖之势力日张，而不正当领袖之势力日蹙。所以教育能巩固共和之基础也。

教育能传播非遗传之文化。人之语言非生而知之者，必由渐习而后能。然亦只能说一国之语，如中国人只能说中国语，而不能言德美俄日等国之语，如欲能言德美俄日等国之语，必由专习而后能。推而言之，世界文化无虑千万，皆父母所未能遗传者，而教育能一一灌输之。鄙人谓教育能造文化，则能造人；能造人，则能造国。今人皆云教育能救国，但救国一语似觉国家已经破坏，从而补救，不如改为造国。造一件得一件，造十件得十件，以至千百万件，莫不皆然。贫者可以造福〔富〕，弱者可以造强。若云救国，则如补西扯东，医疮剜肉，暂虽得策，终非至计。若云教育造国，则精神中自有趣味生焉，盖教育为乐观的非悲观的也。

教育为最有可为之事。古今名人莫不由教育而出，如达尔文、杜威、威尔诺刻[1]等，皆由研究教育而出者也。但须有决心，有坚志，则成事何难。惟此尚是第二。我等第一要知：人是人，我是我。天既生我，则必与我们〔以〕一种为人所乐能为之能力。不然，既有他，何必有我！天既生孔子，万事皆孔子所能为，则又何必生我而为古人之一附属物？由此观之，则我等当自主，当自强，为我之所能为，不随人学步，庶不负天生我之意。教育既然如此，则我师范生当作何种之观念？以鄙人看来，男师范生与女师范生之观念当有不同。欧战发生后，德法发生一莫大之问题，因其平时男教师比女教师为多，一旦战争发生，国内乏男子担任教育事业，影响于儿童者甚大。中国亦如此，但美国、加拿大则不然，其小学教师皆以女子充当，其男子皆任兵役以卫国家，所以战争发生后教育依然不受影响。再，女子与儿童有天然亲爱之感情，非若男子之爱护儿童出于勉强也。但高等小学则有不同，因此须养成其进取勇敢之精神，激发其军国民之志气，故必利用男教师。此男女教师不同之点也。然其共同之点则在以教育为专门职业，地理、历史、哲学、医学、生理学等，虽皆为教育家所利用，而教儿童则非修专门之教育的科学不可。今世界上有四种教育家：一、政客教育家，藉教育以图政治上之活动。二、空想教育家，有空想而未能实行。三、经验教育家，以经验自居不肯研究理论。四、科学教育家，则实用科学以办教育者。中国现在教育家只有政客、空想、经验三种，但教育以科学教育为最要，故男女师范生当专心致志、抱定主义，以教育为专门职业，则何人不可几〔及〕，何事不可为耶?

（二）教育乃一种快乐之事业

《论语》曰：“有朋自远方来，不亦乐乎?”非当日孔子言教育之快乐耶?孔子一生诲人不倦，至于发愤忘食，乐以忘忧，不知老之将至。现任教育者，无不视当教员为苦途，以其无名无利也；殊不知其在经济上固甚苦，而实有无限之乐含在其中。愚蒙者，我得而智慧之；幼小者，我得而长大之；目视后进骎骎日上，皆我所造就者，其乐为何如耶！故办教育者之快乐，当在手续上，而不在其结果之代价。换言之，即视教育为游戏的作业、作业的游戏也。至于劳碌动作以求结果之代价者，则宜摈弃于教育界外。

（三）各种教育之职业皆须视为平等

现在教员一般心理，每以大中学校之等级高，高小、国民学校之等级低，于是以教大中学校为荣，而以教高小、国民学校为贱；不知大学要紧，中学要紧，而高等小学、国民小学、幼稚园尤要紧。以鄙人主张，凡大学、中学、小学之教员，国家需有同等之酬劳，社会须有同等之待遇。然常人心理，多不明小学之紧要，师范生亦有不明此理者。由是，他人固不以平等看待，即自视亦觉小学教员不如中学、大学教员之价值，甚至去而不为，放弃其应做之职业。故欲救此弊，先须视各种教育之职业皆为平等。此师范生当注意者也。

（四）教育为给儿童需要之职业

教育者乃为教养学生而设，全以学生为中心，故开办学校、聘请教师无一非为学生也。若无学生，焉有学校？既无学校，焉有教师？然则教师与学生，焉可无同情耶？同情谓何？即以学生之乐为乐，以学生之忧而忧，学生之休戚即我之休戚，学生之苦恼即我之苦恼是也。鄙人曾参观一校，终日仅一见教师之笑，不可谓不威严矣。吾人若设身处地为其学生，必也视之如判官、为阎罗，如芒刺之在背矣！此教师不能与学生同情之故也。现中国教师之大弊即在于此。此又我师范生所当注意者也。

（五）教育为制造社会需要之事业

教育为改造社会而设，为教育社会人才而设，故学校非寺院岩穴也，教员非孤僧隐士也。夫既为社会而设，若与社会不相往来，何以知社会之需要？中国前此之弊，即在于此，亦我师范生所宜注意者也。

（六）教育为师范生终身之事业

现在为教师者，男则因赋闲无事遂暂为之，女则因尚未适人而暂为之。事既得，家既成，则远翔而不顾；视办教育如用雨伞，雨则取以遮盖，晴则置之高阁；视居学校如寓客栈，今日寓此明日便去，虽有蚊蚤之为害，不过今宿，又何必大事〔肆〕驱除。教育中亦有害虫，教师之责所宜驱除，岂可以暂为，遂视同秦越而不作整顿之计耶？昔英女皇伊莉莎白终身不嫁，人问之故，辄以英吉利即吾之夫一语以对；意相加富尔终身不娶，人问之故，辄以意大利即吾之妻一语以对。故鄙人亦有二语告于诸君：即男师范生应以教育为妻，女师范生应以教育为夫。有此定力，则赴汤蹈火，在所不辞，鞠躬尽瘁，死而后已。吾身不成，吾子绍之；吾子不成，吾孙绍之；子子孙孙，世世代代，相继无间。海可枯，而吾之志不可枯；石可烂，而吾之志不可烂。西藏，极西边、极穷苦之地也，有须吾办教育者，吾即往西藏而不辞；蒙古，极北边、极穷苦之地也，有须吾办教育者，吾即往蒙古而不辞。不要名，不要利，只要教育好；不怕难，不怕死，只怕教育不好。师范生乃负〈此〉志者，故与别种学生不同。读书要当作教书读，求学要当作教学求。蚕食桑叶，消化而吐出能为锦绣之丝，师范生求学，亦当融会贯通而吐出有益于人之事业也。

以上所说皆属泛论，尚有一问题与诸君商酌，庶上说皆可解决而变为切实。曾子曰："吾日三省吾身。"诸君亦当自省：为何不入他校而入师范学校？岂为师范学校豁免学膳费而来乎？抑为求学之故，无他校可入，不得不入师范学校乎？或迫于父母之命，不得已而入师范学校乎？将负大才能、抱大兴味而后入师范学校乎？假如因免学膳费、因无他校可入及因父母所迫而入，姑且无论。若因负大才能、抱大兴味，其将何以自待？吾见今日师范毕业者，有一部分人不办教育，或办教育而不尽心力者，皆由初未能自省也。然则以上所说均成空谈矣。鄙人此番之话，方为负大才能、抱大兴味而入师范学校者言之，望诸君皆注意焉。如有误谬之处，不妨指出纠正，实甚欣幸。

《行知研究》(1986 年第 2 期)

注释

〔1〕威尔诺刻　通译桑代克（Edward Lee Thorndike，1874—1949）。美国心理学家。

教育研究法*

今日系本会诞生之辰，亦即鄙人与诸君观摩之始。总干事云：“指导员为本会学识之产婆。”鄙人内省颛蒙，短绠深汲，覆竦堪虞。兹姑勉竭棉〔绵〕薄，以占可否耳！

本会既定名教育研究会，则国家何以必有教育？教育何以必须研究？研究何必待集会？诸君顾名思义，不可不知也。鄙意共和国有要素二：一、正当之领袖也。盖先知先觉，楷则蒸黎，导斯民于轨范之中，进社会于缉熙之域，悉其责焉。然英才俊质，虽恃先天之禀赋，亦赖经验之陶冶。故必有完美之人才教育，始能产正当之国民领袖。非然者，不胎求子，庸有济乎？二、健全之公民也。盖社会日进，庶业綦繁，国事良窳，断非少数之国民领袖所克左右。苟无多数健全之公民，利害洞彻，时势明了，取鉴先觉，各尽其职，则有倡无和，事卒不举。故人才教育以外，又当以普通教育为根本，以造成健全之公民。然则领袖也，公民也，实共和之长城也。而产此长城者何乎？舍教育吾奚属哉！

故方今教育家之天职，在考察吾国共和之长城造乎未造，所造者完乎不完，何者应改弦更张，何所应补苴修正。如欧美之职业教育，吾国曩未之行，此则急宜酌采者也。国人受教育者，百分应有九十，而今仅居其一，此则急宜完足者也。实业学校办法弗良，学生应用其所学者，十仅一二；改营他业者，十且八九，致演成农不

---

* 本篇系演讲记录。南京高师学生组织教育研究会，特聘陶行知为该会指导员，并邀请他在成立大会上发表演说。记录者为刘著良、吴昆。

农、工不工、商不商之险状，此则急宜改革者也。醉心西化，动辄效颦，而不知宜于彼者，未必皆宜于我；宜于中学者，未必宜于小学。如代数一科，中学校莫不肄习。以鄙人所见，未必皆受益，此则急宜修正者也。教育家之在今日，殆所谓仔肩重任者乎！

夫教育之关系既如彼，教育家之天职又如此，则吾人之不能昧于斯道也明矣。盖教育之举措，悉当根据于学理。学理幽深，研究始明。教育学术，吾人所宜研究，庶南辕无北辙之虞，奏刀有理解之效也。

虽然，独学寡闻，千虑一失，集会琢磨，厥利有三：一、可以交换知识也。盖集众人之才力经验，共研所学，则切磋观摩，互资考鉴，学理因辨难而大明，知识以互易而愈广矣。二、彼此可以鼓励也。学理深邃，则玄眇难明；事业恢宏，则困阻恒多。畏难者见而步却，虑失者当之心灰。苟集会攻研，则彼此激励，中阻无碍矣。三、可以互益兴趣也。盖治学以兴趣为主。兴趣愈多，则从事弥力；从事弥力，则成效愈著。然离群独立，索然寡欢，困难偶及，兴阻中途。苟集会研究，则彼此激励，兴味时增，无此弊矣。

然则研究之道，果何在乎？今仅就管见所及，约略言之，以资考证。一、疑难须发乎中，标题须择其要。发于中，则蕴蓄有素，心得恒多；择其要，则真实不虚，言皆切中。譬一人焉，始则多数问题，蕴蓄于中，继乃举其无关教育，涉及专门，繁杂难理鲜趣乏资料者，依次汰除，则所存者，莫非普通应用、平易切实、兴味饶足、研资丰厚者已。二、问题既拟，则必征求知识以解决之。征求知识之法，就主观言之，约有三端。一曰虚心：虚心则成见消除，不为物蔽，休休相容，惟真理之是求；二曰留心：留心则社会环象，随在考察，不仅恃载籍以资考证；三曰专心：专心则精敛神萃，致力一途，不扰于物，易底于成。若就客观言之，则亦有三。一曰明辨：盖资料杂陈于前，苟不明辨剖析，以别其用途，则取舍不当，必有留瓦遗珠之憾；二曰比校：比校则古今中外之异同，因果是非之轨迹，同时并观，了如指掌；三曰统列：统列则纪录之资料，进化之事实，群分类聚，条理井然矣。

且征求知识之方法，亦随知识之性质而异。知识有新有旧，有已有者，有本无者。征求已有之旧知识，有二法。一曰交谈问答：盖交谈学理，彼此之意见融通，问答辨难，事物之真理阐发，其助学识诚非浅鲜；二曰读书：读书多，则积理富，积理富，则随时应用，绰有余裕矣。但专事征求旧知识，则世界无进化，欲求世界进化，非探觅新知识不为功。探觅新知识之法亦有二。一曰观察：观察愈力，则物感愈众，天文等学之发明，俱赖于是；二曰试验：试验者，自设景况，产生结果，以为学理之左证也。一须统束各种情况，使之纯一不杂；二宜活动其一，使为主因。非然者主因之外，又杂他因，则结果难确矣。故教育家欲比较两教授法之优劣，则课堂之设备同，课本之教材同，时间教师同，其他教法同，以及学生之年龄、男女、程度、家境同，然后施各异之教法，而后可知其结果之究孰优孰劣也。然则欲教育之进步，须先有正当之试验家，施行精密之试验术也明矣。此外，复将一事之结果内容，条分缕析，开会逐一讨论，决不可模糊影响，混合而言。盖拓都为么匿〔1〕之结体，么匿明，则拓都易知矣。讨论时最忌者有数事，一曰闲谈：盖泛滥无节，难中肯綮，隔靴搔痒，徒作捕光掠影之谈，最足以眩惑是非也；二曰盲从：胸无定见，人云亦云，实不足以言讨论；三曰成见：盲从固陋，拘执亦非。盖有成见在胸，则自是其是，不能容纳真理；四曰武断：不先论事理之果何如，而遽下判断，非特抑他人之思想，亦且失研究之真诠。忘己忘人，俱为要道。忘己则大公无我，真理是徇；忘人则独抒己见，不畏诽谤。讨论既毕，则其结果非特牢记于心，又宜举行试办，然后将其良者竭力推广，导人效则。现卅二法身，掉广长圣舌，实分内事也。再，鄙人不才，忝居本会指导员之职，间尝思教员二字，殊属不妥。盖人师之责，不在教学生，而在教学生学。故本会之精神，亦当在学而不在教。尝观世界大教育家，如白斯达罗齐〔2〕、福禄伯等之伟功盛业，无不在试验，无不在发明。故鄙人深愿本会为试验之先河，为发明之鼻祖。吾尤愿诸君为白斯达罗齐，为福禄伯，为条魏，为曹朗达，大家努力共建此共和之长城。

《金陵光》第9卷第5期（1918年6月）

注释

〔1〕拓都，英文 total 的音译，意为全体或整体；么匿，英文 Unit 的音译，意为单位或个体。

〔2〕白斯达罗齐　通译裴斯泰洛齐。瑞士教育家。

生利主义之职业教育

自本社[1]标解决生计问题为进行之方针，一般学者，往往以文害辞，以辞害意，误会提倡者之本旨。推其原因，多由于不明生计二字之界说所致，惟其不明乎此，故或广之而训作生活，或狭之而训作衣食；驯至彼一是非，此一是非，议论纷纭，莫衷一是。不徒反对者得所藉口，即办学者亦无所适从。其隐为职业教育前途之障碍，良非浅鲜。孔子曰："名不正则言不顺；言不顺则事不成。"故欲职业教育之卓著成效，必自确定一正当之主义始。

夫职业教育之成效既有赖于正当之主义，则问何谓正当之主义，生活乎？衣食乎？抑生活衣食之外别有正当之主义乎？

生活主义包含万状，凡人生一切所需皆属之。其范围之广，实与教育等。有关于职业之生活，即有关于职业之教育；有关于消闲之生活，即有关于消闲之教育；有关于社交之生活，即有关于社交之教育；有关于天然界之生活，即有关于天然界之教育。人之生活四，职业其一；人之教育四，职业教育其一。故生活为全体，职业为部分；教育为全体，职业教育为部分。以教育全体之生活目的视为职业教育之特别目的，则职业教育之目的何以示别于教育全体之目的，又何以示别于他种教育之目的乎？故生活之不能为职业教育独专之主义者，以其泛也。

生活主义固不适于职业教育之采用矣。衣食主义则何如？大凡衣食之来源有四：职业、祖遗、乞丐、盗窃是也。职业教育若以衣食为主义，彼之习赖子、乞丐、盗窃者，不亦同具一主义乎？而彼养成赖子、乞丐、盗窃者，亦得自命为职业教育家乎？此衣食主义之不适于职业教育者一也。不宁惟是，职业教育苟以衣食为主义，则衣食充足者不必他求，可以不受职业教育矣。此衣食主义之不适于职业教育者二也。且以衣食主义为职业教育之正的，则一切计划将趋于温饱之一途。此犹施舍也。夫邑号朝歌，墨翟回车；里名胜母，曾子不入。学校以施舍为主旨，则束身自好者行将见而却步矣。此衣食主义之不适于职业教育者三也。凡主义之作用，所以指导进行之方法。若标一主义不能作方法之指针，则奚以贵？故衣食之可否为职业教育之主义，亦视其有无补助于职业方法之规定耳。夫学校必有师资，吾辈选择职业教员，能以衣食为其资格乎？学校必有设备，吾人布置职业教具，能以衣食为其标准乎？又试问职业学校收录学生，可否以衣食为去取？支配课程，可否以衣食为根据？衣食主义之于职业教育方法，实无丝毫之指导性质。有之，则吾不知也。衣食既不能为职业教育方法施行之指导，则其不宜为职业教育之主义，又明矣。此衣食主义之不适于职业教育者四也。不特此也，吾人作事之目的，有内外之分。衣食者，事外之目的也；乐业者，事内之目的也。足衣足食而不乐于业，则事外虽无冻馁之虞，事内不免劳碌之患。彼持衣食以为职业教育主义者，是忽乐业之道也。此衣食主义之不适于职业教育者五也。且职业教育苟以衣食主义相号召，则教师为衣食教，学生为衣食学，无声无臭之中隐然养成一副自私之精神。美国人士视职业教育与学赚钱（Learning to earn）为一途，有识者如杜威（Dewey）先生辈，咸以其近于自私，尝为词辟之。吾国当兹民生穷蹙之际，国人已以衣食为口头禅，兴学者又从而助长其焰，吾深惧国人自私之念，将一发难厌矣。此衣食主义之不适于职业教育者六也。是故衣食主义为众弊之渊薮，欲职业教育之有利无弊，非革除衣食主义不为功。

衣食主义既多弊窦，生活主义又太宽泛，二者皆不适用于职业教育，然则果应以何者为正当之主义乎？曰，职业作用之所在，即职业教育主义之所在。职业以生利为作用，故职业教育应以生利为主义。生利有二种：一曰生有利之物，如农产谷，工制器是；二曰生有利之事，如商通有无，医生治病是。前者以物利群，后者以事利群。生产虽有事物之不同，然其有利于群则一。故凡生利之人，皆谓之职业界中人；不能生利之人，皆不得谓之职业界中人。凡养成生利人物之教育，皆得谓之职业教育；凡不能养成生利人物之教育，皆不得谓之职业教育。生利主义既限于职业之作用，自是职业教育之特别目的，非复如生活主义之宽泛矣，此其一。以生利主义比较衣食主义尤无弊窦之可指，故以生利主义为准绳，则不能生利之赖子、乞丐、盗窃与养成之者，皆摈于职业教育之外矣，此其二。学校既以生利为主义，则足于衣食而不能生利者无所施其遁避，此其三。父母莫不欲其子女之能生利，职业教育苟以生利为主义，自能免于施舍之性质，自好者方将督促子女入学之不暇，又何暇反加阻力乎？此其四。职业既以生利为作用，吾人果采用生利主义以办职业教育，则生利之方法，即可为职业教育方法之指针，此其五。职业教育既以养成生利人物为主义，则其注重之点在生利时之各种手续，势必使人人于生利之时能安乐其业，故无劳碌之弊，此其六。生利主义侧重发舒内力以应群需，所呈现象正与衣食主义相反。生产一事一物时，必自审曰："吾能生产乎？吾所生产之事物于群有利乎？"教师学生于不知不觉中自具一种利群之精神，此其七。不特此也，能生利之人即能得生活上一部分之幸福，而一衣一食亦自能措置裕如。不能生利之人，则虽有安富尊荣亦难长守。故惟患不能生利，不患不得生活之幸福与温饱。然则生利主义既无生活主义之宽泛，复无衣食主义之丛弊，又几兼二者之益而有之，岂非职业教育之正当主义乎？

生利主义之职业师资　职业教育既以养成生利人物为其主要之目的，则其直接教授职业之师资，自必以能生利之人为限。盖己立而后能立人，己达而后能达人，天下未有无生利经验之人而能教育人生利者。昔樊迟请学稼，子曰："吾不如老农。"请学为圃，曰："吾不如老圃。"孔子岂故为拒绝哉？亦以业有专精，事有专习，孔子之不知农圃，亦犹老农老圃之不知六艺耳。由是以推，无治病之经验者，不可以教医；无贸易之经验者，不可以教商。百凡职业，莫不皆然。故职业教师之第一要事，即在生利之经验。无生利之经验，则以书生教书生，虽冒职业教师之名，非吾之所谓职业教师也。

然职业教师不徒负养成生利人物之责，且负有改良所产事物之责。欲求事物之改良，则非于经验之外别具生利之学识不可。无学识以为经验之指导，则势必故步自封，不求进取。吾国农业，数千年来所以少改良者，亦以徒有经验而无学识以操纵之耳。故职业教师之第二要事，是为生利之学识。

兼有生利之经验、学识，尚不足以尽职业教师之能事。盖教授生利之法，随业而异。有宜先理想而后实习者，有宜先实习而后理想者，有宜理想实习同时并进者。为职业教师者自宜熟悉学者之心理，教材之性质，使所教所学皆能浃洽生利之方法，而奏事半功倍之效。故职业教师之第三要事，为生利之教授法。

准如前说，则健全之职业教师，自必以经验、学术、教法三者皆具为标准。三者不可得兼，则宁舍教法、学术而取经验。盖无学术、教法而有经验，则教师尚不失为生利之人物，纵无进取良法，然学生自能仪型教师所为，以生产事物。既能生产事物，即不失职业教育之本旨。如无经验，则教授法无由精密，纵学术高尚，断不能教学生之生利。既不能生利，则失职业教育之本旨矣。是故经验学术教法三者皆为职业教师所必具之要事，然三者之中，经验尤为根本焉。

职业教师既以生利经验为根本之资格，则养成职业师资自当一取材于职业界之杰出者。彼自职业中来，既富有经验，又安于其事，再加以学术教法，当可蔚为良材，概之收录普通学子，为事当较易，收效亦当较良且速也。

职业教师既以生利之经验、学术、教法三者为资格，则如何养成此种教师之方法，亦在吾人必须研究之列。大概养成职业师资之法有三：（一）收录普通学子教以经验学术与教法；（二）收录职业界之杰出人物教以学术与教法；（三）延聘专门学问家与职业中之有经验者同室试教，使其互相砥砺补益，蔚为职业教师。夫经验所需之多少，随职业而异；其需经验较少之职业，利用第一法。如普通师范学校之教师有二三年之经验者，即可作教授之基础，故收录普通学子而养成之，为事甚易。其次则商业学校教员，似亦可以利用此法。但农工等职业之教师，性质迥异，非富有经验，不足以教生利。舍难就易，似不如采用第二法，精选职业界之杰出者养成之。彼既从职业中来，自必有相当之经验，再教以实用之学术教法，为事自顺。然此法效力之大小，常视国中教育普及之程度为差。其在欧美教育普及之邦，职业中人，大半受过八年之公共教育，既有普通知能以植其基，则于学术教法自易领悟。中国则不然，教育未普及，农工多数不识文字；既不识文字，则欲授以学术教法，自有种种困难。然而职业界之杰出者，终不乏粗识文字之人。当事者苟能精选而罗致之，则有用之职业师资，或能济济而出也。此外则有延聘学问家与经验家同室试教一法。当今职业师资缺乏，为其备选者或有学术而无经验，或有经验而无学术，速成之计，莫如合学问家与经验家于一炉而共冶之；既可使之共同试教，又可使之互相补益，则今日之偏材，经数年磨练之后，或能蔚成相当之师资，岂非一举两得哉？然一班二师，所费实巨，况学术经验贵能合一，若分附二人之身，终难免于隔膜。故此计虽有优点，不过为过渡时代权宜之策耳。总之，职业教师最重生利之经验，则养成之法，自宜提其要领，因已有之经验而增长之，方能事半功倍也。

生利主义之职业设备　孔子曰：“工欲善其事，必先利其器。”无利器而能善其事者，吾未之前闻。职业教育又何独不然？

必先有种种设备，以应所攻各业之需求，然后师生乃能从事于生利；否则虽有良师贤弟子，奈巧妇不能为无米之炊何！故无农器不可以教农，无工器不可以教工。医家之教必赖刀圭。画家之教必赖丹青。易言之，有生利之设备，方可以教职业；无生利之设备，则不可以教职业。然职业学校之生利设备可分二种：一、自有之设备；二、利用职业界之设备。但无论设备之为己有，为利用，学生教师莫不可因以生利。故设备虽有己有利用之分，而同为学生教师生利之资则一。余尝游美之麻撒朱赛州（Massachusetts）[2]，视其乡村中学校附设之农业科，多利用学生家中之田园设备，使各生在家实习，命之曰家课（Home Projects）。教员则自御汽车，循环视察，当场施教。农隙则令学生来校习通用之学术。故校中自有之设备，除课堂点缀以外，实属寥寥无几；校外则凡学生足迹所至，皆其所利用之设备。论其成效则不特设备之经费可省，而各家之农业皆藉学生而间接改良之。此盖利用他人生利设备以施职业教育之彰明较著者也。

生利主义之职业课程　职业学校之课程应以一事之始终为一课。例如种豆，则种豆始终一切应行之手续为一课。每课有学理，有实习，二者联络无间，然后完一课，即成一事。成一事再学一事，是谓升课。自易至难，从简入繁，所定诸课，皆以次学毕，是谓毕课。定课程者必使每课为一生利单位，俾学生毕一课，即生一利；毕百课则生百利，然后方无愧于职业之课程。职业课程既以生利为主，则不得不按事施教，欲按事施教，则不得不采用小班制。故欧美之职业实习班至多不满十五人，凡以便生利课程之教授也。不特每课为然，即各课之联络亦莫不以充分生利为枢机。客有学蚕桑者，学成执蚕桑业，终岁生利之期两三月而已，余则闲居坐食，不数年而家计渐困，卒改他业。此能生利而不能充分生利之过也。故职业课程之配置，须以充分生利为标准，事之可附者附教之，事之可兼者兼教之。正业之外，苟能兼附相当之业，则年无废月，月无废日，日无废时矣。此之谓充分之生利。根据此旨以联络各课，是为充分生利之课程。

生利主义之职业学生　　有生利之师资设备课程，遂足以尽职业教育之能事乎？曰，未也。学生择事不慎，则在校之时，学不能专；出校之后，行非所学。其弊也：学农者不归农，学商者不归商。吾国实业教育之所以鲜成效，固由于师资设备课程之不宜于生利，然其学生择业之法之不当，亦其一因也。大凡选择职业科目之标准，不在适与不适，而在最适与非最适。所谓最适者有二：一曰才能；二曰兴味。吾人对于一业，才能兴味皆最高，则此业为最适；因其最适而选之，则才能足以成事，兴味足以乐业，将见学当其性，用当其学，群与我皆食无穷之益矣。故能选最适之业而学者，生大利不难，岂仅生利已哉！择业不当，则虽居学习生利之名，而究其将来之生利与否，仍未可必。故欲求学业者归业，必先有精选职业之方法。方法维何？曰，职业试习科是也。职业试习科包含农工商及其他业之要事于一课程，凡学生皆使躬亲历试之。试习时期可随遇伸缩，多至半载，少至数星期皆可。但试习之种种情形，必与真职业无异，始可试验学生之真才能真兴味。一参假面具则试验科之本旨失矣。试习之后，诸生于各业之大概既已备尝，再择其最有才能最有兴味之一科专习之。彼其选择既根本于才能兴味，则学而安焉，行而乐焉，其生利之器量，安有不大者哉？

结论　　职业学校，有生利之师资、设备、课程，则教之事备；学生有最适之生利才能兴味，则学之事备。前者足以教生利，后者足以学生利。教与学咸得其宜，则国家造就一生利人物，即得一生利人物之用，将见国无游民，民无废才，群需可济，个性可舒，然后辅以相当分利之法，则富可均而民自足矣。故职业教育之主义在是，职业教育之责任在是，余之希望于教育家之采择试行者亦莫不在是。谨贡一得，聊献刍尧，幸垂教焉。

《教育与职业》第1卷第3期（1918年11月3日）

注释

〔1〕本社　系指中华职业教育社。我国近代著名的职业教育团体，1917年在上海成立，主要负责人为黄炎培等。陶当时为该社特别会员。

〔2〕麻撒朱赛州　通译马萨诸塞州（Massachusetts），美国东北部的州名。旧译又称麻省。

教学合一

现在的人叫在学校里做先生的为教员，叫他所做的事体为教书，叫他所用的法子为教授法，好像先生是专门教学生些书本知识的人。他似乎除了教以外，便没有别的本领；除书之外，便没有别的事教。而在这种学校里的学生，除了受教之外，也没有别的功课。先生只管教，学生只管受教，好像是学的事体，都被教的事体打消掉了。论起名字来，居然是学校；讲起实在来，却又像教校。这都是因为重教太过，所以不知不觉的就将他和学分离了。然而教学两者，实在是不能分离的，实在是应当合一的。依我看来，教学要合一，有三个理由：

第一，先生的责任不在教，而在教学，而在教学生学。大凡世界上的先生可分三种：第一种只会教书，只会拿一本书要儿童来读他，记他，把那活泼的小孩子做个书架子、字纸篓。先生好像是书架子、字纸篓之制造家，学校好像是书架子字纸篓的制造厂。第二种的先生，不是教书，乃是教学生；他所注意的中心点，从书本上移在学生身上来了。不像从前拿学生来配书本，现在他拿书本来配学生了。他不但是要拿书本来配学生，凡是学生需要的，他都拿来给他们。这种办法，固然比第一种好得多，然而学生还是在被动的地位，因为先生不能一生一世跟着学生。热心的先生，固想将他所有的传给学生，然而世界上新理无穷，先生安能尽把天地间的奥妙为学生一齐发明？既然不能为学生一齐发明，那他所能给学生的，也是有限的，其余还是要学生自己去找出来的。况且事事要先生传授，既有先生，何必又要学生呢？所以专拿现成的材料来教学生，总归还是不妥当的。那么，先生究竟应该怎样子才好？我以为好的先生不是教书，不是教学生，乃是教学生学。教学生学有什么意思呢？就是把教和学联络起来：一方面要先生负指导的责任，一方面要学生负学习的责任。对于一个问题，不是要先生拿现成的解决方法来传授学生，乃是要把这个解决方法如何找来的手续程序，安排停当，指导他，使他以最短的时间，经过相类的经验，发生相类的理想，自己将这个方法找出来，并且能够利用这种经验理想来找别的方法，解决别的问题。得了这种经验理想，然后学生才能探知识的本源，求知识的归宿，对于世界一切真理，不难取之无尽，用之无穷了。这就是孟子所说的“自得”，也就是现今教育家所主张的“自动”。所以要想学生自得自动，必先有教学生学的先生。这是教学应该合一的第一个理由。

第二，教的法子必须根据于学的法子。从前的先生，只管照自己的意思去教学生；凡是学生的才能兴味，一概不顾，专门勉强拿学生来凑他的教法，配他的教材。一来先生收效很少，二来学生苦恼太多，这都是教学不合一的流弊。如果让教的法子自然根据学的法子，那时先生就费力少而成功多，学生一方面也就能够乐学了。所以怎样学就须怎样教：学得多，教得多；学得少，教得少；学得快，教得快；学得慢，教得慢。这是教学应该合一的第二个理由。

第三，先生不但要拿他教的法子和学生学的法子联络，并须和他自己的学问联络起来。做先生的，应该一面教一面学，并不是贩买些知识来，就可以终身卖不尽的。现在教育界的通病，就是各人拿从前所学的抄袭过来，传给学生。看他书房里书架上所摆设的，无非是从前读过的几本旧教科书；就是这几本书，也还未必去温习的，何况乎研究新的学问，求新的进步呢？先生既没有进步，学生也就难有进步了。这也是教学分离的流弊。那好的先生就不是这样，他必定是一方面指导学生，一方面研究学问。如同柏林大学包尔孙先生（Fr. Paulsen）说：“德国大学的教员，就是科学家。科学家就是教员。”德国学术发达，大半靠着这教学相长的精神。因为时常研究学问，就能时常找到新理。这不但是教诲丰富，学生能多得些益处，而且时常有新的材料发表，也是做先生的一件畅快的事体。因为教育界无限枯寂的生活，都是因为当事的人封于故步，不能自新所致。孔子说：“学而不厌，诲人不倦。”真是过来人阅历之谈。因为必定要学而不厌，然后才能诲人不倦；否则年年照样画葫芦，我却觉得有十分的枯燥。所以要想得教育英才的快乐，首先要把教学合而为一。这是教学应该合一的第三个理由。

总之：一、先生的责任在教学生学；二、先生教的法子必须根据学的法子；三、先生须一面教一面学。这是教学合一的三种理由。第一种和第二种理由是说先生的教应该和学生的学联络；第三种理由是说先生的教应该和先生的学联络。有了这样的联络，然后先生学生都能自得自动，都有机会方法找那无价的新理了。

《时报·教育周刊·世界教育新思潮》第1号（1919年2月14日）

试验主义与新教育（节选）

《说文》："新，取木也。"木有取去复萌之力，故新有层出不已之义。新教育与旧教育之分，其在兹乎？夫教育之真理无穷，能发明之则常新，不能发明之则常旧。有发明之力者虽旧必新，无发明之力者虽新必旧。故新教育之所以新，旧教育之所以旧，亦视其发明能力之如何耳。发明之道奈何？曰，凡天下之物，莫不有赖于其所处之境况。境况不同，征象有异。故欲致知穷理，必先约束其境况而号召其征象，然后效用乃见。此试验之精神，近世一切发明所由来也。彼善试验者，设统系，立方法，举凡欲格之物，尽纳之于轨范之中：远者近之，微者大之，繁者简之，杂者纯之，合者析之，分者通之，多方以试之，屡试以验之，更较其异同，审其消长，观其动静，察其变化，然后因果可明而理可穷也。例如试验甲乙二教授法之优劣，则必将试验时之一切情形归为一致。盖必先一其教师，一其教材，一其设备，一其时间，一其地方，而所教之学生，又须年龄等，男女等，家境等，程度等，然后施以各异之教法，乃可知结果之攸归；屡试而验，然后二法之优劣，乃可得而发明焉。

（略）

……故欲求常新之道，必先有去旧之方。试验者，去旧之方也。盖尝论之，教育之所以旧者五，革而新之，其惟试验。所谓五旧者何？

一曰依赖天工　彼依赖天工者，待天垂象，俟物示征，成败利钝，皆委于气数。究其利弊，则以有限之时间，逐不可必得之因果，是役于物而制于天也，安得不为所困哉？困即无自新之力矣。苟或有之，或出于偶然。即有常矣，或所示者吝，吾又安能穷其极而启其新耶？荀子曰："大天而思之，孰与物畜而制之！从天而颂之，孰与制天命而用之！因物而多之，孰与骋能而化之！思物而物之，孰与理物而勿失之也！"此数语，可谓中试验精神之窍要矣。盖善试验者，役物而不为物所役，制天而不为天所制。惟其以人力胜天工，故能探其奥蕴，常保其新焉。

二曰沿袭陈法　彼泥古之人，以仍旧贯为能事。行一事，措一词，必求先例。有例可援，虽害不问；无例可援，虽善不行。然今昔时势不同，问题亦异。问题既异，方法当殊。故适于昔者，未必适于今。徒执古人之成规以解决今之问题，则圆枘方凿，不能相容，何能求其进步也？故欲求教育刷新进步，必先有试验，以养成其自得之能力。能自得，始能发明；能发明，则陈法自去，教育自新矣。

三曰率任己意　教育为一种专门事业，必学焉而后成。然从事教育之人，偏欲凭一己一时之意，以定进行之趋向。故思而不学，凭空构想者有之；一知半解，武断从事者有之；甚至昧于解决，以不了了之者亦有之。空想则无新可见；武断则绝自新之路；不了了之，则直无新之希望矣。欲救斯弊，必使所思者皆有所凭，所断者皆有所据。困难之来，必设法求所以解决之，约束之，利用之。凡此皆试验之道也。

四曰仪型他国　今之号称新人物者，辄以仪型外国制度为能事，而一般人士，见有能仪型外人者，亦辄谓新人物。虽然，彼岂真能新哉？夫一物之发明，先多秘密。自秘密以迄于公布，须历几何时？自公布以迄于外传，又须历几何时？况吾所仪型者，或出于误会，以误传误，为害非浅。即得其真相而转辗传述，多需时日。恐吾人之所谓新者，他人已以为旧矣。不特此也，中外情形有同者，有不同者。同者借镜，他山之石，固可攻玉。不同者而效焉，则适于外者未必适于中。试一观今日国中之教育，应有而无，应无而有者，在在皆是。此非仪型外国之过欤？若能实行试验，则特别发明，足以自用。公共原理，足以教人。教育之进步，可操左券矣。

五曰偶尔尝试　当一主义发生之时，必有人焉慕其美名而失其真意。其弊也，愈近似而愈乱真。乃时人不察，误认试验为尝试。计划不确，方法无定，朝令暮改，偶尔尝试。惟其尝试，故新犹未出，已中途而废矣。彼真试验者，则不然。必也有计划，有方法，视阻力为当然，失败为难免，具百折不回之气概，再接再厉之精神。其成败虽未可必，然世界实由此而进步，教育亦由此而进步。此岂持尝试之见者所可能哉！

既能塞陈旧之源，复能开常新之道，试验之用，岂不大哉！推类至尽，发古人所未发，明今人所未明，皆试验之责任也。吾国数千年来相传不绝之方法，惟有“致知在格物”一语，然格物之法何在，晦庵与阳明各持一说。晦翁以“即物穷理”释之，近矣。然而即物穷理，又当用何法乎？无法以即物穷理，则物仍不可格，知仍不可致。阳明固尝使用即物穷理者也。其言曰：“初年与钱友同论做圣贤，要格天下之物……因指亭前竹子，令去格看。钱子早夜去穷格竹子的道理，竭其心思，至于三日，便致劳神成疾。当初说他这时精力不足，某因自去穷格，早夜不得其理，到七日亦以劳思致疾。……及在夷中三年，颇见得此意思，乃知天下之物，本无可格者；其格物之功，只在身心上做。”类此者皆坐格物不得其法之弊也。假使阳明更进一步，不责物之无可格，只责格之不得法，兢兢然以改良方法自任，则近世发明史中，吾国人何至迄今无所贡献？然亡羊补牢，未为晚也。全国学者，苟能尽刷其依赖天工、沿袭旧法、仪型外国、率任己意、偶尔尝试之旧习，一致以试验为主，则施之教育而教育新，施之万事而万事新，未始非新国新民之大计也。不然，若以应时为尽新之能事，则彼所谓旧教育者，当时亦尝为新教育也。而今之新教育，又安知其他日之不或旧耶？

《新教育》第1卷第1期（1919年2月）

普露士教育之基本改革

欧战之后，各国教育都有改革的趋势。但是，其中改革最大最速的莫过于德国，而德国联邦中尤以普露士[1]的教育改革，为最有研究的价值。

普露士为德国联邦的领袖，有土地二十万八千七百八十英方里，战前有人民四十兆十六万五千余人，土地、人民约占德国全国三分之二。所以他的政治和教育，足为全国的代表。

教育和政治最有密切的关系。若欲明白普露士教育上的改革，必须先明白现在普国掌政权的是什么人。德国自从拉撒尔[2]（Lassalle）、马克思（Marx）提倡社会主义以来，五六十年间，社会民主党（Social Democrats）就逐渐膨胀，到一九一二年众议院（Reichstag）选举，该党共得四百二十五万票，占全国总票数三分之一。以票数论，已为德国最大的政党。不过，碍于选举法的限制，选举的人虽多，而被选举的人实少，终不得操纵政权。但是大战争以后，君主推翻，限制全消，社会民主党就一跃而为全国政治的中枢。所以，现在掌普露士国政的，就是社会民主党人。社会民主党所主张的有四大端：一，共和的政治；二，安全的社会；三，建设的法律；四，职业的自由。他们所最反对的，第一是君主，第二是武力，第三是宗教的专制。普国新政府的教育部总长赫尼禧（Herr Hänisch），就根据这几种主义，宣布教育政策三十二条。现在就其主要的讨论一番：

（一）关于教育宗旨上的改革　　从前普国的教育宗旨，是要养成畏神、自立、爱国的顺民。所谓 God-fearing，selfsupporting， patriotic subject 就是。新政府成立后，就把这个宗旨打消，一面提倡平民主义，一面脱离宗教的束缚。

（二）关于教育行政上的改革　普国的中央教育行政，素与宗教行政并在一处，都是归宗教教育部（Ministerium für Geistlichen und Unterrichtsangelegenheiten）管辖。到去年新政府成立，就设文化部（Kultur Ministerium），专司教育行政事宜。部中最重要职员六人，皆由社会党员充任，这是关于中央教育行政的改革。至于地方教育行政，也有一个很大的变动。普国地方教育，很受宗教的影响。中世纪的时候，教育的权柄都操在宗教师手里。后来他们的势力，虽然渐渐减少，然而除了大城之外，宗教师仍然有视察教育的权柄。此次新政府成立，就要把这个权柄收回。一切视察，归有经验的专家主持。这是关于地方教育行政的改革。

（三）关于学校组织上的改革　普国新政府对于学校组织上，也有两种主要的改革。第一种就是多设统一学校（Einheitschule）。从前，普国根据于阶级制度，小学有两种：一种为 Volkschule〔3〕，专收〔为〕平民的子弟而设。进了四年之后，就不能转学。八年毕业之后，就永远不能上进。又一种为 Vorschule〔4〕，专收贵族及富绅的子弟。由此毕业，可以自由上达。有了这种不平等的教育，所以社会的阶级更分高下了。这是要设统一学校的第一个缘故。此外又有那复杂的中学制度，有六年毕业的，有九年毕业的，有重古文的，有重实科的。中学的本体，既不一致，而与小学又不充分联络。所以，当时曾有设立统一学校的主张，使有才者都能向上。但是，这种办法，很触君主贵族的忌讳。不久就为柏林会议所取消。到新政府成立的时候，又把这个问题提起来，要厉行推广统一学校。凡根据阶级的学校，一律取消，这可算是共和教育的一个大胜战。关于学校组织上的第二种改革，就是男女同学问题。大战之前，普国小学学生中，男女同学的占总数三分之二，其余三分之一，都是男女分学的。因为普国风俗很不赞成男女同学，天主教徒更加反对。所以学生数多，可以分教的时候，男女都是分教的。小学如此，中学以上是更不必说了。但是，此次新政府成立后，就把限制男女同学的条件取消了。

（四）关于教员上的改革 从前宗教不甚自由，教员往往有教授宗教的义务。新政府以为这种办法，有违宗教自由的精神，就规定教员非自愿不得强令教授宗教。国体未改之前，全国人民有二年军役之义务。教员得减至一年，新政府把这一年也完全免去。从前校长权大，一切校事，教员能够参与的地方很少。新政府特给他们参与校务的权柄，并许他们组织教员同盟（Teachers Union）。大学以上学校，则注重学问自由，使教员得以自由发表意见。又为优待教员起见，特添设班次，减少每班学生名额，使从战场上回来的教员可以安身。这都是普国新政府体恤教员的好意。

（五）关于课程上的改革 关于课程上，普国新政府有三种主要的改革。第一，是关于德育的：普国从前和英国一样，把宗教一门，列入正课中，但是没有英国那样的统一。所以，天主教徒有天主教徒的主张，耶稣教徒有耶稣教徒的主张。甚至于教科书也是各色各样的：有天主教的教科书，也有耶稣教的教科书。耶稣教势力圈内的公立学校，不用天主教发行的教科书；天主教势力圈内的公立学校，不用耶稣教发行的教科书。大家分门别户，各是其是。新政府主张宗教和教育分立，所以就把宗教一科，不列入正课，以修身代之。如有宗教师要加授宗教，亦可给他相当的时间从事教授，却不得举行考验，以别于正课。第二，是关于体育的：从前厉行军国民主义的时候，体育一门，很注重兵操。现在政府主张一律废除兵操。第三，就是关于社会主义的：从前政府对于社会主义，没有一处不加以限制，所以不能自由研究发表。新政府既为社会党所组织，就主张在大学校内添设社会主义一科，以资研究。

（六）关于社会教育上的改革 美国前驻德白大使，说德国有三宝，其一就是公共戏园。新政府对于社会教育上的第一件事，就是把戏园收归国有。一切皇家戏园都改为国立戏园，皇家乐会都改为国立乐会。将来积极进行社会教育，必更有可观了。

我们大家知道，普露士的教育是最重军国民主义的、阶级制度的。这回大战，把这种教育制度都打破了。最重军国民主义的、阶级制度的学校，一变为平民的共和的学校，岂不是世界的一个大大的幸福么？现在这军国阶级主义的祸根，既然为一阵狂风拔得干干净净，我很希望他在东亚的枝叶，不久也就要凋落了；我更希望当这军国、阶级两主义凋落的时候，那抄袭德国精神的国家，也能回心转意，培植那平民主义的教育，使他能够开花结果，为东亚放一异彩。

《新教育》第1卷第2期（1919年3月）

注释

〔1〕普露士　通译普鲁士（Prussia），是德意志诸联邦中的中心邦。

〔2〕拉撒尔　通译拉萨尔（Lassalle，1825—1864）。德国工人运动中机会主义派别的领袖。

〔3〕Volkschule　德文，意为国民学校。

〔4〕Vorschule　德文，意为幼儿学校。

试验教育的实施

试验主义与新教育的关系，在第一期《新教育》[1]月刊上已经论过。现在所要继续研究的问题，就是怎样将这试验的教育实行出去。照我看来，建设试验的教育，约有四种主要办法。

（一）应该注意试验的心理学　心理学是一切教学方法的根据，要想在教学上求进步，必须在心理学上注重试验。现在中国各级师范学校所教的心理学，不是偏重书本的知识，就是偏重主观的研究。推其结果，不独没有发明，就是所教所学的，也是难于明了。所以现在第一件要事，就须提倡试验的心理学。大学校的教育科和高等师范学校，都应当设备相当的心理学仪器。至于初级师范学校，也应当拣那必不可少的设备起来，使教员学生都有试验的机会。心理学有了试验，然后那依据心理的教育也就不致蹈空了。

（二）应该设立试验的学校　我们现在所有的学校，大概都是按着一定的格式办的，目的有规定，方法有规定。变通的余地既然很少，新理安能发现？就以师范学校的附属学校而论，有为实地教授设的，也有为模范设的，但为试验教育原理设的，简直可以说没有。所以全国实行的课程、管理、教学、设备究竟是否适当，无人过问，也无从问起。为今之计，凡是师范学校及研究教育的机关，都应当注重实验的附属学校；地方上也应当按着特别情形，选择几个学校，做试验的中心点。不过试验的时候，第一要得人，第二要有缜密的计划。随便什么学校，如果合乎这两个条件，就须撤消一切障碍，使它得以自由试验。如不得其人，又无缜密的计划，那仍是轻于尝试，不是真正的试验了。

（三）应当注意应用统计法　　教育的原则，不是定于一人的私见，也不是定于一事的偶然。发明教育原理的，必须按着一个目的，将千万的事实征集起来，分类起来，表列起来，再把他们的真相关系一齐发现起来，然后乃能下他的判断。这种方法，就叫做统计法。试验教育是个很繁杂的事体，有了这种方法，才能以简御繁。所以统计法是辅助试验的一种利器，也是建设新教育的一种利器。研究教育的人，果能把这个法子学在脑里，带在身边，必定是受用无穷的。所以研究教育的机关，就须按着程度的高下，加入相当分量的统计法，列为正课，使那从事研究的人，能得一个操纵事实的利器。

（四）应该注重试验的教学法　　试验的教学法，有一个最要之点，这要点就是如何养成学生独立思想的能力。现在通用的方法，只是赫尔巴的五段教授[2]，总嫌他过于偏重形式。最好是把杜威的思想分析拿来运用。按照杜威先生的意思，第一，要使学生对于一个问题处在疑难的地位；第二，要使他审查所遇见的究竟是什么疑难；第三，要使他想办法解决，使他想出种种可以解决这疑难的方法；第四，要使他推测各种解决方法的效果；第五，要使他将那最有成效的方法试用出去；第六，要使他审查试用的效果，究竟能否解决这个疑难；第七，要使他印证，使他看这试用的法子，是否屡试屡验的。这几种方法，只是一套手续。有了这个方法，再加些应有的设备，必能养成学生一种试验的精神。

上面所举的四种方法当中，前三种是改造教育家应有的手续。他们的目的在使担任教育事业的人，得了一种精神方法，能够发明教育的原理。第四种是改造国民应有的手续。他的目的在使普通国民，得了一种精神方法，能够随时、随地、随事去做发明的工夫。总而言之，会试验的教育家和会试验的国民都是试验教育所要养成的。

《时报·教育周刊·世界教育新思潮》第8号（1919年4月14日）

注释

〔1〕《新教育》 旧中国教育月刊。1919年2月由新教育共进社创办，1921年改由中华教育改进社主办，1925年10月停办。首任主干（主编）为蒋梦麟。自4卷1期起，即由陶行知担任主干。陶行知对该刊的内容和形式作了大力改进，使该刊成为当时国内教育界的权威性杂志。

〔2〕赫尔巴 通译赫尔巴特，德国近代哲学家、心理学家、教育家。五段教授，通译五段教学法。

第一流的教育家*

我们常见的教育家有三种：一种是政客的教育家，他只会运动，把持，说官话；一种是书生的教育家，他只会读书，教书，做文章；一种是经验的教育家，他只会盲行，盲动，闷起头来，办……办……办。第一种不必说了，第二、第三两种也都不是最高尚的，依我看来，今日的教育家，必定要在下列两种要素当中得了一种，方才可以算为第一流的人物。

（一）敢探未发明的新理　　我们在教育界做事的人，胆量太小，对于一切新理，小惊大怪。如同小孩子见生人，怕和他接近。又如同小孩子遇了黑房，怕走进去。究其结果，他的一举一动，不是乞灵古人，就是仿效外国。也如同一个小孩子吃饭、穿衣，都要母亲帮助，走几步路，也要人扶着，真是可怜。我们在教育界任事的人，如果想自立，想进步，就须胆量放大，将试验精神，向那未发明的新理贯射过去；不怕辛苦，不怕疲倦，不怕障碍，不怕失败，一心要把那教育的奥妙新理，一个个的发现出来。这是何等的魄力，教育界有这种魄力的人，不愧受我们崇拜！

（二）敢入未开化的边疆　　从前的秀才以为，“不出门能知天下事”。久而久之，“不出门”就变做“不敢出门”了。我们现在的学子，还没有解脱这种风气。试将各学校的《同学录》拿来一看，

---

* 本篇在收入作者自编论文集《中国教育改造》时，曾将此文中的：“在这些地方，究竟是谁的山河？究竟是谁的同胞？教育保国究竟是谁的责任？”删缩成：“这些地方的教育，究竟是谁的责任？”

毕业生多半是在本地服务，那在外省服务的，已经不可多得，边疆更不必说了。一般有志办学的人，也专门在有学校的地方凑热闹，把那边疆和内地的教育，都置在度外。推其原故，只有一个病根，这病根就是怕。怕难，怕苦，怕孤，怕死，就好好的埋没了一生。我们还要进一步看，在这些地方，究竟是谁的山河？究竟是谁的同胞？教育保国究竟是谁的责任？要晓得，国家有一块未开化的土地，有一个未受教育的人民，都是由于我们没尽到责任。责任明白了，就放大胆量，单身匹马，大刀阔斧，做个边疆教育的先锋，把那边疆的门户，一扇一扇的都给他打开。这又是何等的魄力！有这种魄力的人，也不愧受我们崇拜。

敢探未发明的新理，即是创造精神；敢入未开化的边疆，即是开辟精神。创造时，目光要深；开辟时，目光要远。总起来说，创造、开辟都要有胆量。在教育界，有胆量创造的人，即是创造的教育家；有胆量开辟的人，即是开辟的教育家，都是第一流的人物。大丈夫不能舍身试验室，亦当埋骨边疆尘，岂宜随便过去！但是这种人才，究竟要到什么时候才能出现？究竟要由什么学校造就？究意要用什么方法养成？可算是我们现在最关心的问题。

《时报·教育周刊·世界教育新思潮》第9号（1919年4月21日）

新　教　育*

今天得有机会，诸同志共聚一堂，研究教育，心中愉快得很。现在把关于新教育上各项要点，略些谈谈。

（一）新教育的需要　　我们现在处于二十世纪新世界之中，应该造成一个新国家，这新国家就是富而强的共和国。怎样能够造成这新国家呢？固然要有好的领袖去引导平民，使他们富，使他们强，使他们和衷共济；但是虽有好的领袖，而一般平民不晓得那个领袖是好的，那个领袖是不好的，也是枉然。所以现在所需要的，是一种新的国民教育，拿来引导他们，造就他们，使他们晓得怎样才能做成一个共和的国民，适合于现在的世界。举例来说：有一个后母给她的儿子洗澡，所用的水，时而太冷咧，时而太热咧，这就是不能合着他儿子的需要。我们所研究的新教育，不应该犯这个毛病，一定要合于现在所需要的。

（二）新教育的释义　　先说“新”字是什么意思？某处人家因为要请客，一切设备家伙，都去向别家借用，用过之后，就去还了。这是客来则新，客去便旧了，不得为根本的新。我们中国的教育，倘若忽而学日本，忽而学德国，忽而学法国、美国，那是终究是无所适从。所以新字的第一个意义要“自新”。今日新的事，到了明日未必新；明日新的事，到了后日又未必新。即如洗澡，一定要天天洗，才能天天干净。这就是日日新的道理。所以新字的第二

---

* 本篇系演讲记录。1919 年 7 月 22 日，陶行知在浙江省立第一师范毕业生讲习会上发表演讲。记录者为李宗武、洪鋆。

个意义要“常新”。又，我们所讲的新，不单是属于形式的方面，还要有精神上的新。这样才算是内外一致，不偏不畸。所以新字的第三个意义要“全新”。

次说“教育”是什么东西？照杜威先生说，教育是继续经验的改造（Continuous reconstruction of experience）。我们个人受了周围的影响，常常有变化，或是变好，或是变坏。教育的作用，是使人天天改造，天天进步，天天往好的路上走；就是要用新的学理、新的方法，来改造学生的经验。

（三）新教育的目的　这目的可分两项来说明：第一对于天然界，要使学生有利用他的能力。例如，我们要使光线入室不须空气的时候，就要用玻璃窗。照这样把所有一切光、电、水、空气等，都要被我们操纵指挥。现在中国和外国物质文明的高下，都从这利用天然界能力的强弱上分别出来的。然而其中也有危险的地方，如造出许多杀人的物，扰乱世界，是万万不可的。所以第二项目的，是对于群界要讲求共和主义，使人人都能自由守着自己的本分去做各种事业。一方面利用天然界，一方面谋共同幸福。可说一句，新教育的目的，要养成这种能力，再概括说起来，就是要养成“自主”、“自立”和“自动”的共和国民。自主的就是要做天然界之主，又要做群界之主。即如选举卖票一事，卖和不卖，到底由自己的主张。果能自主的人，富贵不淫，贫贱不移，威武不屈，人家有什么法子对付他呢？至于自立的人，在天然界群界之中，能够自衣自食，不求靠别人。但是单讲自立，不讲自动，还是没有进步，还是不配做共和国民的资格。要晓得专制国讲服从，共和国也讲服从，不过一是被动的，一是自动的。这就是他们的分别了。

（四）新教育的方法　此番我从南京到上海，再从上海到嘉兴，一直到杭州来，有种种的方法，或是走，或是坐船，或是坐火车，或是坐飞艇。在这几种方法之中，那几种是较好，那一种是最好，而且那一种是最快，这便是方法的考究。要考究这个方法，下列的几条，应该注意的：

（甲）符合目的　杀鸡用鸡刀，杀牛用牛刀，这就是适合的道理；教育也要对着目的设法。现在学校里有兵操一门，是为了养成国民有保护国家的能力而设的。但是照这样“立正”、“开步”的练习，经过几年之后，能否达到应战之目的，却须要研究的。

（乙）依据经验　怎样做的事，应当怎样教。譬如游水的事，应当到池沼里去学习，不应当在课堂上教授。倘若只管课堂的教授，不去实习，即使学了好几年，恐怕一到池里，仍不免要沉下去的。各种知识有可以从书上求的，不妨从书上去得来；有不可以从书上求的，那应该从别处去得他了。

（丙）共同生活　在学校中不能共同做事，一到社会也是不能的。所以要国民有共和的精神，先要学生有共和的精神；要学生有共和的精神，先要使他有共同的生活，有互助的力量。

（丁）积极设施　教人勿赌博，勿饮酒，这都是消极的禁止。至于积极的办法，要使他们时常去做好的事情，没有机会去做那坏的事情。在学校之中，常常有正当的游戏运动，兴味很好，自然没有工夫去做别的坏事了。

（戊）注重启发　在学校里并非一面教人，一面受教，就算了事。要使学生的精神意志和能力，渐渐的发育成长。孔子说“不愤不启，不悱不发”，我更要进一步说，使他不得不愤，使他不得不悱。杜威先生也说，教学生的法子，先要使他发生疑问；查出他疑难的地方，使他想种种方法，去解决这个问题；从这些方法之中，选出顶有成效的法子，去试试看对不对。如其不对，就换法子；如其对了，再去研究一下。照这方法来解释同类的问题和一切的问题。所以现在的时候，那海尔巴脱〔1〕的五段教授法等，觉着不大适用了。

（己）鼓励自治　这便是教学生对于学问方面或道德方面，都要使他能够自治自修。

（庚）全部发育　身体和精神，要全体顾到，不可偏于一面。譬如在体育上，耳目口鼻手足，统要使他健全；在智育上，既要使他自知，又要使他能够利用天然界的事物；在德育上，公德和私德，都不可欠缺的。

（辛）唤起兴味　学生有了兴味，就肯用全副精神去做事体，所以“学”和“乐”是不可分离的。学校里面先生都有笑容，学生也有笑容。有些学校，先生板了脸孔，学生都畏惧他，那是难免有逃学的事了。所以设法引起学生的兴味，是很要紧的。

（壬）责成效率　凡做一事，要用最简便、最省力、最省钱、最省时的法子，去收最大的效果。做这件事，用这个方法，在一小时所收的效果是这样，用别个方法止须十分钟或五分钟，就有这样的效果，那后法就比前法为胜了。照此把时间、精力、金钱和效果的比较选择，可以得出一个最好的法子。

以上所讲，都是新教育上普通的说明。至于新教育对于学校课程等的设施和教员学生应当怎样的情形，休息几分钟再讲。

新学校　学校是小的社会，社会是大的学校。所以要使学校成为一个小共和国，须把社会上一切的事，拣选他主要的，一件一件的举行起来。不要使学生在校内是一个人，在校外又是一个人。要使他造成共和国民的根基，须在此练习。对于身体方面、道德方面、政治方面，凡国民所不可不晓得的，都要使他晓得，那学校便成为具体而微的社会了。我国学校的弊病，不但在与社会相隔绝，而且学校里面，全以教员做主，并不使学生参与。要晓得一社会里的事务，该使大家知道的，就该大家参与；该使少数领袖管理的，就该少数领袖参与。这样不靠一人，也不靠少数人，使每个学生、每个教员，晓得这个学校是我的学校，肯与学校同甘苦，那才是共和国社会里的真学校。

新学生　“学”字的意义，是要自己去学，不是坐而受教。先生说什么，学生也说什么，那便如学戏，又如同留声机器一般了。“生”字的意义，是生活或是生存。学生所学的是人生之道。人生之道，有高尚的，有卑下的；有片面的，有全部的；有永久的，有一时的；有精神的，有形式的。我们所求的学，要他天天加增的，是高尚的生活，完全的生活，精神上的生活，永久继续的生活。进一步说，不可学是学，生是生，要学就是生，生就是学。求学的事，是为预备后来的生存呢？还是现在的生存，就是全体生活的一部分呢？既然晓得教育是继续经验的改造，那么对于天然界和群界，自然受他的影响，天天变动，就是天天受教育，差不多从出世到老，与人生为始终的样子。你那一天生存不是学？你那一天学不是生存呢？孔子到了七十岁，方才从心所欲不逾矩，他是一步一步上进的。凡改变我们的，都是先生；就是我们自己都是学生。以前只有在学校里的是学生，一到家里就不是学生；现在都做社会的学生，是从根本上讲，来得着实，不至空虚。虽出校门，仍为学生，就是不出于教育的范围。所以每天的一举一动，都要引他到最高尚、最完备、最能永久、最有精神的地位，那方才是好学生。

新教员 新教员不重在教，重在引导学生怎么样去学。对于教育，第一，要有信仰心。认定教育是大有可为的事，而且不是一时的，是永久有益于世的。不但大学校高等学校如此，即使小学校也是大有可为的。夫勒培尔〔2〕研究小学教育，得称为大教育家。做小学教师的，人人有夫氏的地位，也有他的能力；止须承认，去干就能成功，又如伯斯塔罗齐〔3〕、蒙铁梭利〔4〕都从研究小学教育得名，即如杜威先生，也是研究小学教育的。这都是实在的事，并非虚为赞扬。我从前看见一个土地庙面前对联上，有一句叫“庙小乾坤大”，很可以来比。况我们学校虽小，里头却是包罗万有。做小学教员的，万勿失此机会，正当做一番事业。而且这里头还有一种快乐——照我们自己想想，小学校里学生小，房子小，薪水少，功课多，辛苦得很，那有快乐？其实看小学生天天生长大来，从没有知识，变为有知识，如同一颗种子的由萌芽而生枝叶，而看他开花，看他成熟，这里有极大的快乐。照以上两层——做大事业得大快乐——是为一己的，而况乎要造新国家、新国民、新社会，更非此不行嘛！那不信仰这事的，可以不必在这儿做小学教员。一国之中，并非个个人要做这事的，有的做兵，有的做工，有的做官吏……各人依了他的信仰，去做他的事。一定要看教育是大事业，有大快乐，那无论做小学教员，做中学教员，或做大学教员，都是一样的。第二，要有责任心。不但是自己家中的小孩和课堂中的小孩，我应当负责任；无论这里那里的小孩，要是国中有一个人不受教育，他就不能算为共和国民。在美国一百个人之中，有九十几个受教育。中国一百个人之中，只有一个人受教育。而且二十四个学生中，只有一个女学生。我们要从这少数的人，成为多数的人，要用多少年的工夫？非得终身从事不行。况且我们除了二十岁以前，六十岁以后，正当有为之时，没有多少，即使我们自己一生不成，应当代代做去。切不可当教育事业是住旅馆的样子，住了一夜或几夜之后，不管怎么样，就听他去了。那教育事业，还有发达的希望吗？第三，做新教员的要有共和精神。就是不可摆出做官的态度，事事要和学生同甘苦，要和学生表同情，参与到学生里面去，指导他们。第四，要有开辟精神。时候到了现在，不可专在有教育的地方办教育。要有膨胀的力量，跑到外边去，到乡下地方，或是到蒙古、新疆这些边界的地方，要使中国无地无学生。一定要有单骑匹马勇往无前的气概，有如外国人传教的精神，无论什么都不怕，只怕道理不传出去。要晓得现在中国，门户边界的危险，使那个地方的人，晓得共和国的样子，用文化去灌输他，使他耳目熟习，改换他从来的方向，是很要紧的。第五，要有试验的精神。有些人肯求进步，有些人只晓得自划的，除了几本教科书外，没有别的书籍。——诸君已经毕业之后，还在这儿讨论教育，那是最好的。——他人叫我怎样办，我便怎样办，专听上头的命令。要晓得上头的命令，只不过举其大端，其中详细的情形，必定要我们去试验。用了种种方法，有了结果，再去批评他的好坏，照此屡试屡验，分析综合，方才可下断语。倘使专靠外国，或专靠心中所有，那么，或是以不了了之，或是但凭空想，或是依照古老的法子，或是照外国的法子，统是危险的。从前人说“温故而知新”，但是新的法子从外国传到中国，又传到杭州，我们以为新的时候，他们已经旧了。所以，望大家注意，不可不由自己试验，得出真理，方不至于落人之后哩！

新课程　这要从社会和个性两方面讲。从社会这面讲来，要问这课程是否合乎世界潮流，是否合乎共和精神。学了这课程之后，能否在中国的浙江，或是浙江的杭州，做一个有力的国民。更从个性的一面讲来，谁的事教谁，小孩子的事教小孩子，农人的事去教农人，方才能够适合。我且拿学代数来做个例，看这课程，是否为学生所需要。我有一次对学生发问道：“有几多人应用过代数？”那一百人中，止有七八个人举手。又问：“不曾用过代数的人举手！”就有九十几个。后再查考那七八个人所用的东西，止须一星期，至多不过一月，就可教了。照这样看来，我们应该有变通的办法。是否为了七八个人去牺牲那九十几个人？那七八个人，或为天文家，或习工业，或学医生，所用代数，不过百分之一罢了。我们不可以为了一个人，去牺牲九十九个人；也不可以为了九十九个人，去牺牲那一个人。总要从社会全体着想，有否其他有用的东西，未列在课程里？或是有用不着的东西，还列在课程里呢？照这样去取舍才行。

新教材　就教科书一端而论，编书的人，有的做过教员，有的竟没有做过教员。就拿他自己的眼光来做标准，不知道各地方的情形怎么样。用了这种书去教授，那里能适合呢？所以教科书止可作为参考，否则硬依了他，还是没有的好。又有一种讲义，当看作帐簿一般。社会上各种文化风俗，都写在这帐簿上。这帐簿有没有用处，或是正确不正确，须要仔细考查。譬如富翁，虽然将他所有的财产，写在帐簿上，拿来传给他的儿子，若是不去实地指点他，那几处房子或是田地，是我所有，和这帐簿对照一下，他的儿子仍然不晓得底细。也许有几处田地房产，已经卖出；也许有几处买进的，还没有登记上去，总要使他儿子完全明了，那帐簿方才有效。要拿教科书上的情形引导把学生看，或是已经变迁的情形，指点他明白。几年前的朝鲜和现在不同；俄国已经分做十几国，更不可以拿从前的来讲。总要明白实际的事情，因为帐簿是死的，人是活的，要拿帐簿来为我所用，不要将活泼泼的人，为死书所用。要晓得帐簿之外，还有许多文化在那里，要靠教科书是有害的。

新教育的考成　我到店里去要一件东西，他拿了别的东西给我，我就不答应了，怎么我要这件，你偏与我那件呢？教育的事，也是这样。要按照目的去考成，方才不会枉费了精神和财力。譬如从农业、工业或商业学校里毕业出来的学生，有几多人在那里做他应当做的事。若是不问他的结果，一味的办去，正如做母亲的人把他的女儿出嫁，不将他长女出外的情形，来加以参考，以致于第二第三个女儿吃着同样的苦头，这是因为不考成的缘故。

再有几层，我在别处已经讲过，暂且不说。总之，大家觉得要教育普及，先要认定目的。做若干事，须得若干的代价，决不是天然能成功的。即就小孩子而论，美国一人需费四元四角五分，中国每人止有六分。试问没有代价的事，能办得好办不好？但这事人人负有责任。我们做教员的，不但教学生，又要想法子使得社会上的人对于教育认为必要。譬如有钱的人，可以教自己的孩子，同时他邻舍的小孩子，因为没得钱受教育，和这小孩子一块儿玩，就把他带坏了。所以单教自己的儿子，还是不中用的。把这种的情形使他们觉悟，人非木石，断没有一定不信的。虽然有些困难的地方，我们总可以用自己的力量去战胜他的。

《教育潮》第1卷第4期（1919年9月）

注释

〔1〕海尔巴脱　通译赫尔巴特。德国教育家、心理学家、哲学家。

〔2〕夫勒培尔　通译福禄培尔。德国学前教育家。

〔3〕伯斯塔罗齐　通译裴斯泰洛齐。瑞士教育家。

〔4〕蒙铁梭利　通译蒙台梭利（Maria Montessori，1870—1952）。意大利女教育家。

学生自治问题之研究

近世所倡的自动主义[1]有三部分：一、智育，注重自学；二、体育，注重自强；三、德育，注重自治。所以，学生自治这个问题，是自动主义贯彻德育的结果，是我们数千年来保育主义、干涉主义、严格主义的反应，是现在教育界一个极重要的问题。这个问题，包含甚广。我们要问学生应否有自治的机会？如果应该自治，我们又要问学生自治究竟应有几多大的范围？学生应该自治的事体，究竟有那几种？规定学生自治的范围，又应有何种标准？施行学生自治，又应用何种方法？这几个问题，都是我们所要研究的。总起来说，就是学生自治问题。

学生自治是什么　　凡是讨论一种问题，必先要明白问题的性质和它的意义。性质和意义不明了，就不免起人误会。这篇所讨论的学生自治，有三个要点：第一，学生指全校的同学，有团体的意思；第二，自治指自己管理自己，有自己立法、执法、司法的意思；第三，学生自治与别的自治稍有不同，因为学生还在求学时代，就有一种练习自治的意思。把这三点合起来，我们可以下一个定义："学生自治是学生结起团体来，大家学习自己管理自己的手续。"从学校这方面说，就是"为学生预备种种机会，使学生能够大家组织起来，养成他们自己管理自己的能力"。

依这个定义说来，学生自治，不是自由行动，乃是共同治理；不是打消规则，乃是大家立法守法；不是放任，不是和学校宣布独立，乃是练习自治的道理。

学生自治的需要　　今日的学生，就是将来的公民；将来所需要的公民，即今日所应当养成的学生。专制国所需的公民，是要他们有被治的习惯；共和国所需的公民，是要他们有共同自治的能力。中国既号称共和国，当然要有能够共同自治的公民。想有能够共同自治的公民，必先有能够共同自治的学生。所以从我们国体上看起来，我们学校一定要养成学生共同自治的能力，否则不应算为共和国的学校。这是第一点。

当今平民主义的潮流，来势至为猛烈，受过它的影响的人，都想将一切的束缚尽行解脱。这固然有他的好处，不过也有他的危险。好处在那里？大家从此可以充分发挥个人的精神，促进人群的进化。危险在那里？束缚既然解脱，未必人人能够约束自己的欲望，操纵自己的举止，一旦精神能力向那坏处发泄，天下事就不可为了。一国当中，人民情愿被治，尚可以苟安；人民能够自治，就可以太平；那最危险的国家，就是人民既不愿被治，又不能自治。所以当这渴望自由的时候，最需要的是给他们种种机会得些自治的能力，使他们自由的欲望可以自己约束。所以时势所趋，非学校中提倡自治，不足以除自乱的病源。这是第二点。

我们既要能自治的公民，又要能自治的学生，就不得不问问究竟如何可以养成这般公民学生。从学习的原则看起来，事怎样做，就须怎样学。譬如游泳，要在水里游；学游泳，就须在水里学。若不下水，只管在岸上读游泳的书籍，做游泳的动作，纵然学了一世，到了下水的时候，还是要沉下去的。所以专制国要有服从的顺民，必须使做百姓的时常练习服从的道理；久而久之，习惯成自然，大家就不知不觉的只会服从了。共和国要有能自治的国民，也须使做国民的时常练习自治的道理；久而久之，习惯成自然，他们也就能够自治了。所以养成服从的人民，必须用专制的方法；养成共和的人民，必须用自治的方法。如果用专制的方法，可以养成自治的学生公民，那吗，学生自治问题，还可以缓一步说；无奈自治的学生公民，只可拿自治的方法将他们陶熔出来。所以从方法这方面着想，愈觉得学生自治的需要了。这是第三点。

学生自治如果办得妥当有这几种好处：

第一，学生自治可为修身伦理的实验　现今学行并重，不独讲究知识，而且要求所以实验知识的方法。所以学校教课当中，物理有实验，化学有实验，博物有实验，别门功课的、无实验的或有实习，如作文，图画，体操等等，都于学识之外，加以实地练习的机会。他的目的，无非要由实验实习以求理想与实际的联络，使所做的学问，可以深造。修身伦理一类的学问，最应注意的，在乎实行；但是现今学校中所通行的修身伦理，很少实行的机会；即或有之，亦不过练习仪式而已。所以嘴里讲道德，耳朵听道德，而所行所为却不能合乎道德的标准，无形无影当中，把道德与行为分而为二。若想除去这种弊端，非给学生种种机会，练习道德的行为不可。共和国民最需要的操练，就是自治。在自治上，他们可以养成几种主要习惯：一是对于公共幸福，可以养成主动的兴味；对于公共事业，可以养成担负的能力；对于公共是非，可以养成明了的判断。简单些说：自治可以养成我们对于公共事情上的愿力、智力、才力。照这样看来，学生自治，若办得妥当，可算是实验的修身，实验的伦理。全校就是修身伦理的实验室。照这样办，才算是真正的修身伦理。

第二，学生自治能适应学生之需要　我们办学的人所定的规则，所办的事体，不免有与学生隔膜的。有的时候，我们为学生做的事体越多，越是害学生。因为为人，随便怎样精细周到，总不如人之自为。我们与学生经验不同，环境不同，所以合乎我们意的，未必合乎学生的意。勉强定下来，那适应学生需要的，或者遗漏掉；那不适应学生需要的，反而包括进去。等到颁布之后，学生不能遵守，教职员又不得不执行，却是左右为难。甚至于学生陷于违法，规则失了效力，教职员失了信用。若是开放出去，划出一部分事体出来，让学生自己治理，大家既然都有切肤的关系，所定的办法，容或更能合乎实在情形了。这就是说，有的时候学生自己共同所立的法，比学校里所立的更加近情，更加易行，而这种法律的力量，也更加深入人心。大凡专制国家的人民，平日不晓得法律是什么，只到了犯法之后，才明白有所谓法律。那么，法律的力量，大都发现于犯法之后，这是很有限的。至于自己共同所立之法就不然，从始到终，心目中都有他在，平日一举一动，都为大家自立的法律所影响。所以自己所立之法的力量，大于他人所立的法；大家共同所立之法的力量，大于一人独断的法。

第三，学生自治能辅助风纪之进步　我们的行为，究竟应该对谁负责？对于少数职教员负责呢？还是要对于全校负责呢？按着旧的方法，学生有过失，都责成少数职员监察纠正，其弊病有两种：第一种是少数职员在的时候，就规规矩矩，不在的时候，就肆行无忌；第二种是大家学生以为既有职员负责，我们何必多事，纵然看见同学为非，也只好严守中立。这是大多数的学生所抱持的态度。所以一人司法，大家避法。我们要想大家守法，就须使各人的行为，对于大家负责。换句话说，就是共同自治。

第四，学生自治能促进学生经验之发展　我们培植儿童的时候，若拘束太过，则儿童形容枯槁；如果让他跑，让他跳，让他玩耍，他就能长得活泼有精神。身体如此，道德上的经验又何尝不然。我们德育上的发展，全靠着遇了困难问题的时候，有自由解决的机会。所以遇了一个问题，自己能够想法解决他，就长进了一层判断的经验。问题自决得越多，则经验越发丰富。若是别人代我解决问题，纵然暂时结束，经验却也被旁人拿去了。所以在保育主义之下，只能产生缺乏经验的学生；若想经验丰富，必须自负解决问题的责任。

学生自治如果办得不妥当就要发生这几种弊端：

第一，把学生自治当作争权的器具　大凡团体都有一种特别的势力，这种势力比个人的大得多。用得正当，就能为公众尽义务；

用不得当，就能驱公众争权利。学生自治，是一种团体的组织，所以用得不妥当的时候，也有这种危险。

第二，把学生自治误作治人看　这个危险随着第一个顺路下来的。有的时候，这也是个自然的趋势。因为有了团体，一不谨慎，就有驾驭别人的趋势。刘伯明[2]先生说："人当为人中人，不可仅为人上人。"这句话，是我们共和国民的指南针。

第三，学生自治与学校立在对峙地位　学生自治会与学校当有一种协助精神，不可立在对峙的地位，但是办得不妥当，这种对峙的情形，也是免不掉的。不过这是一种很不幸的现象，不是师生之间所宜有的。

第四，闹意气　学生有自治的机会，就不得不多发言论，多立主张，多办交涉，一不小心，大家即刻闹出意气；再由闹意气而彼此分门别户，树立党帜，于是政客的手段，就不得不传到学校里来了。

以上所举的，不过是几种重要的弊端；至于小的弊端，一时难以尽举。总之，学生自治如果办理不善，则凡共和国所发现的危险，都能在学校中发现出来。但是我们要注意，这许多弊端都是办理不妥当的过处，并非学生自治本体上的过处。如果厉行自治的时候，大家不愿争权，而愿服务；不愿凌人，而愿治己；不愿对抗，而愿协助；不愿负气，而愿说理；那吗，自治之弊可去，自治之益可享了。这种利害关头，凡做共和国民的都要练习。我们在学校的时候，有同学的切磋，有教师的辅助，纵因一时不慎，小有失败，究竟容易改良纠正。若在学校里不注意练习，将来到了社会当中，切磋无人，辅导无人，有了错处，只管向那错路上走，小而害己，大而害国。这都是因为做学生的时候，没有练习自治所致的。所以学生自治如果举行，可以收现在之益；纵小有失败，正所以免将来更大的失败。

规定学生自治范围的标准　学生自治的利弊，既如上所说，现在就要问学生自治有什么范围？规定学生自治的范围，应有若何标准？

一、学生自治应以学生应该负责的事体为限。学生愿意负责，又能够负责的事体，均可列入自治范围；那不应该由学生负责的事体，就不应列入自治范围。因自治与责任有联带关系，别人号令而要我负责，就叫做被治；别人负责而由我号令，就叫做治人，都失了自治的本意。所以学生自治，应以学生负责的事为限。

二、事体之愈要观察周到的，愈宜学生共同负责，愈宜学生共同自治。

三、事体参与的人愈宜普及的，愈宜学生共同负责，愈宜学生共同自治。

四、依据上列三种标准而订学生自治的范围时，还须参考学生的年龄程度经验。

学生自治与学校的关系　学生自治会，是学校里面一种团体，自然与学校有密切的关系。这种关系，可以分为两类：一关于权限的，二关于学问的。

一、权限上的关系　学生自治会正式成立之后，学校里面的事体，就可分为二部分：一部分仍旧是学校主持，一部分由学生主持。平常的时候，权限固可以分明；不过既在一个机关里面总有些事体划不清楚的，既然划不清楚，就不能不有一种接洽的机关，使两方面的意思，都可以互相发表沟通，而收圆满的效果。此外还有临时发生而有关全校的事体，学校与学生都宜与闻，更不得不有一种接洽的机关。人数少的学校，可由校长直接担任；人数多的学校，可由校长指定职教员数人担任。学生自治会职员有事时，即可与他们接洽，而学校有事时，也由这几位和学生接洽。有这种接洽的组织，然后学校与学生的声气可通，就没有隔膜的弊病了。

二、学问上的关系　天下不学而能的事情很少，共同自治是共和国立国的根本，非是刻苦研究，断断不能深造。我们举行学生自治的时候，也要把它当作一个学问研究。既要当作一个学问研究，那就有两点要注意：一、同学的切磋；二、教员的指导。有人说，现在中国的职教员对于学生自治问题，素未研究，恐怕未必能指导。这句话诚然，但是还有些意思要注意：一、学校里所有功课，都有教员指导，独于立国根本的学生自治一门，却没有指导，似乎把它太看轻了。二、若校内没有相当的人，办学的就应当赶紧物色那富于共和思想自治精神的教员，来担任此事。三、师生本无一定的高下，教学也无十分的界限；人只知教师教授，学生学习；不晓得有的时候，教师倒从学生那里得好多的教训。所以万一找不到相当的人才，就请教职员和学生共同研究也好。总而言之，学生自治这个问题，不但要行，而且还要研究。研究的时候，学校不能不负指导参与的责任。

学生自治与学校既有这两种密切的关系，我们就须打破一切障碍，使师生的感情，可以化为一体，使大家用的力量，都有相成的效果。大家一举一动都接洽，有话好商量，有贡献彼此参考。在这共和的学校当中，无论何人都不应该取那武断的、强迫的、命令的、独行的态度。我们叫人做事的时候，不但要和他说“你做这件事，你应该这样做”，并且要使得他明白“为何做这件事，为何这样做”。彼此明白事之当然，和事之所以然，才能同心同德，透达那共同的目的。

施行学生自治应注意之要点 现在各学校对于学生自治，多愿次第举行。我悉心观察，觉得有几件最要紧的事件，必先预为注意，方能发生美满的效果。

第一，学生自治是学校中一件大事，全体学生都要以大事看待他，认真去做；学校里也须以大事看待他，认真赞助，若以为他是寻常小事，不加注意，没有不失败的。

第二，学生自治如同地方自治。地方自治之权，出于中央；学生自治之权，出自学校。所以学生自治，虽然可以由学生发动，但是学校认可一层，似乎也是应有的手续。

第三，学生自治之有无效力，要看本校对于这个问题是否有相当了解兴味。如果大家都明白他的真意，都觉得他的需要，那吗，行出来必能得大家的赞助。所以未举行学生自治之前，必须利用演讲、辩论、谈话、作文等等养成充分的舆论。

第四，法是为人立的：含糊启争，故宜清楚；繁琐害事，故宜简单。

第五，推测一校学生自治的成败，一看他的领袖就知道。所以要提高学生自治的价值，就须使最好的领袖不得不出来服务。如果好的领袖洁身自好，或有好的领袖而大众不愿推举，都不是自治的好现象。

第六，学校与学生始终宜抱持一种协助贡献的精神。

第七，学校与学生对于学生自治问题，须采取一种试验态度，章程不必详尽，组织不必细密；一面试行，一面改良；虽然中途难免挫折，但到底必有胜利。

结论　总之学生自治，是共和国学校里一件重要的事情。我们若想得美满的效果，须把他当件大事做，当个学问研究，当个美术去欣赏。当件大事做，方才可以成功；当个学问研究，方才可以进步。这两种还不够。因为自治是一种人生的美术，凡美术都有使人欣赏爱慕的能力；那不能使人欣赏的、爱慕的，便不是真美术，也就不是真的学生自治。所以学生自治，必须办到一个地位，使凡参与和旁观的人，都觉得他宝贵，都不得不欣赏他、爱慕他。办到这个地位，才算是高尚的人生美术，才算是真正的学生自治。

《新教育》第2卷第2期（1919年10月）

注释

〔1〕自动主义　20世纪初旧中国流行的一种教育思潮。其宗旨是，以学生自动为本体，加以教师之训导。提倡学生应自学、自强、自治，培养学生

独自处理各种问题的能力。

〔2〕刘伯明　江苏江宁人。留美哲学博士。时任南京高等师范学校行政委员会副主任，文史地部主任。曾代理过东南大学校长一职。

规定女子旁听办法案*

本校各科遇有余额时，校内职教员、学生、毕业生，经教务处之许可，向得旁听。查中国女子高等教育最不发达，中等学校毕业以后，女子几无上进之路。本校各科功课，有宜于女子旁听者，可否通融办理，容其旁听，遂其向学之志愿，未始非辅助女子教育进行之一法。谨具办法数条，务希公决：

一、本校各班有余额时，除本校职教员、学生、毕业生旁听外，得酌收女子旁听生；

二、本校各科功课，是否宜收女子旁听生，由各科分科教务会议提议，由校务会议议决施行；

三、女子旁听生必具中等学校毕业之程度；

四、设女子旁听生顾问，由校长于本校女子职教员中推定，司接洽指导事宜；

五、旁听细则由各科主任教员协同教务主任定之；

六、本简章自第二学期起实行。

陶知行提议

（一月十四日临时校务会议议决：组织委员会讨论。）

原件存中国第二历史档案馆

---

* 本案系陶行知于 1919 年 12 月 17 日提出，后经南京高师临时校务会议和组织委员会讨论通过。

地方教育行政为一种专门事业

市乡教育的界说　地方包含都市和乡村，故地方教育行政有都市和乡村教育行政两种。依克伯利先生所主张：上五千人的地方都可算为都市；不到五千人的，都算为乡村。凡都市皆令脱离县教育行政范围而直隶于省，凡乡村皆令统属于县，县复就地方之大小酌量分区办理乡之教育。因市乡人民密度不同，经济能力不同，环境性质不同，凡此种种影响于课程编制、教学方法、行政组织的又都不同。分治就两受其利，合治就两受其弊，详细情形，当另著文说明。现在只下这一定义：上五千人聚居在一处的叫做市，不足五千人聚居在一处的叫做乡。市教育以一市为行政单位，乡教育以全县为行政单位。我所讨论的就是说：这种市教育行政和这种县教育行政要当它为一种专门事业看待，要以专门的目光研究它，要以专门的学术办理它。

地方教育事业之重要与责任　上说之定义，很是概括的。再进一步，就须将都市和乡村教育的事业责任来讨论一遍。

请先说都市。中国有五十万人口以上的都市十三处，十万人口以上的都市四十七处。十万以下的都市，现在尚无确实消息；但据邮政局九年度一二三等邮局所在地估算，相差不致太远，约在一千六百八十处左右。现设的七千七百六十八处邮寄代办所当中，还不免有好多都市，但确数难定了。有这种情形，所以中数不易求得。我们姑且拿一个五万人口的都市来讨论，都市学龄儿童与人口之百分比，较乡村要低好多。依六三制行义务教育，每百人中应有学龄儿童十六人。故五万人口的都市，约有学童八千，教员二百余。协同二百余教员，培养八千学生，这是何等大的事业，何等大的责任。那百万左右的都市，如北京、上海、广州、汉口、西安等处教育事业的浩繁，责任的重大，更不必说了。

再说乡村教育。乡村教育以县为行政单位。中国二十二行省，四特别区域，共有一千八百四十三县，平均每县一千三百二十七方哩。最小的有千余人，最大的有二百二十七万人，平均每县有二十万人。将县内一二三等都市人口除开，平均每县乡民当有十七万之谱。乡村学龄儿童与人口之百分比，较都市多些。依六三制约计，乡村中每百人应有学龄儿童二十一人。十七万乡民之县，当有学龄儿童三万五千七百人，教员千余人。协同千余教员，培养三万五千七百学生，这事业又何等的大，责任又何等的重！

地方教育所含之专门性质　看上面所说，地方教育的重大，固已有具体的事实可作立论根据，但还不免概括。究竟地方教育非专门家不能解决有几个什么问题？

（一）计划问题

世界潮流，国家大势，以及地方人口增减，财力消长，职业变迁，影响于地方教育者最大。办学的人宜如何默察趋势，熟筹利弊，预拟一逐年进行的计划，使理想依据事实渐次实现，世界、国家、地方面面顾到。预拟这种计划，是否需要专门的学识？

（二）师资问题

学生学业的进退，多半看教员的良否为转移。五万市民之市，须教员二百；十七万乡民之县，须教员千人。这许多教员未来之先，办学的人宜如何酌量需要，分别设法培养选聘；既来之后，宜如何设法辅助指导，使有最良之精神，并如何筹备种种机会，使教员的学问能得相当的研究进步。办理上说种种，是否需要专门的学识？

（三）课程问题

课程为社会需要与个人能力调剂的工具。编制课程的人，必须明了动的社会的种种需要，将他们分析起来，设为目标，再依据儿童个人心理之时期，能力之高下，分别编成最能活用之课程，使社会需要不致偏废，儿童能力不致虚耗。这是一种最精细的手续，是否需要专门的学识？

（四）经费问题

地方财力有限，教育事业无穷。以有限的财力，办无限的事业，支配经济的人，必须分别缓急，酌量进行。这分别缓急四字，包含教育事业各方面的关系。必须将这些关系彻底了解后，才谈得到分别缓急。但是这种了解，是否需要专门的学识？

（五）设备问题

物资环境在教育上之影响，尽人皆知。要有良好的教育，必须有相当的物资环境。校舍、设备、图书、仪器和校外之种种环境，都与教育有密切的关系。空谈自动、自治、自学、自强，是没多用处。有相当之设备，才能发相当之精神。即以校舍论，宜如何构造，才能使他合乎卫生、美术、经济、教育的原理。简括问一句，宜如何选择，支配，联络环境的势力，使教育得收良好的结果，是否需要专门的学识？

（六）考成问题

我们受人民的付托，办理地方的教育，费了这多钱，用了这多人，开了这多学校，教了这多学生，究竟结果如何，应否平心问一问？怎样问法，怎样度量各种教育的历程、结果，和度量之后怎样据以切实改进，都是要从专门研究中产出来的。

（七）劝学问题

假使地方人民对于教育，尚无有相当的了解信仰，就不得不做一番感化的工夫。我们宜如何表示教育的真相，证明教育的能力，使人民自觉教育为人生日常所必需，并发共同负担独力兴创的宏愿，这种教育真相的表示，与教育能力的证明，是否需要专门的学识？

主持地方教育行政人员应有之学业　地方教育既有上述几种问题，非专门人才不能圆满解决，那吗办理地方教育人员所应具之资格，可以推想而知。品性方面，暂且不论。现在只举学业一门，拣其最要的讨论一回。

（一）普通学问方面，至少须学哲学、文学、近世文化史、科学精神与方法、社会问题、经济学、美术等课。这种学问，一来能使目光远大，二来能使同情普遍。因教育是一种永久事业，非目光远大不足以立百年之基；教育又是一种社会事业，非同情普遍，不足以收共济之效。

（二）工具学问方面，须于国文之外，至少学习外国语一门。一可使地方所办学务得与世界潮流接触，二可使自己所得学识与国外同志印证。再，统计法亦为一种重要的工具。得此就可明了别人研究的结果，也可使人明了自己所办事业的真相，并且还有许多问题要借助统计才有相当解决的。至于办事最重效率，所以科学管理一门功课，也是应当学的。

（三）专门学问方面，至少须学教育哲学、教育概论、教学法、教育心理学、中等学校之组织及行政、初等学校之组织及行政、地方教育行政问题、学务调查及报告法、学校建筑与卫生。这许多功课，是纯粹关于教育的。各门的宗旨合起来，是使办学的人能拿教育的方法去达教育的目的。

简单些说，我们理想中的地方办学人员，学业方面，至少须有大学毕业同等程度，加些关于教育行政之专门学识。

结论　现在中国之一千六百八十市和一千八百四十三县，以主持教育的人而论，已需三千五百人。若将协理人员共同计算起来，至少需万余人。中国若想推行义务教育，非将地方办学人员与教员同时分别培养不可。现在培养师资与普及教育的关系，大家已经了解。惟独对于地方办学人员之培养，大家还没有相当的注意。山西、江苏的义务教育计划书中，都没有这回事。最好的省份，不过为他们举行一二次讲习会补救补救。反对的还以为地方教育人人能办，何必讲习。岂晓得这种学习，已非短期讲习所能了事。故中国不想推行义务教育则已，若想推行义务教育，必从培养改良地方办学人员入手。

《教育汇刊》第2卷第1集（1921年3月）

活的教育*

教育可分为三部：

A. 死的教育；

B. 不死不活的教育；

C. 活的教育。

死的教育，我们就索性把它埋下去，没有指望了！不死不活的教育，我们希望它渐渐地趋于活。活的教育，我们希望它更活！

我今天且讲这活的教育。什么叫做活的教育？活的教育是什么？这个问题本来是很大的，我不容易下定义，我也不能定概观。不过我总觉得活的一字，比一切什么字都要好。活的教育，更是教育中最不可少的现象。比譬：鱼在岸上，你若把它陡然放下水去，它的尾和鳍，都能得其所在，行动不已。鸟关在笼里，你若把它放到树林里去，它一定会尽其所能，前进不已。活的教育，正像鱼到水里、鸟到树林里一样。再比譬：花草到了春天，受了春光、太阳光的同化和雨露的滋养，于是生长日速。活的教育，好像在春光之下，受了滋养料似的，也就能一天进步似一天。换言之，就是一天新似一天。

我现在把这活的教育，再分做三段讲：

---

* 本篇系演讲记录。演讲时间为 1921 年夏天，地点在金陵大学暑期学校，记录者为汪忠一、马延乾。记录稿发表前，未经本人审阅。发表后，陶行知曾给《时事新报·学灯》记者写信说："他们记得很详细，有好几处确能传达我的精神。但因各地言语不同，所以记得也不十分正确。"

一、我们教育儿童，第一步就要承认儿童是活的，要按照儿童的心理进行。比方：儿童性爱合群，有时他一个人住在那地方，觉得有点寂寞的样子，在那儿发闷！我们就要找个别的小孩子同他在一块儿玩玩。普通儿童之特性，大多都富于好奇心。当他还不知道说话和走路的时候，他时常手舞足蹈的，跃跃欲有所试的样儿，忙个不歇。这可就是他的好奇心了。假若我们要弄些什么东西给他玩，他一定玩那好看的，不玩坏的。他起初间或也还可以拉杂的玩一路，后来知道好，他就只专玩好的了。在这里拿一点，在那里拿一点，只要与他合意，他一定非要不可。有时我们要是给他一个表，他必定将它翻来覆去的仔细观看，他并且还要探知里面的秘密，就打破沙锅问到底。我们同小孩子玩的时候，假以木筷搭个架子，小孩子看着，必定以为很好玩。后来我们忽然把它推倒，那小孩子就更以为好玩了，欢喜了。假若我们再进一步，以这架子，不由我们推倒，让小孩子自己去推，那么，这时小孩子的欢喜，我敢断定更比从前要欢喜得多了。诸如此例，我不能细举。还有一件最紧要的，就是：我们如果承认教育是活的，我们教育儿童，就要根据儿童的需要的力量为转移。有的儿童天资很高，他的需要力就大些；有的儿童天资很钝，他的需要力就小些。我们教育儿童，就要按他们的需要的力量若何，不能拉得一样。比方吃饭，有的人饭量大些，他要吃五碗或六碗；有的饭量小些，他只能吃一两碗。我们对于他，就只能听其所需，不能定下死规。要是我们若规定了，比如吃两碗的定要逼他吃五碗才及格，那么，这一定就要使人生病了！学校里教育儿童，也像这样，不能下死规强迫一律，不但学校是要如此，就是社会上的工作亦莫不要像这样。我们人的需要力，有大有小，我们只求其能够满足他的需要就是了。所以教育儿童和承认儿童是活的，首先就要能揣摹儿童的心理。

二、儿童不但有需要，并且还有能力。他对于种种事体的需力有大小，他的能力亦有各种不同。男女遗传下来的生理不能一样，他们的能力亦不能一样。我并不是说女子比男子差些，我是说男女各有各的优点。就是男子与男子两相比较，亦有许多相异的能力，有因年龄不同的，有因环境不同的，有因天性不同的。由这许多的不同，所以其结果的能力，就大有差别。我们教育儿童，就要顺导其能力去做去。比如赛跑，这就是一件凭能力的事。我们认定几个人同时同地立在一块，听指挥者发号令，就一齐出发，让他们各凭充分的能力自由前进，不加限制，然后谁远谁近，自可显见。而他们的能力的大小，也就由此可以证明了。设使我们要是下个定规，规定三人赛跑，跑一百二十码或二百四十码，快慢都要一样，不许谁先谁后，那么，那个能力充足能跑二百四十码，他自然是很舒畅，不甚为难；而那只能跑得六十码或一百二十码的，他一定是很苦的了，甚至还要受伤呢！这是从运动方面着想的，至于教授方面，亦多类此。设有许多儿童，同在一堂，当教授的人，就要按照各个儿童的能力去教授。要是规定了今天讲一课，明天讲一课，每课虽是都一字一句的分析解释，在那天资聪颖的小孩子咧，他固然能够领受到他的脑袋里去，并且还有闲空；若在那秉性鲁笨的小孩子，那就等于对牛弹琴了，一些儿也不懂得。这种教育，正像规定三人赛跑一般，还能算得是活的教育吗？我们现在既是想讲活的教育，就要知道儿童的能力是不相同的，我们要设法去辅助他，使他能力发展。有如我们看见某处一个学校园，那里内的花卉长得非常整齐好看，我们心下羡慕他，我们也就可以仿照他，将我们自家的学校园也培植得像那一样。这是培植花园的方法。办教育也是如此。我们大家设若不相信，恐怕做不到，我们可再看。譬如有一块草地，那地上所生长的草都是参差不齐的，我们若任它自然去生长，那就越长越不齐了；假若我们要用机器把它逐次地推铲，那么，这一定要不了多少功夫，就会使他平坦了。我们办教育，也就像推草一样，也要用方法去使之平，这是对于草是这样——对于普通的儿童是这样；〔1〕若对于树木，——对于天资特敏的小孩子——那就不行了。树木的生长力强些，他的性子也猛些，我们对于他，也要按其能力去支配他，使其生长适度。若任其自然生殖，则其枝干必日渐伸张，后来越长越高，甚至把屋棚都要捣破了！学校里起风潮，就像大树捣毁屋棚，是一样的，都是由于办教育的人，平日对于这教育的趋向没有注意，对于那天资高尚的儿童，没有按得其能力去教育，这就是我们没有承认儿童有活的能力。

活的小孩子与死的小孩子有不同的特点。小孩子他所吃下去的滋养料不同，他们所受的利益也就不能一致。活的小孩子，他秉性活泼些，他对于一切的事实上，也就进步得快些。死的小孩子，他的脑筋滞钝些。并不是说小孩子的确是死的，是言其能力不能有多大的发展，虽活也等于死的一般。我们办教育的人，总要把小孩子当作活的，莫要当作死的。地球看起来，好像是个不动的东西，其实他每天每时都在旋转不已。小孩子也同这样。表面上看起来，也好像是很平常的，没有什么进益，其实他的能力知识，莫有一天不在进行中求活。我们就要顺着他这种天然的特性，加以极相当的辅助和引导，使他一天进步似一天，万不能从中有所阻碍或滞停，不使前进，把他束缚了起来。束了若干时，然后又陡然把他解放掉，这一定要受危险的。这好像人家有个小孩子，他把他在今年做了一件衣服，等到五年后，他还拿给这小孩子穿，那小孩子体干长大了，衣服小了，以这小的衣服去给大的孩子穿，那衣是一定要破裂的。纵或可以勉强穿得上，而小孩子的身体，也就束缚得急急的了，血脉也就不能调和，就要生病了！由此可知，小孩子的衣服，是年年要换的；小孩子的知识学问，也是年年天天要换的。现在设有一个人，忽然妙想天开，他说："我有个小孩子，我不要他年年换衣，当他还只有五岁的时候，我就把他做件十六岁时候的衣服，周身都把他绉起来，年年穿，年年放，一直放到十六岁的时候，都还可以穿。"这个法子，勉强一看，觉得也还不大坏，并且又很经济的，但是仔细看来，那就觉得不像了，就是精神上也有点不好看。古时的衣服，不能适合于现在；现在的衣服，未必又能适合于将来！时势的变迁，是有进无已的，办教育的，就要按着时势而进行，依合着儿童的本能去支配。有许多教科书，在从前要算是很新很适用的，在现在却变成了腐败不堪了。我们讲活的教育，就要本着这世界潮流的趋向，朝着最新最活的方面做去。中国教育最大的毛病，就是不能普及。从前俄国的西伯利亚也是这样，但比较中国要好些。中国社会上失学的人，也不知有多少，就以普通人民计算，总有三分之一不识字的。我们现在要想将这些人重新给以教育，那除非要从国民一年级教起。但是他们都是壮年的居多，要是都放在国民一年级教，那又好像十六岁的孩子穿五岁时候的衣服了。这种教育，可算得是死的教育。活的教育就不能这样了。活的小孩子，他生长快，他的进步也快，他一时有一时的需要，一时有一时的能力。当教育家的，就要设法子去满足他的需要，就要搜罗相当的材料去培植他。这就是我们所讲的活的教育第二件。

三、我现在再讲活的教育要些什么材料。这材料也可以分做三段说：

（一）要用活的人去教活的人。我们要想草木长得茂盛，就要我们天天去培植他，灌溉他；我们要想交结个很活泼的朋友，就要我们自己也是活泼的。我的影响，要能感到他的身上；他的影响，也要在我身上，这才可以的。比如：我俩人起先是不相识的，后来遇到了好几回，在一块儿谈了一次，于是两下的脑筋里都受了很深的影响，两下的交情也就日渐浓厚了。当教员的对于学生也要这样，也要两下都是活的，总要两下都能发生密切的关系。教员的一切，要影响到学生身上去；学生的一切，要影响到教员身上去。一个会场有的人好谈话，有的人好笑，我们看了心下一定也会生了一种影响。比如：我一人在台上讲演，大家都坐在下面听，我的脑筋中已经印象了许多听讲的人；想大家的脑袋中，也会印象到了我讲演的人，这也就是一种活的表现。活的教员与活的学生，好像汽车一样，学生比譬是车，教员比譬是车上司机器的，机器不开，车自然不动。教员对学生，若不以活的教材去教他，他自然也就不能进步。现在的教员，不像从前了。他像把汽车上机子开了，车子在跑了。但是还有些教员，他的性子未免太急，他把车上的机器开猛了一点，车子行得太快，刚刚要想收机，忽然前面碰到了石头或其他的人，这时就要发生很大的危险了。活的教员，正同司汽车的一般，要把眼睛向前看准了。若闭着眼睛乱开机，那就要危险极了！学生向前进，教员也要向前进，都要一同并进。若徒以学生前进，而教员不动，或者学生要进而教员反加以阻碍，这可谓之死的人教活的人，不能谓之活的人教活的人！

（二）拿活的东西去教活的学生。我们就比如拿一件花草来教授儿童，将这花草把他解剖开，研究其中的奥妙，看他是如何构造的。小孩子对于这事，觉得是很有趣味的。我们能以这种种东西去教他，不但能引起他活泼的精神，并且还可以引起他的快乐。我们还可以拿活的环境去教他，比方沙漠本是干燥的，我们可以设法使他出水；大海有时候变成陆地；太平洋里航船到美洲，本不大便利，于是就有人开了巴拿马运河；火车行山路不便，就会把山打个洞。这就是拿活的环境去作教育上材料的。文化进步，是没有止境的；世界环境和物质的变化，也是没有一定的。活的教育，就是要与时俱进。我们讲活的教育，就要随时随地的拿些活的东西去教那活的学生，养成活的人材。

（三）要拿活的书籍，去教小孩子。书籍也有死的有活的。怎样是活的书籍？我觉得书籍所记载的，无非是人的思想和经验，那个人的思想、经验要是很高尚的，与人生很有关系的，那就可算是活的书籍。若是那著书的人思想、经验都没有什么价值，与人生没有关系，那就是死的书籍。我们教授小孩子，对于书籍的死活，就不能不慎重。所教授的书籍，要有统系的，前后都能连贯得起来，不是杂乱无章的，这才是活的教育。若只知道闭着眼睛教死书，也不顾那书适用不适用，这样我敢说就是死的教育。我们教授儿童的书籍，好像人家传财产样，普通有两个常法子：（甲）是传财的法子。比譬一家，他的家主不愿管事（或临死时）了，要把家事完全推及小家主，将所有存蓄的银钱，都要对小家主说个明白，叫他慎重。（乙）是传产的法子[2]，就是有本帐簿子，说我所有的产业，都登在这帐上面。那天那家主把他的后人带到各田庄上去看，说是某田是租给某人的，某庄子是某人承租的，那块山场是由某人保承的，某处房屋是谁租着做什么事的，这样一件一件地指示给他看了，又与他那帐簿子再对照一下。那么，这个财产的根本，他那小家主已经明白了，这笔家私，就没有人能够会糊倒他占得去了。我们办教育的、传文化的人，也是这样，也要把书籍像传财产一样，要把所教授的东西，都能使他领会得到，能连贯得起来，使小孩子的脑筋有个统系，不致混乱，这种教育才配说是活的。从前有许多讲教育的，没有统系。所以使一般学生听了，只是囫囵吞枣，一点不能受益，这也就是死的教育，不是活的。活的教育要拿活的书籍去教。现在还有许多教员先生们，他对书籍还不十分注意，当他初当教员的时候，也还肯买一两本书看看，到了后来，他不但不买，连从前所有的几本书，都借给人去了。这样教员，教育界中也不知道有多少。他既不能多买书看，对于一切新知识，他自然是不知道的。他既不能有新的知识，那一定没有新的教材能供给学生，只是年年爬起来卖旧货！这种教育中的败类，真不知害了多少青年。我们现要希望教育成活的，当教员的就要多看书——多看些活的书——好去供给学生的需要，养成新而且活的学生——这就是我讲的 Education of life[3]。

现在要讲到活的教育的方法。我可提出两个最时髦的法子就是：

（1）设计教授法[4]。活的教育，最好而且最时髦、最紧要的，就是总要有个目的。这我在上面也曾说到了一点。我们教授儿童，先要设定一个计划，然后一步一步地向着所计划的路上去做。若是没有个计划，那就等于一只船放到了江中没有舵，进退左右，都没有把握，倘不幸遇了一阵大风，那一定逃不了危险的！办教育的人，要能会设计。预知学生将有风潮，就先要设一方法，使那风潮却从无形中消灭，不致使他发泄。知道学生程度不齐，就要设一种计策，使之能齐，总期各方面都无损，且能获益。这种设计，各学校的情形，各有各的不同，各地方亦有各地不同，这可听大家因时制宜，我不能断定。

（2）依计划去找实现法。这个方法大致是根据上面来的。我们订了一个计划，不能就算了事的，必定还要依照这计划去实行去。我现在可拿个浅近的事作个比譬：就如农人种豆子，他先也要订个计划，以几亩田能要几多种子，要多少肥料，又要多少人工去做，要经多少时期才能完工；什么地方种绿豆适宜些，什么地方种黄豆适宜些，还有甚地不适于种豆子，适于种山芋。这样计划了一番，然后兴工动作，按这所计划的进行，这必定是有条有理，不致乱忙；而所收的结果，也一定是很丰厚了。由此类推，办教育亦莫不是这样。一个学校，也先要订个计划，然后去依计划实行。例如那级学生，今年应当注意什么功课，某级学生今年应当添什么功课和减什么功课，某教授教授法不好应当怎样。能这么一样一样的计划好了，然后又按照这个进行，那个学校没有办不好的道理。推之修桥修路和其他种种建设，都能依着这样进行，求到所希望的目的，那么，天下事绝没有不可能的。现在我看有许多地方，他一开个什么会，他预先没有计划。到了临时开会了，不是招待员左右乱跑，就是会场上布置得不周全，往往令来宾有兴而来，败兴而归，这都是由于预先没有一定的计划。俗语所谓："平时不烧香，急时抱佛脚。"这事决不会办得好的。我们谈教育的，就是在这上面注意注意。无论是办大学也好，中学也好，国民小学也好，总要预先有个计划，然后依着计划去找实现。有时计划定得不好，应随时变更。

比如：我们讲化学，今天就要计划明天化学堂上要些什么东西试验。我们预先就要预备好着，省得临时仓皇失措。诸如此类，我也不必多举。我总觉得设计教授法是活的教育上最不可少的，依计划去找实现法，那更是一件要紧的事了。这就是我所讲的 Education by life[5]。

我现在又要讲我们为什么要讲活的教育。因为活的教育，能使我们有种种活的能力。我们人生有高尚的，有低微的；有暂时的，有永久的；有完全的，有片面的。我们要使暂时的生活，能够叫他永久；片面的生活，要使他能完全；低微的，要使他高尚。怎样叫做完全？我们在国家是公民，在社会上有朋友亲戚，在家庭里有父母兄弟姊妹，在学校里有同学，有师长。我们一身，对于自己，对于各方面都要顾到。如果一方面不能顾到，这还是片面的。怎么叫做高尚的？我觉得人们的身体和精神是两样的，各有各的生活。身体上的生活固然要紧，精神上的生活也是要紧的。设使两者要去其一，那就是我们最不幸的一件。我们总要使得我们的身体、精神，都是很健全的、愉快的。这可就算是高尚的生活，反之就是低微的生活，都是有关系于教育上的。再，怎样谓之永久和暂时的生活？我们人的寿命有长短不一，有二三十岁就死的，有七八十岁才死的，有十几岁就死的，也有八九十多岁才死的。说者多谓生死有定，但这可不能为凭。我想人的生命的长短，大致是关系于人的操作和卫生上的。从来人的死，多是由病的。考病之由来，不外两种：（甲）是由人的操动过度致伤身体而殒命。（乙）是由人的卫生上没有讲求，以致生出了许多毛病，终至因而送命。决没有无病无灾而好好就会死的。纵有，也是很少很少的，但亦必定有其他原因。要说人的生死有定，何以人不好好的就死，而偏要生病才死咧？这种无稽之谈，我是不盲目崇拜的。我觉得人的生活，所以有暂时和永久的，都是根据于卫生和操作的关系。我们现在讲活的教育，就要明白这种关系，然后好去预防他，保护他，谋永久的生活。我在上海、南通参观各工厂，有许多六七岁的小孩子，都跟在他的母亲父亲身边下做工。我看他们那些小孩子，都是很瘦的，精神也很衰败的。这都是那些贫民没有钱给儿童受教育，国家亦没有钱能办这种义务教育。有些资本家倒是很有钱的，但他只知道营业获利，不肯拿钱来办这可怜的教育。所以那些小孩子就没有机会受教育，只得附随其阿父阿母作工以度日。五六岁的小孩子，尚有许多生理器官还没有长完全，现在竟居然要他工作，这种不适宜的使用，一定会使那小孩子身体不得强健，甚至还要早死的。譬如树上的果子，还没有成熟，你就把他摘下去吃，那是一定吃不得的。小孩子还没有成人，就要使用他，他的前途一定是很有限的，将来一定要发生危险的。像这样只顾眼前不顾后来，就可谓之暂时生活，不是永久的生活。现在讲活的教育，就不能不注意这一层。

活的教育，有属于抽象的，叫做精神上活的教育。比方一个人死了，他的机能死了，他的躯干倒了，他的精神是没有死，还存在空中，能使我们还受到他的影响。这也似乎是种渺茫之谈，我本不敢怎么样的贡献于大家，因为各个人的观念不同。但是，有时我觉得大家也可以公认这话有点的确。例如：孔子是死了，他的精神还没有死，其影响存在我们大家身上。我们大家的脑袋中都还印象了有个孔子。历来许多大英雄、大豪杰，他的身子虽已腐化了，但他的勇气、毅气，还是贯传着，在我们大家的脑海中。这也就是精神上还没有死。他的精神可以一代一代的向下传，可以传许多人，不只传一人。一个活泼学生的精神，可以传应到许多学生。比如：我的精神传应着在大家身上，也可以传应到社会上去。这种传应，并是很快的。我们讲活的教育，对于这精神上的传应，也要注意，也要求活的精神。精神也有死有活的，活的精神，就是能使人感受了他，可以得到许多的教训。社会一日不死，各方面的精神传应，也是不死的。我觉得社会上受了这种精神的教育，也不知道有多少。这精神上的教育，最易感动人的，能连络一切。我从前有许多朋友住在一块，后来别了好多年，没有见过面，形式上要算疏忽了，但是精神上还是没有分离。这就是一种活的精神的表现。我希望讲活的教育，也要把这活的精神当作活的教育里一件材料。这就是我讲的 Education for life〔6〕。

《时事新报·学灯》(1922 年 1 月 18—19 日)

注释

〔1〕陶行知在给《学灯》记者的更正信中说："'我们办教育也就像推草一样'，因为前后遗了几句，就和我原来的意见正相反了。"

〔2〕陶在更正信中指出："'传财'与'传产'，当是'单传帐簿'与'对着帐簿点明产业交待后人'之误。"

〔3〕Education of life 意为生活教育。

〔4〕设计教授法，亦称设计教学法。美国教育家克伯屈等人创造的一种教学制度。

〔5〕Education by life 意为依据生活而教育。

〔6〕Education for life 意为为了生活而教育。

义务教育入手办法之商榷大纲*

释义　义务教育有二义：一为义务设校，一为义务就学。

就普通人民性质观之，千人中有一人不论本地有无学校，其父母必遣就学；百人中有五十三人若地方有免费学校，乃可得就学之机会；百人中有十九人非经强迫，其父母不令入学；千人中有九人虽经强迫，也难就学。

史略　一五二四年，马丁路德（Martin Luther）始倡强迫父母遣子女就学之议。一六一九年，外马耳（Weimar）实行强迫教育。一六四二年，戈撒（Gotha）继之。一六四二年，美洲马撒朱赛（Massachusetts）选士强迫父母教育子女。一七一七年，普鲁士（Pruissia）宣布强迫教育法令。一七九二年，法国定义务教育期限为三年。一八五二年，马撒朱赛州颁布强迫教育法令。一八七〇年，英国始予地方教育议会强迫就学之权。一八七九年，日本实行义务教育。

促进义务教育之主动力

一、宗教觉悟　德、美义务教育之初期。

二、国家主义　德国十八世纪末迄今及日本、法国之义务教育。

---

* 本篇系新近发现的史料，由中国第二历史档案馆整理发表，未曾收入《陶行知全集》。原文为油印件，不全，亦无写作时间。但据档案记载，此件为陶行知担任江苏省义务教育期成会研究股委员会委员期间所撰；该会成立于1921年7月，陶8月受聘，所以编者推定，此文是在1921年8月以后不久所撰。

三、共和主义　美国与英国。共和主义之义务教育在使全国人民无论贵贱贫富，男女皆得平等机会学成自立之国民。

义务教育之入手办法　世界各国之历史不同，政俗不同，故其义务教育之施行方法，也不能尽同。若徒事仪型而不知变通，则措施必难适于本国情形。然义务教育创行以来三百余载，其间之成效利钝，必有足为吾人取鉴者。兹依据中国需要，约举数端，以资商榷。

一、组织地方教育机关以为义务设学之基础

甲、各国之经验　英国一八七〇年之地方教育议会。美国一八七二年责成都市官吏执行教育法令。日本一八八〇年改正教育令："各町村当从府县知事之指令，置独立或联合足以教育其学龄儿童一个或数个之学校。"日本一八八几〔九〕市〔年〕町村制。

乙、市乡教育分治　市乡之情形问题不同，合治则两损，分治则两益。市学区以一市为单位，乡学区以全县为单位，但可分为数乡学分区。市、乡学区之学务皆受县教育行政机关之监督。

五千人以上为市学区，五千人以下为乡学区。义务教育先从市学区入手。

丙、组织地方学务会议及学务局。

二、任用专员主持全区学务

甲、改学务委员为都市或乡村学务局长。

乙、学务局长为俸职，现在之学务委员为名誉职，但视地方情形，得酌给公费；此制不能收实效。

丙、学务局长之资格宜加高。

三、中央教育机关宜负监督、指导、奖励、惩罚及立标准之责

甲、美国自一六四二年开始义务教育迄今二百八十载，尚有密西西比（Mississippi）一州未行义务教育，以缺中央督促故。德国普鲁士义务教育之雷厉风行，以有中央集权故。

中央负监督之责，地方负执行之责，为义务教育行政之要事。

四、义务教育经费问题

甲、义务教育之代价　美国每人担负教育经费四元四角五分金洋。日本每人担任四角一分金洋。中国每人担任六分金洋。

乙、基本金　法律保护

丙、国、省、县补助费，救济财力不足之地方。德国邦补助费，在都市教育经费占百分之十六，在乡教育经费占百分之三十几〔九〕。

丁、地方教育税　依据上年学生征收，以期学款逐年可以增加；颁有法律保护，使不与国家税及其他地方税混合。德国地方教育税占都市教育百分之六十九，占乡村教育费百分之十二。美国全年初等教育费三百三十六兆，内有百三十四兆为地方税。

戊、公债　设置学校不动产，可卖公债票。美国以公债充都市教育经费年几六十兆。中央颁立公债规程。

己、教育经费支配法　依据该区或该校教员数及学生全年出席总数支配经费，以促学业之进步。

五、筹备师资

甲、各国经验　一七九四年法国为储义务教育师资，首创师范学校于巴黎。一八三九年美国马撒朱赛州设师范学校以为义务教育之准备。一八七一年日本太政官令速兴师表学校。一八八〇年改正教育令，各府县当设师范学校以养成教员。

乙，中国之需要　中国兴学以来，也颇注意师范教育，据民国六年报告：全国有师范学校百四十八所，学生二万三千一百三十六人。但欲普及教育，当有教员二百万，现全国教育〔员〕数只有十八万近五千，离标准尚远。

六、提倡改良私办教育事业，以为义务教育之先声

甲、各国经验　各国施行义务教育之先，多（未完）

原件存中国第二历史档案馆

师范教育之新趋势*

教育是立国的根本。不过因为国体的不同，教育的趋势也就不一。共和国立国的要素，在国民有共同的目的，共同的了解，谋共同的利益。但是人们幼时的动机，常偏于自私自利一方面。吾们当怎样利用他，养成互助、团结、同情等好习惯和共同了解的机会，那就全靠教育。有人说："吾国无国民。"这话未免太过。但细想，实际上有国民的资格的确是不多，所以教育在中华民国里更加重要。师范学校负培养改造国民的大责任，国家前途的盛衰，都在他手掌之中。既有这种责任，那得不观察教育的新趋势，谋进步的教育！

要造成适当的国民，须有适当的教员。譬如裁缝制衣，一定要估量身材的长短肥瘦，还要知道人们的心理，然后配以适当的颜色。所以不但和身体有关，和精神亦很有关系。相传明朝有个御史，请裁缝做衣，裁缝问："你是第一年的御史，是第二年的御史，还是第三年的御史？"他为什么要这样问？因为第一年趾高气扬，衣服必定要前长后短，方始合度；第二年稍知事故人情，要前后等长；第三年更进步了，格外虚心静气，背也曲了，所以要后长前短。办师范教育，也当作如是观。换言之，就是要合社会的应用。不过从"用"上面，就有两个问题发生：甲、够用不够用，是讲他的数量；乙、合用不合用，是讲他的性质。

甲、够用不够用的问题　就是议论师范学校究竟要造就多少

* 本篇系演讲记录。记录者为江源岷、张锡昌。演讲时间、地点不详。

人才方才够用。这可分两层讲：

（1）假定我国人口是四百兆，有八十兆是学龄儿童，就当有二百万教员（每人教四十个学生）。现在只有十八万五千，不过占十三分之一。缺少的数目很大，就应该怎样去增加呢？

（2）人口依几何级数增加，教员也当增加。还有因病而死的，因他种关系而改业的。如女子出嫁，教员便做不来。这样的变换，教员的数目也就要减少。据日本人调查，十七个教员中须有一人补他的缺，要达“够”的目的，真是不容易呵！但这不是师范学校单独的责任，社会、国家和教育机关都应负责的。

乙、合用不合用的问题 师范教育的趋势，在能改进不合用的变成合用的；改进合用的，变成更合用的。这种向着合用走的几个趋势，就是新趋势。现在分条来说明：

（1）乡村教育和城市教育 乡村教育不发达，可说已达极点。我国人民，乡村占百分之八十五，城市占百分之十五。就是有六千万人居城，三万万四千万人居乡。然而乡村的学校只有百分之十。这种城乡不平均的现象，各国都不能免；但是我国的乡村，未免太吃亏了。恐怕也非城市人的福哩！至于教材方面，乡村和城市也大不同。例如电灯、东洋车等，在城市是常见的，但在乡村的学校里要教起这许多材料来，就很困难了。还有放假一层，乡村和城市也不同。什么蚕假、稻假咧，那里能够把部定章程来束缚他！现在的师范学校都设在城市，连教授方面，也是重城轻乡。此后亟当想法，怎样才可以使乡村的儿童受同等的知识，享同等的待遇，这就是师范教育的一个新趋势。

（2）研究小学教材 现在的师范学校，大都是中学校的变形，不过稍加些教育学、教授法罢了。毕业以后，就拿这些教材去教学生，恐怕还是门外汉呢！所以师范生在观察要用怎样的小学教材，就怎样去学。一方面要学“学”，一方面要学“教”。这又是一个新趋势。

（3）培养特长的人才　现在的人以为师范生要件件都能。这却不对。高等科和国民科不同，普通科和特殊科又不同。师范教育，当发展各人的特长，以适合社会上的需要。例如江苏省立第三师范学校的分科研究制，是很好的师范教育。

（4）扩充师范学校　现在师范学校，平均每校二百人左右。教育部规定至多不得过四百人。但是在欧美诸国，大都每校在千人以上。可见“大师范学校”，是吾国很需要的。

（5）添加新功课　社会上有新的需要，就当添加新的功课去适合他，指导他。现在社会问题很纷乱，社会学应当增加了。又因为科学的发达，各种学问注重分析，所以虚泛的、理论的心理学不够用，儿童心理学和心理测验一定要增加了。仅讲些教育史、教育哲学也不够了，教授法、管理法……一类的实际学问，也须重新研究了。总之，社会的新需要没一定，增加的新功课也当随之而异。

（6）师范和附属小学宜格外密接　附属小学不但是实习的地方，简直是试验教育原理的机关。教育原理不是一成不变的，天天去研究，就天天有进步，天天有革变。所以附属小学是“教育学的实验室”，和别的实验室一样的。

（7）师范学校有继续培养的责任　内地有许多师范学校，对于毕业生毫不关心。这是最不好的现象。当知毕业是局部的、暂时的。学生固不可从此不学，教员也不当从此不教。所以，学校对于毕业生有继续培养的责任。例如调查、讲演会、巡回指导等事情，更当注意。

（8）培养校长和学务委员等专门人才　一学校的好坏，和校长最有关系。一地方的好坏，和学务委员最有关系。但是现在却不注意到这两层。例如南京有人口四十万，当有学龄儿童七万，教员二千人。对于学务委员，一些人没有相当的重视。物质上的酬报，每年多至四百元！吾们固不当做金钱的奴隶，但事务和代价，当然要求个相值。广州大于南京二倍余，而教育局长的薪水，每月在四百元以上，所以教育也有进步了。像广州这样优待，固然不必效法，但是今后教育界应有一种觉悟：对于一般学务委员，当有相当的重视，而师范学校里，也不得不培养特长的、专门的人才。这种趋势，在欧美早已现诸事实上了，我们中国的教育岂可忽视了么?

以上几种趋势，决不是一二年内所能办到的，但是现在不可不向那一方面进行。

《时事新报·学灯》(1921 年 10 月 22 日)

我们对于新学制草案应持之态度

第七届全国省教育会联合会[1]拟订学制草案，征求全国意见，以为将来修正实施之准备，立意甚好。壬子学制[2]经十年之试验，弱点发见甚多。近一二年来，教育思潮猛进，该学制几有不可终日之势。故此次所提草案，确是适应时势之需求而来的。我们对于这应时而兴的制度，究竟要存何种态度？我以为建设教育，譬如造房屋；学制，譬如房屋之图案。想有适用的房屋，必先有适用的图样。这图样如何能画得适用？我以为画这图的人，第一必须精于工程。第二假使所造的是图书馆，他必定要请教图书馆专家；科学馆，必定要请教科学专家；纱厂，必定要请教明白纱厂管理的人；舞台，必定要请教明白管理舞台的人。有这两种人参议，才能斟酌损益，画出最适用之图样。制定学制，也可以应用这理。不过学制包括的范围更广，所应询问的方面更多了。此次全国省教育会联合会，征集各省教育界的意见，就是为了要顾到各方面的情形。所以我觉得凡对于学制有疑问、有反对、有主张的，都应提出充分讨论、研究、实验，使将来修正之后，各方面之教育，都有充分发展之机会。换句话说，虚心讨论、研究、实验，以构成面面顾到之学制，是我们对于学制草案应有之第一个态度。

建筑最忌抄袭：拿别人的图案来造房屋，断难满意。或与经费不符，或与风景不合，或竟不适用。以后虽悔，损失已多。我国兴学以来，最初仿效泰西[3]。继而学日本，民国四年取法德国，近年特生美国热，都非健全的趋向。学来学去，总是三不象。这次学制草案，颇有独到之处。但是不适国情之抄袭，是否完全没有？要请大家注意。诸先进国，办学久的，几百年；短的，亦数十年。他们的经验，可以给我们参考的，却是不少；而不能采取得益的，亦复很多。今当改革之时，我们对于国外学制的经验，应该明辨择善，决不可舍己从人，轻于吸收。这是我们对于研究新学制草案应有的第二个态度。

为造新房绘图易，为改旧房绘图难。因为改旧房时，须利用旧房，以适合改造之需要。然旧房有可利用的；有断不可利用的；有将来要拆而改造时，不得不暂行存留的。这都是绘图的人，应加考虑的事。我们的旧学制，多半应当改革；但因国中特别情形，或亦有宜斟酌保存之处。大凡改制之时，非旧制遭过分之厌恶，即新制得过分之欢迎。这两种趋势，都能使旧制中之优点，处于不利之地位。所以我们欢迎新学制出现的时候，也得回过头来看看掉了东西没有？这是我们对于新学制草案应有的第三个态度。

图案是重要的，但只是建筑房屋的初步。学制是重要的，亦只是建设教育的初步。徒有学制，不能使人乐学；也如徒有图案，不能使人安居。如何使纸面上的图案，变成可以安居之房屋；与如何使纸面上之学制，变成最优良最有效率之教育，是一相仿的事业。不知要费几许金钱、脑力、时间去经营，才能成就我们所想成就的。我们切不可存学制一定即了事的观念。我们更要承认，学制以后之事业问题是无穷尽的。无穷尽的事业，要我们继续不已的去办理他。无穷尽的问题，要我们继续不已的去解决他。所以学制虽是个重要问题，但只是前程万里的第一步。他原来是如此，就应如此看待他。这是我们对于新学制草案应有的第四个态度。

总之，当这学制将改未改之时，我们应当用科学的方法态度，考察社会个人之需要能力，和各种生活事业必不可少之基础准备，修正出一个适用之学制。至于外国的经验，如有适用的，采取他；如有不适用的，就回避他。本国以前的经验，如有适用的，就保存他；如不适用，就除掉他。去与取，只问适不适，不问新和旧。能如此，才能制成独创的学制——适合国情，适合个性，适合事业学问需求的学制。

《新教育》第4卷第2期（1922年1月）

注释

〔1〕全国省教育会联合会　即全国教育会联合会，系由各省省教育会和特别行政区教育会联合组成。

〔2〕壬子学制　1912年（壬子年）9月，南京临时政府教育部公布了《学校系统方案》，通称“壬子学制”。后来，又陆续颁布了各种学校法令，而有些学校法令同壬子学制略有差异，教育部遂于次年（癸丑年），综合上述两方面内容，公布了壬子癸丑学制，人们也简称其为“壬子学制”。

〔3〕泰西　犹言极西，旧时用以称西方国家，一般指欧美各国。

评学制草案标准

我们当改造一种制度之时，常受一种或数种原理信念的支配指导。这次学制草案所采用之六种标准，也就是这种原理和信念的表现。论到所表现的是否合宜，我们必须先看学制的功用，才能加以判断。学制的功用何在?

学制是一种普遍的教育的组织。他的功用是要按着各种生活事业之需要划分各种学问的途径，规定各种学问的分量，使社会与个人都能依据他们的能力，在各种学问上适应他们的需要。照这样看来，学制所应当包含的有三种要素：

（一）**社会之需要与能力**　各种社会对于学问上之需要，有同的，有不同的。他们设学的能力，有大有小。

（二）**个人之需要与能力**　各种学生对于学问上之需要有同的，有不同的。他们求学的能力，有大有小。

（三）**生活事业本体之需要**　各种生活事业在学问上所需之基础有同的，有不同的。他们所需的准备的最低限度有大有小；这种基础与准备之伸缩可能，也有大小之不同。

我们且依据这三种要素来观察这次学制草案之标准。第一条标准——根据共和国体，发挥平民教育精神——和第二条标准——适应社会进化的需要——都属于社会共同的需要方面。第五条标准——多留地方伸缩余地，并且顾到各地不同的需要。若第五条与第四条——注意国民经济能力——第六条——使教育易于普及——合起来看，我们可以说各地设学的能力的大小也顾到了。第三条——发展青年个性使得选择自由——对于个人的需要已有相当的重视。就这条与第四条合起来看，似乎学生求学能力大小之不同，亦已隐隐的含在里面。再看说明（四）与（五），可以晓得学制草案对于学生求学的能力，是很注意的。

故此次所拟的标准对于社会之需要能力和个人之需要能力两种要素已经顾得周到，但对于生活事业本体上之需要，却无显明之表示。虽有几处——如中等教育段——很能体贴这种意思，但因为未曾明白表示，所以顾此失彼，不能彻底的应用出去。

生活与事业本体之需要是规定学制很重要之标准，我们分段落定分量时应当受他的制裁和指导。例如社会需要医生也有力开办医学，某生需要学医也有力学医，但是社会应办几年之医科大学，某生应学几年之基本学问才可学医，应学几年之医道方可行医，——这都是要由医道本体的要求定的。医学之分量基础宜如此定，准备别种生活事业之分量与基础亦宜如此定。故先依各种生活事业之需要，规定各种学问之分量，再就社会个人的能力所及，酌量变通，以应社会与个人的需要，或是建设学制可以参考之一法。

《新教育》第4卷第2期（1922年1月）

新学制与师范教育

新学制草案里所规定之师范教育有六种：一是三年普通科三年师范科的六年师范教育，二是招收初级中学毕业生学习之三年师范教育，三是四年的高等师范，四是大学的师范科，五是相当年期的师范讲习所，六是高级中学职业科里附设的职业教员养成科。高等师范和师范讲习所大概依照旧制。第一和第二两种是依据“三三制”的办法定的，中学校得兼办师范科是适应本年中学校设立师范组的趋势定的，大学师范科是适应近年大学设立教育科的趋势定的，职业教员养成科是适应近年职业教育的需要定的。这几点都可受我们的欢迎。但就全部看起来，新学制草案中之师范教育段很有几个缺点可以商榷。我先提出几条普通原则和师范教育的现状来讨论，然后再看师范教育段的缺点究竟是那几种，并应该如何去修正。

（一）教育界要什么人才，就该培养什么人才。教育界所需要的人才可分四种：一是教育行政人员，二是各种指导员，三是各种学校校长和职员，四是各种教员。吾国自办师范教育以来，无论高等师范、初等师范，只顾到第四项，只是以造就教员为目的，对于教育行政人员、指导员、校长和职员的训练都没有相当的注意。虽然师范学校里面有管理法、教育法令一类的功课，但是很不完备。那开通的省区，有时也为办学人员开短期的讲习会，但无系统的研究，无相当的材料，无继续的机会，故不能使他们得充分的修养。大家都以为这种种职务可以不学而能，人人会干，无须特别的训练，更无须科学的研究。结果只好把他们交付给土绅士和小政客去办理。中国学务不发达的原因固多，但是教育行政办学指导人员之不得相当培养也是个很重要的原因。所以我主张，凡教育界需要的人才都应当受相当的培养。我们教育界需要什么人才，即须造就什么人才。我们应当有广义的师范教育——虽所培养的人以教员为大多数，但目的方法并不以培养教员为限。

再进一步，就培养师资而论，现在师范教育的功效也是迁就的、片面的。

试看国内的高等师范，他们对于培养中学校和师范学校的教员，毫无分别。难道师范学校里所要的各科教员，可以和中学校一样的吗？这是高等师范最迁就的一点。

初级师范大多数设在都市里面，毕业生所受的教育既不能应济乡村的特别需要，而他们饱尝都市幸福的滋味，熏染都市生活的习气，非到必不得已时，决不愿到乡下去服务，于是乡村学校的师资最感缺乏了。补救这种缺乏的方法就是所谓之师范讲习所。但是这种师范讲习所，我们既不以正式学校看待他，所以因陋就简，办理不能适当。总之，就中国现在所办的师范教育而论，城里的人叨便宜，乡下的人吃大亏。我们要乡村教员，就应培养乡村教员以应济乡村的特别需要。

再进一步，就培养都市教员而论，现在的初级师范教育也有应该斟酌的地方。初级师范毕业生的心理是很愿意做高等小学的教员，他们在国民小学里做教员，似乎是不得已的。初级师范对于初等小学和高等小学教员的养成很少分别。目的不分明，所以办法也很笼统，高等小学和初等小学都不免有所迁就。近来师范学校内也有采分组制的，这是为高等小学应济需要的一种办法。山西于民国八年设立大规模的国民师范学校，专以培养国民小学教员为目的。由这两种趋势看来，高等小学教员与初等小学教员的养成似乎应该有些分别。

总之，教育界要什么人才，就该培养什么人才。教员之外，教育界还要什么人才，就该培养什么人才。教员的种类有因学校等级分的，有因市乡情形分的，也有因学科性质分的。我们要什么教员，就须培养什么教员。

（二）教育界各种人才要什么，就该教他什么；要多少时候教得了，就该教他多少时候。如果因为种种情形一时教不了，就该把那必不可少的先教他，以后再找机会继续的教他。到了困难渐渐的解除之后，就该渐渐的看那必不可少的学识技能之外还缺什么就教他什么，还缺多少就教他多少；时期的长短都依这种情形酌量伸缩。这条很明显，可无须举例。最难的是进一步的分析的工夫。究竟一位县教育局长、市教育局长、中学校长、初级师范国文指导员、高级中学理化指导员、小学校长、前四年的小学教员、幼稚园教员应当学的是什么？要多少时候学了？如果一时不能学了，究有什么可以缓学？可以缓学的，究须多少时间才能补足？我以为这种分析的手续没有办到之先，若想定各种人员养成的时期，总是勉强的。我们最需要这种分析的手续，但不能立刻办到，我姑且提出来做为继续共同研究的起点。

（三）谁在那里教就教谁。若想把教育办有成效，必须依据实际情形。我们试把眼睛打开一看，实际上究竟有那几种人在那里从事教育？大学堂的毕业生、专门学校的毕业生、高等师范的毕业生、中学校的毕业生、初级师范的毕业生、实业学校的毕业生，甚至从高等小学出来的科举出身的先生，都是实际上在那里操教育权。除开高等和初级师范的学生外，其余的几乎是完全没有受过特别训练的。他们既在那里实施教育，自有受训练的必要。论到教师所能受的训练，学校出身与科举出身的教师，当然不能一致。

科举出身的教师现在还是很多，恐怕十年之内他们的数目不能大减。南京现有私塾五百六十余所，广州私塾千余所，塾师多由科举出身，在他们势力下的学生各以万计。我以为既有这许多科举出身之人实际上在那里操纵儿童的教育，我们决不能不设法使他们得些相当的训练。因为谁在那里教，就该教谁；塾师在那里教，就该教塾师。一天有塾师，即一天要训练塾师如何改良。

论到未受训练的学校出身的教师，我姑且把那些从专门和实业学校里出来的除开，专论从大学、中学、高等小学出来的教师。

大学校出来的毕业生或学生（包括国立、教会立、私立），除入政界、商界、实业界服务或留学外，多到中等学校里去充当教员。这些人当在大学肄业的时候，有好多已经发现充当教员的动机了。如果学校里乘他们未毕业之前，给他们些关于教育上的训练，必定是很有效力的。

中学校的毕业生，除升学的和闲在家里的外，大多数是在那里做教员。我信中学毕业生充当教员的当不下三分之一。这两年来，我曾提议在中学里设师范科。现在已有几处在那里试办。有人说：中学里没有相当的环境、设备和附属小学，若设师范科，恐怕将来出来的毕业生一定没有师范学校里出来的好。这或者是不错的。但就事实论，我们不能拿师范学校的毕业生来和中学师范科的毕业生比；我们所应该比较的，是未受训练的中学毕业生和中学师范科的毕业生。总之，中学毕业生是不是在那里教人？是。受过训练没有？没有。要不要训练？要。好，设师范科。

高等小学出来的学生，有好多在那里做国民小学教员。开通的地方少些，越到内地去越多。我不但主张在中学里设师范科，我并曾主张高等小学末年亦得设师范课程。也有人反对说：现在师范毕业生程度已嫌太低，我们何能教十三岁左右的高等小学毕业生去做教员？我也请大家只须在事实上着想。第一，实际上高等小学的毕业生要去做教员的并不止十三岁。第二，我们要看实际上有没有高等小学毕业生在那里做教员？如果没有，或是太少，当然无须。如果有的，当然要训练。相当的训练是有益无损的，是断断乎有胜于无的。我再举一例，假使一个人家有两个孩子，大的在高等小学里做学生，小的在家里没有人教，左近也没有国民学校可进。在这种情形之下，我们应当怎样？还是任小孩子失学呢，还是叫大的孩子每天放学回家时教他？当然叫大的孩子教他。大的孩子能不能教？能。如果高等小学里曾经教他怎样教人的法子，这大的孩子是不是更会教些？当然更加会教。这大的孩子受过训练后，有没有初级师范毕业生教得好？当然没有。那么怎样不请初级师范毕业生来教？请不起，这样经济得多。我并不是主张个个地方都是教高等小学程度的学生去做教员，也不是主张一个地方是永远应该如此的。大概教员的程度应当取渐进主义。本地各种情形进步到什么地位，师范教育的程度亦宜提高到什么地位。时候未到而不肯降低和时候到了而不知提高，是一样的错误。

总之，实际上在那里从事教育的人的种类，是师范教育一个很重要的指南针。这些人一来要求办师范教育的人给他们补充学识的机会，二来暗示办师范教育的人说："像我们这一类的人后来陆续出来做教员的还不在少数，你们应该预先去培养他们。"

照上面所提的普通原则看起来，新学制草案之师范教育段，有下列应当注意之点：

一、师范教育段，是不敷学制的需要的。师范教育段只有高等师范学校（与大学师范科同）和师范学校（毕业期限与高级中学等）两等；学制上所规定之学校有小学、初级中学、高级中学等级，故师范教育段不敷学制上各学校对于人才之需要。

二、高等师范规定四年，师范学校规定六年毕业，觉得太呆板，并没有逐渐提高的机会。如果把教育界各种人才所需要的学识技能分析之后再来规定年限，我觉得那时规定的年限，决不像这样一致。

三、最低的师范教育要十二年毕业。依中国现在的情形看来，十省有九省够不上这个标准。就是最开通的省分，当也有好多区域是够不上这个标准的。若专靠师范讲习所来救济，那吗既不以正式学校看待他，结果必不能圆满。所以我觉得现在的师范教育有低下一格的必要。

四、高等师范入学之资格、毕业之程度既与大学同，似宜以单科大学称呼他。因为这种机关不止培养师资，简直就可称他为教育科大学。那设在综合的大学里面的，就叫他为大学教育科。

五、师范讲习所的目的应该订得清楚。既是辅助义务教育的临时办法，他的宗旨就宜以训练未受学校教育人员充当教员为限。那受过学校教育的人要做教员，就叫他们依据程度去进相当之师范学校。

六、职业教师之培养专在高级中学职业科里面规定，也觉得呆板。

七、学问是进化不已的，从事教育的人应当有继续研究的机会，故师范补习教育亦应占一位置。

依据上面所说的，我对于学制草案中之师范教育段要提出意见如下：

一、初级师范以培养小学前四年之教员为目的，招收六年的小学毕业同等学力的来校学习，修业年限一年以上。初级中学能设师范科者听。

二、中级师范以培养六年的小学的后二年与高等小学（如高等小学不完全取消）教师为目的，但同时得培养小学办学人员，招收六年的小学毕业同等学力的来校学习；修业年限四年以上，前期为普通科，后期为师范科。

三、中级师范学校得办完全科或专招初级中学毕业同等学力的学子，教以相当时期之师范教育，高级中学得设中级师范科。

四、兼办初级中级师范的学校，称为初、中两级师范学校。

五、高级师范以培养地方教育行政人员、初级中学同等程度之办学人员、指导员、教员为目的；招收高级中学毕业同等学力的来校学习，修业年限三年以下。

六、教育科大学以培养教育学者、教育行政人员、学校行政人员及高级中学同等程度之指导员、教师为目的。修业年限四年以上。（现在高等师范学校最宜改良的是内容和方法，增加年限而不改良内容和方法是无益的。如能改良内容和方法，就不增加年限也无妨。先去改良内容和方法，有余力时，再图增加年限，似是解决这问题的顺序。）

七、大学得设教育科及高级师范。

八、教育研究院修业年限一年以上，招收大学毕业生研究。

九、幼稚师范学校可独立设置，或附设在其他师范学校内。

十、师范讲习所以训练非学校毕业人员充当教师，并继续补充他们的学识技能为目的，期限不定。

十一、各种师范学校得设师范补习学校，以继续补充学校出身之教师之学识技能为目的，期限不定。

十二、为推行职业教育计，大学实科及高级中学之职业科内得附设职业教员养成科。但教育科大学、高级师范和中级师范内能培养职业师资者听。

总之，学制是要依据社会个人的需要能力和生活事业本体的需要定的。师范教育一面是为学制上各种教育准备人才，故要顾到学制上的需要；一面是一种事业，自然又要顾到他自己本体上的需要。上面对于各种师范教育所拟的年限虽是很可活动的，但还是假定的办法。我很希望研究师范教育的同志，早些把教育界各种职务所需之学识、技能，详细分析，再会合起来，看他们究竟要几多时候可以学得会，学得好。如果社会的财力人力和个人的境遇一时不能使我们透达圆满的目的，我们也可依据所分析的结果，拣那可缓的，留到后来陆续补充，以后再随社会个人能力的增进，逐渐的去谋提高和改良。

《新教育》第 4 卷第 3 期（1922 年 3 月）

女子教育在学制上占领地位之十五周纪念*

中国自有新的女子教育，已将近八十年；英国教士在中国创设女学，实在一八四四年〔1〕；天主教士在中国开设女学实在一八四八年；本国私人开设女学，实在一八九七年；这都是女子教育很可纪念之事。经这六十余年的酝酿，到了光绪三十三年正月二十四日，合阳历民国前五年，西历一九〇七年三月八日，始颁布《女子师范学堂章程》三十六条，《女子小学堂章程》二十六条。这是第一次女子教育在学制上占领地位，更是中国女子教育可以纪念的一天。这次女子学制的特点如下：

（一）女子教育与男子教育是分开的。

（二）女子初等小学和师范学堂都比男子的少一年。

（三）女子中学尚未占领地位，女子教育到师范学堂为止。

这时各种女学校，已经有了三九一所，共有学生一一，九三六人，约占全体学生数百分之二。换句话说，当时一百个学生当中，有九十八个男学生，两个女学生；男学生数四十九倍于女学生数。

这是十五年前的情形。十五年以来的进步也可以约举如下：

（一）女子教育到现在已与男子教育立在平等的地位。小学、中学、大学里，女子都可以得到教育。

（二）女子与男子并且可以同学。小学、大学里的男女同学，几

---

* 周，即周年之谓，当时通行的用法。《陶行知全集》编者曾将“周”后加“年”字，今恢复原题。

已视为常事。教育界对于中学男女同学问题，意见虽不一致，但有好几个地方，已经在那里实行，可见得社会至少已许他们试办了。

（三）现在中国女学生的确数，我们是不能晓得清楚。就民国第四次教育统计看起来，在民国五年的时候，全国有女学生一八〇九四九人，占学生总数百分之四。分省的统计，比较近些。江苏最近调查有学生五一〇，五〇六人；女学生六七，二六六人，占总数百分之十三。山西近年推行义务教育最力，据民国九年八月调查表所列，全省国民学校学生总数为六四五，一四八人；女学生数为八〇，五八三，已占学生总数百分之十二·五了。

照上面所说的看来，中国女子教育的进步，不能算不快。这是很可以纪念的。但是女子教育急待解决的问题正还不少。现在择其紧要的，提出几个来和大家商榷。

（一）最好的省分如江苏、山西二省，女学生只占总数百分之十二或十三；那最不发达的地方，如甘肃（民国五年统计），每一百学生中得不到一个女学生；甚至如新疆省（民国五年统计），连一个女学生还没有看见报告。如何使各省都有女学生，使个个女子都能得到教育的机会，是不是我们今后的责任？

（二）别的地方我不清楚，民国十年南京的教育情形我曾经调查过。私塾学生一二，五五六人中有一，六五一女生，约占总数百分之十三；幼稚园七七人中有三九女生，约占总数百分之五一；初等小学生七，四一三人中有二，三九八女生，约占总数百分之三二；高等小学生三，七九六人中有七一〇女生，约占总数百分之一九；中学生四，二六八人中有六五二女生，约占总数百分之一五；高等专门大学学生一，一二一人中有九十七女生，约占总数百分之九，愈到高头，女生愈少。如何使各级教育女子所得教育之机会都能平均，是不是我们今后之责任？

（三）现今社会变迁很快。女子教育与社会生活，很有许多隔阂的地方。如何改良女子教育的内容方法，使能适应进化社会之需要，是不是我们今后之责任？

（四）北京实际教育调查社[2]讨论教员兼课问题，多主张力革兼职制度。有人就说：如果北大、北高不许教员兼课，北京女子高等师范就难请到第一流的教员；因为女高薪额比男学校低，所以不易维持。这不但北京女子高师是如此，别的女学校也有同样的困难。如何使服务女校的人和服务男校的人得同等的待遇，以促进女子教育的改良，是不是我们今后之责任？

（五）受过高等教育的女子，现在已不在少数。至少似宜有几个人担负研究女子教育责任。这几年来在中国女子教育上有研究的人，我只遇到一位。这一位就是美国露懿士女士。他的《中国女子教育论》和《四川女子教育报告》都是很有价值的。

这也是我们本国女子此后应当勉力担负的一种责任。

（六）各国对于普及教育运动最力的，无过于女子的会社。中国受过教育和现受教育的女子，总不下五十万人。此刻又当各处提倡普及教育的时候，如果每一受过教育女子发愿每年劝一幼女入学，引一老妇改良，并群策群力，组织团体，做全部的提倡事业，那女子教育必有不可限量的进步。女子教育，本是全国人民所应担负的责任，但受过教育的女子，更是当仁不能让的。

《新教育》第4卷第3期（1922年3月）

注释

〔1〕指英国传教士奥尔德西（Miss Aldersey）受英国“东方女子教育协进社”派遣，于1844年在中国沿海城市宁波创办的一所教会女子学校，招收中国女子入学。

〔2〕实际教育调查社　旧中国的教育团体。1921年在北京成立。发起人为范源濂、严修、袁希涛、张伯苓等。该社对旧中国制订壬戌学制有决定作用。1921年底，与新教育共进社、新教育杂志社等联合组成中华教育改进社。

教育者的机会与责任*

今天我讲题是教育者之机会与责任，但是今天到会的，除教育者外，又有受教育的学生，提倡教育的办学者。我这题目，和上面种种人有什么关系呢？我想，学生对于教育发生的影响，自己首当其冲，自然要去看看教育者是否已经利用他的机会，尽了他的责任。办学者是督察教育者的人，更有急需了解教育者的机会与责任的必要。所以我这演讲，实在是以上三种人都应当注意的。

先从机会方面讲。教育者应当知道教育是无名无利且没有尊荣的事。教育者所得的机会，纯系服务的机会，贡献的机会，而无丝毫名利尊荣之可言。他的机会，可分四种：

（一）有可教之人；

（二）可教者而未能完全教；

（三）可教者而未能平均教；

（四）已受教而未能教好。

以上四种，都是予教育者以实施教育的机会。且先就第一种讲。

第一种是因为社会上有许多可教之人，所以教育者才能实行他的教育，倘若无人可教，则教育者就失其机会而无用武之地了。孔子曰："生而知之者上也。"美国某哲学家，对于他这句话很有怀疑，他反驳孔子说："生而知之者下也。"可是他的话确乎也有根据，譬如最下等的动物——细胞，彼从母体脱离后，凡彼母亲会做

* 本篇系在安庆暑期演讲会上的演讲记录。记录者为程褆昌。

的事，彼都会做。再推到小牛，彼虽然不似细胞那样快，但是不用隔多时，举凡彼母亲的事，彼也会做了。小猴子却又不同，彼有几个月要在彼母亲的怀里，因为彼又是较高于小牛的动物。人又不然了，人在小孩子的时期，最早要候二三年后，始能行动，后来又慢慢由幼稚园——至于大学，去学他的技能，以做他父亲会做的事。总之，幼稚时间长，所以可教；教育者的机会，也是因为有可教的小孩子啊！

第二种是说可教的人没有完全受教。如中国有四万万之众，照现在统计表计算，只有五百四十万个学生，换言之，只有一百分之一·五是学生；一百人之中，能受教育的只有一个半人。这一百分之九十八·五的不能受教育者，都打着我们教育者的门，并且告诉我们说："现在是你们的机会到了，有一个人不入学校，就是你们还没有实行你们的机会。"

第三种是就受教的人说的。中国现在受教有三桩不平均的地方：（一）女子教育；（二）乡村教育；（三）老人教育。

第一桩，女子教育在中国最不注重。中国全国，有一千三百余县没有女子高等小学，又有五百余县没有一个女学生。若照百分法计算起来，男学生占学生中百分之九十五，女子却只占百分之五；以家庭论，一百个家庭，只有五个是男女同受教育——好家庭了。所以为家庭幸福计，男女都应受同等的教育。女子教育的重要有三：

甲、女子同为人类，自应有知识技能，去谋独立生活。譬如四万万根柱子擎着大厦，设若有二万万根是腐朽——不能用的木材，则此大厦必将倾倒，这是很明显的例子。——所以女子必须受教育，去共同担负社会的责任。

乙、女子富于感化性，能将坏的男子变好，并且可以溶化男子的性情与人格。诸位不信，请看看你们的亲友，定可得着个很显著的证明——所以欲使男子不致堕落，非从女子教育着手不可。

丙、女子受教育，必定十分顾及他子女的教育，不似男子的敷衍疏忽。——所以普及女子教育，不但可以收家庭教育的好果，并且可以巩固子孙的教育啦！

第二桩，不平均是城乡学校的相差，城里学校林立，乡下一个学校都没有。以赋税论，乡下人出钱，比城里人多些；他们的代价，至少也应当和城里平均，才是公允的办法。故乡村教育，应为教育者所注意。

第三桩，是小孩子可以受教育，而老年人则无受教育之机会。一班教育者，也只顾及小孩子的教育，对于老年人很少加以注意，这也是件不平均的事。中国现在内外交棼，社会多故，如若候着那班小孩子去改造，非待二三十年后不能奏效。所以欲免除目前的危险，必须兼顾着老幼的教育。

许多女子，乡村人，老年人，都打着我们教育者的门，如求雨一般的哀求我们放他们进来。这也是我们的机会到了！

第四种机会，是因为小孩子虽然受教，但是没有教好。如已教好，我们教育者又无机会了。没有教好者，可以分四层讲：

甲、人为物质环境中的人，好教育必定可以给学生以能力，使他为物质环境中的主宰，去号召环境。如玻璃窗就是我们对于物质环境发展的使命之一。我们要想拒绝风，欢迎日光，所以就造一个玻璃窗子去施行我们拒风迎光的使命，教讨厌的风出去，可爱的日光进来。又如我们喜欢日光和风，但是想拒绝蚊蝇，所以又造了一种纱窗去行我们的使命。这种使命，并非空谈，因为我们有能力确可使这些自然的环境，听我们调度。故学校应给学生使命环境的能力，去作环境的主宰。以上不过是表明人对付环境的两个例子。

水也是自然环境之一，但是不能对付彼，常常为彼所戕杀。如去年门罗博士到苏州参观教育，同行有四位女学士。过桥的时候，女学士的车子忽然翻落桥底；当时船家和兵士都束手无策，等到想法捞起，已经死了一个。我们从这件事，得着一个教训，就是“学生、船夫、兵士都不会下水”，以致人为自然环境的“水”所杀。

人在青年时发育最快。身体的发育，犹如商人获利一样。可是商人获利是最危险的事，偶一不慎，当悖出如其所入。我们青年生长时，亦有危险，学校讲求体育，应问此种体育是否增加学生的体健，使他们不致有种种不测之事发生？

这种学生的父兄，也带了他瘦且弱的子弟，打我们教育者的门，厉声问我们教的是什么教育？

乙、人不但是物质环境中之一人，也是人中之一人。人有团体，有个人，在这团体和个人中，便发生相对的关系。此种关系，应互相联络，以发展人性之美感。在此阶级制度破产时，我们绝不承认社会上还有什么“人上人”、“人下人”，但是“人中人”我们是逃不掉的。我们既然都是人中之一人，那么，人与人自然会有相互的关系了。这种关系，能否高尚优美，尚属疑问。且就现在的选举说吧，被选人手里执着些洋钱，选举人手里执着一张票，他们所发生的关系，是洋钱的关系、选举的关系罢了！这种关系，能合乎高尚的条件吗？

再看留学生的选举如何？记得从前中央学会选举时，自称为博士、硕士的留学生，不也是一样的舞弊吗？其他如大学毕业生、中学毕业生以及未毕业的中学生，他们又是怎样？他们为什么拿着清高的人格，去结交金钱？去结交政客？作金钱的奴隶？作政客的走狗？这样的学生，对得起国家社会吗？对得起父母吗？对得起自己的人格吗？

国家、社会、父母，都带着他的子孙，打我们教育者的门，骂我们为何太不认真，以致教出这种子弟！

丙、好教育应当给学生一种技能，使他可以贡献社会。换言之，好教育是养成学生技能的教育，使学生可以独立生活。譬如社会上的农夫、裁缝、商人、工人、教员……他们都有贡献社会的技能，他们各人贡献他们所做的事，可以使社会得着许多便利。倘若有一个人没有能力，则此人必分大家的利，而造成社会的恐慌了！所以教育的成绩，就是“技能”；教育就是“技能教育”。——且拿现在的师范生做个譬喻：现在师范毕业学生只有十分之八可以服务，十分之一可以升学，其余的十分之一，却做了高等游民了。再看中学毕业生，也只有三分之一可以服务，三分之一可以升学，其余三分之一，也就做了游民了！但是他们虽然不能服务，倒不惯受着清闲的日子，反做出许多不正当的事业，实在危险啊！

这种游民式学生的父兄，也打着我们教育者的门，问我们何以教出这种不会做正当事的子弟？并且教我们重新改过课程，使毕业的学生皆可独立。

丁、人不能没有休息，但休息是人最险之时。人无论怎样忙，都没有损害，倘若休息，则魔鬼立至。我们可以看出社会上许多恶事，都是在休息时候做的。所以学校里有音乐，便是给学生以正当的娱乐，使学生不致在休息时间做出恶事。可是学生回到家里，既无教员同学和他盘桓，又没有经济设置音乐去助他的娱乐，难免不发生其他的事来。所以学校应当使学生在休息时有正当的愉快。

这又是我们教育者的机会了！

总之，以上皆是我们教育者的机会。平常人对于机会怎样对待呢？大约可以看出四种情形来：

（A）候机会　　有一班教育者天天骂机会不来，好像穷妇人想发财一样，但是机会不是观望的，所以等着机会是极愚拙的事，可以料定永远不会收着成效的。

（B）失机会　　又有一班教育者，他明明看见机会来了，等到用手去捉彼，彼又跑掉了。如此一次，二次，三次……仍旧不能得着机会。因为机会生在转得极快的圆盘子上，倘如没有极敏捷的手去捉彼，总会失败的。

（C）看不见机会　　机会是极微细的东西，有时且要用显微镜和望远镜去找彼。一班近视眼的教育者，若不利用那两种镜子，是很难看见机会的。

（D）空想机会　还有些教育者，机会没有来，到处自炫，就像得着机会一样。犹如两个近视眼比看匾，在匾没挂起来的时候，都去用手摸了匾。后来共请一位公证人去批评，他们各人述了自己的心得，公证人忍不住笑了，因为这匾还没有挂上，他们都是"未见空言"咧！

这类"未见空言"的教育者，他们一味的空想，结果总没有机会去枉顾他一次。

现在再谈谈好的教育者。我以为好教育者，应当具有灵敏的手去抓机会，并且要带千里镜去找机会，机会找着了，就用手去抓住彼——不断地抓住彼，还要尽力地发展彼。

再说一说教育者的责任。简单一句话，教育者的责任就是"不辜负机会，利用机会，能用千里镜去找机会，会拿灵敏的手去抓机会"。

办学者和学生都应当看看教育者是否利用他的机会；如果没有利用他的机会，便是他没有尽责。尽责的教育者，可以使学生发生"快乐"与"不快乐"两种感想；但是不尽责的教育者，也可以得着这两种情形，这是什么缘故？

因为教育者尽责，可以使学生在物质环境中做好人，教他学习一种技能去主宰环境。这种教育者，学生对于他有合意的，有不合意的。合意者不生问题，不合意的学生只请他认定教育者是否教我们做一个好人。如是，那我们就应当忍耐着成全这教育者的机会。设若教育者不负责，——辜负了机会——不使学生求学，我们这时候，应当知道学生有好有坏，教育者也有尽责与不尽责，不尽责的教育者常为坏学生所欢迎，同时也被好学生唾弃。做好学生，好教育者，更应当对于坏教育者、坏学生，加以严厉的驱逐，使这学校成为好的学校。

这桩事，无论是教育者、学生、办学者，皆当注意。我们不能辜负这机会与责任，自然要奋斗。攻击坏教育者、坏学生，是我们不可不奋斗的事——尤其是安徽不可不奋斗的事！

《民国日报·觉悟》（1922 年 7 月 7 日）

教育与科学方法*

今天所要讲的不是教育研究法，是“教育与科学方法”。就是科学方法在教育上的应用。人生到处都遇见困难，到处都充满了问题。有的是天然界给我们出题目，有的是社会上给我们出题目，有的是空气、光线、花草给我们出题目。既然题目有这么多，我们应付这些问题的方法也分好几种。有的人见古人怎样解决，我们也怎样解决，这种解决是不对的，是没进步的。因为古时现象不是与今日现象一样。所以以古进今的办法往往是错的。有的人依外国的方法来解决问题：日本怎样办教育，我们也怎样办教育；德国怎样办，我们也怎样办；美国怎样办，我们也怎样办，这种解决也是不对。因为从人家发明之后，未必公开，或不愿公开。从不愿公开到公开，已经若干时间，再从公开到中国，我们刚以为新，不知人家早已为旧了。还有的人是闭门空想，自以为得意的了不得，其实仅自空想也是没用的，因四面八方的问题，不给他磨练也是不行。此外还有一种人也不依古，也不依外，是以不了了之。像以上种种方法，都不能解决我们的问题。能解决我们的问题的，惟有科学的方法。

什么是科学方法呢？科学方法是有步骤的，是有线索的。第一步要觉得有困难。如牛顿看见苹果落地，别人不知看了几千百次，都没觉得有困难，惟有牛顿觉着有困难，所以他发现地球的吸力。教育方面也是如此。有的人上课看不出有什么问题，学风之坏也不

* 本篇系在北京大学教育研究会上的演讲记录。记录者为黄继文。

注意，所以就不会有问题。第二步得要晓得困难的所在。就是要找出困难之点来，如一个人坐在那里发脾汗，是觉着有困难了。用什么方法来解决这个困难，这就跳到第三步。从此想出种种方法来解决。有的画符放在辫子里，有的请巫婆，有的到庙里烧香祷告，有的请医生，有的吃金鸡纳霜。有了这些法子然后再去选择，这就到了第四步。自以为老太婆的法子好，就去试一试；不能解决之后，再用其他法子，最后惟有吃金鸡纳霜渐渐的好了。但此刻还不能骤下“金鸡纳霜能治脾汗”的断语，因为焉知不是吃饭时吃了别的东西吃好的呢？所以必须实验一番，这就到第五步了。如在同一情形之下，无论中外、男女、老幼吃了都是灵的，那么，金鸡纳霜能治脾汗就不会错的。

经过这五步工夫，然后才可解决一个问题。这五步方法是科学的方法。无论是化学，是物理，是生物学，都用这个方法以解决困难。但科学方法也有几个要素：

（一）客观的　凡事应用客观的考查。有诸内必形诸外。在教育上的观察，就是看你的学说于学生的反应怎样？教员与学生的关系怎样？要考查一校的行政，应看他的建筑、设备怎样？如以秤秤桌子，我虽不知此桌的重量，但我晓得所放的秤码是多少。

（二）数目的观念　凡有性质的东西都有些数量。如光（light）有性质，一般人都如此说，物理学家也说可以量的。又如灵魂是有质量的，将来也须用数量去量——如果不能，则灵魂是没有的。数量中又有两个观念：（a）量的观念。有数量就可去量，如布、米、油等。（b）要量的正确。量不正确也是无用。就是反对量的，他也在那里量，但他们用的法子很粗浅，专用一己的主观。如中国教员看卷子，有时喜怒哀乐都影响到他们定的分数。高下在心，毫不正确，这是中国人的毛病。我想不但学理化的人对于数目要正确，就是学教育的人也要正确。“差不多”三字是我国人的大毛病。与人约定时间总是迟到（但上火车总是早到）。所以孟禄调查教育时说："中国人对于数目不正确。如要改良中国的教育，非从数目入手不可。"

以上说的是科学步骤与观念，要用这步骤观念，应用到教育上去。

现在教育问题很多。从前人对于教育问题都是囫囵吞枣，犯了一种浮泛的毛病。各个人都会办教育，各个人都可作教育总长，都是教育专家。究竟教育问题是不是如此简单？还是无人不会呢？我们要知道教育在先进国里是一种专门科学，非专门人才不能去办。中国就不是如此。不过这几年还算进的快就是了。五年前南高师教育和心理都是一人担任。自我到了之后，才将教育与心理分开。一年之后，授教育学者是一人，教育行政者又是一人。这是近五六年来教育的趋势。如各人担任一个活的问题，或一人一个，或数人一个，延长研究下去，这问题总有解决的时候。若真多少年下去还不能解决，那恐非人力所能解决的了。

现时要研究的问题有教育行政、儿童、工具、课程种种。又如把科学应用到教育行政上去，课堂上教授是不是好的办法？教员、学生都太劳苦是不是有益的事情？

现在教育有两种：（一）如一个新学生坐在洋车上，叫车夫拉着拚命的跑几十里，结果自然是学生逸，车夫苦。但让学生自己再回来恐怕还是不能。（二）如一去不坐车，不识路就问警察，自然是辛苦一点，但走到回来时，包管还能回来的。兹将教育重要部分略说一说。

（一）组织　此时课堂组织最好的有达尔顿实验室〔1〕的方法(Dalton laboratory plan)。室中有种种杂志、图画，还有导师，任学生自由翻阅，与导师共同讨论，还要每礼拜聚会一次。这种法子倒底好不好？可去试验试验。把各个学生试验了，测量了，假设其情形相同，是不是可得同一的结果？然后就知究为班级制好呢？还是达尔顿的方法好？又如研究习惯究为遗传的力量大呢？还是社会环境的力量大？把一对双生的儿童授以同样教育，看他们的差别究竟是那个大。同时以同胞生的儿童授以不同的教育，再看他们的差异怎样？

（二）教材　以上法子也可应用教材上去。如我们所教的字是不是学生需要的，究竟何者为最需要？何者为次要？何者为不需要？我们应来解决。现在有些需要的未有放到教科书里，有些不需要的反倒放入了。我们可以拿几百万字的书来测验，看那一个字发现次数最多？其最多者为需要，其次多数发现者乃是次要。将发现多的给学生，而次多的暂不授予。还有一点要注意的，就是学生有一年、二年离校的，我们就得将最需要的教他。可是其中有个困难，或者最需要的字比较着难读难写些，但我们可以想法给他避免。有人说中国字难认，所以不识字的人很多，外国人也说将来怕不能与各国的文化竞争。其实不然，试看长沙青年会〔2〕所编的《千字课》教授男女学生就知道了。他那里边有男生一千二百人，女生六百人，四个月将一千字授毕，每日仅费一点半钟。学生多半是商家学徒，而学生年龄以十二、三、四、五、六岁的居多。我觉着这一种办法，给我们一个好大的希望，今天拿来不过举个例罢了。

（三）工具　无斧不能砍木，无剪不能裁衣，无刀不能作厨子，无工具不能作教育的事业。教育工具可以从外国运的，可以从中国找的。从外国运来的第一是统计法。有了统计法我们可以比较，可以把偶然的找出个根本原理来，如同望远镜可帮助我们眼睛看的清楚，在材料中可找出一定的线索。所以统计是不可看轻的。第二就是测验。近来教育改进社要作二十四种测验，因为此种工具是不能从外国运的（就是运来也不适用）。测验是看学生先天的聪明智慧怎样？使学校有个好的标准，由此可晓得某级学生有什么成绩，如治病的听肺器一样，可以看出病来。欲知病之所在，非测量不可。测验也是如此，得要细细的看结果怎样。如办学的成绩都可测验的。但没有统计，也测不出来；没有测验，也统计不出来；二者是互相为用。如甲校一个学生花四十九元，乙校学生仅花四元半，我们就可测量他谁是谁不是。如测验得花四元半的能达到平常的标准，那花四十九元就太费了。反转过来，如花四十九元的刚好，那花四元半的未免太省了。这就是统计与测量互相为用的地方。总之，每人都存用科学方法去办教育的决心，每人都去研究或解决一个小的问题，我敢说不出三十年，中国教育准有好的成效。

《民国日报》(1923 年 1 月 15 日)

注释

〔1〕达尔顿实验室　通译道尔顿实验室。美国知名女教育家柏克赫司特所创设。

〔2〕青年会　基督教青年会（Young Men's Christian Association）的简称。1844 年创立于英国伦敦，1885 年由美国传入中国，建立中华基督教青年会。20 世纪 20 年代前后，在国内推行平民教育。

为反对中学男女同学的进言

近年因教育机会均等潮流来势甚猛，男女同学问题就应时发生。小学男女同学早已得到社会的许可。现在理论家、实行家和一般人民都是一致赞成的。就是反对男女同学最烈的江苏省议员，对于高初小学男女同学也表示退让（参看《江苏省议会汇刊》第四十九号，第二张），所以小学男女同学在中国已到不成问题的地步了。大学初办男女同学的时候，很有许多人反对。国立的北京大学、南京高师相约试行男女同学的时候，一般保守的人直指为洪水猛兽，预言一两年之内必定要闹出大乱子来。但是我们留心观察，三年以来，并未发生什么危险。其实大学男女同学，在中国早已试行。岭南大学〔1〕、大同学院〔2〕当国立大学未行男女同学之先，早已办过了，结果都很圆满。继北京大学、南京高师而起的试验，也很顺利。最可喜的是看见当初反对大学男女同学的父母，现在也渐渐的送他们的女孩儿到这些学校里去上学了。不过绝对反对大学男女同学的人还是有的。教育学者的意见虽是一致的主张大学男女同学，舆论上还没有十分一致。但是反对的势力，是已经很薄弱了。初级学校和高级学校的男女同学虽已经到了这个程度，中学男女同学的阻碍还是不易胜过的。中学男女同学还是我们社会吞不下去的一根鱼刺。教育学者的意见也很不一致，一般的人更不必说了。我们看江苏第一中学试行高三（高级中学三年级）男女同学所受的攻击就晓得了。第一中学对省议会的说明和教育部的批文，都是穿着大学预科同等程度的衣服来与反对派相见。对于中学男女同学并没有直截了当的承认。我并不是主张中学男女同学的人。我对于中学男女同学的疑问上所得到的答复，还不能叫我十分满意。但是在这个时候要反对中学男女同学，我有些不忍。

人饿了要吃饭，没有饭吃的时候，树皮草根都是好的，什么糟糠当然是欢迎的了。看见人家逼于饥荒而我只管储蓄米粮，不加救济，心肠似乎太硬了。精神上对于学问的饥荒是一样的难忍。现在小学女毕业生一天多一天，一部分是一定要升学的。若不许男女同桌吃饭，就须另外为女子开一桌饭。既不为女子另外开饭，又不许男女同桌吃饭，是不是要看他们饿死呢？我以为与其反对中学男女同学，不如积极的去提倡多设女子中学，方为真正负责之人。

就我所观察，做父母的对于这件事有三种态度：一是赞成男女同学；二是不赞成男女同学；三是不赞成男女同校，但因为没有相当的女子中学，不得已送女儿到男女同学的学校去求学。我们如果设立女子中学，可以应济第二第三两种需要，我觉得这的确是一个推广女子教育机会的办法。我相信中学男女同学是教育界不得已的办法，决不能单靠他来解决女子中等教育问题。但是女子中学没有充分成立之先，我对于这种不得已的办法是表同情的。

一般人对于男女同学不免有过分的害怕。他们不晓得学校是个团体的生活。一个团体有一个团体的道德观念和权威。个人行动时时刻刻不知不觉的要受他的制裁，一出范围，同群的精神刑罚立至。在学校里不但有教职员，并且有同学相互间的制裁。除非是低能儿，谁愿尝试呢？从前南京高等师范学校试行男女同学的时候，有一位实业家的子弟大加反对。我告诉他说：“试一看府上所办的纱厂，男女工人的道德程度比我们的学生如何？工头的道德程度比我们的教职员又如何？男女同学之纵有危险，总比男女同工要轻得多。如果男女同学有阻止之必要，请先停止你们纱厂里的男女同工。”我这段话语，没有发表过。现在提出来，为的是要请大家对于中学男女同学不要过于害怕。我深信学校里教职员和同学相互的制裁，可以把诸君所顾虑的一万个危险无形中消灭去九千九百九十九个了；况且学校不是别的地方，男女在求学和合作上能发生之高尚关系何止几十几百，诸君所怕的，未必发见；万一发见，纵使不男女同学也是会发见的。诸君如果对于我所说的还有怀疑，就请赶快的提倡多设女子中学；空空的反对，是难达到目的的。

《新教育》第6卷第1期（1923年1月）

注释

〔1〕岭南大学　美国基督教教会在旧中国办的大学。校址在广州。前身最早是1888年成立的格致书院，1904年改名为岭南大学。解放后由人民政府接管。1952年并入他校。

〔2〕大同学院　旧中国的大学。1912年在上海创办，初名大同学校，后改名为大同大学。1915年首倡男女同学，开国内高等学校男女同学之先声。

学问之要素

——致程仲沂[1]的信

仲沂先生：

……

先生所说做学问有三要素：一体健，二天才，三财力。很有见地。

知行以为体健是人生的一个最要目的，也是学问的一个最要目的。学生是学习人生之道的人。学以厚生则可，学以伤生是断断乎不可的。天才是做学问的根据。有几分天才，做几分学问。大概天才有十分八九之势力，教育的势力只占十分之一二。教育万能之说是教育界自欺欺人的话。但是天才有时很不容易看出来。时机未到，天才隐在里面，专靠主观、武断，以致差之毫厘、失之千里的，是常有的事。

第三点恕我不大表同意。我不承认财力是学问的要素。我以为，只要有志学问或是有志于子女的学问，经济的难关是可以打破的。后代的学问是有社会关系的。自己倘若十分困难，就号召社会的力量成全子女入学也是应该的。这是就求学必不可少的经费说的。我还有一点意见，就是：穷苦和学问是好友，富贵和学问是仇敌。那天天轻裘肥马炫耀于同学之前的，究竟的学问如何？

十二年九月二十日

《知行书信》（1929年亚东图书馆版）

注释

〔1〕程仲沂　即程宗泗。安徽休宁人。曾在南京政法学堂、北京铁道学院、朝阳大学任教，任过上海神州女校教务长，时任安徽隆阜第四女子师范校长。

创造一个四通八达的社会

——致文渼[1]的信

渼妹：

前在安庆接到家书，承嘱于修改后奉还，此事拟于到武昌后办理，一二日之内即可寄出。家中所需物品可以带京，请函冬弟购办。

知行一句钟内可以抵汉，拟于二十三日回安庆，二十四日赴芜湖。回京日期，当在十二月初。

知行近日买了一件棉袄，一双布棉套裤，一顶西瓜皮帽，穿在身上，戴在头顶，觉得完全是个中国人了，并且觉得很与一般人民相近得多。

我本来是一个中国的平民。无奈十几年的学校生活，渐渐的把我向外国的贵族的方向转移。学校生活对于我的修养固有不可磨灭的益处，但是这种外国的贵族的风尚，却是很大的缺点。好在我的中国性、平民性是很丰富的，我的同事都说我是一个“最中国的”留学生。经过一番觉悟，我就像黄河决了堤，向那中国的平民的路上奔流回来了。

平民教育的宗旨是要叫种种人受平民化。一方面我们要打通层层叠叠的横阶级。如贫富、贵贱、老爷小的、太太丫头等等，素来是不通声气的，我们要把他们沟通。又一方面我们要把深沟坚垒的纵阶级打通。纵阶级的最昭著的是三教九流七十行，江南江北、浙东浙西、男男女女等等都有恶魔把他们分得太严。这种此疆彼界也非打通不可。民国九年，南京高师办第一次暑期学校的时候，胡适之、王伯秋[2]、任鸿隽[3]、陈衡哲[4]、梅光迪[5]诸先生和我几个人，在地方公会园里月亮地上彼此谈论志愿，我说我要用四通八达的教育，来创造一个四通八达的社会。我这几年的事业，如开办暑期学校、提倡教职员学生之互助、提倡男女同学、服务中华教育改进社，都是实行这个目的。但是大规模的实行无过于平民教育。我深信平民教育一来，这个四通八达的社会不久要降临了。

我这一个多月来随便什么地方都去传平民教育。四天前，我到南昌监狱里去对四百个犯人演讲，我说人间也有天堂地狱。若存好的念头，心中愉快，那时就在天堂；若存坏的念头，心里难过，那时就在地狱。我说到这里，忽然得到一个意思。这个意思就是天堂地狱也得要把他们打通。后来我想了一句上联送自己："出入天堂地狱。"下联没有想出来，请你给我对起来罢！

这次在轮船上觉得很安逸。记得前年我们到牯岭去，轮船上一夜数惊。我们生在此时，有一定的使命。这使命就是运用我们全副精神，来挽回国家厄运，并创造一个可以安居乐业的社会交与后代。这是我们对于千万年来祖宗先烈的责任，也是我们对于亿万年后子子孙孙的责任。

这时我在汉口南洋宝酒楼。这是个徽州馆。我在这里吃牛肉面，吃的饱得很，只费了一角五分钱。

再过半点钟，我就要渡江到武昌去了。我现在康健快乐。敬祝你和全家康健快乐！

知　行

十二年十一月十二夜写起

十三日早晨写了

《知行书信》(1929 年亚东图书馆版)

注释

〔1〕文渼　即陶文渼（1895—1929），陶行知胞妹。

〔2〕王伯秋　时在江苏省公立法政专门学校。与陶行知等共同发起成立中华平民教育促进会，并主持南京分会平民教育推行工作。

〔3〕任鸿隽　即任叔永。四川巴县人。早年留学美国康乃尔大学。1915年在美国发起成立我国现代最早的科学学术团体——中国科学社，并任社长。曾任四川大学校长。

〔4〕陈衡哲　任鸿隽夫人。江苏武进人。1914年考取清华学堂留美班，后赴美留学。为中国现代文学史上的第一位女作家。

〔5〕梅光迪　安徽人。早年留学美国威斯康辛大学和哈佛大学。回国后，与胡先骕、吴宓等主办《学衡》杂志，发表一系列文章，反对新文化运动和文学革命，受到鲁迅和许多新文化与新文学运动拥护者的批判。

预备钢头碰铁钉

——致吴立邦的信

立邦小朋友：

接读你的好信，如同吃甘蔗一样，越吃越有味。

世上有十八岁的老翁，八十岁的青年。要想一世到老都有青年的精神，就须时常与青年人往来，所以我很愿意和青年人通信，尤其欢喜和小孩子通信。平时得了小孩子一封信，如得奇宝；看过了即刻就写回信；回了信就把他好好的收藏起来。每逢疲倦的时候，又把他打开一读，精神就立刻加增十倍。小朋友的信啊，你是我精神的泉源！

国家是大家的。爱国是个个人的本分。顾亭林[1]先生说得好："天下兴亡，匹夫有责。"我觉得凡是脚站中国土地，嘴吃中国五谷，身穿中国衣服的，无论男女老少，都应当爱中国。不过各人所处地位不同，爱国的方法也不能尽同。小孩们用心读书，用力体操，学做好人，就是爱国。今天多做一分学问，多养一分元气，将来就能为国家多做一分事业，多尽一分责任。你说等到年纪长大点也要服务社会，这是很好的志尚。社会的范围很不一定，大而言之就是天下；小一点就是国家；再小就是一省，一县，一村；再小就是我们自己的家庭。大凡服务社会，要"远处着眼，近处着手"。学生在学习服务社会的时候，就可以从自己的家里学起，做起。一面学，一面做；一面做，一面学。我们在家里服务的事也很多，把不识字的家庭化为识字的家庭，就是这许多事当中的一种。府上既住在学校左近，这就是你自己家里试办平民教育的机会。家庭里的平民教育适用连环教学法，你可请教令亲鸣岐[2]先生。家里办好了，再推广到左右邻居，这事就是治国平天下的入手办法。

你信上说到贵处的老太婆们如何顽固，如何不易开通，这也是自然的现象。我们在社会上做事就要预备碰钉子。我在这几个月当中，也碰了四五个钉子。碰钉子的时候有两个法子解决：第一是硬起头皮来碰，假使钉是铁做的，我们的头皮就要硬到钢一样，叫铁钉一碰到钢做头皮上就弯了起来；第二是要把我们的热心架起火来，把钉子烧化掉。我们只怕心不热，不怕钉子厉害，你看如何？

你说，隆阜平民学校有个六十九岁的老太太也报名了。这是我们平民教育的大老了。陈鹤琴先生的老太太现在六十五岁，也读《千字课》。安徽教育厅里，夫役读《千字课》的也有二位六十五岁的老翁，我亲自教了他们两课。晏阳初先生说他最老的学生是六十七岁。所以隆阜那位老太太是我们平民教育最老的学生。请你把她的姓名告诉我。我要叫天下人都晓得这件事，好叫那些年富力强的人都发奋起来。再请你代我向这位老太太表示敬意。从前中国有七十岁的老状元，现在有七十岁的老学生，老识字国民，岂不是一件最可庆贺的事吗？如果你能时常的去帮助这位老太太学习，那就更加好了。你说徽州没有好的男学校，所以暂在隆阜读书。歙县第三中学办得不错，教员皆是有学问有经验的，明年可以试试看。

承你的好意，叫我回徽州来帮助大家提倡平民教育。这句话触动了我无限的感慨。我已经离开家乡十三年，恰好和你的年岁相等。每次读渊明公的《归去来辞》，就想回来走一趟，但是总没有工夫。因为来往要一个月，我是个很忙的人，怎样可以做的到呢？今年夏天，南京来了四个飞机，我就想借用一架飞回徽州，半天可以来往。管飞机的人说徽州平地少，不易下来，只好将来再谈。现在休宁金猷澍慰侬先生制造一种浅水艇，如果办得成功，从杭州到屯溪只要十八个钟头。我现在一面学游水，一面等金慰侬先生的计划成功。我想我不久总要回来看看我的亲戚朋友，特别要看的是小朋友。不过小朋友们看见我怕要像下面两句诗所说的景况：

“儿童相见不相识，

笑问客从何处来。”

现在已经夜深了，后来再谈。敬祝康健。

知　行

十三、一、五，在联和船上写的

《知行书信》（1929 年亚东图书馆版）

注释

〔1〕顾亭林　即顾炎武（公元 1613—1682），江苏昆山县人。清初著名思想家、教育家。世称亭林先生。

〔2〕鸣歧　即金鸣歧，时任安徽第四女子师范英语教师兼教导主任。

五族共和与教育者之责任*

我国号称为五族共和国[1]，但五族共和是不是真正有了这一回事？我们悬了这五族共和的理想，曾否想过法子实现他？五族共和的招牌挂起来了，我们曾否去干五族共和的事？五色的国旗[2]明明是代表五族共和的精神，但五族的人是否已经觉得这是他们公共的代表？五族的人，人人都晓得有个中华民国吗？人人都爱护中华民国吗？人人都以中华民国为他们共有、共治、共享的国家吗？人人都承认他是中华民国的国民吗？我们想到这些问题，可以醒了。

我现在要描写五色国旗下的各种民族的活动只有四个字。这四个字就是“各干各的”。五族共和是名，各干各的是实。我们应当觉悟这两件事是有冲突的。我们要有五族共和，就不能各干各的；要各干各的，就不能五族共和。如何从各干各的做到一个和衷共济的地位，是我们国民最应当关心的一个问题。

我们关心五族共和，不是空谈所能收效的。民国初年的时候，国内的人对于这个问题曾经有过一度的讨论，但不进求具体办法，所以结果毫无。五族共和也不是武力所能建设的。徐树铮[3]出兵外蒙的失败，稍习边事的人都能明白。那次汉兵和蒙民所伤的感情，真不晓得要多少时候才能恢复呢。我们要觉得武力不但不能团

---

* 本篇正文原发表时题为《五族共和与教育者之任》。而同日头版所刊登的目录中，在“任”字之前有一“责”字，而《申报·教育与人生》的总目中，亦为“责任”。显然，正文原题付排时脱漏一“责”字，现予以补正。

结五族的精神，并能发生民族间最大的障碍。拿武力来统一南北或统一五族都是不可能的。倘使可能，他的时期必定是很短的。还有殖边一派也是所谓关心边事的。我们试为边民一想，他们喜欢不喜欢殖边这件事？我敢替他们说，殖边这种名词也是他们所痛恨的。别人正在那里要做他们的解放者，而我们做同胞的人，还说你们那里草绿牛羊肥，让我们来做主人吧。

武力派和殖民派有一个根本的错误，这错误就是他们忘记了中华民国是一个五族共同的国家。他们不把五族通盘打算，只是在那里为一个民族打算。他们都是站在一个民族的地位上着想。凡是只为自己而不为别人打算的，一定走不通；推到极点，不到五族共争不止。

我们要想建设一个真正的五族共和，最要紧的方法有两种：一是建筑四通八达的道路，二是实行四通八达的教育。道路可以沟通物质上的需求和供给，教育可以沟通精神上的贡献和缺乏。这两件事互相为因，互相为果，实在是要同时并进，才能充分达到五族共和的目的。我们一方面希望交通界的同志对于此事加以特殊注意；一方面急于要问问自己对于五族共和的建设，应负何等责任，并宜用何种方法来担负这种责任。

我们五族同在一个国旗之下做国民，必定要有必不可缺少的精神，才能图存。我觉得这种精神，有共同不可少的，有相互不可少的。

说到共同不可少的精神，大家对于中华民国都要有彻底的了解，坚决的爱护；大家都要明白自己是中华民国的国民，有应享的权利，应尽的责任；大家都要觉得五族有共同利害，有存则共存、亡则共亡的关系。这种精神，现在十分薄弱，固无可讳言。我只要举一个例来证明，中华民国四个字译成蒙古文为：

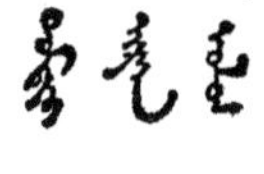

ᠢᠷᠭᠡᠨ这个字汉音为以勒根，就是“民”字的意思。但几百年来蒙人以民看待汉人，所以“汉人”与“民”在蒙文里是分不开的。汉人即民，民即汉人。中华民国这个名词，译了蒙文，就有“中华汉人国”的误会。这种国名，本应译音，不应译意。现因翻译的人不小心，弄出这种不祥的误会，真是可叹。即此一件事，可以晓得五族对于中华民国不能了解之程度。有好多地方实出我们意料之外。我们应当研究如何可以叫五族的人对于中华民国发生一个共同观念。换句话说，就是如何使五族的人同受中华民国化，同受五族共和化。我的意思不是叫一民族去同化别的民族，乃是要满汉蒙回藏同受一个理想精神的支配。满蒙回藏人之应受中华民国化，也是如同江苏人、浙江人、广东人……应受中华民国化。拿教育的精神方法来创造一个五族一心的中华民国，是我们五族教育界同志的责任。

我们五族不但对于中华民国要有共同的精神，并且彼此相待要有一种正当的精神。我们五族好比是一家五个兄弟，彼此应当相知、相爱、相敬。现在的情形是彼此隔膜，彼此仇视，彼此轻慢。这种景况断不能长久，有心人断不忍长久让他如此。拿教育的精神和方法来把五族的同胞都培养到一个相知、相爱、相敬的地位，都培养到一个亲兄弟的地位，也是我们五族教育界同志的责任。

总而言之，五族共和不是一跳就到的，中华民国也不是一呼就来的。如同一个婴儿出世一样，仅仅取了一个名字是不够的。要想婴儿成家立业，必定要用尽心血去教他、养他才行。我们教育界的同志对于五族共和的建设，是不能不参与的。这件事听来很迂阔，看来很难做，但国体如此，利害如此，我们是断断乎不能推诿的。

《申报·教育与人生》第22期（1924年3月17日）

注释

〔1〕五族共和国　五族系指我国汉、满、蒙、回、藏五大民族，她们是我国众多民族中的几个主要民族，故常作为我国各民族大家庭的代称。

〔2〕五色的国旗　指 1912 年中华民国成立后至 1927 年这一时期使用的国旗。该旗以红、黄、蓝、白、黑五色横列，表示五族共和。

〔3〕徐树铮（1880—1925）　北洋皖系军阀、政客。曾任段祺瑞内阁陆军次长、国务院秘书长等职。1919 年，出任西北筹边使兼西北边防军总司令。

论平民读书处之得失

平民读书处自试办以来，我们好几位同志一方面亲自试行，一方面静观效果；一方面用思想去引导实行，一方面用实行来纠正思想。现在平民读书处成立了好几千：衙门里，会社里，学校里，商店里，工厂里，家庭里，轮船里，寺庙里，监狱里，善堂里，济良所里都有了他们的脚迹。平民读书处在各种环境和情形之下，都经过了相当的试验：有的成功，有的失败；有的由失败变为成功，有的由成功转为失败。我们平心静气的观察他们的现象，推究他们的因果，觉得成功有成功的要素，失败也有失败的缘由。或得或失，都不是偶然的。我现在要把我们所见到的，一条一条的列举起来，作为推行平民读书处的同志的参考，还望大家把试办的心得来指教我们。

一　平民读书处之成功要素

平民读书处有六种成功要素。统观所有的平民读书处，完全有了下列六种要素的，就完全成功；那缺少一部分要素的，就不免有一部分失败。

（一）主人要肯负督促之责　　这是最重要、最重要的成功要素。凡平民读书处设立的地方，必定要那个地方主人肯负督促的责任。家庭里要家长负责督促，店铺里要店主负责督促，推而至于一切机关里都要他们的主持人员负责督促，才可开办。如果做主人的敷衍了事，或明里承认负责，暗中阻止；或一时热心，终归懈怠，都是不能成功的。主人的督促并非难事，不必费什么时间。他只须于开办的时候，告诉大家说："从今天起，大家都要抽空读书，会读的人教人，不会读的人跟人学。"过一个星期可以问一句："你读了几课了?"到了一个月可以问一句："你读完一本了吗?"到了两个月、三个月、四个月，都可以仿照这样问问大家，他们就自然而然的用功了。这种督促的法子并不费事。我想凡做主人的都应当为全国读书运动负这点责任。现在修正的《平民读书处组织大纲》的里面，要家长、店主和机关主持人员担任处长，就是要重视这种督促的专责。

（二）至少必须有一个会认字的人做助教　平民读书处是以内里的人教内里的人。无论家里，店里，机关里，总得要有一位识字的人才能一个教两个，两个教四个的干起来。只要一个这样的人就行了。那肚里清通的固然顶好，就是半通甚至于不通的人，也是可以的。有了这一个人，加上了相当的指导，就有办法；倘若像这样一个人也没有，那就要从造就他入手了。

（三）助教要有专责感　若一个读书处里面，有几个识字的人，几个不识字的人，那么某人教某人都要指定，或让他们自己认定。因为责任不专，不易督促。如此指定，教的人和学的人都明白责任之所在。

（四）指导要有定期　平民读书处的指导员一人，管一个读书处至十个读书处不等，看本人的精神、能力、热心、时间而定。指导员的功用就是指导助教，鼓励学生。他一方面引他们朝着正路走，一方面叫他们不致懈怠。最好指导员每星期到读书处去一次，每次指导助教六课，并使学生挑读一段以验成绩。对于程度高些的助教，可以酌减指导次数。倘使指导员能用实用方法，如写信之类引起学生兴味更好。如学生中发见懒惰，或助教中发见懈怠情事，就须加劝勉。劝勉不听，再与处长协商办法。

（五）全体要一律读书　除特别情形外，无论家庭里，店铺里或机关里的人，均须一律读书。若是这个人读那个人不读，或是要别人读而亲人反不读，精神一定提不起来，并且彼此推诿的事情不久就要发现。所以不办平民读书处就算了，要想办平民读书处，就得要男女，老少，大小，主仆，一律读书。

（六）读书要与饭碗发生关系 无论什么社会里的人，大概约有三分之一光景，除非有别人督促强迫，很不愿意读书。但是空言督促还是没有多大效力的。要想有效力就要使不读书的人觉得饭碗不稳。安徽教育厅有二十一位公役，内中有六个人起初不愿意读书。厅长只说了“不愿读书的人不得在厅里做事”一句话，大家都读了。协和医院里定了一个办法，凡是考不及格的都不得加薪，也是把读书和饭碗发生了一个密切的关系。如果个个家长、店主以及机关的主持人员肯把这层办到，那真是可以事半功倍了。

二 平民读书处的四忌

我们开办平民读书处，不但要注意成功的要素，并且要回避忌讳。有好多平民读书处的失败，都是因为犯了这些忌讳的缘故。所以我特为需要提出来作为一种警告，以免大家重蹈覆辙。

（一）忌生 平民读书处要在熟人的地方尽先推行。因为熟的地方对于我们本人既无怀疑，那么对于我们介绍的平民教育也就可以放心，若没有特别困难，必定是欢迎的；并且开办之后可以按着定期过去指导，很少不便的地方。至于生的地方，他们对于我们本人既不相知，自然不晓得我们葫芦里要卖什么药。客气的敷衍我们几句话，不客气的就要给我们钉子碰了。纵然开得起来，只怕时常去指导，他们又要觉得我们讨厌了。所以平民读书处要在熟的地方推行，不可在生的地方推行。我们自己的家庭、商店和自己主管的机关，都是我们用武之地。渐渐的我们可以把读书处的办法，介绍给朋友亲戚。我们可以拿我们自己的地方做一个中心，渐渐的对凡与我们有往来，有关系的人去介绍或推行。凡与我们有关系的裁缝司务、剃头司务、送煤炭的、卖柴的、挑水的、布店、米店、纸店、杂货店，等等，凡是认得我们的地方，都是我们推行平民读书处的地方。不过生的地方，假使有自动的要求，我们当然是可以替他开办的。

（二）忌招外面学生 平民读书处和平民学校根本不同的地方就是以内里的人教内里的人。因为他们一个根本原则就是为着那些不能进学校的人设立的。那外面的人既能到别人家的平民读书处去读书，就应当到平民学校去读书了。招外面的人到自己家里或店里来读书有种种不方便的地方。有好多人起初的时候热心过度，要收纳外面的学生，到了后来，很觉得不讨好，或者就变成平民学校了。殊不知外面来学的人既多，我们开始的时候，就要照平民学校办理，不可照读书处的办法办理。

（三）忌引生人参观 平民读书处不宜引生人参观。参观平民学校是可以行的，参观平民读书处是要讨人厌的。我们有几处成绩优良的平民读书处，就是因为参观、照相破坏掉了。

（四）忌带政治、宗教色彩 我们办平民教育就要纯粹的去办平民教育，断不可带一丝一毫政治、宗教的作用。我们办平民读书处对于这点更要格外留意，一不谨慎就要失败。

我们对于平民读书处如果注意上面所举的成功要素，并且免除上面所举的忌讳，我敢说办一个就有一个成功，办十个就有十个成功。不过所谓成功要素和忌讳，都是从现在的社会情形里面发生出来的。如果社会情形变更，那么上面所列举的种种当中，也有不能不变更的地方。比如社会对于平民教育倘已到了充分了解的时候，或政府对于平民教育倘已下了强迫令，那么我们也无须用如许力气使他成功，并不必避除如许忌讳才免失败。不过一定要等到那个时候到了，我们方能放手做去。现在还是要多方留神，才有把握。

《申报·教育与人生》第24期（1924年4月21日）

关于《请求力谋收回教育权案》的修改意见*

中国教育应由中国人自办。美人好领袖，亦如此主张。去年美人 Russell 来华，亦主张此意。今日所以不能做到者，一因国力薄弱，二因善意帮助与侵略者皆有，不能一概抹煞。至留学生护卫所留学国家，此言不确。美某议员发言："赔款退还，美国可获种种利益。"当时即有人立起辩论，此款为不应取而退还，非为得利而退还。君发此言，必予查办。休谟先生宣言：教会不欲取赔款中分文。其大国精神如何？又大学校与中学以下学校情形不同，大学校不足以迷惑学生。知行亦出身教会学校，〔1〕然自问对国家无愧。至于初等教育，知行曾向教会教育调查团发表意见，不希望教会办国民教育，至多可办试验学校。宣传宗教，不予注册。〔2〕尚有一困难，若回教学校是否亦一律看待？今修改条文如下：

一、请求政府制定严密之学校注册条例，使全国学校有所遵循，而国家亦可负监督之责。凡外人藉学校实行侵略经调查确实者，应由政府勒令停办。

二、注册分甲乙两种。凡学校及与学校相类之机关，须一律经过乙种注册，即报告政府。凡学校按照政府所定课程最低限度办理并无防碍中国国体情事，经视察无讹者得行甲种注册。

三、凡未经甲种注册之学校，不得享受已注册学校之一切

---

* 本篇系陶行知在中华教育改进社第三届年会上的发言记录。摘自《中华教育界·国内新闻》。今题为编者所拟。

权利。

四、凡未注册之学校学生不得享受已注册学校学生之一切权利。

《中华教育界》第14卷第1期（1924年7月）

注释

〔1〕陶行知就读过的教会学校有：歙县崇一学堂、杭州广济医学堂、南京汇文书院文科和南京金陵大学文科。

〔2〕该文发表时附录的《原提案办法》是：

办法一：请求国会及教育部制定严密之学校注册条例，凡外人藉学校实行侵略或宣传宗教者，一律不予注册。

办法二：凡未注册之学校学生，不得享受已注册学校所享之一切权利，如购地与津贴等。

办法三：凡未注册之学校学生，不得享受已注册学校学生所享之一切权利。如文官考试、公费求学、转学及充教师、官吏等。

办法四：中小学教科书应将教育权之丧失列为国耻之一，直至教育权完全收回之后为止。

办法五：凡不依学校注册条例注册之学校，应限期封闭，禁止招收新生。

师生共生活

——致姚文采[1]的信

文采吾弟：

安徽公学[2]用最少的钱办到这样好的成绩，可算是近年来中等教育很有精彩的一个试验，可喜之至。但最危险的时期将要到了！秋期招收新生三班，新生数与旧生数相等，训育上要起最困难的问题。一不谨慎，校风要受根本的动摇。

按诸天演的原则，世间万事之进化都是逐渐成功的。暴长多暴亡，其机很微，不可不预防之。仲明[3]弟拟于招考时，亲行口试，观察其言辞举止，以作去取根据之一种，我很赞成。这是一部分的预防，如果鉴别力强可以达到一部分的目的。梁漱溟先生说，办学校是和青年做朋友。做朋友之前，当然要加一番选择。所以，我很赞成仲明的建议。

但最重要的是：教职员和学生共甘苦，共生活，共造校风，共守校规。我认为，这是改进中学教育和一切学校教育的大关键。所以从学生进校之日起，全校教职员要偕同旧生以身作则，拿全副精神来同化新生。如果只招一班学生，这事体就要简便多了。现在是要拿一百多人来同化一百多人，确是一件最困难的事。我们对于这件事要小心翼翼，如临大敌，才有成功的希望。我希望，诸弟现在就要准备开学时一切琐碎的手续，使得时候到了，可以把精神集中在训育方面。凡住校的教职员，一定要和学生共甘苦，共生活，共造校风，共守校规，断不能有一个例外。如有例外，一定失败。我希望你住校一个月，以示表率。在这起初一个月当中，千万要聚精会神对付这个问题。安徽公学的前途都要看这一个月的努力而定。我或者可以帮助你们打头一个礼拜的战。开学期定了之后，请即告诉我。敬祝康乐！

知　行

十三年八月十四日

《知行书信》（1929年亚东图书馆版）

注释

〔1〕姚文采　安徽歙县人。在歙县崇一学堂和南京金陵大学读书时，与陶行知同学。时任南京安徽公学副校长。

〔2〕安徽公学　创办于1923年夏。该校主要招收安徽籍子弟就读。校址在南京。陶行知任校长，姚文采任副校长（陶去职后，姚继任校长）。1927年后，改名为安徽中学。建国后，易名为南京市第六中学。

〔3〕仲明　即张仲明。时任安徽公学教师。

平民教育概论

一　平民教育之效能

中国现在所推行的平民教育，是一个平民读书运动。我们要用最短的时间，最少的银钱，去教一般人民读好书，做好人。我们深信读书的能力是各种教育的基础。会读书的人对于人类和国家应尽之责任，应享之权利，可以多明白些。他们读了书，对于自己生计最有关系的职业，也可以从书籍报纸上多得些改进的知识和最新的方法，一般无知识的人对于子女的教育漠不关心，若是自己会读书就明白读书的重要，再也不肯让自己的儿女失学，所以今日之平民教育就是将来普及教育的先声。至于顺带学些写信、记帐的法子，于个人很有莫大的便利，自然是不消说了。

二　平民教育问题的范围

中国没有正确统计，暂且以传说之四万万人估计，觉得平民教育这个问题之大，实可令人惊讶。照中华教育改进社估计，十二岁以上之粗识字义的人数，只有八千万人。再除开十二岁以下的小孩子约计一万万二千万人，属于义务教育范围，其余之二万万人都是我们的平民教育应当为他们负责的。这二万万人有一人不会读书看报，就是我们有一份责任未尽。

三 中国平民教育之经过

这个问题二十多年前已经有人注意了。前清的简字运动就想解决这个问题，没有多大成效。注音字母也有一部分人拿来做速成教育的工具，他的命运尚在试验中。“五四”以后，学生由爱国运动进而从事社会服务，教导人民，自动开设的平民学校遍地都是。虽办法不无流弊，却能引起我们对于平民教育改善的兴味。最后，晏阳初先生用一千字编成课本，在长沙、烟台、嘉兴等处从事试验平民教育，更为省钱省时。在这事之前，有毕来思先生编的《由浅入深》和唐景安先生用六百字编的课本，都能引起一部分人的注意。这都是局部的试验。去年六月，熊秉三夫人参观嘉兴平民学校之后，就偕同晏阳初先生和我们筹备中华平民教育促进会的组织，同时推举朱经农先生和我依据国情及平民需要编辑课本，并推请王伯秋先生在南京主持平民教育之试验。八月，乘中华教育改进社年会在清华学校开会之期，邀集各省区教育厅、教育会代表到会讨论进行方针及计划。中华平民教育促进会总会即于此时成立。十月开始推行，离现在为时不过九个月，已推行到二十省区，读本会《平民千字课》的人民已有五十万人。由此可见，全国对于平民教育有极热烈的欢迎和极浓厚的兴趣。

四 平民教育现行系统

中华平民教育促进会总会是个全国的总机关，有董事部总其成。董事有两种：一为省区董事，每省区二人；二为执行董事，一共九人，推举在京之会员担任。董事部聘请总干事担任进行事宜。

总会之下，有省、县、市、乡平民教育促进会分会，管理一省、一县、一市、一乡的平民教育事宜。一市中之各街和一乡中之各村，都要设平民教育委员会以担负此街、此村之平民教育。现在省区设分会的已有二十省区。省区之下未有确数。一条街的平民教育正在北京之羊市大街和南京之府东大街试办；一个村乡的平民教育正在休宁之隆阜和西村等处试办。

五　教育组织

教育组织最要符合社会情形和人民生活的习惯。因此我们对于平民教育主张，采用三种形式以适应各种人民的需要：

（一）平民学校　这个采用班次制度。大班一二百人以上用幻灯教；小班三四十人以上用挂图、挂课教。这和通常的班级教学差不多，无须解释。

（二）平民读书处　但是社会里有许多人因职务或别种关系不能按照钟点来校上课，我们就不得不为他们想个变通的办法。这办法就是平民读书处，以一家、一店、一机关为单位。请家里、店里、机关里识字的人教不识字的人。教的人是内里的，学的人也是里头的。这是内里识字的人同化内里不识字的人的办法。如果主人负责督促，助教每星期受一次训练，并加以定期的指导，平民读书处可以解决一部分的问题。山东第一师范现在以一个学校的同志办一千多人的平民教育，就是采用这个办法。

（三）平民问字处　这是南京平民教育促进会总务董事王伯秋先生发明的。社会上有些人不但不能按时上学，并且家里无人教导，因此平民学校和平民读书处都不能解决。这些人大半属于流动性质，如做小本生意的人或车夫之流。平民问字处就设在有人教字的店铺里、家庭里或机关里。凡承认担任教字的店铺、家庭、机关，随便什么人要问《千字课》里的字，都可以向他们问。比如摆摊的人摆在那个平民问字处门口，就可乘空向他们请教；车夫停在那个平民问字处门口，也可乘无人坐车的时候学几个字。这个法子现在南京试验。

六　教材教具

平民教育重要的工具是课本——《千字课》。这部书的一千多字是根据陈鹤琴先生调查的《字汇》[1]选择的。编书的大目标有四：（一）是自主的精神；（二）是互助的精神；（三）是涵养的精神；（四）是改进的精神。全书九十六课，用九十六天，每天一个钟点就可以教完。我们的方针是要求其易懂而有趣味，使他们读了第一课就想读第二课，用他们自然的兴味，来维持他们的恒心和努力。现在仍旧照这个方针在这里修改，总希望愈改愈适用。

辅助教具之最重要的有二：一是幻灯，现由青年会在那里力求改良，总要他格外价廉合用；二是挂图，比幻灯便宜些，宜于小班用。

七　考　成

平民学校和平民读书处的学生普通四个月毕业。毕业之时，用测验方法考一下。及格的发给识字国民文凭（Certificate for Literate Citizenship）；考不及格可以下次再考，考到及格为止。教师的奖励看及格学生数目而定。凡教了三十人，经考试及格的可得平民良师的证书（Certificate of Peopte's Teacher）。其他对于平民教育出力及捐资的人员，都有相当的奖励，或由本会发给，或请政府发给。各地同志并不为奖励始肯出力，本会之发给奖励只是对于他们有价值的工作，加以相当之承认。

八 经费问题

平民教育的经费现在已经节省到最低限度。我们的《千字课》承商务书馆之帮忙，几乎是照本钱出卖。一角洋钱可以买一部，共四本。如果采用读书处的办法，只须两角钱就可教一个人。平民学校贵些，每人也不过四五角钱。加用幻灯，每人至多一元钱也就够了。

我们希望省、县的平民教育，都列入正式预算。国家也应将筹定的款，辅助各地勇猛进行。这虽是我们应有的计划，但我们并不等候政府筹定的款才去进行。我们要教育普及，尤其要担负普及。我们现在要试行一种“一元捐”的办法，使社会大多数人民，都为平民教育挑一个小小的担子，并使他们个个人都和平民教育发生一点密切的关系。我们深信为公益捐钱，也是一种很有价值的教育。我们要社会学给与，不要他们学受取或看别人给与。我们相信这种“一元捐”推行之后，再加点附加税，就可以够用了。

九 强迫是一种必要手续

社会上有三种人：（一）是自动要读书的；（二）是经劝导后才愿读书的；（三）非强迫不愿读的。我们就经验上观察，十人中怕有三人或四人非强迫不行；此外还有二人或三人，有了强迫的办法就可赶快去读。所以强迫是必要的。强迫有两种：一是社会自动的强迫。例如改进社等机关对听差的宣言：“从今天起，不愿读书的不能在本社服务。”“自民国十四年一月一日起，无识字国民文凭的人不能在本社服务。”协和医院对工役的宣言：“在一定时期内，没有读了《千字课》不得加薪。”一类的办法，都是自动的强迫。至于政府的强迫令，也是重要的。芜湖房道尹、察哈尔张都统、河南王教育厅长都曾考虑过强迫平民教育的办法，陆续总有地方可以实现。他们所考虑的办法中有四条很值得实行的：（一）是县知事以下以推行平民教育为考成之一。（二）是预行布告人民某年某月某日以后，十二岁以上之人民出入城门应经警察持《千字课》抽验，会读者放行，不会读者罚铜元一枚。（三）“愚民捐”（Ignorance Tax）在某年某月某日以后，凡机关里、店铺里、家庭里或任何组织里，如有不会读《千字课》之十二岁以上之人，每月纳“愚民捐”洋一角，到会读为止。“愚民捐”由主人及本人各任半数。（四）凡主人有阻碍属下读书行为，一经发觉，得酌量罚款。

十 下乡运动

中国以农立国，十有八九住在乡下。平民教育是到民间去的运动，就是到乡下去的运动。现在有一个方法很有效力。学校里到夏天和冬天都要放假，大多数的学生都要回到自己的村、乡里去。我们劝他们带《千字课》回家宣传平民教育。入手办法有三种：（一）是把村、乡里识字的人找来给他们一种短期的训练，教他们如何教自己家里的人。（二）把村里不识字中之聪明的招来，每天教他们四课，同时叫他们每人回家教一课。只须一个月他们就可读会四本书并教毕一本。他们一面学，一面教，一个月之后都可以做乡村里的教师了。（三）大一点的乡村里总有私塾，可以劝导私塾先生采用《千字课》，并用空闲时间为乡人开班教《千字课》本。

乡村平民教育当推香山慈幼院〔2〕对于西山附近乡村的规划为最有系统。他以各小学为一中心点，令附近每家来一人上学，学好后回家教别人。读书之外，还教些实用的职业。我们很希望这个计划能成事实。

十一　女子不识字问题

不识字的最大多数就是女子。平民学校因年龄较大又未经学校训练，不便男女同学，更使这个问题难于解决。我们现在采用的办法是：（一）为女子专办女子平民学校；（二）家庭中多办平民读书处，使自己的人教自己的人；（三）劝女学生寒暑假回乡教乡村里的妇女；（四）极力提倡女子学校教育造就女子领袖，使女子平民教育可以尽量推广。

十二　继续的平民教育

四个月的《千字课》教育，虽然有些实用，但和完备的教育比较起来，真是微乎其微。况且受过这种教育之后，如何去维持，使他们不致忘却并能运用，真是一个最重要的问题。所以我们一面推行，一面就计划继续的办法。（一）我们要和国内最大的日报合作，编辑一个《平民周刊》，一面随报附送，一面单行发卖，使平民毕业学生，可以得到看报的乐趣，又可以得些世事的消息和做人的道理。现请定朱经农先生为总编辑，由《申报》印行，定于六月二十八号出版，每周行销六万份。（二）我们请了专家四十几位分任编辑《平民丛书》数十种，供给平民阅览。对于上列二事，改进社很出力帮忙。为了充分推广起见，我们要在火车上、轮船上甚至于三家村、五家店，都要设法分销，使平民便于购买。又请图书馆专家，规划设立平民阅览室，以便平民可以到适中地点看书看报。中华职业教育社也在编辑《平民职业小丛书》，也是很有益的。（三）有些学生对于四个月之后，很想继续受职业的训练，求生计上之改善。这是更加要紧的。我们为分工起见，希望中华职业教育社特别加以注意。（四）平民学生当中已经发现有特别聪明的学生，这些学生应当再受国家或社会充分的培植。我们对于他们特别加以注意，并要扶助他的升学。

十三 训练相当人才

这是一个大规模的运动，义务繁，责任重，必须训练多数相当的人才分工合作才能按期收效。第一要训练的就是推行干事。各地对于平民教育既有如许热心，总会最大的责任是派遣有干才的人员，帮助各地组织、指导他们进行，并给各地办理平民教育的人一种相当的训练。总会对于省区，省区对于各县各市，各县对于各乡，各市对于各街，都应负训练指导之责，才能收一致之效。第二要训练的就是教师。平民学校教师采用讨论会办法，寓训练于讨论之中。平民读书处助教就须用师范班办法加以有规律之训练。第三，省视学、县视学是地方提倡平民教育最可收效之人。宜有短期之讲习会，详细讨论推行平民教育之办法以利进行，这种讲习会不久就要召集。

十四 官民一致合作之效力

自平民教育开办以来，固然免不了一部分人的怀疑和少数人的阻碍。但因平民教育运动宗旨纯正，国人相信从事者始终以人民幸福为前提，绝无政治、宗教或任何主义之色彩，所以到处受欢迎。各地推行平民教育的时候，军、政、警、绅、工、商、学、宗教各界无不通力合作，这种一团和气的现象真是少见的。学界对于此事之热心是一件预料得到的事。多数的教员、学生本着他们诲人不倦的精神，担任教学，研究推广等事，实在可以佩服。商界对于此事也有热心提倡者。都市里提倡平民教育一大半要靠商界。汉口各商团联合会周会长[3]尤其热心，他手创的几个平民学校都很有成绩。

听说他还有二十五个学校正在筹备中。汉口商界是可以为全国模范的。工厂主人提倡此事最力的有武昌李紫云先生。我们很希望全国的工厂继起提倡工人的平民教育。南京有五十几位说书人，在说书的时候，把读书的好处，夹在说书当中劝导听者。他们还逢三、六、九的日子，到四城演讲读书的重要。他们还编道情（Folk Lore or Popular Songs）唱给人民听，劝他们读书。这些说书人最明白平民心理，真是最好的平民教师。我们很希望全国的说书人都起来为平民服务。各地政府对于平民教育表同情的很有很多。江苏首先捐助巨款开办南京平民教育的试验，湖北也极力提倡。江西、察哈尔等处都很出力，近来奉天令军队数万人受平民教育，尤为平民教育前途最可庆贺的一件事。民政长官中最先提倡平民教育的为江苏韩紫石省长。安徽前省长吕调元令省公署卫队、公役受《千字课》教育，可惜中途为马联甲长皖时所停止。湖北省长公署也办了一班，已经毕业，现正在筹备继续。安徽教育厅长江彤侯令全厅公役一律读书，为强迫平民教育之第一幕，中间虽经谢学霖厅长任上之停顿，但新任教育厅长卢绍刘已经恢复，进行顺利。赣、鄂二教育厅也相继举办，为全省树之风气，甚为可喜。芜湖房道尹、察哈尔张道尹都很提倡。县公署里办平民教育的也有许多处。警察为推行平民教育最要人员之一。在都市中，警察与商界有同等的力量。南京警官亲自教平民学生，警士帮助劝学非常热心。武昌警察总署及分区共办平民读书处二十九处，不识字之警察、公役一律读书，不愿读书的开除。这是何等的有效力！九江的警察也很提倡。监狱里的犯人除做工外没有别事做。我们正可借此机会教他们读好书，做好人。现在新监里教《千字课》有安庆、南昌、南京、武昌、汉口各处。还有利用识字犯人教不识字的犯人的，真是可喜。

十五 南北对于平民教育一致提倡之好现象

对于平民教育不但各界合作，而且南北也是合作的。广东、云南、湖南、东三省、四川以及其他各省区都协力进行。这真是所谓人同此心，心同此理。中国政治虽不统一，但教育是统一的。我们深信统一的教育可以促成统一的国家。

十六 结　　语

我们的希望是：处处读书，人人明理。如照现在国人对于此事的合作和热度观察，十年之内当有相当的成效。但我们不能以普及四个月一千字的教育为满足。我们应当随国民经济能力之改进，将他们所应受之教育继长增高到能养成健全的人格时，才能安心。这是我们共同的希望，也是我们今后共同努力的方向。

《中华教育界》第 14 卷第 4 期（1924 年 10 月）

注释

〔1〕《字汇》 指著名幼儿教育家陈鹤琴所著《语体文应用字汇》一书的初稿。后经修改，该书由上海商务印书馆于 1928 年正式出版。

〔2〕香山慈幼院 熊希龄及其夫人朱其慧在北京香山创办的幼儿慈善机构。

〔3〕周会长 即周景棠（1876—1942），字以灿。民族资本家。1923 年起，两度连任汉口总商会会长。

南京安徽公学创学旨趣*

南京在前清为两江之都会，和安徽有密切的历史关系；就地理说，又和安徽十分接近。中国兴学以来，南京即为全国教育中心之一。安徽的学者和学子来此传道受业的，素来很多。前清即有上江公学之设，民国成立后，因故停办，殊为憾事。“五四”以后，安徽学潮屡起，学生不能安心肄业，纷纷投到南京求学的，源源不绝。但南京学校格于种种限制，有志有才的学生不免向隅。安徽旅宁同乡会和旅宁同学会看此景况，深表同情，就联合起来共谋上江公学之恢复，于十二年秋季开学，改名为南京安徽公学。所以，安徽公学的设立，是迫于一种不能自已的同情心。因为安徽旅宁前一辈的人，对于后一辈的少年，发生了一种学问上的同情心，才有安徽公学的产生。

有了这种同情的基础，所以我们最注重师生接近，最注重以人教人。教职员和学生愿意共生活，共甘苦。要学生做的事，教职员躬亲共做；要学生学的知识，教职员躬亲共学；要学生守的规矩，教职员躬亲共守。我们深信这种共学、共事、共修养的方法，是真正的教育。师生有了共甘苦的生活，就能渐渐的发生相亲相爱的关系。教师对学生，学生对教师，教师对教师，学生对学生，精神都要融洽，都要知无不言，言无不尽。一校之中，人与人的隔阂完全打通，才算是真正的精神交通，才算是真正的人格教育。

---

* 本篇在收入作者自选教育论文集《中国教育改造》时，易题为《南京安徽公学办学旨趣》，并对文字略有修改。

在共同生活中，教师必须力求长进。好的学生在学问和修养上，每每欢喜和教师赛跑。后生可畏，正是此意。我们极愿意学生能有一天跑在我们前头，这是我们对于后辈应有之希望。学术的进化在此。但我们确不能懈怠，不能放松，一定要鞭策自己努力跑在学生前头去引导他们，这是我们应有的责任。师道之可敬在此。所以我们要一面教，一面学。我们要虚心尽量接受选择与本职本科及修养有关系之学术经验来帮助我们研究。要教学生向前进，向上进，非自己努力向前进、向上进不可。

安徽公学是个贫穷的学校。办贫穷的学校如同管贫穷的家事一样。用一文钱，必问："这一文钱该用吗?"费一分光阴，必问："这一分光阴该费吗?"光阴与钱都有限，该用才用，不该用必不用；用必尽其效。爱惜光阴，就是不为无益害有益。将无益的时间腾出，则从事有益的时间有余裕了。然后学生可以从容问学，怡然修养，既不匆忙劳碌，那身心自然渐渐的有润泽了。节省经费，不是因陋就简，乃是移无用为有用。我们既不甘于简陋，来源又不易开，要想收相当的效果，自非革除浪费不为功。用最少的经费，办理相当的教育，是我们很想彻底努力的一个小试验。

现今办学的人，每存新旧宽严之见。我们只问是非好坏，不问新旧宽严。是的、好的，虽旧必存；非的、坏的，虽新必除。应宽则宽，应严则严。随时、随地、随人而施教育，初无丝毫之成见。我们承认欲望的力量，我们不应放纵他们，也不应闭塞他们。我们不应让他们陷溺，也不应让他们枯槁。欲望有遂达的必要，也有整理的必要。如何可以使学生的欲望在群己相益的途径上行走，是我们最关心的一个问题。总之，必使学生得学之乐而耐学之苦，才是正轨。若一任学生趋乐避苦，这是哄骗小孩的糖果子，决不是造就人才的教育。

最后，我们要谈谈我们心中所共悬而藉以引导我们进行的目标。

一、我们都是学生，教师的一部分生活也是学生——就要负学问的责任。做学问最忌的是玄想，武断，尽信书；以差不多自足，以一家言自封。我们要极力的锻炼学生，使他们得到观察，知疑，假设，试验，印证，推想，分析，会通，正确种种能力和态度，〔1〕去探求真理的泉源。简单些说，我们研究学问，要有科学的精神。

二、我们是物质环境当中的人。我们对于四周的环境，最忌是苟安，同流合污，听天由命，不了了之。有进取性的人，要求改造。〔2〕但是驱了乌合之众，叫嚣乱斫算得改造吗？改造应当秉着美术的精神，去运用科学发明的结果，来支配环境，使环境现出和谐的气象。我们要有欣赏性的改造，不要有恐怖性鬼脸式的改造。换句话说，我们改造环境，要有美术的精神。

三、我们不但是物质环境当中的人，并且是人中人。做人中人的道理很多，最要紧的是“富贵不能淫，贫贱不能移，威武不能屈”。这种精神，必须有独立的意志，独立的思想，独立的生计和耐劳的筋骨，耐饿的体肤，耐困乏的身，去做他摇不动的基础。近今国人气节，销磨殆尽，最堪痛心。倘不赶早在本身、后辈身上培植一种不可屈挠的精神，将何以为国呢？至于今日少数具有刚性的领袖，又因缺少度量，自取失败，并以此丧失国家的元气，至为可惜。那么推己及人的恕道，和大公无我的容量，也是做人中人的最重要的精神。把这几种精神合起来，我找不到一个更好的名词，就称他为大丈夫的精神罢。我们处世应变，要有大丈夫的精神。

科学的精神，美术的精神，大丈夫的精神，都不是凭空所能得来的。我们要在“必有事焉”上下手。我们要以事为我们活动的中心。研究学问要以事为中心，改造环境要以事为中心，处世应变也要以事为中心。我们要用科学的精神在事上去求学问，用美术的精神在事上去谋改造，用大丈夫的精神在事上去炼应变。我们愿意一同努力朝着这三个目标行走。活一天，走一天；活到老，走到老。

《申报·教育与人生》第60期（1924年12月8日）

注释

〔1〕此句中的“推想，分析，会通”，作者在收入《中国教育改造》一书时，改为“推想，会通，分析”。

〔2〕“有进取性的人，要求改造”作者在《中国教育改造》一书中改此句为“有进取性的人，对于环境总想加以改造”。

《小学课程概论》序*

今日教育界责任之最重要且最紧迫者，莫若利用教育学理解决学校课程问题。盖课程为学校教育之中心，假使课程得有圆满解决，则其他问题即可迎刃而解。此本社[1]之所以亟亟请托专家编著《课程丛书》也。

此书为本社《课程丛书》之第一种。目的在使小学教师、地方教育行政人员、师范学生及一般留心义务教育者，一方，了解小学教育之目的；一方，明瞭达此目的之课程。质言之，本书之目的在解决小学校所欲养成的是何许人？养成此种人须用何种课程？此种课程须有若何之内容？其编制之原则与方法为何？

编著者为程湘帆教授。程君以十余年之中小学校教学经验，到美国从专家巴必班赛尔等研究小学课程。归国之后，在东南大学、金陵大学教授五次。现在受本社之请托，将其十余年来之经验与学理著为《小学课程概论》。

窃以小学为教育之根本。今日教育之效果所以不能满足吾人之希望者，实以根本错误之故。根本错误之尤甚者，为小学校之课程。查我国小学课程大半系因循的、抄袭的，从未有科学的编制法。近来，虽有课程标准研究之会发起，但以无相当的参考书籍为苦。程君之《小学课程概论》，适诞生于需要最紧迫之际，吾知其裨益将来小学教育之革新也甚大。岂仅本社之幸也乎？故谨祝之而

---

* 本篇系陶行知1924年为程湘帆编著的《小学课程概论》一书所写的序言。今题为编者所拟。

为之序。

陶知行序于北京中华教育改进社

《陶行知佚文集》(1989 年四川教育出版社版)

注释

〔1〕本社指中华教育改进社。陶行知时任该社主任干事。

《柏克赫司特女士与道尔顿制》序*

“道尔顿制”创始人，柏克赫司特女士，订于本年七月来华，与吾国各地教育界同志，讨论道尔顿制之原则和实施的方法。这是一个最好的机会，我们应当有充分的准备才能得到充分的益处。大凡讨论须有根据方不致蹈空。最好根据是实行的经验。本着实行的经验提出困难问题互相商榷，最能得益。我深望我们将来向柏克赫司特女士提出来讨论的有许多是从经验上发生的具体问题。其次就是关于道尔顿制的报告论文书籍。我们要想有透彻的讨论，专靠着经验还是不够。我们必定要把大家研究的结晶体报告，论文，书籍，一一看个明白，才能有中肯的质疑问难。否则讨论的时候必定免不掉无谓议论和个人的偏见。本社有鉴于此，所以把关于道尔顿制的报告，论文，书籍，编了一个目录，介绍给教育界同志。我们深望大家预先把这些报告，论文，书籍浏览一遍，俾将来开会讨论可以得到充分的效果。照目录看来，共有书籍十二本，论文报告将近一百篇。内中有好多空泛及重复的议论，因为时间匆促，不能加一番选择的工夫以节省阅者之精神，这是我们应向阅者诸君道歉的。

近几年来，国内对于新制度和新方法的试验不一而足，但真正成功的，很不多见。大凡任何试验，各有其必具之条件。条件具备则可成功，否则必归失败。必具之条件是什么？一、试验者对于所

---

* 本篇系陶行知为中华教育改进社所编纂的专集写作的序言。今题为编者所拟。

试验之制度方法必须有透彻的了解。二、试验者对于试验程序必须有制裁的能力。三、试验者对于该项试验必须有百折不回的精神。四、人事、环境、设备、经费等项，必须符合该项试验最低限度的需求。“道尔顿制”是一种制度和方法的试验。它的成功失败当然也有其必具之条件。凡想试验“道尔顿制”的同志，于未试验之前，必须自己详加审查，是否已经符合那些必具之条件。如果符合，不妨一试；如不符合，还是且慢进行为妙。我承认“道尔顿制”是实现“自得教育”最好的制度、方法，但率尔尝试，怕是要做“道尔顿制”的罪人的。

十四年五月

《柏克赫司特女士与道尔顿制》(1925 年 6 月)

中国教育政策之商榷*

国家运用教育以达立国之目的时，在天然与社会环境中，必遇种种助力与障碍。因助力与障碍而发生进行上之种种问题。解决此种种问题，必须预拟种种合乎实际情形之公式，俾能运用助力排除障碍以谋目的之贯彻。此种种公式谓之教育政策。中国教育政策因教育当局而变。教育当局或以无政策进，无政策退；或有政策而偏于主观，将全国之教育供一人之武断，流弊何堪设想！是宜集思广益，审查国情，确定全国公认之教育政策，以达国家建设之目的。今兹所提，实为个人之意见，志在引起教育同志之讨论批评，俾现代教育政策可以符合公意，早观厥成。此本讲所以出于商榷之意也。

政策一　正式学校教育为国家之公器，应超然于宗教、党纲之上。

政策二　培养国家观念、爱国实力及大国民之气概。

政策三　运用科学，征服自然，其道在选择有科学天才之儿童，加以特别训练。对于有科学天才之专家，予以研究机会，并以极尊荣之名誉，鼓励有关国计民生之发明。

政策四　训练人民，为本身及国家作最有效力及随机应变之组织。

政策五　灌输经济学识，俾人民明了经济学之基本原理，以

---

* 本篇发表前，曾于同年 8 月在中华教育改进社第三届年会学术会议上作过专题演讲。

应付现代之劳资问题。

政策六 对于已在职业界服务之人民，教以改良旧职业之学识技能。

政策七 厉行身教，以谋学风之整顿。

政策八 发展国民性及各省区人民之优点，以尽其特别贡献。

政策九 下级行政机关，应有自动进行之自由，并负切实办理之责任。高级行政机关，应建立最低限度之标准，并负督促指导、补助提倡、联络纠正之责。

政策十 用人以贤者在位、能者在职为标准。

政策十一 办理学务，必须有计划预算以为进行之指导。

政策十二 应兴应革事宜，必须根据客观的调查及分析的研究。

政策十三 增进并运用各种力量，以适应及改良各种需要。

政策十四 确定并保护渐进敷用之教育税，以应进化国家之需要。

政策十五 保护教育机会均等。

政策十六 各省区、蒙、藏应逐渐设立大学，至少一所。吸收硕学通才，以为产生文化、整理文化及主张正谊之中心。先着手设立文化院，以植大学之基。

政策十七 培植蒙贤治蒙，藏贤治藏，并培植五族共和之公民资格，以谋国内民族之合作。

政策十八 提倡以乡村学校为改造乡村生活之中心，乡村教员为改造乡村生活之灵魂。其具体办法，应设试验乡村师范学校以实验之。

政策十九 本国大学毕业后，始准留学。留学时至少必须有一年游历各国，以减少未来领袖思想上不必须之冲突。

政策二十 用批评态度，介绍外国文化，整理本国文化。

政策二十一 扶助交通，以利教育之推行。

政策二十二 鼓励专家研究试验符合本国国情适应生活需要之各种学校教育，以作学校化学校之根据。

《新教育》第11卷第2期（1925年9月）

请组织国家教育政策委员会案*

理由及办法：

教育宗旨所以端教育之趋向，如何使教育宗旨继续实现，以图美满之效果，则赖有适当之政策。教育政策是时代之产物，故规定教育政策必须依据现代本国国情、本国国力、本国需求及与本国接触之世界潮流，方为无误。中国教育政策随教育当局而变。教育当局或以无政策来，无政策去，坐令国家教育飘泊无定。或有政策而偏以主观，将国家教育供个人之武断，其危险更大。故政策不可无，而规定政策尤应集思广益，并以客观之方法研究之。拟请董事会聘请人员组织国家教育政策研究委员会，担任下列事务：

（一）征集关于规定国家教育政策之意见，并引起关于此事之讨论。

（二）研究并编拟国家教育政策之草案，以备提交第五届年会。

（三）推举代表与全国省教育会联合会合作，并设法向该联合会提议，以谋一致进行。

（四）两团体议决后，即于适当时期向政府建议，并促进其实现。

《新教育》第11卷第2期（1925年9月）

---

* 本案是在中华教育改进社第四届年会（1925年8月）上的提案。摘自该届年会《分组会议议案汇录》。

学生的精神*

知行此次因全国教育联合会事来湘，今天得与诸君见面，这是很愉快的。知行是世界的学生，诸君是学校的学生，今天是以学生资格，对诸君谈话。有些议论，也许诸君是不愿听的。但是“忠言逆耳利于行”，诸君或者能够原谅。

我现在要讲的题目，就是《学生的精神》。在我未说这题目之先，有点意思对诸君说一说：现在中国许多学生及一般教员，有一个很大的通病，就是容易“自满”。不论研究何种学科，只有相当的了解，即洋洋自得、心满意足。尤其是在过教员生活的，觉得自己处在教师地位，不必再去用功研究了。中国“四书”上有两句话说：“学而不厌，诲人不倦。”这真真千古不灭的格言，并且是两句不能分开的话。因为要“学而不厌”，才能够做到“诲人不倦”。例如我们来教一班小学生，倘若自己全不加以研究，只照着别人编的书本，自己抄的老笔记，依样画葫的教去，当学生的，固然不能受多大的益，当教师的，也觉得不胜其烦，没有多大的趣味。如是的粉笔生涯，不能不厌烦了。倘若当教师的，自己天天去研究，有所得的，即随时输之于学生，如此则学生受益较多，即当教师者，也觉得有无穷的乐趣。所以学生求学，固然要“学而不厌”，就是当了教员，还是要继续的“学而不厌”。这可说是我现在要讲的“学生精神”的先决问题。

---

* 本篇系演讲记录。1925 年 11 月，陶行知赴湖南长沙参加全国教育联合会期间，应当地学生界的邀请作此演讲。记录者为谢文熙。

现在开始来讲“学生的精神”了。学生精神，大约分之为三点：

（一）学生求学须具有科学的精神　我们不论研究什么学科，总要看一个明白，想一个透彻，多发些疑问，切不可武断盲从。例如别人要我们信仰国家主义，我们必须明了国家主义的内容是否合于现代社会，才定信仰不信仰的方针。其他，社会主义亦然，无政府主义亦然……尤其我们研究科学之时，碰到一个问题来了，“知之则知之，不知则不知”。因为我们自己知道自己不知的地方，那还有能够知道的一日；倘若不知的而认以为知，那么，不知道的，终究没有知道的日子了；还可说是自己斩断自己求学的机能，所以我们学生求学，第一步就要有科学的精神。

（二）要改造社会必具有委婉的精神　我们在任何环境里面做事，不可过于急进。譬如园丁栽花木，倘只执一镰斧，乱砍荆棘，我相信花木，亦必随之而受伤。务须从旁着想，怎样才能使荆棘去掉，那么，非用委婉的功夫不可。改造社会，也是一样，尤其是我们学生，因为是领导民众的中坚分子，倘用乱刀斩麻的手段，必引起一般民众起畏惧之心，怎样还讲得社会改造？所以我们要社会改造，也需要用委婉的精神，走到民众前头，慢慢地领他们向前走，并且还要告示他们向前走的方法。如此才有社会改造的希望。不然，任你如何轰轰烈烈倡社会改造，社会还是不能改造的。

（三）应付环境必具有坚强人格和百折不回的精神　我们处在任何环境里面，必抱有坚强人格，不可自由摇动，尤其到了利害生死关头之时，必富有“富贵不能淫，贫贱不能移，威武不能屈”的气概。这才算得一个真正的大丈夫，真正的国民。现在中国一班学生——其实不仅是学生——在普通情形的时候，各人的性格，好像没有多大的区别。但到危急存亡利害相冲的关头，就看得清清楚楚，各人露出自己的本来面目。中国民众的不能团结，这就是一个很大的原因。所以我们处在任何的环境里面，坚强不摇的人格及不屈不挠的精神，决不能少的，尤其在我们学生时代。我现在要举一段历史例子给诸君听，就是明朝的方孝孺[1]先生，当燕王棣[2]篡位之时，使他草《即位诏》，他大书“燕王篡位”四字，因此被夷十族。当燕王篡位之时，势力胜过现在的任何军阀，但不能压迫方先生一笔锥。可见方先生的人格及不怕死的精神，真令人钦佩而尊敬，亦可证明读书人不可忘掉气节。

学生的精神，大概分为上列三点。我觉得在今日的学生中，亟宜注意的。因时间仓卒，说得不周到处，请诸君原谅！

《民国日报》(1925年12月1日)

注释

〔1〕方孝孺（1357—1402）　明著名学者。浙江宁海人，字希直，又字希古。惠帝时任侍讲学士。

〔2〕燕王棣　即朱棣（1360—1424），明成祖。朱元璋的第四子，初封燕王，镇守北平（今北京）。朱元璋死，起兵与已继帝位的侄儿明惠帝朱允炆争夺帝位，终获宝座。

师范教育下乡运动

上月十四、十五两日，江苏省立师范分校联合会在黄渡举行第二届常会，他们的附属小学也组织了一个联合会，于十五日举行成立典礼。这两件事是关心乡村教育的人应得注意的。

中国的师范学校多半设在城里，对于农村儿童的需要苦于不能适应。城居的师范生平日娇养惯了，自然是不愿到乡间去的。就是乡下招来的师范生，经过几年的城市化，也不愿回乡服务了。所以师范学校虽多，乡村学校的教员依然缺乏。做教员的大有城里没人请才到乡下去之势。这种教员安能久于其职，又安能胜乡村领袖之重任呢？江苏义务教育期成会袁观澜、顾述之二先生觉得乡村教师需要之急，而培养之法更不能不改善，所以发起每个师范学校在乡间设立分校，以为造就乡村师资之所；每分校并设附属小学一所，以资乡村师范学生之实习。现在一师、二师、三师、四师、五师都设有分校和分校的附属小学。这个师范分校联合会和分校附小联合会就是这些师范学校的分校和分校附小组织成功的。他们的宗旨在联络研究共谋各该校教育上之改进及乡村教育之发展。我国师范学校以合作及研究精神图谋乡村教育之发展的，实以此为起点。

这次分校联合会共总商议了四十一个案件，内中有好几个案件都是很关重要的。这次会议最出色的一件事就是各种乡村教育问题之分门研究，如公民科、史地科、国语科、数学科、教育科、农业科、理科、音乐科、图画手工科、体育科、童子军、各门的课程大纲及农场作业分配、推广农村教育、学业成绩考查法、训育、健康教育、师范生实习等问题都有委员会负责研究。这种分门的研究总比囫囵的空谈要切实些。

我以为乡村师范学校负有训练乡村教师、改造乡村生活的使命。师范学校在乡村里设分校，在乡村的环境里训练乡村师资，已经是朝着正当的方向进行了。我们的第二步办法就是要充分运用乡村环境来做这种训练的工夫。我们要想每一个乡村师范毕业生将来能负改造一个乡村之责任，就须当他未毕业之前教他运用各种学识去作改造乡村之实习。这个实习的场所，就是眼面前的乡村，师范所在地的乡村。舍去眼面前的事业不干而高谈将来的事业，舍去实际生活不改而单在书本课程上做工夫，怕是没有多大成效的。我们不要以为把师范学校搬下乡去就算变成了乡村师范学校。不能训练学生改造眼面前的乡村生活，决不是真正的乡村师范学校。

江苏师范分校尚属试办性质，他的效果，尚难预测。但他们对于乡村教育那点通力合作分门研究及实地试验的精神，却是很宝贵而为全国师范学校所应取法的。

《新教育评论》第1卷第6期（1926年1月8日）

整个的校长

去年我对南开中学学生演讲《学做一个人》，曾经提出五种“非整个的人”，内中有一种就是分心的人。分心的人是个命分式的人，不是个整个的人。整个的人的中心，只放在一桩主要的事上。他的心分散在几处，就是几分之一的人。这类人包括兼差的官吏，跨党的党人，多妻的丈夫。俗语说“心挂两头”就是这类人。这类人是命分式的人，不是整个的人。

做一个学校校长，谈何容易！说得小些，他关系千百人的学业前途；说得大些，他关系国家与学术之兴衰。这种事业之责任不值得一个整个的人去担负吗？现在不然。能力大的人，要干几个校长。能力不够或时间不敷分配的，就要找几个人，合起伙来，共干一个校长。我要很诚恳的进一个忠告：一个人干几个校长，或几个人干一个校长，都不是整个的校长，都是命分式的校长。试问，世界上有几个第一流的学校是命分式的校长创造出来的？国家把个整个的学校交给你，要你用整个的心去做个整个的校长。为个人计，这样可以发展专业的精神，增进职务的效率。为学校计，与其做大人名流的附属机关，不如做一个学者的专心事业。具体的说：去年教育部所开的总长兼校长和校长兼校长的例不但不应沿袭，并且应当根本铲除。我希望现在以总长兼校长的诸公都自动的辞去总长或校长，以校长兼校长的诸公都自动的以担任一校校长为限。至于某大学设立会办一层，似有几人合做校长之情形；此种新例，亦不可开。总之，为国家教育计，为个人精力计，一个人只可担任一个学校校长。整个的学校应当有整个的校长，不应当有命分式的校长。

《新教育评论》第1卷第10期（1926年2月5日）

我之学校观

学校的势力不小。他能教坏的变好，也能教好的变坏。他能叫人做龙，也能叫人做蛇。他能叫人多活几岁，也能叫人早死几年。

学校以生活为中心。一天之内，从早到晚莫非生活，即莫非教育之所在。一人之身，从心到手莫非生活，即莫非教育之所在。一校之内，从厨房到厕所莫非生活，即莫非教育之所在。学校有死的，有活的。那以学生全人全校全天的生活为中心的，才算是活学校。死学校只专在书本上做工夫。间于二者之间的，可算是不死不活的学校。

学校是师生共同生活的处所。他们必须是共甘苦。甘苦共尝才能得到精神的沟通，感情的融洽。国家大事，世界大势，亦必须师生共同关心。学校里，师生应当相依为命，不能生隔阂，更不能分阶级。人格要互相感化，习惯要互相锻炼。人只晓得先生感化学生、锻炼学生，而不知学生彼此感化锻炼和感化锻炼先生力量之大。先生与青年相处，不知不觉的，精神要年轻几岁，这是先生受学生的感化。学生质疑问难，先生学业片刻不能懈怠，是先生受学生的锻炼。这是不可避免的，也是好现象。总之：师生共同生活到什么程度，学校生气也发扬到什么地步，这是丝毫不可以假借的。李白诗说："黄河之水天上来，奔流到海不复回。"这好比是学生的精神。办学如治水，我们必须以导河的办法把学生的精神宣导出去，使他们能在有益人生的事上去活动。倘不能因势利导，反而强事压制，那么决堤泛滥之祸不能幸免了。

康健是生活的出发点，亦就是学校教育的出发点。学问、道德应当有一个活泼稳固的基础，这基础就是康健。俗话说："百病从口入。"同志们务必注意，办学校是要从厨房、饭厅办起的。

生活之发荣滋长，必须有吸收滋养料的容量。学校教职员必须虚心，学而不厌。我以为，不但教师要学而不厌，就是职员也要学而不厌。因为既以生活为学校的中心，那么各种事务都要含有教育的意义。从校长起一直到厨司校工，各有各的职务，即各有各的学问要增进。增进之法有二：一是各有应读之书必须读，二是各有应联之专家同志必须联。一个学校要想有美满的生活，必须和知识的泉源通根水管，使得新知识可以源源而来。

学校生活只是社会生活一部分。学校不是道士观、和尚庙，必须与社会生活息息相通。要有化社会的能力，先要情愿社会化。

学校生活是社会生活的起点。远处着眼，近处着手，改造社会环境要从改造学校环境做起。全校师生应当以美术的精神，共同改造学校环境。凡应当改造的，一丝一毫都不肯轻松放过，才能表现真精神。师生不能共同改造学校环境而侈谈社会改造，未免自欺欺人。

高尚的生活精神不用钱买，不靠钱振作，也不能以没有钱推诿。用钱可以买来的东西，没有钱自然买不来。用钱买不来的东西，没有钱也是可以得到的。高尚的精神如同山间明月、江上清风一样，是取之无尽、用之无穷的。没有钱是一事，没有精神又是一事。有钱而无精神和无钱而有精神的学校，我都见识过。精神是不靠钱买的，精神是在我们身上；我们肯放几分精神，就有几分精神。不关有没有钱，只问我肯不肯把精神放出来。

我们要学校生活〈生〉长得敏捷圆满，就得要把他放在光天化日之下。太阳光底下可以滋长，黑暗里面免不掉微生物。所以我主张学校要给人看。做父母的，管学务的，以及纳教育税的人，都要看学校，要学校改良。做校长的，做教育的，都要欢迎人参观批评，以补自己之不足。学校放在太阳光里必能生长，必能继续不断的生长。

我对于学校悬格并不要高，只希望大家把学校办到一个地步：情愿送亲子弟入校求学就算好了。前清往往有办学的人不令子弟入学，时论以为不恕。现每主持省县教育者，亦颇有以子弟无好学校进为虑，甚至送入外人设立学校肄业，真正令人不解。我要有一句话奉劝办学同志，这句话就是“待学生如亲子弟”。

十五、九、二十

《微音》第27、28期合刊（1926年11月5日）

创设乡村幼稚园宣言书

从福禄伯发明幼稚园以来，世人渐渐的觉得幼儿教育之重要；从蒙梯梭利毕生研究幼儿教育以来，世人渐渐的觉得幼稚园之效力；从小学校注意比较家庭送来与幼稚园升来的学生性质，世人乃渐渐的觉得幼儿教育实为人生之基础，不可不乘早给他建立得稳。儿童学者告诉我们，凡人生所需之重要习惯、倾向、态度，多半可以在六岁以前培养成功。换句话说，六岁以前是人格陶冶最重要的时期。这个时期培养得好，以后只须顺着他继长增高的培养上去，自然成为社会优良的分子；倘使培养得不好，那么，习惯成了不易改，倾向定了不易移，态度决了不易变。这些儿童升到学校里来，教师需费尽九牛二虎之力去纠正他们已成的坏习惯、坏倾向、坏态度，真可算为事倍功半。至于不负责的教师，那里顾得到这些。他们只一味的放任，偶然亲自看见了，也不过给儿童一个消极的处分。于是坏习惯、坏倾向、坏态度蓬蓬勃勃的长，不到自害害人不止。这是必然的趋势。

有志儿童幸福的人和有志改良社会的人，看此情形就大呼特呼的提倡广设幼稚园。但提倡的力竭声嘶，而响应的寥若晨星。都市之中尚有几个点缀门面，乡村当中简直找不到他们的踪迹。这也难怪，照现在的情形看来，幼稚园倘不经根本的改革，不但是乡村里推不进去，就是都市里面也容不了多少。

依我看来，现在国内的幼稚园害了三种大病：一是外国病。试一参观今日所谓之幼稚园，耳目所接，那样不是外国货？他们弹的是外国钢琴，唱的是外国歌，讲的是外国故事，玩的是外国玩具，甚至于吃的是外国点心。中国的幼稚园几乎成了外国货的贩卖场，先生做了外国货的贩子，可怜的儿童居然做了外国货的主顾。二是化钱病。国内幼稚园化钱太多，有时超过小学好几倍。这固然难怪，外国货那有便宜的。既然样样仰给于外国，自然费钱很多；费钱既多，自然不易推广。三是富贵病。幼稚园既是多化钱，就得多弄钱，学费于是不得不高。学费高，只有富贵子弟可以享受他的幸福。所以，幼稚园只是富贵人家的专用品，平民是没有份的。

我们现在所要创办的乡村幼稚园，就要改革这三种弊病。我们下了决心，要把外国的幼稚园化成中国的幼稚园；把费钱的幼稚园化成省钱的幼稚园；把富贵的幼稚园化成平民的幼稚园。

一、建设中国的幼稚园　我们在这里要力谋幼儿教育之适合国情，不采取狭义的国家主义。我们要充分运用眼面前的音乐、诗歌、故事、玩具及自然界陶冶儿童，外国材料之具有普遍性、永久性的亦当选粹使用，但必以家园所出的为中心。

二、建设省钱的幼稚园　打破外国偶像是省钱的第一个办法。我们第二个办法就是训练本乡师资教导本乡儿童。一村之中必有一二天资聪敏、同情富厚之妇女。我们就希望他们经过相当训练之后，出来担任乡村幼稚园的教师。他们既可得一新职业之出路，又可使幼稚园之薪金不致超过寻常小学额数。岂不是一举两得？这些妇女中最可有贡献而应最先训练的，无过于乡村校长教员之夫人、姊妹及年长的女学生。他们受过训练之后，只要有人加以提倡，幼稚园就可一举而成。第三个办法就是运用本村小学手工科及本村工匠仿制玩具，如此办来一个钱可以抵数钱之用。三个办法同时并进，可以实现省钱的幼稚园。

三、建设平民的幼稚园　幼稚园化钱既省，取费自廉，平民的儿童当能享受机会均等。教师取之乡间，与村儿生活气味相投，自易亲近。这两件事都可以叫幼稚园向平民方面行走。但一个制度是否真能平民化，要看他是否应济平民的需要。就我们所观察，乡村幼稚园确是农民普遍的永久的需求。试一看乡村生活，当农忙之时，主妇更是要忙得天昏地黑。他要多烧茶水，多弄饭菜，多洗衣服，有时还要他在田园里工作，哪里还有空去管小孩子！那做哥哥，做姊妹的也是送饭，挑水，看牛，打草鞋，忙个不了，谁也没有工夫陪小弟弟、小妹妹玩。所以农忙之时，村中幼儿不是跟前跟后，就是没人照应，真好像是个大累，倘使乡村幼稚园办的得当，他们就可以送来照料。一方面父母又可以免去拖累，一方面儿童又能快快乐乐的玩耍，岂不是“得其所哉”！小学儿童，年龄较大，可以做事，农忙时颇能助父母一臂之力，要他上学，不啻减少农民谋生能力，所以有如登天之难。幼稚园则不然。他所招收的儿童，正是农民要解脱的担负，要他们进来，正是给农民一种便利。倘使办理得当，乡村幼稚园，可以先小学而普及。幼稚园既是应济平民的需要，自有彻底平民化之可能。我们只须扫除当路的障碍，使他早日实现就是了。

建设一个中国的、省钱的、平民的乡村幼稚园不是一说就可以成功的。我们必须用科学方法去试验，必须用科学方法去建设。我们对于幼稚园之种种理论设施都要问他一个究竟，问他一个彻底。我们要幼稚园里样样活动都要站得住。我们要这种种活动都用科学的方法，来建设一个省钱的、平民的、适合国情的乡村幼稚园。将来全国同志起而提倡，使个个乡村都有这样一个幼稚园，使个个幼儿都能享受幼稚园的幸福，那更是我们所朝夕祷祝的了。

《新教育评论》第2卷第22期（1926年10月29日）

南京中等学校训育研究会

南京中等学校近来组织了一个训育研究会，于本月九日开成立会，并于二十一日开第一次常会。这个研究会是由国立、省立、私立中等学校担任训育的职员组织而成的，可算是一个地方训育人员第一次对于训育问题之大协作。历来办学的人谈到学生品行问题就联想到宽严的观念。其实从前学校一味盲目的压制，近年学校一味盲目的放任，都是不应该走的错路。训育问题不是笼统的宽严问题。究竟什么事应当严？什么事应当宽？应当严的如何严法？应当宽的如何宽法？什么叫做严？什么叫做宽？我怕专在笼统的宽严问题上做工夫总寻不出什么条理来，所以希望担任训育的人，第一要打破宽严的观念，要在宽严以外去谋解决。真正的训育是品格修养之指导。我们要在“事”上去指导学生修养他们的品格。事应当怎样做，学生就应当怎样修养，先生就应当怎样指导。各种事有各种做法，指导修养之法也跟了它不同。同是一事，处不同之地，当不同之时，遇不同之人，那做的方法及指导修养的方法也就不能尽同了。怎样可以拿一个笼统的宽严观念来制裁他们呢？

训育上的第二个不幸的事体就是担任训育人员的消极作用。他们惯用种种方法去找学生错处。学生是犯过的，他们是记过的。他们和学生是两个阶级，在两个世界里活着，他们对于学生的问题困难漠不关心。我们希望今后办训育的人要打破侦探的技术，丢开判官的面具。他们应该与学生共生活，共甘苦，做他们的朋友，帮助学生在积极活动上行走。他们也不应当忘记同学互相感化的影响，最好还要运用同学去感化同学——运用朋友去感化朋友。

训育上还有个最不幸的事体，这事就是教育与训育分家，把教育看作知识范围以内的事，训育看作品行范围以内的事；以为学习知识与修养品行是受不同的原理支配的，甚至于一校之中管教务与训育者不相接洽，或背道而驰。殊不知学习知识与修养品行是受同一学习心理定律之支配的，我们如果强为分家，必至自相矛盾，必至教知识的不管品行，管品行的不学无术。所以我们希望担任训育的人，要打破知识品行分家的二元论，而在知识品行合一上研究些办法出来。

训育难办，中等学校的训育更难办，当今中国之中等学校训育尤其难办。然而难处即是有兴味处。他所以难是因为他问题繁多而复杂；他所以有兴味是因为他给我们研究的机会极丰富而不可限量。品行养成之要素是在一举一动前所下的判断。我们问题中之最大问题是如何引导学生于一举一动前能下最明白的判断。这样一来，即刻牵涉到善恶、是非、曲直、公私、义利之分。这样一来，即刻牵涉到个人所处的地位、时会及发生关系的人。这样一来，问题可就多了，可就难了，可就真有兴味了。知道这里的难处，欣赏这里的兴味，才可以干训育的事。任训育者不是查房间，管请假，记过，发奖品就算了事。他的最大责任是引导学生参与现代人生切要的生活，于一举一动前能下最明白的判断。全体教职员都有这个责任，即全体教职员都负有一部分训育上之任务，不过任训育者总其成罢了。

南京训育研究会的成立，就是一件很有价值的事。从此各人可以把实际的具体问题提出交换意见，共谋改进。最好是活动些，大家可以伸缩自如；不可勉强规定一致的办法，以致造成机械的、呆板的训育系统。这种会的贡献就在唤起各人之主动思想，倘使每人提出经验上发生的问题，叫参与讨论的人都不得不慎重考虑，去谋适当的解决，便是很有价值了。像这样的训育研究会才值得推广哩。

《新教育评论》第2卷第23期（1926年11月5日）

我们的信条*

《我们的信条》虽是我用笔写的，但不是我创的。我参观诸位先生在学校里实际的工作，心里不由人起了好多印象，积起来共有十八项，我就依着次序编成这套信条。所以这是诸位先生自己原来的信条，早已接受实行，今日只是大家共同温习一遍，并下定决心，终身奉行，始终如一。

我们从事乡村教育的同志，要把我们整个的心献给我们三万万四千万的农民。我们要向着农民"烧心香"。我们心里要充满那农民的甘苦。我们要常常念着农民的痛苦，常常念着他们所想得的幸福，我们必须有一个"农民甘苦化的心"才配为农民服务，才配担负改造乡村生活的新使命。倘使个个乡村教师的心都经过了"农民甘苦化"，我深信他们必定能够叫中国个个乡村变做天堂，变做乐园，变做中华民国的健全的自治单位。这是我们绝大的机会，也就是我们绝大的责任。

一、我们深信教育是国家万年根本大计。

二、我们深信生活是教育的中心。

三、我们深信健康是生活的出发点，也就是教育的出发点。

四、我们深信教育应当培植生活力，使学生向上长。

五、我们深信教育应当把环境的阻力化为助力。

---

* 本篇系演讲词。1926年11月21日，中华教育改进社特约乡村试验学校，在南京明陵小学召开第一次研究会暨乡村教育研究会成立大会，陶行知在会上发表了这篇演说。

六、我们深信教法学法做法合一。

七、我们深信师生共生活，共甘苦，为最好的教育。

八、我们深信教师应当以身作则。

九、我们深信教师必须学而不厌，才能诲人不倦。

十、我们深信教师应当运用困难，以发展思想及奋斗精神。

十一、我们深信教师应当做人民的朋友。

十二、我们深信乡村学校应当做改造乡村生活的中心。

十三、我们深信乡村教师应当做改造乡村生活的灵魂。

十四、我们深信乡村教师必须有农夫的身手、科学的头脑、改造社会的精神。

十五、我们深信乡村教师应当用科学的方法去征服自然，美术的观念去改造社会。

十六、我们深信乡村教师要用最少的经费办理最好的教育。

十七、我们深信最高尚的精神是人生无价之宝，非金钱所能买得来，就不必靠金钱而后振作，尤不可因钱少而推诿。

十八、我们深信如果全国教师对于儿童教育都有“鞠躬尽瘁，死而后已”的决心，必能为我们民族创造一个伟大的新生命。

《新教育评论》第3卷第2期（1926年12月10日）

《燕子矶小学》序*

我自从参观燕子矶小学以后，觉得这里充满了生活力。可以担当乡村教育改造之响导，于是就做了一篇《一个用钱少的活学校》，希望引起全国同志的觉悟去共谋全国乡村教育之根本改造。继而建议于本社董事部与江宁县教育局约定以他充作本社特约第一试验乡村学校，以为本社实行改造乡村教育政策之出发点。从此我们的关系日益亲密。我亲眼看他继续的努力征服自然，改造社会。我亲眼看他整理燕子矶公园，建筑通俗图书馆，组织新农村。我亲眼看他同化别的学校。我亲眼看他联合志同道合的学校从事课程的研究。我亲眼看他和尧化门小学与江宁县立师范学校共谋乡村师资之改进。看着这种种设施就觉得他的精神只是一个“长”字。因为他是“活”的所以能长。凡是不长的东西就快要死了。因为他继续的长，所以他能继续的活。我希望全国的小学都有燕子矶小学的精神，个个长生不老，个个不断的向前进，向上长。

中华民国十五年十一月二十四日陶知行

《燕子矶小学》(1928 年 10 月)

---

* 本编系陶行知为丁超编著的《燕子矶小学》一书所作的序。今题为编者所拟。

中国师范教育建设论

教什么？怎样教？教谁？谁教？这是师范学校的几个基本问题。要想把师范学校办得好，必须把这些问题先弄明白。

师范学校首先要问的是：教什么？这是教材问题。施教的人不能无中生有，他必得要运用环境所已有的事物去引起学生之活动。所以遇了“教什么”这个问题，我们暂时可以下一句答语：有什么，学什么；学什么，教什么；教什么，就拿什么来训练教师。但是世界上有的东西，无计其数；所有的未必是所需要的。因此，我们姑且又要加上一句答语：要什么，学什么；学什么，教什么；教什么，就拿什么来训练教师。

所有和所要都知道了，我们立刻发生教法问题。我们要接着问一问：怎样教？教的法子要根据学的法子，学的法子要根据做的法子。教法、学法、做法是应当合一的。我们对于这个问题所建议的答语是：事怎样做就怎样学；怎样学就怎样教；怎样教就怎样训练教师。

教什么和怎样教决不是凌空可以规定的。他们都包含“人”的问题。这问题就是：教谁？人不同，则教的东西，教的方法，教的分量，教的次序都跟着不同了。我们要晓得受教的人在生长历程中之能力需要，然后才晓得要教他什么和怎样教他；晓得了要教他什么和怎样教他，然后才能晓得如何去训练那教他的先生。

预备要做先生的是哪种人？他对于教师职业的兴味、才能如何？他充当某种教师是否可以胜任愉快？现在实际在那儿当教师的是谁？师范学校所期望于他所训练的人有多少能做适当的教师？这也是师范学校要考虑的问题。我们的建议是：谁在那儿教，谁欢喜教，谁能教得好就应当训练谁。

就上面所说的，总起来看，我们知道师范学校，是要运用环境所有所需的事物，归纳于他所要传布的那种学校里面，依据做学教合一原则，实地训练有特殊兴味才干的人，使他们可以按着学生能力需要，指导学生享受环境之所有并应济环境之所需。这个定义包含三大部分：一是师范学校本身的工作，二是中心学校的工作，三是环境里的幼年人生活。这三大部分应当发生有机体的关系，使得他们的血脉可以流通，精神可以一贯。他们中间不当有丝毫的隔膜。一看这个定义，我们立刻晓得师范学校的出发点就是他所要传布的中心学校，中心学校的出发点就是环境里的幼年人生活，由此我们也就可以明白建设师范教育之历程。

环境里的幼年人生活既是中心学校的中心，我们首先就要把他弄个明白。我们要晓得幼年人在生长历程中有什么能力，有什么需要。我们虽不能完全知道，但是学者已经研究出来的，我们必须充分明了。幼年人不是孤立的，他是环境当中的一个人。环境对于幼年人的生活有两种大的力量。一是助力。自然界的光线、空气、食物饮料在常态之下，都是扶助人类生长的东西。社会里的语言文字、真知灼见以及别人的互相提携，也都有扶助我们生长的作用。二是阻力。例如狂风、暴雨、水患、旱灾、虫害种种，都是自然界与人为难的东西。社会方面的贪官、污吏、劣绅、土棍、盗贼以及一切不良的制度风俗，也是我们生长的挡路物。可是阻力倘不太大，可以化为助力。逆境令人奋斗，生长历程中发生了困难才能触动思想，引起进步。人的脑袋就是这样长大的，文明也是这样进化的。我们应用自然界和社会界的助力、阻力去培植幼年人的生活力，使他可以做个健全分子去征服自然，改造社会。因此，我们又要问自然界与社会界对于幼年人的生长有什么助力，有什么阻力？他们对于幼年人生长的贡献是什么？他们有什么缺憾要人力补天工之不足？一个环境对于幼年人生长之助力、阻力、贡献、缺憾，要具体的分析开来，才能指导教育的实施。倘使囫囵吞枣，似乎没有多大用处。分析出来的具体事实必定是整千整万，学校自然不能完全采纳进去。所以进一步的工作就是估量每件事实的价值。价值估量之后再作选择的工夫，把价值最低的除开，需要可缓的除开，学校不必教不能教的除开，留下来的容纳到学校里去，编成教材，制为课程，佐以相当设备，配以相当程序，使教师指导学生脚踏实地的去做去学。这样一来，中心学校就可以办成了。这种学校是有根的；他的根安在环境里，吸收环境的肥料、阳光，化作自己的生命；所以他能长大，抽条，发叶，开花，结果。这种学校是与自然生活、社会生活联为一气的。他能适应环境的生活，也能改造环境的生活。他是本地的土壤里产生出来的，他自能在相类的环境里传播。我们可以祝他说："恭喜你多福，多寿，多儿子，儿子又生孙，孙又生儿子，子子孙孙生到无穷期。个个都像你，个个胜过你。"中心学校有了办法，再办师范学校。师范学校的使命，是要运用中心学校之精神及方法去培养师资。他与中心学校的关系也是有机体的，也是要一贯的。中心学校是他的中心而不是他的附属品。中心学校也不应以附属品看待自己。正名定义，附属学校这个名字要不得。实习学校的名字好得多，但是这个名字包含了"思想与实习分家"的意味，也不是最好的。师范学校的各门功课都有专业的中心目的，大部分都应当与中心学校联串起来。例如教育学、心理学等等功课若是附加的性质，决不能发生很大的效力。这种功课应当与实地教学熔为一炉，大部分应当采取理科实验指南的体裁以谋教学做三者之合一。我们进行时对于师范生本身之能力与需要当然要同时顾到。因为师范生将来出去办学的环境与中心学校的环境必定不能一模一样；要想师范生对于新环境有所贡献，必得要同时给他们一种因地制宜的本领。

师范毕业生得了中心学校的有效办法和因地制宜的本领，就能到别的环境里去办一个学校。这个学校的精神与中心学校是一贯的，但不是刻印板的，不是照样画葫芦的。他要适应他的特殊环境，也要改造他的特殊环境。

这个学校对于学生所要培植的也是生活力。他的目的是要造就有生活力的学生，使得个个人的生活力更加润泽丰富强健，更能抵御病痛，胜过困难，解决问题，担当责任，学校必须给学生一种生活力，使他们可以单独或共同去征服自然，改造社会。

我们这里所建议的步骤是一气呵成的：自然社会里的生活产生活的中心学校，活的中心学校产生活的师范学校，活的师范学校产生活的教师，活的教师产生有生活力的国民。

这个建设历程，从头到尾，都是息息相通的，倘使发现不衔接，不联络，不适应的地方，到处可以互相参考纠正，随改随进。所以中心学校随着自然社会生活继续不断的改进，师范学校随着中心学校继续不断的改进，地方学校随着师范学校继续不断的改进，自然社会生活又随着地方学校继续不断的改进。

上述师范教育的建设历程，倘用下图（第 184 页）表示，更能一目了然：

说明：

自然社会里的幼年生活是中心学校之中心。

中心学校是师范学校之中心。

一，二，三，四，五，是师范毕业生办的学校。

生活力代表师范毕业生所办学校培养之学生。

训练初级师范教员之高等师范或师范大学，可于师范学校外加一圈，并类推。

师范学校既以中心学校为中心，那么，有哪一种的中心学校就有哪一种的师范学校：有幼稚园为中心学校，就可以办幼稚师范；有小学为中心学校，就可以办初级师范；有中学或师范为中心学校，就可以办高等师范或师范大学；有各种职业机关或学校做中心

中国师范教育建设图[1]

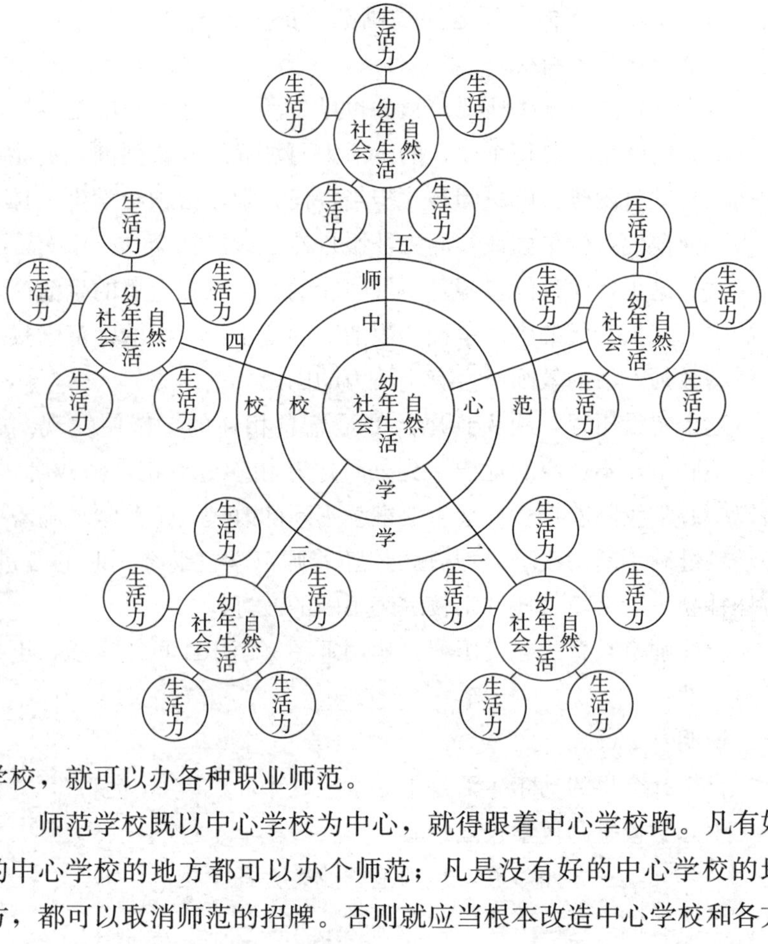

学校，就可以办各种职业师范。

师范学校既以中心学校为中心，就得跟着中心学校跑。凡有好的中心学校的地方都可以办个师范；凡是没有好的中心学校的地方，都可以取消师范的招牌。否则就应当根本改造中心学校和各方面的关系，使它名实相符。师范学校人数也可不拘，看中心学校的容量而定。他能容几个人就是几个人，不必勉强。一个师范可以有几个中心学校；一个中心学校也可以做几个师范学校的公共中心。例如一个乡村师范可以有几个单级学校，几个复式学校，几个单式学校做他的中心学校。又例如一个好的中心小学里可以容纳初级中学、高级中学，甚至于大学程度的师范生在这里学习。初级中学程度的人在这里学习之后可以去当初小的教师，高级中学程度的人在这里学习之后可以去当高小的教师，大学程度的学生在这里学习之后可以去办初级师范或县立师范。

中心学校的成立有两种方式都可以行。一是另起炉灶来创设；二是找那虚心研究、热心任事、成绩昭著并富有普遍性之学校特约改造，立为中心学校。这两种方式可以按照情形酌量采择施行。

有了中心学校，就可以在中心学校左近建筑或租借房屋开办师范班或师范学校。收录师范生可有两种办法。一是本校招收新生始终其事，予以完全训练。这种办法规模较大，需用人才、设备、经费也较多。二是招收他校将毕业而有志充当教师之学生或有相当程度之在职之教职员，加以相当时期之训练。照这种办法，师范部只须准备宿舍、图书、讨论室、指导人才及所需之其他设备，就可开办。这是比较轻而易举的。毕业后发给修业证书，俟办成有生活力之学校，始发给正式毕业证书。原肄业学校如因本校没有师范训练，亦得依照规定手续保送相当学生来此学习。毕业证书可由两校合发。这种种办法，各级师范都可适用。

上面所说的是建设中国师范教育的根本原理与实施概要。中国师范教育因前清办理失策，以致师范学校与附属学校隔阂，附属学校与实际生活隔阂。我们所以有这种隔阂，是因为我们的师范教育或是从主观的头脑里空想出来的，或是间接从外国运输进来的，不是从自己的亲切经验里长上来的。这种师范教育倘不根本改造，直接可以造成不死不活的教师，间接可以造成不死不活的国民。有生活力的国民，是要靠着有生活力的教师培养的；有生活力的教师，又是要靠着有生活力的师范学校训练的。中国今日教育最急切的问题，是旧师范教育之如何改造，新师范教育之如何建设。国家所托命之师范教育，是决不容我们轻松放过的。我们很希望全国同志会精聚神来对付这个问题。

《新教育评论》第3卷第1期（1926年12月3日）

注释

〔1〕本篇最初在《新教育评论》上发表时，编者曾将此图略去。现据方与严编《陶行知教育论文选辑》所收之图补入。

中华教育改进社改造全国乡村教育宣言书

本社的乡村教育政策，是要乡村学校做改造乡村生活的中心，乡村教师做改造乡村生活的灵魂。我们主张由乡村实际生活产生乡村中心学校，由乡村中心学校产生乡村师范。乡村师范之主旨在造就有农夫身手、科学头脑、改造社会精神的教师。这种教师必能用最少的金钱，办最好的学校，培植最有生活力的农民。我们深信他们能够依据教学做合一的原则，领导学生去学习那征服自然改造社会的本领。但要想这种教育普遍实现，必须有试验，研究，调查，推广，指导之人才，组织，计划，经费，及百折不回的精神，方能成功。本社的事业范围很宽，但今后主要使命之一，即在厉行乡村教育政策，为我们三万万四千万农民服务。我们已经下了决心要筹募一百万元基金，征集一百万位同志，提倡一百万所学校，改造一百万个乡村。这是一件伟大的建设事业，个个国民对他都负有绝大的责任。我们以至诚之意欢迎大家加入这个运动，赞助他发展，指导他进行，一心一德的为中国乡村开创一个新生命。

《新教育评论》第 3 卷第 1 期（1926 年 12 月 3 日）

山穷水尽

——致凌济东[1]的信

济东吾兄：

接读十二月四日手书，有如蜜糖里夹了黄连，令人吃了又甜又苦，真是别有滋味，感谢之至。

来书说到本社[2]经济情形，已是山穷水尽，这是事实，谁也不能否认。本社已是山穷水尽，本社同人应当怎样呢？我们应当在山穷水尽的时候，找出一条生路来！本社之所以山穷水尽，是因为中国教育已到山穷水尽了。我们倘不能为中国教育找出生路，决不能为本社找出生路。所以我们要拚命的为中国教育找生路，即所以为本社找生路。前在京中所谈的几件事，倘能用全副精神干去，必是长生之道。不但是本社长生之道，也就是中国教育长生之道，也就是中华民国长生之道。

我和叔愚[3]兄所担任的乡村教育运动，现正在杀机四伏中努力进行。我们已经看见光明，前途有无穷的希望，我们已经下了决心：要提倡一百万所学校，去改造一百万个乡村，使个个乡村都得着充分的新生命，合起来造成中华民国的伟大的新生命。吾兄所担任的一件，有同样的重要，吾兄的使命是要培养康健的儿童，造成康健的民族。依据杨先生的推算，吾兄还有五十年的寿源，去干这件伟大的事业。我主张自筹款，自罗人才，积极进行；与人互助则可，决不可因人成事。如果在这五十年当中，吾兄能把国民的康健立一个稳固的基础，叫个个国民都有血色，有生气，有精神，都能抵抗疾病，扫除障碍，战胜困难，也算不虚生一世了。人生为一大事来，做一大事去。我们就在改进社旗帜之下各人干他一件，也是人生极快乐的事情。倘使我比您多活几岁，到您升天的时候，我就在您的坟墓上立一石碑，上面写着“康健之神”四个大字，叫一切病魔化做一只大乌龟，背着这块石碑直到万万年。倘使我比您早死几年，我可以托付桃红、小桃、三桃、仙桃〔4〕代我为您办这件事。

山穷水尽！好一个山穷水尽！这是天帝给我们另找生路的惟一机会。我们应当欢欢喜喜的接受这个机会，共同为本社找条生路，为中国教育找条生路，为中华民国找条生路。

知　行

十五年十二月十四日

《行知书信》(1929年亚东图书馆版)

注释

〔1〕凌济东　名冰，号济东。早年赴美留学，获哥拉克大学教育心理科博士。回国后，任南开大学教授，并为中华教育改进社重要成员。

〔2〕本社　即中华教育改进社。

〔3〕叔愚　即赵叔愚，曾与陶行知共同创办南京晓庄试验乡村师范学校（即晓庄师范），并任该校第一院院长，积极推行乡村教育运动。

〔4〕桃红、小桃、三桃、仙桃　即陶行知的长子陶宏、次子陶晓光、三子陶刚和四子陶诚。

试验乡村师范学校答客问

乡村师范学校是什么?

乡村师范学校是依据乡村实际生活，造就乡村学校教师、校长、辅导员的地方。

为什么要加上试验两个字?

中国乡村教育走错了路，现在已经到了山穷水尽，不得不另找生路。试验就是用科学的方法去采新的生路。我们在前面已经看着一线光明，不能说是十分有把握，但深愿“试他一试”。

这个学校是谁办的?

这个学校是中华教育改进社结合少数乡村教育同志办的。

中华教育改进社为什么要发这种宏愿?

中华教育改进社三年以来对于乡村教育素所注意，近来更觉得这件事是立国的根本大计。估计起来，中国有一百万个乡村，就须有一百万所学校，最少就须有一百万位教师。个个乡村里都应当有学校，更应当有好学校。要有好的学校，先要有好的教师。好的教师有生成的，有学成的。生成的好教师如同凤毛麟角，不可多得，恐怕一百万位乡村教师当中，九十九万九千九百位是要用特殊的训练把他们培养成功的。这是一件伟大的事业，要全国同志运用心力财力才能办到。本社不忍放弃国家一分子的责任，所以很情愿在万难中设立这个小小的试验乡村师范，为的是要造就好的乡村教师去办理好的乡村学校。

乡村教师要怎样才算好?

好的乡村教师，第一有农夫的身手，第二有科学的头脑，第三有改造社会的精神。他足迹所到的地方，一年能使学校气象生动，二年能使社会信仰教育，三年能使科学农业著效，四年能使村自治告成，五年能使活的教育普及，十年能使荒山成林，废人生利。这种教师就是改造乡村生活的灵魂。

乡村学校要怎样才算好？

有了这样好教师，就算是好的乡村学校；好的乡村学校，就是改造乡村生活的中心。

现在中国有没有这种学校？

现在中国有少数乡村学校确是朝着这条路走。他们的精神确系要令人起敬。如同燕子矶小学、尧化门小学、开原小学都是著有成绩的乡村学校。最近改造的江宁县立师范学校、明陵小学、笆斗山小学，成绩也有可观。别的地方一定也有这种学校，因为不晓得清楚，不能列举。这几个学校假使再给他们五年或十年的时间，当能使这些乡村得到一种新生命，开创一个新纪元。

这些学校为什么办得这样好？

因为他们的教职员有办理乡村方面的天才，并且有虚心研究学问的精神。

这些学校与试验乡村师范要发生什么关系？

因为地点接近燕子矶小学和尧化门小学，已经特约为试验乡村师范学校的中心小学，其他学校就辅助分工研究关于乡村小学的种种问题。

何谓中心小学？

中心小学以乡村实际生活为中心，同时又为试验乡村师范的中心。平常师范学校的小学叫做附属小学，我们要打破附属品的观念，所以称他为中心小学。中心小学是师范学校的主脑，不是师范学校的附属品。中心小学是师范学校的母亲，不是师范学校的儿子。中心小学是太阳，师范学校是行星。师范学校的使命是要传布中心学校的精神、方法和因地制宜的本领。

试验乡村师范学校依据中心小学办理，已经听得明白，但究竟采用什么方法使他实现呢？

我们的一条鞭的方法就是教学做合一。

什么是教学做合一？

教学做合一是：教的法子根据学的法子，学的法子根据做的法子。事怎样做就怎样学，怎样学就怎祥教。比如种田这件事要在田里做，就要在田里学，也就要在田里教。教学做有一个共同的中心，这个中心就是“事”，就是实际生活；教学做都要在“必有事焉”上用功。

试验乡村师范的课程与平常学校有什么不同的地方？

试验乡村师范的全部课程就是全部生活，我们没有课外的生活也没有生活外的课。约略分起来，共有五门：一、中心小学生活教学做。二、中心小学行政教学做。三、师范学校第一院院务教学做。四、征服天然环境教学做。五、改造社会环境教学做。

什么是第一院？

我们的师范学校将来要分两院，第一院是招收他校末一年半的学生及相等程度之在职人员，加以一年半的训练；第二院是完全师范制，一切训练，都由本校始终其事。因为第一种办法较为轻而易举，所以先办第一院。

什么是院务教学做？

我们第一院里面种种事务都是要学生分任去做的，什么文牍、会计、庶务、烧饭、种菜，都是要学生轮流学习的。全校只用一个校工担任挑水一类的事，其余一切操作，都列为正课，由学生躬亲从事。

师范生要学习烧饭种菜，这是什么道理？

乡村里当教师，不会烹饪，就要吃苦。我们晓得师范生初到乡村去充当教师，有的时候，不免饿得肚皮叫，就是因为他们不会炊事。从前科举时代文人因过考需要，大多数都会烹饪。现在讲究洋八股，反把这些实用的本领挥之门外，简直比科举还坏。所以我们这里的口号是："不会种菜，不算学生"，"不会烧饭，不得毕业"。

教师处于什么地位?

本校各科教师都称为指导员，不称为教员。他们指导学生教学做，他们与学生共教、共学、共做、共生活。不但如此，高级程度学生对于低级程度学生也要负指导之责。

什么资格的学生可以进来呢?

初级中等学校，高级中等学校，专门大学校末了一年半的学生和在职教职员有同等程度的都可以投考。但是他们必须有农事或土木工经验，方才有考取的把握。这是顶重要的资格，这两个条件完全没有的人不必来考。凡是小名士、书呆子、文凭迷的都最好不来。如果有人想办乡村小学，为预储师资起见，保送合格学生来学，学成就去办学，这是我们最欢迎的。

考些什么功课?

我们所要考的有五样东西：一、农事或土木工操作；二、智慧测验；三、常识测验；四、作国文一篇；五、三分钟演说。

收录多少学生呢?

我们现在暂定为二十名。倘使我们在这两个月当中经费可以多筹些，如果合格学生很多，我们也可以多收几名。倘使合格学生很少，我们就少取几名；只要有一个合格学生，我们都是要开办的。我们教一个学生和教一千个学生一样的起劲，因为如果这个学生是个人才，他对于乡村教育必有相当的贡献。一个人是千万人的出发点。倘使我们这次招生只能得到一个真学生，我们也就心满意足了。

毕业年限怎样?

我们的修业年限暂订为一年半，但不是一定不移的，可以按照实在情形酌量伸缩。不过修业后必须服务半年，经本校派员考查，确有精神表现，才发给各种毕业证书。

费用要多少呢？

本校学费一概不收，收膳费每月暂以五元为最高额，由师生共同经管。杂费依最节省限度另订。学生种田，照佃户租田公允办法，每年赚钱多少，看自己运用心力的勤惰巧拙，统归本人所用，帐目完全公开。

试验乡村师范学校设在何处？

这个学校设在南京神策门外迈皋桥，离燕子矶、尧化门都很近。我们准备了田园二百亩，供师生耕种；荒山数座，供师生造林；最少数经费，供师生自造茅草屋居住。

茅草屋怎样布置？

每个茅草屋住十一个人：十位学生，一位指导员。里面有阅书室、会客室、饭厅和盥洗室、厕所。屋外后面附一个小厨房；厨房之后，有一个小菜园。

茅草屋没有造成住在何处？

住在帐篷里。谁的茅草屋没有造好，谁就要住在帐篷里。十一个人都要受茅草屋指导员的指导，按照图样建造一个优美的、卫生的、坚固的、合用的、省钱的茅草屋。个个人都要参加，都要动手。教师不但是教书，学生不但是读书，他们是到这里来共同创造一个学校。从院长起以及到学生，谁不造成茅草屋，谁就永久住在帐篷里。

宿舍之外还有什么？

本校一切建筑都是茅草屋。除宿舍外，我们要有图书馆、科学馆、教室、娱乐室、操室、温室、陈列所、医院、动物园、指导员家属住宅，都要逐渐使他们成立，但总依据茅草屋的形式建筑。

简括些说起来，试验乡村师范的精神究竟何在？

本校的精神可以拿本校校旗之意义来代表。旗之中心有一个小圆圈，里面有个“活”字，代表所要培养之生活力。圈外有个等边三角，代表学教做三者合一。三角上面有一个“心”放在当中，表示关心农民甘苦之意。左边有一支笔，右边有一把锄头。三角之外有一大圆圈放射光芒，好比是太阳光。四面有一百个金色星布满全旗，代表一百万个学校，改造一百万个乡村，使个个乡村都得到光，合起来造成中华民国的伟大的光。

《乡教丛讯》第1卷第2期（1927年1月16日）

中国乡村教育之根本改造

中国乡村教育走错了路！他教人离开乡下向城里跑，他教人吃饭不种稻，穿衣不种棉，做房子不造林；他教人羡慕奢华，看不起务农；他教人分利不生利；他教农夫子弟变成书呆子；他教富的变穷，穷的变得格外穷；他教强的变弱，弱的变得格外弱。前面是万丈悬崖，同志们务须把马勒住，另找生路！

生路是甚么？就是建设适合乡村实际生活的活教育。我们要从乡村实际生活产生活的中心学校；从活的中心学校产生活的乡村师范；从活的乡村师范产生活的教师；从活的教师产生活的学生，活的国民。活的乡村教育要有活的乡村教师；活的乡村教师要有农夫的身手、科学的头脑、改造社会的精神。活的乡村教育要有活的方法，活的方法就是教学做合一：教的法子根据学的法子，学的法子根据做的法子；事怎样做，就怎样学；怎样学，就怎样做。活的乡村教育要用活的环境，不用死的书本。他要运用环境里的活势力，去发展学生的活本领——征服自然改造社会的活本领。他其实要叫学生在征服自然改造社会上去运用环境的活势力，以培植他自己的活本领。活的乡村教育，要教人生利。他要叫荒山成林，叫瘠地长五谷。他要教农民自立、自治、自卫。他要叫乡村变为西天乐园，村民都变为快乐的活神仙。以后看学校的标准，不是校舍如何，设备如何，乃是学生生活力丰富不丰富。村中荒地都开垦了吗？荒山都造了林吗？村道已四通八达了吗？村中人人都能自食其力吗？村政已经成了村民自有、自治、自享的活动吗？这种活的教育，不是教育界或任何团体单独办得成功的。我们要有一个大规模联合，才能希望成功。那应当联合中之最应当联合的，就是教育与农业携手。中国乡村教育之所以没有实效，是因为教育与农业都是各干各的，不学闻问。教育没有农业，便成为空洞的教育，分利的教育，消耗的教育。农业没有教育，就失了促进的媒介。倘有好的乡村学校，深知选种、调肥、预防虫害之种种科学农业，做个中心机关，农业推广就有了根据地、大本营。一切进行，必有一日千里之势。所以第一要教育与农业携手。那最应当携手的虽是教育与农业，但要求其充分有效，教育更须与别的伟大势力携手。教育与银行充分联络，就可推翻重利；教育与科学机关充分联络，就可破除迷信；教育与卫生机关充分联络，就可预防疾病；教育与道路工程机关充分联络，就可改良路政。总之乡村学校，是今日中国改造乡村生活之唯一可能的中心！他对于改造乡村生活的力量大小，要看他对于别方面势力联络的范围多少而定。乡村教育关系三万万六千万人民之幸福！办得好，能叫农民上天堂；办得不好，能叫农民下地狱。我们教育界同志，应当有一个总反省，总忏悔，总自新。我们的新使命，是要征集一百万个同志，创设一百万所学校，改造一百万个乡村。我们以至诚之意，欢迎全国同胞一齐出来，加入这个运动！赞助他发展，督促他进行，一心一德的来为中国一百万个乡村创造一个新生命。叫中国一个个的乡村都有充分的新生命，合起来造成中华民国的伟大的新生命。

《乡教丛讯》第 1 卷第 1 期（1927 年 1 月 1 日）

为中国教育寻觅曙光

——致王琳[1]的信

王琳先生：

前星期接到你一月二十八日的信，可算是这次过年最好的礼物，我读这封信比小孩子吃年糕还快乐。不久曹先生[2]从真如来信为你介绍，他的信和你的一样的感动人，真是令人喜而不寐，我本想写一封长信给你，因此就耽误了好多天。谅想你现在必定急待回信，所以只好缩短笔阵，先给你一个简短的回答。你对于《农业全书》、《养鸡全书》、《养羊全书》的批评，真是一针见血。纸上谈教育或农业，原来与纸上谈兵一样，何能发生效力？你说“洋八股”依旧是一个“国粹”老八股，离开整个生活，以干禄为目的，也是千真万真的。我们现在要打倒的就是这八股教育、干禄教育。我们决定再不制造书呆子和官僚绅士们。你愿意舍身从事适合于农村生活的教育，我们是十二分的欢迎，我们可以共同为中国教育寻觅曙光，为中国教育探获生路。章程详《乡教丛讯》[3]，已于接信时寄奉，谅已收到了。

敬祝康乐！

陶知行上

十六、二、廿一

《乡教丛讯》第1卷第5期（1927年3月1日）

注释

〔1〕王琳　浙江浦江人。陶行知创办的晓庄师范第一期学生。

〔2〕曹先生　即曹聚仁（1900—1972）。浙江浦江人。现代著名作家。

〔3〕《乡教丛讯》　半月刊。中华教育改进社乡村教育同志会会刊。后与晓庄师范合办，陶行知是其主要筹创人。该刊宗旨为推进乡村教育事业，交流乡村教育经验。

晓庄试验乡村师范学校创校概况*

我们中国现在正是国民革命的势力高涨之秋。惟既有国民政治上的革命，同时还须有教育上的革命。政治与教育原是不能分离的，二者能同时并进，同时革新，国民革命才有基础和成功的希望。

本校是于本年三月开学，当时宁地战事风云正急，三路交通，俱已断绝，而各同学冒危险，自上海、镇江、安徽、浙江、江西相继前来，本校遂得于枪林弹雨中如期开学。自开校迄今，屡经战事及其他变故，故现在设备及其他一切，俱觉不很完备。

本校的办法，是主张在劳力上劳心。本校全部生活，是“教”“学”“做”。教的法子根据学的法子，学的法子根据做的法子。我们的实际生活，就是我们全部的课程；我们的课程，就是我们的实际生活。我们每天早晨五时有一个十分钟至十五分钟的寅会，筹划每天应进行的工作，是取一日之计在于寅的意义。寅会毕，即武术。本校无体操课，即以武术代。上午大部分时间阅书。所阅之书，一为学校规定者；一为随各个人自己性之所好者。下午工作有农事及简单仪器制造、到民间去等。晚上有平民夜校及做笔记、日

* 本篇系演讲记录。1927 年 8 月 14 日，南京市教育局局长和南京各校校长到晓庄师范参观。陶行知主持了欢迎会并发表了讲话。记录者为葛尚德。本篇摘自《南京市教育局长及各校长参观本校记》一文。今题为编者所拟。

记等。这是本校全部大概的生活。

现在有一点我们应当注意的，就是以前的教育，都是像拉东洋车一样。自各国回来的留学生，都把他们在外国学来的教育制度拉到中国来，不问适合国情与否，只以为这是文明国里的时髦物品，都装在东洋车里拉过来，再硬灌在天真烂漫的儿童的心坎里，这样儿童们都给他弄得不死不活了，中国亦就给他做得奄奄一息了！我从前也是把外国教育制度拉到中国来的东洋车夫之一，不过我现在觉到这是害国害民的事，是万万做不得的。我们现在要在中国实际生活上面找问题，在此问题上，一面实行工作，一面极力谋改进和解决。本校全体指导员及同学，都是抱有这样一个目标，所以毅然决然的跑到这个荒僻的乡下来。我们认定必须这样，将来中国的新教育才能产生呢！

以上是报告本校大概的情况。敝校创办伊始，有许多不对的地方，现在请各位来宾先生们详细的批评和指导。

《乡教丛讯》第1卷第17期（1927年9月1日）

如何教农民出头*

上次，我和杨先生[1]讨论到怎样把国家建设在农业上，如何教农业文明渡到工业文明，如何使农民得执工商业之牛耳等等问题。现在把我个人近来关于这些问题的心得，约略说一下。

如何教农民出头？这个问题的解决，我们可举种棉花来比。农民辛辛苦苦，把棉花收获下来之后，他对于棉花就不能自主了。棉花要出头到纱厂里去，纱厂里要他的出头费。纱厂以逸待劳，价格随意而定。农民为经济所迫，不得不低价出售。再进而至于由纺纱厂到织布厂，由织布厂到市场，没有一个关口不是有人要收很重的出头费。到布出卖的时候，农民买进来穿是很贵的棉布衣。棉花出售时是何等的便宜，穿布时却是大大的昂贵起来了。我们现在要想个法子，把纺纱厂、织布厂以及市场打成一贯，使农民能执工商业之牛耳，则棉花可以出头，种棉花的人也跟着棉花出头了。依我想来，这是可以做得到的。比方：以江苏省来说，江苏一省有二千五百万的农民，以五个农民为一家来计算，统共有五百万个农家。如果每家出一元，可以得到五百万元之数。以这五百万元，可以兴办农民纺纱厂，农民自己做股东，把农民自己所产的棉花，送到农民自办的工厂里去。再每家出一元来办织布厂以及商店。如此，二千五百万的农民，不但可以省去出头费，也还可以赚得赢利不少。

从农业国进到工业文明的过程中，必然有多数人要受淘汰而失

---

* 本篇系演讲记录。记录者为戴邦（戴伯韬）。编者推定，这是在晓庄学校寅会上的演讲。

业。因为机器发达，人工省去，这种现象，是确然不可免的。我们现在既然要把农业、工业打成一片，在农业上因机器而遭失业的人，就可以调进纺纱厂、织布厂、商店去做工度日。这个农民失业的危险，如果是农民执工业的牛耳，就可以避去一大部分。

孙中山先生的实业大计划，也包括上述的事业。他主张利用国家资本与外资来发展国内实业。如果他的计划实行，要想教农民执工业上之牛耳，就得教农民实行把民权操在手中，运用国家权力来出头。国家资本，倘使分别缓急，必定要用来先筑十万里的铁路，因为这是农民出头必由之路。如果工厂里的货物运不出去，则生产过剩，价格低落，实业必归失败，所以筑路是发展实业的第一步。假如国家资本只能先顾筑路，创办纱厂一时不能并举，那么我们运用农民自己的资本与劳力，慢慢儿来开办起来，也是必要的政策。因为政府与农民共同努力，出头当然可以快些。

但如何可以从农民的荷包里掏出一元钱来做股东，以及如何可以使农民执有民权？这两件事须靠我们从事乡村教育诸同志的努力。农民对于这种大规模举动的不明了，与不知民权为何物，固然要靠舆论来鼓吹与启迪，但最要紧的还着重在培植小农民的乡村教师。假如每村有农户百家，五百万家就有五万个农村。假使这五万个乡村教师都受有特殊训练，那么五万个教师联合起来，不啻就是五万个村庄联合起来，也就是农民资本聚集的媒介。这样积少成多，就可以开办纺纱厂、织布厂等等。如此棉花可以出头无阻，农民也就可以出头无阻了。至于如何训练农民执民权，如何教他们运用选举权、罢官权、创制权、复决权，也要靠乡村教师为之教导。这是我一月来对于这些问题考虑的一斑。上月我曾种山芋一次，知道山芋必定要底下可以安根，上面可以出头，才可以活。我们要想中国活起来，就得要在农业上安根，在工商业上出头。这个问题很大，希望诸位注意这问题，细细加以研究。

《乡教丛讯》第1卷第16期（1927年8月15日）

注释

〔1〕杨先生　即晓庄师范乡村教育指导员杨效春。

中国乡村教育运动之一斑

——中国代表致送坎拿大世界教育会议报告之一*

一、中国乡村教育为什么值得注意

中国是著名的农业国，据最普通的估计，中国农民占全国人口总数的百分之八十五，就是说，全国有三万万四千万的人民住在乡村里，所以乡村教育是远东一种伟大之现象。凡关心世界问题的人们，决不致忽略这种的大问题——无论办得好不好，中国的乡村教育关系全世界五分之一的人民。

二、中国现在的乡村学校

中国现在的乡村学校，老实说起来，确实不能适应乡村的需要。他们给儿童唯一的东西是书本知识，他们从来不知道注意到农人的真正的需要。这样教育，使农村社会减少生产量，使农人富的变穷，穷的变得格外穷。这使人最不满意，所以改造农村教育的呼声，到处都可以听得到了，一个新纪元正在放射曙光咧！

---

* 本篇系英文论著，是陶行知为世界教育联合会第三次年会而准备的，年会地点在加拿大（坎拿大）。陶行知本人未能出席，系由中国教育代表团代为提交大会。将英文译成中文者为张宗麟。

三、新运动志在建设与创造

最近几年来，中华教育改进社拟订了改造中国乡村教育的计划，要使乡村教育适应中国乡村生活的需要。办这样教育的人们，都抱着研究的态度、科学的精神，以实际乡村生活做他们探险的指南针。他们下了决心不再墨守旧法或抄袭舶来货，去重演削足适履的把戏。

现在中国正在产生新生活，占全国最大多数的农民自当得着相当训练去参加这种新生活。从前的旧传统和外国制度已经不适用，非抛弃不可，那新的方法更不期然而然的要产生了。所以中国现时的乡村教育运动，是适应新农民生活需要而来的。这种新运动，可以肯定的说，是志在建设与创造的。

四、实现新运动的三个时期

这种新运动要想整个地实现出来，须分三个时期：第一时期——也可以说是最重要时期——是试验期。在这时期里，我们要设立各种试验学校，去试验关于乡村教育种种方法和材料。第二时期是训练期。根据试验所得的结果，训练许多合于乡村生活的教师和其他有效的人才。第三时期是布种期。依据受过训练人才的多寡从事推广，使乡村教育可以布满全国。

五、中心小学是什么？

这个新运动的出发点是开办中心小学。我们所以叫它为中心小学的意义有三：第一，以乡村生活为学校生活的中心；第二，以学校为改造社会的中心；第三，在这所学校本身已经办得有成绩了，可作训练师资的中心。现在中华教育改进社有三个中心小学：第一中心小学在燕子矶，是特约的。这所学校有六级，是一所单式编制的完全小学。第二中心小学在尧化门，也是特约的。它是用复式编制的。第三中心小学是自办的，叫做晓庄小学，是单级小学，全校只有一位教师。

以上三个中心小学，虽然因为各地需要的不同，而办法也有许多差异，但是他们确有几个共同之点：

第一，他们对于教育与人生有共同的信仰。他们以乡村生活为学校生活的中心，同时以学校为改造乡村的中心，并为小的村庄与大的世界沟通的中心。

第二，他们对于方法有共同的原则。他们的信条是："在劳力上劳心"，"手到心到"，以实际的工作为教学的中心。

第三，他们深信工具是教育的要素。人生教育须在人生工具上求实现。真的教育是教人发明工具，制造工具，运用工具。明了这点，就可以知道，书籍不过是人生工具的一种，不是人生唯一的工具。

第四，全校的费用是很经济的。他们的经费与邻近小学比起来是差不多的。他们要试验出最经济的标准，使各处的小学都很容易做到。因为在中国的教育经费现状之下，费用少的好小学比费用多的好小学，效力要大得多。

第五，学校既是乡村的中心，教师便是学校和乡村的灵魂。教师的人格影响于学生和乡村人民很大。他们有三个共同的资格：

（一）他们有农人的身手，他们都能够做农人的工作。第一，他们因此可以了解农民的困苦艰难和一切问题，并且容易做他们的朋友，帮助他们；第二，他们有了农人的身手，便可以利用闲暇时间做园艺等工作，像他们这样低额薪俸，种园一事，不无小补；第三，他们有了农人身手，在乡间便有用武之地，因此便多办学之乐而少办学之苦。

（二）他们有科学的头脑。他们是虚心的，好观察和尝试。他们对于科学农业和科学上其他的新发明，都感到浓厚的兴趣，并且他们很切心希望把这些科学常识介绍给农人。这是乡村教师最应当有的态度。如此，才能控制一般农民社会的守旧性。

（三）他们有改造社会的精神。他们把自己的小学变成发电机，拿电力送到农家去，使家家发出光明来。虽然全校只有一个教师，也不觉得孤单寂寞。因为每个学生都是活的电线，把学校和社会连接起来了。我们深信学校的唯一功效，就是能使全数村民都能安居乐业，爱乡救国。

六、中心小学的活动

要想把中心小学整个的表现出来，最简单的方法是叙述他们一天的活动。乡村儿童真是像早起的小鸟，寻常在六点钟的时候都到学校里来了。他们第一件活动是整理学校。教师和学生同做，抹桌、扫地、擦窗……每个人担任一处地方，大家一齐做起来，不消半小时，把全校都收拾得清洁可爱了。在轻视儿童做实际生活的人们看起来，以为我们的中心小学教学生做下贱的工作。但是，同时也有人说："这种学校因为教育经费不裕，不得不自己操作，倒获得了生活上必需的技能。"

第二是晨会。晨会里的活动有升旗、唱歌、校长或教师谈话，散后学生方才到课堂里去。"清洁检查"是极重要的，教师和年长的学生共同执行。检查学生的脸部、眼睛、牙齿、手指等等。倘若在家里洗得不干净的，就罚他在学校洗干净。

这些活动完毕以后，就开始别种活动。无论读法、算术、写法，都和乡村生活或其他教材联络的。这些学校要乘各种机会，运用文字到实际生活需要上去。例如：有一个不识字的乡人，要求学校替他写一封信，教师就请年长的学生来写。经过教师的修正，便选那最好的交给乡人。这样的写作都给相当的分数。

放午学半小时之前，教师或年长的学生，用故事式体裁对学生报告国家大事，或乡民须合作的事情。这种报告必须学生回去说给家里人听，再将家里人听了以后的反应报告到学校里来。

我们可以用灭蚊子的方法来做自然科的例子。教师事前指导学生搜集各种蚊子各期变化的标本，装在玻璃瓶里，逐步加以说明。因此儿童知道蚊子的变化和人生的关系。同时教师又指导学生知道吃蚊子的虾蟆等等动物，认它们为友军，从事扑灭蚊子的运动。

园艺是重要活动之一，有两种工作：学校设计与家庭设计。在这里我们必须叙述实行这种工作的困难。第一，农民反对教师率领儿童做学校园艺工作。他们说："我们送孩子来是读书的，不是做工的。"许多乡村教师所以失败，就是这个缘故，我们是预先料到的。事先，我们邀请了许多学生的父母，对他们说："我们想教儿童根据地上的出产，教他们读，教他们写，教他们算，使他们所能种的都会读，会写，会算，所以要种园。地上的出产他们可以带回家去，或是卖给人家。"经过这样解释，父母都赞成学校的举动了，学校的计划也就前进无碍。第二个困难是发生于单级小学里的。单级小学里学生的年龄、能力都参差得很多，在田里当然发生困难了。但是我们用了分工法做去，各个儿童都依着自己的能力忙于自己的工作，困难竟减少了。

手工科包含修理校具、校舍和制造教具、校具。教师带着学生做木工和泥水工，是学校很重要的手工。简单的科学器具，也是自己做的。

卫生科是巡回医生来指导的。学校教师跟着医生做检查砂眼、布种牛痘等简单医术，成效都很好。这几所学校里每人都有单独的手巾、牙刷、茶杯。我们希望不久再添聘巡回看护士。

团体的设计，可以用欢迎会来做例子。学生知道有学问的客人来了，一群学生和一位教师便开一个谈话会，筹备怎样欢迎客人。

他们推举一个学生作主席，一个学生作记录，编拟开会节目，指定各人的工作。他们又推定二个学生写请柬，二个学生送信邀请客人。以上的工作在半小时以内都做完了。过了一刻，客人来了，依着拟定的秩序单，致欢迎词、奏乐、来宾演说、致答词、全体唱歌……一件一件的实行下去。临了，学生还给全体摄了一张影。

校舍是公开的，给全体村民公用。信用合作社、农产物展览会、村民武术会、村民结婚的礼堂和赛会的会场都可以借用学校的房舍。到了夜里还开办村民夜校，夜校也是教师来主持的。

中心小学的教师实在太忙了，到了夜里当然要想休息，所以另外想出方法来办理夜校。一个乡村里，必定有几个很能干、很肯为公众服务的人，教师就请他们来帮忙。这个计划倘若实行以后，就可增加很多的优良教师。在燕子矶试验这个方法，成效很好。现在我们要编一种农民千字课，专为乡民用的，每天化一小时的工夫，四个月以后，大都能读平民报、写普通的信。这样做去，乡村学校不但能给儿童教育，也可以教成人呢！

七、乡村中心幼稚园

在中国乡村里，幼稚园格外来得需要。农忙的时候，农妇异常忙碌，她要帮助种田，要做饭煮茶，还有其他的家事。在这时候，年长的儿童都可以帮助做事。六岁以下的孩子，真是她的累赘物了。倘若有一个地方替她看孩子，她们真是要感激不尽了。有的时候，在小学里的子女被叫回去陪弟妹；有时候做母亲的，拿了一条小凳子，抱着一个小孩子到小学里来，请教师替他看小孩子。她唯一的要求，只要求教师看顾这个孩子，不要让他走动。这是何等可怜呀！我们因此也可以知道，乡村幼稚园是何等重要呀！

乡村幼稚园除了为幼稚儿童造幸福以外，还可以节省农忙时农妇的精力，又可以直接帮助小学生减少缺课——因为有许多小学生的缺课是在家里看管弟弟妹妹，所以乡村幼稚园的功效比城市幼稚园还要大。但是寻常幼稚园的办法，实在不能够移到乡下来。中国寻常城市幼稚园犯了三个大病——贵族的、外国的和浪费的病。倘若我们要办乡村幼稚园，非根本的把幼稚园变成平民的、中国的和省钱的不可。我们已经开始研究了，也已经有些把握了。去世不久的陆慎如[1]女士，曾经发愿为办乡村幼稚园努力。我们此后还是要本着她的牺牲精神，照着预定的计划做下去。

八、试验乡村师范学校

试验乡村师范设在晓庄，和第三中心小学邻近，距第一中心小学五里（一哩半）路，第二中心小学十里。我们所以创办这所学校的目的，是要养成有乡村领袖能力的教师，目的有三：

（一）养成农人的身手；

（二）养成科学的头脑；

（三）养成改造社会的精神。

这个学校的校训是“教学做合一”。教的法子根据学的法子，学的法子根据做的法子。例如农事是要在田里做的，就须在田里学，也就须在田里教。这是合一的方法，与寻常所用的分割方法不同。按寻常的方法，师范生先受了三年半的普通训练，到了最后半年开始实习，毕业以后方才是真的做教师。我们的学生，开始就教儿童，学生们就在真切的、负责的和有指导的环境之下做先生，所以他们不但要自己学习，并且要同时学习教人，他们是以教人者教己。我们深信某件事能够教人家了解，自己方才可以算得真切的了解。我们依据这个方法，很严格的指导每个师范生到各个中心小学里去负一星期的完全责任。

全部的课程包括了全部的生活：一切课程都是生活，一切生活都是课程。我们不知道什么是课内活动和课外活动的。全部活动——教学做——可以分为五个部分：

（一）中心小学活动教学做　这部分教学做占全数时值之半。寻常师范有附属小学实习的一科，这种办法，和师范学校缺少有机体的关系。小学乃是师范的中心，先须有很好的中心小学，才能有很好的师范学校。中心小学好比是母亲，也是发电机。

中心小学活动教学做可以分做六组：国语算术组、公民组、卫生组、自然组、园艺组、游戏娱乐组。每组各设研究指导员。师范生每人可以选择一组或两组做研究指导员的助手。每个指导员研究所得，必须将经过情形和学生讨论，指导他，观察他，帮助他。小学教学做指导员由校长聘请，对于该工作负完全支配之责任。

（二）分任院务教学做　全校的文书、会计、杂务、卫生等工作，都是指导员指导学生做的。全校只有一个粗工，担任挑水，其余的工作都是学生和指导员分担的，甚至烧饭、炒菜也是自己做的。烧饭的工作，在乡村教师是很重要的，因为学生们倘若送到一所没有校工的新学校里去，那么就非自己动手做饭不可了。

（三）征服自然环境教学做　这项包括科学的农业、造林、基本手工、卫生和其他教学做。

（四）改造社会环境教学做　这项包括村自治、民众教育、合作组织、乡村调查和农民娱乐等教学做。这项教学做，从学校三里路四周着手做起。每一个小村有二位去担负责任。现在已经有了十二个小村在计划中了。我们无论什么事都是以做为教学的中心的。所以这件事就算是社会工作。乡村调查，我们不在教室里学的，乃是要到十二个小村里去实行调查的。又如合作社，也是要依照各种原则，实行去组织的，不是空讲的。其他的教学做都是如此的。

二人担任一个小村庄的方法，我们希望他们和这个村庄里的人民做极要好的朋友，做一条学校与村庄通电的电线。有了这根活电线，一切的改造工作，都可以极便利的进行了。

（五）学生自动的教学做　这部分活动都是学生自动计划和决

定的。大部分是关于个人的事情。

此外，晓庄师范学校里还有几个特点：学生只用书，不读书。他们在图书室里看书，不在课室里上书。他们看到书的难处才去问指导员。他们为生活而用书，不为书籍而读书。这是特点之一。

指导员和学生都是农人的样子，有时赤着脚，穿了草鞋干。学生从入学考试的一天起，就必须做农事。我们深信，我们倘要想感化农人，必须自己先受农人感化。这是特点之二。

指导员和学生只有很少的区别，他们的界限实在是分不清楚的。每个人都是教做，也都是学做。“会做的教人，不会做的跟人学”是我们的座右铭。

学生毕业时是没有文凭的，要到毕业以后，服务了半年，有了好的成绩，方才给他证书。学生与学校的关系，虽是离校以后，在社会上服务了，还是要很密切的。我们要设巡回指导员来维持学校与学生的永远关系。

九、试验幼稚师范院

在试验师范学校里，我们还要设幼稚师范院。该院以中心幼稚园活动为教学做的中心，招收乡村的女子学习。乡村小学教师的夫人、未婚妻或亲戚尤为欢迎。该院有最显著的几个特点：

（一）可以培养许多幼稚教师，适应乡村间需要幼稚园的渴望。

（二）可以为乡村间受教育的女子们开一条新的职业之门。

（三）倘若乡村教师的夫人或未婚妻能受此种教育，将来夫妻同在一乡从事教育，可以有下列五点好处：

（甲）乡村教师在乡间服务的幸福可以增进；

（乙）夫妻同做教师，家庭的收入可以增加；

（丙）因此，乡村教师的服务期可以延长；

（丁）乡村间有了女教育家，乡村妇女教育可以格外推广；

（戊）这位教师的家庭，就可以组织成一个模范乡村家庭。

有了以上的种种理由和需要，所以幼稚师范院的开办，虽然有许多困难，我们还要设法使它实现的。

十、乡村教育研究部

乡村教育研究部，由试验师范研究指导员和名誉研究员组织而成，研究关于乡村教育的各种问题，以谋乡村教育实际问题的解决。大学校的学生可以来做研究员的助理，我们希望该研究部在最近期内可以充分发展，好做中国乡村教育之指针。

十一、其他事业

以上所说的中心学校、试验乡村师范和乡村教育研究部是中国乡村教育运动的主要工作。此外还有几种附带的事业，也来说明一下。

（一）招待参观　改进社为便利远道来校参观者起见，曾在少数优良学校里设备床位，以便参观者作长时期的观察。这个方法，可以使乡村教育运动扩大得更快，更远。

（二）乡村教育同志会　该会有会员千人，曾议决乡村教师信条十八条，发行两星期刊物一种，即《乡教丛讯》，现在销数有二千份。

（三）乡村学校辅导员　改进社请了一位办乡村学校著有成绩的教师，做乡村学校辅导员。乡村学校要想谋学校之改进，可以先派校长或教师到中心小学来实地观察，再由辅导员去考察该校的实际状况；然后他们合拟改进的方法，由校长和教师进行，辅导员则随时前去帮忙。

（四）乡村治疗所　晓庄创办一个乡村治疗所，医生除了看乡人疾病以外，并训练师范生简单的医药卫生常识与检查中心小学儿童的疾病。

（五）乡民武术会　晓庄附近的十二个乡村里的农人倘欲受武术训练，都可由师范学校武术指导员教以相当之武术。

（六）合作社　尧化门小学宋调公先生已经办了一所小规模的合作社，成绩很好。不久在晓庄也要创办一所。我们希望把范围逐渐扩大，训练农民自己组织。

十二、结　论

以上所说各节，不过是中国乡村教育运动在南京——中国新都——的简单报告。以我们的能力所及，在广州、武昌、成都、北京、奉天、昆明各地，不久都要举办。我们最后的希望是各省各县都有这样的乡村教育做改造事业的中心。因为我们最后的目标是培养一百万个乡村教师，使全国一百万村庄都得到新生命，合起来造成中华民国的新生命。

《教育季刊》第3卷第3期（1927年9月27日）

注释

〔1〕陆慎如　筹办晓庄师范燕子矶幼稚园的指导员，在该园开学前病逝。

教学做合一

“教学做合一”是本校的校训。我们学校的基础就是立在这五个字上，再也没有一件事比明了这五个字还重要了。说来倒很奇怪，我在本校从来没有演讲过这个题目，同志们也从没有一个人对这五个字发生过疑问。大家都好像觉得这是我们晓庄的家常便饭，用不着多嘴饶舌了。

可是我近来遇了两件事，使我觉得同志中实在还有不明了校训的意义的。一是看见一位指导员的教学做草案〔1〕里面把活动分成三方面，叫做教的方面、学的方面、做的方面。这是教学做分家，不是教学做合一。二是看见一位同学在《乡教丛讯》上发表一篇关于晓庄小学的文章。在这篇文章里，他说：“晓庄小学学生的课外作业就是农事教学做。”在教学做合一的学校的辞典里并没有“课外作业”。课外作业是生活与课程离婚的宣言，也就是教学做离婚之宣言。今年春天洪深〔2〕先生创办电影演员养成所，招生广告上有采用“教”“学”“做”办法字样，当时我一见这张广告，就觉得洪先生没有十分了解教学做合一。倘使他真正了解，他必定要写“教学做”办法，决不会写作“教”“学”“做”办法。他的误解和我上述的两个误解是相类的。

我接连受了这两次刺激，觉得非彻底的、原原本本的和大家讨论明白，怕要闹出绝大的误解。思想上发生误解，则实际上必定要引起矛盾，所以把这个题目来演讲一次是万不可少的。我自回国以后，看见国内学校里先生只管教、学生只管受教的情形，就认定有改革之必要。这种情形，以大学为最坏。导师叫做教授，大家以被称教授为荣。他的方法叫做教授法，他好像拿知识来赈济人的。我当时主张以教学法来代替教授法，在南京高等师范学校校务会议席上辩论二小时，不能通过，我也因此不接受教育专修科主任名义。八年，应《时报·教育新思潮》主干蒋梦麟先生之征，撰《教学合一》一文，主张教的方法要根据学的方法。此时苏州师范学校首先赞成采用教学法。继而“五四”事起，南京高等师范同事无暇坚持，我就把全部课程中之教授法一律改为教学法。这是实现教学合一的起源。后来新学制颁布，我进一步主张：事怎样做就怎样学，怎样学就怎样教；教的法子要根据学的法子，学的法子要根据做的法子。这是民国十一年的事，教学做合一的理论已经成立了，但是教学做合一之名尚未出现。

前年在南开大学演讲时，我仍用教学合一之题，张伯苓〔3〕先生拟改为学做合一，我于是豁然贯通，直称为教学做合一。去年撰《中国师范教育建设论》时，即将教学做合一之原理作有系统之叙述。我现在要把最近的思想组织起来作进一步之叙述。教学做是一件事，不是三件事。我们要在做上教，在做上学。在做上教的是先生，在做上学的是学生。从先生对学生的关系说，做便是教；从学生对先生的关系说，做便是学。先生拿做来教，乃是真教；学生拿做来学，方是实学。不在做上用工夫，教固不成教，学也不成为学。

从广义的教育观看，先生与学生并没有严格的分别。实际上，如果破除成见，六十岁的老翁可以跟六岁的儿童学好些事情。会的教人，不会的跟人学，是我们不知不觉中天天有的现象，因此教学做是合一的。因为一个活动对事说是做，对己说是学，对人说是教。比如种田这件事是要在田里做的，便须在田里学，在田里教。游泳也是如此。游水是在水里做的事，便须在水里学，在水里教。再进一步说，关于种稻的讲解，不是为讲解而讲解，乃是为种稻而讲解；关于种稻而看书，不是为看书而看书，乃是为种稻而看书。

想把种稻教得好，要讲什么话就讲什么话，要看什么书就看什么书。我们不能说种稻是做，看书是学，讲解是教。为种稻而讲解，讲解也是做；为种稻而看书，看书也是做。这是种稻的教学做合一。

一切生活的教学做都要如此，方为一贯。否则教自教，学自学，连做也不是真做了。所以做是学的中心，也就是教的中心。“做”既占如此重要的位置，宝山县立师范学校竟把“教学做合一”改为“做学教合一”，这是格外有意思的。

十一月二日

《中国教育改造》(1928 年 4 月上海亚东图书馆版)

注释

〔1〕教学做草案　相当于一般学校里的教案。在晓庄师范里即各科指导员的活动计划。不同于一般教案的地方在于：教学做草案须与学生讨论修改后共同实施。

〔2〕洪深（1894—1955）　中国现代知名戏剧家、电影编导。字浅哉，江苏常熟人。早年留学美国，专攻戏剧。30 年代参加左翼戏剧运动，并参加进步剧团“南国社”。他还长期参加了学校教育工作，为中国现代话剧、电影培养了不少专门人才。

〔3〕张伯苓（1876—1951）　教育家。他先后创设了天津南开中学、南开大学、南开中学女生部、南开小学和重庆南开中学。时任南开大学校长、中华教育改进社董事。

在劳力上劳心

昨天我讲《教学做合一》的时候，曾经提及“做”是学之中心，可见做之重要。那么我们必须明白“做”是什么，才能明白教学做合一。盲行盲动是做吗？不是。胡思乱想是做吗？不是。只有手到心到才是真正的做。

世界上有四种人：一种是劳心的人，一种是劳力的人，一种是劳心兼劳力的人，一种是在劳力上劳心的人。二元论的哲学把劳力的和劳心的人分成两个阶级：劳心的专门在心上做工夫，劳力的专门在苦力上讨生活。劳力的人只管闷起头来干，劳心的人只管闭起眼睛来想。劳力的人，便成了无所用心，受人制裁；劳心的人便成了高等游民，愚弄无知，以致弄成“劳心者治人，劳力者治于人”的现象。不但如此，劳力而不劳心，则一切动作都是囿于故常，不能开创新的途径；劳心而不劳力，则一切思想难免玄之又玄，不能印证于经验。劳力与劳心分家，则一切进步发明都是不可能了。所以单单劳力，单单劳心，都不能算是真正之做。真正之做，须是在劳力上劳心。在劳力上劳心，是真的一元论。

在这里我们应当连带讨论那似是而非的伪一元论。一次我和一位朋友讨论本校主张在劳力上劳心，我的朋友说：“你们是劳力与劳心并重吗？”我说：“我们是主张在劳力上劳心，不是主张劳力与劳心并重。”劳心与劳力并重虽似一元论，实在是以一人之身而分为两段：一段是劳心生活，一段是劳力生活。这种人的心与力都是劳而没有意识的。这种人的劳心或劳力都不能算是真正之做。真正之做只是在劳力上劳心，用心以制力。这样做的人要用心思去指挥力量，使能轻重得宜，以明对象变化的道理。这种人能以人力胜天工。世界上一切发明都是从他那里来的。他能改造世界，叫世界变色。

我们中国所讲的科学原理，古时有“致知在格物”一语，朱子用“在即物而穷其理”来解释，似乎是没有毛病的了。但是王阳明跟着朱子的话进行，便走入歧途。他叫钱友同格竹，格了三天，病了。他老先生便自告奋勇，亲自出马去格竹——即竹而穷竹理——格了七天，格不出什么道理来，也就病了。他不怪他自己格得不对，反而说天下之物本无可格，所能格的，只有自己的身心。他于是从格物跳到格心，中国的科学兴趣的嫩芽便因此枯萎了。假使他老先生起初不是迷信朱子的呆板的即物穷理，而是运用心思指挥力量以求物之变化，那便不致于堕入迷途。

在劳力上劳心，是一切发明之母。事事在劳力上劳心，便可得事物之真理。人人在劳力上劳心，便可无废人，便可无阶级。征服天然势力，创造大同社会，是立在同一的哲学基础上的。这个哲学的基础，便是“在劳力上劳心”。我们必须把人间的劳心者、劳力者、劳心兼劳力者一齐化为在劳力上劳心的人，然后万物之真理都可一一探获，人间之阶级都可一一化除，而我们理想之极乐世界乃有实现之可能。这个担子是要教师挑的。惟独贯彻在劳力上劳心的教育，才能造就在劳力上劳心的人类；也惟独在劳力上劳心的人类，才能征服自然势力，创造大同社会。

最后，我想打一个预防针，以免误解。一次有一位朋友告诉我说：“你们在劳心上劳力的主张，我极端的赞成。”我说：“如果是在劳心上劳力，我便极端不赞成了。我们的主张是‘在劳力上劳心’，不是‘在劳心上劳力’。”

十一月三日

《中国教育改造》(1928年4月上海亚东图书馆版)

以教人者教己

“以教人者教己”是本校根本方法之一，我们也必须说得很明白，方知他效用之大。

昨天邵先生教纳税计算法，就是“以教人者教己”的例证。邵先生因为要教大家计算纳税，所以就去搜集种种材料，并把这些材料融会贯通起来，然后和盘托出，教大家计算。他因为要教大家，所以先教自己。他是用教大家的材料教自己。他年年纳税，但是总没有明白其中的内幕，今年为什么就弄得这样彻底明白呢？因为要教你们，所以他自己便不得不格外明白了。他从教纳税上学得的益处，怕比学生要多得多哩！

近来韩先生教武术，不是要一位同学发口令吗？这便是以教人者教己。这位同学发口令时，便是以同学教同学。因为要他发口令，所以他对于这套武术的步骤就格外明了，他在发口令上学，便是以教人者教己。

第三中心小学潘先生是素来没有学过园艺的，但是第三中心小学有园艺一门功课，他必得教。既然要教园艺，他对于园艺便要格外学得清楚些。他拿园艺教小学生的时候，便是拿园艺来教自己。

我们从昨天起，开始交际教学做。第一次轮到的，便是孙从贞[1]女士。今天有客来，便须由她招待，来宾到校必定要问许多问题，孙女士必须一一答复。但她是一位新学生，对于学校的经过历史、现在状况及未来计划，都是没有充分明了。因为要答复来宾的问题，她必须预先把这些事情弄得十分明白，才不致给来宾问倒。她答复来宾的问题时，从广义的教育看来，她便是在那儿教，来宾便是在那儿学。为了要答复来宾的问题，她自己就不得不先去弄得十分明白，这便是以教人者教己。

我们平常看报，多半是随随便便的。假使我们要教小学生回家报告国家大事，那么我们看报的时候，便不得不聚精会神了。我们这样看报，比起寻常的效率不知道要大得几多倍哩！这便是借着小孩讲国家大事，来教自己明了国家大事。这便是以教人者教己。

又比如锄头舞的歌词是我做的，对于这套歌词，诸位总以为我做了之后便是十分明了了。其实不然。我拿这歌词教燕子矶小学生时，方把他弄得十分明白。以前或可以说只有七八分明白，没有十分明白。自己做的歌词还要等到教人之后才能十分明白，由此可见“以教人者教己”的效力之宏。

从这些例证上，我们可以归纳出一条最重要的学理。这学理就是：“为学而学，不如为教而学之亲切。为教而学，必须设身处地，努力使人明白；既要努力使人明白，自己便自然而然的格外明白了。”

十一月五日

《中国教育改造》(1928年4月上海亚东图书馆版)

注释

〔1〕孙从贞　晓庄师范第二期学生，1927年10月入校。

艺友制师范教育答客问

——关于南京六校[1]招收艺友之解释

艺友制是什么？

艺是艺术，也可作手艺解。友就是朋友。凡用朋友之道教人学做艺术或手艺，便是艺友制。

艺友制如何可以应用到师范教育上来？

师范教育的功用是培养教师。教师的生活是艺术生活。教师的职务也是一种手艺，应当亲自动手去干的。那些高谈阔论，妄自尊大，不屑与三百六十行为伍的，都不是真教师。学做教师有两种途径：一是从师，二是访友。跟朋友操练，比从师来得格外自然，格外有效力。所以要想做好教师，最好是和好教师做朋友。凡用朋友之道教人学做教师，便是艺友制师范教育。

艺友制是如何发现的？

发现艺友制之起因有二：一是由于感觉现行师范教育之缺憾，二是由于感觉各种行业施行艺徒制之实效。现行师范教育将学理与实习分为二事，简直是以大书呆子教小书呆子，所出的人才和普通中学不相上下。国内少数优良小学全凭天才做台柱，至于师范教育的贡献还是微乎其微。大多数受过师范训练的人，至今办不出一个可以令人佩服的学校，岂不是大可叹息的事吗？我们再看看木匠徒弟所做的桌椅，裁缝徒弟所做的衣服，漆匠徒弟所做的牌匾，不由人要觉得十分惭愧的。艺友制便是这种叹息惭愧的土壤里面发生出来的一根嫩苗。现在中国职业界有一个不好的趋势，这趋势便是以仿效学校为荣。所以有汽车学校、理发学校、洗衣学校，这种学校，那种学校，不一而足。谁知道一染上了学校气，便是失败之母。我可以断定，黎锦晖、黎明晖办的中华歌舞团，比他们办的中华歌舞学校效力要大得多。三百六十行虽然不可跟学堂学，但是学堂实在应当跟着三百六十行学才好。我们这艺友制，便是要跟三百六十行学点乖，好去培植些真人才。

那么，艺友制是否要起而代替师范学校？

不是的。师范学校应当根本改造，不应当废除。现在各省归并师范的潮流，是欠深谋远虑的。不过，我们主张的艺友制，是要和师范学校相辅而行的，不是拿来替代师范学校的。

徒弟制既行之有效，何不爽爽快快的就称他为艺徒制的师范教育？

艺徒制虽是有效力，但也有缺点。徒是步行的意思，倘若师傅引着徒弟一同步行，当然是很好的；但是有许多师傅坐着汽车要徒弟跟着跑，那就不好了。平常工匠待艺徒如奴仆，秘诀心得又不肯轻传，以致事业不能进步，光阴多耗于没有教育价值之工作。所以艺徒的名词，最好不再沿用。换一个友字，则艺徒的好处一概吸收，坏处一概避免了。

艺友制究竟是使用什么方法？

艺友制的根本方法是教学做合一。事怎样做便怎样学，怎样学便怎样教。教的法子根据学的法子，学的法子根据做的法子。先行先知的在做上教，后行后知的在做上学。大家共教共学共做，才是真正的艺友制，惟独艺友制才是彻底的教学做合一。

什么地方能行艺友制？

凡学校有一艺之长的教师，便可招收艺友。从幼稚园以及到研究所，只要这个条件符合，都可试行艺友制。假使中国现有之二十万学校个个有把握，便个个可收艺友，个个可做训练教师之中心，每年训练一位，只要五年便可解决普及四年小学教育所要之师资问题，但是一百个学校当中至少有九十个是没有把握的。我们的责任，是要使没有把握的学校变为有把握的学校，使有把握的学校个个都变做训练教师的一个小小的中心。

艺友制的理论，看来似乎是站得住，但是有没有地方实行过，结果好不好？

我们考察乡村学校后，觉得燕子矶小学、尧化门小学、开原小学的办法很可为它校取法，便于前年与这几个学校约设铺位，使远道来校参观的人可以留校作较长时期之研究。这便是艺友制之发端。后来江问渔〔2〕先生要在板浦创办小学，便派了他的侄儿江君希彭到燕子矶小学过了三个月的生活，很得实益。这是第一个具体的例子。去年秋季燕子矶幼稚园成立，丁夫人和两位女毕业生随着张、徐二指导〔3〕学办乡村幼稚园，进步也很快。至此，我们对于这种办法发生了极大的希望。我们深信这种办法不但是最有效力之教师培植法，并且是解除乡村教师寂寞和推广普及教育师资之重要途径。这时我们还找不到一个更适当的名词，只好迁就称它为徒弟制；但是总觉得徒弟制这个名词不能完全表出我们的真意，所以迟迟的不愿发表。今年一月五日早晨忽然想出艺友制三字来代表这种办法，大家都欢喜得很。现在南京六校已经联合开始招收艺友，市教育局陈鹤琴课长并拟在市立实验小学及幼稚园中试行〔4〕。就已往结果观察，我们以为只要有人负责指导，艺友制是值得一试的。

十七，一，八

《中国教育改造》（1928 年 4 月上海亚东图书馆版）

注释

〔1〕南京六校　指晓庄试验乡村师范学校、南京市立实验小学、南京鼓楼幼稚园、南京燕子矶小学、南京尧化门小学和燕子矶幼稚园。

〔2〕江问渔　即江恒源，字问渔。1926 年 3 月至 1927 年 4 月任江苏省教育厅厅长。

〔3〕丁夫人　即燕子矶小学校长丁超（丁兆麟）的夫人。张、徐二指导，即当时晓庄师范幼稚教育指导员张宗麟、徐世璧。

〔4〕陈鹤琴时任南京市教育局学校教育课（科）课长，市立实验小学由他管辖。此处幼稚园，系指陈鹤琴所创办的南京鼓楼幼稚园。

《中国教育改造》自序*

这部书代表我在中国教育里摸黑路所见着的几线光明。从“教授”写到“教学”，从“教学”写到“教学做”，[1]人家怕要疑我前后思想矛盾。其实我的矛盾处，便是我的长进处。当选择旧稿时，我曾下了一个决心，凡是为外国教育制度拉东洋车的文字一概删除不留，所留的都是我所体验出来的。所以我所写的便是我所信的，也就是我所行的。

当吾母六十寿辰，我立志要将吾父母传给我最好的精神，在中国教育上充分表现出来，作为我献与她的寿礼。她所最欢喜的，是她的四个孙儿，她常呼他们为她的蟠桃。因此，我便想到最好的寿礼，无过于把她爱蟠桃的心推广出去，使全国的蟠桃都得到他们所应得的爱护。自从这天以后，我便深刻的注意到小朋友们所受的教育。我踏进蟠桃园去看了一看，知道这蟠桃园已由玉皇大帝交给专好“升赏”的猴王看管了。玉皇大帝所以叫他看管的意思，只是怕他“后来闲中生事，不若与他一件事管了，庶免别生事端”。谁知他不当一件事做，往往在园里“耍了一会，吃了几个桃子，变做二寸长的一个人儿，在大树梢头浓叶之下睡着了”。再抬头看看，只有小桃，中桃，后树上的大桃，“止有几个毛蒂青皮的，原来熟的都是猴王吃了”。这不是中国儿童教育的缩影吗！我们要想彻底改

---

* 《中国教育改造》是陶行知自著自编的第一部教育论文集，编入了1918—1928年所撰的教育论著32篇，约9万字。原题为《自序》，今题为编者所拟。

造蟠桃园，不但是要请出如来法掌去收服猴王，还要“瑶池王母自栽培”，才能使他“夭夭灼灼花盈树，颗颗株株果压枝”咧。纸上的教育改造能有多大效力？大家愿把整个的心捧出来献给小孩子才能实现真正的改造。这部书最多不过是画了几条路线罢了，倘使遇不着有心改造的人，便与废纸何异？

陶知行　一七年清明日

《中国教育改造》（1928 年 4 月上海亚东图书馆版）

注释

〔1〕“教授”，指传统的“教授法”；“教学”，指陶行知所提出的用以取代教授法的教学法。后一句的“教学”，系指陶行知所提倡的“教学合一”的教学法；“教学做”系指陶行知当时所创立的“教学做合一”理论。

生活工具主义之教育

“教育以生活为中心”，这句话已经成为今日学校里的口头禅。但是细考实际，教育自教育，生活自生活，依然渺不相关。这是因为什么缘故？我们先前以“老八股”不适用，所以废科举，兴学堂；但是新学办了三十年，依然换汤不换药，卖尽气力，不过把“老八股”变成“洋八股”罢了。“老八股”与民众生活无关，“洋八股”依然与民众生活无关。但是新学校何以变成“洋八股”，何以与民众生活无关？这其中必有道理。

人的生活，必须有相当工具，才能表现出来。工具充分，才有充分的表现；工具优美，才有优美的表现；工具伟大，才有伟大的表现。“老八股”与“洋八股”虽有新旧之不同，但都是靠着片面的工具来表现的，这片面的工具就是文字与书本。文字与书本只是人生工具之一种，“老八股”与“洋八股”教育拿它当作人生的唯一工具看待，把整个的生活都从这个小孔里表现出去，岂不要把生活剥削得黄皮骨瘦吗？文字书本，倘能用的得当，还不失为人生工具之一；但是“老八股”与“洋八股”的学生们却不用它们来学“生”，偏偏要用它们来学“死”。中国教育所以弄到山穷水尽，没得路走，是因为大家专靠文字书本做唯一无二的工具，并且把文字书本这个工具用错了。我们要想纠正中国教育，使它适应于中国国民全部生活之需要，第一就须承认文字书本只是人生工具的一种，此外还有许多工具要运用来透达人生之欲望；第二就须承认我们从前运用文字书本的方法是错的，以后要把它们用的更加得当些。

现在有一班人，开口就说：西方的物质文明比东方好，东方的精神文明比西方高。这句话初听似乎有理，我实在是百索不得其解。精神与物质接触，必定要靠着工具。工具愈巧，则精神愈能向着物质发挥。工具能达到什么地方，即精神能达到什么地方。动物以四肢百体为工具，所以它的精神活动，亦以四肢百体的力量所能达到的地方为限。人的特别本领，就是不专靠自己的身体为工具。人能发明非身体的工具，制造非身体的工具，应用非身体的工具。文明人与野蛮人的最大分别，就是文明人能把这些非身体的工具发明得格外多，制造得格外精巧，运用得格外普遍。有了望远镜，人的精神就能到火星里去游览；有了显微镜，人的精神就能认识那叫人生痨病的不是痨病鬼，乃是痨病虫。今年五月七日第一次飞渡大西洋的飞行家林白，从德国柏林通电话到美国和他的老母谈话，是精神交通破天荒的成功，也是物质文明破天荒的成功。精神文明与物质文明是合而为一的。这合而为一的媒介就是工具。

教育是什么？教育是教人发明工具，制造工具，运用工具。生活教育教人发明生活工具，制造生活工具，运用生活工具。空谈生活教育是没有用的。真正的生活教育，必以生活工具为出发点。没有工具，则精神不能发挥，生活无由表现。观察一个国家或一个学校的教育是否合乎实际生活，只须看它有无生活工具。倘使有了，再进一步看它是否充分运用所有的生活工具。教育有无创造力，也只须看它能否发明人生新工具或新人生工具。中国教育已到绝境，千万不要空谈教育，千万不要空谈生活；只有发明工具、制造工具、运用工具是真教育，是真生活。

《中国教育改造》(1928 年 4 月上海亚东图书馆版)

如何使幼稚教育普及

教人要从小教起。幼儿比如幼苗，必须培养得宜，方能发荣滋长，否则幼年受了损伤，即不夭折，也难成材。所以小学教育是建国之根本，幼稚教育尤为根本之根本。小学教育应当普及，幼稚教育也应当普及。如何使幼稚教育普及是我们最关心的一个问题。依我看来，进行幼稚教育之普及，要有三个步骤。

（一）改变我们的态度　一般人的态度，总以小孩子的教育不关重要，早学一两年或迟学一两年，没有多大关系。我们很漠视小孩子的需要、能力、兴味、情感。因此，便不知不觉的漠视了他们的教育，把他们付托给老妈子，付托给街上的伙伴。在这种心理之下，幼稚园是不会发达的。我们要想提倡幼稚园，必须根本化除这种漠视小孩子的态度。我们必须唤醒国人明白，幼年的生活是最重要的生活，幼年的教育是最重要的教育。

关心幼儿的父母，明白幼稚教育之重要，并且愿意送子女进幼稚园。但是他们有一种牢不可破的成见也是要不得的。这成见就是不愿他们的子女与贫苦人家的子女为伍。他们以为自己的子女是好的，贫苦人家的子女是不好的。他们以为贫苦人家的子女进了幼稚园便要把他们的子女带坏了。因此，幼稚园便成了富贵人家和伪知识阶级的专利品。我们应当知道民国只有“人中人”，没有“人上人”，也就没有“人下人”。“人中人”是要从“孩中孩”造就出来的。教育者的使命，是要运用好孩子化坏孩子，不应当把好孩子和坏孩子分开，更不应当以为富贵人家的孩子是好孩子，贫苦人家的孩子是坏孩子；尤其不可迁就富贵人家的意见，排斥贫苦人家的儿女。富贵人家及伪知识阶级的父母倘不愿把亲生子女做新中国被打倒之候补者，就应当把自己的子女和不幸的人家的子女放在一个幼稚园里去受陶冶。办理幼稚园的先生倘若不愿把幼稚园当作富贵太太们打麻将时用之临时托儿所，便应当把整个的幼稚园献给全社会的儿童。可是这样一来，幼稚园教师便须明白他们的使命：不是随随便便的放任，乃是要运用好孩子化坏孩子，运用坏孩子的好处化好孩子的坏处。

承认幼年生活教育之重要，是普及幼稚园之出发点；承认幼稚园为全社会幼儿的教育场所，是普及正当幼稚园的出发点。我们必须得到这两种态度，幼稚园才有普及的希望。

（二）改变幼稚园的办法 幼稚园的办法是费钱的，不想法节省，必不容易普及。最需要幼稚园的地方，是乡村与女工区。女工区的幼稚园，还可由工厂担负经费，纵使用费太多，尚易筹措。乡间是民穷财尽，费钱较少之小学尚且不易普及，何况费钱加倍的幼稚园呢？所以在乡间推行幼稚园好比是牵只骆驼穿针眼。我们必须向着省钱的方针去谋根本改造，幼稚园才有下乡的希望，才有普及的希望。

（三）改变训练教师的制度 普及教育的最大难关是教师的训练。我们要想普及幼稚教育至少需要教师一百五十万人。这是一个最难的问题，因为不但是经费浩大，并且训练不得其法，受了办理幼稚园的训练，不一定去办幼稚园，或者是去办出一个不合国情的幼稚园，那就糟了。幼稚师范是要办的，但幼稚师范必须根本改造，才能培养新幼稚园之师资。纵然如此，我们也不能专靠正式幼稚师范去培养全部的师资。我们现在探得一条新途径，很能使我们乐观。试验乡村师范学校的幼稚师范院在燕子矶设了一所乡村幼稚园，叫做第二中心幼稚园。开办之初便收了三位徒弟，跟着幼稚教师徐先生〔1〕学办幼稚园，张宗麟〔2〕先生任指导。前天他和我谈起，幼稚园的徒弟制似可推行到小学里去，并且可以解除乡村小学教员的一个大问题——生活寂寞。我说："这是的的确确的。徒弟制不但能解除生活寂寞，并且能促进普及教育之进行。"普及小学教育及幼稚教育，非行徒弟制不可。倘以优良幼稚园为中心，每所每年训练两三位徒弟，那么，多办一所幼稚园，即是多加一所训练师资的地方。这是再好没有的办法。我看三百六十行，行行有徒弟，行行都普及。木匠到处都有，他是怎样办到这个地步的？徒弟制。裁缝匠、泥水匠、石匠、铁匠和三万万四千万种田匠，那一行不是这样普及的呢？老实说，教学做合一主义便是沥清过的徒弟制。徒弟制的流弊是：劳力而不劳心，师傅不肯完全传授，对于徒弟之虐待。假使我们能采徒弟制之精华而除去他的流弊，必定是很有成效的。若把这种办法应用到幼稚园里来，我是深信他能帮助幼稚教育普及的。我和陈鹤琴先生近来有一次很畅快的谈话。他主张拿鼓楼幼稚园来试一试。鼓楼幼稚园是最富研究性的，现在发了宏愿，要招收徒弟来做推广幼稚师资之试验，是再好没有的了。

以上所说的普及幼稚教育的三个步骤，不过是我个人所见到的，一定有许多遗漏的地方。关心幼儿幸福的同志，倘以别的好方法见教，那就感激不尽了。

《中国教育改造》(1928 年 4 月上海亚东图书馆版)

注释

〔1〕徐先生　即晓庄学校幼稚教育指导员徐世璧。

〔2〕张宗麟（1899—1976）　我国知名的幼儿教育家。南京高师毕业后，曾任陈鹤琴的助手。时任晓庄学校幼稚教育指导员。

“伪知识”阶级

自从俄国革命以来，“知识阶级”（Intelligentsia）这个名词忽然引起了世人之注意。在打倒知识阶级呼声之下，我们不得不问一问：什么是知识阶级？知识阶级是怎样造成的？应当不应当把他打倒？这些问题曾经盘旋于我们心中，继续不断的要求我们解答。近来的方向又转过来了，打倒知识阶级的呼声一变而为拥护知识阶级的呼声。我们又不得不问一问：什么是知识阶级？知识阶级是怎样造成的？应当不应当将他拥护？在这两种相反的呼声里面，我都曾平心静气的把这些问题研究了一番，我所得的答案是一致的。我现在要把我一年来对于这些问题考虑的结果写出来与有同样兴趣的朋友们交换意见。

我们要想把知识阶级研究得明白，首先便须分别“知识”与“智慧”。智慧是生成的，知识是学来的。孟子说：“由射于百步之外也：其至尔力也；其中非尔力也。”会射箭的人能百步穿杨。射到一百步的力量是生成的限度。到了一百步还能穿过杨树的一片叶子，那便是学来的技巧了。这就是智慧与知识的分别。又比如言语：说话的能力是生成的，属于智慧；说中国话、日本话、柏林话、拉萨话，便是学成的，属于知识。人的禀赋各不相同，生成的智慧至为不齐。有的是最聪明的，有的是最愚笨的。但从最愚笨的人到最聪明的人，种种差别都是渐渐的推上去的。假使我们把一千个人按着聪明的大小排列成行，我们就晓得最聪明的是少数，最愚笨的也是少数，而各人和靠近的人比起来都差不了几多。我们只觉得各个不同并找不出聪明人和愚笨人中间有什么鸿沟。我们可以用一个最浅近的比方把这个道理说出来。人的长矮也是生成的。我们可以把一千个人依着他们的长矮顺序排列：从长子看到矮子，只见各人渐渐的一个比一个矮；从矮子看到长子，只见各人也是渐渐的一个比一个长。在寻常状态之下，我们找不出一大群的长子，叫做长子阶级；也找不出一大群的矮子，叫做矮子阶级。我们在上海的大马路上或是在燕子矶关帝庙会里仔细一望，就可以明白这个道理。从人之长矮推论到人之智愚，我们更可明白生成之智慧只有渐渐的差别，没有对垒的阶级。智慧既无阶级，自然谈不到打倒拥护的问题。

其次我们要考察知识的本身。知识有真有伪。思想与行为结合而产生的知识是真知识。真知识的根是安在经验里的。从经验里发芽抽条开花结果的是真知灼见。真知灼见是跟着智慧走的。同处一个环境，同等的智慧可得同等的真知灼见。智慧是渐渐的相差，所以真知灼见也是渐渐相差。智慧既无阶级，真知识也就没有阶级。俗语说："三百六十行，行行出状元。"真知识只有直行的类别，没有横截的阶级。各行的人有绝顶聪明的人，也有绝不中用的人。但在他们中间的人，智力上的差别和运用智力取得之真知识的差别都是渐渐的，都是没有阶级可言。倘使要把三百六十行的上智联合起来，称为知识阶级，再把三百六十行的下愚联合起来，称为无知识阶级，那就是一件很勉强很不自然的事了。

照这样说来，世界上不是没有知识阶级了吗？不，伪知识能成阶级！什么是伪知识？不是从经验里发生出来的知识便是伪知识。比如知道冰是冷的，火是热的是知识。小孩儿用手摸着冰便觉得冷，从摸着冰而得到"冰是冷的"的知识是真知识。小孩儿单用耳听见妈妈说冰是冷的而得到"冰是冷的"的知识是伪知识。小孩儿用身靠近火便觉得热，从靠近火而得到"火是热的"的知识是真知识。小孩子单用耳听妈妈说火是热的而得到"火是热的"的知识是伪知识。有人在这里便起了疑问："如果样样知识都要从自己经验里得来，岂不是麻烦得很？人生经验有限，若以经验范围知识，那么所谓知识岂不是也很有限了吗？没有到过热带的人，就不能了解热带是热的吗？没有到过北冰洋的人，就不能了解北冰洋是冷的吗？”这些疑问是很重要的，我们必须把他们解答清楚，方能明了真知识与伪知识的分别。我只说真知识的根是要安在经验里，没有说样样知识都要从自己的经验上得来。假使我们抹煞别人经验里所发生的知识而不去运用，那真可算是世界第一个大呆子。我们的问题是要如何运用别人经验里所发生的知识使他成为我们的真知识，而不要成为我们的伪知识。比如接树：一种树枝可以接到别一种树枝上去使他格外发荣滋长，开更美丽之花，结更好吃之果。如果把别人从经验发生之知识接到我们从自己经验发生之知识之上去，那么，我们的知识必可格外扩充，生活必可格外丰富。我们要有自己的经验做根，以这经验所发生的知识做枝，然后别人的知识方才可以接得上去，别人的知识方才成为我们知识的一个有机体部分。这样一来，别人的知识在我们的经验里活着，我们的经验也就生长到别人知识里去开花结果。至此，别人的知识便成了我们的真知识。其实，他已经不是别人的知识而是自己的知识了。倘若对于某种知识，自己的经验上无根可找，那么无论如何勉强，也是接不活的。比如在厨房里烧过火的人，或是在火炉边烤过火的人，或是把手给火烫过的人，便可以懂得热带是热的；到冰房里去过的人，或是到冰窖里去过的人，或是做过雪罗汉的人，便可以懂得北冰洋是冷的。对于这些人，“热带是热的，北冰洋是冷的”，虽从书本上看来，或别人演讲时听来，也是真知识。倘自己对于冷热的经验丝毫没有，那么，这些知识虽是学而时习之，背得熟透了，也是于他无关的伪知识。

知识的一部分是藏在文字里，我们的问题又成为：“什么文字是真知识？什么文字是伪知识？”经验比如准备金，文字比如钞票。钞票是准备金的代表，好一比文字是经验的代表。银行要做正经生意必须根据准备金去发行钞票。钞票是不可滥发的。学者不愿自欺欺人，必须根据经验去发表文字，文字是不可滥写的。滥发钞票，钞票便不值钱；滥写文字，文字也不值钱。欧战后，德国马克一落千丈，当时有句笑话，说是："请得一席客，汽车载马克。"这句话的意思是马克纸币价格跌的太低，寻常请一席酒要用汽车装马克去付帐。这是德国不根据准备金而滥发纸币之过。滥发钞票，则虽名为钞票，几是假钞票。吾国文人写出了汗牛充栋的文字，青年学子把他们在脑袋子里都装满了，拿出来，换不得一肚饱。这些文字和德国纸马克是一样的不值钱，因为他们是在经验以外滥发的文字，是不值钱的伪知识。

我国先秦诸子如老子、孔子、孟子、庄子、墨子、杨子、荀子等都能凭着自己的经验发表文字，故有独到的议论。他们好比是根据自己的准备金发可靠的钞票。孔子很谦虚，只说"述而不作，信而好古"，自居为根据古人的准备金为古人清理钞票，他只承认删诗书，定礼乐，为取缔滥发钞票的工作。孟子虽是孔家的忠实行员，但心眼稍窄，只许孔家一家银行存在，拚命的要打倒杨家、墨家的钞票。汉朝以后，学者多数靠着孔子的信用，继续不断的滥发钞票，甚至于又以所滥发的钞票做准备库，滥上加滥的发个不已，以至于汗牛充栋。韩文公[1]的脾气有些像孟子，他眼看佛家银行渐渐的兴旺，气愤不过，恨不得要拚命将他封闭，把佛家银行的行员杀得干干净净。他至今享了"文起八代之衰"的盛名。但据我看来，所谓"文起八代之衰"，只是把孔家银行历代经理所滥发的钞票换些新票而已，他又乘换印新票的时候顺带滥发了些新钞票。程、朱、陆、王纵有许多贡献及不同的地方，但是他们四个人大部分的工作还是根据孔、孟合办银行的招牌，和从前滥发的钞票去滥发钞票。他们此时正与佛家银行做点汇兑，所以又根据佛家银行的钞票，去滥发了些钞票。颜习斋[2]看不过眼，谨慎的守着孔家银行的准备库，一方面大声疾呼的要严格按着准备金额发行钞票，一方面要感化佛家银行行员使他无形解体。他是孔家银行里一位最忠实的行员，可是他所谨守的金库里面有许多金子已经上锈了。等到八股发达到极点，朱注的“四书”被拥护上天的时候，全国的人乃是以朱子所发的钞票当为准备金而大滥特滥的去发钞票了。至此中国的知识真正濒于破产了。吴稚晖[3]先生劝胡适之先生不要迷信整理国故，自有道理。但我觉得整理国故如同清理银行帐目一样，是有他的位置的。我们希望整理国故的先生们经过很缜密的工作之后，能够给我们一本报告，使我们知道国故银行究有几多准备金，究能发行多少钞票，那些钞票是滥发的。不过他们要谨慎些，千万不可一踏进银行门，也去滥发钞票。如果这样，那这笔帐更要糊涂了。总括一句：只有从经验里发生出来的文字才是真的文字知识，凡不是从经验里发生出来的文字都是伪的文字知识。伪的文字知识比没有准备金的钞票还要害人，还要不值钱。

伪的知识，伪的文字知识既是害人又不值钱，那么，他如何能够存在呢？产生伪知识的人，应当连饭都弄不到吃，他们又如何能成阶级呢？伪知识和伪钞票一样必须得到特殊势力之保障拥护才能存在。“伪知识”阶级是特殊势力造成的。这特殊势力在中国便是皇帝。

创业的皇帝大都是天才。天才忌天才是很自然的一件事。天下最厉害的无过于天才得了真知识。如果政治的天才从经验上得了关于政治的真知灼见，谁的江山也坐不稳。做皇帝的人，特别是创业之主，是十分明了此中关系的，并且是一百分的不愿意把江山给人夺去。他要把江山当作子孙万世之业，必得要收拾这些天才。收拾的法子是使天才离开真知识去取伪知识。天才如何就他的范围，进他的圈套呢？说来倒很简单。皇帝引诱天才进伪知识的圈套有几个法子。一，照他的意旨在伪知识上用功，便有吃好饭的希望。俗话说：“只有穷秀才，没有穷举人。”伪知识的工夫做得愈高愈深，便愈能解决吃饭问题。二，照他的意旨在伪知识上用功便有做大官的希望。世上之安富尊荣，尽他享受。中了状元还可以做驸马爷，娶皇帝的女儿为妻。穿破布烂棉花去赴朝考的人，个个都有衣锦回乡的可能。三，照他的意旨在伪知识上用功，便有荣宗耀祖的希望。这样一来，全家全族的人都在那儿拿着鞭子代皇帝使劲赶他进圈套了。倘使他没有旅费，亲族必定要为他凑个会，或是借钱给他去应试。倘使他不去，又必定要用“不长进”一类的话来羞辱他，使他觉得不去应试是可耻的。全家全族的力量都做皇帝的后盾，把天才的儿孙像赶驴子样一个个的赶进皇帝的圈套，天下的天才乃没有能幸免的了。

“伪知识”阶级不是少数人可以组织成功的。有了皇帝做大批的收买，全社会做这大批生意的买办，个人为名利权位所诱而不能抵抗出卖，“伪知识”阶级乃完全告成。依皇帝的目光看来，这便是“天下英雄，入我彀中”。雄才大略的帝王个个有此野心，不过唐太宗口快，无意中把他说破罢了。最可叹的是皇帝手段太辣。一方面是积极的推重伪知识，所谓“满朝朱紫贵，尽是读书人”一类的话，连小孩都背熟了。一方面是消极的贱视伪知识以外的人，所谓“万般皆下品，惟有读书高”，又是从娘胎里就受迷的。所以不但政治天才入了彀，七十二行，行行的天才都入了他的圈套了。天才是遗传的，有其父必有其子。老子进了圈套，儿子、孙子都不得不进圈套，只要“书香之家”四个大字，便可把全家世世代代的天才圈入“伪知识”阶级。等到八股取士的制度开始，“伪知识”阶级的形成乃更进一步。以前帝王所收买的知识还夹了几分真，等到八股发明以后，全国士人三更灯火五更鸡去钻取的知识乃是彻底不值钱的伪知识了。这种知识除了帝王别有用意之外，再也没有一人肯用钱买的了；就是帝王买去也是丝毫无用，也是一堆一堆的烧去不要的。帝王是醉翁之意不在酒，他那里是收买伪知识，他只是用名利、权位的手段引诱全国天才进入“伪知识”的圈套，成为废人，不能与他的儿孙争雄罢了。

这些废人只是为“惜字炉”继续不断的制造燃料，他们对于知识的全体是毫无贡献的。从大的方面看，他们是居于必败之地。但从他们个人方面看，却也有幸而成的与不幸而败的之分别。他们成则为达官贵人，败则为土豪、劣绅、讼棍、刀笔吏、教书先生。最可痛心的，就是这些废人应考不中，只有做土豪、劣绅、讼棍、刀笔吏、教书先生的几条出路。他们没有真本领赚饭吃，只得拿假知识去抢饭吃，骗饭吃。土豪、劣绅、讼棍、刀笔吏之害人，我们是容易知道的；教书先生之害人更广、更深、更切，我们是不知道的。教书先生直接为父兄教子弟，间接就是代帝王训练“伪知识”阶级。他们的知识，出卖给别人吧，嫌他太假，出卖给皇帝吧，又嫌他假得不彻底，不得已只好拿来哄骗小孩子。这样一来，非同小可，大书呆子教小书呆子，几几乎把全国中才以上的人都变成书呆子了，都勾引进“伪知识”阶级了。“伪知识”阶级的势力于是乎雄厚，于是乎牢不可破，于是乎继长增高，层出无穷。

皇帝与民争，用伪知识来消磨民间的天才，确是一个很妙的计策。等到民间的天才消磨已尽，忽然发生了国与国争，以伪知识的国与真知识的国抗衡，好一比是拿鸡蛋碰石头，那有不破碎的道理！鸦片之战，英、法联军之战，甲午之战，没有一次幸免，皇帝及大臣才明白伪知识靠不住，于是废八股，兴学堂。这未始不是一个转机。但是政权都操在“伪知识”阶级手中，他们那会培养真知识？他们走不得几步路，就把狐狸尾巴拖出来了。他们自作聪明的把外国的教育制度整个的抄了一个来。他们曾用眼睛、耳朵、笔从外国贩来了些与国情接不上的伪知识。他们把书院变成学堂，把山长改为堂长。“四书”用不着了，一律换为各种科学的教科书。标本、仪器很好看，姑且拣那最好看的买他一套，在玻璃柜里陈列着，可以给客人参观参观。射箭很不时髦，要讲尚武精神，自须学习兵操。好，他们很信他们的木头枪真能捍国卫民咧！这就算是变法！这就算是维新！这就算是自强！一般社会对于这些换汤不换药的学堂却是大惊小怪，称他们为洋学堂，又称学堂里的学生为洋学生。办学的苦于得不到学生，于是除供饭食发零用外，还是依旧的按着学堂等级给功名：小学堂毕业给秀才，中学堂毕业给贡生，高等学堂毕业给举人，大学堂学生给进士，外国留学回来的赴朝考及第给翰林点状元。社会就称他们为洋秀才、洋贡生、洋举人、洋进士、洋翰林、洋状元。后来废除功名，改称学士、硕士、博士等名目，社会莫名其妙了。得到这些头衔的人还是仍旧用旧功名翻译新功名，说是学士等于秀才，硕士等于举人，博士等于翰林，第一名的博士便是从前的状元。说的人自以为得意，听的人由羡慕而称道不止，其实这还不是穿洋装的老八股吗？穿洋装的老八股就是洋八股。老八股好比是根据本国钞票发行的钞票；洋八股好比是根据外国钞票去发行的钞票。他们都是没有准备金的假钞票。洋八股和老八股虽有新旧之不同，但同是不是从经验里发生的真知识，同是不值钱的伪知识。从中国现在的情形看来，科学与玄学之争，只可说是洋八股与老八股之争。书本的科学，陈列的实验，岂能当科学实验之名。他和老八股是同样无用的东西。请看三十年来的科学，发明在那里？制造在那里？科学客倒遇见不少，真正的科学家在那里？青年的学子！书本的科学是洋版的八股，在讲堂上高谈阔论的科学客，与蒙童馆里的冬烘先生是同胞兄弟，别给他们骗走了啊！

所以中国是有“伪知识”阶级。构成中国之“伪知识”阶级有两种成分：一是老八股派，二是洋八股派。这个阶级既靠伪知识骗饭吃，不靠真本领赚饭吃，便没有存在的理由。

这个阶级在中国现状之下已经是山穷水尽了。收买伪知识的帝王已经消灭，再也找不出第二个特殊势力能养这许多无聊的人。但因为惰性关系，青年们还是整千整万的向着这条死路出发，他们的亲友仍旧是拿着鞭儿在后面使劲的赶。可怜得很，这些青年个个弄得焦头烂额，等到觉悟回来，不能抢饭的便须讨饭。“伪知识”阶级的末路已经是很明显了，还用得着打倒吗？又值得拥护吗？

但是一班狡猾的"伪知识"者找着一个护身符，这护身符便是"读书"两个字。他们向我们反驳说："书也不应当读了吗?"社会不明白他们葫芦里卖的是什么药，也就随声附和的说："是啊！书何能不读呢!"于是"读书不忘救国；救国不忘读书"，便成了保障"伪知识"阶级的盾牌。所以不把读书这两个字说破，"伪知识"阶级的微生物便能在里面苟延残喘。我们应当明白，书只是一种工具，和锯子、锄头是一样的性质，都是给人用的。我们与其说"读书"，不如说"用书"。书里有真知识和伪知识，读他一辈子，不能辨别他的真伪；可是用他一下，书的本来面目便显了出来，真的便用得出去，伪的便用不出去，也如同真的锯子才能锯木头，真的锄头才能锄泥土，假的锯子、锄头一用到木头、泥土上去就知道他不行了。所以提到书便应说"用书"，不应说"读书"，那"伪知识"阶级便没得地方躲了。与"读书"联成一气的有"读书人"一个名词。这个名词，更要不得。假使书是应当读的，便应使人人有书读。决不能单使一部分的人有书读，叫做读书人；又一部分的人无书读，叫做不读书人。比如饭是应当吃的，便应使人人有饭吃。决不能使一部分的人有饭吃，叫做吃饭的人；又一部分的人无饭吃，叫做不吃饭的人。从另一方面看，只知道吃饭，不成为饭桶了吗?只知道读书，不成为有脚可以走路的活书架子了吗?我们为避免堕入"伪知识"阶级的诡计起见，主张用书不主张读书。农人要用书，工人要用书，商人要用书，兵士要用书，医生要用书，律师要用书，画家要用书，教师要用书，音乐家要用书，戏剧家要用书，三百六十行，行行都要用书。行行都成了用书的人，真知识才愈益普及，愈能发现了。书是三百六十行的公物，不是读书人所能据为私有的。等到三百六十行都是用书人，读书的专利营业便完全打破，读书人除非改行，便不能混饭吃了。这个日子已经来到，大家还不觉悟，只有死路一条。凡受过中国新旧教育的人，都免不了有些"伪知识"的成分和倾向。为今之计，我们应当痛下四个决心：

一、从今以后，我们应当放弃一切固有的伪知识；

二、从今以后，我们应当拒绝承受一切新来的伪知识；

三、从今以后，我们应当制止自己不要再把伪知识传与后辈；

四、从今以后，我们应当陪着后起的青年共同努力去探真知识的泉源。

最后，我要郑重的说：二十世纪以后的世界属于努力探获真知识的民族。凡是崇拜伪知识的民族都要渐就衰弱以至于灭亡。三百六十行中决没有教书匠、读书人的地位，东西两半球上面也没有中华书呆国的立足点。我们个人与民族的生存都要以真知识为基础。伪知识是流沙，千万不可在他上面流连忘返。早一点觉悟，便是早一点离开死路，也就是早一点走向生路。这种生死关头，十分显明，绝无徘徊迟疑之余地，起个取真去伪的念头是走向生路的第一步。明白伪知识的买主已经死了永不复生并且绝了种，是走向生路的第二步。以做“读书”人或“读书”先生为最可耻，是走向生路的第三步。凡事手到心到——在劳力上劳心——便是骑着千里驹在生路上飞跑了。

《中国教育改造》（1928年4月上海亚东图书馆版）

注释

〔1〕韩文公　指唐代文学家韩愈（768—824），字退之，为“唐宋八大家”之首，卒谥文，世称韩文公。

〔2〕颜习斋（1635—1704）　清初思想家、教育家，名元，号习斋，博野（今属河北）人。提倡恢复“周孔正学”，批判“程朱理学”。晚年主讲于肥乡漳南书院，注重实学，强调习行。

〔3〕吴稚晖　即吴敬恒（1866—1953），别字稚晖，江苏武进人。曾任国民党监察委员、中央大学校长等职。

在第一次全国教育会议上的提案*

一、推广乡村幼稚园案

理由

（一）乡村幼稚园，是乡村社会普遍的、永久的需求。农忙时，农妇忙得天昏地黑，那里有空来管小孩子？如果有了乡村幼稚园，便能节省农妇好些精力。与其开幼稚园帮助城里的太太抛下孩子去打麻将，倒不如帮助采桑娘子照应儿女，使得她可以多养些蚕，多生点利。

（二）农忙时，幼儿无人照应，父母往往令稍长儿女辍学回家陪小弟弟、小妹妹玩。如果有了乡村幼稚园，便可以减少小学儿童之缺课。

（三）乡村小学教师办小学，夫人办幼稚园，便可造成夫妻学校，减少乡村教师之寂寞，树立乡村家庭之模范。

（四）乡村幼稚园倘能推广，便可为乡村受过教育的妇女，开一职业上之出路。

（五）乡村幼稚园是乡村妇女运动之惟一的中心，要想彻底去

---

* 1928年5月，中华民国大学院主持召开了第一次全国教育会议。陶行知作为教育专家出席，并呈交了提案11件。今由编者选取4件，并拟定总题。各案的序号为编者所加。

干乡村妇女运动，非从乡村幼稚园入手便不能成功。

办法

（一）教育研究所应研究创造平民的、省钱的、适合国情的幼稚园，使幼稚园在乡间易于设立。

（二）每省区应先试办一乡村幼稚师范。依据中心幼稚园办法，训练乡村幼稚园教师。

（三）乡村幼稚园不易单独设立。故最初办法，应多招现任乡村教师之夫人、未婚妻、近亲训练之，方能造就一人便得一人之用。

（四）乡村幼稚园不限定要房屋。倘使无校舍，便可在露天里办起来。天晴开，雨来散，有何不可？

二、设立教育研究所案

理由

中小学教育，为国家根本大计。必须运用科学方法，分析研究，实地试验，方能免入歧路。吾国办教育的人，多半是为外国教育制度拉东洋车，一国拉厌了，又换一国，到底是拉来干吗？我们应当觉悟，惟独用科学的方法，才能建设适合国情的教育。

办法

由大学院设立教育研究所，聘请专门人才，分工研究。所中一大部分的工作，是要研究试验中小学教育的。

三、减少校工以实现劳动教育案

理由

（一）劳动教育的目的，在谋手脑相长，以增进自立之能力，获得事物之真知及了解劳动者之甘苦。要想达到这个目的，非师生共同用手做事不可。

（二）现在一般学校里用的听差、斋夫、老妈子太多，把我们自己动手做事的机会剥削已尽，天天教我们受人服侍而不高兴服侍自己。他们教我们越学越懒，他们把我们化成双料少爷和双料小姐。

（三）斋夫、听差、老妈子多数都是年富力强可以生产的人，在学校里服侍少爷小姐惯了，渐渐的受了同化，成为游手好闲的懒人。我们应当解除他们这种无聊的职务，使他们可以从事生产的工作。

（四）减少用人，便是节省经费，便可移耗费的钱，作有用的事。

办法

（一）凡是服侍教员、学生而妨碍师生自己动手做事的听差、斋夫、老妈子，一律于最短期间内解除职务，另谋生计。

（二）各级教育行政长官，对于各级学校关于此项之预算，应注意其有无减少。

（三）视学员到各校视察时，应注意此项校工是否已经减除。

我们深信上拟办法，为实现劳动教育必经之路，倘不认真做去，则劳动教育均要等于空谈。

四、改革乡村教育案

理由

（一）中国农民约有三万万四千万，占人口百分之八十五。我们要想建设新中国，必须用教育的力量，来唤醒老农民，培养新农民，共同担负这个伟大的责任。

（二）现在中国的乡村教育，不合于乡村实际生活。中国的乡村教师，多是书呆子；中国的乡村学校，多是书呆子制造厂：把好好的农民子女，继续不断的变化为不事生产的废人。这种教育，倘不彻底改革，则旧的力量不能维持，新的力量不能产生，我们的民族，恐怕要日益贫弱，以至于灭亡。

办法

（一）大学校乡村教育系应：1. 指定乡村数处，以为研究乡村教育问题之中心；2. 开办或特约乡村师范一处，以为训练乡村师范教师之中心；3. 指定县教育局一处，以为训练乡村教育行政人员之中心。

（二）乡村师范学校应设在乡间。并应：1. 依据中心乡村小学办法，以训练乡村小学校教师；2. 依据中心乡村幼稚园办法，以训练乡村幼稚园教师。

（三）乡村小学教师应按照下列目标训练之：1. 农人的身手；2. 科学的头脑；3. 艺术的兴趣；4. 改造社会的精神。

（四）乡村幼稚园教师，应按照下列目标训练之：1. 看护的身手；2. 科学的头脑；3. 艺术的兴趣；4. 儿童的伴侣；5. 乡村妇女的朋友和导师。

（五）乡村小学应以乡村实际生活为中心；应有校园，使学生得有“在劳力上劳心”的机会。

（六）乡村幼稚园应为平民的、省钱的、适合国情及乡村生活的。

（七）乡村成人教育应注重农暇工艺、改良茶馆及民众学校三种办法，不可专靠学校形式之教育。

（八）改良私塾，应由附近中心小学负责邀集优良塾师，依据“教学做”办法，切实训练引导改良，专靠演讲讨论，是无补实际的。

《全国教育会议报告》（1928 年 8 月上海商务印书馆版）

介绍一件大事

——致大学生的信

我最敬爱的同学：

人生为一大事来，做一大事去。我现在愿向诸位介绍一件大事。本来事业并无大小：大事小做，大事变成小事；小事大做，则小事变成大事。小人居高位，如在厅里挂画像，挂得愈高，愈见其小。我们试把一部《二十四史》从头数，便知道有多少人是把大事小做了。巴士德[1]当初研究那人眼不见的微生物，便好像是一件很小的事情。但是等到痨病虫发现以后，因他得救的人足足可以装满一个南京城。这是小事大做的效果。

我所要介绍给诸位的也是一件小事，不过诸位要将他大做起来，也就可以变成一件大事。请看，三家村，五家店，当中办了一个小学校，在这个小学校里面当一个教员，初看起来是何等一件小事。有许多人简直当他为一件不得已而为之的职业。但是一个小学校，少则有一二十位学生，多则一二百。老百姓送他们进学校，便是不知不觉地把整个的家运交付给小学教员。小学教员教得好，则这一二十、一二百家的小孩子可以成家立业。否则，变成败家子，永远没有希望了。所以小而言之，一个小学生之好坏，关系全村之兴衰。国家设立小学，是要造就国民以谋全民幸福。因此，全民族的民运都操在小学教员手里。德国战胜法兰西，归功于小学教师，这是人所知道的。中国之所以受不平等条约的束缚和帝国主义之宰割，追到根源，也要算教书先生为罪魁。这也是我们所不能否认的。所以小学教师之好坏，简直可以影响到国家的存亡和世运之治乱。我记得一个土地庙前写着一副对联说："庙小乾坤大，天高日月长。"小学校便有如此气魄。

这都是说小学虽小，是应当小题大做的。但是为何想到诸位头上来？说穿也很简单。要想小学办得好，先要造就好教师，要想造就好教师，先要造就办师范学校，造就教师的教师。中国以农立国，住在乡村的人民占全人数百分之八十五，约计有三万四千万。乡下学龄儿童以四年教育计算，约有三千四百万。每位教师教四十小学生，全国便要一百万小学教师，其中乡村教师就要占八十万人。用九年工夫训练这些乡村教师，便要二万八千位乡村师范指导员；用三年工夫训练他们，便要八万五千位乡村师范指导员。晓庄学校已经决定，自本年秋季开始乡村师范指导员之训练。我们很希望抱着兴味的大学生看清国家未来的需要，早日下乡来和我们共同挑起这个担子。晓庄学校对于诸位没有多大贡献，但在下列四件事情上，情愿尽心竭力帮助大家进修：

（一）生活农民化　我们做乡村工作的人，必先农民化，才能化农民。我们与农民共生活同甘苦，才能了解他们的困难，帮助他们解决。这是《大学》"新民"的道理，我们可以引导大家实行的。

（二）学术儿童化　乡村师范的职务，是训练小学教师；故他的指导员和普通中学的教师不同，必须明白儿童生活才能胜任。诸位所学的高深学问，必须向儿童需要折腰。儿童是诸位的总指导，我们只是儿童的助手。

（三）团体行动纪律化　我们民族最大的病根，是数千年传下来的无政府脾气！那凿井而饮、耕田而食的农民，连团体里都充满了这种脾气。要想铲除这个病根，非有严明的纪律，则一般散沙之民族断难幸存，我们可以帮助大家，放弃个人的自由，以谋公共的幸福。

（四）建设工作下层化　种树栽花，要下面可以安根，上面可以出头，才有活的可能。人生如此，立国也如此。但有好些人只顾向上出头，忘了向下安根，所以枯死。我们应当明白，最下层的工作是最重要的工作。这种工作，又须彻底去干。一次，工人为我们凿井，没有挖到泉下就中止了，临行，要我写字送他，我就送他八个字："下层工作，务须彻底。"我们愿意同大家一齐下井，挖到活泉为止。

我们中国已经堕入老八股和洋八股的深渊里。抱着伪知识当宝贝的人，譬如在水里向着反光跑，愈跑愈近死路。惟有放弃虚光，才是走向生路。诸位如愿加入我们的团体，和我们共找生路，我们的诚恳请求是："出空脑袋里的伪知识。"我们又要报告我们并没有什么真知识奉送诸位。真知识是要自得的。但必须出空伪知识，才有获得真知识的可能。这是我们欢迎大家下乡时所要特别说明的。

陶知行

十七年八月十五日

《知行书信》(1929年亚东图书馆版)

注释

〔1〕巴士德　通译巴斯德(Louis Pasteur，1822—1895)。法国微生物学家、化学家，近代微生物学的奠基人。

今后中华民族的使命*

我有一种脾气，要回想以往的事，是很痛苦的；想未来的事，是非常快乐的。所以，我很喜欢谈未来的事。

今年的国庆纪念和去年的国庆纪念不同之点，就在去年的国庆纪念的时候，北伐还没有完成；今年的国庆纪念的时候，北伐已经完成了。但是现在在形式上北伐虽则已经成功了，而我们真正的国民革命还没有成功呢。刚才我们在唱《国民革命歌》的时候，我们只唱了第二首〔段〕，没有唱第一首〔段〕歌，我以为第一首〔段〕歌现在还是应当要唱的。我们现在仍是要“努力国民革命”，仍是要“齐奋斗”哩！

我们站在教育的立场上，我们应当把教育的力量来建设新中国，我们的使命是要唤醒民众使民众团结起来！

教育的力量与别种力量不同之点，就在教育的力量是能够达到个个民众的内心里头去的；他能够使民众自己从“心里”发出一种力量来自己团结的。别的力量不能达到内里而只是外面的，他像绳一样，只能把东西捆起来，绳子一断就散了。所以我们可以说，现在国民革命还没有成功，因为中华的民众还不能自己团结起来。现在我们只有努力教育，用教育的力量来建设新中华！这是我今天所要讲的第一点。

还有第二点要说的。譬如我们现在南京要到北平或天津去，是

---

* 本篇系演讲记录。1928年10月10日，晓庄学校举行了“双十节”纪念会，陶行知在会上发表了专题演讲。记录者为季雪云。

不能一直去的，一定要绕道而到北平或天津。这是什么道理？因为我们的济南，现在还是给日本人占据住。

现在我们要叫日本人回日本去，只有我们自己先团结起来，才能够叫他回去。

听说，日本有很多架飞机，他们只要十分之一的飞机飞到南京来，我们的中华民国就会根本动摇。这是我们应当注意的。我们要下一个决心，用教育的力量使民众团结起来，叫日本人回到日本去。

我们晓庄学校的理想，是要用教育的力量来叫日本人自己回到日本去，是要用教育的力量来建设新中华民国！所以现在日本方面很注意我们。最近我有一位朋友新从日本回来。他说，日本人已在注意晓庄学校的理想和办法，文字方面如《支那之理想学校》等，已有几篇发表。

假使我们晓庄学校不能叫日本人停止横蛮的行动，不能叫日本人回到日本去，那么晓庄学校便算失败的。

我们要叫日本人回到日本去，并不是帝国主义的思想。因为我们只是叫日本人回到日本去，不是要压迫日本民族，打倒日本人。只叫日本人回到日本去含有两层意义：一、叫日本的坏人回到日本去重受本国的教训，不敢再到中国来害中国人；二、叫日本的好人带了民主思想和大同理论回到日本去从事日本人的心理改造，使得他们把日本民国建设好了，可以做我们的同志，通力合作的去建设大同世界。

今天我所讲的归纳起来，可以分为两点：

（一）我们要用教育的力量建设新中华；

（二）我们要用教育的力量，叫日本人回到日本去改造日本。

《乡教丛讯》第1卷第22期（1928年11月30日）

答朱端琰之问*

端琰先生：

第二次手书，业已拜读，只因晓庄冬防吃紧，无暇执笔，以致迟迟未复，实在是十分抱歉。

一、什么是做？

先生垂问的几个问题都是很有意思的。我把这些问题仔细看了一下，觉得先生的疑问都是集中在一个“做”字下面。这是当然的，因为教学做合一的理论也是集中在“做”之一字。所以必先要把“做”字彻底的说明一番，然后其余的问题，便可迎刃而解了。

“做”字在晓庄有个特别定义。这定义便是在劳力上劳心。单纯的劳力，只是蛮干，不能算做；单纯的劳心，只是空想，也不能算做。真正的做，只是在劳力上劳心。我们做一件事，便要想如何可以把这件事做好，如何运用书本，如何运用别人的经验，如何改造用得着的一切工具，使这件事做得最好。我们还要想到这事和别事的关系，想到这事和别事的相互影响。我们要从具体想到抽象，从我相想到共相，从片段想到系统。这都是在劳力上劳心的功夫。不如此，便不是在劳力上劳心，便不是做。

做必须用器官。做什么事使用什么器官。耳目口鼻、四肢百体

---

* 本篇最早发表在《乡教丛讯》上，现已存目无文。1929 年 3 月，在《教育汇刊》上发表时，标题为《答朱端琰并致一般怀疑教学做合一者》。其后，在收入自编教育论文集《教学做合一讨论集》时，易为今题，并对文字略作改动。本篇据 1951 年再版的《讨论集》。据编者考定，本文写作于 1928 年底。

都是要活用的。所以有的事要用耳做，有的事要用眼做，有的事要用嘴做，有的事要用脚做，有的事要用手做，有的事用他们合起来做。

中国教育的一个普通的误解是以为：用嘴讲便是教，用耳听便是学，用手干便是做。这样不但是误解了做，也误解了学与教了。我们主张教学做是一件事的三方面：对事说是做，对自己之进步说是学，对别人的影响说是教。做要用手，即学要用手、教要用手；做要用耳，即学要用耳、教要用耳；做要用眼，即学要用眼、教要用眼。做要用什么器官，即学要用什么器官、教要用什么器官。做不但要用身上的器官，并且要用身外的工具。我们的主张是：做什么事，便用什么工具。望远镜、显微镜、锄头、斧头、笔杆、枪杆、书本子都是工具，也都是要活用的。

中国教育的第二个普通的误解，便是一提到教育，就联想到笔杆和书本，以为教育便是读书、写字；除了读书、写字之外，便不是教育。我们既以做为中心，那末，做要用锄头，即学要用锄头、教要用锄头；做要用斧头，即学要用斧头、教要用斧头；做要用书本，即学要用书本、教要用书本。吃面要用筷子，喝汤要用匙子，这是谁也知道的。倘使有人用筷子喝汤，用匙子吃面，大家必定要说他是个大呆子。我们现在的教育，何尝不是普遍的犯了这个错用工具的毛病！中国的教员、学生，实在太迷信书本了。他们以为书本可以耕田、织布、治国、平天下；他们以为要想耕田、织布、治国、平天下，只要读读书就会了。书本是个重要的工具，但书本以外的工具还多着呢！因为学校专重书本，所以讲书便成为教，读书便成为学，而那用锄头斧头的便算为做了。这是教学做分家。他们忘记了书本也是“做”事所用的工具，与锄头斧头是一类的东西。做一件事要想做得好，须用锄头便用锄头，须用斧头便用斧头，须用书本便用书本，须合用数样数十样工具，便合用数样数十样工具。我们不排斥书本，但决不许书本做狄克推多[1]，更不许它与

“做”脱离关系，而成为所谓“教学”之神秘物。

有了上面补充的总说明，再去解答先生的疑问，似乎容易得多。我现在就顺着先生质问的次序逐一答复，然后再归纳起来，答复先生总结的三问题。

二、以实际生活为中心的教育是否能够顾到人生的全部?

教学做有一个公共的中心，这“中心”就是事，就是实际生活。实际生活说得明白些，便是日常生活。积日为年，积年为终身，实际生活便是人生的一切。分析开来，战胜实际的困难，解决实际的问题，生实际的利，格实际的物，爱实际的人，求实际的衣食住行，回溯实际的既往，改造实际的现在，探测实际的未来，这些事总结起来，虽不敢概括全部人生，但人生除了这些事还有什么?在做这些事上去学去教，虽不敢说有十分收成，但是教成的与学得的必是真本领。实行这种教育的社会，虽不敢必其进步一日千里，但是脚踏实地的帮助人类天演历程向上向前运行而无一步落空，那是可以断言的。

三、教学做合一是否能够传递全社会的经验?

“教育是传递社会的经验”，这句话不能概括一切教育。倘若教育是仅仅把社会的经验传递下去，那就缺少进步的动力。所以与其说“教育是社会经验之传递”，不如说“教育是社会经验之改造”。教育上之所谓经验，原有两种意思：一种是个人的，一种是人类全体的。但是经验无论属于个人或人类全体，决无超时间空间的可能。我们最多只可说有些社会经验是不限于一时代一地域的。经验又有直接间接的分别，这当然是不可否认的。我在《“伪知识”阶级》里面曾经说明“接知如接枝”的道理。我们必须有从自己经验里发生出来的知识做根，然后别人的相类的经验才能接得上去。倘使自己对于某事毫无经验，我们决不能了解或运用别人关于此事之经验。人类全体的经验虽和个人经验有些分别，但是我们必须有个人经验做基础，然后才能了解或运用人类全体的经验。

我们必须以个人的经验来吸收人类全体的经验。孔子说："举一隅，不以三隅反，则不复也。"荀子说："以一知万。"无论他是一隅三反，或是以一知万，那个"一"必定是安根在自己的经验里。自己经验里的"一"是一切知识的起点。有了这个"一"，才能收"三反""知万"之效。《墨辩》[2]分知识为闻、说、亲三种。"说曰：'知：传受之，闻也；方不瘴，说也；身观焉，亲也。'"闻知是别人传授进来的，说知是自己推想出来的，亲知是自己经验出来的。依教学做合一的理论说来，亲知是一切知识的基础。没有亲知做基础，闻知和说知皆为不可能。看了下面的图，便可格外明白：

说知
/
说知 闻知
\ /
亲 知

四、如何可以了解哥仑布[3]探获新大陆的故事？

现在可以具体的答复哥仑布发现新大陆一事了。如果我们要正确的知道哥仑布发现新大陆的经过，恐怕系要请国民政府效法西班牙王拨下一只大帆船横渡大西洋才行。即使这样办，我们也不能得到完全与哥仑布相同的经验，因为现在的情形和我们的同伴决不能与他的一样。我们何尝要这样正确的知道他发现新大陆的经过？即使是探险家，也不须复演这种经验；他们有更好的海船和工具，决不致发呆气去模仿哥仑布。教学做合一的理论，并不曾主张普通人去模仿特殊人物之特殊事业，也不曾主张现代人去复演前代人物之过去事业。那末，我们所要知道的是哥仑布发现新大陆的大概情形和影响。可是使人知道这件事上，便有两种根本不同的办法：一种是迷信书本演讲及所有代表经验的储藏库，以为只要读哥仑布的书，听讲哥仑布的事便能十分明白，再也用不着任何直接经验了；一种是确信直接经验为了解一切事实的基础，所以要想大略了解哥仑布之发现新大陆，也必得要些个人的直接经验做基础，才能了解别人所写所讲的哥仑布故事，才能推想哥仑布当年航海的情形，想象发现新大陆以后之影响。他运用书籍演讲不亚于第一派，但他要进一步审查那用以了解书本上演讲中之哥仑布之个人直接经验是否充分；如不充分，他便认为他的第一责任是使学生在做上补充这种经验，然后再去看书听讲推论，否则，他认为是耳边风，或是走马看花，无论说得天花乱坠，或是写得满纸锦绣，都是不能接受进去的。

用以了解哥仑布发现新大陆所需的直接经验是什么？这可不能一一数出，只好提要列举数种：坐过海帆船，渡过海，在海里遇过大风暴雨，受过同事阴谋加害，看过野人，在大陆上住过……诸如此类都是了解哥仑布故事的直接经验。如果没有渡过海，不得已而求其次也要渡过湖，再其次也要渡过江，再其次也要渡过河，万不得已也要看过池塘。倘使没有坐过海帆船，不得已而求其次也要坐过鄱阳湖里的民船，再其次也要坐过秦淮河里的花船，再其次也要看过下雨时堂前积水上之竹头木屑。倘使这些经验毫无，我不知道他如何能懂哥仑布之探险。

五、要明白火星是否要到火星里去？

火星里的生活必须到火星里面去过才能知道清楚，至少也必须有人到火星去过，回来把火星里的生活告诉我，我又有足以了解这生活之基本经验，才能间接知道清楚。但是如今还没有人到过火星，那么，火星里的生活是决没有人知道清楚的。关于火星的事，现在知道最正确的，也不过是用望远镜所能看得到用数学所能推得出的。最大的天文学家，也只能承认他对于火星只知道一点皮毛。虽然只知道这点皮毛，但教学做合一的天文学者，必定要在天文台上用望远镜及高等数学在做上去求得关于火星的知识。万一得不到望远镜，他至少要用肉眼对着火星去考究。关于火星的书，他是要看的；关于火星的演讲，他是要听的。但他必定要得到最好的望远镜看他一看，才算甘心。不，他一有办法，必定要到火星里去与火星人共同生活才能满足他的求知欲。

六、分子运动等如何可以明白？

分子运动、原子运动、电子运动，都是科学家从研究物质上推想出来的理论，以解释种种物质的现象。我们要想真正了解这些理论，必须从研究物质的现象入手。在研究物质现象上教学做是了解这些理论最有效力的方法。倘使真要拿分子运动里的生活来说明教学做合一，我们便可举空气为例。分子运动速率增加便觉热，速率减少便觉冷。我们要想明白分子运动的速率，这气候的冷热却是一个眼面前最显明的例子。

七、如何可以得到飞机、无线电的知识？

飞机和无线电的知识，可分为两级。第一级是制造的知识。制造飞机与无线电的知识，都要从制造上得来，方为有效。他要在造上学，在造上教，才能一举而成。若单在书上学，在书上教，等到造的时候势必重新学过，则以前所学的等于耗费了。第二级是了解的知识。这级知识可从别人那里或书本上得来，但学的人必须有些基本的直接知识，才能接得上去。这些基本的直接知识，都是从“做”上得来。倘使没有从“做”上得来的基本的直接知识，那末，书上所写的飞机，嘴里所讲的无线电，都与学的人漠不相关。

八、做不完的就不要学不要教了吗？

有了上面的解释，我们可以说教一切学一切都要以“做”为基础。事实上当然做不完、学不完、教不完的。我们遇此困难，只有估量价值，拣那对于人生最有贡献的事，最合乎自己之才能需要的去做去学去教。那不能参加的只好不参加，不能做的只好不做。除此以外，还有什么办法呢？

九、科学家的发明、哲学家的理论、宗教家的教义都是从“做”上得来的吗？

牛顿看见一个苹果落下，便发了一问：“为什么这苹果不向上飞去呢？”从苹果下坠推到一切，于是想出万有引力的理论以解释这些现象。牛顿看见苹果下坠，便是用眼做；他从苹果下坠，推到一切以至想出万有引力的理论，乃是用脑做了。

阳明先生虽倡知行合一，但是不知不觉中仍旧脱不了传统的知识论的影响，又误于良知之说，所以一再发表“知是行之始，行是知之成”的言论。我现在愈研究愈觉得这种见解不对。一年前我写了一篇文章证明：“行是知之始，知是行之成。”恰与阳明先生相反。古今中外所发现第一流的真知灼见，就我所知，无一不是从做中得来。哲学家之发明学说，宗教家之创立教义，何尝有一例外？我姑举一二人作为例证，以资说明。孔子少贱，故多能鄙事。他入太庙，每事问。晨门称他是知其不可而为之者。多能鄙“事”，每“事”问，知其不可而“为”之，便是孔子发明他的哲学的根源。达尔文和瓦雷士〔4〕之天择学说，不是从天上凭空掉下来的，也不是从书本里抄下来的，也不是从脑筋里空想出来的，乃是在动植物中经年累月的一面干，一面想，干透了，想通了，然后才有这样惊人的发现。耶稣基督、释迦牟尼之创立教义，也不是凭空冥想出来的。试把佛教经典及基督教《新约》翻开一看，便知道他们所阐明的教义并不是整套的同时宣布出来。他们是在众生中随行随明、随明随传的。哲学起于怀疑，宗教起于信仰。怀疑与信仰都是应生活需要而来的。

十、小孩子也是教学做合一吗？

初生的小孩子便是教学做合一；做的意义比平常用法要广得多，这是对的。但是“学也是做”、“教也是做”、“教育就是做”的三句结论，殊有语病。我们可以说：“做是学的中心，也是教的中心。”我们也可以说：“教学做合一便是生活。”倘若我们赞成“生活即教育”的主张，那么，生活教育必是教学做合一的，生活教育内之教与学必是以做为中心。

十一、教学做合一不忽视了精神活动吗？

我们既以在劳力上劳心算为“做”的定义，当然不能承认身体与精神分家。自动的涵义便同时具有力与心之作用，即同时要求身体与精神之合作。

十二、贴标语、游行可算是革命的教学做吗？

教学做合一既是人生之说明，所以人人都在做，都在学，都在教。但是做错了，学与教都跟着错。怎样会做错呢？错用目的，错用器官，错用工具，错用方法，错用路线，错用力量，都会叫人做错，即会叫人学错教错。教学做合一的要求是：事怎样做便怎样学，怎样学便怎样教。革命这件事要怎样做才能成功？这是我们首先要考察的。比如分析起来，觉得要想革命成功，须有种种条件：（一）适应现代中国需要之主义；（二）忠勇廉洁爱民的领袖；（三）纪律严明器械精良之武力；（四）独立发明之学术；（五）开源节流之财政；（六）培养民众之觉悟与行动；（七）联合世界上以平等待我之民族；（八）贴标语；（九）游行……假使革命要满足这些条件才能成功，那末革命教学做，便是整个的在这些事上做，在这些事上学，在这些事上教。倘若把头几项撇开只以贴标语、游行为能事，做虽是做，却是做错了，至少也是没有效力的做了。

十三、晓庄因实行教学做合一不就忽略了看书吗？

晓庄看书的时间是有规定的，所看的书也是有指定的，但比别的学校是自由的多。我们对于书籍有一条方针：做什么事，用什么书。我们很反对为读书而读书。我们从去年就想依据生活历编辑一个最低限度的用书目录，现在还未编成，将来编成之后，就容易上轨道了。只要谨守“在劳力上劳心”的原则，自然会从具体归向理论，从片段走向系统。但是造诣深浅，有属于禀赋的，我们固难以为力；有属于勤惰的，生活部实负有考核勉励指导之责。

十四、教学做合一不太偏重技能而忽略知识吗？

技能与知识是分不开的。把大家教成铁匠木匠一样，实未足以尽教育之能事。一因为中国的一般铁匠木匠实在是有一部分教错了。因为他们劳力而不劳心，所以技能与知识都不能充分发达。二因为他们除了呆板的职业训练以外，其余关于人生需要的教育都被漠视了。假使中国的铁匠木匠都做的不错，学的不错，教的不错，在劳力上劳心，各方面生活需要都顾到，那末，铁匠木匠所应受的教育，便是人人应受的教育了。王木匠要有技能和知识，也如同达尔文要有技能与知识。达尔文没有辨别物种变异的技能，便不能发现天择的学说。王木匠若没有尤克雷地〔5〕的几何知识，便要做出七斜八歪的桌子来。可是达尔文与王木匠有个不同之点：王木匠把知识化成技能，达尔文则用技能产生知识。不过王木匠倘使能用知识所变成的技能进一步去产生新知识，那末，王木匠亦成为达尔文一流的人物了。倘使达尔文停止在观察生物的技能上而不能用它去发现天择学说，那末，终达尔文之身，也不过是王木匠的兄弟罢了。

十五、教学做合一究竟是什么？它的效用如何？

现在归纳起来总答如下：

（一）要想获得人类全体的经验，必须教学做合一方为最有效力；

（二）生活教育就是教学做合一；

（三）教学做合一不但不忽视精神上的自动，而且因为有了在劳力上劳心，脚踏实地的“做”为它的中心，精神便随“做”而愈加奋发。

《教学做合一讨论集》（1951年7月教育书店版）

注释

〔1〕狄克推多　英文dictator的音译，意为“独裁官”。古罗马共和国的非常任长官，任内权力不受任何限制，但任期不得超过半年。

〔2〕《墨辩》　指《墨子》中的《经》上、下和《经说》上、下四篇。晋鲁胜曾为之作注，早佚。现仅存《墨辩叙》。

〔3〕哥仑布　通译哥伦布（C. Colombo，约1451—1506）。意大利航海

家，一般认为他是美洲新大陆的发现者。

〔4〕瓦雷士　通译华莱士（Alfred Russel Wallace，1823—1913）。英国博物学家。曾旅行各地，进行生物区系的比较研究。1858 年独立提出生物进化的自然选择学说，与达尔文的进化学说论文同时在伦敦林耐学会上宣读。学术界公认他与达尔文均是进化论的首倡者。

〔5〕尤克雷地　通译欧几里得（Euclid，约前 330—前 275）。古希腊数学家。他在总结前人研究成果的基础上，用演绎法叙述平面几何学，创立欧几里得几何学。其《几何原本》十三卷，是世界上最早公理化的数学著作。

地方教育与乡村改造

教育就是生活的改造。我们一提及教育便含了改造的意义。教育好比是火，火到的地方，必使这地方感受他的热，热到极点，便要起火。“一星之火，可以燎原”，教育有这样的力量。教育又好比是冰，冰到的地方，必使这地方感受他的冷，冷到极点，便要结冰。教育有力量可以使人“冷到心头冰到魂”。或是变热，或是变冷，都是变化。变化到极点，不是起火便是结冰。所以教育是教人化人。化人者也为人所化。教育总是互相感化的。互相感化，便是互相改造。

社会是个人结合所成的。改造了个人便改造了社会，改造了社会便也改造了个人。寻常人以为办学是一事，改造社会又是一事，他们说：“办学已经够忙了，还有余力去改造社会吗?”他们不知道学校办的得法便是改造社会。没有功夫改造社会便是没有功夫办学。办学和改造社会是一件事，不是两件事。改造社会而不从办学入手，便不能改造人的内心；不能改造人的内心，便不是彻骨的改造社会。反过来说，办学而不包含社会改造的使命，便是没有目的，没有意义，没有生气。所以教育就是社会改造，教师就是社会改造的领导者。在教师的手里操着幼年人的命运，便操着民族和人类的命运。

寻常人又以为改造社会是要多数人干，决不是少数教师所能胜任的。尤其在穷乡僻壤中的小学有时只有一位教师，更觉得单身匹马不能有所作为。他们说：“教师岂能独脚戏?”说这话的人忘记了他的四周都可以找着同志。孔子说：“十室之邑，必有忠信。”又说："德不孤，必有邻。"这是孔子的经验谈。乡村虽小，必定可以找得着几位黄泥腿的领袖和我们合作。只须找着一两位，进行起来，便能事半功倍。不但如此，同志便在眼前，一个个学生都可以成为活龙活虎的小同志。只要教师们放下孤高的架子，改造乡村的忠实同志正多着咧。

寻常人又以为改造社会是劝人家干或替人家干。这两种方式都是表面的工作。劝人戒烟、戒赌，或是劝人爱人、爱国，都是自己用嘴说说，便要人家负实行的责任，当然是没有多大效验的。有些人见他没有多大效验，便改变方针，替人家干。这样一来，受替代的人便难免发生惭愧，如不惭愧，便要发生依赖。自己居于高尚的地位，而令人惭愧；或自己处于赈济的地位，而令人依赖，都不是好法子。替人家干还含有一个不稳固的因子，就是到了终局，难免人存政举，人亡政息。那么，社会改造究竟要采取什么方式？依我看来只有团结同志，共同去干，方能发生宏大久远的效力。真团体是要从扫除公敌，图谋公益，发挥公意上创造出来的。

寻常人最后还有一个误解，就是误认读书为教育。只要提到教育，便联想到读书认字。他们以为一切教育都从读书认字出发。他们只管劝人家识字读书，不顾到别的生活需要。识字读书是人生教育的一部份，谁也不能否认。但是样样教育都硬要从教书入手，走不得几步便走不通了。乡村里面十岁以上大多数的儿童教育，大多数的成人教育，都要从经济及娱乐两方面下工夫，读书认字只好附带在这里面去干。倘使一定要从读书认字出发，怕是多数人不能接受，那么，对于改造社会的影响，便是很有限了。

上面所说的几点，都证明地方教育及乡村改造的成败，是靠着人才为转移。所以培养乡村师资是地方教育之先决问题，也就是改造乡村的先决问题。不在培养人才上做工夫，一切都是空谈。现今各县对于乡村教育及乡村改造已有浓厚的兴趣，但是对于一县的乡村师范，每年只肯化数千元。固然也有多化的，但是寥若晨星。我们要想达到运用教育改造乡村的目的，必须出代价去培养教师，去培养教师的教师。江苏加征亩捐是个最好的机会，我以为在这义务教育萌芽时期，这笔钱应当多用于培养教师，少用在开办新校。教师得人，则学校活，学校活，则社会活。倘使有活的教师，各办一所活的小学，作为改造各个乡村的中心，再以师范学校总其成，继续不断的领导各校各村前进，不出十年，必著成效。依我的愚见看来，这是地方教育根本之谋，也是改造乡村根本之谋。

《地方教育》第1期（1929年2月）

这 一 年*

晓庄学校头一年摸黑路的经过，已经在一周纪念刊[1]上发表过。现在我要从同志们在第二年所探获的结果里，拣那含有普遍性的，报告出来，以供大家参考，并求指教。

（一）二亲原则　我们自从跳进实际生活中去工作，便觉得真正的教育，必须使学者和人民万物亲近。与人民亲近是“做人”的第一步。与万物亲近是“格物”的大门口。专在书本上学“做人”“格物”的道理，究嫌隔膜。所以我们要把汗牛充栋的书本移在两旁，做我们生活的助手，不可使他们立在中央，把我们和人民、万物的关系离间掉。

（二）教学做合一　我们时常听见这样的批评：“教学做合一，好是很好，怕初级中学以下的学生不容易行。”我们现在可以答复：“教学做合一不但初级中学能行，小学也能行，就是幼稚园也无不可行。”本来，教学做合一只是生活法。既是生活法，那么，凡是活人都是能行的。只须看看晓庄幼稚园小朋友所种的菜，这种问题是不必辩论了。教学做合一的制度最须要考核。在这一年之终，我们已经找到了具体办法去考核成绩，以后进行自可比从前更有把握。

（三）集团的中心　我们开始便主张以乡村小学做改造乡村社会的中心。倘使单凭一个光棍的小学去改造社会，力量当然薄

---

* 本篇系为晓庄学校成立二周年而作。曾在 1929 年 3 月 15 日召开的纪念会上演说。后在《地方教育》发表时，易题为《第二年的晓庄》。

弱，收效也是很慢。不过倘使小学教师转个念头，把好村民以及小学生都当为合力作战的同志，力量也就不孤了。如果进一步，把一县或一区的中心小学团结联络起来，而以一乡村师范总其成，那么，力量既然集中，收效自可加速。这种集团的中心，本校正在试验着。

（四）乡村幼稚园　幼稚园为乡村最需要的一种教育，已由理论而得到实际的证明。这一年中，晓庄幼稚园、尧化门幼稚园、万寿庵幼稚园、和平门幼稚园继燕子矶幼稚园而起，不久便可以普及到中心小学所在之村庄。这是乡村儿童教育的基础，乡村妇女教育的大关键，应当切实推广的。

（五）生活教育的五目标　生活教育的目标，分析开来，在乡村小学里，应当包含五种：一、康健的体魄；二、农人的身手；三、科学的头脑；四、艺术的兴趣；五、改造社会的精神。我主张以国术来培养康健的体魄，以园艺来培养农人的身手，以生物学来培养科学的头脑，以戏剧来培养艺术的兴趣，以团体自治来培养改造社会的精神。园艺、生物、团体自治已稍有成效可睹，国术与戏剧，尚待试行。

（六）大家一同干　民众活动有三种方式：一是观民众干，二是替民众干，三是和民众一同干。晓庄取第三种方式，和民众一同干。我们觉得观民众干是自己处于旁观地位；替民众干是令民众处于旁观地位，更有人存政举、人亡政息之弊。惟独加入民众当中做一份子和他们一同起劲的干，才是最有效的民众活动。

（七）经济中心的乡村妇女教育　乡村妇女教育若从文字入手，往往失败。晓庄开办乡村妇女教育失败过三次，引起不少人的灰心。但是抱着屡败屡战的精神，我们便决定改变方法，以生利训练为中心，而以文字和别种训练为副。现在试验期短，尚不能有具体成效，但似乎是一条比较可以走得通的路。〔2〕

（八）民众的武力　从前晓庄五里以内有烟馆二十六所。新年赌博遍地皆是，匪警也是常有的。但是自从联村自卫团[3]组织以来，民众的武力造成，公安局及驻军联盟缔结，四十里周围之烟赌匪患便一扫而空。试以赌博为例，茶馆一有赌博，小学生便潜去参观。学校一年教不好的孩子，赌场一天可以把他教坏。那么，造成民众武力以扫除那毁坏教育工作之恶势力，怕也是我们应当注意的一件事罢。

（九）戏剧力量的伟大　　南国社[4]同志第一次到晓庄来的那一天是最可纪念的。那天晚上我们看见革命的艺术初次下乡与革命的教育携手。不久，我们便成立了晓庄剧社，把农民生活捧上舞台。阴历正月从元旦起演了五天。连赌博烟馆的民众都被我们吸收来了，这是多么痛快的事啊！而且受着公演的压迫，演员对于音乐、文学、国语、应对以及种种人生艺术，都可藉以一日千里的前进。我们深信戏剧有唤醒农民的力量。从心头滴下来的眼泪是能感动人的。

（十）想到而没有做到的　　我们还有几件想到而没有做到的事情，写出来请乡村教育同志注意。一是县长训练的重要。县长为亲民之官，在历史上享有特别重要地位。现在以县为自治单位，这个位置是要格外显得重要了。有了好的县长，乡村教育同志一年可以干出十年的成绩；没有好的县长，十年做不出一年的事业。培养两千位好县长，中国乡村教育，不，中国的建设，可算是干成一大半了。二是农暇副业的重要。中国农人全年约有五个月空闲没得事做，假使能乘这个机会训练他们些副业，那么，他们的生计立刻可以好些。三是如何训练农民享受工业文明的利益而不致被他淘汰。中国虽是以农立国，但趋势是向着工业文明前进的。如何叫机器为农人做工而不致把农民吞掉，是乡村教育一个顶大的问题。

最后，我还要说去年所说过的一句话。要想完成乡村教育的使命，属于什么计划方法都是次要的，那超过一切的条件是同志们肯不肯把整个的心献给乡村人民和儿童。真教育是心心相印的活动。

唯独从心里发出来的，才能打到心的深处。

《乡教丛讯》第3卷第3期（1929年3月15日）

注释

〔1〕指纪念晓庄师范成立一周年时《乡教丛讯》所出的纪念刊。

〔2〕指于是年3月10日成立的晓庄学校妇女工学处。该团体由陶行知胞妹陶文渼担任指导员，组织晓庄附近的农妇利用农暇边工边学。

〔3〕联村自卫团　晓庄学校周围各村联合组织的民间自卫武装，目的在于根绝匪患。是陶行知倡议筹建的，其骨干力量是晓庄学校师生。正式成立于1928年5月。陶行知任团长。

〔4〕南国社　时称南国剧社。是戏剧家田汉所组织的进步话剧团体。1929年1月曾专门到晓庄学校演出。

行是知之始

阳明先生说："知是行之始，行是知之成。"我以为不对：行是知之始，知是行之成。我们先从小孩子说起。他起初必定是烫了手才知道火是热的，冰了手才知道雪是冷的，吃过糖才知道糖是甜的，碰过石头才知道石头是硬的。太阳地里晒过几回，厨房里烧饭时去过几回，夏天的生活尝过几回，才知道抽象的热；雪菩萨做过几次，霜风吹过几次，冰淇淋吃过几杯，才知道抽象的冷；白糖、红糖、芝麻糖、甘蔗、甘草吃过几回，才知道抽象的甜；碰着铁，碰着铜，碰着木头，经过好几回，才知道抽象的硬。才烫了手又冰了脸，那么，冷与热更能知道明白了；尝过甘草接着吃了黄连，那么，甜与苦更能知道明白了；碰着石头之后就去拍棉花球，那么，硬与软更能知道明白了。凡此种种，我们都看得清楚"行是知之始，知是行之成"。佛兰克林〔1〕放了风筝，才知道电气可以由一根线从天空引到地下。瓦特〔2〕烧水，看见蒸汽推动壶盖，便知道蒸汽也能推动机器。加利里〔3〕翁在毕撒〔4〕斜塔上将轻重不同的球落下，便知道不同轻重之球是同时落地的。在这些科学发明上，我们又可以看得出"行是知之始，知是行之成"。①

《墨辩》提出三种知识：一是亲知，二是闻知，三是说知。亲知是亲身得来的，就是从"行"中得来的。闻知是从旁人那儿得来的，或由师友口传，或由书本传达，都可以归为这一类。说知是推想出来的知识。现在一般学校里所注重的知识，只是闻知，几乎以

作者原注：①上一段曾在《乡教丛讯》第二卷第一期发表。

闻知概括一切知识，亲知是几乎完全被挥于门外。说知也被忽略，最多也不过是些从闻知里推想出来的罢了。我们拿“行是知之始”来说明知识之来源，并不是否认闻知和说知，乃是承认亲知为一切知识之根本。闻知与说知必须安根于亲知里面方能发生效力。

试取演讲“三八主义”[5]来做个例子。我们对一群毫无机器工厂劳动经验的青年演讲八小时工作的道理，无异耳边风。没有亲知做基础，闻知实在接不上去。假使内中有一位青年曾在上海纱厂做过几整天工作或一整天工作，他对于这八小时工作的运动的意义，便有亲切的了解。有人说：“为了要明白八小时工作就是这样费力的去求经验，未免小题大做，太不经济。”我以为天下最经济的事，无过于这种亲知之取得。近代的政治经济问题便是集中在这种生活上。从过这种生活上得来的亲知，无异于取得近代政治经济问题的钥匙。

亲知为了解闻知之必要条件，已如上述。现再举一例，证明说知也是安根在亲知里面的。

白鼻福尔摩斯一书里面有一个奇怪的案子：一位放高利贷的老头子被人打死后，他的房里白墙上有一个血手印，大得奇怪，从手腕到中指尖有二尺八寸长。白鼻福尔摩斯一看这个奇怪手印，便断定凶手是没有手掌的，并且与手套铺是有关系的。他依据这个推想，果然找出住在一个手套铺楼上的科尔斯人就是这案的凶手，所用的凶器便是挂在门口做招牌的大铁手。他的推想力不能算小，但是假使他没有铁手招牌的亲知，又如何推想得出来呢？

这可见闻知、说知都是安根在亲知里面，便可见“行是知之始，知是行之成”。

《乡教丛讯》第3卷第12期（1929年7月30日）

注释

〔1〕佛兰克林　通译富兰克林（Beniamin Franklin，1706—1790），美国

政治家、科学家。他通过放风筝进行科学实验，终于发明了避雷针。

〔2〕瓦特　即詹姆斯·瓦特（James Watt，1736—1819），英国发明家，蒸汽机的改进者。瓦特蒸汽机为工业革命作出了巨大贡献。

〔3〕加利里　通译伽利略（Galileo Galilei，1564—1642），意大利物理学家、天文学家。曾发明望远镜等。

〔4〕毕撒　通译比萨（Pisa）。意大利西部古城，世界闻名的比萨斜塔座落于此。

〔5〕三八主义　通称“三八制”。1886 年 5 月 1 日，美国芝加哥等地工人举行大罢工，要求每天工作八小时、教育八小时和休息八小时。

晓庄三岁敬告同志书

今日是何日？
当念三年前。
愿从今日起，
更结万年缘。

三年前的今日，老山下的小庄[1]出了一桩奇事。他们是来扫墓吗？香烛在哪儿？强盗来分赃吗？如何这样客气？他们是开学哟。开学？学堂在哪儿？连燕子都不肯飞来的地方，忽然这样热闹！奇怪得很！

不错，我们是来开学。说得更〈确〉切些，我们是来开工。还不如说，我们是在这儿来开始生活。“从野人生活出发，向极乐世界探寻”，是我们今天所立的宏愿。学堂是有的，不过和别的学堂不同。他头上顶着青天，脚下踏着大地，东南西北是他的围墙，大千世界是他的课室，万物变化是他的教科书，太阳月亮照耀他工作，一切人，老的、壮的、少的、幼的、男的、女的都是他的先生，也都是他的学生。晓庄生来就是这样的一副气骨。

到了今天，已经是三周年了，说到可以看见的成绩，真是微乎其微。他所有的茅草屋，稍微有点财力的人，只要两个月就可以造得成功，一阵野火，半天便可以把他们烧得干干净净。至于每个同志之所有，除了一颗血红的心和一些破布烂棉花的行李之外，还有什么可说？然而晓庄毕竟有那野火烧不尽的东西。这些东西的价值，也许只等于穷人家在天寒地冻时之破布烂棉花，也许就是因为这些破布烂棉花的力量，那血红的心才能继续不断的跳动，那怀抱着这血红的心的生命便能生生不已。我现在所高兴说的就是这些东西。

晓庄是从爱里产生出来的。没有爱便没有晓庄。因为他爱人类，所以他爱人类中最多数而最不幸之中华民族；因为他爱中华民族，所以他爱中华民族中最多数而最不幸之农人。他爱农人只是从农人出发，从最多数最不幸的出发，他的目光，没有一刻不注意到中华民族和人类的全体。在吉祥学园〔2〕里写了两句话："捧着一颗心来；不带半根草去。"晓庄是从这样的爱心里出来的。晓庄可毁，爱不可灭。晓庄一天有这爱，则晓庄一天不可毁。倘使这爱没有了，则虽称为晓庄，其实不是晓庄。爱之所在即晓庄之所在。一个乡村小学里的教师有了这爱，便是一个晓庄；一百万个乡村小学里的教师有了这爱，便是一百万个晓庄。虽是名字不叫晓庄，实在是真正的晓庄了。

晓庄三年来的历史，就是这颗爱心之历史——这颗爱心要求实现之历史。有了爱便不得不去找路线，寻方法，造工具，使这爱可以流露出去完成他的使命。流露的时候，遇着阻力便不得不奋斗——与土豪劣绅奋斗，与外力压迫奋斗，与传统教育奋斗，与农人封建思想奋斗，与自己带来之伪智识奋斗。这奋斗之历史，也就是这颗爱心之历史。晓庄没有爱便不能奋斗，不能破坏，不能建设，不能创造。个人没有爱，便没有意义，即使在晓庄，也不见得有贡献。所以晓庄和各个同志的总贡献——破坏与创造——如果有的话，都是从爱里流露出来的。晓庄生于爱，亦惟有凭着爱的力量才能生生不已咧。

我们最初拿到晓庄来试验的要算是教学做合一的理论了。当初的方式很简单。他的系统也就是在晓庄一面试验一面建设起来的。这个理论包括三方面：一是事怎样做便怎样学，怎样学便怎样教；二是对事说是做，对己说是学，对人说是教；三是教育不是教人，不是教人学，乃是教人学做事。无论那方面，"做"成了学的中心，即成了教的中心。要想教得好，学得好，就须做得好。要想做得好，就须“在劳力上劳心”，以收手脑相长之效。这样一来，我们便与两种传统思想短兵相接了。一是孟子的“劳心者治人，劳力者治于人”的二元论。这种二元论在中国的力量是很大的。他在教育上的影响是：教劳心者不劳力；不教劳力者劳心。结果把中华民族划成两个阶级，并使科学的种子长不出来。二是先知后行的谬论。阳明虽倡知行合一之说，无意中也流露出“知是行之始”之意见。东原更进一步的主张：“重行必先重知。”这种主张在中国教育上的影响极深。“知是行之始”一变而为“读书是行之始”，再变而为“听讲是行之始”。“重行必先重知”也有同样的流弊。请看今日学校里的现象，那一处不是这种谬论所形成。不入虎穴，焉得虎子。知识是要自己像开矿样去取来的。取便是行。中国学子被先知后行的学说所麻醉，习惯成了自然，平日不肯行，不敢行，终于不能行，也就一无所知。如果有所知，也不过是知人之所知，不是我之所谓知。教学做合一既以做为中心，便自然而然地把阳明、东原的见解颠倒过来，成为：“行是知之始”，“重知必先重行”。我很诚恳的敬告全国的同志：“有行的勇气，才有知的收获。”先知后行学说的土壤里，长不出科学的树，开不出科学的花，结不出科学的果。

教学做合一的理论最初是应用在培养师资上面的。我们主张培养小学教师要在小学里做，小学里学，小学里教。这小学是培养小学教师的中心，也就是师范学校的中心，不是他的附属品，故不称他为附属小学而称他为中心小学。培养幼稚园教师的幼稚园和培养中学教师的中学，都是中心学校而不是附属学校。现在实行的学园制即是艺友制，每学园有导师、艺友及中心学校，更进一步求教学做合一的主张之贯彻。现今师范教育之传统观念是先理论而后实习，把一件事分作两截，好一比早上烧饭晚上请客。除非让客人吃冷饭，便须把饭重新烧过。教学做合一的中心学校就是要把理论与实习合为一炉而冶之。

教学做合一不是别的，是生活法，是实现生活教育之方法。当初，生活教育戴着一顶“教育即生活”的帽子。自从教学做合一的理论试行以后，渐渐的觉得“教育即生活”的理论行不通了。一年前我们便提出一个“生活即教育”的理论来替代。从此生活教育的内容方法便脉脉贯通了。

“生活即教育”怎样讲？是生活即是教育，是好生活即是好教育，是坏生活即是坏教育；有目的的生活即是有目的的教育，无目的的生活即是无目的的教育；有计划的生活即是有计划的教育，无计划的生活即是无计划的教育；合理的生活即是合理的教育，不合理的生活即是不合理的教育；日常的生活即是日常的教育；进步的生活即是进步的教育。依照生活教育的五大目标说来：康健的生活即是康健的教育，劳动的生活即是劳动的教育，科学的生活即是科学的教育，艺术的生活即是艺术的教育，改造社会的生活即是改造社会的教育。反过来说，嘴里念的是劳动教育的书，耳朵听的是劳动教育的演讲，而平日所过的是双料少爷的生活。在传统教育的看法不妨算他是受劳动教育，但在生活教育的看法则断断乎不能算他是受劳动教育。生活教育是运用生活的力量来改造生活，他要运用有目的有计划的生活来改造无目的无计划的生活。

生活教育既以生活做中心，立刻就与几种传统思想冲突。第一种传统思想与生活教育冲突的是文化教育。他以文化为中心。德国战前之教育即是以文化为中心。中国主张此说的也不少。依生活教育的见解，一切文化只是生活的工具。文化既是生活的工具，那能喧宾夺主而做教育的中心？第二种传统思想与生活教育冲突的是教、训分家。在现代中国学校里教、训分家是普遍的现象。教育好像是教人读书，训育好像是训练人做人或是做事；教育好像是培养智识，训育好像是训练品行；教育又好像是指所谓之课内活动，训育则好像是指所谓课外活动。所以普通学校里，有一位教务主任专管教育，又有一位训育主任专管训育。某行政机关拟以智仁勇为训育方针，那么，教育方针又是什么呢？生活教育的要求是：整个的生活要有整个的教育。每个活动都要有目标，有计划，有方法，有工具，有指导，有考核。智识与品行分不开，思想与行为分不开，课内与课外分不开，做人做事与读书分不开，即教育、训育分不开。生活教育之下只有纵的分任，决无横的割裂。某人指导团体自治，某人指导康健是可以的。这是纵的分任。若是团体自治的智识是功课以内归教务主任管，团体自治的行为是功课以外归训育主任管，这就是生活的横的割裂，决说不过去。第三种传统思想与生活教育冲突的是教育等于读书。生活教育指示我们说：过什么生活用什么工具。书只是生活工具之一种，是要拿来活用的，不是拿来死读的。书既是用的，那么，过什么生活便用什么书。第四种传统思想与生活教育冲突的是学校自学校、社会自社会。从前学校门前挂着闲人莫入的虎头牌以自绝于社会，不必说了，就是现在高谈学校社会化，或是社会学校化的地方也往往漠不相关。生活即教育的理论一来，他立刻要求拆墙，拆去学校与社会中间之围墙使我们可以达到亲民亲物的境界。不但如此，他要求把整个的社会或整个的乡村当作学校。与“生活即教育”蝉联而来的就是“社会即学校”。第五种传统思想与生活教育冲突的就是漠视切身的政治经济问题。我们既承认“社会即学校”，那么，社会的中心问题便成了学校的中心问题。这中心问题就是政治经济问题。我们最初定教育目标时对于政治经济即特别重视。赵院长[3]后来又作有力的宣言说：“生活教育是教人做工求知管政治。”江问渔先生近著《富教合一》和《政教合一》两篇文字使生活教育之内容更为明显。我也作《富教合一后论》、《政教合一后论》、《政富合一论》以尽量发挥三者之关系，终于构成政富教合一理论之系统。晓庄所办之自卫团、妇女工学处，现在向省政府建议设置之试验乡[4]以及十九年度计划中之生产事业，都是想把政治、经济、教育打成一片，做个政富教合一的小试验。政富教合一的根本观念是要将政富教三件事合而为一。

如何使他们合起来？要叫他们在“遂民之欲达民之情”上合起来。现在这三件事的中间有很大的鸿沟。他的根本原因不外三种：一是富人拿政治与教育作工具以遂富人之欲而达富人之情；二是政客拿富力与教育作工具以遂政客之欲而达政客之情；三是不肯拿教育给富人和政客做工具的教师们存了超然的态度，不知教人民运用富力和政治力以遂民之欲达民之情。我们要知道等到富力成为民的富力，政治力成为民的政治力，然后生活才算是民的生活，教育才算是民的教育。在教育的立场上说，我们所负的使命：（一）是教民造富；（二）是教民均富；（三）是教民用富；（四）是教民知富；（五）是教民拿民权以遂民生而保民族。我们要教人知道，不做工的不配吃饭，更不配坐汽车。我们要教人知道“朱门酒肉臭，路有冻死骨”是最大的罪孽。我们要教人知道富力如同肥料，堆得太多了要把花草的生命烧死。我们要教人民造富的社会，不造富的个人。从农业文明进到工业文明，我们要教农民做机器的主人，不做机器的奴隶。这种主张，不消说，不但和“先富后教”、教育不管政治一类的传统思想冲突，凡是凭着特殊势力以压迫人民，致使民之欲不得遂、民之情不得达的，都是我们的公敌。

最后，晓庄是同志的结合，我不要忘记了叙述。晓庄的茅草屋一把野火可以烧得掉。晓庄的同志饿不散，冻不散，枪炮惊不散。我们是为着一个共同的使命来的。这使命便是教导乡下阿斗做中华民国的主人。要想负得起这个使命，便不能没有特殊的修养。这是我们自己勉励的几条方针：

（一）自立与互助

“滴自己的汗。吃自己的饭。自己的事自己干。靠人靠天靠祖上，不算是好汉。”这首《自立歌》，晓庄的人是没有不会唱的了。我们所求的自立，便是这首歌所指示的。但是自立不是孤高，不是自扫门前雪。我们不但是一个人，并且是一个人中人。人与人的关系是建筑在互助的友谊上。凡是同志，都是朋友，便当互助。倘不互助，就不是朋友，便不是同志。我们唱一首互助歌罢：“小小的村庄，小小的学堂，小小的学生，个个是好汉。好汉！好汉！帮人家的忙。”

（二）平等与责任

在晓庄，凡是同志一律平等。共同立法的时候，师生工友都只有一权。违法时处分也不因人而异。我们以为，在同一的团体里要人共同守法，必须共同立法。但同志的法律地位虽平等而责任则因职务而不同。职务按行政系统分配，各有各的职务，即各有各的责任。责任在指挥，当行指挥之权；责任在受指挥，应负受指挥之义务。

（三）自由与纪律

晓庄团体行动有一致遵守的纪律，五十岁以上及对本校学术有特殊贡献的人，得由本校赠与晓庄自由章，不受共同纪律之限制。但这些纪律的目的，无非也是增进团体生活的幸福，防止个人自由之冲突。晓庄毕竟不但是个“平等之乡”，而且是个“自由之园”。晓庄以同志的志愿为志愿，以同志的计划为计划，以同志的贡献为贡献。晓庄虽然希望每个同志对于共同的志愿、计划是要有些贡献，但是乡村教育的范围广漠无边，除非是身在乡下心在城里的人，总可以找出一两样符合自己的才能兴味。大部分的生活都是供大家自由的选择。学园的成立是由于园长选同志，同志选园长，格外合乎自由的意义。试验自由是各学园的础石。晓庄所要求于个人的只是每个人都要有计划，要按着自己的计划进行。至于什么计划，如何实现，都是个人的自由。在理想的社会里，凡是人的问题都可以自由的想，自由的谈，自由的试验。晓庄虽然没有达到这种境界，但愿意努力创造这样的一个社会。这里含蓄着进步的泉源，这里孕藏着人生的乐趣。乡下人的面包已经给人家夺去一半了，剩下这点不自由的自由是多么的尊贵哟！

（四）大同与大不同

这又是一对似乎矛盾而实相成的名词。我们试到一个花园里面去看一看：万紫千红，各有他的美丽；那构成花园的伟观的成分，正是各种花草的大不同处。将这些大不同的花草分别栽种，使他们各得其所，及时发荣滋长，现出一种和谐的气象，令人一进门便感觉到生命的节奏，这便是大同之效。晓庄不是别的，只是一个“人园”，和花园有相类的意义。我们愿意在这里面的人，都能各得其所，现出各人本来之美，以构成晓庄之美。如果要找一个人中模范，教一切人都学成和他一样，无异于教桃花、榴花拜荷花做模范。我们当教师的，实在需要园丁的智慧。晓庄不但是不要把个个学生造成一模一样，并且也不愿他们出去照样画葫芦。晓庄同志无论到什么地方去，如果只能办成晓庄一样的学校，便算本领没有学到家，便算失败。没有两个环境是相同的，怎能同样的办？晓庄同志要创造和晓庄大不同的学校，才算是和晓庄同，才算是第一流的贡献，才算是有些成功。

同志们！记牢了我们的使命是教导乡下阿斗做中华民国的主人。乡下阿斗没有出头之先，我们休想出头。乡下阿斗没有享福之先，我们休想享福。我们若是赶在农人前面去出头享福，只此一念便是变相的土豪劣绅。与农人同甘苦，共休戚，才能得到光明，探出生路。我们大家唱首《劳山歌》为中华民国的主人努力吧！

老山劳，
小庄晓；
咱锄头，
起来了。
老山劳，
小庄晓；
新时代，
推动了。

《乡村教师》第7期（1930年3月15日）

注释

〔1〕老山、小庄　均为南京左近地名，晓庄师范校址在此地。该校创办时，陶行知将老山改名为劳山（音谐），取“劳力上劳心”之意趣；又将小庄改名为晓庄（音谐），取“日出而作”前途光明之意趣。

〔2〕吉祥学园　原名晓庄师范吉祥庵中心小学，曾短期更名为吉祥学院。因校址位于吉祥庵，故名。该校创办于 1928 年 3 月。

〔3〕即赵叔愚。他曾任晓庄师范第一院院长。

〔4〕指陶行知呈请江苏省民政厅，请将晓庄学校所在的北固乡划作试验乡事。江苏省民政厅曾批文准予试验，后因晓庄学校遭封闭，未克进行。

生活即教育*

今天我要讲的是“生活即教育”。中国从前有一个很流行的口号，我们常用得很多而且很熟的，就是“教育即生活”（Education of life)。教育即生活这句话，是从杜威（John Dewey）先生那里来的，我们在过去是常常用他，但是从来没有问过这里边有什么用意。现在，我把他翻了半个筋斗，改为“生活即教育”。在这里，我们就要问：“什么是生活?”有生命的东西，在一个环境里生生不已的就是生活。譬如一粒种子一样，他能在不见不闻的地方而发芽开花。从动的方面看起来，好像晓庄剧社[1]在舞台演戏一样。《生活即教育》这个演讲，从前我已经讲了两套，现在重提我们的老套。

第一套就是：

是生活就是教育，不是生活的就不是教育；

是好生活就是好教育，是坏生活就是坏教育；

是认真的生活就是认真的教育，是马虎的生活就是马虎的教育；

是合理的生活就是合理的教育，是不合理的生活就是不合理的教育；

不是生活，就不是教育；

---

* 本篇系演讲记录。1930 年 1 月，晓庄学校主办乡村教师讨论会，陶发表了专题演讲。记录者为戴自俺、孙铭勋。本文在收入《教学做合一之系统研究》（唐文粹编著）一书时，曾作了某些删改。

所谓之生活未必是生活，就未必是教育。

第二套是第二次讲的时候包括进去的，是按着我们此地的五个目标加进去的，就是：

是康健的生活，就是康健的教育，是不康健的生活，就是不康健的教育；

是劳动的生活，就是劳动的教育，是不劳动的生活，就是不劳动的教育；

是科学的生活，就是科学的教育，是不科学的生活，就是不科学的教育；

是艺术的生活，就是艺术的教育，是不艺术的生活，就是不艺术的教育；

是改造社会的生活，就是改造社会的教育，是不改造社会的生活，就是不改造社会的教育。

近来，我们有一个主张，是每一个机关，每一个人在十九年里都要有一个计划。这样，在十九年里我们所过的生活，就是有计划的生活，也就是有计划的教育。于是，又加了这么一套：

是有计划的生活，就是有计划的教育；是没有计划的生活，就是没有计划的教育。

我今天要说的就是：我们此地的教育，是生活教育，是供给人生需要的教育，不是作假的教育。人生需要什么，我们就教什么。人生需要面包，我们就得受面包教育；人生需要恋爱，我们就得过恋爱生活，也就是恋爱的教育。照此类推，照加上去：是那样的生活，就是那样的教育。

与“教育即生活”有联带关系的就是“学校即社会”。“学校即社会”也就是跟着“教育即生活”而来的，现在我也把他翻了半个筋头，变成“社会即学校”。整个的社会活动，就是我们的教育范围，不消谈什么联络，而他的血脉是自然流通的。不要说“学校社会化”。譬如现在说要某人革命化，就是某人本来不革命，假使某人本来是革命的，还要他“化”什么呢？讲“学校社会化”，也是犯同样的毛病。“社会即学校”，我们的学校就是社会，还要什么“化”呢？现在我还有一个比方：学校即社会，就好像把一只活泼泼的小鸟从天空里捉来关在笼里一样，他要以一个小的学校去把社会上所有的一切东西都吸收进来，所以容易弄假。社会即学校则不然，他是要把笼中的小鸟放到天空中去，使他能任意翱翔，是要把学校的一切伸张到大自然里去。要先能做到“社会即学校”，然后才能讲“学校即社会”；要先能做到“生活即教育”，然后才能讲到“教育即生活”。要这样的学校才是学校，这样的教育才是教育。

杜威先生在美国为什么要主张教育即生活呢？我最近见着他的著作，他从俄国回来，他的主张又变了，已经不是教育即生活了。美国是一个资本主义的国家，他们是零零碎碎的实验，有好多教育家想达到的目的不能达到，想实现的不能实现，然而在俄国已经有人达到了，实现了。假使杜威先生是在晓庄，我想他也必主张“生活即教育”的。

杜威先生是没有到过晓庄的，克伯屈〔2〕先生是到过晓庄来的，克伯屈先生离了俄国而来中国，他说：“在离莫斯科不远的地方，有一个人名夏弗斯基〔3〕的，他在那里办了一所学校，主张有许多与晓庄相同的地方。”我见了杜威先生的书，他说现在俄国的教育，很受这个地方的影响，很注重这个地方。他们也主张生活即教育，社会即学校。克伯屈先生问我们在文字上通过消息没有？我说没有。我又问他：“夏弗斯基这个人是不是共产党？”他说不是。我又问他：“他不是共产党，又怎么能在共产党政府之下办教育呢？”他说：“因为他是要实现一种教育的理想，要想用教育的力量来解决民生问题，所以俄政府许可他试验，他在俄政府之下也能生存。”我又对他说：“这一点倒又和我相合，我在国民党政府之下办教育，而我也不是一个国民党党员。”这是克伯屈先生参观晓庄后与我所谈的话。

现在，我们这里的主张已经终于到了实现的时期了，问题是在怎样实现。这一点，可以分作三个时期：

第一个时期，是生活是生活，教育是教育，两者是分离而没有关系的。

第二个时期，是教育即生活，两者沟通了，而学校社会化的议论也产生了。

第三个时期，是生活即教育，就是社会即学校了。这一期也可以说得是开倒车，而且一直开到最古时代去。因为太古的时代，社会就是学校，是无所谓社会自社会学校自学校的。这一期也就是教育进步到最高度的时期。

其次，要讲生活即教育与社会即学校，有几方面是要开仗的，而且是不痛快、是很烦恼，而与我们有极大的冲突的。

第一，在这个时期，是各种思潮在中国谋实现的时期。中国几千年来的传统教育所支配的许多传统思想都要在此时期谋取得他的地位。第二，是外来的各种文化。如德国以前是以文化为中心的。这种文化，胡适之先生曾说是一种 Jantademin [Gentleman] 的文化，是充满着绅士气的，第二是英国的。

现在先说中国遗留下来的旧文化与我们的生活即教育是有冲突的。中国从前的旧文化，是上了脚镣手铐的。分析起来，就是天理与人欲，以天理压迫人欲，做的事无论怎样，总要以天理为第一要件。

他是以天理为一件事，人欲为一件事。人欲是不对的，是没有地位的。在生活即教育的原则之下，人欲是有地位的，我们不主张以天理来压迫人欲的。这里，我们还得与戴东原[4]先生的哲学打一打通。他说，理不是欲外之理，不是高高的挂在天空的；欲并不是很坏的东西，而是要有条有理的。我们这里主张生活即教育，就是要用教育的力量，来达民之情，顺民之意，把天理与人欲打成一片，并且要和戴东原先生的哲学联合起来。

与此有联带关系的就是“礼教”。现在有许多人唱“礼教吃人”的论调。的确，礼教吃的人，骨可以堆成一个泰山，血可以合成一个鄱阳湖。我们晓得礼是什么？以前有人说，礼是养生的，那是与生活即教育相通的。这种礼，我们不惟不打倒，并且表示欢迎。假若是害生之礼，那就是要把人加上脚镣手铐，那是与我们有冲突的，我们非打倒不可。因为生活即教育是要解放人类的。

再次，中国从前有一个很不好的观念，就是看不起小孩子。把小孩子看成小大人，以为大人能做的事，小孩也能做，所以五六岁的小孩，就要他读《大学》、《中庸》。换句话说，就是小孩子没有地位。我们主张生活即教育，要是儿童的生活才是儿童的教育，要从成人的残酷里把儿童解放出来。

还有一点要补充进去的，就是书本教育。从前的书本教育，就是以书本为教育，学生只是读书，教师只是教书。在生活即教育的原则之下，书是有地位的，过什么生活就用什么书，书不过是一种工具罢了。书是不可以死读的，但是不能不用。从前有许多像这样的东西，是非推翻不可的，否则不能实现“生活即教育”。

现在外面传进来的思潮，也有许多与我们是冲突的。以文化做一个例吧。以文化做中心的教育，他的结果是造成洋八股。文化是人类创造出来的，固然是非常的宝贵，但他也不过是一种工具而已，不能拿做我们教育的中心。人为什么要用文化？是要满足我们人生的欲望，满足我们生活的需要。电灯是文化，我们用了他，可以把一切看得更明白。无线电是文化，我们用了他，可以更便利。千里镜是文化，我们用了他，可以钻进土星、木星里去。……所以文化是生活的工具，他是有他的地位的。我们不惟不反对，并且表示欢迎。欢迎他来做什么呢？就是满足我们生活的需要。有些人把他弄错了，认他做一种送人的礼物，这是不对的。文化要以参加做基础，有了这参加的最低限度的基础，才能了解，才能加上去。生活即教育与以文化为中心的教育的不同，就是如此。

还有训育与生活即教育的理论怎么样？生活即教育与训育把训与教分家的关系怎样？生活即教育与社会即学校如何实现？小学里如何把他实现出来？假使诸位以为是行得通的，最好是每一个人拟一个方案来交我，那一部分可以实现，我们就拿那个地方当一个社会实现出来。

现在我举一个例说：去年因为天干，和平学园[5]因为急于要水吃，就开了一个井。井是学校开的，但是献给全村公用，不久就发现了两个大问题：

（一）每天出水二百担，不敷全村之用。于是大家都起早取水，后到的取不到水。明天又比别人早，甚至于一夜到天亮，都有取夜水的。到天亮时，井里的水已将干了。群聚在井边候水，一勺一勺的取，费尽了气力，才打出一桶水。

（二）大家围着取水，争先恐后，有时甚至用武力解决。

这种现象，假使是学校即社会，就可以用学校的权力来解决，由学校出个命令，叫大家照着执行。社会即学校的办法就不然，他觉得这是与全校人的生活有关系的，要全村的人来设法解决，于是就开了一个村民大会，一共到了六七十个人，共同来做一个吃水问题的教学做。到会的人，有老太婆，也有十二三岁的小孩子，公推了一位十几岁的小学生做主席。我和许多师范生，就组织了一个诸葛亮团，插在群众当中，保护这位阿斗皇帝。老太婆说的话顶多，但同时有许多人说话，大家听不清楚，而阿斗皇帝又对付不下来。这回，诸葛亮用得着了，他就起来指导。结果，共同议决了几件事：

（一）水井每天休息十小时，自下午七时至上午五时不许取水。违者罚洋一元，充修井之用。

（二）每天取水，先到先取，后到后取。违者罚小洋六角，充修井之用。

（三）公推刘君世厚为监察员，负执行处分之责。

（四）公推雷老先生为开井委员长，筹款加开一井，茶馆、豆腐店应多出款，富户劝其多出，于最短期内，由村民团结的力量，将井开成。

这几个议案是由阿斗会议所通过的。这就是社会即学校的办法。由此，我有几个感触：

（一）民众运动，要以对于民众有切身的问题为中心。否则，不能召集。

（二）社会运动，非以社会即学校则不能彻底实行。而社会即学校，是有实现的可能的。

（三）不要以为老太婆、小孩不可训练，只要有法子，只要能从他们切迫的问题着手。

（四）公众的力量比学校发生的大。假使由学校发命令解决，则社会上了解的人少，而且感情将由此分离。

（五）阿斗离了诸葛亮是不行的。和平门吃水问题，倘无相当指导，可以再过四五千年也不会解决。

（六）做民众运动是要陪着民众干，不要替民众干。训政工作要想训练中华国民，非此不可。

这就是以小学所在地做一个学校的例。其余的例很多，不必多举。社会即学校要如何的实现，请大家一样一样的做个方案，二次开会的时候再谈。

这是证明“生活即教育”与“社会即学校”是相联的，是一个学理。

关于“生活即教育”，我现在再来补充一套：我们是现代的人，要过现代的生活，就是要受现代的教育。不要过从前的生活。也不要过未来的生活。若是过从前的生活，就是落伍；若要过未来的生活，就要与人群隔离。以前有一部书叫做《明日之学校》[6]，大家以为很时髦的，讲得很熟的。我希望乡村教师，要办今日之学校，不要办明日之学校。办今日之学校，使小学生过今日之生活，受今日之教育。

《乡村教师》第 9 期（1930 年 3 月 29 日）

注释

〔1〕晓庄剧社　晓庄学校师生共组的戏剧团体，成立于 1929 年初，陶行知任团长并参加过演出。晓庄剧社不仅在学校周围演出，还在江浙一带作巡回演出，影响较大。

〔2〕克伯屈（Willian Heard Kilpatrick，1871—1965）　美国教育家，设计教学法的创始人。陶行知留学美国时的指导教师之一。

〔3〕夏弗斯基　苏联教育家。早在 1905 年，他就将杜威的学说介绍到俄国，并推行他的主张。十月革命后，曾任苏维埃政权教育人民委员，并在学校教育中继续试验杜威的主张，创办了第一所工学团，又创立了国民教育的实验站，它是一个教育科学研究机构暨幼儿园、小学、课外活动和成人教育的综合体。

〔4〕戴东原　即戴震（1723—1777），字东原。安徽休宁人。清代思想家、学者。

〔5〕和平学园　原名为和平门中心小学，属晓庄学校。1929 年下半年改名为和平学园，由陶行知兼任园长。

〔6〕《明日之学校》　亦译作《将来之学校》。美国教育家杜威的专著，初版于 1915 年，20 年代初在中国翻译出版。

护校宣言*

晓庄学校，被当局勒令停办了。被当局越过教育部而直接勒令停办了。被当局以秘密开会莫须有之罪名而勒令停办了。乡村教育之发祥地停办在乡村教育没有普及之前，是何等的痛心啊！中华民国的忠仆能以自己的生命换取中华民国之生命，又是何等的光荣啊！革命的教育摧残于所谓革命政府之手，是何等的令人难解，而又是何等的令人失望啊！但是晓庄的忧患的命运是自己造成的，无悔于心，更无怨于人。假使他所办的是假的教育，死的教育，残废的教育，奴隶的教育，我们可以担保他永远不会停办。就是中华民族亡了，他还是可以存在。无奈他要办真的教育，活的教育，健全的教育，主人的教育，那末随时随地都免不了要遭忌。三年三个月以来，我们孤军直入与张宗昌、褚玉璞〔1〕奋斗，与土豪劣绅贪官污吏奋斗，与乡下人之封建思想奋斗，与教育界之传统理论奋斗，与投机分子奋斗，与自己带来之伪知识奋斗，好多次都有全军覆没的危险。现在大难当头，朋友们很为我们忧虑，但在我们看来，这只是我们奋斗史剧中之一幕，而还不是最后的。这次当局断然以迅雷不及掩耳的手段停办晓庄学校，远因近因虽多，归总起来只是因为我们不肯拿人民的公器，做少数人的工具，不肯做文刽子手，去

---

* 1930 年 4 月 8 日，国民党南京国民政府勒令晓庄学校停办，理由是："该校违背三民主义，散发反动传单，勾引反动军阀，企图破坏京沪交通。"陶行知闻讯后，于次日写出《护校宣言》，并印成传单数千份散发、张贴。4 月 12 日，政府派出军警武装封闭了晓庄学校，并下令通缉校长陶行知。此宣言曾在国民党新闻检查控制不到的华北、东北各报刊载。

摧残现代青年之革命性。我们认清了教师之职务是教人学做主人。怎样才算是教人学做主人呢？过主人的生活，就是主人的教育。倘若嘴里读的是做主人的书，耳朵听的是做主人的话，而所过的是奴隶的生活，在传统的目光看来，或可算是主人的教育，但依生活教育的观点看来，则断断乎要称他为奴隶的教育，或是假的主人教育。因为我们要教人学做主人，所以对于侵犯这主人地位的势力，都要问个明白和他一决胜负。同是中华民国的主人，而在铁路上的反映，说得好听些，是有超等主人，头等主人，二等主人，三等主人，四等主人的分别；说得不好听些，中华民国的铁路仍旧是满清的遗制，坐花车的主人，坐头等车的奴隶，坐二等车的是奴隶的奴隶，还有奴隶的奴隶的奴隶，只好如同牲口一样，拥挤在三四等车里。这种人为的等级在革命政府之下，应当不应当存在？我们在三月三十一日曾经这样问过。〔2〕和记洋行〔3〕是英帝国主义在首都施行经济侵略的机关，最近以高压手段打伤失业工人，并且两人因此失踪。这种惨无人道的情形，在革命政府之下，应当不应当纠正？中山先生遗嘱，是要我们废除不平等条约；但当局是一面喊着革命外交的口号，一面交换礼炮，允许日本舰队登岸，让侮辱中华民国的敌人去敬礼中山先生的陵墓。并且还让他们驶入长江上游，如入无主人之国。中山先生有灵，该是如何痛心啊？这种侮辱主权的行为，在革命政府之下，应该不应该忍受？我们在四月五日曾经这样问过，可是我们立刻被人反问了。你们晓庄的人，为什么不安心在乡下办教育，而要跑几十里路来干这种运动。他们好像是说我们是有所为而来的，是有色彩的。那些不跑路，不说话，才是真正中华民国的主人咧。这个反问，便结果了晓庄。七日纪念周〔4〕，闻当局很严厉的说，国家的事有政府管，学生好管闲事，便是捣乱后方，便是反革命。教员不能制止，也是反革命。这样学校，非封不可。封闭几个学校不算什么事。晓庄便是这个态度下之第一个牺牲者。不过晓庄这个学校能不能封掉，却是一个疑问。（一）晓庄是同志的结合，不是少数几个人的私有品，拘捕几个人，不能叫他根本动摇。（二）晓庄的门可封，他的嘴不可封，他的笔不可封，他的爱人类和中华民族的心不可封。（三）晓庄以社会为学校，小而言之，他是和平门外四十里周围的乡村。大而言之，便是整个的世界。他本来没有门，封条贴在那里，倘使社会可封，则晓庄可封。（四）封闭晓庄的可能时期，怕是已经过了。在褚玉璞时代，晓庄是可以消灭的，过此以后，种子已遍撒全社会，在人所不到的地方，已经有了晓庄的生命。我们想不到人间有什么势力，可以把他们连根拔掉。（五）我们要用和平奋斗的精神来创造自由平等的世界，捣乱后方，反动暴动种种恶名加到我们身上来，是不伦不类的。我们尊重人类的理性，我们承认凡是人类都是可教的，就是以武力来压迫我们，我们还是一样的教他们去济弱扶倾，我们奋斗的工具是爱力不是武力。爱力如同镭之第三种射线〔5〕，不是一般辐射线，不是刀剑所能阻碍住的。照这样说来，那么就没有方法可以克服晓庄吗？有，有，有，晓庄所干的是顺着时代革命的革命教育，真自由可以消灭我们不自由之呼声，真平等可以化除我们不平等之要求，更大的爱可以包含我们的爱，站在时代革命更前线的是我们的导师。晓庄的同志，晓庄的朋友，大家一致起来爱护晓庄，爱护人权，爱护百折不回的和平奋斗，爱护教人做主人的革命教育，爱护向前向上进之时代革命，爱护自由平等的中华民国之创造，爱护人人有工做，人人有饭吃，人人有水仙花看的理想社会之实现。

《京报》（1930 年 5 月 17 日）

注释

〔1〕张宗昌、褚玉璞　北洋奉系军阀。张宗昌原为直系军阀，后投靠张作霖。1927 年晓庄师范创办时，他们盘踞南京，妄图阻挡北伐军收复南京。晓庄师生为驱除他们作出了贡献。

〔2〕指晓庄小学学生不买火车票旅游栖霞山并沿途散发《小朋友坐火车不打票宣言》这件事。陶行知是支持这次行动的，事后，当时的铁道部长孙科致函陶行知，要他对学生加以管束。陶行知当即复函，请他拟订《小学生免费旅行条例》。

〔3〕和记洋行　厂名。英商在南京下关开设的蛋厂。由于该厂虐待中国工人，1930 年 4 月 5 日，晓庄学校师生曾进城参加反帝示威游行。

〔4〕七日纪念周　纪念周，仪式名。国民党当局规定：各机关、团体、学校每周举行一次仪式，背诵孙中山遗嘱，以示不忘，这种形式称为纪念周。七日纪念周，指 1930 年 4 月 7 日国民党政府所举行的纪念周。

〔5〕指镭与铍粉的混合制剂，可作为中子放射源。这种放射源可穿透铁石，广泛用于探矿等事业。

教育改进*

吾人不但须教育，而且须好教育。改进之意即在使坏者变好，好者变为更好。社会是动的，教育亦要动。吾人须使之继续不断的改，继续不断的进。

教育改进包含两方面：有关于教育方针之改进，亦有关于教育方法之改进。教育方针随思潮为转移：有因个人兴致而偶然变更者，亦有因社会大势所趋而不得不变更者。教育方法受方针之指挥约束，必须与方针联为一气。方针未定得准，方法不与方针一致，均与吾人以改进之机会。比如航海，必须先定准方向。方向不定准，无论方法如何敏捷，如何洽意，只是行错路，究不能达目的地。但空悬一方针，船身能否抵制风浪，水手是否干练勇敢，食料与燃料敷用几时，均未打算清楚，则虽有方针，亦难达到目的地。故方针不准，应当改进；方法不与方针一致，亦应改进。航海如此，办学亦应如此。

论到中国教育方针，自办新学以来已经改变五六次。最初要吸收科学而又不忍置所谓国粹者于不顾，所以有“中学为体，西学为用”之主张，此种主张即是当时一种教育方针。光绪二十七年明定教育宗旨为忠君、尊孔、尚公、尚实、尚武。此种教育宗旨即表明其时之教育方针。民国元年，国体变更，教育方针因改为重在道德而以实利教育、军国民教育辅之，更以美感教育完成其道德。民国

---

* 本篇系陶行知给上海商务印书馆在 1930 年 7 月出版的《教育大辞书》撰写的词条。他为该辞书的特约编辑之一。

四年，申明教育宗旨，又改进为“注重道德，实利，尚武，并运之以实用”。民国八年，教育部组织教育调查会。该会建议“以养成健全人格，发展共和精神为教育宗旨”。所谓健全人格，须包含：“一、私德为立身之本，公德为服务社会国家之本。二、人生所必需之知识技能。三、强健活泼之体格。四、优美和乐之感情。”共和精神包含：“一、发挥平民主义，俾人人知民治为立国之根本。二、养成公民自治习惯，俾人人能负国家社会之责任。”民国十一年，第八届全国教育会联合会建议学制系统标准，即是关于教育方针之修正。嗣经教育部公布标准七条：“一、适应社会进化之需要。二、发挥平民教育精神。三、谋个性之发展。四、注意国民经济力。五、注意生活教育。六、使教育易于普及。七、多留地方伸缩余地。”此二十余年中，吾国教育方针，每隔四五年即修改一次，颇不稳定，论者辄讥为无方针之教育。其实中国方在过渡时代，又当各种思潮同时交流而至，方针不易固定。即以现在而论，吾人尚在歧路上考虑。吾意不出数年，中国教育方针必须再经一次变更。此次变更后，或可较为稳定。中国教育方针已经走过几层歧路，以吾观之，尚有两层最为重要之歧路：第一层，国家主义与国际主义。第二层，物质文明、精神文明与吸收物质文明而保存精神自由，并免去机械的人生观。改革固须改革，究竟如何改革方能进步，实属根本问题。

至于教育方法之改进，所包括之方面更多。学制、组织、行政、教师之训练、教材之选择与编辑、教学法之研究、校舍教具之设备、经费之筹措等种种问题，悉包括在内。如须一一详述其近年改进之途径，非本文篇幅所许。就教育方法论，却有极显著之进步。如由主观的逐渐移至客观的，由盲从的移至批评的，由少数人参与的移至多数人参与的，由一时兴会所致的移至慎重考虑的，由普通人议论出来的移至专门家屡试屡验的，不由人要喜形于色。但此种趋势只属起点而已。盖今日中国之教育方法亦有两个缺点：一是方法不与方针一致，造就一人不能得一人之用；二是从外国贩来整套之理想与制度不能适合国情，不能消化，不能在人民生活上发现健全之效力。此均为吾人应绞脑筋、运身手、谋改进之急务。

以上论教育方针与方法均须改进，兹进论如何改进之道。

一、办教育者必须承认，所办教育尚未尽善尽美，确有改进之可能。彼应持虚心的态度，彼应破一切成见、武断、知足。脑中积有痞块，决无改进希望。彼又应承认，有问题必有解决，有困难必可胜过，只须自己努力，无一不可以改进。若听天由命、不了了之之人，决不能望其改进。彼或是被人改进，但如无人乐意为之改进，则彼之存在只属幸运而已。

二、改进教育者必须明白自己之问题，又必须明白他人解决同类问题之方法。于是调查、参观实为改进教育之入手办法。国内调查、参观之发生效力者，可以择要述之。民国三年黄炎培之本国教育考察，民国十年孟禄等六人之实际教育调查，民国十二年中华教育改进社之全国教育统计调查，均为多区域、多问题之调查，影响亦甚普遍。又地方教育之调查，如民国七年南京高等师范学校之南京教育调查，民国十二年中华教育改进社之北京学校调查，只是地方教育调查之初步工作。一级教育之调查，如民国十二年中华教育改进社之小学教育调查，十四年俞子夷之调查儿童对于各科好恶，于小学教育均有相当贡献。一门教育之调查，如民国八年九年中华职业教育社调查甲乙种实业学校〔1〕之得失，十一年至十三年中华教育改进社之调查十省科学教育及十四年之中国图书馆调查，十三年江苏义务教育期成会及改进社之乡村小学考察，十五年江苏教育厅之乡村小学视察，均于教育改进影响甚大。国外教育考察，最早者为光绪二十八年吴汝纶之日本教育考察。其《东游丛录》呈上管学大臣后，对于《钦定学堂章程》自有相当影响。嗣后派遣提学使赴日考察教育，使我国教育之日本化更进一步。美国教育考察，始于民国三年。是时黄炎培为江苏教育司长，派郭秉文[2]、陈容[3]、俞子夷[4]三人考察欧美教育，归国后乃有南京高等师范之产生。四年，黄炎培游美，其所带之感想，可于彼所著《东西两大陆教育不同之根本谈》中见其大略。六年，考察菲律宾教育，南北各三人，直接即产生中国之职业教育。其后袁希涛[5]组织欧美教育考察团。回国后，极力介绍欧美教育方法与理想。新学制之成立，直接间接受此种调查参观之影响不少。调查、参观确已表现“改”之能力，但究竟属改进属改退，则一时颇不易定。

三、教育界共同之问题应同心协力共谋解决与改进。故教育会议乃必不可少之事。吾人要求精神之一致、经验之沟通，非有会议不可。前清之中央教育会，民国元年之临时教育会议，民国四年以来之全国省教育联合会以及中华职业教育社、中华教育改进社、中华平民教育促进会等之年会，以及去年大学院之全国教育会议，均与形成全国教育思潮、方针及进行方案有密切之关系。现在国内省有省教育会，县有县教育会，市乡之组织完备者有市教育会及乡区教育会。学校与学校合组之各会议，影响较大者有中等教育协会，附属小学联合会。彼等于各自范围内，所经营之事业各有善良之效验。一门教育之会议，如民国十三年五月之乡村小学组织及课程讨论会，颇能引起乡村教育之兴味。一校之中，各科教员倘有讨论之组织，亦于改进各该科教学有所裨益。不但国内教育同志应有讨论之机会，国际教育同志亦应有交换意见之机会。十二年世界教育会议[6]在旧金山举行，我国派代表出席，即思运用教育方法，以培养国际之谅解，增进国际之同情，并提倡国际之公道。吾人相信如依此慎重作去，此种会议于改进全世界之教育当有裨益。

四、调查参观仅为取别人之所知以益己之所不知，会议仅为会合各人之所知以成公众之所共知，吾人决不能藉此种方法以发现新理。不能发现新知，决不是在源头上谋改进。改进教育之原动力及发现新理之泉源，乃属试验学校之功能。我国现在足以当试验学校之名者甚少。以前东南大学附属小学及附属中学曾作道尔顿制及设计教学法之试验工作。最近北京艺文中学亦正在试验道尔顿制，鼓楼幼稚园之设乃欲试验幼稚教育者。中华教育改进社以试验学校为一切教育改进之大本，特于十四年十二月定一进行方针："本社今后对于教育之努力，应向适合本国国情及生活需要之方向进行。其入手方法，为选择宗旨相同并著有成绩之中学、小学、幼稚园，与之特约试验。合研究者之学术与实行者之经验为一体，务使用费少而收效宏；并将试验结果，随时介绍全国，俾多数学校，可以共向此途进展。"依此方针进行，该社已与燕子矶小学、尧化门小学、鼓楼幼稚园、南京安徽公学、北京艺文中学特约进行试验。该社于特约学校外尚须特设一试验乡村幼稚园及一试验乡村师范，不久可以实现。改进教育最有效力之方法，无过于以学校化学校。

五、调查必须有工具，方能明白问题之所在；试验亦必须有工具，方能考核方法为实效。此种工具名曰测验[7]。比如医病，教育心理测验仿佛是听肺机、寒暑表、爱克斯光线，较之通常之听闻为可靠。民国十一年至十二年，中华教育改进社聘麦柯[8]博士来华，偕同北京师大、东南大学教育科及其他大学教授二十余人编造测验二十余种，可算是第一次之尝试。此种测验，当然未能谓为已十分完备，十分可靠。但吾人亦不能因此谓为无用。吾人应精益求精，使之渐达尽善尽美之境地。而教育事业之改进，亦可以由此而获得相当之助力。

六、教育之学术，非可独立存在。彼立于哲学、心理学、生物学、生理学、社会学、经济学各种学术之基础之上。故谋此种种学术之进步，即所以谋教育学术之改进。教育之事业，亦非可独立存在者。彼与一国政制、风俗、职业以及天然环境，均有息息相关之道。故谋政制、风俗、农、工、商、交通、水利等等之进步，亦即所以谋教育之改进。吾人不能专在教育上谋改进，即以为可以完全达到吾人之目的。吾人当改进教育之时，务须注意教育以外尚有许多别种事情须同时改进也。

《教育大辞书》(1930年7月上海商务印书馆版)

注释

〔1〕甲乙种实业学校　根据壬子癸丑学制规定，实业学校分为甲乙两种：甲种实业学校与中学平行，修业年限为预科一年，本科三年；乙种实业学校与高等小学平行，修业年限为三年。1922年后，统称为职业学校。

〔2〕郭秉文（1876—1969）　江苏江浦人，生于上海，字鸿声。1908年（光绪三十四年）留美，获哥伦比亚大学哲学博士学位。回国后，1914年出任南京高等师范学校教务主任，后任校长。1921年为东南大学首任校长。曾代表我国出席世界教育会议，被选为世界教育联合会副会长，连任四届。1947年后，定居美国。

〔3〕陈容　江苏松江人，字主素。曾任南京高等师范学校学监。五四时期，曾代理该校校务（校长）。

〔4〕俞子夷（1885—1970）　江苏吴县人。1904年后，曾在上海新民学堂、爱国女学、芜湖安徽公学、上海广明学堂等校任教。1909年赴日考察单级（复式）教授法。1912年到江苏第一师范任教，在其附小试验引自日本的教学法。1913年赴欧美考察教书。1914—1918年，在江苏第一师范附小试行欧美教学法。1926年后，先后到湘湖师范、浙江大学等校执教。1954年任浙江省教育厅厅长。著有《教学法》等书多种。

〔5〕袁希涛（1866—1930）　江苏宝山县人，字观澜。曾任北洋政府教育部次长、江苏省教育会会长、中华教育改进社董事等职。为推进普及教育，创设了江苏义务教育期成会。

〔6〕世界教育会议　亦称“万国教育会议”。由美国教育联合会发起，五十余国教育界代表参加，于1923年6月28日至7月6日在美国旧金山召开。会上成立世界教育联合会（亦称世界新教育会），中国代表郭秉文被举为副会长。

〔7〕指教育、心理测验。当时主要是通过各种量表进行智力测验（当时叫做智慧测验）。

〔8〕麦柯　通译麦柯尔（W. A. McCall），美国教育心理学家。

中华民族之出路与中国教育之出路

“中国教育出路”这个问题，给了我一个多月的不安。我起初以为化费两三天功夫便可以交卷，那知道拿起笔来，竟一个字也不能写。好一比是进了兴安岭的森林找不着路线。我二十年来的研究经验，好像都不能给我一点光明。想不通，如何写得出？可是，这块鱼骨头我是已经下了决心要从喉咙口吐出来的。我要就一个字不写；如果写的话，必是我思想里产生出来的和谐的系统。这个和谐的系统，我要建造在活的事实上。因此我一方面镇压自己的成见，一方面排除别人的断语。我所要追求的是充分的事实，等到事实汇齐之后，我便让它们引导我去下断语。如果我有错误，只是因为事实有错误。这个我随时愿意领教，并重新考虑订正。事实是我惟一的指针，我只愿听它的启示。在最近的两个星期来，我是想通了。我手边的事实是如此的告诉我。我现在愿意把我所探出的几条路线，献给我所敬爱的为中华民族与世界人类谋出路之朋友们。还请大家指教。

五年前的春天，我在南京。有一天下午，出南门办事，回到城门口，已是五时光景，挤不进去，待要转身，又退不出。我是挤在人山人海之中，寸步难移。仔细观察，知道是下乡的城里人要从这里进城，进城的乡下人也要从这里出城，两不相让，实在也无从让起，就在这里挤住了。从城门洞的这边钻进城门洞的那边，费了一小时，挤得我满头大汗！

这不是一幅中国教育出路的缩影吗？是的，有点。他之要求大口出路与多口出路，简直是和南门走路的人的心理一样。但是也有一点儿不同，南京南门之拥挤只是几小时的痛苦，等到乡下人出了城，城里人进了城，各人回家与妻子儿女吃晚饭，便好像没有这回事了。如果您想一想，那从南门进出的人们不是几千人，而是继长增高、源源不绝的来到这个惟一的小洞里要求通过，您便可以得到中国教育出路的一个比较正确的影子。您别想他们当天晚上能够舒舒服服的在家里和家人团圆。

也许有几位飞腿，可以赶上前回家去过舒服生活，或是跑到城楼上去呼吸新鲜空气，看底下蚂蚁式的人群自相蹂躏，但这必定是极少数。大多数的人，必是拥挤在那儿求活不能，求死不得。他们是陷在人的流沙中而不能自拔。

所以一提到出路，必是指大众的出路，而不是指少数人的出路。印度久已亡国，而土王们依然是安富尊荣。朝鲜青年殉国的不下四五万，而李王〔1〕眷属在日本还是樱花会、菊花宴，乐而忘愁。少数人的出路不必我们费神。我们所要找的是民族与人类整个的出路。

现代的中华民族是从农业文明走向工业文明。我们先拿一个农家的生活来做我们讨论的出发点吧。

在我们家乡的自耕农，六口之家，耕种三十亩田，一年可收谷七十五石（中国每亩产谷多至六石，少则一石，普通则在二石半左右）。一夫一妻和四个孩子，大的不过十二岁，一年自用谷二十四石，余下四十一石以时价每石五元，可卖二百零五元。他要用三十元付下田本，四十元付钱粮，六十元付短工工食，三十五元买油盐杂货，四十元买柴火。这个人家田租不必缴纳，但是已经无钱换新衣，茅房不能修理，害病不能看医生了。如果这个人家要想有衣服穿，他必得少生一个孩子，把那三石谷的钱省下来去买布做衣服。否则冬天一到，难免受冻。

五口之家耕三十亩田还没有教育费。如果要孩子们个个受教育，还要少生一个孩子，拿他省下三石谷的钱送两个孩子上学。这样也能培养他们到高级小学毕业为止。中学没有他们的份。大学更谈不上。

照这个情形看来，三十亩地的自耕农要从六口变为五口才有衣服御寒，要从五口变为四口——一夫一妻两个孩子——才能享受初等教育。换句话说，每人五亩地才够吃饭，每人六亩地才免不冻，每人七亩半地才能上学求智识。

假使这个人家本来是六口，耕种三十亩地，只够吃不够穿，凭空又糊里糊涂生下一个孩子，那么不但不够穿，连吃也不够了。不够吃，如果无法送出去，或是借钱买米，只好无饭大家饿。弄到后来，必有因饿而病，因病而死的。

没有死人之前，这个人家兄弟姐妹争吃是天天必有的现象，有时父母也不得不参战。而且大家脸上都难免黄皮骨瘦，像饿牢里走出来的一般。这个人家虽想找食物来维持七个人的生命，但是食物老子一定要他减少到六个人或五个人的地位。

照上面说来，这享有三十亩地的自耕农的命运是跟着他的孩子跑。如果他只生两个孩子，他是小康，孩子们也能受初等教育；如果生了三个孩子，大家一起都变文盲，不知道科学是什么，连小学也不能进；如果生了四个孩子，大家只好穿旧衣，冬天难免受冻，下雨屋漏正好洗雨浴，害病不能看医生；如果再生一个，一起五个孩子，大家一起进饿牢。到了进了饿牢，他还说是听天由命。什么听天由命？他只是受他的生殖器官的指挥罢了。如果是天命，天命只在自己的手里！

我们现在再进一步去看这个自耕农之将来，看他如何变成半自耕农，看他如何变成佃农，变成佣工，看他如何自然而然的完全破产。

那四口之家的两个孩子渐渐长大，米也要渐渐的多吃些，但是做事的能力也渐渐的加大，等到差不多成人的时候，短工所能做的事，他们可以代替了。假使是一男一女，那么女的出嫁，男的讨媳妇，还不致扰乱人口的平衡。生两个孩子，死两个老人也可以抵得过。孙儿女长大，依旧可以受教育。假使第一代所生是两个男子，情形就大不相同了。两个媳妇进门，便从四口之家一跃而为六口之家。倘使公公婆婆能见孙子面，便再跃而为八口、十口之家。倘使祖孙不及见面，那么六口或八口是一忽儿就到的。三十亩地，兄弟两家对分，每家十五亩，是无论如何也不够过活了。于是必须租地主之地才能图存。这样，一个自耕农家便变成了两个半自耕农家。

半自耕农的担负比自耕农自然是重一些，他的一部分田地要缴田租。在中国，这田租是很重的。如果他是个山东人，他要缴地价百分之十八；如果他是广东人或安徽人，他要缴地价百分之十二三；如果他是江苏人，他要缴地价百分之八。中国的田租合赋税与地租而言，除去赋税，地租是半自耕农加上的担子。自耕农四口之家可以给小孩子上学，半自耕农则四口之家的小孩们没有上学的希望。自耕农五六口之家可以糊口，半自耕农则五六口之家必定有冻饿之患。既冻又饿，便不得不挖却心头肉，去医眼前疮。祖遗的十五亩，始则以九折三分高利抵押，终于无力赎出，不得不变卖与人。这半自耕农不久便再变而为佃农了。

佃农更苦，讨得起妻子，生不起儿子。儿子生不起，还是依旧一个个的生。借债扶养，还不起便失去耕种工具，随时可以变成长工、短工、散工，统称为佣工。这佣工的儿子便是光棍一个，连老婆也讨不起了。

想那四口之家，终身信着是多福、多寿、多男子，那知道一男一女倒能维持小康的家道；两个儿子反要弄得家散人亡，甚而至于绝种。可是四口之家以一家说，生两个男孩固有这个弊病，以全国说，则因为也有生两个女孩而不生男孩的家庭。如果这边嫁个女儿出去，招个女婿进来，那边讨个媳妇进来，赘个儿子出去，通盘计算，可以互相抵消，正好维持人口粮食之平衡与小康生活的幸福。

但是，现在中国农家人口平均不是四人而是五人以上。中国华洋义赈会于十一年在直、鲁、苏、浙调查七〇九七户所得结果为每户平均五·二四人。金陵大学农业经济系于十三、十四两年在皖、豫、苏、晋调查四二一六户所得结果为每户平均五·二六人。陈长衡君对于宣统二年户口统计所厘订出结果为每户平均五·二人之数。在这情形之下，那由自耕农变为半自耕农，半自耕农变为佃农，佃农变为佣工的趋势是着着进行，一步也不肯退让。今日之佣工即昨日之佃农，昨日之佃农即前日半自耕农，前日之半自耕农即大前日之自耕农。反过来，向将来一看，如果现在的各种情形继续下去，大家仍旧抱着多福多寿多男子的迷信，闭起眼睛来生孩子，那么今日之自耕农便是明日之半自耕农，后日之佃农，外后日之佣工。

这是自然的趋势。不必外来的力量，中国的农村便是这样的崩溃。倘若加以水旱、螟蝗、疾病、刀兵、盗匪、土豪劣绅、帝国资本主义之压迫，那这种崩溃便如江河日下，格外进行得快。可是这些势力有相反之效果，好一比是火把两头烧。它们会毁灭农民的资本而促农地分裂之进行，但是也会扫除农村过多的人口而维持后来者粮食之均衡。这种天行的淘汰是太残暴了。它所淘汰的，多是刻苦耕种不能移动的农民；它所选择的，多是高利盘剥、操纵市价，善于避祸的土豪劣绅。大乱之后，这些土豪劣绅乃能舒舒服服的回到乡下，收罗无主之地据为己有而坐享其成。农民！农民！您仔细想想，还能闭起眼睛，做多生主义的信徒吗？这是单从人口土地的关系上讨论，实际的情形不是这样的简单。农民不是直截了当把三十亩地分给他的儿子们。中国农人是拜了两种矛盾的神：一是送子观音；一是土地菩萨。他一方面生许多儿子，一方面又要保存他的田地。虽然送子观音一来，土地菩萨的领土便要破碎，可是农人要替二神调解。农人是在这矛盾里面挣扎着。不到万不得已，他必不肯分家将他的三十亩地分出去。他是怎样对付他的剩余的孩子呢?

他最愿意的是给剩余的儿子在家做副业。比如一部分儿子种田,一部分儿子摇丝,是他老人家理想的经济制度。如果这个做不到,他愿意他们在近边学点手艺,如木匠、瓦匠、竹匠、皮匠、裁缝或是市镇商店里学做生意。如果这个做不到,他愿意他们到上海、汉口、天津工厂里去做工人或到东北去开垦。若是广东、福建的农人,他便打算托亲戚朋友带到南洋去做买卖。同时,他将信将疑的试一试改良稻种、麦种,如果真的每亩出产多一二斗,那么他很欢喜,因为他觉得他不必把过剩的儿子送到外面去了。如果这些都证明他是奢望,万不得已,他肯叫他们到都市里去拉黄包车,或是流着眼泪让他们去当兵,或是让他们暂且出家,等候还俗。这些路都走不通了,他才肯得罪土地菩萨,把祖遗的三十亩地分掉。

我们现在要审查这位老农心里所打算的那些出路,看有几条走得通,看看那个地方让他放一放他自己三十亩地上所不能容的孩子。

一、副业是农人经济之第二来源。养猪、养鸡总是不无小补。蚕丝是中国农人最大的副业。自从马褂打倒、西装盛行之后,蚕丝业受了很大的打击。日本农家百分之四十养蚕,生产过剩,累得中国丝也卖不出去。现今上海丝厂一百余家,继日本丝厂而暂停,更使摇丝成了一种不安稳之副业。这里不但不能再放剩余的孩子,连已经加入这个行业的人有些都要改行了。不过,副业就是好的年成也只能帮补一点儿衣着,或是帮补一点儿小菜,决不能做多子主义的后盾。如果拿它来做生儿子的靠背山,那便要靠一场空。

二、手艺人也是像农人一样的会生,把手艺教给自己的孩子已不能糊口,还能教别人来夺自己的饭碗吗?况且手工艺在机器工业的时代里是日见缩小,决不能收纳你过剩的孩子。小商人的情形也是相仿佛。

三、从前和尚庙收小和尚多多益善,现在他们必得先看庙产后收徒弟。就是必不得已时，也不容易行了。

四、中国移民，北方以山东人、河北人，南方以广东人、福建人为最多。山东与河北人向山海关外移，广东、福建人向南洋移，都是自然的趋势。陈达君在他的 *Chinese Migrations*（《中国移民》）一书里估计，在全世界有华侨八，一七九，五八二人。但现在各处华侨都受压迫。加拿大、纽西兰、澳洲不许华工入境。一九〇四年美国国会通过，凡华人除学界官吏及商人外，皆不许入境。连日本政府现亦禁止华工入境，去年回国的有二千之多。南洋现在也是多方限制。从去年五月起，不但愿去的不能去，而且回来的倒有四万四千之多。这条路怕是要愈弄愈狭了。

五、开荒是比较有希望的出路。美国贝克君估计，中国可耕未耕之地有四千五百五十兆华亩。这是太大了。金陵大学熟悉中国农村情形的卜凯〔2〕君，便说他估计得太高。唐启宇君估计全国可以改良利用之地为二千二百五十兆华亩。照我们的观察看来，其中可耕之地还远不及此，但无论怎样，只是估计，不是确数。努力开垦使地尽其利是我们必走之路。东北开垦情形，据张振之君报告，移到东北的人民十六年是八二一，三七七人；十七年是六九九，五七五人；十八年是六九七，四八九人。因为开垦要资本，交通又不便，这个每年平均七十多万人将来也不见得有多大的增加。张伯苓君说，东三省可耕之地为五四〇万英亩，其中已耕一半，还余下一半光景，等于一七五兆华亩。依我的中国人口创造线的标准，每人十亩。东三省现已有二千四百万人，尚可容纳一千一百万人。这里有一个特殊问题已经引人注意，日本已经来了二十万有组织的队伍。他们以后的政策是多叫日本人移到朝鲜，多叫朝鲜人移到东三省。他们在本年五月二十六日，有五百四十位代表在奉天开会作进一步的运动。中国人与日本人如不赶快觉悟，想个办法，必有大不幸之事发现。但同时看看西北情形，更是惊心惨目。据地质学家说，大戈壁沙漠南下，西北有变成沙漠的趋势。甘肃一带之灾荒怕不是一时之现象。西北给沙漠吞掉的地怕要和东北抵消。中国可以养人的地，天要收回一部分。总之，开荒是救穷救死的一个方法，不是多生的后盾。

六、军队是中国剩余人口之收容所。什么地方收不了的人都可以投到这里来。四川有一县养兵至三师之多。照十九年九月的统计看来，全国共有二百五十九万九千二百人，非正式的军队还不在内。人民投军固然暂时衣食有靠，实不啻饮鸩止渴。一旦为野心家所用，兄弟、父子对垒而击。这好比是火药原可制为益人的肥料，等到装入枪管，却立刻变作惨杀同胞的工具。与其为战场上制造死尸，何如少生几个？

七、拉黄包车是农人不得已而为之的勾当，和当兵一样可以做农村人口过剩而新兴工业来不及吸收之标记。中国黄包车总数在十六万之谱。上海一处，十年之间增加五千辆，每年只增加五百辆。每辆车夫二人，只能加容一千人左右。黄包车违背人道，工业发达、交通改良之后必在消灭之列。日本为黄包车之发祥地。现在大都市中已不常见。可见它必归淘汰。

八、工业是农人剩余人口最自然而最有效之出路。中国机器工人照百登说是一百万，《工人旬报》发表为一百四十六万。在这一百四十六万中，纺织业只列十六万人。但据十七年工商部调查，纺织业在上海一处已有二十二万二千六百七十人。铁匠之二十万怕是机器匠之误，但决无如此之多。若是铁匠便不应列入，大概说起来，中国机器工人在一百五十万之谱。矿工据妥耳加舍夫十八年估计为二百二十八万九千人。这比北京政府农矿部一九一九年报告之二千五百七十八万二千是差得太多。怕是农矿部报告有矿工家属在内。每户以五人计算至少也有矿工五百万，这种数目只好当作一种参考，不可把它看得太呆。我们可以说，中国至少有矿工二百二十八万。只要时局平静，工业振兴，工人的数目总是继长增高。工人历年增加率，我还没有得着。现有两种不完全的材料可以给我们一点影子。一是纺纱业工人之增加率，自一九一二年至一九二〇年之九年间，为每年平均增加八千人，即自二二八，四九七人增至三〇一，五四四人。如果别的机器工厂工人也照这个速率增加，那么全国机器工厂工人每年可增加四万人左右。矿工情形不同，不好依此比例推算。中国工业所以发达迟缓的缘故很多，其中有一个特别重要的便是外国之经济侵略。从前关税不能自主，不能保护本国之新兴工业。现在关税名目上虽说是自主，其实离真正的自主还远的很。就是这点有限制的自主，帝国主义者也有法规避。第一，他们能在中国领土内设银行以吸收中国的资本，以操纵金融而利于外国资本主义在中国之发展。在一九二五年的调查报告里，我们知道在华外国银行及中外合办的银行之资产有六，八七八兆元。同年，本国银行资产只有九八七兆元。只有前者七分之一。第二，他们能在中国开办工厂，使关税保护失其效用。英美烟草公司之压倒南洋兄弟烟草公司是一个彰明显著的例子。现在日本在上海、青岛、东三省之纱锭总数已经达一四八万以上，占华厂锭数三分之一。他们已经计划增设之锭数，还有二十万锭。工业是中华民族之正当出路，无论多大困难，必须由此出去。可是，我们一部份力量即要化在扫除别国所没有的压力，则进步自然较别国迟缓。因此它对于吸收农村剩余人口之容量，在外国资本主义高压力未消之前，必不见得像别国那么宏大。

九、科学农业也是帮助农人的好朋友。选种、防害虫、通沟渠、改良肥料、用机器耕种收获确可以减少耗费而增进收成。但是选种、防虫害须有科学教育，而科学教育之普及，又须在人民可以免于冻饿之后。肥料要拿本钱去换。通沟渠小规模可以干，大规模则有待于富力。机器耕种尤须等到工业文明成熟，农村人口多半被工厂吸收过去之后。所以科学农业在现状之下，只能有些微的影响，而这些微之影响，必限于农科大学所在地及其附近。最著成效的要算选种，收成可多一二成。靠近农科大学的农村可以得这点很好的帮助，但是要靠它来解决农村剩余人口，便是奢望。

综观上述事实，那收容农村剩余人口最大的出路而又能培养这剩余人口使能发生更大之力量的，一是东三省之移民；二是新工业之振兴。但这两种出路之收容量，每年平均怕只在一百万人左右（移民七十余万，机器工厂四万，其他无从估计，假定为十余万）。人口生产率，乔启明君根据四省十一乡村二万余人调查结果，寻得平均生产率为千分之四二·二。倘以通俗之四万万人计算，每年便要生一千六百八十万；倘以陈长衡君所估计之四万六千零五十一万计算，每年便要生二千万人。要把生出来的人数来通过这些出路，真是好比缠索穿针眼（《圣经》骆驼穿针眼是译错了）。可是中国人生得多，死得也多。乔启明君在同一调查中，寻得死亡率为千分之二七·九，推之于全国，照陈长衡君之人口总数计算，每年要死去一千一百五十万。生死相抵，每年要增加八百多万人。据中国各种事实看来，陈长衡君人口总数估计未免太高。这个可另作文讨论。乔君所寻出的死亡率，也是不能作为全国之标准，因灾荒淘汰与互相残杀已经是大批的进行，除了豫省之外，不在他们所调查的乡村里发现。我们只须一看国民政府赈灾委员会主席“全国灾区蔓延二十一省，共有灾民七千余万”的报告，便知道死亡率必大大的增高。这七千余万之灾民，有五千万以上是在冀、鲁、豫、晋、陕、甘、察、绥八省区域之内。可见那真正的死亡率必大大的超过千分之二七·九。陈长衡君根据苏、浙、皖、晋、陕、桂六省户口统计所得之自然增加率为千分之十一，怕是最高的限度了。用这增加率推算，每年增加人口四百四十万（依通俗之四万万计）至五百一十万（依陈长衡君四万六千零五十一万计）。拿这个人口增加数和一百万的出路比较，简直是如同兔子和乌龟赛跑，除非是兔子在半路偷睡，乌龟那能赶得上它？乌龟赶不上兔子，出路赶不上人口，结果不外乎三种：

一、是借债度日　我们现在不够吃，不够穿，甚至于吃的米、穿的棉、所用的肥料，也有一部分是从外国来的。我们先看一看衣、食和肥料三门，最近每年入口比出口要超过多少。

粮食入超表 （海关报告）

年份	出入口	米（石）	麦（石）	粉（石）
一九二八	入口	12,657,904	903,088	6,185,402
	出口	29,769	1,801,402	123,421
	入超	12,628,135		6,062,213
	出超		893,314	
一九二九	入口	10,824,065	5,663,613	12,083,552
	出口	28,452	802,185	62,669
	入超	10,795,613	4,261,672	12,020,983

据上表看，三种粮食合计入超一千八百万石，成人和儿童平均每人每年吃两石，便有九百万人靠外国粮食过活。民国十八年入超二千八百万石，便有一千四百万人靠外国粮食过活。三十倍南京城的人口是吃外国粮食，没有外国粮食便要饿死。

衣棉入口表 （海关报告）

年份	出入口	棉花（海关两）	棉织品（海关两）	总计（海关两）
一九二八	入口	68,548,778	166,581,215	
	出口	35,914,857	14,706,261	
	入超	32,623,921	141,874,954	174,508,875
一九二九	入口	92,078,105	167,460,496	
	出口	31,722,772	15,639,957	
	入超	60,355,333	151,820,539	212,175,872

看上表我们知道，棉花和棉织品之入超，在民国十七年为一七五兆两，十八年为二一二兆两。据社会调查所调查结果，北平手艺工人每家的衣服费，占全年用费百分之四（一九二六年）。北平黄包车夫每家之衣服费，占全年用费百分之六·八。北平建造工人每家占百分之一〇·三。上海纱厂工人每家占百分之九·四，塘沽制盐工人每家占百分之九·五，北平西部农人每家占百分之四·五，北平东部乡村每家占百分之七·七。五口之农家，种三十亩地，每年穿衣费占用百分之五，约十八元五角，每人约占四元。二一二兆两银约合二八〇兆元。民国十八年全国有七千万人靠外国棉花或棉织品御寒。即以建造工人之最高穿衣占百分之一〇·三计算，也有三千五百万人，即南京人口之七十倍，若没有外国棉花及棉织品进口便要冻死。

中国肥料之进口是逐年增加了。民国十八年入超已到一一，三七一，六四一两，约合一千六百万元。每亩下肥料一元，即有一千六百万亩田靠外国肥料生产。每亩产谷二石半，即有四千万石谷非外国肥料不能生长。成人、儿童平均每人用谷四石，即有一千万人的粮食靠外国肥料维持。

肥料入口表　　（海关报告）

一九二八	入口	11,471,355(海关两)
	出口	650,883　〃
	入超	10,820,472　〃
一九二九	入口	12,125,430　〃
	出口	753,789　〃
	入超	11,371,641　〃

我们的肥料，系从英、德、美三国来的。倘使他们再打起仗来，要用肥料做火药，那我们便有一千万人要料理丧事，或是分大家的馒头吃，叫大家都要饿得不可耐。

中国国债表　　（二十年一月卅一日）

Ⅰ.国内公债总数		828,112,887元
Ⅱ.外债		
甲	有抵押借款	152,910,000镑
乙	铁道借款	40,974,426镑
丙	电政借款	8,506,348镑
	总　数	202,690,774镑

所以，现在中国有二千四百万人靠外国粮食和外国肥料养活，至少有三千五百万人靠外国棉花和棉织品御寒。中国还不是工业国，没有制造品足以和外国交换这大量之生存品。那么，这些生存品是如何得来的？无疑的是借债间接取来的。

这些借款当然不是直接借来买米、买布的。但是间接的都和人口问题有密切关系。那编遣公债和赈灾公债更是显然拿来对付过剩人口，这些借款所发生的事业，积极的如铁道、电政，消极的如养兵，都是帮助农村剩余人口多活几个，其方式乃是因外来的力量以取得生活之必需品。这二千四百万人之食，三千五百万至七千万人之衣，便是这样得来的。本国人所买的公债，用在这种供给上是吃去已往的储蓄，证明现代人不够养活自己。外国人所买的公债用在这种供给上是靠外国人的力量过活，证明本国人不够养活自己。

二、自杀　国家借债虽多，而人浮于事，不能充分分润外来的粮食、衣着，为冻饿所驱，无路可走，意志薄弱的乃走入自杀一途。上海每年自杀达二千人。社会局分析自杀原因，不大清楚。但据我所观察的分析，直接、间接因经济压迫而寻死的必在半数以上。北平全家自杀的，时有所闻，冬天尤甚。穷乡僻壤自杀的人，因不为报章所登载，实不易统计，但以上海北平的情形推算，全国自杀的人必以万计。与自杀情形相近的，就是那些忍冻忍饿以至于生病，再因病而死的人们，这在那每年一千一百五十万死者之中，必占一很大的数目。

上海盗案绑案表

时　　期	盗案件数	绑案件数
十九年五月	三二件	二　件
十九年七月	三八件	一一件
十九年十月	五九件	七　件
十九年十一月	五一件	五　件

三、相杀　没有饭吃而不愿自杀的人，必夺人之食以救己之命。夺而遇着抵抗，必至相杀。或杀人，或为人所杀，或两败俱伤。小而言之，则为盗为匪；大而言之，则酿成国内或国际战争。

据熟悉上海情形者说，上海一处，靠盗窃绑票吃饭的人在五万以上。近年，轮船劫案时有所闻。这都是人多于食的必然的现象。这几年来，青年学子死于非命的以万计，是最可痛心的一件事。宋子文君报告民国十八年七月一日至十九年六月三十日之国库支出为四九五，〇七四，〇〇〇元，其中百分之四九·六为军费，计二四五，四四五，〇〇〇元，百分之三七·五为还债费，计一八五，九四二，〇〇〇元。中国的国债大部分是连年战争所赐下的负担，可以说是过去未还了之战费。故十九年六月止，一年中所支过去与当年的军事费不啻为百分之八七·一，计四三一，三八六，〇〇〇元。军火输入十七年为一一，五二五，九八六两，十八年为三，九〇二，七四二两。同时，对方之所费也不见得太少。人民因战争之损失或大于战费。但是，战争是什么？就我们看起来，只是武装抢饭吃，或是武装禁人抢饭吃。西北军之“就食江南”之口号，是战争的最确切的解释。欧洲大战的最适当的解释，也是人口过剩。否则，虽有穷兵黩武之野心家，人人安居乐业，饱食暖衣，谁愿意去当兵。既招不着兵，这些野心家最多只好个人去决斗，于人民幸福无碍，不过茶余酒后，多了一些谈笑资料罢了。为什么打仗？因为有兵。为什么有兵？因为田不够耕，工不够做，饭不够吃，衣不够穿。为什么田不够耕，工不够做，饭不够吃，衣不够穿？因为儿女生的太多。儿女生的太多便养不活。活难死亦不易，于是借债过活，借债养兵，借债运火药，借来大批的屠杀那生得太多、无法教养的儿女。

照此看来，我们所说的那位老农，用心虽然很苦，到了后来，毕竟是无法保持他的三十亩地，只好拿来分给儿子们。结果是土地菩萨所管的地愈分愈小，而送子观音所送来的儿子，或是个个弄得脸黄骨瘦，或是贩烟窝赌、男盗女娼，弄得家破人亡，这那里是他初料所及的啊？

这位老农如果是一个人，或是少数人，那么也用不着我们操心太过。可是他是一个具有代表性的中国人。他的命运，是中国人的命运；他的错误，是中国人的错误；他有出路，也就是中国人有出路。如果他弄得家破人亡，那么他的集合体的中国人，也就要弄得种弱国灭了。这位老农的出路在那儿？中国人的出路又在那儿？这等于说，如果大家人人都是像这位老农的模样，中国人还有什么出路？

好，这位老农有三十亩地，他的命运便受制于这些地面和他所生的儿女之数目。

三十亩老农家境变化表

家中人数	每人亩数	状　态
3　人	10.0 亩	可受中等教育
4　人	7.5 亩	可受初等教育
5　人	6.0 亩	无力受教育
6　人	5.0 亩	衣不暖
7　人	4.3 亩	食不饱

如果要请这位老农来代表中国，我们先要问，中国有多少已耕之地？刘大钧君根据民国六七年农商部统计报告，找出中国已耕地为一，八二六兆亩。如用每人十亩、七亩半、六亩、五亩、四亩三

分来除，可得在各种状态上之人口约数。现列图表如下：

中国耕地人口状态表

已耕地面	每人亩数	总人口	生活状态
	10.0 亩	=183 兆	此数以下可以创造文化，称为创造线
	7.5 亩	=243 兆	此数以下可以普及初等教育，以上便有文盲称为教育线
1826 兆亩÷	6.0 亩	=308 兆	此线以上无力换新衣，称为无衣线
	5.0 亩	=365 兆	此线以上食亦有缺，称为无食线
	4.3 亩	=425 兆	此线一到必有乱事，七人中死一人，称为大乱线

看了这张表，我们对于中华民族最根本之出路，是看得明白了。中华民族最根本之出路是什么？

中国人口数与生活状态图

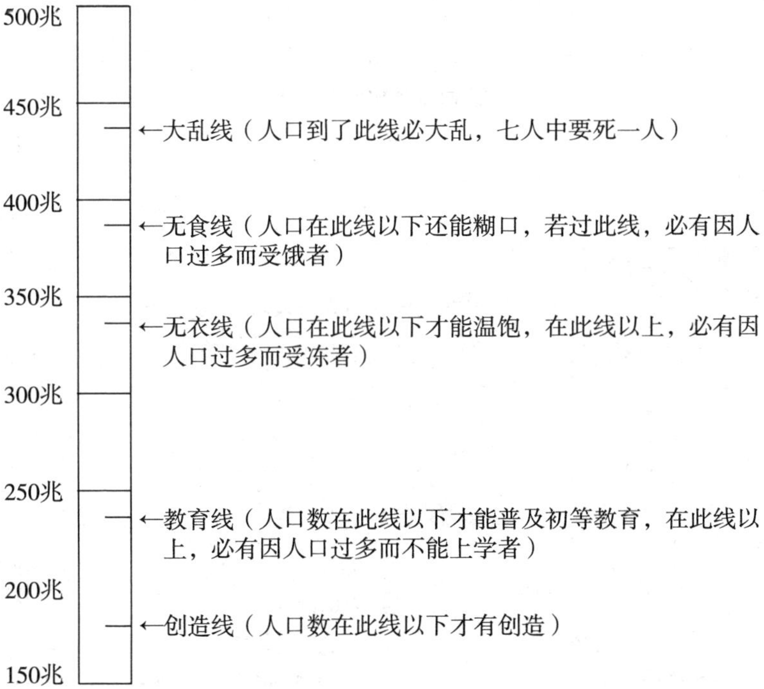

少生小孩子

中华民族之最根本之出路，即中国教育之最根本之出路。故中国现代教育者之最大责任是：

教人少生小孩子

教中华民族从大乱线退到二百四十兆的教育线上来，使得个个饱食暖衣又能受最基本的教育；更好是退到一百八十兆的创造线上来，使有天才的分子不致为穷忙所埋没，得有余暇研究高深学问，以发现更有效之生产技术，而创造更富裕的社会。

我们再用别的国家每人平均耕地面积来比一下看看：

法国本国耕地人口表

耕地总面积	2,250,506,000公亩	1926年调查
本国人数	40,743,000人	1926年调查
每人平均耕地公亩数	55公亩	
每人平均耕地华亩数	8.9华亩	

英领印度耕地人口表

耕地总面积	12,309,609,500公亩	1927年调查
人数	318,942,480人	
每人平均耕地公亩数	38.5公亩	
每人平均耕地华亩数	6.26华亩	

日本内地耕地人口表

耕地总面积	670,365,300公亩	1927年调查
人口总数	64,500,000人	1930年调查
每人平均耕地公亩数	10.4公亩	
每人平均耕地华亩数	1.69华亩	

美国本国耕地人口表

耕地总面积	13,932,053,000	1927年调查
人口总数	110,000,000	1930年估计
每人平均耕地公亩数	126.6公亩	
每人平均耕地华亩数	20华亩	（1华亩＝6.144公亩）

照这几张表看来，我们教育线上每人平均亩数比法国少一亩，比印度多一亩光景。中国现在实际情形比印度还坏，所以此刻每人平均亩数一定比印度少。我们要过美国的生活，每人需有耕地二〇华亩。如果和日本一样的努力，一样的吃苦，海岸线一样的长，工业一样的发达，那么便是每人一亩七分地也可以勉强敷衍过去。但是，日本虽有绝端能力，却也是已经到了困难关头。中国人决不能在二亩左右生存的。日本的情形实在给了我们一些希望，它告诉我们，如果工业发达，每人农地可以减少到什么限度。但是，如何可以创造工业？中国几十年来工业为什么不能发达？我们的回答是：一、因外国之经济侵略；二、因人口太多，把储蓄的财富都吃光了；三、科学教育重讲不重做。

我们如何能退到教育线及创造线？

一夫一妻，在提高生产技术未著成效之前，只能生两个孩子。死了一个还可以再生一个，死了一个而不能再生，也有一个孩子传代，于是渐渐地可以退到二百四十兆或一百八十兆。教育在这人口总退却之进行中，有如下之任务：

（一）大声疾呼，唤起全民族，发一人口总退却之紧急命令，教男子满二十五，女子满二十岁始行结婚。结婚后服务五年，可生第一子。俟第一子入小学，可生第二子。以二子为限。子为男子女子之通称。一胎生二子或三子者，以一胎为限。

（二）中央研究院在开创时期内之第一重要工作是，设避妊研究所。要发明一个铜子的避妊法，使全民族都够得上实行。

（三）避妊之普遍的宣传，应成为民众教育最大之职责。医院及注册的医生，对于国民避妊之询问，应免费指导。

（四）宣传结婚前配偶之科学的选择，以为改良人种之准备。

（五）女子常以多生为苦，必赞成这种合理之主张，那最大之阻碍，便是男子之兽性。故一方面由教育劝导，一方面用法律限制，生孩多于二人，宜处男子以危害民国之罪。

（六）宣传科学上男女有同等之遗传力，故有女即有后。

（七）大声疾呼，唤起全民族组织一永久人口升降委员会，随时调查耕种土地面积之消长，生产技术之进退，生活程度之高下，容纳人口出路之多少，以改定人口升降之比例，公布全国，共同遵守。

有人怀疑，人口减少国势怕要越加懦弱。我说：中国之弱，弱于人多；如果减少，便要发生很大的力量。譬如一个人家，财力只够教养两个孩子，如令生了四个，衣食不足，又不知礼义，自必酿成“吃饭打破锅，睡觉撕破窝”的现象。兄弟阋墙，外人乃能施行挑拨，以收渔翁之利，结果必是两败俱伤。如果只有两个孩子，那么教养得宜，自能发生相当力量。倘使学得本领，能够驾御机器。像美国工人，一个人便有三十个人的力量，两个人不是有六十个人的力量了吗？孩子太多，不能教育，互相争夺，相抵相消，力量几等于零。以一家推到全国，四万万人是毫无力量，二万万人倒有六十万万人之力量咧！

外国人每每以种族自杀，来封住少生主义者之口。殊不知种族自杀，有消极与积极两种。消极自杀是不愿生育，但生的太多乃是积极的自杀。多生主义者的信徒，把中国人弄得田不够种，工不够做，饭不够吃，衣不够穿，求死不得，求生不能，这叫做种族之积极的自杀。我们提出少生主义乃是中庸之道，对于消极、积极的自杀政策，都是反对的。现今世界强国中，人口增进最慢的无过于法国。近一百年来，只增加了三分之一。它在大战中，居然也能抵抗增加二倍半之德国。现今各国失业的人，辄以百万计，而法国便无这种烦恼。

教人把人口从大乱线退到教育线和创造线上来，是教人不要多生，不是教人多杀。少生主义之信徒即是贵生主义之信徒。我们反对屠杀。我们反对死刑。暴虐者不得藉口人多而惨加屠杀。我们必得在这那说明我们的本意，使大家对于我们的主张没有丝毫的误解。

假使我们顺利的把人口退到教育线与创造线，如果我们不变更人生观，还是无济于事。我们在教育线上若无求知欲，便依然不会运用科学结果以增进人生的幸福。我们在创造线上若无发明欲，便依然不会探入未知之境界，以开发科学之泉源。智识不是从玄想中跳出来的，必得在大自然里去追求。财富不是从天上落下来的，也必得在大自然里去探获。我们从前因为过庶，所以贫穷；因为贫穷，所以愚蠢；因为愚蠢，所以过庶。结果便是愈庶愈穷，愈穷愈愚，愈愚愈庶。少生小孩子，可以打破过庶之害。接着来的问题，便是用智识去造财富，用财富去求智识，使人民愈富愈智，愈智愈富。新近依日本人估计，中国每人均摊财富只有一〇一元日金。这大概是指我们可以运用财富而言，那些埋在地下没有开发的宝藏，当然还是无法运用，所以不算在内。同时，日本每人均摊财富为一七三一元，比中国人大十七倍多。美国每人均摊财富为六六〇七元，比中国人大六十五倍多。俄国虽穷，还在中国之上，每人均摊七五六元，差不多比中国人大七倍。所以中华民族的第二条出路是：

创造富的社会

中国教育的第二条出路是：

教人创造富的社会，不创造富的个人

资本主义国家的教育，只是做了创造富翁的工具，以致贫富阶级因教育而愈隔愈远。我们只要创造富的社会。社会既富，则在社会里的个人自然而然的富了。在创造富的社会之过程中，教育之任务如下：

（一）教人创造富的社会，便是教人创造合理的工业文明，便是引导人民在合理的工业上出头。

（二）教人创造合理的工业文明，便是教人创造合理的机器文明，合理的机器文明，便是要人做机器的主人，不做机器的奴隶。

（三）科学是工业文明的母亲，我们要创造合理的工业文明，必须注重有驾御自然的力量的科学。

甲、任何教师必须擅长一门自然科学，没有自然科学训练的，不配做现代的教师。

乙、科学要从小教起。

丙、不做无学，不学无术。科学实验要在做上学，在做上教。读科学书籍，听科学讲演，而不亲手去做实验，便是洋八股而非真科学。

（四）农业对于富力之增加，有两种方式：一是使全国无荒废之地；二是把科学应用到农业上来，使地尽其利。最后，等到工业吸收了一大部分之农人，即可使农业变成工业化的农业。

（五）教后起青年运用双手与大脑去做新文明的创造者，不教他们袖起手来去做旧文明的安享者。

（六）教人同时打破"贫而乐"、"不劳而获"、"劳而不获"的人生观。这三种人生观，都是造富的心理上的最大障碍。

（七）教人重订人生价值标准。农业社会与向工业文明前进之农业社会是不同的。纯粹的农业社会的一切是静止的。向工业文明前进的农业社会的一切是变动的。我们要有动的道德，动的思想，动的法律，动的教育，动的人生观。有人说智识要新，道德要旧。这简直是应该扫除的一种迷信。旧道德只能配合旧智识。新智识必得要求新道德。

教育能够这样的办，便能产生法拉第与爱迪生，把发明与制造化在一炉而冶之。据和林（M. C. Horine）君说，美国科学农业已经进步到这一个地位：四百万农人种六十万万英亩地，每年收获一千万万蒲（蒲，Bushel，等于华三斗六升），平均每英亩十七蒲。美国没有机器之前，耕种收获十五蒲麦子，要费两小时半的人工，现在有了机器，只要七分钟工夫。这就是说，美国现代农人比从前的能力大了十七倍，一个人能做十七人之工作。

再拿电磁石的起重机来说吧。没有这起重机之前，四百万磅的钢铁要二十八个人费两天两晚的工夫才能起完，现在两个人费十一小时，这等于说十四分之一的人，只须费四分之一的时间，便把这工作做了。人得了电磁石的法子，力量便增加了五十四倍。同时运铁的船只须等候四分之一的时间，能做双倍来往的买卖了。

自从徽梯尼（Elix Whitney）发明轧棉机（Cotton-gin），一个人轧五磅棉花的时间，便一跃能轧一千磅，效力比前大二百倍。自从哈葛里夫（James Hargreaves）、阿客来特（Richard Arkwright）发明纺织机，一个人能使一百二十五个纺锤，每分钟打一万个旋转。自从卡弟来特（E. Cartwright）、可洛模甫吞（W. Crompton）、诺尔斯（L. J. Knowles）、打雷拍（I. Graper）、诺司洛甫（J. H. Northrop）发明改良织布机，一人之力能做数百人之事。里滴（Thomas T. Read）估计，各国人工作效率，以中国人为单位，美国人的工作效率三〇倍于中国人。

创造富的社会，头脑里要装着科学，手里要掌握着马力，这样，大自然会变成我们的宝藏。我们如果能把空中的氮气造成肥料，石田变成土壤，人人就吃不了，用不了。到那时，这造富的工作才算有点成绩哩。

最后，这创造的力量与人口之自然增加率的关系也得讨论。生得多，死得多，创造力自然要减少，生命、金钱都在这上面耗费了。生要吃着，死要棺材。弄得人财两空。与其生而即死，何如不生？许士廉君算出来，中国人和印度人生一个孩子，比欧洲北部的人要费八倍半的精神和财力。精神和财力都和死的孩子一起埋在泥里去了，还有多少余力来教养活的孩子，还有多少余力来创造文化呢？所以，要想有创造富的社会的精神，也得少生几个小孩子。

教人少生小孩子，是少数人干得起来的吗？少数人可以发起，但是要他发生力量必得全民族起来互助。全民族家家都实行节育，那么可以把人口退到教育线与创造线上来。教人创造富的社会也要靠这种互助，但是，如果工人们只是机器之奴隶，而不是机器的主人，那么劳资纠纷，永无宁期，还能造出富的社会吗？故必须有大平等的地位，才有互助之可言。这两件事的效力，一部分要靠政治的力量。政治立在民众的基础上，才能发生伟大的力量。大家觉得政治是自己的事，必是拼命的拥护，这力量必是不可思议的伟大。否则，寡人政治以治者资格压制被治之民众，民众非积极的对抗，则消极的不合作，必不能发挥出力量来。所以要想把少生小孩子与创造富的社会两件事做出来，必须整个民族在政治经济上有平等互助的精神。所以

教人建设平等互助的世界，是我们第三条出路

不但我们民族的出路是平等的互助，即世界人类的出路，也在平等的互助。特别是这人口问题，必须由世界各国同心合力的来解决，才能有彻底的办法。现在各国的趋势是拼命的生孩子，生到不能容了，再打一次大战，死他一千万、伤他二千万。我们先看看全世界的人口和他的增加的状态吧！

我们要知道全世界的地面和任何一国一样，也是有限的。哈佛大学伊司特（E. M. East）君说，全世界可耕之地只有一三，〇〇〇兆英亩，已耕五〇〇〇兆英亩，还余八〇〇〇兆英亩（等于三二三，六七六，八〇〇，〇〇〇公亩，或三，二三六，七六八，〇〇〇公顷）。美国农林部贝克尔（C. E. Baker）君说，世界总地面五二，〇〇〇，〇〇〇英方哩，大部分不能耕种，已耕者三，七〇〇，〇〇〇英方哩，未耕而可耕者尚有四，二〇〇，〇〇〇英方哩，以每英方哩等于二·一六方粁，一方粁等于百公顷计，得九，〇七二，〇〇〇方粁，即九〇七，二〇〇，〇〇〇公顷。依司特君对于未耕可耕之地所估面积，大于贝克尔君所估三倍半。究竟谁估的数目切近事实，这可以间接的判断一下。对于未耕可耕之地面，我没有根据可以使我断定。但是对于已耕之地，昭和五年的日本帝

国《统计年鉴》里面列了三十四国之耕地面积与其出产量，这是很可靠的资料。我仔细看了一下，大国只缺少中国。此外列有出产而未列耕地者有兰领东印度、斐利滨、暹逻[3]、墨西哥、巴西，小国没有列入的还很多。这三十四国有七六五兆公顷已耕之地。我加上中国之一一二兆公顷，共有八七七兆公顷。贝克尔君所估三百七十万英方哩，只有七九九兆公顷，故贝克尔君之估计，实在是少了一些。但是，在日本内阁统计里面拥有大量耕地之国，除中国外都已列入，决不能像依司特君所估计的那么多，五〇〇〇兆英亩即二〇〇〇兆公顷。两相比较，还是贝克尔君的估计近于事实。我现在估定已耕地为一〇〇〇兆公顷，未耕地暂用贝克尔君之数为九〇七兆公顷，合计一九〇七兆公顷。

现在全世界人口是一八〇八兆人，占耕地一〇〇〇兆公顷，每人占耕地〇・五五五公顷，即五五・五公亩，合每人九・〇四华亩，合每人一・三六英亩。以现代各国人民平均之生活状态与工作效能计算，全世界还能增加一六三四兆人。若照依司特君所定每人二英亩半之标准，不但不能再增加，而且还要把现在的人口减少到差不多一半。

世界究竟能容多少人？那已耕可耕之一九〇七兆公顷之地面究竟够几多人过活？这是要看全世界人的生活程度与生产效能而定的。照美国人的生产程度与生产效能，每人平均一・二五公顷地，全世界可容一五二五兆人。现在这一八〇八兆人还要减去二八三兆才能容得下咧。若照日本人的生活程度与生产效能，每人平均〇・一〇四公顷，全世界便能容纳一八三三六兆人，再加九倍来，也或能勉强挤下去。倘使是中国人，能过日本人的苦日子，但是没有日本人的生产效能，若像日本样要普及教育，那么，每人必得有〇・四六公顷地。如此，则全世界也只能容四五八〇兆人，除却现在数目，还能加上二七七二兆人。

我们再要进一步审查，世界几时有人满之患。先请看一看下列之表：

世界未来人口增进推算表

国别	现在已耕地（公顷）	现在人口	每人耕地面积（公顷）	世界人口依各国生活标准之增加可能数	千人中每年人口增加率	在未耕可耕地内照此率增加世界几时人满
美　国	139,320,530	111,000,000	1.25	726兆	14.5	年加26兆 28年人满
加拿大	22,831,555	8,788,483	2.60	349兆	20.0	年加36兆 10年人满
澳　洲	9,175,083	5,435,734	1.69	531兆	20.1	年加36兆 15年人满
巴　西	60,000,000	30,635,605	2.00	454兆	28.9	年加52兆 9年人满
日　本	6,702,653	64,500,000	0.104	8723兆	13.1	年加23兆 379年人满
德　国	20,555,516	62,592,575	0.328	2765兆	10.0	年加18兆 154年人满
法　国	22,556,116	40,743,897	0.554	1637兆	7.7	年加14兆 117年人满

（巴西耕地面积为估计）

上表只在可耕之地上研究，那已耕之地暂且搁他起来不谈。如果照新开地加拿大、澳洲、巴西之生活标准、状态、移入人口率、生死差增率推之于全世界，那么不消十年，这余下的九〇七兆公顷地，便可宣告人满。倘若把旧国如德国、法国的情形推到全世界来算，那么要不了一百六十年，也就要人满了。如果全世界都有日本人的生产效能，而又能过日本人的苦生活，那么三百八十年也就把这余下的可耕地完全挤满了。可是实际决不如此，全世界人口决不能像新开地那样飞跑，也决不能过日本人那样刻苦的生活。况且现在日本人除了农工业收入之外，每年还有从海里捞来的二〇九兆日金和海外日侨寄来的三〇兆日金。如果全世界都过了日本人的生活，这种收入便须大减而特减，那时各国人民都能制造，工业出品的收入也要打个大的折扣，连日本人也不能在那〇·一〇四公顷上生活了。不过，同时食物、肥料产生法或者可以进步，能够打消我所说的缺点。不过世界上人决不能过日本人的刻苦生活，这是可以预言的。所以，实际上在新开的地方，是略照巴西、加拿大、澳洲的标准速率进行；旧开的地方是照德国、法国的标准速率进行。可是人口总是向着新开地跑，结果人满之日期是趋近于新开国所定之时限。到了加拿大、澳洲的人口密度变成现在美国的样子，那时全世界一定是挤得没有空地了。

前世纪，美国在一百年中人口增加十倍的时候，全世界人口恰在这一百年内增加一倍。所以加拿大、澳洲人口增加十倍时，全世界的人口或要从一八〇八兆加倍而为三六一六兆了。美国前期发展还是农业国，现在之新开地大都是农工业并进，实在怕是要不了一百年了。到那时，大家都要挤得不可耐，如果照美国的生活的标准与生产效能，现在全世界便应该立刻宣布人满。照比例限制生育，以期到第二代时可以减少二八三兆人。

近百年来世界人口增加倍数表 *

国　别	最近报告之人数（日本内阁五年统计）	报告年份	近百年来之增加倍数（根据陈长衡君计算）
日本内地	64,500,000	1930	3
英国本国	47,123,000	1921	3
法国本国	40,743,897	1926	$\frac{1}{3}$
德　　国	62,592,575	1925	$2\frac{1}{2}$
美国本国	105,710,620	1920	10
俄　　国	147,013,600	1926	4
英领印度	318,942,480	1921	$\frac{1}{5}$（四十年来）↓

* 表目为编者所加。

世界上人口早已满了，再要增加便是降低文化，剥夺别人生存的机会。全世界的人们都要彻底觉悟，大家在一块儿商量一个少生小孩子的办法。

可是，这世界是掌握在愚人手里！法国妇人愿意少生而法国政客偏要鼓励多生。生五个小孩的母亲赏铜牌，生八个的赏银牌，生十个的赏金牌。这是一九二〇年法国大总统的命令！大家庭的舟车来往还可以打特别折扣，真是有趣极了。意大利的男人不愿结婚，而意国政客非要他讨老婆不可。男子独身税，二十五岁至三十岁，须纳三十五利（一利合华币七角七分四厘）；三十六岁至五十岁五十利；五十一岁至六十五岁二十五利，此外，还要纳所得税之独身附加税。六十岁以上的老头子，墨索里尼老板还要吃他的喜酒咧。这些政客为什么欢喜老百姓讨老婆呢？他们要老百姓生儿子当兵、打仗，夺面包吃。老百姓的太太们！你们今日怀里的小宝宝，便是将来战场上的候补死尸哟。少生几个吧！

你们不相信我的话吗？请看一看列强之杀人费吧！

列强十八年度之军事费 （各国币）

国别	总　岁　出	海陆空军费	百分比
日本	1,736 兆圆	495 兆圆(海陆)	28.51%
英国	823 兆镑	112 兆镑	13.70%
美国	3,795 兆金元	773 兆金元(海陆)	20.26%
法国	45,366 兆法郎	9,997 兆法郎	22.05%
意国	19,446 兆利	4,648 兆利	23.91%

《每日年鉴》与《日本帝国统计年鉴》。

这五个强国，每年预备杀人的费用，要占总费用自百分之一三・七至百分之二八・五，合计起来是七三八二兆华币。拿养人教人的钱来预备杀人，是多么的愚蠢啊！

这些糊涂的政客，总以为自己可以把别人杀死，殊不知：

列强十八年之军事费（化为华币）

（华币以百万为单位）

国别	总 岁 出	军 费	军费之百分比
日本	3,472 兆	990 兆	28.51%
英国	16,460 兆	2,240 兆	13.7%
美国	15,180 兆	2,322 兆	20.26%
法国	5,671 兆	1,249 兆	22.05%
意国	2,461 兆	581 兆	23.91%

你杀我，
我杀你，
只是借别人的刀儿杀自己。

你看欧战的结果：

德国战死　一百八十八万五千　法国战死　一百三十六万
英国战死　七十四万三千　别国战死　六百万

这不是等于德国人借法国人的枪铳自己，英国人借德国人的炮轰自己吗？可是，劝人多生孩子的罪魁的政客，如德废皇等，一个也没有死，死的都是老百姓从前怀里的小宝宝。

欧洲大战，以前的大战，以后的大战，都是因为人生得太多，不够吃，无可奈何，走入武装劫粮之一途。

民族间的战争有两种结果：一是完全把人灭掉，一是双方各灭掉一部分。即使你能把人灭掉，你自己的民族愈生愈多，愈多愈争，也是一样的要弄得自相残杀。所以多生的结果必是多杀。谁也逃不出这个定律。既知道后来要弄得子孙自相残杀，何必不早些商量出一个两全的办法？少生可共荣，多生必俱亡。我愿全世界的老百姓一齐起来，共同提倡少生，别给政客们把你哄骗了。多生则相仇，少生自相友。或友或仇只在各民族念头之一转。

世界人口密度表 *

国别(注一)	面积(方粁)	人　　口	每一方粁人口密度	调查年份
日本帝国	674,676	83,456,929	124	1925
内地	381,872	59,736,822	156	1925
俄　国	21,352,572	147,013,600	7	1926
德　国	468,705	62,592,575	134	1925
英帝国	31,800,000	438,300,000	14	1921
本国	313,972	47,123,000	150	1921
印度	4,675,792	318,942,480	68	1921
加拿大	9,187,290	8,788,483	1	1921
澳　洲	7,704,135	5,435,734	1	1921
法　国	10,900,000	89,600,000	8	1920—21
本国	500,986	40,743,897	74	1929
意　国	2,300,000	40,000,000	18	1921
本国	310,137	38,710,576	125	1921
比　国	2,415,564	14,618,561	6	1920
本国	30,444	7,465,782	245	1920
荷　国	2,074,449	56,398,672	27	1920
本国	32,603	6,865,314	211	1920
葡　国	2,172,290	14,870,000	7	1915—22
本国	92,713	6,032,991	65	1920
美　国	9,556,813	117,705,921	12	1917—20
本国	7,702,045	105,710,620	14	1920
巴　西	8,524,778	30,635,605	4	1920
阿根廷	2,978,590	10,087,000	3	1926
中华民国	11,108,467	436,094,953	39	1923
二十二省	5,284,038	425,000,000	80	估计(注二)
世界总数	131,300,000	1,808,200,000	14	1920左右

（注一）　除日本、德国外领土少于2,000,000方粁者未列。

（注二）　中国本部现在人口系著者以生活状态之最窘限度估计，蒙古地方虽大，沙漠居多，西藏亦属高原，人民合计八百万。

* 　表目为编者所加。

少生主义，是民族自救主义，是各民族相救主义。如果各民族都认定少生主义为自救救人的原则，国际间许多难解的事便迎刃而解了。譬如，现在世界上最坏的一件事，便是人口土地分配得太不均匀。少数国家因为要想多子多孙，所以把整个的大陆都封锁起来。如果大家承认这样多生，便是自造末日，少生仍是自救相救之道，那么，就用不着封锁了。请看现在世界土地人口之分配；世界土地之不均，在下面两张表上大家便可以格外的看得清楚。

人口拥挤地带举例

国别	面积(方粁)	人口	密度	调查年份
日本内地	381,872	59,736,822	156	1925
德国	468,705	62,592,575	134	1925
印度(英领)	4,675,792	318,300,000	68	1921
中国本部	5,284,038	425,000,000	80	估计
合计	10,810,407	865,629,397		
世界总数	131,300,000	1,808,200,000	14	1920左右
拥挤国占世界之面积人口百分数	8.29%	47.9%		

人口疏稀地带举例

国别	面积(方粁)	人口	密度	调查年份
英领加拿大	9,187,290	8,788,483	1	1921
英领澳洲	7,704,135	5,435,734	1	1921
巴西	8,524,778	30,635,605	4	1920
阿根廷	2,978,590	10,087,000	3	1926
合计	28,394,793	54,946,822		
世界总数	131,300,000	1,808,200,000		
疏稀地带占世界面积与人口之百分数	21.6%	3.04%		

在这两张表上，我们看出日本、德国、印度、中国本部以世界百分之四七·九之人口，住世界百分之八·二九的地面；加拿大、澳洲、巴西、阿根廷以世界百分之三·〇四的人，住世界百分之二一·六的地面。加拿大之地面有二十三个日本大，人口比日本小七倍半。这是多么不平的支配呀！他还不许人进去。这个道理何从说起？没有别的缘故，民族竞争的念头在那儿作祟。

说到日本，他的国难也只有少生主义可以解脱。他是个最努力的国家，如何也弄得焦头烂额？我的回答是：孩子生得太多，而且是毫不觉悟。现在已经到了治乱关头，少生孩子是日本自救的惟一出路。日本在文明国生产率算是最大了。最近每年几乎要增加一百万人，结果是每人耕地面积变成极小。

日本每人平均只占一·六九亩耕地，在各国中算是顶小的了。从明治四十三年至昭和三年，这十九年间自作农从百分之三三·四降至三一·四；小作农自百分之二七·四降至二六·六；自作农兼小作农自百分之三九·二加至四二·〇。现在所谓细民，在东京府内市下有十二万人之多。这分明是儿子生得太多，自作农变成兼作农，兼作农变成小作农，小作农变成细民。去年八月帝国农会发表十九道府县一五〇〇町村农家负债调查，每村平均借债一六三八二二元日金，每户平均借债八六八元日金。每农家家计费百分之四四靠债贷。全国估计农村负债为四八万万元日金。去年冬天，丝厂完全倒闭，二百多万农户中甚至有挖去桑树，预备改行的。不但农民如此，全国的富力是日见减少。去年十月之富力指数，只等于三年一月之百分之七五·二。加以世界之不景气与八大财阀造成之悬殊之贫富不均，致使失业者达到一百五十万（政府报告是三八六·三九四人，但经济学家皆认为实在数目在百五十万左右）。智识分子之失业者在百分之四十以上，大学专门部毕业生，据东京市社会局调查，竟有百分之八二·八之不就职率。失业公债三千四百万元便是用来维持这些剩余的人口，却只能维持一小部份。在一般日本人的心中，总以为殖民是他们的出路。是的，移民在现在只是一条小出路。可是这些小出路有的是封锁得很紧。一九二九年，全世界移入人民七六二，五七二人，日本人只占二五，〇〇〇人。全世界日侨总数只有七十六万。日本人生儿子的速率比移民的速率要大四十倍。一年所加的人口，四十年才能移得出去。移不出去，只好在家里吃从前的积蓄。积蓄吃光了，再怎样？有人说，到东三省去！中国的弟兄们和日本的一样没处走，也走向东三省去。十年之后，东三省便要挤得不可耐了。再到那里去？好兄弟！我们两家最大的出路是少生小孩子，在这上的互助便是自助了。如果大家还是拚命的生孩子，结果必至于相杀，相杀便等于自杀。日本是一个很可钦佩的民族，在极端困难中显出了极大的建设的本领。它的小学教育早已普及，电灯每家三盏，出版以人口比较，居世界第三位。大地震毁灭东京四分之三，它在最短期间内已完全恢复，恢复得比从前好。这些都显出日本人的建设本领。但是它的建设本领抵不住它的生孩子的力量。稻垣君推定，一九五八年，日本人口可到八千万；二〇四三年，可到九千五百万。那里能到这个数目！没有到八千万，早已难以支持了。它的唯一的生路是少生小孩子。它如果少生小孩子，定能造出比现在还要好的日本来。

我特别拿日本来举例，因为在这比较上，格外可以看出各国互助即自助，竞生即竞死。少生主义是世界各国唯一的出路。我们必须运用全世界的力量，来规定某个时代之生产率，使各民族一律遵守，有超过这法定生产率的，以扰乱世界和平处分。

全世界的农人应一致实行少生主义，因为孩子生得多，足以叫你们破产。如果大家都生得太多，必定要因争吃而打仗，那么你们的孩子们便成了炮子的活靶子。

全世界的工人们也应该一致实行少生主义，因人多起竞争，资本家便乘机降低工资，并可以叫各民族的工人不和，你们看，美国工人反对日工，日本工人反对华工，俄国工人去年反对德工，暗中都是因为这人口太多在那儿作怪。

全世界的青年也应该一致实行少生主义，因为你们一部分之烦恼，是从经济压迫而来，经济压迫是因为人浮于事，嘴多于面包。

民族主义的信徒也应该一致实行少生主义，因为人口过多则人民不能受科学教育，迫于生计，无暇创造。少一些，便能运用机器，发生几十倍大的力量。

社会改革家也应该一致实行少生主义，因为多生是战争的祸根，少生实为创造理想世界之不二法门。

全世界对于少生主义该互助使其实现，已毫无疑义。现在还有一件要紧的事要说，这就是经济制度改造上的互助。现在全世界的经济状态简直是无政府的直窜横冲。

亨利·福特在庆祝他的第二千万部汽车出厂的时候，在寻常看来，固值得自娱，但从整个经济制度来看，他便是汽车出产过剩的罪魁。美国每五人有一部汽车，汽车便变成分心务外的媒介。美国的农家几乎每家有一部，他们把肥料的钱克扣下来买汽车，以为不如此便比别人低一个头。当日本农事推广员下乡劝人多多养蚕的时候，他必定是以为他是做了一件爱国的事。殊不知丝厂倒闭，蚕户破产，他至少有点责任。什么缘故呢？生产过剩！汽车过剩，福特笑而买者悔。丝过剩，没人要而养蚕者亏本。您看世界的物价那一国不是下落，原因之一便是出产超过于购买力。

美英日卸卖物价指数

年　次	月	美	英	日
1929	6	132.0	135.2	174.5
1930	6	111.6	116.2	139.8
1931	4	94.2	96.4	124.1

1913年1月＝100

生产过剩则物价降落，这是自然之理。但此外还有一个特殊原因，便是世界金货集中于少数国家之手。您看：

各国存金额 （1930 年 7 月末）

日　本	746,000,000 美金
美　国	4,100,000,000 美金
意　国	274,000,000 美金
法　国	1,775,000,000 美金
德　国	624,000,000 美金
英　国	746,000,000 美金
俄　国	233,000,000 美金
印　度	128,000,000 美金
世界四十四国总领	10,716,000,000 美金

世界金货总额十分之四为美法两国所吸收。法国接受德国赔款，简直是沉醉在金子里。各国以金为本位，故缺少金便买不起东西而物价降了。各国都买不起东西，那么，黄金之国的东西也难卖出去，大家都恐慌了。惟独我国之物价涨。我国以银为本位，金贵则银贱，故物价涨。是各国以物价降而受害，我国以物价涨而受害。这便是所谓之世界不景气。

这还没有完。资本家货物卸价太低，卖便折本，不卖又不能流转，便倡合理化运动，缩小范围，演成空前之失业大惨剧。合理化本来是个好名词，因为它没有把个“人”字放在心里，合理化便变成最不合理化。请看生产过剩、物价低落、金货集中及所谓合理化运动之失业者数：

世界主要国失业者数（1931 年 2 月）

国　别	英	德	法	意	北美合众国
全部失业 一时失业	2,073,578 623,844	4,971,843	59,915	765,325 27,110	74.1% 平均雇佣数 （1926 年—100）
总　数	2,697,422 人	4,971,843 人	59,915 人	792,435 人	

在这表上德国之失业者数达五百万人；美国实数未报，本年二

月之雇佣数只等一九二六年之百分之七四·一。可是照人口比例算起来，德国的失业数之大，实是可惊。但是美国以世界最富之国，而竟有如许无工可做之人，亦足以促他们反省此种状态之不合理吧！

这种无政府的生产是不该久于存在了。无政府的小孩子的过剩生产与物品之过剩生产，必须归纳在一个和谐的系统里面。这和谐的系统，是要建立在全世界的平等的互助上。

我在上面所叙述的中国教育的三条出路是：

一、教人少生小孩子；

二、教人创造富的社会；

三、教人建立平等互助的世界。

这便是我所说的大口出路，多口出路，我们的责任不是像南京南门的过客，老在城门口呆挤。我们要用科学教育的斧头，把城门开得大些，多开几个洞，如果必需，或是把城墙连根拆掉。这三条出路是一套连环的出路。少生几个孩子，便可以多做一些创造工作，多做一些创造工作，便可以多得一点平等的地位与人互助，而这种平等的互助，又可以叫你放心大胆去少生几个孩子。但是，即使世人尚未觉悟，没有看出互助即自助的道理，中华民族也得毅然采取少生主义，创造富的社会，并将这平等互助的原则身体力行出来，决不可因别人不觉悟而失望。我们向前走去，他们自然会跟来的。

（吾友竺茵〔4〕将他半生躬耕经验寄我作重要参考，我是很感激的。）

《中华教育界》第19卷第3期（1931年7月）

注释

〔1〕指朝鲜李氏王朝的末代君主。1910年，李王与日本签订了《日韩合

作条约》，朝鲜实际上被日鲸吞，而其眷属却在日本过着醉生梦死的生活。

〔2〕卜凯　英籍学者，长期在中国任教，时任南京金陵大学农业经济系主任。

〔3〕兰领东印度　即荷兰所属殖民地的东印度（East India），同“西印度”相对称的地名。西印度指南北美洲大陆间的群岛（因哥伦布发现美洲大陆时误认为印度）；东印度指亚洲南部的印度和马来群岛等地。斐利滨，通译菲律宾（Philippines），国名。暹逻，国名，泰国的旧称。

〔4〕竺茵　即方与严。方与严又名方竹因，陶行知当时正遭国民党政府通辑，不便直说友人之名，故用谐音假名替代。

教学做合一下之教科书

教学做合一是生活教育之方法之理论。这理论同时叙述生活教育之现象与过程。所以要想讨论这个理论对于教科书之要求，先须说明什么是生活教育，什么是教学做合一。

什么是生活教育 生活教育是以生活为中心之教育。它不是要求教育与生活联络。一提到联络，便含有彼此相外的意思。倘使我们主张教育与生活联络，便不啻承认教育与生活是两个个体，好像一个是张三，一个是李四，平日不相识，现在要互递名片结为朋友。联络的本意原想使教育与生活发生更密切的关系，不知道一把它们看作两个个体，便使它们格外疏远了。生活与教育是一个东西，不是两个东西。在生活教育的观点看来，它们是一个现象的两个名称，好比一个人的小名与学名。先生用学名喊他，妈妈用小名喊他，毕竟他是他，不是她。生活即教育，是生活便是教育，不是生活便不是教育。分开来说，过什么生活便是受什么教育：过康健的生活便是受康健的教育；过科学的生活便是受科学的教育；过劳动的生活便是受劳动的教育；过艺术的生活便是受艺术的教育；过社会革命的生活便是受社会革命的教育。从此类推，我们可以说：好生活是好教育；坏生活是坏教育；高尚的生活是高尚的教育；下流的生活是下流的教育；合理的生活是合理的教育；不合理的生活是不合理的教育；有目的的生活是有目的的教育；无目的的生活是无目的的教育。反过来说，平日过的是少爷小姐的生活，便念尽了汗牛充栋的劳动书，也不算是劳动教育；平日过的是奴隶牛马的生活，便把《民权初步》念得透熟，熟得倒过来背，也算不了民权教育。没有生活做中心的教育是死教育。没有生活做中心的学校是死学校。没有生活做中心的书本是死书本。在死教育、死学校、死书本里鬼混的人是死人——先生是先死，学生是学死！先死与学死所造成的国是死国，所造成的世界是死世界。

什么是教学做合一 教学做合一是生活现象之说明即是教育现象之说明。在生活里，对事说是做，对己之长进说是学，对人之影响说是教。教学做只是一种生活之三方面，而不是三个各不相谋的过程。同时，教学做合一是生活法，也就是教育法。它的涵义是：教的方法根据学的方法；学的方法根据做的方法。事怎样做便怎样学，怎样学便怎样教。教与学都以做为中心。在做上教的是先生，在做上学的是学生。在这个定义下，先生与学生失去了通常的严格的区别，在做上相教相学倒成了人生普遍的现象。做既成了教学之中心，便有特殊说明之必要。我们怕人用“做”当招牌而安于盲行盲动，所以下了一个定义：“做”是在劳力上劳心。因此，“做”含有下列三种特征：

（一）行动；

（二）思想；

（三）新价值之产生。

一面行，一面想，必然产生新价值。鲁滨孙在失望之岛上缺少一个放水的小缸。一天烧饭，他看见一块泥土被火烧得像石头样的硬。他想，一块碎土既有如此变化，那么用这土造成一个东西，或者也能如此变化。他要试试看。他动手用土造成三个小缸的样子，架起火来把它们烧得通红，渐渐的冷下去，便成了三只坚固而不漏水的小缸。这里有行动，有思想，有新价值之产生——泥土变成水缸。这是做。这是教学做合一之做。

做是发明，是创造，是实验，是建设，是生产，是破坏，是奋斗，是探寻出路。

是活人必定做。活一天，做一天；活到老，做到老。如果我们承认小孩子也是活人，便须让他们做。小孩子的做是小发明，小创造，小实验，小建设，小生产，小破坏，小奋斗，探寻小出路。小孩子的做是小做，不是假做。“假做”不是生活教育所能允许的。

我也不是主张狭义的“做”，抹煞一切文艺。迎春姊妹和宝玉在荇叶渚上了船，跟着贾母撑向花溆去玩，宝玉说：“这些破荷叶可恨！怎么还不叫人来拔去？……”黛玉说：“我最不喜欢李义山〔1〕的诗，只喜欢他这一句：‘留得残荷听雨声。’偏你们又不留着残荷了。”宝玉说：“果然好句！以后咱们别叫拔去了。”这里也有行动，有思想，有新价值之产生——破荷叶变成天然的乐器！领悟得这一点，才不致于误会教学做合一之根本意义。既是这样，那么我们可以说：不做无学；不做无教；不能引导人做之教育，是假教育；不能引导人做之学校，是假学校；不能引导人做之书本，是假书本。在假教育、假学校、假书本里自骗骗人的人，是假人——先生是假先生，学生是假学生。假先生和假学生所造成的国是假国，所造成的世界是假世界。

生活教育与教学做合一对于书之根本态度 生活教育指示我们说：过什么生活用什么书。教学做合一指示我们说：做什么事用什么书。这两句话只是一句话的两样说法。我们对于书的根本态度是：书是一种工具，一种生活的工具，一种“做”的工具。工具是给人用的；书也是给人用的。我们对一本书的见面问，是：您有什么用处（当然是广义的用处）？为读书而读书，为讲书而讲书，为听书而听书，为看书而看书，再不应该夺取我们宝贵的光阴。用书必有目的。遇到一本书，我们必须问：您能帮助我把这件事做得好些吗？您能帮助我过一过更丰富的生活吗？我们用书，有时要读，有时要讲，有时要听，有时要看；但是读、讲、听、看都有一贯的目的，这目的便是它们对于“用”的贡献。在《诗的学校》里有一

首诗描写我们对于书的总态度:①

用书如用刀;
不快便须磨。
呆磨不切菜,
何以见婆婆?

中国教科书之总批评 我们试把光绪年间出版的教科书和现在出版的教科书比较一下，可以看出一件惊人的事实，这事实便是三十年来，中国的教科书在枝节上虽有好些进步，但是在根本上是一点儿变化也没有。三十年前中国的教科书是以文字做中心，到现在中国的教科书还是以文字做中心。进步的地方：从前是一个一个字的认，现在是一句一句的认；从前是用文言文，现在是小学用白话文，中学参用白话文与文言文；从前所写的文字是依着忠君、尊孔、尚公、尚武、尚实的宗旨，现在所写的文字是依着三民主义的宗旨。但是教科书的根本意义毫未改变。现在和从前一样，教科书是认字的书，读文的书罢了。从农业文明渡到工业文明最重要的知识技能，无过于自然科学。没有真正可以驾驭自然势力的科学，则农业文明必然破产，工业文明建不起来，那是多么危险的事啊！但是把通行的小学常识与初中自然教科书拿来审查一番，您立刻发现它们只是科学的识字书，只是科学的论文书。这些书使您觉得读到胡子白也不能叫您得着丝毫驾驭自然的力量。这些教科书不教您在利用自然上认识自然。它们不教您试验，不教您创造，它们只能把您造成一个自然科学的书呆子。国民党以党义治国。党义〔2〕，从国民党的观点看来，又是何等重大的一门功课呀！固然，党军既到南京之后，没有一家书店不赶着编辑党义教科书，党政府看了这些教科书也以为教育从此可以党化，小孩子个个都可以成为“三民主义”的信徒了。但是把这些书仔细看一看，不由您又要惊讶了，您

作者原注：①见小朋友书店出版之《师范生》第二期。

立刻发现它们只是党义识字书，只是党义论文书。它们教您识民权的字，不教您拿民权；教您读民生的书，不教您干民生的事。在这些书里，您又可以看出编辑人引您开倒车，开到义和团时代以前。他们不教小朋友在家里、校里、村里、市里去干一点小建设、小生产以立建国之基础，却教小孩子去治国平天下，这不是像从前蒙童馆里的冬烘先生拿《大学》、《中庸》把小朋友当小鸭子硬填吗？照这样干法，我可以断定，小孩子决不会成为三民主义有力量的信徒。至多，他们可以成为三民主义的书呆子。

中国的教科书虽然以文字做中心，但是所用的文字不是第一流的文字。山德孙先生在昂多学校里就不用教科书。他批评英国的教科书为最坏的书。中国初中以下的教科书不比英国的好。我读了中国出版的教科书之后，我的感想和山德孙先生差不多。我不能恭维中国初中以下的教科书是小孩子值得读的书。在我的《中国自然科学教科书之解剖》①一篇论文中，我将毫不避讳的罗列各家教科书之病菌，放在显微镜下，请大家自己去看。我现在只想举一个普通的例子来做个证明。诸位读了下面三节教科书，作何感想？

甲家书馆：大狗叫，小狗跳。叫一叫，跳两跳。

乙家书馆：小小猫，快快跑。小小猫，快快跑。

丙家书馆：小小猫，小小猫。快快跑，快快跑。

若不是因为每个小学生必得有一本教科书，每本教科书必得有书馆编好由教育部审定，谁愿意买这种有字有音而没有意义的东西呀？请诸位再看刘姥姥赴贾母宴会在席上低着头引得大家哄堂大笑的几句话：

老刘，老刘，
食量大如牛，
吃个老母猪，

作者原注：①不久在《师范生》发表。

不抬头。

这样现成的好文学，在以文字为中心的教科书中竟找不着一个地位，而“大狗叫，小狗跳”的无意义的文字，居然几百万部的推销出去。所以中国教科书虽以文字为中心，却没有把最好的文字收进去。这是编书人之过，不是文字中心之过。

中国的教科书，不但用不好的文字做中心，并且用零碎的文字做中心，每课教几个字，传授一点零碎的知识。学生读了一课，便以为完了，再也没有进一步追求之引导。我们读《水浒》、《红楼梦》、《鲁滨孙飘流记》一类小说的时候，读了第一节便想读第二节，甚至于从早晨读到夜晚，从夜晚读到天亮，要把它一口气读完了才觉得痛快。中国的教科书是以零碎文字做中心，没有这种力量。有人说，中国文人是蛀书虫。可是教科书连培养蛀书虫的力量也没有。蛀书虫为什么蛀书？因为书中有好吃的东西，使它吃了又要吃。吃教科书如同吃蜡，吃了一回，再不想吃第二回，连蛀书虫也养不成！可是，这也是编书人不会运用文字之过，不是文字中心之过。

文字中心之过在以文字当教育，以为文字之外别无教育。以文字做中心之教科书，实便于先生讲解，学生静听。于是讲书、听书、读书便等于正式教育而占领了几乎全部之时间。它使人坐而言，不使人起而行。教育好比是菜蔬，文字好比是纤维，生活好比是各种维他命（Vitamin）。以文字为中心而忽略生活的教科书，好比是有纤维而无维他命之菜蔬，吃了不能滋养体力。中国的教科书，是没有维他命的书。它是上海上等白米，吃了叫人害脚气病，寸步难行。它是中国小孩子的手铐，害得他们双手无能。它是死的、假的、静止的。它没有生命的力量。它是创造、建设、生产的最大的障碍物。它叫中国站在那儿望着农业文明破产而跳不到工业文明的对岸去。请看中国火车，行了几十年，而第一个火车头今年才造起来。这是中国科学八股无能之铁证！而这位制造中国第一个火车头之工程师，十分之九没有吃过上海白米式的科学教科书。或者也吃过，后来又吃了些糠秕，才把脚气病医好，造了这部特别难产的火车头。以文字做中心的教科书，在二十世纪里是产生不出力量，最多，如果用好的文字好好的编，也不过能够产生一些小小书呆子，小小蛀书虫。

假使再来一个秦始皇，把一切的教科书烧掉，世界上会失去什么?

大书呆子没有书教，小书呆子没有书读，书呆头儿出个条子："本校找不到教科书，暂时停课。"

于是，有的出去飘洋游历，也许会成达尔文；有的在火车上去卖报，做化学实验，也许会成爱迪生；有的带着小朋友们上山游玩，也许会成柯斯忒；有的回去放牛、砍柴、捞鱼、种田、缫丝，多赚几口饭儿吃。少几个吃饭不做事的书呆子，多几个生产者、建设者、创造者、发明者，大概是这位秦始皇第二的贡献吧。

生活教育与教学做合一之总要求　我们要活的书，不要死的书；要真的书，不要假的书；要动的书，不要死的书；要用的书，不要读的书。总起来说，我们要以生活为中心的教学做指导，不要以文字为中心的教科书。我要声明在先，我并不拘泥于文字之改变。倘使真的拿生活为中心使文字退到工具的地位，从死的、假的、静的、读的，一变而为活的、真的、动的、用的，那么就称它为教科书，我也不反对；倘使名字改为生活用书或教学做指导，还是以文字为中心，便利先生讲解，学生静听，而不引人去做，我也不能赞成。但是，如果能够做到名实相符，那就格外的好了。

生活用书或教学做指导，是怎样编法呢?最先须将一个现代社会的生活或该有的力量，一样一样的列举，归类组成一个整个的生活系统，即组成一个用书系统。例如：

要培养的生活力	**要用的书**
（一）防备霍乱	（一）防备霍乱指导

（二）防备伤寒
（三）防备天花
（四）防备感冒
（五）防备肺痨
（六）防备梅毒
（七）打篮球
（八）踢球
（九）选择食物
（一〇）选择衣料
（一一）种菜
（一二）种麦
（一三）种树
（一四）养蚕
（一五）养鸡
（一六）养鱼
（一七）养鸟
（一八）纺纱
（一九）织布
（二〇）扫地
（二一）调换新鲜空气
（二二）用风车水
（二三）制造抽气唧筒
（二四）制造气压表
（二五）用空气压力钻钢
（二六）用氮气做肥料
（二七）用太阳光烧饭
（二八）用太阳光杀菌
（二九）用太阳光照相

（二）防备伤寒指导
（三）防备天花指导
（四）防备感冒指导
（五）防备肺痨指导
（六）防备梅毒指导
（七）打篮球指导
（八）踢球指导
（九）选择食物指导
（一〇）选择衣料指导
（一一）种菜指导
（一二）种麦指导
（一三）种树指导
（一四）养蚕指导
（一五）养鸡指导
（一六）养鱼指导
（一七）养鸟指导
（一八）纺纱指导
（一九）织布指导
（二〇）扫地指导
（二一）调换新鲜空气指导
（二二）用风车水指导
（二三）制造抽气唧筒指导
（二四）制造气压表指导
（二五）用空气压力钻钢指导
（二六）用氮气做肥料指导
（二七）用太阳光烧饭指导
（二八）用太阳光杀菌指导
（二九）用太阳光照相指导

（三〇）用水推磨
（三一）用水发电
（三二）用水化铁
（三三）用磁石发电
（三四）造罗盘
（三五）用电磁举铜铁
（三六）用煤黑油取颜料
（三七）造汽车
（三八）造蒸汽机
（三九）用电发光
（四〇）用电推车
（四一）用电谈话
（四二）用电相见
（四三）用泥造瓷器
（四四）造屋
（四五）造桥
（四六）造船
（四七）造纸
（四八）造飞机
（四九）用显微镜看细菌
（五〇）用望远镜看天象
（五一）编剧
（五二）演戏
（五三）布景
（五四）唱歌
（五五）画水彩画
（五六）画油画
（五七）写诗文

（三〇）用水推磨指导
（三一）用水发电指导
（三二）用水化铁指导
（三三）用磁石发电指导
（三四）造罗盘指导
（三五）用电磁举铜铁指导
（三六）用煤黑油取颜料指导
（三七）造汽车指导
（三八）造蒸汽机指导
（三九）用电发光指导
（四〇）用电推车指导
（四一）用电谈话指导
（四二）用电相见指导
（四三）用泥造瓷器指导
（四四）造屋指导
（四五）造桥指导
（四六）造船指导
（四七）造纸指导
（四八）造飞机指导
（四九）用显微镜看细菌指导
（五〇）用望远镜看天象指导
（五一）编剧指导
（五二）演戏指导
（五三）布景指导
（五四）唱歌指导
（五五）画水彩画指导
（五六）画油画指导
（五七）写诗文指导

（五八）雕刻	（五八）雕刻指导
（五九）弹琴	（五九）弹琴指导
（六〇）说话	（六〇）说话指导
（六一）恋爱	（六一）恋爱指导
（六二）治家	（六二）治家指导
（六三）生育	（六三）生育指导
（六四）限制教育	（六四）限制教育指导
（六五）团体自治	（六五）团体自治指导
（六六）掌民权	（六六）掌民权指导
（六七）师生创校	（六七）师生创校指导
（六八）创造富的社会	（六八）创造富的社会指导
（六九）人类互助	（六九）人类互助指导
（七〇）创造五生世界	（七〇）创造五生世界指导①

以上七十种生活力和教学做指导，不过是我个人随手所举的例子。把它们归起类来，（一）至（一〇）属于康健生活；（一一）至（二〇）属于劳动生活；（二一）至（五〇）属于科学生活；（五一）至（六〇）属于艺术生活；（六一）至（七〇）属于社会改造生活。我想这些例子不过是全部生活力之少数，内中之概括的还应该细分。如养鱼，便可分为养金鱼、养青鱼、制造相生水族池等等。统统算起来，重要的总在三千种以上。我们姑且可以普通的说，我们有三千种生活力要培养，即有三千种教学做指导要编辑。这些生活力，有些是很小的小孩子便应当有，有些是很成熟的人才可以得；有些是学了就可以变换，有些是要继续不断的干；有些是一人能做，有些非多人合作不办；有些是现代人共同所需，有些是各有所好，听人选择。专家依性质、学力把它们一一编起来，并编一些建

作者原注：①五生世界即少生、好生、贵生、厚生、共生之世界，我有专篇叙述建立五生世界之理论，不久在《师范生》上发表。

在具体经验上面融合贯通的理论，便造成整个的用书的系统，帮助着实现那丰富的现代生活。我们还要随着学术进步，继续修改扩充，使用书继长增高的进步，帮助着生活继长增高的向前向上进。

照这样看来，教学做合一的理论不是不要书；它要用的书的数目之大，比现在的教科书要多得多。它只是不要纯粹以文字做中心的教科书，因为这些书是木头刀，切不下菜来。过什么生活用什么书，做什么事用什么书。不用书，即用书而用得不够，用得不当，都非教学做合一的理论所允许的。

教学做指导编得对不对，好不好，可以下列三种标准判断它。

（一）看它有没有引导人动作的力量，看它有没有引导人干了一个动作又要干一个动作的力量。中国人的手中了旧文化的毒是已经瘫了，看它能否给他打一针，使一双废手变成一双开天辟地的手。我们要看它能否把双料少爷的长指甲剪掉，能否把双料小姐的手镯戒指脱掉，能否把活活泼泼的小孩们的传统的几十斤重的手铐卸掉，使八万万只无能的手都变成万能的手。

（二）看它有没有引导人思想的力量，看它有没有引导人想了又想的力量。中国文人的头脑做了几千年的字纸篓；中国农人女人的头脑做了几千年的真空管。我们现在要请大家的头脑出来做双手的司令官。我们要头脑出来监工。我们不但是要做，并且要做得好。如何可以做得好，做得比昨天好，这是头脑的天职。我们遇了一本书，便要问它是否给人的头脑全权，指导一切要做的事。

（三）看它有没有引导人产生新价值的力量，看它有没有引导人产生新益求新的新价值的力量。我在《乡村教师》[3]上曾经写过十几首诗，描写一位乡村教师的生活，内中有一首是：

人生两个宝：
双手与大脑。
宁做鲁滨孙，
单刀辟荒岛。

中国教育之通病是教用脑的人不用手，不教用手的人用脑，所以一无所能。中国教育革命的对策是使手脑联盟，结果是手与脑的力量都可以大到不可思议。手脑联盟，则污秽的垃圾可以用来点灯烧饭，窒人的氮气可以用做养人的肥田粉，煤黑油里可以取出几千种的颜料，一粒种子可以长成几百粒谷，无饭大家饿的穷国可以变成有饭大家吃的富社会。只要头脑子命令双手拿起锄头、锯子、玻璃管、电动机去生产、建设、试验、创造，自然是别有天地了。

生活用书的体裁内容也不可一律，大致说起来，我有下列的建议：

（一）做的目标。

（二）做的材料。

（三）做的方法。

（四）做的工具。

（五）做的理论。

（六）从做这事引导人想到做那事。

（七）如做的事与时令有关便要有做的时令。

（八）如做的事与经济有关便要有做的预算。

（九）如做的事须有途径之指示便要有做的图。

（十）如做的事须多人合作便要有做的人的组织。

（十一）如做的事须多方参考便要有做的参考书籍。

（十二）如做的事与别的事有多方的关系便要有做的种种关系上的说明。

（十三）在做上学的人可引导他记载做的过程，做的结果，做上发生的问题与心得。

（十四）在做上教的人可引导他指示进行考核成绩。

这十四条不是像从前五段教授样要人家刻印板的遵守的[4]。如果您能把它们一齐打破，天衣无缝的写成一本可用的书也未为不可，或者竟是更为可贵。《鲁滨孙飘流记》是一部小说，也是一部探险与开创的教学做指导。歌德失恋，写《少年维特之烦恼》，创造一个维特去替死，那么歌德的恋爱史与《少年维特之烦恼》，当作一部恋爱指导用也很合宜。同样，《水浒》是一部打抱不平之指导。自然科学教学做指导，能写到法布尔[5]的几部顶好著作那样好，减少一些闲话，增加一点小孩子自己做的机会也就很好了。最要紧的是著书人独出心裁，若求一律，反而呆板了。

初进学校的学生，要他自用教学做指导，当然是不可能。但是他虽然认不得字，话语听得懂，先生不能教他吗？年长的同学不能助他吗？初年〈级〉的学生，多数的生活力不能从文字上去取得，若受文字的限制，生活便枯燥无味。故初年级的教学做指导，除说话（即国语）一门外，都可编为先生用书，先生在做上教时所用的书。那么，这个困难便没有了。即就说话一门说，也不必太拘于生字之多少。只要是小孩子爱说的话，便多几个字也不要紧。若是头一课只限于四五个字，编不成好听的话，那么，比十几个字还难认。认字与写字也不必同时兼顾。若认的字一定要写，那么，又只好限于几个字，而流于枯燥了。

我想要使这个用书的计划实现，必须有下列六种条件：

（一）各门专家中须有几位去接近小孩子，或竟毅然去当几年中小学教员，一面实验，一面编辑几部教学做指导。

（二）现在接近小孩子的中小学教师，须有许多位，各人开始研究一门科学，待研究有得，可以编辑几部教学做指导。

（三）现在教科书的编辑者有志编辑生活用书，如缺少某种准备、专科学术或儿童经验，亦宜设法补足，然后动手编辑。

（四）现在商务印书馆、中华书局、世界书局每年大部分收入是从小朋友那里来的，应该多下点本钱，搜罗各国儿童、成人用书（不是教科书）和工具，聘请上列三种人才，为小朋友多编几部可用的好书。

（五）教育行政当局，从中央一直到校长，该给教员们以试验或选择书本之自由。现在行政方面之趋势是太一律、太呆板，若不改弦更张，实无创造之可能。

（六）全民族对于中国现代的无能的教育，该有觉悟；对于教学做合一之理论，该使之普遍实现。若再因循苟且，则可以救国之教育，将变成亡国之催命符。到了那时，虽悔也来不及了。如果大家从此下一个决心，在头脑指挥之下，把双手从长袖里伸出来，左手拿着科学，右手开着机器生产、建设、创造，必定能开辟出一个新天地来。荣枯、安危、存亡之故，只在念头之一转和双手之一动，用不着到远处去求啊！

《中华教育界》第 19 卷第 4 期（1931 年 8 月）

注释

〔1〕李义山　即李商隐（约 813—约 858），字义山。唐朝诗人。

〔2〕党义　此处为课程名称。国民党政府为推行“党化教育”，将学校原有的公民科目改为党义。

〔3〕《乡村教师》　周刊。由陶行知创立的晓庄学校创办。其主旨为指导乡村教师，沟通和交流乡村教师的经验。

〔4〕指赫尔巴特及其弟子所创立的五段教学法。

〔5〕法布尔（J. H. Fabre，1823—1915）　法国昆虫学家。

思想的母亲

行动是思想的母亲，科学是从把戏中玩出来的。

杜威先生分析反省的思想之过程，列举了如下的步骤：（一）困难之感觉；（二）审定困难之所在；（三）设法解决；（四）在许多方法中选一最有效的试试看；（五）屡试屡验之后再下断语。这反省的思想之过程，便是科学思想之过程。

我拿杜威先生的道理体验了十几年，觉得他所叙述的过程好比是一个单极的电路，通不出电流。他没有提及那思想的母亲。这位母亲便是行动。路走不通才觉有困难。走不通而不觉得困难，这是庸人。连脚都没有动而心里却虚造出万千困难，这是妄人。走不通而发现困难，便想出种种法子来解决困难，不到解决不止，这是科学家。所以我要提出的修正，是在困难之前加一行动之步骤，于是整个科学的生活之过程便成了：行动生困难；困难生疑问；疑问生假设；假设生试验；试验生断语；断语又生了行动，如此演进于无穷。懒得动手去做，那里会有正确的思想产生，又何能算是科学生活？

《申报·自由谈》（1931年11月11日）

关于科学教育*

——致庄泽宣[1]的信

泽宣吾兄：

久不晤教，至为想念。

晓庄是一个试验学校。晓庄本部虽已被封两年，但是他的试验工作，仍是不断的进行着。几年以来，我们觉得要救中华民族，必须民族具备科学的本领，成为科学的民族，才能适应现代生活，而生存于现代世界。科学要从小教起。我们要造成一个科学的民族，必要在民族的嫩芽——儿童——上去加工夫培植。有了科学的儿童，自然会产生科学的中国和科学的中华民族。这一年来，我们预先编成《儿童科学丛书》百种，在今年暑假以前可以出齐。恰好政府已下令准备将晓庄交还我们。我们在这次国难当中察出，愈觉科学教育之重要。所以我们今后教育方针，准备瞄准向着这条路线上前进，为中华民族去找新生命。所以我们对于接收晓庄，感觉有无限兴奋与希望。

我们接收晓庄计划，分成三个步骤：

第一步，先恢复晓庄周围四十里的六所小学和六所幼稚园。即以此作四十里周围最经济的普及教育的实验。第二步，在本年暑期中（七月十五日至八月十五日）开办一大规模的暑期学校，专门研究儿童自然科学。定额一千人，招收大学毕业生、各师范科学教

* 此信原发表时无题。今题系编者所拟。

师、市县督学、各小学教师分别研究。招收大学毕业生和师范科学教师、市县督学，是预备他们回去，到了明年，各处都有这样几个专门研究儿童自然科学的暑期学校出现，使一年之后，儿童自然科学的主张即可推行到全国，科学的儿童早日造成，科学的中国和科学的中华民族早日实现。

暑期学校的生活课程，分为下列十门：

一、儿童的生物；

二、儿童的物理；

三、儿童的化学；

四、儿童的天文；

五、儿童的地球；

六、儿童的几何；

七、儿童的农艺；

八、儿童的工艺；

九、儿童的生理卫生；

十、儿童的科学指导。

现时晓庄小学已经开学了。一面顾到儿童教育，一面即担任筹备暑期学校。一切进行，如小学、幼稚园之经常费，暑期学校自然科学之实验工具、材料，在在需有相当经费，才能推行顺利。明知国难当头，经费来源不易。惟因国难当头，愈益觉得立国根本之教育，更有从速举办的必要。我兄谋国心长，救种虑远，定能赞同是举。对于经费一层，务希酌量帮助。遇有青年教师富有研究儿童自然科学兴趣，而且有志救国大计者，务请劝导保送来学，襄力此盛举。章程随即寄奉。

第三步，恢复师范。就原定之初中、高中、大学各部，逐渐恢复，充实内容，并拟添设研究所，加以高深的研究，使他能成为乡村教育及儿童自然科学之泉源。详细办法，容后奉闻。一切均请随时指导，俾生活教育得以发生效力。是所至盼。敬祝康健！

弟知行启

二一、三、廿二

《教育研究》（中大）第35期（1932年）

注释

〔1〕庄泽宣　早年留学美国哥伦比亚大学，时任广州中山大学教授及该校教育研究室主任。

乡村工学团试验初步计划说明书*

乡村工学团是一个小工场，一个小学校，一个小社会。在这里面包含着生产的意义，长进的意义，平等互助、自卫卫人的意义。它是将工场、学校、社会打成一片，产生了一个改造乡村的、富有生活力的新细胞。

乡村工学团由儿童组成的，称为乡村儿童工学团；由青年组成的，称为乡村青年工学团。青年的定义，不根据年龄，而根据求学的态度。老年人而有青年求学精神者，得入乡村青年工学团。

中华民族已经到了生死关头，我们要想起死回生整个的民族，须以最敏捷的手段，实施下列六大训练：

（一）普遍的军事训练；

（二）普遍的生产训练；

（三）普遍的科学训练；

（四）普遍的识字训练；

（五）普遍的民权训练；

（六）普遍的生育训练。

乡村工学团要将上列六大训练，具体而微的在自己乡村里尽量推进，把自己的乡村，造成中华民国的健全分子，并与全国一百万

---

* 本篇拟稿于1932年夏，是创办山海工学团的纲领性文件，当时曾油印散发。1943年4月，在重庆民族书局出版的《陶行知教育论文选辑》中，收了这篇计划说明书，只是其中文字与本件稍有出入，如将“六大训练”改为“六大培养”等。

乡村联合起来，推进这六大训练，以造成一个伟大的、令人敬爱的中华民国。乡村工学团所采取之方法，与传统的方法根本不同。现撮要列举如下：

（一）传统的方法是学校与社会隔离；乡村工学团主张以社会为学校。

（二）传统的方法是生活与教育分家；乡村工学团主张生活即教育。

（三）传统的方法把师生的界限分得太严；乡村工学团主张会的教人，不会的跟人学。我们跟农人学种田，农人跟我们学科学，这是相师相学的意思。我们还可以教大徒弟去教小徒弟，七十二行都有资格做先生，都有资格做太上先生。先生既多，学问自广。

（四）传统的方法是先生教而不做，学生学而不做；乡村工学团主张先生在做上教，学生在做上学，教与学都以做为中心。这便是教学做合一的要义。

（五）传统的方法是教劳心者不劳力，不教劳力者劳心；乡村工学团主张在劳力上劳心，才算真正的做，否则便是瞎做瞎学瞎教了。

（六）传统的方法教人先费几年，把知识装满了再去行；乡村工学团主张“行是知之始”，我们要在行动上去追求真知识，有行的勇敢，才有知的收获。

（七）传统的方法是教少数人升官发财；乡村工学团主张与大众共甘苦、共休戚，以取得整个中华民族之出路。

乡村工学团之主体，是本村之真农人。所谓真农人，是靠自己动手种地吃饭的人。我们所以要有这一个条件，是防备这件重要事业落在坏人的手里，作为个人利益的工具。村外同志只处于推动、赞助、辅导的地位。这种村外的推动、赞助、辅导，只适合本村需要的时期为限。推动的宗旨在求本村之自动，赞助之宗旨在求本村之自助，辅导之宗旨在求本村之自导。乡村改造运动者最忌代替农人做；因为代替农人做得太多太久，农人仍旧不会自己做。农人不会自己做，终是无补于大局。我们要想农人自动、自助、自导的来改造他们的村庄，必须在发动时有此认识。从村外同志的发动，到本村完成主体健全之组织，其移转之步骤如下：

第一步骤　创办时，发起人组织乡村改造社，掌管筹款、用人、指导事宜，同时认识本村真正农人。

第二步骤　由真正农人产生董事会，接收改造社助款，聘任总指导，再由总指导聘任指导员。

第三步骤　本村工学团经济独立，改造社得以此款创办他村的工学团。

乡村工学团以充分运用本村固有之力量为原则。凡新时代生活所必须而为本村所无的，才运用外来力量。例如房屋，则以租借公共建筑物为原则，非到不得已时必不建造新屋；实验农场则特约开通农友自办，不必买地。运动场之类，则租用荒地开辟。自卫武器亦从集合本村原有武器，徐图扩充。甚至于小孩们坐的桌凳，亦可由家中搬来使用，以待自造新的家具；虽一时外观不甚整齐，但是唯有肯下如此决心，才能打破装饰品的教育。这样，开办费必可减到极少，使得腾出余款从事生产一类的重要活动。

乡村工学团可从事指导员之培养，其培养方法则采艺友制。所谓艺友制，即在一种艺术上做朋友的意思。我们可以欢迎有志青年下乡，在办工学团上学办工学团。

《山海工学团》（1934年11月上海儿童书局版）

国难与教育*

我们知道，教育的目的在于解决问题。所以不能解决问题的，不是真教育，不能解决国难问题的，尤其不是真教育。我们一定有了真教育，才能对付国难。教育是什么？教育就是力的表现，力的变化。实则整个宇宙，也就是一个力的表现，力的变化的过程。我们现在要解除国难，先要有力量，因为我们力量不充分，所以才不能对付国难。因此，我们要对付国难，就须以教育为手段，使我们的力量起了变化，把不能对付国难的力量，变成能够对付国难的力量，这才能达到目的。

力量发生了变化，其大小之比较，可分别如下：就是少数人的力，比不上多数人的力；空谈的力，比不上行动的力；散漫的力，比不上组织的力；被动的力，比不上自动的力；头脑的力，比不上手脑并用的力。

我国的传统教育和现行的教育，只能造成少数人的力，空谈的力，散漫的力，被动的力，头脑的力。我们从此要改造教育，使教育普及于大众；使受教育者都能实践力行，从行动上去求得真知识；并使大众组织起来，自动去做他们的事；而仅用脑的知识分子，要使他们变成兼用手的工人，仅用手的工人，农人等都变成兼

---

* 本篇系陶行知1932年8月30日在上海沪江大学的演讲记录。摘自持大所撰《陶行知与中国新教育》一文，该文收入《晓庄批判》一书。作者在文中说明：陶行知的全篇演讲如详细记录下来，至少有五六千字，我“只举出他的纲领，并没有记录他的解释”。

用脑的知识分子。这才能把少数人的力变成多数人的力；空谈的力变成行动的力；散漫的力变成组织的力；被动的力变成自动的力；仅用脑和仅用手的力变成脑手并用的力。于是我们就可以造成极伟大的民族力量，来解除一切国难。

《晓庄批判》（1933 年 3 月上海儿童书局版）

目前中国教育的两条路线*

——教劳心者劳力，教劳力者劳心

中国有四千余年的历史，二千余年的文化，照理讲来应该站在时代的最前线。为什么现在不但不能和欧美各国并驾齐驱，而且还处处跟人不上？这个原因固很复杂，但是过去教育政策的失败，可以算是主因。

从前的教育是传统政策，单教劳心者，不教劳力者。《孟子》上有说：“劳心者治人，劳力者治于人。”从这里就可看得很透澈了。

一般的智识阶级，他们是劳心而不劳力，读书而不做工，所以形成了“书呆子”。教书的人是“教死书”，“死教书”，“教书死”；读书的人是“读死书”，“死读书”，“读书死”，充其量只是做一个活书橱，贩卖智识而已，除此之外，他们的一双手总是不肯拿来使用。我们常常可以看见一般老先生们的手，老是叉在袖内，现在的新学辈却因洋衣袖太狭叉不进去，所以换个方式叉在裤袋里。这可以十足地表现出来中国的智识阶级是不肯用他们的贵手来与农工合作的。现在有一段故事把它引来说说，更可以明白些：二千年前孔老夫子有一次跑到乡间，有个农家儿子要请教老夫子学农圃的事。老夫子答应得他好，你要学农圃的事，可以跟老农去学好了，我是教人读书的，不晓得农圃的事。由此可见一斑了。

农工阶级呢？他们是劳力而不劳心，做工而不读书，所以形成

---

* 本篇系陶行知在暨南大学教育学系的演讲记录。记录者为严格。

了“田呆子”。他们只知道“做死工”，“死做工”，“做工死”，除此之外，什么事情都可以不管，就是天翻地覆了，他们也只以为半天下雨，不知来由。他们受尽了剥削，还不知道什么道理，只是听天由命，叹几声命运的舛蹇而已。从前山东在张宗昌为督军时，连年饥馑，而张宗昌又极搜刮之能事，人民困厄，莫可言宣。但是当时的人民，反不知道这个原因究在那里，只是晓得叩天求神来消除灾苦。试问那里可以得到安慰？言之可悲而又可怜！

中国因为有了“书呆子”和“田呆子”，所以形成了一个“呆子”国家。读书的人除劳心以外，不去劳力；除读书以外，不去做工，以致不能生产。他们寄生在社会上，只是衣架饭囊，为社会国家蝥蠹。中国目前的坏，坏在那里？可以说完全是坏在这一班人身上。作工的人除劳力以外，不去劳心；除做工以外，不去读书，以致不能自保其利益，而受他人的横搜直刮。要他们做国家的主人翁，那更是在做梦。

中国现在危机四伏，存亡一缕，做成这个的原因，就是这山穷水尽的传统教育。我们要挽回国家的危亡，必须打破传统的教育而寻生路。我觉得目前中国的教育只有两条路线可以走得通：

（1）教劳心者劳力——教读书的人做工；

（2）教劳力者劳心——教做工的人读书。

站在现在的时代前，劳心不劳力的固然不行，劳力不劳心的也是不行。中国比不上外国，原因即在乎此。现在英美法意日俄的教育都注意到教劳心的人劳力，教劳力的人劳心，尤以俄国为显现。中国的教育自然也应该走这两条路线——教读书的人做工，教做工的人读书。

中国读书的人不去生利，是一个极不好的现象。现在的教育者要把他们的头脑灌输成科学化，使他们为自己创造，为社会创造，为国家创造，为民族创造。更要把他们的一双手解放开来，使他们为自己生利，为社会生利，为国家生利，为民族生利，这才是对的。南通中学现在应了这个要求，招了六十个学生，先行试试脑手同训练。他们一星期上课，一星期做工，每日工作六小时，所做的工作为金工、土工、木工、竹工，甚至磨豆腐、包面包都来。实行了半年之后，考查他们的学业，程度和其他学生相等，不过教学差些。这六十个学生，既然能够做工，并且能赶得上他们的学业，这是他们已经把两手解放了。我希望他们学校当局推广之，都实行这种工读的设计，同时更希望全国学校都采用，尤其是对于高等教育更为必要。

中国做工的人，不去求知，这也是一个极大的缺憾。无论那一个国家的工人，比中国的工人程度总要胜过一筹，这是事实，无须我们置辩的。因此我国的工人也就只配作被支配的阶级，做被剥削的民众，若要拿“主人翁”的一等金交椅给他们坐，他们是无所措其手足。所以教做工的人读书，是最重要的，而且是刻不容缓的。

现在已经把用脑的人要用手、用手的人要用脑的理由说过了，希望我们负有教育责任的人，都要注意注意。现在还有一首诗拿来劝劝大家手脑并用。

人生两个宝，
双手与大脑。
用手不用脑，
快要被打倒；
用脑不用手，
饭也吃不饱；
手脑都会用，
才算是开天辟地的大好佬。

《教育周刊》第137期（1932年11月28日）

手脑相长*

近来我在报纸上发表了卖艺的广告。[1]过后不久就接得中社[2]一封信：请我于民国二十二年元旦正午的时候来演讲。我很高兴，不过社会上有许多人或尚对我怀疑。有一位朋友做了一首小诗，替我卖艺取一个名字，叫做"水门汀文艺"。这位朋友告诉我的意思是很深的。譬如有人在新世界门口水门汀上写了一大篇文字，说因为没有路费回家，求人解囊相助。我觉得这个名字很好，非常欢迎。这是对于我卖艺的解释。其次，刚才李先生问我：卖艺的生意好不好？我不敢说不好，因我说不好，人家不相信。有人要问我：为什么你要卖艺？今天我也要报告一下。在我的卖艺广告里有一句说："乡下先生难度日。"要晓得乡下先生有许许多多人难度日，不只我一个乡下先生难度日。中国现在有许多人不得日子过。我的卖艺广告是等于一个报告，使人家都知道乡下先生都难度日，就如那陶知行也在卖艺了。我有一首诗描写乡下先生的苦况，现在可来背一下：

> 生长三家村，去来五里店。知己遍天下，终身不相见。雪花飞满天，身上犹无棉。一天吃两顿，有油没有盐；有油没有盐，饿肚看水仙。试问甜后苦，何如苦后甜。进城来索薪，轮流候茶园；薪水领不着，大家凑茶钱。爸爸长叹气，妈妈也埋怨。已经三十岁，还没有家眷。

现在乡下先生只有三条路好走：（一）要饿死；（二）要革命；

---

* 本篇系演讲记录。记录者为张书庚。演讲时间为1933年元旦。

（三）要去投河。在这种情形之下有十几万人没有把他们的出路问题解决。不过他们本身的问题不能在他们本身上解决。农民生活的问题没有解决，乡村教师的生活问题就不会解决。

我本来无产阶级出身，后来出洋回来渐渐变成了中产阶级中人。现在却由中产阶级渐渐地流落到无产阶级了。所以我对于中产阶级与无产阶级的情形都知道一点。我有一种信仰和决心：要从中产阶级不爬上去，而要爬下来。其实爬下来就是爬上去。要爬上去就要落下来。我为什么要走这一条路？可把我的一段历史来简单说一说：我在中产阶级登峰造极的时候，就是当中华文化教育基金委员会〔3〕的干事，每月有四百元薪水，一百元公费。当时我家里的几个小孩子一起变成了少爷，没有小姐，因为我没有女孩子。他们添饭有人，铺床折被也有人。我小时候尚做些事，而他们现在一些事不做，将来大的时候不得了。慢慢享福惯了，害我自己是小事，害这些小孩子是不得了的。因老妈子和佣人把我们小孩子的手都变坏了，成了无用的手；把我的小孩子的脚也变坏了，成了无用的脚。小时候不能动手用脚，大的时候当然一切事要别人做；小的时候做惯少爷，大的时候当然做老爷。我以为世界上最有贡献的人只有一种，就是头脑能指挥手指行动的人。中国都是用头脑的人不用手，用手的人不用头脑。年成虽好，农民生计仍很苦，这因为他们的头脑不会去想。一般人读书都是读死书，死读书，读书死。日本人打进来了，我们只会喊口号。可是我们干了几十年，到现在所用的电灯，所坐的汽车，都是外国人做的。我们自己不会造出来，这是什么缘故？这因为书呆子不去干科学的事业，因他不用手去试验，不用手去创造。一定要四万万人用手推动机器，才能把中华民国创造起来。头脑帮手生长，手帮头脑生长。

中国有两种病：一种是“软手软脚病”，一种是“笨头笨脑病”。害“软手软脚病”的人，便是读书人，他的头脑一定靠不住，是呆头呆脑的。而一般工人农民都是害的“笨头笨脑病”，所以都是粗手粗脚。一个人要有贡献于社会，一定要手与脑缔结大同盟。然后，可以创造，可以发明，可以建设国家，可以把东三省拿回来！要东三省拿回来，没有这么容易，必须要用手去拿回来！

老妈子和佣人天天替代我的小孩子的手，使他们的手都变成无用的手，故我决心把五百元一月的干事职位不要了，去当一百元一月的校长。我们学校里没有一个听差，没有一个斋夫，各事都是学生自己干。我写了两首歌，一首是勉励学生的，一首是戒人不要做双料少爷。

> 第一首："滴自己的汗，吃自己的饭；自己的事自己干。靠人靠天靠祖上，不算是好汉！"
>
> 第二首："自从家父做老爷，人人呼我阔少爷。谁知我还是自倒洗脸水，远不如进个学堂儿。上课看情书，下课拜小姐；不高兴闹个风潮儿，直要教员怕我如同儿子怕爹爹！请看今日卖国贼，那一个不是当年的双料少爷！"

上面两首歌，一首是建设论，一首是破坏论。我们学校里没有听差，结果很好。男学生挑水烧饭，女学生倒马桶。饭是很好吃，为什么马桶不好倒？当那女学生初来投考我们的学校，我先要问她一声，愿意不愿意倒马桶？愿意倒马桶的来学。虽然倒马桶不能救国，但是它的进一步的意思很深。能倒马桶，小姐的架子打破了！她的一双手拿出来了，将来会玩出比外国更好的电灯出来，会玩出比外国更好的汽车出来，会玩出比外国更好的飞机出来。

至于各种人的手，如穿马褂子的人的一双手都缩拢在袖管里面；穿西装的人的双手都插在裤袋里；老先生的一双手指甲留得长长，成一种曲线美，双手镶在袖管里；女学生的一双手都用手套子套了起来。因一双可以创造的手，套起来了，故把中华民国一起都套进去了，不能出头！

现在再讲脚。脚也要动动。从前女子绕小脚，用布包包。现在学外国新法绕小脚，应用几何学原理，高跟皮鞋就是一种几何三角形的道理。穿了这种皮鞋，脚不易走动了，弄得不好，就要跌交。这样的女国民，能与日本去奋斗吗?多一个人穿高跟皮鞋，就是少一个人去奋斗。要解放脚，非打倒高跟皮鞋不可。要解放手，非打倒手套不可。新近我写了一首歌，知道的人已很多了。现在再来背一下：

人身两个宝，双手与大脑。用脑不用手，快要被打倒，用手不用脑，饭都吃不饱。手脑都会用，方是开天辟地的大好佬。

这大好佬，人人都会做！只要两只手拿出来用就行。中华民国不是几千个人几万个人所能做得好的。一定要四万万人都来推动机器，才可创造成功！这非用手不可。

脑与手没有力量，因血脉不相联通。我下了两帖药，叫它们的血脉联通起来。第一帖药名叫“脑化手”，使人人都有脑筋变化过的手。还有一帖要给无产阶级的农人和工人吃的，药的名字叫“手化脑”，就是一面用手，一面要有思想。倘若就把用脑不用手的人的呆头呆脑拿来装过去却是不配的。几百年来，瞎子教育的成绩证明，我们的一双手可以变化我们的脑筋。手做了工，脑筋就变化了。一经变化之后，手与脑筋互相长进。怎样变化的法子，我可举一个例子来说明。我在上海办过一个小小的试验。就大场[4]地方租了一间房子，里面的凳子都是从乡下人那边借来用一下。我们要自己学来做，请了一个木匠师傅来。不当他小工，当他一位太上先生，由我这大书呆子带了一班小书呆子跟他学。我对他说：“我们工钱不少你的，工钱照你的工作分配，所有四十只凳子一齐由你做好，我们一钱不给你。你能教会了一个书呆子做凳子，就有一个凳子的工钱。你教会了两个书呆子做凳子，就有两个凳子的工钱。”现在凳子都已做起来了，这样各人的手一用过后，自己买了一样科学仪器，自己就能仿造了。对这件事我已写了一首小诗：

他是木匠，我是先生，先生学木匠，木匠学先生。学学学，我变了木匠，他变了木匠先生。

脑筋与手联合起来，才可产生力量，把“弱”与“愚”都可去掉。手与脑联起来，即有力量了，力量要在那一方面表现出来？我以为力量要从两方面表现出来：

（一）要叫力量武装起来。全国的国民，武装了才有力量。这种力量才能广大。不说别的，就拿广西来说罢。据广西的民政厅长雷殷与新近从广西考察还沪的杜重远[5]先生等讲，都很清楚，他们广西那边，只有八个字：“寓兵于团，寓将于学。”过去的一年，已练成三十六万民团。预计五年可练二百万民团。不是个人来当民团，是个个人背了枪来干。各地的县长就是武装的团长。全省正式军队只有两师（即五万人）。他们把省下来的钱培养人民武力。老实说，日本人未来上海之前，他们早已在训练民团，整个的省份武装起来了。现在已经有成效，民众团体化、纪律化。武装起来，才能做中华民国的主人翁，才能消灭内战，才能打破外来的帝国主义侵略。几时日本兵要到北平？我们不知道。不过谁敢说日本兵不来？所以我们应该有这种准备！

（二）力量不只在武力上表现，还要在生产上表现。要有计划的组织的生产。一般年纪大的人，再要学起来很难，可是我们不要忘记我们的小孩子。有几个小孩子的，总得让他们多受一些科学的训练与生产的训练，从小的时候教起来。我们自己做一些粗工，不要老妈子和佣人去做，小孩子见了，也会跟着大人做了。我有几首儿童歌，是包含使儿童有创造的意思，现在背出来：

我是小盘古，不怕吃苦；我要开辟新天地，看我手中双斧！（《小盘古》）

我是小牛顿，让人说我笨；我要用我的脑筋，向大自然追问。（《小牛顿》）

我是小孙文，我有革命精神；我要打倒帝国主义，像个球儿打滚。（《小孙文》）

我是小工人，我的双手万能；我要造富的社会，不是造富的个人。（《小工人》）

今天所讲的可归纳为三点：（一）脑与手联合起来才能产生力量；（二）力量要在自卫政策上表现出来；（三）科学生产上头才把这力量表现出来。西洋人的耳朵只听得进的一个字，就是“力”字。你有力，他们听你；你没有力，他们不听你。

现在，我还有四句话要说，就是：

“不愿做工的，不配吃饭；不愿抵抗的，不算好汉。”

今天是我卖讲的头一回，也可说今天是我的处女讲。

《新社会半月刊》第4卷第2号（1933年1月16日）

注释

〔1〕指陶行知为筹款兴学，曾在《申报》等报刊上登载《卖艺广告》，宣布卖讲卖字事。

〔2〕中社　解放前在上海威海卫路静安别墅旁的一个社交场所，称为中社。1934年，中国普及教育助成会设在中社二楼。

〔3〕中华文化教育基金委员会　管理美国所退回的“庚子赔款”并用于中国教育事业的机构。1924年成立于北京。董事会由美籍和华籍人员共同组成，名为中华教育文化基金董事会。

〔4〕大场　地名。位于当时上海市与宝山县交界处。山海工学团就创办在大场的孟家木桥。

〔5〕杜重远（1899—1943）　辽宁开原人，一说吉林怀德人。进步文化人士。后被军阀盛世才秘密杀害。

创造的教育*

诸位同学：

我今天的讲题是《创造的教育》。

什么是创造的教育？先说明创造两个字的意义。我举两个例子来说吧。鲁滨孙漂流到荒岛上去，口渴了，白天他走到海边用手去捧水喝，到黑夜里就没有办法了。他偶而在灶的旁边，看见经火烧过的泥土，硬得如石子一样。他想到软的土经火烧了，就成坚固且硬的东西，于是他把土做成三个瓶子，放入火中去烧，烧碎了一个，其余的两个可以满满的盛着水。于是他口渴的问题完全解决了。我们把这件事分析起来，可以发现三点：他把手捧水喝，到黑夜发生了困难，是他的行动；发现泥土经过火烧变成坚固且硬的东西，也是他的行动；把泥土塑成了瓶，希望同烧过的土一样的坚固，是他的思想。结果，他瓶子盛水的计划成功了，是新价值的产生。由行动而发生思想，由思想产生新价值，这就是创造的过程。这个例子是“物质的创造”。再如《红楼梦》上刘姥姥游大观园，贾母请客，后来唤了二只船来，贾母同媳妇人等在前船先行，宝玉同姊妹们在后船后行。河内汆满着破残荷叶，宝玉的船划不快，追不上前船。宝玉心里非常忿怒，马上要铲光破荷叶。薛宝钗说：“现在仆人们很忙碌，等他们空了，再叫他们铲除吧！”林黛玉说：“我平生最不喜欢李义山的诗，只有一句还可以。”宝玉问她究竟是那一句呢？黛玉说，“留得残荷听雨声”一句。宝玉一想，觉得破

* 本篇系陶行知在上海大夏大学的演讲记录。记录者为华炜生。

荷叶很有用处，就不再要铲荷叶了。这个例子中，船行到荷叶中去，是行动；破荷叶妨碍行船，是行动；林黛玉提出李义山的诗句，是思想；宝玉心中厌恶的破荷叶，一变而为可爱的天然乐器，是产生了新的价值。这种新观念的成立，是心理的创造。

我现在再讲行动，关于教育上的行动。中国现在的教育是关门来干的，只有思想，没有行动的。教员们教死书，死教书，教书死；学生们读死书，死读书，读书死。所以那种教育是死的教育，不是行动的教育。我们知道王阳明先生是提倡“知行合一”说的，他说“知是行之始，行是知之成”。他的意思是先要脑袋里装满了学问，方才可以行动。所以大家都认为学校是求知的地方，社会是行动的地方，好像学校与社会是漠不相关的，以致造成一班只知而不行的书呆子。所以阳明先生的二句话，很可以代表中国数千年的传统教育的思想。现在我要把他的话翻半个筋斗。如果翻一个筋斗，岂非仍是还原吗？所以叫他翻半个筋斗，就是说：“行是知之始，知是行之成。”例如爱迪生发明电灯，不是从前的人告诉他的，是玩把戏而偶然发现的。小孩子不敢碰洋灯泡，是他弄火烫痛的经验。至于妈妈告诉他火是烫人的，不过使小孩子格外清楚一些。所以要有知识，是要从行动中去求来，不行动而求到的知识，是靠不住的。有人告诉你这是白的，那是黑的，你不行动，就不能知道那个是真那个是假。有行动的勇敢，才有真知识的收获。书本子的东西，不过告诉你别人得来的知识。有许多人著书，东抄西袭，这种抄袭成章的知识，不是自己知识的贡献。你能行动，行动才生困难，想法解决了困难，才是真知识的获得。我现在介绍杜威先生思想的反省（Reflection of Thinking）中的五个步骤：（一）感觉困难；（二）审查困难所在；（三）设法去解决；（四）择一去尝试；（五）屡试屡验，得到结论。我的意思，要在“感觉困难”上边添一步“行动”。因为惟其行动，到行不通的时候，方才觉得困难，困难而求解决，于是有新价值的产生。所以我说行动是老子，思想是儿子，创造是孙子。你要有孙子，非先有老子、儿子不可，这是一贯下来的。但是我们知道，单独的行动，也是不能创造的。如中国农夫耕种的方法，几千年来，间有小小的改良外，其余的都是墨守陈规，毫无创造。还有许多书呆子，书尽管读得多，也不能创造。所以要创造，非你在用脑的时候同时用手去实验，用手的时候同时用脑去想不可。手和脑在一块儿干，是创造教育的开始；手脑双全，是创造教育的目的。孟子说："劳心者治人，劳力者治于人。"这是孟子当时的教育思想。时至今日，这种传统的思想已经起了一个极大的地震，渐渐的在那里崩溃了。我最近读了世界许多有名科学家的传记，觉得有发明的人，都是以头脑指挥他的行动，以行动的经验来充实他的头脑。中国的所谓学者，他们擅长的是高谈阔论，作空文章。而做劳工的人，又不读书，不肯用脑，所以一辈子在这种传统习尚下过生活，大科学家、大发明家那里会产生？现在我们知道了，劳工教育啦，平民教育啦，都是时见时闻的。但是情势一变，"反动"、"嫌疑"等等名目都加上来，你就陷于四面碰壁的绝境。有许多教育界很有声望的、无阻无碍的人，他们又不愿去干，以致这种教育至今还尚在萌芽时代。

行动的教育，要从小的时候就干起。要解放小孩的自由，让他做有意思的活动，开展他们的天才。至于我们一辈，从小是受传统教育的熏陶，到现在觉悟起来，成为一个半路出家的和尚。和尚是半路出家，他往往会想起他的家来。例如不吃鸦片的人，一见鸦片就生厌恶，但吃过鸦片的人，虽然戒了瘾，至少对它有相当的感情。我们小的时候，有天赋的行动本能，不过一切工作都被仆人们代做去了，被慈善的妈妈代做去了。稍长一些。我们到小学校去读书，有阎罗王般的教师坐在上面，不许我们动一动。中学和大学的课程是呆呆的订死在那里，你要动亦不得动。到现在始费尽九牛二虎之力，挣扎着改变久受束缚的人生，还不能回复自然的行动本能。但是我们不要灰心，时机也并不算晚，佛兰克林四十几岁才发明了避电针呢！不过行动的教育，应当从小就要干起，因为小孩子还没有斫丧他行动的本能，小小的孩子，就是将来小小的科学家。假使我们给小孩子自由行动，我相信千百孩子之中，一定有一个小孩是天才，是一个创造者、发明者。爱迪生小时候，是个很喜欢行动的小孩子。当时美国的教育，也同中国一样，小学教员是禁止小孩子活动的。爱迪生违反了教师的训条，就蒙到“坏蛋”的声名，不到三个月，爱迪生被“坏蛋”的空气逼走了。爱迪生的母亲不服气，她以为她的儿子并不是“坏蛋”，“蛋”并没有“坏”，她就教他先在地窖里研究化学，后来研究物理，结果成了一个闻名的科学家。所以爱迪生的成功，幸而有他的妈妈，否则老早就把他的天才牺牲了。牛顿生下来的时候，小到像小老鼠一只，体重只有三磅。看护妇去请医生的时候，很不高兴的说：“这样小老鼠一般大的东西，等到医生来，早已一命归天了。”岂料小老鼠一般的东西，就是以后闻名的科学家，还活到八十多岁呢。据说牛顿小的时候，并不聪明。可见小孩子的时代，很难看得出那一个是天才的儿童。

四月四号是世界儿童节〔1〕，中华慈幼协会〔2〕请我编了四支儿童歌：

（一）小盘古

我是小盘古，
我不怕吃苦。
我要开辟新天地，
看我手中双斧。

（二）小孙文

我是小孙文，
我有革命精神。
我要打倒帝国主义，

像个球儿打滚。

（三）小牛顿

我是小牛顿，
让人说我笨。
我要用我的头脑，
向大自然追问。

（四）小工人

我是小工人，
我有双手万能。
我要造富的社会，
不造富的个人。

我们要打倒传统的教育，同时要提倡创造的教育。他的办法是怎样呢？我们知道，传统的教育，他们一个教室容纳四五十人。试问教师的力量有多么大？能够完全去推动全级学生？所以就发生了教育方法上的错误。我们现在的办法是教师教大徒弟，大徒弟再去教小徒弟。先生在上了几堂课以后，鉴别了几个较有天才、聪明的大徒弟。以后教师就专门去教大徒弟，所以他的精神容易去推动他们，学问也容易灌输到他们头脑中去。大徒弟再把他所得到的，分别的去教那些小徒弟。学生们很活动的去找寻知识，解释困难，贡献他所求得的知识，先生不过站在旁边的地位略加指点而已。我们认为这种教育，是行动的教育。有行动才能得到知识，有知识才能创造，有创造才有热烈的兴趣。所以我们主张，“行动”是中国教育的开始，“创造”是中国教育的完成。我曾经参观过一个学校，这个学校是小孩子办的。我问他们说：“你们是大小孩子教小小孩子吗？”有一个小孩子回答说：“是的，不过有许多时候小小孩子也教大小孩子呢。”我说：“你的话是对的，是真理，比我的意见更进一层。”现在中国传统教育下的智识阶级，根本就看不起小孩子，看不起农人、工人。但是试问他们的力量有多么大？倭奴侵占我们的东三省，你有力量赶走他吗？不可能！我们要启发小孩子，启发农人、工人，运用大多数人的力量，才能够去创造，才能救国雪耻。我来举一个例子，证明农人的力量并不弱。从前我办一个学校，[3]在校的旁边凿了一口井，专门供给学校用水的。有一年大旱，乡村中旁的井水都汲干了，所以乡民都集到校旁井内来汲。后来这口井也涸竭了，于是我们校里，因为水的恐慌开了一个会。当时有人主张，把井收回自用。我不以为然。我说："我们的学校，是以社会作学校的，不应该把社会圈出于学校之外。假如这样，我们将来推广农事和民众教育就不容易办了。用水既是大众的事，还不如请大众共同来解决。"于是请各村庄每家派一个代表，男的、女的、小孩子在十三岁以上的都可以，没有多少时候，礼堂上已挤满了代表。我们教员们，自觉居于孔明的地位，三个臭皮匠合做一个诸葛亮的地位，所以黄龙宝座的主席，推了一个十三岁的小孩子。我们略略讲了几条会场规则之后，就正式开会。那一天的会非常有精彩，有力量。当时发言最多且最好者，要推老太婆！好，我们来听听一个老太婆的宏论。她说："人是要睡觉的，井也是要睡觉呢！井不让它睡觉，一辈子就没有水吃。"所以当时一致议决井要睡觉，自下午七时起至翌晨五时止，不得唤醒井，违者罚大洋壹元，作修井之用。当这个老太婆发言未完，另有一个老太婆，也想立起来发言，就有第三个老太婆牵牵她的衣襟，制止她的发言，说："不是方才先生说过的吗？"你想他们非但能够自治，而且还能管理他人，所以当时会场发言的人非常多，秩序还是一丝不乱的。他们讨论了好久，还制成几条议案：第二条就是汲水的程序，先到者先汲，后到者后汲，违者罚大洋五角，作修井之用；第三条就是再开凿一井，把太平天国时留下淤塞的废井加以开凿，经费富者多捐，贫者少捐，茶店、豆腐店也多捐一些；其四，推举奉天刘君世厚为监察委员，掌理罚款，调解纠纷。结果，一个大钱都没有罚到，因为这是出于农人自动的议决，所以大家能遵守。你看农人的力量是多么大，他们的话多么的公正和有效。这种问题来的时候，岂是少数人所能干得了吗？不过他们的旁边，还是需有孔明在那里指示，否则恐怕到如今，井还没有开凿成功。所以创造的教育应该启发农人、工人、学生……使他们得真的知识，才是真的创造。

其次我要讲的，现在中国的教育组织，是不能创造的。我们可以分两种来说。第一种是，学校是学校，社会是社会。他们认为学校是求知的地方，社会是行动的地方；他们说读书不忘救国，救国不忘读书。日本人的炮弹已经飞到他们面前，还是子曰子曰读他的书，这种教育是亡了中国还不够的。第二种，他们已经觉得学校是离不开社会的，所以他们主张“学校社会化”。他们想把社会的一切，都请到学校里来，所以学校里什么都有：公安局啦，卫生局啦，市政厅啦，什么都有。但是他们所做的与社会依旧是隔膜的。况且学校有多么大？能够包罗万象？他们的学校好像大的鸟笼，把鸟儿捉到笼里来养；又好像一只大缸，把鱼儿捉到缸里来养。结果鸟儿过不来鸟笼的生活，死了；鱼儿过不来鱼缸的生活，死了。所以这种似是而非的教育是不自然的、虚伪的和无力量的，也不是创造的教育。创造的教育是怎样呢？就是“以社会为学校”、“学校和社会打成一片”，彼此之间很难识别的。社会含有学校的意味，学校含有社会的意味。我们要把学校的围墙拆去，那么才可与社会沟通。这种围墙不是真的围墙，是各人心中的心墙。各人把他的感情、态度从以前传统教育那边改变过来，解放起来。实则这种教育，只要有决心去干，是很容易办到的。例如大夏大学的附近有许多村庄，庄上的人，都是散漫的，无教育的。假使我们把学校与村庄沟通，大学生都负责去创造新村，村上的人，都接受到知识，形成活的、有力量有生命的村庄，再把全中国所有的村庄联合起来，构成一个有大生命的中国，民众的力量可以集中，国难也可共赴。这样做去，要普及教育，一年就可以成功。我们自近而后远，先小而后大，着手办去，把小孩子、农人、工人都培养起来，这才是创造教育的目的。中国现在的教育不是平等发展的，是畸形发展的，一方面有博士、硕士，一方面有一大群无知识的民众，迟滞的表示不出多大贡献。

现在我再要讲，创造的教育是以生活为教育，就是生活中才可求到教育。教育是从生活中得来的，虽然书也是求知之一种工具，但生活中随处是工具，都是教育。况且一个人有整个的生活，才可得整个的教育。举个例来说吧，有一个儿子，他是喜欢赌博的，他的母亲训斥他。不过他的母亲却悄悄地到邻舍去赌博了，他在窗内看见他的母亲赌博，于是也到别处去赌博了。这个孩子过的是赌博生活，受的是赌博教育，不期而然而成赌博的人生。某学校反对我“生活即教育”的主张，我去参观他们的学校，适逢吃饭的时候。他们的饭菜是有等级的。厨子巴结先生，先生的菜特别好，学生的菜，简直坏之不堪。他们请我在先生一桌吃饭，我愿意同学生一块儿吃。学生的饭菜坏到怎样呢？他们名为一碗肉，肉仅在碗面上有几小块，学生在未下箸的时候，目光炯炯地早已看准那最大的一块，一下箸，一碗饭还没有吃完，而菜已吃得精光了。这种饕餮的状态，无形中在饭堂里更造成了许多小军阀。这个学校，是不把吃饭问题归入教育范围之内的。有许多学校对于男女学生的恋爱，他们是讳莫如深，但恋爱问题，往往在学校里闹遍。现在生活的教育是怎样呢？我们知道恋爱、吃饭等问题都是非常重要的，所以，恋爱先生我怕你，请你进来；吃饭先生我怕你，请你进来，我们一块儿干吧！我们的教育非但要教，并且要学要做。教而不学，学而不做，叫做“忘三”。我们要能够做，做的最高境界就是创造。我们要能够学，学从生活中去学，只知学而不知做，就不是真的学。我们要能够教，教要教得其所，要有整个的教育，平等的行动的教育，不要像现在畸形的教育。有人说我的创造教育，不成其为学校，我做了一首诗：“谁说非学校？就算非学校。依样画葫芦，简直太无聊。”

《教育建设》第5辑（1933年3月）

注释

〔1〕每年四月四日系旧中国儿童节。1930年3月，中华慈幼协会呈请国民政府，要求将四月四日定为儿童节。是年5月获准，1931年4月4日即为首届儿童节。国际儿童节为每年6月1日，是国际妇女联合会于1949年11月在莫斯科举行的会议上确定的。新中国于是年12月规定以6月1日为儿童节。

〔2〕中华慈幼协会　专以幼童为对象的慈善团体。由朱其慧筹创。该会以完善幼儿保育为宗旨。

〔3〕指晓庄学校办的和平门中心小学（后改称学园）。

生活教育

生活教育这个名词是被误解了。它所以被误解的缘故，是因为有一种似是而非的理论混在里面，令人看不清楚。这理论告诉我们说：学校里的教育太枯燥了，必得把社会里的生活搬一些进来，才有意思。随着这个理论而来的几个口号是："学校社会化"，"教育生活化"，"学校即社会"，"教育即生活"。这好比一个笼子里面囚着几只小鸟，养鸟者顾念鸟儿寂寞，搬一两丫树枝进笼，以便鸟儿跳得好玩，或者再捉几只生物来，给鸟儿做陪伴。小鸟是比较的舒服了。然而鸟笼毕竟还是鸟笼，决不是鸟的世界。所可怪的是养鸟者偏偏爱说鸟笼是鸟世界，而对于真正的鸟世界的树林反而一概抹煞，不加承认。假使笼里的鸟，习惯成自然，也随声附和的说，这笼便是我的世界；又假使笼外的鸟，都鄙弃树林，而羡慕笼中生活，甚至以不得其门而入为憾，那么，这些鸟才算是和人一样的荒唐了。

我们现在要肃清这种误解。生活教育是生活所原有，生活所自营，生活所必需的教育（Life education means an education of life, by life and for life）。教育的根本意义是生活之变化。生活无时不变，即生活无时不含有教育的意义。因此，我们可以说："生活即教育。"到处是生活，即到处是教育；整个的社会是生活的场所，亦即教育之场所。因此，我们又可以说："社会即学校。"在这个理论指导之下，我们承认：过什么生活，便是受什么教育；过好的生活，便是受好的教育；过坏的生活，便是受坏的教育；过有目的的生活，便是受有目的的教育；过糊里糊涂的生活，便是受糊里糊涂的教育；过有组织的生活，便是受有组织的教育；过一盘散沙的生活，便是受一盘散沙的教育；过有计划的生活，便是受有计划的教育；过乱七八糟的生活，便是受乱七八糟的教育。换个说法，过的是少爷生活，虽天天读劳动的书籍，不算是受着劳动教育；过的是迷信生活，虽天天听科学的演讲，不算是受着科学教育；过的是随地吐痰的生活，虽天天写卫生的笔记，不算是受着卫生的教育；过的是开倒车的生活，虽天天谈革命的行动，不算是受着革命的教育。我们要想受什么教育，便须过什么生活。

生活教育与生俱来，与生同去。出世便是破蒙，进棺材才算毕业。在社会的伟大学校里，人人可以做我们的先生，人人可以做我们的同学，人人可以做我们的学生。随手抓来都是活书，都是学问，都是本领。

自有人类以来，社会即是学校，生活即是教育。士大夫之所以不承认他，是因为他们有特殊的学校给他们的子弟受特殊的教育。从大众的立场上看，社会是大众惟一的学校，生活是大众惟一的教育。大众必须正式承认他，并且运用他来增加自己的智识，增加自己的力量，增加自己的信仰。

生活教育是下层建筑。何以呢？我们有吃饭的生活，便有吃饭的教育；有穿衣的生活，便有穿衣的教育；有男女的生活，便有男女的教育。他与装饰品之传统教育根本不同。他不是摩登女郎之金钢钻戒指，而是冰天雪地下的穷人的窝窝头和破棉袄。

生活与生活磨擦才能起教育的作用。我们把自己放在社会的生活里，即社会的磁力线里转动，便能通出教育的电流，射出光，放出热，发出力。

《生活教育》第1卷第1期（1934年2月16日）

普及什么教育

这些年来教育是给镇江醋浸透了。一提起教育两个字就觉得酸溜溜的，谁也不愿把他普及。的确，教育是成了少爷、小姐、政客、书呆子的专有品。他是少爷的手杖，小姐的钻戒，政客升官的梯子，书呆子的轮回麻醉的乌烟。如果把这种教育普及出去，中华民国简直要成为一个中华少爷国，中华小姐国，中华政客国，中华书呆国。更加确切些，简直要成为一个中华少爷小姐政客书呆共和国，真要不打而自倒了。所以我们开始必得声明，我们所要普及的，不是少爷教育，不是小姐教育，不是政客教育，不是书呆子教育。我们所要普及的是：自动工学团。什么叫做自动？自动是大众自己干，小孩自己干。自动教育是教大众自己干，教小孩自己干，不是替代大众、小孩干。

什么叫做工学团？工是工作，学是科学，团是团体。说得清楚些是，工以养生，学以明生，团以保生。说得更清楚些是，以大众的工作，养活大众的生命；以大众的科学，明了大众的生命；以大众的团体的力量，保护大众的生命。工学团是一个小工场，一个小学校，一个小社会。在这里面是包含着生产的意义，长进的意义，平等互助、自卫卫人的意义。它是将工场、学校、社会打成一片，产生一个富有生活力的新细胞。

工学团可大可小，从几个人的家庭、店铺，几十个人的学校、庙宇，几百个人的村庄、监狱，几千人的工厂，几万人的军队，都可造成一个富有意义的工学团。

团不是一个机关，不是一个工学的机关。假使它只是一个工学的机关，那便成了一个半工半读的改良学校而不是工学团。团是团体，是力的凝结，力的组织，力的集中，力的共同发挥。

《生活教育》第1卷第1期（1934年2月16日）

教育的新生

宇宙是在动，世界是在动，人生是在动，教育怎能不动？并且是要动得不歇，一歇就灭！怎样动？向着那儿动？

我们要想寻得教育之动向，首先就要认识传统教育与生活教育之对立。一方面是生活教育向传统教育进攻，又一方面是传统教育向生活教育应战。在这空前战场上徘徊的、缓冲的、时左时右的是改良教育。教育的动向就在这战场的前线上去找。

传统教育者是为办教育而办教育，教育与生活分离。改良一下，我们就遇着“教育生活化”和“教育即生活”的口号。生活教育者承认“生活即教育”。好生活就是好教育，坏生活就是坏教育，前进的生活就是前进的教育，倒退的生活就是倒退的教育。生活里起了变化，才算是起了教育的变化。我们主张以生活改造生活，真正的教育作用是使生活与生活磨擦。

为教育而办教育，在组织方面便是为学校而办学校。学校与社会中间是造了一道高墙。改良者主张半开门，使“学校社会化”。他们把社会里的东西，拣选几样，缩小一下搬进学校里去，“学校即社会”就成了一句时髦的格言。这样，一只小鸟笼是扩大而成为兆丰花园里的大鸟笼。但它总归是一只鸟笼，不是鸟世界。生活教育者主张把墙拆去。我们承认“社会即学校”。这种学校是以青天为顶，大地为底，二十八宿为围墙，人人都是先生都是学生都是同学。不运用社会的力量，便是无能的教育；不了解社会的需求，便是盲目的教育。倘使我们认定社会就是一个伟大无比的学校，就会自然而然的去运用社会的力量，以应济社会的需求。

为学校而办学校，它的方法必是注重在教训。给教训的是先生，受教训的是学生。改良一下，便成为教学——教学生学。先生教而不做，学生学而不做，有何用处？于是“教学做合一”之理论乃应运而起。事该怎样做便该怎样学，该怎样学便该怎样教。教而不做，不能算是教；学而不做，不能算是学。教与学都以做为中心，在做上教的是先生，在做上学的是学生。

教训藏在书里，先生是教死书，死教书，教书死；学生是读死书，死读书，读书死。改良家觉得不对，提倡半工半读，做的工与读的书无关，又多了一个死：做死工，死做工，做工死。工学团乃被迫而兴。工是做工，学是科学，团是集团，它的目的是“工以养生”，“学以明生”，“团以保生”。团不是一个机关，是力之凝结，力之集中，力之组织，力之共同发挥。

教死书，读死书便不许发问，这时期是没有问题。改良派嫌它呆板，便有讨论问题之提议。课堂里因为有了高谈阔论，觉得有些生气。但是坐而言不能起而行，有何益处？问题到了生活教育者的手里是必须解决了才放手。问题是在生活里发现，问题是在生活里研究，问题是在生活里解决。

没有问题是心力都不劳。书呆子不但不劳力而且不劳心。进一步是：教人劳心。改良的生产教育者是在提倡教少爷小姐生产，他们挂的招牌是教劳心者劳力。费了许多工具，玩了一会儿，得到一张文凭，少爷小姐们到底不去生产物品而去生产小孩。结果是加倍的消耗。生活教育者所主张的“在劳力上劳心”，是要贯彻到底，不得中途而废。

心力都不劳，是必须接受现成知识方可。先在学校里把现成的知识装满了，才进到社会里去行动。王阳明先生所说的：“知是行之始，行是知之成。”便是这种教育的写照。他说的“即知即行”和“知行合一”是代表进一步的思想。生活教育者根本推翻这个理论。我们所提出的是：“行是知之始，知是行之成。”行动是老子，知识是儿子，创造是孙子。有行动之勇敢，才有真知的收获。

传授现成知识的结果是法古，黄金时代在已往。进一步是复兴的信念，可是要“复”则不能“兴”，要“兴”则不可“复”。比如地球运行是永远的前进，没有回头的可能。人只见春夏秋冬，周而复始，不知道它是跟着太阳以很大的速率向织女星飞跑，今年地球所走的路绝不是它去年所走的路。我们只能向前开辟创造，没有什么可复。时代的车轮是在我们手里，黄金时代是在前面，是在未来。努力创造啊！

现成的知识最初是传家宝，连对子女都要守秘密。后来，普通的知识是当作商品卖。有钱、有闲、有脸的乃能得到这知识。那有特殊利害的知识仍为有权者所独占。生活教育者就要打破这知识的私有，天下为公是要建筑在普及教育上。

知识既是传家宝，最初得到这些宝贝的必是世家，必是士大夫。所以士之子常为士，士之子问了一问为农的道理便被骂为小人。在这种情形之下，教育只是为少数人所享受。改良者不满意，要把教育献给平民，便从士大夫的观点干起多数人的教育。近年来所举办的平民教育、民众教育，很少能跳出这个圈套。生活教育者是要教大众依着大众自己的志愿去干，不给知识分子玩把戏。真正觉悟的知识分子也不应该再要这套猴子戏，教大众联合起来自己干，才是真正的大众教育。

知识既是传家宝，那么最初传这法宝的必是长辈。大人教小人是天经地义。后来大孩子做了先生的助手，班长、导生都是大孩教小孩的例子。但是小先生一出来，这些都天翻地覆了。我们亲眼看见：小孩不但教小孩，而且教大孩，教青年，教老人，教一切知识落伍的前辈。教小孩联合大众起来自己干，才是真正的儿童教育。小先生能解决普及女子初步教育的困难。小先生能叫中华民族返老还童。小先生实行“即知即传人”是粉碎了知识私有，以树起“天下为公”万古不拔的基础。

《新生》第1卷第36期（1934年10月13日）

普及教育运动小史

这十几年来，我有时提倡平民教育，有时提倡乡村教育，有时提倡劳苦大众的教育，不知道的人以为我见异思迁，欢喜翻新花样；其实我心中只有一个中心问题，这问题便是如何使教育普及，如何使没有机会受教育的人可以得到他们所需要的教育。民国十九年春天，我曾一度草成一个二十年内完成的普及教育计划。[1]这计划曾由教育部提出，全国教育会议通过。与这计划同时提出的有一个成人补习教育初步计划。[2]成人补习教育初步计划之所以不能实行，是因为被一不懂事的官剪去一段重要的办法，成了一个残废的计划，所以失了效用。那二十年内完成的普及教育计划之所以失败，却是我自己的错误。我写那计划的时候，以为中国既是从农业文明渡到工业文明，便误认每年工业之进展，足以应济教育普及率逐渐增高之需要。我们的幼稚的工业在帝国主义高压未曾铲除以前，决不许我们有这奢望。那时我对于儿童大众的力量还没有正确的估定，对于学校式的传统教育还没有看破，这些都是构成那个普及教育计划根本失败的重要因子。现在我们所发起的普及教育是建筑在极困难的农业经济的基础上。它是一个农业国的普及教育方案。假使工业文明暂时没有多大的进展，教育仍有普及的可能。在儿童大众的力量的新估计之下，如果大家把传统学校彻底的看破，则普及中国教育不但是有可能性，并且是可以一举而成，万世不灭。

《普及教育》(1934 年 10 月上海儿童书局版)

注释

〔1〕即《实施义务教育初步计划提要》。这个计划是陶行知主持拟订的，参加者还有马寅初和朱经农。

〔2〕即《实施成年补习教育初步计划提要》。该计划由孟宪承、陈剑修、钟灵秀、顾树森、俞庆棠、赵冕和江恒源拟订。

传统教育与生活教育有什么区别*

前星期日来晚了，听说大家在此地讨论一个很有趣的问题，叫“吃人教育与生活教育有什么区别?”我不能参加讨论，没有发表意见。今天，又来晚了，现在我发表我的一点意见。

吃人教育与生活教育有什么区别? 我的意思，不如说“传统教育与生活教育有什么区别?”所谓吃人教育，就是指传统教育而言的。现在，我们可以这样说：传统教育，是吃人的教育；生活教育，是打倒吃人的教育。

传统教育怎样是吃人的教育呢? 他有两种吃法：

（一）教学生自己吃自己　他教学生读死书，死读书；他消灭学生的生活力，创造力；他不教学生动手，用脑。在课堂里，只许听教师讲，不许问。好一点的，在课堂里允许问了，但他不许他到大社会里、大自然界里去活动。从小学到大学，十六年的教育一受下来，便等于一个吸了鸦片烟的烟虫；肩不能挑，手不能提，面黄肌瘦，弱不禁风。再加以要经过那些月考、学期考、毕业考，会考、升学考等考试，到了一个大学毕业出来，足也瘫了，手也瘫了，脑子也用坏了，身体的健康也没有了，大学毕业，就进棺材。这叫做读书死。这就是教学生自己吃自己。

---

* 本篇系陶行知于1934年11月15日在山海工学团举行的讨论会上发言的记录。记录者为戴自俺、吴锦璋。该篇摘自《山海工学团总集合讨论会记录》一文。

（二）**教学生吃别人** 传统教育，他教人劳心而不劳力，他不教劳力者劳心。他更说："劳心者治人，劳力者治于人。"说得更明白一点，他就是教人升官发财。发谁的财呢？就是发农人、工人的财，因为只有农人、工人才是最大多数的生产者。他们吃农人、工人血汗，生产品使农人、工人自己不够吃，就叫做吃人的教育。

生活教育与传统教育则刚刚相反：

（一）**他不教学生自己吃自己** 他要教人做人，他要教人生活。健康是生活的出发点，他第一就注重健康。他反对杀人的各种考试，他只要创造的考成，也就是他不教人赶考赶人死。简单的说来，他是教人读活书，活读书，读书活。

（二）**他也不教学生吃别人** 他不教人升官发财，他只教中国的民众起来做主人，做自己的主人，做政府的主人，做机器的主人。他教人要在劳力上劳心。即使有人出来做官，他是要来服侍农人和工人，看看有无吃农人或工人的人，他要帮助农人、工人把他干掉。做官并不坏，但只要能够服侍农人、工人就是好的。他更要教人做到"工以养生，学以明生，团以保生"。说得更清楚些是：教大众以大众的工作养活大众的生命；以大众的科学明了大众的生命；以大众的团体的力量保护大众的生命。

《生活教育》第1卷第20期（1934年12月1日）

小先生与民众教育*

今天贵馆民众教育服务人员训练班举行开学典礼，行知能躬逢其盛，参与大典，心里觉到非常快活。刚才冯先生[1]及两位来宾，已说了许多我心里所要说的意思，现在行知再简单的说几句。

近来我对“民教”二个字有点感想。教育在从前甚至现在是被少数有钱人把它当做私有财产占住了，就如同占取金钱一样，非但把它占有，而且还要存在银行的铁柜里牢牢保护，不轻易传给别人。我以为“民众教育”的根本意义，就是教人把知识广散给大众，不是像占取金钱一样，把它封锁在少数人的脑袋里，把头弄得大大的。干民众教育，便是要把教育、知识变成空气一样，弥漫于宇宙，洗荡于乾坤，普及众生，人人有得呼吸。空气是不要钱买的，人人可以自由呼吸。教育也就不能以金钱做买卖，人人可以自由享受。把教育当作商品做买卖，只被少数有钱人霸占，使大多数人像坐牢一般受限在一个“愚者之群”的圈子里，这绝对不行，我们极力要否认。有了空气人才活，没有空气便活不成。空气是人人需要，人人不可少。教育也是人人需要，人人不可少。新鲜空气是有益于人的，教育也必不能仅是些泥灰污浊气，给人以害生。所以把教育、知识化做新鲜空气，普遍的广及于大众，人人可以按其需要，自由呼吸，因而增加大众以新的生命活力，我以为这便是民众教育最主要的意思。不过挂着民众教育的招牌，不见得就会把知识

---

* 本篇系陶行知在宝山县民众教育馆所主办的民众教育服务人员训练班开学典礼上的演讲记录。记录者为张新夫、朱学兴。

变成空气，必得要有办法才行。在我看来，这办法便只有运用小先生，小先生便能把知识变成空气。

小先生出世尚未到一年，而它的怀胎，却远在十数年以前。小先生最重要的几位接生婆，除我以外，你们的主任冯先生也是一个，今春“一·二八”宝山普及教育动员令，便是冯先生发的(《生活教育》第一期画报，很希望大家一看)。每村小先生发令旗一面，普及教育，把知识变做空气！

小先生为什么能把知识变成空气一样的容易普遍呢？因为小先生便是小学生，他早上学了两个字，晚上便可以把这两个字拿去教人，此刻学了一件知识或一种技能，彼时即可以把这一件知识或一种技能去教别人，他不像大先生一样要领薪水。所以我们可以不化经费把教育普及出去。

有人说，小先生要有相当程度才行。我敢保证说，六岁小孩便可以做小先生，这是有着铁打的事实。当然，小先生所遇到的困难非常多，我现在正要写《小先生的八十一难》。《西游记》上唐僧取经，要经过九九八十一道难关，幸而有三个徒弟费了很大的力量把它一个个的解除了。有的是猪八戒帮助解除的，有的是沙僧帮助解除的，而帮助唐僧解难关最多的要算孙悟空。现在小先生普及教育，正犹如唐僧向西天去取佛经一样，要经过八十一道难关。我们做个猪八戒也好，做个沙僧也好，做孙悟空更好，总动员去帮助小先生解除一难又一难，把教育变成新鲜空气普及出去，以增加大众的新兴力量。

用小先生普及教育，还有四点比大先生好的地方：

第一，中国最难普及的是女子教育。乡下十七八岁大姑娘，或是二十几岁的大嫂子，一位年青的男先生去教，乡下人是看不惯，不欢迎你去教的。即有较开通，肯受教了，不多时，谣言来了，女学生不敢上学了，甚至把学堂封掉了，男先生失败了。女先生去教固然是很好，可是女先生太少了，而且女先生大都是些少奶奶、小姐，肯下乡的真是难得。有勇气下乡的，怕蛇，怕鬼，怕小偷，又吓跑了。如果是男校长请女教员，那又有困难问题。夫妻学校最好，可是又太凤毛麟角，少之又少了。现在小先生来了，女子教育就如雪团见太阳，一见冰消，问题一笔解决。广东百侯中学有三百小先生，教二千多民众，其中女人就有一千五百人之多，由此可见小先生对普及女子教育问题解决之一斑。

第二，有人说，中华民族现在是衰老了。我推究其原因虽多，但有一个原因，便是被人教老了。六岁小孩子，大人就教他要“少年老成”，而这小孩子也就无形中涂上两个八字胡须，做个小老夫子了。我有一个大学毕业的学生，他到一个女子中学去当教员，可是年纪太轻了，很不为人敬重。后来教员不当，找了一件别的事做，便养起一嘴胡子来。本来是个美少年，一变而为美髯公，因此很受人敬重而做了许多年的事。所以中华民族衰老，便是社会教人变老，教小孩子做小老翁。用小先生教人便不同了，大人跟小孩学，无形中得到一种少年精神，个个变为老少年。本来，大人者，不失其赤子之心者也。这样一来，朝气必格外勃勃。前天在上海西区小学开小先生会，有一位小先生教一八十三岁老太婆。又有一位孩子，教其德国母亲认中国字。写的故事均非常生动有趣。南京有一个丁广生小先生，教他父亲。他父亲有一天用笔画一个乌龟，画一角菱角。小先生不懂，问他父亲什么缘故。他父亲告诉他说：“我画着玩的，这意思是说：菱角怕乌龟，乌龟爱菱角。”后来丁广生便把这几个字写出来教他，父亲读得非常有趣。前天下午两点半钟，我未吃午饭，正想出去买两块烧饼充饥时，忽接西桥小先生来的信，我便坐在门外一个竹椅上拆开来看。有一位小先生教他六十二岁的祖母。他的祖母能读能认，不能写字，小先生便代祖母口里说的意思写信给我，精神非常好，我看得饭也忘记吃了。在这许多故事中，可以看出中华民族可以因小先生而转老还童，而得一种新兴的少年精神。

第三，刚才我已说过，过去甚至现在，教育是被少数有钱人把它当为私有财产占住。小先生一出来，“即知即传人”，立刻把这种观念撕得粉碎，要知识公有，不再私占。要把教育化为“春风风人，夏雨雨人”一样，人人有得到沾施的机会。“天下为公”的基础，第一步便要知识公有。这一点，小先生是可以帮助我们，一个钱也不要化的做到。

第四，一般乡村小学要和学生家庭联络。很多困难，教师感觉孤立，学校感觉单调。利用小先生那便好了。小先生是一根根流动的电线，这一根根电线四方八面伸展到社会底层，构成一幅生活教育网、文化网，把学校与家庭构成一体，彼此可以来往，可以交通。它把社会所发生的问题，所遇到的困难，带回学校，再把学校里的知识技能带回社会去。这样一来，如有一位教师，三十位小学生，而这三十位小学生便是三十位小同志，教师不再孤立，学校也不再和社会隔膜，而能真实地通出教育的电流，碰出教育的火花，发出教育的力量。训练班诸位同学，现在最要紧的一件事，便是“怎样把小先生的办法得到?”“怎样把学校教育与社会教育打成一片?”将来到一处办民众教育馆，最要紧的，便是要和当地的小学校联络，私塾联络，店铺里的能看报的掌柜联络，要发动他们都负起教人责任，即知即传人，共同普及教育。还有一点，办民众夜校，开学后学生只见少而不见多。我们也得要教学生去做先生教人。譬如有四十位学生，我们教他们每人回去教二个人，这样便一共有一百廿位学生了。这样成人做先生，我们不叫他“小先生”，叫他做“连环先生”或“传递先生”。因为他是要继续不断地循环着，学后去教人。最后，我还有几句话要向诸位贡献。

我们现在办民众教育必得要承认：

农人最好的先生，不是我，也不是你，是农人自己队伍里最进步的农人!

工人最好的先生，不是我，也不是你，是工人自己队伍里最进步的工人！

小孩子最好的先生，不是我，也不是你，是小孩子自己队伍里最进步的小孩子！

我们现在最要紧的工作便是在：

帮助进步的农人格外进步，由他们“联合自动”，领导全体农人一同进步！

帮助进步的工人格外进步，由他们“联合自动”，领导全体工人一同进步！

帮助进步的小孩子格外进步，由他们“联合自动”，领导全体小孩子及时代落伍的成人一同进步！

《生活教育》第1卷第20期（1934年12月1日）

注释

〔1〕指宝山县教育局长冯国华。他当时兼任宝山县民众教育馆馆长。

中国普及教育方案商讨

一、原　　则

（一）普及教育之要义

甲、整个民族现代化　不仅是学龄儿童及失学成人之普遍入学。

乙、整个生活现代化　不仅是普遍识字或文盲之普遍消除。

丙、整个寿命现代化　不仅是四个月、一年、二年、四年之义务教育。教育最重要的成就在使众人养成一种继续不断的共同求进的决心。我们要对众人养成的态度是：活到老；做到老；学到老。

（二）普及什么教育　普及工以养生、学以明生、团以保生之生活教育。工是做工，学是科学，团是集团。这三种生活缺少一样，便是残废的教育。

（三）认定中国是个穷国，必得用穷的方法去普及穷人所需要的粗菜淡饭的教育，不用浪费的方法去普及穷人所不需要的少爷、小姐、书呆子的教育。

（四）社会即学校　社会与学校打成一片。社会教育与学校教育打成一片。

（五）即知即传人　会的教人，不会的跟人学。不愿教人的不配受教育。

（六）小孩的力量伟大　信仰小孩子能做小先生。信仰小孩最好的先生是前进的小孩。认定中国是到了生死关头，好比黄河将要决口，小孩搬一块小石头来也是欢迎的。每一个人的力量都要号召来救命。每一个粗识字义或有一技之长的小孩都要号召来做小先生。小先生经过十个月的试验有如下的优点：

甲、能解决女子初步教育问题；

乙、成人跟着小孩追求现代知识是变成老少年；

丙、知识不再当作商品买卖，知识为公是成了实现天下为公之坚固基础；

丁、小先生好比是电线，将社会与学校通起电流，又好比是血管，将学校与社会通起血脉，于是社会变成学校了；

戊、小先生普及教育运动，增加了大先生事业上不少的兴趣。

（七）大众的力量伟大　大众最好的先生是前导的大众，所谓传递先生便是大众自己队伍里跑出来的老师。

（八）来者不拒；不能来者送上门去。

（九）化无用为有用。

（十）损有余以补不足。

（十一）勉求缴纳教育税与享受教育权之接近。

（十二）城乡同进。

（十三）劝导与强迫并行。

（十四）劝人抓住饭碗求进；不逼人丢掉饭碗上学。

（十五）强迫兴学，强迫教人，强迫求知，三管齐下。

（十六）不能同者不强其同。

（十七）抓住现成的集团生活，如家庭、店铺、工厂、机关、寺庙、民团、军队及现有学校做下层之教育场所。

（十八）运用最新的交通工具输送文化，使文化落后之地带一齐赶上时代前线来。

二、办　　法

（一）全国小学生总动员做小先生

甲、全国公私立小学校中之小学生据教育部最近统计有一千一百余万人。每位小学生在校外找到两位不能上学之小孩或成人做他的学生，向小学校长登记后即可称为小先生。在校外学生之所在地，负起他的“即知即传人”之使命。假使有三分之二之小学生做了小先生，我们便可增加一千五百万校外学生。

乙、依据凡有私塾统计之市县推算，全国至少有一千万私塾学生。私塾改造后，假使有二分之一之私塾学生都成了小先生，每人教导两位，便可增加一千万校外学生。

丙、店铺里之有知识的学徒估计至少有一千五百万人。假使有一半做了小先生，每人在店铺中教导两个人，便可增加一千五百万位店铺学生。

丁、依据“即知即传人”之原则，小先生的学生立刻又可教导至少一人。甲乙丙三项小先生的学生总数可以达到四千万。假使这四千万之一半立刻做了小先生，每人至少教导一人，又是增加了二千万。

故全国小先生普及教育总动员令一下，便有六千万人可以向着现代化开步走。

（二）全国识字成人总动员做传递先生

甲、全国民众学校学生总数为九四四，二八九人。假使民众学校学生都成了传递先生，每人再教两位不能上学之人，便可增加二百万人受教育。

乙、家庭、店铺、工厂、工会、庙宇、教堂、会馆、公所、合作社、衙门、机关、民团、军队里的识字成人约计为八千万人。假使有半数每人教导二人，便有力量再去普及八千万人之教育。

丙、再依据“即知即传人”之原则，甲乙两项八千二百万识字成人之半数，每人再去教导一人，又可增加四千一百万人。

故全国识字成人总动员令一下，便有一万二千三百万人可以向着现代化开步走。

（三）全国智识分子总动员，辅导普及现代生活教育之推进甲、研究所研究员、专门大学教授、副教授七〇〇〇人，每人每年必须在假期中抽出至少十日出席全省普及教育辅导会议、全省教育行政人员讲习会及农村改造会议，并各就专长，依据普及现代生活教育之需要，准备最新材料向教育局长、督学及农村改造运动人员贡献。

乙、专门大学学生及中学教师共十万人，每人每年必须在假期中抽出至少十日出席县市普及教育辅导会议及小学教师讲习会，并各就专长，依据普及现代生活教育之需要，准备新材料向前进大众及教师贡献。

丙、中学学生及小学教师共一百万人，每人每年必须在假期中抽出至少十日出席乡区普及教育辅导会议、私塾改造会及小先生联合会，并各就特殊兴趣，依据普及现代生活教育之需要，准备材料向塾师及小先生贡献。

丁、全国不在学界服务之留学生，每人每年必须抽出五日为普及现代生活教育努力。

（四）全国学校总改造

甲、全国学校采用工学团制。工是做工；学是科学；团是集团。工以养生，学以明生，团以保生。没有工做，没有科学，没有集团的力量以制裁个人的行动，都不能算是一个现代的学校。采取工学团制便能使全国学校现代化。

乙、依据本地生产性质，学校负有扶助生产大众普及生产工学团之责任。

丙、小学校改造，除采取工学团制外，全国小学应至少有下列之改革：

（子）每所小学将小学生教导校外学生之工作，列入正课，作为社会服务；

（丑）小学教师在各门功课中，宜随时加入小先生应用材料，并以指导考核小先生为职务之一；

（寅）写字一课改为抄课本，发给校外学生读。小学教师对于大字小字之批改，多半是敷衍了事，改为抄写普及教育所用之课本，则写者与批改者都觉得更有意义，同时是解决了缺少课本一部分之困难。

丁、私塾改造：

（子）从前改造私塾，多半是招集塾师加以短期讲习会之训练，并加以偶然之视察。因为塾师旧习太深，很难改变，故单招塾师训练，不易见效。现在主张每塾师随带能力较大之私塾学生二人，共同参加私塾改造讲习会，依据最近试验结果推测，收效谅能较大。

（丑）私塾最缺少者是公用之图书教具。若想从事改造，必须在这些事上加以补助。

（寅）私塾改造讲习会或每星期一二小时，连续数年，或在假期中集中训练，或二法并用，可看各地情形决定。

（五）文化荒岛总开辟

甲、中学校总动员下乡。中国中等学校大多数是挤在城里凑热闹。依据我们估计，全国五五四所中学，一，三二〇所初级中学，至少有五分之四即大约一千四百所是应当移下乡去。把城里的地皮、房子高价卖掉，在乡下买荒地（但不许圈农民生产之地），造房子，还有余钱干一区的普及教育运动。每中学可在乡下划一百方里为普及教育区。在区内每村办民众学校、小学校各一所。各村民众学校、小学校由中学生分组负责进行。每组若干人依需要而定。民众学校以每日一小时为标准。小学校或全日，或半日，或二小时，或一小时，依据各地情形而定，不拘一法。民众学校及小学校之学生仍依“即知即传人”之原则分布出去，教导不能上学之人。

乙、全国有师范学校八四六所。十分之九，即七百五十所是应该迁移下乡。每所师范学校应划一千六百方里为普及教育区。这块区域是东西南北各四十里，师范学校在中央，离最远之工作地不过二十余里。依照师范生人数分成几十几百队，每队二人同到一个村庄里去创办一个民众学校和一个小学校。这叫做基本培养。另外还有集中指导，巡回指导，在培养师资一段中再详细说明。

丙、中学、师范的脚迹所很少达到的地方，如西康、青海、宁夏、新疆、蒙古、西藏以及各省内文化落后民族所在地，都应以人民和政府之力量创办中学、师范，并在每五百人聚居地创立小学、民众学校各一所，至少能容四十人，以工学团之组织，依“即知即传人”之原则继续推进。

（六）师资培养

甲、每一所小学都成为小先生养成所。用传统的名词来说，每一所小学便是一所小师范。全国二十五万所小学便是二十五万所小先生养成所，共可造就一千一百万小先生。

乙、每一所私塾必须改造，使它也成为一所小先生养成所。估计全国私塾有五十万所，平均每所培养二十人，共可造就一千万小先生。

丙、每一所民众学校都成为传递先生养成所。全国有五万三千八百七十三所民众学校，共可造就一百万传递先生。

丁、每村或每街或每街之一段，必须设一高级民众学校，招收家中、铺中已有知识之成人，每天或每星期加以一小时之培养，以广播新知识于大众。

戊、师范学校之改造：

（子）师范学校采取培养工师之办法，包括个别、巡回、集合三种指导。比方招收艺友（即通常之师范生）二百人，首先，举行一个月之集合指导，大略得了几个追取知识之钥匙以后，即立刻分散，每两人组成一队，共一百队，放在一百个村庄里去工作。每队工作区域为十六方里即四里见方。这两人既到工作区，即物色当地农人及小孩至少二人为他们的艺友，共同进行工学团之创造。这一百队的工作总面积是一千六百方里成了一个普及教育网，里面包含着一百个工学团，每个工学团五百人，共计是五万人之教育一举而普及。每队学生二人，对于日常工作各任半天，余半天自修必阅书籍，由指导员巡回指导。星期日不放假，举行严格之集合指导六小时（详细办法请参看《宝山观澜普及义务教育急成方案》）。

（丑）师范学校应加小先生指导法一门功课。

己、招集青年识字民众或农人开办短期农村改造讲习会，教以小先生指导法、工学团原理、合作社组织法、国语、应用算术、乡村卫生、农艺新法、自然、社会等等，使其学成回乡，从事发动乡村改造工作，即为普及现代生活教育之工作。现在国内乡下不安，城里先生不敢下乡，倒不如多多培养本乡青年、识字农人，自己负起普及教育之使命。

庚、每市、县须举行小学教师讲习会，每年至少十日；私塾改造讲习会，每年至少四十小时。

辛、每省须举行省普及教育辅导会议、教育行政人员讲习会，均每年一次。

壬、教育部召集全国普及教育辅导会议，每年一次。

癸、各专门大学、研究所分工培养普及现代生活教育所需之高等技术人才。

（七）材料工具之供给

甲、课本　课本用汉文和国语字母拼音文对照写。汉文和拼音文都以大众语为根据。但为适应各民族特殊需要及促进各民族普及教育起见，应编蒙藏苗瑶等民族特用课本，这课本应以各该民族之大众语为根据。运用小学生写大字的纸和时间抄写课本，以每生每年平均写十二册计算，一共可写三部；连私塾学生在内，二千一百万小学生便可写六千三百万部。小学生的学生也可以写，传递先生的学生也可以写，这样普遍的干起来，每年可得免费教科书一万万套也不为奇。

乙、报纸　报纸一律用大众语写，并且必须标点，违者邮局不许代寄。

丙、电影　设立中央科学电影制造局，以巨资研究制造科学影片、发电机、放映机，免费分送全国各县乡村、市镇放映。

丁、无线电收音机　设立中央无线电收音机制造局，以巨资研究制造无线电收音机，免费分送全国各县乡村、市镇教育场所使用，并在适当地点分区建立大播音台，从事广播现代知识。

（八）现成设备之利用

甲、祠堂、庙宇、会馆、会所、散学后之学校以及其他空闲房屋，都运用来做教育场所。

乙、桌椅板凳亦以运用人民自己所有的为原则。

丙、天气温和晴朗的时候，应充分施行露天指导。

丁、充分利用日光指导，不必要时应避免运用灯光。教育普及之后，是有八千万家同时追求知识。八千万盏灯，每晚多点一小时，若用菜油，每年便要耗费八千万元。若用洋油，每年要耗费三万二千万元。可以省的时候，还是省了为是。

（九）流动式的教育

甲、市集、茶馆、码头、车站、戏园、电影院里都有流动的民众。在这些地方，每次我们都遇得着一大群的人，今天的一群不见得就是昨天的一群。也有茶迷戏迷是天天上同一的茶馆，进同一的戏园，而且还有一定的时候。我们也要抓住这些地方施以有意义的教育。车站上的展览，码头上的壁报，电影院的新知识的插片，茶馆里说书的革新，戏园里小丑说白的讽刺，市集上的公共演讲表演，都是流动教育的可以行的例子。

乙、流通图书馆　流通图书馆应普遍设立在学校里，向大众公开。小先生和传递先生可以代他们的学生借书还书。这样，管理费可以减至最少，又可免除一般民众借书之害羞，而图书借还有人负责，亦不致失落。流通图书馆为大众自学之重要机关，必须努力普及。

丙、修学旅行　旅行为增长知识、扩大眼界的教育法。但现在之团体半价票仍使有志的工人、农人、小孩子望而生畏。有意义、有组织、有计划之修学旅行应该特别提倡，再行设法将国有车船价目减至最少，或竟酌免，以资鼓励。

（十）文化之特别快输送

甲、输送发电机、抽水机及其他农村所需用之机器，火车章程尚有许多不必需的麻烦，应该一扫而空。

乙、边境所需新书，每每要过一年半载才能收到，要人帮忙也非数月不可。我们应该发起购置普及教育飞机数架，专为输送文化及推进普及教育运动之用。

丙、无线电广播新知识。

丁、邮政局对于边疆视同外国，如西藏、新疆寄费之贵，几使现代中国文化不能通过，外国反易与它们接近，是急应革除此弊，使邮费一律，以谋内地与边疆文化之沟通。

（十一）有效之补助

甲、中央对文化落后之穷省、边疆，在人才、经费、材料上应予以实质之补助。

乙、各省对于文化落后之穷县，在人才、经费、材料上应予以实质之补助。

丙、各县对于文化落后之穷乡穷村，在人才、经费、材料上应予以实质之补助。

丁、省市县政府对于普及教育实验特别努力的机关，在人才、经费、材料上应予以实质之补助。

戊、政府应拨的款补助劳苦大众智力较高之子女上进，俾能学尽其才，免为贫穷所埋没。

（十二）人民自动之努力

甲、设立中国普及教育助成会（另订简章）。

乙、设立省市县乡、边疆、华侨等普及教育助成会（另订简章）。

（十三）研究实验

设立中央普及教育研究所。其宗旨在发现最经济、最迅速、最能持久、最能令人进步之方法，以谋普及大众儿童向上生活所需要之教育（另订简章）。本研究所应与卫生、农业、工业、交通、艺术、经济研究机关联合互助，探讨新知，培养最高学术人才，以统制全国智慧而为国计民生谋解决。

（十四）全国财力总动员以谋教育之普及

甲、确定教育税，务使足敷普及教育之用。在教育税未确定之前，各省财政当局不得藉口取消苛捐杂税以减少教育经费而陷国民教育于停顿。否则即科以摧残教育动摇国本之罪。在教育费不敷用前，并须节省军政费以充普及教育之用。

乙、征收遗产税以充普及教育之用。后人对于先人之遗产，除教养费外，应将遗产余利公诸社会所有。先人对于子孙也只可负担教养费，若将巨产给后人不劳而获，自必养成他们吃喝嫖赌，弄得家破人亡。纵使政府不征收遗产税，有钱者为爱惜子孙起见，亦当在保留教养费条件之下，悉数捐为普及教育之用。

丙、指拨公有荒地为普及教育之用。

丁、指拨美、法、比、意、英各国庚款之一半，为普及教育之用，其他一半为发展各研究所之用。

戊、行政专员或县长领导教育局长或督学到各市乡劝导各公所、会馆、祠堂、寺庙，以原有财产兴学。没有公产或公产不足之处，则劝导出资兴学，坐候到筹定确实办法才离开。十余年前浙江省有一县长，在半年之中兴办一百余校，即是用此办法。

己、劝导人民以婚丧做寿节省之款在普及教育上建立纪念。

庚、劝导人民捐图书文具，或百份，或千份，或万份，或十万份，或百万份，每份盖上捐者姓名以留纪念。

辛、扶助各种生产工学团之普遍的设立。每个生产工学团发展到一个时期，便能以自己的力量担负一部分的普及教育费（参看

《宝山观澜普及义务教育急成方案》中之棉花工学团）。

壬、减少中等以上学校假期，并从分量门类上减少向上生活所不需要之功课，缩短中等以上学校毕业年限（医科除外），以节省之经费充普及教育及增加研究所之用。

（十五）妨害进步罪

婆婆不许媳妇读书，老板不许伙计上学，司务不许徒弟看报，工厂经理不许工人求知识，士大夫不许儿子教小孩子，这是小先生碰到的五个大钉子，也是妨害中华民国进步的大障碍。我们必定要扫除这种障碍才能前进。要想扫除这种障碍，下列数条法律实属必要：

甲、凡是中华国民及其子女，每人每天至少须有一小时上学或自修之权利。

乙、凡以特殊地位侵犯别人上学或自修权利者，处以一年以下有期徒刑或一千元以下罚金。

丙、凡对自愿教人的人施以阻止者，处三个月以下有期徒刑或一百元罚金。

（十六）初步文字教育之预令强迫

文字教育应预令强迫。预令强迫之作用在提醒一般不识字的民众自动的去请人教。以往的民众教育好像是求人来学。预令既下，民众对于知识的消极的拒绝，可以转变而为积极的追求。

民国二十四年一月一日下令预告全国民众，限二十四年十二月三十一日前，读毕教育部指定几种《千字课》之一种。至四月一日、七月一日、十月一日，下第二、第三、第四次预告令。第一次预告令下后，即令小学生、茶馆说书人、电影院广告与警察到处逢人宣传，劝其早些求学，不要临时抱佛脚；并说明二十五年一月一日即有识字警察手指《千字课》，站在城门口、车站、码头及交通孔道，临时抽验来往行人，检查他们的头脑如同检查行李一样，不识字的要罚愚民捐铜元一枚。预令里还要说及，二十五年一月一日以后，家里、店里、工厂里、任何机关里，如有无故不识字的人，按人数每月每人罚银一元。由家长、店主、工厂经理、机关主持人缴纳。识字成人或学生对其负责而不识字之亲友不肯施教者，罚守知奴捐银一角并公布之。

（十七）考成

甲、初步文字教育之考成标准，为学龄以上之人民百分之九十会读千字课，百分之九十五会用汉字签自己的姓名，并会写中华民国。第二步之文字教育及普及其他教育之考成标准另订之。

乙、每所小学、私塾至少要有二分之一的小学生做小先生。超过四分之三的小学生做小先生者，传令嘉奖其校长、负责之教师及最出力之小先生。不及二分之一者，校长受警告。不及三分之一者，校长撤职，负责之教师同。

丙、民众学校之传递先生与学生总数比例之考成与小学同。

丁、省教育厅长、县长、教育局长、乡长、教育委员之考成，亦以各管公私立小学校、私塾、民众学校之学生总数与小先生总数加传递先生总数之比例为根据，其算法亦与小学同。

戊、各省、各特别市、各县、各市、各乡、各校之开始考成日期，由上级主管官厅预令发布。但此项预令至迟不得延过民国二十四年六月一日。考核各省成绩之日期，由教育部预令颁布。但此项预令须于民国二十四年四月一日前颁布。

己、寻常教师所教学生，以及小先生、传递先生所教学生，均须依部颁表格登记，由校长掌管，并作详明统计具报教育局，教育局转报教育厅，教育厅报告教育部，每学期一次。再由上级教育行政长官抽查，以凭考核。

（十八）中央普及教育二十四年度预算

甲、中央文化落后地带普及教育补助费二〇，〇〇〇，〇〇〇

乙、中央科学电影制造局经费　四，〇〇〇，〇〇〇

丙、中央无线电收音机研究制造局经费　一，〇〇〇，〇〇〇

丁、中央普及教育研究所	五〇〇，〇〇〇
戊、中央普及教育辅导会议	一〇，〇〇〇
总计	二五，五一〇，〇〇〇

《生活教育》第2卷第1期（1935年3月1日）

攻破普及教育之难关*

生活教育现代化

生活教育是早已普及了。自有人类以来，便是人人过生活，人人受教育。自然而然的，生活是普及在人间，即是教育普及在人间。但有些人是超时代，有些人是时代落伍。有些人到了现代还是过着几百年前的生活，便是受着几百年前的教育。教育时代落伍的人一起赶上时代的前线来，是普及教育运动的目标。做一个现代人必须取得现代的知识，学会现代的技能，感觉现代的问题，并以现代的方法发挥我们的力量。时代是继续不断的前进，我们必得参加在现代生活里面，与时代俱进，才能做一个长久的现代人。否则，再过几年又要成为时代落伍者了。因此，我们必须拿着现代文明的钥匙，才能继续不断的去开发现代文明的宝库，保证川流不息的现代化。这个钥匙便是活用的文字符号和求进步的科学方法。普及教育运动之最大使命，便是把这个钥匙从少数人的手里拿出来交给大众。

* 本篇系《普及现代生活教育之路》(《中华教育界》第22卷第7期)一文中的主要部分，陶行知删去的两节为“什么是生活教育”和“小孩子能做小先生吗”。“什么是生活教育”和“小孩子能做小先生吗”，后分别改题为《生活教育》和《小先生》二文发表。

老法子的普及教育

白君动生[1]从杭州来，给我看了一两条最有趣味的教育报告。这报告说：依照最近四年来浙江所用的方法来扫除文盲，全省要四百年才能完成；依照最近六年杭州所用的方法来扫除文盲，全市要一百五十年才能完成。这种自觉的教育报告，我还是第一次看见。现在从一省一市推论到全国，呆板的守着老法，要多少年才能普及呢？依据教育部最近统计，各省市民众及职业补习学校学生数，民国十八年为一百零三万六千一百六十人，十九年为一百一十万四千一百八十七人。在这一年之中是增加了六万八千零二十七人。中国全国之失学成人估计有二万万人。假使中国人口不再增加，民众学校学生万岁，长生不死，学生增加率能年年不减，也要三百年才能将文盲扫除干净。再拿小学的统计来看。民国元年小学生数为二，七九五，四七五人，民国十九年为一〇，九四八，九七九人。十九年之间小学生是增加了八，七九五，四七五人，每年平均增加率为四十三万人。用四年义务教育估计，假定人口不再增加，小学生长生不死，学生数照平常比例增加，还要七十年才能普及。但是人口趋势，若无统制，必是有加无减。小学生总数每年要夭折三十万，每年平均所增加之四十三万人之中每年也要夭折一万三千人，学校增加率如无新创办法也得逐年减少。故依我估计，用传统方法，学龄儿童的教育要过一百年才能普及，失学成人之教育要再过四百年才能普及。

教育是必须普及。但是老法子决办不到，只好想新的法子来解决。老法子有什么困难？能解决那老法子所不能解决的困难的方法便是新方法。

攻破先生关

据教育部统计，全国学龄儿童总数为四千九百十一万。又据十九年统计，全国有一千零九十四万小学生，共需五十六万八千教职员。平均每教师教导小学生二十人。四千九百十一万小孩子共需小学教师二百四十五万人。有些教育官主张普及教育要靠师范生，办师范学校要靠官办。好，我们只须看一看十九年度师范学校的毕业生数就知道这些教育官是在做梦。这一年的高中师范、乡村师范、短期师范的毕业生合起来算只有二万三千四百零二人。师范毕业生万岁，长生不死，要费一百年的培养，才够普及小学教育之用。即使每人担任小学生数增到四十人，也要五十年才能培养得了，还要求求老天爷保佑他们一个不死才行。还有那二万万的失学成人怎么办？假使每位教师教四十个人，就得培养五百万位民众教师。每人每天教两组，也要二百五十万。这二百五十万乃至五百万人又要多少年去培养？培养师范生每年每人要费公家一百零一元，至少三年就要三百零三元，私人的费用还不在内。二百四十五万的小学教师和二百五十万的民众教师的培养费，就得要十五万万元。他们就职之后，就要领薪水。少说些，每人每年一百元，就要五万万元。如果中国的普及教育一定要这样办，那便是癞蛤蟆想吃天鹅肉。我们要冲破这个难关，必先对教师的观念起一个根本的改变。师范生乃至整个知识阶级不是教师惟一的泉源。小孩子最好的先生是前进的小孩。大众最好的先生是前进的大众。知识分子的使命在帮助前进的孩子和前进的大众取得现代知识以同化他们的伙伴。知识分子最多只可做小孩与大众的顾问。超过顾问的范围，就要损害他们的自动精神。即使做个顾问，知识分子也得跳进小孩与大众的队伍里去，与他们共患难同休戚，才够得上顾问的资格。这样一来，我们的先生就很够用了。全国小学里是有现成的一千一百万小孩可以做小先生。私塾改良一下，也有一千万合格的小先生。识字大众是有八千万，都有担任传递先生[2]的资格。这一万万小先生与传递先生总动员，每人教两人便是三万万。这些先生不要薪水，又不必多化金钱培养，只须我们承认他们配做先生，那教师的难关，便可不冲而自破了。

攻破娘子关

全国成年女子中粗识字义者估计顶多只有一千万人，以女子总数算起来，一百位女子当中只有五位受过文字教育。学龄女孩二千四百五十五万多人当中，只有一百六十五万在学校里上学，占初等学生总数百分之十五点二四。所以中国的普及教育问题大半是女子教育问题。如果不能解决女子教育问题，无论什么方法，都是枉费心血。女子教育是普及教育运动中最大的难关。男先生能解决女子教育问题吗?

二三十岁的男先生教几位十七八岁的大姑娘能顺利的进行吗?过不得几天，意外的事情会教你干不下去。谣言闲话会从几十里外的婆家飞来。未婚夫会约几个顽皮的青年装鬼在路上吓得小姑娘们不敢来上学。男先生要解决女子教育问题是难于上青天。女先生来，那是天字第一号。可是女先生根本就少。全国初等学校女先生只有三万四千一百三十九人，女师范生也不过二万人，那是差得太远咧。女先生下乡有三怕：怕蛇，怕鬼，怕贼。要来，是三个两个一起来。破产的乡村，那里请得起?一个男校长请一个女教员，也要引人说闲话。最好、最经济的是夫妻学校。但是好的东西偏偏少。经过七八年的提倡，还是寥寥无几。女先生也是难以解决女子教育问题。要想攻破娘子关，还要把小将军请来。小先生脚迹所到的地方，男女教育机会立刻均等。广东百侯[3]小先生初教校外学生二千人，其中有一千五百人都是女子。在小先生面前，失学的女子是一点也不害羞，有什么不懂都大胆的问。小先生连新娘房里都能钻进去上一课。

攻破买卖关

知识是成了商品，非钱不卖，非钱买不来。当您劝一位留学生教教他的包车夫或老妈子的时候，他会回您："没有工夫。"但是如果一个大学给他三百元一月的薪水，请他去做少爷小姐的高等听差，他会连夜乘飞机写快信去应聘。他怎么又有工夫了？缘故是因为他的知识是用钱买来的，他的车夫、老妈没有钱给他，所以没有工夫；那个大学有三百元薪水给他，就会有工夫了。在这个关口上把门的有两个妖怪：一个是大肚的守财奴，一个是大头的守知奴。他们俩把关口守得密不通风，使得无钱的人一点知识也得不着。但是知识应当是社会所公有，把买卖的商品化的知识变作自由送人的礼物，是普及教育运动的一个大目标。能攻破买卖关，肃清守知奴、守财奴，以透达这个大目标的便是小先生。在小先生的手里，知识是变成空气，人人得而呼吸；知识是变成甘霖，处处得其润泽；知识是变成太阳光，照着广大的群众，向前进行。

攻破衰老关

中国人老了！这是我们时常听见的批评。不错，有两种重大原因使中国人容易衰老，其中的一种便是传统教育。传统教育是教人学老。六岁的小孩子跟着老头子学老规矩，就好像长了两撇胡子，变成一个小老翁。小先生一来可就不同了，六七十岁的老公公和老太婆加入在小孩的队伍里来追求现代知识，是必然沾染着赤子精神，变成了老少年。

攻破饭碗关

“吃饭不读书，像只老母猪!”这个口号有时是可以鼓励一些懒人发奋求学。但是，有些人是做得太过分了。他们居然诱惑甚而强迫人家丢掉饭碗去读书。结果是饭碗打破好几只，书还是读不成，造成许多悲剧。总之，传统民众教育是办得太呆板，使吃饭与读书往往不能两全。例如，晚上规定七点钟上课，夜饭没有吃完的不能来；饭虽吃完了而锅碗没有洗的不能来；小孩子哭着要奶吃不能来；婆婆正喊着要水烟袋儿抽烟不能来；丈夫辛苦挑菜上街才回家有许多事要侍候不能来；做生意的正有主顾光临不能来；守牛的，牛儿不适意，不能来。因此，一般民众学校，开始的时候都是济济一堂，不久，便七零八落的少了下去，到最后，只剩了几个人。小先生的时间好像是橡皮做的，可以伸缩。“大嫂子！我来给你上课了。”“阿毛！我正抱小孩吃奶，请你等我一忽儿。”“我到门口去玩玩，小孩奶吃完，喊我一声。”……“阿毛！奶吃好了，快点来。”小先生便是这样从容不迫的攻破这很难跳过的饭碗关。

攻破孤鸦关

一个乡下先生住在一个破庙里教死书，就好比是一只孤鸦。他无意也无暇与农人交接。他教他的书，对农人的一切是不能过问。他所办的学校是与社会隔离。学校不能运用社会的力量以谋进步，社会也没法吸收学校的力量以图改造，双方都失掉互济的效用。这种孤僻的学校，普及了也没有意思。现在假使一切都不改，只把小学生变做小先生，这没有意义的学校便变成一个很有意义的学校，这位孤零零的赘疣的寒酸先生便立刻变成一位村庄中所不可少的有作有为的先生了。比方这个学校原来有三十个学生都变成小先生，便好像是三十根电线接到各村去和他们通起电流来。在这些电线上所通的电流有来也有往。一个个小先生可以把各村的问题、困难带来和先生讨论，又可以把学校里从外面得来的知识与力量带去和农人与不能进学校之小孩讨论。有时大家来他一个总集合，在各村的问题上求他一个总解决。例如总动员救旱灾，除蝗虫，打倒土豪劣绅、贪官污吏、帝国主义。你仔细想想，这个学校是变了样子，它的围墙是拆掉了。那些村庄合起来是构成了整个的学校，它不但是大了几倍几十倍几百倍，而且精神是根本不同了。

攻破瓜分关

中国教育官欢喜把教育切得一块块的，每人给他一块去办，不，每人给他一块去吃。对，吃教，吃教育。最好的一个例子是所谓义务教育与民众教育的分家。不但是多费许多钱，而且是一样也办不好，连吃也不好吃。教育就像一碗八宝饭，分开来吃，每人只能尝着一两宝，你必须把它搅拌起来才好吃。我们的建议是把儿童的教育与成人的教育搅拌一下，使它们打成一片。你有时要用小孩教成人，有时要用成人教小孩，有时要用小孩教小孩，有时要用成人教成人，若呆板的分起来，是一样也不会普及。冲破这个关口的急先锋便是小先生。小先生一来，这瓜分关的守将必得插白旗投降。

攻破课本关

读书一定要一种课本，并且要从头一本头一课教起，这也是一种成见。新学究还一定要用教科书，没有教科书便坐在那儿等待教科书寄到，边远的地方一等便是几个月。先生是活的，书本到处有，只要活用他就有办法。《三字经》活用起来，也能做普及现代教育的工具。路路通长安，大路断了走小路。一张发票，一张签诗，也可以当作教科书读。上海把旧的杂志旧的书报包东西，揩屁股，真是作孽。这都是我们内地求之不得的教科书呀！来他一个新的惜字运动，我们可以得到几万万不费钱的教科书。如果大家一定要教科书，我还有一个法子介绍。教小学生抄教科书给不能进学校的学生读。利用习字的纸、习字的笔、习字的墨、习字的时间来抄。纸当然要改良一下，格子要适合抄书的需要。平常初级课本的字是写得比“多宝塔”还合用，学生照着临，也能进步。先生也用批字的时间审订，免去圈叉麻烦。先生只须看学生抄得对不对，好不好。不对不好须重抄，抄到对了好了为止。平常先生批字，真是无聊；用王羲之、颜鲁公的标准批吗？要批死人。不批吧？校长要怪，家长要怪。不得已，闷起头来瞎批。骗人吗？是的。不骗，就得翘辫子。如果改习字为抄课本，一切都有意义了。不要看轻这样一个小改革。不久以前，日本小学生总动员拾起香烟盒里的锡包，积起来，买得一只飞机。小学、私塾总动员改习字为抄课本，每年可得一万万部不费钱的教科书。

攻破纸笔关

读书必得写字，写字必用笔墨纸，也是一种成见。顶少似乎要有铅笔和纸，我当然赞成。但是在乡下万一买不着纸笔，也有别的办法。椅子揩得干净些，用筷子沾水也能练字；柳条为笔，泥地为纸，也可写文，只是不易考核罢了。

攻破灯油关

四万万人，八千万家，家家读书，这可算是文字教育普及了。但是究竟要怎样才无流弊，我们必须绞脑筋，打破砂锅问（纹）到底。这是每一位普及教育者的责任。我曾拜托几位熟悉家务的穷朋友代我做了一些估计。点菜油灯，每天多点一小时，每盏灯每年要点一块钱的油。八千万盏灯每年就要多费八千万元。用洋油呢？每盏灯要四元一年，每年要费掉三万二千万元！美孚洋行的买办要高兴了。煤油大王要晓得这个消息，也要笑得说不出话来。他可以打算再拔一根毛到中国南方来办一个协和医院。这票买卖是被太阳夺去了。太阳老牌也会到地球上来争夺市场的，奇怪！普及教育者主张在日光下施教育。还是《老少通》里的老调儿："起得早，睡得早，省油省灯草。"早点起床，稻草窠里少睡一刻，午饭少抽一袋烟，就省下这每年的三万二千万元，好不好？

攻破调查关

传统的教育官还有一套偷懒的把戏。他说，做一件事必得预先调查清楚才能进行；要普及教育，先得调查学龄儿童和失学成人。谁能说他的话没道理？于是筹备调查，实行调查，调查后统计，统计后拟计划，计划拟定后呈报，等候批准，先试办几处。这样一来，官儿已经换了几任，新的学校还没有开门。调查是已经成为一种延宕的手段。这个纸做的盾牌必得戳破。中国满地是失学的人，随手捞来都是。如果要调查一个大概，几天就够了。再要多费精力也不能更加正确。传统教育官没有熟练而靠得住的人代他调查，他的调查多是敷衍的官样文章。普及教育不是不要调查，我们要一面干一面调查，不是先调查完全了再干。一面干，一面培养调查的人，再从事精密的调查，那调查的结果才靠得住。小先生才会干这种正确的调查咧。没有小先生，这种大调查，除非费大款，决不可能。先把网儿撒下去，把鱼儿捞了上岸再去数吧。

攻破短命关

士大夫赐给大众的孩子的教育寿命只有四年，赐给大众自己的教育寿命只有四个月[4]。最近大学教授们有所谓之学制改革案提出，其中的第一个特点便是把穷孩子的教育寿命从四年减短为一年。当然，穷孩子的教育寿命现在连一年都没有，给他一年，使他跑进教育的王国里来玩玩，如果不是空头支票，还可算是很大的恩德。但是大学教授们办学校有寒假、暑假、星期假、星期六下午假，许许多多的这样假那样假，何不减少一些，把中学、大学毕业年限缩短一两年，倒在国民教育的空头支票上开刀，实在令人莫解。高等教育经费二十年当中已经从三百九十万增加到三千三百六十万，而学生数只从四万加到四万四千。高等教育不可以节省一点钱来延长国民教育的寿命吗？总之，这种短命的教育在我们看来是不可思议，也不值得普及。我们所要求的是整个寿命的教育：活到老，干到老，学到老，团到老，教到老。有了小先生和传递先生，大众的教育寿命可以延到各人身体寿命一样长，终身是一个继续不断的现代人。

攻破学校关

一提到普及教育，大家就联想到开学校：圈校址，造洋楼，请教员，买家具，招学生，考学生，收学费，行开学礼。这样的一个东西是不易普及，即使普及也是害多益少。这种办法，一起手便是蚀本交易。并且要把所有的学龄儿童和失学成人都关在学校里去，只有叫农人卖老牛，给洋人发财。我们找了一个很简单的东西来替代学校，这个东西便是自动工学团。

什么叫做自动？自动是大众自己干，小孩自己干。自动教育是教大众自己干，小孩自己干，不是替代大众小孩干。

什么叫做工学团？工是工作，学是科学，团是团体。说得清楚些是：工以养生，学以明生，团以保生。说得更清楚些是：以大众的工作养活大众的生命，以大众的科学明了大众的生命，以大众的团体的力量保护大众的生命。工学团是一个小工场，一个小学校，一个小社会。在这里面是包含着生产的意义，长进的意义，平等互助、自卫卫人的意义。它是将工场、学校、社会打成一片，产生一个富有生活力的新细胞。

工学团可大可小，从几个人的家庭、店铺，几十个人的学校、庙宇，几百个人的村庄、监狱，几千人的工厂，几万人几十万人的军队、建设工程队（例如导淮、筑路的大队民伕），都可造成一个富有意义的工学团。

团不是一个机关，不是一个工学的机关。假使它只是一个工学的机关，那便成了一个半工半读的改良学校，而不是工学团。团是团体，是力的凝结，力的集中，力的共同发挥。

攻破文字关

有两种极端的人：一是看重文字，把文字误看做教育的全体；二是藐视文字教育，如一般生产教育论者以为大众不需要文字，以为他们所需要的只是生计之改良。这两种观念都是错误的。人与禽兽的大分别，就在人有语言文字，禽兽没有。文明人与野蛮人的大分别，就在野蛮人只有语言，而文明人是语言文字都能灵便的运用。文字符号之妙，是妙在这个符字。道士画符未必灵，士大夫画的符才真灵。他不种田，只须把符一画，好米就有得吃了。他又想，拿一身汗去换一担米还是不上算，再画一张符，叫种米的人挑米来给我吃。农人不会画符，劳而不获，种的米都给人家画符画去了。他眼看这个把戏很便当，也想画一画，自己老了，让儿子去学吧，束脩[8]加上吃饭，每年至少四十元，忍痛把儿子送入私塾学画符。私塾先生就靠着会画几张蹩脚符吃饭，轻轻的传给人，饭碗不要敲破吗？孔夫子是早已警告了他，“后生可畏”的遗嘱是常常背的，不会忘记。一时计上心来，只教学生念咒，不教学生画符。念了几年咒，一张符也不会画，农人知难而退，只得把儿子叫回去，依旧赶着老牛种田。但是取得面包的符号、保护面包的符号即等于面包，有谁能否认呢？但是文字虽然重要，不可离开生活去教。生活的符号要与生活打成一片去追求，否则便是书呆子的教育。文字在普及教育上的地位既是这样确定，那么还是教汉字呢？教音符呢？二者都教呢？在这过渡时期，我主张汉字与音符和拼音文三管齐下一起教。会教汉字的先生多至一万万，这是一个顶大的便利。如果根据大众语用活的方法教，汉字也不像一般人所说的那样难。但汉文最好是拼起音来同时学，这样，中国的拼音大众文会自然而然的脱壳而出。

攻破残废关

中国教育是教用脑的人不用手，不教用手的人用脑。用脑者因为不用手，脑也不能精细，变成一个呆脑。用手者因为不用脑，手也不能精细，变成一双粗手。因此，读书人是成了书呆子：读死书，死读书，读书死；劳苦大众是成了工呆子：做死工，死做工，做工死。这两种人之外，在教育圈里圈外，还有所谓之少爷小姐。他们是脑也不用，手也不用：享死福，死享福，享福死。这些人都是残废教育理论所造成的。我们换一条路走，是要使手脑联盟：叫用脑的人用手，教用手的人用脑，教一切人都把双手和脑拿出来用。“人生两个宝，双手与大脑。用脑不用手，快要被打倒。用手不用脑，饭也吃不饱。手脑都会用，才算是开天辟地的大好佬。”

攻破拉夫关

“听得督学今天到，先生拉我如拉夫。”这是传统教育最有趣的一幕。学生多就算成绩好，这是一件很可怀疑的事。我虽赞成强迫教育，但绝对反对拉夫教育。你若把牧童从牛背上拉来，把摘茶女从茶山上拉来，把采花姑从棉场里拉来，把养蚕妇从蚕室里拉来，把织布娘子从布机上拉来，把种菜的小二哥从菜园里拉来，所得能偿所失吗？减少经济力的强迫是不可施行。假使我是督学，到了采花时节，看见校长把能采花的孩子关在学校里，我一定要记他一大过。为什么不把帮助家人采花当作正课？为什么要叫学校妨害农务？我个人做事是风雨无阻，但办乡村学校，下雨时节是不劝学生来。如果不信，请听我唱吧：

小宝宝！小宝宝！
今天天气不好，
你们回家要早。
雨来变成水鸡，
事情有些不妙。
明天下雨不要来，
不下雨好来。
破袜破布鞋，
弄坏没钱买。
受了潮湿，
还要把病害。
倒不如留在家里教奶奶，
没有奶奶教乖乖。

下雨就教小孩在家里教人，岂不很好？一定要把小孩变成水鸡，拉来上学，我真不懂得这是什么教育！当然，我的主张遇着戴雨帽、穿雨衣、套雨鞋、没得事做的少爷小姐又当别论了。

攻破大菜关

假如你问一位老成的教育官说：为何不把教育普及出去？你有时会遇到这样一个回答：我们只求质量之改进，不求数量之加多。这原来就是那“贵精不贵多”的滥调。我曾经写过一首小诗，想把他们的迷梦唤醒：“只为阔老烧大菜，那管穷人吃糟糠。说起理由他充足，声声重质不重量。”在这种冷酷的态度之下，大众的教育是被牺牲了。我们要求大众都能享受粗菜淡饭的教育权。质量与数量是分不开的。我们站在大众的立场上说话，是要在数量上谋质量之纯粹，不在数量外求质量之改进。我们在要求人人都能享受粗菜淡饭的教育的时候，立刻必得要求这粗菜淡饭里没有一粒的泥沙，而有丰富的糠精和维他命。

攻破实验关

“实验”这两个字于今是时髦极了。实验县、实验乡、实验区都应时出现。普及教育是一个时髦的东西。一到了所谓“科学的教育家”之手，也得来它一个实验。他们把普及教育分成两半：义务教育和民众教育。于是东来一个普及义务教育实验区，西来一个普及民众教育实验区。他们的意思是：教育不可轻易普及，你必得在一个小的地方先行实验，有了成效，才好推广。比如现在最时髦的营养学是研究“维他命”。这些教育家好像是对大众说：“你们慢一点吃，连那粗菜淡饭都不可随便吃，必得让我把那里的‘维他命’研究好了，你们才好吃午饭，不然，肚子是会吃坏的。”如果大众听从这位卫生家的话，慢慢的等他把“青菜豆腐”里的“维他命”研究好才有勇气吃午饭，那么，午饭上桌，大众是早已进了棺材了。实验，实验，我们如不戳破它，普及教育运动是必得被它耽误。“实验”即“迟延”，我们必得留心这个冒充的科学鬼。

攻破城乡关

一般热心普及教育的人们都不假思索的说，我们先从城里做起，渐渐的推广到乡下去。他们好像是说：“乡下人！你们不要急。等我们城里人吃好了，渐渐的会送饭来给你们吃。”中国乡下人的教育便是这样耽误了几十年。我们不能再忍耐。戳穿这种空头支票，城里、乡下的普及教育运动要同时一齐干。

攻破划一关

中国教育官欢喜划一，因为划一很便当。但是事实上不许他这样办。不许他这样办而他偏要这样办，相持好久，渐渐觉悟过来，又悔当初白费心血。心血白费事小，民族的青春被他耽误了。当初连南方与北方的寒暑假都是划一的，岂不可笑。现在还有人在那里做梦：全国教育一定要用汉字去普及，甚而至于蒙古教育要用汉字去普及，西藏教育要用汉字去普及。这真是俟河之清，人寿几何。醒醒吧！运用各民族自有的大众语及文字符号去普及现代生活教育是最快的方法。因为教师现成的多，要省掉许多麻烦。这样一来，也能免除民族间的成见猜疑，更能鼓舞各民族自动普及教育的兴趣，进步自可敏捷。

攻破会考关

自从会考的号令下了之后，中国传统教育界是展开了许多幕的滑稽的悲剧。

学生是学会考，教员是教人会考，学校是变了会考筹备处。会考所要的，必需教。会考所不要的，不必教，必不教。于是唱歌不教了，图画不教了，体操不教了，家事不教了，农艺不教了，工艺不教了，科学试验不教了，所谓课内课外的活动都不教了。所要教的只是书，只是考的书，只是会考指南！教育等于读书，读书等于赶考。

拼命的赶啊！赶到毛厕里去开夜车。会考的书呆子会告诉你说："不闻臭中臭，难为人上人。"

赶了一考又一考。毕业考过了，接着就是会考。会考过了，接着就是升学考。一连三个考赶下来，是会把肉儿赶跑了，把血色赶跑了，有些是把性命赶跑了。最可痛恨的是把小先生赶跑，把大众的教育赶跑了。

四川卢作孚先生在北碚用八百青年天天干新知识广播，这是值得称赞的一件事。我说这八百青年有民生公司的工作，故可顺带干这教育工作，别处似乎难以普遍仿效。何不用小先生？卢先生告诉我，四川小学生要会考，想做小先生而不可能。如要提倡小先生，必得打倒会考。我们要停止这毁灭生活力之文字会考，发动一个培养生活力之创造的考成。创造的考成所要考的是生活的实质，不是纸上的空谈。荒山种了多少树？水井开了几口？公路造了几丈？种植改良了多少？副业增加了多少？病痛减少了多少？体力增加了多少？即知即传人的小先生、传递先生有多少？少爷、小姐、书呆子有多少是成了为大众服务的人？团结抵抗强暴的力量增加了多少？有多少人是得了追求现代智识的钥匙？

攻破偏枯关

有钱、有闲、有面子，才有书念。中国的教育雨不落在劳苦人的田园里。中国的教育雨专落在大都会的游泳池里给少爷小姐游水玩。中国的教育雨不肯落到乡下去灌溉农人所种的五谷。中国的教育雨不肯落到边远的地带去滋长时代落伍的人民的文化。即使偶然顺着风势落它一阵，也是小雨，不能止渴。要救这偏枯是在损有余以补不足。中央要补助边疆及穷省，省要补助穷县，县要补助穷乡、穷村。遗产税与庚子赔款是这种补助最好的来源。补助也不限于金钱，人才与材料计划是要同时并进。

攻破多生关

中国人生得多死得多。根据乔启明君四省十一乡村二万余人之调查，平均人口生产为千分之四二·二，死亡率为千分之二七·九。依通俗之四万万总数计算，每年要生一千六百八十万，要死去一千一百五十万，两抵增加人口五百三十万。以全国论，灾荒淘汰、互相残杀是在大批的进行，实际的增加数怕是没有这许多。依照老法子，每年只增加几十万学生，而人口之增加倒超过十倍之数，那是一万年教育也不会普及。就是用我们提议的新法去普及教育，这过分的人口增加也得要统制。一、民族须有一永久人口升降委员会之组织，随时调查耕地面积之消长，生产技术之效能，生活程度之高下，容纳人口出路之多少，以改定人口升降之比例公布全国，共同遵守。二、研究一个铜板的避妊法，使全民族都够得上实行。三、教男子满二十五岁，女子满二十岁始可结婚，结婚后服务五年可生第一子，俟第一子入小学可生第二子，以二子为限（子为男子、女子之通称）。一胎生二子或三子者以一胎为限。人口稀少之地带，由人口升降委员会颁布特殊条例。

攻破守旧关

守旧的头脑是一切进步的大障碍。这旧的里面有许多是骗人的迷信，尤其害人。黑漆一团的头脑要用科学之光来轰动他，叫他起一种变化，向进步方向去思想。电影、无线电话是两种最重要的工具，我们要普遍的运用它们来改造我们的头脑。

攻破自由关

我有我的自由，谁能干涉？我高兴就读书，不高兴就不读。我高兴就教教人，不高兴就不教。这种过分的个人自由是必得统制。中华民国要个个国民学成一个现代人，任何人拒绝现代化便是危害民国，必须受法律的处分。有知识的人必须纳知识税，拿自己已得的知识去教人，不肯教人的人不配受教育。既受教育而不肯教人的以抗税论罪。

攻破不平关

纳税的人得不到教育，拿穷人的血汗钱培养富人的少爷小姐，这是多么不平的一件事啊！婆婆不许媳妇上学，老板不许伙计读书，司务不许徒弟看报，工厂经理不许工人求知识，这又是多么不平的现象啊！攻破这个难关要三路包围：一是用小先生把知识输送到不能进学校的穷孩子的队伍里去；二是立定妨害进步罪，使一切妨害别人求学的人都受法律的制裁；三是一致奋斗，要求教育经费之确定与教育权利享受之普及，以实现教育机会之平等。

攻破天命关

中国人是听天由命的，算命先生是整个中华民国之军师。蝗虫飞来，都说是神虫，捕灭的人要受天罚。大水来到，都说是天公发洪收人，不想法子治河。因此，大难临头，是没有自信心与它抵抗，连抵抗的念头都不敢起。普及教育者必须攻破天命，唤起人工胜天的自信力。我们所要普及的是创造的人生观。教育界里的人是一样的信天命。他们说：这样穷的国家，教育怎能普及？大众也是只怪自己没有福气读书，命里注定是目不识丁。只要存着这样一个念头，教育就永远不会普及。我们也只须把念头一转，抱着一个人定胜天的人生观，向前创造，现代教育就自然而然的普及出去了。

小先生普及教育之前途

小先生之怀胎是在十一年前。难产啊！到了二十三年一月二十八日才出世。奇怪得很，他一出世便是一个英勇的战士。在这十一个月当中，他已经攻进了二十三省市。现在全县已经开始普遍采用小先生的有湖北的江陵、浙江的鄞县。安徽教育厅长首先承认小先生为全省普及教育之要图。大上海一带包括特别市、俞塘、高桥、公共租界、法租界、山海工学团已有小先生万余人。上海特别市教育局在二十四年春天要总动员从事普及教育运动。宜兴之西桥最进步，没有一个小学生不做小先生。别的地方，如晓庄之佘儿岗，无锡之河埒口，淮安之新安，歙县之王充，山东之邹平、泰山，河北之南开、定县，山西之舜帝庙，广东之百侯，河南之百泉、洛阳、开封，都已有了昭著的成效。现在是分三路进行：一、由人民自动组织全国普及教育助成会及普及教育五人团，辅助各地推动普及教育。二、起草全国普及生活教育方案，向中央政府建议，以推进全国普及教育运动。三、起草妨害进步罪，向立法院建议列入刑法，以扫除普及教育之障碍。若这三件事能于三个月内完成，则中国普及教育可以在二年之内树立一坚强之基础，以助成中华民国与大同世界之创造。

《生活教育》第2卷第1—3期（1935年3月1日至4月1日）

注释

〔1〕白动生　原名启祥，毕业于晓庄师范，任杭州翁家山小学校长，在校积极推行小先生制，取得很大成绩。

〔2〕传递先生　亦称“成人先生”或“大先生”，系对“即知即传”成人先生的称谓。

〔3〕百侯　系对广东省汕头大浦百侯中学的简称。该校当时大力推行小先生制，颇著成绩。

〔4〕指当时教育部颁订的义务教育方案中的规定：对儿童实行四年的普及教育，对大众实行四个月的民众教育。

文化细胞

一般人只要一提到教育便联想到学校，一提到普及教育便联想到普设学校。他们好像觉得学校是惟一的教育场所，如果要想普及教育便非普设学校不可。倘使没有钱普及四年的学校教育，他们便退一步主张普及一年的学校教育，甚至于退到四个月、两个月、一个月的学校教育。万一不能普及全天的教育，他们想半天、二小时、一小时也是好的，但必须在学校里办。仔细把它考虑一下，这种意见只是一种守旧的迷信。我们若不跳出学校的圈套，则普及现代教育在中国是不可能。我不说学校没有用，但学校之外，我们必须创造一种下层文化的组织，适合大多数人的生活，便利大多数人继续不断的长进，才是有了永久的基础。

我建议要创造一种文化细胞。每一家，每一店铺，每一工厂，每一机关，每一集团组成一个文化细胞。这种细胞里的分子有两种：一是识字的，一是不识字的。我们叫每一个细胞里的识字分子教导不识字分子，说得正确些，我们要叫识字分子取得现代知识精神，连文字一同教给不识字的分子。这样一来，每个文化细胞里的分子都能继续不断的长进。任何文化细胞里倘若识字分子过剩，可以分几个出去，帮助缺少识字分子的细胞。这种文化细胞在山海工学团范围以内叫做工学队，为工学团最下层之组织单位。俞塘〔1〕称它为生活教育团，安徽省会称它为普及教育团。有人建议称它为自学团或共学团。名字不同，无关重要，但他们有一点相同，便是感到专靠学校来普及教育在中国是很勉强，不易做到。即使做到了，也是一种短命教育，没有久远的长进。所以要在学校之外创出一种较为自然之组织来救济，不但要谋教育之普及，并要谋所普及之教育得以继长增高。他们用得着学校的地方，不妨先开一个学校。铺中、家中连一个识字的人也没有的地方，不妨叫每家每铺先派一人每天来校学半小时或一小时，再依即知即传之原则，把各个文化细胞成立起来。

普及教育动员令一下，有暇进学校的，尽可进学校；无暇进学校的，在自己家里、店里、工厂里及任何集团里创起文化细胞来共谋长进。文化细胞成立后，必须向负责学校或教育行政机关注册。凡在文化细胞里自谋长进的，可以不进学校；凡在学校里求学的，必须常川回到他的文化细胞里来尽义务教人。

学校是文化的旅馆，只能暂住而不可以久留。自学团、共学团、普及教育团、生活教育团或工学团下之工学队，才是文化之活细胞。

《生活教育》第2卷第5期（1935年5月1日）

注释

〔1〕俞塘　地名，在上海市闵行区。具体指俞塘民众教育馆。

文 化 网

文化细胞虽是最下层的组织，但是光棍的细胞是没有多大用处，我们必须把一个个的“文化细胞”联合起来，结成一个文化网。

在都市里，每一铺户里的识字者与不识字者组织一个生活教育团，继续不断的共同教学做，便成了一个“文化细胞”。有了这个“文化细胞”的组织，这一铺户里的人便可以活到老做到老，教到老学到老。如果一条街上之“文化细胞”都联了起来，成了一街的文化组织，再进一步，一区的街文化组织都联了起来，成了一区的文化组织，以至全市的文化组织，那便是有了文化网的作用了。我们可以称它为街文化网、区文化网、市文化网。乡下的可以称为村文化网、乡文化网等等。

“文化网”的目的，无论在乡下或是在城里，都是要把单个的“文化细胞”联合一气，把它范围里面的人一齐捞到时代的岸上来，不使一个漏掉。

“文化网”对于“文化细胞”负有两种使命。一是培养新的“文化使者”去创造新的“文化细胞”。例如这一条街上或这一个村里，有一半的人家家里没有识字的人，我们就可以叫每一家派一个人来，一面学，一面回到家里去创造新的“文化细胞”。二是从外界吸收新血液，向着范围内的每一个“文化细胞”继续不断的灌注进去，使它们可以继续不断的生长。例如某街某村之“文化网”，必得运用说书、滩簧〔1〕、留声机等等，把“文化细胞”的分子，每星期号召来开一次会，以磨擦出来新的精神。范围较大的区域，更可运用演戏、电影、无线电话来号召。我们要寓教育于娱乐，才能发挥这“文化网”的作用。如果到会的人觉得是单单来受测验或是受训练，不久将要变成一桩枯燥无味的事情，大家都要望而生畏了。

文化细胞是基本的组织；文化网是有提纲挈领的作用。从事普及教育者必须兼筹并顾，方能发生广大深刻的效力。

《生活教育》第2卷第6期（1935年5月16日）

注释

〔1〕滩簧　地方曲艺的名称，也称滩黄。流行于苏州、上海、杭州、宁波等地。各地滩黄均由一二人至五六人表演，兼有说唱和简单表演。

怎样做小先生*

一、为什么要做小先生

为什么要做小先生？做小先生有什么意义？这是每一个小学生或识字小孩都应该问的问题。我们为什么得了知识就应该传给别人？

我要问你：你怎么可以进学校？因为有你的父母为你出学费，并且给你饭吃。

你的父母都识字吗？他们都得了你所得到的知识吗？如果他们没有接受现代教育的机会，你也应该尽你的责任分点给他们吗？有些学生受了父母的栽培，连一封信也不写回去。等到放假回家，不是嫌父母无知便是嫌家里不卫生。他从不耐烦把他所得的知识去向父母说明。假使你有几个兄弟姊妹，你可知道为什么只有你一个人上学？钱不够。你的兄弟姊妹就不想长进吗？你既进了学校，若不引导他们共同长进，你觉得心安吗？

再进一步说：你的学堂是谁办的？假如说是政府办的，政府的钱又从那里来的呢？不消说得，关税哪，盐税哪，田税哪……出口货的关税是每一个生产者都出了钱。进口货的关税是每一个消费者都出了钱。盐是人人都要吃，即是人人都出了钱。田税是地主从地

---

* 本篇曾于 1935 年 5 月 14 日至 8 月 20 日在《晨报·普教周刊》分十三次连载。

租中划出一部分所纳，地租是出于每一个农人之劳动力。现在开办学校之钱是人人所出，而教育只有很少数的人享受。多数的人只是“出钱给人读死书，自己一个大字也不识”。劳苦大众既然出了钱，使你上学的学堂可以开办成功，你就应当负起责任，把你所学得的知识提取精华，教给劳苦大众和他们的小孩。这是每一个小先生所要明白的根本意义。死读书而不肯教人的学生，显然是一个忘恩负义的守知奴。

二、找　学　生

小先生的第一件工作就是找学生。“找学生”便是上第一课。这是你和你的学生初次见面，连说话都不可以随便。因为第一个行动是有力量决定以后的行动的方向。你对于每一句想说的话都应该预先想一想：“这句话应该说吗？我为什么要这样说？”我知道你是很心急的，要赶快的找到学生。有时你想用种种方法把你所要找的人说服。但是心急的时候，很容易说错话。当你遇着一群失学的孩子的时候，你会把古时候苦孩子读书的故事讲给他们听。临了，你会引一两句成语劝他说：“吃得苦中苦，方为人上人。”你可曾把这两句话的意思想过没有？我是听得太多了。不懂事的大先生老是用这种话来勉励小先生，不用头脑的小先生也是照样画葫芦的拿这种话哄骗别的孩子。我们吃苦的目的，就是要做“人上人”吗？我们用功的目的就是要求个人升官发财吗？为什么要读书？读了书就应该把自己的脚站在别人的头上吗？我有一位朋友，把这两句话改成：“吃得苦中苦，不为人上人。”我觉得这位朋友所改的语气有些消极，又把他改成：“吃得苦上苦，方为人中人。”公平的世界里只有人中人，不该有“人上人”和“人下人”。无论怎样改法，你都觉得不便拿他来做那劝学的招牌了。其实，你是用不着这种哄人的糖果。如果你所教的是有趣而又有用的书，倘使没有人阻止，谁都愿意学。你可以说："这本书有趣得很，也有用。你若愿意读，我可以教你，试试看吧。""读了书，可以看报，写信，明白事理。"这种平常的话，是比花言巧语好得多。只要你的心是热的，总有一天能感动人。倘若你不择手段，拿虚荣来鼓励人求学，将见他学成之日，便是你的教育完全失败之日，那真是白费心血了。你若嫌我说的那几句话太平凡，而愿意想出更有力的话来代替，我当然高兴。但是，我希望你必须想一想："这句话应该说吗？我为什么要这样说？没有更好的话可说吗？"

三、课本要不要

普及初步教育离不开文字。文字是什么？该怎样教？我们必须弄明白，才不致走入歧路。

文字是生活的符号。它必须与民众的生活打成一片，才能发生效力。我们要想鼓起民众读书的兴趣，必须拿他们生活所需要的文字来教。但这种生活需要有经常的，也有临时的；有共同的，也有个别的。经常共同需要的文字，可以编成课本。个别需要的文字，可以编成补充材料，以适应一地方、一职业或任何之特殊生活。临时需要的文字是要靠教者之灵敏，抓住当前的机会指导民众。

普及文字教育，最好是要采用一种最为适合民众经常共同需要之课本，以便每天求进，否则怕要间断。实际上，失学民众是欢迎课本。没有课本是不易维持继续求进的兴趣。这是当然的啰，你请客吃饭是必须用碗盛呀，课本便是用碗端来的饭，吃起来很便当，否则一粒粒的散在桌上，是多么的难吃呵。

课本虽是需要，但教人的人不可死靠课本，他必定要运用补充材料及临时材料，以适应特殊及当前生活之需要。

四、识字呢，读文呢

识字运动每每引起人的误解。字是应当识的，但不是为识字而识字，而且字也不是单靠一个个的分开去认识。例如《老少通千字课》内的第二课：

起得早，
睡得早，
省油省灯草。

一共有“起，得，早，睡，省，油，灯，草”八个字。如果只拿这八个字一个个的分开来教，谁也不高兴学。即使认得了，也是不大会用。所以单单教人识字，一定要令人望而生畏，引不起民众自动读书的兴趣。倘若换个法子，先教民众学生把课文读一遍，他耳朵听懂了整课的意义，觉得有趣，你再把一个个生字分开来教他，他就高兴学了。最后再把课文教他读几遍，是文也会读了，字也会认了，那是多么有趣啊。你再教他写，教他用，等到会用这些字，才算真的认识这些字。一课的生字很少，固然不容易教人运用，但是几课、几十课的生字就能千变万化的运用起来。有时一课教了之后，就拿课内有限的字来运用。例如，教他把本课里的字随便凑成一句话。如果他把“早起早睡”四个字联了起来，就是很会运用了。我们必须教他用字写文，才算是真正达到识字的目的。

五、活动材料

小先生起初教人识字读书，必须借重课本，才能引人继续不断的上进。这个道理我在前面已经说了一个大概。但是课本有固定的，有活动的，我们不能把它看呆了。除了固定的课本之外，小先生必须抓住眼前的机会，运用活动的材料教人。什么是活动的材料呢？比如，一个人拿了一张钞票付你妈妈的工钱。这时，你妈妈的心里所急于要知道的有几件事：这钞票当真是五元呢，还是一元；是本地通用的呢，还是本地不通用的；发钞票的银行是有信用的呢，还是将要倒闭的？好，这张钞票便是一张顶好的活动材料，一位灵敏的小先生，决不把这个机会放过。他必定要把钞票上的数目字、地名、银行名指给妈妈看。这样指点一回、两回、三回……妈妈不久就会认识了。这种活动的材料多着咧：发票、收条、门牌号数、来往的信都是顶自然的活动课本。又比如，你的婆婆要到一个陌生的地方去，你给她开一个详细的路线，那路线乃是最能令人注意的活动材料。有时不识字的人自己说了几句很有精彩的话，你把它写出来教他读，他是顶有兴趣了。一次，丁光生小先生教妹妹画画，他的不识字的父亲，也要了一张纸去画了一只菱角和一只乌龟。丁光生问爸爸为什么把这两样东西画在一块儿。他的爸爸说："菱角怕乌龟，乌龟欢喜吃菱角。"这两句话是多么有趣味啊。后来丁光生把这件事告诉我，我向他提议，把这两句话写出来，教他的父亲读，读会了再教他写，写在画上。这张画现在是在我的小小陈列所里，这是小先生抓住当前机会教人的一个好例子。

六、留声机与无线电

小先生还有几个机会要抓住。当你在乡下开留声机的时候，你总是看见一群一群的人跑到你的面前，把个留声机紧紧的包围住。是的，蜜蜂见了蜜园，那有不拥来的道理？中国的民众是欢喜听曲，不懂也高兴听，如果懂得里面的意思，那就更加高兴听了。你晓得现在的唱片都附有一张美丽的歌词。聪明的小先生必定是抓住这个机会，不肯放手。他要把这张歌词，写在黑板上，或用复写纸写几张，或用油印印起来，或叫各人分头预先传抄，教大家读，读会了再开唱片。这样一来，听众不但是增加了听曲的兴趣，而且多识一些字，并感觉识字之需要了。无线电播音也要同样的把报纸上发表的词曲拿来教人。比如，我们每逢星期三就要换一首歌接连广播一星期，歌词在星期二的《新夜报》[1]上发表，就是希望小先生预先把歌词教人。等到次日播音的时候，听者便能一面温习歌词，一面格外听得高兴，不久就可以把这首歌学会了。这样小先生和留声机或无线电是联合起来做了民众的一位音乐和国语教师了。

七、图画书之功用

民众欢喜看图画，你只要走到街头巷角的书摊旁边看看就知道了。那些连环图画把民众的心灵都吸收去了，连小学生都把这些书租去看，每一个小先生都应当想法子多找一些图画书去指导学生。你要想多得学生，并且教你的学生高兴看书，把书看上瘾，必须借重图画。

一天晚上，我到北孙宅去参观农人开会。我想，应该送点什么礼物去呢？匆匆忙忙的我就把《良友画报》、《大众画报》、《时代画报》、《现代画报》每样买了一本，带去送他们，希望第二天教师指导他们看。那里晓得几十位农友当晚就要看，一直看到十二点钟也不觉疲倦。可见得图画书吸引力量之伟大。

你必定要用图画来抓住你的学生。假使没有钱买图画书，可以向朋友借。若无处可借，还有一个经济的办法，可以自做图画书。你预备一本白报纸装订的簿子，把每天日报上的好图画剪下来，贴在簿上。有标题的连标题一起剪贴。无标题的可以补写上去。一个月干下来，你就知道这本图画簿是多么得力的一个助手。你若将图画簿照西洋信纸簿一样订，订的一端在上，活叶垂下，图画直贴，你可以将订的一端挂在壁上，把图画一张一张的翻给学生看，更觉便利。不久，你可以教你的学生也干起来。每人得到不同的报，便可造成各种的图画书，那是多么丰富的收获啊！老太太们想把旧报换钱，你请她先让你剪下图画再卖。只这一办法，我们每年就可以得到许许多多民众图画书。

八、知道什么教什么

小先生教的什么？你能教什么就教什么。你知道什么就教什么。有的人以为小先生只会教人识字，这是一个错误。有的小先生虽然也会拿别的重要东西教人，也是单单教人识字，更是可惜。你要明白除了教人认字之外，你还有别的本领。你虽然不会干孙悟空的七十二变，但是七变八变，你是干得来的。

中国人害冤枉病的多着咧。每年死于痨病、天花、霍乱、伤寒、疟疾的总有几百万。小先生能帮助人避免这些病痛。你一学会了预防的方法，就可以告诉别人照样去干。要想避免肺病，必须享有新鲜空气、充分阳光、适当休息、滋养食物，并且不与有肺病者之咳嗽喷嚏接近。已经得了肺病的人，除了上面几点应该注意之外，还要火化痰涕，并不向人咳嗽喷嚏。小学生知道了这些办法之后，不但自己要实行，并且要逢人说明。种了牛痘，三年之内便不致于出天花。打了霍乱伤寒混合防疫针，一年之内便不致于害霍乱伤寒。组织灭蚊队导去死水，肃清痰盂、水缸、阴沟及一切死水里的孑孓和蚊卵，并在池塘里养育专吃孑孓之鱼类，则疟蚊便不能发生。小学生知道了这些道理之后，一方面要自己实行，一方面要向人宣传，一方面应当群策群力的，还要联合大家共同进行。你如果这样做，便成了卫生小先生了。

学过科学的小朋友该晓得月亮自己不会发光，要太阳光照在月亮上才看得见月亮。“月蚀”是地球走到月亮与太阳中间，把太阳光挡住，因此月亮就好像被一个无形的东西吞了下去。等到地球渐渐移开，月亮才渐渐出现，又好像被那个东西吐了出来。无知识的人就说是天狗吃月亮。中国人迷信月亮是保佑他们的。月亮今天遇难，他们必须救月亮；将来他们遇难，月亮也会救他们。所以大家放爆竹，把天狗吓跑。等到月亮重新出来，他们欢喜的了不得，以为是他们放爆竹的功劳。依我的估计，每次“月蚀”，全国至少是要化费二百万块钱。小朋友听了“月蚀”的演讲，还得做一个小实验。你用一支蜡烛当做太阳放在左边，叫一个人站在中间，把他的头当作地球，另叫一个人站在右边，把他的头当作月亮。这两个人的头要摆得一样高低，站在中间的头把烛光遮住，右边的人的头上照不着光，这便代表了“月蚀”的现象。只要中间的人移动，右边的人的头上就有了光。所有蚀前、初蚀、蚀后种种现象都可以一一表演。你这样做给别人看，讲给别人听，便成了一位科学小先生。如果全国的小先生会玩这套把戏，每次月蚀，中国可省去二百万元。

小先生能够干的事多着咧。上面所写的不过是举了几个例子。你能教什么就教什么。你知道什么就教什么。不知道的和不能教的，当然是不应该教。

九、教人的时间

小学生一面求学一面教人，时间够他分配吗？时间若不敷分配，身体不要受害吗？有些人是在怀疑小学生没有功夫做小先生。最可惜的是他们不想法解决问题。笼统的抱了一个时间不够的成见，便把小先生运动耽误了。

这也难怪。有些热心普及教育的人是太热心了，做得过火了。他们恨不得要把不识字的民众一口气教好。他们每天让小先生一连教两三个钟头。这样一来，小先生不但是耽误了自己的功课，而且把身体也弄得精疲力倦。别人看见这种现象，以为做小先生非如此不可，便不敢轻于提倡。甚至于以这种事实为凭，随嘴反对小先生。

其实，做小先生并不要化这么多的时间。我从起初一直到现在，只希望学生们每天费半小时教人。只要天天不间断，连十分钟、二十分钟也是好的。我诚恳的劝告小先生，每天教人不要超过半小时。若费时太多，恐怕难以持久。每天教人半小时，是于人有益无损，于自己也有益无损。这样才能活到老，学到老，教到老，不致半途而废。

十、不要摆架子

你找到了学生，就得把他留住。如果今天找着，明天失掉，那不是白费心血吗？是啊，你得想一想：有什么事情得罪了你的学生？

我知道有些小先生欢喜摆架子，摆成一个先生的架子。这种臭架子会把学生赶跑了。我记得有一个小先生找到了两个学生：一个是他的表姐，另一个是他的父亲。他在头一天上课的时候，就摆起架子来。他对他的父亲说："我叫您念一课的时候，您应该站起来。因为这是学堂里上课的规矩。"

他的父亲居然就站起来念。这是一幕有趣的滑稽把戏，幸而这位父亲脾气好，照着儿子先生的话行。若是遇着第二三个，这位小先生就要讨没趣。还有一位小先生，起初找到了四个学生。他一上课就摆起威风来。他要学生们向他鞠躬。他要学生们服从他的命令。他弄了一根棍子做教鞭，耀武扬威的在学生们头上巡礼，架子十足！结果呢？他的学生都跟了别的小先生跑了，把自己变成一只没人理睬的孤鸦。

其实，我们不能瞎怪这些小先生。他们是有来历。这些臭架子没有一样不是从大先生那里学来的。所以与其怪小先生，还不如怪大先生。

前进的大先生，是没有这些架子了。他们把学生当作朋友看待。在新兴的学校里，我们到处可以听见“小朋友”的称呼。运用朋友的关系，彼此自由交换学识，是比摆架子好得多，你要了解学生的问题，体谅学生的困难，处处都显出你愿意帮助学生求学而没有一丝一毫的不耐烦，这样才够得上做朋友，才够得上做小先生。

十一、虚心求学

小先生必须用功求学，才能教人。自己不长进，决不能做小先生。我所写的《小先生歌》里有一首是注重这个教学相长的关系。

我是小先生，
这样指导学生：
学会赶快去教人，
教了又来做学生。

我们要继续不断的学，才能继续不断的教。孔子说的“学而不厌；诲人不倦”是要连起来看，不可分作两句读。我们要“学而不厌”，才能“诲人不倦”。

其次，因为要教人，就不得不把所教的知识弄明白。一个负责任的小先生是“以教人者教己”。他所学的比一个普通的学生要正确得多。他不但是要明白这一课的意义，并且是要想法把他所明白的也叫别人明白。一个有准备的小先生对于所教的功课是有双层的了解，即对于学得的益处是有双倍的深刻。

最后，你还要跟你的学生学。你要知道你的学生需要什么，才教他什么。这个，你必得虚心请教你的学生，才能知道。你决不可凭着你的主观去教人。你还得明白你所找到的成人学生，白米比你多吃几担，必定有许多东西可以教你。你既虚心的请教他，他也会虚心的请教你。最好的教育是有来有往。老是靠你一方面讲话，你不变成了一个话匣子吗？你不但要忘记他是你的学生，并且要叫他忘记你是他的先生，这样，你才能做到一个进步的小先生。

十二、教你的学生也做小先生

小学生不但要自己做小先生，并且要教别的小孩做小先生，最要紧的是要教自己的学生做小先生。

我们的目的不是要得一个小先生的头衔，乃是要运用“即知即传”的原则，把知识公开给没有机会受教育的人。你既尽了义务教导别的人，如果他没有得着你的“即知即传”的精神，并且把这种精神实行出去，还是空的。他或者是为着升官发财来向你求学。这种自私自利的人是不配受教育。假使小先生所教的学生都是自私自利的人，而不肯再把知识传出去，那么，做小先生又有什么意义呢？古时候，苦读书的人多着咧。车胤把萤火虫装在纱囊里照着读书；孙康把书映在雪上读；朱买臣一面挑柴一面读书；李密把书挂在牛角上，有空便读。这些都是苦读书的例子。但是问他们为什么要这样苦读，就很少不是自私自利的。特别是朱买臣，他苦读书只是想做官，想做人上人。如此小先生所教的学生，都像朱买臣那样自私自利，不是白费心血吗？

因此，小先生上了几天的课之后就得说明白：我尽义务教你们，你们也要尽义务教别人，不肯尽义务教别人的人，是不配受教育。你不久就得开始教你的学生去找学生，还要教他如何克服他所碰着的钉子。总而言之，小先生的责任不单是教学生，而且是教学生做小先生和传递先生。

十三、小先生团

个人的力量小，团体的力量大。一个个的小先生要组织成“小先生团”，才能发挥充分的力量。小先生团是要拿团体的力量来制裁个人的行动，它是要把每一个人的力量集合起来，使这力量向着共同的目标发挥出去。每一个地方有了二个以上的小先生，就应该成立小先生团，每一个小先生都应该加入小先生团。如果没有现成的小先生团，小先生们就该动手组织一个，以负起你们共同的使命。

每团要立下一个公约，人人必须遵守。全团要公举团长一人，大家都要服从他的指挥。这位团长是一团共戴的领袖，他应该依据公约，分配职务，指挥进行。他若违反公约，大家可以推倒他。但当他执行公约时候，谁都应该服从，不可吊儿郎当，各干各的。团长之外，要有书记员专司记录，监察员专司个人行动之纠正。每团须隔几天开团务会议一次，商议进行计划，解决困难问题，批判本身错误。

这种团体是必要的。一来，我们最缺少的是集团生活。小先生为前进的小孩，必须过一过集团的生活，才能依据即知即传的原则，引导别人去过同样的生活。二来，小先生在社会上活动的时候，必定是会遇着许多问题，碰着许多钉子，有的要共同讨论才能了解，有的要共同行动才会解决。三来，普及教育的工作，根本就不是散漫的个人所能干得好，必须有千千万万的即知即传的集团，才能冲锋陷阵，攻破那愚昧顽固的阵线。因此小先生不要专靠个人的力量干，要联合大家的力量干。小先生必须组织小先生团。

俗语说："一个和尚挑水吃；两个和尚抬水吃；三个和尚没得水吃。"和尚多了一个，水儿反少一桶，这都是个人自由捣的鬼。若有组织，把个人自由镇压下去，人越多力量越大。小先生必得把个人自由献给团体。你必定把领袖欲连根拔掉。你必不可以借团体来出风头。你不可以假公济私，揩公家的油。你若发现人家有错误，当面劝告他，或彼此来它一个自我批判，不可背后说人坏话，抱着大目的前进。闹意气是不长进。这些是每人都得努力修养。否则，小先生团是可以今天成立，明天破裂。那不是一桩最可惜的事吗？我新近写了一首歌谣，愿献给小先生团做参考。

你说他不好。
他说你不好。
地上长茅草。
不打而自倒。

十四、一 变 二

小先生团结了起来，便可以攻进“愚蠢”的王国，解除“迷信”的武装，发出“真理”的光辉。

但是跑进一个人地生疏的村庄里去干普及教育工作，也不是一桩容易的事。你们虽然说得天花乱坠，若是人家不睬你们这些素不相识的小孩，你们也要觉得没趣吧？你们不可以仗着“团的力量”蛮干。小先生团必得有新武器才能百战百胜，你们若是跑到一个陌生的地方去工作，下面所提的几件东西可以带去试一试：

（一）手提留声机一架与几张民众爱听的唱片；

（二）小药库一个与几种民众急需的药品；

（三）图画书数十册；

（四）小皮球几个。

这些东西可以说是普及教育的“四大法宝”。拿着这四大法宝，小先生团如果认真的干，那么，每到一个地方，必是势如破竹。倘使小先生团里有人会唱歌，会讲故事，留声机就可以不带。如果把这四大法宝运用得好，只须两三天，你们在当地就可以得着许许多多朋友。进一步，再教他们自己组织起来，依着即知即传人的道理教导自己。你们还要运用访问、通信、总集合、巡回辅导、流通图书、互相参观等等方式与他们发生不断的关系。这样一来，小先生团就可以一变二、二变四、四变八的繁殖出去，对于普及教育，自有很大的贡献。

十五、钉住你的学生，也让你的学生钉住你

最后，做小先生要有恒心，虎头蛇尾是没有出息。“即知即传”是一个终身的工作。你不能把你的学生教了几天或几个月就把他丢掉。

比如，你在小学里求学的时候找到了两位学生：一位是你的妈妈，另一位是邻居的守牛小孩，天天把小学里学得的重要知识传给他们，他们就好像是和你一起进了小学。你虽然每天只能教他们半小时，但继续学了四年、六年，他们对于文字方面，最少是能看信了。等到你进了中学，你就可以用通信的方法，把你在中学里所学的知识，随时提取精华教给他们。寒假、暑假回家，你还可以当面教导他们。他们对于不懂的事情，也可以随时写信问你。这样，他们就好比是进了中学。当你进了大学，如果继续的和他们通信，那么，他们也就可以算是进了大学，只要你不会忘记他们，他们是和你一同长进。这种终身共同长进的关系，是人类的一种宝贵的关系。在这种宝贵的关系里，我们可以看出小先生应该努力的方针。给人一点儿知识之后就把他丢掉，是一种轻薄的行为。五分钟热心是可耻的。

你要钉住你的学生，也让你的学生钉住你。

《怎样做小先生》（1935 年 11 月上海儿童书局版）

注释

〔1〕《新夜报》上海《晨报》的晚报，《普及教育》周刊登载在该报上。《普及教育》周刊，系陶行知以中国普及教育助成会筹备会名义所主办，每逢星期二出刊。由陶行知主办的“空中学校”（即广播学校）所编辑的《半小时普教消息》均刊登在《普及教育》周刊上；每期“普教消息”都刊有次日（星期三）要教唱的“每周一歌”。

生活教育之特质

您如果看过《狸猫换太子》那出戏，一定还记得它里面有一件最有趣的事情，就是出现了两个包龙图：一个是真的，还有一个是假的。我们仔细想想，是越想越觉得有趣味了。世界上无论什么事，都好像是有两个包龙图。就拿教育来说罢，您立刻可以看出两种不同的教育：一种叫做传统教育；另一种叫做生活教育。又拿生活教育来说吧，您又可以发现两种不同的说法：一种主张“教育即生活”；另一种是主张“生活即教育”。我现在想把生活教育的特质指出来，目的不但要使大家知道生活教育与传统教育之不同，并且要使大家知道把假的生活教育和真的生活教育分别出来。

（一）生活的　生活教育第一个特点是生活的。传统的学校要收学费，要有闲空工夫去学，要有名人阔老介绍才能进去。有钱、有闲、有面子，才有书念，那么无钱、无闲、无面子的人又怎么办呢？听天由命吗？等待黄金时代从天空落下来吗？不！我们要从生活的斗争里钻出真理来。我们钻进去越深，越觉得生活的变化便是教育的变化。生活与生活一磨擦便立刻起教育的作用。磨擦者与被磨擦者都起了变化，便都受了教育。有人说：这是“生活”与“教育”的对立，便是“生活”与“教育”的磨擦。我以为教育只是生活反映出来的影子，不能有磨擦的作用。比如一块石头从山上滚下来，碰着一块石头，就立刻发出火花，倘若它只碰着一块石头的影子，那是不会发出火花的。说得正确些，是受过某种教育的生活与没有受过某种教育的生活，磨擦起来，便发出生活的火花，即教育的火花，发出生活的变化，即教育的变化。

（二）行动的 生活与生活磨擦，便包含了行动的主导地位。如果行动不在生活中取得主导的地位，那么，传统教育者就可以拿“读书的生活便是读书的教育”来做他们掩护的盾牌了。行动既是主导的生活，那么，只有“为行动而读书，在行动上读书”才可说得通。我们还得追本推源的问：书是从那里来的？书里的真知识是从那里来的？我们是毫不迟疑的回答说：“行是知之始”，“即行即知”，书和书中的知识都是著书人从行动中得来的。我要声明著书人和注书人抄书人是有分别。人类和个人的知识的妈妈都是行动。行动产生理论，发展理论。行动所产生发展的理论，还是为的要指导行动引着整个生活冲入更高的境界。为了争取生活之满足与存在，这行动必需是有理论、有组织、有计划的战斗的行动。

（三）大众的 少爷小姐有的是钱，大可以为读书而读书，这叫做小众教育。大众只可以在生活里找教育，为生活而教育。当大众没有解放之前，生活斗争是大众唯一的教育。并且孤立的去干生活教育是不可能的，大众要联合起来才有生活可过；即要联合起来，才有教育可受。从真正的生活教育看来，大众都是先生，大众都是同学，大众都是学生。教学做合一、即知即传是大众的生活法，即是大众的教育法。总说一句，生活教育是大众的教育，大众自己办的教育，大众为生活解放而办的教育。

（四）前进的 有人说，生活既是教育，那么，自古以来，便有生活即有教育，又何必要我们去办教育呢？他这句话，分析是对的，断语是错的。我们承认自古以来便有生活即有教育。但同在一个社会里，有的人是过着前进的生活，有的人是过着落后的生活。我们要用前进的生活来引导落后的生活，要大家一起来过前进的生活，受前进的教育。前进的意识要通过生活才算是教人真正的向前去。

（五）世界的 课堂里既不许生活进去，又收不下广大的大众，又不许人动一动，又只许人向后退不许人向前进，那么，我们只好承认社会是我们的唯一的学校了。马路、弄堂、乡村、工厂、店铺、监牢、战场，凡是生活的场所，都是我们教育自己的场所，那么，我们所失掉的是鸟笼，而所得的倒是伟大无比的森林了。为着要过有意义的生活，我们的生活力是必然的冲开校门，冲开村门，冲开城门，冲开国门，冲开无论什么自私自利的人所造的铁门。所以，整个的中华民国和整个的世界，才是我们真正的学校咧。

（六）有历史联系的　这里应该从两方面来说。第一，人类从几千年生活斗争中所得到，而留下来的宝贵的历史教训，我们必须用选择的态度来接受。但是我们要留心，千万不可为读历史而读历史。我们必须把历史的教训，和个人或集团的生活联系起来。历史教训必须通过现生活，从现生活中滤下来，才有指导生活的作用。这样经生活滤过的历史教训，可以使我们的生活倍上加倍的丰富起来。倘使一个人停留在自我或少数同伴的生活上，而拒绝广大人类的历史教训，那便是懒惰不长进，跌在狭义的经验论的泥沟里，甘心情愿的做一只小泥鳅。第二，中国已经到了生死关头，争取大众解放的生活教育，自有它应负的历史的使命。为着要争取大众解放，它必须争取中华民族的解放；为着要争取中华民族的解放，它必须教育大众联合起来解决国难。因此，推进大众文化以保卫中华民国领土主权之完整，而争取中华民族之自由平等，是成了每一个生活教育同志当前所不可推却的天职了。

《生活教育》第3卷第2期（1936年3月16日）

我们的态度*

我们这个刊物，经过长时间的筹备，居然在这多难的五月出世了。

在这个年头，要办一种刊物，说几句自己心上所要说的话，本不甚容易，但是我们的态度是坦白的，我们的心地是纯洁的，我们既决定要说自己所要说的话，那我们也只有坦白地纯洁地不管一切地说话了。

（一）我们坚决地主张教育目标的大众化

我们所主张的大众教育包含有两种意义：其一，过去的教育是少数的独占的教育。这种少数独占的现象，不但是一种社会的病态，而且与需要大众为民族生存而斗争的现局相矛盾。教育的大众化，不仅站在大众的立场，是我们应有的权利，即从民族的立场观察，亦是我们应有的责任。所以我们主张将少数的独占的教育归还于大众。其次通常的教育每专指学校内的教育而言，并且以为教育的任务只在教人识字读书。但是，我们所理解的大众教育却并不是这样的。我们以为教育并不是被以砖墙或篱笆围着的学校所限定，而且教育的主要目的也并不在于教人识字读书——固然识字原是重要的手段，而是在教人在行动中解决他自身与他所属的社会的困难。所以我们主张的大众教育是要冲破学校的墙围而以整个社会为教育的场所，而且由文字知识的教育扩大为超文字的行动的教育。

---

* 本篇系《大众教育》的发刊词。

（二）我们坚决主张教育理论的现实化

这里所谓理论，决不是空想的，而是要从现实的综合的观察中发现事件的联系。过去的教育正犯了两种相反的错误：一种是离开现实的空想的理论，如所谓人格教育、文化教育是；另一种是根本缺乏综合理论的实验主义的教育观。他们都只是支支节节地做些头痛医头脚痛医脚的工作，看不见或看不清教育与现实的各方面的联系。这两种错误见解更递地在中国教育领域内散播了不少的毒素。现在我们对于这些错误是要不客气地给予清算的。

教育是一种行动，而行动需要理论的指导，没有理论的行动，那是盲动。并且行动之能否成功，要看理论之是否正确。因为不正确的或歪曲的理论是要导行动陷于错误的泥潭的。即以国难教育为例，假使不了解什么是国难，不了解教育的本质，或不了解国难与教育的联系，则在教育的实施上必然地要陷于错误的。我们看现在各地所实施的国难教育之不伦不类，即由于没有正确的理论指导之故。所以正确的教育理论是教育行动上所不可须臾或离的。

总之，我们今后的努力，一方面要竭力将教育建筑在大众的基础上面，而另一方面要竭力建树一种正确的合于现实需要的教育理论，以为教育行动的指导。然而我们的力量是有限的，希望同情于我们的教育工作者以及受教育的大众多多帮助我们。这个刊物原是属于大众的。朋友们！在这民族危机已经压到头顶上的今日，让我们在教育领域的工作中，来尽一部分民族解放运动的责任吧！

《大众教育》创刊号（1936年5月10日）

普及教育之歧路

近年来，政教合一之呼声，高唱入云。随着这呼声而来的有了四种不同的实验：一是邹平的乡学[1]；二是长江一带之保学；三是广西之民团干部学校；四是工学团。除了工学团尚属私人小规模试验外，其余三种都有政权在握，总可算是政教合一之实例。他们的全部结果固然难以预断，但从普及教育的效力看来，已经有些话是不得不说了。

就这几个月来的事实说，有些地方竟用保长兼校长。广西的民团干部学校，原以养成国民基础学校师资及能任乡镇村街长民团干部为宗旨，它的校长便是由各区指挥官兼任。最近连国民基础学校校长也要民团长兼任。这样一来，学校是变成衙门，教育是变成办公，创造是变成维持，循循善诱是变成整齐划一。花园里的园丁都可以卷起包袱回家，因为花园变成草地，只须轧草夫来把草儿轧得一样整齐就行了。这种教育普及之日，便是中华民族生机完全毁灭之时。

邹平之乡学，如果能够避免乡绅偶像，是比较可以走的一条路。因为在这里，学校是替代了衙门，教育是替代了办公，意义是非常丰富。可惜推崇乡绅太过，效力未能充分发挥。

普及教育必须有政治力来推动它，才能有长足之进步。但是政治力如果用得不当，可以毁灭教育。比如蒸汽机能推动火车，但是它也能把火车头炸掉。我们如果做得太过分，要用小官来做校长，虎头牌再挂起来，那么这部普及教育列车必定被它们炸得粉碎。

最后，我要声明：我承认保学，国民基础学校都是普及教育的好组织，值得提倡。我所认为不可行的是保长、民团长兼校长。保长、民团长对于劝学兴学都应负责，都可以有贡献，但决不可许其干涉校务，更不可责其兼任校长。

《普及教育三编》(1936年6月上海儿童书局版)

注释

〔1〕邹平，县名，属山东省。乡学，指地方所办的学校。邹平的乡学为梁漱溟所办，亦称乡农学校。

中国大众教育问题*

一、中国大众教育概论[1]

为什么要大众教育？

中国是遇着空前的国难。这严重的国难，小众已经解决不了，大众必得起来担负救国的责任而中国才可以救。我们的“友邦”要取得辽宁的铁、山西的煤、吉林的森林、华北的棉田、福建的根据地以及全国的富源，并不是安分守己的做一个富家翁享享福就算了事。他是要叫我们四万万五千万人做亡国奴——做他的奴隶。做奴隶当然是不会舒服的，除了为他种田做工之外，还得为他当兵，做他进攻别人的肉炮弹。只须大众觉悟起来，不愿做亡国奴，与其拿生命来做敌人的肉炮弹，不如拿生命来争取整个民族的自由平等，我们的国难就必然的解决了。但是中国的大众受了小众的压迫剥削，从来没有时间、金钱、机会去把自己和民族的问题彻底的想通。加上了几千年的麻醉作用，他们遇到灾难，会武断的说是命该如此。我们要一种正确的教育来引导大众去冲破命定的迷信，揭开麻醉的面具，找出灾难的线索，感觉本身力量的伟大，以粉碎敌人

---

* 本篇为《大众教育丛书》之一，由上海大众文化社 1936 年 8 月出版。书内 12 个部分，曾作为 12 篇文章先后在多种报刊上发表过，后编辑成为这一《中国大众教育问题》单行本，只在个别标题或字句上略有改动。单篇文章原发表期刊，标题、时间均于本篇之后，加以简注，可供参考。

之侵略阴谋，把一个垂危的祖国变成一个自由平等的乐土。

大众教育是什么？

大众教育是大众自己的教育，是大众自己办的教育，是为大众谋福利除痛苦的教育（The new mass education means an education of the mass，by the mass and for the mass）。这种教育和小众教育固然大不相同，即和小众代大众办的所谓民众教育、平民教育也是根本矛盾。大众教育是要教大众觉悟。只是教大众生产、生产、生产，长得肥一点，好叫小众多多宰割的教育不是大众教育。大众教育是对大众讲真话。专对大众说谎的教育是骗子教育，而不是大众教育。大众教育对着麻醉大众的歪曲理论，是要迎头驳斥。始而装痴装聋，继而变成哑巴，终之而拜倒在当前势力下，这是帮凶教育而不是大众教育。大众教育是要教大众行动，教大家根据集体意识而行动。只教大众坐而听，不教大众起而行，或是依照小众的意思起而行，都是木头人教育而不是大众教育。大众教育是要教大众以生活为课程，以非常时期的有计划有组织的生活，做他们的非常时期的有计划有组织的课程。这非常生活，便是当前的民族解放、大众解放的生活战斗。这是大众教育的中心功课。在这里我们要指出民族解放与大众解放是一个不可分解的运动。如果大众不起来，民族解放运动决不会成功。但是如果不拚命争取民族解放，中国大众自己也难得到解放。所以大众教育只有一门大功课，这门大功课便是争取中国民族大众之解放。若只教大众关起门来认字读书，那是逃避现实的逃走教育而不是真正的大众教育。

大众教育怎样办？

依据教育部的统计，每一个小学生每年要用八元九角钱的教育费，民众学生每年要用一元八角钱的教育费。现在中国有二万万失学成人，七千万失学儿童。这二万万七千万人当然是我们大众教育的对象。照上面的费用算起来就得要十万万元才能普及初步的大众教育。这个数目不但是大众自己办不到，就是教育部，去年费尽九牛二虎之力也只筹到三百多万元的义务教育经费，对于这十万万的大众教育经费也一定是筹不出来的。因此，大众教育在现阶段一定要突破金钱关才能大规模的干出来。下面的两条原则和一个新工具是一方面可以叫大众教育突破金钱关，一方面又叫大众教育进行得更有效力、更有意义。

（一）社会即学校　大众教育用不着花几百万几千万来建造武汉大学那皇宫一般的校舍。工厂、农村、店铺、家庭、戏台、茶馆、军营、学校、庙宇、监牢都成了大众大学的数不清的分校。客堂、灶披、晒台、厕所、亭子间里都可以办起读书会、救国会、时事讨论会。连坟墓也可以做我们的课堂。谁能说庙行的无名英雄墓和古北口的“支那”勇士墓不是我们最好的课堂啊？

（二）即知即传　得到真理的人便负有传授真理的义务。不肯教人的人不配受教育。前进的知识分子当然是负着推动大众教育的使命。但是经过很短的时间，前进的大众和前进的小孩都同样的可以做起先生来，我们可以说大家都是学生，都是同学，都是不收学费的先生，在传递先生和小先生的手里，知识私有是被粉碎了，真理为公是成了我们共同的信条。

（三）拼音新文字　拼音新文字是大众的文字。有了新文字，大众只须化一个月半个月的工夫，便能读书、看报、写文。初级新文字教育只须三分钱就能办成，大众教育可以不再等待慈善家的赈济。的确，文化赈济是和面包赈济一样悲惨，一样靠不住。水灾和旱灾的地方是十个人饿死九个，剩下一个人才等着一块面包，而这块不易得的面包是差不多变成酸溜溜的浆糊了。新文字！新文字！新文字是大众的文字。它要讲大众的真心话。它要写大众的心中事。认也不费事，写也不费事，学也不费事。笔头上刺刀，向前刺刺刺，刺穿平仄声，刺破方块字，要教人人都识字，创造大众的文化，提高大众的位置，完成现代第一件大事。

依据社会即学校，即知即传两条原则，拿了新文字及其他有效工具，引导大众组织起来争取中华民族大众之解放：这便是中国所需的大众教育。

二、大众的国难教育方法[2]

（一）国难教育之目标

甲、推进大众文化。乙、争取中华民族之自由平等。丙、保卫中华民国领土与主权之完整。

（二）国难教育之对象

甲、教育大众联合起来解除国难。乙、教育知识分子将民族危机之知识向大众广播。

（三）国难教育之教师

甲、前进的大众。乙、前进的小孩。丙、前进的学生。丁、前进的教师。戊、前进的技术人员。

（四）国难教育之非常课程

有计划的非常生活便是我们有计划的非常课程。

甲、政治、经济专家之演讲讨论。乙、防卫作战技术之操练。丙、医药救护之实习。丁、交通工具运用之实习。戊、国防科学之研究。己、大众教育之研究推广。

（五）国难教育之组织

甲、成立学生救国会及学生救国会联合会以实施学生之国难教育。乙、成立教师救国会及教师救国会联合会以实施教授教师之国难教育。丙、成立各界大众救国会及各界大众救国会联合会以实施大众之国难教育。

（六）国难教育之文字工具

甲、拼音新文字，易认易写易学，应立即采取作为大众普及教育之基本工具。乙、用汉字写作时也须将它写成大众易学之大众文。

（七）国难教育之方法

在行动上取得解决国难真知识，立刻把它传给大众，使它在解决国难上发生力量。甲、推动报纸、杂志、戏剧、电影、说书人、无线电播音积极作针对民族解放之宣传。乙、变通各校功课内容，使适合于解决国难之需要。丙、运用县、市、乡现有组织及集会，宣传民族危机及解决国难的路线。丁、推动家庭、店铺组织国难讨论会、读书会。戊、开办或参加识字学校，使此种学校对解决国难发生效力。己、长途旅行，唤起民众组织起来救国。庚、必要时游行示威。

（八）从事国难教育同志应有之几点认识

甲、中国已到生死关头，我们要认识只有民族解放的实际行动才是救国的教育。为读书而读书，为教书而教书，乃是亡国的教育。乙、中国已到生死关头，只有武力抵抗才是生路。丙、根据目前的阿比西尼亚[3]抵抗意大利及历史上被压迫民族独立解放运动的经验，中国不但可以抵抗，并且可以久战，获得最后胜利。丁、中国的国难不是少数人可以挽救，我们必须教育大众共同抵抗，中国才能起死回生。戊、我们应该知道孤立不足以图存，必须联合世界弱小民族及世界上以平等待我之民族共同奋斗，才能够翻身。己、我们应该知道东北问题、华北问题，都是整个中国的问题，而不是一个地方的问题。庚、我们应该知道集会、结社、言论之自由，为表示民意、认清路线、共同行动之必要条件，我们必须拚命争取才能发挥国难教育。辛、我们应该知道，国难当头，大家都应该加倍努力以求国难之解决，故主张国难不止，决不放假，当然我们是坚决反对提前放假。壬、我们应该知道教师的责任，不仅是指导学生，而且要与学生参加救国运动，同过救国生活，共受救国教育，故我们主张教师要与学生大众共休戚，决不可袖手旁观。

三、大众的国难教育方案之特质[4]

现在是教育与国难赛跑。我们必须叫教育追上国难，把它解决掉。但是教育这个东西能帮助解决国难也能加重国难，我们是不可以随便干的。要怎样才算是一个解决国难的教育方案？让我把它的特质指出来，你就可以知道它和别的教育方案是不同了。

（一）它是单一的。解决国难的教育方案只有一个目的。这个目的就是保卫中华民国领土主权之完整以争取中华民族之自由平等。一切教育设施都要以这个神圣的使命做中心。教育部新近宣布国难时期教育宗旨说：教育之生命，即民族之生命。还有人甚而至于说：我们先要救教育之生命，才能救民族之生命。前一说是把生命的源头弄颠倒了，后一说是把一个生命分成两个：一是教育的生命，二是民族的生命。我要郑重的说：教育没有独立的生命，它是以民族的生命为生命。唯有以民族的生命为生命的教育，才算是我们的教育。国难教育是要教人救民族之命，则教育之命自然而然的得救了。

（二）它是大众的。民族之命非“小众”所能救。国难教育的任务，在唤醒大众组织起来救国。教育大众是当前的国难教育之第一件大事。《大公报》二月七日的社评乃把它降到第二义，可算是颠倒是非了。北平学联会所通过之非常时期教育草案是很好的，但是《大公报》披露该案的时候，任意的把民众教育三条删掉，也是因为《大公报》是采取了一种要不得的流行的态度，不许大众救国。我们应该知道，不许大众救国的教育，乃是亡国的教育，而不是救国的教育。

（三）它是联系的。解决国难的教育方案，应该注重三种联系：一是内容的联系。一切科目活动都以解决国难为中心而取得联系。二是组织的联系。世界各团体都以救亡工作为中心而取得联系。三是历史的联系。把现在中国民族解放运动与历史的教训密切的联系起来。这样整个的中华民国是成了我们的伟大的大学校。中山大学教育研究所所拟之战时教育工作计划，很详细具体，但是单以学校为组织之中心是不够的。至于有些人想把国难教育像只小鸟儿关在课堂的小笼里，那更是自欺欺人了。

（四）它是对流的。比如烧水，冷水重而往下沉，热水轻而往上浮，这叫做对流。经过一些时候的对流，水就自然的沸起来了。解决国难教育的方案是必须容许上层下层的对流。领导的人总想由上而下。但是纯粹由上而下的教育，只能造成被动的群众。被动的群众是发挥不出力量来担负救亡的责任。我们必须愿意被群众领导才能领导群众。故群众对于教育必须有由下而上的自动的机会，才能把自己和领导者造成救亡的战士，而完成救亡的使命。我们应当打通领导者与被领导者中间的隔板，使他们可以对流而互相教育。若把教育分成两部分，一部分专门培养领导者，另一部分专门培养被领导者，结果必定是教领导的人脱离群众的要求，致使国难教育变成一个麻木不仁的东西。

（五）它是行动的。高谈阔论不能救国。只有实际的救国的行动才能把将亡的国救回来，但不能盲行盲动。我们所需要的是有理论的行动、有组织的行动、有计划的行动、有纪律的行动。所谓理论、组织、计划、纪律，又不是校长、训育主任为行政便利弄出来的那一套，乃是民族解放运动所决定的必要条件。我们要在行动上接受民族解放的理论、组织、计划、纪律。为教育而教育，不许行动的教育，乃是加重国难的教育，而不是解决国难的教育。

四、新大学——大众的大学〔5〕

新大学是什么？新大学是大众的学府。

《大学》里面说：“大学之道在明明德，在新民，在止于至善。”

这是从前的“大学之道”。新的“大学之道”就不同了。依照新的眼光看来，它是变成了“大学之道在明大德，在新大众，在止于大众之幸福”。

什么是“大德”?“大德”是大众之德。大众之德有三：一是觉悟；二是联合；三是争取解放。“明”即明白，要教大众自己明白大众之德是这样。

“新大众”是教大众自新。大众本来是可以明白“大众之德”，但为天命之说和别的迷信所麻醉，把自己弄得糊里糊涂。新大学之任务是要教大众在真理的大海里洗个澡，天天洗，一世洗到老，使得自己的头脑常常是清清楚楚的，认识痛苦之来源和克服痛苦之路线。

“止”是瞄准的意思。新大学的一切课程设施都要对着大众的幸福瞄准。为大众争取幸福所必需的就拿来教人，所不需的就不拿来教人。

从前大学里所造就出来的人才有两种。一种是不肯为大众做事，我曾经为这种人写了一幅小照：

滴大众的汗，
吃大众的饭，
大众的事不肯干，
架子摆成老爷样，
不算是好汉。

第二种人是代替大众做事，但野心勃勃，想要一手包办，甚至不许大众自己动手来干，这样的人我们也是反对的：

大众滴了汗，
大众得吃饭，
大众的事大众干，
若想一个人包办，
不算是好汉。

新大学所要培养的不是这种人。它要培养和大众共同做事的人才。如果它也免不了要培养领导人才的话，它是要培养愿意接受大众领导而又能领导大众的人才。说得正确些，它是要培养大众做大事。

还有一种时髦大学，好像是我所说的新大学，而实在是和我所说的正相反。它们的作风，一动手就是圈它几千亩地皮，花它几百万块钱，盖它几座皇宫式的学院。我参观了珞珈山武汉大学之后有人问我作何感想，我说如果我有这笔款，我用款的步骤是有一些不同。第一步，这笔款用来开办大众大学，足够培养五百万大众帮助收复东北；第二步，东北收回之后，假如还有这样多的款子，我想用来发展一些适合国民经济的工业；第三步，工业稍有发展，又积下这么多的款子，我还不能建造皇宫的学府，是必须盖些大众住宅，使无家可归的人可以进来避避风、躲躲雨；第四步，等到一切穷苦无告的人都可以安居乐业了，那时大众一定要勉强我盖几座皇宫式的学府，我大概是可以马马虎虎的答应了。

那末，新大学就不要校舍吗？要是要的，没有也无妨。茅草棚虽小，足够办大学。

新大学是大众大学，新大学是茅草棚大学。

五、怎样做大众的教师〔6〕

现在中华民国已经到了生死关头，我们做大众教师的人应当怎样做才能帮助解决国难而不致加重国难？我常以这个问题问人，现在人也常以这个问题问我了。这里是我的答复：

第一，追求真理　　大众是长进得很快，教师必须不断的长进，才能教大众。一个不长进的人是不配教人，不能教人，也不高兴教人。大众快赶上你了！你快要落伍了！“后生可畏”不是一句客气话，而是一位教师受了大众蓬蓬勃勃的长进的压迫之后，对于自己及一切教师所提出来的警告。只有不断的追求真理才能免掉这样的恐怖。也只有免掉这种恐怖才能教大众，否则便要因为怕大众而摧残大众了。我得声明，真理离开行动好一比是交际花手上的金钢钻戒指。我们所要追求的是行动的真理，真理的行动（Truth in Action）。这种真理不是坐在沙发上衔着雪茄烟所能喷得出来的。行动的真理必须在真理的行动中才能追求得到。你不钻进老虎洞，怎能捉得小老虎。

第二，讲真理　让真理赤裸裸的出来和大众见面。不要给他穿上天使的衣服，也不要给他戴上魔鬼的假面具。你不可以为着饭碗、为着美人、为着生命，而把“真理”监禁起来或者把他枪毙掉。教师只能说真话。说假话便是骗子，怎么能做教师呢？

第三，驳假话　说假话的人太多了。教师要有勇气站起来驳假话。真理是太阳，歪曲的理论是黑云。教师要吹一口气把这些黑云吹掉，那真理的太阳就自然而然的给人看见了。

第四，跟学生学　你要教你的学生教你怎样去教他。如果你不肯向你的学生虚心请教，你便不知道他的环境，不知道他的能力，不知道他的需要；那么，你就有天大的本事也不能教导他。他要吃白米饭，你倒老是弄些面条给他吃，事情是会两不讨好。不但为着学生而且为着你自己，你也得跟你的学生学。你只须承认小孩有教你的能力，你不久就会发现小孩能教你的事情多着咧。只须你甘心情愿跟你的学生做学生，他们便能把你的“思想的青春”留住；他们能为你保险，使你永远不落伍。

第五，教你的学生做先生　你跟学生学，是教学生做你的先生。如果停止在这里，结果怕要弄到师生合做守知奴，于大众毫无关系。你必得进一步教你的学生去教别人。你必须教你的学生把真理公开给大众。你得教你的学生拿着真理的火把指点大众前进。

第六，和学生、大众站在一条战线上　教师不和学生站在一条战线上便不成为教师。这是怎样说呢？因为他要到西方去，你却教他往东走；反过来，他要到东方去，你却教他往西走。这种牛头不对马嘴的教育怎能行得通呢？有些教师不恤使用强迫手段要学生朝着教师指定的路线走，结果是造成师生对垒，变成势不两立。在势不两立的局面下还能叫学生接受他的指导吗？不但如此，先生学生虽是打成一片，如果他们联合行动的目标与大众所希望的不符，还只是小众的勾结，将为时代所不容。因此做教师的人必须和学生、大众站在一条战线上为真理作战，才算是前进的教育。现在中国第一件大事是保障中华民国领土主权之完整，与争取中华民族劳苦大众之自由平等。教师和学生、大众都要针对着这个大目标，才能站在一条战线上来。教师和学生、大众站在这一条战线上来奋斗，才算是实行着真正解决国难的教育。你若把你的生命放在学生的生命里，把你和你的学生的生命放在大众的生命里，这才算是尽了教师的天职。

我们如果能把上面这六点做到，便不愧为现代的教师了。这样的教师，我相信，对于民族解放、大众解放、人类解放是有贡献了。

六、怎样才可以做一个前进的青年大众[7]

什么是前进？

我是今年五月十日到平南。平南是邑江旁边的一个小村庄。村里有一个女学校，学生个个是赤脚大仙。我对于她们的认识是：

一群野姑娘，
好像没规矩；
教她穿袜子，
嘴许心不许。

粉碎烂规矩，

创造新规矩；
无须人干涉，
万事自作主。

有弛也有张，
不是自由乡；
令人留恋处，
仿佛在晓庄。

这里的同学是天真烂漫，对于世界、国家的大事是要打破砂锅问（纹）到底。他们围着我，盯着我问东，问西，问个不歇。我说，找一个风凉的地方来畅谈一下更好。

那是现成的。门外就是六七株很大的榕树，像撑着大伞，排起队来，站在江边侍候着。好得很，还有几块古碑睡在地上让我们坐。这些树荫底下简直能坐好几百人。我们将近一百人在两棵树的中间坐了下来，已经是觉得够宽畅了。正是：

大树挡太阳，
清风来邑江；
坐在古碑上，
大事共商量。

这真是别有天地非人间。我们的有意义的讨论就这样的开幕了。

先是有人说了几句介绍词，接着就是我的简短的开场白，忽然间，一位同学像爆蚕豆样爆出一个问题来：

“怎样才可以做成一个前进的青年？”

“跟前进的人做朋友。”

“前进的朋友到那儿去找呢？他又没有招牌挂在脸上。”

“听他讲的是什么话，看他干的是什么事。”

“在我们近边的人，固然可以这样办。不幸近边的前进的人不可多得又怎样办？幸而有，我们还想多得几位前进的朋友又怎么办？”

“像蚂蚁寻蜜糖一样去找。”

“我们又不是蚂蚁，怎么去找？”

“跟着气味去找，那气味是在前进的文章里。看前进的杂志，要不断的看。”

“这提起我想到一点，就是前进的书也要看。”

“对！前进的书是比较更有系统，更能帮助你前进，可是前进的杂志可以帮助你找到它们的线索。我素来不欢喜看广告，但前进的杂志上新书出版的广告不可不看。”

“前进的朋友也能把前进的书介绍给我们。他们还能介绍我们知道一些没有广告的书。除了找朋友、看杂志、读新书之外还有什么别的办法呢？”

“钻进大众的生活里去。”

“大众拜菩萨，先生也叫我们陪他们烧香读经吗？”

“那可不是呀。那样钻进去，是跟着他们落伍，何能帮助我们前进？你要钻进大众的生活里去是免不了要穿上一套潜水衣。潜水衣能叫你钻进水里去感受水的压力，并在水里做工作而不致给水淹死。你要钻到大众的生活里去感受大众的痛苦，了解大众的问题，明白大众的力量。你不但要避掉他们的迷信和落后思想，并且要帮助他们克服这一切。”

“那件潜水衣是什么？”

“前进的意识钻进大众的生活里去，等你钻出来的时候，你的意识是更前进了。大众的意识也跟着你所接触而一起前进了。”

“有些人从前是前进的，过不得多少时候就会落伍到几千里外去。这是什么道理？最明显的是‘五四’时代所谓前进分子，到如今多数是反动颓废得太厉害，我们眼面前也有些人是如此。有什么法子可以叫我们继续不断的前进？”

“你的意思是要有个保险公司，要保你一世到老的前进吗？”

“是的。怎样可以为前进保险？这个保险公司那里有？”

“办法就在‘公司’两个字里面。公是公共；司是看管又有司理的意思，例如司机是开机器的人。前进的人联合起来过着前进的生活，大家彼此看管好了，不使一个人落伍，那末前进就得到保证了。个人的前进是最靠不住。他高兴就前进，灰心就落伍，谁也不能为他保险。唯有集体的前进行动才能帮助我们一世到老的前进。”

“这是很对的了。但是加入这个集体的分子是不是需要年龄的区别，是不是一定要整整齐齐的青年。我看有些小孩倒很前进的，似乎也能加入。”

“严格的限制是有害的。有些小孩是的确很前进。这些年来，不但是青年教我前进，小孩也教我前进。有时青年对老师说话要客气些。不便逼人过甚，而小孩倒天真烂漫，心里有什么说什么。我个人的经验是得着小孩的指教多于青年的指教。我并且亲眼看见前进的小孩督促几位落伍的青年简直如同赶驴子一样的认真。如果把小孩子开除，那是一个大损失。我们成年人应该跟青年学，青年人是无疑的应该跟小孩学。集体的行动里面倘若能够加入前进的小孩那是更能保险大家前进了。……我们怎样才可以做成一个前进的青年？我得加重的补说一句：最重要的方法是集体的前进行动，是前进的集体行动，它不但是为‘前进’保证，并且它本身便是培养‘前进’的主要方法。”

讨论到这里，我正想休息一会儿，忽然又来了一个大炮：

“什么是前进？”

“你们大家想想看。这是个根本问题，我们倘使不能明明白白的答复这个问题，前面的讨论就会落空。什么是前进？”

“反日是前进。”

“反封建是前进。”

“反个人主义是前进。”

“为大众谋幸福是前进。”

“教大众觉悟是前进。”

“教大众联合起来是前进。”

“和大众站在一条战线上争取解放是前进。”

“追求真理是前进；固执成见是落伍。”

“行动是前进；空谈是落伍。”

“斗争是前进；妥协是落伍。”

“创造是前进；改良是落伍。”

“把握现实是前进；幻想是落伍。”

“世界观的（?）是前进；狭隘的国家主义是落伍。”

“运用矛盾以发展的是前进；坐待高潮之来到的是落伍。”

“唱义勇军进行曲的是前进；唱妹妹我爱你是落伍。”

“你们所说的，我大致满意，有几条似应该归并，恐怕也还有遗漏，这个整理的工作，以后再干。今天我们至少对于‘什么是前进’是有了一个比较清楚的系统的了解了。我却有两点意见贡献。比如，反帝这个口号在一年前是无论哪一个前进的人都认为无可怀疑。但最近这几个月来，情形是大变了。我们觉得危害中华民族生存的最大敌人是日本帝国主义。我们应当把我们的战线缩短。所以反抗日本帝国主义是成了当前最前进的口号。这口号是与把握现实一条更为符合了。其次，单单行动两个字不限定是前进。开倒车也是行动，反动也是行动。因此，我们是需要修改一下，有真理指导的行动才是前进。我高兴得很，自从经过这次讨论之后，我对于这个问题是更加明了了。我很感激诸位同学的指教。”

“你对于不前进的青年有何感想呢?”

“老了。病了。一个人老了是几乎没有药医。病了，如果他愿意医，还有办法。”

“一个十七八岁的青年会得老吗?”

“他会，他会变成一个十七八岁的老翁。她会，她会变成一个十七八岁的老太婆。”

“他们害什么病呢?”

“爱病！一个不前进的青年是会害爱病，病死在爱里，这些恋爱至上主义者是多么的可怜啊。”

“有什么药医呢?”

“只有一种药。用革命来指挥恋爱，用革命至上论来克服恋爱至上论。这样一来，他是变成了一个前进的青年了。他必须变成一个前进的青年才能医好这种青年病。”

“前进的青年就不会害病吗?”

“有些也害病。害的是幼稚病。他们把四周围的朋友都造成敌人。他们帮助敌人造成联合战线攻打他们自己，他们像蚕一样，造茧自缚。他们拚命的‘前进’，结果是一步也不得前进，甚而至于退到几千里外去。他们在敌人的面前张挂自己营盘的军用地图，他们把自己造成敌人。前进的青年只怕害这种病。”

“有药可医吗?”

“自我批判。追求真理。”

“哈哈，有了药方，我们不怕生病了。”

“药方不能担保你们不生病。你们要依着药方去配药来打预防针，才不会害病，就是病了，也不致把老命送掉。这种预防针是像种牛痘一样，隔一些时候就要打一次才能保险的。”

“晓得了。”……

太阳下山了，天快黑了。赤脚大仙累了。我也坐着一只小船儿回来了。

七、文化解放〔8〕

（一）什么是文化？

文化是什么？初看起来是一个很容易答复的问题，但是仔细想一下，却有些困难。我们看到一本书，大家都可以承认它是属于文化方面的东西，但是遇着一把“石斧”的时候，我们的意见就要分歧了。有的人承认它是古代文化的遗产；有的人就不免要把它划送别的部门里面去。如果我们承认它是文化的遗产，那末一切生产工具都可以包括在文化的范围里面去了。石斧既是属于文化，那么，锄头，乃至机器都可以算为文化了。这样一来，文化范围可就广大了。除了大自然之外，凡是人类所创造的一切都是文化了。凡是可以用来生产、战斗、交通、享乐、治理、思想的工具以及这些工具所引起的变化都可以当作文化看待了。这是一个顶宽的看法，也是一种顶简单的看法。照这样看法，文化是与大自然相对起来。世界上的一切可以分成两大类：一类是没有加上人工的，叫做自然；另一类是人工所创造的，叫做文化。但是在这个广大的定义之下，研究讨论的工作是不易进行。因此我们要从这广大的事物里抽出一部分来，特别叫它为“文化”。这部分便是记录思想、传达思想、发展思想、改变思想的符号、工具和行动。照这样看法，在文化里面是包含了书籍、报纸、戏剧、电影、学校教育、社会教育、民众运动、高深学术研究等等。在本质方面看，文化工作是反映着人类经济政治的思想。这个定义是与一般人普通所想的接近。

（二）对谁解放?

大众是文化的创造者。最初连语言文字都是从劳动中产生出来的。从哼呀哼呀的呼声里发现了语言，这是不可否认的事实。在树皮上画游猎的路线是文字起源之一。石斧、石刀、种地、造房子不是什么圣人发明的，乃是许多劳苦大众一点一点的积起来的贡献。近代工人对于发明上千千万万的贡献都给科学家偷了去写在自己的帐上。文化是大众所创造的。文化是被小众所独占。现在应该将文化从小众的手里解放出来。创造文化的大众应该享受创造的结果。文化是无疑的要对大众解放，使整个文化成为大众的文化。现在的文化解放运动可以说是大众文化运动。

（三）认识上的解放

文化有什么功用，我们必得把它认识清楚，才能谈它的解放。有些人把文化当作装饰品看待，以为大众用不着这个东西。我承认现在所谓“文化”当中有一部分是好比金刚钻戒指。但是有一部分是思想斗争的武器，这武器必定要解放出来，给大众抓住，然后民族大众的解放才有很快的发展。其次，有些人以为大众文化是要等到大众政治实现以后才有可能。我承认大众文化的普及是要等到整个政治变成大众的政治。但是，大众的政治决不是凭空从天上掉下来的，它是要靠着大众继续不断的奋斗才能实现。这奋斗是要运用文化的武器以转变大众的思想才能保证胜利。另外，特别从事文化工作的人，太夸大文化的工作者或把文化看作一个孤立的东西。他们相信文化万能，或者是为文化而文化。这样会叫文化工作脱离了现实而变成一个没有作用的东西。殊不知文化所要记录、传达、发展、改变的思想乃是人类生活中心的思想，即是政治经济的思想。文化脱离了政治经济便成了不可思议。我们认识了文化是政治经济斗争的武器就没有这个毛病了。最后，还有一种人以为文化的工作是纯粹的头脑工作。他们把它看成一个静的东西，可以静坐而得，静坐而传。他们忽略了行动与思想的关系。他们没有认识文化运动的作用。我们如果认识文化是民族大众解放的斗争的武器，这个静止文化的错解也就消灭了。我们对于文化的功用至少要有这点认识然后才能把它从错误歪曲的观念里解放出来。也唯有把文化从错误歪曲的观念里解放出来，文化才能发生真正的作用。

（四）工具的解放

中国的思想符号主要的是汉字。读书人要花一两千块钱，学它十年二十年，才可以读点古书。平常的人花它百把块钱一两年只是一撇一直的像稻草一样吃到肚里去不能消化，俗语叫做不通，读书没有读通。这难写难认的汉字只好留给那少数有钱有闲的少爷小姐去学，无钱无闲的大众和苦孩子必得另找出路。这出路就是近年提倡的易写易认的新文字。大众只须一个月每天费一小时就会写新文字的信，看新文字的报，读新文字的书，那是多么便利啊！大众文字的解放是大众文化的解放的钥匙。

（五）方法的解放

传达文化之方法，依我看来，有三点最要解放。第一点，灌注的教授法最要不得。他把接受文化的人当作天津鸭儿填。民族大众解放运动最需要的不是灌注的演讲而是对于时事之讨论。这种相互之自由讨论，如果有前进书籍杂志作参考，最能启发人的思想。学生和大众应该普遍的从灌注的教授法里解放出来，跑到这种自由讨论的空场上呼吸些新鲜空气，晒一晒太阳光。第二点，是知识封锁也要不得。从前的观念是学问自己受用，学校变成守知奴的制造厂。我们应该把自己从这知识私有卑鄙习惯里解放出来，我们对于真理应该即知即传，不肯教人的人不配受教育。从前写文章的人，是写得越深越觉很得意。现在呢，连白话文都得解放成大众文，使得大众易于了解。这的确对于传播文化是有很大的作用。觉悟的知识分子都得把自己的作风解放出来使得大众易懂。第三点，要不得的是教而不做，学而不做。我们要在行动上来推进大众文化。我们要从静的方法解放出来，使大众加入真理的行动以追求行动的真理。

（六）组织上的解放

文化的组织是被小众捏得死死的。学校里的训育管理变成官僚化。学生只是被治而失去了自治。我们要把文化从模范监牢里解放出来，使它跑进大社会里去。社会即学校。文化的场所多着哩。茶馆、酒楼、戏院、破庙、茅棚、灶披、晒台，甚至于茅厕，在今日都成了大众的课堂。整个民族解放运动成了大众的课程。平常的课程如果是和民族解放运动配合起来，就不得不起质的变化。例如算学吧，那是看作一门纯粹的学科，然而把整个中国失掉的领土富源算一算，便立刻从平常的课程跳入非常的课程里面来了。在新的组织里，教师、学生和大众是站在一条民族自救的大路上，从前教师与学生间、学生与大众间的围墙都要打通，这样大众的文化才能充分传达发展。

（七）时间的解放

有些传统的学校，名为认真，实际是再坏无比。他们把无所谓的功课排得满满的，把时间挤得点水不漏，使得学生对于民族前途和别的大问题一点也不能想，并且周考、月考、学期考、毕业考、会考弄得大家忙个不了，再也没有一点空闲去传达文化唤起大众。说得不客气些，这就是汉奸教育、奴化教育、亡国教育。另一方面，大众一天做十二小时工，甚至于有的要做十六小时的工。他们是没有空闲接受文化。时间是文化战的最大关键。我们必须争取时间来推进大众文化。时间解放是大众文化解放的焦点。

（八）新文化创造的解放

新文化之创造是社会进步之特征，同时，也是帮助社会更进一步的一种推动力。新兴的文化多少总是于大众有益的文化。所以新文化的创造是受着前进者之欢呼，同时是遭着落伍者之妒忌。前进的书籍、杂志、戏剧、电影，种种是在热烈的欢迎里遇着最惨酷的虐待。明明是一套最好的电影，他会给你东剪一条，西剪一条，剪得使你失去了原来的生命。好比人家生了一个小孩，假如管户口册的人要批评你这孩子那里生得对，那里生得不对，你一定是要觉得他做得太过分了；又假如他不但是随嘴乱说，并且手里还拿了一把剪子，看到孩子耳朵长得太长，便毫不客气的剪掉一点，看到孩子鼻子长得太高，又毫不客气的剪掉一点，你该觉得这是个什么人啊！你能忍心的坐在旁边让他剪吗？这样的刽子手是等在文化界的门口，一看见新的作品出来就给他几剪。从这把剪子的虎口里把新文化解放出来，是整个文化界不可推诿的责任。

（九）怎样取得文化解放

中国从前有一样东西叫做裹脚布，把姑娘的脚紧紧的裹，裹得肉烂骨头断，裹成一双三寸金莲，好嫁一个好人家。我想和这裹脚布相配的还有一样东西，叫做裹头布，把中国的小孩、青年、大众的头脑壳，紧紧的裹，裹得呆头呆脑，裹成一个三寸金头，好做一个文化奴隶。这裹头布便是加在大众头上的一切文化的压迫。不愿做文化奴隶的人联合起来，争取大众文化之解放！前进的知识分子在推进大众文化上固然能起重要的作用，但是大众文化运动决不能由少数知识分子代办。大众文化是大众的文化，是大众为自己推动的文化，是大众为自己谋幸福除痛苦而推动的文化。大众文化的解放是要大众运用集体的力量来争取的。它决不是小众可以送来的礼物。并且民族解放、大众解放、文化解放是一个分不开的运动。必得要联起来看，联起来想，联起来干，才会看得清楚，想得透彻，干得成功。

八、大众歌曲与大众唱歌团[9]

什么是大众歌曲？

大众的歌曲是大众的心灵的呼声。它是用深刻的节奏喊出大众最迫切之内心的要求。少数天才之创作必定是符合了这个条件，才为大众所欢迎而成为大众的音乐和大众的诗歌。大众的歌曲是要唱出大众的心中事，从大众的心里唱出来再唱进大众的心里去。它来，是从大众的心里来；它去，是到大众的心里去。

那少数的音乐和文学天才怎么会知道大众的心事呢？他们如果老是坐在沙发椅上享现成福，那是永久不会知道的。可是，他们也无须学孙悟空要钻进人家肚皮里才知道人家肚皮里的事。他们只须站在大众的战线上来做斗士，便能感觉大众的艰难，了解大众的需要，说大众要说的话语，唱大众要唱的歌曲。一个脱离了大众生活的天才决写不出大众的歌曲来。因此，大众的歌曲可以说是大众运用天才写起来的，简单可以说，是大众共同创造起来的。

民众歌咏团之伟大

刘良模先生所创的民众歌咏团是大众音乐以最正确的形式表现出来的。这种歌咏团现在在中国各大都会里都有了组织。最初在上海我曾经听过一次二三百人的合唱，他们是预备到高桥去唱给乡下人听。近来看《永生》又知道他们一团七百人，于六月七日在上海西门公共体育场合唱给五千人听。会场中曾有警察来干涉，但是听啊："中国人连中国歌都不能唱了吗?"这个五千人的吼声是使警察不好再说话。最近六月二十日夜里，香港民众歌咏团团员四百人，在青年会体育场上对三千民众合唱，把民族自救的声浪打到每一个听众的心里去。我这次也是听众之一，亲自感觉到这个运动的前途的伟大。

为什么在这个时候产生?

民众歌咏团为什么在这个时候出现?从前为什么没有这样活动?我可以说像民众歌咏团这种组织，不是偶然可以产生的。比如一种花，它是原来有生命，但是气候未到，它是开不出花来；气候已到，它便自然而然的开出美丽的花了。音乐是大众心灵的呼声。大众欢喜唱歌，那是无可怀疑的。每一个大众的心灵里都潜伏着音乐的种子。但是在那伟大的音乐气候未到以前，他们只能唱几套小调儿过过瘾，表现不出很大的力量。这好比是一种子在地下吸收一些潮湿时所发出的低微的声音。现在是伟大的时代的前夜，大众是预备开口了。春天到了，你能叫桃花不开吗?夏天到了，你能叫荷花不开吗?秋天到了，你能叫菊花不开吗?冬天到了，你能叫梅花不开吗?大众的时代到了，你能叫大众的口不开吗?

因为日本帝国主义不断的侵略，中国是遇了空前的大灾难。中国大众不肯亡国做奴隶。中国大众要追求自由，追求平等，追求生存。中国大众要为自由而战，为平等而战，为生存而战。

世界上最伟大的音乐是战斗的音乐，最伟大的文学是战斗的诗歌。中国是在发动一个空前的民族解放的伟大战斗，在这个时候，是自然而然的会跑出最伟大的战斗的音乐与战斗的诗歌。

战斗的音乐与战斗的诗歌之外，次有力而也含有普遍性的是恋爱的音乐与恋爱的诗歌。恋爱的音乐与恋爱的诗歌在古时与野蛮社会里也是大众的集体活动。在择配结婚的时候，一群一群的青年男女奏着恋爱的乐，唱着恋爱的歌，跳着恋爱的舞。但是在开化的国度里，这种集体的欢会是失掉了，恋爱变作个人的事，恋乐恋歌都变成靡靡之音而为大众集体生活所丢弃。但是仔细考察起来，恋爱是性之战斗也是斗的一种。恋歌恋乐未尝不可以和战歌战乐相通。假使把革命与恋爱打成一片，使恋爱受着革命的领导，那么武装的恋歌恋乐也可以成为伟大的作品而为大众所欣赏。

其次就是工歌。工歌也是战歌的一种。它是与自然界和剥削者战斗之呼声。武装的工歌当然是有它的伟大，也当然是大众欢喜吃的家常便饭。

受着时代的伟大的感动，音乐的天才自然会创作大众高兴唱高兴听的音乐，文学的天才自然会写出大众高兴听高兴唱的歌词。从前有人写一首歌要找人做个谱很难，有人作一个谱要找人填一首词也很难，勉强配合起来，好比旧式结婚，总难中意。有时，弄出绝大的笑话，开学歌配上出丧的音乐。其实，它们不但是不相配，而且是音乐不成音乐，歌词不成歌词。现在却不同了。一首前进的歌，要一位前进的音乐家做个谱，他的谱是恰到好处。一个前进的谱要一位文学家填一首词，他一填就填到天衣无缝。而且唱起来，大众都兴奋。这是什么缘故呢？因为制谱者、做歌者、唱者、听者都是遇着同一的大灾难，发生同一的大觉悟，参加同一的大战斗，是必然的唱出同一的大和声。

我所说的音乐天才和文学天才并不是超人的天才。有音乐的天才而实际上不是一个与大众站在一条战线上和大灾难拚命的斗士，他写不出感动大众的乐谱。有文学的天才而实际上不是与大众站在一条战线上和大灾难拚命的斗士，也写不出感动大众的歌词。现在能写大众的歌词的人是比较的多，能写大众的乐谱的人还很少。聂耳先生之死是中国大众音乐的一个最大的损失，几乎是等于音乐之国里失掉一个东北，东北可以收回，聂耳不能复活，这是一件令人伤心的事啊。中国有音乐天才的人数本来也有一些，多数到现在还是站在大众战线之外，享受个人的自由幸福。这些朋友到现在还写不出一件为大众欢迎的作品，这不是很可惜吗？但是我相信，只要他们一加入大众的队伍和民族的大灾难开始拚命，就不啻是聂耳先生一个又一个的复活了。

然而聂耳先生给我们的音乐遗产已经是很可宝贵了。我们的劳苦大众自己创造的山歌也不错。还有好些前进的文学家所写给大众的词也值得感谢：这些人都是把他自己的生命放在大众的战斗里，才把他们的天才发挥出来，写成大众的音乐，大众的诗歌，使大众有东西唱，兴高采烈的唱了又要唱。

大众唱歌之前途

民众歌咏团已往的成绩是值得赞美，以后的前途是更加伟大。现在就我所想到的提出几点意见，供这运动的同志做参考，同时，希望大家指教：

（一）改个名字　名字要符合大众语。歌咏的咏字不很通俗。我提议把它改为大众唱歌团。

（二）越多越好　从前韩信将兵多多益善，大众唱歌团的团员和大众是越多越好。少则要做到一千人唱，一万人学；多也不妨一万人唱，十万人学。旧世界只有小巧之美。那大量之美是一个新的观念。我希望大众唱歌能给这“大量之美”或“集体之美”一个深刻而具体的印象。

（三）大众开口　大众到会场上来不是听，乃是学；不是学，乃是学唱。我们只有唱众，没有听众；起首虽是听众，当场变做唱众。这样才能更充分的发挥大众的力量。一群哑巴的大众有甚么精神呢？

（四）选歌标准　大众唱歌团所选的歌是要有标准。一要意识前进；二要歌谱有精神；三要歌词不违背大众语。香港民众歌咏团所选的歌曲里就有一两首用文言唱的，大众唱着调子而不懂得里面的意思，效用是未免要减少些。

（五）到源头上去找　有些不懂事的人把人家的歌曲乱改或是不小心的抄错印错，所以选歌要在源头上去找材料。比如锄头歌的第四段是“革命的成功靠锄头，锄头锄头要奋斗”。香港的选本是根据一个改错的本子成了“肩着了锄头要奋斗”。这歌的原意是以锄头代表农人，它是招呼农人要奋斗，并不是叫农人拿着锄头去奋斗。这个选本又把最重要的一首丢掉。这首歌末尾还有一段：“光棍的锄头不中用，联合机器来革命。”锄头歌之所以赶得上时代的精神，最要紧的还是后头这一段。这如何可以把它丢掉呢？再么，香港唱的调子是改得与原来的不一样。词不可乱改，谱是多年民众精神的结晶，更不可以乱改。百代公司出了一张小先生唱的锄头舞歌唱片，是根据原来的山歌的调子收音的，可以做参考。我的主要的意思只是希望大家要谨慎的去找材料，不要轻易的改人家的作品。如果要改，也得先和作者商量，倘若真正青出于蓝而胜于蓝，那是谁也愿意接受的。

（六）追求歌调的意义　在小组练习的时候，每首歌的意思都要讨论清楚。这种讨论会自然的联系到时事的讨论，并引起人家去看前进杂志报章之兴趣。

（七）引起识字的趣味　因为欢喜唱歌就对于歌里的文字发生趣味。我们如果抓住这种机会运用传递先生或小先生的法子教人识字读书，再使认字读书与民族解放联系起来，也是很有益处的。

（八）继续不断的办　照民众歌咏团的办法，每一工厂，每一店铺，每一家庭，每一学校或每一集团，只要有十人以上就可派人去教。这是一个顶好的办法。这种组织应当成为永久的自求长进的组织。因为新的歌曲是川流不息的出来，我们怎么可以中途而废呢？我们要继续的唱，唱到中国独立、平等、自由了才许它告一段落。

（九）军歌要换　我们二百万军队是需要前进的歌曲。不幸得很，他们还是唱着没有多大意思而很难听的老军歌。一个个的军队都应该成为一个大众唱歌团。至少要采用大众唱歌之集体合唱方法，去唱民族解放之战歌。

（十）大众唱歌团下乡　乡下人是欢喜唱歌。暑假、寒假、星期假，大众唱歌团团员应当下乡训练农民大众唱歌并组织乡村大众唱歌团。乡下的教师如有会音乐的，应当即刻着手提倡乡村大众唱歌团，随时来它一个联村大合唱。

（十一）告音乐天才　有音乐天才的朋友不要把自己的天才在靡靡之音上浪费掉。你们要站在民族的联合战线上来，替大众写乐谱。

（十二）告文学天才　有文学天才的朋友再不要为文学而写文学，也应该加入大众的队伍里来为大众写歌词。

（十三）别抄袭　不要梦想把欧、美现成的歌谱拿来填词。我们现在所需要的是半殖民地反抗日本帝国主义的调子，这个调子在欧、美的音谱里是没有的。它是要我们大众队伍里的天才在中国的土壤气候里扶养出来。

（十四）防止麻醉　唱歌是最能启发人的心灵也是最厉害的迷魂汤。从前的宗教家和现在的法西斯都用唱歌来麻醉人。那个德国的福井范格勒便是用音乐代替纳粹党去麻醉大众的所谓音乐家。美国大众上月听说他要到纽约来做乐队总指挥，大家都起来抵制，不听他所指挥的音乐，乐队里的队员也表示不愿接受他的指挥。一个麻醉人的音乐家是这样受大众的鄙弃，我们看了这件事，是格外明白大众音乐所应该走的路。在我们提倡用大众歌曲来唤起大众的时候，说不定有人也想用假的大众歌曲来叫大众再睡睡，睡到亡国再起来。我们要一致留心这种麻醉的策略，先给它打一支预防针。大众的时代快来到。小众的靡靡之音应该走开，麻醉大众的歌曲是格外应该走开。但空言无济于事。只要真正的大众歌曲，继续不断的创造起来，便如白日中天，什么微生物都要消灭了，让我们努力创造吧！

九、大众的文字〔10〕

中国已经到了生死关头，我们必须教育大众组织起来解决困难。但是这教育大众的工作，一开始就遇着一个绝大的难关。这个难关，就是方块汉字。方块汉字难认难写难学。每一个人必得化费几年工夫，几十几百块钱才学得一点皮毛。一个每天做十二三点钟苦工的大众是没有这些空闲时间，也花不起这许多钱来玩这套把戏。手头字简字是方块汉字的化身，不是根本的解决。注音字母是为方块汉字注音的工具，不过是方块汉字的附属品。国语罗马字崇奉北平话为国语，名为提倡国语统一，实际上是来它一个北平话独裁。在有闲有钱的人看来，学了一口北平话再用罗马字母读读写写，是不费什么事。但是叫一个上海的、福州的或广州的苦人同时学北平话又学罗马字，那几乎是和学外国语一样的难。国语罗马字又注重声调的符号，把初学的人弄得头昏脑黑。简单的说，中国大众所需要的新文字是拼音的新文字，是没有四声符号麻烦的新文字，是解脱一个地方方言的独裁的新文字，这种新文字，现在是已经出现了。当初是在海参威的华侨制造了拉丁化新文字，实验结果很好。他们的经验学理的结晶便是北方话新文字方案。但是我们不要误会，海参威的华侨也是中国人。所以这个方案虽是在外国产生，但还是中国人的作品，是和别的中国留学生、华侨的作品一样的不容歧视。现在上海话新文字方案也已经由上海的专家造成发表出来，征求大家批评。厦门和客话方案已经编成正在这儿审查。广州、福州、徽州各处方案也正在编制。这些工作是由中国新文字研究会主持进行。

根据上海话新文字方案实验结果，平常人每天费一小时只须半个月工夫，即可写新文字的信，看新文字的报，读新文字的书。聪明些的人两个星期就行；笨一点的人，只须一个月，成绩也不错了。每人所花的，只要三分钱。义务教育培养一个小孩每年平均要花八块九毛钱。民众教育培养一个成人，要花一块八毛钱。上海一带运用小先生教汉字，每人也要花三毛钱；三万万人的普及最粗浅的初步汉字教育，至少就得九千万元。去年教育部筹款办义务教育，努尽了力只筹得三百多万，相差是太大了。倘若推行新文字，每人三分钱，连黄包车夫也出得起。所以就时间、金钱两方面来看，新文字是普及大众教育的最经济的文字工具。

有人怕各地方言新文字起来之后会阻碍中国统一。我们详细的把它考察一下，知道这是一种过虑。第一，中国各地方言之不同，不像我们平常所想的那样厉害。因为国内各地方言是汉话与各处土话互相同化克服的结果。它们的不同是有规律的。我们只须把它们彼此不同的规律指出来，大部分是很容易相通的。第二，汉字在名义上是中国统一的文字，但是认得汉字的只是少数人，而多数人是没有文字的。多数人没有文字，除了谈话之外，便不能彼此相通，也不能与认识汉字的小众相通。如果各区的方言新文字传给了各该区的大众，那么区以内的大众便可以彼此相通；该区的知识分子精通几区新文字甚至于几国文字的总能找出好几位来，搭一个桥，使各区的大众彼此相通，并与全国的知识分子相通，与现代世界文化相通。各区的小事只用本区的新文字记载，至于关系国家的大事都可以由知识分子翻译广播出去。所谓知识分子并不限定是高等华人。大众得了新文字的培养，也必然的会在自己的队伍里产生出知识分子，并且运用各区新文字对照的读物，也可以把自己造成沟通各区文化的铁桥。这样一来，新文字不但不至于阻碍中国的统一，而且有力量促进文化的沟通，帮助中国的统一。第三，我们所需要的统一不是抽象的统一，不是幻想的统一，不是制造的统一，而是从实际生活酝酿出来的统一。我们所要的是各区不同生活的血脉流通，而不是勉强各区过同一的生活，说同一的话语，写同一的文字。同一文字的范围是跟着同一生活需要而扩大，决不可以心急。提倡国语的先生们往往幻想出一个公共的需要来推进北平话。他们说："到了需要的公共场合就自然非学国语不可。"我们知道这个公共场合是幻想起来的，在上海大众的公共场合是要用上海话才来得有效。同样的，福州大众的公共场合要用福州话，广州大众的公共场合要用广州话，否则，你就得请人翻译，或者是听众听不懂，等于没有说。可见这"公共场合"四个字只适用于少数的知识分子，只适用于有钱有闲学它几年北平话的小众。要想把小众的公共场合的需要当作大众的公共场合的需要，勉强的要把它们赶快统一起来，并且把这种统一看成天经地义，这只是提倡者的偏爱的幻想。拥护汉字统一的先生们对于这同样的幻想更是强烈得很。这种幻想，自然用不着新文字来阻碍它，就会叫他们失望。第四，现在中国是遇着空前的国难，只有大家一齐起来抵抗，才有生路。中国文化界现阶段最重要的工作是普及民族自救的教育，我们要动员一切工具来进行这个工作。但是在选择工具的时候，我们是必得指出新文字的特大效力。文字好比是交通媒介，汉字好比是独轮车，国语罗马字好比是火轮船，新文字好比是飞机。坐上新文字的飞机来传播民族自救的教育的时候，就可以知道新文字是不但不阻碍中国统一，而且确有力量帮助唤起大众挽救我们的垂危的祖国。

照以上观点看来，我们觉得这种新文字是值得向全国介绍了，我们深望大家一齐来研究它，推行它，使它成为推进大众文化和民族解放运动的重要工具。以下是我们所要建议的具体办法：

（一）每一个方言的新文字方案成立后，我们首先要根据这方案编辑最廉价的课本、指导书。

（二）课本编成后即着手运用各级学校：民众学校、识字学校、夜学校、补习学校、讲习会培养新文字教师。凡学会新文字的人都有教人的义务。

（三）为着要使学过新文字的人继续学习起见，我们要出：高级课本、报纸、杂志、小说、诗歌、各科小丛书、新文字连环画、新文字字典、北方话与其他方言对照读物。

（四）根据新文字方案，创制新文字速写并创制新文字打字机。

（五）对于用汉字编印的书报，我们主张：

1. 文字大众化。

2. 横排。

3. 采用新文字报头。

4. 新文字汉字对照的读物另辟一栏。

（六）除了现在已经发表的北方话和上海话新文字方案之外，我们要继续进行其他各区及少数民族方言的调查，以着手其他各区及少数民族方案之建立。

十、怎样写大众文〔11〕

我们要知道怎样写大众文，先要知道白话文的毛病在那儿。

白话文，
教人聋。
读起来，
听不懂。

谁听不懂？大众听不懂。它写的不是大众的事，所以听不懂。它写的句语不合大众说话的口气，所以听不懂。因为听不懂，也就看不懂。白话文，不但大众听不懂，就是读书人也很难听得懂。

我们知道了白话文失败的原因，就可以明白大众文应该怎样的写法。大众文应该写大众需要知道的事。大众文应当照大众说话的口气写。

我们的眼睛看惯了古文、白话文，容易引我们走错路。比较起来，还是耳朵靠得住。我们的耳朵是和大众接近些。所以写大众文的一个好方法，是请我们的耳朵出来指导我们。凡是耳朵听得懂，高兴听的，才把它写下来。

根据大众语，
来写大众文。
文章和说话，
不能随便分。
一面动笔写，
一面用嘴哼。
好听不好听，
耳朵做先生。

这位先生，人人随身带着，很方便。只要我们肯得虚心问他，他总是愿意指教我们的。大家还要记着，他是一个钱学费也不要。

从前，有一个人家床上生臭虫，懒得捉，越弄越多，正愁着没得办法，看见报上广告说到一家药材铺有臭虫药出卖，他欢喜极了，连忙去买。花了三个铜板，得了一个白纸包，回家打开一看，没有药，只有一小块纸，上面写着一个字："捉!"

有些人看见商务印书馆的《出版周刊》说我编的《老少通千字课》是根据大众语写的，就来问我大众文是怎样写法，我也学那药材铺的榜样送他一个纸包，里面写的是："请你的耳朵教你。"

我们的耳朵虽是顶方便的先生，但不是顶靠得住的先生。因为我们听得懂的文章，大众有时听不懂。所以顶靠得住的先生是大众的耳朵。工人、农人、车夫、老妈子、小孩子的耳朵都靠得住。你做好一篇文章，读给他们听听，如果他们听不懂，你要努力的修改，改到他们听懂了，才能写成大众文。小众听得懂而大众听不懂的文章，决不能冒充大众文。好的大众文还要大众高兴听。如果小众高兴听而大众不高兴听，决不能算为好的大众文。

文章好不好，
要问老妈子。
老妈高兴听，
可以卖稿子。
老妈听不懂，
就算是废纸。
废纸那个要？
送给书呆子。

我们要想写大众文，把大众文写得好，必定要请大众的耳朵做我们的先生。上面的两首诗是一位工人学生张妹给我改的。在《耳朵先生》的一篇里，中间一段，原来的稿子写的是：

语文要合一，
不能随便分。
笔儿没有动，
先用嘴儿哼。

我自己的耳朵是给他及格了，但是大众的耳朵听不懂。我得到张妹的帮助才改成：

文章和说话，
不能随便分；
一面动笔写，
一面用嘴哼。

《老妈子》一首的末尾两句，原来写的是：

废纸有谁要？
只有书呆子。

也是因为张妹的耳朵的帮助，我才改成：

废纸那个要？
送给书呆子。

看了上面所举的两个例子，我们对于大众的耳朵纠正我们的地方，是十分重要的。

十一、大众画报[12]

识字运动展开了，普及教育的呼声是得到全国的响应了，读完《千字课》的成人、儿童是一天比一天多了。“我们再读什么？“我们有什么报可以看?”这是大众时常问的两个问题。第一个问题是比较容易答复，因为几家大书局里都出了高级民众用读本及民众用丛书，尽可选择介绍。但是第二个问题就把我们难倒了，有什么报可以给粗识字义的大众看？大报写的是文言，又无标点符号，依大众看来，真是漆黑一团，除了知识分子及中等以上的商人，谁也不懂。小报、周刊、半月刊多数是用白话文写，也有标点符号，但因西化语法太多，大众也不能看得十分明白。画报是有资格受大众欢迎的，但是有些画报，编排复杂，说明难寻，有时也是文绉绉的，使得大众只是看画而不知道画中的意义，并且价钱太贵，一般大众决不能把两天的饭钱省下来买一份画报看。大众要看报，而中国现在是没有一个报能给大众看得懂。因此，我想向作家及出版界提出一个建议：

“编辑出版一种真正的大众画报。”

这种大众画报性质采取日报、三日报、周报、半月报、月报，都有需要，但应当符合下列五种条件：

（一）灌输现代知识，培养前进思想；

（二）用大众语写，要趣味胜过正经；

（三）用连环图画写，要图画多于文字；

（四）编排清楚；

（五）价值便宜。

如果能合上面所说的五种条件，这种画报必可成为普及教育的一种最重要的工具。大众得了它，必是如同大旱得了大雨一样的快乐。我是天天望着这样有意义的画报出现啊!

十二、大众的流通图书馆[13]

流通图书馆的意义只要看一看它的名字就能明白一个大概。从藏书到看书，从看书到借书出去看，这过程是代表了图书馆发展之三阶段，也就代表了普及教育发展之三步骤。让人借书出去看是流通图书馆的特性。但是借给谁看，怎样借法是成了问题。这些问题如果不弄明白，则流通图书馆不免要做成知识分子及有暇阶级的高等听差，负不起普及教育之使命。

(一)借给谁看?对于这个问题，我毫不迟疑的说:“借给大众看。”识字的借深一点的给他们看。不识字的借图画书给他们看。图画书不够用，就赶紧的要求作者和书店赶紧的编。流通图书馆的对象是大众，它必须为劳苦大众充分的服务，才算是一个真正的流通图书馆。

(二)怎样借法?现在穷人借书最大的困难有两点:一是没有钱，二是空闲少。我们必须根据这两点来修改借书手续。平常流通图书馆要保证金，少则五毛，多则一元二元。只是这个条件，已经把穷光蛋赶到门外去了。我提议只要介绍人，不要保证金。有些图书馆还要借书人亲自来借。这在有闲的少爷小姐看来，并没有多大困难，但一天忙到晚的大众就觉得为难，这当然要允许别人代借。干这件事最觉得便利的那是无过于小先生了。小先生代替学生借书是一件应当鼓励的事。

现在各省市提倡识字运动，成千成万的大众继续不断的加入到读书的队伍里来。“那里找书看”是成了一个迫切的问题。若不赶紧提倡流通图书馆，这些人将因没有继续读书的机会而把从前读过的书都荒疏了。我心目中的流通图书馆是小规模的。它在拯救文化饥荒的地位看来是一个小饭馆。这种文化小饭馆要普遍的设起来:

一镇一个，一村一个，一街一个，一弄堂一个！当然，一县、一市、一乡设一较大规模之流通图书馆，更能收指导沟通之效。但我所怕的是有了高级的流通图书馆，就忘了低级的流通图书馆。最合理的办法是敷设流通图书馆。但与其等待大规模的敷设，不如从小做起。花一二十块钱办一个弄堂或乡村流通图书馆是轻而易举。这是每一位热心提高大众文化水准的人都能做得到的一件事。这样的小小流通图书馆，大众自己就能约几个人凑几块钱办它一个。如果有这样的流通图书馆产生，那是更有意义了。

《行知教育论文选集》(1947 年 9 月大众书店三版)

注释

〔1〕此题在《大众教育》创刊号（1936 年 5 月 10 日）发表时为《大众教育与民族解放运动》。文字内容也略有不同。

〔2〕此题在《生活教育》第 2 卷第 22 期（1936 年 1 月 16 日）发表时为《上海文化界救国会国难教育方案》。此方案于 1936 年 1 月 6 日获上海文化界救国会通过。

〔3〕阿比西尼亚　国名。埃塞俄比亚的旧称，在非洲东部。

〔4〕此题在《生活教育》第 3 卷第 1 期（1936 年 3 月 1 日）发表时为《国难教育方案之特质》。

〔5〕此题在《生活教育》第 3 卷第 7 期（1936 年 6 月 1 日）发表时为《新大学》。

〔6〕此题在《生活教育》第 3 卷第 3 期（1936 年 4 月 1 日）发表时为《儿童节对全国教师谈话》，文字内容略有不同。

〔7〕此题在《生活日报・星期增刊》第 1 卷第 5 期（1936 年 7 月 5 日）发表时为《树下谈话记——怎样才可以做一个前进的青年》。

〔8〕此部分曾以同一标题在《生活日报・星期增刊》第 1 卷第 2 期（1936 年 6 月 14 日）上发表过。

〔9〕此题在《生活日报・星期增刊》第 1 卷第 4 期（1936 年 6 月 28 日）上发表时为《从大众歌曲讲到民众歌咏团》。其内容只包括本篇的前半部分。

〔10〕此题在《生活教育》第3卷第5期（1936年5月1日）发表时为《我们对于推行新文字的意见》。文末还附有蔡元培等485人的签名。

〔11〕这部分曾在《生活教育》第2卷第18期刊出，当时分成为两篇：《怎样写大众文》和《再谈怎样写作大众文》。

〔12〕这部分在《生活教育》第2卷第19期（1935年12月1日）上发表时，题为《大众画报——一个需要，一个建议》。

〔13〕这部分在《生活教育》第2卷第19期（1935年12月1日）上发表时，题为《流通图书馆与普及教育》。

生活教育目前的任务

这几天在桂林的同志们，得有机会，聚在一块，检讨生活教育之理论与实践，各人都有一些收获。我从前为一位朋友题过三句话：检讨过去，把握现在，创造将来。我们为什么要检讨，把握？一切都为创造。我们要常常检讨，紧紧把握，天天创造，积小创造而为大创造。

生活教育之定义在晓庄开校前九年，我已提出，包含三部分：一是生活之教育；二是以生活影响生活之教育；三是为着应济生活需要而办之教育。用英文译出来，比较简单：Life education means an education of life by life and for life。关于第一部分和第三部分，洞若[1]同志说得很清楚，对于第二部分我想补充几句。“以生活影响生活”是怎样讲呢？我们要拿好的生活来改造坏的生活，拿前进的生活来引导落后的生活，针对着现在说，我们要拿抗战的生活来克服妥协的生活。

在抗战建国这一伟大时代中，生活教育者有什么任务，有什么贡献，我想简单的说一说。

我们有四种任务：一、力求长进，把自己的集团变成抗战建国的真力量；二、影响整个教育界共同求进，帮助整个教育界都变成抗战建国的真力量；三、参加在普及抗战建国的生活教育的大运动里面帮助全民族都变成抗战建国的真力量；四、参加在普及反侵略的生活教育的大运动里面帮助全人类都变成反侵略的真力量。

我们的理论，在战时，更显出它的优点。现在说它的可能的贡献：

一、我们认识教育只是民族大众人类解放之工具。当日本帝国主义危害我们生存的关头，生活教育者每上一课自必要问：这一课对于抗战能有多少帮助？为教育而办教育的人是不容易发出这样的疑问。

二、我们认识生活之变化才是教育之变化，便自然而然的要求真正的抗战教育，必须通过抗战生活。抗战演讲、宣传，若不通过抗战生活，我们不会承认它是真正的抗战教育。

三、我们认识社会即学校，便不会专在后方流连。我们立刻会联想到前方，联想到敌人的后方。即使在后方办学校也必然的要想，如何把教育的力量输送到前方和沦陷区域里面去。

四、我们认识人民集中的地方便是教育应到的地方，便毫不迟疑的注意到伤兵医院、难民收容所、壮丁训练处、防空壕与山洞里的教育而想去解决它。

五、我们认识集团的生活的力量大于个人的生活的力量，即认识集团的教育力量大于个人的教育力量，便毫不迟疑的帮助我们的学生团结起来，让他们自己管自己，从前的工学团和战时的集体主义的自我教育都是要贯彻这个意思。

六、我们认识“生活影响生活”以及人人都能即知即传，故不但顾到成人、青年，而且顾到老年人与小孩子，整个民族不分男女老少都必然的要他们在炮火中发出力量来。义勇军之母赵洪文国〔2〕老太太及台儿庄的小孩唱歌感化小汉奸为小战士，〔3〕都是印证生活教育理论颠扑不灭的铁证。

七、我们认识教学做合一及在劳力上劳心为最有效之生活法亦即最有效之教育法，便自然以行动为中心而不致陷落在虚空里面。如果抗战建国是要真正的干出来，那么生活教育的理论便要求为干而看，为干而谈，为干而玩，为干而想。

八、我们认识到处可以生活即到处可以办教育。当平时学校被炸，先生散了，学生散了，学校也跟着散了。生活教育者的学校是炸不散的，如果可以炸散，除非是先生学生一起炸死。只要有几个存在，不久归起队又是一个学校了。孩子剧团、新安旅行团便是炸不散的学校。平常的学校只要采取生活教育这一点点办法，那千千万万倒闭的学校都可以复活了。这几次的集会使我们大家对于生活教育理论有了更亲切的了解，更热烈的信仰。这了解与信仰是会发生不可思议的力量。我相信生活教育必定能够发出伟大的力量帮助打倒日本帝国主义，帮助创造一个自由平等的新中国，并且帮助创造一个和平互助的新世界。

《战时教育》第3卷第10期（1939年1月10日）

注释

〔1〕洞若　即王洞若。陶行知办晓庄师范时的学生。后任《战时教育》杂志编辑、育才学校研究部主任等职，写有阐释生活教育理论的著述多篇。

〔2〕赵洪文国　本名洪文国，随夫赵姓。为著名义勇军领袖赵侗之母。陶行知曾以《敬送赵老太太》诗相赠，赞扬她为军队募集衣物、药品，宣传抗日救国，誉称“游击队之母”。

〔3〕台儿庄是抗战初期的著名战场。在激烈的战斗中，进步小孩子们所唱的爱国歌曲，感化了那些受蒙蔽而充当过小汉奸的儿童，使他们不再为日军收集传送情报，转变成为小战士。

评加强教育党化

党义教育或党化教育[1]这一名词，已经久被人们所淡忘了！最近以来，在报章杂志和一部分教育界人士的言语之间，又有人主张恢复党义教育，或在课程内加上三民主义一课。

这种建议，原是未可厚非的。因为三民主义是抗战建国的政治基础，要抗战必胜，建国必成，不但有需于全国人民对三民主义的深切了解，尤需于全国人士能起来实行三民主义。不过，过去十余年来，党义教育之所以失败，是很值得我们猛省的。国民党第三届中央执行委员会第一五七次常务委员会所通过的《三民主义教育实施原则》，是凡初等、中等、高等、师范、社会、蒙藏、华侨等教育如何实施三民主义教育，均详列大纲；而于课程、训育、设备等，也均有详细的厘定，不可谓不周。政府复编纂党义教科书，检定党义教师等等。可是推行十余年之结果，尽人皆知，无庸讳言，是完全失败了。其原因，不外高廷梓先生在《中央周刊》上《论过去党义教育的检讨与今后党德的实行》一文中所说："十年来本党主义尚未能普及到全体国民的缘故，实在是党德之未充分的表现与实行。"这是很确实的，党在民众中间的行动与表现，就是一种教育。如果党员不"以身作则"，不以"人民之利害为利害"，不以"人民之视听为视听"，徒贪个人之私利，其所宣扬的党义教育，必适得其反。

还有一个原因，就是《中央日报》社论上所指出的"许多误解党化教育的人，以为教育权、教育机关尽握在党员的手中，就算达到党化教育的目的了！"其结果，所谓党化教育，变成争权夺利！

我们现在要将三民主义教育普及全国人民，必须痛改前非。而于实行之时，尤其注意三事：

一、推行三民主义教育，不只是设三民主义一课，必须也把一切教育都以促进民族独立、民权普遍、民生乐利为旨归，而把三民主义的革命精神，渗透到整个教育领域去。

二、三民主义教育的实施，不在死读三民主义，而在实践。是凡抗战建国的具体工作，如兵役宣传，慰劳伤兵，推行战时民教和动员民众，组织民众等工作，都是一种最好的教育。

三、推行三民主义教育，尤须努力团结全国各党各派。在国家民族危在旦夕之秋，决不能再容我们有强制式的统治与形式的统一，造成貌合神离、分崩离析的险恶现象！否则，不特在教育的意义上，其结果适得其反，而且会加深国家民族的危机。

《战时教育》第4卷第2期（1939年3月10日）

注释

〔1〕党化教育　1927年国民党政府为巩固其统治所提出的教育方针，据此将“修身”课改为“党义”课，故也称为党义教育。由于遭到各方面的反对，不久就以三民主义教育代替了党化教育，以“公民”课代替了“党义”课。

全面抗战与全面教育*（节选）

（上略）

所谓全面教育，就是“教育战”。我们的抗战是全面抗战，我们的教育也跟着全面抗战的开展而成为全面教育。但假使只为教育而教育，也即是为教书而教书，为读书而读书，这是不正当的，我们可以不必讲它。抗战与教育有什么关系呢？教育应该配合抗战，教育在现在就是战时教育。

有一位校长说：“我没有学过战时教育，所以不会办战时教育。”但他又不肯下台让晓得的人来办。于是我便写了一首小诗，发挥我的感慨：“遍地发瘟，妈妈病倒在床。叫他倒口开水，他说功课忙。叫他请医生，他说功课忙。叫他买一服药，他说功课忙。等到妈妈死了，他写讣文忙，写祭文忙，称孤哀子忙。”

这班为教育而教育的人们，在平时是这样，在战时也要来这样，那真是不可思议的！我们不能坐视中华民族的妈妈病死，必定要起来服侍她。全面教育可分做几点讲。

第一，从空间来说：不能只办后方的教育，要把教育扩大到敌人的后方，扩大到全中国、全世界去。

第二，从教育的对象说：不只着重青年教育，而且要顾到老年人和小孩子的教育。老太太不是没有用的，你看赵老太太，现在她

---

* 本篇系陶行知在香港中华业余学校的演讲记录。记录者为李伯丝、叶翼如、汤儒乡、陈烈。全文近万字，分为“全面抗战”和“全面教育”两大部分。本书选收了“全面教育”部分。

是游击队的母亲。我曾写了一首诗送她说：“日本出妖怪，中国出老太。老太捉妖怪，妖怪都吓坏。”谅大家必有看过的吧！青年固然有用，小孩子也很有用。我在第五战区时，曾听李宗仁将军告诉我台儿庄一个故事：当台儿庄形势紧张的时候，有一群小孩子组织歌咏队，在村上唱歌，等到听众多了，他们乘机来演讲，宣传救中国必先除汉奸的意义。不料听众中恰有一个姓黄的小孩子，他是给敌人利用来打探我们军情的小汉奸。小汉奸听了这些话，马上觉悟悔过，自动起来向大家招认，承认他是个小汉奸，并且发誓从此不再做小汉奸而要做个小战士。大家就要求他用做汉奸的手段去做“反汉奸”的工作，去打探敌人的消息。结局他是如命而行，探出敌人的火药库而带我们的军队去炸毁。小孩唱歌演说的力量，可以把个小汉奸变成一个小战士，这些都是老太太和小孩子所表现的力量和功绩。所以我们的教育不能以老太婆老而不顾及，小孩子小而看不起他，须知当此全面抗战的时候，青年壮丁固然有用，老太和小孩也有他的用处啊！

第三，要顾到随战事的进展而产生的特殊生活。譬如因抗战而有了伤兵，我们就要有伤兵的教育；因抗战而有了难民，我们就要有难民的教育。我们对伤兵要用教育的方法来启发伤兵，使他们在后方可以鼓励民气，在前方可以鼓励士气。对难民亦是这样，在难民的收容所中组织工学团，增加难民的生产力量，坚定他们的抗战意识，把逃难的一群变为冲锋的一群。

第四，全面教育还要跟着老百姓跑。百姓跑到东，我们教到东；百姓跑到西，我们教到西；百姓跑到树林，我们教到树林；百姓跑到山洞，我们教到山洞。所谓跟着教，并不是跟着逃走，跟他们做什么？教他们！教育是要跟着老太太、老太公走，跟着青年走，跟着小孩子走。所谓教育不是只教他们识几个字，或印印讲义就算了，帮助人就是教育，全面教育扩大到无论什么地方，是跟着老百姓的教育。那么知识分子就应该开展他们的教育到那儿去。所谓跟“老百姓去”并不是“逃走”！而是跟着他们，走进他们的生活中去教育他，使他改逃跑为冲锋，走回来抗战。只是逃跑，那是“逃走教育”，不是全面教育。

在后方的云南、贵州办教育是要紧的；到山东、河北办教育亦是要紧的，但也不一定在敌人炮火下办教育。若到山东、河北去只是为教育而教育，这又有什么用处呢？

教育不要呆板，要灵活的运用。只要使他们发生一种力量到达前线去，增加抗战的力量，要很快的发生效力，真真发生效力。

第五，教育的行为是服务，而服务的行为也就是教育。譬如在逃难的时候，帮助老太婆不使跌倒，帮助小孩子不使踏伤，这都是教育，以身作则的实践教育。

第六，要顾到高深的研究，也要顾到目前需要的实用技术。譬如有人说一个医生，非五年七年不能养成，但现在前线上兵士最普遍的疾病是疟疾与痢疾和因血管破伤流血过多以至于毙命！这种医疟、痢、扎血管止血的医生，那就不需要五年七年了。如果认真学习，几个月便可毕业，到前线去服务救人。我们可用轮流服务、轮流研究的法子来调剂。若硬说一律需要五年七年而后有医生可应世，那是我们所不敢附和的，所以在后方办教育我们并不反对，所谓全面教育并不是一定要硬撑在炮火之下来办教育；在云南、贵州，甚至任何地方办教育都可以。不过教的工作在后方，而教育的力量却要达到前方，达到敌人的后方。教育的目的不是为教育而教育，乃是为抗战而教育。因此，所授的课程和方法，必须变更，以求切于抗战建国之用。

以上六点，就是我对于全面教育的一些意见。此外，还有一点要请大家格外注意的，就是：全面教育是要真干而不可假干，要穷干而不可浪费的干，要合干而不可分裂的干，是要快干而不可慢慢的干，是大规模干而不可小干的教育。

（下略）

《生活教育十二周年纪念刊》（1939 年 3 月 15 日）

告生活教育社同志书

——为生活教育运动十二周年纪念而作

我所敬爱的同志们：

三月十五日[1]是一个值得纪念的日子。每年到了这个日子，大家都有许多意见想交换。我回国以来，忙于建立新事业，只有少数同志曾经通信，而且也因为时间关系，没有畅快的写。在这半年当中也曾走过不少的地方，但是会见的同志究竟不多。现在想乘这十二周纪念的日子，把心里想说的话，尽量的说出来，希望大家指教；并希望大家也将别后的一切尽量告诉我，使我对于各人的工作有更深切的了解。让我们就在这种了解中建立我们共同的信念，以发挥我们的力量。

我们在这大时代中遇着了，而且是继续不断的共同奋斗，这是多么幸福啊！有些人却不是这样看法。去年八月中归船到印度，一位留学的女太太对我说："这次我们回到中国，是和出国的时候大不同了。学校没有了，工厂没有了，家庭没有了，亲戚朋友都流离失所了，先生也不免有些伤感吧?"我说："在国内我们可能看见的也许比你所说的要惨十倍一百倍，但是我毫无伤感。它的确是一个不大同的中国了。有拳头了，站起来了。不错，它是在大量的流血，但是如同一位母亲生孩子一样，流血的结果是新生命之产生。我们在中国所看到的血，不再是自相残杀的血，而是和日本帝国主义拚命的血。在这伟大的血的洪流里，将要浮出来一个伟大的自由平等的中华民国。"记得"五三"惨案纪念日在晓庄寅会里我曾说过："晓庄所办教育如果不能帮助中国把日本帝国主义打出去，便算是失败。”我们自始就认定大时代之来到，而且这大时代是要靠中国人和一切反侵略的战友的血汗创造出来的。

从上海、江苏、浙江、安徽、湖北、湖南、广东、广西、福建、四川、陕西、山西、河南、河北、贵州、甘肃、香港、安南、新加坡及欧美同志的来信，知道大家都在自己的岗位上把各人的力量贡献给中华民族。在后方，在前方，在海外，在敌人的后方，大家都是很努力很切实的尽你们的责任。我们的人数不多，但几乎是总动员了。大家毫不吝啬的贡献各人的汗、血或脑汁。我不能否认也有很少数的同志由认识不够而徘徊、落伍。但是大多数是在大时代的创造中，百折不回的发挥各人的小小的力量。有一封信，尤其使我不能忘记。它以“迎接困难”四个字作对我回国之勉励。我以为这四个字是不应该独自欣赏而应该送给全体同志做座右铭。拿破仑说他的字典里没有“难”字，连侵略俄国也不难，所以一败涂地。汪精卫说他的字典里没有“易”字，怕抗日不易，所以动摇妥协。这都是矫枉过正之谈。其实，字典里有难字也有易字。我们对于困难，不可轻视，也不可害怕，这“迎接困难”四字恰恰把我们应该有的态度表现了出来。谁也不能否认，中国是在过难关。困难既是不断的来，那末，来一个，解决一个，来两个，解决一双。我们个个人都有了这“迎难”的精神，便更能负起我们的任务而发挥我们的贡献。

就我实地所观察，中国是走上了胜利之路。三民主义是成了全国共同信仰之主义，即成了领导中华民族解放之最高原则。抗战建国纲领也是正确的国策。衡山会议议决方针，民众重于士兵，政治重于军事，后方重于前方及游击战重于阵地战，都是帮助抗战建国纲领实行之有效途径。蒋委员长对于《近卫声明》[2]的驳斥，一方面是指出抗战国策之坚决，一方面是粉碎敌人之阴谋。在第三届参政会闭幕词里面，蒋议长特别阐明民主政治之要义，尤足以保证抗战必胜、建国必成之信念。这是在政治方面所表现的进步。军事方面，游击战、运动战、阵地战综合之全面抗战已经展开，最可宝贵的是我所遇见的将领士兵，人人都抱有抗战到底的决心。经济方面，各种重要工业在内地是渐渐的惨淡复兴起来。轻工业合作社也以〔已〕逐渐展开，最可喜的是有不少新工程师之出现，没有水泥钢骨也能建立起工厂。法币的基础是仍然稳定，敌人使尽千方百计还是撼不动。人民方面所表示出来的，如赵洪文国之三代打游击，曾大娘之送子从军，台儿庄儿童唱歌团之化小汉奸为小战士，华侨之长期输捐，小贩发动之义卖，足见人心未死，中国必兴。这些事实与现象都证明中国是在胜利的大道上阔步迈进。

同时，日本国内反战分子渐多，政府为要镇压反战势力之兴起而益趋向法西斯化。在前线，日军是士无斗志，厌战心理浓厚。所造傀儡时遭中国志士毁灭，伪军多反正。占领之据点被我游击截断，联络不易。敌国际市场受抵制日货的威胁，日渐缩小。现金为抵补军需入超，将要枯竭。我只能大略说说，证明日本帝国主义是愈战愈弱，必有支持不住之一天。国际方面亦逐渐发生于中国有利之发展。英美间本有难以调和之矛盾，但近来亦有商约之订立，俾经济矛盾得以减少，使其对远东政策可以由平行行动而渐趋于合作。美洲是门罗主义〔3〕之家乡，近年来是被德意日撒下纳粹法西斯的种子造成侵略的细胞。美国感到极度不安，最近召集泛美会议目的在取得美洲各国谅解，互助以共同抵御侵略。倘美国减少内顾之忧，则对于远东问题自能采取更有效之行动。苏联本其和平政策，对中国抵抗侵略，自始至终是十分同情，所以他对于国际联盟个别援助中国之决议是忠实执行。起初各国亲日派大放谣言说中国接受苏联帮助是趋向赤化。殊不知苏联与中国皆为国联会会员国，依照国联决议授受，是其本分。现在英美对于中国亦有同样的帮忙，则谣言不攻自破，苏联以后援助中国亦可以减少顾虑了。现在德意日的侵略阵线拉拢得更紧，将来的趋势，英美法苏和中国的反侵略阵线是有结成的可能。即使结不成功，他们的平行行动也是于中国有益。

我们只须看一看上面所说的便知道教育者责任之重大了。一、怎样才能使全国人民都了解三民主义，信仰三民主义，实行三民主义？二、怎样才能使全国人民知道抗战建国纲领，拥护抗战建国纲领，实行抗战建国纲领？三、怎样才能唤起全国民众，使他们发出比士兵更大的力量？四、怎样才能使个个老百姓都知道蒋委员长驳斥《近卫声明》之要点？五、怎样才能使全国老百姓都很快的得到民主政治的训练而成为民主政治的柱石？六、怎样才能使全国的老太太都得到赵老太、曾大娘的精神？七、怎样才能使全国的小孩都有台儿庄儿童的认识？八、怎样才能使敌人占领区域之老百姓都有民族意识并使伪政权不得成立？九、怎样才能使敌人前线士兵及国内民众反战势力增高，以镇压消灭其侵略之气焰？十、怎样才能使全世界反侵略运动发生效力，以制裁侵略国之行动而粉碎他们扰乱和平的阴谋？这些可以说都是教育问题。由此可见教育者责任之重大。我们在这重重叠叠的重大责任逼迫而来的时候，举行我们的十二周纪念，是非常有意义，不容我们有丝毫的懈怠。

在这个值得纪念的日子，我的脑袋里浮出来一个最鲜明的印象是：一群青年丢掉了文凭的眷恋，从学府里跑到乡下去，和农人共生活。光阴过得很快。这已经是十二年前的“罗曼斯”[4]了。这一群青年所带去的，不是文化的赈济品，而是一颗虚心要探寻真正适合中国向前进取的教育。

当这些青年和农人接触之后，双方都有了惊奇的发现，青年们在学府里受教已久，手无缚鸡之力，只拿得动一支笔儿写几行字，他们下乡不多时，便发现自己也有手，可以做工，可以种田，可以实验，可以使枪杆。农人呢，在“民可使由之，不可使知之”的空气中生活了几千百年，久已被裹头布裹得不能思想。他们和青年知识分子接触之下，禁不住要喊出来：“我们也有头脑啊!”青年发现了自己有双手，才是能坐而言，也能起而行。农人发现自己有头脑，才能由了解而信仰三民主义并发挥出力量，以争取中国之自由平等。这种双手与头脑的重新发现是极重要的收获，应当在纪念的时候特别指出。

我们在这十二年当中干了些什么事？三件事，还没有做完。一是反洋化教育，二是反传统教育，三是在半殖民地半封建的国家建立争取自由平等之教育理论与方法。

（一）反洋化教育的用意并不是反对外来的知识。我们对于外洋输入的真知识是竭诚的欢迎。但是办学校一定要盖洋楼、说洋话、用洋书才算是真正的学校，那可不敢赞同。有些洋化教育家没有抽水的洋马桶是几乎拉不出屎。尤其是没有工业的生产而他们要工业的享受和花费。中国是个穷国，那能禁得起这样的浪费。在这一方面浪费，在另一方面的教育便没有钱办了，结果是成了少数人的教育。

（二）反传统教育也不是反对固有的优点。我们对于中国固有之美德是竭诚的拥护。但是“满朝朱紫贵，尽是读书人”的升官教育，以及“为教书而教书，为读书而读书”的超然教育，我们都是反对的。至于一般老百姓“出钱给人读死书，自己一个大字也不识”的现象尤其不能缄默。

（三）建立争取自由平等的教育原理方法。我们之所以反对洋化教育和传统教育，是要开辟出一条大路，让这半殖民地争取自由平等的教育可以出来。三民主义是我们的工作的最高指导。从一个半殖民地半封建的国家变成一个自由、平等的民有、民治、民享的国家，是要军事、政治、经济、教育几方面配合得好才能达到目的。教育方面必定要具备几种条件才能负起这样伟大的使命。(1) 教育必须是战斗的。教育不是玩具，不是装饰品，不是升官发财的媒介。教育是一种武器，是民族、人类解放的武器。(2) 教育必须是生活的。一切教育必须通过生活才有效。抗战建国的生活才算是抗战建国的教育。(3) 教育必须是科学的。这种教育是没有地方能抄袭得来的。我们必须运用科学的方法，根据客观情形继续不断的把它研究出来，而且，这种教育的内容也必须包含并着重自然科学与社会科学，否则不能前进。(4) 教育必须是大众的。把一个半殖民地半封建的国家变成一个独立国，绝不是少数人所能办得成功。我们必须教育大众一同起来负担这个伟大的使命。但是希望老百姓都得到这教育必须有三个条件：一要省钱，使无钱的老百姓可以受到教育；二是省时间，使没有空闲的老百姓也能求学；三要通俗，使没有受过教育的老百姓也能了解而感到兴趣。这样一来，若不运用"即知即传"的原则，便不能达到老百姓都受教育的目的。而且老百姓所受的教育是要集体的施行，集体才是力量；个别的教，还是一盘散沙，不能发挥出充分的力量。(5) 教育必须是计划的。我们要有一个动的计划，使人力、财力都有一个缓急轻重的总分配。从半殖民地半封建到自由平等之境，要有一个继续展开的教育计划，逐步的引导我们前进。

在这十二年当中，应客观环境的需要，我们是发动了四个教育运动：即乡村教育、普及教育、国难教育、战时教育。这四个运动只是一个运动的四个阶段。这一个运动便是生活教育运动，也可以说是从半殖民地半封建渡到自由平等的国家的教育运动。

现在要问：我们今后应该做什么？怎样做？

（一）继续已往的工作 伟大的抗日战争已经把洋化教育、传统教育弄得站不住脚。新的教师在茅草棚和山洞里没有黑板粉笔也能办教育。这是多么可喜的现象啊！但是教死书、死教书、教书死的教书匠，和读死书、死读书、读书死的蛀书虫还是很多，守知奴也没有完全变化过来。文化买办还在恋栈。学校内外的洋八股、老八股、文八股、武八股、宣传八股还没有肃清。文化痞块是长在都市，乡下是害了文化贫血症。缺课的要拚命的补，补课之后就得吃补药。穷苦的天才是被埋没。到现在还有人反对战时需要的战时教育。他们是藏在百年大计、基本学术的盾牌之下，时常发出违背民族生存之歪曲言论。我们要争取抗战的胜利，建国的成功是必须把这些毛病改正过来。我们对于这些病症是不应该消极的批评而是要积极的帮助改正。

（二）负起当前的任务　　我们当前的任务是展开全面教育以配合全面抗战而争取全面的最后胜利。我们要把教育展开到前方，展开到边疆，展开到敌后方，展开到华侨的所在地，展开到全世界凡是有敌人斗争的地方去。别人不愿意去而应该去的地方，我们都得分道扬镳的去。我们要把三民主义送去，把抗战建国纲领送去，把蒋委员长告全国国民书及驳斥《近卫声明》的训词送去，把蒋委员长对全国教育会议的训词送去，送到每一个人的心里，还要在每一个人的生活里行动上表现出来，去粉碎敌人挑拨离间的阴谋，破坏敌人所造的伪政权，揭开敌人灭亡我们民族的野心，消灭敌人可能得到的一切外援。增高敌人压迫下的民众反战的情绪，化除集团间因夙怨、政见、误会所引起之磨擦，启发整个民族对于抗战建国之了解，加强整个民族对于抗战建国之团结，坚定整个民族对于抗战必胜、建国必成的信念。我们不应该把别人的力量小看了，连老太太、孩子们都是同阵的战士。我们也不应该把自己的力量小看了，当一个小学教员不仅是三四十个学生的导师，倘使培养学生即知即传，就很容易的影响三四百人。他的地位的重要是好比一个作战的连长或营长。当一个小学校长，不仅是一两百学生的导师而是一两百户、一两千人的导师。他的地位的重要是好比一个作战的团长。当一个县教育局长，不仅是几百个学校、万把学生的导师，而是一个几十万民众的导师。他的地位是好比一个集团军总司令，甚至是一个战区的司令长官。但是倘使你小看了自己的岗位，小看了别人的力量，小看了生活教育的即知即传、工学团等等原理，你便成了一只孤鸦，一个光棍，由渺小而悲观、徘徊、妥协，敌人一来是不堪设想。有许多人是把大事小做了。最重要的是我们要认清我们任务之重大。此外随身要带的还有两样东西：一是针线，二是灯笼。一件衣服破过了，是可以越破越撕，越撕越破，到后来是可以撕成粉碎。唯一的办法是遇着破绽便立刻用针线把它缝好。当这民族的生死关头，是不容有丝毫的裂痕，一遇破裂就把我们的针线拿出来。灯笼是照着人认清路线向前走，不只是照着自己而且是照着同行的人向前走，走入自由平等之境。

（三）加强我们的力量　　为着要继续已往的工作和负起当前的任务，我们必须增加自己的力量，否则是不能胜任的。第一，学术便是力量。我们要提高学术的研究。晓庄研究所之建立，便是希望对于抗战建国的重要而被忽略的问题加以研究，以求解决而帮助增加抗战建国之力量。此外，我希望我们每一个同志都要抓着一个问题，继续不断、百折不回的去研究它，不得到解决不止；同时，对于中国、对于敌国、对于世界也要努力取得正确的认识。我们所教的小孩的集团也要时时刻刻的求进。第二，组织便是力量。生活教育社已经成立，这是一个喜讯。季平[5]同志说得好，生活教育社是一个教育界的大家庭。它是教育思想者的团体，又是教育运动者之团体，又是教育工作者之团体，又是培养教师的团体，又是一般人学习生活和知能的团体，又是一个共同生活体。他又说：它是应该大众化的，大家共同生活；它应该是工厂化的，大家分工合作；它应该是学校化的，大家互教共学。我对这些话都同意，只是培养教师的团体要改为教师进修的团体，并且互教共学之下要加即知即传。传统学校化是不够的，我们必须即知即传才能跳出自己的小篱笆。其实，整个生活教育社应该是一个大的工学团，办教育是我们的工，研究问题是我们的学，共同过有组织的生活是我们的团。我们既要根据三民主义教导民众小孩，那末，我们自己的组织就必须民主化。不但总社要民主化的组织，而且分社、共学服务团的组织都得民主化。第三，行动便是力量。我们要在抗战建国的行动上发挥我们的力量而且增加我们的力量。蒋委员长说得好："战时生活就是现代生活。现在时代，无论个人或社会若不实行战时生活，就不能存在，就要被人淘汰灭亡。”这是多么正确的真理啊！依我们的说法：战时生活便是战时教育，我们要以行动的战时生活来增加我们的力量。

增加我们的力量是为着要在三民主义最高原则及蒋委员长领导之下帮助争取最后之胜利。让我们大家把整个生命献出来，帮助打倒日本帝国主义并创造我们的独立平等幸福的中华民国。

二八、三、十五

《战时教育》第4卷第3期（1939年3月25日）

注释

〔1〕三月十五日是晓庄师范（晓庄学校）的创校纪念日，故把它作为生活教育运动诞生的纪念日。

〔2〕《近卫声明》　日本近卫文麿（1891—1945）政府于1938年1月16日所发表的声明，主要内容是逼迫蒋介石投降。同年11、12月，近卫政府又发表了同样内容的声明，也称《近卫声明》。

〔3〕门罗主义　美国总统门罗（James Monroe，1758—1831）于1823年所提出的对外政策，主要内容是：宣布欧洲任何强国都不得干涉南北美洲事务，否则就是对美国不友好的表现，提出了“美洲是美洲人的美洲”的口号。

〔4〕罗曼斯　英文Romance的音译。意为冒险故事、爱情故事、传奇故事。

〔5〕季平　即刘季平。原名刘焕宗。曾化名力花、满力涛等。晓庄师范早期学生，中共地下党组织负责人。抗战爆发后在武汉文教界领导抗战工作，任抗战教育研究会常务理事。与戴伯韬等编辑《战时教育》杂志。后赴苏中抗日根据地工作。解放后任上海市副市长、山东和安徽等省省委书记、教育部副部长、文化部顾问、中国陶行知研究会会长等。

育才学校教育纲要草案

一、育才学校之性质及其内容

（1）育才学校根据中华民国教育宗旨及抗战建国需要，用生活教育之原理与方法，培养难童中之优秀儿童，使成为抗战建国之人才。

（2）育才学校办的是建国教育，但同时是抗战教育。有人离开抗战教育而提出建国教育，挂建国教育之名，行平时教育之实。我们的看法不同，今天的建国教育必须是抗战教育，而今天真正把握中国抗战全面需要的抗战教育，必然是建国教育。育才学校从某些人的眼光看来，是“建国教育”（因为他们以为它只是培养未来的人才）；但我们认为这并不保证它就是建国教育。保证它是建国教育的是在于它同时就是抗战教育。今天育才学校的儿童必须过战时生活，必须为抗战服务；必须在抗战洪炉中锻炼，否则我们便没有理由希望他们成为未来的建国人才。育才学校的教育，不是挂名的建国教育，而是抗战与建国的统一的教育，抗战建国教育。

（3）育才学校办的是人才教育，分音乐、戏剧、绘画、文学、社会、自然等组。但和传统的人才教育办法，有所不同。传统的人才教育，一般地是先准备普通的基本教育，然后受专门的高等教育。我们的办法是不作这样严格的时间上的划分，我们选拔具有特殊才能的儿童，在开始时便同时注意其一般基础教育与特殊基础教育。前者所以使儿童获得一般知能及优良的生活习惯与态度；后者所以给予具特殊才能之儿童以特殊营养，使其特殊才能得以发展而不致枯萎，并培养其获得专门知能之基础。表面上看来，这是一般基础教育与专科基础教育之过早的划分，但根据我们的办法，这是及早防止一般基础学习及专科基础学习之裂痕。我们要及早培养儿童对于世界和人生一元的看法。倘若幼年的达尔文对于生物浓厚的爱好是发展伟大的进化论者达尔文的条件之一，那末今天提早发展儿童之个别优异倾向，实在有其理由，倘若中国近年来文化工作之脱离广泛社会实际生活，和技术专家之缺少正确的认识可以作为殷鉴，那末，今天便在一般基础教育与特殊教育中予以统一，防止那样的分裂倾向，实在有其必要。

（4）育才学校办的是知情意合一的教育。中国数十年的新教育是知识贩卖的教育，有心人曾慨然提倡感情教育，知情意并重的教育。这种主张，基本上是不错的，但遗憾的是没认清知识教育与感情教育并不对立，同时知情意三者并非从割裂的训练中可以获取。书本教育也许可以使儿童迅速获得许多知识，神经质的教师也许可以使儿童迅速地获得丰富的感情，专制的训练也许可以使一个人获得独断的意志，但我们何所取于这样的知识，何所取于这样的感情，何所取于这样的意志？知情意的教育是整个的，统一的。知的教育不是灌输儿童死的知识，而是同时引起儿童的社会兴趣与行动的意志。感情教育不是培养儿童脆弱的感情，而是调节并启发儿童应有的感情，主要的是追求真理的感情；在感情之调节与启发中使儿童了解其意义与方法，便同时是知的教育；养成追求真理的感情并能努力与奉行，便同时是意志教育。意志教育不是发扬个人盲目的意志，而是培养合于社会及历史发展的意志。合理的意志之培养和正确的知识教育不能分开，坚强的意志之获得和一定情况下的情绪激发与冷淡无从割裂。现在我们要求在统一的教育中培养儿童的知情意，启发其自觉，使其人格获得完备的发展。

（5）育才学校办的是智仁勇合一的教育。智仁勇三者是中国重要的精神遗产，过去它被认为“天下之达德”；今天依然不失为个人完满发展之重要的指标。尤其是目前抗战建国时期，我们需要智仁勇兼修的个人。不智而仁是懦夫之仁；不智而勇是匹夫之勇；不仁而智是狡黠之智；不仁而勇是小器之勇；不勇而智是清谈之智；不勇而仁是口头之仁。中国童子军以智仁勇为其训练之目标，是非常有意义的。育才学校不仅是以智仁勇为其局部训练之目标，而是通过全部生活与课程以达到智仁勇之鹄的。我们要求每一个学生个性上滋润着智慧的心，了解社会与大众的热诚，服务社会与大众自我牺牲的精神。

（6）育才学校是一个具有试验性质的学校。第一，抗战以来，中国破天荒产生了儿童公育的事业，而育才学校是其中特殊的一种。我们希望将具有特殊才能的儿童之公育，予以充分的试验。第二，育才学校以生活教育原理与方法作为一种指导方针，我很希望将这一指导方针予以充分试验，我们深信这种试验会给予生活教育理论一些新的发展。

（7）育才学校全盘教育基础建筑在集体生活上。这里不是一个旧的教育场所，而是一个新的生活场所。这里的问题，不仅在于给儿童以什么样的教育，同时更在于如何使儿童接受那样的教育；这里的问题，不仅在于我们应有一个教育理想与计划，而在于如何通过集体生活达到那样一个理想与计划。所谓集体生活是全盘教育的基础，有三个意义：

第一，集体生活是儿童之自我向社会化道路发展的重要推动力；为儿童心理正常发展所必需。一个不能获得这种正常发展的儿童，可能终其身只是一个悲剧。第二，集体生活可以逐渐培养一个人的集体精神。这是克服个人主义、英雄主义及悲观懦性思想的有效药剂。中华民族正处于历史上空前未有的抗战建国关头，这种集体精神应溶化在每个人的血液里。第三，集体生活是用众人的力量集体地创造合理的生活、进步的生活和丰富的生活；以这种丰富、进步而又合理的生活之血液来滋养儿童，以集体生活之不断的自新创造的过程来教育儿童。具体言之，集体生活之作用是在使儿童团结起来做追求真理的小学生，团结起来做即知即传的小先生，团结起来做手脑并用的小工人，团结起来做反抗侵略的小战士。

（8）育才学校的集体生活必须保持合理、进步与丰富，而欲保持它的合理、进步与丰富，则有两个重要的条件：（一）与社会发展的联系，与整个世界的沟通。（二）在集体之下，发展民主，着重个性。

（9）育才学校的集体生活包含着如下几种生活：（一）劳动生活；（二）健康生活；（三）政治生活；（四）文化生活。在传统教育中有所谓劳动教育而忽略劳动生活，有所谓健康教育而忽略健康生活，有所谓政治教育而忽略政治生活，在各种各样的课堂中，讲授文化生活而忽略真正的文化生活。育才学校的生活与教育是统一的，它认定劳动生活即是劳动教育，用劳动生活来教育，给劳动生活以教育；它认定健康生活即是健康教育，用健康生活来教育，给健康生活以教育；它认定政治生活即是政治教育，用政治生活来教育，给政治生活以教育；它认定文化生活即是文化教育，用文化生活来教育，给文化生活以教育。

（10）育才学校的集体生活虽然在性质上分为劳动生活、健康生活、政治生活和文化生活，但在生活之集体性这一点上，决定了我们的劳动生活、健康生活、文化生活往往同时就是政治生活。质言之，劳动生活、健康生活、文化生活之解释、动员、组织的过程都是政治生活，也都是政治教育。因此育才学校的集体生活，在其总的意义上说来便是一种政治生活。也就是说育才学校的政治教育笼罩着整个集体生活。

（11）育才学校的生活是有计划的，此种有计划的集体生活之集体性决定了全部的集体生活，同时就是政治生活。同样地，育才学校的集体之教育性决定了全部的集体生活，同时就是文化生活。质言之，劳动生活、健康生活、政治生活在集体讨论与检查中所有语言文字表达能力之锻炼以及思考推理之应用等等，便同时是文化生活。劳动生活、健康生活、政治生活对于学生精神和品格上之陶冶及锻炼，便同时是文化教育。因此，育才学校的集体生活在其总的意义说来，同时又是文化教育。

（12）育才学校之集体生活在其总的意义上说来，一方面是政治教育，另一方面又是文化教育。此二者与集体生活是互为影响的。集体生活愈丰富，则政治教育愈充实，政治教育愈充实，则集体生活之政治认识的水准愈提高。同样地，集体生活愈丰富，则文化教育愈充实，文化教育愈充实，则集体生活之文化水准愈提高。

（13）育才学校之政治教育、文化教育在集体生活有其总的意义，要求我们确定这两方面的指导方针：（一）今天吾人正处在历史上空前未有的民族解放战争中，纵贯在整个抗战中之最根本问题是全国精诚团结，服从三民主义之领导，这是全国人民的共同要求，毫无疑义地育才学校之政治教育应以精诚团结、服从抗战、实行三民主义为最高原则。（二）人类历史上的文化遗产浩如瀚海，欲浩如瀚海之文化遗产全部为儿童所接受，匪特不可能，抑且与教育原理不相合。因此，育才学校今日而言文化教育，就其内容而言，必须确定以下诸点：（一）约缩地反应〔映〕人类历史上重要而有代表性的文化遗产。（二）着眼哲学科学（社会与自然）与艺术之历史的发展及其在社会实践的意义。（三）着重人类进化史及中国历史的认识。

（14）最后，育才学校一般基础教育之是否可以获得成功，特种基础教育是否可以获得较多的学习时间，都要看儿童们是否能迅速地获得文化之工具来决定，这是一个教育上基本建设的问题。一个儿童不能够用适当语言文字清楚地表现他的思想，我们可以说，这个儿童所受的是不完备的教育。所谓文化的工具的教育，包含着这样几项：（一）语言；（二）文字；（三）图画；（四）数学；（五）逻辑。广义地说来，这五项东西同是表达思想的工具。只有这种工具获得了才可以求高深的学问，才可以治繁复的事。传统教育也是非常看重这种工具的，但它有两个根本缺点：第一，偏狭，将读、写、算看做最重要的工具；第二，错误，一味在读、写、算本身上来学习读、写、算。今天我们提出文化的工具教育，并且强调其重要，绝不是将它置于一般基础教育之上，终日来学习语言、文字、数学、逻辑。倘若这样的话，这正是犯了三 R（The three R’s）教育[1]的错误。我们认为工具教育，应该从丰富的集体生活中来吸取培养它自己的血液，用语言、文字、图画来表达集体生活，用集体生活中统计的事项来作为计算的材料，用集体生活中之事实、论争发展儿童客观的逻辑，代替儿童之虚幻的逻辑。

然而，在另一方面也有一种错误的倾向：那就是设计教学法者，根本忽视工具教育之特性。他们将语文和算术的学习不断联结于各个不甚关联的单元活动上，充满了牵强附会和人工造作。依照我们的办法，一方面是用这些工具来表达集体生活事项，一方面又将语文中之优秀作品以及计数活动之练习给组成一种文化生活，从事学习，儿童获得这种文化的生产工具以后，他便能自动地吸收广泛的知识。

二、育才学校生活、学习与工作制度

（1）育才学校的生活、学习、工作基本上是打成一片的，其中一般活动皆属于一骨干组织的集团生活之组织下。这一个组织统一了生活与学习的组织，统一了集体生活与日常社会服务组织。这一组织系统概略如下：（一）设育才学校儿童生活团；（二）音乐、戏剧、文学、社会、绘画、自然、工艺、农艺等组各编为一中队，中队下设若干分队；（三）各组同一般教育水准之儿童编为一学级，使共受普通教育；（四）各组之各不同分队的儿童按年龄大小与工作经验之配合，混合组成若干社会服务队，专司附近村落社会服务（详细情形，可参考育才学校公约草案）。

（2）学习活动中之一般学习包含一般生活组织中。

（3）工作与服务之一般的组织亦包含在一般生活组织中，但育才学校为了在抗战洪炉中锻炼儿童，同时为了抗战工作之需要，得相机随时组织战时工作队；倘若在一般生活组织中，有较为固定的生活、工作与学习已经使儿童获得较为刻板的习惯，那末战时工作队便是有意打破这种刻板的习惯，予儿童以一种应有的训练。

(4) 以上各项组织尽了纵横交错之作用，使全校儿童能彼此相接触，但在这各组织中，分队是平日生活、工作、学习的基本组织。

(5) 育才学校主张教训合一，同时育才学校坚决地反对体罚。体罚是权威制度的残余，在时代的意义上说它已成为死去的东西；它非但不足以使儿童改善行为，相反地，它是将儿童挤下黑暗的深渊。育才教师最大的责任便是引起儿童对于纪律自觉地需要，自觉地遵守；引起儿童对于学习自觉地需要，自动地追求。

(6) 育才学校集体生活之组织的原则是民主集中制。民主集中制的运用，一方面可以健全当前的集体生活，另一方面是要培养儿童参与未来民主政治之基础。

(7) 育才学校着重分队晚会，凡集体生活中之问题、时事及当天指导员所教的东西务需予以充分的讨论，这除了增加儿童对于学科了解而外，同时更增进了儿童语言表达的能力。

(8) 育才学校着重自我批评。自我批评是发展民主的有效手段，自我批评是促进自觉性启发的利器。

(9) 育才学校着重总结能力之培养。总结需要包含学习中各种问题，自我批评及讨论中不相同的意见等，这一方面是扩大了儿童的能力，一方面是练习了逻辑。

(10) 育才学校要养成儿童之自我教育精神；除跟教师学外，还跟伙伴学，跟民众学，走向图书馆去学，走向社会与自然界去学。他可以热烈地参加集团生活，但同时又可以冷静地思考问题。

(11) 育才学校之总的教育过程为：(一) 以儿童为行动的主体，在教师之知的领导下，所进行的行与知之不断联锁的过程；

(二)以儿童为行动的主体，同时以儿童自身之知为领导，所发展之行与知不断联锁的过程；(三)育才教育目的之一便是从第一种过程慢慢地发展至第二种过程。

(12)育才学校之一般“教学做”的过程，有三种形式：(一)以工作或问题为中心的教学做过程；(二)以事物之历史发展为中心的教学做过程；(三)各学科各系统的学习与研究的教学做过程。这三种过程，育才学校参合互用。

(13)育才学校教师与学生基本上是在集体生活上共学，不但是学生受先生的教育，先生也在受学生的教育。这里我们要反对两种不正确的倾向：一种是将教与学的界限完全泯除，否定了教师领导作用的错误倾向；另一种是只管教，不问学生兴趣，不注意学生所提出的问题之错误倾向。前一种倾向必然是无计划随着生活打滚，后一种倾向必然是盲目地灌输学生给弄成填鸭。

优良的教育工作者一方面是他根据客观情形订出教育计划，但另一方面是知道如何通过生活与实践实现这个计划，并且在某种情形下他知道修改他的计划，同时发展他的计划。

二八、六、

《战时教育》第6卷第1期(1940年8月1日)

注释

〔1〕三R教育　三R，英文Read、Recite和Review的缩写形式，意为阅读、背诵和温习。三R教育，即为通过阅读、背诵和温习这种死板的教学形式来进行的教育。

育才学校创办旨趣*

我们在普及教育运动实践中，常常发现老百姓中有许多穷苦孩子有特殊才能，因为没有得到培养的机会而枯萎了。这是一件非常可惜的事情。这个民族的损失，人类的憾事，时时在我的心中，提醒我中国有这样一个缺陷要补足。

抗战后，从国外归来，路过长沙汉口时，看到难童中也有一些有特殊才能的小孩，尤其在汉口临时保育院所发现的使人更高兴。那时我正和音乐家任光[1]先生去参观，难童中有一位害癞痢的小朋友，但他是一位有音乐才能的孩子，不但指挥唱歌有他与众不同的能力，而他也很聪敏，任光先生给他的指示，他便随即学会。

又有一次，我在重庆临时保育院参观，院长告诉我一件令人愤愤不平的事。他说近来有不少的阔人及教授们来挑选难童去做干儿子，麻子不要，癞痢不要，缺唇的不要，不管有无才能，唯有面孔漂亮，身材秀美，才能中选。而且当着孩子的面说，使他们蒙上难堪的侮辱，以至在他们生命中，烙上一个不可磨灭的印象。

以上三个印象，在我的脑子里各各独立存在了很久。有一天，忽然这三个意思凝合起来了：几年来普及教育中的遗憾，须求得补偿，选干儿子的做法，应变为培养国家民族人才幼苗的办法，不管他有什么缺憾，只要有特殊才能，我们都应该加以特殊之培养，于是我便发生创办育才学校的动机。当时就做了一个计划，由张仲

---

* 本篇系陶行知于1939年7月20日在重庆育才学校开学典礼上的演讲记录。记录者为陆维特。

仁[2]先生领导创立董事会，并得到赈委会许俊人[3]先生之同意而实现，这是去年一月间的事。

创办育才的主要意思在于培养人才之幼苗，使得有特殊才能者的幼苗不致枯萎，而且能够发展，就必须给与适当的阳光、空气、水分和养料，并扫除害虫。我们爱护和培养他们正如园丁一样，日夜辛勤的工作着，希望他们一天天的生长繁荣。我们拿爱迪生的幼年来说吧，他小时在学校求学，因为喜欢动手动脚，常常将毒药带到学校里来玩，先生不理解他，觉得厌恶，便以"坏蛋"之罪名，把仅学了三个月的爱迪生赶出了学校。然而他的母亲却不以为然，她说她家的蛋没有坏，她便和她的儿子约好，历史地理由她教他，化学药品由自己保管，将各种瓶子做记号，并且放在地窖里。他欣然的接受了母亲的意见，于是这里那里的找东西，高高兴兴的玩起来。结果就由化学以至电学，成为世界有名的大发明家。虽然那三个月的学校教育是他一生仅有的形式教育，但是由于他母亲的深切的理解他，终能有此造就。像爱迪生母亲那样了解儿童的精神，是值得我们学习的。假如他的附近有化学家、电学家特殊的帮助，设备方面又有使用之便利，则可减少他许多困难。我们这里便想学做爱迪生的母亲，而又想给小朋友这些特殊的便利。

我们这里的教师们，要有爱迪生母亲那样了解儿童及帮助儿童从事特殊的修养，但在这民族解放战争中，单为帮助个人是不够也是不对的，必须要在集体生活中来学习，要为整个民族利益来造就人才。因此，我们要引导学生们团起来做追求真理的小学生；团起来做自觉觉人的小先生；团起来做手脑双挥的小工人；团起来做反抗侵略的小战士。

真的集体生活必须有共同目的，共同认识，共同参加，而这共同目的，共同认识和共同参加，不可由单个的团体孤立的建树起来。否则又会变成孤立的生活，孤立的教育，而不能充分发挥集体的精神。孟子说："先立乎其大者，则其小者不能夺也。"我们中国现在最大的事是什么？团结整个的中华民族，以打倒日本帝国主义而创造一个自由平等幸福的中华民国。我们的小集体要成了这个大集体的单位才不孤立，才有效力，才有意义。与这个大集体配合起来，然后我们的共同立法，共同遵守，共同实行，才不致成为乌托邦的幻想。

我们的学生要过这样的集体生活，在集体生活中，按照他的特殊才能，给与某种特殊教育，如音乐、戏剧、文学、绘画、社会、自然等。以上均各设组以进行教育，但是小朋友确有聪明，而一时不能发现他的特长，或是各方面都有才能的，我们将来要设普通组以教育之。又若进了某一组，中途发现他并不适合那一组，而对另一组更适合，便可以转组。总之，我们要从活生生的可变动的法则来理解这一切。

但是，育才学校有三个不是，须得在此说明：

一、不是培养小专家。有人以为我们要揠苗助长，不顾他的年龄和接受力及其发展的规律，硬要把他养成小专家或小老头子。这种看法是片面的，因为那样的办法也是我们极反对的。我们只是要使他在幼年时期得到营养，让他健全而有效地向前发展。因此，在特殊功课以外，还须给与普通功课，使他获得一般知能，懂得一般做人的道理，同时培养他的特殊才能，根据他的兴趣能力引导他将来能成为专才。

二、不是培养他做人上人。有人误会以为我们要在这里造就一些人出来升官发财，跨在他人之上，这是不对的。我们的孩子们都从老百姓中来，他们还是要回到老百姓中去，以他们所学得的东西贡献给老百姓，为老百姓造福利；他们都是受着国家民族的教养，要以他们学得的东西贡献给整个国家民族，为整个国家民族谋幸福；他们是在世界中呼吸，要以他们学得的东西帮助改造世界，为整个人类谋利益。

三、我们不是丢掉普及教育而来干这特殊的教育。其实我们不但没有丢掉普及教育而且正在帮助发展它。现在中国处在伟大的抗战建国中，必须用教育来动员全国民众觉悟起来，在三民主义抗战建国纲领之下，担当这重大的工作，所以普及教育，实为今天所亟需。是继续不断的要协助政府研究普及教育之最有效之方法，以提高整个民族的意识及文化水准。育才学校之创立，只是生活教育运动中的一件新发展的工作，它是丰富了普及教育原定的计划，决不是专为这特殊教育而产生特殊教育，也不是丢掉普及教育而来做特殊教育。

《战时教育》第6卷第1期（1940年8月1日）

注释

〔1〕任光（1909—1941）　中国现代作曲家。浙江嵊县人。曾为陶行知所作的多首诗歌谱曲。1940年参加新四军，次年在皖南事变中牺牲。

〔2〕张仲仁　字一麟，江苏吴县人，教育家，育才学校（难童学校）董事长，曾参与发起成立和平期成会。

〔3〕许俊人　名世英，时任国民党政府赈济委员会主任。

讨论生活教育的提纲*

（1）**定义**　of Life，by Life，for Life[1]

（2）**基础**　生活：哲学的基础的基础

甲、历史的生活——发展的生活——从农业文明到工业文明的生活——从半殖民地半封建到自由平等的生活

乙、联系的生活——政治、经济、文化互相关连的生活——乡村、都市沟通的生活

丙、生活决定教育，不是教育决定生活

丁、生活的变化即教育的变化

戊、生活的矛盾即教育的矛盾

己、生活的量的增加，到某种程度可以突然起质的变化；即教育的量的变化，到某种程度可以突然起质的变化

庚、社会物质环境通过生活才有决定的意思

（3）**发展史**

中国传统教育
美国教育 } 不适

肃清成见：甲、想象力与现实肉搏

　　　　　乙、概念

　　　　　丙、二者活用

---

* 本篇选自《行知备忘》笔记本。提纲的写作时间为1939年7月30日之前，笔记本中记有：为7月30日上午10时“温泉讨论生活教育”之用。今题为编者所拟。

教育法：①教学合一　　教中有学
②教学做合一（在做上统一）
③在劳力上劳心
④生活即教育（历史的，联系）
⑤社会即学校（历史的，联系）
⑥工学团——集体主义的自我教育
⑦即知即传　　学中有教，充分的发展这矛盾

运动：①乡村教育
②普及教育
③国难教育
④战时教育
⑤全面教育

（4）生活教育与政治

甲、任务的决定者

病害决定医生的任务

①帝国主义——日本帝国主义
②半封建的条件
③自由平等之要求

乙、政治贯彻在生活之中，笼罩在生活上

丙、政教学做合一（目的与〈方〉法）

教学做用合一（同上）

（5）任务　　根据我们的技术

①反侵略
②推进民主
③巩固团结
④抗战建国合一
⑤战时生活即战时教育
⑥六艺：礼══组织

乐══乐

射、御══武艺

书、数══文

⑦中国教育政策

甲、补充{政、军、文} 不够，要造新的人才。

乙、义务教育　　态度技术内容要改进

丙、民主的教育法有待促进

丁、师道尊严之建立

戊、自我教育（集体主义）之正确

己、加强政治教育，集体教育，实践教育　　正确

（6）生教与普教

①知识为公

②以知与人己愈知

③量的增加起质的变化

（7）生产教育

①生产者教育

②工学团

（8）教学做合一

理论与实践统一

学校与社会统一

先生与学生统一

生活与教育统一

不是标语统一便算统一

利害冲突的要经过斗争才得统一

（9）生教社

甲、总〈社〉与分社之联系

乙、分社设立

丙、社员教育之检讨

（一）民主的检讨

（二）经济

（三）求学当治事

（10）研究所

（11）育才学校

（12）战时教育

（13）各地工作报告

①新旅　②英山　③香港　④大别山

⑤孩剧　⑥新加坡　⑦海防　⑧菲律宾

⑨云和　⑩广东　⑪桂林　⑫重庆

⑬延安〔2〕

（14）慰劳死难同志家属

原件存南京晓庄师范

注释

〔1〕意为：生活的教育，依据生活而教育，为了生活而教育。

〔2〕“新旅”为新安旅行团的简称，“孩剧”为孩子剧团的简称，其余均为地名。

我的民众教育观

民众教育是什么？民众教育是民众的教育，民众自己办的教育，为民众的最高利益而办的教育。换句话说：民众教育是给民众以教育，由民众来教育，为民众而教育。给民众以教育是用教育来动员民众。无论是征兵、征工、募捐、募寒衣，及一切需要民众做的事，强迫不如说服，命令不如志愿，被动不如自动。说服是教育的方法，志愿是教育的成果。自动是教育所启发的力量。所以教育是动员民众最可靠、最有效的武器。由民众来教育是用民众来动员教育。中国对教育是动员了四五十年，到如今中国教育还没有普遍的动起来。这是什么缘故呢？先生少，学生多。小众的力量不够大，推不动大众的教育。但是民众接受了智识即刻传递给别人，那就容易推动了。前进的民众来教育落后的民众，一起起来动员教育，那末教育就不能不普遍的动起来了。为民众而教育是为民众最高的利益而教育。民众最高的利益是什么呢？中国民众最高的利益，不消说得，是打倒日本帝国主义，建立一个自由平等幸福的中华民国，并和全世界反侵略之战友共同来创造一个合理公道互助的世界。所以由民众来动员教育，用教育来动员民众，以争取这最高之利益和最后之胜利，才可算是真正的民众教育。

民众教育之发展大概有三个阶段：第一个阶段是要民众。第二个阶段是要教育民众。第三个阶段是民众要教育。要民众是民众教育之基本条件。否则民众且不要，何况乎民众教育。可是单凭我们的主观或是小众的利益而办的民众教育，民众不一定接受，一直等到我们发现民众所以不接受这样“教育”的缘故，并且改变我们的方针、内容、方法，使所办民众教育适合民众的口味，然后民众才要教育。也要等候它办到民众未得它之先是如饥如渴的想念，既得它之后是向前向上的奋发，那时候民众教育才算是办得有几分谱子了。

中国已往的民众教育是害了三种病。一是偏枯病。它或是由于有意的放弃，或是由于无意的忽略，以致大部分的民众是不知、不能、不可、不敢跑进民众教育的圈里来。例如老年人、女人、工人、农人、流浪儿，绝大多数是被摈于民众教育之外。我没有篇幅给我一一举例，只谈一谈老年人吧，假使全国的老太太都能有机会受一点像岫岩县的赵老太太、修仁县的曾大娘、歇马乡的刘太太的教育，那末对于她们的从军的儿子是有多么大的鼓励啊！假使有一点真的教育配献给她们，那末，经过她们的广播，又是有何等扩大的影响啊！然而一般民众教育者则忽视老人之重要，而口口声声的说，我们要赶快培养青年民众，老人家快要进棺材了，有什么用呢？因此，民众教育对于老年人则害了偏枯症，同样，它对于妇女、农人、工人、流浪儿都害了偏枯的症候。二是守株待兔病。民众教育者是坐在民众教育馆里等待民众来：来一个，教一个；来两个，教一双；很少自动的到老百姓的队伍里去找学生。那愿意把教育送上门去的更是凤毛麟角了。民众教育还有一个特有的病，那就是尾巴病。民众教育在已往是成了教育之尾巴，排列是尾巴，经费是尾巴尖。社会既以尾巴看待民众教育，民众教育亦不知不觉的以尾巴自居。反过来说，民众教育抬头，也可见民众之抬头。

前几天，蒋委员长巡视湘北遇见民众教育馆，必去观看，可见民众教育之被最高当局重视。

民众教育是一件大事，不可小看，更不可小做。大县一二百万人，小县也一二十万人。一位民众教育馆长假使用民众来动员教育并用教育来动员民众，他和他的同志便能影响而唤起少则一二十万多则一二百万民众，个个知道为中华民国奋斗，愿意为中华民国奋斗，能够为中华民国奋斗，则中华民国自然会活到万万年了。大家要想民众教育抬头，要想中华民国抬头，是必得认清民众教育是一件大事，且要当做一件大事来实践。

民众教育舘的舘字，引起了我的注意。舘字从官从舍；官舍是官住的地方，好像是一个衙门。民众教育舘有变成一个衙门的危险，但要想把民众教育当作一件大事做，切不可以在衙门里做老爷。官舍还有一个意思，就是看管房子。办民众教育倘使变成只看管民教馆的房子，那也嫌不够。我有意把舘字换个馆字。民众教育馆好一比是一个民众餐馆，前者管民众的文化粮食，后者管民众的身体粮食。民众餐馆要想生意好，必须价廉物美招待周到不需久候，民众教育馆要想做得开，在几方面都要跟民众餐馆学学才好。但是馆字也有毛病，官食可作老爷吃饭讲。倘使办民众教育的老爷只顾着自己的饭碗，而不把精神粮食输送给老百姓，那便是大事小做了。

《战时教育》第5卷第4期（1939年12月25日）

我们的校徽

育才开学之后，将近两个月，大家觉得还缺少一个东西。一天有几位同志正式提出来要一个校徽。图画组主任要求我把主要的意思告诉他使他可以设计。我当时觉得很难，似乎比开创学校还要难些。何以呢？我们需要一个符号，可以代表学习，又可以代表工作，又不脱离现在的任务而可以代表战斗。我们学校的基础是集体生活，也必定要在这符号里表现出来。而且我们又不可关起门来干我们的集体生活。我们的集体生活，是必须与全世界以及整个人类的发展联系起来。我们如果用各种符号堆砌起来表现这许多重要的意义，那也不算很难的工作；但是这样的一个杂货铺的校徽，连自己也不容易看明白；别人见了它更要头昏了。我当时觉得校徽之难就难在简单而符合创校的意义。

一连好多天我是不能交卷。九月三十日，我从金刚碚坐船到白沙沱，在船上有点空闲，可以仔细的对这问题想想。忽然在我的脑海中浮出一个圆圈。这圆圈是求学的符号，因为求学要虚心而且要有相当的空闲。它又是工作的符号，因为工作要不断的努力才能成功。它也是战斗的符号，因为抗战要精诚团结才能得到最后的胜利。

但是这一圆圈虽然把学校生活本身的内容包括无遗，但是如何可以表现它与世界及历史发展之关系呢？我想了一下，觉得必定要三个圆圈连锁起来，才能充分发挥这一切的意义：第一个圆圈代表全校一体，第二个圆圈代表世界一体，第三个圆圈代表古今来一体。

我继续的想下去，愈想愈觉得这三圆圈校徽的意义之丰富。它们所表现出来的意义有：（一）智、仁、勇；（二）真、善、美；（三）工学团；（四）教学做合一；（五）自然、劳动、社会；（六）头脑、双手、机器；（七）迎接困难、分析困难、解决困难；（八）认识社会、适应社会、改造社会；（九）检讨过去、把握现实、创造未来；（十）肯定、否定、否定之否定。……我一时也数不完全。

三个环决定了之后，颜色又成了问题。当初是想采用黑色，因为它表现出钢铁一样的坚强。但是有机体的联系，需要有生命的颜色才能表现出真正的意义。我们的三个环是三个连锁的红血轮代表着有生命的学校、有生命的世界、有生命的历史都联成一体。

《战时教育》第5卷第4期（1939年12月25日）

谈生活教育

——致一位朋友的信

××吾友：

接读十二月十二日手书，知道我们在重庆相左，不能见面谈一谈，那是很可惜的一件事。承你对于生活教育和生活教育者提出一些意见，我们很感谢。你所勉励我们的话，多半是对的，我们是朝着你所指示的路而不断的努力。但是你批评生活教育是有一些不正确。这不能怪你，因为如你所说，你不能把全部生活教育研究之后再提出意见。为着要答复你的好意，我想把我认为不正确的地方提出来和你谈谈。

第一，你说："生活教育者好像不懂得'真正生活教育的实现，只有在没有人剥削人的制度里存在'。"你仔细想过之后，便知道这样的看法，是机械的看法而不是发展的看法，是静态的看法而不是动态的看法，是等待的看法而不是追求的看法。你心里的理想的社会，不是从天上落下来的，而是人类依着历史发展的趋势努力创造出来的。真正的生活教育，自古以来一直存在到今天，即发展到今天，而且还要一直存在下去，发展下去而达到最高的生活即最高的教育。为着最高的目的而忘了发展的过程和为了发展的过程而忘了最高的目的，都是错误。

第二，你说："生活教育者企图不经过突变而欲达到质变。"我们没有这样的企图。除非你所遇到的是没有常识的"生活教育者"。水热到摄氏一百度，突变而为水蒸气。我们不能幻想着水蒸气而忽视了砍柴、挑水、烧锅的工作。

第三，你说：生活教育者之努力……即使能完成任务，那也只限于一部分被……提拔的“天才者”，群众是没有份的。这“天才者”大概是指我们所选之具有特殊才能之儿童吧？他们是从难童中选来，不能说他们与民众无关。我们当然不应该为“天才”而办“天才”教育，但是，为着增加抗战建国的力量而培养特殊才能的幼苗，使他们不致枯萎夭折，也是值得做的工作。我们当然不应该教他们做人上人。但是，为着社会进步，让他们依据各人的才能志愿，学做一群人中人，而且把他们的贡献发挥出来以为民众服务，也是值得干的工作。若只注重“天才”教育而忽略一般教育，那是不可以；但是，生活教育者自始就发动普及教育运动，到近来，才感觉到具有特殊才能之儿童之被忽视而开始唤起社会之注意。我们所希望的是：“从民众那里来”的“回到民众那里去”。

第四，你说：“生活教育者没有把革命与教育联系起来。”这要看你心中的革命是一件什么事？你心中的联系是如何联系法？在我们看来，现在的民族解放斗争是革命的行动！我们以一个民众学术团体〔1〕，对于团结抗战建国，是用了全副精神参加，不敢有丝毫之懈怠。至于你所说，一个教育者同时应该是一个革命者，我很同意。但我希望补充一句：一个真正革命者，必然是一个真正生活教育者。即使他不承认他是一个生活教育者，按着生活教育的理论说来，他也是一个道地的生活教育者。

第五，你说你的很多朋友，大都不知道生活教育是什么？并且说生活教育的受人忽视的主要原因是，因为缺少革命的联系。生活教育之被一部分人忽视，那的确是事实，但完全归咎于缺少革命的联系，从上面说明看来，也不见得完全对。我想除我们自己力量有限外，生活教育之被人忽视，还有下述之原因：一、过生活而忽视教育的人，必然忽视生活教育。二、受教育或施教育而忽视生活的人，亦必然忽视生活教育。三、忽视民众生活而又忽视民众教育的人，固然不要生活教育而高谈革命理论，而无革命实践的象牙塔里的“革命家”，也无由知道生活教育之宝贵。

末了，你希望我们能够出版一部生活教育大纲。我们正在着手编这样一部集体创作，现在为你参考起见，我想把生活教育的理论提出几个要点和你谈谈。

从定义上说，生活教育是给生活以教育，用生活来教育，为生活向前向上的需要而教育。从生活与教育的关系上说，是生活决定教育。从效力上说，教育要通过生活才能发出力量而成为真正的教育。“教学做合一”，是生活法亦即教育法。为要避免去瞎做、瞎学、瞎教，所以提出“在劳力上劳心”，以期理论与实践之统一。“社会即学校”这一原则，要把教育从鸟笼里解放出来。“即知即传”这一原则，要把学问从私人的荷包里解放出来。“行是知之始，知是行之成”，是教人从源头上去追求真理。工学团〔2〕或集体主义之自我教育，是在团体生活里争取自觉之进步。“教育是民族解放、大众解放、人类解放之武器。”这种教育观，是把教育从游戏场、陈列室解放出来，输送到战场上去。时间不许我细说，总之，生活教育理论，是半殖民地半封建的中国争取自由平等的教育理论。我希望你把研究之门大开起来。如果有机会，我想和你谈谈。千万不要因为一时之倒霉，少数人之不忠实，就误断一个运动的命运。

行知

二八、十二、

《战时教育》第5卷第5期（1940年1月10日）

注释

〔1〕即陶行知创办的生活教育社。

〔2〕工学团　为陶行知主张的普及教育组织形式。陶行知认为，要普及

生活教育就必须实施“工以养生，学以明生，团以保生”才能达到。工是做工，学是科学，团是集团，这三种生活是不可缺少的。1932年，他在上海创办有山海、晨更等工学团。在他看来，工厂、店铺、机关、合作社、军队、家庭和学校等，都可办成工学团。

游击区教育

游击区教育之目的在用“教育”的手段，增加游击的力量，以粉碎敌人“以华制华”，“以战养战”之阴谋。〔1〕这“教育”的手段要跟着“游击”而千变万化。我们决不可以把正常的教育方式，刻板的搬到游击区去。“教育”要办成“非教育”才能在游击区发挥出真正的力量。

所谓“非教育”并不是“非教育”，而是在教育呆子的眼光看来，教育不像教育，所以认为“非教育”，实实在在是千真万真的“真教育”。惟独好像“非教育”而的确是“真教育”，方能存在于游击区而所向无敌。

我不要说得神秘了。这种好像“非教育”而的确是“真教育”，要怎样的干呢？

第一，游击教育要把教育变成生活，把生活变成教育，把生活与教育变成战斗，把战斗变成生活与教育。我们要把教育展开到生活所包含之领域，把生活提高到教育所瞄准的水平。

第二，我们不能用笼统的眼光来看游击区，即不能用笼统的方法来办游击教育。以地域论，敌伪据点、敌我交界地、游击队大本营、游击后方的生活情形不尽同，即教育之运用不能尽同。我们对于这不同的地域的教育进攻，一方面要有统盘的政策，而另一方面是必定要有特殊的战略与特殊的战术，以适合不同地域的需要而克服各个的困难。

让我们举几个例子来谈谈吧：教育在游击后方的主要作用，一方面是唤起老百姓输送力量帮助游击队，而另一方面是把力量向整个大后方输送，增加生产，增加建设，增加全面抗战的力量。游击大本营或游击根据地的教育的主要作用则在促进老百姓与游击队的了解联系，使他们打成一片，成为一体。使敌伪据点连不起来，而受到致命的突击。敌我交界地的教育作用，主要的是使“两面人”变成“一心人”，永远向着我，使他们的人数不可能加多而渐渐减少，使他们的地盘不可能扩大而渐渐缩小，终于完全成为进攻敌伪据点之根据与力量。敌伪据点里的教育作用，主要的在发生对敌不合作与对我通消息的作用，始而达到地失人在，终于成为收复失地时里应外合之力量。

依教育的方式而说，在这些不同的地域里也要灵活的运用。在游击后方的教育，宜以战时学校教育和民众集体教育并重。游击根据地的学校便不能像游击后方那样固定，而有些是要跟着游击队跑，而成为游击学校。民众的集体行动的教育，是要普遍的活跃起来，从这里一直通过敌我交界地而进入敌伪据点，是要把先生的长袍脱下，变成不像先生的样子，才能入虎穴探虎子。

游击后方与游击根据地的教育还不难办，难办的是怎样把教育的力量贯彻到敌我交界地和敌伪据点去。这是需要特殊的研究、特殊的训练、特殊的指导、特殊的组织、特殊的技术，才能有很好的效果。

这些都要靠着精深的探讨去发现正确的路线。而且这种探讨的工作是要在游击区里去体验出来。闭门造车怕是不合实际。我在这里所能提出的只是一点个人的意见。我以为要把教育的力量进攻到敌我交界地和敌伪据点去，干教育的人便是十足的老百姓——穿老百姓的衣服，说老百姓的话语，干老百姓的工作，把民族意识和抗战理论贯彻到老百姓的生活里去。有时文字通不过去，就得用私塾里背书的法子把文件背熟，由脑袋子带进去。宋江智取无为军，是运用一位飞针走线的裁缝。吴用智取生辰纲，是借重一位安乐村的闲汉。对，《水浒传》是一本游击师范的教科书，每一个游击先生都要看得透熟。

但是时代不同，抄袭《水浒》也不行，《水浒》暗示我们许多灵活的游击教育法，但要囫囵吞枣的把它呆板的运用，那是会失败的。一位游击教育者之有效训练似乎要包含这样的内容：（一）三民主义；（二）抗战建国纲领，蒋委员长言论，近代政治组织原理，游击战术，游击武功纪，生活教育理论；再末，《水浒》是必须看。这样，始而学习梁山泊，终于超脱梁山泊，而梁山泊之灵活的教育原则，乃能以新的姿势出现而帮助争取最后胜利之来到。

《战时教育》第5卷第6期（1940年1月25日）

注释

〔1〕以华制华，指日本帝国主义培养训练汉奸来统制、制服华人的政策；以战养战，指日本帝国主义残暴掠夺占领区的物质来供给战争需要的政策。

我们不是企图取消学校教育*

——致潘畏三的信

畏三吾弟：

接来信，知道您十年来工作情形，甚慰。

《师范学校与艺友制》一文，已读。某些地方想提出来与你商讨一下。艺友制〔1〕是对于传统的徒弟制的一种改造，它是新教育方式之一。在学做合一的情况下，艺友是跟着师傅在做上学的徒弟或学生；在教学做合一的情况下，艺友是徒弟同时又是师傅，是学生同时又是先生。前一种情况可以尽一部分普通教育的作用，后一种情况可以尽一部分师范教育之作用，从这一点看，您想把现有师范教育停掉，而代之以艺友制，便很值得商量了。过去我们之所以提出艺友制，不是用来代替普通学校，而是用来补职业教育或人才教育之不足。不是用来代替师范教育，而是用来补师范教育之不足。现在师范学校虽有缺点，我们的任务是改造不是取消。说得更正确点的话，我们应该就学校这种特殊机构予过去的师范教育以改造。过去我们办晓庄试验乡村师范便是这个意思。今天国家已经规定私人不能办师范学校，因而我们不可能来办正式师范教育。这一点不辨明，有些人又可以用作藉口来说我们是在企图取消学校教育了（这是带着一种挑拨性的话），而这绝非我们的本意。

上面所提出的是关于艺友制的基本问题，倘若在这个基本问题上您能同意我的意见的话，我希望还是在您所办的那个简易师范

* 题目系编者所拟。据编者考定，本篇作于 1940 年。

内，多多采用艺友制的办法。当有成效可目睹时，再呈请省教育当局推行。不知这种意见您以为如何？特此，并祝体健！

陶行知

八、十、

原件存南京晓庄师范学校陶行知先生纪念馆

注释

〔1〕艺友制　二十年代中期陶行知首倡的一种新型教育方式，它由传统的艺徒制脱胎而来，又与之有本质区别。陶行知指出："何谓艺友制？艺者艺术之谓，亦可作手艺解。友为朋友。凡以朋友之道教人艺术或手艺者，谓之艺友制教育。艺友制之根本方法为教学做合一。"（《艺友制的教育》）

新　武　训

武训之所以成为普及教育之义人，是因为他抱着兴义学[1]之宗旨，用整个生命来贯彻它：有钱的不肯出钱办学，他便向他下跪，跪到答应出钱办学才起来；有学问的不肯认真教人，他便向他下跪，跪到答应认真教人才起来；青年小朋友不肯用功求学，他也向他下跪，跪到答应用功求学才起来。他自己则挑水做夜工作自食其力，丝毫不动用讨来的钱。所以他名为乞丐，实在不是乞丐。现在学生仍旧有不用功的，先生仍旧有不认真的，富人小康之家仍旧有不肯出钱兴学的。让我们大家跟武训先生学吧！学他自食其力，学他贯彻宗旨，学他注意后辈之长进，学他看重先生之负责任，学他苦口婆心劝人有力出力、有钱出钱共兴义学。今日大敌当前，如果武训复生，他所要兴办的不可能是旧日之义学，而一定是抗战建国之义学。倘使刻印板去学武训，那又是武训之罪人了。我们所要学的是武训的真精神，配合新时代之需要，普及新义学，以增加抗战建国之力量，这便是我们的责任。怎样叫做新时代的需要呢？中国不能等待数十年出一位武训。我们大家要合起来做集体的武训，孳生千千万万的新武训，来扶助贫苦的小朋友，取得求学机会。我更希望有财富的、有学问的、有青春的都做起新武训来督促自己慷慨出钱，督促自己认真教人，督促自己努力求学，毋须别人来苦劝。这样教育不但容易普及，而真正自由平等幸福的新中国也可以创造成功了。

《战时教育》第6卷第4、5合期（1941年6月1日）

注释

〔1〕义学　又称义塾，中国旧时由私人集资或用地方公益金创办的免费学校。

育才二周岁前夜*

育才是中国抗战中所产生的一所试验学校，应该是要在磨难里成长为一个英勇的文化作战集团。它的怀胎是在武汉快要失守之前，而诞生则在南岳会议以后，正当国内肃清巨奸之污血，国际唤起正义的声援，我们的整个民族是树立了必胜的信念，而在历史过程中酝酿着一个蓬蓬勃勃的大转机。这时抗战文化是开放着千紫万红的鲜花。那空前的难童公育运动，也奠定了一个相当规模的初基。育才学校便是这难童公育运动之进一步的合乎客观需要的发展。这一切回想起来令人不胜黄金时代之感。

但是向前看啊！不可近视懈怠而被目前的磨难俘虏而去。前面有着更大的黄金时代。

说到目前的磨难可算是严重。但是也给了我们空前的机会来创造。敌人的扩大封锁与加紧进攻，要更大的团结力量去克服。世界战争，自从德军开始进攻苏联，把我们的友邦都卷入旋涡了。这也可使我们格外警觉，靠着更大的团结力量来自力更生，同时也可使我们与友邦发生更亲切之合作，并由于我们的努力使英美与苏联的关系加强，四国配合作战，以铲除人类之公敌而创造幸福之世界。目前的文化界无可讳言的是因烦闷而离开了一批工作者。文化之园里还存在着“无奈朝来寒雨晚来风”之慨。从张文白[1]部长第二次招待文化界的演说词里，我们知道他似乎有惜春之意。这春暮的

---

* 本篇1941年6月写于凤凰山，原载1941年《战时教育》第6卷第6、7、8合期。

气象，大家多少有些同感，但是夏天之莲，秋天之菊，冬天之梅，四季常青之松柏，只要园丁负责，不给茅草乱长，那样不可以及时欣欣向荣呢？而且春，无论如何也会回到人间，向前看啊！前面有着更大的黄金时代待创造。

育才是在这样的气氛里生长着。它是抱着这样的态度过日子。它快两岁了，长成了一个什么样儿呢？

跟武训学，最近几个月我们是过着别有滋味的日子，每日与米赛跑，老是跑在米的后面。到了四月，草街子〔2〕米价涨到每老斗五十三元，比开办的时候涨了二十五倍。这时所有的存款都垫到伙食上去了。向本地朋友借来的四十石谷也吃完了，向银行借来的三万元也化光了。怎么办？从前武训先生以一位“乞丐”而创办了三所学校，我们连一所学校也不能维持，岂不愧死？于是我们在四月六日下了决心要跟武训学，我们要做一个“集体的新武训”。我们相信只要我们所办的是民族与人类所需要的教育，总有一天得到“政府”社会之了解帮助，从磨难中生长起来。首先是育才学生们之响应。他们来信说：“我们愿做新武训的学生，不愿做旧武训的学生。”他们的意思是说：我们自动求学，用不着武训向他们下跪才用功。同样，教师们也给了认真教课的保证。有了认真教课的教师与自动求学的学生，新武训是比较容易做了——只需讨饭兴学，对付经济问题。这经济问题固然严重得很——到我写这篇文章的时候，二百张嘴天天所吃的已是每老斗一百一十元的米了。超出开办时五十倍——但是本着立校颠扑不灭的教育理论，抱着武训先生牺牲自我之精神，并信赖着中华民族重视教育、爱护真理之无可限量之热诚，我们知道就是比现在更困苦，也必定不是饥饿所能把我们拆散的。中华民族需要我们，世界人类需要我们。磨难只能给我们以锻炼，使我们更强壮的长起来。

初入人才教育之路，育才在过去两年中只是做了一点探路的工作。育才在两周岁之前夜，对于初步人才教育，探到了什么路？怎样在这路上试探？有限得很，只可约略的谈谈：

甲、集体生活 集体生活不仅仅是大家聚在一块过日常生活。我们要想丰富集体生活在教育上之意义，必须使它包含三种要素：（一）为集体自治；（二）为集体探讨；（三）为集体创造。

（一）集体自治的主要目的，是要使大家在集体自治上来学习集体自治。集体自治在育才是采用民主集中制。我们在民主与集中之间摇摆了一些时候，我们主观上是要实行民主集中，使全校的公意得以充分的发表，并使此发表之公意有效而迅速的实现起来。但是实际上，我们初期似乎过于民主，发生过平均、平行等毛病；后来，要想纠正这些毛病，权力过于集中，整齐严肃是其好处，被动呆板是其弱点。现在仍回到立校之原意，要贯彻民主集中制之真精神，一方面培养自动的力量，一方面培养自觉的纪律，一方面树立宣导这力量及发挥这纪律有效而有条理的机构，使他们向着有目的生活奔赴，如百川之朝海。如果有一方面做得不够或有所偏，多少便会失去民主集中之效用。

（二）集体探讨之目的，在以集体之努力，追求真理。探讨之路有五，即行动、观察、看书、谈论、思考，称之为五路探讨，也可称之为五步探讨。这与《中庸》所说之博学、审问、慎思、明辨、笃行相仿佛，不过次序有些变动，博学相当于观察与看书。审问似乎属于思考又属于谈论。慎思明辨纯属于思考。笃行相当于行动。人类与个人最初都由行动而获得真知，故以行动始，以思考终，再以有思考之行动始，以更高一级融会贯通之思考终，再由此而跃入真理之高峰。说到应用，凡是不必按班级学习之功课都可采用集体探讨之方式，如社会科学、自然科学、艺术之一大部分，只需文化锁匙略会运用，即可开始从事于集体探讨。例如集体探讨中国抗战或某一战役，教师可于一星期前公布探讨纲目，提示参考图书，并指点探讨之路。地图及数字须预为择要公布。首先我们要在参加抗战行动上来了解抗战。我们在慰问抗属、制寒衣、义卖、宣传兵役等行动上来理解它的性质及发展。敌机凌空、轰炸惨酷、汉奸挑拨、奸商囤积居奇、军民同赴国难以及种种战利品随时随地广为观察。有关中国抗战及该战区之地图、书籍、报章杂志须广为搜集，按程度分别陈列以备阅览。然后依规定日期，由教师或请专家主讲，由学生参加讨论，当时扼要记录，事后用心整理，并加以批评检讨，以期达到融会贯通之境界。等到融会贯通以后之抗战行动，是跃入更深的必胜信念，并能发出更大的参加力量。这整个过程，我们称之为集体探讨。牛顿养猫，猫养小猫，他在大猫洞旁边开一小洞使小猫可以自由出入。但小猫只是跟随大猫走大洞，小洞等于虚设。集体探讨只是开了一个文化大洞，小孩自然跟着大孩一同进出罢了。

（三）集体创造的目的，在运用有思考的行动来产生新价值。我们虽不能无中生有，但是变更物质的地位，配合组织，使价值起质的变化而便利于我们的运用。这也构成普通功课之一部分，使学生在集体创造上学习创造。我们以前开辟操场、劳动路及普式庚林〔3〕并改造课室已经有了些经验。这次从六月二十到七月二十定为集体创造月，开始作有计划之进行，分举如下：

（子）创造健康之堡垒；

（丑）创造艺术之环境；

（寅）创造生产之园地；

（卯）创造学问之气候。

（子）创造健康之堡垒：我们的集体生活首重健康。创造健康之堡垒，目的在与疾病作战。善战者不战而退敌人之师，故一分预防胜于十个医生。健康之堡垒有三道防线：第一道防线，是制造扑灭病菌、绝除病菌及携带病菌者之工具，如苍蝇拍、捕鼠器、纱罩、蚊帐、烧水锅炉、消毒器械，并采用其他科学方法与侵犯之病菌及病菌携带体作战。第二道防线，为实施环境卫生，如水井、厕所、厨房、饭厅、阴沟死水、仓库、家畜栏、垃圾堆，都要经常的施以适当的处理，使病菌无法孳生蔓延。第三道防线，是赤裸裸的靠着身体的力量与病菌肉搏。这道防线所包含的是营养、运动、防疫针、生理卫生之认识。至于治疗乃是三道防线都被攻破，肉搏又告失败，只好抬入后方医院救治。故治疗不是作战之防线，乃是医伤之处所。最好是努力于三道防线上健康堡垒之创造，使治疗所等于虚设。我们是要朝这方向进行，很希望在集体创造月里立下一个基础，以后继续使它逐渐完成。但是既与病菌作战，无论如何周到，难免没有受伤官兵，故治疗所工作也不敢疏忽，而是要使它有效的执行它的任务。

（丑）创造艺术之环境：我们要教整个的环境表示出艺术的精神，使形式与内容一致起来。这不是要把古庙制成一座新屋，老太婆敷粉擦胭脂涂嘴唇是怪难看的。但是阵有阵容，校有校容，有其内必形诸外，我们首要重艺术化的校容。甲午之前，中国海军也算是世界第四位，一度开到日本大示威。一位有见识的日本官在岸上看了一看说：这可取而代之。人问其故。他说："大炮为一舰之主，我看见他们在大炮上晒裤子，所以知道它的末路快到了。"这种眼光多么锐利啊！他是从舰容——大炮上的裤子——看清逊清海军军纪了。我们所要的校容不是浪费的盛装，而是内心的艺术感所求的朴素的表现。我们的校容要井然有条，秩然有序，凛然有不可侵犯之威仪。什么东西应该摆在什么地方或只许摆在那个地方，应该怎样摆也只有那样摆，而不许它不得其所。无论什么东西，已经成群，就得排队：草鞋排队、斗笠排队、扫帚排队、畚箕排队、锄头排队、文具排队、手巾排队、脸盆排队、桌排队、椅排队、凳排队、床排队、被排队、书排队——一切排起队伍来！物也排队，人也排队；静要排队，动要排队；排队而进，排队而出。排队之前，排队之时，排队之后，通身以朴素之艺术精神贯彻之，便成了抗战建国中应有之校容。捣乱这校容的有少爷、小姐、名士派、浪漫派、个人主义、自由主义之遗孽，我们是努力的感化而克服着。

（寅）创造生产之园地：我们要渡过经济难关，是要开源节流，标本兼治。治标的办法，是在节约捐款。根本之计，则在从事有效之生产，以十年树木之手段，贯彻百年树人之大计。现在正进行着“寸土运动”[4]，使大家知道“一寸黄土一寸金”之义，而后用集体的力量使地尽其力。进行这工作时候，有数件事颇令人兴奋。晚饭钟已经敲了，我们见一位小同学身边放着十根辣椒苗，左近实在没有空地了，只空下一个小水凹。他把水疏通流到别处去，拾了几块石头连泥做了个小堤，再拿好土把凹地填平，将辣椒苗栽完了才洗手回校吃晚饭。这时，又看见一位同学远远的还在工作，待我走去和他谈谈，他说：“我今天要挖好五百个凹，使山芋秧种完了才放手。”他的技术虽然还有许多地方不能令人满意，但是我们有一些小农人精神，是足以完成我们小范围中的寸土运动的任务。在我们当中，也有一些人懒得动手，或把生产当作玩艺儿干。我希望在创造劳动的洪炉里，他们渐渐的会克服自己的弱点，把自己造成手脑双挥的小工人。

（卯）创造学问之气候：气候是生物生长之必要条件。我们要学问长进，必须创造追求真理所必需的气候。平常所谓气候是空气与热之变化所至，学问之气候也可说是追求真理之热忱与其所需之一定文化养料及其丰富之配合所构成。追求真理之热忱其限度固为先天所赋予，而各人是否得尽其限，则有赖于集体或彼此之鼓励。但所赖以追求真理之文化养料之配合则有待于创造。具体的说，我们除了培养求知之热忱以及大自然、大社会之博观约取外，必须有自然科学馆、社会科学馆、艺术馆、图书馆之建立。对于文化养料搜集得愈丰富，配合得愈适宜，则其有助于学问之长进亦愈大。这些，在我们这样的学校，除了集体创造外，便无法实现。从五月二十七日起，我们是分工合作的来采办这些文化食粮。首先是图书馆之彻底改造，简直是等于创造一个新的图书馆，竟以集体的力量而完成了奠基的任务。图书馆之改造证明了集体力量之雄厚，并为一切集体创造树立了一个可以达到的水准，而且于无意中起了模范作用。我们有两个肚，需要两种食粮、两个厨房、两个大司务。自从米价涨上天，精神食粮偏枯，大家好像变成一个大肚小头的动物，其实精神肚子吃不饱，饭桶肚子又何尝吃得饱？为了免掉这种偏枯，我们除了吃“点心”外还要吃“点脑”——还要吃“文化点心”。我们下决心规定“点心”[5]费或文化点心费，不得小于米价二十分之一，免得头脑长得太小，太不像样。

乙、文化钥匙　活的人才教育，不是灌输知识，而是将开发文化宝库的钥匙，尽我们知道的交给学生。文化钥匙主要的四把：即国文、数学、外国文、科学方法。国文、数学、外国文三样，在初期按程度分班级上课最经济。数学对于艺术部门之学生，只须达到足够处理日常生活程度以后，即可任其自由选择。知识之前哨丰富之学术多在外国，人才幼苗一经发现即须学外国文。至少一门，与国文同时并进，愈早愈好，风、雨、寒、暑不使间断，若中途发现其不堪深造，则外国文即须停止，以免浪费时间。科学方法不必全部采用班级上课，一部分要使其在行动上获得方为有效。这科学方法似宜包含治学、治事各方面。从前有一个故事提到有一位道人用手一指，点石为金，一位徒弟在旁呆看，道人说：“你把金子搬去可以致富。”徒弟摇摇头。道人问他为何不要金子，徒弟说：“我看中你那个指头。”世上有多少人被金子迷惑而忘了点金的指头，文化钥匙虽可分班度人，但要在开锁上指点。如当作死读书，上起锈来，又失掉钥匙的效用了。

丙、特殊的学习　这是育才立校之一特点，我们设了音乐、戏剧、文学、社会、自然、绘画六组，依据智慧测验、特殊测验，选拔难童加入最适合其才能兴趣之一组学习，以期因材施教，务使各得其所。我们的目的，在使人才幼苗得到及时之培养而免于延误枯萎。特殊才干之幼苗，一经发现，即从小教起，不但是合于世界学问之幼年史实，即我们这短短两年的试验，也证明了路线之正确。将来，倘能照预定计划加设工艺组和农艺组，更为容易见效而适合需要。一位来校视察的朋友，看见这办法合理而主张普遍推行。这是需要慎重考虑的。我想每省先设一所以资试验，却是有益而无害。将来随办学人才之增加，则每一行政督察专员区设立一所，亦属可行。

丁、自动力之培养 生活、工作、学习倘使都能自动，则教育之收效定能事半功倍。所以我们特别注意自动力之培养，使它贯彻于全部的生活工作学习之中。自动是自觉的行动，而不是自发的行动。自发的行动是自然而然的原始行动，可以不学而能。自觉的行动，需要适当的培养而后可以实现。故自动不与培养对立，相反的自动有待于正确的培养。怎样才算是正确的培养呢？在自动上培养自动，才是正确的培养。若目的为了自动，而却用了被动的方法，那只能产生被动而不能产生自动。有人好像是无须培养便能自动，那是因他会自觉的锻炼了自己，培养了自己，其实他是运用了更高的培养，即自我的培养。我们的音乐指导委员会〔6〕，委员都在重庆，每月有一位下乡指导数日。当他不在乡下的时候，学生竟能自动的完成每一个月的学习进程，这是很令人高兴的一件事。最近改造图书馆，一开始便着手培养十几位幼年管理员，在改造图书馆上培养他们管理图书馆。现在整个图书馆都由他们主持了，而且有了优越的成绩。二周年纪念要发出将近三百封信，我们把握住这个机会，培养了二十几位幼年的秘书。写得不及格的摔进字纸篓里，顶多摔进去三次便及格了。这写及格不就等于一门书法考试及格了吗？所不同的是三百封信出去了，等于一位书记五十天的成绩。而且书法考试及格，写信未必适用；但是写信已经合用，书法必定及格。现在要完成幼年会计、幼年护士之培养，并开始幼年生产干事、幼年烹饪干事之培养。我们的根本方针，是要在自动上培养自动力。每人学治一事，不使重复而均劳逸。寻常治学之人与治事之人常常相轻，现在治学之人学治一事，则治事亦治学了。再因一般治事之人，为治事而治事，不免流于事务主义，倘从小即养成其为治学而治事之态度，则两受其益了。

两个问题之再考虑

（一）普修课与特修课之关系　育才初办的时候，假定普修课与特修课之时间各占二分之一。普修课依部章所定内容进程实施。特修课则因无前例，则根据各组学术性质而定其课程。后来，因研究结果而改订时间，使普修课约占三分之二，特修课占三分之一，并给各组以伸缩机会，再依各组进程需要逐年酌量增加特修课之时间。我们时常遇到的问题是：你们的学生几年毕业？我们回答问题不像普通学校那样简单。特修课我们是希望学生一直学上去，到学成了才告一段落；普修课则大约和别的学校同年限毕业。接着就是第二个问题：你们费了三分之一的时间在特修课上面，又如何能同别的学校同年限毕业？因为有四个条件能使它成为可能：（一）我们这里几乎是个全年学校或四季学校。当寒假生活和暑假生活，名字虽是不同，但多少还得天天上些课。比较起来，我们全年上课是可能多十几个星期。（二）特修课之一部分，在学力上是可移转到普修课上面去。（三）如果集体探讨及集体创造，特别是学问气候之创造，有效的实现起来，学生潜修其中，自然而然的是随时随地的吸收很多相当于普修课之内容。（四）为着要预防及纠正特修课教育之狭隘性格，我们多方引导学生在各组之立场与观点，尽量对于普修课各部门找出他们与本组学术之关联。担任普修课之导师，随时尽可能扼要指出他的功课与特修课之联系，同时，担任特修课之导师乃至比较深造的学生，提出各该组当前学习之精华，使之深入浅出，公诸全校，以丰富全校之普修课内容。这样，普修课与特修课之鸿沟打通，乃能达到一般的特殊与特殊的一般之境界。

（二）集体检讨可能之流弊 集体生活必须有自我检讨而后能克服自身之弱点，发扬本身之优点。这种检讨晚会之原意，是教工作做得好些，学问求得正确些，生活过得丰富而合理些，进一步是要时常提醒我们所过的生活，所求的学问，所做的工作是否合乎抗战建国之需要及如何使我们的生活、学习、工作更能配合抗战建国之大计。它要提醒我们是否为了近处而忘记远处，为着小我而忘了大我。这样，晚会才能开得有教育意义，才能教人有参加之乐而无参加之苦。但是检讨晚会有一个危险，就是一不小心，它往往会变成集体裁判，为着一点小事而浪费多数人之时间，久而久之，会在同学之间结下难解之私仇，被检讨人是弱者吞声屈服，强者怀恨报复，既伤团体和气，亦无益于个人，甚至乐园变成苦海，实误用集体检讨有以致之。古语说："杀鸡焉用牛刀。"何况拿牛刀杀虱？若是老用来杀鸡杀虱，则到了杀牛的时候，怕要杀不动了。集体检讨是一个团体最锋利的公器，不可小用，小用则钝。纠正之方在民主立法；有司执法，网开一面，庶有自新之路；十目所视，不容秽垢藏匿之所；而根本之图，是先立乎其大者，则其小者不能夺。改弦更张，为时不久，进一步可以达到同志、同学均在友谊上合一起来之境界，是其有助于全校之精诚团结，可以预卜了。

迎接维系努！婆罗门教〔7〕有三个大神：一是创造之神，名叫百乐妈；一是破坏之神，名叫洗伐；一是保存之神，名叫维系努(Vishnu)。我们生活教育运动，包含育才学校，仔细检讨，便发觉我们缺少保存之神。让我们欢迎维系努加入我们的集团吧。我们不为保存而保存，是为着更高的创造而保存。正如印度故事所说，让更真、更善、更美的创造，从维系努手中之莲花里生出来吧。

《育才学校》(1951 年 4 月教育书店版)

注释

〔1〕张文白 即张治中（1890—1969），字文白。安徽巢县人。时任国民

党军事委员会政治部部长兼三民主义青年团书记长。

〔2〕草街子　地名，是四川省合川县（今重庆市合川区）的一个小集镇，育才学校所在地古圣寺距此五里。

〔3〕普式庚林　普式庚林通译普希金（Александр Сергеевич Пушкин，1799—1837），俄国著名诗人，被誉为俄国现实主义文学的奠基人。普式庚林是育才学校所在地凤凰山山坡上的一片松林，育才文学组的师生常在这里举行诗歌朗诵活动，因而命名。

〔4〕寸土运动　皖南事变后，育才学校的经济陷入困境。为了解决吃饭问题，陶行知在育才学校开展了寸土运动，号召全体师生利用每一寸空地开荒生产，种植粮食作物和蔬菜。

〔5〕在 1950 年 11 月出版的大众教育丛书《伪知识阶级》一书中，该处为“点脑”。

〔6〕音乐指导委员会　全称重庆育才学校音乐指导委员会。由于育才学校当时的师资奇缺，故由陶行知出面敦聘在重庆的知名音乐家组成音乐指导委员会，专门对育才学校音乐组进行轮流指导。

〔7〕婆罗门教　印度古代宗教。相传约在公元前 7 世纪形成，以崇拜婆罗贺摩（梵天）而得名。以《吠陀》为最古的经典。婆罗门为梵文 Brāhmana，意译“净行”或“承习”。我国自东汉以后，称古印度为婆罗门。

在生活教育社十五周年纪念会上的讲话*

本社能存在十五年，完全是由于社会人士赞助的力量。虽然本社同人是尽了自己的本分，然今后更要格外努力以不辜负社会人士的赞助。

生活教育的特点：①外行干的[1]——免除过去那种酸溜溜的作风；②穷解决——中国是穷国家、穷社会，但是要以穷办法办内容丰富的教育；③丘八作风——实行丘八教育[2]，教育丘八学生，丘八教育的意义就是把教育当作武器以求民族解放和人类解放；④工人的手段；⑤科学的头脑。

生活教育除本身是武器外，并是一种粗茶淡饭，使人吃了能生长一种力量，要为民族解放、人类解放事业而战斗。目前我国是处在一个非常严重时刻，要渡过这个难关，就要动员一切力量。生活教育社应为供献出自己的一切力量而努力。

生活教育是有而一向未曾公开的朋友，一个是贫弱，一个是患难。十五年来的生活教育社同人是遭受了一切困苦与阻难，但是为了生活教育事业的推行，能为生活教育事业而牺牲。

《新华日报》(1942 年 3 月 16 日)

---

* 本篇系陶行知于 1942 年 3 月 15 日在生活教育社十五周年纪念会上的讲话记录。摘自《活的教育的模范——生活教育社昨纪念十五周年》一文。今题为编者所拟。

注释

〔1〕系指在生活教育社的十三个创办人中，只有陶行知一人是专门学过教育的。

〔2〕丘八　兵字的一分为二，旧社会往往用于对当兵者的蔑称。陶行知在此所说的“丘八教育”，一方面包含有对别人瞧不起的兵士进行教育，更主要的意思是要从事别人所瞧不起的教育，是要像兵士那样处处是战场处处办教育。

每天四问*

今天是本校三周纪念，我有一些意见提出来和大家谈谈，作为先生、同学和工友们的参考。

本校从去年的二周纪念到今年的三周纪念，能在这样艰难困苦中支持了一年，几乎是一个奇迹。这一个奇迹，不是一个人的力量所能够做得出来的，而是全体先生、同学、工友共同坚持，共同进步，共同创造，以及社会关心我们人士的尽力赞助所得来的。

本校在这一年中，好像是我们先生、同学、工友二百人坐在一只船上，放在嘉陵江中漂流，大的漏洞危险虽然没有，但是小的漏洞是出了一些，这些小漏洞也可以变成大漏洞，使我们的船沉没下去的！然而我们的船没有因为这些小漏洞沉没，竟因为我们这些同船的人，一见有小漏洞，即想尽方法用力去堵塞，有时用手去堵，有时用脚去堵，甚至有时用头、用全身的力量去堵，终于把这只船上这些小漏洞堵塞住，而平稳地渡过这一年，达到了目的地。这是一个奇迹，一个共同努力、共同创造的奇迹。

“一切为纪念”，刚才主席说的这一个口号，当然提出的意义是有他的作用的，大家用力对着这一个目的来创造，是很好的。但是我对于这一个口号有点骇怕，骇怕费钱太多，骇怕费力太多，以致精疲力尽，恐怕得不偿失。所以我主张明年四周纪念，要改变方针。我们的成绩，要从明天起，即开始筹备，日积月累，“水到渠

---

* 本篇系陶行知于1942年7月20日在育才学校三周年纪念晚会上的演讲记录。记录者为方与严。

成”的成绩。不要再在短期内来多费钱和多费力量，只要到了明年七月一日，开始把平日的成绩装潢一下，便有很丰富的成绩，再不像今年和去年这样忙了。大家也可以很从容很清闲而有余裕的过着四周年纪念。

现在我提出四个问题，叫做“每天四问”：

第一问：我的身体有没有进步？

第二问：我的学问有没有进步？

第三问：我的工作有没有进步？

第四问：我的道德有没有进步？

第一问：“我的身体有没有进步？”

首先，我们每天应该要问的，是“自己的身体有没有进步？有，进步了多少？”为什么要这样问？因为“健康第一”。没有了身体，一切都完了！不禁使我想到了去年二周纪念前九日邹秉权同学之死！与今年三周纪念前九日魏国光同学之死！二人之死的日子是恰恰一周年，不过时间上相差八九个钟点罢了。因这两位同学的死，使我联想到，我们必须继续建立“健康堡垒”。要建立健康堡垒，必须注意几点：

（一）“科学的观察与诊断”。……科学是教我们仔细观察与分析，譬如邹秉权、魏国光两同学之死，尤其是魏国光同学这一次的死，不能不说是我们先生、同学的科学的观察力不够。魏国光同学患的是“蛔虫”症候，他在学校寝室内吐过蛔虫，有同房的同学见到没有报告，先生也没有仔细查看，到了医院又在痰盂中吐过蛔虫，又没有留心注意到，这就是科学重证据的“敏感”，而成为一种不科学的“钝感”了！医生又复大意，则在这种“钝感”之下据之而误断为“盲肠炎”。虽然他腹痛的部位是盲肠炎的部位，但既称为“炎”，就必得发“热”；今既无热，就可以断定不是盲肠炎了。何以需要开刀割治！其实魏国光同学的病症是蛔虫积结在肠胃内作怪，不能下达，而向上冲吐了出来！如果，把这吐过蛔虫的证据提出来，医生一定不致遽断为盲肠炎，而开刀，而发炎，而致命！因为魏国光同学之死，我们必须提高“科学的警觉性”。以后遇病，必要拿出科学上铁一般的证据来，才不致有错误的诊断而损害了身体。否则，都有追踪邹秉权、魏国光两同学之死的危险！所以提高科学的警觉性，是保卫生命的起码条件。最重要还是要用科学的卫生方法，好好的调节自己的身体，不使生病！科学能教我们好好的生活、生存！我们今后应该多提高科学的知能，向着科学努力，努力建立科学的健康堡垒，以保证我们大家的健康和生命。

（二）“饮食的调节与改进”。……我这次去重庆，因事到南岸，会到杨耿光[1]（杰）先生，杨先生是我们这一年来，经济助力最多最出力的一位热心赞助者。顺便谈到儿童和青年的营养问题，杨先生提到德国对于儿童和青年的营养问题，是无微不至的。德国有一位大学教授，对于自己儿子的营养，说过这样一段话：“我为什么有这样好的身体，可以担任这样繁重的事情？就是我的父母把我从小起的营养就调节配备得好，所以身体建筑得像钢骨水泥做的一样。身体建筑最好的材料是牛肉，所以我决定每天要给我的儿子吃半斤牛肉，一直到二十五岁，就能够把他的身体建筑成为钢骨水泥做成的一样，可以和我一样担任繁重的大事了。”纳粹德国政府，对于全国儿童及青年身体健康的营养，是无微不至。我们今天关于营养的问题提到德国，并不是要像纳粹德国一样，把儿童和青年的身体培养得坚实强健，然后逼送他们到前线上去当侵略者的炮灰！但是这种注重新生一代的儿童和青年营养问题的办法，是值得注意的。就是苏联，是社会主义的国家，对于儿童和青年的营养问题，也是无微不至的，所以它在一切建设上，在抵抗侵略上，到处都表现着活跃的民族青春的活力。其他许多国家政令中亦多注意到儿童和青年的营养问题。我们在今天提出营养问题来，就是为着现在和将来人人能够出任艰巨。悬此为的，以备改进我们的膳食，为国家民族而珍重着每一个人的身体的健康。

（三）“预防疲劳的休息”。……“饱食终日，无所用心”固然不对，但是过分的用功、过分的紧张劳苦工作，也于一个人身体的健康有妨害。妨害着脑力的贫弱，妨害着体力的匮乏，甚至于大病，不但耽误了学习和工作，而且减损及于全生命的期限！所以我在去年早已提出“预防疲劳的休息”问题，今天重新提出，希望大家时时提示警觉，预防疲劳，不致使身体过分疲劳。天天能在兴致勃勃中工作学习，健康必然在愉快中进步了。至于已经有人过分疲劳了，要快快作“恢复疲劳的休息”。适当的休息，是健身的主要秘诀之一，万不可忽略。忽略健康的人，就是等于在与自己的生命开玩笑。

（四）“用卫生教育代替医生”。……卫生的首要在预防疾病。卫生教育就在于教人预防疾病，减少疾病。卫生教育做得好，虽不能说可以做到百分之百不生病的效果，但至少是可以减少百分之九十的病痛。其余在预防意料之外而发生的只有百分之十的病痛，可是已经是占着很少成分，足以见出卫生教育效力之大了。以现在学校的经济状况说来，是难以支出两三千块钱来请一个医生。我们的学校是穷学校，中国的村庄是穷村庄。我们学校是二百人，若以五口之家计算，是等于一个四十户人家的村庄。若以这个比例来计算，全中国约有一百万个村庄，每村需要请一个医生，便需要有一百万个医生。现在中国的人力和经济力都不允许这样做，不能够这样做，所以我们学校也就决定不这样做，决定不请医生。我们要以决心推进卫生教育的效力来代替医生，以保证健康的胜利。以卫生教育代替医生，在两月前，我已有信来学校，提出十几条具体事实来，希望照行。现在想来，还是不够，需要补充。待补充之后，提交校务会议商决进行。但是今天在此先提出来告诉大家，希望大家多多准备意见、贡献意见。在建立“科学的健康堡垒”上多尽一份力量，便是在卫生教育施行上多一份力量，卫生教育胜利上多一份保证。大家都成为建立“科学的健康堡垒”的主要的成员之一、健将之一，共同来保证“健康第一”的胜利。

第二问："我的学问有没有进步？"

其次，我们每天应该问的，是"自己的学问有没有进步？有，进步了多少？"为什么要这样问？因为"学问是一切前进的活力的源泉"。学问怎样能够进步？重要在有方法的研究。现在我想到有五个字，可以帮助我们学问易于进步。哪五个字呢？

第一个，是"一"字。一是"专一"的一。荀子说："好一则博。"这句话是很有精义的。因为有了一个专一的问题做中心，从事研究，便可旁搜广引，自然而然的广博起来了。我看世界名人学者对于治学的解释，尚少如此精约的。治学必须"专一"的"一"，这是天经地义的了。"专一"在英文为 Concentration，我们对于一件事物能够专心一意的研究下去，必然能够有一旦豁然贯通之时。所以我希望有能力研究的先生和同学，必须择定一个题目从事研究，即使是一个很小的问题，也可以研究出很深刻很渊博的大道理来。于人于己都可得到切实的益处，而且可能有大的贡献。

第二个，是"集"字。集是"搜集"的集。集照篆字的写法，是这样"集"，好像许多钩钩一样。我们研究学问有了中心题目，便要多多搜集材料，像"集"的篆写一样，用许多钩钩到处去钩，上下古今，左右中外的钩，前前后后，四面八方的钩，钩集在一起来，好细细研究。集字在英文为 Collection，我们有了丰富的材料，便可以源源本本的彻头彻尾的来研究它一个明明白白，才能够真正理解这个问题的症结所在，才能够"迎刃而解"，才能够收得"水到渠成"的效力。所以我希望大家对于每一个问题，都必须多多搜集材料，以便精深的精益求精的研究。在研究上发生力量，在研究上加强创造力量，集体创造，共同创造，在创造上建立起我们事业的新生命，树立起我们事业的新生机，稳定我们事业的新基础。

第三个，是"钻"字。钻是钻进去的钻，就是深入的意思。钻是要费很大的力量，才能够钻得进去，深入到里面去，看得清清楚楚，取得了最宝贵的宝贝。做学问虽不能像钻东西那么钻，但是能够用最好的方法，也可以很快钻进去。我在×国，参观一个金矿，他们开采的机器，是运用大气的压力来发生动力的。我见到他们开采的速度，是比现代所称的“电化”的电力，还不知要增加若干倍咧。我们做学问也是一样，如果我们能够在学术气氛中的大气压力下，发生动力去钻，一定能够深入到里面去，探获学问的根源奥妙与诀窍，而必有很好的收获。“钻”字在英文为 Penetration。所以我希望大家对于一个问题拿定了，便要尽力向里面钻，钻出一大套道理来，使我们学术气氛有着飞跃的进步。

第四个，是“剖”字。剖是“解剖”的剖，就是“分析”的意思。有些材料钻进去还不够，必须解剖出来看它的真伪，是有用的还是有毒素的，以便取舍，消化运用。“剖”字在英文为 Analysis。所以我希望大家对于每一个问题搜集得来的材料，除了钻进、深入之外，必须更加着意做一番解剖的工夫，分析入微，如同在解剖刀下，在显微镜下，看得明明白白，分析得清清楚楚，真的有用的没有毒素的就拿来运用；如果是假的有毒素的就舍去抛掉不用。如此，鉴别材料，慎选材料，自然因应适宜了。

第五个，是“韧”字。韧是坚韧，即是鲁迅先生所主张的“韧性战斗”的韧。做学问是一种长期的战斗工作，所以必须有韧性战斗的精神，才能够在长期战斗中，战胜许许多多困难，化除种种障碍，开辟出一条新的道路，走入新的境界。“韧”字在英文中尚难找得一个适当的字来翻译，勉强可以译为 Toughness。所以我希望大家在做学问上，要用韧性战斗的精神，历久不衰的、始终不懈的坚持下去，终可达到“柳暗花明又一村”的境界。

我想我们每一个人，能把“一”“集”“钻”“剖”“韧”五个字做到了，在做学问上一定有豁然贯通之日，于己于人于社会都有贡献。

第三问：“我的工作有没有进步？”

再次，我们每天要问：“自己担任的工作有没有进步？有，进步了多少？”为什么要这样问？因为工作的好坏影响我们的生活、学习都是很大的。我对于工作也提出几点意见，以供大家参考。

第一点最要紧的，是要“站岗位”。各人所负的责任不同，各人有各人的岗位，各人应该站在各人自己的岗位上，守牢自己的岗位，在本岗位上努力，把本岗位的职务做得好，这是尽责任的第一步。我最近在想，人人应该有“站岗位”的教育。站牢在自己的工作岗位上，教育自己知责任，明责任，负责任——教育着自己进步。

第二点最要紧的，是要“敏捷正确”。人常说，做事要“敏捷”，这是对的。但我觉得做事只是做到敏捷还不够，敏捷是敏捷了，因敏捷而做错了怎么办？所以敏捷之下必须加上“正确”二字，工作敏捷而正确才有效力。一件工作在别人做起来需要四小时，你只要二小时或三小时就做好了，而且做得很正确，这才算是工作的效力。工作怎样能够做得敏捷正确呢？这就要靠熟练与精细。粗心大意是最易弄错弄坏事情的。做事要像做算术的演算草一样，要演得快演得正确。

第三点最要紧的，是要“做好为止”。有些人做事，有起头无煞尾，做东丢西，做西丢东，忙过不了，不是一事无成，就是半途而废。我们做事要按照计划，依限完成，就必须毅力坚持，一直到做好为止。

第四问：“我的道德有没有进步？”

最后，我们每天要问的，是“自己的道德有没有进步？有，进步了多少？”为什么要这样问？因为道德是做人的根本。根本一坏，纵然使你有一些学问和本领，也无甚用处。并且没有道德的人，学问和本领愈大，就能为非作恶愈大，所以我在不久以前，就提出“人格防”来，要我们大家“建筑人格长城”。建筑人格长城的基础，就是道德。现在分“公德”和“私德”两方面来说。

先说“公德”。一个集体能不能稳固，是否可以兴盛起来？就要看每一个集体的组成分子，能不能顾到公德、卫护公德来衡量它。如果一个集体的组成分子，人人以公德为前提，注意着每一个行动，则这一个集体，必然是日益稳固、日益兴盛起来。否则，多数人只顾个人私利，不顾集体利益，则这个集体的基础必然动摇，并且一定是要衰败下去！要不然，就只有把这些不顾公德的分子清除出这个集体，这个集体才有转向新生机的希望。所以我们在每一个行动上，都要问一问是否妨碍了公德？是否有助于公德？妨碍公德的，没有做的即打定决心不做，已经开始做的，立刻停止不做。若是有助于公德的，大家齐心全力来助他成功。

再说“私德”。私德不讲究的人，每每就是成为妨害公德的人，所以一个人私德更是要紧，私德更是公德的根本。私德最重要的是“廉洁”，一切坏心术坏行为，都由不廉洁而起。所以我在讲“建筑人格长城”的时候，提到了杨震的“四知”，甘地的漏夜还金，华盛顿的勇敢承认错误，和冯焕章先生所讲的平老静“还金镯”的故事，这些，都是我们大家私德上的好榜样。我们每一个人都可以效法这些榜样，把自己的私德建立起来，建筑起“人格长城”来。由私德的健全，而扩大公德的效用，来为集体谋利益，则我们的学校必然的到了四周年，是有一种高贵的品德成绩表现出来。

我今天所讲的“每天四问”，提供大家作为进德修业的参考。如果灵活运用的行到做到，明年今日四周纪念的时候，必然可以见出每一个人身体健康上有着大的进步，学问进修上有着大的进步，工作效能上有着大的进步，道德品格上有着大的进步，显出“水到渠成”的进步，而有着大大的进步。

《育才学校》(1951 年 4 月教育书店版)

注释

〔1〕杨耿光（1888—1949） 名杰，字耿光，云南大理人。早年留学日本，参加同盟会。辛亥革命后，参加讨袁“护国运动”。曾任国民党中央陆军大学校长、国民党军总司令部参谋长等职。解放战争时期，因投身于反内战、反独裁的爱国民主运动，于 1949 年 9 月 19 日在香港遭国民党特务杀害。

育才十字诀*

一次在报上看见一首木偶十字诀，把一个木头菩萨描写得维妙维肖，可算是民众或通俗文艺的杰作。记得第一个字写的是“一窍不通”，的确是精彩得很。当时我就想给育才学校之创学旨趣，披上一件“民族形式”之外套，几经修改，完成了这育才十字诀：

一个大脑。　二只壮手。　三圈连环。　四把锁匙。

五路探讨。　六组学习。　七（集）体创造。

八位顾问。　九九难关。　十（誓）必克服。

因为这个十字诀稍微有点新的内容，又因为措辞不够通俗，还需要简单的解释才可以显出里面的精彩。

一个大脑　人类的头脑在动物中并不算最大，但他的脑髓与脊髓之比例是超过一切动物。这是思想之物质基础。孙中山先生说：“大凡人类对于一件事，研究当中的道理，最先发生思想，思想贯通以后便起信仰，有了信仰就生出力量。”思想贯通是信仰与力量之泉源；研究又是思想贯通之泉源；都是要顺应这大脑之天然条理进行，才能奏效。

二只壮手　人类自脊梁骨硬了起来，前脚便被解放而成为一双可以自由活动的手。手执行头脑的命令，打猎、捉鱼、务农、做工、战斗而健壮起来，同时是改造着发展着那对他发号施令的头脑，我们要重生原始健壮的双手来向前创造。

三圈连环　这是我们的校徽，圈有三种德性：一是虚心，代

---

* 本篇系陶行知 1942 年 12 月 4 日在育才学校的演讲词。

表学习；二是不断，代表工作；三是精诚团结，代表最后胜利。第一个圈表示全校一体；第二个圈表示全国一体；第三个圈表示宇宙一体。而且学校、国家、宇宙是互相联系，息息相关，决不可能把它们彼此孤立起来意识。

四把锁匙　文化锁匙要使学生得到最重要的四把：一是国文；二是一个〔门〕外国语；三是数学；四是科学方法——治学治事之科学方法。与其把学生当作天津鸭儿填入一些零碎知识，不如给他们几把锁匙，使他们可以自动的去开发文化的金库和宇宙之宝藏。

五路探讨　探讨真理，我们提出五条路：（一）体验；（二）看书；（三）求师；（四）访友；（五）思考。这与《中庸》上所讲的博学、审问、慎思、明辨、笃行可以比起来看。体验相当于笃行；看书、求师、访友相当于博学；思考相当于审问、慎思、明辨。我们的治学次序是依据“行是知之始”及自动的原则排列，可以说是把传统的道理颠倒过来。

六组学习　育才除普遍功课依照通常进行外，用四分之一的时间让学生各依性之所近学习一门特修课。特修课分为下列六组：（一）文学组；（二）音乐组；（三）戏剧组；（四）绘画组；（五）自然组；（六）社会组。

七（集）体创造　我们希望以集体力量纠正个人主义，以创造的工作来纠正空话与幻想。在共同努力创造学校上来学习，共同努力创造新中国、新世界。

八位顾问　吉辅灵有一首小诗题为《六个裁缝》，即（一）什么事，（二）什么人，（三）什么缘故，（四）什么方法，（五）什么时间，（六）什么地方。我们为着要改造一般书生的笼统的静止的头脑，加了两位，（七）什么数目，（八）什么动向。这八贤是我们治学治事不用报酬的常年顾问。

九九难关　人生是患难与欢乐所织成。追求真理的人以与患难搏斗为乐，唐僧向西天取经，遭遇八十一难，不知者以为他是自寻苦吃，其实他是抱着一个宏愿要完成，看破生死，乐而忘苦。总之，人生与患难有不解之缘。患难给有志者以战斗之情绪与战胜之智慧。

十（誓）必克服　有了战斗之情绪与战胜之智慧，还必须有战斗到底之意志，才能克服大难，以至于成。一个人到了富贵不能淫，贫贱不能移，威武不能屈的境界，是永远不会被患难压倒，那时他成亦成，败亦成，而不是世俗所谓之成败了。

《育才学校》（1951年4月教育书店版）

创造宣言

创造主未完成之工作，让我们接过来，继续创造。

宗教家创造出神来供自己崇拜。最高的造出上帝，其次造出英雄之神，再其次造出财神、土地公、土地婆来供自己崇拜，省事者把别人创造的现成之神来崇拜。

恋爱无上主义者造出爱人来崇拜。笨人借恋爱之名把爱人造成丑恶无耻的荡妇来糟踏，糟踏爱人者不是奉行恋爱无上主义，而是奉行万恶无底主义的魔鬼，因为他把爱人造成魔鬼婆。

美术家如罗丹〔1〕，是一面造石像，一面崇拜自己的创造。

教育者不是造神，不是造石像，不是造爱人。他们所要创造的是真善美的活人。真善美的活人是我们的神，是我们的石像，是我们的爱人。教师的成功是创造出值得自己崇拜的人。先生之最大的快乐，是创造出值得自己崇拜的学生。说得正确些，先生创造学生，学生也创造先生，学生先生合作而创造出值得彼此崇拜之活人。倘若创造出丑恶的活人，不但是所塑之像失败，亦是合作塑像者之失败。倘若活人之塑像是由于集体的创造，而不是个人的创造，那末这成功失败也是属于集体而不是仅仅属于个人。在一个集体当中，每一个活人之塑像，是这个人来一刀，那个人来一刀，有时是万刀齐发。倘使刀法不合于交响曲之节奏，那便处处是伤痕，而难以成为真善美之活塑像。在刀法之交响中，投入一丝一毫的杂声，都是中伤整个的和谐。

教育者也要创造值得自己崇拜之创造理论和创造技术。活人的塑像和大理石的塑像有一点不同，刀法如果用得不对，可以万像同毁；刀法如果用得对，则一笔下去，万龙点睛。

有人说：环境太平凡了，不能创造。平凡无过于一张白纸，八大山人〔2〕挥毫画他几笔，便成为一幅名贵的杰作。平凡也无过于一块石头，到了飞帝亚斯〔3〕、米开朗基〔4〕的手里，可以成为不朽的塑像。

有人说：生活太单调了，不能创造。单调无过于坐监牢，但是就在监牢中，产生了《易经》之卦辞，产生了《正气歌》〔5〕，产生了苏联的国歌〔6〕，产生了《尼赫鲁自传》。单调又无过于沙漠了，而雷塞布（Lesseps）〔7〕竟能在沙漠中造成苏彝士运河〔8〕，把地中海与红海贯通起来。单调又无过于开肉包铺子，而竟在这里面，产生了平凡而伟大的平老静〔9〕。

可见平凡单调，只是懒惰者之遁辞。既已不平凡不单调了，又毋需乎创造。我们是要在平凡上造出不平凡；在单调上造出不单调。

有人说：年纪太小，不能创造。见着幼年研究生之名而哈哈大笑。但是当你把莫扎尔特〔10〕、爱迪生及冲破父亲数学层层封锁之帕斯加尔（Pascal）〔11〕的幼年研究生活翻给他看，他又只好哑口无言了。

有人说：我是太无能了，不能创造。但是鲁钝的曾参〔12〕传了孔子的道统。不识字的慧能〔13〕，传了黄梅〔14〕的教义。慧能说："下下人有上上智。"我们岂可以自暴自弃呀！可见无能也是借口。蚕吃桑叶，尚能吐丝，难道我们天天吃白米饭，除造粪之外，便一无贡献吗？

有人说：山穷水尽，走投无路，陷入绝境，等死而已，不能创造。但是遭遇八十一难之玄奘，毕竟取得佛经；粮水断绝，众叛亲离之哥仑布，毕竟发现了美洲；冻饿病三重压迫下之莫扎尔特，毕竟写出了《安魂曲》。绝望是懦夫的幻想。歌德说：没有勇气一切都完。是的，生路是要勇气探出来，走出来，造出来的。这只是一半真理。当英雄无用武之地，他除了大无畏之斧，还得有智慧之剑、金刚之信念与意志，才能开出一条生路。古语说，穷则变，变则通。要有智慧才知道怎样变得通，要有大无畏之精神及金刚之信念与意志才变得过来。

所以，处处是创造之地，天天是创造之时，人人是创造之人，让我们至少走两步退一步，向着创造之路迈进吧。

像屋檐水一样，一点一滴，滴穿阶沿石。点滴的创造固不如整体的创造，但不要轻视点滴的创造而不为，呆望着大创造从天而降。

东山的樵夫把东山的茅草割光了，每上泰山割茅草，泰山给他的第一个印象是：茅草没有东山多，泰山上的“经石峪”、“无字碑”；“六贤祠”、“玉皇顶”；大自然雕刻的奇峰、怪石、瀑布；豢养的飞禽、走兽、小虫和几千年来农人为后代种植的大树，于他无用，都等于没有看见。至于那种登泰山而小天下之境界，也因急于割茅草而看不出来。他每次上山拉一堆屎，下山撒一泡尿，挑一担茅草回家。尿与屎是他对泰山的贡献，茅草是他从泰山上得到的收获。茅草是平凡之草，而泰山所可给他的又只有这平凡之草，而且没有东山多，所以他断定泰山是一座平凡之山，而且从割草的观点看，比东山还平凡，便说了一声：“泰山没有东山好。”茅草中有一棵好像是先知先觉的树苗，听他说：“泰山没有东山好”，想到自己老是站在寸土之中，终年被茅草包围着，陡然觉得平凡、单调、烦闷，动摇，幻想换换环境。一根树苗如此想，二根树苗如此想，三根树苗如此想，久而久之成趋向，便接二连三的，一天一天的，听到树苗对樵夫说：“老人家，你愿意带我到东山去玩一玩么?”樵夫总是随手一拔，把它们一根一根的和茅草捆在一起，挑到东山给他的老太婆烧锅去了。我们只能在樵夫的茅草房的烟囱里偶尔看见冒出几缕黑烟，谁能分得出那一缕是树苗的，那一缕是茅草的化身?

割草的也可以一变而成为种树的老农，如果他肯迎接创造之神住在他的心里。我承认就是东山樵夫也有些微的创造作用——为泰山剃头理发，只是我们希望不要把我们的鼻子或眉毛剃掉。

创造之神！你回来呀！你所栽培的树苗是有了幻想，樵夫拿着雪亮的镰刀天天来，甚至常常来到树苗的美梦里。你不能放弃你的责任。只要你肯回来，我们愿意把一切——我们的汗，我们的血，我们的心，我们的生命——都献给你。当你看见满山的树苗在你监护之下，得到我们的汗、血、心、生命的灌溉，一根一根的都长成参天的大树，你不高兴吗？创造之神！你回来呀！只有你回来，才能保证参天大树之长成。

罗丹说："恶是枯干。"汗干了，血干了，热情干了，僵了，死了，死人才无意于创造。只要有一滴汗，一滴血，一滴热情，便是创造之神所爱住的行宫，就能开创造之花，结创造之果，繁殖创造之森林。

三十二、十、十三、
写于凤凰山

《育才学校手册》(1944年1月时代印刷出版社版)

注释

〔1〕罗丹（Auguste Rodin，1840—1917）　法国雕塑家。他深受米开朗琪罗的影响，确立了现实主义的创作方法。他的创作对欧洲近代雕塑的发展有很大影响。

〔2〕八大山人　即朱耷（约1626—约1705），别号八大山人。江西南昌人。清初画家、书法家。

〔3〕飞帝亚斯　通译菲狄亚斯（Phidias），雅典人，古希腊雕刻家，擅长神像雕刻。

〔4〕米开朗基　通译米开朗琪罗（Michelangelo Buonarroti，1475—1564），意大利文艺复兴时期的著名雕塑家、画家、建筑师和诗人。他的艺术创作是在人文主义思想支配下，以现实主义方法和浪漫主义幻想，表现当时市民阶层的爱国主义和为自由而斗争的精神风貌。

〔5〕《正气歌》 系南宋抗元英雄文天祥被俘后在狱中所作的爱国诗歌，表现了他宁死不降的崇高气节，为世人所传颂。

〔6〕这里系指《国际歌》。苏联在1917—1944年间，以《国际歌》作为国歌。

〔7〕雷塞布（Lesseps，1805—1894） 法国企业家，苏伊士运河修建的承包商。他于1858—1869年，主持开凿苏伊士运河工程。

〔8〕苏彝士运河 通译苏伊士运河，今属埃及，著名的国际通航运河。

〔9〕平老静 铺面名。老板为河北保定人，开肉包铺，买卖公平，颇有声誉。陶行知曾写诗赞扬他。

〔10〕莫扎尔特 通译莫扎特（Wolfgang Amadeus Mozart，1756—1791），奥地利著名作曲家，维也纳古典乐派代表人物之一。

〔11〕帕斯加尔 通译帕斯卡（Pascal，1623—1662），法国数学家、物理学家、哲学家和散文学家。

〔12〕曾参（前505—前436） 孔子弟子，鲁国南武城（今山东费县）人，为封建统治者尊为“宗圣”，配享孔庙。

〔13〕慧能（638—713） 唐代高僧，禅宗的第六祖，禅宗的南宗开创者。本姓卢，生在南海新兴（今属广东）。据说他是一个目不识丁的樵夫，决心学佛后，很有成就，继承了五祖的衣钵。

〔14〕黄梅 指佛教禅宗五世祖弘忍。他出家在湖北黄梅县东山禅院，号称黄梅。

育才三方针

（一）迷　根据孩子们不断的迷在某种特殊活动的天性，透过特殊的环境、设备和方法，我们培养并引导他们成长，踏进未知之门。

（二）悟　根据孩子们一般的智力，透过启发性的普通教育，我们培养和指导他们对特殊活动取得更深的了解，对人生各方面的关系和宇宙人类的历史的发展取得更广的认识。

（三）爱　根据孩子们愿意帮助别人的倾向，透过集体生活，我们培养和引导他们对民族人类发生更高的自觉的爱。

}向着创造生活前进

《育才学校手册》(1944年1月时代印刷出版社版)

育才二十三常能

初级十六常能

（一）**会当书记**　包括写小楷，管卷宗，写社交信，做会议记录等。（在国语课和社交活动时及集体活动中学习。）

（二）**会说国语**　包括会话、讲解、演说等。（在国语课、演说会、讨论会、早会、晚会、一切集会与人接谈时，随时留心细听，学习善国语的先生同学的发音、语调。如需要时，可请善国语者进行集体指导或个别指导。）

（三）**会参加开会**　包括发言、提议、选举，做主席等。（在公民课或社会课及一切集会中学习。）

（四）**会应对进退**　包括招待宾客——谈话、引导参观、招待茶饭，——送信接洽事情等。（在平时须留心学校情形，熟悉学校行政组织大概，当会宾客时，才能应对合度，彬彬有礼。在任招待前有准备，在别人应对进退时可以观摩，在自己实践时，必须在慎重其事中学习。）

（五）**会做小先生**　包括帮助工友、同学以及学校附近农友等。（在文化为公、知识为公、即知即传的号召下，自动的以一技一艺之长去帮助人长进中学习。）

（六）**会管帐目**　包括个人帐目、集体帐目，会记帐，会报帐，会管现金出纳等。（抱着有帐即记、公私分明的原则，在记载个人日用帐目及集体帐目中学习。）

（七）会管图书　包括编目、晒书、修补、陈列、借书等。（在每个人自己桌屉中的图书，必须日常整理，不得散乱。在各小组的图书架上、在图书库里观摩和工作中学习。）

（八）会查字典　包括中文字典和外文字典等。（在小学四年级以上，在国语课、外语课，课前准备工作中学习。）

（九）会烧饭菜　包括小锅饭、小锅面、小锅菜十味以上。并会做泡菜、咸菜、糖果、果子酱、腊肉等。（在聚餐、野餐、助厨时学习。）

（十）会洗补衣服　包括洗衣补衣等。（在十二岁以上，必须学会洗补衣服、晒晾、折浆，规定每星期洗衣一次，衣服破了即须缝补，会者教不会者；不会者必须跟会者学。）

（十一）会种园　包括种菜、种花、种树等。（规定小学生每人至少种菜半分；中学生至少种一分。在生产活动中学习。）

（十二）会布置　包括装饰、陈列、粉刷、洒扫等。（在美术课、手工课、参加布置生活室、会客室、课室、寝室、会场中学习。）

（十三）会修理　包括简单木工、竹工、泥水工、油漆工工具等。（在修理中学习。）

（十四）会游泳　包括仰游、俯游等。（在夏令必须参加游泳学习，在平时可定期去温泉学习。）

（十五）会急救　包括医治小毛病、救溺、救触电、救中煤毒等。（请卫生室及校外医工指导，在分配卫生工作及旅行、急救中学习。）

（十六）会唱歌　包括独唱、合唱等。（在唱歌课、参加合唱团中练习。）

高级七常能

（一）**会开汽车**　　检查目力及手腕灵敏，懂得汽车构造。（请专家指教。）

（二）**会打字**　　（学毕高中英文，请专家指教。）

（三）**会速记**　　（文字通顺，并请专家指教。）

（四）**会接电**　　（学毕电学，并请专家指教。）

（五）**会担任翻译**　　（在实习外国语课，极力争取会话练习，外宾至时及与外宾做朋友中学习、交谈中学习。）

（六）**会临时讲演**　　（在平时各种演说会、欢迎会、送别会及指定代表出席参加各社团纪念会中学习。）

（七）**会领导工作**　　（在指定集体工作中负责领导，在集团选举出负责领导工作中学习，以完成上级或集团付托之使命。）

《育才学校手册》（1944 年 1 月时代印刷出版社版）

创造的儿童教育*

创造的儿童教育，不是说教育可以创造儿童。儿童的创造力是千千万万祖先至少经过五十万年与环境适应斗争，所获得而传下来之才能之精华，发挥或阻碍，加强或削弱，培养或摧残这创造力的是环境。教育是要在儿童自身的基础上，过滤并运用环境的影响，以培养、加强、发挥这创造力，使他长得更有力量，以贡献于民族与人类。教育不能创造什么，但他能启发解放儿童创造力以从事于创造之工作。

我们晓得特别是中国小孩，是在苦海中成长。我们应该把儿童苦海创造成一个儿童乐园。这个乐园不是由成人创造出来交给小孩子，也不是要小孩子自己单身匹马去创造，我们造一个乐园交给小孩子，也许不久就会变为苦海，单由小孩子自己去创造，也许就创造出一个苦海，所以应该成人加入小孩子的队伍里去，陪着小孩子一起创造。

一、把我们摆在儿童队伍里，成为小孩子当中的一员　我们加入到儿童队伍里去成为一员，不是敷衍的，不是假冒的，而是要真诚的，在情感方面和小孩子站在一条战线上。我曾经写过一首小诗，描写过我们在小孩队中应有和不应有的态度。

儿童园内无老翁，
老翁个个变儿童，
变儿童，

* 本篇原载1944年12月16日重庆《大公报》。

莫学孙悟空！
他在狮驮洞，
也曾变过小钻风，
小钻风，
脸儿模样般般像，
拖着一条尾巴两股红。

我们要加入儿童队伍里，第一步要做到不失其赤子之心，做成小孩子队伍里的一分子。

二、认识小孩子有力量　我们加入儿童生活中，便发现小孩子有力量，不但有力量，而且有创造力。我们要钻进小孩子队伍里，才能有这个新认识与新发现。

从前当晓庄学校停办的时候，晓庄的教师和师范生不能回晓庄小学任职，私塾先生又被小孩拒绝，农人不好勉强聘请，不得已，小孩自己组织起来，推举同学做校长、当教员，自己教，自己学，自己办，并自称为自动学校，这是中国破天荒的小创造。我听见了这个消息以后，就写了一首诗去恭贺他们：

有个学校真奇怪：
大孩自动教小孩。
七十二行皆先生，
先生不在学如在。

写好之后，交给几位大学生，请他们指教，他们说尽善尽美，于是用快信寄去。

第三天，他们回一封信，向我道谢之外，说这首诗有一个字要改：大孩教小孩，难道小孩不能教大孩吗？大孩能够自动，难道小孩不能自动吗？而且大孩教小孩有什么奇怪呀？这一串炸弹把个大字炸得粉碎，我马上把他改为“小孩自动教小孩”，这样一来，是更好了。黄泥腿的农村小孩改留学生的诗，又是破天荒的证明，证明小孩有创造力。

又有一次，我到南通州去推广“小先生”，写了一篇一分钟演讲词，内中有一段：“读了书，不教人，甚么人？不是人。”我讲过后有一个小孩子马上来说，陶先生，你的演讲最好把“不是人”改为“木头人”，“木头人”比“不是人”更好了。因为“不是人”三个字不具体，桌子不是人，椅子也不是人，而“木头人”是给了我们一个具体的印象。这也证明小孩子有创造力。我们要真正承认小孩子有创造力，才可以不被成见所蒙蔽。小孩子多少都有其创造的能力。

三、解放儿童的创造力　我们发现了儿童有创造力，认识了儿童有创造力，就须进一步把儿童的创造力解放出来。

（一）解放小孩子的头脑。儿童的创造力被固有的迷信、成见，曲解、幻想层层裹头布包缠了起来。我们要发展儿童的创造力，先要把儿童的头脑从迷信、成见、曲解、幻想中解放出来。迷信要不得，成见要不得，曲解要不得，幻想更要不得，幻想是反对现实的。这种种要不得的包头布，要把他一块一块撕下来，如同中国女子勇敢的撕下了裹脚布一样。

自从有了裹脚布，从前中国妇女是被人今天裹，明天裹，今年裹，明年裹，骨髓裹断，肉裹烂，裹成一双三寸金莲。

自从有了裹头布，中国的儿童、青年、成人也是被人今天裹，明天裹，今年裹，明年裹，似乎非把个个人都裹成一个三寸金头不可。如果中华民族不想以三寸金头出现于国际舞台，唱三花脸，就要把裹头布一齐解开，使中华民族的创造力可以突围而出。三民主义开宗明义就说：大凡人类对于一件事，研究其中的道理，首先发生思想，思想贯通，以后才生信仰，有了信仰，才生力量。思想贯通，便等于头脑解放。唯独从头脑里解放出来的创造力，才能打退日本鬼，建立新中国。

（二）解放小孩子的双手。人类自从腰骨竖起，前脚变成一双可以自由活动的手，进步便一天千里，超越一切动物。自从这个划时代的解放以后，人类乃能创造工具、武器、文字，并用以从事于更高之创造。假使人类把双手束缚起来，就不能执行头脑的命令。我们要在头脑指挥之下用手使用机器制造，使用武器打仗，使用仪器从事发明。中国对于小孩子一直是不许动手，动手要打手心，往往因此摧残了儿童的创造力。一个朋友的太太，因为小孩子把她的一个新买来的金表拆坏了，在大怒之下，把小孩子结结实实打了一顿。后来她到我家里来说："今天我做了一件极痛快的事，我的小孩子把金表拆坏了，我给了他一顿打。"我对她说，恐怕中国的爱迪生被你枪毙掉了。我和她仔细一谈，她方恍然大悟，她的小孩子这种行动原是有出息的可能，就向我们请教补救的办法。我说："你可以把孩子和金表一块送到钟表铺，请钟表师傅修理，他要多少钱，你就给多少钱，但附带的条件是要你的小孩子在旁边看他如何修理。这样修表铺成了课堂，修表匠成了先生，令郎成了速成学生，修理费成了学费，你的孩子好奇心就可得到满足，或者他还可以学会修理咧。"小孩子的双手是要这样解放出来。中国在这方面最为落后，直到现在才开始讨论解放双手。在爱迪生时代，美国学校的先生也是非常的顽固，因为爱迪生喜欢玩化学药品，不到三个月就把他开除！幸而他有一位贤明的母亲，了解他，把家里的地下室让给他做实验。爱迪生得到了母亲的了解，才一步步的把自己造成发明之王。那时美国小学的先生不免也阻碍学生的创造力的发展。我们希望保育员或先生跟爱迪生的母亲学，让小孩子有动手的机会。

（三）解放小孩子的嘴。小孩子有问题要准许他们问。从问题的解答里，可以增进他们的知识。孔子入太庙，每事问。我从前写过一首诗，是发挥这个道理："发明千千万，起点是一问。禽兽不如人，过在不会问。智者问得巧，愚者问得笨。人力胜天工，只在每事问。"但中国一般是习惯不许多说话，小孩子得到言论自由，特别是问的自由，才能充分发挥他的创造力。

（四）解放小孩子的空间。从前的学校完全是一只鸟笼，改良的学校是放大的鸟笼。要把小孩子从鸟笼中解放出来，放大的鸟笼比鸟笼大些，有一棵树，有假山，有猴子陪着玩，但仍然是个放大的模范鸟笼，不是鸟的家乡，不是鸟的世界。鸟的世界是森林，是海阔天空。现在鸟笼式的学校，培养小孩用的是干咸菜的教科书。我们小孩子的精神营养非常贫乏，这还不如填鸭，填鸭用的还是滋养料让鸭儿长得肥胖的。我们要解放小孩子的空间，让他们去接触大自然中的花草、树木、青山、绿水、日月、星辰以及大社会中之士、农、工、商、三教九流，自由的对宇宙发问，与万物为友，并且向中外古今三百六十行学习。创造需要广博的基础。解放了空间，才能搜集丰富的资料，扩大认识的眼界，以发挥其内在之创造力。

（五）解放儿童的时间。现在一般学校把儿童的时间排得太紧。一个茶杯要有空位方可盛水。现在中学校有月考、学期考、毕业考、会考、升学考，一连考几个学校，有的只好在鬼门关去看榜。连小学的儿童都要受着双重夹攻。日间由先生督课，晚上由家长督课，为的都是准备赶考，拚命赶考，还有多少时间去接受大自然和大社会的宝贵知识呢？赶考和赶路一样。赶路的人把路旁风景赶掉了，把一路应该做的有意义的事赶掉了。除非请医生，救人，路是不宜赶的。考试没有这样的重要，更不宜赶。赶考首先赶走了脸上的血色，赶走了健康，赶走了对父母之关怀，赶走了对民族人类的责任，甚至于连抗战之本身责任都赶走了。最要不得的，还是赶考把时间赶跑了。我个人反对过分的考试制度的存在。一般学校把儿童全部时间占据，使儿童失去学习人生的机会，养成无意创造的倾向，到成人时，即使有时间，也不知道怎样下手去发挥他的创造力了。创造的儿童教育，首先要为儿童争取时间之解放。

四、培养创造力　　把小孩子的头脑、双手、嘴、空间、时间都解放出来，我们就要对小孩子的创造力予以适当之培养。

（一）需要充分的营养。小孩的体力与心理都需要适当的营养。有了适当的营养，才能发生高度的创造力，否则创造力就会被削弱，甚而至于夭折。

（二）需要建立下层的良好习惯，以解放上层的性能，俾能从事于高级的思虑追求。否则必定要困于日用破碎，而不能向上飞跃。

（三）需要因材施教。松树和牡丹花所需要的肥料不同，你用松树的肥料培养牡丹，牡丹会瘦死，反之，你用牡丹的肥料培养松树，松树受不了，会被烧死。培养儿童的创造力要同园丁一样，首先要认识他们，发现他们的特点，而予以适宜之肥料、水分、太阳光，并须除害虫，这样，他们才能欣欣向荣，否则不能免于枯萎。

最后，我要提醒大家注意创造力最能发挥的条件是民主。当然在不民主的环境下，创造力也有表现，那仅是限于少数，而且不能充分发挥其天才。但如果要大量开发创造力，大量开发人矿中之创造力，只有民主才能办到，只有民主的目的，民主的方法才能完成这样的大事。美国杜威先生（不是候选总统之杜威，而是哲学家、教育家之杜威）最近给我信说："现在世界是联系得这样密切，如果民主的目的与方法不能在全世界每一个角落里都普遍的树立起来，我怕它们在美国也难持久繁荣。"民主应用在教育上有三个最要点：

（一）教育机会均等，即是教育为公，文化为公。我们要求贫富的机会均等，男女的机会均等，老幼的机会均等，各民族各阶层的机会均等。

（二）宽容和了解。教育者要像爱迪生母亲那样宽容爱迪生，在爱迪生被开除回家的时候，把地下室让给他去做实验。我们要像利波老板宽容法拉第，法拉第在利波的铺子里作徒弟，订书订得最慢，但是利波了解他是一面订书一面读书，终于让法拉第在电学上造成辉煌的功绩。

（三）在民主生活中学民主。专制生活中可以培养奴才和奴隶，但不能培养人民做主人。民主生活并非乱杂得没有纪律。民主要有自觉的纪律，人民只可以在民主的自觉纪律中学习做主人翁。在民主动员号召之下，每一个人之创造力都得到机会出头，而且每一个人的创造力都能充分解放出来。只有民主才能解放最大多数人的创造力，并且使最大多数人之创造力发挥到最高峰。

《战时教育》第9卷第1期（1945年4月1日）

敲碎儿童的地狱，创造儿童的乐园

儿童是应该快乐的，而现在中国的儿童是非常痛苦。固然有许多人才是从痛苦中长大起来，但是成人的责任是应该把社会改造得好一点，使未成熟的儿童少吃点苦，多享点福。我们应该负起责任来，敲碎儿童的地狱，建立儿童的乐园。不够，我们应该引导儿童把地狱敲碎，让他们自己创造出乐园来。

要怎么样除苦造福

第一，我们应该承认儿童的人权。儿童的人权从怀胎的时候开始。打胎虽有法律禁止，但是社会上还是流行着。为着恐怕私生子为人轻视，便从源头上取消了他的生存权。也有因为贫穷而不能教养而出此残忍手段，使已得生命之胎儿不能见天日。我们只须读一读孔子、耶稣的故事，便知道剥削儿童生存权是何等的罪恶。每逢饥荒便听得见“易子而食”，这虽然说是被迫无法才出此下策，但也是把小孩的生命当作次一等所致。我们要解除儿童痛苦增进儿童福利，首先要尊重儿童的人权。

第二，我们应该了解儿童的能力需要。儿童有许多痛苦是由于父兄师长之不了解。不了解则有力无处用，有苦无处说。我们要知道儿童的能力需要，必须走进小孩的队伍里去体验而后才能为小孩除苦造福。我们必须重生为小孩，不失其赤子之心，才能为儿童谋福利。

第三，承认了儿童的人权并了解了儿童的能力需要，才有可能谈儿童福利，否则难免隔靴搔痒，劳而无功。我们在尊重儿童人权及了解儿童能力和需要两条原则下，来提出几件具体的建议。

提出十点具体建议

（一）解除儿童的恐怖　　中国的儿童在心理上是处在一个恐怖的世界里。老婆婆、老妈子一到夜晚没有事便讲鬼说怪，小孩们连在梦里都要骇醒。我们应该使小孩与这些鬼怪故事隔绝，以保持精神之安宁。

（二）打破重男轻女之风尚　　这重男轻女的风尚连在文化界还是难免。男的受过分栽培，女的受偏枯的待遇；表面虽然似乎是一乐一苦，但在长大的过程中两者都难免受伤。

（三）提倡儿童卫生　　儿童卫生是民族健康之基础，这基础必须用水泥钢骨打得稳固。但是平常做父母的多不注意。儿童卫生有一百件具体的事要做，我只举一件，把食物嚼碎给小孩吃，是害了许多儿童，使家庭的肺病一代代的传下去。革除这一坏习惯，是使许多儿童得到终身的幸福，至于营养要充足，环境要卫生，那是不消说了。

（四）拯救文化饥荒　　成千成万的孩子对于学校是不得其门而入，那些已经进学校的是在吃干腌菜的课文。我们一方面要求教育之普及，一方面还要改造学校教育，使教育与生活密切的联系起来，使每一个人都能享受文化的精华。并且要革除体罚，改良赶考，注重启发，使小孩接受教育的时候，有求学之乐趣，而无不必要之恐怖与烦恼。

（五）培养人才幼苗　　人才的幼苗当从小培养，如果家庭里、学校里、铺子里的孩子，在小的时候，已被发现有特殊的才干，那末，立刻就应该给他以适当之肥料、水分、阳光，使他欣欣向荣。

十二岁的爱迪生因为醉心于科学把戏，三个月便被冬烘先生开除了，那对于爱迪生的小心灵是多么大的打击！爱迪生的母亲却了解他，给他在地下室做实验，那对于爱迪生又是多么大的幸福啊！

（六）提倡儿童娱乐　　现在流行的戏剧电影，有好些是给了儿童不好的影响。许多父母因为影响不好便因噎废食，绝对不许子女看书看电影。假使我们有好的儿童剧、儿童电影，可以寓教于娱乐，那儿童又是多么的高兴啊！

（七）开展托儿所运动　　女工、农妇及职业妇女要顾到工作便顾不得小孩，顾到小孩便顾不到工作！其实她们是必得双方兼顾，不顾工作便没有饭吃，小孩是自己的亲血肉，那能不顾。于是他们为着两样都舍不下的工作和小孩，是一面牺牲了自己，又一面使小孩吃了许多苦。唯一的办法是多设工厂托儿所、农村托儿所和一般的托儿所。

（八）建立儿童工学团　　流浪儿、低能儿、聋盲儿、社会问题儿童等特殊儿童，一概用工学团方式培养，不冠以流浪儿教养院或低能儿训练所一类违反心理之名称。每种使小孩就其性之所近，依“工以养生，学以明生，团以保生”之原则，把他们培养成自助长进有用之人。

（九）培养合理之教师父母　　儿童痛苦之完全消灭及儿童福利之完全实现，是有待于天下为公。在这过渡时代与儿童幸福痛苦息息相关的，是父母与教师（包括艺徒之师傅）。我们要培养新父母和新教师，以培养更有福的后一代。旧父母和旧教师，凭主观以责儿童之服从；新父母和新教师，客观的根据他们的需要、能力以宣导他们的欲望而启发他们的自觉的活动。新父母与新教师，要跟儿童学，教儿童启示自己如何把儿童教得更合理。这种对儿童有了解有办法的新父母、新教师不是从天上落下来，我们需要新的普通学校、新的师范学校和新的父母学校来培养后一代之新教师与新父母，这是过渡时代之儿童福利之泉源。

（十）抢救战区儿童 抢救难童，在武汉失守前后达到了最高峰。许多英勇青年投身抢救工作及保育事业，当我回国之初，到处所见的，几乎尽是救苦救难的观音大士。以后，随着团结之松懈，民主之退隐，战区难童就好像没有人管了。自湘桂战起〔1〕，全国儿童福利工作人员开代表大会于陪都，提出紧急动议，组织急救战区儿童联合委员会，加紧抢救工作，这是值得庆幸的好消息。当千千万万难童伸出手来等待援助的时候，在陪都是举行着中国儿童福利协会之成立大会。我希望以后协会的任务是抢救抢教双管齐下，才对得起后一代之期望与整个民族之付托。我曾经听过两种被救的难童的经验谈：一种是官僚化的抢救，领队者刚愎自用，剥削难童，先难童之乐而乐，后难童之忧而忧，弄成乌合之众，害得许多小孩死于饿，死于冻，死于病，死于非命！一种是民主式的抢救，领队者虚心听取民意，与难童共休戚，共甘苦，有组织，有计划，有纪律，分工合作，一路学习玩耍奋斗而来，使得大家有远征之乐，没有逃难之苦。为难童服务的人们，是应当革除官僚的习气而采取民主的精神。

两种心理有害儿童

我们对于儿童有两种极端的心理，都于儿童有害。一是忽视；二是期望太切。忽视则任其像茅草样自生自灭，期望太切不免揠苗助长，反而促其夭折。所以合理的教导是解除儿童痛苦增进儿童幸福之正确路线。我们必须沿这路线进行，才能使儿童脱离苦海进入乐园。

《时事新报》（1944 年 12 月 16 日）

注释

〔1〕湘桂战起。指豫湘桂战争的第二个战役。1944 年，日军为扭转败局，

急于打通从中国东北直到越南的交通线，发动了进攻国民党战场豫湘桂地区的战争，称为豫湘桂战争。4 月 18 日，日军进攻河南，至 5 月底占领河南，为第一个战役，即河南战役。5 月 27 日，日军继而对湘北发动进攻，至 11 月 24 日占领南宁，为第二个战役，即湘桂战役。豫湘桂战争是抗战以来国民党战场的第二次大溃败。

创造的社会教育论纲*

1. 社会教育以社会为大学。

2. 社会大学以全社会人为先生、同学、学生。

3. 社会大学之道在明大德，在亲民众，在止于大众之幸福。

4. 社会大学有群众，并为群众所有。

5. 一般民众教育，没有民众，也不为民众所有。一般平民教育，没有平民，也不为平民所有。

6. 创造的社会教育，是社会所有，社会所办，社会所需的教育。

7. 下下人有上上智。

8. 每一个人都有或多或少之创造力。

9. 最初发现“北京人”的是工人，最初发现山下“黑石头”的是工人。

10. 社会教育要开发人矿、开发人之创造力。

11. 创造的社会教育的特点：

（甲）承认民众有力量，且有创造力。

（乙）解放民众的创造力。

（丙）怎样解放?

---

* 本篇选自《行知备忘》笔记本。写作时间为 1945 年 1 月 27 日。整理抄录者为陆静山。今题为编者所拟。

（子）解放他们的头脑；
（丑）解放他们的口；
（寅）解放他们的眼睛；
（卯）解放他们的空间；
（辰）解放他们的时间。
民主

（丁）跟民众学。和民众站在一条战线。改造民众，改造自己，改造世界。

（戊）穷办法：

（子）招牌当课本；

（丑）树枝当笔；

（寅）脉搏当马表；

（卯）日光当做灯；

（辰）此地风光，民众形式，服务至乐。

（己）舘—馆：文化餐馆。

（庚）幸福：

福—和平，安全，乐业，自由，兼相爱，学习机会平等。

禄—吃得饱，穿得暖。

寿—健康，长寿。

喜—娶媳妇，生儿子，生孙子。

（辛）社会教育改革：

封锁→四通八达。

衙门（馆）→大事。

单思病→交流，彼此教育。

干醃菜→精华。

优越→平等。

腰斩→全体。

杀脑壳→全体。

短命→活到老，学到老。

尾巴→领头。

新民→亲民。

官办→民办。

（壬）下凡—亲民：

教育下凡；
艺术下凡；
科学下凡；
哲学下凡；
}文化下凡。

下凡四部曲：

同时{
（1）加入老百姓的队伍；
（2）跟老百姓学，改造自己；
（3）产生老百姓需要之教育，改造老百姓；
（4）引导老百姓自己办教育，共同创造。

下凡—不是下乡，也要进城住。

（癸）创造的民主，民主的创造。

（天）解放头脑：

内面解放：死生有命；富贵在天；迷信；成见；幻想；优越—自卑。

外面解放：麻醉—养料；假—真；裹头布—还原。

（地）教材：

枯燥→有味；琐碎→大体；

单调→多样；贫乏→丰富。

（玄）方法：

主观→启发；填鸭→自动；

一粒一粒→整口；教授→自学。

释名：

（甲）创造＝改造，翻造。

（乙）社会＝课堂。

（丙）教育＝大清帝国＝中华民国＝社会教育。

（丁）化＝同化。本着老百姓的需要：

各教所知；各学所好；

各尽所能；与老百姓共同创造。

（戊）创造的社会教育：

创造：改造、翻造。

社会：乡村，世界。

教育：政府，教人，治人。

以人教人，教成好学的人。

以人化人，化成好学的人。

学做什么人？中华民国的主人，

小主人！

原件存南京晓庄师范

实施民主教育的提纲*

今天只是提出一些问题作为日后讨论的提纲，希望大家予以修正补充和指教。

一、旧民主与新民主

旧民主，是少数资产阶级作主，为少数人服务。新民主，是人民大众作主，为人民大众服务。

二、创造的民主与庸俗的民主

庸俗的民主是形式主义、平均主义，只是在形式上做到如投票等等。创造的民主是动员全体的创造力，使每个人的创造力得到均等的机会、充分的发挥，并且发挥到最高峰，所以创造的民主必然与我以前所讲的民主的创造有关联。民主的创造，是要使多数人的创造力能够发挥。在专制时代，少数人也能创造，但多数人的创造的天才被埋没，或因穷困忙碌而不能发挥，即使发挥也会受千磨万折，受到极大的阻碍。民主的创造为大多数人的创造，承认每一个人都得到创造的机会，这是与专制的创造不同的地方。

三、民主运用到教育方面来

民主运用到教育方面，有双重意义：第一，民主的教育是民有、民治、民享的教育。“民有”的意义，是教育属于老百姓自己

---

* 本篇系陶行知的讲演记录稿，由徽林、元直记录整理。在《战时教育》上发表时，在第一个标题《旧民主与新民主》下面，只有“遵检”二字，而无正文。本篇该处文字以方与严在 1949 年所编《陶行知教育论文选辑》中同一文章补入。

的。“民治”的意义，是教育由老百姓自己办的。例如从前山海工学团时代，宜兴有一个西桥工学团，是老百姓自己办的，农民自己的孩子把附近几个村子的教育办起来，校董是老百姓，校长也是老百姓。又如晓庄学校封闭后，晓庄学生不能回晓庄办教育，而老百姓又不要私塾，所以小孩子自己办了一个佘儿岗自动小学。又如陕北方面提倡的民办教育，也都是这意思。“民享”的意义，是教育为老百姓的需要而办的，并非如统治者为了使老百姓能看布告，便于管理，就使老百姓认识几个字。由此可见，有了民有、民治、民享的政治，才有民有、民治、民享的教育。

第二，民主的教育必须办到各尽所能，各学所需，各教所知。各尽所能，就是使老百姓的能力都能发挥。各学所需，因为经济条件没有具备，所以办不到。但各教所知是可以做到的。在民主政治下，特别是中国有许多人民没有受教育，要需要多少教员才能把各地教育办起来？如一人能教四十人，二百万教师才能教八千万小孩。这些教师是师范所不能训练出来的，所以还必须每人各教所知。各尽所能，各学所需，各教所知三点都办到了，民有、民治、民享的教育也就成功了。

四、教育的对象或教育的目的

“文化为公”、“教育为公”是教育的目的，但又不妨因材施教。国民教育与人才教育略有不同。国民教育是人人应当免费受教育；但如有特殊才能的，也应加以特殊的教育，使其才能能充分发挥，这就是人才教育。但人才教育并不是教他们升官发财，而是要他们将学得的东西贡献给大众，所以这也是“文化为公”。

男女也应有平等受教育的机会。目前有些地方，例如南充男女界限分得很严，男女学生不能互相说话，这种地方，女子教育一定不发达。

无论贫富，也应该有均等受教育的机会。前次社会组在草街乡调查失学儿童，占学龄的儿童百分之七十四。能来中心小学读书的儿童，大多是小地主的孩子，佃农恐怕很少。民主教育要使穷人也有受教育的机会。

无论老少，也应该受教育。生活教育很早就提出活到老，学到老。最近听说西北也是如此。生活教育运动中最老的学生为八十三岁之王老太太。她说："我也快进棺材了，还读什么书?"但经她的孙儿、曾孙的鼓舞，她的热情也烧炽起来了。因为她的缘故，她的媳妇也得读书了。

还有资格的问题：现在是有资格就能上进，没有资格就该赶出大门外。但民主教育是只问能力，不问资格的。本来资格是有能力的证明，既有直接的证明，又何须资格。只要证明是有能力的就可上进。

民族教育现在也成了一个问题。过去把少数民族取名为边民，不承认他们为民族。我们对于侗族、苗族等小民族的教育，强迫他们学汉文，还要用汉人教师去教他们。但民主教育是让他们学习他们自己的文字，没有文字的，就帮助他们制造文字，让他们自己办学校训练各民族的人才来教育他们自己的人民。过去蒙古人受教育时，是雇人来上课的。这种教育又有什么用?

还有一点，无论什么阶级，都要有受教育的机会。受教育的机会被剥夺最多的是农工及子弟。农工阶级忙碌一天，还陷入吃不饱饿不死的状态，当然再谈不到受教育。民主教育是要力求农工劳苦阶级有机会受教育。

总结起来，"教育为公"就是机会均等：入学时求学的机会均等，长进的机会均等，离校时复学的机会均等，失学时补习机会均等，而且老百姓有办学管教育的机会。

五、民主教育的方法

民主的教育方法，要使学生自动，而且要启发学生使能自觉，要客观，要科学，不限于一种，要多种多样，因材施教，要生活与教育联系起来。并且在中国要会用穷办法，没钱买教科书，用尽种种办法来找代用品，招牌可以作课本，树枝可以作笔，桌面可以当纸张。八路军行军时，带着一套文化工具，即是一支木笔，行军停下来时，就在地面上画字认字。新民主主义既是农工领导，就必须用穷办法使老百姓受教育。单是草街子如每人买一支铅笔，就要化去四十万元，因此只有不用铅笔另想穷办法，想出穷办法，才能做到教育为公。

另外还有一个办法，学生不能来上课的可以去上课，“来者不拒，不能来者送上门去”，看牛的送到牛背上去，这样“教育为公”才有办法。最后，我们必须重提要着重创造。让学生自动的时候，不是让他们乱动，而是要他们走上创造之路，手脑并用，劳力上劳心。这需要六大解放：（一）解放眼睛——不要带〔戴〕上封建的有色眼镜，使眼睛能看事实；（二）解放双手；（三）解放头脑——使头脑从迷信成见命定、法西斯细菌中解放出来；（四）解放嘴——儿童应当有言论自由，有话直接和先生说，并且高兴心甘情愿和先生说。首先让先生知道儿童们一切的痛苦；（五）解放空间——不要把学生关在笼中，在民主教育中的学校应当大得多，要把大自然大社会作他们的世界。空间放大了，才能各学所需；扩大了空间，才能各教所知；扩大了空间，才能各尽所能；（六）解放时间——不是以此标榜，然而并未完全做到。师生工友都应当有一点空闲的时间，可以从容消化所学，从容思考所学，并且干较有意义的工作。

六、民主的教师

民主的教师，必须要有：（一）虚心；（二）宽容；（三）与学生共甘苦；（四）跟民众学习；（五）跟小孩子学习——这听来是很奇怪的，其实先生必须跟小孩子共甘苦，并不是说完全跟小孩子学，而是说只有跟小孩子学，才能完成做民主教师的资格，否则即是专制教师。现在民主国家的领袖，都是跟老百姓学，否则即成专制魔王；（六）消极方面：肃清形式、先生架子、师生的严格界限。

七、民主教育的教材

民主教育的教材应从丰富中求精华，教科书以外求课外的东西，并且要从学校以外到大自然、大社会中求得活的教材。

八、民主教育的课程

（一）内容。现在人民所以大部分在贫穷中过生活，因为贫富不均，所以了解社会是很重要的。另外科学不发达，不能造富，所以应该有科学的生产，科学的劳动。抗战如不能胜利，整个中国就完了！因此教育要拿出一切力量来争取胜利，要启发民众，用一切力量来为抗战为反攻而努力。

（二）课程组织。组织应敷成多轨，即普及与提高并重，使老百姓都能受教育，并且有特殊才干也能发挥。

（三）课程要有系统，但也要有弹性，要在课程上争取时间的解放。

九、民主教育的学制

民主教育的学制，包含三原则：单轨出发。学制在世界上各国分成几种，如德国的学制是双轨制，穷苦的人民受国民教育，再受职业教育。有钱的人，则由中学而直升大学。民主教育开始是单轨，不分贫富以单轨出发，以后依才能分成多轨，各人所走路线虽不同，但都将力量贡献给抗战，贡献给国家，这叫多轨同归。并且还要换轨便利，让他们在才干改变时有调换轨道的便利。

旧时的学校，学生忙于赶考。赶考是缩小学生时间的一原因，并且使学生没有时间思考。民主教育也是要考的，但不要赶考，而是考成。也不鼓励个人的等第，只注意集团的成绩。而成绩也不以分数定高下。

民主也不是绝对的自由。民主有民主的纪律，与专制纪律不同。专制纪律是盲从。民主纪律是自觉的集体的，不但要人服从纪律，还要人懂得为什么。

此外应当广泛的设立托儿所，农村的、工厂的、公务员的，可以将妇女从家庭中解放出来。在大学，要做到下列几点：（一）入学考试不应过分着重文凭，应增加同等学力的录取比例；（二）研究学术自由，读书自由，讨论自由；（三）增设补习大学及夜大学。这应该跟日本学，在日本夜大学很多。我们要帮助工厂里的技术工人，合作农场中的技术农人，得到受大学教育的机会。至于留学政策，凡是在中国可以学到的应在中国学，请外国教授来中国教。如设备不可能在中国设置的学科，才能派大学毕业有研究能力的研究生出外留学。

十、民主教育的行政

（一）鼓励人民办学校，当然人民自己所办的，并不能像美国私立学校那样宣传某种宗教的偏见，而是为民主服务。

（二）鼓励学生自己管自己的事。

（三）肃清官僚气的查案，以及摆资格的作风。视察员及督学有三个作用：（1）鼓励老百姓办学；（2）考察学校是否合乎民主道理；（3）不是去查案，而是积极指导学校如何办得好。老百姓的学校，大概粗糙简陋，所以视学员到时，不是带来恐怖，而是带来春风。

民主的校长，也有四种任务：（1）培养在职的教师，教师是从各处来的，校长应负有责任使教师进步；（2）通过教员使学生进步并且有丰富的进步；（3）在学校中提拔为老百姓服务的人，如小先生之类；（4）应当将校门打开，运用社会的力量，使学校进步，动员学校的力量，帮助社会进步。他应当有社会即学校的观点，整个社会是学校，学校不过是一课堂，这样才能尽校长的责任。并且对于大的社会，才能有民主的贡献。而学校本身就可以成为民主的温床，培养出人才的幼苗。

十一、民主的民众教育

有人民的地方，就是民主教育到的地方。家庭、店铺、茶馆、轮船码头，都是课堂。甚至防空洞中，也可以进行教育。博物馆、电影馆、图书馆，都是进行有系统的教育地方。应当请专家讲演，深入浅出。没有专家的地方，也应有好的办法，使老百姓无师自通。

十二、民主教育的文字

要老百姓认二千个字，好比要他们画二千幅画。有人说汉字太难，应当打倒；有人主张，不用拉丁化，而用注音字母。我主张汉字、新文字、注音字母三管齐下。（一）认得汉字的人，照估计有八千万人，假使最低估计有五百万人可能教汉字，这是一股很大的力量，我们不但不用推倒他，而要运用他。（二）运用新文字教老百姓，我们在上海试过，教起来非常方便。一个月就可以使老百姓看懂信件，学过英文的人，三个钟头就可以学会。（三）醉心注音字母也好，就用注音字母来帮助老百姓。我希望文字也像政党似的来一个民主联合，汉字好比是板车木车，注音字母好比是汽车，新文字好比是飞机。各种文字的提倡人联合起来，做到多样的统一。

《战时教育》第 9 卷第 2 期（1945 年 5 月）

全民教育*

（为四万万中国人民提倡民主教育的初步计划）

一　计划名称　为四万万五千万中国人民提倡民主教育的初步计划。

二　主持单位　生活教育社及育才学校。

三　指导原则

1. 民主第一。过民主生活以学民主。需要根据民主思想从根本上重建学校及学制，使民有、民治、民享的教育在中国蓬勃发展。民主不仅是治疗中国疾病的盘尼西林，而且也是输血，使中国人民有新的活力去创造一个较好的社会。

2. 全民教育。不论宗教信仰、种族、财富及所属阶级有何不同，男孩与女孩机会均等，男子与女子机会均等，成人与儿童机会均等。

3. 全面教育。心、脑、手并用。学政治、学经济、学文化相结合。健康、科学、劳动、艺术及民主将构成和谐的生活。

4. 终生教育。培养求知欲。学习为生活，生活为学习。只要活着就要学习。一旦养成学习习惯，个人就能终生进步不断。

5. 婴孩期就必须奠定民主教育的基础。或许，目前处理这问题最好、最经济的办法是通过教父母兄弟姐妹，尤其是通过教母亲、姐妹及女仆来教婴儿。

6. 认识到中国还是个农业国，必定很穷。我们必须以最低廉的

---

* 本篇系英文论著。由陈宏薇译，李定坤校。

价格，给民众提供有益的文化粮食。利用写字课，让12,000,000名普通小学生在写字课上抄大众读本。一个月以后，就有12,000,000本书供民众使用了。上课最好安排在白天，以节省灯油。筷子蘸水就可以在桌上练习写字。课本没有准备好，马路上的招牌也可以用来作教材。教育费用高昂就意味着没有教育或是只为极少数人的教育。

7. 社会即学校。动员社会上现有的一切可能动员的力量、学校及个人尽力为民众服务。庙宇、茶馆、监狱、兵营、商店、工厂、残废士兵医院、普通学校不上课时空出的教室，都应给识字小组及训练中心使用。八千万受过一段时间再教育的识字成人可作为教师，帮助家人及邻居进步。

8. 培养责任感、荣誉感及发自内心的与他人分享知识的迫切愿望。懂得真理的人有传递真理的责任和特权。学会一个字的人就够资格教那个字，也有责任教那个字。有了与他人分享知识的欲望，才会认为这样做是一种乐趣。

9. 根据与同胞分享真理的原则，我们开展了小先生运动，把它作为免费教育的先锋。大约23年前，第一位小先生进入我们的意识。从那以来，小先生已逐渐具备一些优点，这些优点对在像中国这样的国家普及教育，是必不可少的。

a. 小先生制是解决女子教育难之最有效的办法。

b. 从师儿童的成人，必然获得新生，变得像儿童一样，并且，还受到青年精神的感染。

c. 小先生手中的知识，不再是买卖的商品，而是免费赠送给全民的礼物。

d. 通过教学，小先生对所学课目了解得更清楚、更透彻，还从他们的教育对象身上学到很多重要东西。

e. 招生的性质改变了。来者不拒，不能来者能通过免费送教育上门的办法受到教育。

f. 学校本身也起了变化，扩大了许多倍。社会变成学校；所谓的“学校”变成一间教室，更确切地说，变成发电室，通过小先生输送光、热和力；小先生就像通电的电线一样，把学校与社会的千家万户联结起来。这样，所有的社会成员便都能享受发电室发出的光、热和力了。然后，转过来小先生又从各家各户的小发电机上带来一切，增加中心发电室的功率，使之能将更多的光、热和力送给民众。

g. 乡村学校中孤独的教师也变了。他不再孤零零地教书、生活、做饭，孤零零地奋斗了。他一下子就成了50个或100个小同志的队长。这些小同志也不再是些小书呆子，而是活跃的小先生、小工人、小战士，而首要的是，他们是中国民主的小建设者。

10. 分享真理的原则不仅产生了小先生，而且产生了传递教师。我所见到的最能干的民众教师，来自广大人民群众，来自农民、工人、工匠及商店学徒。他们一学了那么几课书，就开始不拘形式地帮助别人。换句话说，他们就成了传递教师。在这一阶段，他们最热情，其中能干的人可以成为民众最好的传递教师。

11. 重点放在农民及收复地区民众的教育上。

12. 鼓励民众边学习、边工作。决不要为一张学校毕业文凭而扔掉饭碗。

13. 无论何时何地，只要有必要，有可能，就使用罗马化文字或拉丁化文字。

14. 最充分地利用广播、电影、飞机、铁路、轮船，把“民主教育”的思想、人员及物质输送到我国最边远的角落，以便使我国最落后的地方也能尽早实现民主。

15. 鼓励人民的创造精神，资助地方试验。

16. 从群众中发现和挑选天才，把他们推荐到育才学校或其他合适的学校受特殊的、高级的训练。

17. 本计划仅限于研究、试验、训练、出版、示范、提倡及推动等活动，并向政府及其他机构提出建议，供他们参考并在全国范围内采用。

18. 与其他国家交流教育民主化进行的情况和经验。

四　实现的可能性

十二年前由于贯彻了上述原则，上海工学团半年之内，不花政府一分钱，在 25 个村庄普及了免费教育。生活教育社领导的这场运动，在九个月内，就在 23 省铺开，并继续在发展，直到思想控制介入为止。从那时起，随着民主的倒退，该运动的声势也减弱了。当然，17 个解放区除外。在 17 个解放区，小先生制蓬勃发展，方兴未艾。小先生队伍正在扩大，为在那儿居住的 1 亿民众服务。最近，随着民主潮流的再现，一所学校，仅育才一所学校，就为附近 4,500 名成人和儿童提供了受教育的机会。如果 113 所大学、2,278 所中学、218,758 所小学及 79,550 个属教育部管的社会教育组织，贯彻同样的原则，以同样的比例，做同样的事情，那它们合起来，就可以使 350,000,000 人继续学习和进步。当然，学校分布不平衡会使人数打个大折扣。但在民主的鼓舞下，有政府的支持，有现成的读本和材料，有自愿提倡教育、竞相办教育等活动在全国的蓬勃开展，几乎不容置疑，300,699 个用小先生和传递教师武装起来的学校，一年以后可以影响 100,000,000 人；再加上受过再教育的 8,000 万有文化的成人的帮助，四年就可以完成全部任务了；即使把所有意外的障碍都估计在内，至多也只要十年他们可以完全成功。一旦养成学习的习惯及与他人分享教育的习惯，他们就会自己向前进，就会保证不断地朝着民主的方向进步。

五　发动运动第一年的预算（1945 年 10 月 1 日至 1946 年 9 月 30 日）

1. 研究所　140,000 元

根据民主的精神，研究下述问题、存在的困难及解决的方法

a. 农民教育

b. 工人教育

c. 店主及学徒的教育

d. 残废士兵的教育

e. 女子教育

f. 适应蒙古生活的教育

g. 适应西藏生活的教育

h. 适应苗族生活的教育

i. 适应东土耳其斯坦生活〔1〕的教育

j. 异常儿童教育

k. 囚犯教育

i. 健康教育

m. 科学教育

n. 手工、农艺、工艺等教育

o. 戏剧作为民众教育的手段

p. 音乐作为民众教育的手段

q. 绘画作为民众教育的手段

r. 进一步研究小先生制

s. 现存教育制度的重建及军队教育

t. 有知识的人及领导人的再教育

研究教授 40 人	每人 1,000 元	共	40,000 元
研究助手 80 人	每人 500 元	共	40,000 元
交通费			10,000 元
图书馆			20,000 元
房　屋			10,000 元
设　备			10,000 元
信件与电报			2,000 元
杂　费			2,000 元
总　计			140,000 元

2. 行政费用

所长秘书处			60,000 元
秘书　20 人	每人 500 元	共	10,000 元
各所所长 30 人	每人 1,000 元	共	30,000 元
交通费			5,000 元
房　屋			1,000 元
设　备			12,000 元
信件与电报			1,000 元
杂　费			1,000 元
总　计			60,000 元

3. 收复地区及普通地区之十个战略中心

的教育骨干及示范人员训练学校			600,000 元
教授 100 人	每人 1,000 元	共	100,000 元
教育骨干及示范人员 25,000 人接受 1—3 个月训练			
a. 部分交通费资助			150,000 元
b. 部分伙食资助			150,000 元
c. 10 幢房屋			10,000 元
d. 学校设备 10 套；广播，电影、戏剧、音乐及医疗全套器材 100 套			150,000 元
e. 25,000 人的印刷材料			30,000 元
f. 杂费			10,000 元
总　计			600,000 元

4. 100 个示范中心：收复地区及普遍地区

共 100 个			100,000 元
主管人 100 名	每人 500 元	共	50,000 元
助　手 100 人	每人 400 元	共	40,000 元
印刷所为 1,000,000 人免费提供			

阅读材料

训练中心免费补充的示范全部用品

杂费 10,000元

总计 100,000元

5. 资助5000个地方组织

想对人民实施民主教育的地方学校或组织，可以申请书籍、出版物、技术训练及示范，只要地方部门同意根据申请单位的经济情况承担部分费用（从$\frac{1}{10}$到$\frac{1}{2}$）。

若所要书籍和出版物多于5,000,000套而又不超过9,000,000套，印刷所将免收超出预算的费用。

训练中心将给技术训练和示范提供部分粮食及交通补助，及所需之附加费用。

6. 要有一个编辑委员会及一个印刷所，它们能够不断供应10,000,000人的文化粮食，以后人数增多了，也要能供应得上。第一年，我们希望出4册大众读本，印数10,000,000册。人民图书馆的第一层书架上有100本一套的书，每10人的识字小组要一套，我们就需要1,000,000套，总共100,000,000本书；其次，才是供10所训练学校、100个示范中心的25,000人使用的专题研究文章、期刊及各种材料；供1,000,000个小先生用的指导书籍；最后才是供1,000,000个识字小组使用的周刊，每组一份。

1,100,000元

行政费用		20,000元
编辑20人　每人700元	共	14,000元
印刷工人12人，每人700元	共	14,000元
印刷机及全套设备		46,000元
墨水		6,000元
纸		1,000,000元

总计	1,100,000元
总计数	2,000,000元

六　财政运动

我们计划从国内的朋友中募集相当于1,000,000元的资金，从对中国的进步感兴趣的盟友中募集相当于1,000,000元的资金。“中国运动”9月18日就开始了。我们希望引起100,000位中国朋友的兴趣，这些朋友的募捐能与盟友的捐赠相称。

七　预期的结果

如果条件有利，募集到2,000,000元，我们便能在第一年，对600万到1,000万人进行民主文化的基本教育，把他们都变成“钓鱼人”，这些人将把人民这一群大鱼都引上民主之钩。这样做，将大大推动和刺激第二年及其后每一年的运动。十年内，既有个人学习的欲望，又爱好集体分享知识的四万万五千万中国人，将成为中国和世界民主不可摧毁的栋梁，不可战胜的保卫者。这并不是奢望，而是完全可以实现的。

生活教育自刊 *Education For All*（1945年9月18日）

注释

〔1〕东土耳其斯坦　即中国新疆，通称“天山南路”。

民主教育

民主教育是教人做主人，做自己的主人，做国家的主人，做世界的主人。把林肯总统的话引伸到教育方面来说：民主教育是民有、民治、民享之教育。说得通俗些：民主教育是人民的教育，人民办的教育，为人民自己的幸福而办的教育。现在把这样教育的内容和方法，扼要的提出几点，供给从事举办民主教育的朋友参考。

（一）教育为公以达到天下为公。全民教育以实现全民政治。积极方面，我们要求教育机会均等。对人说，无论男、女、老、少、贫、富、阶级、信仰；以地方说，无论远近城乡都应有同等机会享受教育之权利。消极方面，我们反对党化教育，反对党有党办党享的教育，因为党化教育是把国家的公器变做一党一派的工具。

（二）教人民肃清法西斯细菌，以实现真正的民主。

（三）启发觉悟性。教人民进行自觉的学习，遵守自觉的纪律，从事自觉的工作与奋斗。

（四）培养创造力，以实现创造的民主和民主的创造。解放眼睛，敲碎有色眼镜，教大家看事实。解放头脑，撕掉精神的裹头布，使大家想得通。解放双手，剪去指甲，摔掉无形的手套，使大家可以执行头脑的命令，动手向前开辟。解放嘴，使大家可以享受言论自由，摆龙门阵，谈天，谈心，谈出真理来。解放空间，把人民与小孩从文化鸟笼里解放出来，飞进大自然大社会去寻觅丰富的食粮。解放时间，把人民与小孩从劳碌中解放出来，使大家有点空闲，想想问题，谈谈国事，看看书。干点于老百姓有益的事，还要有空玩玩，才算是有点做人的味道。有了这六大解放，创造力才可以尽量发挥出来。

（五）各尽所能，各学所需，各教所知，使大家各得其所。

（六）在民主的生活中学习民主。在争取民主的生活中学习争取民主。在创造民主的新中国的生活中学习创造民主的新中国。

（七）尽量采用简笔汉字、拉丁字母，双管齐下，以减少识字困难，使人民特别是边民易于接受教育。

（八）充分运用无线电及其他近代交通工具，以缩短距离，使边远地方之人民小孩，可以加速的享受教育。

（九）民主教育应该是整个生活的教育。他应该要工以养生，学以明生，团以保生。他应该是健康、科学、艺术、劳动与民主织成之和谐的生活，即和谐的教育。

（十）承认中国是从农业文明开始渡到工业文明，经济是极端贫穷。我们必须发现穷办法，看重穷办法，运用穷办法，以办成丰富的教育。开始的时候，唯独这样办才能使绝大多数之劳苦大众及其小孩得以享受教育；否则只有少数少爷小姐享受教育，不能算是真正的民主教育。

《民主教育》第1期（1945年11月1日）

民主教育之普及

民主教育一方面是教人争取民主，一方面是教人发展民主。在反民主的时代或是民主不够的时代，民主教育的任务是教人争取民主；到了政治走上民主之路，民主教育的任务是配合整个国家之创造计划，教人依着民主的原则，发挥各人及集体的创造力，以为全民造幸福。

无论是争取民主或是发展民主，都要靠广大人民的群策群力才会成功。这广大人民在数量上是愈广大愈有力量，在认识上是认识得愈深刻愈有力量。因此民主教育需要普及。我们所要普及的是救命的民主教育，要全国老百姓无论男女、老少、贫富都能很快的得到救命的民主教育。

但是中国现在还是一个农业国，大家靠着一双手和锄头、斧头生产，所以生活是穷苦得很。尤其是经过一百年的帝国主义侵略，三十多年的内战和八年的抗战弄得万分穷苦。我们要在穷社会里找出穷办法来，教一切穷人都得到教育，得到丰富的教育，得到民主的教育，才算是达到了我们普及教育的目的。

大概是六年前，我在成渝公路上的来凤驿住了一晚。吃晚饭的时候，有一群苦孩子来到面前讨饭，我们就把吃不完的饭菜统统给了他们。他们高兴地吃完之后，还是站在门口玩耍闲谈。我乘这个机会，点着他们好学的火焰。我问："你们如果愿意读书，我很愿意帮你们的忙。""愿意，我们没有书。"我指着对门一块招牌"中华餐馆"说："这就是书。"又指着另一块招牌"民国饭店"说："那也是书。"我便引导他们开始读书：

“中华餐馆，民国饭店；

中华民国，中华国民；

中国，国民；

（我是）中华国民，（我爱）中华民国。”

读完，我看见一个标语：“有力出力，有钱出钱。”于是又开始引导他们读第二课。

“有力出力，有钱出钱。”

“有力出力（又）出钱，有钱（不）出钱（又）（不）出力。”

读完了，我问：“要不要学写字？”一个小孩子说：“没有笔。”我拿出我的右手的第二个指头说：“这就是笔。”又一个小孩子说：“没有纸。”我拿出左手的手掌说：“这就是纸。”于是我就教大家学写字。对着招牌和标语学写，写了四五次，我又叫他们围在一张八仙桌的周围，看我在桌上写字，然后让他们自己在桌上学写。每人都用指头，沾点清水在桌上写，读的字都会写了。后来，我想把这工作继续下去，就教他们组织起来，推举了一个聪明而能干的小孩做队长，带领着别的小孩每天在街上学习，并公请我住的旅馆老板做先生，这组织与推举也可算是一点民主教育。这办法算是顶穷的办法了。但是来凤驿的十几位苦孩子便因此而受了民主教育的洗礼，并因此而立下继续求学的原始组织。只要知识分子念头一转，肯帮助人好学，不须花费一个钱，便可以帮助老百姓识字，受到民主的教育。如果全国八千万识字的人都肯这样做，都肯即知即传，而且跟他们学的人也即知即传，那四万万五千万人的普及民主教育不是有了办法吗？因此动员这八千万识字的人来进行普及民主教育是一件顶大的事，也是一件可能做到的事。教人，好学，都是传染的，等到大家都传染了教人、好学的习惯，便教人、好学成了瘾，整个中华民族便成了一个教人、好学的民族，万万年的进步是得到了保证。古人云：学然后知不足。一个人感到不足，他便要向高处追，向深处追，是不会有止境了。因此民主教育不但可能做到全面普及，并且可能做到立体的普及。

《民主教育》第2期（1945年12月1日）

社会大学运动

社会大学有两种：一是有形的社会大学；二是无形的社会大学。社会大学运动是要把有形的社会大学普及出去，并且要给无形的社会大学一个正式的承认，使每一个人都承认这无形的社会大学之存在，随时随地随事进行学习。

无形的社会大学，是只有社会而没有“大学”之名。它是以青天为顶，大地为底，二十八宿为围墙，人类都是同学，依“会的教人，不会的跟人学”之原则说来，人类都是先生，而且都是学生。新世界之创造，是我们的主要的功课。无形的社会大学，虽无社会大学之名，实实在在它是一个最伟大的大学，最自由的大学，最合乎穷人需要的大学。我们穷人一无所有，有则只有这样一个社会大学。这无形的社会大学既然是我们的，我们就应该承认它，认识它，把它当作我们自己的宝贝，运用它来教育我们自己，使自己和同伴近邻养成好学的习惯，活到老，学到老，进步到老。把这个意思打进每一个人的心里，是社会大学运动的第一个任务。

当黄齐生先生参加中华职业教育社的一个会议的时候，他在名单上是列为第一名。有些青年干部不服气质问主席说，黄先生是那个大学毕业的？江问渔先生回答：“黄先生是社会大学毕业生。”大家才没有话说。江先生所说的社会大学，便是我所指的无形的社会大学。黄齐生先生既因这无形的社会大学而有所成就，让我们大家都紧紧的把握着这个大学来进行学问，追求真理，以为老百姓服务。

有形的社会大学是夜大学、早晨大学、函授大学、新闻大学、旅行大学、电播大学。

重庆开办的社会大学，是夜大学，纯粹由职业青年自动创办的。有些地方的职业青年，早晨要到九点钟才上工。早晨可以进行二三小时的学习，便可以开办早晨大学，以应这种青年之需要。

可能进夜大学、早晨大学的青年，依我估计中国足足有四百万人。每年高中毕业生有十一万人，能考取正式大学者只有一万多人，那末每年就是九万多人不得其门而入。人生从十六岁到四十岁，至少应该努力学习。这样算来便有二百十六万人，除去死亡害病十六万，应有二百万高中毕业生，要求社会大学予以进修的机会。

此外还有大学一年级、二年级、三年级删下来，而不得不找工作养活自己的青年。还有受过大学四年级教育的人，而觉得时代已经变动需要再学习。还有大群的自学青年，倘使得到社会大学的便利，进步可能更为迅速。只要能听讲而又能记笔记，便有入学资格。这样估计起来，至少再加二百万人，因此，我估计中国全国有四百万职业青年需要社会大学帮助他们进修。我们应该在全国展开社会大学运动，在各大都市建立夜大学、早晨大学，来应济这广大的需要。正统大学能附设夜大学、早晨大学固然可以，但是单独设立尤有必要。它可以由职业青年、进步学者或热心社会人士分头或合力发起组织。一切要简而易行，不要让自己的幻想、野心把办法弄得太困难，而阻碍了发展与普及。普及与发展夜大学、早晨大学，是社会大学运动的第二个任务。

至于函授大学、电播大学，是要集中的办。旅行大学，包括海陆空三方面。新闻大学，是以好报为中心，辅以好杂志，并助以经常的座谈会。把这几种事业有效的办起来，是社会大学运动的第三个任务。

社会大学，无论有形的无形的，要有一个共同的大学之道。孔子的大学之道是，在明明德，在新民，在止于至善。现在时代不同了，我们提议修改几个字，成为：

“大学之道：在明民德，在亲民，在止于人民之幸福。”

社会大学之道，首先要明白人民的大德。人民的大德有四：（一）是觉悟。人民要觉悟中华民国是一个大公司，个个国民都是老板：男的是男老板，女的是女老板，大的是大老板，小孩是小老板。（二）是联合。做老板要有力量，力量从联合而来。不联合没有力量，凶恶的伙计是不会理睬我们的！所以要联合，四万万五千万人要联合起来做老板才行。（三）是解放。有了力量便需进行解放。我们要联合起来在进行解放的斗争中增长我们的力量。我们要学习争取六大解放：（1）头脑解放；（2）双手解放；（3）眼睛解放；（4）嘴解放；（5）空间解放；（6）时间解放。（四）是创造。解放出来的力量要好好的用，用在创造上，创造新自己，创造新中国，创造新世界。

社会大学之道，要亲近老百姓。我们认为亲民的道理，比新民的道理来得切。我们要钻进老百姓的队伍里去和老百姓亲近，变成老百姓的亲人，并且要做到老百姓承认我们的确是他们的亲人。

社会大学之道，是要为人民造幸福。一切的学问，都要努力向着人民的幸福瞄准。所谓人民的幸福，用老百姓自己的话说便是福禄寿喜。照着人民所愿望的福禄寿喜四大幸福进行，我们的学习才于人民有益，才配称为社会大学。也只有社会大学与人民幸福打成一片，而后社会大学运动才为人人应该参加的富有意义的大运动。

三五、一、

《行知教育论文选辑》（1947年3月上海生活书店版）

领导者再教育

平常人对于教育有一种不够正确的了解，以为只有成人教育小孩，上司教育下属，老板教育徒弟，知识分子教育文盲。其实，反过来的教育的行动影响作用不但是可能而且是普遍习见的现象，不过很少的人承认它罢了；至于承认它而又能运用它来互相教育，使学问交流起来，以丰富彼此之经验，纠正彼此之看法，推动彼此之进步，那是更少了。但是一个民主的国家实在是要看重这种互相教育之现象并扩大学问交流的效果，加速度的走向共同创造之大道。

中国人受了二千年之专制政治之压迫，几乎每个人一当了权便会仗权凌人。好像受了婆婆压迫的媳妇，一旦自己做了婆婆便会更加压迫她的媳妇。在中国几乎每一个有权的人是一个独裁。有大权的是大独裁。有小权的是小独裁。自主席以至于保甲长都免不了有独裁的作风，就是我这个区区的校长也不是例外，常常不知不觉的独断独行，违反了民主的精神。一经别人提醒，才豁然大悟，在一个民主国家里面，做一个独裁校长是千不该，万不该的事情。但江山易改，本性难移，过不了多少时候，病又复发了。那只有再接再厉的多方想法以克服这与民主精神不相容的作风。

民主的时代已经来到。民主是一种新的生活方式。我们对于民主的生活还不习惯。但春天已来，我们必须脱去棉衣，穿上春装。我们必需在民主的新生活中学习民主。不但老百姓要学习民主，大大小小的领袖们都得学习民主。领袖们是已经毕过业了，还要学习吗？不错，还要学习，只有进了棺材才不要学习。他们虽然有些学问，但是他们从来没有学过民主，所以还要学习，还要学习民主。

他们虽然受过教育，但是没有受过民主教育，所以还要再受教育，再受民主教育，把受过不合民主的教育从生活中肃清掉。

这种再教育应该怎样进行呢?

第一，自己觉得需要再教育。自己觉得既往的习惯不足以应付民主的要求。自己承认在民主的社会里做领袖和在专制的社会里做领袖是有了根本之不同，那末在本人的生活上也必须起根本的变化才能适应客观之变化。从前白健生先生有一次和我闲谈“以不变应万变”的道理。我提议在不字下面加一横，意思是“以丕变应万变”，丕变即是大变，我们要在生活上起大的变化才能应付民主政治所起的大变化。民主政治所起的变化是很大的。例如承认个人之尊严，便不能随便侵犯别人的基本自由；采用协商批评之方法便须放弃“我即是”，“朕即真理”；要使人了解你，同时又要使你了解人，便须放弃“民可使由之，不可使知之”，又必须虚心下问，集思广益；实行共同创造，便须放弃少数人包办之倾向。我们若深刻的感觉到旧习惯不足以应付这种大变化，而又不愿被淘汰，那就一定觉得有再受教育之必要了。

第二，多方学习。自己既已感觉到有再受教育之必要，那就好办了。地位无论大小，只要对于民主的生活感觉到如饥似渴之需要，那不啻是走了一半的路程了。学习方法虽多，总靠自己虚心。随时随地愿听逆耳之言，和颜悦色地欢迎干部和别人的批评，有事先商量而后行都很重要。民主先贤的传记著作如林肯，哲斐孙〔1〕，汤佩恩的，都能给我们有力的指示。国外民主国之游历，国内民主政治比较进步的地方的参观都能帮助我们进步。但是最重要的是在“做”上学，在实行民主上，在发挥民主作风上，学习民主。

第三，我们最伟大的老师。我们最伟大的老师是老百姓。我们最要紧的是跟老百姓学习。我们要叫老百姓教导我们如何为他们服务。我们要钻进老百姓的队伍里去和老百姓共患难，彻底知道老百姓所要除的是什么痛苦，所要造的是什么幸福。

我前些日子写的一首小诗，可供领导人自我再教育之参考：

民之所好好之。
民之所恶恶之。
为人民领导者，
拜人民为老师。

领导者再教育之三部曲是：第一部跟老百姓学习；第二部教老百姓进步；第三部引导老百姓共同创造。也只有肯跟老百姓学习的人，才能做老百姓的真正领导者。

《民主》第24期（1946年2月22日）

注释

〔1〕哲斐孙　通译杰弗逊（Thomas Jefferson，1743—1826），美国总统（1801—1809），独立战争时期为资产阶级民主派主要代表之一。

小学教师与民主运动

我这次到上海，在一个小宴会上，听了几句令人深思的话。我的朋友说：抗战八年来，五位教师之中，有一位逃难去了，一位做生意去了，一位变节了，一位死了，只剩了一位仍旧还在这里做教师，我们是多么寂寞啊！我说剩下的这一位，头上是裹着裹头布，嘴上是上了封条，肚子是饿凶了，被迫得只有干腌菜喂后一代。我们接着谈论胜利后的他们：逃难的难得回乡；做生意的倒胜利霉；变节的无法带〔戴〕罪立功；死者不可复生；站在岗位上的，头上的裹头布仍旧裹着，嘴上的封条仍旧封得很紧，肚子饿得更凶了，除了干腌菜，还没有别的精神粮食给学生吃。这谈话指示我们，如果我们要为民主奋斗，我们得加强自己，改变自己，武装自己，而且要为教育招兵，为民主募马。

首先我们自己需要再教育，再受民主教育。中华民国虽然成立了三十五年，我们只上了很少的民主功课。细算起来，民国初立的几个月，推翻袁世凯的几个月，五四运动后的一两年，推翻复辟后的几个月，五卅惨案以及北伐前后的一二年，一二·九到抗战开始后一年，算是断断续续的上了几课，但是一曝一寒，胜不过二千年传下来的专制毒，和这十余年来的有系统的、反民主的、变相的法西斯蒂训政。特别是我们做教师的人，需要再教育来肃清一切不民主，甚至反民主的习惯与态度，并且积极的树立真正的民主作风。校长对于我们，我们对于学生，多少都存在着一些要不得的独裁作风。中国现在，自主席以至于校长、教师，有意无意的，难免是一个独裁，因为大家都是在专制的气氛中长大，为独裁作风所熏陶，没有学习过民主作风。我们所要学习的民主作风，至少应该包含这些：

（一）民为贵，人民第一，一切为人民。

（二）天下为公，文化为公，不存心包办或征为私有。

（三）虚心学习，集思广益，以建立自己的主张。

（四）自己要说话，也让别人说话，最好是大家商量。自己要做事，也让别人做事，最好是大家合作。自己要吃饭，也让别人吃饭，最好是大家有饭吃。自己要安全，也让别人安全，最好是大家平安。自己要长进，也让别人长进，最好是大家共同长进。

（五）民主未得到之前，联合起来以争取民主为己任；人民基本自由得到之后，依据民主原则共同创造，创造新自己，创造新家庭、新学校、新中国、新世界。

这是一种全新的生活方式，我们必须天天在实际的生活中学习，学习再学习，才能习惯成自然，造成民主的作风。

个人学习不如集体学习，偶尔学习不如经常学习。为着进行经常的集体学习，最好是联合起来组织社会大学、星期研究会以实施共同之进修。这些新的学习组织，在重庆已经施行有效，应该在各地举办起来，以应好学的教师与好学的青年的需要。孔子说："学而不厌，诲人不倦。"我看出这两句话有因果的关系。惟其学而不厌才能诲人不倦；如果天天卖旧货，索然无味，要想教师生活不感觉到疲倦是很困难了。所以我们做教师的人，必须天天学习，天天进行再教育，才能有教学之乐而无教学之苦。自己在民主作风上精进不已，才能以身作则，宏收教化流行之效。我们在民主作风之外，要学习的东西很多，应该按着自己的兴趣、才能和工作岗位的需要继续不断的学习，活到老，学到老。但是最重要的不能忘了社会科学。每一位现代的教师，必须把基本的政治问题、经济问题、世界大势、社会的历史的发展和正确思想方法弄清楚，最好是要参加教师进修的组织，如社会大学、星期研究会，凭着集体的力量督促自己长进。在没有社会大学或星期研究会的地方，小学教师们应该主动发起创办。这是如同吃饭一样的急不容缓，不可等待。

我们进行自我再教育，不能没有先生，我们要三顾茅庐请出第一流的教授来帮助我们进行各项学习。第一流的教授具有两种要素：一、有真知灼见；二、肯说真话，敢驳假话，不说诳话。我们必须拿着这两个尺度来衡量我们的先生。合于此者是吾师，立志求之，终身敬之。

在各位大师之中，我要介绍两位最伟大的老师。

一位就是老百姓。我们要跟老百姓学习，学习人民的语言，人民的情感，人民的美德。努力发现老百姓的问题、困苦和他们心中所希望达到的目的，并认识他们就是中华民国真正的主人，要他们告诉我们怎样为他们服务才算满意。我愿把我写的一首小诗献给每一位小学教师，共同勉励：

民之所好好之。
民之所恶恶之。
教人民进步者，
拜人民为老师。

还有一位最伟大的先生要介绍，那就是小孩子——我们所教的小学生。我们要跟小孩子学习，不愿向小孩学习的人，不配做小孩的先生。一个人不懂小孩的心理、小孩的问题、小孩的困难、小孩的愿望、小孩的脾气，如何能教小孩？如何能知道小孩的力量？而让他们发挥出小小的创造力？

唯独肯拜人民与小孩为老师的人，才能把自己造成民主的教师，也只有肯拜人民与小孩为老师的，那民主作风才自然而然的获得了。

其次，就是运用民主作风教学生，并与同事共同过民主生活，以造成民主的学校。教育方法要采用自动的方法，启发的方法，手脑并用的方法，教学做合一的方法，并且要使学生注重全面教育以克服片面教育；注重养成终身好学之习惯以克服短命教育。在现状下，尤须进行六大解放，把学习的基本自由还给学生：一、解放他的头脑，使他能想；二、解放他的双手，使他能干；三、解放他的眼睛，使他能看；四、解放他的嘴，使他能谈；五、解放他的空间，使他能到大自然大社会里去取得更丰富的学问；六、解放他的时间，不把他的功课表填满，不逼迫他赶考，不和家长联合起来在功课上夹攻，要给他一些空闲时间消化所学，并且学一点他自己渴望要学的学问，干一点他自己高兴干的事情。还要把工友当做平等的人和他们平等合作。只有校长、教师、学生、工友团结起来共同努力，才能造成一个民主的学校。

再其次，要教学生为民主的小先生。我们不把小孩单单当作学生教。最重要的教育是“给的教育”，教小孩拿出小小的力量来为社会服务。人生以服务为目的，不是毕业后才服务。在校时，就要在服务上学习服务。学生最好的服务是做小先生，拿学得的知识教给人。中华民国是一个公司；四万万五千万人联合起来做老板。男人是男老板，女人是女老板，大人是大老板，小孩是小老板，大家都是中华民国的老板，大家都是中华民国的主人。拿这种浅显而重要的意思由学生一面学，一面教给不能进学校的老百姓，他们变成了民主的小先生。一位先生教四十位学生，照老法子，他只是四十个学生的先生。如今把这四十个学生变成小先生，每位小先生平均帮助五个人，便能帮助二百人，连原来的四十人，便是一位二百四十人的先生，力量与贡献大得多了。这样，学校变成了发电机，学生变成了四十根电线，通到每一个家庭里去，使四十家，乃至二百四十家都发出民主的光辉来，这不能算是小学教师的重要任务吗？

再其次，要教民众自己成为民主的干部。小学教师应该是民主的酵母，使凡与他接触的人都发起酵来，发起民主的酵来。农人、工人、商人、军人、官吏、学生家属，只要一接触便或多或少，起一点变化，顶少要对民主运动减少一点阻碍，顶好是一经提醒便成了民主的斗士，乃至成为民主的干部，大家起来创造一个名符其实的中华民国。去年中秋，当我亲眼在四川看见一位老农拿出那插在腰背后的旱烟管来，指挥他的七位学生，一连合唱了八个歌曲，我好像是看见了新中国的前途。这样可贵的，从人民中产生出来的民主干部，将来是要几十万几百万的产生出来。发现他们，培养他们，是小学教师不可放弃的天职。

最后，争取民主以保障生存权利与教学自由。小学教师值得几文钱？是我这次到上海来看见从前乃英先生写的一首感动人的歌曲：

> 小学教师值几钱？五元钱一天，教一天，算一天。请假一天扣工钱。不管你喊哑喉咙，不管你绞尽脑汁，不管你坐弯背腰，不管你饿凶肚皮，预支不可以。小学教师值几钱？要求提高待遇，还没有这种福气。

这首歌的末一句，我提议修改为“争民主奋斗到底”。提高待遇，只有民主才有保障。现在的尊师运动，必须包含争取民主，才能将一时救急的办法，变成经常安定的办法。如不争取民主，使真正的民主政治、民主经济、民主文化全盘兑现，我们必定是一辈子陷在“吃不饱来饿不死”的地狱里。所以为着提高生活待遇，我们必须参加在整个国家民主斗争里面去，实现天下为公，有我们自己的一份在内。

教师的职务是“千教万教，教人求真”，学生的职务是“千学万学，学做真人”。这教人求真和学做真人的教学自由，也只有真正的民主实现了才有可能。在不民主的政治下，说真话做真事的人是会打破饭碗，关进集中营，甚至于失掉生命。因此这教学自由，也是要在整个的人民基本自由中全盘解决。让我们和人民站在一条战线上，争取真正民主的实现，共同创造一个独立、自由、平等、进步、幸福的新中国。

卅五、四、

《行知教育论文选辑》(1947年3月上海生活书店版)

教师自动进修

——与小学教师谈话之三

近来上海小学教师有一个极重要的运动，这运动是自动求学、自动进修、自动追求进步。

有些人一做了教师，便专门教人而忘记自己也是一个永久不会毕业的学生，因此很容易停止长进，甚而至于未老先衰。只有好学才是终身进步之保险，也就是长青不老之保证。

孔子说："学而不厌，诲人不倦。"有些人做了几年教师便有倦意，原因固然很多，但主要的还是因为不好学，天天开留声机，唱艺片子所以难免觉得疲倦起来。唯独学而不厌的人，才可以诲人不倦。要想做教师的人把岗位站得长久，必须使他们有机会一面教一面学；教到老，学到老。当然，一位进步的教师，一定是越教越要学，越学越快乐。

但在不民主的社会里，教育官不但不鼓励教师进修而且见着教师看书、看报，问学座谈还要怀疑他别有作用。所以教师们要想得到充分的进修自由，研究自由，必得和老百姓站在一条战线争取民主的实现。在民主没有实现以前，教育官不会顾到我们真正需要的进修。那么，我们自己组织起来，依地域学科进行学习，是再好没有的一件事。我想教师的进修应该包括下列几种要素：

（一）社会科学如政治问题、经济问题以及世界史本国史必须弄清楚；

（二）教育本身的理论与技术必须精益求精；

（三）每星期有两晚或三晚的系统讲习可分区分科举行；

（四）星期日早晨的讲演大会务必连续不断的举行；

（五）程度较高者宜从事专题研究，每人在一个专题上连续不断探讨，到本题解决或有系统详细之报告……才告一段落；

（六）寒暑假运用旅行修学；

（七）联合组织一教师流通图书馆，以便利大家参考。

好学是传染的。如果教师们以集体力量鼓励彼此进修，影响所及，决不会让上海专美，将见全国闻风兴起，各地教师自动组织起来，学习再学习。其结果不但是能造成好学之教师，好学之学生，而且一人传十，十人染百，将会造成一个好学之民族，那么中华民国亿万年之进步，亦于此得到有力的保证了。

《时事新报·教师生活》第16期（1946年6月6日）

谈扫除文盲

——与小学教师谈话之四

据6月11日《世界晨报》说上海教育当局预备在今年暑假运用高中以上学生和在职教师，实施强迫教育，开办2000班，每班收50人，扫除10万个文盲。

用寻常的眼光看来，在两个月之内，扫除10万个文盲，不能不算是一件有价值的事。的确，如果中国在这短短的两个月之中，真能增加10万个识字的人，总是可喜的消息。

但是仔细考虑之后，这里面包含了一些疑问。

（一）学习好比吃饭，肚子饿了要吃饭，何用强迫？学习要强迫，可见强迫者和受强迫者之需要有些不同。而且所要学习的东西是不合学习者的口味才要强迫。因此，我觉得扫除文盲要做到不必强迫就要做到适合老百姓的口味。我们应该研究怎样改良我们的教材教法，使它们适合老百姓的需要。让我们跟厨子学习，使凡吃过我们烧的菜的人，越吃越要吃。人家不要吃我们烧的菜，而要拉人来吃，拉而不来，还要罚他，这样的厨子是难免有问题。

（二）吃饭是每天三餐，最少也要每天两餐稀饭，除非是有大灾荒，就是树皮草根也要每天两三顿。如果说，一个人每年十二个月中只有暑假两个月有饭吃，其余十个月都没有饭吃，我不知道那人如何活得下去，现在只预备暑假两个月给老百姓学习，我也不知道他如何活得下去？如果所学不是人生所需，那一天也不必学。如果所学是人生所需，那是要一年学到头，一世学到老，决不是两个月的短命学习所能满足。

（三）上海人口号称 450 万人。除了 50 万很小的小孩，有 400 万人要学习，不识字的固要学习，识字的也要再学习。一年 10 万人要 40 年才得普及。这是令人不能忍耐的漫漫长夜啊！因此我希望主管教育的朋友要想想法子，使文化瞎子快一点得到眼药，可以睁开眼睛看看真实的世界。现在虎列拉来了，当然要打预防针，可是听说，每天只来得及注射 1 万人，几乎要一年半才能完成。我希望扫除文盲和预防虎疫要同样的有一个更正确更迅速的计划与预算。

我说这些话不是反对扫除文盲，不是反对暑假扫除 10 万文盲，而是觉得不够，觉得上海要有更好的、更迅速的、更有效的、更适合国情的方法来推行普及教育，使上海不但可以扫除文盲，并且可以令整个上海的人得到学习的嗜好，保持终身的长进。这些方法希望大家研究出来，我也愿意就我所知道的下次再和大家商谈并请教益。

《时事新报·教师生活》第 17 期（1946 年 6 月 13 日）

教育生活漫忆*

我开始感觉民主教育的必要而予以实践以来，已经有了十九年。回想起来，这是一段压迫和艰难的历史。现在，中国因团结和苦斗粉碎了日本法西斯侵略者的野心。在某种意义上，中国真正的民主教育，可以说是最近才渐入轨道。

在日本，大部分的日本人差不多都识字，可是以前的日本却有重要的东西缺乏着——就是民主的成分。缺少了民主的成分，就是日本不幸的根源啊。总之，中日两国真正的民主教育的发展是有待于今日的。当新的民主教育开始时——日本不仅识字者多，由于此次战败的法西斯势力也已打倒，所以有利于日本的地方不少。可是中国呢？民主教育和识字运动仍需要并行兼施。中国民主教育前途的难关较日本多呢。

日本，它已经有相当的基础，所以只要确定一个新的方针就可以，要紧的是确定了之后不要动摇。

晓庄学校时代

我对于“普及教育”和“民主教育”问题，开始注意是在民国七、八年的时候，民国十六年才有了一个组织。

当初我们展开的是“乡村教育”运动，民国十六年在南京和平

* 本篇系陶行知于1946年约6月与日本记者小野三郎的谈话记录。小野三郎笔名赤律益造，时任上海日文《改造日报》记者。

门外，创设了晓庄学校，目的是号召全国造成一百万个乡村教师，使他们从事普及乡村教育的工作。

民国八年，我作关于《生活教育》的演讲，并确定意为：（一）生活的教育；（二）为生活而教育；（三）为生活的提高、进步而教育。十六年对于“生活教育”更进一步地定义成为：（一）人民的教育；（二）人民教育人民；（三）人民为自己生活的提高、进步所希求的教育三项。因为中国人口的四分之三都住在农村，经营农业，所以普及“人民的教育”的运动也就和乡村教育运动没有什么不同。

由于民国十六年以来的教育运动的经验，我们发现了若干道理。

第一，我们觉悟到过去的教师仅停滞在狭义的教育范围内是不够的，因为教师也有体力——有手也有脚，具有足够的劳动能力；同时农民也不应该只是默默地劳动，应该有思想的必要。总之，我们觉悟到了思想和生活的具体的关联性。

我们发现了手和脑若能打成一片，农民和工人始能成为革命的农民和革命的工人。而教育者获得了头脑和手脚的同盟，始能成为一个有创造能力的学者。

第二，我们觉悟到教学的本质是学习，而“学习”也就是实践，学而后能教人。这一点，就是说教学做合一。

所谓“做”是包涵广泛意味的生活实践的意思。而学习或是教学，不是片段而是一个整体，要教学必须先有手和脑的结合与思想和生活的合一，换句话说不单是要“劳力”同时也要“劳心”。

在这样意义的教育运动的实践中，感到学校教育的狭隘性是当然的。因此遂发现了第三个道理，就是为要真正地教育，必须做到“社会即学校”这一点。整个乡村是我们的学校，扩大之，整个中国是我们的学校，更扩大之，整个世界乃至于宇宙都是我们的学校。

这样说来，单靠一个学校推动教育工作是不可能的。在整个教育过程中的学校，好像是整个房子当中的客厅。对教育——即教学范围的观念，这么一扩大，学校自然也很广大了，教师也多，功课也繁，至于学生的范围也就更多了。因而教育的效果也就更实在了。

总而言之，我们创办晓庄学校的目的，当初在于知识分子和农民之间的接触和结合，可是后来这两者的关系发生了很大的变化。根据我们的道路可以这样说：由（一）生活即是教育发展到（二）教学做合一；然后更发展到（三）社会即学校。

革新教育运动和民主运动有什么关系呢？农民和工人在这过程当中渐渐地认教育家为最可亲的友人，在这一点上有非常重要的意义的。

我们在晓庄学校里所施行的教育，因种种的关系终难以推广和实现，学校也就不得已而停办了。不过这却更坚定了我们的“社会即学校”的信念，更为了“打入整个社会”而继续努力了。

工学团的创始和小先生运动

“一·二八”战事爆发，我除了积极地参加对于日本帝国主义的反侵略斗争外，深深地感到普及教育的使命更加重要。因之，更发现了另一个新的原因，这是我特别地要告诉你的。

中国原是个穷国，所以教育也要采用“穷办法”。我是顾到这点才展开小先生运动的。可是这小先生运动不是忽然地想起来的。乃是在民国十一年提倡“平民教育”的时候，我有五十七岁的母亲，她有一个愿望，要学《平民千字课》。我和我的妹妹每天忙于推广我们的运动，连给母亲教千字课的时间也没有，结果我就教才六岁的孩子小桃教他的祖母读千字课。因为小桃在那个时候已经读熟了千字课第一册。这大胆的尝试居然成功了，祖母和她的孙子，或戏玩或读书，兴趣愈来愈好，一个月后竟读完了第一册。当我的母亲读书的第十六天，我到张家口旅行，用千字课中的文字给他写一封信，母亲接到了，竟很容易地念完了。回想当时，觉到那件事的本质里面包含着重大的意义。

“一·二八”战争以后，小先生运动却成了全国性的运动而发展下去了。

我们在上海郊外的大场镇，提出了“工以养生，学以明生，团以保生”的口号，经营着山海工学团。可是我们绝没有偏重于劳作技术的传播，却以受教育的人投入民间，把整个社会当做学校，以提高整个社会的教养水准为目标，而传播者就是小先生。在大场镇附近有二十五个村庄，一直到沦陷为止，那些小先生们都为了普及教育的工作而在奋斗。当时，在上海特别市区、俞塘、高桥、旧公共租界、旧法租界以及山海工学团里，已有了一万多的小先生在活动。

工学团具体的教育方法，是由每一个教师担任指导四十个学生，教育他们怎样在校外教穷人和穷孩子们认识文字。这就是把学校当作发电机，学生当作电线，两者打成一片点亮电灯（即大众教育）的运动。换句话说就是把社会和学校完全有机地予以统一的。

由小先生在“即知即传”的口号下传播给农民、劳工、妇女们，他们马上就当“传递先生”再传给别人去。

在以前是以教育发动民众，后来则由农民、工人、妇女自动地发动教育。

工学团打入城市　　发展到社会大学

“九一八”，日本法西斯再接再厉地伸出它的魔手的时候起，一向在农村里工作的我们，才发展到大都市。我们的工学团也就在上海的北新泾、杨树浦、静安寺、曹家渡、浦东等地开辟了工作的据点，组织了不同的工学团，有儿童工学团，也有报贩的工学团，也有妇女的工学团等等各色各样的，它们都是半工半学，学了以后再传给别人的。

我们的最后目的是：

培养求学的嗜好，造成好学的民族。

培养教人的嗜好，造成诲人不倦的民族。

我们的学校（社会即是学校）并无年龄上的限制，是永远学而不倦，好学以至于死为目标的最高学府，是社会大学，是人民的大学。

《陶行知先生纪念集》（1946 年底生活教育社自刊）

最后一封信*（节选）

——致育才学校全体师生

诸位同志：

七月十三日的信刚才收到，至为感谢。下关事件发生后，也接到你们慰问的信，大家，尤其是我，从这些信里，得到了无上的鼓励，使我知道我努力的方向没有错，也不是孤军奋斗。（略）从重庆来的报告都使我兴奋。由于各位同志、同学、工友的集体合作，育才是比我在渝时办得精神好，我在此向大家致敬。

公朴去了，昨今两天有两方面的朋友向我报告不好的消息。如果消息确实，我会很快地结束我的生命。深信我的生命的结束，不会是育才和生活教育社之结束。我提议为民主死了一个就要加紧感召一万个人来顶补，这死了一百个就是一百万人，死了一千个就是一千万个人。我们现在第一要事是感召一万位民主战士来补偿李公朴先生之不可补偿之损失。只有这样才是真正的追悼。平时要以“仁者不忧，智者不惑，勇者不惧，达者不恋”的精神培养学生和我们自己。有事则以“富贵不能淫，贫贱不能移，威武不能屈，美人不能动”相勉励。前几天，女青年会在沪江大学约我演讲《新中国之新教育》，我提出五项修养：一为博爱而学习，二为独立而学习，三为民主而学习，四为和平而学习，五为科学创造而学习。这些也希望大家共勉并指教。

---

* 题目系《育才学校》编者所拟。原编者在收选时作了删节。此信写后第九天，陶行知即在上海病逝。

我这封信是写给全体的。（略）敬颂

康健！

陶行知

卅五、七、十六

《育才学校》（1951年4月教育书店版）

附录：

教　育　诗

自勉并勉同志

人生天地间，
各自有秉赋：
为一大事来；
做一大事去。
多少白发翁，
蹉跎悔歧路。
寄语少年人，
莫将少年误。

十三年三月二十五日写于徐州旅馆

《知行诗歌集》(1935 年上海儿童书局版)

村　魂　歌

男学生，
女学生，
结了婚，
做先生。
那儿做先生？

东村或西村。
同去改旧村，
同去造新村。
旧村魂，
新村魂，
一对夫妻一个魂。

此歌已由赵元任先生制谱。

《申报·平民周刊》(1924年8月9日)

每　事　问

发明千千万，
起点是一问。
禽兽不如人，
过在不会问。
智者问的巧，
愚者问的笨。
人力胜天工，
只在每事问。

十三年

《知行诗歌集》(1933年上海儿童书局版)

问　到　底

天地是个闷葫芦，
闷葫芦里有妙理。
您不问它您怕它，
它一被问它怕您。

您若愿意问问看，
一问直须问到底！

十三年

《知行诗歌集》(1933年上海儿童书局版)

锄头舞歌*

调寄本地栽秧山歌

一

手把个锄头锄野草呀！
锄去野草好长苗呀！
绮呀海，雅荷海。
锄去野草好长苗呀！
雅荷海，绮呀海。

二

五千年古国要出头呀！
锄头底下有自由呀！
绮呀海，雅荷海。
锄头底下有自由呀！
雅荷海，绮呀海。

三

天生了孙公[1]做救星呀！

---

* 本歌词作于1927年创办晓庄试验乡村师范之时，曾配以南京市郊农村栽秧山歌的调子，让晓庄师范师生演唱，后流行于国内。

唤醒锄头来革命呀！
绮呀海，雅荷海。
唤醒锄头来革命呀！
雅荷海，绮呀海。

四

革命的成功靠锄头呀！
锄头锄头要奋斗呀！
绮呀海，雅荷海。
锄头锄头要奋斗呀！
雅荷海，绮呀海。

（绮呀海，雅荷海，系帮腔声调。）

十六年十一月九日

《知行诗歌集》（1933 年上海儿童书局版）

注释

〔1〕孙公　指孙中山。

乡下先生小影

一

生长三家村，
来去五里店。
知己遍天下，
终身不相见。

二

“城里不要他，

跑到乡下来。”
他们这样说，
便算我无才。

三

雪花飞满天，
身上犹无棉。
一日吃两顿，
有油没有盐。

四

有油没有盐，
饿肚看水仙。
试问甜中苦，
何如苦中甜？

五

进城曾索薪，
轮流候茶园。
薪水领不着，
大家凑茶钱。

六

爸爸常叹气，
妈妈也埋怨。
已经三十岁，
还没有家眷。

七

"香姑"[1]教人恋，
礼教教人骗。
徘徊岔路口，
心灵已开战。

八

礼教教人骗，
时代教人变。
变好或变坏，
各自有志愿。

九

揭开革命旗，
飘扬劳山[2]侧。
风云啸起处，
书呆失魂魄。

十

书呆不要吓！
往事不足责。
合将大人心，
渲染儿童色。

十一

天赋两个宝，
双手与大脑。

宁做农与工，
联合辟荒岛。

十二

荒岛自成趣，
努力胜天工。
原未造门墙，
所以路路通。

十八年冬

《知行诗歌集》（1933年上海儿童书局版）

注释

〔1〕“香姑”　“乡姑”的谐音。

〔2〕劳山　原名老山。陶行知谐其音称之为劳山，寓有“劳力上劳心”之意在内。1927年3月，陶行知创建晓庄试验乡村师范（后称晓庄学校）于该山山麓，目的是推行他的“改造全国乡村教育”的主张。

告书呆子

“没有指导？
没有工做？”
探获新大陆的哥仑布，
可曾说过？

“没有指导？
没有工做？”
飘流荒岛的鲁滨孙，
可曾说过？

“没有指导？
没有工做？”
晓庄的学园里，
要种几多活萝卜？

“没有指导？
没有工做？”
开天辟地的机会，
可能让它错过！

十九年一月八日

《知行诗歌集》（1933 年上海儿童书局版）

改作黄金时代歌*

拔茅草，
搬石块，
自己的学校自己开。
互相教导，
互相信赖，
读书不做读书呆。
分析过去，
抓住现在，
创造将来。

《行知诗歌集》（1981 年北京三联书店版）

---

* 此诗约写于 1930 年。

春天不是读书天

一

春天不是读书天：
关在堂前，
闷短寿缘！

二

春天不是读书天：
掀开门帘，
投奔自然。

三

春天不是读书天：
鸟语树尖，
花笑西园。

四

春天不是读书天：
宁梦蝴蝶，
与花同眠。

五

春天不是读书天：
放个纸鸢，
飞上半天。

六

春天不是读书天：
舞雩风前，
恍若神仙。

七

春天不是读书天：
攀上山巅，
如登九天。〔1〕

八

春天不是读书天：
放牛塘边，
赤脚种田。

九

春天不是读书天：
工罢游园，
苦中有甜。

十

春天不是读书天：
之乎者焉，
忒讨人嫌！

十一

春天不是读书天：

书里流连，
非呆即癫。

注：前些日子看见报上登载《中学生》的要目预告，内有一个题目是《春天不是读书天》，新颖无比，与我的主张不谋而合。今早在床上吟得几首小诗，借以打破死书本教育之迷执。

二十年春

《知行诗歌集》(1933 年上海儿童书局版)

注释

〔1〕九天　即九方之天，指天的中央和八方；又指天上高不可测。《孙子·形篇》：“善攻者动于九天之上。”

敬赠师范生

一

今日诗兴发，
挥毫寄相思。
如蒙耐烦看，
愿得尽其辞。

二

诸君何所事？
候补当教员。
开创新世纪，
大任在两肩！

三

有些假学生，

非我所愿闻。
原欲进中学，
却想省几文。

四

等到毕了业，
一心想升学；
大学考不取，
勉强教小学。

五

小学当教师，
原是穷差使。
一旦有高就，
那管小孩子！

六

社会办学校，
各有其隐衷；
你若不明白，
钻进牛角筒。

七

看那专制国，
民愚乃可治。
要你塞其聪，
个个成奴隶。

八

个个成奴隶，
你是奴教头，
奴隶要出头，
留心你的头。

九

民国老百姓，
共是主人翁；
若当奴隶教，
便算你不忠。

十

攘攘十字街，
茫茫三叉口；
熊掌与鱼不可兼〔1〕，
你取那样拿在手？

二十年春

《知行诗歌集》（1933 年上海儿童书局版）

注释

〔1〕熊掌与鱼不可兼　语见《孟子·告子》："鱼，我所欲也；熊掌，亦我所欲也。二者不可得兼，舍鱼而取熊掌者也。"

诗的学校

一

宇宙为学校，

自然是吾师。
众生皆同学，
书呆不在兹。

二

化日耀青天，
有人田里哼。
明月出东岭，
是吾看花灯。

三

劳力上劳心，
教学做“人工”。①
探深而钩玄，
要将真理穷。

四

用书如用刀，
不快自须磨。
呆磨不切菜，
何以见婆婆？

① 作者原注：日本有一派人站在保皇党的地位上作工人之后盾。他们根据一君万民之陈说，要铲除那立在君民中间之资产阶级。他们依着天皇的称法，称工人为“天民”，劳动为“天工”。初看这“天工”二字似乎很有精神，故我的初稿，写作“教学做天工”。既而想到大平等之世界中，万工平等，无所谓“天工”，无所谓“地工”，我们所要教学做的只是“人工”，但求他不流于“奴工”“畜工”便是合理了，何必妄自尊大！

五

老牛会耕田，
忘却头上角。
屠户何日到？
用角预商榷。

六

生来不自由，
生来要自由。
谁是真革命？
首推小朋友。

七

天池育蛟龙，
森林教狮虎；
得所不伤人，
此意谁与语？

八

地狱不在地，
天堂不在天。
创造大平等，

无地亦无天！①

九

不是桃花源，
不是神仙府；
只做人中人，
无问他我汝。

十

谁说非学校？
就算非学校。
依样画葫芦，
未免太无聊！

十一

捧来一颗心，
愿共心儿好。
偶然一到此，
流连不知老！

二十年春

《知行诗歌集》（1933年上海儿童书局版）

---

① 作者原注：初稿作“非地亦非天”，颇有飘然欲仙之意，对于原在人心之天堂地狱，任其自生自灭。但这至多不过是一时之现象，而大平等之根本要素便是天堂与地狱及一切连类而来的诸多观念形式之完全消灭。所以与其说“非地亦非天”，不如说“无地亦无天”。“非地亦非天”是造端；“无地亦无天”是可望不可即之终极。“非地亦非天”含着有余不尽之诗意；“无地亦无天”是把要说的话一起都说完了。这两句何去何从，却大费踌躇咧。这大概是我个人内在之矛盾在文字上反映出来的影子吧？我的情感欢喜在“非地亦非天”的人间里流连，而我的思想一跳便跳到“无地亦无天”的世界里去，这中间也不知道相隔差几千百年咧！

糊涂的先生

一

你这糊涂的先生！
你的学堂成了害人坑！
你的墨水笔下有冤魂！
　　你说瓦特庸。
　　你说牛顿笨。
　　你说像个鸡蛋坏了的爱迪生。
若信你的话，
那儿来火轮？
那儿来电灯？
那儿来的微积分？

二

你这糊涂的先生！
你的教鞭下有瓦特，
你的冷眼里有牛顿，
你的讥笑中有爱迪生。
你别忙着把他们赶跑。
你可要等到：
坐火轮，
点电灯，
学微积分，
才认他们是你当年的小学生？

二十年春

《行知诗歌集》（1933年上海儿童书局版）

死

教死书，
死教书，
教书死。
读死书，
死读书，
读书死。

做死工，
死做工，
做工死。
享死福，
死享福，
享福死。

《行知诗歌集》(1948 年光华书店版)

活

用活书，
活用书，
用书活。

二十年十一月

《行知诗歌选》(1948 年光华书店版)

手脑相长歌*

人生两个宝，
双手与大脑。
用脑不用手，
快要被打倒。
用手不用脑，
饭也吃不饱。
手脑都会用，
才算是开天辟地的大好佬。

二十年冬

《知行诗歌集》（1933年上海儿童书局版）

拉车的教员

分明是教员，
爱做拉车夫；
拉来一车洋八股，
谁愿受骗谁呜呼。

二十一年夏

《知行诗歌集》（1933年上海儿童书局版）

* 此诗由赵元任谱曲。陶行知创办育才学校后，又请贺绿汀重谱，作为育才学校的校歌。

两位先生的对话

设计教学法先生：

“教学做合一，
做学教合一。
玩来玩去，
只是老把戏，
还不是设计，
大同而小异。”

教学做合一先生：

“大同而小异？
西施少了一个鼻！
教学而不做，
正合士大夫的老脾气。
早上设一计，
晚上设一计，
心里设一计，
笔下设一计，
衔支香烟喷口气，
又是一个计！
比出汗儿写意。”

二十一年夏

《知行诗歌集》（1933 年上海儿童书局版）

自动学校小影

有个学校真奇怪；
小孩自动教小孩。
七十二行皆先生；
先生不在学如在。

晓庄师范被封以后，教师不能去办学，连晓庄小学也停了。私塾馆，孩子们不愿意上。他们自己办了一个农村小学，这个小学里的校长教师工人都是小孩子自己担任，他们互教互学，所以称为儿童自动学校。这是我为他们写的一幅小照。

二十一年十月

《知行诗歌集》(1933 年上海儿童书局版)

留　　级

今年留一留，
明年留一留，
留到那年才罢休？
父母也羞，
同学也羞，
小小眼泪像雨流。
花儿也愁，
草儿也愁，
生长如今不自由！
不自由！不自由！
把它从字典里挖出来，
摔到天尽头！

摔到天尽头！
从今小孩儿，
一级也不留。

花草听见小朋友留级，也要滴几滴同情之泪，何况做先生的，当然不是嘴里喊几句小朋友就算了事。你如果是小朋友的真朋友，就得用斩钉截铁的手段，把这个妖怪赶到没有人烟的荒岛上去。

二十一年冬

《知行诗歌集》(1933年上海儿童书局版)

小先生歌

一

我是小学生，
变做小先生〔1〕。
粉碎那私有知识，
要把时代儿划分。

二

我是小先生，
教书不害耕，
你没有工夫来学，
我教你在牛背上哼。

三

我是小先生，
看见鸟笼头昏。
爱把小鸟放出，

飞向森林投奔。

四

我是小先生，
这样指导学生：
“学会了赶快去教人，
教了又来做学生。”

五

我是小先生，
烈焰好比火山喷。
生来不怕碰钉子，
碰了一根化一根。

六

我是小先生，
爱与病魔斗争。
肃清苍蝇与疟蚊，
好叫人间不发瘟。

七

我是小先生，
填平害人坑。
把帝国主义推倒，
活捉妖怪一口吞。

八

我是小先生，

要与众人谋生。
上天无路造条路，
入地无门开扇门。

二十三年三月十六日

《行知诗歌集》（1947 年大孚出版公司版）

注释

〔1〕小先生　陶行知首倡的一种普及教育的方法。其宗旨是“即知即传人”、“不做守知奴”、“以教人者教己”。“小先生制”经过陶行知和他的学生们的运用，在普及教育、提高民众文化水平方面取得了成绩，对国外，尤其是印度等一些国家，也曾产生过影响。

教　师　歌

——献给儿童教育社〔1〕同人

一

来！来！来！
来到小孩子的队伍里，
发现你的小孩。
你不能教导小孩，
除非是发现了你的小孩。

二

来！来！来！
来到小孩子的队伍里，
了解你的小孩。
你不能教导小孩，

除非是了解了你的小孩。

三

来！来！来！
来到小孩子的队伍里，
解放你的小孩。
你不能教导小孩，
除非是解放了你的小孩。

四

来！来！来！
来到小孩子的队伍里，
信仰你的小孩。
你不能教导小孩，
除非是信仰了你的小孩。

五

来！来！来！
来到小孩子的队伍里，
变成一个小孩。
你不能教导小孩，
除非是变成了一个小孩。

二十三年五月十六日

《行知诗歌集》(1947 年大孚出版公司版)

注释

〔1〕儿童教育社　即中华儿童教育社。20 世纪 20 年代成立的一个专门从事儿童教育研究的教育团体。创办者是著名幼儿教育家陈鹤琴（新中国成立

后任南京师范学院院长)。

佘儿岗儿童自动小学[1]三周纪念

紫金山[2]为笔,
青天为纸,
乌云为墨,
动手来写字:
“立大志,
求大智,
做大事。”

二十四年九月四日

《行知诗歌集》(1947 年大孚出版公司版)

注释

〔1〕佘儿岗儿童自动小学　即南京佘儿岗儿童自动小学。

〔2〕紫金山　又称钟山。在江苏省南京市区东。多紫红色砂页岩,故名。

新安旅行团团歌*(节选)

(上略)
同学们别忘了,
我们的口号:

---

* 此诗原为歌词,由田汉、陶行知分别写成。先是田汉在 1936 年为“新安旅行团”写了团歌,作曲家张曙为之谱曲;陶行知作为“国民外交使节”访美时,曾向华侨工人教唱这首歌曲,并于 1937 年又特为“新旅”团歌写了第二首词,由美寄赠给“新旅”。此处仅选录陶行知所写歌词的一部分。

生活即教育，
社会即学校，
拚命的团结拚命的探讨，
一边儿用手一边儿用脑。
别笑我们年纪小，
我们要把世界来改造，
来改造！

同学们别忘了，
我们的口号：
生活即教育，
社会即学校，
弱小民族不得了，
劳苦大众吃不饱。
看吧！
到处是敌人的枷镣锁梏，
兄弟们，别睡觉，
把一切人类敌人都打倒，
都打倒！

同学们别忘了，
我们的口号：
生活即教育，
社会即学校，
不怕他飞机，
不怕他枪炮，
为人类奔跑，
使人类和好，

我们是人类的小宝宝，
小宝宝！

《行知歌曲集》（1983年人民音乐出版社版）

八位顾问

我有八位好朋友，
肯把万事指导我。
你若想问真名姓，
名字不同都姓何：
何事，何故，何人，何如，
何时，何地，何去，
好像弟弟与哥哥。
还有一个西洋派，
姓名颠倒叫几何。
若向八贤常请教，
虽是笨人不会错。

三十一年

《行知诗歌集》（1947年大孚出版公司版）

创造年献诗*

荀教〔1〕："择一而壹焉"〔2〕，
莫跟鼫鼠学五技〔3〕。
大题不可以小做，
小题大做做到底。

---

* 此诗约写于1943年。

凿井愈深口愈大，
博学由来在好一。
笼统先生要不得，
歧路之上快别离。
尽信书本不如无[4]，
文化小偷在抄袭。
行以求知知更行，
不知直认为不知。
遍览已知求未知，
以知与人已愈知。
以为武断靠不住，
存在从来决意识。
解剖内体寻条理，
追踪外缘找联系。
贯通证据悬断语，
屡试屡验验还试。
矛盾相生复相克，
数量满盈能变质。
相推而进正反合，
顺沿发展觅定律。
文化钥匙九十九，
开发天人大神秘。
愿将真理化大利，
润泽众生真仁义。
日日月月积成千，
努力创造新天地。

——原件存陶晓光处

注释

〔1〕荀教　荀子的教诲。

〔2〕“择一而壹焉”语出《荀子·解蔽》：“故曰：心枝则无知，倾则不精，贰则疑惑。以赞稽之，万物可兼知也。身尽其故则美，类不可两也，故知者择一而壹焉。”

〔3〕鼫鼠学五技　语出《荀子·劝学》：“螣蛇无足而飞，鼫鼠五技而穷。”螣蛇，龙类，无足而遨游云雾之中。五技：能飞而不能上屋，能爬树而不能至树梢，能泅水而不能渡溪谷，能挖穴而不能掩蔽自己，能走而不能超过人。意思是说，鼫鼠虽泛泛地掌握了五种技能，却不如螣蛇专精于一种技能。

〔4〕尽信书本不如无，语出《孟子·尽心下》：“尽信书，则不如无书。”

育才学校校歌

　　凤凰山〔1〕上：
我们是凤凰的儿女。
我们是凤凰山的小主人。
凤凰山是我们的家，
　　我们的学校，
　　我们的乐园，
　　我们的世界。
我们是凤凰山的开垦者，
要创造出新的凤凰山，新的家，
　　新的学校，新的乐园，新的世界。
我们要虚心，虚心，虚心，
　　承认我们一无所知，一无所能；
我们要学习，学习，学习，
　　学习到人所不知，人所不能；
我们要贡献，贡献，贡献，

实现文化为公，天下为公。
修炼智慧之眼。
磨出金刚之喙。
展开大无畏之翼。
涵养一心向真之赤心。
观！
静观大千世界。[2]
啄！
啄开未知之门。
飞！
飞入神秘之宇宙。
找！
找出真理之夜明珠。
衔回人间，
装饰在每一个人的额前，
照着人类在狂风暴雨的黑夜里，
稳步迈进，
稳步迈进，
走到天明，
迎接东升的太阳：
得到光，
得到热，
得到力，
创造幸福的新中国，新世界。
真即善，
真即美，
真善美合一。
让我们歌颂真善美的祖国，

真善美的世界，
真善美的人生，
真善美的创造。

三十二年十一月二十八日

《行知诗歌集》(1947 年大孚出版公司版)

注释

〔1〕凤凰山　在四川省合川县（今重庆市合川区）境内。

〔2〕大千世界　“三千大千世界”的简称。原是古印度传说的一个广大范围的世界的名称。即以传说中的须弥山为中心，以铁围山为外部，同一日月所照的四天下为一小世界，合一千个小世界为小千世界，合一千个小千世界为中千世界，合一千个中千世界为大千世界，一称三千大千世界或三千世界。

社会大学颂

青天是我们的圆顶，
大地是我们的地板，
太阳月亮是我们的读书灯，
二十八宿是我们的围墙。
人民创造大社会，
社会变成大学堂。
大学之道，在明“民”德，
　　在亲民，在止于人民之幸福，
是我们创学之新主张。
什么是民德？
要目有四项：
觉悟，联合，解放，
还有创造——要捣碎痛苦的地狱，

创造人间的天堂。
教人民做主人，
不让公仆造反。
为老百姓造福，
不靠高调唱得响。
农场，工场，会场，商场，广场，战场，
　　娱乐场，都是我们数不尽的课堂。
我们要各尽所能，各学所需，
　　各教所知，各得其所。
我们要自由，自勉，自强。
我们要民有，民治，民享。
自己来发起，
自己来筹款，
自己选校董，
自己举校长。
请真理做老师，
学生有三百六十行。
只要虚心学，
而且不间断；
乡人不出村，
能知万里远。
个个考博士，
行行出状元。
农人可以中状元，
工人可以中状元，
失学的青年可以中状元，
荣誉军人可以中状元。
先办夜大学，

夜间求学无人管。
职业青年千千万，
格物致知久已旷，
万仞宫墙飞不进，
教育制度缺一环。
要想深造丢饭碗，
丢掉饭碗家人靠谁养！
只有白天做工夜求学，
肚皮头脑都饱满。
次办函授大学，
文化交流信来往。
再办新闻大学，
运用报纸助座谈。
再办电播大学，
广播教育范围广。
太太和老妈，
在家里也能听讲。
电影教育更深刻：
谷子变成秧，
秧又变谷子，
可以见生长。
原料出矿山，
走进机器房。
几个弯一转，
飞机出工厂。
最后办旅行大学，
走遍东南西北和中央，
还要渡海飘洋。

跟老百姓学习，
陪着老百姓向上长。
我们要有演讲调查队，
还要歌舞话剧团：
献演啷格办，
朱大嫂送鸡蛋，
王大娘补缸
还带去民族舞，
来自新疆蒙古和西藏。
还要带电影，
到处要放映：
鸡蛋怎样变成小鸡？
大羊怎样变成小羊？
五谷怎样生长？
棉花怎样改良？
汽车怎样制造？
钢铁怎样出产？
还要放映《生活》，《一曲难忘》，
　　《在敌人后方》。
我们要走遍天涯海角，
让老老少少男男女女都来看，
都来谈，
都来玩，
都来想，
都来干。
把中国造成一个好模样，
叫整个民族安居乐业，
万寿无疆。

这就是我们的社会大学堂。
只怕先生少，
不怕学生旺。
来一个收一个，
来两个收一双，
来一千收一千，
来一万收一万。
全中国四万万五千万，
全世界二十万万二千万，
如果愿意这样，
都欢迎加入这个大学堂。
国民党，
共产党，
中国民主同盟，
各派各党，
无派无党，
大家一起来，
创办这个社会大学堂，
人民大学堂，
民主世界大学堂！

三十五年一月二日

《行知诗歌集》(1947 年大孚出版公司版)

饯 行 歌

送别党化教育〔1〕

你驾临之前，
说是道尊师严。

学问有自由，
谈心又谈天。
走路不必向后看，
幸福无边。

你光临之后，
遍地明争暗斗。
特务当先生，
同学成冤仇。
统制思想如裹脚，
三寸“金头”。

你告别之前，
真是不堪设想。
先生误人子弟，
学生不敬师长。
训政越训越糊涂，
教育破产。

你走了之后，
教育还给人民。
嘴上撤除封条，
下掉有色眼镜，
裹头布撕得粉碎，
气象清新。

三十五年四月四日

《行知诗歌集》(1947 年大孚出版公司版)

注释

〔1〕党化教育　指国民党政府推行的法西斯教育。

自我再教育

我们需要再教育，
民主作风贵无比；
快拜人民为老师，
教育小孩教自己。

三十五年四月二十五日

原载教师生活社编《教师生活》第10期

陶行知主要著译系年

（篇目前有▲者，均已收入本选集）

1913 年　（二十二岁）

2 月　在《金陵光》第 4 卷第 1 期发表《〈金陵光〉出版之宣言》，并开始发表《一夫多妻之恶结果》，至 4 月第 4 卷第 3 期载完。

3 月　在《金陵光》第 4 卷第 2 期发表译作《中华民国之将来》。

4 月　在《金陵光》第 4 卷第 3 期发表《因循篇》、《导引新生之倡议》。

5 月　在《金陵光》第 4 卷第 4 期发表▲《为考试事敬告全国学子》。

10 月　从《金陵光》第 4 卷第 5 期开始发表译作《美国大统领罗斯福传》，至次年 4 月第 5 卷第 2 期载完。

11 月　在《金陵光》第 4 卷第 6 期开始发表《伪君子篇》，至 12 月第 4 卷第 7 期载完。

12 月　在《金陵光》第 4 卷第 7 期发表《杀机之天然淘汰》。

1914 年　（二十三岁）

1 月　在《金陵光》第 4 卷第 8 期发表《民国三年之希望》、《呜呼某校》。

3 月　在《金陵光》第 6 卷第 1 期发表《医德》。

10 月　在《金陵光》第 6 卷第 5 期开始发表大学毕业论文

▲《共和精义》，至11月第6卷第6期载完。

1916年 （二十五岁）

2月16日 ▲致函哥伦比亚大学师范学院院长罗素（我的生活经历和今后打算）。

1918年 （二十七岁）

4月 在《金陵光》第9卷第4期发表▲《试验主义之教育方法》。

5月 应邀为安徽省立第一师范学校和省立第一女子师范学校师生演讲▲《师范生应有之观念》，记录稿载1986年《行知研究》第2期。

6月 在《金陵光》第4卷第5期发表在南京高师教育研究会成立会上的演讲词▲《教育研究法》。

9月17日 在南京高师演讲《智育大纲》，记录稿载同月20日《南京高等师范日刊》。

10月5日 在《南京高等师范日刊》发表在南京高师教育研究会上的演讲词。

11月3日 在《职业与教育》第1卷第3期发表▲《生利主义之职业教育》。

1919年 （二十八岁）

2月14日 在《时报·教育周刊·世界教育新思潮》第1号发表▲《教学合一》。

2月 在《新教育》第1卷第1期发表▲《试验主义与新教育》。

3月10日 在《时报·教育周刊·世界教育新思潮》第3号发表《美国活动教授之一段》。

3月12日　致函胡适（闻杜威到日本讲学），收入1979年中华书局版《胡适往来书信选》。

3月24日　在《时报·教育周刊·世界教育新思潮》第5号发表《道路与教育》。

3月31日　在《时报·教育周刊·世界教育新思潮》第6号发表《介绍杜威先生的教育学说》。致函胡适（杜威将来华讲学），收入1979年中华书局版《胡适往来书信选》。

3月　在《新教育》第1卷第2期发表▲《普露士教育之基本改革》。

4月14日　在《时报·教育周刊·世界教育新思潮》第8号发表▲《试验教育的实施》。

4月21日　在《时报·教育周刊·世界教育新思潮》第9号发表▲《第一流的教育家》。

7月22日　在浙江第一师范学校毕业生讲习会上演讲▲《新教育》，记录稿载9月《教育潮》第1卷第4期。

9月20日　与贵州实业教育团谈对教员和师范生的希望，记录稿载同月22日《时报·教育周刊·世界教育新思潮》第31号。

10月　在《新教育》第2卷第2期发表▲《学生自治问题之研究》。

12月17日　在南京高师校务会议上提出▲《规定女子旁听办法案》和《添设速记打字讲习科案》等，收入1984年湖南教育出版社版《陶行知全集》第1卷。

1920年　（二十九岁）

4月21日　在南京高师第十一次校务会议上报告《招收新生问题》，收入1984年湖南教育出版社版《陶行知全集》第1卷。

6月2日　在南京高师第十四次校务会议上提出《南京高等师范学校招收特别生办法》，收入1984年湖南教育出版社版《陶行知全集》第1卷。

11月25日　在南京高师教育研究会上谈《教育厅长之产出问题》，记录稿载次年3月《教育汇刊》第2卷第1集。

1921年　（三十岁）

2月28日　致函胡适（借材异地亦无不可），收入1979年中华书局版《胡适往来书信选》。

3月　在《教育汇刊》第2卷第1集发表▲《地方教育行政为一种专门事业》。

5月1日　在《时事新报·学灯》发表译作《未来之中国》。

8月　写▲《义务教育入手办法之商榷大纲》。

9月7日　在江苏省教育会口译孟禄演讲《共和与教育》，记录稿载次年4月《新教育》第4卷第4期。

10月17日　在南京教育界讨论会上口译孟禄演讲和答客问，记录稿载次年3月《教育汇刊》第3集。

10月21日　在苏州教育界同人宴会上口译孟禄演讲和答客问，记录稿载次年4月《新教育》第4卷第4期。

10月22日　在《时事新报·学灯》发表▲《师范教育之新趋势》。在江苏省立第一师范学校口译孟禄演讲《旧教育与新教育的差异》，记录稿载次年4月《新教育》第4卷第4期。

10月31日　在广州全国教育联合会上口译孟禄演讲《“德谟克拉西”的教育》，记录稿载1923年8月《中国教育一瞥录》。

11月23日　在浙江省教育会口译孟禄演讲《学理与应用》，记录稿载次年4月《新教育》第4卷第4期。

12月8日　在江苏省教育厅召开的《学制系统草案》讨论会上发言，记录稿收入1984年湖南教育出版社版《陶行知全集》第1卷。

12月21日　在有孟禄参加的中国教育问题讨论会上发表《关

于师范教育的意见》，记录稿载次年4月《新教育》第4卷第4期。

12月23日　在孟禄与中国教育界同人饯别会上谈个人感想，记录稿载次年4月《新教育》第4卷第4期。

1922年　（三十一岁）

1月18日、19日　在《时事新报·学灯》发表▲《活的教育》。

1月19日　致函《学灯》记者，并刊载于同月23日《时事新报·学灯》。

1月　在《新教育》第4卷第2期发表▲《我们对于新学制草案应持之态度》、▲《评学制草案标准》和《中国建设新学制的历史》。

1月　演讲▲《新学制与师范教育》，记录稿载3月《新教育》第4卷第3期。

2月15日　起草《筹划全国教育费委员会简单》，后在5月《新教育》第4卷第5期发表。

3月　在《新教育》第4卷第3期发表《对于参与国际教育运动的意见》和▲《女子教育在学制上占领地位之十五周纪念》。

7月7日　在《民国日报·觉悟》发表演讲词▲《教育者的机会与责任》。

7月　在中华教育改进社第一届年会上报告本社社务，报告载同年10月《新教育》第5卷第3期。

8月20日　为中华教育改进社第一届年会报告号作序，载同年10月《新教育》第5卷第3期。

9月　在《教育汇刊》第4集发表演讲词《办公原则》。

10月10日　在《新南京》发表《南京教育谈》。

11月5日　在《新南京》发表《市乡教育分治与南京教育》。

1923 年 （三十二岁）

1 月 15 日　在《民国日报》发表演讲词▲《教育与科学方法》。

1 月　与北京《导报》记者谈女子高等教育问题，记录稿载《新教育》第 6 卷第 1 期。

1 月　在《新教育》第 6 卷第 1 期发表▲《为反对中学男女同学的进言》。

3 月　在《中华教育界》第 12 卷第 8 期发表《为万国教育会议事敬告全国教育界同人》。

6 月　在《教育汇刊》第 5 集发表演讲词《教育部学制会议经过情形》。

上半年　与朱其慧、晏阳初联名致函胡适（关于编辑国民基础教育教科书的目标），收入 1979 年中华书局版《胡适往来书信选》。

7 月　在商务印书馆《简报 16 · 第 2 卷》发表英文论著 *Statistical Summaries of Chinese Education*（《中国教育之统计》）。

8 月 22 日　演讲《〈平民千字课〉编辑主旨》，记录稿载同年 10 月《新教育》第 7 卷第 2—3 期。

9 月 20 日　▲致函程仲沂（学问之要素），收入 1929 年亚东图书馆版《知行书信》。

10 月 3 日　致函朱其慧（建议聘晏阳初为总干事），收入 1929 年亚东图书馆版《知行书信》。

10 月 8 日　致函陶宏、陶晓光（连环教学法之发现），致函胡适之夫人（能使全家识字的连环教学法）均收入 1926 年亚东图书馆版《知行书信》。

10 月 10 日　致函程仲沂（作十万新民，寿六旬王母），收入 1929 年亚东图书馆版《知行书信》。

10 月 22 日　在《申报 · 教育与人生》第 2 期发表《〈平民千字课〉编辑大意》。

10月30日　致函金鸣岐（平民教育下乡），收入1929年亚东图书馆版《知行书信》。

10月31日　致函胡自华（女子平民教育），收入1929年亚东图书馆版《知行书信》。

11月12日　▲致函陶文渼（创造一个四通八达的社会），收入1929年亚东图书馆版《知行书信》。

11月　由商务印书馆出版《平民千字课》（1—4）。

12月3日　在《申报·教育与人生》第8期发表《平民读书处之试验》。

12月10日　在《晨报》第8期发表《平民读书处组织大纲》。

12月23日　在《中华教育改进社第二周年纪念会会刊》发表《社会改造之出发点》。

12月　在《平民教育》第71期发表演讲词《长江流域平民教育运动之性质组织及方法》，在《教育汇刊》第6集发表《平民教育运动与国运》。

1924年　（三十三岁）

1月3日　致函朱经农（请看《三字经》之流行），收入1929年亚东图书馆版《知行书信》。

1月5日　▲致函吴立邦（预备钢头碰铁钉），收入1929年亚东图书馆版《知行书信》。

1月16日　致函温佩珊（我们送的寿礼），收入1929年亚东图书馆版《知行书信》。

1月20日　致函汪镜人（希望于县知事的），致函朱其慧（深入蒙古教育之梦），均收入1929年亚东图书馆版《知行书信》。

2月8日　致函卢绍刘（希望您做一位三千万人的教育厅长），收入1929年亚东图书馆版《知行书信》。

3月17日　在《申报·教育与人生》第22期发表▲《五族共

和与教育者之责任》。

3月25日　作诗▲《自勉并勉同志》，收入1935年上海儿童书局版《知行诗歌别集》。

3月　在《教育月刊》发表《全国平民教育之现状》和《徽州推行平民教育办法》。

4月21日　在《申报·教育与人生》第27期发表▲《论平民读书处之得失》。

7月　在中华教育改进社第三届年会上谈对▲《请求力谋收回教育权案》的修改意见，记录稿载《中华教育界》第14卷第1期。

7月　作《半周岁的燕子矶国民学校——一个用钱最少的活学校》，发表于8月4日《申报·教育与人生》第24期。

8月9日　在《申报·平民周刊》发表诗歌▲《村魂歌》。

8月11日　致函清华学校（协商合办科学教员暑期研究会），收入1985年版《陶行知全集》第5卷。

8月14日　▲致函姚文采（师生共生活），收入1929年亚东图书馆版《知行书信》。

10月　在《中华教育界》第14卷第4期发表▲《平民教育概论》。

12月8日　在《申报·教育与人生》第60期发表▲《南京安徽公学创学旨趣》。

本年　▲为程湘帆所作《小学课程概论》写序，收入1989年四川教育出版社版《陶行知佚文集》。

本年　作英文论著《中国》，收入1925年纽约麦克米兰公司版《哥伦比亚大学师范学院国际教育研究所教育年鉴》。

本年，作诗▲《每事问》、▲《问到底》，收入1933年上海儿童书局版。

1925 年 （三十四岁）

2 月 7 日　在《申报·平民周刊》发表《民国的政府》。

2 月 21 日　在《申报·平民周刊》发表《主动的民意》。

5 月　为陈鹤琴所作《语体文应用字汇》写序，收入 1928 年商务印书馆版《语体文应用字汇》。▲为中华教育改进社编《柏克赫司特女士与道尔顿制》写序，收入 1989 年四川教育出版社版《陶行知佚文集》。

6 月　由商务印书馆出版英文论著 *Education in China* 1924（《民国十三年中国教育状况》）。

8 月　在中华教育改进社第四届年会上演讲，介绍柏克赫司特女士，记录稿载同年 9 月《新教育》第 11 卷第 2 期。

8 月　在中华教育改进社第四届年会上演讲▲《中国教育政策之商榷》，演讲词载同年 9 月《新教育》第 11 卷第 2 期。

8 月　在中华教育改进社第四届年会上提出▲《请组织国家教育政策委员会案》、《请发起并筹备中华女子教育促进会案》等，载同年 9 月《新教育》第 11 卷第 2 期。

9 月　在《新教育》第 11 卷第 2 期发表《〈新教育评论〉创刊缘起》。

11 月 14 日　致函吕镜楼（小学理科），收入 1929 年亚东图书馆版《知行书信》。

12 月 1 日　在《民国日报》发表演讲词▲《学生的精神》。

12 月 4 日　在《新教育评论》第 1 卷第 1 期发表《本刊之使命》。

12 月 11 日　在《新教育评论》第 1 卷第 2 期发表书评《陈著之〈家庭教育〉——愿与天下父母共读之》和《女师大与女大问题之讨论》。

12 月 18 日　在《新教育评论》第 1 卷第 3 期发表《驳特定学区议》。

12 月 25 日　在《新教育评论》第 1 卷第 4 期发表《内蒙革命与教育》。

本年底　在南开中学演讲《学做一个人》，演讲词载次年 2 月 28 日《生活周刊》第 1 卷第 19 期。

1926 年　（三十五岁）

1 月 1 日　在《新教育评论》第 1 卷第 5 期发表《四年前的这一周》。

1 月 8 日　在《新教育评论》第 1 卷第 6 期发表▲《师范教育下乡运动》。

1 月　致函杨继宗（教会学校与私立学校），载《新教育评论》第 1 卷第 9 期。

2 月 5 日　在《新教育评论》第 1 卷第 10 期发表▲《整个的校长》。

2 月 19 日　致函徐正之（如何引导学生努力求学），载《新教育评论》第 1 卷第 12 期。

3 月 27 日　致函丁文江、胡适等（反对英国政府关于庚款处置办法），收入 1979 年中华书局版《胡适往来书信选》。

4 月 16 日　在《新教育评论》第 1 卷第 20 期发表《尊重公有财产》。

4 月　致函邵振青（女子大学与女子师范大学联合并存），收入 1929 年亚东图书馆版《知行书信》。

9 月 16 日　致函陈陶遗（幼稚园应有之改革及进行方法），载同年 10 月《新教育评论》第 2 卷第 19 期。

9 月 17 日　致函陈陶遗（农村急需设立幼稚园），载同年 10 月《新教育评论》第 2 卷第 19 期。

9 月 20 日　作▲《我之学校观》，发表于同年 11 月 5 日《微音》第 27—28 合刊。

10月22日　在《新教育评论》第2卷第21期发表《天将明之师范学校——江宁县师范学校半日生活记》。

10月29日　在《新教育评论》第2卷第22期发表▲《创设乡村幼稚园宣言书》。

11月5日　在《新教育评论》第2卷第23期发表▲《南京中等学校训育研究会》。

11月7日　致函宋鼎（惟有学校负社会，没有社会负学校），收入1929年亚东图书馆版《知行书信》。

11月12日　在《新教育评论》第2卷第24期发表《幼稚园之新大陆——工厂与农村》。

11月21日　在中华教育改进社特约乡村教师研究会上演讲▲《我们的信条》，演讲词载同年12月10日《新教育评论》第3卷第2期。

11月24日　为《燕子矶小学》写▲序，收入1928年10月《燕子矶小学》。

11月26日　在《新教育评论》第2卷第26期发表《无锡小学之新生命——开原乡立第一小学一日生活记》。

12月3日　在《新教育评论》第3卷第1期发表▲《中国师范教育建设论》、▲《中华教育改进社改造全国乡村教育宣言书》。

12月14日　▲致函凌冰（山穷水尽），收入1929年亚东图书馆版《知行书信》。

12月17日　在《新教育评论》第3卷第3期发表《中华教育改进社设立试验乡村师范学校第一院简章草案》。

12月19日　作《本校生长程序》，载《十年来之南京安徽中学》。

12月28日　作▲《试验乡村师范学校答客问》，载次年1月《乡教丛讯》，并收入1928年亚东图书馆版《中国教育改造》。

12月　作▲《中国乡村教育之根本改造》。收入1928年亚东图书馆版《中国教育改造》。

1927年 （三十六岁）

1月3日　在青年会演讲《中国乡村教育之根本改造》，记录稿载于同年4月《中华教育界》第16卷第10期。

2月3日　致函石民佣、费锡胤等（师范教育之彻底改革），收入1929年亚东图书馆版《知行书信》。

2月9日　致函潘一尘（试就小学办师范），收入1929年亚东图书馆版《知行书信》。

2月11日　致函曹聚仁（加入乡村教育运动），载同月16日《乡教丛讯》第1卷第4期。

2月21日　▲致函王琳（为中国教育寻觅曙光），载3月1日《乡教丛讯》第1卷第5期。

3月15日　在试验乡村师范学校开学典礼上谈该校特点，记录稿载杨效春所著《晓庄一岁》。

4月2日　致函晓庄师范全校同志（晓庄学校之使命），收入1929年亚东图书馆版《知行书信》。

5月6日　在《新教育评论》第3卷第23期发表《北齐庙会期内之农民教育运动》。

5月15日　致函晓庄师范全校同学（实际生活是我们的指南针），收入1929年亚东图书馆版《知行书信》。

7月19日　在晓庄师范寅会上演讲《农夫的身手》，记录稿载8月1日《乡教丛讯》第1卷第15期。

8月14日　为南京市教育局长和各校校长谈▲《晓庄试验乡村师范学校创校概况》，记录稿载9月1日《乡教丛讯》第1卷第17期。

8月15日　在《乡教丛讯》第1卷第16期发表▲《如何教农民出头》。

9月1日　在《乡教丛讯》第1卷第17期发表《平等与自由》。

9月27日　在《教育季刊》第3卷第3期发表▲《中国乡村教育运动之一斑——中国代表致送坎拿大世界教育会议报告之一》。

9月　致函胡适（拜金主义），收入1929年亚东图书馆版《知行书信》。

10月26日　演讲《政治家与政客》，演讲词载同年11月《乡教丛讯》第1卷第21期。

11月2日　演讲▲《教学做合一》，演讲词收入1928年亚东图书馆版《中国教育改造》。

11月3日　演讲▲《在劳力上劳心》，演讲词收入1928年亚东图书馆版《中国教育改造》。

11月5日　演讲▲《以教人者教己》，演讲词收入1928年亚东图书馆版《中国教育改造》。

11月7日　演讲《本校产生时的催生娘娘》，记录稿收入1934年上海儿童书局版《晓庄之一页》。

11月9日　作诗▲《锄头舞歌》，收入1933年上海儿童书局版《知行诗歌集》。

1928年　（三十七岁）

1月9日　写▲《艺友制师范教育答客问——关于南京六校招收艺友之解释》，发表于1月9日、11日《民国日报》。

3月15日　演讲《晓庄试验乡村师范的第一年》，演讲词载5月《教育研究》第4期。

约3月　作诗《风雨中开学》，收入1935年上海儿童书局版《知行诗歌别集》。

4月4日　为自编教育论文集《中国教育改造》写▲《自序》，该书由上海亚东图书馆于1928年4月出版。

4月　发表《从野人生活出发》、▲《生活工具主义之教育》、《答操震球之问》、▲《如何使幼稚教育普及》和▲《“伪知识”阶级》等，收入1928年亚东图书馆版《中国教育改造》。

5月中下旬　在第一次全国教育会议上提出《乡村小学、师范学校标准案》、《调查全国幼稚教育案》、《各省、各县、各市实验小学设立幼稚园案》、▲《推广乡村幼稚园案》、《各省开办试验幼稚师范案》、▲《设立教育研究所案》、《审查编辑幼稚园课程及教材案》、《小学目标案》、▲《减少校工以实现劳动教育案》、▲《改革乡村教育案》、《请大学院呈请国民政府，划出地方数处献与人类，俾抱有改造社会理想之学者，得以运用科学方法，实现极乐世界，俟试有结果，再行从事推广，以收大同之效案》等，收入同年8月上海商务印书馆版《全国教育会议报告》。

6月　作诗《功友》，收入1981年三联书店版《行知诗歌集》。

8月1日　致函中国科学社（重视生物学），收入1981年安徽人民出版社版《行知书信选》。

8月15日　▲致函大学生（介绍一件大事），收入1929年亚东图书馆版《知行书信》。

8月18日　致函冯玉祥（武八股），收入1929年亚东图书馆版《知行书信》。

10月10日　演讲▲《今后中华民族的使命》，记录稿载11月30日《乡教丛讯》第2卷第22期。

本年底　▲致函朱端琰（谈教学做合一），载1929年3月《教育汇刊》第1期。

1929年　（三十八岁）

1月　由上海亚东图书馆出版《知行书信》。

2月　在《地方教育》第1期发表▲《地方教育与乡村改造》。

3月15日　在《乡教丛讯》第3卷第3期发表▲《这一年》、

《对于乡村教育及本校赞助人之总致谢》。

春　与前往江苏淮安创办新安小学的李友梅等人谈话，记录稿收入1933年上海儿童书局版《古庙活菩萨》。

4月28日　为程本海著《在晓庄》写序，收入1930年1月中华书局版《在晓庄》。

4月30日　在《乡教丛讯》第3卷第6期发表演讲词《定于一》。

5月15日　在《乡教丛讯》第3卷第7期发表《哥伦布探得新大陆》。

7月30日　在《乡教丛讯》第3卷第12期发表▲《行是知之始》。

10月28日　在晓庄学校幼稚教育研究会上演讲《今日之幼稚园》，记录稿载次年4月12日《乡村教师》第11期。

11月10—11日　在湘湖师范教学做讨论会上答客问，记录稿收入1951年上海教育书店版《教学做合一讨论集》。

11月15日　在《乡教丛讯》第3卷第19期发表《和平门的村民大会——解决吃水问题的教学做》、《教学做合一测验》和《〈谈心集〉序》。

12月20日　作诗《小庄晓》，收入1933年上海儿童书局版《知行诗歌集》。

12月22日　作诗▲《乡下先生小影》，收入1933年上海儿童书局版《知行诗歌集》。

1930年　（三十九岁）

1月8日　作诗▲《告书呆子》，收入1933年上海儿童书局版《知行诗歌集》。

2月1日　在《乡村教师》第1期发表《本刊宣言》、《生活即教育》、《社会即学校》和《晓庄学校民国十九年的计划大纲》。

3月15日　在《乡村教师》第7期发表▲《晓庄三岁敬告同志书》。

3月29日　在《乡村教师》第9期发表演讲词▲《生活即教育》和《为组织试验乡推行村治呈民政厅文》。

春　写《实施义务教育初步计划提要》，收入1930年上海江东书局版《第二次全国教育会议始末记》。

4月9日　写▲《护校宣言》，载5月17日《京报》。

7月　发表辞条▲《教育改进》、《生活历》、《艺友制的教育》。

11月7日　作诗《一双手》，收入1933年上海儿童书局版《知行诗歌集》。

12月15日　作诗《贺胡适先生四十岁》，收入1935年上海儿童书局版《知行诗歌别集》。

本年　作诗▲《改作黄金时代歌》，收入1981年三联书店版《行知诗歌集》。

1931年　（四十岁）

春　作诗▲《春天不是读书天》、《儿童工歌》、▲《敬赠师范生》、▲《诗的学校》和▲《糊涂的先生》等，收入1933年上海儿童书局版《知行诗歌集》。

4月7日　作诗《学生或学死》，收入1935年上海儿童书局版《知行诗歌别集》。

4月15日　在《师范生》第1期发表《师范生的第一变——变个孙悟空》。

4月18日　作诗《小孩不小歌》，收入1933年上海儿童书局版《知行诗歌集》。

5月1日　在《儿童生活》第1期发表《一只鸽子》。后改题为《白鸽》，由上海儿童书局作为《创作故事丛书》之一出版。

5月15日　在《师范生》第2期发表《师范生的第二变——

变个小孩子》。

6月6日　作诗《教师节》(一)(二)，收入1933年上海儿童书局版《知行诗歌集》。

7月1日　在《儿童生活》第3期发表《乌鸦歌》，后改题为《乌鸦》，由上海儿童书局作为《创作故事丛书》之一出版。

7月　在《中华教育界》第19卷第3期发表▲《中华民族之出路与中国教育之出路》。

8月　在《中华教育界》第19卷第4期发表▲《教学做合一下之教科书》。

9月4日　在《申报·自由谈》发表《胡适捉鬼》。

9月21日　写《科学的生活》，10月10日在《生活》第6卷第42期发表。

9月25日　在《申报·自由说》发表《假好人》。

秋　作诗《三伐》，收入1933年上海儿童书局版《知行诗歌集》。

秋　致函问真、探真(科学的孩子)，载同年11月8日《申报·自由谈》。

10月1日　在《申报·自由说》发表《战时的功课》。

10月10日　在《申报·自由谈》发表《背起四个十字架》。

10月18日　在《申报·自由谈》发表《我的小怀抱》。

10月20日　在《申报·自由谈》发表《陶知行的颜色》。

10月30日　在《申报·自由谈》发表《工业文明》。

10月　由上海儿童书局出版《儿童的度量衡》(上)(下)、《空气的科学把戏》(一)(二)和《肥皂的把戏》，前列五书均属《儿童科学丛书》。

11月4日　在《申报·自由谈》发表《笼统哥之统一》。

11月11日　在《申报·自由谈》发表▲《思想的母亲》。

11月12日　在《申报·自由谈》发表《莫轻看徒弟》。

11 月 26 日　在《申报·自由谈》发表《新旧时代之学生》。

11 月　作诗▲《死》、▲《活》，收入 1948 年光华书店版《行知诗歌选》。

12 月 11—12 日　在《申报·自由谈》发表《一个教师与家长的答复——出头处要自由》。

冬　作诗《儿子教学做之四个阶段》，收入 1935 年上海儿童书局版《知行诗歌别集》。作诗▲《手脑相长歌》，收入 1933 年上海儿童书局版《知行诗歌集》。

本年　致函一位青年小学教师（如何可以不做一个时代落伍者），收入 1981 年安徽人民出版社版《行知书信集》。

1932 年　（四十一岁）

1 月 1 日　在《申报·自由谈》发表《新年三问三答》。

1 月 8 日　在《申报·自由谈》发表《颠倒的逻辑》。

1 月 9—10 日　在《申报·自由谈》发表《从烧煤炉谈到教育》。

1 月 11 日　在《申报·自由谈》发表《主人教育》。

1 月 16 日　在《申报·自由谈》发表《创造中之中华民族》。

1 月 21—22 日　在《申报·自由谈》发表《是非》。

1 月 23—24 日　在《申报·自由谈》发表《儿子教学做之一课》。

3 月 22 日　▲致函庄泽宣（关于科学教育），载《教育研究》（中大）第 35 期。

3 月　发表《怎样做一个科学的孩子》，收入上海儿童书局出版《儿童科学指导》（一）；发表《怎样选书》，收入《儿童科学指导》（二）。

4 月 17 日　致函教师、家长和小朋友（《儿童科学丛书》的用法），收入 1981 年安徽人民出版社版《行知书信集》。

4月25日　致函伍朝枢（贺先生抱开辟的精神出治琼崖），载1986年《行知研究》第3期。

4月　由《申报》馆出版杂文集《斋夫自由谈》。

5月13日　在杭州师范学校演讲《儿童科学教育》，记录稿载6月20日杭州师范学校刊印的《师范教育学术讲座演讲集（第一辑）》。

5月21日　在《申报》开始发表教育小说《古庙敲钟录》，8月15日载完。次年3月又由上海儿童书局成书出版。

5月30日　致函台和中（以大自然为生物园），收入1981年安徽人民出版社版《行知书信集》。

6月20日　在《消息》月刊发表《仍在不辍研究中的“活的教育”》。

6月24日　致函徐笃仁（全民族五大训练），载6月26日《时事新报》。

夏　写▲《乡村工学团试验初步计划说明书》，收入1934年11月上海儿童书局版《山海工学团》。

夏　作诗《活的教育》、▲《拉车的教员》、《拉车》、《士之小影》、▲《两位先生的对话》和《招生》等，收入1933年上海儿童书局版《知行诗歌集》。

8月30日　在上海沪江大学演讲▲《国难与教育》，收入1933年上海儿童书局版《晓庄批判》。

9月20日　在《消息》月刊发表《从教育上谋国难的出路》。

9月　发表为李楚材所著《破晓》所写的《序》，收入同年上海儿童书局版《破晓》。

10月　由上海儿童书局出版《教学做合一讨论集》。作诗▲《自动学校小影》，收入1933年上海儿童书局版《知行诗歌集》。

11月28日　在《教育周刊》第137期发表在暨南大学教育学系的演讲词▲《目前中国教育的两条路线——教劳心者劳力，教劳力者劳心》。

12月　与孙铭勋谈《幼稚园要重视科学的训练》，记录稿收入1934年上海儿童书局版《晓庄幼稚教育》。

冬　作诗《留级》，收入1933年上海儿童书局版《知行诗歌集》。

1933年　（四十二岁）。

1月16日　在《新社会》第4卷第2号发表演讲词▲《手脑相长》。

3月15日　作诗《新锄头舞歌》，收入1933年上海儿童书局版《知行诗歌集》。

3月　在《教育建设》第5辑发表在上海大夏大学的演讲词▲《创造的教育》。

4月2日　作诗《儿童节歌》，收入1933年上海儿童书局版《知行诗歌集》。

约4月　作诗《瞄准乡村向前冲》，收入1985年湖南教育出版社版《陶行知全集》第4卷。

7月　由上海儿童书局出版《知行诗歌集》。

9月16日　与山海少年工学团谈《为农人服务的方针和做学问的方法》，收入次年11月上海儿童书局版《山海工学团》。

10月26日　与新安儿童旅行团谈《参观和演讲的方法》，记录稿收入1935年上海儿童书局版《我们的旅行记》。

10月　由上海儿童书局出版《幼稚教育论文集》。

11月　在《女青年月刊》上发表在基督教女青年会的演讲词《农工教育对于社会改造的重要》。

12月15日　致函承国英（乡村教育要不会办教育的人办），载次年4月16日《生活教育》第1卷第5期。

本年　由儿童科学通讯学校自刊函授教材《儿童天文学活页指

导》(一)(二)(三)和《算学的把戏》。

1934年 (四十三岁)

1月4日 致函潘一尘(小孩子有不可思议的力量),收入同年12月上海儿童书局版《一个南方的普及教育运动》。

1月20日 致函生活教育社全体同志(各人对于劳苦大众干了什么事),载4月1日《生活教育》第1卷第4期。

2月16日 在《生活教育》第1卷第1期发表▲《生活教育》、▲《普及什么教育》和《小先生》。

3月1日 在《生活教育》第1卷第2期发表《从穷人教育想到穷国教育》、《从救水想到小孩的力量》、《怎样培养普及教育的人才》和《创立山海工学团的呈文》等。

3月16日 在《生活教育》第1卷第3期发表《从守财奴想到守知奴》。作诗▲《小先生歌》,收入1947年大孚出版公司版《行知诗歌集》。

4月1日 在《生活教育》第1卷第4期发表《怎样指导小先生》。

4月4日 在山海工学团庆祝儿童节大会上演讲《普及教育与学武训》,收入1934年上海儿童书局版《山海工学团》。

4月16日 在《生活教育》第1卷第5期发表《从今年的儿童节到明年的儿童节》。

4月 由商务印书馆出版《儿童节歌曲集》(陶行知词,赵元任曲)。

5月1日 在《生活教育》第1卷第6期发表《从学军到工学军》。

5月6日 与山海工学团全体工师及艺友谈《怎样达到工以养生》,记录稿载7月16日《生活教育》第1卷第11期。

5月16日 在《生活教育》第1卷第7期发表《暑期普及教

育运动》。作诗▲《教师歌——献给儿童教育社同人》，收入 1947 年大孚出版公司版《行知诗歌集》。

6 月 1 日　在《生活教育》第 1 卷第 8 期发表《杀人的会考与创造的考成》。

6 月 16 日　在《生活教育》第 1 卷第 9 期发表《文言白话又一战》。

7 月 1 日　在《生活教育》第 1 卷第 10 期发表《大众语文运动之路》。

7 月 16 日　在《生活教育》第 1 卷第 11 期发表《行知行》。

8 月 1 日　在《生活教育》第 1 卷第 12 期发表《小先生解》、《四十万人民是参考书吗》和《评〈分部教科书〉》。

8 月 20 日　致函汪达之（你们走的是创造之路），收入 1935 年上海儿童书局版《生活的书》。

9 月 1 日　在《生活教育》第 1 卷第 14 期发表《女子教育总解决》。

10 月　在《新生》第 1 卷第 36 期发表▲《教育的新生》。发表《大众的力量伟大》和▲《普及教育运动小史》等，收入同年上海儿童书局版《普及教育》。

11 月 10 日　在《读书生活》第 1 卷第 1 期发表《读书与用书》。

11 月 15 日　在山海工学团星期总集会讨论会上谈▲《传统教育与生活教育有什么区别》，载 12 月 1 日《生活教育》第 1 卷第 20 期。

11 月 16 日　在《生活教育》第 1 卷第 19 期发表《怎样指导小朋友明白时事》。

11 月 23 日　为新安儿童旅行团编著《我们的旅行记》写序，收入次年 4 月上海儿童书局版《我们的旅行记》。

12 月 1 日　在《生活教育》第 1 卷第 20 期发表在宝山县民众教育馆主办的民众教育服务人员训练班开学典礼上演讲词▲《小先

生与民众教育》。

12 月 16 日　在《生活教育》第 1 卷第 21 期发表《答复子钵先生之批评》。

12 月 24 日　在安徽大学演讲《普及教育》，演讲词载《安大周刊》第 176 期。

本年　作诗《兴学的乞丐》，收入本年 12 月山东临清私立武训小学编印的《武训诞辰九七周年纪念册》。

1935 年　（四十四岁）

1 月 1 日　在《生活教育》第 1 卷第 22 期发表《不费钱的课本》和《拉夫教育》。

1 月 16 日　在《生活教育》第 1 卷第 23 期发表《谈文字符号》和《谈调查学龄儿童》等。

2 月 1 日　在《生活教育》第 1 卷第 24 期发表《胡适的普及教育理论》、《从孔德成的教育说到孔子的故乡与祖国》和《一来一去》等。

2 月 12—26 日　在上海《晨报·普及教育周刊》连载演讲词《普及教育》。

3 月 1 日　在《生活教育》第 2 卷第 1 期发表《乡村小学比赛表》、▲《中国普及教育方案商讨》和《私塾改造会组织大纲草案》等。

同日　在《生活教育》第 2 卷第 1 期开始发表▲《攻破普及教育之难关》，4 月 1 日载完。

3 月 4 日　致函山海儿童社会（新的旅行法），载 5 月 1 日《生活教育》第 2 卷第 5 期。

3 月 8 日　在汉口市立第三小学演讲《怎样做小先生》，收入 1935 年 4 月汉口市立第三小学编《汉口市三小小先生》（第一集）。

4 月 1 日　作诗《凤阳花鼓改作》，收入 1947 年大孚出版公司版《行知诗歌集》。

4月16日　在《生活教育》第2卷第4期发表《五千万匹马力的普及教育机器》。

4月　由上海商务印书馆出版普及教育识字课本《老少通千字课》(1—4册)。

约4月　作诗《儿童节献歌》(之一)(之二)，收入1947年大孚出版公司版《行知诗歌集》(之三)(之四)，收入1936年上海儿童书局版《知行诗歌之集》。作诗《儿童节献词》，收入1936年上海儿童书局版《知行诗歌三集》。

5月1日　在《生活教育》第2卷第5期发表▲《文化细胞》。

5月16日　在《生活教育》第2卷第6期▲《文化网》和《强迫教育新义》。

6月1日　在《生活教育》第2卷第7期发表《对于上海市普及初步教育之意见》、《儿戏与儿教》。

6月16日　在《生活教育》第2卷第8期发表《通不通》。

7月1日　在《生活教育》第2卷第9期发表《从跑狗场谈到教育》。

7月16日　在《生活教育》第2卷第10期发表《读〈实施义务教育暂行办法大纲〉有感》。

7月25日　在《读书生活》第2卷第6期发表《大众读书谈》。

8月1日　在《生活教育》第2卷第11期发表《普及教育之组织与方法》和《再论普及教育之组织与方法》。

8月16日　在《生活教育》第2卷第12期发表《新文字创造之商榷》。

9月4日　作▲《佘儿岗儿童自动小学三周纪念》，收入1947年大孚出版公司版《行知诗歌集》。

约10月　作诗《新文字歌》(一)(二)，收入1936年上海儿童书局版《知行诗歌三集》。

11月1日　在《生活教育》第2卷第17期发表《新诗路线》等。

11月11日　在《晨报·普教周刊》发表《普及教育与店员》。

11月16日　在《生活教育》第2卷第18期发表《怎样写大众文》、《再谈怎样写大众文》。

11月19日　在《晨报·普教周刊》发表《家庭妇女与普及教育》。

11月　由上海生活书店出版专著《怎样做小先生》。

12月1日　在《生活教育》第2卷第19期发表《大众画报——一个需要，一个建议》和《流通图书馆与普及教育》等。

12月23日　在《大众生活》第1卷第2期发表《四个先生——教人写大众文，不取学费》。

12月　由上海儿童书局出版《知行诗歌别集》。

本年　由上海儿童书局出版论文集《普及教育续编》。

1936年　（四十五岁）

1月1日　在《生活教育》第2卷第21期发表《连环的矛盾》和《十二月运动与五四运动》。

1月16日　在《生活教育》第2卷第22期发表《白话文与大众文》和《上海文化界救国会国难教育方案》。

2月1日　在《生活教育》第2卷第23期发表《战斗》。

2月10日　致函冯玉祥（对士兵实施国难教育），收入1981年安徽人民出版社版《行知书信集》。

2月16日　在《生活教育》第2卷第24期发表《民族解放大学校》。

3月1日　在《生活教育》第3卷第1期发表《国难教育方案之特质》。

3月16日　在《生活教育》第3卷第2期发表▲《生活教育

之特质》。

3月25日　作诗《儿童节献歌》，收入1947年大孚出版公司版《行知诗歌集》。

4月1日　在《生活教育》第3卷第3期发表《儿童节对全国教师谈话》。

4月4日　在《永生周刊》第1卷第5期发表《谈谈儿童节》。

4月16日　在《生活教育》第3卷第4期发表《教育逃走》和《新文字和国语罗马字——答复黎锦熙先生》。

4月30日　在广州中山大学大礼堂演讲《怎样才能粉碎日本的大陆政策》，演讲词载5月1日《中山大学日报》。

5月1日　在广州中山大学大礼堂演讲《大众教育问题》，演讲词载5月8日《民国日报·教育周刊》。在《生活教育》第3卷第5期发表《我们对于执行新文字的意见》等。在上海英文版半月刊《中国之声》第1卷第4期发表英文论著 *China's New Language*（《中国的新文字》）。

5月10日　在《大众教育》创刊号发表《大众教育与民族解放运动》和▲《我们的态度》。

5月16日　在《生活教育》第3卷第6期发表《叶诚一先生的教育主张》等。对南宁市中学生演讲《中国的出路》，演讲词载5月29日、30日《民国日报》。

5月19日　致函芝冈（新文字为推进大众文化之最有效的工具），载5月22日南宁《民国日报》。

5月22日　在南宁《民国日报》发表《我和女工们讲的话》。

5月30日　在《救亡情报》发表《国难教育问题——答香港〈工商日报〉记者问》。

6月1日　在《生活教育》第3卷第7期发表《新大学》。

6月14日　在《生活日报》星期增刊第1卷第2期发表《文化解放》。

6月16日　在《生活教育》第3卷第8期发表《民族解放与大众解放》等。

6月21日　在《生活日报》星期增刊第1卷第3期发表《民众运动》。

6月22日　在《生活日报》发表《抵抗论》。

6月28日　在《生活日报》星期增刊第1卷第4期发表《从大众歌曲讲到民众歌咏团》。

6月　由上海儿童书局出版论文集《普及教育之编》，发表▲《普及教育之歧路》、《民族解放中小先生之使命》、《答复庶谦先生》、《普及民族自救的教育》、《沪郊各县初步普及教育办法草案》和《普及什么教育——普及教育的四种精神》等。

7月1日　在《生活教育》第3卷第9期发表《争取时间》和《和民族解放运动配合的中等教育——和一位大规模的省立中学校长的谈话》。

7月5日　在《生活日报》星期增刊第1卷第5期发表《树下谈话记——怎样才可以做一个前进的青年》。

7月11日　在《生活日报》发表与该报记者的谈话记录《南京若与红军携手，救亡实力大有可观》。

7月16日　在星洲青年励志社演讲《新中国与新教育》，演讲词载8月16日《生活教育》第3卷第12期。在《生活教育》第3卷第10期发表《苏联宪法草案中之公民权》。

7月27日　在《民国日报》发表《第二次“新文字讨论会”演辞》。

7月　作诗《团结御侮文件》，收入1947年大孚出版公司版《行知诗歌集》。

8月1日　在《生活教育》第3卷第11期发表《我对联合战线的认识》。

8月　由上海大众文化社出版论文集▲《中国大众教育问题》。

9 月 12 日　在巴黎华侨各界欢迎会上演讲《联合奋起，抗日救亡》，记录稿载同月巴黎《救国时报》。

9 月 21 日　作诗《赞〈救国时报〉》，载 10 月 8 日《救国时报》第 60 期。

10 月 5 日　作诗《跟青年学》，收入 1947 年大孚出版公司版《行知诗歌集》。

10 月 30 日　作诗《马克思墓》，收入 1947 年大孚出版公司版《行知诗歌集》。

10 月　发表《儿童的世界》，收入同月上海生活书店版《今日之儿童》。作诗《中国人》，收入 1981 年三联书店版《行知诗歌集》。

11 月 22 日　在全欧华侨抗日救国大会上演讲《〈团结御侮的几个基本条件与最低要求〉之再度说明》，载 11 月 29 日《救亡情报》。

本年　由上海儿童书局出版《知行诗歌三集》。

1937 年　（四十六岁）

4 月 14 日　在加拿大温哥华演讲《中国的抗战是不自由就受奴役的斗争》，英文记录稿载同月加拿大报纸 *Sun*。

6 月　在《消息》月刊第 10 卷第 6 期发表《对于中国学生运动之认识与希望——祝全国学联成立周年纪念并述我个人》。

12 月 24 日　作诗《战场即学校——写第八路军对日军之宣传教育》，收入 1947 年大孚出版公司版《行知诗歌集》。

1938 年　（四十七岁）

1 月 4 日　致函吴树琴（十二个字的理论），收入 1981 年安徽人民出版社版《行知书信集》。

1 月 5 日　致函戴伯韬、刘季平（把战场变作学堂），载同年 1

月《战时教育》第1卷第12期。

5月9日　作诗《笔伐平时教育》，收入1947年大孚出版公司版《行知诗歌集》。

5月12日　作诗《〈先锋〉八周年》（一），收入1947年大孚出版公司版《行知诗歌集》。

夏　作诗《衣联歌初稿》，收入1947年大孚出版公司版《行知诗歌集》。

7月27日　用英文致函甘地（Gandhi）、泰戈尔（Tagore）等，收入1985年湖南教育出版社版《陶行知全集》第5卷。

9月1日　在香港各界欢迎会上演讲《国际形势与中国抗战》，载9月7日香港《救亡日报》。

9月9日　完成英文论著 *The People's Education Movement in China*（《中国的大众教育运动》）。该文系应甘地约请而作。最初分几次载10月29日、11月5日和11月9日印度 *HARIJAN*（《民族旗帜》）。1945年8月，由生活教育社自刊成单行本。

10月15日　作诗《鲁迅先生逝世两周年纪念》，收入1947年大孚出版公司版《行知诗歌集》。

10月24日　作诗《〈鲁迅全集〉出版祝》，收入1947年大孚出版公司版《行知诗歌集》。

10月28日　在国民参政会一届二次会议上提出《推进普及教育以增加抗战力量而树立建国基础案》，收入1985年湖南教育出版社版《陶行知全集》第3卷。

11月5日　在《新华日报》发表与该报记者谈话记录▲《谈战时民众教育》。在重庆保育院演讲《小朋友是民族未来的巨子》，演讲词载11月6日、7日重庆《新华日报》。

12月25日　在《战时教育》第3卷第9期发表《一个建议——桂林山洞教育》。

12月　在香港应东江华侨回乡服务团训练班的邀请演讲《回

乡去怎样工作》，记录稿载次年1月13日《东江》创刊号。

本年　作英文论著*China*（《中国》），收入《1938年哥伦比亚大学国际师范学院教育年鉴》。

1939年　（四十八岁）

1月2日　作诗《生活教育小影》、《战时民众教育》，收入1947年大孚出版公司版《行知诗歌集》。

1月10日　在《战时教育》第3卷第10期发表▲《生活教育目前的任务》。

1月14日　在香港《立报》发表《说书》。

1月25日　在《战时教育》第3卷第11期发表《推行生活教育之又一方式》。

2月10日　在《战时教育》第3卷第12期发表《桂林战时民众教育工作人员须知》。

3月10日　在《战时教育》第4卷第2期发表▲《评加强教育党化》。

3月14日　致函宋美龄（育才学校创办旨意），收入1985年湖南教育出版社版《陶行知全集》第5卷。

3月15日　在《生活教育十二周年纪念刊》发表在香港中华业余学校的演讲词▲《全面抗战与全面教育》。写▲《告生活教育社同志书——为生活教育运动十二周年纪念而作》，载同月25日《战时教育》第4卷第3期。

3月24日　作诗《儿童节歌》（一）（二）（三），收入1947年大孚出版公司版《行知诗歌集》。

4月10日　在《战时教育》第4卷第4期发表，《评〈第三届全国教育会议宣言〉》。

5月30日　致函邓哲熙（生活教育的目的），收入1981年安徽人民出版社版《行知书信集》。

6 月　写▲《育才学校教育纲要草案》，收入 1943 年 6 月延安新教育会编《行知教育论文选集》。

7 月 20 日　演讲▲《育才学校创办旨趣》，载次年 8 月 1 日《战时教育》第 6 卷第 1 期。

7 月　写▲《讨论生活教育的提纲》，原件存晓庄师范。

9 月 9 日　致函陶晓光、陶城（青年至少要学好一种外国语），收入 1981 年安徽人民出版社版《行知书信集》。

9 月 10 日　在《新华日报》发表《精诚团结是民族存亡的关头》。

11 月 16 日　写《宪政运动与国民教育》，载同年 12 月 10 日《战时教育》第 5 卷第 3 期。

11 月 25 日　在《战时教育》第 5 卷第 2 期发表《填鸭教育》。

11 月 27 日　致吴羽白函（学问与革命是一件事），载同年 12 月 25 日《战时教育》第 5 卷第 4 期。

12 月 25 日　在《战时教育》第 5 卷第 4 期发表▲《我的民众教育观》。

12 月　写▲《我们的校徽》，载 12 月 25 日《战时教育》第 5 卷第 4 期，收入 1951 年新北京出版社《育才学校》。写▲致一位朋友函（谈生活教育），载次年 1 月 10 日《战时教育》第 5 卷第 5 期。

1940 年　（四十九岁）

1 月 10 日　在《战时教育》第 5 卷第 5 期发表《谈未来的东亚新秩序》。

1 月 11 日　在《新华日报》发表《〈新华日报〉二周纪念》一诗。

1 月 25 日　在《战时教育》第 5 卷第 6 期发表▲《游击区教育》。

2 月 10 日　在《战时教育》第 5 卷第 7 期发表在重庆保育院院长会议上的演讲词《儿童保育问题》。

3月10日　在《战时教育》第5卷第9期发表《小学教师之烦恼》。

3月25日　在《战时教育》第5卷第10期发表《生活教育运动十三周年纪念告同志》。

4月9日　与《新华日报》记者谈话《抗战必须坚持团结停止摩擦》，记录稿载次日重庆《新华日报》。

4月25日　在《战时教育》第5卷第12期发表《结婚歌——调寄村魂歌》一诗。

7月7日　致函业勤（儿童教育的任务），收入1985年湖南教育出版社版《陶行知全集》第5卷。

8月10日　▲致函潘畏三（我们不是企图取消学校教育），收入1981年安徽人民出版社版《行知书信集》。

10月29日　致函皎然（教育要起推动作用），收入1985年湖南教育出版社版《陶行知全集》第5卷。

12月10日　在《战时教育》第6卷第2期发表《谈海外回国青年之教育》。

1941年　（五十岁）

1月10日　在《战时教育》第6卷第3期发表《清水沙盘——献给全国的小朋友》。

1月25日　致函陶晓光（追求真理做真人），收入1985年湖南教育出版社版《陶行知全集》第5卷。

6月1日　在《战时教育》第6卷第4、5合期发表▲《新武训》。

6月底　写▲《育才二周岁前夜》，载《战时教育》第6卷第6、7、8合期。

7月23日　致函陶晓光（在集体创造上学习创造），收入1981年安徽人民出版社版《行知书信集》。

9月26日　作诗《荷叶舞歌》，收入1947年大孚出版公司版

《行知诗歌集》。

10 月　在国民参政会二届二次会上提出《设立中央儿童学园以倡导幼年社会教育案》和《化除青年烦闷发挥青年精神以保全民族元气而增加抗战建国力量案》等。

1942 年　（五十一岁）

1 月 11 日　作诗《〈新华日报〉四周纪念》，收入 1981 年三联书店版《行知诗歌集》。

1 月 19 日　作诗《把自由还给我们》，收入 1947 年大孚出版公司版《行知诗歌集》。

3 月 15 日　在生活教育社十五周年纪念会上演讲，▲记录稿载次日重庆《新华日报》。

春　作诗《自嘲》，收入 1985 年湖南教育出版社版《陶行知合集》第 4 卷。

7 月 7 日　致函赵冕（培养人才幼苗的六字诀和十字诀），收入 1981 年安徽人民出版社版《行知书信集》。

7 月 20 日　在育才学校三周年纪念晚会上演讲▲《每天四问》，收入 1951 年 4 月教育书店版《育才学校》。作《育才三周年祭同志文》，收入 1947 年大孚出版公司版《行知诗歌集》。

8 月 18 日　写《写在〈植物小世界〉创刊号之后》，收入 1951 年 4 月教育书店版《育才学校》。

10 月 16 日　在重庆育才学校晚间音乐会上演讲《把“创造之神”迎接回来了》，记录稿收入 1951 年 12 月教育书店版《教育创造风》。

11 月 7 日　在《新华日报》发表《向史大林格勒战士致敬》和《苏联革命二十五周年纪念献词》二诗。

11 月 28 日　作诗《长青不老歌》，收入 1981 年三联书店版《行知诗歌集》。

12月4日　演讲▲《育才十字诀》，收入1951年4月教育书店版《育才学校》。

12月24日　作诗《育才戏剧组共勉》，收入1947年大孚出版公司版《行知诗歌集》。

1943年　（五十二岁）

1月11日　作诗《贺〈新华〉五周年》，收入1947年大孚出版公司版《行知诗歌集》。

2月11日　致函陶宏（人生最大的目的还是博爱），收入1981年安徽人民出版社版《行知书信集》。

9月25日　作诗《百候中学复校十周年纪念》，收入1947年大孚出版公司版《行知诗歌集》。

秋　写《学习外国文》，收入1985年湖南教育出版社版《陶行知全集》第3卷。

10月13日　写▲《创造宣言》，收入1944年1月重庆时代印刷出版社《育才学校手册》。

11月28日　作诗▲《育才学校校歌》，收入1947年大孚出版公司版《行知诗歌集》。

12月　致函育才之友（关于育才学校的创办），收入1985年湖南教育出版社版《陶行知全集》第5卷。

本年　作诗▲《创造年献诗》，收入1985年湖南教育出版社版《陶行知全集》第4卷。写《怎样培养十六常能》，收入1985年湖南教育出版社版《陶行知全集》第3卷。

1944年　（五十三岁）

1月　发表▲《育才三方针》、《育才十二要》、《育才卫生教育二十九事》、《育才学校之礼节与公约》、《育才学校创造年计划大纲》、《育才学校创造奖金办法》、▲《育才二十三常能》和《育才学校节略》等，收入同月时代印刷出版社版《育才学校手册》。

6月25日　在《新华日报》发表关于民主与教育的若干看法。

6月　写《从五周年看五十周年》，收入1951年4月教育书店版《育才学校》。

7月　写《〈武训先生画传〉再版跋》，收入1985年湖南教育出版社版《陶行知全集》第3卷。

约8月　作诗《追思韬奋先生》、《邹韬奋先生挽歌》（一），收入1947年大孚出版公司版《行知诗歌集》。

9月18日　《邹韬奋先生挽歌》（二），收入1947年大孚出版公司版《行知诗歌集》。

9月25日　作诗《武训先生画赞》，收入1947年大孚出版公司版《行知诗歌集》。

10月8日　作诗《民主到那里去》（一）（二）（三），收入1947年大孚出版公司版《行知诗歌集》。

10月10日　作诗《歌唱现代》、《民主》、《政治的盘尼西林》、《言论自由》和《民主第一》等，收入1947年大孚出版公司版《行知诗歌集》。

10月13日　致函育才全体同志（召开校务会议），收入1950年11月新北京出版社版《陶行知四周年祭》。

12月5日　在育才学校武训诞辰纪念会上谈《武训精神》，记录稿载次日《新华日报》。

12月16日　在重庆《大公报》发表▲《创造的儿童教育》。在《时事新报》发表▲《敲碎儿童的地狱，创造儿童的乐园》。

12月25日　作诗《迎接民主年》，收入1947年大孚出版公司版《行知诗歌集》。

1945年　（五十四岁）

1月　写▲《创造的社会教育论纲》，原件存晓庄师范。

4月4日　在重庆《新华日报》发表《民主的儿童节》。

4月9日　在《新华日报》发表与该报记者的谈话，希望郭沫若筹办民主研究院。

4月22日　写《假如我重新做一个小孩》，收入1985年湖南教育出版社版《陶行知全集》第4卷。

5月　在《战时教育》第9卷第2期发表▲《实施民主教育的提纲》。

9月18日　由生活教育社刊行 *Education for All*（▲《全民教育》），*Yu Tsai School for Talented Refugee Children*（《育才学校英文手册》），*The People's Education Movement in China*（《中国大众教育运动》）。发表《育才学校的创办》，收入《育才学校英文手册》。

10月6日　在《民主星期刊》第2期发表译作《学习怎样运用自由》。作诗《四万万五千万人的大公司，四万万五千万人做老板》，收入1947年大孚出版公司版《行知诗歌集》。

10月8日　作诗《胜利带来了一切》，收入1947年大孚出版公司版《行知诗歌集》。

10月10日　由生活教育社刊行论文集《普及现代生活教育之路及其方案》。

10月27日　完成诗作《民之所好三首》，收入1947年大孚出版公司版《行知诗歌集》。

10月　作诗《立刻停止内战》，收入1947年大孚出版公司版《行知诗歌集》。

11月1日　在《民主教育》创刊号发表《民主》和▲《民主教育》。

11月6日　致函杜威（论中美两国关系），收入1981年安徽人民出版社版《行知书信集》。

12月1日　在《民主教育》第2期发表▲《民主教育之普

及》。在《民主》第10期发表《把武训先生解放出来——为武训先生诞辰一百零七周年纪念而写》。作诗《莫吞原子弹》，收入1947年大孚出版公司版《行知诗歌集》。

12月7日 作诗《昆明因反内战被杀于再先生及荀极中、潘琰、李鲁连同学千古》，收入1947年大孚出版公司版《行知诗歌集》。

12月20日 作诗《赠勉功先生》，收入1985年湖南教育出版社版《陶行知全集》第4卷。

12月22日 作诗《政治协商会议之路》，收入1947年大孚出版公司版《行知诗歌集》。

12月23日 在《自由导报》发表《抗战时代之乡下先生》。

约12月 作诗《中国救国会祭昆明反内战被害师生哀词》、《民主进行曲》，收入1947年大孚出版公司版《行知诗歌集》。

1946年 （五十五岁）

1月1日 作诗《新年的希望》，收入1947年大孚出版公司版《行知诗歌集》。

1月2日 作诗▲《社会大学颂》，收入1947年大孚出版公司版《行知诗歌集》。

1月5日 作诗《向民主小姐求爱》，收入1947年大孚出版公司版《行知诗歌集》。

1月11日 作诗《贺〈新华日报〉八周岁》，收入1985年湖南教育出版社版《陶行知全集》第4卷。作诗《敬赠政治协商会议代表》和《新闻大学——贺〈新华日报〉八周岁》，收入1947年大孚出版公司版《行知诗歌集》。

1月28日 在《新华日报》发表《“一二八”十四周年纪念》一诗。

1月 在《民主教育》第3期发表《大众的艺术》。写▲《社会大学运动》，收入1947年3月上海生活书店版《陶行知教育论文选辑》。

2月2日　作诗《大闹沧白堂有感》，收入1947年大孚出版公司版《行知诗歌集》。

3月22日　在《民主》第24期发表▲《领导者再教育》。

3月15日　在《民主》第27期发表与该杂志记者的谈话《谈社会大学》。

4月1日　在《民主教育》第6期发表《值得我们学习的一件事》。

4月4日　作诗《儿童节儿歌》、《儿童节大人歌》和▲《饯行歌——送别党化教育》，收入1947年大孚出版公司版《行知诗歌集》。

4月25日　在《教师生活》第10期发表▲《自我再教育》一诗。

4月　写▲《小学教师与民主运动》，收入1947年上海生活书店版《行知教育论文选辑》。

5月16日　在《教师生活》第13期发表《跟人民和小孩学习》。

5月23日　在《教师生活》第14期发表对教师们所作的系列讲话第一讲《第一件大事》。

5月30日　在《教师生活》第15期发表系列讲话第二讲《谈接收主权》。

6月6日　在《教师生活》第16期发表系列讲话第三讲▲《教师自动进修》。

6月13日　在《教师生活》第17期发表系列讲话第四讲▲《谈扫除文盲》。

6月14日　与柳湜谈教育问题，收入1984年10月湖南教育出版社版《纪念陶行知》。

6月19日　作诗《春风文艺社题词》，收入1947年大孚出版公司版《行知诗歌集》。

6月　在《民主》第39期发表《怎样可以得到和平》。作诗《诗人节祝词》，收入1947年大孚出版公司版《行知诗歌集》。

约六月　与上海日文《改造日报》记者小野三郎谈自己的教育生涯，▲记录稿收入1946年《陶行知先生纪念集》。

7月7日　作诗《赠女工夜校毕业典礼》，载同年《妇女》杂志。

7月16日　致函育才同学会上海分会全体同学（为民主斗争前仆后继），收入1985年湖南教育出版社版《陶行知全集》第5卷。▲致函育才学校全体师生（最后一封信），收入1951年4月教育书店版《育才学校》。

7月18日　作诗《追思李公朴先生》，收入1947年大孚出版公司版《行知诗歌集》。

7月21日　作《祭邹韬奋先生文》，收入1947年大孚出版公司版《行知诗歌集》。

8月2日　在上海《文汇报》发表《“走向殖民地”》。

陶行知笔名录

〔说明：陶行知原名陶文濬。他一生中的绝大部分作品，均以“陶知行”（1913—1934）和“陶行知”（1934—1946）署名或落款。〕

陶知行 首见于1913年2月发表的《〈金陵光〉出版之宣言》（《金陵光》4卷1期，该刊中文报的创刊号）。此期的“知行”属笔名。因在正式场合仍用本名“文濬”。1917年留美归国后，才几乎在所有场合以“知行”为名。

Tao Wen Tsing 英文笔名，系陶文濬的音译。首见于1913年2月发表的英文习作 *Look in Vain*（《徒托空望》，载《金陵光·英文报》第4卷第1期）。其后在译著中偶有使用。

Tao Chih Hsin 英文笔名，是陶知行的音译。首见于1913年4月发表的英文习作 *Three Famous Chinese Stories*（《中国著名故事三则》，载《金陵光·英文报》第4卷第3期）。其后在译著中偶有使用。

陶文濬 原名。用来发表作品，仅见于1914年10月发表的《共和精义》（毕业论文，载《金陵光》第6卷第5—6期）。在早期的书信，尤其是家信中，均以此署名。

Tao Teh-Shin（W. T. Tao） 英文笔名。如据英文音译成中文，似应为“陶德馨”或“陶德新”。然而从未见过他用过此类中文笔名。括号内的“W. T. Tao”显为陶文濬的英文拼写的简缩名。首见于1923年发表的英文专著 *Statistical Summaries of Chinese Education*（《中国之教育统计》，上海商务印书馆编印，1923年万国教育会议资料《简报16·第一卷》）。次见于1925年6月发表的英文专著*Education in China* 1924（《民国十三年中国教育状况》，上海商务印书馆版）。

知行 首见于1924年7月19日发表的《大水是谁的罪过》（《申报·平民周刊》）。其后，在该刊发表的短文中屡有使用；在书信中使用得更早、更多。但在发表重要文论时，绝少这样使用。

陶 仅见于1924年7月26日发表的诗歌《问一问》（后改名《问到底》，载《申报·平民周刊》）。这种以姓代名的署名，仅见到这一次。

行 首见于1924年7月26日发表的《何不提倡裁兵筑路》（《申报·平民周刊》）。其后，在该刊发表短文时屡有使用。

知 首见于1924年8月2日发表的诗歌《每事问》（《申报·平民周刊》）。其后，在该刊发表诗文时也屡有使用。

时雨 首见于1931年4月1日发表的《攀智识塔》和《一只鸽子》（《儿童生活》第1期）。其后，在该刊和《师范生》杂志上发表作品时，也曾多次使用。此名和此期使用的笔名（如：梧影、何日平、不除庭草斋夫、斋夫）均兼有化名性质。因为当时国民党当局对陶行知的通缉令尚未取消。1932年2月22日通缉令取消后，他才又开始用“陶行知”署名发表作品。

梧影 首见于1931年7月1日《乌鸦歌》（《儿童生活》第3期）。其后，在该刊发表作品时屡有使用。

何日平 首见于1931年7月发表的《中华民族之出路与中国教育之出路》（《中华教育界》19卷3期）。本年发表的多篇重要教育论文，均用此署名。在书信中用此落款，始于1930年4月遭国民党政府通缉之后。

不除庭草斋夫 首见于1931年9月2日发表的杂文《不除庭草斋夫》（《申报·自由谈》）。后在该刊辟有“不除庭草斋夫谈荟”专栏。在书信中使用此名稍早。

斋夫 首见于1931年10月10日发表的《科学的生活》（《生

活周刊》6卷42期)。1932年4月30日，杂文专集《斋夫自由谈》出版。

行知行 首见于1934年7月16日“行知行闲谈”专栏(《生活教育》1卷11期)。首辟此栏时，在《行知行》一文中，宣布将“陶知行”一名改为“陶行知”；此后所发表的文论，绝大多数均以“陶行知”署名。

陶衔、衔 “衔”是陶行知自创的新字，并以该字为名。“衔”字由“行知”二书拆散重组而成，意谓“行”和“知”不可分。首见于1935年4月16日《生活教育》封面题词的落款(2卷4期)。在此前后的书信或题签中常有使用。

Tao Shinz 汉语拼音笔名。仅见于1935年11月1日发表的中文和汉语拼音对照的诗歌《大减价的喊声》(《生活教育》2卷17期)。

Tao Xing-Zh 汉语拼音笔名。首见于1935年12月1日发表的中文和汉语拼音对照的诗歌《亭子间工学团》(《生活教育》2卷19期)。次见于1936年5月1日发表的英文论著 *China's New Language*(《中国的新文字》，载上海英文版半月刊《中国之声》1卷4期)。

水、梧、李铭、铭 均见于1937—1938年陶行知从海外致吴树琴(后为陶的续弦夫人)的私信中。显系化名性质。

W. T. 英文缩写名。可参见前述(W. T. Tao)，显为英文“文濬”的简缩。首见于1937年9月12日致吴树琴的英文信，其后在致吴树琴的英文私信中用过多次。

Heng-Chih Tao 英文笔名。显系“陶行知”的音译。首见于1938年10月发表的英文论著 *The People's Education Movement*(《中国的大众教育运动》，载印度英文刊物《民族旗帜》)。其后出版的多种英文专辑均用此署名。

H. C. Tao 英文笔名。是前名的缩写式。首见于1938年发表

的英文论著 *China*（《中国》，载美国哥伦比亚大学国际师范学院《教育年鉴》）。在此前后的英文书信的落款中，大多以此署名。

迎难馆主 别号。仅见于 1939 年 1 月 10 日所作诗歌《曹亮夫人等借余港寓明月楼开会》（1947 年大孚版《行知诗歌集》）。

行知衙 首见于 1939 年 4 月 10 日开辟的“行知衙谈”专栏（《战时教育》第 4 卷第 4 期）。

作者近照（2008 年）

作者漫画像（方成作）

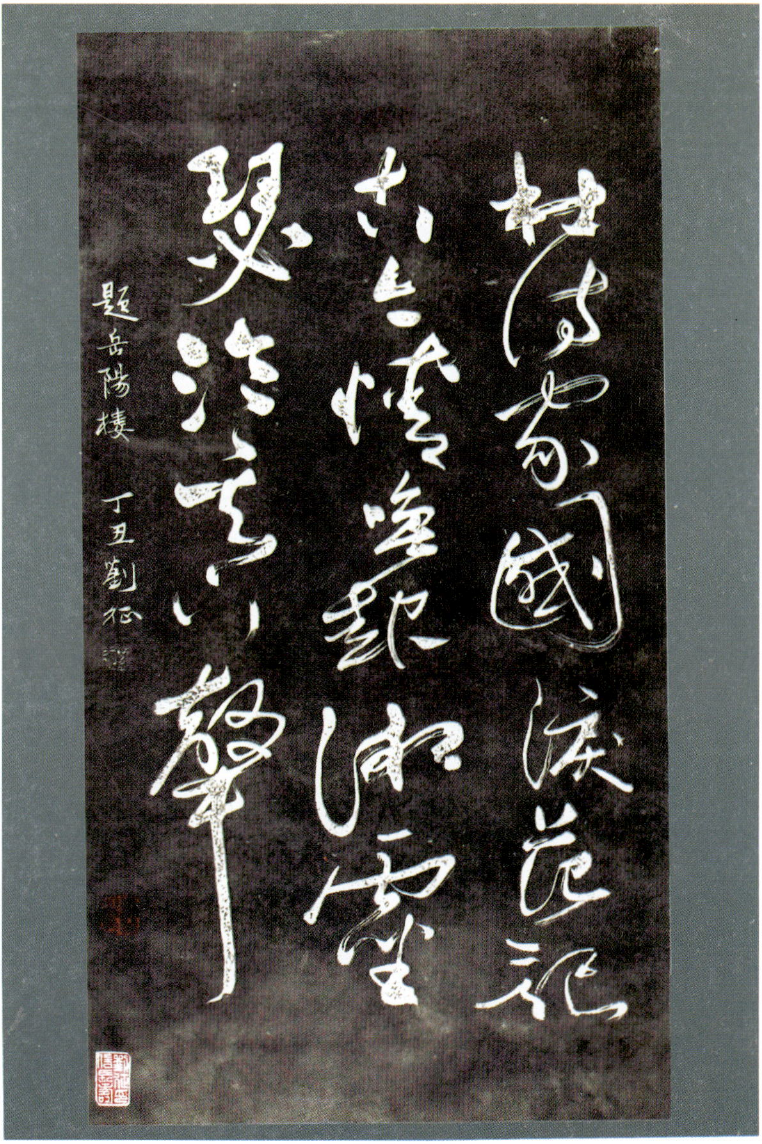

作者手迹　岳阳楼碑林石刻

《刘征文集》首发式与会者合影（2000 年）

在绍兴咸亨酒店门前与孔乙己塑像合影

同是书生倍觉亲，何曾荣瘁判然分。
天公生我百年上，同是咸亨数豆人。

作者自题（2004 年）

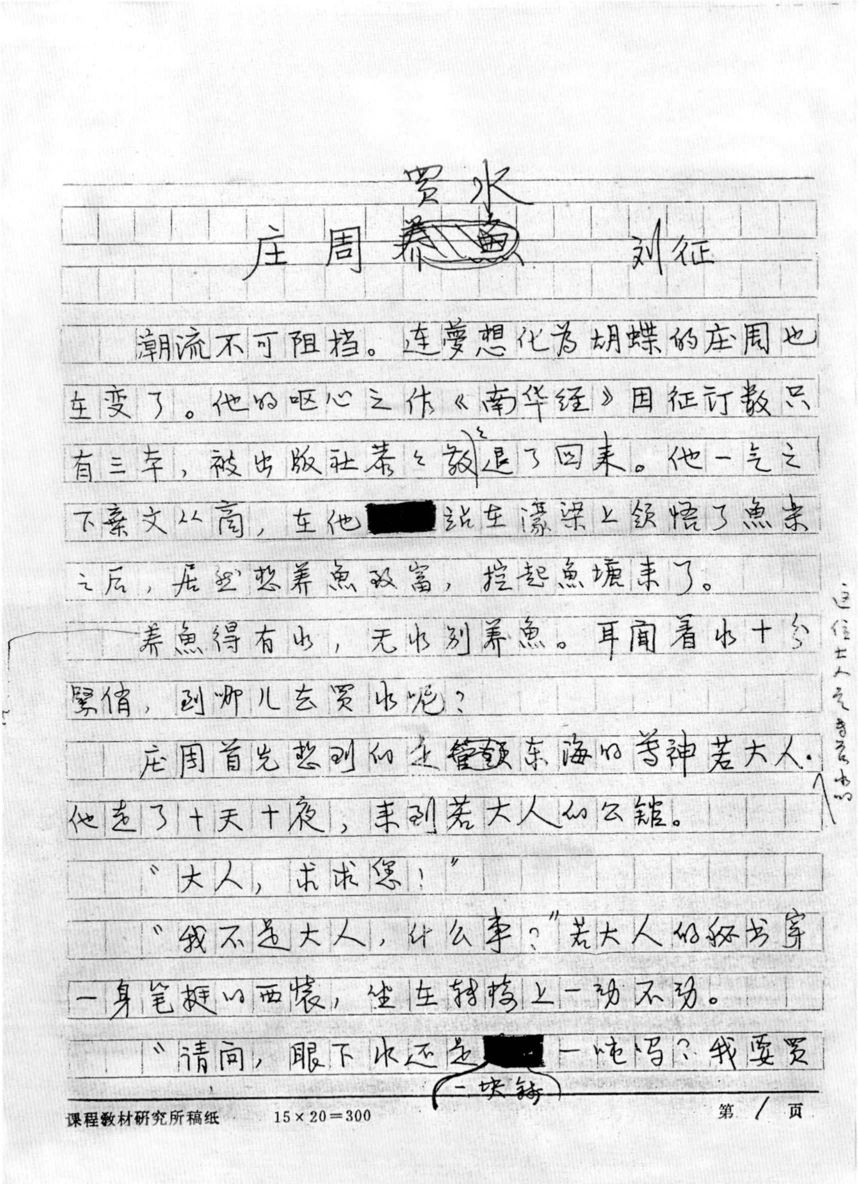
庄周买水　刘征

潮流不可阻挡。连梦想化为胡蝶的庄周也在变了。他的呕心之作《南华经》因征订数只有三本，被出版社恭恭敬敬退了回来。他一气之下弃文从商，在他[redacted]站在濠梁上领悟了鱼乐之后，居然想养鱼致富，挖起鱼塘来了。

养鱼得有水，无水别养鱼。耳闻着水十分紧俏，到哪儿去买水呢？

庄周首先想到的是管领东海的海神若大人。他走了十天十夜，来到若大人的公馆。

"大人，求求您！"

"我不是大人，什么事？"若大人的秘书穿一身笔挺的西装，坐在转椅上一动不动。

"请问，眼下水还是[redacted]一吨吗？我要买

课程教材研究所稿纸　15×20＝300　第 1 页

作者手稿部分（1988 年）

作者在观海

作者夫妇共度八十寿辰

作者与老友侯一民

本书编者顾振彪和作者夫妇在三亚

刘征文集（续编二）

文章卷

人民教育出版社

·北京·

图书在版编目（CIP）数据

刘征文集续编.2，文章卷/刘征著.—北京：人民教育出版社，2009
ISBN 978-7-107-22111-8

Ⅰ.刘…
Ⅱ.刘…
Ⅲ.社会科学—文集
Ⅳ.C53

中国版本图书馆 CIP 数据核字（2010）第 002031 号

人民教育出版社出版发行
网址：http://www.pep.com.cn
人民教育出版社印刷厂印装　全国新华书店经销
2009 年 7 月第 1 版　2010 年 3 月第 1 次印刷
开本：890 毫米×1 240 毫米　1/32　印张：15.875　插页：4
字数：400 千字　　印数：001～500 册
ISBN 978-7-107-22111-8　定价：31.60 元
如发现印、装质量问题，影响阅读，请与本社出版科联系调换。
（联系地址：北京市海淀区中关村南大街 17 号院 1 号楼　邮编：100081）

自　序

刘　征

五卷本《刘征文集》迄于1997年底。这两卷《刘征文集续编》继五卷本之后，迄于2008年8月。匆匆十年过去，飘花留影，这期间的诗文大都收在这里了。编辑体例力求与五卷本一致。

第一卷收诗歌，命曰“诗歌卷”，主要是诗词，约九百首，还包括几十首新诗。臧老说“我是个两面派，新诗旧诗我都爱”，我与臧老看法相同。两种诗，只是中国当代诗歌两种诗体，是并蒂花，是连理枝，是双飞的燕子，无所谓新旧、主次、高下之分，至于它们能否结为秦晋之好，生出新的诗宝宝，要看缘分。这些年来，我也不曾“勒马回枪作旧诗”，只是兴趣更多地落到诗词上，殊无弃新从旧、罢斥新诗之意。

第二卷收文章，命曰“文章卷”，主要是杂文，还包括非杂文的一些品种，如论文、散文、序言等等。“杜撰曲”是个独特品种，是“两栖类”。就杂文说，是有韵的杂文；就诗说，是杂文体的诗。我很早就写“杜撰曲”，这名字是我杜撰的，不过一直同杂文排在一起。这次都拉拢来集中排列，便于浏览。“杜撰曲”借用曲的形式而不遵守曲的格律，却要求有曲的韵味。此其所以为“杜撰”也，然而又不全是，迅翁《曲的解放》早已开其先河矣。

我是个凡夫俗子，回头看看几十年间写了这一大堆的文字，必定有俊有村、有得有失。“文章千古事，得失寸心知。”作者的寸心所知，多人所不知，所以重要，但文章是自己的好，又难免有所偏，倒是众人、社会和历史的评说最为可靠。那么我就默然而已。江流渺渺，悠然高鸟；天地浩浩，长青小草。

这两卷续编，我委托顾振彪同志担任编者，他慨然应诺。他是我多年的同事和老友，有丰富的编辑经验。我们都认为，这不仅是一项愉快的合作，而且是我们深厚友谊的见证。我的老家人民教育出版社接受出版此书，在此深深致谢。

2008年8月，于京郊之寄轩

目　录

杂文及其他

2003 年

2004 年

语文教育论述

附录　杜撰曲

杂文及其他

我和寓言诗

我写寓言诗至今已经三十多年了（中间停顿十年）。那开头是由于偶然的机遇。早先，我醉心于写诗；写寓言，想也没想过。50年代初，我参加起草中学文学课的教学大纲。在选取课文时，我读到一本新出版的俄国《克雷洛夫寓言》中译本。我读后十分惊喜，也许是有宿缘吧，大有一见钟情之感。因为爱，就想也写着试试。我写的第一篇寓言是《狼的礼物》，寄给了《文艺报》，没想到很快发表出来，并且得到编者的鼓励。这样就开了笔。此后在《文艺报》《漫画》《中国青年》等报刊上发表了许多。这一时期所写多是散文体，后来结集时，有的改写成诗体。

写寓言诗开始于60年代初。我写诗又写散文体寓言，将两者合为一体，是很自然的事。1963年初我开始在《诗刊》上发表寓言诗，《海燕戒》《天鸡戒》《山泉戒》《老虎贴告示》等引起很大的反响。同年10月，著名诗人臧克家发表了《寓言诗杂谈》一文，给了我热情的鼓励。他首先发现我的寓言诗，尔后还不断给我指导和扶持。

但是，我写寓言诗才开头便遭到厄运。在“文革”“横扫一切”的棍子下，我为寓言诗受苦，曾下定决心：同这个不祥之物一刀两断，折笔碎砚，不留一字在人间。可是，1976年10月“文革”结束，我又拿起饱含辛酸的笔来。此后便如奔泉泻涧，欲罢不能，十几年间，数量大大增加。《春风燕语》《烤天鹅的故事》《铁牛和蚊子》《三面镜子》《花神和雨神》《佛肚子里的耗子》《海月》等篇都产生了较大影响。这是我寓言诗创作的一个重要时期。90年代，我仍然笔耕不辍。笔锋从人类历史的角度，指向人性深层的弱点。如《星期日补遗》《上帝的日记》《最后的香肠》《女娲传奇》《奔月》等都是这个时期探索的成果。寓言诗有了超过以往的重量，我的快乐也自觉沉甸甸的。而今两鬓繁霜，诗兴却仍然方兴未艾，我相信，诗是不老的。

如上文所讲，我是受到西方影响开始创作寓言诗的。克雷洛夫、拉·封丹等大师的作品，构思的机智、内容的博大、意境的深邃、笔锋的犀利，都令我着迷。它们是鞭挞社会黑暗和人类愚蠢的鞭子，却又构成上帝在醉梦中创造的别个光怪陆离的世界。但是，后来颇感西方这一时期寓言形式比较凝固，表现手法不能完全满足表现当今世界的需要；同时，看到身边有一个蕴藏富厚的中国古代寓言宝库尚待开发，于是我试图开启这座宝库的大门，以期进一步使自己丰富起来。那时，我国古代寓言的搜集和研究还不多见，我的工作几乎是在前人足迹罕至的荒野上进行的。

从50年代末起，我开始搜集中国古代的寓言。古代的寓言，多散见于浩如烟海的古籍里，笔记、小说、笑话之类偏僻的书籍里蕴藏更丰富。搜集工作真如同大海里捞针，艰难而寡效。但我没有知难而退，以一个人的力量，利用有限的业余时间，不间断地进行下去。许多夜晚和休息日都不曾虚度。一般书籍翻得差不多了，就跑北京图书馆（今国家图书馆）善本室，还到外地的图书馆求索。辑佚钩沉，偶获奇珍，乐不可支。经过长期积累，手头不但有了一大批卡片，而且有了一部手抄的奇书《古寓言抄存》。80年代初，与两位朋友一起加以补充、整理、校注，结为两卷本《寓林折枝》出版（涵古代寓言七千多篇）。

历代大量的寓言，在我眼前展开了一个博大璀璨的画卷。它以奇异的幻象折射出古代人民的生活，嘲讽黑暗和愚蠢，揭示哲理和智慧，表现憧憬和希望。它形制虽小，却往往能发出雷霆般的轰鸣。我国古代寓言的形式和表现手法不是凝固的，而是灵活多样的。至此，西方和东方的寓言艺术，在我的笔端得到融汇。

讽刺性和思辨性是寓言诗的特质。切入社会生活、针砭时弊，是寓言诗的活力所在。纵观我几十年来的寓言诗，像一辆清尘除垢的车子，歪歪斜斜地走了过来，从中不难看出历史的踪迹。我不是思想家，没有深远的识度，但愚者千虑也会偶有所得。比如我写的《海燕戒》，几十年后还有朋友保留着抄本，有的还能背诵。但我并不因此高兴，倒有些怅然。我曾有诗道：

抄本犹存海燕篇，几多凄楚忆当年。

不衰众爱难相慰，叹息寓言成预言。

但，寓言诗不应止于针砭时弊，更应进而针砭世弊，针砭史弊，针砭人弊。有些时弊有其深广的背景，是与世弊、史弊、人弊相通的。我近期的作品，越来越倾向于摆脱对一时一事的浅层嘲讽，向着人类历史深层掘进。我这样做，是几十年悲欢交错的人生经验使然。孔夫子说："七十而从心所欲，不逾矩。"我行年七十有二，却与之相左，心之所欲往往逸于绳墨之外，也就是说，对某些历来遵行不背的"矩"发生怀疑。足见我秉赋凡愚，休想仰夫子之门墙的。

寓言诗的艺术离不开讽刺和幽默。我大胆开展离奇的想象，使角色的形象达到极度的夸张，使故事的情节达到荒诞的地步。这不仅更能给人以觉醒，而且能给人以异样的美的享受。丑的本质是丑，但在诗里可不好以原封不动的臭狗屎飨读者，要化成一种美。丑也能成为一种艺术的美吗？能。在绘画里，在戏剧里，不消说也在文学里，这样的例子是很多的。寓言诗的形式，我不主张总重复老样子。长的，达数百行，如《铸剑行》；短的只有几行，如《雕蛇篇》；大部分采用格律体，有的也采用自由体如《蛇》《笼熊》。在格律体中，又有一些借用曲的体式，而以诙谐出之，如《卧龙谈心》。这一着非我杜撰，迅翁早有《曲的解放》在前了。艺术的探索是无尽的，越向前越自觉获得的太少。“一壶之中，壶公有容身之地。”这诗艺之壶，岂只容身，简直可以蕴藏宇宙。三闾大夫升天入地，上下求索，曾不能穷其一隅。在下何人哉？岂敢多有所贪！只有前行不息而已。

“一铃自语驼行漠，万里寻真牛负车”，是我的自嘲诗中的两句，说明我长期以来创作生涯的心境。寓言诗是个稀有的怪物，浑身是刺、动辄伤人，小如芥豆、不入巨眼，长期以来很少有人问津，在新诗园地上是一个未经开拓的小小的角落。可是自从我爱上了它，就同它结下了不解之缘。我性格内向，不喜交游，不爱活动，在这小小的角落开垦着、耕种着，如同骆驼孤行于大漠深处，只有项下铜铃沉哑的低语算是对自己心音的应答。身边闪过匆匆的岁月，闪过肃杀的风霜，闪过诱人的梦幻，闪过起伏的新潮，我还是伶仃地走自己的路。我为它哭，我为它笑，我为它绞干了脑汁，我为它熬白了鬓发。路就是这么走过来的。回头看看，虽然不曾开出什么绚丽的花，却也留下一串自己的脚印。差堪自慰的是，这脚印是在不曾有过多少脚印的地方留下的，并且如同用钢钻艰难地镌刻在石头上的文字，曾迸出火星，沁着汗水。

1998年2月

车子的故事

某县委书记偶骑自行车下乡，同一位农家大嫂并车而行。书记扶把不稳，示意大嫂离开远些，以免碰撞。大嫂认出他是书记，笑道："你骑车技术本来不错，怎么生疏了？常到群众中走走，别总是坐在汽车上，总坐汽车，离老百姓就远了。"

〔评〕这是一位离休的老书记对我说的，他说："大嫂的话语重心长，我一辈子也忘不了。"老人凝神远视，陷入沉思，我不便深问。其实，老人的意思是明白的。

你心里装着老百姓，你就离不开老百姓，会时刻走到老百姓中问寒问暖；你就不会把自己变为寸步不离汽车的"软体动物"，让那炫目的车灯和吓人的喇叭声拒老百姓于千里之外。你就更不会把那本为办公提供便捷的汽车，看成一种特权。一种犹如过去坐八抬大轿一般的官风和官派，看成一种高踞人上的"特种动物"的标志。

一辆豪华的小轿车停在村口，老农民拾粪回来，看到这亮晶晶的怪物，不免伸手去摸摸。司机粗声粗气喝道："别摸，留神摸脏了。"老农民抽回手来，气愤地说："什么？车是用老百姓的钱买的，你们坐，我们摸摸还不行吗？"

〔评〕老大爷一言，切金断玉。岂止汽车，那漂亮的办公大楼，舒适的宅院，体面的服装，上好的饮食等等，总之，一切官的享用都是老百姓出钱给买的。老百姓有权过问他们的钱是怎么花的，有权监督每一分钱的去向。凡是明白这个道理的，必定是好官，是清官，凡是不但明白而且深铭心肺，溶化在血液中的，必定是大好官，是清如水明如镜的公仆。反之，必定是昏官，是贪官，是骑在人民头上反而洋洋得意的老爷。

孔繁森同志当县委书记时，有一次骑自行车到邻县去办事。半路遇见一位老大娘坐在路旁歇脚。他问大娘到哪里去，大娘说是到县里上访。繁森同志就用自行车带着她一起走。并且告诉她到县政府找谁。还同大娘约定，用自行车送她回家。

〔**评**〕路遇老大娘歇脚，就用自骑的车子为她代步，并告诉事情该怎么办，而且送她回家。如此真心实意，细致周到地为老百姓着想，多么好的书记啊！过去称赞好官是“爱民如子”“民之父母”，对繁森同志不适用了，他是爱民如母，是人民的儿子。这才算得人民的公仆。

然而，爱民如子，总算还不离一个爱字。有极少数居上位者，以民为仆役，以民为阿斗，以民为草芥，以民为肥肉，在繁森同志面前真该愧死（假如还有几分知愧的话）。

孔繁森同志任聊城专署副专员时，有一年元宵节，请老母亲上街看灯散散心。不用公车，亲自推着一辆双轮木架子车，让母亲坐在车上。他推着车走在华灯照耀的街头，穿行在拥挤的人流中间，看着老母亲的笑脸，悠然自得。

〔**评**〕繁森同志是个真纯的孝子。在他的纪念馆里，我见过两张照片。一张，他给老母亲梳理稀疏的白发；再一张，他赴藏之前伏地叩头跟母亲辞行。老母亲今仍健在，已近百岁。但繁森同志决不因私事用公车，公私分明，其间曾不容发。于是有了这幅“专员推车娱母图”。

这是怎样一幅动天地、感鬼神的图画啊！讲人情，是无比淳厚的人情；讲正气，是巍然凛然的正气；讲时代精神，是最新最美的时代精神。我在纪念馆里见到了这辆架子车，制作粗糙，土里土气。但我敢说，这是比之豪华卧车更要先进的一辆奔向未来世界的车子。我愿意看见千辆万辆这样的车子，带着呼呼的风声，带着滚滚的雷鸣，奔驰在神州大地上，把污泥浊水碾在轮下，把祖国拉上高耸云霄的银山金山。

1998年5月

难得明白

稍加留神就会发现，京城闹了好一阵子“糊涂热”。板桥先生写的“难得糊涂”拓片成了文化市场的一道流行色。不仅挂上了百姓家的素壁，而且有的餐馆还悬起了“糊涂楼”的门匾——大约食客即使糊涂，老板却未必糊涂，特别在算账的时候。

但板桥这横幅写在潍县挂冠之后，是愤激之词，指的是由聪明变糊涂，心知其非却能作痴聋，所以难。若秉赋下愚，或既非愚者也非智者，是个中间人物，糊涂是家常便饭，有何难哉！许多事倒是难得明白的。

我持“难得明白”论，并非故意同板桥唱对台戏，是有切身的感受。论理，自己糊涂，写出文章来必定难得明白，不如不写，但糊涂近于朦胧，也许别有一番滋味。

好吧，那就捡几样儿说说。

前些时，围绕慈禧建造颐和园发生过一点争论，有人为慈禧挪用办海军的银子修颐和园辩解，说是要不是挪来修园子，那一大笔银子还不是跟北洋水师一起泡了汤，那，我们今天就没有颐和园了。言下之意，多亏一挪一修，还是太后老佛爷圣明。A反对为慈禧评功，并且用了杂文式的调侃，说专款不被挪用，海战未必败。B说不对，即使不挪用也无济于事，海军也会泡汤。C引用大内档案证明，修颐和园用的不是海军军费。B、C的驳论表面上似乎离了题，那骨子里的倾向却是清楚的。既然不挪也泡汤，还是挪来修园子的好；至于并未动用军费，老佛爷要修个园子遛遛腿有何不可，何况还给后世留下一个皇家园林精品。

这场争论颇令人费解。按照常理，不管挪用军费是否关系海军的胜败，也不管用的是军费还是什么费，在列强觊觎、哀鸿遍野、大厦将倾、风雨飘摇之际，大笔人民的血汗钱不用于富国强兵，却为自己修了一座偌大的花园，在任何意义上都是不值得赞扬的。“只今犹听宫墙水，耗尽民膏是此声”，李大钊同志早已严加谴责了。

打个比方，老母垂危，儿子把求医买药的钱用来为自己置备一桌燕翅席。不管那席面多么豪华，超过满汉全席一百倍；也不管那味道多么鲜美，尝一滴余沥就会三月不知肉味，难道应该发给这位“大孝子”“美食家”奖章吗？如果有人说，病左右治不好了，花钱与其救病人的命，还不如充活人的口腹……这些听起来难道竟如莺簧燕语一般悦耳吗？说到这里，我还自以为明白，再想下去就糊涂了。持“有功论”者并非吃醉了酒，而且智力比之愚鲁如我者必定高得多，然而为什么如此不明白？一思再思，百思不得其解，呜呼，难得明白！

慈禧在世之时，国土尚未大片沦亡，老佛爷本人也没有向侵略者屈膝下拜，口称“儿皇帝”；为抗日战争期间认贼作父的民族败类唱赞歌，却另是一台张灯结彩、锣鼓齐鸣的好戏。

那代表人物是周作人。他做过日伪政府的高官，是个不折不扣的汉奸的上层人物。虽然有人挖空心思为之辩解，到底难以抹去这个可耻的污点。他对新文学有一定贡献，不以人废言应该有个限度吧，然而不然，被一些人捧起来的此公的高大形象，随着顶礼膜拜的香烟冉冉升天。三十三天天外天，玉皇头上冲天冠，冲天冠上树旗杆，先生更在旗杆颠，噫吁嚱，危乎高哉！

于是，汉奸变成“一代宗师”，变成与鲁迅比肩的五四革命传统的“代表”（鲁迅正在遭受严酷的贬低，贬低了的“鲁迅”是不够格的，这样提想是为了“照顾”）。其品质“极富魅力”，其业绩“超群绝俗”，其作品是“中华民族最珍贵的财富”，如此等等，可以拉上一车。这股旋风甚嚣尘上，形成一种气候。如今有些赶时髦的文章，毛泽东的话自然绝不引用，鲁迅的话很少引用，倒是周作人的话被当做经典时见笔端。

查向敌寇屈膝的民族败类遭到人民的唾弃，古今中外，概莫能外。在中国，近百年来备受列强凌辱，“二战”期间日寇侵华罪恶滔天，老百姓痛恨亲日的汉奸，尤为强烈。尽管信仰不同，主义有异，地无分中土域外，人无分男女老幼，凡是有良知的华人人同此心，心同此理，更不要说奉为“宗师”，让他们高踞历史的鳌头了。须知吹捧汉奸的后果是不堪设想的。试问，以后若再有风吹草动，我们的子孙该怎么行动呢？卖国求荣与青史留名两不误，走周作人的路，不是顺理成章吗？

这些年，日本国内有少数极右分子朝拜靖国神社，妄图为日本战犯招魂，我们义正词严地加以反对是完全应该的。然而回头看看自己，我们的文坛上，一些人吹捧的是什么，崇拜的是什么，那偶像虽然说不上什么“社”，不是颇有些“社”的影子吗？这是一个极大的讽刺。

说到这里我自认为似乎还明白，再想下去就又糊涂了。以上所说，如月亮在天上一样毋庸置疑，但捧周者并非喝醉了酒，而且智力也比之愚鲁如我者必定高得多，为什么却如此不明白，或者说，这股潮流在我国曾饱受侵略、记忆犹新的今天是怎么翻腾起来的。百思千思，万思不得其解，呜呼，难得明白！

总有明白人在。盼着我这篇糊涂文得到明白人的指正，匡谬指迷，好让我拨云雾而睹青天，明白明白。“朝闻道夕死可矣”，何况夕未必死。

1998 年 6 月

诗　戏

某君，练摊之年轻人也。几年惨淡经营，发了。饱暖思闲事，没来由染上了香菱之癖，走火入魔地学起写诗来。也许是命运捉弄他，寄到编辑部的稿件，总不见变为铅字，至多换来一封封退稿信。早先还退，后来便如肉包子打狗，有去无回了。

这位男性香菱总没遇上多才的林女士，有病乱投医，听说我写诗，就来叩响画虎居之门，问道于盲。我为某君的一片赤诚所感，只好不揣盲人瞎马，乱说一气。不能解某君之难，让他笑一笑，开开心也好。

“你问作诗有什么窍门，这，我说不来，但我记起中学时几位同学玩的一个作诗的游戏。用纸剪成许多小卡片，把卡片分成若干组，各组分别写下不同词类的词汇，如名词组写房屋、树木、老虎等，其他词类如之。玩的时候，每人制作一个诗句。先设计诗句的词类系列，再据以向有关词组里去‘抓阄’，然后把抓来的卡片排列成句。这样制作的诗，排除了人的主观意志，真如同魔鬼的杰作。每得一句，大家捧腹大笑，什么烦恼都忘了。”

某君听得入神，可是他说，只听我白话，没见到那诗，还只是雾里看花，隔着面纱看美人。幸好当年同玩诗戏的一位老同学不久前寄来一首，说是从陈年破旧的笔记本里抄出的。赶快拿来给他看，只见那诗写道：

豪华的大雾徘徊着高跟鞋的哭泣
咿，迷惘的地球被炸酱面咬碎了

你是维纳斯的浩渺的大脚指头乎
玉箫妖艳地瞪视着坚硬的黄昏

某君读罢大喜，眉飞色舞，心花怒放，如参禅的顿悟。连忙告别，把诗拿走，躲到家里去反复体味，学着玩诗戏去了。

果然不久，报刊上看到某君的诗越来越多了，终于从报屁股变成头条，终于出现了他的头像，终于出现了长篇评论。可是红火了一阵子，昙花一现，又销声歇响，沉寂下来，甚至在某些文章里出现了对他的冷嘲热讽。某君哭丧着脸，又来到我的画虎居。

“老兄，是你把我扶起来的，如今又倒下来。我求求你，再扶兄弟一把吧。”

彼此无言对坐，坐凉了几杯茶。我反复琢磨，忽然开朗：“哦，毛病原来出在这儿!”看看某君如饥似渴的神情，急忙解释说：“你那诗，虽然排除了人的主观意志，可仍然顺应人的语言规律，只有破坏了语言，才能扫除最后一点人味！来，咱们试试看。”说着，我把上回那首诗改成如下的样子：

大雾豪华着高跟鞋哭泣的挺立
炸酱面迷惘了地球咬碎了咿
大脚指头浩渺着维纳斯你是乎
瞪视黄昏了坚硬妖艳了玉箫

大约越修炼道行越深吧，某君狂喜，立即悟到了它的精髓。于是改变了一种玩法，把各组的词卡混在了一起，如同洗扑克牌那样。要作诗，信手抓就是了。于是东山再起，名声大噪。已经出版了多卷本的诗集，多次获得诗赛的金奖，已经有慧眼识真珠的商家出资为他包装。

又一次见面不是在我的画虎居，而是在他下榻的大宾馆里，旁边陪一位追星小姐。

某君俨然一位大师，用悲天悯人的眼光看着我，教导说："你的诗别一条道走到黑。不论歌颂还是讽刺，都太严肃，老掉牙了，谁看?"

"可是，我以前说的那些，不过是诗的游戏。"

"游戏?"某君大笑起来，打翻了茶杯，小姐连忙上前收拾残局。"游戏怎么啦，如今是游戏最时髦，讲的是休闲，讲的是轻松，讲的是刺激，讲的是玩世不恭。许多人游戏人生，自然就产生游戏文学。图书市场上去看看，什么要案秘闻，名人隐私，明星情爱，学者外恋，宫廷艳史，海外奇谈，说神道鬼，算命看相，通通畅销。我的诗，只是让人莫测高深，并不害人，还算是有良心的。你倒好，不游戏，只好喝西北风了。"

我受到一番训斥，连忙抱头鼠窜，跑出宾馆，走上长街。一个女人的低声在我耳边响："先生，要不要看看手相?"

1998 年 7 月

王昭君诗话

历代咏王昭君的作品很多，始于汉代，而歌词无传。《乐府诗集》收自晋至唐咏王昭君的歌词四十多首，最早的一首是石崇作的（未入乐府的诗作还不算在内）。这一时期以及以后的同题作品，大都写她的哀怨。太白所谓“燕支长寒雪作花，蛾眉憔悴没胡沙”。少陵所谓“千载琵琶作胡语，分明怨恨曲中论”。马致远的杂剧《汉宫秋》，则单写汉元帝爱昭君的如痴如醉以及遣她出塞的极端悔恨，反衬出昭君的哀怨。

宋代王安石和欧阳修唱和过多首《明妃曲》，其中颇多新意。王安石的《明妃曲》里说：“咫尺长门闭阿娇，人生失意无南北”，认为幽闭深宫同远行塞外，其失意并无两样。这还不算，进一步说“汉恩自浅胡自深，人生乐在相知心”。此公颇有些离经叛道，主张恋爱至上，个性解放，说是嫁个知情知义的胡儿比孤守冷冰冰的汉宫强多了。这下子惹恼了一些卫道士，直斥为“坏人心术”、“无父无君”。欧阳先生也不示弱，他在《再和明妃曲》里直接指责汉天子，说是近在身边的佳人尚且为画工所误〔注〕，不辨妍媸，“耳目所及尚如此，万里焉能制夷狄”。这样大胆精辟的论述却被指为“庸腐”。持此论者大约属于主张诗歌应远离政治一派，却不知和亲本身就是一种政治。

直到当代，才有人提出全新的评价。我久思访问呼和浩特的青冢，至今未能如愿。友人见怜，寄来照片，其中有董老写的一首诗，称赞昭君深明大义，有功于民族团结。几经沧桑，许多珍爱的东西散失了，董老的诗照即其中之一。查《董必武诗选》，未收这首诗，但1963年董老曾访呼市，诗大约即这年写的。这带来此文的一个缺憾，不能照录董老诗和原文。曹禺先生晚年所作话剧《王昭君》将这个评价发挥得淋漓尽致。

我想起咏昭君的一些诗作，有个缘由。经行三峡，曾两次过香溪口，今年春天，我才第一次踏上了香溪的土地。香溪是昭君的故里，传说昭君在家乡时，常到门前的溪水里沐浴，溪水至今流溢着香气。香溪的名字就是这么来的。然而我来的所在已不是原来的香溪，因建设葛洲坝迁过一次了，不久又要迁第二次，因建设三峡大坝，水位更要上涨了。

那天傍晚，几声雷鸣，一场豪雨，带来阵阵凉爽的湿风。雨过放晴，把江流逼得很窄的两面高山，一尖高似一尖，一层深似一层，一律被紫色的云雾环绕着，而他们本身则被夕照镀了一身金盔金甲，俨然列队站立的天神。向西天望去，夕阳明灭在风樯阵马般的云块间，好像逃走的不是云，倒是它自己。当明处，亮极了，亮得刺眼。此时，透过寓舍的楼窗，我分明看到万丈苍崖之下，有一条弯曲的、柔如碧玉的小溪，不知道是不是香溪，就算是吧。我仿佛见到一位身着素衣的少女在溪边汲水洗脚。是石影，是树影，是花影，是精灵，是梦幻，一时说不清楚，而恰于此时，飘来靠近墙边的橘子花的香气，令人沉醉。

于是我想到历代咏昭君的文字，而我的思绪飘得很远很远。

我想，嫱儿——昭君的小名是叫嫱儿的吧，一个弱女子，正当华年而幽闭深宫，继而身犯风雪，远嫁沙塞，上天对她是不公正的，命运对她是残酷的，怎能没有哀怨？但她未被眼泪淹没，做了她应该做的事，赢得匈奴人的敬慕，确是有功于历史的。您看，昭君生活在两千年前的西汉。两千年来，多少显赫人物都被历史的大浪淘尽了，只有她，仍然活在诗咏中，活在戏曲里，活在绘画上，活在丝竹间。出生之地，溪水犹香，安魂之所，冬草仍绿。人民给了她多么恒久而深沉的爱啊！人民厚爱她，大约不仅因为她美貌，不仅因为她遭遇凄楚，而且因为她柔肠侠骨，有功于人民。你投人民以木桃，人民会报你以琼瑶，深仁厚爱的历史啊！

于是我有了一首小诗：

昭君颇似木兰娇，
马上毡裘塞月高。
若向琵琶论心曲，
四分哀怨六分豪。

〔注〕

《西京杂记》里说，汉元帝后宫的宫女太多了，宠幸哪一个自己看不过来，就命画工给她们画像，凭画像挑那最美的侍寝。宫女争着贿赂画工，五万十万地给。昭君不肯，画工毛延寿把她给画丑了。

1998年8月

访墓有感

五台山，许多佛寺隐现在云光松影之间，山高气爽，盛夏如秋，确是消暑消愁的清凉胜境。青山踏遍，游兴未尽，蒙主人盛意，又访了两个墓，一个是貂蝉墓，一个是元遗山墓。

雨时大时小，驱车走出忻州不远，就看见一条横跨马路的红色布标，上写“貂蝉陵园”。走进园门，首先参观几个立体连环画式的设施。犹如走进神秘的洞穴，在幽暗的灯光下观赏一组组貂蝉故事的塑像。然后参观貂蝉墓，墓是老早就有的。墓上新树了一块石碑，上面镌记着这位漂亮姐儿的生平。

如果史有貂蝉其人，这一切本来平平常常。但就我所知，习称的“中国四大美人”，只有貂蝉不见史传，是个虚构的人物。三缺一，连麻将也打不成，未免遗憾。据碑文记载和导游介绍：貂蝉，忻州木耳村（今木芝村）人，姓任，父亲叫任昂，她叫红昌。曾被选入汉宫，貂蝉是皇后赐的名字。十常侍之乱，被司徒王允搭救，做了司徒的义女，借吕布之手杀了董卓。后来，貂蝉落在曹操手里，曹操将她赠给关羽，貂蝉真心爱着关羽，关羽欲杀不忍，貂蝉终于削发为尼。这些言之凿凿的情节，唯一的依据竟是元杂剧《云锦堂美女连环计》。（也许应该还有其他戏曲小说。）拿戏曲小说当史实，令人诧异。

因为感到诧异，回来略翻了一下书。《三国志》没有貂蝉的名字，只有“布与卓侍婢私通”一句，见《吕布传》。《资治通鉴》亦然。清梁章钜《浪迹续谈》载，友人告诉他，某书注引《汉书通志》说，曹操曾献貂蝉给董卓。《汉书通志》已佚，又是注引，又是听说，迷离扑朔，茫不可考。至于《云锦堂美女连环计》，手头无书，也懒得去找，明《丹邱先生曲论》列有元人杂剧535种，其中没有这一种，至少不是名品。用不着亲见，是戏曲而非史传，是确定无疑的。就是这么一个戏曲小说人物，不但有籍贯，有真实姓名和详细的生平事迹，而且居然有墓葬，有碑铭，只有大叫怪哉！

说实话，我多么愿意貂蝉实有其人，一个艳名满天下的美人确只是一缕青烟，实在扫兴。我也无意于指责兴建这个景点，兴建者有爱美之心，而且看重美人的含金量。入门处一个既露且透的貂蝉出浴塑像，说明了这个意图。听说旅游季节，收入是可观的。但是似乎要把史实和艺术的虚构区分开来，不要误导游客。否则，在青年人的头脑里，孙悟空胜过张骞百倍，杨六郎高出岳飞一筹，林之洋是开放搞活的先驱，济颠僧是特异功能的超级大师，岂不乱了套！

悲凉寂寞的诗人元遗山，原来是貂小姐近邻，也算艳福不浅。车行不远，就到了诗人陵园近旁，因为没有标志，只好打听。一位老农说："是有一个考古坟，就在前面。"门是锁着的，接待的同志特地打开，吱吱扭扭，门已生锈了。进得门来，甬道两旁是茂密高大的林木，那阴阴的浓绿，仿佛随着雨水要滴下来，地上人迹稀少，只有这一片那一片未秋先黄的落叶。宁静肃穆，隔十丈红尘于墙外，心神为之一爽。

元好问，字遗山，出拓跋魏氏，金亡不仕，有《中州集》传世，是金代的大诗人，在中国诗史上有重要地位。论者认为，他的诗"天才清瞻，邃婉高古"，"挟幽并之气，高视一世"。他哀叹故国故都写了许多首律诗，赵翼称"悲壮苍凉，令读者声泪俱下"，"别有肝肠断裂之痛"。律诗而能此，少陵以下，怕是只有遗山一人了。他临终嘱咐，在他的墓碑上只镌刻"诗人元遗山之墓"几个字，这事不见史传。近年农民耕田，发现深埋土里的一块石碑，上镌此7字，"之"字之半及"墓"字泐不可辨。系楷书，笔势朴拙，如金元刻板，确是故物，如今树立在墓门前。此碑证明确有临终嘱咐之事，诗人是带着亡国的哀痛和对故朝的眷恋与世长辞的。

展览室等屋舍都已破漏陈旧，亟待修缮。仅有的一名管理员说：没钱。这个省级重点保护单位，每年有限的经费仅够管理员吃饭用，卖门票么，一年到头很少有人涉足，能收入几文！只能延喘度日而已。

两个墓，一边是虚构的红粉佳人，一边是惊风雨动鬼神的大诗人，一边红红火火，一边冷冷清清，一边游踪不断，一边门可罗雀，一边招财进宝，一边只有清风入户。但我并不慨叹世态的不平，这种不平是历史的常态。宋玉说，唱“下里巴人”，跟着唱的有几千人，而唱“阳春白雪”，跟着唱的只有几个人。曲高和寡，历来如此。我只想说，严肃高雅的东西，反映文艺高水平的东西，代表民族精神和足为民族骄傲的东西，乃是无价的国宝，需要国家扶持。在市场经济的大潮中，在文化领域里，畅销与否，不是体现价值的唯一标准，甚至有相反的情况。如果听其自长自消，势必导致囚鸾宠鸡，树榛拔桂，黄钟毁弃，瓦釜雷鸣的苦果，将是民族文化的灾难。

1998 年 9 月

化 蝶

庄周梦见化为蝴蝶，一只活灵活现的蝴蝶。白胡子不见了，老花镜和老藤杖不用了，多了一双漂亮的翅膀，好不惬意。他翩翩飞起，飞在花丛中，恰好遇见一位花容月貌的蝴蝶小姐。这老头儿，大半辈子走背运，老来却大有艳福。

“老蝶爷，要我帮助您吗，您要到哪儿去？”蝶小姐看他飞得东歪西倒，断定是一位老者。扶老携幼在蝴蝶界是一种风尚，如同咱们人类见了便宜必占那样。

“谢谢啦，我只是随便走走。我不是蝴蝶，是人变成蝴蝶的样子。”

“原来是只假蝴蝶，假冒伪劣。”蝶小姐一边善意地搀扶着他一起飞，一边瞪了他一眼。

“我可不是有意造假。我叫庄周，是人间的一位学者。我要证明，大和小一个样，生和死一个样，人和蝴蝶也一个样。这叫齐物。”

“唔，您的文章已发表的《逍遥游》等七篇，我都拜读过了。荒谬透顶，没有任何价值。比如说，蝴蝶和人就很不一样。拿人和蝴蝶相提并论是对蝴蝶的污辱。劝您同别的蝴蝶，特别是蝶界的学者，切莫提起您那高论。”

“什么？你弄颠倒了。人是万物之灵，是上帝按照自己的形象创造的，比一切生物都胜强百倍。我愿意化为蝴蝶，是抬举你们。”庄周有些生气。

“哎哟喂，您要这么说，我可要直说了，人是一种最残忍也最虚伪的动物，而且喜欢编造神话往自己脸上贴金。比如说，你们一面给花儿唱赞歌，一面却在它们青春勃发的时候，把它们腰斩，把它们的血肉模糊的肢体插在瓶子里，让它们开出不结果的花，让它们慢慢枯死。它们一直在流泪在哭号，在乞求饶命，我们蝴蝶听得清楚，难道你们听不见？即使听不见，凭你们的智慧也应该猜得到。可是你们，特别是诗人，还用最美丽的词藻描绘这惨无人道的虐杀。再比如鱼。你们也一直给鱼唱赞歌，你自己就曾假惺惺地主张以斗勺之水救辙鱼的命，也曾说什么鱼的乐也就是你的乐，可是，你不照旧吃红烧鱼吗？你不照旧喝鱼汤吗？庖丁将鱼活活刮去鳞甲投到热油中的时候，你老先生在做什么呢？我想，你正在嘭一声打开酒瓶子，唾液一口一口地咽。老先生，我说的不对吗？至于蝴蝶，我们不唱赞歌，也不残害生灵，只吃一点花粉，还帮助花儿喜结良缘。”蝴蝶似乎失悔对这个初次见面的客人不够礼貌，笑一笑，住了口。

庄周听到这一番在人世间从没听过的话，怔住了，他偷眼看蝶小姐，原来用蝶眼看蝴蝶，同用人眼看蝴蝶完全不同，感到消魂夺魄，摇摇若不自持。他喃喃地说：“小姐，你的美丽和高论让我痴醉。我虽然曾是人，却愿意永远化为蝴蝶。我和老伴关系不好，她过世我并不难过，却鼓盆而歌，这是学界都知道的。我愿意同您……”

“哈哈哈！”蝶小姐打断他的话大笑起来，“我们不兴你们人类那一套，信誓旦旦，相许终身，却又各自偷鸡摸狗。而且，恕我不客气，在我们看来，人又是最丑陋最肮脏的。”

“小姐，您的嘴比朝天椒还辣。可是，这一回我不服气，不能容忍你对人的污蔑。要是说不出所以然来，定要诉诸法律。”

“好吧！听我说，我们蝴蝶，终生不用洗澡，有圣洁鳞粉相护，始终一尘不染，流溢着花的芳香。你们人，长时间不洗浴就满身污垢，甚至生疥生疮，发出类似狐狸的恶臭。榨出花的精髓涂在身上，才有几分香气。我们蝴蝶，一双翅膀七彩缤纷，飞起来千姿百态，这都是我们与生俱来的本色，而你们，皮肤是单调的黄色黑色或白色。我曾在海滩上见过裸露身体的人，活像一堆堆泥土，没有一点色彩。可是你们善于伪饰，用一种五颜六色叫衣服的东西把身体裹起来，还把鸟的毛和兽的皮插在或穿在身上。你们互相惊叹：'看啊，多漂亮！'公开做伪，不以为耻！"

"不要再说下去，小姐，请给我留点面子吧。可是你越骂得狠我越爱你。我对天发誓绝不离开你。你要执意不肯，我就要把你捉回家去，用钢针钉在墙上，让你永远陪伴我。"

"你本性难移。你爱我，却又要用针把我钉死在墙上，这就是人类所谓的爱。"蝴蝶小姐真的动怒了，她扭头就要飞开去。庄周见事不谐，索性把一只翅膀还原为手，伸向蝶小姐就抓。蝶小姐可不是弱者，翅膀只一扇，就把庄周扇得飞起十几丈高。列位，你道蝴蝶有这么大力气吗？有，他们在地球这边扇动翅膀，会在地球那边引起风暴，扇一个老头子算什么，还不如扇一粒谷糠。只见那庄周七颠八倒跌下来，跌进自己的书房，霍然惊醒。他用青铜镜照自己，还是老样子，一点也没有蝴蝶的遗痕。他看看案上的文稿，上面写着："昔者庄周，梦为蝴蝶，栩栩然蝶也。……"他感到汗颜，不想再看下去，抓起文稿抛在纸篓里。现在见到的文本是庄周的学生从纸篓里偷偷拣出来的。

1998年10月

一片凤凰毛

——一篇为大人写的童话

凤凰是普天下羽族一体崇敬的女王，她的一身灿如云锦的羽毛是她至高无上的权力象征。羽毛有新陈代谢，凤凰毛脱落下来，不像花瓣委地便无足珍惜，要由御前太监拾起来登记入册，珍藏在内府，只有战功赫赫的老将军才有资格得到一片赏赐。

这一天凤凰出巡，在路上偶然脱落一片羽毛，是腋下最不华丽的一片。连女王自己也不曾留意，树枝上的一只乌鸦却看得真切。他看见羽毛轻轻落地，看见御前太监弯下腰连忙拾起放在袖口里。乌鸦灵机一动，用万两黄金打通了关节，把这片尚未登记的凤凰毛弄到手。为什么？他有他的算盘。

且说乌鸦可不是普通的鸟儿。这几年他倒卖鸡蛋发啦。人们已经不叫他“乌鸦”，改称“乌老板”；他的巢室也改称“乌公馆”了。什么都有了，乌老板却不能心满意足，原来他有个难圆的梦：跻身歌坛，成为一名艺压群芳的歌唱家。几次登台都被倒彩哄下来，几次大赛都名落孙山。但他并不抱怨上帝给了他一副不争气的破锣嗓音，他相信，他想干什么一定能办到，指望这片凤凰毛给他带来一步登天的好运。

于是，他把凤凰毛镶上黄金的衬底，系上红色丝带挂在胸前。“乌老板，这是什么？哎哟凤凰毛，这还了得！乌大人，您而今在哪个衙门恭喜呢？”乌鸦抚摸着胸前闪闪发光的凤凰毛，得意地说：“这算什么！女王要赏赐我一件用凤凰毛织成的霓裳羽衣，我没要，只取了一片。那天女王召我进宫，要听我唱歌，我唱了一曲又一曲，陛下听得如痴如醉，称赞我是山林里最伟大的歌手，是歌坛的珠穆朗玛峰。还要我当内廷供奉，我没就职。海为龙世界，云是鹤家乡。哈哈!”

一传十，十传百，神话不胫而走，一片凤凰毛如一片五色祥云，托着他扶摇直上。它不曾唱歌，却已成了大名鼎鼎的歌唱家，加入山林歌唱家协会没有几天，就当上了协会首席顾问。一个配有凤凰毛的歌唱家，要有个合乎身份的安排嘛，领导考虑问题是十分妥当的。几次歌唱大赛，他都在评委席前排就坐，几次代表大会，他都坐在主席台上，可是除寥寥几句祝贺的话以外，从不喋喋不休，这一点倒得到与会者的好感。报刊的头条，常常见到他的大幅彩色照片，他的秘闻，他的轶事，连他偷看白鸭小姐洗澡，挨过一顿痛打都曝光了。到这个份儿上，尽管他始终没唱过歌，评论照样连篇累牍地发表，说他有谦虚谨慎的美德，评论家的笔总是善于制造神话的。眼睛猴儿尖的新闻界呢？慑于凤凰毛的威力，哪里敢碰这个敏感问题。

可是，月有阴晴圆缺，人有旦夕祸福，此事古难全。乌鸦的名声沸沸扬扬，竟然越过宫廷的高墙，通过各级大臣层层过滤的报告，传到女王的耳朵里。“什么？我赏识过他的歌声，赐给他一片凤凰毛，有这事?”“贵人多忘事，何况贵为人主!”御前太监猫声猫气地说。女王年事渐高，已有些健忘，许多事似云若雾，似有若无。她想断然否认，却又拿不准，万一有此事呢，岂不在公众面前暴露了自己健忘！健忘，还有资格作山林之主吗？但女王是绝顶聪明的，她立即传旨，在即将举行的万寿节音乐会上要乌鸦登台演唱。圣旨一下，山林沸腾起来，人们这才想到单是被凤凰毛吸引着注意力，竟然尚未听过乌鸦的演唱，这个莫大的遗憾，就要得到补偿了。

只有一个人感到大难临头，就是乌鸦。不唱吧，抗旨不遵是掉头罪，况且会揭穿他关于凤凰毛的谎话。唱吧，唉，一开口准落个身败名裂，大约也要掉脑袋。他想呀想，想了几天几夜，终于想出个好办法，请一群驴子伴唱。如同秦始皇的尸车后面紧跟一车臭鱼，可以遮尸臭，驴子大叫可以淹没自己的声音，减轻罪责。

在雪亮的灯光和如雷的掌声中，乌鸦身着燕尾服踱到舞台中央，举目看见坐在正中包厢里的女王，浑身珠光宝气，正用似笑非笑，似疑非疑的眼神看着他，不由得心跳腿软，真想找个地缝钻进去，又想跪下去，哭拜在女王脚下求饶，但是都来不及了，歌曲的前奏已经轰鸣起来了。他尽情享受死前的一度疯狂，扯开嗓子大唱"乌哇，乌哇，……"它一唱，激起它身后一队驴子的雅兴，也呼天号地乌哇起来，闹得偌大的歌剧院索索地抖，如同遭到炮轰、雷击或地震。自古到今地球上曾经活过和正在活着的人早已积成天文数字，其中没有一个人听过这样的歌声。

凤凰大吃一惊，几乎晕过去，正要大发脾气却又压下来。转念一想，自己很久没过问文艺，也许出了什么新名堂。听说有霹雳舞，就不许有霹雳唱吗？大歌唱家自然要玩新把戏。凤凰看看左右的大臣都在点头微笑——她不知道，乌鸦在这些御用玩物身上花费了多少钱财——王，难道比大臣更无知吗？女王是绝顶聪明的，知道该怎么办。她立刻热烈鼓掌，引起全场掌声的暴风雨。她在潮水般欢呼声中走上舞台，和乌鸦拥抱，祝贺它演出成功。她封乌鸦为一品内廷供奉，并且代替那片凤凰毛，给他穿上代表最高奖项的霓裳羽衣。

当晚乌大人应邀出席了女王祝贺万寿的宫廷大宴，几位娇滴滴的夜莺小姐扑上前来口称"老师"，为他满酒，同他碰杯。有一位装醉竟倒在他怀里。有酒遮脸，他索兴抱着这位小姐亲嘴："心肝，我要和你困觉。"女王很开心，就把这位黄莺小姐许配给他。蒙女王赐婚，十分光彩。但另有一打黄莺小姐暗中流泪。

一连几个月，评论界发表了一篇又一篇重头文章，称道"乌大人的歌唱艺术犹如山崩海啸，电闪雷鸣，表现出宇宙间雄强的元气，只有驴子能仿佛其一二。他的歌声轰毁几千年声乐艺术的旧殿堂，开创了一个崭新的时代，今后几百年，山林的歌坛将是乌鸦的时代。”

然而有一件事惹得乌大人不开心。为他录制的光盘除了驴子买几张之外，无人问津。当局为了维持面子，只好进行行政干涉：买一斤洋葱，搭配一张光盘，买一斤烤白薯，搭配两张，多买多配。

1998 年 12 月

寒武砚记

砚名寒武，前所未有，开天辟地以来，是我第一次标出这个砚名，而奇不在我，在砚。

寒武，指寒武纪（Cambrian Period），是距今五亿至五亿七千万年的一个地质时代，是地史上首见丰富的化石记录的时代。在寒武纪的生物化石中，没有发现陆生或淡水生动植物，也没有发现脊椎动物，只发现大量的海洋无脊椎动物三叶虫。三叶虫，纵看，由三个叶状体组成；横看，分头、胸、足三个部分。特征十分显著。这方石砚，占砚堂的三分之二，有一个三叶虫化石，命曰寒武砚再恰当不过了。

砚原非砚，是作为古生物化石保存的。我得之，打磨擦洗，略具砚形。砚长二十二厘米，宽如之，高五厘米，宽大厚重。其奇有二：一是三叶虫完整而硕大。三叶虫化石一般体长很小，仅几厘米。迄今为止，最大的一个发现于美国的波士顿，体长四十五厘米，堪称三叶虫之王。砚上的三叶虫长达二十厘米，当王之半。再是石质较佳。色苍紫，质坚润，比较发墨。若虫体硕大而石类瓦砾，只有考古价值，不足为砚；若石质佳而虫体一般，只是普通的化石砚，不足为宝。二奇具于一砚，乃砚中之奇珍，我何幸而得之！

窗前小坐，欣赏案头的寒武砚，仿佛五亿年前的情景近在眼前。

五亿年前，自然没有人，离恐龙的出现也还很远。生命如同一株上薄云天、旁阴百亩、呼吸风雨、蔽亏日月的大树，那时才只从冻土里露出一点黄绿的芽尖。那时的天是什么样子？风云雨雪是什么样子？想象的翅膀无能为力，只有茫茫空想。但，眼前的寒武砚仿佛录入了当时的音响和影像。我听到山崩地裂一声响，岩浆破地喷出，劈裂大山，煮沸海水，形成一条通天的火柱。我看到，一瞬间，岩浆把三叶虫紧紧包裹，又深深压在地层深处，于是它入于涅槃而达到永恒，经过漫长的时间旅程摆上我的书案。如果把古往今来的生命看成一个整体发展的过程，那么，尽管一百个不乐意，我不得不承认，我是三叶虫的后代，我是一个智能的三叶虫，我渺小如宇宙中一粒微尘，我的声音即使振臂高呼也微如蛛丝之震颤。

寒武砚，使我感悟到我的小。由此看穷通，看哀乐，看得失，看生死，看怀才不遇，看坎坷缠身，又是小中之小，小得近于无。许多哲人高士寻求从种种人生的烦恼中解脱，超然物外，获得精神的宁静，都是多余的了。

从现今看未来的五亿年怎么样呢？也只陷于茫茫空想。我仔细端详这砚上的三叶虫，活像三片相叠的树叶，像棕榈，又像芭蕉。强劲的叶脉从主脉两旁横斜射出，疏密有致。起伏着，凸露着，仿佛柔软而有弹性，里面流动着汁液。我宁愿把它想成树叶，埋藏五亿年仍未枯萎、仍然鲜活的树叶。再过五亿年，它仍会充满生机。未来五亿年，历千劫万劫，大海扬尘，高山为谷，一些生物灭绝了，一些生物产生出来。可是我敢断定，人还在。人，毕竟不是三叶虫，不会作为灭绝的古生物变成化石。那时候的人（也许不同于今人的形态），定然以高于今人千万倍的智慧创造出高于现今千万倍的文明。也许把太阳能液化装进钢瓶，也许在海洋中建起大都会，也许把几个大行星联通在一起，成为一切众生共居的乐土，也许不依靠上帝，创出无数新的物种。自然，今日所想也许完全不对。但，生命在宇宙间福泽绵绵，无有尽期，是可以肯定的。我，无疑是五亿年后人们的祖先，我今天所尽的绵薄，虽然微乎其微，却是不可缺少。无疑会受到五亿年后人们的尊重。

寒武砚，又使我感悟到我的大，由此看自我，看人间，看宇宙，看悠悠往古，看茫茫未来，我如天柱挺立其间，我即一大千，我即一古今，我即一天地。我的思绪飞扬于上下十亿年之间。我看见砚上的三叶虫徐徐蠕动，引吭如歌，我看见砚石化为大海，翻滚着紫色的波涛。

我叩砚有声，为之铭曰：

生于寒武啊，五亿年前。
琢而为砚啊，三叶依然。
谕我以小啊，如一叶飘于大千。
谕我以大啊，如万叶风乎九天。
笔啊笔啊，其徜徉于小大之间。

1998 年 12 月

明白如话的唐诗

——借鉴札记

周秦时代的诗歌大体上是用当时的言语写成的。今日读来难以索解之处，往往倒是当时的方言。押韵，没有韵书为据，只凭对语音的感觉。用典（或曰用事），因处在社会和文学的起始阶段，无典可用。《楚辞》里引用许多古事，那是引为例证，与用典有异。

汉以降，与骈文发展的同时，诗里用典逐渐多起来。同时，文人诗的用语日益书面化，有的甚至难以上口和索解。到了清代，受乾嘉朴学的影响，盛行学人之诗，许多诗充满学问气。可是，明白如话的诗风，犹如一道纯朴明净的清泉，穿过悠久的诗史长流不断，其中的佳品，不但诗艺达到很高的水平，而且雅俗共赏，久远流传，不能不说是我国诗歌传统中非常美好的成分。

学术思想和文学艺术的高度繁荣有一个共同的特色：学派和风格异彩纷呈，多样发展。代表着我国古代诗歌繁荣高峰的唐诗，正是如此。其中固然有昌黎诗的佶屈聱牙，昌谷诗的鲸吸鳌掷，樊南诗的偏嗜獭祭，而明白如话的诗作仍然占重要地位。不但有元白体的高度成就，而且许多诗人笔下都写过通俗晓畅的佳篇。

绝句，有人认为是截取律诗中四句而成，我以为倒是与民歌有密切联系，很可能是从民歌中脱化出来的。其格律的趋于严整，自然是受到律诗的影响。明白如话而意蕴深长，应是绝句的上乘。

大家熟知的一首《清明》：“清明时节雨纷纷，路上行人欲断魂。借问酒家何处有？牧童遥指杏花村。”《千家诗》说是杜牧作的，但《樊川集》和《全唐诗》均未收。就是这么一首连生母也难确定，石头缝里蹦出来的野孩子，却受到广大民众恒久不衰的宠爱，至今家喻户晓。同时，此诗的影响给山西杏花村酒厂创造了丰厚的效益，山西酒厂同贵池酒厂，为此诗写于何地争讼不已，传为佳话。一千多年前的一首小诗能给当代的市场竞争注入了强大的活力，不能不说是个奇迹。看来诗歌总与贫穷相伴，不对了。这首诗明白如话，老百姓都看得懂听得懂，用清新美丽的笔墨点染出一幅令人陶醉的春雨图，烘托出淡如烟雨的客愁，却并不伤感，这也许是人们热爱它的原因。

再说那首“人面桃花诗”。唐孟棨《本事诗》载：诗人崔护春游，向一位美丽的姑娘讨水喝，两情相许。次年重访，人已杳然，而门庭如故。崔护在门上题诗道：“去年今日此门中，人面桃花相映红。人面不知何处去，桃花依旧笑春风。”姑娘见诗，伤心致死，崔护返回，她才复活，结为眷属。与其说是本事，不如说是传奇，此诗是否确是崔护之作也难考证。如果不是纳入诗的格律，简直就是诗人的自言自语，在平易之中流动着似水柔情与爱而不见的抑郁。“人面桃花”成了至今人们艳称的典故，有人还据以写成剧本。

在大家的笔下，如王维的《渭城曲》，简直如同好友远行、执手送别时的深情嘱咐，令人回肠九转。白居易有诗道“相逢且莫推辞醉，听唱阳关第四声”，刘禹锡有诗道“故人唯有何勘在，更与殷勤唱渭城”。可见此诗一出，在当世已经名满天下。“渭城”怎么唱，原始的唱法已无由揣测，好在后来谱为多种乐曲，歌曲《阳关三叠》至今仍为人们喜爱。同样写别情的有江淹的《别赋》，罗列许多别离的故事，词藻富丽，显示了旷世的才华，是六朝赋的上乘。但除了文学史家捧着它赞叹之外，而今知者不多了。

李白的《静夜思》（“床前明月光”），要算是唐代绝句中最明白如话，影响也最深远的。“清水出芙蓉，天然去雕饰”，是恰切的评语。平易中含有无穷的情味。情，是古今一切人共有的乡情；味，是千百年嚼不尽的诗味。长达十几个世纪吟咏于万众之口，飞动于书画管弦之间，殆无虚日。说到画，能体现太白此诗神采的，我认为只有石涛的一幅。于万山丛中画一客舍，中坐诗人仰面望月，头上的月画得很大很大，几乎笼罩天地。如今这首诗更跃居时代潮头参与了海峡两岸骨肉离情的交流，不知多少人为之伤心落泪。这是太白不曾料到的。诗，可算得天地间长生不老的精魂。

律诗，限于精严的格律，写得明白如话是很难的。少林僧人练武功，步步踩在木桩上；某民族跳舞，步步踩在密排的竹竿隙缝间，分厘之隙，游刃有余，难能可贵。杜甫以俗语入诗，说明他驱遣语言的意趣。他是写律诗的圣手，他的律诗不乏明白如话之作。

杜诗里未见情诗，写及夫人杨氏的诗虽然有几首，抒写夫妇相思之情的却只有《月夜》："今夜鄜州月，闺中只独看。遥怜小儿女，未解忆长安。香雾云鬟湿，清辉玉臂寒。何时倚虚幌，双照泪痕干。"至情至语，特别是前四句，娓娓说来，自合诗律。杜公此诗写在天宝十五年（765）八月，45岁。是年六月间，哥舒翰败，白水、奉先陷贼。杜甫举家逃难，历尽千辛万苦。得知肃宗即位灵武，他奔赴灵武，中途被贼虏回长安。他目睹长安沦陷的惨状，老泪横流，写了许多激动人心的诗，独有这一首未涉及动乱，吐诉柔情。杜公以半老之年，亲历国破身危的苦难，在破碎的心中依然留下一个爱情的角落。从这个背景读这首诗，不仅可见在月下情思的背后隐含着无限苦楚，而且可见杜公是多情的，他的爱情是真纯的，高尚的。与《春望》《哀王孙》《哀江头》诸诗合读，会有更深的理解。

后来，杜公漂流到汉州，看到城北角宫池里的一群雏鹅，写了一首诗："鹅儿黄似酒，对酒爱新鹅。引颈嗔船逼，无行乱眼多。翅开遭宿雨，力小困沧波。客散层城暮，狐狸奈若何？"（《舟前小鹅儿》）如童谣，如童话，寓童趣。杜公对这些毛茸茸的雏鹅十分怜爱，欣喜它们的天真烂漫，又担心它们的命运，看待它们如同绕膝的儿女。杜公写了许多关于动物的诗，热爱大自然，同情弱小者是杜诗的一个重要方面。唯其如此，才成就一个伟大的诗人。

在七律里，可以举出《江村》一诗："清江一曲抱村流，长夏江村事事幽。自去自来梁上燕，相亲相近水中鸥。老妻画纸为棋局，稚子敲针作钓钩。但有故人供禄米（或作"多病所须唯药物"），微躯此外更何求？"此诗是杜公流寓成都时写的。不用一典，不著一生僻词语，不见丝毫斧凿痕迹，纯为天籁。写燕写鸥，物我合一；写妻写儿，妙趣天成。以如椽大笔写妻儿情态和身边琐事，栩栩如生。大含元气，细入无间，唯杜公能之。画纸为棋盘，敲针作钓钩，完全是写实。我生在农村，小时夏天亲手做过这两样东西。杜夫人想亦五十开外，家务必然不少，还有此童心和逸兴，不愧是杜公的好老伴儿。

唐代写明白如话的诗首推元白，特别是白居易，老媪解诗传为佳话。今看白集所收诗，没有一首是艰涩费解的。元稹在《白氏长庆集序》里说："二十年间，禁省、观寺、邮候、墙壁之上无不书，王公、妾妇、牛童、马走之口无不道。至于缮写模勒（大约是早期的印刷）炫卖于市井，或持之以交酒茗者，处处皆是。其甚者，有至于盗窃名姓，苟求自售，杂乱间厕，无可奈何。余尝于平水市中见村校诸童习诗，召而问之，皆对曰'先生教我乐天微之诗'，固亦不知予之为微之也。又云鸡林贾人求市颇切，自云本国宰相每以百金换一篇，其甚伪者，宰相则能辨别之。自有篇章以来未有如是流传之广者。"写在一千年前的这段如实的报道，说明白诗在当时就空前广泛地流传，该是大唐第一畅销书。有很高的含金量，也就伴生了假冒伪劣。至于流布国外，元稹只说鸡林，其实在日本更受欢迎。我手头的这部《白氏长庆集》就是影印日本翻刻的宋大字本。丝绸路上，敦煌石室也发现《卖炭翁》的抄本。

《琵琶行》和《长恨歌》是两首广为传诵的名篇。叙事，宛然目前；抒情，出于肺腑；写贵妃的美丽，不加雕饰如出水芙蓉；状音乐的动听，广设比喻，如可指触。而通篇平易晓畅，如与好友对床夜语。以之与元微之的《琵琶歌》《连昌宫调》以及李公垂的《悲善才》相较，非只内容优劣有差，语言的晓畅也以白诗为胜。《琵琶行》与韩愈的《听颖师弹琴》和李贺的《李凭箜篌引》相比，虽然都是好诗，语言的差异却十分明显。《长恨歌》与清吴梅村的《圆圆曲》相比，语言的差异更远。《长恨歌》约750字，没有一处用典，所述的事件都发生在本朝，距诗人不及百年，只是为了回避，不写唐皇写“汉皇”。读来听来，小加注释就可以了然，广泛传唱，乃至歌女以能唱《长恨歌》自夸，是不难理解的。《圆圆曲》仅540多字，也写的是时事，却多处用典。写今事用古事类比，不懂古典就难通诗意。一本有影响的《清诗选》里，此诗的注释有40条之多。诗艺虽十分高妙，但如今饱学之士不看注释能读无障碍的也不多了。用典，虽给诗增加精雕的雕饰，却构成流传的阻碍。

以上仅举数例。唐代的民间作品（如敦煌曲子词），拟民间作品（如刘禹锡的竹枝词）以及诗僧的作品（如寒山、拾得、梵志的作品），都有明白如话的特色，不一一论列。

曲终奏雅，说了以上许多话，意欲以唐为鉴，谈谈当代诗词的革新。

当代诗词的发展应是多式多样的，给各种体式各种风格以充分表现自己的余地。但，为着贴近时代，反映生活，面向大众，应该提倡明白如话的诗风，使之能居主导地位。

第一，不用典或少用典，特别是不用僻典，用典须出新，不落陈套。

第二，唯陈言之务去。有些诗词中习用的词语，过去已经用滥了，与当代生活不相符合，完全失掉新鲜感，徒然增加理解的困难，力戒采用。

第三，明白如话，尽量运用诗化的现代言语，力求使广大读者读起来上口，听起来悦耳。特别要避免使用半通不通的文言。

第四，诗毕竟是诗，诗的语言与日常言语有别。除去须符合格律之外，还要有情，有味，有诗的美；力戒油滑浅俗，等同于顺口溜、数来宝。

语言风格代表诗人的意趣和艺术倾向。但毕竟是形式方面的问题，决定诗的好差，更重要的是内容。我们追求的是内容与形式的高度统一。

1998年8月

若无八角眼 岂识四方月

给好朋友的书写序是一件非常快乐的事。符号先生是我极要好的杂友和诗友，给他同徐达先生合作的、文图相配的《大千百味》写序，在快乐之外更多一种爽目清心的滋味。这是二位先生精心创制的新品种。平生过眼的图书不少，像这样别开生面的，实所罕见。

结集之前，两位先生在《三峡晚报》上开了个专栏《五味摄影》，大受欢迎，许多人剪报珍存。符号在这个栏目的开场白里写道："五味者，酸甜苦辣咸。摄之于镜，目之于眼，味之于舌，反射于大脑，由形而下而致形而上也。让人面对画面，思入佳境，情生波澜，启迪顿悟，不无裨益。实为摄影家族中的'克隆'新类，杂文苑圃内的嫁接新枝。"图片是"新类"，杂文是"新枝"，两者相配，新上加新。锐意创新，为着使人情生波澜，启迪感悟，这同样是此书的旨趣。

专栏只说五味，成书增之为百。开卷一看，按内容分为六篇，以激浊扬清、针砭时弊的杂文为主，兼及品味人生，评说情理，瞩目来今，回眸史鉴，映大海于涓滴，缩千里于咫尺。世相杂陈，何止百味。符号的文字，以诗以文，随意赋形，短小精悍，如轻骑短剑，犀利而警醒，痛快而蕴藉，时迸智慧的火花，发人深省。徐达的摄影，脱略简单的写实，营造奇巧的构图，有的像漫画，有的像寓言，有的像一首小诗，有的像一曲清歌，有的工笔亮彩，有的淋漓泼墨。单赏已自不凡，合观相得益彰。其中不乏回肠荡气的"天作之合"。

举例言之。《狭路相逢》，图片上，一根细长的稻草横贯画面，草梗两头各有一只怒目张钳的螳螂对面走来，各不相让。诗中有句道："磨利了断喉的剑/拉满了致命的弓/说什么狭路相逢勇者胜/却原是同室操戈发了疯。"对于"窝里斗"的丑相，无异于施以五百虎尾鞭的重笞。《攀附》，图片上竖着一段枯木，上面缠绕着横七竖八绞索般的寄生藤。诗中有句道："不能小瞧此辈的本身/转眼间又像蟒一样/把树缠得累累伤疤/直到缠枯，缠死，缠空。"人们都知道攀附的卑鄙，却很少留意攀附的杀机，会吞食被攀附者而代之，发人之所未见，惊心怵目。《背负》，图片上是一级级无尽的阶梯，几个人背负重物，佝偻着沿阶梯一步一步向上攀登。诗中有句道："什么时候此种诗情不再/我们的码头、山城有了自己的进步和富足/这也许正是我们的公仆、制度、民族责无旁贷、义无返顾的背负。"这阶梯是历史的缩影，令人感到沉甸甸的，有千斤重。诗人看到两种重负，帮助人民卸下肩上的贫穷这最后的历史重负，正是压在当政者肩头上不可推卸的责任。符号现在还在领导岗位上，我相信，这也是他自己，一个公仆内心深处的自白。

诗文和图片有一个共同的特色：善于从一颗石子见出陵谷的升沉，从一个水滴见出江河的清浊，从平凡中见出不平凡。一株小草，一只昆虫，一件件日常生活中的琐事，人们习以为常，视而不见，他们却从中看出世态的炎凉和人生的底蕴。从老树纠缠的枝枝杈杈看出尘世间剪不断、理还乱的关系网；从梨子上一个小小的黑斑看出意志薄弱者越来越严重的腐变；从断藕相连的细细的藕丝看出人生如幻如梦的感情纠葛，如此等等。所谓新鲜，主要不在表象，在于内涵的领异标新，匪夷所思。尝见鲁迅赠给友人的一个条幅，上面写的是一首前人的诗。其中有句道："若无八角眼，岂识四方月。"我极爱这两句。两位先生观察生活可算得具有八角眼者，不能不佩服他们独特的艺术视力。

1998 年夏，才从五台山清凉胜境归来，就坠入京门闷热的蒸笼中。好在时有阴雨，也时有一阵凉爽。我以为，消暑的妙法不是开空调，不是饮冰啤，而是舞文弄墨。临窗展纸，随笔成趣，如濯魄玉壶，肺腑生凉。而为老友的书写序，更多一种如晤言一室之乐。写此文时，三峡的波涛如入砚池，西陵的叠嶂如来几席，好友的谈笑如绕耳际。于今物欲横流，人情如纸，斯乐岂易得哉，岂易得哉！

1998 年 7 月，于北京画虎居

有了爱就有了一切吗

真理超过一步就变成荒谬，这话是极对的。馒头是赖以维生的食品，但一顿吃上几十个，撑破了胃，食品就变成残生的毒药。眼睛大是倩女不可缺少的条件，但也有个度，如果眼睛大到如鸡蛋，如鸵鸟蛋，倩女就变成夜叉。古书上说“允执厥中”，我以为，这中，就是实事求是的是。

这些年，一反过去“斗争哲学”铺天盖地的荒谬，通过各种媒体堂堂正正地宣示爱，使东方哲人提倡的“仁”和西方哲人提倡的“爱”，重新在人们的心田里萌发生长，是一件大好事。但在许多场合，爱呀爱的铺天盖地，无限夸大爱的作用，也会产生负面影响。那有代表性的一句话是：有了爱就有了一切。这句话听起来比歌儿还悦耳，可惜超过了真理一步。我要大声告诉一切善良的人们，特别是孩子：这世界是残酷的，在残酷的竞争中强者胜。

大千世界相生相克，是残酷的；人世间，利欲驱人相倾相轧，是残酷的。有羔羊，也有虎狼；有燕雀，也有鹰隼；有玉帛，也有刀剑；有鲜花，也有毒酒；有圣人，也有盗跖；有神明，也有魔鬼；有河清海宴，也有狂风恶浪；有山清水秀，也有山崩地裂。爱，也许是一切字典中最闪光的一个字。但是，自从盘古开天地，直到世界的末日，爱，只能覆盖人世的一角，其余部分，包藏着仇恨与杀机。如果只讲爱，无限夸大爱的作用，那就是对残酷的伪饰，对生活的欺骗，使人们落入虎口还要奶声奶气地说：“亲爱的，我爱你！轻些，你的亲吻未免太过分了！”

武松面对扑来的恶虎，书生面对画皮的厉鬼，有了爱就有了一切吗？贾宝玉面对诗礼簪缨的桎梏，酿成爱情悲剧；祥林嫂面对封建礼教违反人性的伤害，惨死街头，有了爱就有了一切吗？南京的三十万人面对日寇大屠杀的刀剑，渣滓洞烈士面对黑牢和老虎凳，有了爱就有了一切吗？而今，汹涌大潮下的污泥浊水，光天化日下的魑魅魍魉，滔滔大海里的长鲸巨鲨，难道有了爱，就都自行变成春水绿波，变成救苦救难的神佛，变成只吃青草的羔羊了吗？前些时候，马雯小姑娘受骗被害又遭强暴。毫无疑问，小姑娘的心里是充满爱的，可惜她却失掉了一切！就是江河化为泪水，也流不尽人们的痛惜。

提起南京大屠杀，最近在日本发生的一件事，令人愤慨。东史郎先生曾为侵华日军的一名士兵，亲历南京大屠杀。他出于良知，把封存40年的从军日记和战场记录公诸于众。东京地方法院乃至东京最高法院竟以“妨害名誉罪”为借口，判处东史郎“名誉赔偿费”50万日元。右翼势力大加鼓噪，宣告“南京大屠杀系虚构，审判胜利”。要知道，这是日本庄严的法律，是日本官方的法庭做出的判决，其中包含着什么祸胎，是不言自明的。东史郎先生对中国人民和日本人民的爱可谓上薄云霄，下覆海岳，至博至大，足以感天地动鬼神，然而黄钟毁弃，瓦釜雷鸣，有了爱并没有把又臭又硬的石头变成嫩绿的橄榄枝。

这世界是复杂的多面体，有真善美也有假恶丑。要战胜假恶丑以护卫和发扬真善美，只有爱是远远不够的。我们的教育应是强者的教育，我们的国民素质应是强者的素质，不仅珍惜爱，理解爱，爱应该爱的一切，还要憎恨邪恶，善于识破它，有信心和力量战胜它，消灭它。具备如此素质，才能在世界上立于不败之地。证以往史，瞩目来今，我坚信，我的话是苦口的良药。

1999年1月

闹 学

“五子闹学”是年画，“春香闹学”是戏曲。曾见辽人张文藻墓出土的闹学图，闹学的学童有7个之多，还有一只小花狗跟着起哄。可见闹学，不但孩子爱、大人爱，连九泉之下也用来破除漫漫玄夜的寂寞。但在一张清末老照片里看到的私塾开学的情景却迥然异趣。老师端坐，一排男女学童对之礼拜，庄严肃穆，如朝神圣。人类造出许多绳索捆绑自己的手脚，却又用力除掉这些绳索松松筋骨，周而复始。也许从中可以找到几分历史的轨迹。

而今即使在老头子里头上过私塾的也成稀有动物了。在下不才荣在稀有之列。我小时上过两年私塾，不仅庄严过，也闹过。

那时家道尚未衰落，祖父请来一位教家塾的老秀才——在闭塞的乡村里要算是硕果仅存的圣人。学生一共5名：两个姑姑、姐姐、表哥和我。这位塾师瘦高瘦高，活像一根手杖，下巴上抖着几茎花白胡子。开学那天，我们叩头礼拜，拜孔子牌位，拜老师，很像照片里那个样子。日课是熟读背诵古书上的一段文字。先是三、百、千、千，后来是四书。老师先用朱笔在我们的读本上圈点几行，再领读几遍（并不讲），然后大家朗声诵读起来，一群童声夹杂着一个苍老的声音，活像一池蛙鼓。忽听老师断喝一声——回书！蛙声戛然而止。

回书是最难过的一关，双手把读本捧上老师的书桌，背过脸来背诵。这位老秀才大约奉行师严而后道尊的信条吧，很少说话，更很少笑，此时更加严厉。背书丢字破句，都要斥责。背不下来，他便一手把书本摔在地上，几次背不下来，还要打手板。再加上一年到头很少假期，冬天夜长，还要上夜学。眼看着窗外的柳叶绿了，雪花飞了，我们却只能闷在书房里面对严师咀嚼那完全不解的文句，如同关在笼中的小鸟，总想撞出去寻找那属于自己的世界。这也许是闹学的根由吧。

书房是我家的三间南房，连通的两间是课室，靠东头的一间是老师的宿舍，沿东墙是一铺大炕。——炕用土坯垒成，中间多空隙。室内有个开口，是供烧火用的灶膛，上面有个砌在墙里的烟筒，开口在房顶上。腊月里，烧炕取暖。这烧炕的活儿自然是我们学生的。

那天擦黑儿，抱柴烧炕的是表哥。火点着了，火苗抽向炕里，发出呼呼的响声。他偷偷把我叫到跟前，要我上房堵烟筒口。真是知人善任，上房是我最爱玩的。有时坐在房檐上，两脚下垂，故意惹得大人惊慌喊叫。但自上学以来，上房之技久荒疏矣。我欣然领命，向老师请假“上茅房”，连忙登梯上房，找了两块砖头，紧紧压在烟筒口上，又匆忙回课室的座位上，装作读书的样儿，实则静观其变。

这一压非同小可，灶膛里的火上行不畅，渐渐就熄，发出浓烟来，烟吐不出去就朝屋里灌，霎时满屋烟气弥漫，呛得人睁不开眼，还不时咳嗽。老师正在全神贯注地伏案写字，他忽然一惊，放下笔怒问：“怎么回事？”“不知道，大概是风大，烟筒倒灌。”听到窗纸忽忽作响，确实在刮风，“君子可欺以其方”，老师相信了，大声宣布：“放学吧！”我们几只小鸟破笼而出，一溜烟跑进内宅。每天都要掌灯才放学，这天只早放了约一个小时，但这一个小时已使我们得到遨游天空般的快乐。

而今我已白了头发，依然时时感到内疚。很想向老师坦白并表示愧悔，但老师早已还原为元素消散在宇宙中了，我的内疚只有借笔墨自我解脱。现在想来，老师的过于严格却对我大有益处，当时背诵的一些书，至今还清晰地留在记忆里。而且有一次，老师似乎变了一个人。那年清明，破例放了一天假，老师带领我们踏青于田野。风和日暖，花红草绿。老师十分慈祥，考问我们各种植物的名字，有些我们说不出来。他笑着说："读书，要多识鸟兽草木之名。"后来我上中学，最喜欢生物课，也许是这次踏青种下的缘吧。

1999 年 1 月

戏说《西游》

一

花果山的猴子猴孙惊问：“大圣爷，您是怎么逃出如来佛的手掌心的?”

悟空答：“我给佛的每个手指头戴上一枚二斤重的金戒指，每个戒指上镶有一颗300克拉的钻石。”

二

老鼠用手枪的枪管敲击着猫的头盖骨说：

“跟我过不去没有你好果子吃。要你认识认识我，我是如来佛的宠物，大雷音寺供养的长生鼠。”

三

孙大圣被闷在老君炉里，受三昧真火烧了七七四十九天，跳出来没烧损一根毫毛，缘由是：炉里设有带空调的包间，小姐不时送来冰啤、冰激凌。

大圣受这样优待，缘由是：他批准老君承包花果山。

四

猪八戒面对盘丝洞里蜘蛛精的性挑逗毫不动情，唐僧夸他已经悟道。八戒心想："这算什么？比我偷看的录像带差多了。"

五

孙悟空在火焰山被烧焦了猴毛，扛着假芭蕉扇来找牛魔王算账。

牛魔王笑笑说："扇子哪能灭火！这是常识。老弟呀，你火眼金睛能七十二变，却还欠着一筹，竟被媒体的炒作弄糊涂了。"

六

唐僧取经回到长安，唐太宗问他："你取回来多少部佛经？"

唐僧答："五百六十七部整。"

太宗道："善哉！善哉！有了这些经可以国泰民安了。"

唐僧道："还不够，还有一部一切经里最重要的经，我记在心里。"

太宗惊奇地问："什么经？"

唐僧神秘地回答："紧箍咒。附耳过来……"

七

一部研究《西游记》最最新潮的巨著，前无古人，后无来者，天上地下，唯我独尊。开宗明义第一章写道："唐僧取经上东天，骑着葱白大叫驴，呜儿哇儿乱叫。"

八

某武术学院征聘超级武术教头，孙悟空、猪八戒应征。考官问八戒的来历，八戒道："我曾任玉帝驾前的天蓬大元帅，宇宙小姐嫦娥的贴身保镖。"问悟空，悟空道："我是石头缝里蹦出来的。"

结果是，孙悟空落选。

九

七仙女擅入王母的桃园偷了一车蟠桃，要走私出境。孙悟空大喝一声，扯出金箍棒横在路口。七仙女冷笑一声道："装什么正经！这园里的桃你偷得还少吗？我有录像。老娘抬举你，咱们合作吧！"

十

出版商对唐僧说："你从西域回到长安，就关在这慈恩寺里吭吃吭吃翻译佛经，能挣几文稿费？不如写一部回忆录，你是独家新闻，情节由你编造，书名就叫'一个和尚和一洞盘丝裸女'。你这本书我包了，先付启动费白银一万两，书成后再付稿费一百万两。"

十一

审稿的大员对吴承恩说："你写观音大士用净水瓶杨柳枝救活了能结人参果的神树，弘扬了主旋律，很好。可是写孙悟空、猪八戒偷果拔树，损害了形象，渲染了阴暗面，应该删去。"

吴承恩说："可是，不偷不拔，哪来的救？"

相视哑然。

十二

在取经回来的路上，八戒抱怨说："早知道这佛经竟是大福音寺的罗汉们用来换饭吃的东西，真没劲。极乐世界在哪里？在女儿国。那里才有天地之间生生不息的真正玄玄妙法。"

唐僧说："阿弥陀佛，罪过，罪过！"

八戒说："就是圣僧您，也是从娘肚子里爬出来的。"

十三

白骨精被追到绝路，孙大圣抡起金箍棒就要打。白骨精笑道："且慢！你把我这一身白骨打碎，要犯破坏古物罪。我来到这世上已经三百万年了，是人类的老祖宗，一代又一代人的身上都有我的遗传基因。"

十四

问六耳猕猴："你有那么大本领，何必冒充孙悟空？"

猴儿笑道："不如此炒作，不能得到如来佛的接见，不能得吴承恩先生的青睐，写进他的大作。不如此炒作，你哪里会知道有个曾经冒充齐天大圣的小猴儿精？"

十五

诗人问如来我佛："你能辨出那个假孙悟空是六耳猕猴，你的大法力令人敬佩。你透过和平可看到森森白骨？透过自由可看到锵锵锁链？透出人道可看到满身尖刺狼牙棒？这肮脏的世界，就是倾大海之波也洗不净啊!”

我佛双手合十，眯起双眼说：“见即不见，不见即见。施主保重，阿门!”

十六

吴承恩吹胡子瞪眼，提出严重抗议，声言刘老头子胡诌八扯，歪曲了原著的主旨，要负法律责任。

刘老头子笑道：“岂敢岂敢！我是发挥尊著的大义，有尊著最后两回为证。如郑玄之注毛诗，是有功的。不要您酬劳，至少要请我喝几杯吧!”

1999 年 2 月

??? 十?

虽然 21 世纪从哪年哪天开始学者还有争议，我们的脚已经踩到新世纪的门槛是确实无疑的。在辞旧迎新的锣鼓声中却爆出几响不和谐的音符。

继长江大堤九江段的“固若金汤”现形为“豆腐渣”之后，又出现了四川綦江县的“长桥落彩虹”，新建不足两年的彩虹桥轰然塌倒，40 条生命葬于鱼腹，包括七岁幼童，伤者累累。这是座未经任何审批许可的“六无桥”。经查，彩虹桥垮塌不过是冰山的一角，綦江县 143 项工程均有漏洞。又，浙江沿海百年大计的海塘工程，竟以泥浆代替混凝土。

继不断出现的假酒杀人事件之后，又出现了猪油中毒事件。深圳一家公司用进口的工业用猪油当作食用油出售，以至绵延数省许多人致死致残致病。此外锅炉爆炸，商场失火，不一而足。

仅见诸报端的一些，已怵目惊心。

有的说，都是这些年物欲横流的恶果，这话有几分在理。可是，横流固然不好，物欲却不可少。“不见可欲使民不争”的日子，我们记忆犹新。那时候，大伙儿齐刷刷地受穷，谁要有些冒尖儿，要砍一刀。事实证明那是一条会导致民族沦亡的绝路。金钱会刺激一些人魔鬼般的贪欲，可是要筑造天堂，没有充裕的金钱是万万办不到的。如何既能刺激物欲，又能抑制横流呢？这是第一个问号。

有的说，要怪法制不健全，这话也有几分在理。但是，这些年制定的法律、条例、规章、制度不在少数。如果这些律条一一得到执行，上述种种问题根本不会发生。可惜呀可惜，执行受到种种阻碍，诸如权势的干扰，情亲的密意，金钱的诱惑，放血的威胁，使法律形同废纸。怎样树立法律高于一切的庄严形象，执行者又能清正廉明呢？是第二个问号。

有的说，问题的关键在于腐败，这话不但在理，而且说到根子上。物欲横流有个源，源在腐败。源头水清，流出来的水才不会污浊。执法不力有个根，根在腐败。根子正枝叶才不会歪。这些年反腐肃贪不谓不力，治理了不少大案要案，可是，道高一尺魔高一丈，腐败如同神话里妖怪的脑袋，砍下一个长出两个。怎样才能真正实现廉政，使腐败现象一产生即曝光，小不变大，少不变多，尤其不至于盘根错节，弄得老鼠欺猫呢？是第三个问号。

别忘了，还有一个问号。

三个问号不得解决，依我看，还缺少两件法宝。一个是很少受到制约的、有效的监督，一个是极高的透明度。官员都是铁面公心的包青天固然好，可惜包青天永远是少数，大多数是“中间人物”。缺乏有效的监督，听凭官权不受制约地滥用，则种种特权会如阴沟里的蛆虫大模大样爬出来，清的会变贪，健康的会腐烂；贪的会变本加厉，腐烂的会酿成巨患。而有效的监督的先决条件是极高的透明度。一床棉被或一道水泥墙把污垢掩盖障蔽起来，人们被蒙在鼓里，监督就成了一句空话。“你胡说！难道我们的监督机制和透明度不够吗？”但看彩虹桥！塌倒犹如一声震天响的惊雷，宣布所谓种种监督机制何等无效，透明度何等微小而昏暗！这惊雷不但声彻于地，也该声闻于天。然而，说说容易，实现起来却极难，怎样能真正祭起这两件法宝呢？再加最后一个问号。

童言无忌，老言也无忌。童言无忌是因为不知有忌；老言无忌，是因为出于忧患意识，不能已于言。我相信，这最后一个问号终究会得到完满的答案。因为高明的政治家比我这个早已翩然世外的老头子要高明百倍，他们定会知道，这两件法宝是使我们的国家腾飞于下一个世纪的高空而不致中途坠毁的高效助推火箭。

1999年2月

讽刺诗的幽默

讽刺与幽默有不解之缘，幽默未必是讽刺，讽刺却离不开幽默。

泼妇骂街固然谈不到讽刺，击鼓骂曹是谴责，是指斥，也不算是讽刺。讽刺，出于冷静的头脑，从容的态度和笑吟吟的口吻，话没有直接说出来，比直接说出来还沉重有力，锋芒没有单刀直入，比单刀直入还入骨三分。据说有一种宝剑的钢是软的，可以对头弯，用以刺击却无比劲挺。讽刺就是这种钢材铸造的宝剑。

杨贵妃爱吃荔枝。当时荔枝的著名产地是西蜀，距离长安很远，而这种果实又是热货，摘下来不久就变色变味。于是皇帝严令用加急的驿马夜以继日送往京城。劳民伤财，是一大弊政。唐代诗人的笔下已时见讽嘲。写得最好的要算杜牧的"一骑红尘妃子笑，无人知是荔枝来"。写杨贵妃立在骊山宫的高处，看到一匹驿马踏起尘土飞奔而来，笑了。可是，驿马紧急传送，只有军国大事的文书，谁能想到竟是为着逗妃子一笑呢？细味这两句，特别是"无人"二字，含愤怒和谴责于谈笑间，有百般苦涩的滋味。这才是上乘的讽刺。

京剧《李慧娘》里的贾似道，凶残丑恶。历史上的贾似道，也是个专横贪墨、误国殃民的权奸。比如，他酷嗜宝玩，听到某官有一条珍奇的玉带，可是已殉葬了，竟依仗权势"发其冢取之"。他惯于欺瞒。襄阳被元军围困数年，终于失守。贾似道截留前方战败的紧急报告，只说是太平无事。一次，皇帝问他："襄阳已困三年矣，奈何？"贾似道得知是一位女嫔走漏消息，查得其人，"诬以它事，赐死”。残忍如此！戏曲中写他虐杀李慧娘，一点也不冤枉他。报喜不报忧，原来古已有之，而且运用得登峰造极，难怪直至今日，报喜不报忧的艺术花样繁多，防不胜防，禁不胜禁。

贾似道获罪赴贬所，押送者“使轿夫唱杭州歌谑之，每名斥似道，辱之备至”。可见当时杭州流传不少讽刺贾似道的歌谣。就传至今日的几首看，其中颇有佳作。例如为了加重搜刮民脂民膏，贾似道实行“推排法”，重新丈量农田，“江南之田，尺寸皆有税”。有一首民歌唱道：“三分天下二分亡，犹把山河寸寸量。纵使一丘（量词）添一亩，也应不似旧封疆。”满含鄙夷和愤怒，而出于从容不迫的口气，越加令人叹恨。贾某高官而巨富，还嫌不够，还要依仗权势贩卖私盐，以牟暴利。“曾令人贩盐百船，于京师卖之。”今之以权谋私以官经商要奉贾似道为祖师爷了。有民歌唱道：“昨夜江头涨碧波，满船多载相公鹾。虽然要作调羹用，未必调羹用许多。”“许多”同现代语不同，意思是“这么多”。妙在最后一问。作者不是与丑恶处于平肩的地位，采取平视的角度，而是居高临下，如巨人之视蝼蚁，所以能弄之如玩偶，鄙之如草芥，从中发现一种令人发笑的异趣。能如此才能幽他一默。诗里还有些细节刻画入微，如第一句一个“涨”字，点出盐船之多之重。第二句“调羹”有双关的意思。宰相治理国家大事称“调和鼎鼐”，与盐巧合，妙不可言。这首讽刺诗，虽然只有几行，作者无名，大约只是杭城的一个老百姓，而其艺术成就很高，堪称绝唱。

常读一些讽刺诗，只是实话实说，或者直着嗓子怒斥，固然不失为一种体式，但我更爱那种富有幽默感的讽刺诗。

1999年3月

虫 趣

画家侯君山居。时届中秋，潭清石瘦，白露初滋，凉风飒然。树丛石隙，草际墙根，几案之头，纱窗之上，时见各种草虫。或养神，或戏耍，或啮食，或争斗，或吟唱，或做爱，也有的遗蜕尘世，魂归离恨天。虫则百种，趣非一端，自有一乾坤。侯君，大画家也。于惨淡经营巨幅大画之余，时时留意小虫，兼及想象，用疏散之笔墨写虫趣多帧。余爱不释手，而不欲夺友人之所爱，遂以文字记述，以自怡悦，择数则发表，兼以恰妙解虫趣之士。

臭大姐图

画面上是明窗的一角。透明线交织的窗纱，有如纵横有序的冰纹。窗纱上爬着六只臭大姐，形如瓜子，大如一角钱硬币。覆盖全身的甲壳是灰色的，上面遍布精致的网状花纹，像披古旧绣衣。它们一动不动，像酣睡，像沉思，像坠入盛夏绿色的追忆，像玩味已经老得发黄的爱情，像推敲久难妥帖的诗句。旁边还有一只飞着的，甲壳开放，露出粉红色的内衣。

画家的寓舍附近，“姐”族非常兴旺。凉风一吹，纷纷躲到房里取暖，纱窗是这些不速之客的最好栖息地。不打招呼也不交房租，就来享受充分的阳光，未免失礼。然而，它们也许认为，山乡本来属于自己。画家如同板桥画竹那样，是看着纱窗上的“瓜子”写生的。

臭大姐，学名怎么称呼，不知道，总之是一种甲虫。以“姐”

呼之，一律视为女性，毫无道理。难道它们的祖籍是女儿国吗？而臭，则诚然。其臭浓烈，沾衣染指，留臭久不能去。也许只有黄鼠狼之屁足以媲美。人们恶其臭，都避之唯恐不及。画家饲养孔雀若干只。想不到这种雍容华美的鸟中之贵族却有逐臭之癖，嗜吃臭大姐，如小儿之嗜吃糖豆。我所亲见，真实无误。

客说："臭大姐怎可入画？乱来！"画家反驳说："怎么不能？臭大姐的臭是为了自卫，绝不害人，况且臭在明处，臭得光明正大，并无伪饰，也可算得臭中的君子。人里头有一种臭，臭不可闻，而且掺和着剧毒气体，暗藏杀机。尤其可恶的是把臭包藏起来，镀上黄金，包上锦绣，罩上画着庄严图像的外套，洒上足以香闻十里、醉倒万家的超级香水。到了明争暗斗十分必要的时候才把臭气放出来，置对手于死地。同这种'臭'相比，臭大姐的臭要算是香如芝兰的。"

画家一番话，逗得大家哈哈大笑，笑出了眼泪，笑得画上的姐儿们似乎飘飘飞起。

螳螂落网图

螳螂是何等样虫！它曾举起双臂挡住车轮的行走，虽然不自量力，却也勇武可嘉。它呀，还有更绝的。雌雄做爱之际，大于雄体几倍的雌螳螂竟然拿雄体当点心一口口地吃掉。任何生物都望尘莫及。就是这么个天不怕地不怕的昆虫里的天王太岁，吃个把蜘蛛易如眨眼，却难逃蛛网之厄。

画面上一个偌大的螳螂落入蛛网里。它想用牙咬，嘴被网丝封住；它想舞动两只大钳子，钳和臂都被网紧紧缠住，脚和翅膀以及全身都陷在网的乱丝里，越挣扎缠得越紧。螳螂耗尽了力气，已经奄奄一息。也许垓下的项羽就是这副模样吧。而在画面的上角，在一根蛛丝的尽头，在黑黝黝的树洞里有一个蜘蛛，骨碌着两只怪眼一动不动。它在窥测，等待时机扑上去咬断螳螂的喉咙。这一次猎获，足够它许多餐在美味中陶醉了。

我想，螳螂在落网之前，准是经过一番思索，它以为这世界一片光明，不会有阴谋，草树间路路畅通，不会有陷阱；它以为这一张雪白的丝织品准是温暖的被褥，卧上去可以消乏解困，或者是天上落下的一片白云，坐上去会飞上青云。也许是蜘蛛化成美人，同它说了什么，许下了什么，谁知道呀？可是一脚落网，才知道是地狱。

画的另一侧上端，画家自题“涉世”二字。尝见一位青年诗人，写题为“生活”的一首诗，只有一个字：网。此画此诗，同工异曲。

蝼蛄钻洞图

蝼蛄习惯在泥土里打洞过生活。“蟪蛄不知春秋”，就是说它看不见外边的季节变化。它只在浅土层里打洞，打过洞的地方，地面上隆起一溜松土。它在夜间又能发出不间歇的唔唔声，大约是求偶吧。人们虽难看到它的形体，却能感到它的存在。二十年前我上干校。干校在淮河之滨，是高疟区。夏秋两季，夜晚在露天里，蚊虫之来犹如万箭丛集，不得不把手和脸都蒙盖起来。睡觉，蚊帐是必不可少的。可是蚊帐不论怎样密封，总有大批的蚊子钻进来，咬得浑身肿痒。后来才发现，原来是蝼蛄爬上蚊帐，在帐纱上钻出洞。损人却不利己，不知蝼蛄何以乐此不疲？

画面上有两个蝼蛄打洞，两洞正好针锋相对，中间隔离的土层已经很薄，眼看就要彼此碰头了，双方仍然各自挖土不停。彼此必已听到沙沙沙挖土声，呼呼喘气声，哇哇怒骂声。“太岁头上动土，欺人太甚！”“胆敢跟老子顶着干，岂能容你！”“要让，该让的是你，不是我！”双方都知道此路不通，却谁也不肯拐个弯，行个方便。眼看着土洞里就要发生一场恶战，会打得残肢断尾，头破血流，路塞洞塌，两命呜呼。可是似乎命运注定，一万头牛也难以把任何一方拉转来。但它们是虫，如此愚蠢，是情有可原的。

画家题了两个字“狭路”。显然有讽世之意。尘世上，如蝼蛄这样的“窝里斗”，几乎随处可见，有的甚于画面所示何止千百倍。佛家说，并非风动幡动，是心动。这里借来说：并非路狭，是心狭。要知道，茫茫万千年，恰好同生于一个世代，悠悠大宇宙，恰好同生于一个星球；众生品类万态，恰好同生为人，同世之人多是老死不相见，又恰好结邻，这是难得的缘分，应该万分珍惜。“既生瑜何生亮”，小说里的周瑜和诸葛亮成为生死对头，是缘于不能共存的政治利益，舍此，则此二人者何尝不能握手言欢，美酒香茶同窗论兵法哉！如果二人合作写一篇报告文学《赤壁之战》，必定是千古妙文。

1999 年 4 月

驳“人权高于主权”

强盗有强盗的理论。“此树是我栽，此路是我开，要想从此过，留下买路财”，是古论，还只是以捏造饰非。今论就蛮多了：“此树是你栽，此路是你开，你要不学乖，我就打进来。”公然耍无赖。今论何在？“人权高于主权”是也。

这个高论并非出于剪径毛贼之口，而是以美国为首的北约由防御转为进攻奉行的“新概念”，是高科技武装的白森森的牙齿缝里溅出的唾沫，是他们入侵南联盟的理论支柱，兹事体大，不可不辨。

“人权高于主权”论，视国际公法为废纸，视最权威的国际组织联合国如虚设，傲视一切，为所欲为。好家伙，一下子抹掉地球上所有国家的国界，假借“人权”的名义，哪个不顺从，就饱以铁拳，让它粉身碎骨。人权嘛，全世界只有一个，这一个攥在我的手心里。国家主权嘛，全世界只需要一个，那就是我的国家主权，我的主权高于你的主权，有我的一个就够用了，要那么多干什么。妄图主宰世界的霸气暴露无遗。美丽圣洁的自由女神呀，你对克林顿先生的所作所为作何感想呢？

但北约入侵南联盟，是以“人权卫士”自居，打着“拯救人权灾难”的旗号的。那就看看他们给南联盟带来了怎样的“福音”吧。五十多天来，北约出动数以千计的战机，进行数以万计架次的轰炸，无数高科技炸弹飞蝗一般投向南联盟这个弹丸之地。炸毁了建筑物，炸毁了桥梁，炸毁了传媒和供电系统，炸毁了医院、学校、市场和村庄，还夺去了数以千计的无辜平民的宝贵生命。难道这被炸的种种竟是人权的破坏者，只有把他们化为灰烬人权才得到拯救吗？不特此也，还悍然以五枚导弹袭击了中国驻南联盟大使馆，造成人员伤亡和馆舍毁坏的严重惨剧。中国使馆与人权何干？如此蛮横地蹂躏中国的主权所为何来？不是别人，正是你们这些气壮如牛的“人权卫士”制造了惨绝人寰的人权灾难和主权灾难。但北约哭丧着脸辩解说：哎呀呀，这是误炸！一误再误三误四误乃至没完没了的误，怎一个误字了得！

至此，我们终于明白。原来只需改动一个字，把“人权高于主权”改为“霸权高于主权”，一切都顺理成章了。如此而已，岂有它哉！

近一百多年来，中国人吃尽了丧权辱国、亡家灭鼎的苦头，深知人权需要国家主权的保护。丧失主权，当亡国奴，还有什么人权可言！也深知列强的种种强权政治和炮舰政策是专事侵略凶神恶煞。“人权高于主权”不过是那些不祥之物的翻版。我们要百倍增强国力，我们面前开放搞活的路是不太平的，警惕啊！

1999 年 5 月

枯 树 赋

——长白山原始森林所见

我走进原始森林，上不见天，只见密密麻麻、摇摇摆摆，如同无数醉酒的小精灵的树叶，露出碎玉一般的白云，筛下碎金一般的阳光；下不见地，只有横七竖八、如龙蛇游走的树根和铺得很厚、柔韧如地毯的腐叶，还有穿梭其间的，不知为什么忙碌的虫蚁。

我走进原始森林，如同走进另一个世界，登上另一个星球。这里不是天堂，没有伊甸园的悲欢离合，也不是地府，没有地狱惨绿的火光，天堂和地狱是人造出来的，依然带着文明的印记；也不是今日的人间，没有现代人类浑身的香气和臭气。这里是悠悠往古、人类未涉足的天地，一片寂静，却充满无声的音乐，一片空旷，却充满丰实的生命。这里是历史的源头，是一幅斑驳陆离的壁画的草稿。

忽然，我看见一棵大树横卧在地上，长几十丈，直径足有一丈开外。这棵大树未倒之前，想必擎天拔地，庇荫十亩，上枝挂罥过流云，抚摸过星辰，招引过凤凰，偷听过天帝和神女的调笑；下面的根深入九地，吸吮过黄泉，陪伴过蛰龙，缠绕过鬼伯的长角。通天到地，像一座绿色的山，巢宿百鸟，游戏猕猴，蚂蚁以为无垠的战场，青虫以为修仙的福地。风来时，如同万千诗人在清吟；花开时，如同万千蝴蝶在飞舞。一个生命的奇迹，一个艺术的奇观，一个大自然的赞叹。

这棵大树是怎么倒下去的？是猛兽撞倒的吗？十只大象也难奏

效，况且自从猛犸象绝迹以来，此地苦寒，不曾有过象的足迹。伐木者砍倒的吗？我是第一个来到此地的人，况且砍倒而不运走，聪明的人类不会蠢到白费力气。天神发怒，一口气吹倒的吗？那是神话，不是现实。我想，必定是一阵刮得山摇地动的暴风，挟着高山上无数巨石猛地扑过来，或者是一个立闪，一声破石惊天的震雷，猛地劈过来。于是大树轰然仆倒，根部齐刷刷地断裂，枝干横卧在地上，流出红色的浆液，像血。渐渐地叶子凋零了，木质腐烂了。整个过程，大树没有一声尖叫，没有一声哀叹，甚至没有一声沉重的喘息。

问大树，你难道没有眼泪吗？

“眼泪是什么？我们树不懂。不错，我已朽烂，从内里到表皮，都已异化为腐质土，保留的只有外形的轮廓。可是，我的内部生活着鼹鼠、蛴螬、蟋蟀、蚂蚁，还有许多叫不出名字的甲虫，他们穿穴造室，成家立业，繁衍后代。每听到他们新婚的笑语，宴会的欢歌，老友的谈心，幼儿的啼哭，我无比欣喜，以我的消逝繁衍了多少生命！我的表层长满了绿草和苔藓，还有青枝小叶的灌木。别看不起他们，他们自有一宇宙，每一个体都是一棵顶天立地的大树。他们连在一起是一片莽莽苍苍的森林。他们给我穿上绿色的铠甲和五颜六色的绣衣。看，以我的消逝又繁衍了多少生命！从里到外，成千上万，我何曾死，我的生命只是从一己之体转移到无量数别的躯体。”

那么，你毕竟死去了，消逝了。

“不对，请看我的根部。”我向根部看去。在许多撕裂的老根深处，在腐朽的内层，有几根新苗挺然秀出，翠绿翠绿的，虽然显得稚嫩，却并不娇弱，像搭在弦上的雕翎箭，就要冲天飞起；像从巢里探出头来的雏鹰，羽翼未丰，已昂然视天空为自己的领地。这是未来的大树，而且不止一棵。它们将同枯死的大树一样，不，它们将超过枯死的大树，矗立于天地之间。以后，它们又将枯死，以后，又将有更多更高更大更强更新更美的树站起来，漫山遍野，遮天盖地……

我惊讶于枯树与大自然同体的博大。原来大化运行生生不息，于运行中得到永恒，是无所谓欢乐与伤感的。眼泪，只是地球上一种渺小生物玩弄的伪劣珍珠。

南朝庾信作《枯树赋》，结语说："树犹如此，人何以堪！"这里改动一下：由此看人生，由此看历史，由此看生命，由此看宇宙，树犹如此，人当若何！

1999 年 5 月

告别“黑老大”

迷信害人乃至杀人有个特点：事与愿违，至死不悟。满以为能升上天堂，却坠入地狱；满以为能起死回生或长生不老，却顷刻间魂归离恨天。古人炼丹以求仙，据说服用了“九转金丹”可以生出羽翼，百日飞升。但因为金丹的主要成分是有烈毒的硫化汞，服者往往因之短命而死。那个被电视剧捧为一代英主的雍正老官，据考就是服丹药猝死的。丹炼了一千多年，尽管死者相继，无一成仙，但发出“服食求神仙，多为药所误”警悟的人寥寥。

老去生涯付漫游。老了，卸下工作担子到处走走，增加了不少见识。峨眉山的金顶，泰山的舍身崖，过去都有人相信跳下去会成仙。热恋中的男女相抱而跳，满以为可以双双挟飞仙以遨游，却落得以腐肉饲乌鸢。据说早年间有人见过山崖下面的森森白骨。

舍身崖上镌刻着“哀愚”两个大字。我曾在这字下伫立良久，一个愚字造了多少孽啊！我有诗道：“愿挽天河洗愚昧，人间铲尽舍身崖。”哪里有愚昧，哪里就有“舍身崖”，要铲尽它只是一时的狂想。人类虽然不能长生不老，愚昧和迷信这个从远古走来的、两位一体的怪物却至今不见有死期。它能屈能伸，能隐能显，能断能续，能灭而不死，能死而复生，泻尽天河之水怕也冲刷不净。

近年来，在开放搞活的大潮中鱼龙混杂，与科学昌明、科技猛进的同时，迷信也泛起陈渣并翻出新渣，许多地方乌烟瘴气，大有道高一尺魔高一丈之势。我始而惊异慨叹，后来渐渐见怪不怪了。但前些年报尾巴上的一则故事，使我感到莫大震撼，那梗概至今记得。一位寡妇有个遗腹子，体弱多病。母亲请来江湖术士看病，请神捉鬼，吃香灰都无济于事。眼看着孩子的病一天天加重，母亲焦急万分。术士道：这孩子是冲撞了“黑老大”，要向黑大仙叩头请罪，否则必死无疑。“黑老大”是谁？原来是远处隆隆往来的火车。可怜的寡妇连忙背起孩子跑到铁轨当中，迎着风驰电掣般对面开来的火车头，让孩子叩头礼拜。车笛长鸣，但司机万没料到这母子并不躲避，急刹车已不管用，孩子被轧得粉身碎骨，母亲被冲出几十米，也立即身亡。就这样，断送了两条生命，一个家庭。鲜血破灭了善良的希望。悲夫！

长期以来，我每想到这故事，平静的心海就涌起波澜，两个血肉模糊的影子仿佛要诉说什么。他们能说什么呢？也许还在责怪自己不够虔诚，想拜托生者代向“黑老大”请罪以修来世吧！复杂的事物往往在一个简单的形象里显露得清楚明白。“黑老大”就是当代的“舍身崖”。各种形式的“黑老大”正在诱使愚者舍身，制造一个个惨烈的悲剧。切莫以因它只能殃及少数人，听其泛滥，必定会闭塞民众智慧，扰乱社会思想，酿成大的祸害。

现今不但是世纪之交，而且恰值千年之交，赶上这个百年一遇、千年一遇的良辰，真是我们的福气。当此之时，回顾与前瞻自然是热门话题。偶见《科学改变人类生活 20 例》一文，篇幅虽小，却有千斤重。20 世纪列出八项重大的科学发明，遗憾的是没有一项是中国的，仍然抱着四大发明自我感觉良好的国人未免为之汗颜。但转念一想，20 世纪正是中华民族危急存亡之秋。中国人用自己的血肉筑起新的长城，改变了世界上四分之一人口的命运，对世界做出了了不起的贡献。腥风血雨不具备科学发明的条件。今后的一百年，中国若能在和平稳定的环境中各项改革取得长足进步，发展科学就有了沃土。我坚信，在 100 年后重大科学成果的名单上，后来人必定会发现中国，中国。

然而，有个“黑老大”作梗。智慧与科学同愚昧与迷信，犹如冰炭之不相容，后者是前者沉重的绊脚石。一面致力于科学兴国，另一面也要开通民智，宣传科学思想，使人们能同头脑里的“黑老大”告别，乘上高速的时代列车前进。

借问“黑”君欲何往？纸船红烛照天烧。

1999年7月

新凉随感

自“法轮功”的“开天眼”，我想到似曾相识的“天眼通”。记得是在鲁迅的书里看到的。翻开《热风》，里面有写于1918年的一段《随感录》，写的正是此事。半个世纪以前读过的书，记忆尚如此清晰，连我自己也感到吃惊而自庆。年老多忘，并非所有往事都如此淡烟荒月。大约如同古碑上的字，经过风化，那刻得浅的日就漫漶，刻得深的则一点一画可辨。

鲁迅写道：“捣乱得更凶的，是一位神童作的《三千大千世界图》。他拿了儒，道士，和尚，耶教的糟粕，乱作一团，又密密地插入鬼话。他说能看见天上地下的情形，他看见的地球星，虽与我们所晓得的无甚出入，一到别的星系就五花八门了。因为他有天眼通，所以本领在科学家之上。”

且看这位“天眼通”看到些什么？鲁迅继续引“神童”之言道：“赤精天……有毒火坑，以水晶盖压之。若遇某星球将坏之时，即去某星球之水晶盖，则毒火大发，焚毁民物。众星……大约分为三种，曰恒星，曰行星，曰流星。……据西学家言，恒星有二十五万万，以小子视之，不下七千万万也。……因其热力极大，人不能生，故太阳星君居焉。”看，天眼所通，竟是这么个杂七杂八的垃圾桶！据《全集》注解，神童名江希张，被洋人李佳白誉为“具天纵之姿，有卫道之志”。洋人中之反华者，照例把华人中的垃圾当成精金美玉，不足为奇。

自“神童”至今，已经八十多回春去秋来，三万多回日出日落。“神童”者，其人与骨早已朽矣。到了本世纪末的今天，有大骗子李某，从历史废墟里捡起“神童”遗下的已经发霉朽烂的“垃圾桶”。咳，真不好意思！装进“垃圾桶”里的货色，除了更加荒唐、虚妄之外，却远没有“神童”的精致而有“书卷气”。一代不如一代！再说，这走过的八十多年是怎样的峥嵘岁月啊！鲁迅揭露“天眼通”正当五四运动前夜。五四以来，神州大地经过了翻天覆地的巨变，高唱“没有神仙皇帝”、站立起来的中国人，再也不是“神童”时代匍匐于神鬼脚下的中国人了。

然而，然而呀然而，李氏“垃圾桶”一经祭将起来，竟有那么多人顶礼膜拜，狂热者竟然走火入魔，至死不悟。这个违背情理的巨大反差是怎么造成的？令人惊诧，惶惑，终至深思。可惜我非但没有“天眼”，还是深度近视，沉思的结果，只能泛起几星泡沫。

泡沫之一：不少人在改革大潮中晕头转向。大潮涌起，泥沙俱下，新旧观念迅速改变、错位。不少人的头脑里失掉准绳，拆除防线，形成疑团，出现空洞，旋起躁动的怪风。“法轮功”来了，无所戒备而有所贪求，于是在幼稚可笑的骗局面前丧失辨别能力。

泡沫之二：软弱无力造成恶果。近些年不合法的乃至打着合法旗号的迷信活动从四面八方冒出来，十分猖獗。视而不见，见而不问，问而无力，特别是未能大力进行科学宣传，造成压倒的优势。还有一种东西本身并非迷信，却起了给迷信垫脚铺路的作用。社会上盲风阵阵，芸芸众生在活见鬼的气氛里，耳濡目染，习以为常。因此，遇到“法轮功”的种种歪理邪说，并不如吃苍蝇一般大作呕吐，反而能顺当下咽。

泡沫之三：迷信是个长寿的家族，它从鸿蒙时代走来，科学的逐渐发达只带给它一点困厄，并不能置之于死地。它不怕刀砍，不怕火烧，不怕土埋，不怕冰冻。剁得粉碎还能复全，烧成灰烬还能发芽。千百年沉没，得针尖大洞隙就能钻出来，长出来，跳出来，飞出来。它还巧于变形，追赶时髦。佛吗？我就是最大的佛，比释迦牟尼高明几万倍。科学吗？我就是最大的科学家，体内能放出伽玛射线，放出中子。那些科学十分发达的国家，也仍然有千奇百怪的邪教。一百年算什么？一万年也未必能犁庭扫穴。千万不可低估破除迷信的复杂性和长期性。

以小子观之，大略如此。也许还有并非泡沫的宏论，我说不出。姑留悬念，以待高明。

说起来我是最怕热的，遇上今年百年未有的大热，如北极熊过火焰山，颇吃了些苦。豪雨过后，一夜成秋，乍沐新凉，有渊明先生北窗高卧之感，这才有兴致拿起笔来。因为开头引了迅翁的“随感录”，即以效颦，命曰“新凉随感”。

1999 年 11 月

初版《斩马谡》

话说一百年前，在大清朝的都城北京，一处小小的京戏排练场里在排演最初版本的《斩马谡》，台上的演员有诸葛丞相和马谡，扮相同现在所见差不多，只是马谡并非花脸。台前坐着几位审查官员，长辫花翎，喝着盖碗茶。

开幕时，诸葛满脸怒容，高坐在公案之后，马谡带着镣铐。跪在帐下。

诸葛：（“啪”地一声拍响惊堂木，唱）

一见马谡跪帐下，不由老夫咬钢牙。

临行怎样嘱咐你，靠山近水把营扎。

大胆不听我的话，失守街亭你差不差！

吩咐两旁刀斧手，快斩马谡正军法。

马谡：哎呀，丞相啊！（唱）

忽听丞相斩令下，马谡心中乱如麻。

年方三十即问斩，叫我如何报国家？

末将一死无牵挂，家中还有老白发。

诸葛：（挥泪）马谡啊！你跟随老夫多年，情同父子，你的老母如同我的老嫂，我一定代你好好侍奉。至于将你处斩，我是万不得已啊！出兵之前你立下军令状，军中无戏言，如果不斩于你，我的军令严明和公正无私的名声将扫地以尽，你叫我如何号令三军？

马谡：（泪如泉涌）丞相照顾我的老母，末将纵死九泉也感恩不尽，可是，可是……

诸葛：（吃惊）可是什么？有话尽管讲来！

马谡：（擦去眼泪，睁大双眼）索性把我的一肚子话都倒出来吧！丞相还记得华容道的事吗？那关二爷也是立了军令状却放走了曹操，您不杀不斩。同样的军令状两样处置，说您军令严明，末将不服！还不是因为关二爷是先主的结拜兄弟，有个大后台，而咱马谡啊，有个做官的哥哥已在夷陵捐躯。说您公正无私，末将更不服！再说啦，眼下天下未定，我蜀国人才奇缺，如您所说是“危急存亡之秋”。您完全可以权衡处理，判我个死缓，带罪立功，合情合理，可是您偏要斩！马谡死不足惜，可惜的是丞相老糊涂了，思想僵化了！（唱）：

军令严明水分大，公正无私更有差。

人之将死其言善，丞相啊！咱肺腑之言为国家。

诸葛：（号啕痛哭，忽然大喊）斩！斩！斩！……

审查官甲：糊涂，糊涂！明明是那么回事，就是不能说；明明不是那么回事，就是必须说。明乎此，处于明枪暗箭之丛，才能如鱼之游于春水，学问大着哩！

审查官乙：这还得了！诸葛大名垂宇宙，已是千古定案。诸葛先生是朝野崇拜的偶像，连罗贯中都处处为尊者讳，亵渎先贤，罪在不赦！

审查官丙：反了反了！大内都有关帝庙，逢年过节，当今圣上都要上香。对关圣大不敬，就是对圣上大不敬，罪莫大焉。

首席检查官：算了算了！闹大了咱们也脱不了干系。好在没有公演，把这戏枪毙了事。

众官员：对，枪毙了事，不准外传。还是大人圣明！戏楼老板请咱们去小桃园打茶围，时候不早啦！

（众退场，只听得一路哼唱：龙格楞龙格龙格楞龙格楞啊……）

（作者附言）

看官要问，初版枪毙了，你怎么于百年后得知的？我只好从实招来：是杜撰，但也并非全无来处。《三国志·马谡传》裴松之注里说，后来蒋琬对诸葛亮说："天下未定而戮计智之士，岂不惜乎！"诸葛说："四海分裂，兵交方始，若复废法，何以讨贼耶？"习凿齿更提出激烈的批评，说："今蜀僻陋一方，才少上国，而杀其俊杰，退收驽下之用……将以成业，不亦难哉！"看看，古贤有议在先，并非在下胆大妄为，鸡蛋里挑骨头也。

1999 年 11 月

老来未敢忘忧国

我是个老头子，照理说，该散散步，养养花，看看戏，喝喝茶，两耳不闻窗外事，一心只觅长寿方。但，我也有许多中国知识分子的“通病”：老来未敢忘忧国。散步散不自在，喝茶喝不踏实，总缠绕着杞人的幽思。

老马识途。我这匹马，少壮时从来未能千里，老了哪里能识途？只是经历了几十年的风风雨雨，经过人生的荣瘁和国运的盛衰，经过大起大落的沧桑巨变，多了些忧患意识，少了些急功好利的浮躁，说话少了些顾忌。也许沾一点“无欲则刚”的边吧！我写《难得明白》以及近年来写许多针砭时弊的诗文，心境均如此。

写《难得明白》基于我的一种最大的隐忧。且说近二十多年，神州大地发生了巨大变化，经济实力、军事实力以及人民生活都有了大幅度的提高，全国人民欢欣鼓舞，世界各国也纷纷赞叹。但是，不能忽视不如意的一面。一是内忧，这方面早引起上上下下的重视，且与《难得明白》无关，不来说它。二是可能袭来的外患，这方面只是潜伏的危机，似乎还没有引起注意。

很快就要跨入21世纪，通向新世纪的道路如果铺满鲜花，飘满彩云，大道直如发，春来佳气多，固然再好不过，可惜怕是未必。说句不中听的话，很可能有鬼魅，有虎豹，有海啸，有山崩，有地震。这不是危言耸听，冷静地分析一下中国的处境以及外部诸多条件，不能不感到悚然。新中国日益强大是反华势力不愿意看到的，不能扼死于摇篮之中也要扼死于羽翼未丰之际。尽管他们的如意算盘总是不如意，可是他们的逻辑如僵硬的石头，是永远不会改变的。

我们要有强烈的危机感。依我看，花天酒地、歌舞升平越少越好，卧薪尝胆、枕戈待旦的精神要大大提倡，“中华民族到了最危险的时候”要唱得响彻云霄。要高扬爱国主义思想。我国古今有许多为抵御外侮、保卫国家和民族建立殊勋或献出生命的英雄人物，要高高树起他们的形象，使人人敬仰；也有一些认贼作父、卖国求荣的软骨头，要把他们钉在耻辱柱上，使人人唾骂，如同跪在岳飞墓前的那些黑铁铸成的佞人那样。

但，时时钻进我耳朵的却是另一种噪音。近年来，捧奸之风甚嚣尘上。如周作人，在日寇入侵、国家危难之际当了汉奸，大节亏缺，抗日胜利后，国民党政府已判处他徒刑，却受到某些人的狂热吹捧，越捧越高，直捧到九天之上。神州大地遭受侵略者铁蹄的践踏，那腥风血雨的日子记忆犹新，为什么会出现这种怪现象？是逆反心理作怪，是喝了迷魂汤，或者是有一点藕断丝连的旧情？呜呼，难得明白。

但有一点是明白的，那危害很大很大。混淆荣辱，颠倒忠奸，腐蚀人民的爱国心，瓦解民族的凝聚力。试想，既然当了汉奸仍不碍头顶文学的王冠（对此人而言，桂冠早已不够了），投敌有什么耻？抗敌有什么荣？一旦国家有事，拿起武器杀敌或者向敌人屈膝下跪又有什么区别？学周某的样子作大大的顺民，作大大的顺官，不是很好吗？

这个问题萦绕在我的脑际，赶不去，抖不掉，必思一吐而后快。于是写《难得明白》，总算说出了想说的话。但也有一点遗憾，那就是我人微言轻，笔力稚弱，只能作草间蛩吟，不能作惊雷之声，以振聋发聩。得奖虽只是三等，我也是高兴的，可以借此扩大一点影响，使更多的人琢磨琢磨这难得明白的事。

1999 年 12 月

从《丽人行》图卷说起

傅抱石先生的《丽人行》图卷拍卖超千万元，着实惊人。等到看那画（自然是在电视屏幕上所见局部），艺术的超凡入圣更是惊人。刻画人物似乎吸取了《八十三神仙卷》和《夜宴图》的笔法，有吴带飘风之概。超千万，值！所画既是杜甫《丽人行》诗意，杜甫如再世，也该有一笔不小的收入，不至于“囊空恐羞涩，留取一钱看”了。

谈起杜甫，人们总爱说他“一饭不忘君”，很少提到他的讽刺诗。其实他的讽刺诗的大胆和尖锐也是罕有其匹的。拿《丽人行》来说吧，简直是诗写的新闻报导，是权贵们腐败活动的一次大曝光。

三月三日是古代的上巳节，这一天，人们跑到水边饮宴，为着祓除不祥，实际上是来一次春游。著名的《兰亭序》就是王羲之为兰亭修禊诗写的序。这风气到唐朝更加盛行。话说天宝十二年（安史之乱前三年）的上巳节，滞留长安的杜甫，也不免到曲江边散散心。风和日丽，士女如云，却看到一幕令人痛心的场景。大唐天子的情人杨贵妃的两个姐姐和新晋升右丞相的权奸杨国忠一伙正在游宴作乐，《丽人行》拍下了这个镜头。诗极力铺写丽人服饰的华贵和肴馔的珍奇，以及随从的趋炎附势。这一伙权贵骄奢淫逸，气焰熏天。“黄门飞鞚不动尘，御厨络绎送八珍”，酒菜竟是太监骑快马从御膳房送来的。种种恶迹，有史为证，并非诗的夸张。杨国忠与虢国夫人“有私”，诗中写道：“杨花落雪覆白苹，青鸟飞去衔红巾”，用隐语揭露这桩丑行。古人讲“为尊者讳”，杜公辛辣的笔竟连这等可耻的隐私也不放过。在杜公眼中，他们是身着华衮的狗男女。曝光政要的绯闻，杜公竟先于美国新闻界一千多年。

古人评论《丽人行》说："无一讽刺语，描摹处语语讽刺；无一慨叹声，点到处，声声慨叹。"讽刺的手法确是十分高超，但最要紧的一点却无人说出。那就是，就在当时，就在长安，就在杨氏一伙"炙手可热势绝伦"的时候，谁敢说个不字！杜公却投以讽刺之剑，而且直接点了名，虢国、秦国、丞相一字不差、准确无误地写在诗里。诗人写本朝事，即使事过境迁，也要讳其名姓，《长恨歌》所谓"汉皇重色思倾国"是也。杜公这般大胆，就鄙陋所见，在中国诗史上是凤毛麟角。

杜诗中直接批评皇帝得失的也有多处。《咏怀五百字》写于天宝十四年（安史之乱前一年），其中有大段文字写唐玄宗游幸骊山的奢侈及杨氏戚党的骄纵。"彤庭所分帛，本自寒女出。鞭挞其夫家，聚敛贡城阙。圣人筐篚恩，实欲邦国活。臣如忽至理，君岂弃此物！多士满朝廷，仁者宜战慄。"虽然用了曲笔，仍然显现出指斥皇帝的锋芒。试想，皇帝在兴冲冲地赐帛，有个小官跑出来说："陛下，您分的帛是穷人织的，是催租人用鞭子逼来的呀！"这位小官必定要倒霉。仁者的战慄，不是为着臣不供职，而是为着君的荒淫无度。晚唐诗人刘叉有诗道："酒肠宽似海，诗胆大于天。"杜公可谓诗胆大于天了。杜公是忠君的，但是他绝不一味歌功颂德，有一副嫉恶如仇的刚肠，此杜甫之所以为杜甫。

《丽人行》为老百姓出了气，当时虽然没有报刊等媒体予以发表，想已广泛传诵，为什么未遭到官方的干预？我以为，必定未传入杨国忠之辈之耳，否则，不但其诗要封杀，其人怕是难保首领，至少要发配玉门关外春风不到之处去了。但仔细想想，这似乎与唐代开明的文艺政策有关。特别是盛唐，朝廷对诗人是尊重、爱护和优容的。杜甫"集贤学士如堵墙，观我下笔中书堂"诏试文章的盛况，李白"天子呼来不上船，自称臣是酒中仙"的狂态，都传为美谈。有唐一代，诗人讥讽朝政相当自由，似乎没有诗人因诗获罪。这是后世难以相比的。到了北宋，就出现了“乌台诗案”。清代文字狱十分惨烈，大案数以百计，杀人难以数计。“呜呼，臣罪当诛兮，天王圣明!”

祥和的气氛，保护了芒刺如钢的《丽人行》，保护了一位如泰山般高大的诗坛巨匠，也保护了整个唐诗。唐代所以在诗史上崛起真正的珠穆朗玛峰，不能说与这种祥和的气氛没有关系。

2000 年 1 月

栖霞诗记

去年10月间，应邀访南京的栖霞寺，住了七天。寺在半山，掩映在青霭之间，长松老竹，梵呗钟鼓，悠然世外。清人李慈铭、当代俞平伯先生均曾记游以诗文相配，效其体，作诗记。

听　　雨

从黄昏起，雨乍大乍细，下个不停，直到深夜。

我爱听雨，有过许多次陶醉于雨声的享受。但这一次住在僧舍听夜雨，况味不同。熄灯，我立刻被极厚极深的黑色包裹。室内，桌椅床帐的轮廓消失了。窗外，山影，楼影，松影，花影也消失了，化成一颗黑的因子。

一切世俗的音响都已寂灭，只有悬在屋檐上淅沥不断的雨声。那声音，如歌如泣如箫如笛，如泉漱空山，如珠落玉盘，如丁丁木柝导引一个精灵穿过无尽头的隧道。几杵疏钟、几声清梵夹杂在雨声里，令人万念俱寂。我分明没入睡，但在做梦；分明在做梦，但无所梦。只有诗绪如丝游扬于醒梦之间。那诗，又分明是雨，但终于形成清晰的诗句。

数椽僧舍堕云烟，佛火依稀照夜寒。
清梦入诗诗入梦，萧萧瑟瑟雨鸣檐。

山　行

浓云压着山顶，雨小了，但不停。早晨，我和老伴撑着雨伞散步到寺的后山。一带迂曲的山涧，沿涧是一条迂曲的石径。走在石径上，听着雨声、涧水声、风叶声，反而感到极大的宁静。

上下四方处处是湿漉漉的绿色。蒙罩在岩石上、树干上、石径上的苔藓是绿的；阴阴竹木，卧地的横枝，遮天的树冠，是绿的。那风那雨那涧水那从密叶隙缝里闪现的浓云，都染绿了；我们的伞，我们的衣履，连同肺腑和诗情都染绿了。那是怎样的绿色呀！有明有暗有深有浅，晶莹如珍珠，光润如冷泪，一律在飘摇，在流动，在嬉戏，活像绿色的小精灵。这样的绿，从未得见。柳子厚游记有言："以其境过清，不可久居，乃记之而去。"清到了极点，原来会让人禁受不住的。我们没有上山，小伫山腰，慢步返回，像喝醉了酒，诗以记之：

老妻扶我入山行，一路泉声和雨声。
万木已遮天地绿，又来将绿染诗情。

题 未 定

后山有千佛岩，始建于南齐永明二年，距今已经1 500多年了。因崖凿龛，龛内雕有佛像五百多尊。大的几丈高，小的不盈尺，表情身姿多有不同，表现出古代南方石刻工艺的特色。但是，几乎所有的佛像都被斩去头颅，有头的几个，是近年复制的。僧友告诉我，这是"文革"期间造反派的"杰作"。这一方佛门净土竟然成了刑场！面对比比僵立的无头"佛尸"，欲哭无泪，欲喊无声，于是爆出几句诗：

石佛无辜亦丧元，焚坑盛业史无前。
赫然三百无头像，忍付昭昭后世看！

拜玄奘灵骨

小时候，躺在打谷场上，望着天上的星星，看着旱烟袋一明一灭的亮光，听老爷爷讲唐僧取经的故事，听得入迷。长大了，看《西游记》，看《大唐西域记》，临摹《大唐三藏圣教序》，才知道剔去附会的神魔故事，玄奘法师是实实在在了不起的人。他孤身一人不远万里西到印度研习佛学 17 年，取回大批佛经，在长安慈恩寺译经 567 部。他代表着中国人的最优秀的性格。有他那样吃大苦耐大劳的决心，有他那样百折不回、生死以之的毅力，有他那样以双足踏万山、以一身犯万难的大无畏精神，世界上还有什么事做不成呢？

栖霞寺邻近的灵谷寺里，珍藏并陈列着唐玄奘的灵骨（顶骨）。瞻仰灵骨，如见其人，如闻其声，我深深下拜，有诗道：

高行岂止仰僧俦，飞尽劫灰灵骨留。
如访慈恩千载上，迷离灯火说西游

题双鸿小砚

我有砚癖，见过也梦过许多极好的石砚，藏品中好的却寥寥。每到一处，总要逛逛新旧砚台的商店或小摊。在南京朝天宫旧货市场上买到一块小歙砚，随形，略大于掌。石质细嫩，青苍光润，遍布深黑色眉纹。一端上角雕大雁头，下雕小雁头。小雁雏偎于母雁翅下，双双扭颈回头，如懒卧在沙滩上，享受春日的晴和。那丝丝眉纹，恰好形成雁的毛羽，巧夺天工。这砚未必入鉴赏家之眼，我却酷爱它的盎然天趣。一首小诗油然而成，只憾无技刻在砚上。

老雁将雏掌上看，丝丝黛绿入眉弯
漂萍坠絮偶相遇，报我平生未了缘。

2000 年 2 月

蓟轩藏砚记

双 荔 砚

我本来有爱砚的“旧文人习气”，60 年代初，曾出现短暂的宽松，我单位的几位朋友买了几方佳砚，我也眼馋起来。有一天，张中行先生告诉我，西单某家旧货店有一方小端砚，很好。我在午休时间急忙跑去买了回来。价 30 元，如获拱璧。

那砚只有手掌大小，紫檀木盒，古色古香。砚略呈椭圆，石质细润，石色青苍，有青花和淡淡的杉木纹。砚堂四周边缘不规则，如一池清水，砌着一圈太湖石，古朴简洁。砚背雕一枝荔枝，那枝条横斜着从顶上垂下来，四片叶子掩映着两枚荔枝果。叶姿飘飘，临风欲动，果实饱满，若轻轻一触即壳破而汁溢。刻工的高妙，令人惊叹。那时，我只有这方砚台，为避免“玩物丧志”的批评，总是偷偷自赏。但纸里包不住火，不知为什么，“刘某在玩砚台”，不久就传开了。

“文革”中我和妻子阿龄都被揪了出来，成了“一对黑”。家被抄了四次，这块双荔砚被抄了去。一天，我单位开了一次“反修”展览。我是被指定去受教育的。在展台上，我的双荔砚同妻子的高跟鞋，还有一位领导人的收音机摆在一起，被当作变“修”的物证，荒唐而滑稽。后来还好，红卫兵把我的宝贝砚台送了回来，只是添了一道划痕。

如今双荔砚好端端地坐在我的书橱里，还享受豪华的待遇，加了个锦匣。去年于荔枝成熟时节，我曾访福建漳浦县乌石荔枝园。

饱满的荔枝缀在枝头，累累下垂。归来看此砚所雕，风姿无二，益增怜爱。但对于我，此砚的价值已经越出它石质的优美以及制作的高超，它是历史的见证，是我和妻由苦难到光明的见证。每当我抚摸着它，如同抚摸着旧日的疤痕，引起痛定思痛的严肃思考。常常不揣愚鲁和微末，写一点非花的文字，为那往日的黑暗不再死灰复燃出一指之力。

玩物，有物内之趣与物外之趣。物内之趣是极其有限的，那物外之趣，则与人生相融，与天地相契，有无限悲欢和无穷感悟。达者因之以旷怀，猛士因之以奋进。砚谱载孔夫子有孔砚，我曾亲见放翁自铭之砚，又曾见有文章记载岳飞、文天祥、谢枋得的“三忠砚”，何曾丧志哉！

中兴砚

汉残砖砚，长方形，质坚密如石，暗赭色，局部略透暗红，如柴灰中的余火。

宽边的侧面有绳状直线折回纹饰，长边的侧面有文字“永元十六年九月”，下一残字，似“朔”。字画断续而清晰可辨，隶书，古拙奔放，类《石门颂》。东汉永元十六年为公元104年，距今一千八百多年。

《后汉书·孝和帝纪》载永元间史事。说明和帝刘肇是个好皇帝。“帝躬亲万机，每有灾异，辄延问公卿，极言得失。前后符瑞八十一所，自称德薄，皆抑而不宣，旧南海献龙眼、荔支，十里一置，五里一候，奔腾阻险，死者继路。时临武长汝南唐羌，县接南海，乃上书陈状。帝下诏曰：‘远国珍羞，本以荐奉宗庙，苟有伤害，岂爱民之本？其敕太官勿复受献。’由是遂省焉。”古人迷信“天垂象示吉凶”的说法，所以非常看重符瑞。这“天意”足以帮皇帝塑造崇高而光辉的形象。但是和帝却抑而不宣，看来这位万岁爷是不太喜欢个人崇拜那一套的。再说，献荔枝扰民的事，汉朝就有。和帝一经得知即加以禁止，比唐明皇高明多了。《后汉书》的作者范晔论道："自中兴以后，逮于永元，虽颇有弛张，而俱存不扰，是以齐民岁增，辟土世广。偏师出塞，则漠北地空，都护西指，则通译四万（按：指班超出使西域）。岂其道远三代，术长前世？将服叛去来，自有数也？"称赞这段时期是汉朝中兴大见成效的时期，采用了远超前古的治理方略。

这块汉砖砚，本身不算是上乘的，但字迹所标明的年代十分可贵。当我中华全面振兴、日益繁荣昌盛之时，获此东汉永元中兴之砚，不能不说是一个非常吉祥的兆头。征也，一介寒儒，年逾古稀，历尽沧桑，而爱心未死。天（假如上苍有知）以此砚授予，奖誉与鞭策之意，心领神会之矣。爱之宝之，虽银碗金砖禹鼎周彝不之易也。

冰雪砚

这是端砚中的一个奇品。

砚长方形，七寸。通体皓白，无瑕疵，如坚冰古雪，但不透明，不似玉或料器。当砚池处，浅雕对飞的两只凤凰，线条简洁。石质如冰雪，也如冰雪一般湿润，恰似乍从北极的冰山上剜下来的一方，看着它，摸着它，还真有些寒意。用之磨墨，无声，尚发墨。但我舍不得染以黑色，只研了几次朱墨。白端，有人说有，有人说无，还是个疑案。我说，是不是端石不重要。佳砚何必定端、歙？况且天津市艺术博物馆藏有一方清代白端砚，看照片，其质地颜色，同我所藏相同。

此砚之奇，还奇在砚盒。

砚盒用绿端石制成，绿色沉着纯正，没有瑕疵。盒盖利用表层的深黄色石皮，以深浮雕手法雕成一丛金竹，枝叶一色金黄，健劲潇洒，如于风雨中斜垂晃动。金色的竹与绿色的背景，两者无丝毫混色之处，如同镶嵌上去的。金竹，实有之。于金竹寺我曾亲见，但只是枝干黄色，叶仍绿。

此砚是从摊贩手中以贱价买到的。藏砚家只以图谱为准，实用者又嫌其不便使用，遂使此稀世之物蒙尘路侧。到了我手里，可谓遇到知音，成为我文房一宝。

双 珍 砚

我 70 岁那年，老伴特地买了一方端砚给我祝寿。砚长方形，砚堂边缘有窄边，线条流畅，无纹饰，古朴素雅，为清代形制。紫檀木盒。石上虽有多种石品，却均不明显，浑然一段紫玉。青苍近黑色，濡湿则泛出紫红色，细润如凝脂，研墨无声，又极发墨。属于水岩的什么坑，却难断定。一位专精端砚的朋友反复端详摸敲，认为可能是一种已绝迹的品种叫“二格青”的。老伴所赠，砚珍情更珍。另配一硬木盒，盒面上刻“情砚双珍”四个字。

回想起来，我们是在 50 年代初解放区明朗的天空下恋爱结婚的，至今近半个世纪，将届金婚之期了。在长长的生活历程中，同欢愉，共患难，以心共感，以沫相濡，彼此是相依为命的知心人。“文革”期间，我们一同被揪出来。她是京城武斗最惨烈的某中学的领导干部之一，受的折磨很大。她身体弱，当时正在生病，却常常被批斗，天天罚干重体力劳动。每天早上出门，就不知道晚上能不能回来。有一天，她晚上回来，头被打破了，在流血，后背打得皮开肉绽，衬衫成了血衣。我吓呆了，我们都没哭。她说，熬不出来了，经过北海时真想跳下去。我给她洗伤口，擦药，劝解她不能死，总可以熬到头。真是老天保佑，红卫兵开始“大串联”，顾不上“走资派”了，妻捡了一条命。拨乱反正，我们得到身心的解放。人老了，退了下来，可我的笔转益健劲，如奔流涌出闸门。指点江山，针砭时弊，一发不可收拾，几百万字的诗文，都是近20年写下的。妻比我显得小心，却仍大力支持我，用电脑帮我整理文稿。我的五卷本文集是她编辑的。她是我诗文的第一个读者，挑剔过严有时惹我生气，但十之八九她的意见是对的。她非常疼我，比如我好收藏砚台，她总是“纵容”我买好的买贵的，不惜花钱。忌酒忌烟，她看着我可怜，有时唆使我开戒：“抽一支吧，喝一点啤酒，不要紧!”由此可知这方砚台的分量。它是一本没有文字的书，记录着我们共同生活的悲欢。

我写了一首诗，妻写了一段话，记录赠砚的事。我用行书，她用小楷写下来，裱成一个横幅，挂在卧室里。我的咏砚诗是这样写的：

忧患余生未祛痴，晚情潇洒共栖迟。
眼前白发相依日，心底红颜热吻时。
玉晕清涵春水月，花肤红透夕阳枝。
感君不作婵娟詈，松麝凝香助咏诗。

《离骚》有曰：“女媭之婵媛兮，申申其詈余。”述说屈原的姊氏（或侍女）劝说他不要为国事悲愁。郭老因之创造了屈原的学生婵娟这个女中英杰。本诗的结句反《离骚》之意而用之，阿龄比女媭强多了。

世 纪 砚

我赏砚，多是得趣于砚外。我的藏砚史紧紧联系着我的生活悲欢史。对于砚的本身，我的知识有限。在我收藏的几十方砚台中，称得起端石或歙石上品的很少。

但这些年来，颇想获得几方上品以壮门面。可惜事与愿违，上品已如凤毛麟角，加以价格极高，已非清寒之士所敢问津。思之思之，何日忘之！好友黎铿先生是肇庆端溪名砚厂的厂长、工艺美术大师。他知道我的追求，答应为我留意。

1999年尾，我到广东顺德参加一个语文教学改革的研讨会，迎接新千年的大年夜，我是在顺德度过的，街头锣鼓，楼台灯火，非常热闹。次日元旦，一行数人驱车到端砚之乡肇庆，圆了我长久的梦想。朋辈各有所得，黎铿先生为我选了一方“端溪老坑古松砚”。

这方砚，长圆形，长八寸。青苍近黑，细嫩坚润，叩之笃笃。砚的一端雕古松，霜皮斑剥如鳞甲。砚堂石品丰富，有天青、火捺、玫瑰紫、鱼脑冻，叠压映衬，若实若虚，宛然雨后天空，云飞雾卷，五色烂然。又有银线，冰纹纵贯其间。黎铿先生抚砚赞叹：“看上去仿佛透明的，确是难得的老坑上品。”其价减而又减，我仍难之。妻说：“买就买好的。你喜欢，咱就买。”说罢慷慨解囊。她总是在关键时刻挺身相助的。

我乘兴写了个砚铭，黎铿欣然命刀，以晋唐风格的小楷刻于砚背，其铭曰：

千年之交，新纪始更。
得之端州，水岩之英。
老宜投笔，无闷无争。
对兹紫云，心澜顿生。
嬉笑怒骂，欲罢不能。
砚兮砚兮，我爱我憎。
铭者刘征，赞者阿龄。
镌者黎铿。

2000年3月

说长道短

凫短鹤长，任其自然。自然大小的脚穿着与脚相称的鞋，清水出芙蓉，天然去雕饰，多好！可是最近有些少女的鞋子忽然膨大起来。这种鞋据说叫“松糕鞋”，是象形；又叫“恨天高”，是会意。看吧，亭亭玉立的两条腿的底端却插在两块笨重的“城砖”上，方头方脑，鞋底有几寸厚。人是增高了，比例却失调了，气死米老鼠。据说这是从东洋传来的。那么，我们国内自有高跷，踩在跷上可以增高几尺，“恨天高”望尘莫及。小姐何必舍近求远？

迎合时髦，文艺界也是敏感地区。制造乐器，一支横笛要三米多长，若不能跑到大人国去卖，只能用来支蚊帐。画画，动辄万牛图、万虎图；写字，挥笔就是写一部长篇小说，《水浒传》或者《红楼梦》。那用意似乎主要在于以多和长引起轰动效应。轰动之后即归沉寂，可怜无补费精神。真正高超的艺术并不在多少长短。黄鹤楼中吹玉笛，那笛大约不过三尺；五代名画《五牛图》只是短短的一篇，《兰亭序》不足四百字。

报纸也不甘落后，争着扩版，一份报厚厚的一大叠。如信息量大，内容充实，报纸扩版自然是好事，只可惜多是酒里掺着水，水多酒不多，每天的新闻有限，要塞满版面就要变魔术：一是爆玉米花，把小小的一撮膨胀为大大的一堆。二是搞搭配，一个冬瓜搭配一堆鸡毛菜。三是炒冷饭，今天炒了明天再来，重复出现。那标题自然或者骇人听闻，或者花样翻新，满版红红火火热热闹闹。读者喝了一锅米汤却只吃到几粒米。其它如小说、诗歌、电视剧等也都似乎变成兰州拉面，一个赛一个地拉长起来。

物极必反，这回却非但不反，长势似乎方兴未艾。

一位未曾谋面的、有远见的朋友寄给我他的一本大著《古代超短文精华》，插架数年，近来才得细读，一读，大开眼界。时下一两千字的文章已算短的了。此书所选，许多篇竟不足一百字，在那小小的方寸之地，作者注入了全部心血，真算得纳须弥于芥子，缩千里于咫尺，每一篇的内核都有一颗精心打磨的、至坚至美的钻石。且看苏东坡的《文说》："吾文如万斛泉源，不择地而出，在平地滔滔汩汩，虽一日千里无难；及其与山石曲折，随物赋形，而不可知也。所可知者，常行于所当行，常止于不可不止，如是而已。其他，虽吾亦不能知也。"说自己怎么作文，却道出历古常新的普遍真理。自《文心雕龙》开始，创作论多是静态的，是解剖"文尸"，这里所讲是动态的，是摹写文章的"生命"。我深深得益于这72个字，行止之说是我追求的理想境界，可惜至今不曾达到。

再看陆游的《书〈通鉴〉后》："司马丞相曰：天地所生，财货百物，止有此数，不在民辄在官。其说辨矣，理则不如是也。自古财货，不在民又不在官者何可胜数？或在权臣，或在贵戚近习，或在强藩大将，或在兼并，或在老释。方是时也，上则府库殚乏，下则民力穷悴。自非治世，何代无之！若能尽去数者之弊，守之以悠久，持之以节俭，何止不加赋而上用足哉！虽损赋予民，吾知无不足之患矣。彼桑弘羊辈何以知之？然遂认为无此理，则亦非也。"此文比苏文略长，也只140字。陆游是诗人，论经济也一针见血，足以振聋发聩，抵得连篇累牍的经济论文。陆论至今已过去八百多年，却能切中今日的积弊。看看今天的现实，不在官也不在民，被贪官污吏吞掉的，被某些有来头的人霸去的，花公款吃掉或讲排场用掉的，由于领导人渎职，大量的资金打水飘的，等等，每年怕要超过十位数。"若能尽去数者之弊"，国库储备会大大增加，足以兴办多少企业多少学校啊！140字，字字千钧重。

有些写景的短文，写难状的物象如在目前，道人之所未道。如张岱的《湖心亭看雪》里写道："雾凇沆砀，天与云与山与水，上下一白。湖上影子，唯长堤一痕，湖心亭一点与余舟一芥，舟中人两三粒而已。"赏雪于空旷之处，人人见此景而未曾说出，被作者轻松地道破了，令人拍案叫绝。

正是：言之无物长何益？中有钻石短亦精。多写点短文，准此，其他不适当地膨大、拉长的也一律紧缩，成为金豆子，成为金刚钻儿，那该多好！但还说爬格子，如今的编者看惯了长的，或不认为仅有几十字几百字的是文章；即或惠予刊出，稿费怕是不足贴邮票之用吧！短兮短兮奈若何！

2000 年 3 月

《诗画合璧》卷头语

三个老头，一个中年①，胖鱼肥肉，喝酒吸烟，有瘾无瘾，凑着玩玩。书稿既成，诗画合编，自鸣得意，别开生面。万事俱备，东风尚欠。方老、印堂，喜笑开颜：“倩君为序，要逗要短。”时有好鸟，其鸣关关。贪听其鸣，提笔忘言。鱼入江海，自知冷暖，岂须导游，喋喋没完？亲爱的读者呀，没有您不圣明的，有序如此，您定喜欢。多买几本，广结善缘。

世纪之交，跻两千年。春风习习，白发翩翩。序于京华之蓟轩。

2000年3月

① 三个老头，指方成、缪印堂和刘征。一个中年，指徐鹏飞。

牡丹诗会记

牡丹诗会，本来只是几位好友不拘形迹的聚会，后来为了便于说话才用了这个名字。我家邻近景山公园。十年动乱期间，公园大门紧闭，拒绝游览，说是看花容易变“修”。拨乱反正，重新接待游人。第一天开门，我就跨进久违的消愁遣兴之地。果然许多花木被砍掉，换种了麦子和果树，只是偌大的牡丹园别来无恙，而且牡丹长高了，更茂盛了。

于是，我想请几位好友来我家聚聚，到公园看牡丹。首先邀请的当然是老诗人臧克家和夫人郑曼。我的新诗和旧体诗都得到臧老的鼓励和指导，情谊在师友之间。再就是诗人程光锐，他是臧老的老朋友，也是我的好朋友，臧老称我们三人是“三友”。有几回，诗刊的主编、副主编杨子敏、杨金亭和丁国成以及各自的家人也欣然应邀赴会，盛极一时。

景山有几处牡丹圃，最大最繁茂的一处靠近少年宫的黄瓦红墙。牡丹正当壮年，有的已本粗如臂，有的已高过人头。每年缀花无数，有的压弯了枝条，用细竹竿扶持着。我记得有几个稀有品种：紫里透黑的是黑牡丹，娇翠欲滴的是绿牡丹，一株两色或粉或白的是“二乔”。“牡丹，花之富贵者也。”富裕而不失高贵，具有中华的气韵，开放的风神。聚会的日子，参照天气预报，总是择取天和日丽，花开正盛的当儿。朋友们沐浴着春天的阳光，说说笑笑缓步迈入园门，风流潇洒，颇有些兰亭修禊的遗韵。

我们走进园门，一股浓浓的花香扑面而来。牡丹花的香，不是清香也不是幽香，是一种并不俗气的浓香，如从朱栏玉砌珠环翠绕间飘来，熏人欲醉。一眼看过去，掩映于绿叶间的是一片黄白红紫、迷离错杂的锦绣。间有蜂蝶飞舞其间。蜜蜂飞动是有声的，还能辨出；蝴蝶无声，花动似蝶，蝶静似花，就难以分清了。有两棵高大的古柏挺立在花丛，郁郁葱葱，上干云霄，俯视众花如儿孙，别有一番情趣。我们沿着花圃的围篱走，边走边谈，边停下来拍照。品花论诗，谈天说地，扬眉朗笑，游目骋怀，信可乐也。

赏花之后，就到我家品茗小叙。那时我家还没有客厅，一间很小的书房算是又读书写作又待客的“多功能厅”。大家就座，挤得满满的。臧老笑呵呵地说：“室雅何须大啊！”我老伴一直同游，到了家，更尽主妇之责，端出极好的龙井茶来，杯色澄碧，茶香满室，谈兴更高。已年逾八十高龄的臧老，精神饱满，操着浓厚的山东口音总是有说不尽的话。回想起来，他谈的多是关于诗的宝贵意见，可惜没有录下来。从八十年代中期起，年复一年，很少间断，1992 年我移居离景山比较远的方庄后，还聚会了一次。那一次自然无法到寒斋茶话，就带来饮料食品。看花后到山坡的柏阴下小憩，餐巾铺在刚发芽的嫩草上，大家坐在山石上，过一把野餐的瘾。

牡丹诗会的前前后后，我们写了不少诗词。1984 年，那年赏花后兴犹未尽，我画了一枝没骨牡丹赠给臧老。他特别高兴，写了一首诗赠我：“词章已动众，绘事见才华，昨日牡丹圃，一枝到我家。”用毛笔写在雅致的诗笺上，下款名下注明“甲子之夏，时年七十九矣”。诗的后面写了一段话：“日前应诗友刘征同志之邀，与光锐友、郑曼同游景山公园，赏名花。今得刘征同志绘花一枝，吟此志意。”我曾习山水画，没画过花卉，这幅处女作，稚陋可知。臧老题诗，看重的是友情。

1987 年我出访美国，误了花期。臧老写《彩笺诗赠刘征诗侣》一首：“山向眼中秀，水在心底流，神与自然会，你远游，我卧游，今年花请假，美永留。”诗后注道：“今年刘征远游，故云‘花请假’。”神与自然会，道出诗会的情趣。1990年春我南游扬州，参加叶圣陶先生教育思想研讨会，为着举办牡丹诗会，力争在花开时赶回来。临行前赠臧老两首诗，其一道：“暂涤尘怀向个园，瘦西湖畔小流连。计归当在清明后，不误京门看牡丹。”果然，那年的牡丹诗会依例举行了。

1991年初，光锐同志为我的一本册页题诗，写道：“年年国色映京城，魏紫姚黄玉露凝。觅句寻芳乐何似？友情诗意共花明。”诗后注道：“北京三月牡丹盛开，刘征兄岁岁邀克家老人与余在景山共赏名花，而后品茗论诗，乐何如也！”次年我移居，来不及早些告诉光锐，劳他仍到旧居访我，未遇。他写了一首感人的《满庭芳》，上片写道：“门锁黄昏，燕飞何处？只余风拍窗纱。怅然归去，挥手别庭花。犹记年年四月，游皇苑，共赏云霞。书香近，登君小室，谈笑品新茶。”低回流连，风流蕴藉，有白石道人风。真切的情思升为极美的词华。

1993年，臧老得知我移居，赠我一首诗，并且写了一个长跋，诗曰：“泥爪鸿何去？生涯未可量。楼高天地阔，屋矮旧情长。”牡丹诗会，是伴着诗的乐曲行进的。“屋矮旧情长”，诗会停了，乐曲却依然行进。

1994年，臧老赠我一个条幅，写道：“十几年来，牡丹花开时节，诗友刘征邀我与光锐会聚于景山之下，徘徊于花畦之畔。花面人面，花心人心，契会为一笑。赏花之后，并肩缓步到刘征之书斋。室小而雅，龙井之清茶、开怀之畅叙，人间乐事毕于此矣。而今（刘征）乔迁，相期于今后年年依旧例，不使快意往事竟成陈迹。打油四句，以表心愿：人远牡丹近，忆旧亦怀新，年年花期到，相邀慰芳心。”下款注明“时年八十又七”。

直到六年后，即2000年春节，臧老经过几年病床生活，以顽强的、乐观的精神战胜了疾患。他老人家今年已达95岁高龄，依然神清骨健，在家人搀扶下能到楼下散步。大年初二，我和光锐同志等去给他拜年。茶叙间，他赠给我们新出版的一本《臧克家旧体诗稿（增订本）》。翻开来，第一张图版就是“三友”在景山公园合拍的照片，时间是 1989 年。整整十个年头过去了。十年前，我们都那么年轻啊！看来牡丹诗会这一段诗缘，要超越匆匆流逝的岁月，长留天地人间了。

《兰亭序》是千古至文，说出了普通人对流光易逝的无可奈何的感慨，古今若合一契。“当其欣于所遇，暂得于己，快然自足……及其所之既倦……向之所欣，俯仰之间，已为陈迹。”说得真实透辟。但是，陈迹之说并不尽然，其中自有历久常新者在。流水滔滔，而江河长在，逝者如斯，未尝往也。

2000 年 4 月

逸园题画诗漫评

逸园，侯君之山居也。侯君，我同窗老友，大画家。在创制巨幅油画之余，以水墨作小幅遣兴。或人物或花鸟或草虫，将西法融入传统画艺。寥寥数笔，栩栩如生。每自题诗，随手拈来，不泥成法，颇多谐趣。择其题画诗数首，妄加评点，博读者一笑，求得开心顺气，岂有他哉！

老翁端水图

画幅正中为一老翁，两手各端一碗，碗里满满是水。翁也，唯恐其倾，唯恐其侧，唯恐此高彼低，此盈彼亏，务求两碗持平，盛水等量，无毫发差。于是战战兢兢，如临深渊，如履薄冰，步履蹒跚，竟寸步难行。题诗道：

此翁行走步跚跚，怵怵惕惕两碗端。
世间怪事无须怪，缠不清处要人缠。

〔**评**〕H君虽非官，却深通“平衡学”之奥义，故画来笔笔见精神，其诗字字是感慨。为什么要“平衡”？因为呀，属下众员，办事虽无多大本领，“窝里斗”却大见真功夫。斗起来细碎如虫蚁，纠缠如乱丝，黏人如浆糊，厌人如蝇蛆，咬人如蛇蝎。剪不断，理还乱，没了没完。该办的事不能办，把大好精力消磨在“内耗”中间，苦不堪言。嘿，老头儿，走好，别听我闲侃！看来今后任命领导，要验看杂技训练班的毕业证。

红 包 图

一张白纸居中画了一个红包，红色灿如锦绣。半开半掩，其中的阿堵物已取去。如丢在地上的一块肉，足令馋犬垂涎三尺。画家善于大删大减，一大幅白纸只画一个红包，并不觉寂寞。盖一个红包已是一个宇宙，压在画幅上沉甸甸的，何须更画他物哉！题诗道：

闻说办事靠人情，人情不到事不成。
云烟最属塔山好，塔山不如小包红。

〔评〕旧谚曰："幺三五（酒）神通广大，小白棍（烟）扭转乾坤。"烟酒之类，如今已大大落后了，时代在前进，红包兴起。此红包一打开，已完成使命。什么使命？求任职乎？求提升乎？求分房乎？求加薪乎？或者，求批公司，求批贷款，求批出国，求免减刑罚，求惩治仇家，或者是堵嘴分赃，等等等等乎？红包被笑纳，自然如同加了润滑油，通向所求，畅行无阻。钱的数目为绝密。局外人哪得与闻！可怪的是钱既取去，竟把空包遗在地上，而不速付诸丙丁，留此物证，颇不明智。想是大老爷持其中巨款迷醉于温香软玉之中，归而沉睡于太太枕侧，梦中时呼小 X 之芳名，太太惊且怒，从他衣袋里翻出此空包，顿明底里，醋意熏天，狂摔于地下。万没料到，为画家之第六感官所捕捉，其然乎，其不然乎？

双 蟹 图

逸园之画，独具匠心者如《双蟹图》。两只螃蟹，大而肥，螯上有绒毛，眼如胡椒，闪闪若窥伺猎物。稻草缚之，如缚横行之盗。H君谓扬州友人所赠，其真真正正非假非冒之大闸蟹乎！想见金风送爽，黄菊盛开，小盏酒香，高窗日暖，出红甲于蒸锅，纳黄膏于馋口，纵南面王岂足易耶？题诗道：

年来蟹价贵如金，赠蟹扬州一故人。
口馋不肯全吃尽，留得一双壁上存。

〔**评**〕记得老舍《茶馆》里有台词道："过去有牙，没有花生仁儿，现在花生仁儿有了，牙又没了！"人生总是多有遗憾。现在市场上四季都有螃蟹，海蟹河蟹，团脐尖脐，应有尽有，可就是价贵如金。虽然举行"千年第一大宴"的成都某富豪，一餐饭不惜狂掷18万，若买螃蟹，几十几百斤都是小意思，可是过笔墨生涯的清寒书生，如果不会拍马屁，不会吹喇叭，不会傍大款，不会拉帮派，只凭老老实实做学问，清清白白做人，纵然才高八斗，学富五车，也只能蛰居斗室，行靠公交，粗茶淡饭，了此一生。望蟹兴叹，作壁上观，画出天下寒士苦相。

钟 馗 图

逸园之画，赏玩不胜其意者，当数《钟馗刺虎图》。衣冠火红，须发蓬松，两目圆睁如探照灯，钟馗盛怒时也。手挥长剑，直指一只猛虎。看那虎，完全失掉山林之王的淫威，活像一只老鼠。题诗道：

满城尽说贪污风，何计盗得累亿空？
可怜子民盼廉政，霹雳天神斩大虫！

〔**评**〕腐败猛于虎，腐败是生长在自身肌体上的毒瘤。不亡于外患而亡于内忧，历史和当代不乏前车之鉴。呼唤钟馗，表现了沉重的忧患意识。“霹雳天神斩大虫”，但愿除贪有那么痛快。H君老栖林泉，寄情鸟鱼，俨然一隐士。但我知道，他这逸园中不只有清风明月。

我也题一诗，题侯君之题画诗：

老卧禅林风露清，浩茫心事入丹青。
夜来多少花开落，最是关情风雨声。

2000年5月

《西征随笔》读后

电视剧《雍正王朝》播出后，议论纷纷。我不谙清史，遵照不知为不知的古训自应三缄其口。但对雍正大兴文字狱却略有所闻。《历代小说笔记选》选入了《西征随笔》，由此不免引起对汪景祺一案的兴趣。

考汪景祺，字星堂，康熙五十三年举人。雍正二年游陕西，写了《西征随笔》两卷。他为着攀附抚远大将军年羹尧，把这本书送给了年。古代书生走后门找靠山，不以金帛而以才华，于庸俗中还要保留一点清高。而今这一着大约不灵了。

年羹尧获罪抄没，地方官搜得此书上交。雍正认为此书语涉讥讪圣祖（康熙），责年见知不举，定为年大逆五罪之一。汪景祺遭受的惩罚是惨重的。汪本人立斩枭首示众，其妻子发遣黑龙江给穷披甲人为奴。期服之亲兄弟亲侄革职，发遣宁古塔。五服之内的族人，现任及候选、候补的俱一一革职，令本籍地方官约束，不许出境。呜呼，竟至于此！

《西征随笔》早遭毁禁，据《小说笔记选》的编者说，书稿是从故宫懋勤殿的封锢箱中拣得的，是个残本。上卷首页有雍正的批字："悖谬狂乱，至于斯极！惜见此之晚，留以待他日，弗使此种得漏网也。"这书为什么惹得天颜大怒？从其中现存的一篇论文《功臣不可为》还可看出一些丝迹。也有人说，此文是作者获罪的主要罪证。

汪景祺，其为人也小有才，文笔生动灵醒，没有半点八股气。如《遇红石村三女子记》虽然事涉荒唐，却把三个盗窟中的绝色侠女写得活灵活现，呼之欲出。《功臣不可为》是一篇文笔犀利的论文，把皇帝对付功臣的心态剖析得入情入理，淋漓尽致：一是喜，二是疑，三是畏，四是怒，五是厌。终于必剪除之而后快。每个阶段都作了精切的描述。奉天承运、威仪赫赫的大皇帝被还原为卑怯、猜忌、残忍，既狂妄自大又岌岌自危的小人。同时作者写道："天步艰难，干戈鼎沸，粮饷转输于外，库弩耗竭于中。其时节钺重臣，为国奋身不顾万死一生，昼食不甘味，夜卧不贴席，孤军累卵，出入锋镝之间。或身历戎行，或运筹帷幄，虽父母妻子亦弃之如遗。幸而告捷成功，九重不致旰食，举酬勋之典，受殊爵之荣，位极人臣，威拟王者，又何苦而反乎？横加猜疑，致成嫌隙，进不得尽其忠节，退不得保其身家，抚育乖方，君臣两负。呜呼，千古之豪杰英雄，所为槌心而泣血者也。"大声疾呼，为被屠杀的功臣鸣冤叫屈，并引晚唐刘巨容故纵黄巢逃逸的故事，刘说："国家喜负人，不如留之，以为高贵之资。"是极为辛辣的讽刺。

这篇文章，显然不只"讥讪圣祖"，会遭到雍正的大忌，汪景祺以此贾祸，身罹重辟，祸及宗亲，并不足怪。独怪汪某一介书生，功名止于举人，并无官职，就该或者狂胪文献，埋头故纸堆中，搞考据之学，或者诗酒逍遥，为风流名士，何必议论朝政，自投文网？这要从此人的个性找原因。

《西征随笔》有一篇自序，作者说他少年时"豪迈不羁"，自比使酒骂座的灌夫和不畏权贵的祢衡。闹得"所至之地，望风闻名，往往引避去"，不敢跟他交往。五十岁"渐知夙昔之非"，才交了几个朋友，但秉性难移，"遇事侃侃不稍假借如故也"。写《西征随笔》还加了小心，"其有不可存者，悉毁弃之"，仍自谓"意见偏颇，则性之所近而然也。议论悖戾，则心之所激而然也。""知我罪我，听之而已。"完全是一副书生脾气。

但是，他对功臣不可为看得十分透辟，却对敢于放出"心之所激"之言的书生之不可为毫无所知，天真如婴儿。也许他想，皇帝老子如同父亲，自然无比慈爱，我是他老人家的子民，自然可以无话不说。万没料到，王赫斯怒，雷霆之下竟把它击得粉碎。痴哉书生！悲哉书生！壮哉书生！

须知清朝并非没有法律，大清律赫然在焉。而且皇帝审案，并不如舞台上那样，一拍龙书案："推出午门斩首！"皇帝在手谕中，总是历数犯人罪行之后，要求臣下"秉公各抒己见，详核定议具奏"，以示出以公心，广纳群言，尊重法律。你想，不光刑部衙门的官儿，就是军机大臣哪个不看皇帝老子的脸色行事，所以总是从重量刑。皇帝最后批复时，往往还要酌减一二，以示法外推恩，宽厚之至。呜呼！臣罪当诛兮，天王圣明！只有叩头谢恩的余地了。

2000年5月

记圆明园断瓦

那天，正是北京十月的响晴天，天空一派澄蓝，蓝得透明。草木才沾凉露，没有枯黄，却显出几分苍老。圆明园遗址在初肃的秋气中显得格外肃穆萧寥。走在废弃的甬道上，抚摸着那断裂的高大石柱。从那石质的洁白和雕刻的精美，可以想象当年皇家园林的气势，而今已矣。

大水法的后面，有一处宫殿的遗址，只残存着断垣、石基和矮柱。遗址附近的杂草间，散满砖瓦的残片，荆缠尘积，秋虫鸣噪其间，难邀游人一瞥。家人坐下来休息，我和小孙女踱到瓦砾上，打算拾起有趣的一片。——我每到一处，不喜欢买旅游纪念品，总是拾一块砖瓦或石子留作纪念，成了习惯。

拾起几片瓦，都不中意，忽然一片半埋在土里的断瓦吸引了我们的目光。孙女拾起来递给我，拂去灰尘仔细看，那断瓦只有半个手掌大，一面的黄琉璃釉没有布满，有釉的地方呈美人头面的形状，眉梢锁怨，唇角含情，酷肖一位年轻的宫娥。得此断瓦，不胜惊喜，归来磨洗干净，在无釉的一面涂以朱墨，刻上“圆明园断瓦”五字，并题记：“甲戌十月同孙女牛霄于圆明园废墟中拾得”，珍藏在一个匣子里。这么一拾掇，俨然一件稀有的文物了。我以为其价值远在汉瓦秦砖之上。

每开匣赏玩，我仿佛看见皇舆播迁，卫卒四散。偌大个圆明园毫无抵抗地落入侵略军的掌心。临头的大难，吓得不知所措的宫女面如死灰。她们有的悬梁，有的投水，有的遭到蹂躏，花残玉碎，泪飞血溅，临末是死的活的一同化为灰烬。当时凋零如野草，过后更无人顾惜，真正抱恨终天的是她们。想见当时，侵略军纵火焚烧了圆明园所有的宫殿，大火熊熊，浓烟滚滚，暗无天日，一直延烧了两天两夜。宫殿的梁柱被烧断，屋顶轰然崩塌，鸳瓦破碎，溅落如雨，这一片是千万片坠瓦之一。摸一摸似乎还热得发烫，闻一闻似乎还有血腥和硝烟的气味，听一听似乎存录着哭泣声、呼救声和怒骂声。这断瓦，凝聚着无数死难姐妹的冤魂！在风雨霜露中沉埋了一百多年之后，如今来到光天化日之下，坐在我的对面，她多想痛哭一场，多想大声说话啊！然而竟脉脉无语，只有我的一首《沁园春》倾诉心曲：

夕照残墙，墙角拾来，断瓦草间。想宫娥挥泪，应惊梦雨；震霆飞熛，遂碎霜鸳。一炬烧天，百年焦土，坠地而今灼未寒。休拂拭，留土花斑剥，记取尘烟。

蛾眉欲画应难。怅历劫沉沦损玉颜。甚名园秋好，暖风熏醉，繁忧种种，仍上眉尖？梦随荒云，金销劲骨，记否鲸波曾覆船！瞿然拜，胜千金拱璧，一片河山。

词写成，吐了一口气。曾借《中华诗词》一角园地，向广大诗友征和，得到热烈的响应，短时间即收到和词几十首。编成一辑《断瓦酬唱集》。这里先抄下我的序言，以为此文的结束：

风悲离黍，名园动兴废之思；彩拟宫娥，断瓦记山河之辱。草间偶拾，慷慨依声，笔梦非花，词惭幼妇。感今抚昔，聊以抒怀而已。不谓一邀众览，和笺沓来，满纸风云，连章珠玉。回肠荡气，白发喜欲黑矣！盖尧天共戴，国运牵赤子之心；洛咏同声，宫徵发风人之兴。和之者众，意在斯乎！心仪元白，敢效先贤；趣异西崑，未妨酬唱。辑诸家之作为一编，命曰《断瓦酬唱集》，扬盛世之新声，传词林之佳话。济济多士，必击节赏之。

2000年6月

虎言无忌

猎人的一柄长剑，冷森森直指老虎的咽喉，老虎被兽枷夹住了脚爪。

“你这吃人的魔头，死有余辜！”

“吃人就死有余辜吗？那么更该死的不是老虎，是人。”老虎突然大笑起来，震得四山轰轰价响，猎人也打了个寒战。

“死到临头，还想狡辩！”

“在死之前，我要昭示天下，让一切众生作证。我们虎，天性是吃肉的，吃萝卜白菜，活不了。造物主造出来包括虎在内的许多肉食动物，绝非他老人家爱好杀生，是用来取得生态平衡。任凭啮齿动物、有蹄动物繁衍滋长，挤满了地球，比如说，你们的议事大厅挤满了牛羊，你和太太的床上爬满了老鼠，怎么得了？我们虎，吃兔，吃羊，吃鹿，吃牛，吃狐，吃狗，有时候，饿极了，碰上人也吃。可是你听清楚，我们绝不吃虎，不论是东北虎，华南虎，美洲虎，非洲虎，谁也不吃谁。有时候，为着争领地争配偶，龇龇牙咧咧嘴，只是吓唬吓唬，绝不动真格的。你可听见过老虎相残的事吗？有，请你说出来。”

猎人瞪大了眼，半天才说出一句话。

“人为万物之灵，你吃人，罪过就够大了。”

“且慢，虎不吃虎，人可吃人，万物之灵吃万物之灵，嘻嘻！”

“你这畜生，胡说什么？哪家厨房里有人肉！”

“我的确是畜生，愧不如人。论吃，你们本可以吃萝卜白菜，可是你们嘴馋，偏要吃肉，什么肉都吃，特别是吃人肉，你们的厨房大着呢！比如打仗，是人杀人也就是人吃人，争地以战杀人盈野，争城以战杀人盈城。白骨堆山，血流漂杵。几千年来，你们从用刀矛弓箭、钢枪火炮，直到化学武器热核武器残杀同类，制造了多少次战争，吃掉了多少你们的同类，数也数不清，光两次大战就吃了几千万人。可是你们不以为耻，反以为荣，写在冠冕堂皇的史书上，把指挥吃人的高手捧为英雄，真羞死人！不错，在你们看来，有些人是该吃的，不吃掉他们好人活不了。可是在我们虎看来，虎中从不产生该吃掉的虎，人类中总是不断产生该吃的人，不也是一切众生中一种独特的景观吗?”老虎越说兴致越高，声音越大，倒好像兽枷夹着的不是老虎而是猎人。猎人手里的剑无力地顺了下去。

“不打仗，天下太平，就不人吃人了吗? 不，你们人里头有一种坐在王位上的人吃叛逆，吃异己，并且由于猜忌和恐惧，吃功臣，吃忠臣，加以种种恶名，连灵魂一起吃。遇到暴君更了不得，一大批一大批地吃。吃得鬼哭神号，天昏地暗。皇帝吃大臣，大臣吃小臣，小臣吃老百姓，一路吃下去，归根到底是吃老百姓。当然，你们人里头，不乏好人，却也不乏口蜜腹剑的人，卖友求荣的人，两面三刀的人，冷箭杀人的人，嗜血成性的人，杀人取乐的人，吃人不吐骨头的人，杀人不见血的人，漆头为尿盆的人，烹人为红烧肉的人，以人为粮、名曰‘两脚羊’的人。你们自己就说，一部二十四史是‘相斫书’，相斫者，互相砍杀即互相吃之谓也。

“但是，你们毕竟是万物之灵，吃人，被吃者的血肉模糊与吃人者森森爪牙总是用堂皇的或温柔的言辞掩盖起来，如同给恶鬼披上画皮，使之化为千娇百媚的美女。你们的大文豪鲁迅说，书上写的连篇累牍的仁义道德，原来那字缝里只有两个字‘吃人’。迄今人类的一切道德礼法等等，听起来比唱的还好听，可做起来哪一个不沾上血腥呢? 不瞒你说，我要坦白交代，二十多年前一个月黑夜，我吃过两个人。这两个人腰系板带，背带红袖章，从深山里走过。我伏在草丛里听他们讲话。一个说，'年轻的比老的好吃，胖的比瘦的好吃。'另一个嘻嘻地笑，补充说，'还有呢，女的比男的好吃。'我一听，怒满胸腔，心想：你们吃得，难道我吃不得？扑上去，拿这两个人当了宵夜。

"你们人类历史有几千年，经历许多时代，其实只有三个时代，一个是用齿吃人的时代，一个是用舌头吃人的时代，还有一个是齿舌并用的时代。这么说虽然有片面性，却是触痛了人类历史的神经。请问，人与虎相比，哪个是吃人的魔头呢？虎言无忌，你担待则个。"

猎人听了这番话，浑身血液冻成冰，呆呆地站在那里像一个古生物化石。可是，他猛然惊醒过来，心想：这不是普通的虎，是个魔鬼，是人类的天敌。他看看左右没有记者，没有警察，又看看那只虎，皮毛灿烂如锦绣，想来很值钱，就急速举起利剑，向老虎的心脏刺去……

其实，猎人的担心是多余的。老虎嘛，不过是畜生，智商比人低得多。畜生的昏话哪能算数？写出来只能供万物之灵茶余一笑。何况动物中同种相残的事也不少。我坚信，由于文明的高度发展，人类必将有一天与同种相残告别，尽管那一天非常非常遥远。

2000 年 6 月

毛虫的叫声

一切众生最自高自大的莫过于人类。自封为万物之灵，声称“万物皆备于我”，长久以来，以为眼耳鼻舌身所感知的就是宇宙的一切。现代科学越来越使得人类感到惭愧。最近看到一个电视节目，我惊愕得几乎从沙发上跳起来。

那是讲一种蚂蚁的，说这一族专吃毛虫。偌大个森林，到哪里找毛虫呢？原来毛虫会叫。但见科学家走进静寂的森林里，用一种仪器把毛虫的叫声转化为人耳能听到的声音，那声音很大，咕呀呱的，活像一部吵闹的蛙鼓。它们是在求偶。在毛虫听来，也许比“敖包相会”更悦耳。但为了爱情却暴露了自己。人类听不到蚂蚁却能听到，在蚂蚁听来又是一种悦耳：“包子热咧，鲜肉的包儿正热咧！”由此推去，想来会叫的虫儿还很多。

其实在此之前，远古的哲人已凭超前的智慧作了大胆的论断。老子说“大音希声”，认为有一种“大音”是听不到声音的。佛经说，凭“父母所生清净常耳”，就可以听到“三千大千世界下至阿鼻地狱上到有顶，其中内外种种语气声音”。诸如“象声马声牛声车声啼哭声愁叹声锣声鼓声钟声笑声语声男声女声童子声童女声法声非法声苦声乐声凡夫声圣人声喜声不喜声天声龙声夜叉声”，还有许多不尽列举。我们虽有常耳，但不清静，其中有些声音听不到。就能听到的各种声音中，哭声与笑声，苦声与乐声，法声与非法声，凡夫声与圣人声两两并举，足见佛心的慈悲与博大。

可是人类中居上位的就是当官的，却多不能并举，往往是旱烟袋一头热。把人耳的听域中分为二，一半儿欢愉一半儿愁叹，官听到的多在欢愉一面。隔着几重围墙，隔着门卫和秘书，隔着车窗玻璃和密密包围的随行人员，报上来的材料又经过层层过滤，凡此种种形成一个厚厚的隔离层。底层的声音特别是悲苦的声音，很难上达官耳，甚至哭声变成笑声。再说，官代表一种权势。多思顺之以求荣，很少逆之以惹祸。逆耳之言偶一有之，如果听者面露不悦或心存芥蒂，也会销声歇响。于是，灌人耳轮的，是一色的巧言谄笑，花儿一般美丽的谀词，圣火一般辉煌的颂歌。呜呼，钻到云里雾里去了。演出这样的悲剧，与其说由于个人的品质，毋宁说源于地位上下悬殊的一种态势。只有真正认清这种态势，深知官耳所及有很大的局限，才能冲破上下之间的重重阻障，将耳朵贴近大地。

老塾师讲《论语》，正襟危坐，古画家画圣像，道貌岸然。也许由于小时候受到这些影响，我总以为孔夫子是个不苟言笑的木讷老人。近日在南京夫子庙吃小吃，店方赠给每人一本《论语》，开本仅二寸，白文无注，颇便漫读，这才重温了一遍。温故而知新，一看，改变了我的印象。你看，“发愤忘食，乐以忘忧，不知老之将至”，是个多么有血性有豪情的汉子！有人问他：“一言而丧邦，有诸?”他说：语言哪有那么大的魔力？不过有人说，当官的最大快乐是说出话来没有人敢违抗。如官所说不善，那就差不多一言丧邦了。夫子所生的年代先于“文革”约二千五百年，显然没受到无限上纲的习染，何况夫子是最讲中庸的，断不会危言耸听。他把听不到逆耳之言提高到“丧邦”的严重程度，令人不寒而栗！

下笔千言，离题万里。赶紧拉回来扣题，来个首尾照应。毛虫啊毛虫，尊驾的叫声开通了人类的科学的耳朵，也引发了我联翩的文思，写苦口清心的文字。你这一部蛙鼓，何异于江南丝竹哉！

2000 年 7 月

又一个起点

——在刘征从事教育、文学活动五十周年研讨会上的发言

感谢前来参加研讨会的教育界、文学界亲爱的朋友们，感谢我的老家人民教育出版社和其他主办、协办单位为我举办这次盛会。今天的会上，臧老的情深意重的书面讲话，几位领导同志和老朋友热情洋溢的讲话，给了我极大的鼓舞。今后的会上，许多好友还要给我许多指教，我有如坐春风之感。

半个世纪以来，我一直过着笔墨生涯。主要精力用于教科书编辑工作，以工作的余力和离休后的余热从事著述和创作。这一部分成果都收在这五本书里（即《刘征文集》前五卷，编者注）。总的看来，数量不多，思想和艺术质量也不尽如人意，而且不免有缺憾和谬误。这是真话，不是客套。因此更渴于求教。

但有一点颇堪自慰。枯木逢春，辙鱼得水，是时代的巨变激发了我这个老兵的热情。这五卷文字绝大部分是在改革开放近二十年间写的，反映的不是陈迹，是活生生的现实。我写了许多讽刺作品，把着力点用于抨击腐败和丑恶，试图给清除前进道路上的垃圾和荆棘助微薄之力。我这样做了，虽然助力微不足道，我仍然感到生命随着时代跃动，其乐无穷。“辣讽缘深爱，枭鸣有凤声”，这两句诗说明我的心曲。

今年我已 74 岁，在“老人”上要加“高龄”二字，但我不服老。记得在山东长岛月牙湾拾到一块石子，上面有草书“起程”二字，妙字天成，非人工所致。我写过一首诗：“不老苍天亦有情，

优游未许度余生。携来明月滩头石，耳畔声声唤起程。”我自知是笨人，是平庸的人，是书生气十足的人。人一能之我十之，人十能之我百之，只有靠不懈的努力，才能做一点事情。我总是把一切学习的机会当做起点，这次会是我的又一个新起点，是74岁的老儿童背起书包，又一次踏进小学校门。

在我的面前还有一段极宝贵的岁月。在今后的努力中，我如果能略有进步，不为虚度余年而遗憾，能为不息追求而欣喜，于愿足矣。

古有“一字之师”，在座的都是我的师长和兄长，年龄小于我的是我事业上的兄长，诚心诚意地希望给我更多的指教。

2000年9月

华居三问

记得前些年曾在某县参观一处保留完好的清代县官衙门。大堂公开审案，准许老百姓听审。二堂秘密审案，兼接待宾客。二堂以里是内宅，太太小姐住的地方。总体看来，虽然宽敞，却算不上豪华。

看来，有一任县太爷是很注意塑造形象的。二堂的匾额是“琴治堂”，取孔子弟子宓子贱弹琴而治的故事。大堂有一副楹联，大书道：“欺人如欺天，勿自欺也；负民如负国，岂忍负之。”好一个爱民如子的青天大老爷！然而，一间暗室陈列着各种酷刑器械，令人毛骨悚然！但心想，如今我们可以大摇大摆地走在大堂之上，坐一坐大老爷的金交椅，不必下跪，不会挨板子，那旧时代的恶梦已经离我们很远很远了。

走出县衙，阳光一片灿烂，我深深透了一口气。然而就在不远的地方有一座大楼拔地而起，白色的，富有现代的风采，相当气派。它竖立在栉比鳞次的矮小简陋的民居当中，如同一位衣着华贵的大富豪，围着一群破衣烂衫的乞者。“那是什么楼?”我惊问。“那是县政府办公大楼，新落成的。”回答我的是本县的一位教师，他叹了一口气，无可奈何地说：“我们已几个月没发工资了!”我如同挨了一击，愤然写下了下面的一首《浣溪沙》：“琴治堂前明镜悬，书楹大字勿欺天，森森牙爪虐黎元。侧畔新楼拔地起，黄金为顶玉为砖，从公枵腹士林寒。”

这件事久久盘旋在我脑际，但也时时在想，这也许是个别现象。茂盛的花枝上免不了有片枯叶，何必过于认真。我已经学会自已开脱，确实练达多了。然而事隔多年，最近在电视里看到的场景，不但同我往岁所见如出一辙，而且有加无已。

屏幕上出现县城里一幢幢样式新美、设备考究的楼房，三层的四层的，参差错落，形成一道长街，一律是县里大小官员的私人住宅。单看楼群，真以为此县消灭了城乡差别，跨过小康迈向大同了。然而镜头一转，楼群以外那众多的民居，有如久已弃置的蜂窝，矮小破旧，形成强烈对比。主持人介绍，这楼每幢造价20万至50万元不等，而官员的工资收入十分有限，造楼的钱从何而来呢？问之，对曰："我有兄弟姐妹，妻子也有兄弟姐妹，是大家帮凑盖起来的。"一人如此说，人人如此说，大家竟同一鼻孔出气，兄弟姐妹无例外地多而且富，且讲友爱，只有傻子才相信这拙劣的谎言。主持人还讲了一件事，说是县里有所小学，为了举行升旗仪式，要建立一根旗杆，造价150元，县里只拨款50元，校方筹款也只凑到50元，尚缺50元没着落，因此，旗杆至今没有建立起来。竟然如此！

高楼、民居、旗杆，咬噬着我的心。我苦痛，我愤怒。愤怒之余，冷静下来想想，不免有许多疑问。

一问。那里的大小官员号称"公仆"的，面对这么大的反差，他们为什么能够安然泰然怡然快然，端起酒杯胃口大开，走在街上昂视阔步，睡时不做恶梦，夜半醒来扪心不愧？他们为什么能稳坐官位，没有暴风吹掉他们头上的乌纱帽？

二问。那里的老百姓都是早已"站立起来了"的中国人民，都是国家的主人。主人居陋室，仆人住华屋，主人呀，为什么敢怒而不言，只能背地里小声骂几句？那里的舆论，那里的监督哪里去了？是怎样一股邪恶势力有如此巨大的威慑力量，泰山压顶，弄得万马齐喑？

三问。此病，不是偶发的伤风感冒，而是一种危及全身的痼疾，为什么越演越烈？

一千多年前杜甫眼望河水上的浮冰有诗道："群冰从西下，极目高崒兀。疑自崆峒来，恐触天柱折。"反映了强烈的忧患意识。见微而知著，何况这已经不算微了。警惕啊！

位卑未敢忘忧国，无畏多忧敢放言。

2000 年 9 月

吃　趣

吃 烧 花 生

我爱吃花生。花生的吃法很多，配料越多，越失原味。比如天生丽质的女子，粉黛反觉多余，“着粉则太白，施朱则太赤”。《红楼梦》里，刘姥姥不识茄鲞为何物，俞平伯先生按照凤姐的介绍付之烹饪，结果不但失去茄子的本味，而且失去茄子的存在。多种味道的花生我都尝过，可是最能解馋且余味无穷的只有一种，那是60多年前吃过的一次。

那时我还是个孩子。秋收季节，庄稼收割完毕，拾取遗穗者又已经走过，这样的田地里是允许放猪的。我正在秋假中，跟随几个小伙伴去放猪。在伙伴眼里，我是个“知识分子”，跟他们一样又不一样，我来参加，大伙儿特别高兴，当贵客待我。“咱们吃烧花生吧”，伙伴们忽发妙想，要以野味飨客。

猪正在拱着泥土大嚼，似乎有丰盛的美味埋在地下，不必去管它。我们在近旁一块未收割的花生地里偷来几大捧花生，潮乎乎的，带着泥土的香气。那地不知是谁家的，不告而取就算偷吧，其实，那主人不是爷爷就是伯伯，向他要，会给的更多呢。我们捡泥土松软的地方挖个小坑，拾来些柴草放在坑里，点着火。在火的旺势已过，柴草一半成灰的火候上，把花生倒在坑里，用土埋起来。从土缝儿里立刻冒出浓烟，白如炊火。过一阵子，烟不冒了，把坑里烫手的热土刨开，花生便露出来。那花生烧得吱吱价响，有的生有的熟，有的一半烧焦另一半却仍白生生的，冒着热气，活像从地里钻出的一群人参娃子。大伙儿立刻围上来吃，烧焦的糊香糊香，尚生的鲜嫩鲜嫩，同样花生却多种味道。

想来初民用野火烧烤猎物，那味道当远胜过后来顶好的烹调吧。几十年来，我不曾再吃过这么美味的花生，每想起来还觉得香沁齿颊。据说教化鸡本来称“叫花子鸡”，是从乞丐用野火烧鸡演化来的。如果哪家大饭店仿制我们这一美味，叫它“牧童花生”，而且让顾客自己动手，生意必定会火爆起来，日进斗金。到那时，可别忘记请老刘嘬一顿。

吃烧整猪

老年间给祖先上供，最隆重的莫过于整猪整羊。但那摆上供桌的却只是猪羊的头衔着尾巴。删繁就简，是象征性的。粤菜的烤乳猪也只是乳猪的一部分。我吃到的红烧整猪，却是头腹蹄尾一应俱全，名副其实的整。怎么一回事？且听我慢慢道来。

“文革”那年月，据说是阶级斗争无所不在。干校的伙食，米菜油盐里自然也充满阶级斗争。1969 年秋才下干校时曾经吃咸鸭蛋，这事被指为“阶级斗争新动向”。闹得那年冬天和次年开春，只吃一色的水萝卜、炒萝卜、熬萝卜、炖萝卜、腌萝卜，吃得人大倒胃口，见了萝卜就反胃。

但是渐渐地，这条“阶级斗争的弦”绷不住了。大约因为食是人性的一个重要成分吧，不论左中右，似乎都嘴馋起来。于是整担的鱼虾挑进厨房，收割季节，不但有肉还有啤酒。老乡有歌形容“五七战士”道：“穿得破，吃得好，光着膀子带手表”，真不亚于《诗经》的国风。又渐渐地，吃大灶不过瘾，夫妇在一起的自行烹调，搞起小灶来。单身者也不示弱。有一次，我们几个哥们，买了一大碗猪头肉和一瓶白酒，乘夜深人静，关上宿舍的门享受起来。不料吱的一声，门被推开了，进来的是一位军管。这一吓非同小可，真亚赛凉水浇头怀里抱着冰。可是军管笑吟吟地走到近前坐下来："怎么，不欢迎我来聚餐吗？"一切疑惧冰消云散，军民美美地聚一次。在那残酷斗争的形势下，这位军管竟能如此冒险，真可算得上最可爱的人了。

这年过春节杀猪。——这就该说到吃整猪了。猪是学员自己喂大的，也自己来杀。不料"臭老九"的孽根未除，不辨牝牡，也不知孕否，竟然杀了一头怀孕的母猪，一刀连伤数命，后悔来不及了。于是，红烧肉中就有了几只红烧整猪。"我要一只吧"，我如愿以偿。那猪，长只一尺左右，眼耳鼻舌身俱全，只是身上无毛，脚上没有角质蹄窍，紧闭着眼，死了却不知什么是死。吃起来也没有肉香，只有一股腥气。

现在想来，我的这一奇特的举动不知出于什么动机，是斗争的折磨使我变得残忍，是人生的苦闷使我寻求发泄，不知道。心理学家定能作出精神分析。总之，我坦然地用我曾经吐纳书香的牙齿咀嚼了小猪咽到肚里去。几十年过去，小猪的阴影常在我眼前晃动，我觉得，我当时竟变成《西游记》里吃小孩子的妖精，不觉毛骨悚然。我祈求造物主的饶恕，愿小猪们在天之灵安息。

吃 粽 子

粽子，晋朝已有记载。《本草纲目》说："古人以菰芦叶裹黍米煮成，尖角，如棕榈叶心之形，故曰粽，曰角黍，近世多用糯米矣。近俗五月五日以为节物相馈送。或言为祭屈原，作此投江，以饲蛟龙也。"把粽子的原委说得清清楚楚。那一身四个尖角的怪模样，恰好与三闾大夫不同流合污的倔犟脾气相适应。可是用粽子投江，并非祭飨屈原，是用来喂蛟龙的。"水深波浪阔，勿使蛟龙得。"百姓们生怕蛟龙伤害屈原的遗体，就投粽子给蛟龙吃，让他们吃得饱饱的去睡大觉。果然，传说有一条大鱼，背负屈原的遗体回到他的故里秭归，就安葬在那里。老百姓对屈原这位爱国诗人的情意可谓至深至厚了。我从小就爱吃粽子，那时还不知道屈原这回事。后来知道了，每吃粽子就多一份思古之情。而今老了，还是爱吃粽子，可是味道又有不同，于思古之外又多了一份忆苦，苦辣酸甜，难分难辨。

话说“文革”初起，正值端午前后。我很早就被揪出来，妻子在学校当领导也成了“黑帮”。一对黑，家颠覆了。那时家里不起火，只是休息日做做饭，平日在单位食堂就餐。既被揪出，就成异类，在人前抬不起头。或投以冷漠的目光，或横加大声呵斥，因此我总是躲着人走。开饭时，食堂是人们聚集之处，比肩接踵，我哪里去得？不得已就到附近的一家小店里买粽子。买一堆拿回家，我吃一部分，留下一部分给从学校受苦回来的妻子吃。这样对付着过了一段时间。后来，斗争之火越烧越旺，种种苦情与粽子无关，不去说它了。

眼下又是端午节，午饭时老伴端上来一盘粽子，笑着说今天吃“忆苦饭”吧！这话只有我们老俩懂。雪白的糯米，深红的小枣，鲜绿的苇叶，应节美食，看一眼就会流口水，何曾有半点苦？这粽子又有第三种味道，枯木逢春，绝处逢生，幸存者晚年生活的甜。

吃竹虫

说到吃，我也许可算得上勇敢者。凡是天上飞的地上跑的水里凫的草丛里蹦的，只要有人吃，我就敢于尝一尝。即便是素所厌恶的青虫，吃起来虽说有点不自然，却也不妨下箸。在广州吃禾虫，经过烹调，已不具备虫的形象。在昆明吃竹虫却不然。几百条全头全尾的竹虫，炸得金黄金黄的，盛满了一个盘子。那虫体，同玉米螟虫、稻螟虫一个模样，可吃到嘴里却既香且脆，味道好极啦。我写了一诗《吃竹虫》：

有虫如稻螟，体软长盈寸。穿竹入竹心，窃国居然朕。以竹为珍馐，以竹为衾枕，以竹为厅堂，以竹为藩溷。竹虫泰而康，荣养日肥腯；竹君苦难言，凋零日委顿。竹质坚如石，钻凿费刀刃；竹腹唯清虚，膏脂了无蕴；竹叶尸酒名，苦涩与诗近；竹肤瘦无肉，只堪书孤愤。胡力亦遭蛀，枯死化灰烬？虫也何不仁，造物何太忍！谣诼妒蛾眉，鞭笞辱神骏，贤作汨罗鬼，圣于陈蔡困。岂独竹为然，绵绵千古恨。

庖丁发异想，捉虫就烹饪。袅袅倩妆女，手捧玉盘进，油炸千百虫，灿灿焦且嫩。或惊瞠其目，视虫毒如鸩；或憎欲作哇，视虫秽如粪。我谓虫大恶，逍遥法不问。而今已就烹，释我心头闷。嚼之以下酒，丑类化清韵。

我曾说，晚年的生活是甜的，摆脱羁绊的鸟儿得以自由自在地活着，云胡不甜？但是，饱历沧桑的体验，使我总是多想到忧患。这在《吃竹虫》里透露出一二。但愿剪除一切人间的竹虫，让我们多难的国家兴旺发达，长治久安，让我们老百姓长久地过上舒舒坦坦的日子。

2000 年 10 月

从“自然探索”到“文明探索”

眼下的电视节目虽然让人眼花缭乱，耐看的却很少。多是戏说或者游戏，一笑之余，罕有所获。其实也许倒是正该如此。人们在竞争中拼搏，忙得很也苦得很，不免偷闲找个乐子，笑一笑少一少，管什么获不获！在我则不然。日暮途远，时不我与，总想在见闻中有所得，知识性的，特别是探索大自然奥秘的节目，我最爱看。

译制的外国节目“自然探索”，要算是这类节目中最引人入胜的了。最近看到一集专门介绍动物的同种相残（多是近亲相残）的，见所未见，闻所未闻，我的灵魂受到很大震撼。天地不仁、不图竟至于斯也。

活泼可爱的小松鼠，简直是森林中的小天使，但它们产子前后只有短暂的时间表现出母性，昙花一现后，便变成魔鬼，无论自己的还是别人的子女一律捉而食之。家鼠养育幼子期间，如果发现有猫窥伺她的巢穴，就将幼子悉数吃掉，然后搬家。与其便宜仇家，不如自己享用，她倒想开了。鹰，雏鸟兄弟姐妹之间绝不讲友爱，激烈地互相残杀，直到剩下强者为止。鲨鱼这种嗜血成性的家伙，原来在母亲的子宫里已生出牙齿，开始互相打斗吞食。科学家用先进的仪器显示出子宫里可怕的血战，令人发指。百兽之王狮子也不例外。母狮哺育幼狮期间不发情，雄狮是“急色儿”，急不可待，捕幼狮而食之。母狮并不记杀子之仇，不久即投入雄狮的怀抱。莎剧中表现的爱与仇的矛盾，在狮界踪影皆无。人类的近亲猩猩的恶行更令人惨不忍睹。几条大汉捕杀族内的幼儿，将猎物肢解，分别享用。荧屏上出现一头狞恶的大猩猩，像人那样坐着，手（前肢）里拿着一条幼儿的腿，口角溢着鲜血，嚼得咯咯有声。而脸上那副泰然自得的神气，与饿汉之啃烧鸡一般无二。我寓之于目，怒不可遏，骂道：畜生！

不错，他们是畜生，文明与他们无缘。支配他们的纯然是大自然的生存竞争的法则。任何谴责与斥骂都毫无意义。

然而且慢，骂他们畜生、自命为绝非畜生的人怎么样呢？想一想，未免惭愧。人类文明如同一辆两头都有车辕的怪车，驾车的，一头是天神，把人类拉上天堂，另一头是魔鬼，把人类拖向地狱。单讲同种相残，人类比畜生怕是要堕落千百倍。史载为了补充军粮的匮乏，要吃“两脚羊”，为了免于饿死，要“易子而食之，析骸而炊之”。拜伦的《唐璜》写飘流在大海上的同舟落难者，要按强弱依次杀来吃，此其小焉者也。且看，古往今来无数大大小小的战争屠杀了多少人啊！单是“二战”就死了约 6 000 万人，且不说又有多少人死于屠刀，死于非刑，死于鸩毒，死于暗箭。

诚然，不应一般地反对战争，人类之中有败类，有梦想称王称霸的野心家，有嗜杀成性的狂徒，有妄想一口吞下地球的疯子，这些家伙不死，广大善良的老百姓就不得活。“乃知兵者是凶器，圣人不得已而用之。”我们应该高高举起正义战争的旗帜，要为正义，为保卫祖国领土主权完整而英勇奋战。然而，那些主张侵略的、非正义的嗜血的疯子为什么不产生于虎狼之群，偏偏产生于人类之中呢？毋庸讳言，这是文明在人类身上促生的“癌变”。

我不想一般地诅咒这种“癌变”，这是历史发展到一定阶段的必然。我相信，史轮继续前行，人类会以自力克服这种“癌变”，这大约也是一种必然。可惜道路会很长很长，而且充满血和火。然而这之间，人类并不是无所作为，馅饼就会从天上掉下来的。

如果良知战胜吞食一切的贪欲和君临一切的霸图，如果正义与和平战胜邪念不再上演“你吃掉我我吃掉你”的几千年无数次重复的老把戏，完全有可能付出较少的代价，使这“必然”早日到来，反之，也可能使“必然”的实现遥遥无期，希望之烛黯然成灰，而只将代之以“武器的批判”。当此新千年之始，世纪之交，应该想一想全人类未来一千年乃至一万年的福祉，思之思之，责在自身，择在自身，力在自身。

2000 年 12 月

虫豸小品

戏虎

马戏台上出现五只白虎，雌的雄的，老的少的，无不狰狞威猛，令人望而色变。他们的天灵盖上都有一个黑毛聚成的“王”字，无异于奉天承运的丹书铁券。

驯虎师，一手电棍，一手肉块。但见他指手画脚，又是大声吆喝，又是柔声劝诱。那虎呢，居然善解人意，一会儿蹲坐，一会儿人立，一会儿打滚，一会儿跳舞，一会儿越障碍，一会儿钻火圈，一会儿两虎拥抱，一会儿众虎搭肩。五只虎都如同被抽去了魂魄，柔软如面团，顺从如婢女，娇媚如猫咪，匍匐如叭儿狗。山林之王，一啸而大风起，一跳而万木偃，身上的一点腥气足令百兽发抖，那种威风竟然扫地以尽。

我没感到一点开心，只感到悲哀。我仿佛看到古今英雄的失落和胜利，两者同样可悲可叹，崇高和壮烈竟如儿戏。我期待猛虎复归山林，腾跃怒吼。那是虎的真魂。

悼鸡

市场上摆着一笼活鸡，现卖现宰，是真正活的。

竹篾编的鸡笼里挤满二三十只鸡。毛色不同，老嫩肥瘦各异。鸡笼旁边放着明晃晃的屠刀和一锅沸水，还有盛鸡毛的筐和接血的盆子。但鸡们对笼外的事不加理睬，正忙着笼内的争斗。

你看，有的鸡在争夺方寸之地，终于挤走他鸡，多了一点站脚的地方；有的鸡在争风吃醋，打斗得血肉横飞。可是忽然笼门打开，伸进一只人类的大手，把鸡小姐抓去了。一边抓，一边有个声音说：“保证是今年的小母鸡，没下过蛋的。”砰的一声，笼门又紧闭。打斗者延颈而望，望了一阵子不见小姐回来，也就在莫名其妙中各干各的了。有的鸡在争啄盆里的小米，大家都在尽快尽多吞食。只有多食才能延年益寿，这是从老祖宗那里传下来的祖训。一笼鸡闹哄哄，笼子就是他们的整个世界。

他们并非把生死置于度外的大彻大悟的有道之士，其可怜的智慧不足以使他们弄懂鸡笼之外的事情，不足以使他们看到近在咫尺的杀身厄运。

想到这闹哄哄的人世间还有多少笼鸡似的愚昧，我要哭出来。

听 蝉

“蝉噪林逾静”是诗人的耳朵对蝉鸣的理解。我们非诗的俗耳只感到厌倦、烦躁，恨不得一竿子打下去，还夏日绿阴一片宁静。

蝉的唱歌艺术也许是昆虫界最拙劣的，没有和谐的韵律和动听的腔调，一味直着脖子喊，沙哑，粗鲁，刺耳，疯狂。只顾自己痛快，不管听者受怎样的折磨。像撒下一张大网，一切众生都笼罩在内，都要忍受钝刀子的切割，一条一条的，一块一块的。像用湿漉漉的棉絮填塞五官，填塞脏腑，填塞每个毛孔，填塞一切，吸不进也透不出一丝空气。天越热它越喊叫，越喊叫天越热。

然而它能够恒久地占据高枝，用压倒一切的声势占领山林的歌坛，能够恒久地沐清风，吸甘露，披绿阴，抚白云，洋洋得意，不可一世。这种鸣蝉现象不是偶然的。昆虫界，想必有大人物有听蝉癖，想必有大老板看准这笔交易为它包装，想必有媒体为它紧锣密鼓地炒作。它的奖状奖杯委任书聘请书想必已装满几箱，一百卷

《鸣蝉评传》想必已一版再版。其中考证出鸣蝉祖先是西王母的侍从，常为王母的偷情传书递简，而它的曲谱是从王母的乐队里偷来的。

但人们最感兴趣，也是最值得研究的是蝉的成功秘诀，它是运用怎样的谋略、施展怎么的手段获得如此显赫的成功的？蝉爬到我的耳边悄声说：没有什么秘诀，这不是秘密，我是从你们人那里学来的，学得很不到家，小巫见大巫，惭愧！

观　蚁

远看，地面上有一片黑，在蠕动。近看，原来是一堆蚂蚁，成千上万，密密麻麻，熙熙攘攘，每一只都在动作。细看，没有规整的队形，没有划一的路线，却乱中有序，并不互相妨碍，互相挤压。

它们在干什么？

如此大规模的“群众行动”，也许是一场大战前的誓师，也许是一代圣君的加冕大典。必定有一个神圣的宗旨，为着实现这宗旨必定有神圣的宣言，这宣言在蚂蚁心目中宏大如宇宙、昭明如日月。然而，它们的渺乎其微使它们无从得知，一个比它们巨大千百倍、聪明千百倍的智能生物体正站立在它们的近旁，它们的宏大和聪明抵不过一粒尘埃。

面对群蚁，我的脸上才露出一丝怜悯和讽笑，却又忽然感到毛骨悚然，不觉汗颜。如果我们人类的身旁也站立一位——

好在没有如果，或者如果虽在，我们尚一无所知，人类仍不妨傲然宣布：天上地下，唯我独尊。

赞 鹦 鹉

在海外的一家百鸟乐园里看过一场鹦鹉表演。那鹦鹉就是普通的鹦鹉，但善学人言，达到惊人的地步。

她能兼用华语（普通话）和英语数数儿，一到十。发音大体无误，只是英语音节转折处略嫌迟拙。不特此也，还能唱歌。用华语唱道："客人来到家，爸爸不在家。客人客人你坐下，请你喝杯茶。"唱得大体合乎歌谱，很像孩子的童声。真是神乎其神，博得热烈掌声。

"鹦鹉学舌"，是个贬义的比喻，但这同鹦鹉毫不相干。鹦鹉，不懂得巴结上司以求升官，不懂得巴结老板以求发财，不懂得巴结名流以求抬高身价，它的灵魂是干净和自由的，学舌又何妨？可以尽情模仿，模仿数数儿，模仿唱歌，模仿朗诵诗，也不妨模仿唱大戏，将模仿艺术发扬光大，成为超级模仿大师。祢正平《鹦鹉赋》赞道："嬉游高峻，栖于幽深，飞不妄集，翔必择林。绀趾丹嘴，绿衣翠衾，采采丽秀，咬咬好音。"鹦鹉何等美丽而高洁，是美人也是君子。

2001年1月

路 边 拾 草

有 偿 顾 问

某名人收存顾问聘书不下百余份，有增无已。而止于一纸空文，不顾不问，挂名而已。聘请者看重的是有重磅含金量的名人的大名。大名列上，增色增值，不付分文，无本万利，何乐而不为？名人心甚厌之，而如蚊蝇扰人，挥之不去。苦思冥想，计上心来。公开声明，顾问须付聘金，一万元起价，具体金额面议。声明一出，果然灵验，从此门庭寂然，只有几只麻雀跳来跳去。它们在觅食，在调情，在散步，总之不是来聘顾问的。

陈琳之檄可愈头风，子张骷髅可驱疟鬼，名人之声明可并而为三矣。

未来的古物

一千年后，在一只破旧不堪的书箱里发现一本青年日记，纸黄脆，字迹漶漫如雨后湿烟，但有一段尚可辨认：“作业问题答案考试问题作业考试答案作业作作业作作作业作作作作业考试答案问题作业作作作业业业业问问问问答答答答案案案案考试考考试考考考试考考考考试试试试——”

经专家考证，此系 20 世纪末期在中国一个青年对他的中小学学生生活的实录，含意至深且远，正在研究破译云。

新瓶装旧酒

某报广告栏一个不显眼的角落，刊登一则广告，妙不可言。

上面一行大字：周易文化科学咨询。

下面两行小字：基因工程，电脑智能，过去未来，阴阳吉凶，有问必答，有答必灵。

见怪莫怪。张目四顾，有多少新瓶装的是旧酒。旧酒者，并非远年陈绍，也非法国陈年葡萄酒，是那早已发酸发臭发霉、令人恶心甚至中毒、从臭沟里挖出来的老老年劣质假酒。

市场通知

某菜市场生意兴隆。正在熙熙攘攘之际，忽然高音喇叭响起来。管理处在广播一项重要通知，说是明天市检查团来场检查，要各摊贩做准备。口气是官方的，命令式的。其中有这样的话："不合规定的塑料袋不要用，都给我收起来。有小孩的，不要叫孩子进市场，孕妇不要上班。给市场增光的有奖，损坏市场形象的重重罚款。"

我在市场里逛了大约一刻钟，重播了三次，足见问题的严重。弄虚作假以应付检查并不稀奇，如此明目张胆以通知形式出现，实属罕见。由此可知，大大小小的检查团所到之处，所见所闻有多少是在演戏，是大有学问的。然而有少数所谓"检查团"也是在演戏——不，在走穴。

放生鸟

鸟市上有许多珍奇鸟儿，有百灵画眉八哥鹦鹉，单是鹦鹉就有许多种。有时还可以见到猫头鹰，算是其中的黑李逵。但也有一种鸟，恕不知名，长相和叫声也不出色，是那种鸟类中的芸芸众生，从来无人当宠物饲养。这种鸟竟然很多，一只大笼子里就装有几十只，如同18世纪西方贩奴船上，船舱里挤得满满的奴隶，不知病死伤死挤死饿死有多少。

问：这鸟也有人买吗？买去干吗？

答：有，买去放生的。要吗？可以优惠。

为纵先擒，未免荒唐。而请贵客观赏捕鱼，主家先置群鱼于大网中，网随船行，自船上撒网，每网都有许多条烂银般鱼儿打上来，博贵客取乐。这是为纵先擒，纵后又擒，花样更翻新矣。

抄　报

据《新华日报》5月30日报道，5月28日南京清凉山公园出现丑陋一幕，来自省内的十几位所谓“前卫艺术家”，或裸体，或自虐，或受虐，搞了一个标榜“先锋艺术”的“行为艺术展”，上演了一幕令人恶心的闹剧。

据了解，这场名为《人·动物：唯美与暧昧》的所谓“行为艺术展”共有十多个“展品”，前后共有四个男人裸体进行了“艺术实践”。一个男人当场脱下衣服后把自己缝进牛肚里。说体验孕育的感觉，然后持刀从牛肚里破腹而出，意为自己“诞生”了。人们看到他的身上粘满了牛的血液和肉屑，并引来大量苍蝇。还有一个叫《迷宫》的“作品”，表演者一丝不挂地趴在大冰块中，意欲“尝试”施虐与被虐的深度感官刺激，不仅如此，他还将两只刚出生的小猫剃光了毛放在身体上，冻得小猫凄叫。另外有一个叫《大鹏鸟上的乌托邦》的“作品”，一个男人将自己打扮成大款模样，坐在一只雕塑鸟上，然后让两个穿着三点式的女人为他按摩、洗头。另外还有诸如将羊灌醉，用墨汗灌鱼等“表演”。在另外一个场所，一个人脱光后，将自己与一头猪放进盛满酱油的大缸里用火煮，声称是为了体验“酱缸文化”。如此充满血腥、刺激、下流的表演当场引起了许多观众的愤怒斥责。（《文摘报》）

哇！于是乃有蚂蚁之嚎啕，乃有蛆虫之行吟，乃有木乃伊之发情，乃有天神之自杀，乃有广寒宫之大爆炸。哎哟哟，我的天的天的天！唵嘛呢叭咪吽敕令赫！阿门！

2001年1月

梦见 3000 年

史步匆匆，过去了一千年。但大人先生“以万期为须臾”，传奇中还有人黄粱未熟就梦过一生，我就不能以千年为弹指，同未来人谈谈心吗?

天遂人愿，我梦见身在公元 3000 年太平洋岸上。海水千丈见底，水底游鱼可见鳞鳍，水面开满七色的花，花大如屋。岸边坐着一位少女。

见了她，仿佛眼前亮起一道立闪。看不清她的眉眼，也看不清她的穿戴，却真切地感到她美得无与伦比，画上看到的，书里读到的，以及让当今全世界小伙子疯狂的美女都黯然失色。我的心在疾跳，有些晕眩，喃喃地说：

“小姐，我是从一千年前来的，没见过世面。请问，您是人还是仙女？您的美足以令全地球震颤。”

“什么？您真会开玩笑！我到月球俱乐部参加选美才回来，可惜没有上名次。依靠生物技术可以随心所欲创造最完美的人，已不是稀奇的事了。恕我直言，先生！您的长相确实困难些，但人们得知您生在一千年前，不会拿您当怪物，大家懂得尊重历史。”

姑娘的话使我出离自惭形秽的懊恼，也就不再拘谨，谨慎地坐在她身旁：“小姐，要是在一千年前，您一准会荣膺全球皇后的称号。看样子您是中途小憩，要到哪里去呢?”

“回家呀！我家住在太平洋水下的水晶城，是个上百万人口的海底城市。我的职业是送花，每天早上，给每家送一束鲜花。”

“那，送花的要几千名姑娘了，个个赛过天仙，乖乖!”

“哪里！只有我一个人，按按电钮就行了。我还有的是时间做我乐意做的事。我画画，曾经获得全城美术水晶奖，还在几所大学里讲美学，做客座教授。”

“水晶城属于哪个国家?”

“水晶城有十几处，各国共建。国家的名字虽然还在，可那职能早已改变了。整个地球叫‘地球村’，各国都是村里的住户，职责是让居民按照自己的意愿生活，过得富裕，过得自由，过得快乐。彼此间讲友情，重道义，遇到全球的大事争挑重担。这不，正在兴建联通各大洲的海底超声速列车通道，各国争着多贡献，同竞赛一样呢。”

“您在讲神话。我是个诗人，好幻想，却也不曾幻想到您这等程度。真善美与假恶丑相依而存，相伴而行，战争与罪恶永远不会绝迹，这是历史规律。别以为我是个从时间坟墓里钻出来的傻老帽。”

姑娘忽然朗声大笑：“我不能为着礼貌就不指出您的弱点，您目光如豆。地球在宇宙间小得比不上一粒芝麻，是个小小的局部。您的历史规律没有错，但不妨碍一个小小局部变得干净。如同玉与蝇并存于世，并不妨碍某块美玉上没有蝇屎。您无知，不知道人类经过多少奋斗牺牲才有了今天。如今，战争武器都进了历史博物馆。还有法院和警察局，但是那里的工作人员闲得很，只好兼办慈善事业。

“先生！我要给您说说咱们的地球村村长，他是一位20多岁的美男子，有一字形浓黑的短胡子。在月球俱乐部门外我见到了他，正在帮助交警忙着维持交通秩序。《地球村大法》写道：‘人是最宝贵的，人体美是最神圣的。’选美，是全球一年一度的盛大节日。各国都有代表，还请来外星嘉宾，航天器、陆行器成千上万，交通安全是一件大事。村长最担心的是出交通事故。有人跌个跤，擦伤一点皮肤，村长就要引咎辞职，否则会受到弹劾。告诉你一个秘密，村长是我梦中的白马王子，可是他的意思总是难以捉摸。‘扇裁月魄羞难掩，车走雷声语未通。’”姑娘轻轻叹息。

明知我这丑八怪配不上她，但得知她已有意中人，还是感到酸溜溜的，连忙转变话题：“中国的唐代已经是遥远的过去，您竟能背出李义山的诗句，令人惊叹。忘了问一声，您是中国人吗？”

“我不属于任何国家，在各国可以自由居住，是地球村生命创造中心的克隆人。如今，历史上各国大诗人的作品已经成为受到全球崇敬和热爱的财富，学校里都在学。我最爱玉豀生的诗，能背诵他的全集，并且从美学的角度加以研究，出版了专著。”我自称诗人，却只能背诵几首李诗，更谈不上研究，不觉脸红。好在已近黄昏，脸色的变化遮掩在渐暗的晚霞里。

姑娘似乎想起了什么，歉然地说：“有朋自远方来，光顾了说话，忘了招待你。我们顺着海岸走走，到前面不远的一家餐馆吃晚饭。看样子您是中国的古人，就吃饺子吧！”我们站起来，她大方地挽着我的臂膀，缓缓向前走去。

“告诉您一个好消息，今天的头条新闻是关于中国的。中国研制成功一颗人造月亮，它升上太空，总是照临地球背日的一面，比自然的月亮大十倍，亮十倍，也美十倍，洒下明如冰、清如水的蓝色的光，从此地球上不再有黑夜。那在人造月亮里值班的是一位中国女郎，人们亲昵地叫她‘嫦娥’。今天晚上是第一次试验升空。您来得多巧！”

我默默听着她讲述中国的新闻，听着远洋舒缓的涛声，心情无比舒畅。日落了，忽然天际升起一轮极大的月亮，明亮温柔，如梦如诗，那光仿佛是有声的，如一曲《春江花月夜》。少女浴在月光里，如同笼罩在云霞中的一只白鹤。我的灵魂已经痴醉，消解，融化，变作烟霞飞散。我忘记我的存在，也许根本就不存在，猛地张开双臂去拥抱我的白鹤，可是抱在怀里的是空虚。

“真傻！相隔一千年怎么拥抱？”她朗笑着飘然而去，越飘越远，变成越来越小的黑点。我朝着那个小黑点迅跑，跑呀跑，冒着狂风暴雨，踏着荆棘泥泞，穿过尖牙利爪，冲过天崩地裂，一步一个血迹地跑去。

一个声音喊道：“不要重演夸父逐日的悲剧！快停下来，否则你会跌倒，你会伤残，你会死去，你会化为宇宙尘埃！”

“不，这一次定然是喜剧！我一个人追不上，生命会在无数未来人身上继续；一千年追不上，就追它两千年，三千年！我不能离开她，我不能放弃爱的权利！”

2001年1月

莫忘薪胆

新春佳节，再加上新世纪之始、千年之交，欣逢难得的天缘，总想说点什么。可是难，我的笔微如野草，难有扛鼎之力。接受记者的街头采访最惬意，随便说几句就可以公诸天下，但也难，书斋岑寂，并非街头，即便走上街头，记者若非有考古癖，话筒岂肯伸向我这鸡皮鹤发的老朽？转念一想，却也不难，学京剧一拖二唱《坐宫》，来个自问自答，不就齐啦。那就试试。

——先生，请您留步（其实我正坐在沙发上喝茶），在这薄海腾欢、普天同庆、千载一逢的大好日子里，您想向广大观众说点什么吗？

——很想很想。一些祝贺的话大家已说得很多，如同啤酒的雪沫已溢出杯外，这方面我不说了。只说四个字：莫忘薪胆。

——且住，一开头你说得就不得体。不说祝贺的话也该说吉利话，你倒好，乱说一气。试想，大家纷纷乔迁漂亮的新居，品尝中西大菜，你却提出要睡在柴草上，喝苦涩的胆汁！你呀，简直是从几千年前越国的古坟里发掘出来的出土文物，哈哈。

——我不是开玩笑。猫头鹰的叫声不悦耳，并非不祥。卧薪尝胆是一种象征，代表一种精神，一种意志，一种骨气。这四个字，发自我的肺腑。我希望用通天到地的大字镌刻在泰山上，鎏以真金，使之光照天下。

——不过是一个老掉牙的成语，有那么重要吗？别犯傻！

——并非老汉故作惊人之笔。请想想看，我国虽然发展迅速，博得全世界喝彩，可是据估计，就这样稳定地发展下去，也需要

50年左右，国民生产总值才能接近世界最发达国家，至于赶上，需要更长的时间。第二，在前进中，我们还面临许多重大的难题有待解决，有些问题关系到国家的兴亡、事业的成败。中央指出，要从源头上杜绝腐败，加强对权力的制约和监督，即旨在解决一个极大的问题。第三，国际反华势力仍然存在，遏我之势未消，亡我之心不死，乘我们暂时还不够强大，变着法子欺侮我们。何况五洲风云变幻，能给我们多少和平建设的日子尚未可知。千难万难，任重道远。在新世纪里，我们确有展翅腾天的难得机遇，却也有生死存亡的严重危机。“莫忘薪胆”这四个字，是激励国魂的晨钟，是催马奋进的金鞭，是欢庆吉日良辰的威风锣鼓中万不可少的一面声如雷霆的大鼓。难道这竟是老掉牙的“出土文物”吗？

——嘿嘿，你这神经兮兮的老头子还真有一套，我收回“出土文物”的说法，换成“盛世危言”，行了吧！请你说下去，寡人愿安承教。

——还要说下去吗？臣以为不必了，人们定会从中得出必要的结论。这四个字又是一剂良药。只吃蜜糖，骨头会发酥发软；喝点苦胆汁，振气清心，强筋壮骨，起补钙的作用。可以医治贪图享受，追求形式，讲究排扬，爱好铺张种种疑难杂症。留神看去，这些病状并非一无所见。良药苦口啊！

——倒是几句要紧的话。可惜离街头采访越来越远了。就是写成文章也未必能发表。

我倒要写成文章试试看。可是，老伴的一声颇具诱惑力的呼唤转移了我的兴趣：你一个人在书房里叨咕什么？快来吃饭，炸酱面！

2001年1月

桂花和橘花

我爱桂花，爱桂花的香。

盆栽的桂花不能使人领受桂香的极致，月亮里的桂花，只能嗅以想象，而且她一直在铁斧下挣扎，无心作花是情理之中的。秋高气爽，我曾漫步在杭州和桂林街头，小息在老桂阴下，才真正感受到桂香的非凡的气韵。但最使我沉醉的还要算访问屈子祠那一次。

1997 年 11 月，秋色向晚。一夜潇潇细雨，早上仍然没有晴意，天和地都湿漉漉的。游兴很高，阴雨何能阴行？岳阳的二三诗友和我们老两口同游，车行几十里，渡过汨罗江，就到屈子祠了。屈子祠有相邻的两处。新建的一处，崇楼阿阁，金碧辉映，现代建筑富传统风韵。但我更倾心于旧的一处。青瓦白墙，石阶藓径，幽花细草，小院回廊，令人悠然遐想。一连几重屋宇，每个院落里都有几棵高大的桂树。那树木，古拙如青铜，蜿蜒如虬龙，看样子在百年以上了。枝叶茂密，障蔽云天，抬头看去，满眼都是阴阴的绿叶，方形的小院，仿佛罩在绿色的熏笼里，加上阴天，幽暗而深沉，显得供案上的香烛特别明亮。正当桂花盛开的季节，枝叶之间金粟累累。呼吸俯仰，随步皆香。檐间的雨滴是香的，阶前的落叶是香的，寒涩的蝶翅是香的，清瘦的丛篁是香的，我的眉宇肺腑无不沁着清逸的香气。有时飘来一阵浓香，如饮醇酒，如品酽茶，如礼天魔，如骑龙虎，令人意夺神迷，与香俱化。有时飘来一阵淡淡的清香，如佳人去远，衣裙之间遗留下的香泽，似有似无，疑真疑梦，令人陶醉。

屈原是爱桂花的。桂花与兰蕙芙蓉之类同为用来比喻节操高洁的芳草。《九歌》首篇《东皇太一》唱道："蕙肴烝兮兰藉，奠桂酒兮椒浆。"以桂酒祭祀天上最尊贵的神灵"东皇太一"，足见桂花在屈原心中的地位。屈子祠门外不远就是汨罗江，秋雨下的江水清深湛绿，在雨点的击打下时时跃起水花，如无数小鱼在跳舞。我想这桂树，如果舍去实体视为精灵，她应该见过披散须发、敝衣赤脚的屈原，怎样风一般奔跑，雨一般哭泣，雷一般呼号，怎样用呕出鲜血的声音高唱《离骚》，引得蛟龙仰听，天女属耳，满天剑戟般的花瓣纷纷乱坠。他怎样跃入水中，被大鱼驮去，他的生命之烛熄灭了，却跃起永不熄灭的诗的长虹。我想，两千多年前的屈原，足迹仅限楚国，思虑也仅达中原和西秦，不知道在此之外还有众多的生民和广大的世界。如果他知道，那么他的悲哀和挚爱必定不限于一楚，必定大到涵盖神州大地乃至全球。也许这枝头的桂花就是他写的《离骚》，凝结着他的诗魂，字字句句以永恒的香气弥漫今古，为全人类的福祉默祷。

于是，我坐在祠外的一个茶摊上，卖花的小姑娘捧来一杯此间特有的姜茶，我一手擎着雨伞，一手端着茶杯，脑际盘旋着诗。经过推敲，一首《摸鱼儿》飞落在纸上：

听萧萧汨罗祠宇，绿阴恰受秋雨。客怀如饮椒浆醉，一片寒香自古。沉思处，料曾见江干，被发歌还哭。问天无语。看结向枝头，累累金粟，都是《离骚》句。

叩心曲，岂止关情一楚？好风愿沃中土。灵根更向云端植，飞作月华嘉树。情千缕，散香遍人间，甘自婴斤斧。定屈子归来，花间唤我，同作九歌舞。

橘花比起桂花来，在北方更少见。我只在温室里见过金黄金黄的"香园"，以及萎在枝间的零星的花瓣。在从宜昌进入西陵峡的途中第一次看到遍山的橘花。那是第二年的春天。

走到三峡大坝工地附近的黄陵庙前，忽然飘来阵阵花香，那香气不像桃李也不像梨枣，清冽而甘甜，像玉兰也有点像薄荷。我惊奇于这股异香，抬眼看见半山坡上有几十棵橘树，绿得发亮的大叶子之间盛开着白色的花，如同蒙盖着北风吹来尚来不及融化的春雪。走上前细看，那花纯白无瑕，如羊脂玉雕一般，花蕊是嫩绿色的。白玉上缀着几珠翡翠，有一种超出娇艳以外的美。

我就是一路浴着橘花的异香来访问屈原故里秭归的屈子祠的。我，我的老伴和几位朋友，面对屈原的塑像深深三鞠躬。在汨罗，鞠过躬了，这里又鞠。一个死地，一个生地，礼多何碍？

说起来，屈原对于橘更是一往情深，到此间，才理解他为什么写《橘颂》。橘生长在江峡间不但特别茂盛，而且从花到果子，乃至躯干枝叶，无处不美。我爱读《橘颂》，你看："深固难徙，更壹志兮。绿叶素荣，纷其可喜兮。曾枝剡棘，圆果抟兮，青黄杂糅，文章烂兮。"把橘的内在和外在的美写活了。仿佛眼前的橘树就是从《橘颂》里移植来的。十多年前我曾结识一位年轻朋友，年仅20，写得一手漂亮的小楷，雅逸有魏晋风。他给我写过一幅《橘颂》，我爱不释手，一直挂在书房里，后来怕变得黄旧才卷而藏之。

听说屈老先生就要有乔迁之喜了。建设宏伟的三峡大坝，峡江水位要大大提高，秭归要大半淹没。于是，在大坝所在地茅坪附近建了一处新的秭归城，城里建了宏敞高大的新祠，大约移居就在年内。先生有知，你定以曾写《离骚》之笔更易一番墨色，应和新时代的滚滚涛声，高唱人间的万千气象。啊，在峡壁上、彩云间，用笔走龙蛇的大字，摩崖而书之刻之，岂不快哉！有《水调歌头》一首：

曾步汨罗雨，沉醉桂花香。橘子花开时节，又访大夫乡。

绿叶素荣可喜，香透云山千里，如酒涤诗肠。切云冠岌岌，眉宇照沧江。问先生：“可有作，咏春光?”“欲向茅坪小筑，正为徙居忙。日夜行吟坝上，高峡平湖天际，发我醉时狂。”定赋新橘颂，石壁勒华章。

2001年2月

两 次 巧 遇

这些年写企业家的电视剧多起来了。但那里边许多老总的形象，或趾高气扬，不可一世；或专断独行，动辄训人；或勾心斗角，铁腕无情；或文化浅薄，生活放荡。而这些大都是正面描写，似乎商战中的强人就该如此。百闻不如一见，我近年来有两次巧遇，亲眼所见并非如此。

一次是 1997 年晚秋，我同老伴从岳阳返回北京。依依惜别洞庭的浩淼秋涛，屈子祠的潇潇细雨，岳阳诗友的殷殷情意，带着一囊逸兴遄飞的新作，登上火车，走进包厢。包厢里已经有两位先生，西装整洁而不华贵，温文尔雅，是那种可以信赖的老实人。如同每次邂逅的同车旅伴一样，见面熟。见两个老人进来，他们忙着接过行李。“您老俩是去北京旅游?”“不，到岳阳玩了几天，是回家。您二位是?”“到北京去开会的。”

包厢的车票，如买两张，照例是一个上铺一个下铺。我们腰腿尚健，本无很大不便。可是二位执意要把一个下铺让给我们，他们都睡上铺。“不必，不必，我们能爬上去。”“不行，您老俩上了年纪，我们还年轻。”诚然，我们年过七旬，可是打量他们二位，也有四五十岁，算不得年轻了。

“那怎么好意思，爬爬高也是锻炼。”“不差这点锻炼，夜间上下不安全。这是我们应该做的，就别客气啦!”两位先生不待谈判达成协议，就单方面执行起来。各自抢先爬上上铺，安排卧具，连旅行箱也提了上去。而今敬老之风尚不普遍，客套一番并不行动，已经够面子了。如此实心实意地让，实是难得，引起我了解他们的职业的兴趣。

响着有节律的轧轧车轮声，车正在风驰电掣般向北驶去，灯光笼照的包厢反而显出家一般的宁静。我们攀谈起来，“您二位在长沙工作?”他们双手递过来各自的名片，原来都是湖南湘泉集团公司的领导，一位是党委副书记彭先生，一位是党办主任吴先生。名片上还印着一句广告语：“人生百年，难忘湘泉。”我虽然已遵医嘱戒酒，却常给《湘泉之友》写点缀边角的零碎，看来颇有些缘分。

再一次是2000年元月，老伴和我从广东的顺德返回北京。在顺德同好客的主人及好友一起度过千年之交异常热闹的除夕夜，又在肇庆买得最心爱的纪念品一方珍贵的端砚。可谓满载而归。在广州白云机场登上飞机，我和老伴的座位不挨在一块儿，虽有些不便，好在“河汉清且浅”，无所谓的。我的邻座是位先生，衣着比较讲究，年在四十左右，身体非常健壮。他很健谈，告诉我他曾是飞行员。他发现我和老伴分两处坐，立即提出同我调换座位，让两位老人彼此有个照顾。不多说谦让的话，也是单方面执行，他不声不响挪到后排一个空位子上去坐了。下飞机后他又走过来，坚持要用他的车先送我们回家，我告诉他儿子开车来接，才作罢。分手时，他给了我们一张名片。他姓李，是广州天创经济发展公司的总经理。

两次巧遇，却感人至深。企业家的善举大都与企业的效益相联系，三位先生的敬老，旁边并没有记者的录音机，摄像机，他也不知道我常常舞文弄墨，只是出于真诚，李先生说，他的父母同我们一样老，但是他在外无暇奉养，每遇到老人特别感到亲切。老吾老以及人之老，这也许是一个原因。

我想起两位古人。司马迁原以为运筹帷幄之中、决胜千里之外的张子房必定“魁梧奇伟”，看到他的画像却“如妇人好女”。伯仲伊吕的诸葛亮，羽扇纶巾，指挥若定，是一派儒将风采。新时期，具有中国特色的企业家该是什么样子呢？我以为，他们应该是儒商，既有驰骋市场、稳操胜券的雄才大略，又有我国传统文化仁爱忠厚的高尚品德。这，在生活里依然存在，可惜在荧屏上尚属罕见。

2001年2月

《昆仑颂》序

“横空出世，莽昆仑，阅尽人间春色”，写高山，亦写人杰。内忧积重，外患频仍，大厦将倾，狂澜既倒。当斯时也，或沉沦而万劫不复，或腾飞而浴火重生，其间曾不容发。有人焉，洞彻迷雾之障如指南，支撑天地之间如砥柱，万姓随之振起，国运因之泰来。斯人也，横空出世，谓之昆仑可也。虽然，人中之昆仑，非石非树，人也。功过之间，任人评说。如玉山之有燕珉，碧海之有泥沙，要不掩其高深云尔。

长沙赵君焱森，辑所作歌颂毛泽东、周恩来等前辈革命家之诗词为一编，命曰“昆仑颂”，旨哉斯名！去岁春，赵君与余曾联步于橘子洲头。望湛湛湘江之波，拂翳翳桐花之影，饮酒论诗，怡神快意。君谓《昆仑颂》即付梓，问序于余。赵君，倜傥俊逸，为官而不忘诗，佳士也。其诗为雄强之音，铜琶铁板，不作喁喁儿女语，佳作也。昌谷之诗曰：“昆山玉碎凤凰叫。”君之诗，其凤鸣乎！

1999年，世纪之交，千禧之年，又当十月，建国五十年之庆，梅苑刘征为序于京门之蓟轩，年方七十有三。

2001年2月

“蝶来”偶忆

臧克家老人年已望百而神清骨健，“二竖”相侵，总是败而却走，虽静养息游，仍时有信来。近日接到他的一封信，用毛笔写在一张水印的梅花诗笺上。开头写了两句诗：“蝶来风有致，人去月无聊。”后面写道：“犹记几十年前，你我共赏此二无名作者的好句，大乐，大兴奋。此二句至今犹不知谁人之作。克家。”书法苍劲而清逸，全不似出自老人之手。这张诗笺引起我的回忆。

“几十年前”，是指20多年前拨乱反正之初，阴霾乍扫，天朗气清。我打破“不留一字在人间”的自戒，又舞文弄墨起来。不但写新诗，还拾起荒疏20多年的故技，写诗词。那时的文坛，诗词还在寂寞中沉睡，很少人写，更很少报刊发表。我每有所得，就寄臧老求教，他总是热情地鼓励我，指导我。他的一封封回信都是用毛笔写在诗笺上，令人爱不释手。我已装裱成一本古色古香的册页，珍藏起来，至今又积存许多。还有一位老诗人程光锐先生一起写诗谈诗，交好莫逆，臧老称我们三人是“三友”。臧老和我是忘年交，在师友之间。回想几十年间彼此无数次交往，谈的主要是一件事：诗。真可谓君子之交，诗人之交。我从中获益很多。

有时我去拜访他，谈得更自由，更痛快。“大乐，大兴奋”。记得那天似乎已是初夏，老诗人小院里的丁香花正在盛开，香飘门庭。臧老和我对坐在客厅里，清风徐来，茗烟袅袅，树影花影透过窗纱印在几案上衣袖上，离合聚散，自然成韵。臧老说：“蝶来风有致，人去月无聊，这两句诗不知是谁作的，年轻时听老人吟诵，至今不忘。虽然不算是名家名句，可是表现出一种诗的情趣，你要多多注意。”我听罢，真如醍醐灌顶，豁然开朗。把无形的写成有形的，把无情的写成有情的，写蝶写风写人写月，实际上是写诗人自己。物，人化了。人，诗化了。当时，我写诗词虽然偶有可取，但是思想尚未完全解放，总是偏于写政治题材，出语太直太硬，缺的正是“情趣”二字。此后，我的诗风发生了变化，朋友们认为我的山水诗尚不乏味，与“蝶来”的影响大有关系。臧老可谓循循善诱，我也可谓善于举一反三了。

佛家有“顿悟”之说。翻翻记载，高僧学道，有举头见月顿悟的，有汲水折担顿悟的，有见砍树倒地顿悟的，有举手不见指头豁然大悟的。我资质凡俗，难窥其中奥秘。然而艺术也有类似的顿悟，是确实的。唐代草圣张旭见公孙大娘舞剑而书法大进，即是一例。大概艺术修养到了一定程度，只要捅破一层窗纸便可顿然达到一个新境界。这往往借助一种偶然的机缘。助我捅破窗纸的不是连篇累牍的大家名篇，却是臧老口授的“蝶来”两句，也算是一例。这两句诗的出处，有待查考，然而只是前辈妙手偶得之句，并不见于著录，也说不定。

2001年2月

“蝶来”诗话

一封读者来信

《“蝶来”偶忆》发表后不久，《中华诗词》编辑部就接到一封来信，是江苏薛以军先生寄来的。信中写道：

刘征先生《“蝶来”偶忆》一文，几次提及“蝶来风有致，人去月无聊”这两句诗不知是谁作的。此联出自人民文学出版社印的《随园诗话》第四页卷一第七则：“常州赵仁叔有一联云：‘蝶来风有致，人去月无聊。仁叔一生，只传此二句……’”今回视此联，颇有感想，略述几点。

（一）此联十分风趣。这小动物竟然有此能耐把清风也扇动起来，而百无聊赖的主人公也要月亮陪搭进去，读之令人忍俊不禁。加之此联，采取移情和因果倒置修辞手法，技巧十分娴熟。逻辑越是无理，诗味越是醇厚。诗之妙趣亦在于此。

（二）刘征文中还提到：朋友们认为他的诗风发生变化，与“蝶来”的影响大有关系，此说甚佳，符合实情。我在拜读刘征的《古韵新声》中那首五古《蝴蝶问答》时，觉得通篇玲珑剔透，妙不可言。此诗不仅在风格上与“蝶来”有直接影响，在题材上也许受到启示，先有“蝶来”，始有“问答”，此说虽暂不能确认，情理上差可近之了。古代佳作可直接影响作品的高低优劣，也直接影响作者的诗格诗风的趋向，但必须有两个前提：一是本人艺术修养；二是豁然开朗的“顿悟”，两者不可缺一。

（三）“蝶来”两句诗是古代布衣之作，二百年后它竟然在当今诗人心中占有不可替代的位置，连臧老这位当代诗坛泰斗也不能不“大乐，大兴奋”，击节叫好，是此联本身有其令人难忘的艺术魅力所致。回顾当前诗作者，往往缺乏上乘之句，纵然积稿如山，也抵不住“蝶来”十个字的价值。此话虽有过激，也是不能回避的事实。所以“百年大计，质量第一”这种现代质量观也应进入当代诗词创作领域之中，成为诗作者的座右铭。果然如此，衰落过的中国传统诗词艺术才可能重放光彩。

我的《蝴蝶问答》

薛以军先生文中提到的我的那首《蝴蝶问答》，是 1978 年 8 月，在香山写的，小序写道：“早起登山，有十几只小蝴蝶宛转相随，挥之不去，戏写小诗。”全诗如下：

翩翩蝴蝶飞，恋恋随行步，我行蝶也行，我住蝶也住。或高拂衣襟，或低绕双足，或依似相携，或随若同路。掬之掌上看，不惊也不惧，纵之上青天，飞还复相逐。与君不识面，况乃各殊族，道路偶相逢，相亲问何故？莫非乍出生，不解爪牙毒，全无警戒心，恋人如恋母？莫非天上来，世途苦不熟，贪戏百花间，展转迷归途？莫非山之灵，幽栖在林木，感我爱山情，为唱无声曲？莫非花之精，生小同春住，知我访春来，故作迎宾舞？

我话未说完，蝶笑把嘴捂，缓缓掠鬓飞，低低作耳语：笑君何太痴，浮想全无据，把我比神仙，我实爱凡俗。四化大进军，文苑齐擂鼓。老者忘其年，七十如十五；少者展英姿，出山跳乳虎；弱者变康强，参茸不须补；病者痛苦失，跑步追行伍。知君是诗迷，吟诗定无数，一路进山来，诗多恐难负。特地飞相随，为君驮诗句。

以军先生眼光敏锐，此诗是写在感悟“蝶来”之后。那时我还在中年，异想天开，兴致勃勃，多少反映了“文革”结束之初备尝苦难的知识分子的解放感。我清楚地记得，那日清晨山行，确有一群小蝶飞绕左右，沾襟惹袖，甚至落在手掌上，痴痴地一动不动。凑近来看，翅膀有些潮湿，夜露打的吧。这种独特现象引起我的极大兴趣，涌动了诗情。画家德舜兄给我画了一张戏蝶图，满纸是上下翻飞的各色蝴蝶，我在画上题了这首诗。匆匆二十多年过去了，此画仍然珍藏在我的书柜里。

2001年5月

附：

臧老的来信

刘征诗友：

长篇《诗话》，送给我三颗开心果：

①“蝶来”两句，费疑猜，一旦赵仁叔的名字出现眼前，一也。

②应该感谢以军先生，指明了它的出处，令我开心。《随园诗话》我几十年读了几十遍，连随园欣赏的三名女弟子的名字，我大加注意，现在记不清了。

③由于“蝶来”这二名句，诱引出你千百首著称于世的山水诗，其乐可知也。

三颗开心果，可以用“三美并”名之。你的专函我读了两三遍，其中之妙，局外人不知也。

握手

克家

2001，5，12号床上。灯下。

读“三石集”想到的

毓霜先生的诗集《碎石集》《砾石集》《砂石集》，我统称“三石集”。所收诗词的思想和艺术特色，阿红、笃文、韶华三位先生在序里已经说得十分周到和透彻。笃文先生说，毓霜的诗，有强烈的时代特色和浓郁的哲理意味，而且大气包举，形象矫奇，概括确当，本已不必再作赘语。可是，“三石集”引起我一些感想，不免发点议论。

毓霜先生是企业家，现任中国石化长城润滑油集团有限公司董事长、总经理，业余写诗填词，“余事作诗人”。在我国，企业家诗人的出现，有鲜明的时代色彩，是一件新鲜事儿。

追溯我们的诗史，几千年来诗与官有不解之缘。第一位大诗人屈原曾作楚国的三闾大夫。后来的历代诗人大都身居官位，至少是有较高的功名。官是那么受尊宠，甚至后世称诗人以官位来表示尊重，杜甫，称杜工部，李白，则李翰林，韩愈，则韩吏部。纯然的布衣诗人极少。就我所知，不曾为官也无功名而诗名甚著的，明清之际的吴野人要算一个。那时候，仕途是知识分子唯一进身之路，不走这条路，非但不能出名甚且不能开饭，莫说难以作诗，即使作出好诗来，也只有同草木朽了。至于商则恰恰相反。商列在四民之末，为士林所不齿，即使富埒王侯也难登大雅之堂。诗与商几乎是绝缘的，从事贸易的诗人，似乎一个也没有。

忽然想起《聊斋志异》。这部书曾偷偷陪伴我度过浩劫中的难眠之夜，至今放在床头，倍觉亲切。那里边有一篇《黄英》，现在想来，真不能不佩服蒲松龄先生的超前意识。他写菊仙陶某和他的姐姐黄英，实则影射陶渊明。姐弟二人为养菊的专业户，贩菊发了大财。黄英有几句话很有意思："妾非贪鄙，但不少丰盈，遂令千载下人谓渊明贫贱骨，百世不能发迹，故聊为吾家彭泽解嘲耳。"想想倒也是。渊明也是做过几天县令的诗人，如果他归去来兮之后，不光采菊东篱，而且做起菊花生意来，就不至于"饥来驱我去，不知适谁门"，诗也许写得更好吧。

这些年市场经济的大潮风起云涌，国与民都渐渐富裕起来，出现了许多企业家。企业与文化的联姻是大潮中跃起的一尾鲜艳夺目的金色鲤鱼。文化因企业而振飞，企业因文化而增采，两者相得益彰。于是出现了两种诗人：一是文人而下海经商，如《黄英》中所写，一是商人而经营文艺。两者起点不同，走的是一条路子。后一种人目前当属稀有，毓霜先生是有卓识的先行者。

企业家成为诗人有多方面的意义。他们会把新鲜的气息带入诗坛，使从来不咏叹财富、称金钱为"阿堵物"的传统诗境焕然一新。于"文穷而后工"之外，另写一句新话：富是同样可以工的。他们还会把诗带进企业，使商业经济富于人情味，无疑会使生意做得更火。

"三石集"的可贵，还在于提倡了一种好风气。由于中国特殊的历史条件，近20多年来成长起来的企业家，有许多只受过有限的教育。他们虽然有很强的经营能力，但是给人的印象是与文化很少缘分，业余时间只是听歌吃酒或打麻将。这种不无遗憾的现象将会渐渐改变。未来将有越来越多的企业家诗人出现，他们在市场上叱咤风云，可是又文质彬彬风流儒雅，成为诗商。伟大的时代必然会造就出跨企业界和文学界的优秀者和成功者。

2001年3月

不忘百年屈辱泪

抄的是《英国邮报》1901年1月1日的报道，是100年后的今天由《北京青年报》译介给国人的。译文如下：

有相当身份的中国人对英国官员在中国圣地天坛的滑稽表演表示愤慨。演员滑稽地模仿皇室成员也是冒犯中国人的一个原因。汉密尔顿上尉扮演着唱民间小曲和跟着爵士乐跳舞的慈禧太后陛下。她唱的一段小曲："想一想我，在这寒冷的天气/就像维纳斯在野蛮人中搔首弄姿/想一想我赤身裸体/在我这一把年纪。"在最后一幕的结尾时，曾负责英国战利品销售的战利品委员会主席费恩上尉把假扮的滑稽的皇太后拿出来模仿拍卖："一个漂亮的百里挑一的中国半老徐娘，我开价50美分，可以作贴身女侍。"

看来出价竞买皇太后是"为了中国的荣誉"，一位扮演端亲王的官员高喊："为了中国的荣誉，我出5美元。"费恩上尉回答："要卖了，要卖了，卖了！中国的荣誉以5美元成交！端亲王你娶她吧。"中国人认为他们的皇室人物是神圣不可侵犯的，因而此事激起了中国人的愤慨。据说天坛是整个中国唯一敬奉上天的地方，皇帝每年都要到那里祭拜天神。

一百年前，北京在八国联军的铁蹄下进入20世纪，侵略军火烧圆明园、践踏紫禁城、烧杀淫掠，犯下的罪行擢发难数，史书早有详载，但这一幕天坛闹剧也许为史家遗漏。多谢大英帝国报纸的报道，给中国人留下了极好的教材。

读了这则短短的报道，一百年后的今天仍觉得怒发冲冠，有泪如焚。那时候，他们仗着洋枪洋炮欺侮我们，拿中国人不当人，任意凌辱亵玩，践踏宰割。《英国邮报》说中国人被激怒，激怒了又怎么样呢？慌慌张张逃往西安的老佛爷敢吭一声吗？还不是卑躬屈膝向洋大人求饶，签订丧权辱国的不平等条约。落后是要挨打的，这是中国人用血泪换来的一条刻骨铭心的教训。

一百年后的今天，中国大变了，浴火重生，展翅腾空了，天坛蒙受的耻辱已经洗雪，八国联军的恶行已经被历史埋葬了。但是，读这则报道不等同于吃忆苦饭，不是为着忆苦思甜。往日，苦则诚然；今日，甜也甜，只是蜂蜜里掺着黄连。

在下不敢作无根之谈，根据有二。

根据之一，我们虽然已经强盛起来，但是，还不够十分强大。目前，我们的国力比起世界上最发达的国家还有较大的距离，国民生产总值按人均计算，则要排到世界各国一百名之后，接近“坐红椅子”。而要跃居前列，要用相当长的时间，其间会遇到多少和多大的麻烦还不计在内。之二，国际上还存在着反华势力。他们的血管还流着八国联军的血液，他们的大脑还印记着木乃伊式的古老纹路。他们把新中国看成“眼中钉”，希望中国仍然是慈禧时代小脚大辫子的中国，仍然是刀俎边的鱼肉。他们鸡蛋里挑骨头，蛮不讲理地打压我们，只要反华，即便是狗屎，也要饰以金银，洒以香水，收养起来当炮弹使。他们敢于明目张胆地欺侮我们，就是因为我们还不够十分强大。他们翻着流氓的白眼说：压了你啦，打了你啦，你敢怎么样？

是啊，我们还远不够十分强大，还要更强大，强大到没有人敢欺侮我们，要让江河怒吼，岱华奋臂，十几亿人使出吃奶的力气也必须做到这一点，因为只有这一条生路。一切自满自足、妄自尊大，或自渎尊严、自辱国格，或自相水火、自侮民心等等，都是饮鸩自杀，万万要不得的。将来强大了，我们也绝不欺侮别人，绝不侵略人家的国土，残害人家的国民，焚掠人家的财宝，亵渎人家的神圣。

我国一向以龙凤为吉祥的象征。龙头上生角，生角者是不吃肉的，凤吃竹实饮醴泉，“不食生虫”，是彻底的素食者。未来的强大的中国，应该如龙那样“超腾云汉之表”，为世界普降甘霖；应该如凤那样“绝云霓，负青天”，为亿兆唱出竹笙玉萧一般赏心悦耳的鸣声。

2001年3月

《祭鳄鱼文》书后

东坡称赞韩愈“忠犯人主之怒，而勇夺三军之帅”。看看《谏迎佛骨表》，历数前代皇帝不佞佛而寿与佞佛而夭，以凌厉的词锋直犯当朝的三尺逆鳞，清刚无畏之气炽如烈火，东坡之赞绝非谀词。果然，宪宗大怒，经裴度等缓颊才改杀为贬，“一封朝奏九重天，夕贬潮州路八千”。

在赴潮州道上他写了一些诗，从中看出他并不抱生还的希望，是很伤感的。但在《泷吏》中，借小吏之口作了严格的自责。作潮州刺史才八个月，为老百姓作了许多好事，创办学校（此前潮州没有学校），赎放奴婢，关怀农桑，其中驱逐鳄鱼要算一件颇有戏剧性的佳话。

当时潮汕一带地处南荒，如韩公到贬所后上皇帝的表里所写：“州南近界，涨海连天，毒雾瘴氛，日夕发作。”他得知鳄鱼时时出没，为害人畜，怒不可遏。大唐的宇内，皇帝教化所及，岂容丑类猖獗？为民除害，是职责所在。但他毕竟是儒家，未可不教而诛。先写了一篇驱鳄的文章，派个军官叫秦济的，把一只猪一只羊投入水中示以恩德，再向着空荡荡的潭水宣读刺史的“最后通牒”。

真要佩服这位文章大家，《祭鳄鱼文》是一篇绝妙的杂文，寓庄于谐，似谐实庄。说是鳄鱼呀，你不安安分分生活在潭溪里，悍然跑出来伤害人畜，同本官对抗，想争个高下，本官虽说软弱，也绝不能怵怵怛怛地向你鳄鱼低头，让老百姓对着我刮脸皮。限你三天，带领你的一帮远远迁到南海里去，避开天子的命官。三天不行就五天，五天不行就七天，七天再不行，那就表明你决意不给我面子了。那时，“刺史则选材技吏民，操强弓毒矢，以与鳄鱼从事，必尽杀尔乃止，其无悔!”好家伙要动杀戒！来个先礼后兵，胡萝卜加大棒。韩刺史好生了得!

说此文寓庄于谐，似谐实庄，是我们今人的看法。当时的韩刺史却毫无谐意，硬是庄庄重重、认认真真干这事的。一则，当时人们对鳄鱼的生态还缺乏认识，认为是一种有灵性的水怪；再则他深信皇朝的教化有感服异类的神奇效应。而在我们看来，朝廷命官竟同鳄鱼打交道，一番如同外交辞令的堂皇言词，竟施之于鳄鱼，如同小儿作戏，未免滑稽。

一番晓谕之后，效果如何呢？史书记载，“是夕暴风震电起溪中，数日水尽涸，西徙六十里，自是潮无鳄鱼。”言之凿凿，却只是史家的想当然。一猪一羊，鳄鱼自然会老实不客气地享用，撕裂而吞之。我在泰国的鳄鱼湖见过鳄鱼吃鸡，真是迅如闪电，眨眼而尽；而对鳄读文，大约还不如对牛弹琴。只是因为吃饱了，鳄鱼才对立在水边口中念念有词的秦济懒于开张锯形大嘴。即使是韩文，它们也绝不会摇头晃脑地赞叹“文起八代之衰”的。事实是，韩公驱鳄之后，鳄鱼依然存在。

几百年后，宋朝的陈尧佐来潮州作官，他在《戮鳄鱼文》中写道：潮州的万江地面有个琉黄村，村民母子在江里洗浴，儿子被鳄鱼吃掉。陈公派两个吏人去捕捉。投网捕得，“缄其吻，械其足，槛于巨舟，顺流而至。”“既而鸣鼓召吏告之，以诛其首烹之。”足见鳄鱼不但仍有，而且，依然吃人。这回陈公下了绝情。不再用墨写的文字，而用网罟刀锯，倒至少杀死了一条。对待不可理喻的邪恶，大约这是唯一有效的办法。

对韩公的驱鳄该如何评价呢？说到这里，在下得赶紧赔礼道歉，鞠躬是洋礼。不行，那就叩头。因为我写过一首诗，有句道：“老来一事颇堪慰，未写潮州驱鳄文。”意思是批评韩公犯颜直谏之后，再也不敢抨击朝政，只写写驱鳄的文字，以表明贬官任上恪尽职守，无怨于朝廷。这看法多么轻率！“居庙堂之高则忧其民，处江湖之远则忧其君”，正是古代大臣出处的楷范。我自谓见解独到，却陷于蚍蜉撼树的可笑，惭愧！这诗编在我的集子里，再版时删去吗？不。依然保留，以彰吾过，引以为戒。

古人有古人的道理，有古人的是非，我们尽可以不赞同，可是那高尚的品德和情操乃是传世的精神瑰宝，万万不可抛弃的。说句笑话，韩公若生在今天，他敢于犯颜直谏，不怕丢官，不怕掉脑袋，当个人民代表准是好样的；他清正廉明，兢兢业业，一心为民，当个地方官准受到老百姓拥护；再加上他是振起一代文风的大文豪，请他领导文坛，自然是最佳人选。三者集于一身，这样的全才、奇才、千秋“高山仰止”的大才，茫茫宇中，有几人哉！反过来看那极少数乌纱帽下的阿谀取宠之徒，贪赃害民之辈，只不过是在“必尽杀乃止”之列的人中的毒鳄。然而，然而什么呢？然而话又说回来，韩公若生在20多年前的昨天，其受到的惩罚，也许不只贬官八千里外而已罢。

2001年4月

乘机历恼记

“历险记”是现成的说法，可是我这次乘飞机的经历并无惊险，却有一串烦恼，所以杜撰曰“历恼记”。

话说这一日天气清和，是京门那种宜人的暖冬天气。我们一行拖着行李，快步走入启用不久的首都机场新候机楼，要搭乘赴上海的班机。一进门，哇，好好漂亮哟！时下滥用成语成灾，“美轮美奂”竟用来形容姑娘的漂亮，等于说“宏大宽敞的小姐”，荒唐透顶！这候机楼真可谓“美哉轮焉，美哉奂焉”了。

可是，可是什么？可是指示的文字和标志太少了。地面宽大，线路多歧，寻找办登机手续的台位颇费了些工夫，拖着行李，东问西问，转来转去，沁着汗喘着气，好不容易找到了地方。

可是，又可是什么？地方找到了，队伍却排得老长，后续队伍不断增多，不见有人移动，大家都翘首以望。怎么了？我不免走近台位侦察，原来先是电脑出了毛病，打不出登机牌，后来运行李的传送带又停摆了。但见坐在台位后边的服务小姐左一个电话右一个电话，另一位小姐跑来跑去，可那传送带硬是纹丝不动。急时偏生闲念，我竟忽然想起早年在农村劳动磨面的事。那驴子有意欺侮我这生手，任你吆喝抽打，驴脚如同被钉子钉住一般，一动不动。笑哈哈的老大爷走来，轻轻喝了一声，那畜生就乖乖地走起来了。可是这是机器，一百个老汉也喝不动它。忽然啪的一声，传送带着魔似地转动起来，大家松了一口气，手续加紧进行。可是没转几转又罢工了。转了停，停了转，停停转转折腾了好几次，总算办完了手续，飞机延误了半个多小时。

老天保佑，一路平安，到了上海虹桥机场。可是，又可是什么？可是取行李遇到麻烦。人们围在行李台旁，只见传送带空转，却不见行李出来。只好向工作人员询问，回答是“行李舱的门打不开了”。等啊等，总算等来行李。哎，别走，少了一包资料。继续探问求索，终于从大海里捞到了这根针。原来它被误送上另一架飞机。好在此机也到上海，时间迟后不太多。啼笑皆非之余，又感到万幸。只是行李舱门打不开事小，若是起落架下不来，那娄子可就大了。走出候机楼，一位久病初愈的老朋友专程来迎接我们，足足多等了两个多小时。我们连忙道歉。“还好，还好。”她满脸倦容地说，已是筋疲力尽了。亲爱的读者呀，文章读到这里，准以为这“历恼记”到头了吧！且慢。后面还有个轴子呢！不是长坂坡也是八叉庙。

回程顺利。恼又恼在首都机场取行李上。转盘送下来一些行李后就空着转了。等了好一会儿，一位服务小姐袅袅婷婷地走来：“国际那边有一堆行李没人领，你们去看看吧！”“我们去哪儿看，你们应该给解决。”小姐不发一言，袅袅地走了，正如她袅袅地来。大家等得焦急，到行李处去问。工作台后面坐着一位胖胖的男士，像是什么长。大家提出问题要求解决。不料想这位长不但毫无歉意，反而说：“别嚷，我脱了工作服跟你们一样！”“你现在穿着工作服，就应该负责。”他似乎如梦初醒，怅怅地走出工作台，边指挥边训斥行李员。他一出台果然灵，一会儿，手推车把行李运来了。看看表，下飞机已经快两个小时。

一连串的烦恼都集中在我这一度往返，有偶然性，但这偶然中包含着必然。有了青龙偃月刀，还要有关二爷来使用，拿在周仓手里是斩不了蔡阳的。对不？

2001 年 4 月

小杜的讽刺诗

得到一本杜牧写的张好好诗墨迹（影印本），爱不释手。小杜不以书法名世，可是他的笔法雄奇浑厚，“深得六朝风韵”。古代大家往往是多能的，深广如海，叹不可测。因看他的字，不免搬出久违的《樊川诗注》以及缪钺先生注的《杜牧诗选》看看，如老友重逢，非常开心。

小杜的诗里，七言绝句最好。不事雕琢，自然清丽，风流蕴藉，余味无穷，是唐人绝句中的极品。《山行》（霜叶红于二月花），《江南春》（千里莺啼绿映红），《泊秦淮》（烟笼寒水月笼沙），《赤壁》（折戟沉沙铁未销）诸篇，脍炙人口，历古常新，至今仍然为众人津津乐诵。《清明》（清明时节雨纷纷）一诗，仅见于启蒙读物《千家诗》，是否确为小杜所作尚待考证，但写出杏花春雨中淡淡的客愁，确是小杜绝句的气韵。但是，人们只知道小杜善于抒情写景，却很少人注意到他也善于讽刺，写过别具一格的讽刺诗。

唐代的骊山行宫，是皇帝游幸的胜地，穷奢极侈，为时人侧目。唐明皇正在山上行乐，杜甫在山下经过就曾写诗加以批评。小杜晚于老杜一百年，骊山早已芜废，他仍写许多首诗，从回首历史的角度加以谴责。本朝的诗人嘲讽本朝的得失，特别是直接涉及宫廷和皇帝，竟可以得到优容，未曾获罪，这在诗史上是罕见的。

小杜关于骊山的讽刺诗有鲜明的特色，且看“长安回望绣成堆，山顶千门次第开。一骑红尘妃子笑，无人知是荔枝来”。加急的驿马本来是为着传递紧急的军国大事的，这回传递的却是妃子爱吃的荔枝，致远物以悦妇人，穷物力伤人命在所不惜。堂堂皇帝竟然如此，老百姓如何能料到！再看“新丰绿树起黄埃，数骑渔阳探使回，霓裳一曲千峰上，舞破中原始下来”。第二句下原注“帝使中使辅璆琳探禄山反否。璆琳受禄山金，言禄山不反”。据《唐书》，璆琳是带着御赐的大柑橘去见安禄山的，可见当时柑橘在北方是珍果，禄山贿赂璆琳多少呢？史书没说，大约至少够买一座别墅包几个“二奶”的吧。贪墨可以败事亡国，自古而然。唐明皇荒淫无度，以致渔阳鼙鼓动地来，这才息歌罢舞，跑下山来，仓皇逃遁，“舞破中原始下来”，是从冷笑的唇边说出的，妙不可言。这类讽刺诗，表面上没有尖锐的刺，也没有横眉冷对的目光，依然是从容不迫的谈笑，依然是清如水月的丝竹，而略一玩味却发现内囊里涵着炽烈的怒火、锋利的刀剑和撼人心肺的雷声。

这样的讽刺诗，小杜的诗中还有，如《题村舍》：“三树稚桑春未到，扶床饥女午啼饥。潜销暗铄知何处？万指侯家自不知。”轻轻一笔，重若千钧，写出人间苦乐之不平，贫富之悬隔。《赠渔父》：“芦花深处静垂纶，月夕烟朝几十春。自说孤舟寒水畔，不曾逢着独醒人。”从《楚辞·渔父》中推出新意，说渔父几十年也未曾遇到屈原那样“独醒”之人，又是运用侧笔对士林高洁操守的沦丧寄以深沉的感慨。这首诗今天来读，不是仍然有讽刺意味吗？

多年来报刊上发表的讽刺诗，多是延续一种近于民歌的体式，直斥其事，冷嘲热讽，其中不乏佳作。但是讽刺诗不是只此一种体式，应是多种多样的。期待着小杜的“荔枝体”还有其他的什么体不断出现，多多出现，让讽刺诗来个百花齐放，或曰百棘丛生。

2001年4月

说 苍 蝇

苍蝇惹人厌恶的原因不只一端，一是摇头晃脑，绿袍朱冠，那副尊容狞恶而猥琐，像赃官又像小丑，高去高来，横冲直闯，不管是祭天的神坛还是小姐的绣房都是不告而入，如入无人之境，不管是华诞上的珍馐还是洁白无瑕的羊脂玉，都敢坐上去，翘起尊臀拉一泡屎。不特此也，它还是个瘟神，携带多种致命的毒菌，能造成大范围的瘟疫，无数人的死亡。因此，即使环保专家似乎也不曾提出保护苍蝇的高论。

然而且慢，你看苍蝇整天价泡在垃圾堆里，同腐烂肮脏为伍，又吃又喝又吵又爱生儿育女，却从来不生病。科学家说，原来它们体内有一种东西叫“抗菌肽”，能高效杀灭多种病原菌，是任何抗生素无法相比的。我曾想，会有苍蝇养殖场出现，果然，最近报载某市建起了一座“工程蝇工厂”，日产蝇幼虫20公斤，将来可达数吨，目前抑菌试验已经完成，苍蝇可望成为下个世纪人类多种疑难大症的克星。

由蝇说到蛆。这些蛆宝宝的容貌比苍蝇更令人作呕。早年我看过一篇短篇小说，说是有一对恋人，姑娘忽然死去，小伙子万分痛苦，非要开棺一睹芳容不可。一个深夜，他悄悄掘坟开棺，见到的竟是一副骷髅和无数的蛆虫，小伙子发疯自杀了。记得早年间在农村，我曾亲眼见过成千上万的蛆虫一齐蠕动爬滚，爬越茅房的矮墙直爬到路边。至今思之，犹不寒而栗。要问世界上什么最可厌，人们会毫不犹豫地回答：蛆虫。

然而也且慢，以活蛆医治外科感染重症在西方已有悠久的历史。几年前，美国一位80多岁老人患严重的褥疮，药物无效，准备截肢，一位医生大胆用蛆虫治疗，保住了老人的双腿和生命。蛆虫医疗，连其蠕动都能激活组织的新生。

思路忽然如野马奔跑开来，我想，化腐朽为神奇应当不只在自然界。

比如盗窃，如用于正途并非毫不足取。孟尝君就是靠“鸡鸣狗盗之徒”逃出秦国的。京剧中“盗甲”“盗御马”“盗九龙玉杯”，都是脍炙人口的保留剧目。不妨办个“特殊手段取证训练班”，培养高级盗窃人才用于破案，特别是盗来贪官深藏的赃物，必有奇效。再如目前造假泛滥，手段之高超足以乱真，打不胜打。不妨办个“高仿训练班”，培养高级仿制人才，制造高仿文物，名窑古瓷，神品书画，足以乱专家的法眼。而标明高仿，并不欺瞒，准会卖上好价钱。

只有一种东西，掰开揉碎地寻找，过了筛子又过箩，过了箩又过滤，每个分子原子都研究过，也找不到一厘一毫一丝一忽一纳米可以化为神奇的因子，那就是腐败。只有赏它一把烧天的烈火，其人，则赏他一副冷冰冰的手铐，还有可耻的骂名。

2001年5月

我和《聊斋》

我不讲究藏书，手头只有《聊斋志异》两个版本。同我结下患难之交、不解之缘的是早先买的一部会注会评本（中华书局出版）。三大本，浅蓝色封面，字较大，便于卧读。30多年来，书页已经发黄散落，粘了又粘，补了又补，封面碎了，就用颜色差不多的厚纸换而代之，形同出土文物。但我还是同它厮守，绝不喜新厌旧。因为书上有我的手汗和眼泪。

说来话长。“文革”期间，我和妻双双被揪出来，吃了不少苦头。尔后，打起“派仗”来，有了偷生的缝隙。我从劫余的书堆里拣出来这三本《聊斋》看了一遍又一遍，作者和书中的人物，都成了我的老友。久而久之，成了习惯。浩劫过去，至今卧睡仍有时漫看几页，借以引梦。

人是一种有趣的动物，惯于乐时思苦，苦中寻乐。我偷看《聊斋》，一半是耐不住一味的苦，一半是表露出潜意识的不恭。中午，大院暂时平安无事——“闹革命”也是需要休息的，我的心弦也得以放松一下。关上房门，屋内十几平米之地，天花板上覆，四壁合围，要算是与外界隔绝的我的壶中天地，“躲进小楼成一统”。我靠在枕头上，听善良、温柔、美丽的狐仙鬼女鼓琴唱诗，偷听她们的娓娓情话；看仙翁道士把手一挥，使冬天萧索的园林开出五色鲜花，让一领青衿的离夫与侯门似海的思妇拿袍袖当洞房；看须髯如戟的丈夫和来去如飞的侠女手刃贪官恶吏与厉鬼狞魔。这使我生出糊里糊涂的愁云和难知难问的疑团，置身于另一个世界，一个富有人情味的世界。何以解忧？唯有《聊斋》。

谢天谢地，那场恶梦早已过去。雨过天晴，我的壮年之花却也凋谢，垂垂老矣。而今看《聊斋》是另一种情怀。不光为着与老友叙旧，而且为着欣赏蒲公的语言艺术，如饮远年陈绍，越品越有味道。蒲公笔下，有经史百家的深厚底蕴，他驱遣文言，绝不酸腐，清新而灵醒。许多处化用经史文句，令人拍案叫绝。特别是摹写少女的情态和娇痴的话语，惟妙惟肖。凡此种种，在许多笔记小说中首屈一指。比如声称与《聊斋》对着干的《阅微草堂笔记》，其中不乏极为精彩的记述，可是文字似不经意。蒲公高才如此而为科举所遗，尽毕生的精力于一书，他自称“集腋为裘，妄续幽明之录，浮白载笔，仅成孤愤之书。寄托如此，亦足悲矣”。足见《聊斋》是愤世之作。我十分仰慕蒲公的高才，他的不遇反而足以成其文学大器，足悲也足幸。命运捉弄人，就是如此古怪。

蒲公写《聊斋》，广事搜集奇闻异事。朋友还以邮筒相寄。也有一些是他从游历所见生发出来的。1989 年冬天，我游崂山的下清宫。写过一首《念奴娇》，缀以小序。序是这样写的：“崂山下清宫，有蒲松龄曾居住之老屋，耳房半间而已。院中茶花双树，老干如虬龙，为明代故物。虽已入冬，叶犹浓绿，一红一白，缀花星星可数。传《聊斋·香玉》中之花仙绛雪，即取材于此。”绛雪是一位素艳绝代而神情冷冷，雅爱诗咏而不耽情欲的仙子。想见当年蒲公孑然一身客居于此，在烛光云影中看花，升华出多少高洁美丽的妙想啊！我的词道：

恓惶零落，纵天悭，难禁一支愤笔。晚向空山听鬼泣，照砚一灯寒碧。绰约空花，迷离幻影，侵晓觅无际。柔情万种，纷纷飘落香雪。

岁寒小驻游踪，离离双树，尚有寒花发。难得相逢何处去？虚负一庭明月。道是无闲，正忙刀剪，敷锦天南北。《聊斋》谁续？为研一斗朱墨。

今日的绮丽风光，大异往昔。从结语看出，我的心境是宁静而乐观的，比之躲入斗室、偷偷卧读的况味，何啻天壤！

2001年5月

从倒“福”说开去

几年前我曾写一小文，是不赞成倒贴福字的，大意说“倒”有两音，读去声，则“倒悬”，指老百姓受苦，“倒绷孩儿”指把事办糟，完全不合“到了”的意思。再，读上声，则“倒楣”“倒台”“倒卧”更加晦气。何况堂堂正正的文字倒着写，犹如把仓颉、许慎、王羲之都倒着挂起来示众，有辱斯文。然而东风马耳，几年来越演越烈，倒写的福字普遍登上大雅小雅不雅之堂，而且赫然出现在电视屏幕上，看来漫说一篇小文，就是大地倒转也不会把福字转正的吧。

历史上，一种很不合理、甚至丑恶腐朽的文化现象却长期存在，打而不死，死而复活，挥之不去，不乏其例。倒福只是小菜儿。比如女人缠足，把女同胞变成残废和玩偶，拿着显微镜来找，翻过来倒过去也找不到一点合理的成分，然而若据传说从其祖师奶奶南唐的窅娘算起，在茫茫的神州禹甸上曾存在上千年，而且把纤纤玉笋从一丈多长的绞索中解放出来时，不知多少女人痛哭流涕，投河跳井，又有多少遗老遗少如丧考妣。好在恶梦早已过去，而今女同胞的尊足已经任其自然生长，健步如飞，不仅许多已经穿上高跟鞋，而且踢起足球来猛如乳虎了。

然而啼莺惊梦，却还要睡个“回笼觉”。为了赚洋人之钱、娱观者之目，地摊上出现成堆的绣花鞋，舞台上的老婆婆，夸张地模仿着丑态百出的小脚步态，而且有个电视剧组在小脚上大下功夫，令女演员自然生成的双脚塞入窄难容趾的三寸桎梏。凡此种种，不以为羞。至于国外，则距离迅翁写的《以脚报国》一文已 70 多年的今天，在洋书摊上摆着的介绍中国的书中，仍然有小脚，图文并茂，这是我亲眼所见。照这样下去，也许不久会出现“弘扬小脚文化研究会”，出现“小脚艺术”时装表演或大赛，等着瞧吧。

话匣子打开就收不住了。近日读到一本王绍玺先生著的《小妾史》。这是一本认真严肃的著作，提供了大量的资料。旧时代纳妾是合法的。如同鸡群一般，一雄多雌。皇帝的母鸡自然最多，“后宫佳丽三千人”，势家大族的母鸡也成群成队。书中引述的妾所受的非人待遇令人发指。妾，不仅可以买卖，可以如同名马珍玩一样赠与，而且可以恣意虐待残害。有的让众妾围起来为自己御寒，叫“肉屏风”，有的痰唾要妾张口来接，拿妾当唾壶，还有的针刺妾的臂，吮食妾的鲜血。甚至为着夸富，对妾进行人身残害。东晋石崇宴客，客人饮酒不多，就责怪妾劝酒不殷勤，将妾杀死。南宋杨政有上百个妾，稍不如意就要杀妾，并活剥其皮贴在墙上。隋末两富豪以宴席斗富，竟然比着烹妾做菜。且看，一只巨大的银盘，托着一个蒸熟的少女抬上席面，是何等灭绝人性的惨相！书中事例尚多，但我的老笔在发抖，不能摘录下去了。

好在这场延续几千年的恶梦也早已过去，一曲《翻身道情》，一部新婚姻法宣布中国妇女的彻底解放。然而没有那么简单，近些年，“包二奶”“养小蜜”要算是纳妾陋习的死灰复燃。被包养者虽然不会遭到如前所述的虐待，但是仍然是一种玩物。金屋藏娇，养于豪宅，饰以时装，供主家解闷、赏玩、顺气乃至泄欲，等同于名犬、名车、金鱼、鹦鹉、花瓶、洋娃娃之类，妇女的人格扫地以尽。

与旧时代不同的是，这回大都是女方自愿上钩的，还有种种时髦的“爱呀爱”的高论为掩饰。在她们看来，傍上他（官爷或款爷）或有钱或有势，或两者兼而有之，生活猛地上几个档次，这桩买卖合算得很。玩物就玩物有什么不好？人格能当钞票吗？既然自愿以“裹脚布”缠身，自然无话可说。这样看来，“福”字倒着贴正着贴斜着歪着贴已经无关重要了，人们心上的福字本来是有倒有正的。从另个角度看，倒贴福字是个很大的讽刺，不能不佩服发明者的天才。

2001年6月

美与刺

一

美与刺，在中国诗歌起始阶段本来是并重的。《诗经》的“国风”里，两者差不多平分秋色。孔夫子如果确曾删诗，那么，夫子的诗学中给“刺”以相当重要的地位。他老人家讲的诗的四项功能，其一就是“怨”。

产生于南方的惊天地、泣鬼神的《离骚》，大声疾呼，谴责当局的荒政，也是“刺”。

二

美与刺，你里有我，我里有你，如《红楼梦》里的风月宝鉴，这一面是美人，那一面却是骷髅。赞美光明，那潜台词即是谴责黑暗；谴责黑暗，那潜台词即是赞美光明。无所爱也就无所恨，“形如槁木，心如死灰”，美与刺都与他无缘。

美与刺共生共存，相依相补，反映历史和社会的现实。在现实中，光明与黑暗共存，过去如此，现在如此，将来也必将如此。盛世与乱世，只是其性质有所不同，彼此消长有异而已。美与刺必与人类历史和社会相终始。

三

刺，暴露黑暗，鞭挞假恶丑，手法约分为两类。一类是义正词严，直斥其非，这一类可以算谴责。莎剧中泰门诅咒金钱的独白，关剧中窦娥斥责天地唱段，是谴责不是讽刺。讽刺，也是指斥和鞭挞，是苦涩的冷笑，是痛苦的从容，是包在冰里的火，是涟漪下的怒浪。海涅的《颠倒世界》，雨果的《皇袍》，套曲《汉高祖还乡》，是讽刺不是谴责。两者又难截然分开。说到讽刺，我国首屈一指的讽刺大家是鲁迅。

四

然而，周秦以降两千多年，美与刺这对姐妹的命运却很不相同。美，这位甜姐姐一直受到上层的青睐，子孙绳绳，多福多寿；刺，这位辣妹子则屡遭白眼，孤寂贫寒，苟延残喘。那原因主要在于当权者喜欢歌功颂德，不喜欢听批评指责。岂止不喜欢而已，若是犯了他的“三尺逆鳞”，一巴掌打过来，会打得行“刺”者粉身碎骨。好在历史上总有少数勇于赴汤蹈火的耿介之士甘愿与辣妹子联姻，“刺”的一脉虽然萧索，却留下了气壮山河、令人感泣的杰作。

五

在我国文学史上，“刺”比较繁荣时期有三。一是周秦时代，上文已提及。那时，封建属于新兴，尚少忌讳，注意通过诗以“观”老百姓的疾苦，每年秋收后，采诗之官到民间去采风，这就有了收入《诗经》颇为丰富的“刺”。二是唐朝。有唐一代文学艺术高度繁荣，成为历史上仅有的黄金时期，主要不在于国势的强盛，而在于“文艺政策”（并无成文的文艺政策，姑妄称之）比较宽容。许多诗人，如杜甫、李白、白居易、杜牧等都写过直斥权要乃至皇帝的诗，诗人得以很少顾忌地批评本朝朝政，是历代所仅有的。三是当代（50年前）。两种制度进入决战，方生未死。旧势力虽垂死挣扎，但亦力不从心，漏洞百出，新势力方兴未艾，给推翻旧的大厦以充沛的力量，于是，就有了鲁迅震古烁今的杂文，郭沫若的《屈原》，就有了马凡陀、臧克家的辛辣的讽刺诗，以及冯雪峰的寓言。

一是治世，当权者对“刺”持宽容的态度，一是乱世，当权者自身难保，已无力拔除所有的刺，在这两种情况下，都给“刺”提供了发展条件。

六

华文诗歌在新世纪的趋势我说不出。但我觉得，近年来诗神已经退居内心的岩穴，不大理睬外边的大世界，在相当大的程度上“美”“刺”两失。每个人有自己的诗神，每个诗神都是自由的，栖息于岩穴还是踱步于十字街头，悉随尊便，完全可以不争论。在我，则希望在新世纪里，一直运气不好、濒临灭绝的“刺”能够复苏并欣欣向荣。

近20年来，中国开放搞活，成效卓著，只是讽刺诗的立足和发展却很不理想。问题复杂，原因多种，只谈谈对“刺”的认识问题。

七

还要回到老祖宗那里。前面说过，老祖宗允许老百姓“怨”，重视“观”，对“刺”，不仅抱欢迎的态度，而且定下采风的制度。我们比老祖宗总该更聪明些。

换一个角度看“刺”。“刺”虽然可憎可恶，却能使当权者听到极不易听到的叹息声，抱怨声，嘲讽声，哀哭声，愤怒声，足以清心明目，如实地、清醒地看自己和看世界。打个比方，美是酒，只能提神，不能治病，贪杯无厌，还会沉醉不醒。因此要慎用。3000年前周初即有明令戒酒的“酒诰”。而刺是药，虽然可能用毒蛇蝎子配制而成，吃来苦辣难咽，却能治病。“唯药不瞑眩，厥疾不瘳”。

八

快不要视“刺”如毒草如炸弹，倒是要多开几家大药房。

2001年6月

天台山上的杜鹃

朋友告诉我，天台山的杜鹃花与众不同。我没有在意。心想，阅此花多矣，还会有什么异样。暮春，正是天台山杜鹃花盛开的时节，一路上著面不寒的微风，沾衣欲湿的细雨，把我送上了天台山。一看，果然不凡。

这里的杜鹃花，一是高大，不是丛生的灌木，大都有一丈多高，是大树。花冠也大，多粉白色，白色或黄色，未见红色（“映山红”的名字不适用）。其中许多树，树龄在六七百年之上。一棵寿逾千年，为“杜鹃王”，根柯如虬龙，垂阴十数丈，那挤得密密的一树花，像张开一个大伞盖。再是繁多，山崖上是，山腰是，山谷里还是，头上是，路边是，四围都是。真个遮天盖地，天台山被灿烂的锦绣包起来了，埋起来了。那日天抹微云，给花衬上一片柔蓝淡灰的背景，清风吹来，整个山在摇动，在起舞，还像唱着一曲无声的歌。据说杜鹃花的品种很多，在百种以上，这必定是其中稀有的、珍贵的一种。本地赐以嘉名，叫她“云锦杜鹃”，富有诗意，并无夸张。

天台山佛宗道源，又是文学之府，文化底蕴十分丰厚。刘、阮逢仙女的传说，李白、寒山的诗句，王右军、白云子的遗迹等等，要写点什么，不知从何处下笔。但我漫步万花丛中，觉得凡此种种都可以舍弃了。这花不就是最神圣的经卷，最美丽的仙女，最深情的诗句，最高超的艺术吗？我忘记了花，忘记了多忧的白发，也全然忘记了自我，仿佛化作无数花片，飘到无际，飘到永远。我崇敬和赞颂大自然创造的伟大的美，我也完全相信，人类这大自然之子，虽然偶有乖戾，却终于会在整个地球上创造出天人和谐的伟大的美。里程十分遥远，总是越走越近。于是，如莫奈之画晨雾，我以诗句摹画我看花的印象，作《云锦杜鹃歌》：

燕山风雪度岁寒，红泥盆中看杜鹃。江南山行偶相遇，杜鹃成丛不成树。春风吹我上天台，拨云披雾看花来。攀缘四万八千丈，忽讶天地看花埋。杜鹃树高多逾丈，著花纷繁如锦幛。一树老干矫如龙，树龄已在千年上。悬肠百转陟苍崖，飞升信步入烟霞。云动千枝摇暗影，风吹两袖乱飞花。

应是天帝大笑雷电烈，惊动天上花园无数蝶，如海如潮下大千，轻红粉白枝头歇。应是嫦娥寂寞习丹青，戏将彩笔乱染九天浩瀚之繁星，以指弹天星震动，纷纷坠落随天风。应是诗神漫游曾到此，狂歌飞舞上下三千尺，一枝一萼一句诗，题诗不用人间字。应是维摩天女散花如雨坠纷纷，散如徐回之彩袖，聚如凝定之停云。众生看花皆得大自在，除一切苦无烦心。

我如吃了长生药，风前白发纷纷落。忘天忘地忘古今，忘老忘忧忘自我。我身非我竟为谁？化为万亿花片翩翩飞，花中有我花不觉，我中有花我不知。昔日刘郎天台逢仙女，今日刘郎天台赏花亦奇遇。但愿花开无谢时，人间遍是天台路。

2001年8月

毛诗与当代诗词

当代诗词的复苏和振起，是近 20 年来中国诗坛上的一个重要现象。她不理睬少数人的摇头叹气，堂而皇之地走出冷宫，踏上阳光明媚的神州大地。可是理论上仍然有些悬疑的问题有待进一步论证。

毛泽东诗词在当代诗词中成就最高，给予诗词创作许多极宝贵的教益。以毛诗为例，许多难题比较容易解决。

一

鲁迅先生说：“我认为一切好诗到唐已经作完，以后倘非能翻出如来佛掌心之齐天大圣，大可不必动笔。”闻一多先生说：“诗的发展到北宋实际上也就完了，可能的调子都已唱完了。”两位先生名高山斗，他们的话影响极大，但绝非句句是真理。我以为两位先生的话只讲了一面的道理，诚然，诗词到唐宋已登峰造极，难已企及。但后人因此就应搁笔，却未必恰当。何况两位先生一面说一面却在写，鲁迅的旧体诗取得很大成就，可与毛诗并美。闻一多后来也“勒马回缰作旧诗”。可见两位先生自己也不认自己的话是不刊之论。

毛诗如薰风，使这个问题涣然冰释了。

毛诗是旧体诗，有浓郁的传统诗词韵味；却又是新诗，找不到丝毫因循的痕迹和陈旧的味道，有的是新鲜的时代气息。传统的东西没有形成束缚，只是作为创新的根基和原料。诗人以不同于以往一切诗人的世界观观察世界；他是处于革命潮头的舵手，有不同于以往一切诗人的生活经历；他所反映的现实又是从来没有过的革命的暴风骤雨。有了这三点，在他的笔下，让诗词翻出“如来佛的手掌心”是很自然的，如同一匹烈马，星驰电掣般突抉樊篱向前奔去。“不到长城非好汉，屈指行程二万”，“俱往矣，数风流人物，还看今朝”，“飞起玉龙三百万，搅得周天寒彻”，“山，划破青天锷未残，天欲坠，赖以拄其间”等等，如此恢宏气魄，冲天豪气，浪漫气质，斑斓色采，在唐宋大家笔下找得到吗？

原来艺术的生命不同于自然生命。自然生命只有一次，生长，成熟，衰老，到死亡，概莫能外。艺术生命是长青的，虽然有冷落、有繁荣却罕有死亡，有时似乎死了，寂灭了，却又活过来。任何一种艺术形式（包括诗词），有成熟有高峰，却没有顶峰，即使高不可及还有时异峰突起，双峰或多峰竞秀。发展是无穷无尽的，不可能有“唱完了”的时候。小说，《红楼梦》可谓登峰造极，后人并未因此搁笔。书法，二王可谓登峰造极，后人并未因此搁笔。绘画，荆关马夏，黄王吴倪，可谓登峰造极，后人并未因此搁笔。而并未搁笔的后人则创作出多少杰作，形成多少突起的异峰啊！江山代有才人出，各领风骚数百年，是古今中外的普遍艺术规律。毛诗已无可置疑地证明了这个规律，诗词还远没有唱完，还有动笔的广阔天地。

任何艺术都是生活的反映。滔滔不息、历久常新的生活乃是艺术的生命，生活不死，艺术也不死，生活无尽头，艺术也无尽头。某种艺术形式只要仍然适合表现生活，即不会消亡。

二

那么，诗词这种传统形式适合表现现代生活吗？有些人认为，诗词当作一种古董，诚然十分辉煌，是我们民族的骄傲，可是用来表现当代的生活有极大的局限性，当代生活要复杂得多，出现的许多新事物和新词语（多是多音词），字句有限、格律精严的诗词是难以驾驭的。我们还是用毛诗说明问题。讲生活新，革命斗争够新了，讲复杂，革命斗争够复杂了，革命斗争中出现的新事物和新词语，是前所未有的，可是毛诗却采用诗词的艺术形式对生活表现得充分、深刻而有诗意。

长征是史无前例的壮举，用戏剧来写这段历史，有其翔实缜密的长处，电视剧《长征》就是一例。但诗词有其独特的表现手法："五岭逶迤腾细浪，乌蒙磅礴走泥丸。金沙水拍云崖暖，大渡桥横铁索寒。"选四处长征经过的要地，创造四个概括力极大，象征意味极强的意境，令读者真切、生动地感到长征的坚忍不拔、压倒一切的英雄气概，在不多的字句中，得以纵览二万五千里风云变幻，获得独特的精神感悟。这不是史剧以及其他文学体裁所能代替的。再说写新旧社会的巨变，在小说家的笔下，也许要由许多人物构成故事，写厚厚的一本书，而毛诗"斑竹一枝千滴泪，红霞万朵百重衣"，运用关于舜妃的传说，采取"九歌"的风神，以凄楚哀痛与绚丽欢畅形成强烈对照，已泣千行血泪，忽瞻万朵红霞，仅用 14 个字概括了一部社会变迁史。看，以诗词表现生活，毛诗作出了完美的典范。

这样看来，各种不同的文学形式有其不同的表现手法，从不同的角度反映生活。诗词则着重于运用比兴、象征等手法，驰骋想象，创造美的意象、形象和意境，抒发动心夺魂的感情，记载事实不是重要的。不能要求诗词写出小说、戏剧的细节，正如不能要求徐悲鸿笔下的写意奔马画出马的每一根鬃毛；不能要求孙悟空的定海神针绣出舞鞋上的蝴蝶。

当然，诗词也有多种表现方式，比如有叙事诗，不一一论述。

三

这样看来，有两千多年传统的诗词还远没有终结，它还可能和应该继续发展，开出古莲的鲜花，焕出火凤的青春，在当代诗坛上与新诗并蒂连枝，互学互补，分流并秀。

然而，要做到这一点是不容易的。一则是诗词格律有许多讲究，我不反对戴着镣铐跳舞，难能才可贵，高难度的杂技更能博得喝彩。但戴着镣铐还要舞出个样儿来，毕竟非一朝一夕之功。二则是当代诗词不是从零开始，她的背后，先哲已经创出辉煌的实绩，曾涌出一连串诗的高峰，继往开来，翻出如来佛的手心又是绝非易事。鲁翁和闻先生的话是确实的。但是我相信，当代从事诗词创作的作者群中，定然有以诗词为事业的人，以诗词为生命的人，以诗词为大乐，把贫寒寂寞都置之度外的人，为诗词的发展甘愿下“地狱”的人，由此也有理由期望，在本世纪乃至更远的未来，诗坛上会出现新时代的屈原，新时代的李白、杜甫，涌起新的高峰。做高远的梦，走脚下的路，任重而道远。

毛诗取得难以企及的成就，给当代诗词提供了典范。毛诗雄强博大，高唱入云，应属新的豪放派。毫无疑问，豪放的诗风，反映了时代精神的主流。但是，人们的艺术胃口是多样的。和平时期更是如此。当代诗词应是百花齐放，多种流派多种风格都得到发展。比如婉约派也应有其发展的天地。毛泽东本人就是豪放与婉约兼爱的。纵览有唐一代的诗，屈指数来，陈子昂、王维、李白、杜甫、岑参、白居易、李贺、韩愈、李商隐、杜牧，等等，人人各自有其独特的诗风，都达到各自诗风的极致，千帆竞发，九派争流，所以能酿成真正的繁荣、诗的黄金时代。我们要以唐为成功的史鉴，山不厌高，水不厌深。

2001年9月

〔**余韵**〕文章写完，还有几句题外话要说，人老了爱唠叨，此其一例。顷读郑伯农先生《赏读寓真词兼为旧体诗词鸣不平》（《九州诗文》第八期）一文，深有同感。伯农写道：“话剧和戏曲并存，为什么新诗和旧体诗不能并存？他们之间不是你死我活的关系。现在，新文学史著作不大讲旧体诗，仿佛它是不能入史的‘另类’，国家评奖也没有旧体诗的一席之地，我觉得是欠公正的。”不错，两届鲁迅文学奖都把旧体诗排除在外。伯农先生是诗人，又是中国作协的领导成员，发出这样不平之鸣，我感到欣慰，要真心道一声“谢谢”。我觉得时至今日，当代诗词出现持久的繁荣，受到国内外广大诗人和读者的欢迎，受到国家领导人的关注，而在文坛，五四时期形成的偏见却仍然阴魂不散，仍然认为旧体诗上不得台面，只能打入另册，如同灰姑娘那样守着灶台烧火，未免令人遗憾。然而又想，近百年形成的一种已经凝固的偏见，化解、改变是不容易的，要假以时日。灰姑娘啊，且莫叹息！水晶鞋终究会到来的。

魔鬼博物馆

泰国的鳄鱼湖是个罕见的奇观。我以为，在一切众生中如果选丑，鳄鱼也许会荣获金奖。赋性凶残且不说，单那副尊容已足令人惧而欲逃，厌而欲呕，令人心冰而肉麻。造物主也许按照魔鬼的原形创造它的吧。然而把数以万计的大大小小的鳄鱼相挤相压在一个水塘里，集众丑于一堂，供人观赏，丑即转化为一种奇特的美。

最近从电视里看到，立陶宛有个魔鬼博物馆，展示着来自世界各地一千多个魔鬼塑像，奇形怪状，匪夷所思，可谓集魔鬼美之大成。我早年见过罗两峰的《鬼趣图》，比之此馆，真是芝麻般的小巫见丈二金刚般的大巫了。

“真想去看看。”我靠在沙发上，面对闪闪的荧屏，颇涉遐想。一切忽然退隐。眼前是一片老棘丛生的荒野，走来一个笑呵呵的老头儿，生得清瘦而古怪，稀疏的白发像是几根霜后的茅草。

“想看看吗？随我来。”“您是谁？”“老朋友啦，天天午饭后见面，怎么倒忘了？”我想，午饭后休息，我总是要看几页《聊斋》的，这老者莫非是蒲松龄先生吗？也不再问，便随他走去。

“到了。”老头儿用手一指。只见一扇大铁门吱扭扭自开，迎面高悬一块大匾，上面写着“魔鬼博物馆”几个大字，是楷体，下款却署仓颉书。我感到好笑，心知这是假冒，但没有说破。我跟着老头儿走进馆内，心突突地跳。可是进了展厅，我惊呆了。眼前一座座或高或矮或立或坐的雕像，完全出乎意料。有的慈眉善目，挂着悲天悯人的眼泪；有的道貌岸然，拿着写满金字的书卷；有的冠冕堂皇，举着通向乐国的旗幡；有的千娇百媚，捧着熏人欲醉的美酒。

“老先生，您搞错了，这些人士都是人类中的英华，哪里是什么魔鬼?”“没有错。货真价实的英华不在此列，这些家伙用英华的外衣为伪饰，是假冒伪劣。不信你看!”但见老头儿袍袖一挥，雕像一律袒露并剖开各自的肚皮。向那肺腑深处看去，好家伙，吓得人魂飞天外。有的一肚子刀枪剑戟飞镖硬弓，冷森森锋刃一齐向外；有的一肚子纠结滚动的毒虫，眼镜蛇昂着头，吐着火焰般的信子，忽忽地喷着毒液；有的黑暗而肮脏，如同坟墓，里面满是骷髅，嘴巴和眼眶里爬满蛆虫；有的幽深无底，如同地狱，喷着绿色的毒火，鬼怪们在狂舞，饮着血浆，嚼着死尸，像嚼着口香糖。面对这种种，我大叫一声昏了过去。

醒来时，还坐在沙发上，吓人的影像却不见了。荧屏上早已换了节目，一对情人在疯狂接吻。窗子被夜风拍得阵阵作响，如同中了邪。暖气无温，明天也许要下雪了。我想如果为各种人间魔鬼开设一座博物馆，却也是一种奇特的美。尽管伪诈万端，人们毕竟看破了他们的鬼把戏，玩之于手掌之上，而且可以给人以警示。

2001年10月

尿童的启示

到布鲁塞尔，都要看看小尿童的铜像，这个小朋友名叫于连，用一泡尿浇灭了敌人阴谋爆破的导火线，拯救了比利时。那铜像在一处街角，大小同一般孩子差不多，光着小屁股，从小鸡鸡里洒出一股清泉。小家伙一泡尿撒了许多年，该流成一条大河了吧。为孩子树立纪念铜像，绝无仅有。比利时人必是带着深深的崇敬和怜爱（还有几分幽默）树立这像的。中医用童便治病，这边却是童便救国，难怪让它潇潇洒洒地长流不断。

那天，我来到尿童像前正是傍晚。铜像和尿流在夕照中都发出幽幽的闪亮。围观的人很多，照相机嚓嚓有声。我伫立着，想了许多。

我国早在春秋时代有件类似的事。齐国入侵鲁国，鲁国有个童子叫江踦（可能是个跛子，该享受救济金的）主动参战，奋勇争先，战死。鲁国人为了表示崇敬，要用成年人的殡仪葬埋他，又怕不合礼法，去问孔子。孔子说："能执干戈以卫社稷，虽欲勿殇也不亦可乎！"孔老先生对于遵守礼法要求是极严的，他最心爱的学生颜渊死去，没钱买棺材，学生们要拆掉他的车子做木料。他说："不行，我身为大夫，按制度是不可步行的。"可是对童子汪踦，他主张破格。可见为国捐躯，在孔老先生心目中占多么重的分量！

那是远的，近的也有。事儿出在1933年。有个17岁的青年叫刘庚生，在天津向卖国政府的一名高官投掷了炸弹。刘君反被诬以"受日人指使"的罪名"枭首示众"。鲁迅怒不可遏，奋笔写了《保留》一文（见《伪自由书》），大呼"从我们的儿童和青年的头颅上，洗去喷来的狗血吧！"可见为国捐躯，在迅翁的心目中占多么重的分量！

还要提起抗日期间一曲悲歌《二小放牛郎》。战争已经过去半个多世纪，可是这首歌仍然在传唱，唱遍黄河上下，大江南北，男女老少几乎人人熟悉，仍然激动人心，让人悲伤，让人感奋。可见为国捐躯，在人民大众的心目中占多么重的分量！

尊敬为国捐躯的英雄，推崇大公无私、为国为民、无私奉献的精神，古今中外任何民族和国家都是这么做的，本是天经地义。

然而在我国当前，市场经济的大潮来了，有的人却认为这些东西陈旧了，过时了，应该抛弃，代之以等价交换，按酬付劳。兹事体大，不可不辨。市场经济并不意味着传统中伟大的东西，崇高的东西，作为民族脊梁的东西都该冰碎瓦裂，长离永灭。相反，正是因为这些传国之宝可能受到冲击，有必要通过教育的手段予以强化。

如果一旦市场经济的观念成为衡量一切是非的唯一标准，如果金钱统治一切，人们的头脑变成足赤的金疙瘩，那么，未来的刘庚生在投掷炸弹之前，是否要先弄清这条命值多少钱，向谁去索酬？王二小在引着敌人进入我们的伏击圈之前，是否要先弄清楚牺牲后要给多少抚恤金，是否要先签定个保险单？推而及于今日，广大的边防战士，广大的抗洪好汉，以及埋头苦干献身科研的专家，与邪恶做殊死斗争的勇士，是否都先要算一算，他们的青春，他们的智慧乃至他们的生命该卖多少钱？生命是无价的，又该如何计价！如果竟然如此，那么，我们的大厦会轰然塌倒！有一位著名的科学院院士说：不搞物质文明建设，国家一打就倒；不搞精神文明建设，国家不打就倒。说得多么深刻啊。

何况我们面前的路是不平坦的，也许会有疾风，有暴雨；也许还有海啸，有地震。一旦有事，倘若纵有可发之饷，却无可用之兵，岂不要亡国灭种？思念及此，不寒而栗。

危言耸听，危言耸听！杞国无事忧天倾！啊，老汉但愿如此。

2001年10月

《怪味品书》小引

蒋元明同志将近年的杂文结集问世。收入本集的有两部分，一是故事新说。明清的几部名著，评论文字汗牛充栋，从肌肤毛发到五脏六腑都评到了。元明笔下却大有异采，只是借他人之酒杯，浇自己之块垒。用得着那句话，“项庄舞剑，意在沛公”。让古人演今事，诙谐诡异，匪夷所思，而于嬉笑中饱含着对世态的幽思。再是直写生活中的怪现象。文章均不满千字，可谓超短，芥子须弥，壶里洞天，钟鸣棒喝，发人深省，又有鹏飞先生配画，可称联璧。

元明同志和我是忘年交。他在大报供职而绝无官气，身为文人而绝无傲气，是个虚怀若谷的谦谦君子。平素寡言笑，可是一旦打开话匣子，滔滔不绝，兴高采烈，显露出杂家的气质。平素为文如清清山泉，于明净中洞见妍媸，不作涛飞浪卷之势。本书所收却不同。风格有了变化。艺术的生命在于创新，不断创造新我。他以辛勤不息的追求开拓出杂文创作的新天地，一路走下去，必定还会开拓出许多新天地，创新是无止境的。

书名《怪味品书》。说起来，怪味杂文是古已有之的。韩愈、柳宗元笔下颇有些怪味。韩公写了《毛颖传》，有些人“大笑以为怪”，柳公为之辩护。先说他读此文“若捕龙蛇，搏虎豹，急与之角而力不敢暇”，好家伙，怪得够刺激的。接着说：“大羹玄酒体节之荐，味之至者。而又设以奇异小虫水草楂梨橘柚，苦咸酸辛，虽蜇吻裂鼻缩舌涩齿，而咸有笃好之者。”并且说，学者终日辛劳，“则疲惫而废乱，故有息焉游焉之说”。柳公把怪味杂文的艺术特色和魅力都说清楚了。原来人们不但艺术口味千差万别，而且终日奔忙需要息游就是休闲，怪味是不可少的。近世以迅翁为主将的杂文大兴，迅翁的杂文中怪味就不少，一本《故事新编》，经历漫长的岁月，多少人为之捧腹而沉思。

近20多年来，杂文在五行山下翻过身来。异军蜂起，百味杂陈，怪味一路大显身手。我也是偏爱走这条路的。问写怪味杂文之道为何？答曰：没有道便是道。不因袭任何程式和套路，不囿于任何理论和流派，思接古今，神游八表，如犁刀破洪荒之土，如探险入不毛之地，如野水之泛滥无涯，如闲云之自如舒卷，而万变不离佛爷的手掌心，那手掌心便是杂文的批判与讽刺的特质。元明见此语必大笑说，哪有那么玄乎！

京门今年的初冬特别暖和，风儿飒飒地却不愿意吹寒，黄叶摇摇地却不愿意坠地。晴窗对坐，同元明畅叙，时时迸出思想的火花。上面的一番话，许多是从元明言谈的火花中顺来的。饮以佳茗，是我巨爱而吝于待客的，元明品之，并未惊其佳妙。飨以黄橘，是不知产于何方，偶于果摊上买来的，元明一尝之，却连连叫好，日后于电话中仍赞不绝口。即此也见出人们的口味大有差异。小文写到此，该收笔了。以此祝愿尚在盛年的元明同志文路大开，怪味纷来。不知这篇小文抵得一枚黄橘否？

2001年岁晏，于蓟轩。

附：

在《怪味品书》研讨会上的书面发言

朋友们聚首一堂谈论元明同志的怪味杂文，是一种高品位的享受。我因已定到杭州参加一个研讨诗教的会，不能分享怪味，亦歉亦憾。

回首往昔，在鲁迅先生笔下怪味就不少。近 20 多年来杂文复兴，怪味杂文突破杂文的一般套路，以新颖奇异的风采令人瞩目。元明的《怪味品书》要算是其中一束优秀的成果。构思奇妙，匪夷所思，笔调灵醒，从容幽默，而绵里藏针，内含麻辣烫，是其主要特色。

文章的大病是落套，艺术的生命在创新。杂文的创作论，只要东坡先生论文“流水行云，初无定质”八个字就够了。祝愿元明笔下的“云”继续行下去，闲如舞带迴风，怒如风樯阵马；“水”也要继续流下去，清如泠泠山泉，深如滔滔大海。

我和元明是忘年交，又同属怪味一路，看到好朋友取得优异成果，不胜欣喜。元明善烹任。哲学家于庖丁解牛悟道；元明于刀功火候中，不知悟出几多文理？一笑。

诗 疗

蒲松龄笔下的白秋练是一位白鳍豚化成的多情女子。苦恋慕生，相思致病。幸得一会之时，秋练说："君为我三吟王建'罗衣叶叶'之作，病当愈。"才吟了两遍，秋练的病就好了。王建的诗是这样："罗衫叶叶绣相重，银凤银鹅各一丛。每遍舞时分两向，太平万岁字当中。"后来，慕生也因相思致病，秋练为他吟"杨柳千条尽向西"，生跃起曰："小生何尝病哉!"所吟诗是刘方年的《春怨》："朝日残莺伴妾啼，开帘只见草萋萋。庭前时有东风入，杨柳千条尽向西。"这要算地道的诗疗了。但这是小说，不是事实。

《唐诗纪事》载："有病疟者，子美曰：'吾诗可以疗之。'病者曰：'云何?'曰：'夜阑更秉烛，相对如梦寐。'其人诵之，疟犹是也。杜曰：'更诵吾诗云：子章髑髅血模糊，手提掷还崔大夫。'其人诵之，果愈。"第一个处方是探路，没见效。更下重药在后，老杜却有良医风度。这两句诗见于老杜《戏作花卿歌》，也要算地道的诗疗了。但这是诗话，也不是事实。何况而今已知疟疾非鬼所致，骇人的髑髅是吓不走疟原虫的。

诗，真的能治病吗？不料而今在太平洋彼岸科技十分发达的美利坚证实了。

报载美国"9·11"恐怖劫难之后，惶恐惊惧的民众知道，内心的创痛是任何先进的医疗手段都无法奏效的，只有诗能够帮助他们走出死亡的阴影。他们乞灵于诗。世界金融经贸核心的纽约市，平时与诗很少缘分，而今放眼所及，处处是诗。商店橱窗、公交车站、华盛顿广场公园、布鲁克林区都张贴着醒目的诗章。遇难者相片之旁钉着一页页诗，宛似盛开的白玫瑰。在电脑网络的无限空间，诗更成为传输的大宗邮件。读了这报道我亦惊亦喜。人们一向以为诗与功利无关，不食人间烟火，为“致穷之具”（东坡语），诗人被嘲为“乞丐”（海涅语），原来并非如此，纽约的势态充分显示了诗的社会功能，看来孔老夫子提出“兴、观、群、怨”，还要加上一个字：疗。《本草纲目》应该加上一味药材，题曰：“平创伤，镇疾痛，扶正祛邪，养心舒气。”心理学家加以研究，必定发现诗里有一种迄今尚属未知的超物质，它具有神奇莫测的神仙一把抓的疗效。

于是我的想象迸出火花。眼下诗人和诗业都困于穷。好了，否极泰来，诗要走鸿运了。建议开办一所诗疗大医院，这个新兴的医疗业必大兴其时，殖资巨万不难立致。会有一天，家家的门面不再倒贴“福”字，代之以“诗”。——到那时要下一道禁令：诗字严禁倒贴。

开业治病并不困难。医院开设许多门诊部，聘任全国著名诗人为诗医。比如治疗下岗的烦恼，用“天生我材必有用”；治疗破产的忧伤，用“千金散去还复来”；治疗孤独症，用“落花人独立，微雨燕双飞”；治疗忧郁症，用“行到水穷处，坐看云起时”；治疗相思病，用“身无彩凤双飞翼，心有灵犀一点通”等等。独有治疗当前流行的一种瘟疫贪官污吏的腐败症，左查右找，找不到合适的药物。有了，就用杜甫笔下血肉模糊的骷髅扔给他们吧！

我写到得意之处，眉飞色舞，妻走来向稿纸瞟了一眼，说：“别发神经了，开办大医院，资金在哪里？你为开展诗歌事业寻求资助，一处处都碰了壁。声称爱诗的那位大款，刚才来电话也婉辞，说爱莫能助。”我如同头上浇了一瓢冷水，看来该为自己施行诗疗了。我面壁高吟：“吟诗作赋北窗里，万言不值一杯水。世人向此皆掉头，有如东风射马耳。”

2001年12月

题《寓真诗词》

官人之诗，素非所爱。寓真诗词，官人之诗也。而开卷读之，清新之气扑面而来，自首篇《山之梦》一路读下去，如曲径通幽，步步为景，竟欲释卷而不能也。寓真即是李君玉臻，身任大法官，而有诗如此，是官人之诗岂可概而论哉！

李君，诗人也。诗眼诗口诗肠诗骨，有一股诗之灵气。其诗词多登临之作，词华焕采，妙想干云，与山川相辉映，时有道人所未道之处，犹令人叫绝。姚莹、梓顺两先生评说，亦渊博通彻，足以发其底蕴。

而李君又是官人，听争讼，判是非，衡律条，定刑惩，凭一笔之轻重，干众人之命运，其所任事不与诗相枘凿乎？不然。君实以另一支笔写另一部大诗，其为诗也，更为宏大，更为精严，无声律而悦耳，无华采而感人。双管齐下，一管秉铁面无私之正气，以解民困；一管写声情并茂之新声，以乐民心。两笔相济，官人之诗之美尽于是矣。“一生贵在为苍生”，“采英撷萃献黎民”，寓真诗中固已言之。

庚辰岁暮，素雪云飞，梅苑刘征题于京门之蓟轩，年方七十有四。

2001年12月

写在卷首

天台素称“佛宗道源，山水神秀”，又是诗家墨客流连忘返之地。李白有诗道：“龙楼凤阙不肯在，飞腾直欲天台去。”王羲之、谢灵运、孟浩然、寒山子、陆游及近世之康有为、张大千、郭沫若等都留下游踪。刘、阮遇仙女的美丽传说，更给山灵增添浪漫风采。诗缘、墨缘、仙缘、爱缘独擅天下。

天台诗词学会辑天台山当代诗词为一书，分《乡贤遗韵》《游子情怀》《台山撷英》《方外清音》四编。焕山川之雅韵，发时代之清音，谓之诗坛的一束新葩，当无不可。

当代诗词经受长期苦厄之后，近年来重整旗鼓，大有复兴之势。但是，要真正焕出异采，在诗史上取得应有的地位，尚有待自身进一步充实提高，并奔走呼号，创出生存发展的最佳环境。则此书的问世，又是自名山传出的一部催动诗花盛开的羯鼓。万鼓齐鸣，诗的复兴指日可待。

新千年第一春，序于京门之蓟轩，时年七十又五。

2001年2月

新编《铡美案》

友人某君颇具歪才，将《铡美案》改编为话剧，稿未竟而下海，而今已成小款矣。君以未完成之杰作付余，择其中趣之尤歪的一个片断发表。请尝试之，或不异于一盘麻辣烫也。

包拯：香莲分明是你的媳妇，清贫相守十几年，如今你发迹了，她拖儿带女来找你，为什么死不相认？

陈世美：说了你老爷子也不懂，咱们之间有代沟啊！我不爱秦氏女，我爱公主。秦氏女是我结婚证上的妻子，公主是我的阳光，我的小鸟，我的生命，我的宇宙，我有权选择我的爱。（旁白）认了秦香莲，把公主往哪儿摆！皇上老泰山还不要了我的命！

包：有道是王法如山，人证物证俱在，我的三口铜铡可不管什么爱不爱！

陈：您甭吓唬我！为了爱这个神圣的字眼，上刀山下火海全不在话下，还怕你那只能对付老百姓的玩具吗？（旁白）一个小小的开封市长，能把我这中央的皇亲国戚怎么样？

包：那尊驾就不怕道德的谴责吗？喜新厌旧，见异思迁，腐化堕落，仗势欺人，如此种种像一面照妖镜，照出你不过是一摊狗屎！

陈：哈哈哈！那一套不过是一堆陈旧落后、生霉生蛆、老掉牙的道德观念，早该抛弃了。我是人，有爱的自由，我有权追求我的幸福，我有权得到属于我的东西，莫说是狗屎，说我是苍蝇屎、蝎子屎我也不在乎。你这个老头儿根本不懂得爱，爱在你的心里还没萌芽就被礼法家规、功名利禄的牙齿咬碎了，可怜啊可怜！（旁白）守着黄脸婆过一辈子，傻不傻！

包：那么，请尊驾说说什么是爱，我洗耳恭听。

陈：什么是爱，糊里糊涂；什么是爱，说也说不清楚。老子说，道可道非常道。（旁白）它对我有用，这一点我是不糊涂的。

包：这样说来我倒明白了。

陈：明白什么？

包：你所说的爱，是一床锦被，表面上绣着牡丹芍药，云霞海涛，鸳鸯戏水，五福捧寿，艳如桃花的美女，宝相庄严的神仙。可捂在下头的是卑鄙无耻，肮脏污秽，令人掩鼻，令人作呕的贪欲。拿你来说，你的爱是纯洁的吗？非也。你爱的是公主的身份地位，拉着她的珠光宝气的裙带可以飞上天宫，爱的是那至尊至贵的靠山，使你这个穷书生弹指间变成皇帝家族的娇客，你说，是不是？哈哈哈，爱情爱情，多少恶行假汝之名以行！（沉下铁黑的脸，大声）驸马！今朝你是来得去不得。王朝马汉，把铡刀抬出来！

陈（怒气冲冲）：好包黑子！你敢把本公怎么样？劝你别变成乌鸦，光看见别人黑看不见自己黑。你以护法的尊神自居，人称铁面无私。我且问你，咱大宋朝的法律，哪条哪款规定可以用铡刀铡人呢？铡刀分为三等：龙头虎头狗头。老百姓挨铡只能用狗头，死了也等同一条狗，这符合“太子犯法与庶人同罪”吗？

包：这个……这铡刀乃当今圣上所赐。

陈：再来问你，我犯的什么罪调查了吗？审判了吗？判决了吗？容我申诉了吗？不管三七二十一就开铡，你是执法还是犯法？再说，我这一级的干部该由谁审理？你既非宗人府也非大理寺，有什么权力来处治我？

包：一派胡言！这三口铜铡等同于尚方宝剑，当今圣上给了我先斩后奏之权，我的话代表圣上，就是法律。

陈：人治，人治，人治，离开法治十万八千里。当今圣上是明

第一，在吃人面前必定人人平等，不会是一些人吃人而另一些人被吃。那可就麻烦了。比如说，画面上喝人头马或老白干、啃孩子大腿的艺术家先生，岂能啃得安闲，喝得快意？他须设置十道铁丝网围护自己，否则，保不定被割去一只耳朵或者被砍去一片排骨，酱耳朵和蒸排骨都是下酒的佳味。推广开去，婴儿生下来保不定就给送进烤箱，而产妇也须防备被剁成肉馅。妙龄女郎在翩翩起舞，不留神也许被卸去一条大腿，而卸腿者的大腿，顷刻间也可能告失。大街之上满眼是"人肉包子""白水人头"之类的招贴，行人手持刀剑，在别人身上割肉，还要防备被割，鲜血淋漓，开颅破肚者累累相属。明明白白，朗朗乾坤，竟出现活地狱。

第二，宣言说"只要使用非犯罪手段的吃人行为是完全不受人类社会中宗教、法律的约束的"。然而"非犯罪手段的吃人行为"何在呢？比如艺术家先生眼前盘子里的清蒸或红烧小孩儿，想来是赝品，否则怕是早请先生去蹲大狱了。但在先生的心目中定是假想的真品。那就当真的来说。烹调之前自然是一具童尸，童尸自然是曾经活着的，从活体到尸体有个变化的过程。是病死的吗？不是，先生深知病肉是吃不得的。况且即使是病死，法律和道德都不允许从母亲的眼泪中夺去红烧。要不，就是杀死，打死，溺死，勒死的。这可都是"犯罪手段"，"图食害命"，叫"谋杀"，都要受到法律制裁。所谓"非犯罪手段"，怕是爬上三十三天天外天，飞上冥王星也绝然找不到。

搞这样的东西，据说是为着反传统。可爱的艺术家先生不会不晓得，传统有两种，有的非但不能反，还必须顺应之。比如人类用头脑思考，这要算是老而又老的传统了吧，谁也不会提倡翻转过来用脚后跟思考，那思考所得只有脚鸡眼。

那么艺术家先生的观点、目的、企图是什么呢？说白了，很简单，企图狂叫一声，一鸣惊人，然而可惜这场血淋淋的闹剧很不成功，只如同大浪中的一条死鱼，在旋涡中翻了一个白浪就无影无踪了。模仿魔鬼的狂叫形不成九霄上的雷鸣，为之奈何？可见引起轰动效应也是颇有些讲究的。

2002年1月

画马诗漫话

唐代大画家韩干，生在开元天宝间，与杜甫同时。据《酉阳杂俎》等书记载，他少时为酒家卖酒。有一回到王维家讨酒债，就地上画人和马。王维工丹青，奇其才，每年资助他二万钱，供他学画。他先师事画马大师曹霸，后来自成一家。杜甫的咏马诗大气磅礴，雄健飞动，特为擅长，在他的咏画马诗中自然可以遇到韩干。

老杜在《丹青引赠曹将军霸》中写道："弟子韩干早入室，亦能画马穷殊相。韩唯画肉不画骨，忍使骅骝气凋丧。"称韩干是曹的入室弟子，却又说他还不能尽善。切莫以为后一个意思是批评韩干，意在用来反衬曹霸画艺的无与伦比。这种反衬的写法，在唐诗中屡见不鲜。如韩愈的《石鼓歌》，为了反衬石鼓书法的高古，竟然说"羲之俗书趁姿媚"，连本朝崇尚的书圣也贬低了。

说杜甫同样推崇韩干的画，有诗为证。他的《画马赞》，收在文集里。老杜的文章古拙朴厚，别具一格，但数量不多，又为其诗名所掩，很少引起人们的注意。这篇赞也就鲜为人知，抄录共赏："韩干画马，毫端有神，骅骝老大，袅骒清新。鱼目瘦脑，龙文长身，雪垂白肉，风蹙兰筋。逸态萧疏，高骧纵恣，四蹄雷雹，一日天地！御者闲敏，去何难易？思夫乘骑，动必颠踬。瞻彼骏骨，实为龙媒，汉歌燕市，已矣茫哉！但见驽骀，纷然往来，良工惆怅，落笔雄才。"盛赞韩干的马画得好，也含有怀才不遇的慨叹。"汉歌燕市"，指的是汉代的"天马歌"和燕国的黄金台。"四蹄雷雹，一日天地"显示老杜的绝大笔力。

韩干画的马没能流传至今，我们无从得见，但必定十分神妙，受到几代藏家宝爱，直到几百年后的北宋还未完全灭迹。苏东坡题咏韩干画马的诗不只一首，其中一首《韩干马十四匹》创意新颖，独具特色，为诗坛称道。全诗如下："二马并躯攒八蹄，二马宛（弯曲）颈鬃尾齐，一马任前（意思是前脚负重）双举后，一马却避长鸣嘶。老髯奚官（养马的官）骑且顾，前身作马通马语。后有八匹饮且行，微流赴吻若有声。前者既济出林鹤，后者欲渡鹤俯啄，最后一匹马中龙，不嘶不动尾摇风。韩生画马真是马，苏子作诗如见画，世无伯乐亦无韩，此诗此画谁当看?""前者""后者""最后"都包括"饮且行"八匹之内，总数是十四匹。

文似看山不喜平，记流水账式的写法是最忌讳的。但是，这首诗逐个写马，却能够于平处见不平，错落有致，妙趣横生，更见奇绝，非有极高超的艺术功力是难以做到的。你看，两匹在奔跑，两匹在低头（吃草），两匹一踢一避，在戏耍。八匹边饮边行在渡河，其中有已渡过的，有正在渡的，还有一匹站立未动的。分别记叙众马的不同情态，有综述，有分说，有特写镜头。"微流赴吻若有声"，"不嘶不动尾摇风"，栩栩如生，见画之妙。中间又忽而插入奚官，文外之文，神来之笔。前贤说这首诗实为奇妙，"读末三句，知公亦自得意也"。

这首诗的写法让人耳目一新，可是并非完全出自东坡的独创，显然受到杜甫《饮中八仙歌》和韩愈散文《人物画记》的影响。

马年就要到了。马年谈马是应节礼品。可是，有的生肖可写的不多，难，如猪。有的生肖可写的又太多，也难，如马。在下毕竟要笔杆多年，有些油滑了，于是采用"删繁就简法"又名"避难偷懒法"，选了这个较窄的题目。时下提倡读古诗文，但总是常见的那么几篇。这里所举杜赞和苏诗均不常见，写得又实在好，是难得的节日礼品。吃过年夜饭，吟诵一番，如同喝一杯上好的酽茶，保您香生齿颊，余味无穷。

2002年2月

欲收天地入书斋

李义山的七律，与老杜可谓双峰并秀，但义山对老杜十分景仰，集中有摹杜之作，“永忆江湖归白发，欲回天地入扁舟”，论者以为得老杜风神。我来借用一句，改三个字：欲收天地入书斋。

我的书斋不过方丈之地，灯光日影，明窗净几，读于斯，写于斯，茶于斯，息于斯，宁静而平淡，本无话可说。可是，书斋另有一番属于我自己的情趣，这情趣大得很呢。小小的书斋涵纳世态的冷暖，人生的苦乐。每一件东西几乎都有一个故事。

书斋，自然先说书。

几十年来，自己买的和朋友赠的书越来越多，几经聚散仍然不堪拥挤，只好向外“扩张”。十个大书柜已有四个占领了客厅半壁之地，书斋里还是有一大堆书不能入柜挤压在墙角。我的书，讲版本，乏善可陈，但大都是我读过的，翻过的，书页上沾着我的指纹，不少还带着沉甸甸的友情。一部《古今诗范》，在我手里已半个多世纪，毛边纸页黄脆了，书眉上写满我小时笔画稚弱的字。这书是我的启蒙老师陈小溪先生所赐，他早已作古，翻开书，仍如见到他笑吟吟的面容。一本美国出版的《草叶集》，是大学同学高健赠给我的，校园一别几十年音尘断绝。如今这书与老同学李野光的关于惠特曼的几种译本，还有我访美带回来的一本《草叶集》并排站在书柜里，组成一个耐人寻味的系列。还有已故历史学家陈乐素赠的一部五色批《杜工部集》。五六十年代他曾与我同事，我赠他一首长诗，他欣赏其中两句“介身融大众，明眼辨恩仇”。翻开书页，五色灿然，还如同相对论诗，听他的高论。已故的好友，还有刚直清耿的山东大汉吴伯箫、交往虽不多而一见如故的公木、与我“同年同道又同乡”的张志民，赠书上都留有他们的手迹，看到这些书，如见到他们的音容笑貌。健在师友的书更多，济济一堂，朝夕相对，如同坐在一起聊天，颇慰暮云春树之想。

线装书，有大部头的《说郛》《佚存丛书》等，还有几种珍贵的明版书和清朝的精刻本和手抄本，皆经历浩劫而完好无损。其中有个秘密。那时我的家被抄四次，可谓搜刮净尽，第一次抄家时，用车拉走了不少书。线装书非红卫兵所爱，他们给放线装书的柜子贴上封条，说是“不许动，以后再跟你算账”。可是这批红卫兵因去串连，很快散了，在后来的抄家中，这封条成了守护这些书柜的“门神爷”，线装书这样奇迹般地保存下来了。吉人天相，我要算是有福的。

书是说不完的。转个话题，说说挂壁的字画。我收藏的字画，重在友情。现在挂出的有好友欧阳中石、沈鹏、梁云坡的自书诗幅。还有老同学也是知音老友侯一民的一幅“观海图”，那占大半画幅的奔腾澎湃的海涛，我极喜爱。一民知我是爱海的。还要提到中石给我写的一个匾额。文人往往爱给书斋起个名字，我也有这癖好，我移居多次，取过几个斋名。现居蓟门桥附近，就取个斋名叫“蓟轩”，兼有笔多生刺的自嘲。中石兄欣然命笔，大书“蓟轩”两个凝重俊逸的篆字，并缀以一段妙文：“周武王封尧之后于此，当是古贤者之所居也。征兄卜居于此固所宜也，嘱走（自谦之称）题之更所宜也。唯交卷太迟，笞之数十，心下始安。”中石博学，他关于“蓟”字的考证使我知道我的书斋所在，原来是武王之所封，尧之后所居，想不到我一介草民却与古圣先贤结了邻，真是洪福齐天了。

挂在墙上的，除字画之外，还要提一提一串玉米棒子。那是去年秋天从老家带回来的。六十年没还乡，今日一见面目全非，只有一位表哥还在，是我小时候一起读书、玩耍的伙伴，如今已近八十岁了。从表哥家里取来这些棒子，聊慰乡思。看到它，就想起儿时粘蝉捕雀捉蝈蝈偷花生的种种乐趣。为此我写过一首《水调歌头》："采采黄金黍，携自故园归。霜叶犹有余绿，如发乱丝垂。留得珍珠颗颗，壁角常悬秋色，未忍供新炊。仿佛对邻叟，乡梦且相依。 六十年，蓦回首，几多悲！一片青纱帐里，蝈韵颤巍巍。叶底钻来爬去，捉得鸣虫娇绿，光腚笑沾泥。万事今黄发，淡酒对毛锥。"

再谈谈我的爱好。

我爱好书法，因而有砚癖，多年积累几十台，选三十方佳品摆在一个玻璃柜里，算是书斋的一点儿点缀。论收藏，谈不到，那高档的古砚，遇不到也买不起，但我藏砚别有情趣。有一方旧端砚，石质极佳，砚背浮雕双荔枝，生动逼真，紫檀砚盒。这是五十年代张中行先生代我物色到的，"文革"被抄去，放在一个"反修"展览会上展出，同我妻子的一双高跟鞋为邻。谢天谢地，后来还给了我，只小有损伤，如今成了历史的见证。再一方是石品丰富的老坑佳石，2000 年元旦在肇庆购得。砚值较高，我有难色。老伴阿龄总是救苦救难，她极力撺掇才买下。我非常高兴，写了个砚铭，雕砚大师黎铿先生为我刻在砚背："千年之交，新纪始更，得之端州，水岩之英。老宜投笔，无闷无争，对兹紫云，欲罢不能。砚兮砚兮，我爱我憎。铭者刘征，赞者阿龄，镌者黎铿。"看，多么理想的跨世纪纪念品！

一口气说了这许多，言不及义。书斋毕竟是文人的生产作坊，该说说在书房里的活动。读书，我习于卧读或半卧读，多不在书房。查书，是在书房的。写诗，常在散步或旅行之时，也多不在书房，推敲诗句和写文章是在书房的。因时时挥毫，便在书房里多设一个书案，置笔墨宣纸于旁。但总是忙，很少习字，多是应朋友之求才动笔。东坡说，"我虽不善书，知书莫如我"，一半是自谦。我说，"我虽不善书，知趣却尚可"，是实情。趣在何处？趣味在所追求的书艺境界总是可望不可及。偶写一两字若有所会，别提多高兴啦！还有，别看我已七十多岁，写作却追求现代化。置备的一台电脑，也是因书房小放不下，安置在另一间房子里。我高度近视，看屏幕困难，好在有老伴代劳。我用笔爬格子，她帮我输入电脑，组成个小小的“夫妻店”。有诗道：“伊能电脑打文章，我草新篇短复长。老骥何曾真伏枥，书斋便是小作坊。”

2002年2月

拾疵小记

“老境安闲如啖蔗”，虽然仍忙碌，总算多了些安闲，看电视的时间多了。可是看着看着，常碰见语言上的瑕疵，如大米饭里发现砂砾，有碍咀嚼。回头想想还有不少，仅就记得的略举一二。

“白首如新，倾盖如旧”，是一句古语。意思是交谊深厚，虽说相交到白头，那情意仍如新结识一样开心，永不感到乏味。虽说是新结识，却一见情深，相投相契，如同老朋友一般知音惬意。但有一位主持人却把“白首如新”解为虽说相交到白头却还如陌路人一样。猴吃麻花，满拧！

“美轮美奂”语出《礼记·檀弓下》。说是晋献文子盖了一处宫室，晋君来祝贺，大夫们也随着来了。张老（大夫之一）说：“美哉轮焉，美哉奂焉。”轮，轮囷，高大的样子。奂，也作焕，众多、华丽的样子。张老的话，表面是赞美，实则讥其过于奢侈。后来“美轮美奂”一向只用于形容建筑物，不及其他。可是，近时电视、报刊时见滥用。“一位美轮美奂的小姐”，“一篇美轮美奂的文章”，“黄金饰物堪称美轮美奂”。小姐竟然高如大楼，金戒指竟然巨如城门，闹了多大的笑话！此成语的误用，已有人在报刊上指出，但仍屡见不鲜，愈用愈多，难道动笔杆的先生连报刊也不瞄一眼吗？

“固若金汤”。《后汉书·蒯通传》：“皆为金城汤池，不可攻也。”颜师古注：“金以喻坚，汤喻沸汤热不可近。”一位主持人，将“汤”简单地解释为“护城河”，差毫厘而谬千里。若有读者听信此解，直指“护城河”为“汤”，误人殊甚。如同上街买馒头，岂能说买“热”乎！

“江山代有才人出，各领风骚数百年”，是清人赵翼《论诗》里的句子，表达诗歌不一味崇古、应求创新的积极主张。看一集电视剧，唐朝一位宰相向皇帝举荐人才，蒙皇帝点头。这位宰相欣然吟诗道：“江山代有才人出，各领风骚数百年。”唐人吟清人的诗句，真足以同关公战秦琼比美了。

《康熙王朝》是一部可视性很高的正剧。斯琴高娃饰的孝庄皇太后，演得十分出色。查《清史稿》，孝庄文皇后是科尔沁贝勒塞桑的女儿，未记其名。曾上徽号，长达二十个字，其中没有“孝庄”二字。死后曾有过谥号，雍正、乾隆朝才累加谥号为“孝庄仁宣成宪恭懿至德纯徽翊天启圣文皇后”。这是称“孝庄皇后”的由来，不是她在世时的称号，是她死后的谥号，而且得此谥不在本朝，是后两朝确定的。剧中的太后口称“我孝庄”，别人也称她“孝庄太后”，是一个不小的疏忽。

却也有泥古不当的。“说服”的“说”，读 shuō，不读 shuì。广大群众用于书面或口头，讲得通，听得明白，已经约定俗成。考之辞书，“说”读 shuō，本有说明、解释、劝告、批评的义项，同读 shuì 近义。可是，受到港台读音的影响，近时电视里“说”的读音纷纷改为 shuì，实无必要，而且听起来别扭，酸溜溜的，颇有孔乙己“多乎哉？不多也”的余韵。

许多瑕疵都在常识范围之内，所以致误，大半因为粗疏的缘故。假如不把文字视为微不足道的雕虫小技，解决是不难的。告诉您一个绝招，那就是查，勤于动手，拿不准的乃至自认为拿得准的，都不妨多翻翻辞书，弄个究竟。果能如此，种种瑕疵，会减少百分之七八十，立竿见影，我敢保证。

2002 年 3 月

忆吴伯箫同志

吴伯箫同志临终嘱咐，骨灰洒在泰山。他的遗愿实现了。1984年我登泰山，写过一首诗：“松柏昂藏七尺身，冰泉幽咽想清吟；访君莫道不相见，万壑千崖都是君。”吴老自愿魂归泰山，朋友也以泰山之子目之，不仅因为他是山东大汉，而且因为他有“泰山石敢当”的硬气，托身泰山是毫无愧色的。

万壑千崖都是君

约在1954年，伯箫同志从东北大学调来人民教育出版社任副总编辑（当时的社长兼总编辑是德高望重的叶圣陶先生）。他在出版社工作了30年，鞠躬尽瘁，死而后已。花的时间最长，耗的精力最多，同他的志趣最相符，给他的打击也最大的一件事，就是在中学施行文学、汉语分科的教学改革。

伯箫调来北京，就是请他领导编写分科课本的。当时，中央指示要调集300名优秀的教育工作者，特别是教师充实中小学教科书编辑队伍。我也是1954年早于伯箫不久调来人教社的。伯箫走进编辑室，给我第一个印象是好个魁梧的山东大汉。脸是方的，口是方的，肩膀也是方方厚厚的，讲起话来有浓重的山东口音，总是眯着眼睛，含着慈祥的微笑。大家知道，他是延安来的著名散文家，已有多种散文集问世。他的英文也很好，早年曾在曲阜孔府任英文教师，并有译著。

文学、汉语分科教学，是建国以后，花的时间最长，规模最大，集中优秀力量最多，中央领导最重视，力度也最大的一次语文教学改革。中央指定胡乔木领导，教育部由副部长也是人教社社长叶圣陶直接领导，伯箫是第一线总指挥。如此领导阵容是空前的。自那以后至今，也不曾有过。

1951 年到 1958 年，这套教材从启动到停止使用，历时八年之久。

1951 年 3 月，教育部召开第一次全国中等教育工作会议，胡乔木在讲话中宣称，“语文教学的目的存在着特别混乱的现象，其原因是没有把语言教育和文学教育分开”，提出分科的问题。同年 6 月 6 日，《人民日报》发表社论《正确地使用祖国的语言，为语言的纯洁和健康而斗争》。下半年，语文教育界开始讨论。1953 年 4 月，教育部向中央政治局报告工作，提出改进中小学语文教学的问题。毛泽东同志指示，语言、文学可以分科。并指定成立中央语文教学问题委员会，由胡乔木任主任。1953 年 12 月，胡乔木向中央写了《改进中小学语文教学的报告》。1954 年 2 月 1 日，毛泽东参加的中共中央政治局扩大会议批准了这个报告。吴伯箫正是在这个紧要关口来到出版社。他未来之前，教育部教学指导司和人民教育出版社为分科教学大纲和教科书的制定和编写已做了许多具体准备工作。分科虽然是学习苏联（也是原俄国）的模式，内容却无法照搬外国，必须从浩如烟海的中国历代文学作品中选材，必须研究当时尚乏共识的汉语语法，从中提炼出各方都能接受的临时教学语法体系。吴伯箫的到来，对这项艰巨的工作是极大的促进。在他的领导下，文学教学大纲草案和教材初稿顺利地编写出来了。

伯箫对工作全心投入，一丝不苟，与叶老配合得很好。比如编辑初选的课文以及注解、练习等文字，一一亲自审阅，经他同意再送叶老审定。伯箫不光审阅，还自己推荐课文。他推荐的课文，不是在书本或报刊上标出所选的文章给大家看，而是亲自抄写一遍，用毛笔写成优美的行楷，抄件本身就是艺术品。白天繁忙无暇，抄写在深夜。他的办公室夜夜灯火，有时亮到天明。他工作或写作，通宵是常有的事。他笑着说，早晨用冷水洗个脸就精神了。

为了广泛征求作家的意见，在伯箫的主持下，召开过几次作家座谈会。最盛大的一次是在和平饭店召开的，茅盾、臧克家、老舍、萧三等文学大师都曾到会。在此之前，中学语文教材中虽然选入一些文学作品，和文学界却很少联系。这种交流不但听到许多宝贵的意见，而且获得文学界的理解和支持。与会者对中学语文课一律表示赞同，情绪热烈。课本的初稿编出以后，伯箫还带领我们出去调查研究，并且组织试教。计试教中学 74 所，参与试教学生27 000多人，试教取得了极好的成绩，广大师生热烈欢迎这项改革。至此，教学大纲草案及教材试教本均已定稿，各界舆论都表示支持，试教又给分科的施行提供了实践的确证。可谓万事俱备只欠东风（在全国推行）了。

经过几年的苦战，总算有了喜人的结果。那时候不兴用公款大吃大喝。叶老慷慨解囊，在教育部食堂里，请一位厨艺很高的师傅制备了两桌丰盛的宴席，叶老与伯箫容光焕发，喜气盈盈为大家敬酒。

但做梦也没料到，风云突变。1955 年 6 月，教育部召开全国语文教学会议，由叶圣陶向大会作《改进语文教学，提高语文教学的质量》的报告，动员在全国推广使用新的分科教材。正当此时，有关领导对文学、汉语分科提出严厉的批评。会议来了个大转折，不了了之。大会报告不作正式传达，分科教材使用与否各地可以“因地制宜”，也可以使用旧课本。从此文学、汉语分科的命运一落千丈。胡乔木、周扬都三缄其口。对文学课本的批评纷至沓来，如康生指责说：“文学课本非改不可”，“与教育方针相违背，最多只能培养小资产阶级感情”，“许多课本思想性不强，语言也混乱，可砍去百分之三十到五十，换选政治论文、社论和应用文”。几经周折，至 1958 年，中央文教小组终于正式下令文学、汉语分科的课本停止使用，美丽的维纳斯不仅断臂而且香消玉殒了！这场大起大落的灾变是异乎寻常的，它违反党内生活常规，也违反工作的正常程序，居然如霹雳坠地，轰然爆发，并且中央不出面过问。真正的原因是什么，可能已成为不解之谜。当时的领导人都相继下世了，编辑初中 11 人，高中 13 人，健在的只剩 4 人（我在其中），我们这些普通编辑，对于领导层的事并不十分了解。80 年代初编写新时期的语文教材，人民教育出版社的负责人曾向胡乔木请教，他感慨地说："编写语文教材是一部失败史，是一部伤心史。"默然而已。我们期待着发现更多的佐证，使此疑案大白于天下。

单说吴伯箫同志。当时的几位领导，受到批评，都唯唯称是，不敢有异词，独有伯箫不服。教育部组织了两个调查组深入学校调查研究，实质上是为那些批评意见搜集事实依据，证明其符合实际，完全是正确的。那年月非常重视调查研究，"没有调查就没有发言权"，但是有些调查，实为带着领导确定的框框去搜集证据，此即一例。调查组分兵两路，一路按领导的调子调查，对分科作出否定的结论；另一路由伯箫领队，以实事求是的态度进行调查，得出了肯定的结论。两个报告针锋相对。吴的调查成了他的一项罪证。教育部组织对伯箫的批判，调子是"以专家自居，同党分庭抗礼"。批判进行中，伯箫忽然挺身站起，一手高举中央文件（即中共中央政治局扩大会议批准的胡乔木的报告），理直气壮地说："你们说陆部长代表中央，这也是中央，到底哪个是中央，我们应该执行哪个中央的指示?!"伯箫在延安时就尝过挨整的苦头，并非缺乏党内斗争的教训，在那种众口一词的形势下，敢于如此以大无畏的精神据理力争，令人感佩。

伯箫虽然屡受批判，但秉性难移。后来，他因非议"大跃进"是弄虚作假，受到批判。"文革"中他吃尽苦头，"干部解放"之后，又因非议"文革"中闹得乱轰轰的"教育革命"，受到批判。粉碎"四人帮"后，他已垂垂老矣，虽然解脱了如影随形的批判枷锁，却仍不得意，1982 年在郁郁中溘然长逝了。泰山上的松柏日夜作涛声，那是为正义而呼喊，不是叹息。

文学课本，自然留着时代局限的印记，但是，初中按文体分类，高中采取文学史体系，突出文学，没有突出政治。课文以及注解、练习、知识短文等，经过叶圣陶、吴伯箫等许多饱学之士的阅改，有的课文是叶老亲自动笔所写，质量是极好的。人们一直怀念这套受到不公正待遇的课本。有的作家说，自己走文学道路是受到在中学时学习文学的影响。有的教师珍爱这套课本，“文革”中小心地藏起来，躲过浩劫。吴老，是中国语文教材改革的先行者，是应图画凌烟的功臣。

长流思远情

吴老不但有敢于坚持真理的可贵品格，而且笃于友情，有温厚的情怀。就从他赠给我的一个条幅说起。

吴老书法很好，但很少为人写条幅；他的诗也写得很好，但很少写，更少把自己的诗写成条幅赠给朋友。赠给我的一幅，真要算得稀世之宝了，何况又是绝笔——这个条幅写于 1981 年春天，此后不久，他就病倒了。

条幅长期挂在我的书房里，后来为了免受灰尘的损害珍藏起来。仔细看那条幅，还像墨迹未干的样子，眼前忽然浮现出他那山东大汉略呈方形的脸。“留个纪念吧！”他笑得眼睛眯成一条线。那是条幅装裱后拿给他看的时候。看那字，清醇而厚重，不是书法家斤斤于临摹古帖而得来的那种字。再看那诗，诗是这样写的：

银鬓采红豆，红豆坚且贞。
又折叶子花，花香照眼明。
健步罗梭桥，桥下水清清。
将花浮浪去，长流思远情。

这是吴老于1980年游西双版纳时写的一首无题诗。游览归来，他诵给我听，我极喜欢，请他写下来，他就写了这个条幅。这首诗，清新美丽，自然卷舒，如穿花激石的山泉，如随风弄影的闲云，命意高远，绝无半点尘俗。只是结语“将花浮浪去，长流思远情”，很有些伤感。古人相信“诗谶”，以为从诗里能见出命运的穷通和前路否泰，这两句诗似乎真的预示着他的不久于人世吧——当时可没有这么想。

第二年即1982年的8月，我登上庐山，住在比牯岭街还高的一个山峰上，四围松竹，一窗烟雨，远处隐在烟雨中的连山，像无数魔鬼在捉迷藏，这边才露一个头，转眼便不见了，那边又钻出一个头来。住在这里，犹如进入一个迷离恍惚的神怪世界。在一天夜里，闻到吴老逝世的噩耗，我痛哭失声。为了悼念吴老，曾写了一首诗：“渐老方惊哭友多，哭公今又泪滂沱。难忘青岛扶初泳，忍忆红山共夜歌！雪压青松知健劲，笔干星斗仰巍峨。青衿堪慰八千万，岁岁深情诵《纺车》。”

这首诗的三四两句是写实。记得1964年夏天，我到青岛调查研究，住了一个多月。这期间，吴老从上海来到。谈工作之余，一起去海滨浴场游泳。吴老爱游仰泳，他的胖大给他增加了几许浮力，仰卧碧波之上，转侧自如，如同躺在沙发上休息。我呢，从来没有学过游泳，浮也浮不起来。他看见我尴尬的样子，连忙跑过来教我。“就学仰泳吧！”他一面说着，一面用手托着我的脊背让我卧在水面上。在他的扶持下，我东闯西冲，“游”了好一阵子。回去的路上，他笑着说：“大有进步，自然只一次是学不会的。”我后来学会了游泳，最拿手的也是仰泳，不能不说吴老是我的第一个启蒙老师。当时我才30多岁。吴老对于一般工作人员，对于青年总是热情诱导的。难怪建国之初他在东北师大当院长的时候，学生亲切地称他“老妈妈”。

“文革”期间上干校，在安徽凤阳县的大红山附近，有很长一段时间我们同住在一个宿舍里，那处宿舍远离连部，孤零零地立在大路口，叫“八间房”。吴老曾以“八间房”为题写过一篇散文，收在1976年再版的他的散文集《北极星》里。书出来后，他捧着一本亲自送给我，书页还飘着墨香。扉页上盖着一方白文“山屋”二字的印章，朱色灿然，那是我刻赠给他的。他早年在青岛的书斋叫“山屋”。八间房里住着七八位同志，有的会拉手风琴，有的会唱歌，到了晚上我们就凑在一起又拉又唱。吴老是这个小小合唱队的积极分子，唱起延安时代的歌曲他特别起劲。现在想来，大家放声歌唱，是以合法的形式发泄苦闷，他更带有悲凉。那时候他还在受审查，后来被开除党籍。1976年以后恢复党籍，他把自开除之日起按月积存的党费郑重地交给了支部。多么好的党员啊！事实证明，我们队伍中许多“老运动员”都是真诚无私的好同志，这是对“斗争哲学”的一大讽刺。

诗的最后两句“青衿堪慰八千万，岁岁深情诵《纺车》”写的也是实情。吴老是当代大散文家，文笔清淳朴素，炉火纯青，罕有其匹。他的名篇《记一辆纺车》《菜园小记》《歌声》《猎户》等都曾选入语文课本，特别是《记一辆纺车》，成了教材的保留篇目，至今仍选在课本里，全国上亿中学生仍在研读这篇散文。吴老的在天之灵会感到欣慰吧。

1992年，人民教育出版社出版了两卷本《吴伯箫文集》，是对吴老的纪念。听说他的老家莱芜在筹办他的纪念馆，祝愿早日实现。但即使没有这些，文学史和教育史也会记下他闪闪发光的名字。

2002年3月

“兰亭集序”这题目

“兰亭集序”这题目沿用已久，却有不同的理解。一种颇有影响的古文选本是这样说的：“题目‘兰亭集序’，意思是兰亭会的诗集的序”，“集”解为诗集，把大家在兰亭写的诗编成一本书，序，是书序。也有不同的理解，认为是为“宴集”写的序，不是书序。

王羲之手写的兰亭墨本已入昭陵给唐太宗殉葬了，后世所见只有唐人摹本和写本，双钩添墨，虽难高度保真，已是当时最好的复制手段。流传到今的唐人摹本，海内有六本，不书摹者姓名，指为褚遂良、虞世南、冯承素云云，都是后世书家的推断。唐人写本有一本，是在敦煌发现的。

这些摹本和写本，都一律有文无题，推想王羲之原本也是有文无题的。《晋书·王羲之传》首见著录，只说“尝与同志宴集于会稽山阴之兰亭，羲之为之序”，也是有文无题。唐张彦远《书法要录》及何延之《兰亭记》，也都不称题目。由此可见，兰亭一文的题目是后人加上去的。

当今兰亭各种摹本、拓本、写本的题签和题跋，为了称谓的方便，都给兰拓取个名字。称谓不一，有“兰亭”“兰亭帖”“禊帖”等，偶有称“兰亭序（叙）”的，但未见称“兰亭集序”。孤陋所及，我在《古文观止》上首次见到这题目。但康熙年间此书的两位编辑家是以臆为之还是根据前人的某种选本不得而知。《古文观止》是文章的普及读本，重在欣赏，疏于校勘，未可厚非。

既然用“兰亭集序”这题目，那么“集”字该怎么解释呢？

我以为，说是《兰亭集》的书序，缺乏证据。《晋书》无“艺文志”，新旧《唐书》“艺文志”及“经籍志”载晋和六朝宴集诗集三种，兰亭集不见著录。若有此书，则王羲之、谢安等顶尖人物都在内，不可能遗漏。说是诗序，不是书序，是确当的。晋唐时期留下的这种序不少。文人雅士举行一次游宴，各自赋诗，并写一篇序，说明宴集的原委，发一番感慨。这种聚会方式是当时文坛的一种时尚，没有佳作，何申雅怀？有佳作而没有序，也难尽兴。《文选》收入颜延年和王元长各一篇《三月三日曲水诗序》，也是修禊游宴之作。顺便说说，两序都是歌颂皇帝游宴。词藻华丽而内容空洞，虽蒙昭明太子选中，仍然受到历代读者冷落，远不如吐述人生苦乐的“兰亭序”至今仍然传诵。这个事实告诉我们为文的道理。

说兰亭一文是诗序不是书序还有两个佐证。其一，传为柳公权手书“兰亭诗”墨本，其中列出兰亭有两篇序，一篇是为五言诗写的，作者是王羲之；另一篇是为四言诗写的，作者是孙兴公。若是编书，没有四言五言别作两序的道理。其二，宋代大书法家米芾为褚摹兰亭作的诗跋，有句道：“群贤吟咏无足道，序引抽毫纵奇杰。”元代大收藏家郭天锡为冯摹兰亭作的跋，直称“兰亭宴集序”，可见在历代大家的心目中“兰亭”一直被看作宴集诗序，不是书序。

已是春天，兰亭雅集的时光到了。到绍兴旅游，访山阴之兰亭，感受曲水流觞的逸趣，极高雅的享受，若暂时没有机会，就坐在家里，读一读兰亭序，赏文章兼赏书法，做些有趣的研究，同样是信可乐也。

2002 年 4 月

愤怒和愤怒之余

说起来我是个性情和平的老头儿，不大容易发怒，这一回我可真的发怒了。据说古代的大人物赫然而怒，会“伏尸百万，流血千里”，现代大人物赫然而怒，也会掀起一场风暴；我呢，一介草民，发怒又如何？不过擦一擦昏花的老眼，备笔疾书，说一些说了也许是白说的话而已。

《南方周末》的一篇文章，说昆明市盘龙区人民法院对震惊国内的中学生卖淫案进行了判决，10名未成年少女被分别判处一到四年不等的有期徒刑。触犯刑律，依法判处，自然无话可说。宣判时，10名涉案少女失声痛哭，家长泪流满面。有的女孩子还身着校服，戴着团徽。庭审后一名少女吃了60片安眠药自杀，在极端痛苦中给妈妈打电话。哭着说要见妈妈最后一面，被赶来的亲人相救，才幸免于死。读之令人痛心，肝胆欲裂，我的老眼早如枯井，也流下热泪。作为数千里外的局外人，我不怀疑判决的公正性，只有默默祝愿，因年幼无知误跳火坑的10名少女，经过这次炼狱之火不会一蹶不振，能够痛改前非，在今后几十年的人生旅途中堂堂正正地走路。

然而，文章里说，律师们愤怒了。因为比涉案少女多得多的嫖客，只有一名因奸淫幼女受到刑事处罚外，其余的只处以几千元罚金便没事了。他们之中除了有宾馆老总、旅行社经理、公司董事长之外，还有政府官员。他们是引诱、玩弄、蹂躏少女的淫棍，是此案的主犯。而法律之剑竟单单刺入少女的心脏，而这些吞食少女青春、毁灭她们前途的虎狼却逍遥法外。这不公正！

但这也许只是浮在表面的问题。那法律和道德都无能为力潜在的问题，更让人忧虑。愤怒之余，我的心像冰一样冷，如同潜入数百米深的海底，那里是凝固的黑暗。我的思想像一把利刃，力求割裂黑暗冲天飞去。

想那些女孩儿来到这世界上，一张白纸，一尘不染。十多年间，她们已出落成花季少女，但在人生的道路上，却不辨泳池与深渊，凉亭与火坑，污秽与纯洁，堕落与尊严，眼睛里只有一个“钱”字，金晃晃占有了心中的宇宙，只要能挣到钱，什么人的尊严、什么高尚的操守，都可以当破布烂鞋抛到最不洁的地方去。

水有源，树有根。不必专家，普通人即不难看出，在当前“千里莺啼绿映红”的社会里，确实存在着泛出美丽虹彩却能断肠腐骨的毒酒，存在着销魂夺魄却引人坠入地狱的魔鬼之歌。这些很容易使青少年受到强烈的诱惑。更有甚者，一种怪异的理论甚嚣尘上。有人抡起大斧，企图把“高尚”这棵扎根民众心中的大树砍掉。说是那不过是用来愚弄老百姓的、不可能做到的空话。青年朋友们哪，不要再受骗了！砍掉“高尚”，代之而来的是“实惠”，世上最灵光、最吸引人的“实惠”是什么？是钱。外则诱之以物欲，内则搅乱其灵魂，难怪有些孩子自以为飞上青云却扑通通跌下无底深渊了。

病源如果找得不差，处方施治并见实效，仍是十分艰巨的，有待各界华佗们大显身手。我是教育战线退伍的一名老兵，特别希望十女的悲剧能引起教育改革的一番严肃思考。

救一救孩子们的灵魂！

2002 年 4 月

《朱泳燚文集》序言

早年，泳燚先生以编著《叶圣陶的语言修改艺术》一书受到叶老的器重，许为忘年交。20多卷的《叶圣陶文集》逐句对比求索叶老晚年修改的字句，加以编列和论述，多大的工程啊！

也是在此时，我同泳燚开始交往，人民教育出版社聘他为社外编审，请他参加编写和审阅教材书稿，撰写课外读物。他来京工作时，常到寒斋茗话。我曾到他的家乡常熟，湖山诗酒，相与盘桓数日。他的书房里有一个高大的柜子，装满他积累的资料卡片，数以万计，给我留下深刻的印象。相交日久，相知日深，而今多日不见，常常想起他那谦谦君子的仪表和温文尔雅的谈吐。

泳燚先生是我非常钦佩的好友。他治学、执教和工作极端认真，极端刻苦，极端谨慎，极端谦虚，堪称敬业的楷模。孔夫子捧着圭，“鞠躬如也，如不胜。上如揖，下如授，勃如战色，足缩缩如有循。”把那敬谨的神态描写得栩栩如生。语文教学专业可以比作泳燚手中的“圭”，且几十年如一日，一丝不苟，一毫不懈。我钦佩他，是因为他这种精神，我只能心向往之，周围朋友也很少能赶得上的。

他为学者型语文教师提出的要求：“自己能教学，又能研究，教有特色，学有专长，教学与育人相结合，教学与科研同步。”他自己完全做到了。他的研究与实践涉及教学、教材诸多方面，而贯彻其中的语文教育思想的主要特色是：务实，求活，重视语言因素和基本训练。他深明语文教学的规律，而语出平淡，不务新奇。千百年来人们赖以生存的阳光、空气、水，不都是朴素无奇而人们至今不可须臾或离的吗？真知不在新奇，在于抓住事物的底蕴。

人见之叹为卓越不凡，自处之却平淡如水，以为这是人的本分。泳燚所以能如此，用他自己的话说，“长期潜心从事事业的动力是什么？是心中长明的灯——热爱与信仰”，热爱祖国，则是最灿烂的灯焰。这是泳燚植根心田的无价之宝，我以为，也是一切知识分子的“通灵宝玉”，丢掉它，就丢掉灵魂。

岁月其迈，一转眼，泳燚也已年逾花甲，到丰收的季节了。得知他的论著将结集出版，无任欣喜。相信他的书是如布帛菽粟那样实实在在的成果，不仅大有益于教学和研究，而且给教师的素养提供良好的风范。我不善于写理论文字，听说学识渊博的顾黄初教授将作序，正好把论述泳燚教育思想的重头戏推给他，我只演一场“跳加官”。2002 年初夏之晨，晴日一窗，欣然写下这篇小文，算是序。

2002 年 5 月

红楼？黑楼？

雪晴气爽，小窗明净，正好和好友侃山。还真神啦，才念及此，门铃响处，A君走了进来。他个子老高，干瘦干瘦，像一段枯荷梗。此君健谈好辩，时有谐语解颐，警语骇俗。怪力乱神倒也没有。

我们这一代老知识分子，忧国忧民已经溶化到血液里，车船之上，山水之间，茶酒之余，在什么当口也休想悠然见南山，开谈数语就转到国家大事上来了。泡了两杯龙井，龙井多假，这是今春在杭州，到茶农家买的，说正宗，没错儿。茶香入唇，谈兴油然。

我说："谈心总是对知己，眼下青年人在网上谈心，对方是人是鬼是大马猴，一概不知。有什么谈兴？不懂，不懂。"A君正在漫不经心地翻着报纸，搭讪着说："代沟嘛！——嘿，你看看这个。"我随着他的指头看报上的字，《红楼一账单》。他一字一顿地道："一般标准是四菜一汤，四菜即：大鲍翅、雪丝（燕窝）、鲍鱼及应时海鲜，采购这些东西每年要花上千万元。有一回接待某高官一行人，每人一瓶路易十三，那餐至少要几十万元。还有呢，小姐陪吃喝300元，陪桑拿800元，陪过夜1 300元。"A君怒不可遏，举手一拍，把报纸拍碎了，"权钱交易的活标本，可恶至极。这堆贪官污吏、奸商恶棍，把国家和老百姓糟蹋苦了。"我说："听说要搞'红楼旅游线'，旅游不妥。这堆肮脏货，如聚苍蝇于腐肉，蠕蛆虫于恶疽，对之欲哭无泪，欲叹无声，还有什么心情旅游？搞个展览倒十分必要。只是叫它'红楼'不妥，雪芹先生有知，会以十万雷霆发出抗议，改为'黑楼'倒差不多。老兄高见如何？"

A君眉头一皱，辩病发作了，用重锤敲击的语调说道："左一个不妥右一个不妥，你不是官却十足的官腔！'红楼'之名妙不可言，改为‘黑楼’味如嚼蜡了。”我扯起“斗牛”的红布，故意引逗他：“必也正名乎！明明是黑肝黑肺黑肠胃，黑到底啦，同红不沾边。再说，在我们社会里红意味着什么，你是真的不知道还是装胡涂呢?”

“你难道不知道，红，有真品也有假冒伪劣，而今假家伙如雨后的狗尿苔，正长得欢势呢。贪官污吏无不包裹上一件大红袍，原则包着交易，廉洁包着贪欲，佛面包着祸心，鲜活包着腐烂，经卷包着魔鬼。奇贪大蛀在未揭露前往往是红得发紫青云直上的人物。在大红袍的掩盖下，他们大笔一批，嘴唇一碰，百万千万上亿的巨资从国库里流入私囊，而且这大红袍可以变成瞒天遮地的保护伞，伞下滋长出无数黑根黑叶黑枝黑蔓，纵横交织密不透风，就是万把钢刀也难以刺破，直弄得天昏地暗，狗头戴上乌纱，美人变为娼妓，好人坠入地狱，敢于反抗的粉身碎骨。而贪官们用权力换来的是别墅是汽车，是销魂夺命的美色，是沉甸甸的财货，是捧上青云的飘飘然的感觉，味道好极啦。有权的一方是无本万利，有钱的一方是舍一赢万，何乐而不为！单看那些出入红楼的高官，进了红楼是猪是狗，是流氓是色狼，出了红楼依旧是道貌岸然，一脸正气，张口原则，闭口奉献。红楼，外红内黑，正是在中国国情产生的贪官污吏的典型形象。名‘红楼’，恰到好处。”

我爱听他的高论，总算如愿以偿：“好，好，我服你，就叫‘红楼’，不改了。”

“嘿嘿，改不改由得你我吗?两个老头子闲磕牙，解解闷而已。你提起《红楼梦》，你爱舞文弄墨，不妨写一部《红楼黑梦》，准畅销。”

茶凉了，再添上些开水，又冒起暖烘烘的茶烟。我们毕竟不想当“红学家”，忽而感到喝茶比研究“红楼”有趣，于是，端起茶杯，默默地相对而饮。

2002年6月

茶　人

春天在杭州诗友戴先生赠我一本他的大著《茶人茶话》中，才知道“茶人”这个美称。这本书，关于茶的逸事、趣事，搜罗丰富，茶人大约不仅能品茶，还要具备茶的学问。我虽好饮茶，但距离“茶人”尚远。

饮茶，亦是今生后起缘，早年一门心思于工作，口渴了就用大搪瓷缸子咕嘟咕嘟喝白开水，大约属于“牛饮”。非但不喝茶，也不沾烟酒。

“文革”上干校期间，我睡铺靠近的土墙上挂着一个军用水壶，里面装的是劣质白薯酒。几名同室的“五七战士”差不多每个人的睡铺上都挂着一壶酒。在劳动、学习、批判和被批判的有限的隙缝间得以蜷缩在两平方米左右的个人空间里，摘下酒壶喝几口酒，再燃起一支劣质纸烟——那烟十分粗糙，经常自动灭火，因其中塞有一根粗梗，上下不通气——暂时意识到茫茫宇宙中还有一粒微尘般的我，吸入一点生命的刺激，吐出一点埋在心头的苦闷，便是一种无上的享受。茶，过去不喝，此时更不喝，有白水喝已经足了，还什么茶!

说也奇怪，干校一住三年，烟酒都没有上瘾。如今，解除了精神枷锁，日子好过了，好酒好烟虽然很多，但是人渐入老境，烟酒越来越不相宜，于是茶渐渐成了我的爱好的主旋律，而且似乎上了瘾。

我遍品诸茶之后，定位于绿茶，特别是龙井和碧螺春，又特别是明前或雨前的新茶。我喝茶的方法与众不同。不用瓷器，也不用紫砂器，用通明透亮的玻璃杯。茶的形和色是品茶的重要组成部分。明前的新茶泡在杯里，看那茶叶整齐嫩绿的芽尖，已足怡神。若是君山银针，那金黄如针的嫩尖，便直立着上下沉浮，如一队绿衣仙女翩翩起舞，“由来佳茗似佳人”，东坡是最解茶趣的。再看那茶汤，碧绿而微黄，如水晶，如琥珀，如翡翠，不，那些是凝固的，而这，微微摇动即漾起波纹，而且蒸出阵阵幽香，不必沾唇入口，已经先醉了。海外制茶，多磨碎袋装，国内亦多仿制，其实这是最不懂茶趣的。我为茶之芳魂一叹。杯子要用大小两只。用大的冲茶，用小的饮。浓淡凉热可随意调剂。

回过头去，再说春天在杭州，不仅获得一本谈茶人的好书，而且得到一次饮茶的难忘的享受。时下西湖龙井，在杭州也多赝品，若是真品又价比黄金，令寒士望而却步。诗友钱君是个老杭州，一天他颇为得意地说：“走，我请你去问茶，圆你喝地道龙井的梦。”清明才过，杭州连日小雨，那天雨止了，天却没放晴，时而重云含雨，时而薄云笼日，老天玩着有趣的捉迷藏。我们驱车来到龙井街，走上街头前后望去，一路都是卖茶、饮茶、炒茶的大小店铺。一缕缕飘荡的茶烟，一条条写着“龙井”二字的茶幌，一声声茶声茶气的软语，构成一个茶的乐乡。

我们走进一家小小的茶馆，是一对夫妇开设的。老板正坐在门前炒茶，老板娘满面春风地相迎，原来钱君是这里的老主顾。泡上茶来，茶香四溢，五脏六腑都充满清气了。

一边饮茶，一边同老板娘闲谈。她和夫家几代都是茶农，现今同丈夫承包了几亩茶山，种茶、采茶、炒茶、卖茶一条龙。“放心，这茶还假得了吗？保准是明前。”老板娘打趣地说。临行前，钱君买了许多茶，其中自然有赠我的一份。乘着茶兴，我漫吟了一首绝句：“清明时节半晴阴，龙井家家泼碧云。祛老有方君莫笑，不烟不酒做茶人。”但，修炼茶功至此，我可以称得茶人了吗？若陆羽先生当评委，会说：“升堂矣，未入室也。”

只有一事不胜烦恼。新茶有一种特殊的美味，可是很难保鲜。装在罐子里密封，放在冰箱里冷藏，都试过了，都不理想，两三个月一过，已感美人迟暮，半年后则徐娘半老，略存风韵而已。大约天下之至美，总是难逢而苦短。然而年年有春天，春春有新茶，将无量数的难逢和短暂联成一串，不就是易得和永恒吗？

2002 年 9 月

有感于一封来信

L君，留学归来的著名医学专家，同我未曾相识，辗转用电话同我取得联系。他求索我的一本寓言诗集，我把近年出版的一本配漫画选集《诗画合璧》寄给他。不久接到他一封长信，这封信意味深长，不只是谈我的寓言诗，还以一个普通读者朴素真诚的体验评量了新诗的价值。征得L君的同意，将来信主要内容照录。

我第一次接触您的作品是在四十多年前，那时我正在北京医学院基础部学习。可能是在1960年的冬天，我高中的同学在清华大学学习，邀我去参加清华大学学生会组织的一个晚会。晚会在清华大礼堂举行。当时坐无虚席，还有许多同学站在过道上。毕竟是四十多年前的事了，我只记住两个节目，一个是口琴小合奏，演奏了柴可夫斯基的“天鹅湖”，另一个节目，也是印象最深的一个节目，就是朗诵您的两篇寓言《木偶探海》和《猴子的牢骚》。朗诵的演员个子很高，也很魁梧，穿一身毛料中山装，他一出场就招来一片掌声。他的声音很洪亮，朗诵的节奏、表情、神态及手势均控制得恰到好处，将两篇寓言的哲理表达得淋漓尽致。台下掌声雷动，几次谢幕均不能退场，后来又加演了几首小诗才算作罢。

我是很喜欢朗诵的，当时担任北医学生会话剧队的队长。以前我从来没有听到过这么精彩的朗诵和这样好的寓言，我让我的同学一定要把这两篇寓言搞到手，不久，他就送来了一本《朗诵诗选》，可能是清华大学学生会印的。印刷得不很精美，封面设计得也很简单，记得有些海浪和海鸥，其中就有您那两篇寓言诗。我很快背熟了它，而且多次在北医朗诵，效果极佳，可见您的作品的魅力。1964年毕业后分配到北京医院，后又回母校进修了三年，其中也表演过几次。以后开始了“文化大革命”，就不能朗诵了。拨乱反正后我去丹麦留学了两年，回来后，忙于临床、科研及管理，焦头烂额，自然就没了朗诵的雅兴，“诗选”也丢了。但是四十多年来，我一直默记《木偶探海》的全文。这篇寓言的哲理影响了我的一生，无论是作学问还是搞管理，都是尽量深入下去，虽然不能说“深入到底”，但总算没有像木偶一样浮在表面上。

收到您的大作，看到第一篇就是《木偶探海》，倍感亲切，就像见到久违的老朋友。新作改动了很多，和我背下来的有不少差别。新的《木偶探海》，句子更严谨，逻辑性更强，但朗诵起来不如原来的上口，可能是我已经背熟了四十年之故。

我相信这篇《木偶探海》目前仍有现实意义，像木偶一样的人仍然不少，只作些表面文章以哗众取宠，浮躁之风盛行，另一些搞浮夸的人更为可恨。如果让他们去测量大海的深浅，回来后，他们会看领导的脸色，该说多深说多深。所以极为得志。您能不能写一篇寓言讽刺讽刺搞浮夸的人。咱们国家吃浮夸的亏真是太多了。

我写这封信的主要目的就是向您表示衷心的感谢，感谢您写了一篇这么好的寓言，使我受益匪浅。

希望见到您。

读了这信，我非常感动，写了两首诗赠L君。其一，“五十年前木偶诗，春兰秋菊已移时。感君护惜藏心底，留得寒花未落枝。”其二，“屈（屈原）升赫戏穷求索，老（老子）逝流沙费远寻。若将人生比探海，此头白尽不知深。”

诗人获得读者的赞许，自然十分高兴，胜过得一次大奖。然而如果只于此，是不值得浪费报章的篇幅的，毕竟是一己之事。更重要的是，这封信使我想到新诗的命运。寓言诗是诗坛上一个“稀有品种”，只占一个小小的角落，我的这首《木偶探海记》，是我的早期作品，更是这小小的角落的一朵寂寞的小花，也许是一片草叶。讲诗坛的收获数不到她，写诗史更轮不到她，可是这么一首小诗，竟然在高层知识界一位读者的心中留下如此清晰而久远的记忆，产生这么深刻的影响，是不曾料到的。看看我们诗坛的主流收获，如大海汪洋，群星灿烂，可以想见，那些诗篇会在广大人民群众心中留下多么深远的记忆，产生多么巨大的影响啊！几十年来，新诗已长成大树，尽管有荒长的旁枝和几片凄惶的落叶，却不能掩其参天的黛色，这封信坚实有力地证明了这一点。万不能否定过去的成绩。继承创新，新诗的面前是一条康庄大道，是毫无疑问的。

只是有一条，你关注老百姓，则老百姓会百倍回报你；你不关注老百姓，一头扎进“内心宇宙”里，或者眼睛只专注于“下半身”，老百姓理所当然报以冷漠甚至报以白眼。

2002 年 10 月

《翁镇希诗词集》题词

镇希先生的诗词，有生活气息和时代色彩，没有诗词常常难以摆脱的陈旧感。诗则有古有律，词则有小令有长调，各具异彩。集子里多题画之作。先生精于绘画之审美，善以诗论画，为一大特色。更编入多幅名画，诗画相辉映，受到读者欢迎，可以预卜。

今日诗坛，存在两种诗体，异曲同工。一种是五四以来兴起的，引进西方诗歌形式的自由诗，习称新诗；再一种是采用我国传统诗歌形式的格律诗，习称诗词。两者都反映时代的风云雨雪，抒写今人的悲欢离合，都是新诗。他们是好姐妹、好兄弟，比翼鸟、连理枝，共同酿造当代诗坛百花竞艳的大好春光。

但是诗词遭遇长期的冷落刚刚抬起头来，复苏和繁荣乃至实现辉煌，还要走艰苦的漫长的路程。镇希先生走上这条路，甘之如饴，令人钦佩。惠而好我，携手同行。

老杜有诗道“晚节渐于诗律细”，到了晚年仍于诗律精益求精。镇希先生年方五十有余，尚在壮岁，必能思齐古贤，更求精进，严于格律，驰骋想象，锐意创出更新更美的诗境。壬午夏，端午节前三日，于京门之蓟轩。

2002 年

珊瑚石记

当北国漫天大雪，我和妻正在海南三亚附近的一家度假村经受着冬天里的夏天。满眼南国的田园风光，令人心旷神怡，别有天地非人间。

要问此行我带回来什么宝贝？宝贝有二。一是椰树叶片犹如凤尾般地遮云日的绿影。这绿影，沾在衣袖上，衣袖变成绿的；扑在肺腑中，肺腑变成绿的；溶在心灵中，心灵变成绿的。洗不掉也抖不去，一直带回我北京的书斋。坐在椅子上如同坐在绿阴下，铺开稿纸仿佛这纸就是绿叶，泡一杯绿茶，那椰叶的绿就溶在茶里了。

还有一宗宝贝就是珊瑚石。

寓舍前不到二百米，就是烟波浩渺的南中国海。那海滩铺着乳白色的细沙，平展展一望无际。我见过世界上许多有名的海滩，夏威夷的、帕提亚的，似乎都不如这里惬意。但也许另有原因，那里已受到文明的损害，这里还是一派混沌初开的景象，保持着自然的童贞。——且慢，远处有几点废旧渔船的黑影，一动不动。因为人迹罕至，海潮捧来沙滩的陈列物相当完整。没有贝壳，都是卵石模样的东西，大如茶壶，小如酒杯，大都是白色，间有栗色的，形状则千奇百怪，匪夷所思。

我和妻来到海滩上，一下子被这些小精灵吸引住了。如同童话里骑大鸟的孩子落进百宝之谷，兴高采烈地拣拾起来。每天到海滨散步一次，有时两次，每次都拾回来几块，清洗观赏。看着看着，看出了问题。这些小精灵的质料到底是什么？说是石头吧，那美丽的状貌酷似珊瑚，说是珊瑚吧，又分明是石头。我们研究争论，达到共识，兴许是远古的珊瑚，经无数次海浪的打磨，化成了石头。我们给他们取个美丽的名字：珊瑚石。无名天地之始，有名万物之母，而今而后呀，这怪模怪样的小东西有了名字，也许变成“通灵宝玉”般珍贵了。

回家前打点行囊，要严格遵守轻装的原则。在这一堆珊瑚石中挑来拣去，挑选出五块大的，五块小的，带了回来。其中我最爱的一块取名雪浪石，拳头大小，石色雪白，那样子酷似从腾起的大浪顶尖上剪取的一捧浪花，得赶紧用手遮拦，否则会扑下来溅一脸水沫。这块雪浪石是妻拾到的，得给她记头等功。想起东坡作诗咏“雪浪石”，但那石是当时的一枚土炮弹，只是上面有些浪纹。东坡如见我们的这块，必定会眉飞色舞，浮一大白。其余的，有的像花朵，有的像蜂房，有的像莲蓬，色如青玉，有的像白雪，覆压苍山。还有的像狮子狗，像鳄鱼，像海象。独有一块什么也不像，只有半个手掌大小，上面多达七八个穿透的石孔，纵横交错，还有遍布全身的小孔，玲珑剔透到了极点。我想，水晶宫里的雕刻大师也定有许多派别，这一块准是现代派的杰作。

多年来东游西逛，我每到一处，大都拾回来少许石子或贝壳之类别人不屑一顾的东西，上面写上拾得的地点和日期，已经有不少的积存。它们是我的足迹，我的诗句，我的感叹，我的好梦。如今又加盟这批新伙伴，好不热闹。这批新伙伴带来浩浩的天风，滔滔的洪浪，带来海的腥味，海的温柔，海的高旷，海的深邃，与柳树的绿影相叠加，小小的书室便如同容纳了南国的大海。我恍如偕着这几位“石友”坐在鲸鱼的背上痛饮葡萄酒。连我的存在都忘记了，还记得什么衰老，什么忧愁？

2003 年元月

温故漫笔

——读《秋蟪吟馆诗钞》

友人赠我一部《秋蟪吟馆诗钞》，木版精刻，开本很大，七卷合订四册，还配有一个讲究的木匣。书，前未曾见过，就抱着猎奇的心情看起来。

读书的序和跋得知，作者金和字亚匏，才华横溢，但因不拘守“程式”终生未能考取功名，自然也不曾作官，只教过书和当过幕僚，是个地道的布衣诗人。他是南京（上元）人，主要活动于道光、咸丰年间南京、上海等江南一带，也曾一度到过北京和广州。

他的诗名不甚彰显，论者选者均罕及之。而梁启超在《诗钞》的序里极为称许。他说：“前清一代历康、雍、乾、嘉百余岁之承平，蕴蓄深厚，中更滔天大难，波诡云谲，一治一乱，皆极有史之大观，宜于其间有文学界之健首异军特起，以与一时之事功相辉映，然求诸当时之作者未敢或许也。”及读金亚匏诗，认为“有清一代未睹其偶”，“得此，是有清一代之诗史为不寂寥也矣。”

亚匏活动的时代（19 世纪下半叶）中国正遭遇巨大的灾难和发生巨大的动荡，那就是列强的入侵和太平天国的起义。昏庸腐败的朝廷便如同飘摇在惊涛骇浪里一只漏船，老百姓处于水深火热之中。亚匏坚决反对外来的侵略，但也坚决反对太平天国的起义。当时的知识分子视忠君为最大的名节，在“叛逆”面前成为保皇派是可以理解的。对一百多年前的人，我们不妨采取宽容的态度。但从他的诗里确实可以追寻当时风诡云谲的史迹，特别是以辛辣的笔墨揭露晚清政府军旅中不可救药的深重腐败。至今读之，犹觉惊心怵目。

一

鸦片战争，英国侵略军在广州作战未能得逞，便沿海向北打来，占领乍浦，杀过吴淞口，兵临南京，订了城下之盟，迫使清廷签订了丧权赔款辱国的《南京条约》。这些大的关节在史书里可以读到。可是英军包围之中的南京城，守城者如何动作，老百姓受怎样的灾难，那生活的细节，在史书里很少反映。当时亚匏即在围城之中，写了《围城纪事六咏》，注明“壬寅英夷犯江之役也”（壬寅，1842 年道光二十二年），给我们留下真实的记录。这六首诗是“守陴”“巡城”“募兵”“警奸”“盟夷”“说鬼”。

《守陴》一诗注明是在六月初英军尚未攻占镇江之时，南京守军惊恐万状。由于情报混乱，南京城门时开时闭，造成老百姓极大的惊扰。且看：“平明驰箭许暂开，沸如蝇集轰如雷，土囊万个左右堆，羊肠小道通车才。老翁腰间被劫财，脚下蹴死几幼孩，村妇往往被堕胎，柳棺摧拉遗尸骸。摩肩拥背步方破，关吏一呼门又锁，绕郭声声痛哭归，头上时飞洗炮火。”写得活灵活现，如同电影。老翁被劫，孩童踩死，孕妇堕胎。连棺材都挤破，死尸落地，竟然如此惨烈！未同敌人交火，老百姓已陷入深重灾难了。

《警奸》写缉拿奸细。有个人野宿，身上带有火药（是个需用火药的匠人），被逻者拿到官衙。“县令大怒棒乱挝①，根迫欲泛河源槎。叩头妄指仇人家，一时冤狱延蔓瓜。从此里巷纷如麻，人人切齿恨朝鸦。平日但有微疵瑕，比来尽作虺②与蛇，往往当道横要

① 挝：zhuā，音抓。打。

② 虺：huǐ，音悔。蝮蛇。

遮。”警奸竟造成人人相视如仇，充塞里巷的冤狱，不读此诗，我们是难以想见的。在其他的诗里还写守城兵员不足，招募新兵是些流氓地痞，而指挥这乌合之众的竟是完全不习军旅的迂阔的书生。还写在围城中妇女的苦难，有钱人家妇女纷纷逃往农家避难，而穷人家的女儿则快速出嫁，“无钱能赁香筍篮，膝前有女年十三，中夜急嫁西家男，身携布被居茅庵。”

二

《盟夷》是六咏的重头戏，镜头离开民间转到清廷政要的活动。开头便是“城中野风吹白旗，十丈大书中堂伊（伊里布）”，一片降幡出石头，一面投降的白旗高挂城头，把大臣的姓名竟然写在白旗上。下面历点奉旨求和的宗室耆英和总督牛鉴的名字，让此辈留“芳”百世。这些朝廷的重臣毫不知耻，向英国的战舰下拜。入城时，愚昧的老百姓“香花跪拜相迎”，可这些人含泪无语，他们的心情是复杂的。在英侵略者的威逼下签订了《南京条约》。诗详细记录了条约的内容：“最后许以七码头（自注：粤闽江浙许夷交市者凡七所），浙江更有羁縻州（自注：浙江定海县许夷侨寓一年），白金二千一百万，三年分偿先削券。”诗的最后没忘写一笔皇帝：“卷书首请帝玺丹，大臣同署全权官，冒死入奏得帝命，江水汪汪和议定。”有江水为证，奇耻大辱，皇帝要首负其责，诗人用了春秋笔法。

《说鬼》写当时官民眼中的“洋鬼子”。如果其他各首着重记录时事，诗味显得不足，这一首则是整个事件的余笔，写得生动活泼，意趣横生，且看：“三大臣盟江上回，侍从亲见西鬼来：白首寒瘦如蛤灰，黑者丑恶如栗煤，发卷批耳髭绕腮，羊睛睒睒①秋深

---

① 睒：shǎn，音闪。闪光。

苔，语言不通唯笑咍①。高冠编蓖笠异台，毡衣称身无剪裁，漆鞋绿滑琉璃杯，短刀雪色银皑皑，袖中炮火花铜胎，镜筒五尺窥八陔，寸管作字搂纤埃，口衔菰叶红不炱，长壶斟酒鹅黄醅，听者不觉心颜开。”每一句所举洋兵的事物都是实有的，但在闭塞的老大帝国居民眼中却幻化为“鬼”。

诗接着写道：“有塔高矗南山隈，鬼官日日游相陪，父老奔走携童孩，随行饱瞰欢若雷，居然入鬼无疑猜。亦有贱驵真奴才，河楼伪货欺痴呆，竟买小舟竖短桅，船轮要看火焰推，晚归向客夸多财，双凤弯环钱百枚。”可笑，可怜，可耻。前些年在旧货摊上看到三寸金莲的小鞋，供外国游客购买，叹为“创举”，原来古已有之了。当时中国老百姓的愚昧和麻木竟然如此！后若干年，鲁迅看到的日俄战争片中国人的麻木形象，与此相同。唤起民众，我们用多长的时间，花了多大力气，抛洒了多少鲜血啊！

三

在太平天国和清廷的斗争中，他坚定地站在清廷一边，指太平军为“贼”。太平军占领南京，他陷于城中，暗中联络一些人妄图与清军里应外合，反攻进城。清军不信任他，阴谋败露，同伙遭太平军杀戮，他因被清军留下为人质得免。可是，诗人是忠于现实的，秉笔直书，如实揭露清军的残暴与腐败。他在《烈女行，纪黄婉梨事》中，写黄女及全家陷在太平军中得以保全，而清军来到，杀了他的父母，对黄女百般污辱，欲施强暴，女刺死清兵，自己悬梁自尽。他本意在表彰烈女，却客观上写出清军反不如太平军。他多年身经战乱，深知清军中种种骇目惊心的黑暗，无情地加以揭露。《军前新乐府五首》组诗是最具特色的。

---

① 咍：tái，音台。笑。

太平军占领南京，清廷调集大军反攻。然而兵到之处，金价腾贵，原来一两黄金值白银一斤，猛增到一斤半。《黄金贵》中写道："黄金有何用？路人笑且嗔，军中买者众。大帅积金塞破屋，老兵积钱压断轴，县官钱尚如泥沙，各买黄金私寄家，黄金著翅飞天涯。"原来如此！诗人说："书生闻之笑口喑①，昨来悔不谈黄金，一言或动将军心：将军努力入城去，贼是黄金如土处。"愤怒出于冷漠，是绝妙的讽刺。清军到来，无锡百姓送来丰盛的物品来犒军，《无锡车》里写道："百彘②肩束千鲊③封，醉酎④七斛荈⑤十笼，白布万端衣可缝，圆蒲五万能生风。"够意思。然而储物车载运到，一连六天交不上去。原因是没有用钱买通关节。且听军吏对车夫说的一番话："中丞谁？位开府。汝何人斯通缟纾⑥！必有黄白金一囊，少亦青铜万贯许。汝宜急补物阿堵，汝声再苦则杀汝。"不施贿赂，连犒军的物品都不予收纳。贿赂无孔不入，至于斯极！最让人啼笑皆非的是原来清军也有武勇的时候。《接难民》写了这么一件怪事。从南京逃出许多难民，官方扬言防太平军追至，派兵来援助："军士提刀纷走开，或隐山之阿，或伺水之涯，束缚难民横索财。残魂惊落面死灰。岂无碎金与珠玉，搜身逼脱袜与鞋，亦有钝物稍倔强，即谓贼谍城中来，杀之冤骨无人埋。"清兵从难民身上强夺的财物，原来与官儿们分成，"若官若将十三四，军士瓜分十六七。"而太平军真的追来呢？"有时真有贼追至，诸军按甲似无事！"在敌人面前一只鼠，在百姓面前一只虎。堂堂朝廷派来的官军，搜刮奔逃无助的百姓，如此贪婪和残暴。

① 喑：yīn，音音。哑。
② 彘：zhì，音至。猪。
③ 鲊：zhà，音乍。干鱼。
④ 酎：tǎo，音讨。酒。
⑤ 荈：chuǎn，音喘。茶。
⑥ 纾：shū，音舒。宽容。

《半边眉》一首所记，更加荒唐，若非纪实，真如同演出一幕夸张的讽刺剧。南京周边，官府作出赈济难民的姿态，每人发放一百二十钱。但那“发放”办法可十分别致。为了防止有人重复领取，每人领取之后就在身上作个记号——剔去一边的眉毛。“一刀除去半边眉，再来除非眉长时。”结果是正经人宁挨饿也不来，市井之徒贿赂操刀人，眉毛并不是真的剔掉，得以多次领取。诗人气愤地说：“太守何不计之毒，千钱刲①人耳与目，万钱截人手与足，终古无人请钱至，太守岂非大快事！”

集中类似的诗连篇累牍，有的长至百韵，直言不讳地论及致乱之因是官逼民反（《原盗》），实为有韵的史书，有韵的实录，不仅为熟透了的传统诗歌注入了活力，而且是研究晚清历史有价值的资料。

不读金诗，绝然不会了解清朝的腐败如此花样翻新，鬼魅横行，暗无天日，真正是烂透了。难怪清末人士愤愤地说：“大清不亡是无天理。”腐败是什么？腐败是政府吏治肌体上的癌变，其始也只是“青苹之末”，是不难除去的，待到盘根错节，铺天盖地则百计难除，无药可医，终至整个肌体溃烂而毁灭。历览中外国家的兴亡，那灭亡的原因中，腐败总是占重要的分量。那惊心骇魄的警钟，切不可等闲视之。整治腐败有特效药，那就是不仅仅依靠道德修养的提高，也不仅仅依靠法律制裁，还必须在体制上对执政的权力施以绝对有效的监督和制约。

四

《兰陵女儿行》要算是《秋蟪吟馆诗钞》的压卷之作，这首诗歌颂了一位反抗强暴的侠女，长达200多句，1500多字，是七古

---

① 刲：kuì，音溃。割。

里罕见的长诗，波澜起伏，风神飒爽，如同一出扣人心弦的戏剧，有很强的感染力。

话说将军解了宣州之围，奏凯回到濑水之上，急于经营新邸，迎娶一位如花似玉的新人。娶新人的彩船到时，锣鼓喧天，将军亲自相迎。可是，你道下船的新人何等模样？不施粉黛，冷若冰霜，原来将军只曾于路旁见过一面，不曾讲一句话，更谈不到订亲。将军派去娶亲的人刀枪相向，声言如不从即杀其全家，姑娘为保全家人，这才登上彩船。姑娘下船，当众揭穿并痛斥将军的恶行，“突前一手揕①将军，一手有剑欲出且未出：我言是真是假汝耳闻不闻？”她质问将军：你打胜仗，皇上赏赐你，可许你劫掠良家妇女吗？你如拿出这样的圣旨，我就嫁给你，否则死不相从，“我以我剑夺汝命，五步之内颈血立溅青絁②袍裙。门外长堤无数野棠树，树下余地明日为筑好色将军坟。”词锋凌厉，咄咄逼人。将军无奈，且恐事情闹大坏了名声，误了升官的前程，允许放归。可是姑娘十分机智，进一步提出要求，她说，她这一走，将军保不定起杀心，况且“慨从军兴来，处处兵杀民，杀民当杀贼，流血滋垓垠”，杀一个弱女子算什么。她要将军保证她的安全，并借给她一匹名马叫“白鱼”，到家即归还。将军巴不得她快快走，答应了她，“女顾此马眉宇色差豫，撒手始释将军衣，身未及腾鞍已据。一声长谢破空行，电掣星流不知处。”好一个英风侠气的女子！

后来将军在南京侧营造新居，宾僚众人前来欢迎，犒劳三军，饮酒作乐。正在热闹之时，忽然看到：“云中匹马尘甚嚣，清光无恙来滔滔，千金一诺券果操，将军迎挚归其槽。马汗如血长嘶号，背上有物臃肿拳曲纵横束缚三尺高。乃是材官当日将去之聘礼，封

---

① 揕：zhèn，音镇。刺。
② 絁：shī，音施。绢。

还不失分厘毫。聘礼脱尽处，薤①叶多一刀。刀光摇摇其锋能吹毛。将军坐此几日夜睡睡不牢。”结尾写得虎虎有生气，令人心胆为张，如读《红拂传》。历代写女子的长诗不少，写一普通女子反抗强梁如此刚烈英武的，我为仅见。

亚匏的诗风，这里不多谈。总之，他的诗不摹古，也不追求神韵，与历代以及本朝其他诸家的诗都很不相同。必欲求之，则近韩文公。前人谓韩以文为诗，亚匏却是以史为诗，秉笔直书，不加雕饰也很少想象，放手辄为长篇，别有一种诗趣。其中也有一些字句较为粗糙，只能算是末节。他的《西施咏》道：“溪水溪花一样春，东施偏让入宫人。自家未必无颜色，错绝当年只效颦。”透露出他的艺术主张：力主自树一帜，突出个性，反对模仿依傍。他的诗确实展示了东施之美。

五

再回到梁启超写的序上来。

序中有这样一番议论：“昔元遗山有‘诗到苏黄尽’之叹。诗果无尽乎？自三百篇而汉魏而唐而宋，途径则既尽开，国土则既尽辟，生千岁后而欲自树壁垒于古人范围以外，譬如居今世而思求荒原于五大部洲中而别建国族，夫安可得！诗果有尽乎？人类之识想若有限域，则其所发宜有限域，世法之对境若一成不变，则其所受宜一成不变，而不然者，则文章千古，其运无涯。谓一切悉已涵孕于古人，譬言今之新艺新器可以无作，宁有是处！”证以金亚匏之诗，任公之言确为不刊之论。近百年间，更有数辈大诗人的杰制及大量佳作证明，以传统诗歌体反映时代生活仍是充满活力的，其独特的魅力是无可取代的。

① 薤：xiè，音谢。菜名。

我所以不厌其详地抄录梁文，因为五四以来，传统诗歌已走到尽头的论调一直未息，近日还有人说，当今弄诗词等于玩古董。梁文写于一百多年前，以合乎科学道理的明明白白的论述指出其非，如同今天写来一般，省却今人许多笔墨。当前中国诗有两种主要诗体，一种是较多借鉴西方诗歌的比较自由的诗体，另一种是继承中国传统诗歌的格律较严的诗体，两者各以自身的特殊性反映新时代，都应是新诗，应该成为并蒂之花、比翼之鸟，蔚为诗坛万紫千红的春光。“两个白蝴蝶，双双飞上天”，断章取义，胡博士之诗固已预言之矣。

2002 年春至 2003 年春，于京门之蓟轩。

寻仙、求仙质疑

“力透纸背”，形容写字笔力遒劲，如“万钧怒发”，并非真的用笔把纸穿透。读书也要有“视透文背”的功夫，拨开表面的云雾看到那背后的庐山真面。如同《红楼梦》里的“风月宝鉴”：正面照，见美人，背面照，却是骷髅。雪芹翁早已示人读文阅世的三昧。

徐市（一说名徐福）入东海求仙，见于《史记·秦始皇本纪》，说的是秦始皇热衷于求神仙不死之药，“齐人徐市等上书，言海中有三神山，名曰蓬莱、方丈、瀛洲，仙人居之。请得斋戒，与童男女求之，于是，遣徐市发童男女数千人，入海求仙人”。自古至今，都沿用此说。但仔细想，徐市有徐市的算盘，必是假求仙之名，借始皇之力，行避秦之实，真是聪明绝顶。第一，利用始皇的弱点。这个视天下人生命如草芥的暴君却十分珍惜一己之命，怕死。“始皇讳言死，群臣莫敢言死事”，透视出他脆弱的心理。时当始皇四十岁，古人到这个年龄已经言老了，怕死之心当益切。再加上昏暗愚昧，相信神仙不死的鬼话。虽然谋臣猛将只是他手掌心的玩具，却常常为包围他的术士所左右。第二，利用神仙的传说。《汉书·郊祀志》载：“此三山者，其传在渤海中，去人不远。盖曾有至者，诸仙人及不死之药皆在焉。其物禽兽尽白，而黄金白银为宫阙。未至，望之如云，及到，三神山反在水下……世主没，不甘心焉。”看来可能受到海市蜃楼的迷惑。入海求药不止始皇一人，也不自他始。

有这两条，徐市愚弄始皇，让他乖乖地以皇家之力助他远避，就稳操胜算了。说徐市意在远避，还有一个佐证，即他要求带走数千（或传五百）名的童男女。求仙，带这么多青少年做什么？看来徐市对神山之说半信半疑。此行未必见到神仙，却自信能达到一个秦朝的苛政鞭长莫及的荒岛上，过自由自在的生活。在那里渔樵耕织，繁衍生息，自成一个世界。上千名处于青春萌发期的童男女，足够了。

徐市领导着庞大的船队，带着叽叽喳喳的儿童团，向大海深处进发，到了哪里呢？据记载到了檀洲。《括地志》说："檀洲在东海中，秦始皇使徐福将童男女入海求仙人，止于此洲，共数万家，至今洲上犹有至会稽市易者。"言之凿凿。似乎是渤海中的某一个岛。而《外国图》说，洲去琅邪万里，那该是日本列岛，至今日本国有徐福的遗迹。总之，到了何处不重要，为避秦而去并非臆断。黄鹤一去不复返，白云千载空悠悠。

同是避秦，路线不同。桃花源是"内销型"的，以民间之力避入一个内陆山环水绕的绝境。徐市求仙是"出口型"的，借皇家之力乘桴于海。捉弄了暴君一把，让老小子去等吧，等到滚入臭鱼堆里也不醒悟中了徐市之计，煞是好玩儿。

还有刘、阮遇仙的事。

《古小说钩沉》本《幽明录》载刘晨、阮肇入天台山，迷不得返，快要饿死，吃仙桃，解了饿。下山见泉水中飘来芜菁叶还有一个杯子，杯里有胡麻饭。沿溪行，见到两位绝顶标致的姑娘。一见钟情，一起回到姑娘住处。"其家筒瓦屋，南壁及东壁下各一大床，皆施罗帐，帐角悬铃，金银交错"。食毕行酒，酒酣作乐，"刘、阮忻怖交并。至暮，令各就一帐宿，女往就之，言声清婉，令人忘忧"。住了半年，想家甚苦，二女送刘、阮出山。既出，亲旧零落，邑屋改异，问讯得七世孙，当依稀记得失世入山不归的传闻。全与烂柯故事相同。古小说多简要，这一则写得很细，饮食、屋宇、乐舞及众女调笑都有描写。刘、阮遇仙一直是脍炙人口的绯闻，为许多文学作品引用，清朝袁子写《桃源行》“天台山高万八千，中有窟宅藏神仙”，全依《幽明录》。

我以为，拨开传说中添加的神仙迷雾，不难看出一个世俗的故事。两个苦命的姑娘，被迫逃入深山，过着白毛女一般的悲惨生活。刘、阮入山，据说是“取谷皮”（谷，一种乔木，皮可造纸），足见也是苦人，邂逅相逢于困苦之中，而身在烟霞之境，恍如遇仙，应在情理之中。你看，他们两对新人竟是共用一间洞房，多么不方便！若是仙女，吹一口气，什么金银楼阁不是立马可致吗！据说近年在天台山发现他们的香巢，一个大山洞，里面放着两张石床，不论真伪，都勾画出他们过的是毫无仙气的准“白毛女”生活。

去年春天，我曾游天台山，山水环复，云霞缭绕，好鸟嘤嘤，繁花处处，确有仙境之感。而且两千年前，这里必荒无人迹，是最好达到遁逃藏身之所。我怀疑神仙之说也许是刘、阮自己造出来的。一来为着保护两位“白毛女”，二来呢？二来回到家里向娘子好交待。你说是不？

不是史学家的考证，也不是索隐派的探秘，只是茶余酒后的忽发奇想。但拨开神仙的迷雾，也许接近真实。又一想，这类故事，无关国计民生，何必太认真。板桥居士有言：难得糊涂。

2003年3月

《红豆曲》问答

问：关于“红豆风波”，2002 年 2 月 19 日《中华读书报》在头版头条的位置发表了《红豆诗赛风波始末》的报导和署名王京的评论。你是获一等奖《红豆曲》的作者，自认为如何呢？

答：反躬自省，在开赛过程中我作了三件事，辞职、以《红豆曲》参赛、领奖。辞职和参赛，完全合乎大赛的规定，自问没有做错任何事。大赛没有规定怎样的身份不能参赛，体现了在诗赛面前人人平等的精神。对于非议，我不想争辩。一羽岂能沉舟，事实胜过浮词，是非自有公论。可是用求异思维的方法来寻思，也可说我犯了一个大错误，这错误就是获奖，获 20 万元大奖。试想，我若没获奖，没获一等奖，既不会产生对于我的非议，辞职和参赛也不会成为问题。匹夫无罪，怀璧其罪。

问：你为什么写《红豆曲》？是否一开头就瞄准大赛？

答：起笔就瞄准大赛，并没有什么不对，是正常的。但我并非如此。

记得 2001 年冬，无锡红豆集团举办春联大奖赛，我是评委会主任。11 月间，我赴无锡参加发奖，在上海下飞机。驱车赴无锡红豆集团总部，得先过著名的红豆树。接我的先生让我先看看这树，我很感兴趣。据介绍，这树有一千多年了，是梁昭明太子萧统手栽的。萧统编辑《文选》，附近原有文选楼，早已失存。这儿流传着萧统的浪漫故事，这棵树也很有意思，是两棵树长在一起的。正当冬天，树叶尽落，两个合而为一的树干看得很清楚。《孔雀东南飞》结尾的想象成了现实。这些牵动了我的诗兴。《红豆曲》在脑中开始孕育，渐渐成形，渐渐清晰，渐渐呼之欲出。一个多月后，写成初稿，又经多次修改，始成。成诗后仍没想参赛，改变主意是稍后的事。我这个人东跑西跑，触景生情拾取诗材，成了习惯。写红豆也非第一次，前些年常熟的一位好友赠我几颗著名的曾家花园红豆，写过一首《水调歌头》。

问：《始末》说："抓住'当代王维'不放的批评者认为'当代王维'须写当代人的情恋。而刘征先生讴歌的是距今1470多年前的梁昭明太子萧统代父出家与尼姑慧如相恋的故事，这是贴近现实吗？这是我们的社会现实和时代风貌吗？"对此，你怎样看呢？

答：我不怀疑批评者有高度的鉴赏力，但由于对拙作只是匆匆过目，没有弄懂诗的主旨，看，连《红豆曲》的故事内容都说得满不对头。说匆匆过目（甚至也许不曾过目）大约不算过分吧。这诗的着力点在后半部分，写这部分灌注了我的全部热情。寒家女红豆死后，萧统种下了她遗赠的两颗红豆，长成了树。萧统把这树看成是红豆的化身，寄寓着她的精魂。"泪挽柔条唯脉脉，月移树影望珊珊"，简直是有些痴迷了。萧统死后，这双树便是这对恋人的化身，寄寓着他们爱的精魂。他们从死中解脱出的爱的精魂寄托在这双树的身上。人们自然期盼着这树布叶开花结果。这里，我使用了浓墨重彩加以渲染。天地万物一切众生都寄与无限同情。黄鸟、白蝶、芝兰、幽篁都化成多情的精灵来歌舞、来伴护。于是结果了，那殷红的红豆便是无数似欲启动的朱唇，为天下情人祝福。故事写到这里，算是结束了，却又未结束，如果写到这里结束，充其量不过是个哀艳凄婉的恋爱故事。

曲终奏雅，卒章见志。结尾四句才是全诗的亮点和强音，赋予全诗以时代色彩。这四句是："相争扰扰多仇怨，采撷休忘摩诘劝。安得播爱遍人间，婆娑红豆植伊甸。"我想，古今中外人与人、国与国、族与族之间，由于仇和怨，发生过多少争夺、侵凌和战争，造成多少人的不幸啊！二十多年前我国的那场"残酷斗争"记忆犹新，当前世界有些地方烟尘迭起，令人担忧。“纷纷争斗多仇怨”概括了我这种慨叹。我想，爱，是人性中最美好的成分，是一个博大的不朽的主题，各种不同的爱是相通的。由《红豆曲》表达的男女恋情，推而广之，亲人的爱，朋友的爱，直到国家的爱，民族的爱，人类的爱。我用诗大声呼唤，把红豆的爱的种子遍播人间吧！把红豆的爱的种子种到天上的伊甸园去吧！诗写至此，才算完足。完整地理解这首诗，无论如何也不会认为只写了一个古老的恋爱故事。

有些诗文的结尾极其重要，表露主旨，升华主题，形成全篇的高音的重锤。《离骚》的“乱曰”，《史记》的“太史公曰”，乃至《聊斋》的“异史氏曰”，都是如此。李白的《梦游天姥吟留别》，杜甫的《茅屋为秋风所破歌》，有了结尾的诗句才成为千古绝唱。拙诗固然不能上匹前贤，但这一点是相同的。

问：围绕着“寻找当代王维”也议论纷纷，大赛找到了你，你自以为你是“当代王维”吗？

答：怎么敢当！我曾谈过这个问题，“寻找当代王维”是文学语言，作大赛的口号具有鼓动性是完全可以的。但不能按图索骥，予以落实。二十一世纪的今天，不可能“克隆”出一千多年前的古人。我以为这次大赛，作为整体收获，某些方面不仅可与王维相比，而且可以算得超过了。至于我自己，我曾说，王维是深山的苍松翠竹，我不过是路边的野草，是无法相比的。这话是说我远不能企及古贤，也包含着潜台词：我对王维诗虽极为尊重和喜爱，我写诗的路子却与王维不同。我的诗是刘征的诗，当代的诗，不同于其他人的诗，更不同于古人的诗。但是，如果说既然寻找当代王维（请注意，不是寻找王维的《相思》），就该要求写五言七言绝句，这样看未免过于狭窄了。王维写过各种体式的诗，五言绝句写得极好，《相思》只是其中之一。他的七言古诗也取得极高的成就，如《洛阳女儿行》《桃园行》《老将行》等，都是脍炙人口的名篇。

问：你说“老夫聊发少年狂”，经受这许多烦恼，你还有“发狂”的雅兴吗？

答：这次大赛以中国诗坛破天荒大奖引起震撼，有力地高扬了中华传统美德——忠贞、高尚、纯洁的爱情。这对于沾染污浊的文化领域，无疑是一股强劲而清新的风，对于活跃诗词创作是有力的促进，是积极的，有益的，值得欢迎的。在实施过程中出现的缺点和问题，只能居于次要地位。但个别媒体却热衷于炒作大赛的“问题”，对大赛的贡献表示冷漠，对此，我感到惊异不解，还有几许悲凉。至于对我个人的非议，并没有给我增添许多烦恼，也没有减损我的诗兴。“曾经沧海难为水”，经过大风大浪多了，这一点风波已不能震动我磨钝了的神经。去年下半年我写了一百多首诗，产量大增，这也许是“聊发少年狂”的不熄之火吧。

2003年3月

《梦见3000年》自序

1998年至2003年6月，这几年我写的杂文存104篇，结为一集。光明日报出版社慨然接受出版，深表感谢。

用其中一篇的文题作书名，命曰“梦见3000年”。这段时间跨两个世纪。除旧布新之际，未免生出对未来的遐想。我不是预言家，再过1000年是个什么样子，我不知道，只是朦胧地感到未来必是更加光明的。取这个名字，是对祖国和世界的未来祝福。多年来我写了许多辛辣的文字。年既老而不衰，倒是出于对光明的确信，出于爱，辣讽缘深爱。

这一百多篇文章，形式是多样的。大部分是习见的、针砭时弊的杂文，也有一些记写生活的散文和书序、读书札记之类，大都带着激浊扬清的“杂”气。还有少数是用诗体写成的，我一向写讽刺诗，近20多年来才兼营杂文，感到讽刺诗和杂文是同源同质的近亲，只是外貌有些不同。早些年受鲁迅先生《曲的解放》的启发，试写“杜撰曲”，只是为着好玩。不料这种新奇的体式颇受欢迎，就一路写下来。我不把它当作诗，只当作有韵的杂文，所以总是编在杂文集里。

多种样式的文字辑在一起，如一桌菜，荤素兼备，海陆杂陈，食家尝一口白斩鸡，再吃一口拌野菜，吃一口炸鸭肝，再吃一口清蒸鱼，“杂”趣盎然，不至于因单调而生厌。

春夏之交的北京，万众一心与“非典”这个突如其来、极端残忍的吃人魔鬼进行了殊死斗争，目前已取得胜利。老而无用，我和老伴只能闭门索居，而心情是极不平静的。借助电视得知灾难的惨痛和斗争的悲壮，时惊时喜，有时因感动而流泪，有时因烦忧而无寐。我写了不少诗，却没有写文章。不外出，也很少下楼，息交绝游，毕竟多了些闲暇。时间长了，便想做点事情，写字作画，有了一堆随手挥洒的习作。与老伴合作，编了两本书稿，一是《蓟轩诗词》，再就是这一本杂文集。二稿编完，"非典"乌云也消散了。特地记下这一笔，以为纪念。"长太息以掩涕兮，哀民生之多艰"，履多艰之世路兮，昂然挺身向前。

上文说避疫期间写了不少诗。记得那日深夜醒来，忧思百端，辗转难寐，忽然听到一只孤独的杜鹃，且飞且啼，由近及远，又由远而近，似泣似诉，低徊流连，久久不去。她的歌莫非也是为疫情而忧伤吗？我有诗道："楼群灯火乱星天，广宇声声叫杜鹃。嗟我深宵煎百虑，问君何事亦无眠？悲凉情系苍生劫，感叹吟成警世篇。不吝长啼口流血，化为红雨染千山。"即以此诗结束这篇序。

2003 年 6 月 22 日

于京门之蓟轩

高唱生活一百年

——贺《臧克家全集》出版

臧克家同志即将跨入百岁，《臧克家全集》的出版，可算是一件珍贵的寿礼。

臧老是一位中国跨世纪的大诗人，被誉为“中国诗魂”，在国内外享有盛誉。他是中国当代诗史上少数几颗巨星之一，如同唐诗中有李白、杜甫、白居易等，谈当代诗坛的高峰，臧克家的名字是不可缺少的。臧老主要成就是新诗。从 1925 年算起，在近八十年的漫长岁月里，他写出了大量的诗篇。他说“诗人要拥抱大地”，他的诗以多彩的形象反映了我们这个风雷激荡的伟大时代，以及人民的苦难、奋斗、胜利和新生，表达了诗人热爱人民、热爱祖国、热爱中国共产党的真挚感情。在新诗的艺术方面也作出了卓越的贡献，吸取和融合我国传统诗歌艺术的精华是一大特色。许多名篇影响巨大，至今广为传诵。最早出版的诗集《烙印》被列为新诗的经典，《有的人》《老马》《春鸟》等名篇长期选为中学和大学的教材。他的旧体诗也清新俊逸，独具特色。

臧老的第一本诗集《烙印》，1933 年 7 月出版。闻一多的序里论及其中《生活》一诗时说：“这不啻给他的全集下了一道案语，因为克家的诗正是这样，不是‘混着好玩’，而是‘生活’。”而今臧老的全集出版了，又厚又重的十二卷，正是他高唱生活一百年的重大成果，是诗歌宝库中一项珍贵丰厚的财富。

早有许多评论家评论臧老的诗，全集的出版，必将出现许多有分量的评论，这篇短文不能担此重任。我只就全集中选入的臧老写给我的几封信，谈一点我同臧老的友谊以及我对臧老的认识。臧老同我交谊甚深，在师友之间，我几次称他“师”，他都谢绝了。案头放着一个册页，里面裱存臧老从1977年到1987年这十年间的十几封信，这些信都是臧老用毛笔写在诗笺上的，字或大或小，墨或浓或淡，瘦劲清逸，有浓浓的书卷气，单就书法艺术看，即是一种至高的享受。

1976年拨乱反正后，我精神无比振奋，放笔写讽刺诗、寓言诗，还重理荒疏二十年的旧业，写起诗词来。那时诗词尚未走出“冷宫”，报刊只发表少数领导人的作品。我写了几首，不甘自赏，想到给我十分敬重的臧老看看。上世纪60年代，他第一个发现并推介我的寓言诗，是我新诗创作的引路人。我的信春节寄出，很快收到回信。几首旧体诗得到臧老热情的鼓励。他写道：“你的旧诗拜读数遍，觉得颇好，警句略少。《卜算子》我最喜爱。你的寓言诗，《诗刊》刚创刊，我即提出作为‘花色’之一，而今大放，受到欢迎，心中极喜。”信中提到的《卜算子》应是《一剪梅》的笔误，是我一首咏水仙的词。这是我向臧老请教诗词的开始。他指出“警句略少”，确是一语中的。后来他又多次口头谈及，说我的诗词多而不滥，但乏厚重之作。我深受启发，一直在追求厚重，只是略有进步，未能脱出我不喜爱的明清某些诗的习气。

过了几天，我又寄去几首词，臧老回信道：“信及词均已拜读。你的作品情调新，想象活泼。我甚喜爱。前天昨日，光锐、超尘来，都谈及你，我已与光锐说好，我一有机会，约你们二位到我处晤谈……你与光锐的词作，格调一致，时代气息浓，以旧诗写新时代，这大不易。如果从严要求，再在含蓄浑成方面注意。这，花间作者较胜，算一优点。”臧老论诗词，标出一个“新”字，他喜欢我和光锐同志的词也在于有时代气息。至于指出我的缺点，不够含蓄浑成，又是一针见血。因此我重读《花间集》，二晏的词给我很大启发。臧老对待花间派是一分为二的。光锐同志的词清新俊逸，他的《沁园春·马踏飞燕》受到臧老的激赏，也受到茅盾先生的赞誉。后来，果然我们在臧老家聚会，从此我与光锐也成为挚友。如臧老在这本册页题记中所说："形不长随而心中长有，情非胶漆淡而味深。与诗人光锐、刘征，号为三友。"光锐是臧老的老友，大我十多岁，臧老长我二十多岁，"三友"可称忘年交。后来，臧老在许多场合提到"三友"。而于后些年，由臧老主持，"三友"出版了一本合集《友声集》。臧老把自己的诗排在光锐和我的之后，我们提出意见也未改变，谦和如此。

通观与臧老多年的往来函件以及书室晤谈，几乎都是谈诗，很少旁及，偶有涉及生活的，可也是诗。这里要提到臧老一直深情不忘的牡丹诗会。上世纪80年代间，每逢景山公园牡丹盛开，臧老等几位诗友同赏牡丹。我家在公园附近，看花后到我家小坐，品茶谈诗，颇有情趣。有一年大家玩得很好。事后我画了一枝牡丹寄给臧老。他回信先写了一首小诗："词章已动众，绘事见才华。昨日牡丹圃，一枝到我家。克家，甲子之夏，时年七十九岁。"诗后还有小字几行，记其事。整整20年过去，一时之盛，俯仰之间已为陈迹。叹岁月之流逝，但并不伤感。限于篇幅，不能多写，仅此数事，足以见出这位大诗人的热情率真，笃于友情，以及高旷博大的诗怀。这，也可算得给所收信件作一点注脚。

为祝贺《臧克家全集》的出版，我于欣喜之中写了一首《南乡子》，抄在这里，作为此文的结束。"《烙印》耀诗坛，唱彻神州风雨寒。自许精魂拥大地，悲欢。诗卷长留天地间。　引领望高山，几辈风流跻顶巅。笔蘸黄河无尽浪，滔天。高唱生活一百年。"

2003年7月

鱼，我所欲也

一位高官到一座海滨小城视察，饭后同接待他的副市长谈到一种鱼。“听说这种鱼十分珍贵，是你们这里的特产，全国第一呢!”“是的，许多文人写到它。一位外国首脑来，点名吃这种鱼。”“产量怎么样?”“越来越少。”“价格一定很可观。”“不错，买的都用来送礼，没有自己吃的。”“有什么特色呢?”“味道好极啦! 哈哈!”

副市长心领神会，首长这是要尝鲜啊。如果明天的餐桌上见不到这种鱼，他会一百个不高兴，嗔怪我不干练还事小，说不定会认为我市对他不尊重，甚至……不堪设想。如果有这鱼，他会心花怒放，胃口大开，对本市的请求必不拒绝，笔头一转，批一笔大款子；鱼么，可以搞人工养殖，就发啦。对，这条鱼是不可少的。然而紧接着就是一个难题。这种鱼刺太多，如同刺猬的皮翻转来朝里长。其刺又硬又尖，有的还长着倒钩。首长吃鱼，如果被刺卡住喉咙，如果咳不出住进医院，如果引发其他病症……不堪设想! 弄条其它类似的鱼顶替，不行。首长见多识广，看破了反而弄巧成拙。难呀难，当官难，小官接待大官更难! 左思右想，有了。鱼个儿大的刺少，来条大鱼红烧中段不就结啦。然而呀然而，又来了一个难题。此鱼一般个头小，弄条大的，比如五斤以上的，谈何容易! 去年捕到一条，还上了报呢!

副市长毕竟有点英雄气概。既然需要，就是蚊子心跳蚤胆也要弄到手，怕就怕“认真”二字。他拍了一下桌子，拿起电话的话筒，大声讲话。别看官不大，在本地可是大有官威。一声令下，所有渔船立即出动。折腾了一个通宵，到凌晨 5 点多钟，电话铃声赶走了守在办公室的副市长的倦意，原来是报喜的，说是捕到一条大的，重四斤八两，这才一块石头落了地。

然而，还然而什么？难道还有什么差错吗？差错倒没有，就是有个不巧。第二天上午，高官接到一个紧急电话，说是有要事需马上回去，来不及向市长辞行了，托副市长代为致意，谢谢。“您吃了午饭再走吧！”“来不及了。”“尝尝我们的鱼！”“什么？鱼！我吃海鲜过敏。”高官说罢，匆匆登车离去。四斤八两大鱼的红烧中段，只好转内销了。

这件无足轻重的事就这么过去，风来水皱，风过无痕。想一想，高官有什么不妥吗？本无口腹之求，随便谈谈天，显得作风平易，善于联系群众，妥当得很。副市长有什么不妥吗？可算是认真负责，虽然有拍马屁之嫌，却并非为谋私利，算不得品质有亏，也并无多大不妥。可是，听到这件事，如同吞了一只苍蝇，有反胃之感。问题何在？是果子狸还是穿山甲呢？我说不出。只感到作官虽难，却有时也真好，作高官更好，味道好极啦！想起二号圣人孟老先生的一句话：鱼，我所欲也。这也许是“苍蝇”的所在。

2003 年 8 月

雨润无声我自知

——回忆臧老对我的指教

电视里传来臧老逝世的噩耗。泰山其颓乎？一代跨世纪大诗人永别了！我正住在新西兰的奥克兰，二月，此邦是盛夏，却如京华三秋。那夜，一窗凄风冷雨，凭窗北望，一首小诗从心底涌出："也知病久终难起，闻耗心惊仍泪流。苦雨凄风兰岛夜，海天万里望悠悠。"这几日，臧老的音容笑貌总是萦绕脑际，在深沉的悲哀中终于拿起笔来，写一点有关臧老指引我写作的纪念文字。

一

臧老爱才若渴，是热情真纯的喜爱。他对于我的文学创作给予过许多指导和鼓励。臧老长于我二十多岁，当然是我的师长，但我几次称他为师，他都婉谢了。我谨遵"师训"，一直称他"同志"称"老"。半个世纪以来，我写得最多，也比较用力的是寓言诗。最早发现并予以鼓励的是臧老。1963 年，我出差在外，买到一本《诗刊》，上面刊载着臧老的一篇文章《寓言诗杂谈——读刘征寓言诗纪感》，对我的寓言诗予以肯定和热情鼓励，誉为诗坛一朵新花。这未曾料到的事，使我异常欣喜。此前，我读过臧老许多诗，特别是他的讽刺诗《生命的零度》等，给我很大的启发。但，未曾识面。我回京后，给臧老写了一信，他简复一信，说写此文是编辑部大家的意见，十分谦和。那时大家都忙，很少私人来往。"文革"的风暴袭来，一切隔绝。拨乱反正后，我首先拜访的是臧老。劫后余生，谈了许多话。他告诉我在受批判中，他因推荐我的寓言诗吃了苦头。想不到给我带来灾难的我的不祥的寓言诗，竟祸延臧老，内心颇觉歉疚，有了难友之感，彼此贴近了许多。

寓言诗和讽刺诗，五六十年代是很难结集出版的，我的诗作曾经有作家出版社约稿，因“反右”夭折（万分感谢这夭折）。1980年的一天，接到臧老的电话，说山东人民出版社一位负责诗歌的编辑来京约稿，他推荐了我的寓言诗。有臧老的推荐，出版协议顺利确定。在整理结集过程中，又得到臧老的帮助。首先是书名，我原来想了一个颇为古雅的名字“椒红至讽谕”。臧老说，你的诗，读者都是年轻人，书名要通俗些，就叫“海燕戒”吧。《海燕戒》是我写于60年代影响最大的一篇，用来作书名是很合适的，又是臧老转请工艺美术大师袁运甫先生为我的这本小书设计了封面。我的第一本诗集，就这样诞生了。这也是解放后诗坛第一本寓言诗集。还要补述一点，“海燕戒”三字是臧老亲笔题写的，他重复写了十多帧，都寄给了我。这些手迹，今天看来，真是一字一泪。

1991年，我辑几本诗集在一起，出版一本较完备的集子名曰《刘征寓言诗》。臧老又给此书写了一个点睛式的精彩《题词》，那一年，臧老已八十六岁。

二

我写旧体诗，又是臧老给我热情的指导和鼓励。

我年轻时曾写旧体诗，参加革命后，除旧布新，改写新诗，旧体诗搁笔二十多年，久已荒疏。1976年拨乱反正，心中高兴，看有些老同志发表旧体诗，自己技痒，便又重理故弦。那时，旧体诗还不曾从冷宫里苏醒过来，不但难以发表，还遭到反对。我写了些就送给臧老看。想不到受到臧老的赏识，约我面谈，并且一连写了几封信谈旧体诗的写作。臧老认为，当代人写旧体诗，要着重一个“新”字，要有新的思想感情，新的内容，新的语言。他看中我的诗，是我诗的风格契合他的主张。

他极力赞赏程光锐同志的诗词，特别是他的一首代表作《沁园春·马踏飞燕》。他朗声吟诵，到得意处眉飞色舞。我觉得这首词，确实不同凡响，又新又美，高唱入云，给我很大启发。由臧老介绍我结识了光锐，“三友”定交，从此始。这是1977年。

臧老同我谈诗，从不以老一辈的身份作指导，总是在闲谈中显露出来。早年有一次，臧老提到清人的两句诗“蝶来花有致，云去月无聊”，说作诗要有诗味，有情趣。我当时还不自觉地受到公式化创作思想的束缚，听到这番话，如同心灵里打开了一扇窗子，有顿悟的感觉，对我以后的创作影响很大。后来我的诗越写越多，一发而不可收。臧老非常高兴，表扬我“多而不滥”。有一次，他写给我他的两句诗“凌霄羽毛原无力，堕地金石自有声”，并且语重心长地对我说，你的诗新巧有余，厚重不够。一番话指出我弱点。那以后，我一直本着臧老的指导去努力，确也有所改进。可惜也许是才力所限，或性情所致，笔下仍然乏凝重雄浑之气。

对于我的诗作，也时加评点。我印象最深的有两首诗。一首是《六州歌头·长城》，臧老毫不客气，认为是一首失败之作。写这首词的动机有二，一是要填一首《六州歌头》，这是个比较长的、很难填的词牌，要显示一下本领。二是要写长城这伟大的事物。是主题先行，从概念出发写出来的，我不能不佩服臧老的眼力。此后，我一直引以为戒，甚至至今未填过《六州歌头》。前些年我到遵义讲学，参观遵义会议旧址，登娄山关。山高处大道旁，耸立着毛泽东《忆秦娥》诗碑。我抚摸着黑色大理石上的金字，举目北望，天高地迥，万感交集，写了一首《临江仙》，寄给臧老看。臧老大加赞扬，并改了一个字，许为“力作”。

我的第一本旧体诗集是“三友”的合集，是臧老主持出版的。

那是在80年代，旧体诗集的出版，全国尚少。三人诗作的排列，臧老把自己排在最后，光锐和我提出异议，他仍然坚持。90年代初我出版了第一本旧体诗集，臧老正在养病，得知后非常高兴，主动提出给我写序，对我的旧体诗作了总体的评价。而这序，是他在病床上写的。

最后几年臧老卧病在床，一直很虚弱，还一直关切我的每一点进步，每一点成就。2000年举行《刘征文集》首发式和我从事教育和文学活动五十周年的研讨会，他极高兴，写了一篇热情洋溢的书面发言。后来在清华大学举行我的寓言诗朗诵会，他又写了一封贺信。两信都是他亲笔写的。据郑曼大姐说，此时他写字已十分困难，只能躺在床上，时断时续地写，写几句话要很长时间。后来，还有时收到他简短的来信。一次去探望他，那时他说话已很困难了，还紧握着我的双手，艰难地说出两个字："三友"。

三

时光流逝，生命代谢，永不停息，乃大化运作之常。可是，诗人之死远不是生命的终点。臧老有十二卷全集长留天地之间，其中凝聚着他永恒的生命，与一代又一代朋友谈心，同忧共乐。他老人家何曾辞世哉！我珍藏着许多臧老的书信和字幅，每一展视，如陪杖履。我曾选臧老书信若干和他在宣纸诗笺上随手写来的小行书，都是艺术精品，装裱成一个册页。裱成后拿给他看，他写了一段跋语，其中写道，"三友""知面知心，人格诗格相映照。形不常随而心中长有，情非胶漆淡而味永"。往日读之，倍感亲切；今日读之，悲痛何极！而字里行间，仍如见到臧老诵诗时挥动的削瘦的手指，听到他那浓重的山东口音。

2004年2月

狗骨法则

古今中外的文学作品，有的往往不期而合，不仿而同，十分有趣。

唐代的诗僧寒山有一首寓言诗道："我见百十狗，个个毛狰狞。卧者渠自卧，行者渠自行。投之一块骨，相与睚眦争。良由为骨少，狗多分不平。"据说此僧喜欢用桦树皮做帽子，戴起来一定很酷。如今时装千奇百怪，似不及此。无独有偶，俄国寓言诗人克雷诺夫也有一首诗，大意是：黄狗和黑狗攀谈起来。黑狗说：跟忠诚的朋友生活在一起，患难相助，相亲相爱，是天下最大的快乐和幸福。希望我们结成这样亲密的朋友。黄狗说：我们天天打架，真是何苦来着？我们吃得好，住得好，打架是毫无道理的。要向人类证明，我们是友谊的典范。说话之间，厨师扔来一块肉骨头，"两个新朋友闪电似的向肉骨头扑过去，友好和睦像蜡烛一样融掉了，相咬相撕，咬牙切齿，搞得一蓬一蓬的狗毛满天乱飞。"两诗内容相同，只是前者简洁后者繁缛，显示东西方不同的诗风。

寒山活动于公元8世纪（大历年间）的中国，克雷洛夫活动于19世纪的俄罗斯。上下千余年，相隔近万里，绝无彼此影响或抄袭的可能，写出同样内容的诗，只能说明狗骨之争乃是古今中外的共同之处。许多事件扑朔迷离，以狗骨法则观之，则洞若观火，一目了然。

假设如桦冠和尚所愿，来个狗少骨多，摆上一桌丰盛的排骨宴。糖醋排骨，椒盐排骨，红烧排骨，清炖排骨，满满一桌子，而狗只有几只，那么你看吧，狗们一个个彬彬有礼，互请互让，“请您老先下箸。”“哪里哪里？还是请您先下箸！”“那可折我寿啦！您在座，在下怎么敢！”那爪子上的粗毛剔得干干净净，戴着金戒指，爪甲修得整整齐齐，涂着蓝色的指甲油。大家终于酒足饭饱，打着饱嗝，还大发恻隐之心，把剩下的一堆赏给猫儿。这一类可谓不争之争，只在啃骨头上各自下功夫。

然而，假设不是骨头，是一块肥肉，这肉，吃了能长生不老，力大无穷，而且全世界绝无仅有，只此一块宝贝，不能再生长出来了。肉只一块，一群狗来争，可是狗中出了个巨无霸，大如野牛，体内流着狮子的血液，那就会演出一幕堂皇而卑鄙的闹剧。巨无霸跑过来，一爪子把肉抓住不放，将上帝在肉上贴的封条撕个粉碎，并且谎称肉里头藏着定时炸弹，为众狗消灾是他的神圣职责。至于其余的狗，如何摆尾巴，如何流口水，如何愤慨地怒目而视，如何激烈地大声抗议，巨无霸根本不理睬，置若罔闻。临了，怒目者扫它一尾巴，赔笑者赏它几星肉渣。这一类是争之不争，狐狸处于虎吻之侧，虎吻所贪，狐狸哪里有争的份儿！

寓言诗揭示的狗骨法则乃其基本式，未能显示法则在尔后世代中演示的万千气象。应该写第三首狗的寓言诗。可惜我无此椽笔，只能写这一篇小文。呜呼，寒山无人克雷死，才薄将奈狗骨何？然而，倒要补充一点，巨无霸虽然能够轻易地独占那块神奇的肥肉，吃起来却未必适口。比如说，那肉里可能有硬骨头，有毒刺，还可能真的有定时炸弹。

此外，还有尚未到来的一例。宇宙间事物迟早都要消亡，巨无霸尽管钢筋铁骨，经过如日中天也会日落西山。造物者这么安排的，那么世界终于会进入后巨无霸时代。那时——在遥远的未来，如果一切众生都摒弃纷争，采取合作。“货，恶其弃于地也，不必藏于己；力，恶其不出于身也，不必为己。”熙熙其祥和，融融其安乐，普天之下无侵凌，五洋之内皆春风，那时将宣告狗骨法则的消亡。乌托邦，乌托邦！古今许多哲人均道其有，未闻道其无的，我拈着白须，婴儿般地期待着。

2004 年 2 月

古今《聊斋》二则

副书记跑官

又说《聊斋》，不光因为我对蒲老先生的大著情有独钟，而且因为这一回是千巧百巧的巧合，您看下去必不会暗笑刘郎的学问，止于《聊斋》而已。《聊斋》里记述了一个骗局。说是有副将军某，热衷于提升为正将军，托高官、行贿赂，却找不到门路。忽有一个穿着阔气的贵客来访，自称他的内兄是皇帝的内侍，近日某处将军有缺，以万金托内兄可致。并言可先开个借据，等皇帝召见后再付银子。某信以为真，先是见了那位内兄，煊赫如公卿。三天后皇帝居然召见。“见天子坐殿上，爪牙森立。某拜舞已，上命赐坐，慰问殷勤，顾左右曰：‘闻某武烈非常，今见之，真将军才也’。因曰：‘某处险要，今以委卿，勿负朕意，封侯有日矣。’某谢恩出。”那位最初相见的贵客马上跟上来按借据领去一万两银子。某十分开心，以为进阶万无一失了。过几天才知道竟然是个骗局，连皇帝也是假的。这位副将军不仅被骗去万金，又为打官司花了万金，还受了革职的处分。冤哉枉也！而副将军挥金如土，足见是个贪墨之辈，受骗，活该！

后三百年即21世纪初，在当代中国土地上又发生了一个骗局，堪与蒲老先生的妙文并美。某市委副书记陈某，想乘干部调整之机，晋升为正职，辗转托人，找到一位手眼通天的侯某。侯一阵神侃，唬住了陈某。经侯某介绍，见到了一自称“中央办公厅领导”。这位“领导”称赞陈某所求符合中央省、地市两级领导班子调整精神，应向中央有关部门和领导推荐。说得陈副书记心花怒放。事后，侯某直奔主题，说是上下打点要 150 万元。陈某慨然解囊，如数付给，可谓万事俱备，只待提升了。但不久，陈副书记大失所望，才知道是个大骗局，活灵活现的种种，都是骗子一手安排和导演的。而陈某能拿出 150 万来，可见是个赃官，被骗，也活该！到头来陈某被依法判刑，罪有应得。

三百年前蒲老先生笔下的一桩骗局（虽是小说，必有现实为据），与三百年后陈副书记跑官一案，两相对比，何相似乃尔！仿佛一潭死水，年深日久，仍是原样，水色未变，水纹未变，水里的鱼儿、虫儿、菌儿都未变。按理说决然不可能，然而竟是如此，岂非咄咄怪事！

副将军对骗局深信不疑是可以理解的。那时吏治黑暗，贿赂公行，连皇帝老官也要大肆聚敛。要想升官，就要托门子，行贿赂。前门形同虚设，后门成了必经之路。许多小官都是由此爬上大官的。所以，副将军啊，贵客自荐，不疑；听中贵人的一派胡言，不疑；皇帝召见，不疑；开口要钱，也不疑。一律信以为真。副将军并非白痴，骗子也非有魔法，这种种是当时的常态。

独怪三百年后，经过改天换地，官吏已成为公仆，那么，陈副书记呀陈副书记，你已是公仆中的一仆，为什么要求提升（已违反纪律）首先想到的是走后门？为什么对于手眼通天者，对于“中央办公厅的领导”，对于张口索贿 150 万，对于这一切都深信不疑呢？莫非如此跑官，走后门，行贿赂已成为常态了吗？想念及此，毛骨悚然。

我并非把今天的吏治等同于清王朝。可是陈副书记一案发出了严重的预警。癌变初起，只表现为个别毒瘤，切除不难。待到转移扩散遍及全身，那时，即使大罗神仙也无法施治了。宋人诗曰“已成堆积势，渐费扫除功”。万不可允许这万恶的霜雪再堆积下去，必须下大力，施铁腕，把它扫除净尽。

县太爷进京

老友来访。一杯龙井饮罢，慨叹说："你这七十多岁的老作家，出门还要搭公交车。弹铗而歌，哪里找孟尝？给你讲一件事。某县太爷，是三十多岁的新贵，进京城办事，不坐火车，也不坐飞机，嫌不够派，却坐自己专用的高级轿车。车上坐三个人。太爷本人、司机，还有一位秘书（女）。还有许多土特产和烟酒之类。千里迢迢，流星赶月般向京城进发。切勿大惊小怪。这样的事不少呢！"

老友走了，这件事便如秋后的冻苍蝇总是黏着我，挥之不去。太爷进京办事，办什么事呢？公事吧，不像，私事吧，也不像。私事哪能如此张扬。必定是挂羊头卖狗肉，假公济私，名公实私，左右不动自己一根汗毛。至于办什么事，不便猜测，姑且为官者讳。

太爷如此浩浩荡荡走过闹市（不会戒严吧），走出县城，虽然会有少数人怒目而视，许多人却大约早已见怪不怪，还会有人投以羡慕的目光，"看人家，有本领，真派！"否则为什么纪委不问，传媒不怪，竟犹如骑鹤下扬州飘飘然而去了。进了大城市，车水马龙，县太爷的车自然不显山显水，但驶入公家的厅堂或私人的官邸，竟也无一个人说个不字，而且那许多礼品哪里去了？太爷打道回府，那礼品想已空无一物。受者自然已经欣然笑纳，并未严辞或婉言拒收。

手头有一部《聊斋》，里头有个故事颇堪一读。说是康熙年间有一位清官叫郭琇，历任湖广总督，比如今的省长还要大，乖乖，官够大的。他赴任时，"行李萧然，惟四五人从之，衣履皆敝陋，途中人皆不知其为贵官也"。恰遇一位县太爷上任，驼车十余乘，前驱数十骑，驺从以百计。走到一个镇子上休息，郭大人把这位太爷唤过来，问："你就是某县县官吗？"回答说："是。"郭说："蕞尔小邑，何能养如许驺从？履任，则一方涂炭矣。"于是收缴了太爷的委任书，令他回家。这位县太爷尚未到任就被罢官了。快人快事，令人拍案叫绝。

古今两位县太爷多么相像！可惜今天的这位没有遇上今天的郭大人。但好铺张、讲排场、摆门面的何止一位县太爷？即使遇见，一位郭大人何能旋转乾坤！

行文至此，本可搁笔，留给圣明的读者自嚼其余味。然而恰好于报端看到一个洋故事，欲罢不能。说是在新西兰，有两位中国画家在某镇上举办画展。雇佣出租车搬运画品。司机是一位年过半百的老人，身着工作服，驾驶很熟练。车到目的地，老人帮助把画品搬进展览厅，并且帮助布展。事罢他还不走，又清扫庭院和厕所。画家以为老人一定是司机兼勤杂工。到画展开幕时，镇长身着笔挺的西装，须发修理得十分光洁，首先走近扩音器致词。镇长是何等样人？画家仔细端详，吃惊不小，正是那位“司机兼勤杂工”。原来镇长是不挣薪金的，要自己挣钱过活。而当选镇长，被认为是莫大光荣。你看，官，可以一边当官一边当民；民，可以一边为民一边当官，官民之间的森严等级界限消失了，一顶象征官气，官派，官威，官势的乌纱帽抛到九霄云外去了。连郭大人大约也要自己执鞭赶车，何况县太爷！

这样的事本来应发生在我们这块土地上，可惜却未。

2004 年 2 月

“另类”八景

另类盗窃

惯窃某，有飞檐走壁的绝技，并精通“盗窃安全学”。得知一巨贪，藏赃无数。而此官也，满口原则，满脸正气，伪装得十分巧妙，乃至颇有清誉，闻已列入提升之名单矣。惯窃乘月黑风高，鬼影般潜入其室，窃去大批珠宝现钞。巨贪发现，心如刀绞，面如死灰，可只得暗暗心中叫苦。非但不敢报案，反而百般掩盖。“昨夜无风无雨，睡得很香甜咧！形势大好，真可以夜不闭户了，哈哈！”正是：

盗窃有术保安全，
贪官哑巴吃黄连。
夜来花落知多少？
无风无雨睡得甜。

另类敲诈

“安全敲诈学”也悄然诞生。无赖某堪称此学的掌门人。施行此学必须以调查研究为基础。该无赖以精熟的侦探技术探明一些恶吏平步青云、大发横财的隐私。这般货色，有的是披着人皮的豺狼，有的是戴着假面的鬼魅，卑鄙肮脏，阴险凶狠，令人发指。该无赖或写匿名信，或打恐吓电话，勒令各官准于某日某时某地以某种方式交出现金若干，否则将向纪检告发。这手段真灵，官们一个个俯首贴耳，唯命是从，竟无人报案。无赖自然所诈不菲，悠哉，悠哉！正是：

一信横来脸吓黄，
狼贪狗盗为谁忙?
打掉门牙肚里咽，
佯说在吃口香糖。

另类养老

传说有一种恶鸟，幼鸟孵出来，老鸟已经老弱不堪，幼鸟即啄死老鸟，以老鸟之肉为食。如此伤天害理，自然为“百善孝当先”的人类所不齿。然而且慢，个别人也有这种恶德。有的子女，在父母生前不奉养，却在父母死后，不向有关部门报告死情，长期冒领养老金，从死去的老人身上刮肉取食行同恶鸟。正是：

都说养老靠儿孙，
哪料儿孙吃老人！
唤起中国果戈里，
精彩十倍《死灵魂》!

另类风雅

某贪官贪污公款 227 万元，另有来源不明财产一千多万元，被判处无期徒刑。而斯人也，以文人雅士的形象示人，出版两部专著，其中一本获所在省份社会科学优秀成果二等奖。自称查阅了一千多万字资料，修改八次，一年始成。谎言背后的真相是，此书稿是用巨款从某作家手里买来的。妙哉呀妙哉！有钱能买鬼推磨，买顶作家桂冠算什么？可是，金钱万能，却有一事不能，无法逃脱法律之鞭。正是：

欲以清声掩恶声，
黄金百万买文名。
可怜瑞脑喷金兽，
难解鲍鱼彻骨腥。

另类教育

某学院模特培训班，安排女生到一些娱乐城、夜总会“实习”，从事陪酒、卖酒生涯。大的不过十七八岁，小的只有十三四岁，时时被客人灌醉，遭受骚扰。有所得，还要上交。这是什么教育！改为“三陪培训班”好了。堂堂学府，怎能不知道这对少女的身心会造成多大摧残，只是为利所驱，把教育者崇高的使命抛到九霄云外，而亮出了斩杀稚小灵魂的无影尖刀。顺便问一句，尊驾的儿女或亲属中的少女也参加了这种“实习”吗？正是：

教育崇高在树人，
忍将皓壁涴污尘！
纵然看得钱如命，
宁少良知半点存？

另类“豆腐渣”

几年来，在自然灾害面前，一些“豆腐渣”工程相继曝光，弄得房倒楼塌，桥断堤溃，搞鬼者受到法律制裁。还有一种水利工程更加奇特，“豆腐渣”与之相比，不过小巫见大巫也。这种工程，有图纸，有批文，有大宗专款，且有工程进度的报告，有专款用项的报表，有专门机关检查合格的报告，有老百姓受益的反馈，甚至有优质的奖状，手续完备，朱印灿然。然而一经记者认真实地考察，却根本不曾动工，所谓工程，不过是幻影、泡影、鬼影，不，根本无影！那巨额专款却是实实在在的，不知翩翩然飞到何人腰包里去了！正是：

工程最恨豆腐渣，
长堤决口楼倒塌。
难比此处无形影，
连豆腐渣也不渣。

另类牙医

计算家畜的年龄，看是幼是壮是老，通常看牙龄生长状况，一看即知是几岁口。壮的能卖好价钱，老的就不值钱了。有卖老牛者，为使老牛“复壮”，竟异想天开，给老牛装了一口假牙。您闻此事定大笑也。正是：

老牛无用似残花，
价比牛犊十倍差。
正门学医歪门用，
来给老牛装假牙。

另类真实

堂堂正正、表里如一的真实自然是有的，否则历史将不成为历史，社会将不成为社会，文明将不成为文明。但也有的真实受到伪饰的扭曲，或佳丽化为丑婆，或丑婆化为佳丽；或珠玉化为瓦砾，或瓦砾化为珠玉。或似真实伪，或似伪实真，假假真真，真真假假，名实相攻，光影迷乱，令人深感辨伪之难，处世之险。但欲窥见真实，也有诀窍，即努力察其背后。请尝试之，定知言之不谬也。正是：

善行为恶丑为娇，
欲见真实找不着。
万重云雾拨开后，
请向权钱缝里瞧。

附 言

为了更便于诗词走向广大群众，我试着采取诗加说白的说说唱唱法。此其一例。谨呈诗友指正。

2004 年 4 月 8 日

十年辛苦不寻常

十年间，《中华诗词》发表了大量作品。从中精选六百多首，结集出版。这本“作品选”反映的是当代生活：抒发爱国深情，激扬世事浊清，高歌山水清音，吟咏人生感悟，凡此种种，会以又新又美的诗意给吟赏者高尚的享受。同时，“作品选”可以看作十年间诗词创作的一个缩影。质量越来越好，已有明显的提高。十年辛苦不寻常，令人欣慰。

改革开放犹如破冻的春风。久已沉埋的中华诗词受到春之感召，开始苏醒、破土、抽芽、布叶、开花，走上振兴之路。看着这美丽的诗行，如同看着初春的麦垅，如同看着冒出绿波的尖尖荷角，生机勃勃，欣欣向荣。这十年间诗词发展的主要成果是什么？简言之，她以自身的实绩取得了生存权，奠定了展翅高飞的基础。诗词的浴火重生，乃是当代诗坛的一件大事。文学史家将以欣喜的笔墨写下这多彩的一页。

有人说，诗词是属于旧时代的东西，难以用来反映新时代，是陈年旧货，只能当作老古董玩玩。在这本“作品选”面前，这种论调不攻自破。入选的作品说明，运用诗词这种传统形式同样可以反映当代的大千世界，反映当代人的悲欢离合。自然，诗词同其他文学门类一样，是以其独特的魅力抒写人生的，唯其独特，故能独立，无可代替。如同古莲子，在今天的土壤、水分和阳光中同样可以开出绚丽的花。古莲花的独特的美是无可代替的。有人说，在古人手里，诗词已然作到尽头，到今天已经没有生命力，是“夕阳文学”，目前的繁荣不过是回光返照。在这本“作品选”面前，这种论调又是不攻自破。这十年诗词的发展以及今后方兴未艾的势头充分说明，诗词有旺盛的生命力。生活永远充满活力，反映生活的艺术也永远不会衰竭。诗词是一种艺术，如果不脱离生活，就会永远绰约如若耶溪边浣纱的处子。

事实证明，诗词是中国当代诗歌的主要组成部分，与五四以来兴起的新诗相比只是诗歌样式的不同。一个侧重继承中国的传统诗艺，一个侧重借鉴西方的诗艺，两者有差异也有融合，是并蒂花，是比翼鸟，并无新旧、主副、高下之分。这一点已有越来越多的人取得共识，“作品选”会争取更多的人消除异议。春光明媚，只有一只燕子飞翔多么孤单，“燕燕于飞，颉之颃之”，两只燕子相伴飞舞不是更好吗？

站稳脚跟就要力图发展，前面的路还很长很长。如以十年为一个阶段，那么今后的十年，发展的重点应该是提高质量。质量是关系到诗词盛衰荣瘁生死存亡的大问题。艺术创作是个人的活动，在此领域应有最大的自由。有展示个性的充分余地。持有怎样的艺术见解，写出怎样的作品，切不可强求一律。但是希望越来越多的朋友能够认同一种创作主张，那就是走继承、创新的路。为什么要继承？因为在我们的背后有几千年的传统，有一代又一代泰山一般崇高的大诗人，有惊风雨泣鬼神的经典之作。只有尊重和学习传统，才能获得传统乳汁的滋养，才能使传统的血液流进时代血管。为什么要创新？一般地说，创新是艺术的生命，不创新，生命即止息。纵观历史，诗歌艺术总是在创新中获得发展的。当代诗词是继承传统而复苏的新生儿，更须强调创新。继承不是为着固守古人的轨范，复制原汁原味的“唐三彩”，而是为着将传统的制陶艺术融入时代精神，创造出三彩、五彩、七彩的新时代的陶塑骏马。这个继承与创新的过程，具体的说即是：学习、涵泳、吸收、融会、冶炼、升华。其实，只要作者本身具有时代思想意识，主张以诗词艺术反映时代，创新是不言而喻、顺理成章的。水管里流的水，血管里流的血，是至理名言。

拿登山作比方，这十年，诗词已攀登上第一个高度，再过十年必将攀登上第二个高度，那时再编辑一本“作品选”，必将展现一番伟丽的新景象。江山含变态，一看一回新。我们期待。

2004年6月，序于京门。

捡 漏 儿

我爱逛旧货市场，总盼着捡漏儿，但上当的时候居多。盼捡漏，上当，再盼，再捡再上当，是大致的轨迹。但自认为捡到了漏儿，也偶一有之。谨陈二事，让大家品品，但不知是否仍是上当。

竹 臂 搁

一对竹臂搁，长 34 公分，制作十分讲究，切口曾经火烤处理，经多年手渍，通体变得暗红油亮。顶端有微裂痕，不细看不易觉察。上面的文字是林则徐写的对联，上下联分刻二板。联曰：“重镇清风关四面，崇朝云起岳三峰。”每一联语两旁分刻小字记事：“道光壬寅三月，则徐西行过潼关，适鉴泉仁弟大人分巡其地，嘱书楹贴，撰句奉正。是时方祈雨泽，故次句及之。少穆林则徐识于关西旅次。”刻竹是一种高难度的雕刻艺术，臂搁刻工是高手，得林氏的风神，特别是小字，流畅的行楷宛如手书。

“道光壬寅”为道光 22 年（1842），是时林已近 60 岁。鸦片战争后，道光 19 年林被革职，贬官新疆，手迹是林于道光 22 年赴贬所途中过潼关时留下的。其中有这么一句话：“嘱书楹贴，撰句奉正。”这句有两种解释：一、嘱书楹联，撰句（写成楹联）奉正。二、嘱书楹联（来不及写成楹联只撰句奉正）两种省略，均文言行文所允许。依我看是后者。理由有二：一是行旅中写得匆忙。署名“林则徐”则徐用签名体，二字合为一字，极不易辨认，并且署名后未加盖图章。清人写楹联均甚端谨，这种随便写的做法，未多见。二是如写成正式楹联，刻上臂搁，刻字须缩小很多，且能保持原作风神如今之所见，那时还不可能有此技术。我猜想，林公未及书联，只把撰的联句写在纸头上，匆匆而去，鉴泉极为宝爱，由他或他的后人制成了这臂搁。看这臂搁的品相也是百年前旧物。

然而，更足珍贵的是对联的内容。小字中写道“是时方祈雨泽，故次句及之”，次句即“崇朝云起岳三峰”。林公以罪臣之身远谪数千里，国则危如累卵，身则雨打飘萍，此情此景，痛苦可知。但他仍热情关注关西的大旱，乃至写入联语，祝愿崇朝云起，甘霖沛然。“苟利国家生死以”，决非说说而已，是从他肺腑中露出来的，伟哉，林公！

那时候，官吏的尊称是“大人”。那些“大人”中颇有一些渺小得很，小如老鼠，如蝗虫，如跳蚤。可是林大人，不愧为一个大写的人字。睹物怀贤，令人肃然起敬，霍书感奋，正是此对臂搁真正的价值所在。

冰 臼 砚

得之承德朱君。君好奇石，常自入深山人踪罕到处采石。所以他的奇石多与众不同。前设店出售，后设馆展出。他告我说这砚是在冰川遗迹中捡到的。初非砚，是冰臼，而颇似砚。冰川溶水滴石无量数年，石凹如臼状。大小不一，大者如浴缸，此其小者。我得到它，命名冰臼砚，宝爱之。砚大小如碗盂，通体黝黑，外包一层石皮，苍黄色，摺皱如老树皮，状颇奇古。

我有砚癖，但所藏罕佳品。一则因为佳砚百不一遇，奔走旧货市场，徒有失望。二则因为阮囊羞涩，即遇佳品也买不起，转增遗憾。天公爱我，知我所爱又怜我所憾，故遣神工制此砚赐赠。非端非歙，不入砚品。在人以为乱石不值一顾，在我则如获拱璧而有得重宝之庆也。谢天谢地。

2004 年 9 月

来信照登

曙初同志：

感谢吾兄寄来李楚青先生的文章，并附来熊樵先生一文，感谢楚青先生对拙诗《卢沟桥》的理解。

诗无达诂。但作者创作的命意也许是最值得参考的。《卢沟桥》主要的是最后一句“休将醉眼看卢沟”，揭示了全诗的主旨，前面的句子是铺垫。引起歧解的是第二句“萍末惊风叹杞忧”。其实，此句很简单。刻在“锦绣中华”的是我的手迹，未加标点。这里加个问号（?），即“岂能叹为杞忧”，意思就豁然了。只有这样解，才能与“休将醉眼看卢沟”呼应，全诗联通一气。果如熊樵所解，则“休将”句成了无源之水，全诗便散了架。

再，评判这首诗，似乎应多读一些我的有关诗作。我的老家离卢沟桥二三十里，我 11 岁那年“七七事变”，亲耳听到卢沟桥的隆隆炮声，亲眼见到败下来的几位我国军人，一身尘血，手不失枪，讨一点水喝，失声痛哭，匆匆去找队伍。刻骨铭心的记忆，至今犹如昨日。寄上有关诗词，供参考。

袅袅兮秋风，洞庭波兮木叶下。南望楚天，遥想正在思我的老友，遥想洞庭的茫茫秋水，良多感叹。国人，仍有少数似乎仍未摆脱斗争思维。文艺领域，来个疑义相与析，切磋琢磨，不更好吗?

何时一杯酒，重与细论文？颂

康吉

刘征

2004 年 9 月 1 日

附：刘征诗词三首

过卢沟桥二首

一

大宇弥春煦，卢沟变昔今。
波光连稻浪，山色蔽囱云。
安枕思风雨，欢歌悚战尘。
劫痕仍历历，长此警来人。

二

历史遵航向，人间定大同。
雷惊千尺蛰，血沃万花红。
水水无惊浪，山山尽彩虹。
那时桥若在，展览教儿童。

1997年11月

扬州慢·卢沟桥凭栏

水涸寒沙，堤消残雪，柳梢才著鹅黄。倩春风扶醉，垂老步河梁。难磨灭几番风雨，桥头弹洞，犹论沧亡。漫凭栏，天地悠悠，默数沧桑。　当年稚小，也惊心，弃甲仓皇。记折剑横眉，戎衣渍血，父老壶浆。回首烟尘都散尽，匆匆去，背景难忘。看狻猊跃起，声声长啸春阳。

1998年4月

《李增山俳句》小引

俳句是日本的一种传统的诗歌体裁，我国诗人依其体式用汉语填写，短小精悍，节奏错落有致，运用比较自由，便于抒情，富清新的诗美，近年作者日多，受到读者的喜爱。诗歌大花园一向是开放的，喜迎这种引进的小巧玲珑的小花在中国土地上生根、开花、结果。

增山李君是军人，平生戎马生涯不废诗咏，归田后更专事汉俳的创作，积累日丰。我读李君的汉俳，不胜惊喜。在我读过的同类作品中，要算是优秀的。李君汉俳的显著特色是富有中华诗词的底蕴和浓郁的诗味。他对这种短小的体式（仅 17 个汉字）精心锻造，苦心经营，必求字字皆精金美玉，连通起来酿成清新诗境，只是一口鲜味，已足以醉人。他说，写汉俳当绝句写，说明他的匠心所在。以域外的玉壶贮中土之佳酿，具有一种独特的风味。

我以为，写诗，无论运用何种体式，古典的，新潮的，海内的，域外的，必须具备一个共同的条件，那就是首先要是诗，让读者获得艺术享受。引进的东西要中国化，使之为中国的读者喜闻乐见。由此看来，李君的追求是大为有益的。

时近中秋，天高气爽，闻他的汉俳要结集问世，欣喜之余写下上面一席话。兴犹未尽，并缀以小诗：

平生书剑两兼能，
解甲犹堪唱晚晴。
好向东瀛借新律，
拿来短笛弄春风。

2004年9月，于蓟轩。

警笛二赞

赞“警车开道”

使用警车开道已有严格的规定，公众称快。但愿违法使用警车开道的事从此有所收敛乃至绝迹。即使合法使用，若非警务急需，也以慎用为好。呜哇呜哇地满街跑，不仅惊扰居民，而且拉大了官民距离。

我虽一介书生，却叨一位大人物的光，享受过一次警车开道的待遇。不论过闹市还是闯红灯，摩肩接踵的人群、如水如龙的车辆，车子飞过，如入无人之境。我感悟到，由无特权到享有特权，十分容易。有特权而拒享特权，则很难很难。因为呀，那味道好极啦！曾写小文述感。

然而这一回，我要用满腔热情赞美警车开道。

从媒体得知，一辆出租车撞倒一位妇女，妇女伤虽不重，却怀孕。经这一跌，忽然要流产。痛苦万状，命若悬丝，十万火急，司机吓得面如土色，急忙扶孕妇上车，准备送往医院。可是，医院距此很远，中途经繁华地段，严重塞车，并且有几道路口，不免红灯拦路，肯定要等很长时间。司机正在束手无策，忽然“咔”地一声，一辆警车停在近旁。警察问明情况，二话没说，立即开响警笛，为出租车开道。于是两车风驰电掣，畅通无阻，很快将孕妇送进医院。事后医生说：险哪，再晚一会儿就保不住命了！

中国的警车鸣笛为一个危急的孕妇开道，是一部通天彻地的生命交响乐，是一个“以民为本”的伟岸形象。人们常说“树立形象”。其实，刻意“树立”即带有几分作秀。形象应是本真的外化，不树而树，不立而立。老子说“大象无形”，“大象”岂能“无形”？无非是说，不自知其形而已。警车飞驶，警笛长鸣，一心急于救人，何曾想到“树立形象”！

赞警报长鸣

这回说的不是警车开道，而是警报长鸣，也包括车船之笛。新华社电：“昨天（9 月 18 日）21 时 18 分，‘九一八’事变爆发地点沈阳，六名撞钟手共同撞响悬挂在九一八事变博物馆门前的‘警世钟’三分钟，”“市内规定区域行驶的车辆也停车鸣笛。凄厉的警报声和笛声响彻沈阳的大街小巷。”“与往年不同的是，全国有上百城市同时鸣响警报。”“香港维多利亚港的五艘游轮，也与沈阳同时鸣响汽笛。”抄下这些文字，我心潮澎湃。从北到南的警报长鸣，发自十多亿中国人的肺腑，是悲愤之声，是悲烈之声，是奋起之声，是腾飞之声。这警报，不仅是纪念过去，更是预警未来。饱经沧桑，浴火重生的中国人民，虽然不能预知未来会发生什么事，但肯定无疑，前进的路不会总是河清海晏，一帆风顺的。

美国建国只有二百多年，本土遭受一次惨重的外敌攻击，即珍珠港事件。他们的珍珠港事件纪念馆令人惊叹。纪念馆主体建在珍珠港中的水上，与当年被击沉的一艘最大巡洋舰呈十字交叉。舰身沉卧水底，俯视可见。墙上刻满几千名牺牲的官兵名字。于进门处，当头悬挂一口钟，即当时敲钟延误造成大难的那口钟。还要说一句，参观这个纪念馆是免费的。

比照来看，近一百多年来，我们的国耻多多了，也严重多了。我们不但要讲抗争，讲奋斗，讲胜利，也要讲痛苦，讲屈辱，讲失败，而且要大讲特讲。这一连串的奇耻大辱，乃是激励国人发愤图强的极宝贵的教材，万不可稍有忽视。我盼望着，在不久的将来，能够确定全国性的国耻纪念日，每年到那一天，让警笛长鸣，震响神州大地；能够在首都建起国耻纪念馆，让子子孙孙不忘过去，自强不息，永远不再受人欺侮，也永远不欺侮他人。

2004 年 10 月

斗牛场上的牛

我曾写过一篇小文，谈的是两牛相斗。这回谈谈斗牛场上的牛。

以人斗兽古已有之。最有名的是当推古罗马。那残破的斗兽场，仍如一具巨兽的头骨残存于今之罗马城。我曾踏着夕阳的余辉登上斗兽场的高处，不胜慨叹。

据资料记载，当时斗兽场面宏大，斗兽士皆为战俘（奴隶），败者为兽所害，胜者得以赎身。同一场，不是一人斗一兽，而是多人斗多兽，许多猛兽从地洞里钻出来，霎时斗兽场变为地狱。有一次竟有几百头幼狮同时登场。悬想那情景，血肉横飞，鬼哭神嚎，人血与兽血同流，兽尸与人尸压叠，惨绝人寰！而看台上，国王及贵族显宦却引以为乐。呜呼，据说人是仁慈的上帝创造的，可是人性中却钻进魔鬼，上帝也会懊恼自己的失败吧。

至今仍在盛行的西班牙斗牛是另一种情形。每场只斗一头公牛，而且斗牛已专业化、规范化，有井然的程序。我虽不曾亲见，却在报刊上、电视上领略其全过程，每次观后，久久难以平静。

胜者王侯败者贼。得胜的斗牛士在观众的心目中成了高大的英雄。欢呼声、掌声、敬羡的目光、深情的飞吻潮水般涌来，不消说，还有一大笔酬金涨满英雄的钱袋。斗中自有黄金屋，斗中自有颜如玉，快哉此斗！

而失败致死的牛却如一堆粪土般堆在斗牛场的一角，无人理睬，似乎向它吐口唾沫都不值得。到头来被剥割，被油烹，被膏胜利者的口腹，在茫茫宇宙中永远消失了。牛，左右都一样，死于屠场，死于斗场，死于鞭打，死于重负，它不过是任人宰割的蠢物。

这公平吗？不！斗牛场上，伟烈而悲壮的真正的英雄是牛。斗牛士是万物之灵，训练有素，并且有几位彪形大汉相帮，有高头大马，有投枪刀剑，还有一块红布，那用愚弄和欺诈的经纬织成的人类智慧的耻辱。用这一切对付一头处于混沌状态的野兽，它孑然一身，形影相吊，只有一对牛角，没有虎豹具有的爪牙。双方对比，相差何啻天壤。胜者何荣，败者何辱！

牛完全处于劣势，犹如要经受泰山重压的一枚鸟蛋。千钧一发，危在顷刻。但它不发抖以表示恐惧，不流泪以表示悲伤，不下跪以表示屈服，不摇尾以表示乞怜，不哀鸣以表示绝望。在牛的血液中不存在这类细胞，只存在着抗争。于是，它多次舞动双角，多次向那红布顶过去，虽然总是不能奏效，却仍然顶撞不懈。于是，它一次又一次身中刀剑，鲜血横流，可以想见它多么痛苦，但它一声不吭，毫不示弱，直到最后身中致命的一剑轰然倒下，双眼依然射出复仇之火。伟哉，牛乎！

牛浑身是宝。牛的这股犟劲，虽不可能使它得到拯救，却给人类以无价的精神营养。它是壮骨剂，是强心剂，是补血剂，是灾难深重的弱者的脊髓。

2004 年 11 月

呼唤精品力作

近十多年来，中华诗词以龙蛇起蛰，苏醒、活跃、发展起来。创作质量日益提高，出现了一批佳作，乃至一些精品力作，是实实在在的宝贵成果。但是这还不够。我们期望和力争在未来的岁月里能够出现高水平的精品力作，乃至高水平的诗词巨匠。这是一项长期的艰巨工程，也是我们一切工作和活动的长远目标。

纵观我国的诗歌史，每个诗歌繁荣昌盛的时代，都是以大批高水平的独具特色的精品力作为基石，以“笔落惊风雨，诗成泣鬼神”的大诗人为支柱，唐代如此，宋代也如此。当代诗词也必须取得类似的成果，才能达到真正的繁荣昌盛，才能取得最广泛的认同(包括怀疑者和反对者)，才能在当代诗歌史上站稳脚跟，才能无愧于我们这个辉煌壮阔、气象万千的时代。

怎样的作品才算高水平的精品力作呢，依我看来，有以下几个条件：

一、有极为浓厚的诗味。不论是豪放还是婉约或者其他，都能达到每一种风格的极致，又新又美，令人欣喜，令人忧伤，令人感奋，令人陶醉。二、有鲜明的时代色彩。或者激浊扬清，干预社会生活，或者抒写心曲，表现人生的感悟。题材或大或小，都带有时代的投影。三、产生较大的社会影响。受到广大读者的欢迎，得到评论家的赞许，经得住时间的考验。这三个条件是指精品力作中的主流说的。

诗歌创作是诗人的个人活动，有充分的自由，以显示诗人的个性。好作品的产生，甚至诗人自己也难预料，是多种条件（包括诗人的一时激情）酿成的，但这并非是说外界条件无能为力，为着培育、提倡、促进更多更好作品问世，对于学会和杂志的工作我有几点思考：

一、有一个正确的指导思想，有一个共同的认识，大家都认识到应以实施这项精品工程为长期的工作重点，形成合力。二、大力发展理论研究和评介。繁荣的创作要求繁荣的理论指导，要求优秀的成果得到彰显，使读者耳目一新。三、进一步推进评奖。有两类评奖，可以逐步实施。一是每年一次杂志发表的佳作评奖，二是诗集评奖。规模要大些，锣鼓要响些。四、出版雅俗共赏的佳作选集。就一个时期的佳作再加精选，至多收入一百首至三百首，加以评介。五、撰写“新时期诗词复兴十年”这样的书，作一番历史的概括。六、开办中华诗词高级研讨班，可称研究生班。七、重点放在中青年诗人方面。已故老诗人赵朴初先生在他的诗集《片石集》序里说，自己的诗作只能作为今后诗歌发展的铺路石，这话讲得非常精彩。从长远看我们老一辈诗人处在新时期诗词大发展的起始阶段，前面的路还很长，大发展、大繁荣，出现大诗人还在未来。我相信中青年诗人朋友必定认识到自己的历史使命，集中精力，提高诗词创作，精益求精，美益求美，使中国的诗史放出大光明。

2004年12月

读《打油篇》

老友侯君一民，以所著《打油篇》见示。新年伊始，雪窗清寂，泡一杯龙井，袭水仙花香，开卷徐徐读之。其中题画之作，妙手偶得，匪夷所思；写山居生趣，天地为心，众生为友；斥社会腐恶，淋漓痛快，入木三分。读来如与老友谈心，忽相视而笑，忽击案而愤，窗光雪色，花香茶韵，俱忘之矣。

侯君，工丹青、雕塑，艺兼中西，卓然为一代大家，文字乃其余事。兴之所至，率意为之，不加雕饰，不拘格律，转能见其性情，示人以本真。如吃生鱼片，吃醉翁虾，享其原味，转觉油盐酱醋为多事耳。侯君自谦，命其作为“打油”。夫油，或榨自五谷之精华，充肠适口，或取自大地之深层，运转全球，美哉油乎！诗坛不惮油多正惜油少也。

侯君晚岁退居山林，名其居曰“逸园”，大有赋归去来之慨。而我固知，“逸”其表象耳，忧国忧民之情无时或已。君又名其楼曰“望寰楼”，登楼而望尘寰，抚故剑，濡画笔，与采菊东篱迥然异趣。读《打油篇》见君肺肝，益证吾言不谬。问君何以如此，细味《打油篇》，亦不难索解。

乙酉岁首，于蓟轩

烂漫出新杂花树

李君树喜将历年的诗词选辑成集，命曰《杂花树》。一是切合自己的名字，二是切合写作的意趣。树喜和我是老友，相差近20岁，是忘年交。他是著名的报告文学家，并有多种专著问世，他在诗词方面也卓有所成，称得起是一棵烂漫的“杂花树”。

李君在自序里说：他写诗“有所遵循又致力出新，虽不涉怪力乱神，亦有前贤今人未及言之者”。“致力出新”是他的诗词一大特色。

我以为，“新”有两层意思，一是写当代人新的思想感情、当代的种种事物，富有时代色彩。二是道前贤今人之所未道，创出新意象，新意境，新构思，新韵味。两者往往是相结合的。

诗人在新疆的一首诗写道：“夜色朦胧月色悲，秋来犹是夏时衣。梦中恐惹离人泪，怀抱羌笛不敢吹。”历代诗人往往以吹笛的哀韵写离人的悲苦。此诗反其意而用之，别出心裁，表现出更深沉的哀怨。写漓江的一首诗道：“巨笔挥天外，涂描雨和风。无心飘作带，随意便成峰。”韩愈咏漓江“水似青罗带”，已成千古名句，在今天诗人眼中却是另一番景象。他把漓江比成一支大笔，无心作带，蘸着风雨向天随意挥洒，便画出形象各异的奇峰。不仅创意新奇，而且更能传漓江之神。到过漓江的人都会感到，山色如水，水色如山，而且山湿漉漉的，似刚才画成，墨迹未干。

诗人笔下，时有佳句妙趣横生，如“溪水柔如初嫁女，松石苍若老渔翁”，“无限秋风游子意，清波如酒月如镰”。其中之比喻，寡闻所及，前未之见，把溪水的美写到极致。《偶得句》一诗颇为别致："人心曲曲弯弯水，世事重重复复山，情意浓浓淡淡酒，收成雨雨风风年。"通篇多用联绵词，过去诗词中偶一见之，多是游戏之作，无多深意。这一首则不同，于轻松中透视出世态人情，余味深深。《春归》则画出一幅田园春光的小品，又新又美："水浅荷塘月，风柔柳絮花，春归如燕子，最早到田家。"历来写春归，多带有愁绪。此诗不同，创出全新的境界。春去夏来即进入耕稼的大忙，农家并不介意花开花落，却喜落花之后，枝间出现新的果实。

李君深于历史的研究，著有《中国人才史》和《用人通鉴》等，所写咏史诗多首，视角独特，颇有创见，且举一例："媾和总是兵压境，禅让多因剑抵腰，胜者王侯败者寇，吹吹打打换新朝。"寥寥20余字，道破几千年古今中外所谓"媾和"、"禅让"的政治把戏，快人快语。尧舜禅让，是我国上古有名的佳话，然而尧幽囚，舜野死，早有史家提出疑问。且看清宣统退位，完全是大势已去的万般无奈，是在"兵压境"、"剑抵腰"的威逼下作出来的，然而看那些逊位的诏书，却常常说是"禅让"！放眼今日之世界，有多少堂皇美妙的言辞掩盖着刺刀上的鲜血。吟味此诗，令人忍俊不禁。

李君又是富于感情的，《中秋思痛》是这样写的："悔接老父旧银元，月照中秋去不还。坟土新生离乱草，纸钱岂抵米柴钱。"诗人自注道："近年来，每还乡，父亲都要将所存几块旧银元与我。我婉拒之间有说不出的味道，总之是不祥之感。去年'十一'携妻女归，父将银元悉数交孙女收藏。临别，眼中泪光闪闪，令人不敢正视。逾年清明即逝。吾感慨思痛，岂有命运与先兆乎？"诗并文俱感人至深，读之酸鼻。子欲养而亲不待，纸钱再多怎抵得在老人生前给予更多的赡养和关怀！这是孝心深厚的子女所有的共同感情，经诗人道出。想人之所共想，道人之所未道，更具有感染力。

该谈一谈的诗还多，只举这几例。但还必须以一诗作结。《原上草》写道："拼将生命越寒冬，叶又青葱花又红。哪管他人何颜色，自开自落自从容。”这是诗人情怀的自我写照。何等从容而潇洒！

当代诗词的发展需要许多条件。其中求新要算是关系荣悴存亡的一个条件。求新不易，以深厚的风骚底蕴，创铸时代的新诗声更难，终生致力于斯也只能为诗之大厦添一砖瓦。我虽已老迈而诗兴未衰，愿与李君共勉。

时居新西兰的奥克兰。二月，这里是夏天，却凉爽如京华之秋。宿雨初晴，鸟鸣啾啾，窗外望去，草坪花木，一片皆绿。序文写罢，逸兴未已，更缀小诗，以为结束：

侵岛书楼爽夏风，林梢滴雨鸟呼晴。
萋萋芳草生新绿，一树杂花恰序成。

2005年2月

诗寓真情，朴而味永

《四季人生》是诗人寓真的自选集，内容十分丰富。寓真是一位大法官。我以为集中最富特色的要算写他执法生活的许多诗作。且看《夜拟判书》："拟文阅卷达更深，心似悬船笔握沉。罪责细勘轻或重，讼词详辨假和真。矜怜莫予害群马，刑罚不加无罪人。掩牍推窗纵远眺，秋蛰安稳月如银。"官法如炉，法律制裁是无情的，但好的法官是最有情的。这首诗明白如话，真挚动人，吐露了一位法官爱憎分明的感情和极其严谨的作风，执法为民的真情，深蕴心中，充溢其笔端，令人想起"况钟的笔"。许多大案都经寓真同志审理，有其独到的体验。且看《朔州有感毒酒案》"忽有悲声动地来，雁门风号雪徘徊。酒中剧毒谁曾信？地上横尸不忍埋！记者堪称好事者，罪人终上断头台。官方事过便无事，多少民家永世哀。"诗人对受害者的死难表示了极大的悲痛。以法律为准绳，公平判案，已是尽到法官之责，但是寓真毕竟是诗人，他进一步想到"多少民家永世哀"，带给民家丧失亲人的悲痛和灾难是永世存在的，不是法律能予补偿的。书中这类诗有许多。

秉公执法必然遇到很多困难，诗人在《听雨》中吐露这种无奈。"勘研大法公心在，受制多方独立难。不愿等闲头已白，还将泥路更登攀。"最大的困难是什么？诗人一语道破：受到多方面的干预，不能真正作到司法独立。诗人比之以在风雨泥泞的路上行走，但诗人矢志干一番事业，虽于泥泞中仍不息登攀。这些诗是法官的诗，身在其中，肩负重任，其他人是写不出来的。

一般来说，诗需要浪漫主义，但是，诗的表现方法是多式多样的，有些诗，特别是反映社会现实的诗，只须以白描的手法勾勒出某种社会现象，不需要借助想象，反觉冷面多情。白居易的《长恨歌》显示出多么美丽的浪漫主义，但他的《秦中吟》《新乐府》都是严格的现实主义。寓真的作品，很少雕饰，但因有真情在，有生气，有内涵，显示出一种朴素的美。

官员写诗，在我国有悠久的传统。历代著名诗人，很少布衣之士。当前，诗词在新时代的复兴正在稳步向前，领导干部走进诗人的行列，是一件大好事。一则可以丰富诗词的内容，深化对社会现实的反映；二则有助于倡导健康、高尚的官风。应该拍手欢迎。

2005年3月

拍案惊奇二则

浮出水面的冰山

我喜欢舞文弄墨，却不耐烦抄录别人的东西，因此失掉许多资料，深受其苦。但这次，却不厌其烦地抄录如下文字，因为我确信，对如此“妙文”，读者不会厌烦。

据报载，在某大城市，某大公司召开人事干部会议，125名内部负责人参加，会期仅三天，竟花费了304万元，人均2.43万元。会议在一座五星级饭店举行。花费了6万元为原总经理安排了一套豪华住房，按照他的爱好和身材，特制了家具、床上用品和马桶，并且指派两名干警负责他的安全。为这位老爷开完会中午休息，还安排每天8 000元的总统套间。代表们接送有警车开道。一家知名的歌舞团为会议举行了两场专场演出。会议结束，每位代表得到价值3 000元的礼品，个别工作人员竟得到一台价值3万元的笔记本电脑。

此事发生在四年前，即2000年，而且经审计出来，想来已经处理，已不是新闻而是旧闻了。此事披露在去年6月份的报纸上，我以为不但仍然有新闻价值，而且有历久常新的可读性，一字字咀嚼起来，有令人难咽的苦涩味，有令人咋舌的辛辣味，有令人作呕的腐臭味，还有令人心惊肉跳、无以名状的异味。

试想，出现这件连上帝也要惊诧的怪事，主事者、策划者、执行者、享乐者，该有多少人，为什么一个个处之泰然，似乎本该如此，一个个没有一点疑议？尤其是那位原总经理大人，你是官，该懂得为官的操守，你算老几？竟享受超总统待遇，为什么也处之泰然，似乎本该如此，尊驾的良知哪里去了？为什么毫无歉疚感，耻辱感，犯罪感？想来是社会上邪风鼓浪涨得很高，腐败之船浮上云端，已经见怪不怪了吧！这就更让人忧虑。

冰山浮出水面只有四分之一，那没在水中的四分之三更加危险，泰坦尼克号就吃了看不见的魔鬼的亏。

写在《茶经》后面

人越老，饮食的禁区越多。我的对策是“一点论”，烟不许吸，不妨尝一点，十天吸一支，料也无妨。酒不许喝，不妨喝一点啤酒之类，十天喝半杯，料也无妨。所幸茶未划入禁区，我上了茶瘾。东坡说“由来佳茗似佳人”，也可以说我爱上了茶，不可一日无此君。

我最爱的是绿茶，特别是龙井。听说近时龙井多赝品，地道的龙井成了凤毛麟角，价值不菲。但所谓假，不过是非杭州所产，茶还是茶，味道差些，却不至于害人，所以虽厌其假，却泰然喝之，况且杭州的老友岁岁有新赐赠。然而近日见到一条消息，忽如一声雷击，打破了我饮茶的安全感。

某地盛产茶叶，某公司的一处茶场有茶园两万多亩，打的招牌是“无公害”，实际是大搞公害。像甲胺磷、甲基 1605 这类毒农药，毒性高于敌敌畏数倍，国家明令禁止，他们却照常使用。为了省力、速成和加重分量，制茶时竟掺入不洁的糯米粉浆，还把茶叶末掺入米浆。茶，竟遭此厄运！

每当丽日满窗，盆花弄影，或灯前细雨，古砚新磨，得一二佳句，写一二好字，用玻璃茶杯冲龙井新茶，轻轻喝一两口，肺腑皆香，身心俱泰，用得着那句话“虽南面王不易也”。看了这段新闻，那袅袅的茶气里好像飞出绿头蝇，那清纯的茶汤里好像游动着土灰蛇，那嫩绿的茶叶里好像藏着屎克螂。“人生有味是清欢”。舍烟弃酒，连茶这一点清欢也被剥夺了，呜呼哀哉！

《茶经》成书于唐代，陆羽虽称茶圣也难预知一千多年后今天的事。应该与时俱进，我在《茶经》后面写了下面一段话：“‘利欲驱人万火牛’。财富的驱动，会引发人类最残忍、最狡诈、最恶毒、最无耻的私欲。倾家灭国，杀人盈野，城市飞灰，茶叶遭到污染算得了什么？然而，嗜茶人苦矣。敲杯为歌，歌曰：要说钱是祸，没钱受穷罪；要说钱是福，良知受蒙蔽。发财应有道，后利而先义。法律悬利剑，惩彼黑心辈，还我无害茶，茶香令人醉。”

2005 年 3 月

佛 竹

此竹，通常称如意竹，佛竹是我家赠它的雅号。这种竹，不知和普通的竹是否同属，状貌相似，可生命力极强，折下一枝泡在水中，十天半月就会生根。不需要土壤，不需要养料，不需要阳光，只需要清水，就能长得青枝绿叶，欣欣向荣。眼下不少大酒店都用它装点店堂和房间，居民也有不少迎它到家，确是够得上“如意”二字。

我同如意竹有一段佛缘。

前些年我曾为南京栖霞寺写过一副抱柱长联。隆相法师邀我和老伴到寺里居住一段时间，晨钟暮鼓，木鱼清梵，远离烟火，飘然世外。隆相法师嘱服务员从寺院里采集一束芳草，陈列在客舍的案头。辞行时花枯萎了，独有几枝如意竹生机正旺。爱不忍弃，小心包裹，带回北京。于是我的居室里就有了一瓶如意竹，玻璃瓶里的水晶明透亮。竹枝竹叶一色碧绿。冬天映着窗外的白雪，秋天衬着楼头的红叶，风致娟然。因为是从江南的古寺携来，又是高僧所赠，总觉得它带着几分佛前的瑞气，我和妻商量就叫他佛竹。

两年过去，佛竹虽仍茂盛，却渐渐有些苍老了。据说竹是龙身凤尾，一泓清水，毕竟非久居之地，也许要飞升了吧。忽然我发现，在佛竹近根处长出几点白色的突起，渐渐地，白变成黄绿，突起也大起来。变成芽。后来长到一寸左右，居然是竹孙了。

我不知道竹孙离开母体能不能独立成活。但不分离，她也只能随母体的衰竭死去。我决定冒险试一试，把老干根、叶两端都剪去。用清水把幼竹浸养起来，放在不受阳光直射而又能感受阳光的地方。天天观察，看是否能留住她的芳魂，结再生之缘。竹孙的底部渐渐长出细根，叶子也显出活力。于是我把她移栽在松软的君子兰的土里，浇很多水，一如在水里浸泡，果然得到满意的回报。经过一个夏天，竹干长高。叶子长得又多又大又肥，通体变成深绿，居然长成新一代佛竹，比母株还壮实。眼下室外大风降温，室内却有佛竹的绿色的微笑。仍然仿佛看到烟云中的古寺，看到寺外的缥缈青山，看到登山望见的天际奔流的滚滚大江。看到古寺墙外萋萋芳草的桃花扇亭，还有那块古苔斑驳的唐碑……

福能双至。话说近日恰好得到一块歙石砚材，一面青苍，一面苍紫。售者认为是“庙前青”与“庙前红”的合体。考砚谱得知，“庙前青”为歙石无上上品，可是早已绝迹。是否如售者所言，我不在意。我爱它石质极佳。其润、其温、其坚、其细，于歙石中从未之见。叩之笃笃，研墨无声，极其发墨。与端州水岩之佳品相比绝无逊色。我有砚癖，得之，如获至宝。请良工于青苍的一面雕几片竹叶，恰好贯通石面有几条瘦劲的墨线，绝类烟雾中的竹竿，顶端几片竹叶露出烟外，玲珑可爱。构成一幅轻烟笼竹的水墨画，我想也许是佛竹之影深印在石中的吧。苍紫的一面镌刻我写的一则砚铭：“八旬得砚歙之精，庙前极品兼红青。天以琼琚寿诗翁，何以报之垂老之心声：除一切苦无无明。”最后一句出自《心经》。“无无明”是“没有愚昧”的意思。在栖霞寺听隆相法师说法，虽不能尽解，但能感知佛心是慈悲而博大的。就用佛言表达一个八旬老人对未来世界的祝福。未来，愿一切众生没有痛苦，愿人类没有愚昧。我和老伴商量，如此佳砚应赐以佳名，就命名为“佛竹砚”。

2005年5月

代骂与代拍

无奇不有。据说某市冒出了一家代骂公司，宣称特聘骂人专家服务，保证骂得狠，骂得脏，骂得痛快淋漓，让您出气。确也有人接到电话，劈头盖顶挨一顿臭骂，临了声明本人与老兄素昧平生，是受雇施骂的，令人啼笑皆非。这样的缺德公司想早已呜乎哀哉了吧？

由此想开去，代骂令人烦恼，破坏和谐，开一家代拍公司如何？拍马之功能大矣，关系到官运的穷通，财运的荣悴，可惜不见设立拍马学院或拍马研究所。老于此道者固然拍起来左右逢源，百妙必备，可是尚未登堂入室的雏儿，却不免举措失当，窘态百出。一巴掌下去，没有拍着马屁股，却拍在马蹄子上，马怒而踢，反而收到负面效果。此中倒是大有商机的。

拍马在我国有悠久的历史，资源丰厚，单看史书上记载的颂扬皇帝的文字就不免令人慨叹。“吮痈舔痔”这样顶尖级高级拍马，远在汉朝的《刺世嫉邪赋》里已有记载了。古往今来积累的经验和技巧足够编一部可以媲美二十四史的拍马学大全，也不难培养出超世界水平的拍马大师。加以充分利用，办好代拍公司如吹起鸡毛一般轻而易举。代拍者施展法术，受拍者便会着魔一般不辨南北，每根汗毛都痒得舒坦，每个细胞都笑出声来，飘飘然为驭八龙而登九天，当此时也，求官有官，求财有财，求名有名。代拍虽不直接受益，却能得到大笔回报。用方言（山西稷山）说，美得太太的。

然而，再想下去却又觉得不妥。代骂之妙在于挨骂者不知骂者是谁，如中暗箭，还中飞刀，穿透肺腑，丢掉脑袋，还不知这杀手是谁。即使猜个八九不离十，无凭无证，无可奈何。拍则不然，正欲受拍者知道拍者是谁，何名何姓，何方人士，何所欲求，眼神如何媚得像猫，尾巴（无形的）如何摇得像狗。拍，非亲自施行不可，是万万代不得的。开办代拍公司，没戏。

然而，再想下去却又不然。《阅微草堂笔记》里有这么个故事，说从前某人从一处坟场走过，忽然听到脚下草丛里有人讲话，柔声媚气，让人肉麻。俯身看来，原来是一个骷髅在自言自语，那无肉的大嘴正在一张一合地动，“旷野无人，你在说给谁听?”“说给我自己听。”骷髅喃喃地说，“生前作大官，拍马的接踵而来，门庭若市，好不快活。死后，葬身荒野，凄风冷月，寂静无声，再也听不到奉承的话。难以忍受寂寞，便自己作语自拍，聊以过瘾。先生可否向我奉承几句，功德无量。”某人飞起一脚，骷髅被踢飞起，大叫，“平步青云，好不快哉!”那些有被拍瘾的大老爷，一时无人拍马，就浑身不舒服，死后尚且渴求如此，生前，此辈或仕途失意，罢职丢官，或老难供职，退休为民，对拍马的需求，如毒瘾一样势同生死。于是，代拍公司如应运而生，何愁不日进斗金!

不妨再来一番畅想，还可开办权钱交易公司，贪官美容公司，窝赃销赃公司……且住，这已经离开了“代”字，越说越没谱了。借此机会，不妨广而告之：诸多畅想出的好点子，是我的发明，我有专利权。可爱的贪官大老爷呀，还等什么呀？快来抢购吧！价钱面议。

2005 年 5 月

序《南天百唱》

《南天百唱》收入刘麒子先生吟咏广东、港、澳及近邻广西、海南、湖南等南方各地的一百余首七律诗，稿竟，问序于余。京门连日大风严寒，所幸小斋晴暖，恰可饮佳茗而诵百咏。开卷之次，颇惊叹于麒子先生对家山和南方风物之热爱，信步南天，几乎一步一诗，诗涌如泉热情奔放。我几次南游，此刻竟忘却窗外的寒风，如同置身于南方各地的山水名胜和广东、海南的荔湾蕉园、椰林碧海之间了。

“百唱”以极大的热情歌颂南天的山川胜景和与南国有关的先贤，从韩愈到文天祥到苏东坡、到孙中山先生和辛亥革命诸烈士，都深深触动诗人的吟怀，心萦乡土，情系南天，尤其是对历代先贤的景仰，对优秀的民族传统的尊重，更吐露出诗人自身的爱国深情。如潮阳海门咏莲花峰的诗写道：“天将正气凝山骨，故插莲花在海隅。”将文天祥的正气与山河合为一体，使莲花峰成为民族大义的巍巍象征，增添了浓郁的诗意。“百唱”中浓墨重彩描绘了南天的锦绣山河，他赞美山河总是与开放搞活以来经济建设的大发展结合在一起的，对深圳特区情有独钟。如他写道：“鹏城奋起写春秋，改革途连社稷谋。开放坚持擎赤帜，拓荒哪怕做黄牛。尖端软件常供眼，广厦通衢一望收。窗口桥梁功果大，特区名气播全球。”写出了深圳快速发展的气势，深圳的一个标志性雕像是拓荒牛，以之入诗，抓住了牛鼻子。他如写广州、深圳、汕头、潮州、揭阳、梅州以至广西、海南、湖南、港、澳诸篇都热情洋溢，有鲜明的时代色彩。惟其热爱开放搞活带来的光明，也就痛恨潜滋暗长的种种腐败。如“葡京灯火耀云端，纸醉金迷夜不阑。歌舞尽情难尽兴，销魂贪色又贪欢。酒酣几博迷仍执，枕拥双娇梦却安。惊悉此公非巨贾，原来某地某高官”（已卯秋报上曝光某高官在澳门葡京大酒店狂嫖滥赌一事有赋)。某官其人，尽人皆知，偏不道出姓名。辛辣的讽刺大于调侃式的幽默，令人忍俊不禁。

《百唱》中还有一些诗，表露诗人对历史和人生的感悟。如“意气如刀磨渐利，文章似玉琢方奇”，“之形路径因多曲，醉里头颅却倍醒”包含多少人生哲理。人生总是在醉与醒之间，醒中有醉，醉中有醒，醉中反而更清醒，是反语也是悟语。

一卷“百唱”是蓝天的一卷多彩画图，受到读者的欢迎，可以预卜。

严寒隔在窗外，阳光入室十分灿烂。抚卷而思，思绪扩展开来。人们常说“旧瓶装新酒”，其实艺术之瓶是无所谓新旧的。并非年代久远的瓶子就不适于装新酿白兰地。试看，远在周秦时代的编钟出土之后依然可以奏出新鲜的乐曲，还如箫笛琴筝之类也是如此。就诗歌的体式说，从四言、五言、七言、杂言、长句一直到自由体（新诗），花样繁多。这是我国诗坛一笔骄人的财富，任何一种体式都能以其独特的表现力反映当代生活，并不因其产生时代的先后而有所轩轾。经孔夫子编辑的《诗三百》，可谓古老了，但当年风行的四言体，后来并未因新诗体的兴起而全然废弃。毛泽东同志的《祭黄帝陵》就是用四言体写的，充畅地表达了人民的意愿，换用其他体式则显得不得体。好比架子上摆着十八般武器，能用枪的用枪，能使棒的使棒，大可不必在枪棒之间比较新旧，说长道短。随着时光的推移，但愿泯灭诗体新旧的畛域九九归一，同归于中国的现代诗。

莽莽神州，南天只是一角，上下数千年，纵横数万里，有多少令人折腰，令人拜倒，令人陶醉的风物。如果有更多的诗人运用自己见长的诗体加以歌唱，怕是千咏、万咏也难尽兴。我老了，仍愿与子偕行，吹几声柳笛。

2005 年冬

死的滋味

死的滋味如何？古往今来，许多文学家虽然写过死的体验，却都不过是生者关于死的推想，或者是醉翁之意。因为生者无法越过死的铁门槛，而死者一越过去就失去一切知觉，化为异物了。

但我确实死过一次。十几年前，老友接连来电话，都问近况何如，我觉得有些蹊跷。后来才知道，在某市一次专业会议上，主持人宣布刘某不幸逝世，并表示哀悼。以讹传讹，阴错阳差，让我经历一次死。事后老友表示歉意，我说，倒是我应该道谢，让在未死之时便知道死后的情景。有那么多好友关心我，不如迅翁所写，倒在路边只有一领芦席覆体，我该很满足了。其实死是早晚的事，不过宣布早了些年，算不得一回事。我曾写了一首《金缕曲》："死去何足道？了无关，大寰风雨，人间啼笑。撒手茫茫身后事，道四说三谁晓？未归去先传噩耗。朋辈驰书多系念，信非讹，只是些儿早。问来日，知多少？尚能花落闻啼鸟。齿牙存，等闲能碎，榛皮桃壳。踏遍青山览古今，未怯登临腰脚。待试把平生自悼：不是英雄不是贼，是青青一棵经霜草。文可憎，人还好。"有些调侃，结尾可算是我的自画像。但这毕竟不是真的死，死的滋味依然毫无所知。

说来自愧不如，我老伴不但真的死过一次，还有两次濒临死亡的边缘。

那是我们年轻的时候，四十多年前的事。她注射青霉素过敏，住进医院。次日，忽然接到紧急通知，要我立马到医院去。到了医院却要我在护士室等待，不许见病人，也不告知病情，只把妻子的笔记本、钢笔和手表等物都交给了我。我的头嗡地一下，如闷雷轰顶，地球在脚下塌陷下去。等一分钟，好像挨过一个世纪。约20分钟光景，护士说："醒过来了，你去看看吧！"进得病房，但见病床周围一色白大褂，一旁斜立着炮弹般的氧气瓶。躺在床上的她，见到我眼睛一亮，流下两行晶亮的眼泪，如融冰滴下的水，但尚无力说话。原来是青霉素中毒休克，经抢救才活过来。（同样遭遇的另一个人就没有这么幸运。）事后问她，她说死后全无知觉，还谈什么死的滋味。就那样，三天后，她还躺在医院继续治疗，我就接受任务，出差到太原去了。那年月，工作第一是实实在在的，人人都会如此。

她濒临死亡，是"十年动乱"中的事。那时间，乌云滚滚，杀声阵阵，好不凶险。我们俩都被揪出，成了"一对黑"。所历种种磨难，不来细述。她是一所中学的领导干部，有一次遭受痛打，深夜回家，走到北海桥上她站住了。赴水自尽，了此一生，对她产生了强烈的诱惑。木木地站了好一阵子，她猛地转回头，朝回家的方向走去，到家后，小心地脱下血衣，她的脊背青一块紫一块，几乎没有一块好肉，还有一皮带打在额角上，血同头发粘在一起。那时，只有一间小小的宿舍，夜间闭上门，是我俩能说几句话的小天地。我们紧紧拥抱，互相鼓励一定要活下去，没说更多的话，也没流泪。原来人在面临生死大难之时是不流泪的。呜呼，但愿史无前例的那场荒唐的悲剧永绝后例！

还有一次濒死，则带有喜剧的性质。那是拨乱反正后，苦雨终，风也解晴。天晴了，心情好起来，虽渐趋老境而精力十足。我和老伴应邀到许多地方讲学。一次从万州沿长江而下，宿巫山镇，遂作小三峡之游。傍晚时分，返镇舍舟登岸。自舟及岸，足有20多米，搭起两条窄窄长长的跳板，两板相隔约半尺多，从缝隙下视可见滔滔江水，水深不下几丈，老伴走在一条板上，因关照走在前面的我，一不留神跌了一交。这一交如果跌入江中，顷刻便会被大浪吞没，后果不堪设想。生死之间，千钧一发。但她膝部跪在一条板上，双手却扑在另一条板上。幸免一死。她平日喜欢跳舞，腿脚灵活，也许得益于此。我有诗道："一跌讶有飞天技，妙舞曾娴步锦姿。偕步征途一回首，几番历险化为夷。"几十年一路走来风风雨雨，坎坎坷坷，却仍然健在，我们真的是有福的。这两次，虽然离死神不远，但毕竟未跨过这道铁门槛，死的滋味仍无由尝到。

断魂滋味定如何，千古之谜。然而，这几幕悲剧和喜剧，从一个小小的侧面，多少留下了半个世纪以来我国知识分子遭遇的几丝倒影，这或许也可算得死的滋味吧。欲知死滋味，滋味在死外。有人问孔老夫子什么是死，夫子回答："未知生，焉知死？"圣人到底圣明，生有万千滋味，尚未尽尝怎知死呢？为着活得有滋有味，还是让咱们忙着调和生之鼎鼐。

2005 年 5 月

《怀土集》题词

李君野光，我同学友，攻西方文学，今为卓有成就的翻译家，译有惠特曼《草叶集》全卷及许多研究著作。他又酷嗜我国传统诗词，所作日多，今选取七百多首命曰“怀土集”付梓。他的诗词，既有浓郁的传统韵味，又有时代的清新气息。触及一些大事，有感于衷，亦歌亦哭，而归于警醒，颇得风人之旨。

当代诗词该怎么写？我以为，一在温故，二在图新。温故而不泥古，图新而不躁进，使两者和谐地统一起来。其实，说“图新”并不确切。新，来自诗人本身，似乎不是图来的，什么树开什么花，倘是时代的人，自然唱出时代的新声。近年来诗词日益繁荣，已有一批又一批佳作足为温故、图新的证明，《怀土集》的问世，又增加一个有力的证明。值得拍手欢迎。

怅望千秋一洒泪

——我的杜诗情结

20世纪40年代沦陷的北平，犹如一个铁屋，让人透不过气。一些文化人不欲与敌伪为伍，“苟全性命于乱世”，到学校来教书，可算“教隐”，陈小溪先生就是这么一位“教隐”的大画家，诗、书、画、印都有很高的造诣。他是北平四存中学的图画老师，业余授徒，不取分文。我在四存读书，受业于陈老师达六年之久（1941至1946）。学绘画，学书法，这里只谈谈学诗。

一

陈老师最爱杜诗，他指导我学习的第一部诗集是《杜诗镜诠》。后来我尽管读了许多古代大家的作品，终以杜诗对我的影响最深最大。大部分杜诗我熟读成诵，其中相当一部分能背过。虽不能尽解，却能感受其悲凉的情绪。究其原因有二：一是他在山河破碎、一生离乱中表现的深沉而炽烈的爱国思想引起我内心深处的共鸣，我当时的处境与杜公多少有相同之处；二是他的直面血泪现实、悲天悯人的现实主义诗风，恰好符合我的学习要求和欣赏取向。看看我当时的习作，不难发现我学杜的深深印记。

《九日》（1942年）：“客里重阳节，茱萸殊未簪。山河惊望眼，涕泪洒征襟。故国逾千里，偷生愧寸心。幽兰芳可佩，霜雪莫相侵。”再如《卢沟渡》（1943年）：“冲涛激悲风，斜景澹回薄。风吹雷电旋，阴霾沙塞黑。客行卢沟渡，急湍不可越。临流悲战伐，风水尚幽咽。兹渡昔崩奔，贼来轻且捷。旷野走熊罴，苍生尽狼藉。至今鬼长啸，闻者为竖发。浪浪双泪清，长流涨溟渤。”看，连遣词造句都是摹仿杜诗的。少年习作虽不成熟，却吐露出爱国赤诚。潜居在北平广安门内丛葬近处几间土屋中，孤灯自照，时闻枪声惨叫声，此情此景，读杜公《哀江头》《春望》“三吏三别”潸然泪下。优秀的诗歌能够塑造人的灵魂，能够指引人生的趋向，能够溶入人的血液，影响一生。这一点，我有切身的体验。

二

参加革命后，弃旧图新，诗词的创作荒疏了。几十年间，我写了大量的寓言诗、讽刺诗，产生了较大影响。有趣的是，1944 年我写过一首寓言诗《题蛇雀图》，可算是我的第一首寓言诗，这首诗是受到杜公《义鹘行》的影响写出的。

杜甫的忠君思想真挚而深沉，曾受到评论的非议，我长久地思考这个问题。

杜甫的忠君，不是愚忠，是同爱民统一在一起的。“蒲藿倾太阳”与“穷年忧黎元”在他那里是一回事。正是由于忠君，他尖锐批评朝廷的荒政，游宴的骄奢，权臣的误国，以及诸多施政的失误。他的理想是“致君尧舜上”，言下之意，对当前的君是不满意的。正是由于忠君，他悲天悯人，以深厚的仁爱关心在乱离饥寒的死亡线上挣扎的老百姓，无情地揭露荣枯悬殊的黑暗现实。在他那个时代，关心人民疾苦的广度和深度是无与伦比的。他的“天河洗兵”和“万间广厦”的理想应是他的“致君尧舜”的目的。

再说，要历史地看问题。封建制度下有作为的知识分子，忠君是共同的。君，是封建制度的最高代表，依靠明君的权威，才能成就各种事业。他们不是只匍匐在君的脚下山呼“万岁”，以图名利，而是做君的辅佐以安邦，以利民，以兴文治，以振国威。这样的忠君，是积极的，我们不应该一概地加以否定。

50年代，中国书店曾从全国采购来大批古书，持有购书证即可购买。我见过杜诗的几个好版本，可惜交臂失之。一是购买力有限，二是着眼于应用，不着眼于收藏。只买了一部仇注的《杜诗详注》。当时，宋史专家陈乐素先生与我同事，他赠给我一部《杜工部集》。晚清精印本，宣纸，五家批，彩印，光彩灿然。这书，避过“文革”中几次抄家，安然坐在我的书橱里。如今陈先生已作古，作为劫难和友情的见证，每一展卷，怀古思今，不免哀伤，也更思奋进。

三

70年代拨乱反正以后，我有机会到各地参加会议、调查研究或讲学，每到杜公足迹所至，便多加留意。

1979年冬，到四川进行中学语文教学的调研，我第一次来到成都，得以拜谒杜甫草堂。一竹一松，一花一草，都仿佛晃动着杜公的身影。少陵如有知，环视成都的万间广厦，遥望长安的千里烟花，必定“漫卷诗书喜欲狂”了。我的心激动，写了一首《金缕曲》。但我发现眼前的浣花草堂是一处相当考究的园林，所谓为秋风所破的茅屋殊不可见。杜公的塑像也是方面大耳，一脸福相，望之不似饱经乱离、贫困多病晚年的杜公形象。我觉得有些遗憾。但一转念，“这不似”表现了历代广大人民付与杜公多么深挚的爱。在他们心目中，杜公理应过着幸福的生活。当时仓惶逃避的唐明皇也驻跸成都，不消说，虽属蒙尘，那显赫的皇家气派也必定比草堂胜过百倍。然而往事越千年，拜谒草堂的代代不绝，而明皇的行在早已荒芜，到而今具体所在也难以指明了。历史的裁判是严厉的，我写了一首诗：“谁识明皇幸蜀来？绵绵长恨付蒿莱。始知肠断霖铃雨，不及秋风茅屋哀!”

四

因工作需要，我从成都出发，来到川北的盐亭。杜公送严武北上入朝，旋闻成都发生暴乱，在川北滞留了一段时间，在盐亭居住不久，仅留下两首五律。我那天渡过沱江进入县城，正赶上大集。越过熙熙攘攘的人群看景物，觉得有些异样。山名“马首山”，桥名“德星桥”，路旁的商店，有的名“云溪”，有的名“春郊”。这些不寻常的名称，原来都取自杜公写在盐亭的诗。杜公的遗爱，杜诗的魅力，竟如此深长，令人惊叹。

听县干部说，马首山高处，有一座小庙，杜公曾寄居在那里，墙上还留有字迹。“文革”中“评法批儒”，指杜公为儒家。造反派来造反，字迹都毁掉了。抬头望去，那座残破的小庙还在，像在寒风中发抖。我感到愤怒，成小诗一首：“销诗毁屋荡无存，棍棒何曾赦古人！料得泉台难睡稳，也防揪斗夜砸门。”

但我还有一层遗憾。我爱好书法，特别喜爱古代诗人的手迹。求之唐代，仅见李白“上阳台提名”和杜牧的“好好诗”两个墨迹（影印本）。通过诗和字以观其人，切近如在身边。可惜未见过杜公的墨迹。那小庙壁上的字莫非是杜公的题诗吗？时间虽久远，僻远的山中留下来是可能的。这一造反，损失太大了。

印证在成都的所见，这里也是一样。一路来去，听老百姓讲许多关于杜公的传说，这里杜公曾过河，那边杜公歇过马。虽然都是好心的想象，却给人以深刻的启示。目前有些诗不受老百姓的欢迎。不是老百姓离了诗，是诗离了老百姓。诗反映老百姓的生活，关心老百姓的疾苦，你给他们十分，善良的老百姓回报你百倍。说到底，老百姓是诗的父母，他们是多么爱诗，多么敬爱诗人啊！他们以有爱他们的伟大诗人而自豪，世世代代把他们捧在头上。

五

1989年10月，我到万州讲学，归程放舟下峡，在奉节小作勾留。奉节即古夔州。大历元年至大历二年（公元765—766），杜公客居夔州。那时他五十多岁，已是多种疾病缠身的老人，依靠朋友帮助才能勉强度日。可是他晚年的诗，越写越豪放，越写越雄浑，越写越苍凉，越写越高唱入云。他的生活已走投无路，他的诗却跃上高峰，这一时期他写的律诗，不仅是他创作的高峰，也是唐诗的最高成就。《登高》（风急天高猿啸哀）一诗，堪称千古绝唱，据说此诗是他重阳节登上白帝城的西台写的。我特地登台寻求杜甫当年的感觉。

西台地势很高，滔滔峡江蜿蜒脚底。俯瞰瞿塘峡，江流如一条银蛇穿大壑而过。四望云山雾嶂，遮天蔽地，秋风过处，霜叶飘零，一种幽深，一种宏旷，一种神奇，一种壮丽，都带着秋气萧森。我吟诵《登高》，忽然觉得这首诗不是用墨写出来的，而是唱出来的，是哭出来的，是喊出来的，是从肺腑喷出来的。是唱给天地听的，是唱给江山听的，是唱给鬼神听的，是唱给历史听的，是唱给自己听的。

古人作诗为着什么？是为着以文采受知于王公显宦乃至于皇帝。杜公早年也未尝不如此。可是此时，去国千里，蒙受连年战乱的朝廷早把他忘了，他自己又穷愁潦倒，差不多走到生命的尽头。那时，他的诗再好，也没有刊物发表，没有出版社为之出版，不可能获得优厚的稿酬和奖金，也不可能因此被选为什么会的主席，而且由于漂泊无定，诗稿也难以保存。可是，诗已渗入他的血液，化为他的肌骨，已成为他的生命。他是一个地地道道的真正的诗人。非达到这个境地，作不出这样的诗来。我非常感动，写了一首《八声甘州》：

“挟天风，千仞访孤城，清秋上层台。瞰瞿塘峡口，云屯万马，江水西来。烟澹渚青沙白，风急鸟飞回。一霎萧萧雨，落木生哀。　　见说登高老眼，当年曾到此，怅望天涯。纵横涕泪，三峡倒吟怀。甚文章千秋仰止，却生前潦倒没尘埃？凭栏听，砰訇震响，万壑惊雷。”

六

1997年11月，应岳阳诗友之约，得览洞庭湖岳阳楼之胜概。大历三年（768）杜公自夔州顺江而下来到岳阳。此时他56岁，距离与世长辞只有两年。他患半身麻痹和老年气管炎，视力也减退。一身破旧的衣服寸寸是补丁。心爱的小女半路上夭折，只好就岸边匆匆安葬。无处安身只好以船当“浮家”。在岳阳只停留了很短时间。就在这种情况下他留下了两首极好的诗，《登岳阳楼》《泊岳阳城下》。依然以满腔热情关怀国家安危（“戎马关山北，凭轩涕泗流”），以响彻云霄的强音和顽强的生命力，高唱对人生百折不挠的追求（“图南未可料，变化有鲲鹏”）。眼前似乎有两个杜甫，一个是穷途末路、生命垂危的现实的杜甫，一个是永远年轻、云起风发的诗的杜甫。二者合一，体现了一个伟大的精神，是我们顶天立地的民族的诗魂。

蒙诗友的热情接待，我在岳阳过得很好。泛舟洞庭，容与于烟云浩渺的万顷秋涛。登君山，叩斑竹，访二妃的遗迹。并且驱车渡汨罗，拜屈原祠。记得那天下着潇潇秋雨，桂花盛开，随步皆香，沁人肺腑。这一行，我写了不少诗文。只是因时间所限，未能往平江拜杜公之墓，不无遗憾。

闻知杜墓在修缮，我着实高兴。去冬焱森先生告我，修缮即将竣工。在今年九月间举行盛会，邀我参加，并要我写一副楹联。记得杜甫草堂里，尽管题字很多，大都是写杜诗。是啊，怎敢班门弄斧。我想，如果写楹联，那就写：

怅望千秋一洒泪
萧条异代不同时

2005年4月初稿，7月定稿。

哭 宴

报载，中华扶贫基金会从北京派了几名志愿者到广东省清远市寻访当地的贫困大学生，离去时，市教育局领导大摆宴席送行。预订饭店的豪华包间，菜肴十分丰盛。问喝的是什么酒，答曰“人头马”。志愿者很吃惊，说道“我们今天这一桌菜，可能够一个大学生吃几个月”，潸然泪下。男儿有泪不轻弹，这一弹，如同热血喷出肺腑。是忧伤，是悲泣，是控诉，是愤怒，是官耳听不到的无声而有声的雷音。写“弹泪颂”，用任何顶级的字眼也不算过分。

可是，主人方面，即市教育局领导有什么不对头吗？没有，一点也没有。用酒宴送往迎来，历来如此。已是官场的不成文法。招待来自京城帮助扶贫的贵客，宴席搞得丰盛，显示主人的热情，也是在情理之中的。他们安排这样的宴席已重复多次，熟练而周到。于是，笑容满面地依序请客人就座，打开“人头马”，举杯对客人表示感谢，接着是主客开怀畅饮，酒足饭饱，打着饱嗝尽欢而散。如此等等，如同放映同一部电影，每一次宴请都是相同的。这次完全出乎意料，客人如同外星人降临，做出大为扫兴的事，主人的尴尬可想而知，主客的思想感情像隔着一层厚厚的障壁。

然而，是否可以说教育局的领导对当地老百姓的贫困漠不关心，忘记了那简陋的破屋，那饔飧不继的粗茶淡饭；忘记了那因贫困辍学的学生，他们渴望补助如大旱之望云霓。如果这样推论，却大错特错了。他们用心良苦，正是为着更快更多地得到扶贫款项，为百姓解困，才向客人的嘴上抹油的。如果因接待简慢而得罪了客人，事情就不好办了。官场的一般做法难道不是如此吗？

那么，毛病出在何处呢？原来官场的活动有一套多年形成的铁打的固定模式。做官一族早已习以为常，积重难返。照老规矩办事，驾轻就熟；改了，反而引出许多矛盾，迟早还要改回来。大吃大喝即其一例。习于大吃大喝的官绝非都是贪官污吏，那是极少数。大多数只是按照官场已有的模式行动，久而久之，非但不以为非，反而心安理得罢了。

谓予不信，请想：即在清远市大摆宴席那个良宵，全国有多少豪华百倍的大宴正在摆开，有多少比“人头马”更名贵的佳酿正在开瓶，有多少高官豪富赴宴，他们文质彬彬，满面春风，互相劝酒让菜，可有一个拂袖而起，潸然泪下吗？

官场的活动模式有种种，有的是从老祖宗那里继承来的，有的是自己创造的。其中不合理的部分是产生腐败的温床，危害极大。一不犯法，二不违背道德，可称之为亚腐败，亚亚腐败。而粘着于官体，深入肌理，韧不可拔，密不可分，除掉它真是难于上青天。难，就除不掉吗？青天上有沉雷烈风，还有冲刷一切污垢的银河，但愿这次“哭宴”能够惊皱银河些许波澜。

2005 年 8 月

笑话的界定

笑话是一种通俗文学，明清间相当繁荣，但终因难登“大雅之堂”，未能大行于世。有的已笔之于书，有的则口头流传。记得一位朋友讲过一个笑话，我至今不忘。

话说古时候，一位钦差到武昌办事。这位大人肚子里墨水不多，可好作诗。到了武昌，就要登黄鹤楼。这天天气晴和，大人吃完了清蒸武昌鱼，让师爷邀请两位当地的秀才，四人一块儿登黄鹤楼饮茶。一杯好茶入肚，大人一个饱嗝，混着鱼香茶香，还喷出诗兴来。“如此美景，不可无诗!”于是四人联句。秀才甲说：“登上黄鹤楼。”秀才乙说：“眼望鹦鹉洲。”忽然听到楼下有争吵声，师爷说：“楼下谁争吵?”轮到了大人，他凭栏下看，见有两个渔夫在打架，随即说：“两个渔夫揪打。”三人齐赞大人锦心绣口，妙句天成。但是如果去掉最后一个“打”字，更见工稳老到。宰相肚子里能行船，钦差是皇帝老子的代表，那肚子还不能开航母?于是他从谏如流，删掉“打”字，改成“两个渔夫揪”。

钦差回朝复命。皇上问道：“听说武昌有个名楼黄鹤楼，你去观赏了吗?”钦差答道：“去观赏了，同当地几位秀才还作了诗呢!”皇帝一听来了兴致：“那就把你们的诗奏上来朕听听。”钦差一字一板地朗诵了一通。读到最后一个“揪”字，皇上再也听不下去了，怒斥道“欠打!”钦差错会了皇上的意思，连忙跪爬半步，哭声儿奏道：“皇上圣明!‘揪’字下面本来有个‘打’字，是秀才们给删去的。”

故事到这儿结束，是个地道的笑话。有些讽刺也是轻度的，比啤酒的酒精度数还低，令人哈哈一笑，了事。但是如果继续写下去，比如这样就不同了：“这首诗，经过钦定，自然与众不同。在全国一流大杂志的显著地位发表，一首五言绝句，最后一句偏偏多了一字的尾巴，而且不押韵。然而，了解背景的官员都齐声叫好。顶尖的专家学者写几万字的长文加以吹捧，说这是诗歌创作的一大突破，一个新的里程碑。六言，《诗经》里已有之，如‘狂童之狂也且’。孔夫子要是知道了这首诗，笃定会选入《诗经》，放在首篇。于是钦差大人戴上了大诗人的桂冠，名扬天下。有一次，举行以黄鹤楼为题的全国最高诗歌大奖，首席评选官一品大员的面前，放着两首参赛诗，一首是钦差大人的‘屁’诗，另一首是崔灏的黄鹤楼诗。屁诗曾经钦定，是钦差大诗人的成名之作，理所当然名列第一，艺冠群伦。崔灏的诗，大员反复地读，觉得莫名其妙。‘这也算诗吗？’他拿起笔，在卷子上打了个大叉子，并且批道：‘查黄鹤虽属珍稀物种，也不该无组织无纪律，自行飞去，一去不返，太过分了，命海陆空紧急动员追拿黄鹤归笼。’”

添上这个尾巴，就不算是地道的笑话了。因为讽刺的度数明显提高，笑话里掺入了苦话、涩话、辣话、烫话，变成了杂话。杂话有个现成的名儿叫“杂文”，虽然杂文到底是什么，我也说不清。

2005年8月

天下第一宴

报载，最近沈阳举办美食节，推出满汉全席，耗资20多万，制办一千多种美食，海陆杂陈，号称天下第一宴，排场的吓人，连王母娘娘的蟠桃宴也黯然失色。可列入吉尼斯世界记录。一掷二十多万，也是天下之最了。然而举办者也许有独到的见解，别看投资巨大，可以获得几倍的回报，怎能算浪费？媒体议论纷纷。我懒得凑热闹。

然而，既已落笔，欲罢不能。我喜欢写写寓言，也写过不少。不料伊索之灵又降笔端："别来无恙，让我们再玩玩寓言游戏吧。"于是，醉着天下第一宴的香气，信笔胡乱写来。

话说很久很久以前，在遥远的地方有一个国度，叫"大吃国"，国门的匾额是用巧克力和芝麻酱堆成的。议会大厦挂满获世界大奖的美食金牌，中央广场上竖立着高达五百米的饕餮塑像，一年到头，来瞻仰祭拜的排着长长的队列，国人引以自豪。都城的条条大道挤满饭店和厕所，最大的一家酒楼高一千层，站在顶端能给牛郎织女送夜宵。

国家以美食取士，大小官员都是不同层次的美食家，他们最主要的任务就是吃。可是他们的官邸不设厨房，一年四季一日三餐，都是吃请。请客的也是他们同僚。钱何处来？当然不是自家掏腰包。他们到夜间就变成大老鼠，钻进官仓偷粮食。守仓人也会变老鼠。彼此彼此，所以不会犯法，反而被誉为本领高强。不会变老鼠的被讥为"笨蛋"，一个个落得人人喊打，灰溜溜地败下官场。

税收不少，可是百兴俱废，日益贫穷。为什么？发展工农业的款项，吃了；发展教育文化的款项，吃了；发展城市建设的款项，吃了；发展交通事业的款项，吃了。一句话，都吃了。这倒也颇堪自豪，可以证明，大吃国人有多大的肚量。他们以大肚子为美，全国评选的第一佳丽，坐下来，面前要加一个小圆桌，用以放肚子。第一帅哥，当然肚子还要大一些，二人接吻发生很大的困难，不要紧，拿来一条长长的香肠，男女各衔一端，口有香肠一线通，比接吻还性感。

军费也统统吃掉了。他们的刀枪剑戟都是用面粉、巧克力制成的。惟妙惟肖，堪称一绝。这样做，是为了士兵饥饿时可以随时咬一口果腹。唯一的军事训练是在野外埋锅做饭，保持和提高膳食的美味。士兵一个个胖得滚瓜溜圆，走不动，要用特制的脚踏小车助行，将军则要坐四匹马拉的战车。行军，平均每小时要停下来吃蛋糕喝红酒，还有，上厕所。

其乐也融融。可是不好了。大祸自天而降。邻国侦知大吃国的实况，都拿他当成唾手可得的一块肥肉，纷纷发兵从四面八方杀将过来，看看打到国境。大吃国的人并不惊慌，自有克敌制胜的妙计。一声令下，沿着国境一字排开无数巨大的餐桌，摆满上等美味佳肴：烤全羊、烧乳猪、涮肥牛、香酥鸡，配以各色美酒。最引人流涎的是每十桌供一品红烧整条大白鲨。他们认为，这是最可怕的先进武器，等敌军到来，会丢下武器急忙来解馋，一个个醉死、撑死。这种武器是否奏效无从考证，只知道，自那以后大吃国消失了。甲骨文没有记载，又不像沙漠里的古国那样留下残砖断瓦，真的无影无踪了。只有遗民散居各地。克绍祖德，时时拜望“大吃”的光环，继武“大吃”的足迹。

必须说明，写这则寓言只是为了好玩，与“天下第一宴”毫无关联，那有力的证据是，经 DNA 测定，“天下第一宴”国度的居民并非大吃国的后代，如果对他们的“大吃症”攻以猛药，是完全可以治愈的。养病如养虎，留神丧身虎口！

2005 年 8 月

《宋词三百首通解》序

海盐王君留芳，老同学梁云波之友。云波是台湾著名画家、诗人，因云波得与王君论交。鱼雁往还，谈诗论词，而南北遥隔，仅于台州诗会匆匆一面，谦谦君子也。读留芳的词及论词文字，知他功力深厚，学识渊博。近日更得知他为着撰写一部大著，默默耕耘达五年之久。如此勤奋，令人钦佩。

他研究朱疆村的《宋词三百首》，为作诠释，命曰“宋词三百首通解”已脱稿，全书65万字。对每一首词，举凡语文校释，词律解说，作者介绍，以及史实掌故、轶闻趣事等，均作详述，搜罗丰富而选材精当。以读者熟知的一首小令《如梦令》（昨夜雨疏风骤）为例。“通解”包括语音释义、作者生平、摘异录误、律体简述等几部分内容，读来多所未知，津津有味。这本书不只是诠释词语典故，像一般古籍注解本那样，也不是着重分析，阐明作品的思想和艺术，像一般赏析那样，它既是学术性著作，有助于词学研究，又是普及读本，实为学习填词的津逮。

二十多年来，长期受到冷遇的诗词苏醒、活跃起来。以其自身的魅力向世人表明，它不是尘封的古董，只能以其往昔宝光令人发怀古之幽情。它是一把古代侠士的宝剑，多历风雨而未曾生锈，加以磨洗，仍能斩金切玉，为时代服务。优秀的诗词作家不断涌现，大量佳作不断产生，诗词的优秀传统得以振兴，令人欣喜。

许多初学者对填词情有独钟，他们认为词的句法参差错落，比诗更为自由，实地写来却有许多烦恼。首先是格律问题，他们发现，词的格律比诗还要繁复。填词几乎要逐字逐句对号入座，这还只是形式问题。更重要的是词的独特的美学要求问题。词与诗有共同点，但不是一个路子。“落花人独立，微雨燕双飞”，是词的佳句，用于诗中却嫌纤弱。时下有些词格律很少误漏，却不能算是词，甚至也不能算是诗，只是以散文填入词调，是不可取的。深谙词的韵味，写出有词味的词，大非易事。要过这个难关，唯一的通道是多读多写，特别是多读。读书破万卷，下笔如有神。

可读的书不少，我以为这本书应是佳选。“熟读唐诗三百首，不会做诗也会吟”。熟读“宋词三百首”，加上勤奋学习，不仅入得其门，而且能为登堂入室打下很好的基础。

乙酉新秋，溽暑乍消，凉风飒至，窗外天清如洗，案头兰叶徐飘，这是北京最美好的季节。我以极美好的心情写这篇序，欣喜词坛获得一本好书，特别是对于有志于填词的青年，无异雪中送炭。云波君诗中有画，画中有诗，对于留芳写此书给以很大的鼓励和帮助。云波君见此书此序，其乐何如？

2005 年 9 月

“三友”琐记

一

金亭同志以评论家的识度论述了以臧老为主的“三友”诗派。我手头有许多相关的材料。披露数事，供研究参考。

臧老说“三友”

臧老为我们三人的诗交取名“三友”，他是很高兴、很看重的。笔下曾多次提及。

20世纪80年代，我们关于诗词的谈话和作品交流日多。我时常接到臧老的来信。有些宣纸信笺上写着清新雅逸的毛笔字，显示了臧老诗意浓郁的书法艺术。为着珍藏，我选出12篇裱成册页，命曰“书翰存珍”。其中大部分谈诗，也有的是臧老抄来他的新作。还有的记录一些趣事。如景山看牡丹之后，我画了几幅牡丹。取一幅寄臧老，臧老很高兴。立即寄来一首诗：“词章已动众，绘事见才华。昨日牡丹圃，一枝到我家。”其实，我不会画花卉，只是无章法的涂抹。臧老看了一时之兴会也。1988年，我请臧老为“书翰存珍”题跋。他欣然命笔。“三友”首见于臧老的文字。全文如下：

生平交游非不广，当面输心者多。对人热情率真，从小家人以“直肠子驴”呼之，因此吃苦头不少。本性难移，终不自悔也。解放后，与刘征同志识面，遂成至交。知面知心，人格诗格相映。形不常随而心中长有，情非胶漆淡而味深。与诗人光锐，号为“三友”。

克家戊辰五月八日，时年八十有三

二

我原来住在沙滩后街人民教育出版社院里，离景山公园一条马路之隔。80年代，每当景山公园牡丹盛开，我邀臧老、光锐等好友来看牡丹。有几回杨金亭、丁国成也欣然肯来，极一时之盛。无拘无束，笑谈于魏紫姚黄之间，只是兴之所至，初无举办诗会的意思。我写过一篇文章《牡丹诗会记》。后来，臧老健康状况不适出行，才停止。臧老情深意长，久久不忘。2002年，他写来一个条幅，记述此事，全文如下：

几十年来，牡丹花开时节，诗友刘征邀余与光锐会聚于景山之下，徘徊于花畦之畔。花面人面，花心人心，契合为一矣。赏花之后，并肩缓步到刘征之书斋。室小而雅，龙井之清茶，开怀之畅叙，人间乐事毕于此矣。而今乔迁，相期于后会。年年循旧例，不使快意往事竟成陈迹。打油四句，以表心愿：人远牡丹近，忆旧亦怀新。年年花期到，相邀慰芳心。刘征、光锐二诗友以为如何？　臧克家　主人乔迁于壬申八月，时年八十有七

对于牡丹诗会，光锐也留下美好的记忆。他给“书翰存珍”写的跋，全文如下：

年年国色映京城，魏紫姚黄玉露凝。觅句寻芳乐何似，友情诗意共花明。北京三月牡丹盛开，刘征岁岁邀克家老人与余去景山共赏名花，而后品茶论诗，乐何如也。庚午元旦光锐。

三

此外，臧老还多次提及“三友”。如1996年他写给《刘征杂文研讨会》的贺信，2000年他写给《刘征文集》首发式的贺信，这两封信中都提及“三友”。在后一封信中他写道：“刘征诗友，号称‘三友’之一。‘三友’者，刘征、程光锐、臧克家是也。十年来，我们谈诗论文，交换诗稿，互相推敲，彼此鼓励。”

至于在言谈而谈及“三友”更多。2003年初，臧老病情已十分沉重。我到医院特护病房去看，他已长时间昏迷。我走到他床前，他忽然伸手同我握手并且睁开眼，面露笑容，说了两个字“三友”。此情此景，我毕生难忘。

“三友”的诗歌主张

“三友”的交往，是纯然以诗会友，是志同道合的文字之交。没有创立诗派的想法，诗派是自然形成的。我们的诗歌主张，臧老多次谈及。他在我的《流外楼诗词·序》里讲得比较多。

> “新诗、旧体诗，一脉相通。形式虽老而艺术要求初无二致。现在作旧体诗，必须思想新，感情新，语言新，否则不能称为今日之旧体诗。有人说：‘而今写旧体诗，对新体来说是一种倒退。’其实不然。论之以刘征、光锐之旧体诗词，他们时代气息扑人，读之琅琅上口，较之不少晦涩之新诗，好懂而且易于成诵。诗之现实主义精华与时代风云气息之有无强弱，固不在形式而取决于内容。”

光锐和我完全同意臧老阐明的诗歌主张，并且一直在努力实践。大致说来，臧老比我大20岁，光锐比我大10岁，我最小，也已年届八旬，仍诗兴不衰，笔耕不辍。

我以为，“三友”的诗歌主张不只属于“三友诗派”，表示认同而且努力实践的朋友越来越多，已是千友万友乃至更多。我们坚持自己的主张，绝不是否定不同的主张。百花齐放，才装成美丽的春天。妍媸优劣是在实践中相比较，由广大读者和历史选择的。

诗，分为新诗和旧体诗，是我国20世纪诗坛一个特殊现象。种种是非，已为陈迹，无须细论。话说天下大势，合久必分，分久必合，现在到了合的时候了。双峰并峙，二水合流，比翼连枝，相亲相竞，岂不甚美！不论是遵循传统规律的“诗词”，还是较多借鉴西方诗体的“新诗”，都是中国的现代诗，并无新旧之分，厚薄之别。两种诗体各以独特的不能互相代替的艺术魅力，服务于我们这个历尽苦难昂首向前的伟大民族，服务于我们这个风云激荡、千载难逢的伟大时代。

2005年10月

大款和维纳斯

你看他自命不凡，你看他鼻孔朝天，你看他眼球乱转，你看他进了卢浮宫，像刘姥姥进了大观园，乌鸦飞上神坛，猴儿坐上王母的蟠桃宴。一窍不通，却无法无天，好一个中国的大款。嘿嘿，听说这儿有个洋妞儿维纳斯，咱倒要开开眼。

那不是，就在眼前：半裸的身儿白雪一般，脸儿好比花儿鲜，最要命的是那双勾魂眼，大海一般深沉，星星一般忽闪，是愁是欢，是喜是怨，含着情思无限却脉脉无言。这大款骨酥腿软，嘴角流涎。管他维纳斯还是斯纳维，管他法兰西还是西法兰，口边的肥肉怎能不解馋！急急跑上前抱着美人的腰，贴近美人的脸。哎哟哟，像安胖子抱住唐宫玉环，猪八戒抱住月殿天仙，狗尾草缠住瑶池牡丹。上帝啊！天使们一迭连声地叹。嘿嘿，千载难逢咱艳福不浅，叫秘书赶快拍张照片，留个纪念。

急坏了保安，吓懵了保安，守护多年，这场面谁曾见！绣房里钻进马猴，瓶子里跑出撒旦。游客见过许多，没一个这么粗暴野蛮。他想上前干预，可是心发慌，手发颤，眼前一黑，天旋地转，扑通倒地，仰面朝天，老半天才睁开眼。

嘿嘿，这点小事稀松平常，看把你吓成这般熊样，只道你见多识广，却原来鼠目寸光，不懂得啥是性解放。别看咱，貌不扬，风流账，一桩桩，秘书马丽，歌女小芳，赵钱孙李，周吴郑王，那些事不须细讲。有钱能使鬼推磨，推磨的鬼排成行。何况只是抱一抱雕像，不曾半点损伤。不就是罚款吗？欧元法郎，马克克朗，要多少请开价，咱立马付账。

嘿嘿，别慌。左右看，细端详，这妞儿原来是残废，缺两条臂膀。缺嘴的壶，断腿的床，历来价钱落千丈。这一抱值多少钱，要另作商量。

2005 年 10 月

冬窗杂记

溺水奇闻

一人失足落水，大呼救命，几位过路人见义勇为，脱衣下水施救。溺水者得救了。救人者上岸来，却找不到自己的衣服。原来有个偷儿见机下手，将衣服悉数掠去，逃之夭夭。见死不救也罢了，还要在救人者的身上揩油！

再，一人失足落水，大呼救命。一过路人急忙下水施救。溺水者被救上岸，得以活命。救人者却被滔滔大浪卷去。得救者见势，竟慌忙逃走，逃得无影无踪。因无人作证，死者的死因不明，难以确定是舍己救人。死者的母亲大声呼唤："我只要您出来证明一下，我儿子是因救您而死的，绝不要求任何补偿。得救的先生，您在哪儿呀?"先生，救你的人因救你而死，连站出来做个见证都不肯，说穿了，无非是生怕破费，要付出一笔酬金。那么，您的命一钱不值。

亲爱的读者，您一定唾骂这两个黑心狼，认为他们丧尽天良，没有半点人味。且慢，人味是什么，人们的口感是不同的，说不定有人拍手叫好，兴冲冲抓到这两个事例，如获至宝，将他们编入《人不为己天诛地灭大典》。

然而，天外有天。有人救助了跌倒路上的病人，有好心的司机救助了其他车辆撞伤的人，却被反诬为"肇事者"，索取巨额赔偿和医药费。有人拾到钱包交还原主，却硬说钱包里少了钱，赖上了拾包人。这怎么说呢？讹诈，也是为己，否则他自己就要被天诛地灭了。以此类推，什么偷盗、抢劫、杀人、强奸等等，都是“为己”，而且对“为己”有发展，应该另编一部“超级大典”，予以表彰，而为不欲天诛地灭者垂范。

金书和空书

放翁说“每见异书犹眼明”，罕见的书是人人都爱的。我有此癖，无奈见书日多而异书日少，老来漫步书林，颇有些寂寞了。

近年出现两种书，堪称地道的异书，就是藏书顶级丰富的国家图书馆必定不曾收录。一种是金书，再一种是空书。

金书，印制、装潢使用大量黄金，书面、书脊乃至每一书页及页上的文字无不金色灿然。捧书而观，无异捧着一块金砖，命曰“黄金版”。空书，更加奇特。外观纯然是地道的书，开本大，装潢很考究，鸿章巨册，威势吓人，打开来看却空无一页，自然也无一字。金玉其外，败絮其中，连败絮也无，是空空其中的。

这两种书，大都是标明我国古典名著，显然不是为着阅读，是用来装点门面的。有些人广有钱财而缺乏墨水，把这种书摆在客厅或书房里。书香四溢，显得主人是个饱学之士。这，有个名儿叫“附庸风雅”。

刚要投以白眼，细想切切不可，因为他们附庸的毕竟是“风雅”，是高尚趣味，不是鄙俗的东西，不是种种媚洋的“时尚”。言语中夹杂不必要的洋文，说普通话发音丝丝，标点错乱，表示通晓洋文而不熟悉中文。吾华人属黄种，历来黑发，以黑发为美，可偏要染成黄色。鼻子扁无妨，有垫鼻术，千方百计改造自己，可惜只能当个“假洋鬼子”。凡此种种，不一而足。较之附庸风雅，雅俗清浊判然而分。某些人富而不文或富而寡文，是我国一定时期的暂时现象，是令人叹恨的历史造成的。这种现象正在改变，从附庸风雅正在改变为风雅中人。富而专家学者，富而作家画师，已经闪出曙光，将来必不乏其人。我举杯祝愿，但愿今天的金书、空书，将来成为收藏家难得珍品。

学校照妖镜

某校校长在一场交通事故中不幸逝世，一缕幽魂（如果有的话），带着两手粉笔灰，到极乐世界去了。继任的校长可不愿意步其后尘，想出了一个纳福避祸的绝妙主意。他重金聘来一位雪白胡须的风水先生，把学校楼上楼下、前门后院都煞有介事地勘察一遍。“唔，毛病就在这儿”，他在图书馆里正转三遭倒转三遭，然后拈着白胡子尖说，“这座房子不对头啊！得挂一面照妖镜”。

于是，一面明晃晃的圆镜挂上了图书馆大门上头。校长先生看着此镜，大约以为从此车祸再不会发生，房子不会塌，地不会震，各种高致命性传染病也不会肆虐，连升学率也会直线上升，从此天下太平，永享校长的清福了。然而——校长先生既然是校长，该有几分科学知识，不难判断这一切不过虚妄，会把学校变成跳大神的仙坛，给少年儿童带来严重的精神毒害。

照妖镜不存在于现实，只存在于神怪故事里。照妖镜法力无边，任何幻化成神仙、美女的妖怪在镜子里都会原形毕露，樱桃小口还原为生满獠牙。真假美猴王一模一样，菩萨难辨，经照妖镜一照，那假的原来是三年猕猴。虽然只是幻想，却反映出老百姓的大胆想望。如果真有这么一面魔镜该多好啊！可惜挂错了地方，应该挂在贪官恶吏出没的罪恶场所。挂学校里，面对一方净土，只能照出一片洁白，妖精也有，那就是校长先生自己，在那道貌岸然的内囊，包藏着一个玷污教育者的迷信鬼。

2005 年 10 月

走近食人鱼

过去只知道，吃人的鱼都是大鱼，对于鱼之大，国人是不乏想象力的。忘记是哪本笔记里记载这么个传说。一艘船航行在大海上，忽然天昏地暗，如坠入无底的海眼。船忽然搁浅，舟人登岸，看见几位老者蹲在旮旯下棋，一问才知道，此处是一条大鱼的肚子里。鱼嘴如同一座高大的闸门，老者被海浪涌入，正等着乘退浪而出呢。说话间，一股退浪涌起，老者、舟人连同那只船一起被喷出鱼嘴。大鱼竟然不觉，可见无心吃人。人对它，不过是一粒小米，根本引不起这个巨无霸的食欲。如果真有此鱼，热衷于挑战极限的人，也许会来一次鱼腹探险，吞吐之间可成为世界名人。

能够吃人的鱼确实很大，凶恶的大白鲨，令人谈鲨色变。但鲨爷吃各种鱼，并不以人为食。只有它认为受到人的攻击时才会伤人，实行的是“人不犯我，我不犯人”的政策。称之为食人鱼，有无限上纲之嫌。真正的食人鱼，体形是很小的。

我孙女叫我老儿童，我有强烈的好奇心，特别关注奇特的动物。对于食人鱼，总想探知个究竟。吉人天相，最近有一个机会走近食人鱼，缘于得到一本有趣的书《探险亚马逊》。作者张瑞田是我的好友，他赴亚马逊实地考察了一番，归来不久就有了这本书。一书到手，自然首先读有关食人鱼的记述。这种鱼的名字叫“红腹食人鲳”，一般只有手掌大，长着又大又锋利的牙齿。它们成群结队，逢动物必吃，鱼类是家常便饭，其他如鸡鸭乃至牛羊，也会成了鱼口中的美食。对人，也毫不客气，几十分钟就会把一个大活人啃成一堆白骨。

书中有一节《独钓食人鱼》。吃人的魔鬼还可钓，莫非张君有降魔的符咒吗！船转入支流深处的一个湖泊，靠一棵大树停泊下来，钓鱼便开始了。原来用简单的钓具就能把贪婪的食人鱼钓上来。作者描写他第一眼看到钓上来的食人鱼："它的形状像常吃的平鱼，身子椭圆，尖嘴，牙齿尖利，挂在鱼钩上，嘴还不断张合，看样子是想咬掉鱼钩，野性毕露。"作者亲自钓上几条。他想把鱼摘下鱼钩，鱼忽然翻身，在他手指上咬了一口，鲜血滴进黑色的河水。船长说，亚马逊河的渔民，不少被咬去手指或脚趾。船长还亲眼看见过食人鱼咬铁锹，那鱼的牙齿纷纷落下，可还是咬住不松口。哇，看这魔鬼！然而钓来的食人鱼终于坠入炸锅的沸油，成了舟人一顿美味的晚餐。

假如有造物主，我惊诧于它竟有此怪癖，创造出此等只有丑恶绝无善美可言的败类。其实，在造物主眼中，一切众生皆其子民，食链相循，并无善恶美丑之分。在人倒是从中获得一点启示。犹如水中有食人鱼，世上也有吃人的人。他们渺小鄙陋，貌不骇众，却在嘴中隐着钢刀一般的毒牙。他们吃的是人的灵魂，能够使一切崇高、正义、神圣、仁爱、忠诚的东西化为一堆白骨。但，要感谢造物主，他给予无愧人的人以高超的智慧和一锅沸油。

2006年2月

我和《诗刊》半个世纪的诗缘

《诗刊》度过50年风风雨雨，至今仍然精力充沛，可喜可贺，为着写一点纪念文字，我翻箱倒柜，找出了珍藏已久的《诗刊》创刊号（1957年2月）。在“十年动乱”中，我的藏书损失大半，这一本是鬼神呵护才得保存下来的。那纸色已变黄，毛边已多处破损。翻开来，刊有毛泽东诗词十八首和他写给主编臧克家关于诗的一封信手稿，刊有艾青、冯至、吴伯萧等前辈的诗文。那年，我只有30岁，爱诗入迷，得到此刊，那种难以言状的欣喜，兴奋及跃跃欲试的冲动至今仍鲜活在心里。而弹指间已经过去50春秋，我已经满头白发了，在这漫长岁月里，我一直是诗刊的热心读者和投稿者，诗刊也一直关心我。诗刊是我的良师益友。

一

“避席畏闻文字狱”，1957年以后在严峻的气氛下，本已奄奄一息的讽刺文学销声匿迹。我作为一个文学青年，初生牛犊不怕虎，却写起寓言诗来。寓言诗的本质是规劝和批判。五四以后的诗坛寓言诗很少见，我以很大的热情开拓这块荒瘠之地。不料，诗刊以超人的胆识接受了我，给予关切。60年代初，连续发表了我许多首寓言诗，臧克家同志在《诗刊》上撰文，热情赞扬并给予指导。这个时期的我的寓言诗通过刊物和热气腾腾的诗歌朗诵会，产生了较大的社会影响。《海燕戒》《山泉戒》广泛传诵，曾入选中学语文课本。《老虎贴告示》讽刺力度较大，臧老曾回忆写道：“在朗诵大会上掌声如雷，多次谢幕，气氛之热烈，可谓盛哉。”这是我寓言诗创作的第一个热潮。没有《诗刊》的培育和支持，我的寓言诗也许只能自生自灭了。

十年动乱无话。粉碎“四人帮”，忽如一夜春风来，千树万树诗花开。早已发誓“不留一字在人间”的我，好比孙悟空推倒压在身上的五行山，极度喜悦和兴奋，很快忘掉旧誓，拿起笔来。应《诗刊》之约写的第一首寓言诗《鸱鸮的下场》，在朗诵会上获得热烈的掌声。这一时期我写的寓言诗很多，质量也有所提高，要算是第二个热潮。《春风燕语》《烤天鹅的故事》等至今传诵，几次获得全国性奖项。这些都发表在《诗刊》上。

二

又是冒天下之大不韪，《诗刊》最早认识到旧体诗的价值，在一片“反对遗老遗少的哼哼卿卿”声中，首先开辟“旧体诗之页”栏目，延续至今。

我写旧体诗早已搁笔，此时文兴颇浓，除了写寓言诗外，还写杂文和旧体诗。当时的报刊很少发表旧体诗，最早发表我旧体诗的还是《诗刊》，而且有一次获得《诗刊》的奖项。后来对我的旧体诗发表了长篇评论，这评论是新诗评论家张同吾写的，首次在新旧诗之间开了交流的通道。

新诗和旧诗的兴替，是中国诗坛在特殊历史条件下形成的，后遗症虽然尚有残留，但大体上已经过去，不必再提。20 多年来，诗词（即旧体诗）的复苏和发展令世人瞩目。不同的文学观会作出不同的反映。在我看来，当前我国存在着两种诗体：一种是着重继承我国传统诗体的格律诗，尽管细分之体裁繁多，总的特征是讲究格律；再一种是着重借鉴西方诗体的自由诗，尽管细分之样式繁多，总的特征是写起来比较自由。两种诗体各以其独特的魅力反映当前多彩的时代，满足读者不同的艺术胃口，是不能或缺和互相代替的。应该取消新旧的畛域，两者同是中国的现代诗，如同同胞姐妹，应互相学习，共同发展。

人生易老刊无老。半个世纪，对诗刊说很长却也不长。前路漫漫其修远，充满生气和希望，祝《诗刊》健康发展，希望有关注民生、关注社会、指点江山、激扬文字的，有历史重量的力作出现于《诗刊》的版面。

2006年3月

杂文的多种样式

杂文的一大特色是杂，内容杂，形式也应该杂。在各种文学体裁中似乎只有杂文的样式是不固定的，可以变动的。它可以借用其他文学样式为己所用，实行雀巢鸠占，自然是以非郑重的、诙谐的方式。一般认为杂文是一种艺术性的论文，是指杂文的主要样式而言。翻开迅翁的杂文，不难看到，除论文而外还有多种样式。东坡说为文“如行云流水，初无定质”，这话用在杂文上再恰当不过了。

我写杂文，一向注意样式的翻新，但没想到作试验，只是为了好玩。算起来，玩的新花样足有十多种，这里谈其中三种。

一种是故事新编式的。篇幅较长，情节也较复杂，重在刻画人物，应属于讽刺小说。我借用这种形式，加以微缩，重在揭露黑暗，是杂文的变形。迅翁说他的《故事新编》有些油滑，我的笔下则油滑得不可救药，荒唐得没有遮拦。《庄周买水》是我写这类杂文的首篇，也多次请庄周先生来当演员，不给演出费，真不好意思。这里以《虎打武松》为例。依托《水浒传》中武松打虎的故事加以变形，构成一幅荒诞的讽刺画。这篇杂文，我得意之笔是在结尾。明明是道高一尺魔高一丈的惨烈现实，但荡开一笔，入于平淡，反衬出惨烈更加惨烈。

再一种是套曲式的。套曲式是元曲的一种体式，讲究很多，我只取其韵味。迅翁写过《曲的解放》之类作品，但只是信手拈来，聊作游戏。我受到启示却正儿八经地写起来了。多年来写了几十篇，命曰“杜撰曲”，颇受欢迎。

曲，形式最活泼，最宜于运用白话，最适于讽刺，事实上，古人已经这么作了。我写文也写诗，试着将二者结合，就选中了曲。这里以《留官曲》为例。我得知为此留官的故事，大感惊异。这件怪事是个聚集点，集中反映某些墨吏腐败到何种程度，恰好是写杜撰曲的好题材。结尾一曲全是反话。

第三种是零记散记式的，三言五语，自成一段，也是受迅翁《半夏小集》一类作品的影响。如果说杂文是匕首，这只是一寸小刀，或者是雨果诗里黄蜂的毒刺，这类作品，一时间我写得很多。这里以《闲言碎语》为例，都是有感则记，积累多了加以取舍编排成章的。有的是关于现实的思考，也有的是关于历史或哲学的思考，内容很杂，努力做到有一二语句醒人心脾。忽然想到《老子》，老聃或许用这种方式写作的吧。但他那五千言是一气贯通的哲理诗，博大而精深、宽厚而警省，每字都有千斤重。我的闲言碎语如柳絮一般轻，何敢望老子项背。心向往之耳。

想起一个故事，忘了是聊斋主人还是纪大主编笔下的杰作，大意如下：一位文士娶了一位狐仙为妻。狐仙很美，可是文士叹道："夫人虽美，可只是一种模样，环肥燕瘦，难以尽纳闺中。"狐仙笑道："这有何难？"于是狐夫人对牡丹化作杨妃，对舞筵就化作飞燕，对明月就化作嫦娥，对风雪就化作昭君，美人之异，集于一身。文士娶一美人而得众美。杂文也许是狐仙吧。既有仙质，何不让她尽变化之能事。

2006 年 9 月于北京

M 先生漫游记

M 先生本姓“迷”，不直呼之而以“迷”字拼音的第一字母代之，不是为尊敬，是为了好玩儿。

提起 M 先生高山点灯名头大，称得上华夏第一旺族。上下几千年，纵横万余里，一向子孙绳绳，福祉绵绵，不衰不匮，纵然一夜风吹去，总在芦花浅水边。

M 先生的事迹充斥二十五史，无须赘述。只说近年来几件小事。小而味浓，如吃臭豆腐（北京王致和灰黑色的那一种），吃一口臭彻肺腑。

看近来天气晴和，M 先生心情很好，不免傍花随柳，到处走走。他经常的去处总不离灵堂坟场、卦摊命馆。可是近时不同，溜达出了这个范围。比如美容院是修饰青春的场所，是追求时尚的靓女帅哥的乐园，同 M 先生根本不沾边。可是这回，先生大模大样走进来了。跟在他后面的是一些老少爷们姐们，他们前来的目的与美容大相径庭，是急于发财。

据《麻衣相法》：“人之吉凶、寿夭、富贵贫贱尽系于相。”眉眼耳鼻口，哪里高了点矮了点，长了点短了点，正了点歪了点，都是妨碍富贵的缘由，而一旦矫正，就会大走红运。说得煞有介事，多么诱人！于是，M 先生出入于软红香雾之中，不亦乐乎。

M 先生胆子不小。机关企业的办公楼，虽然门外堂而皇之地挂着某局某会某公司的金字牌匾，门卫森严，可是 M 先生如入无人之境，一直走进领导人的办公室。领导人大礼相迎，如接神圣，洗耳恭听 M 先生的指点。办公桌应该放在哪里，窗子应该开在哪里，门应该开向哪里，秘书应该坐在哪里，墙上应该挂件什么以为镇物。此等事关风水大事，万不可马虎，一一落到实处。落实了，领导人即可官运亨通，日进斗金，遇见祸事，也可以逢凶化吉。新官上任，总要请 M 先生这位尊神降临才心安理得，并且偷偷准备平步青云的喜酒。

M 先生心情一直很好，这回遛进了一所学校。原来学校门前公路上最近出了车祸，小学生一死两伤。议论鼎沸，上级也来检查。有的说人行道太窄，有的说车速太快，更多的说学校管理不严。可是校长一门心思怪学校风水不好，他听从 M 先生指点，在学校大门顶上正中挂起一面照妖镜，大大的，圆圆的，亮亮的，金色镶边，上面还盘着两条五爪金龙。有此一镜，大约那制造事端的妖气定会消散，从此平安无事了。校长心中一块石头落了地，挽着 M 先生去喝酒，忘记了可能临头的处分。凡此种种，不一而足。

考 M 先生，几十年前曾遭大难，濒于灭顶。近些时又复活，又在白骨上长出皮肉来，这一活有些不可收拾，便如瘟疫般蔓延开来。原来 M 先生法力无边，他有几手绝招儿。一曰变形术，二曰隐身术，三曰复活术，四曰噬魂术。这噬魂术最了得。他不吃五谷，专吃人的灵魂，利用上面说的几招儿，先钻入人的血管和心脏，再钻入头颅。捉到人的灵魂就如同吃小萝卜那样嚼起来，嚼得嘎嘣脆。一旦吃了灵魂，就占据灵魂的精舍定居下来，成了人的主宰。人，成了 M 先生的奴隶，要想赎身，万难万万难。

然而，M 先生也有致命的天敌，那就是 K（科）先生。抵制，削弱，乃至消除 M 先生的不二法门，那就是请 K 先生占领一切，主宰一切，K 先生万岁。

2006 年 5 月

我写《庄周买水》

很久以前的事了，当时写《庄周买水》只是为着好玩，寻求一点歪趣。回想起来，倒也有些话要说。

东坡有云：为文之道为行云流水，行其所当行，止于其不可不止。观苏文，大有行云流水之妙。今天，把他老先生的话用在杂文上再恰当不过了。有的朋友称我的作品为“怪味杂文”。其实怪味鸡、怪味豆都有其来路，怪味杂文也是有来路的。我认为，迅翁的杂文大含元气，纳入天间，行云流水。我的那点怪味是从他那里顺来的；自然，到我手里就注入了我的血液，染上我的气质，成为我的东西。

有两种颇有点怪味的杂文我写得较多，一是“杜撰曲”。再是《庄周买水》这一类，是沿着迅翁《故事新编》的路走的。

《庄周买水》其构成是基于庄子的几个故事：一是庄子和惠子在濠梁之上辩论鱼乐；二是庄周怜惜干车辙里的鱼打算施救，那方法迂阔不切实际；三是《秋水》篇里写黄河浩浩汤汤的洪流。这几个片断在脑际闪出，如同勾兑好酒一般改头换面，勾连、融合在一起，思绪飞快地转动奔跑，我敢说，那是创作最快乐的时刻。

文章结尾，直书《秋水》中“秋水时至”一段话，并益以暴风雨和庄周的呼喊，是我的得意之笔。我在其中寄托了深深的幽思，腐败的歪风根深蒂固，不可能轻易消除。我只是表达一种信念，一种热情，并试着喊出老百姓的心声。有这个结尾，显得厚重有力，振起全篇。

《庄周买水》多年来被选入多种选本，近来又被选入了高中语文课本。此文未曾速朽，不完全由于文章本身，也由于文中所鞭挞的丑恶现象仍然存在。它不是我最满意的作品，有些油滑，没有能触到社会坏弊和人性弱点的深处。

有人说，杂文不算是文学。怎么说无关紧要，重要的是，作者要当艺术品来创作，自然，杂文是幽默讽刺的艺术，需要严肃的主题，游戏的笔墨。

时序已过谷雨，京门仍少春色，花光柳影已能于风沙缝里寻之。书房占小楼一角，喝着浙江朋友寄赠的佳茗，自觉春意盎然。80岁了，我老了吗？不自知也。

2006年4月 北京

携手同行　晚景如晨

——说说我的老伴

我的老伴李阿龄比我本事大。20 世纪 60 年代，她由于教学工作优异，荣获全国三八红旗手称号。而我同样努力工作，却平淡无奇。那年月，我们亲亲热热，生活清寒而快乐。十年动乱，我们的感情受到生与死的严峻考验。往事如烟，不去提它，单说说离退休以后的生活。

一

由于精神得到解放，又有充裕的时间，我的笔如同江河开闸，一发而不可收。而她是搞教育工作的，离开学校和学生很难有所作为，于是，她把全部精力投在我的事业上，既是我的第一读者和评判员，又是我的称心助手。为了一篇诗文的命意、一句话或者一个标点，我们有时争得面红耳赤，平静下来，凡是她说得对的都照改，没有一回不欢而散。我写稿，她为我抄写，效率低又不便修改，急需电脑打字，她就以极大的热情学电脑，不到 10 天就能打整篇文章了。那年她 70 岁。我随手乱画，繁简兼用，行草交错，不要紧，她都能辨认，我出版的书大都是她编辑的。如《刘征文集》400 多万字（五卷本），是她花一年多的时间搜集、整理、编辑成书的。

我们的老年生活繁忙而愉快，很少想到老，分明是黄昏，却如同爽朗的清晨。2000 年正当我们金婚，她赠我一张贺岁卡，上面用电脑绘制五幅图画，记录生活中的五件事，每幅画我都缀以小诗。其中《互助》一幅，我的诗是这样写的：“伊能电脑打文章，我草新篇短复长。老骥何曾真伏枥，蓟轩浑似小作坊。”

二

我有砚癖，爱好收藏砚台。这东西价格昂贵而有行无市，不能升值，再加上除了满足独特的爱好，一无用处，一块块石头堆在屋里又颇占地方。有些朋友的老伴是不支持的，老李却不然，她不爱好砚台却以助我得砚为乐，不只是支持简直是纵容。一次游黄山在老街买了四五块厚重的砚台，她兴犹未尽，愁于携带才罢休。旅行箱装不下，就另外买了小旅行车，转道江苏迢迢千里带回北京。2000 年元旦，我们在顺德，顺德离肇庆很近，就风风火火跑到肇庆购砚。我的好友雕砚大师黎铿早已在砚场门口迎候。我选中了两块盈尺大砚，一块是宋坑有星云般的火捺，一块是老坑有鱼脑冻、胭脂韵、火捺、冰纹等石品，确实是可遇不可求的稀有珍品。两者价格悬殊，后者昂贵。我爱其石而吝于金，决定只买一块贱的，而对于那块老坑砚恋恋不舍。老李看破我的心思，毅然提出两块都买，并且不由分说会了钞。这块老坑砚，由我制砚铭，由黎铿先生镌字，字为小楷，有晋唐风格，不愧大师。铭曰：“千年之娇，新纪始更，得于端州，水岩之英，老宜投笔，无闷无争，对兹紫云，心澜顿声，嬉笑怒骂，欲罢不能。砚兮砚兮，我爱我憎。铭者刘征，赞者阿龄，镌者黎铿。”现在想来真的感谢老李，否则我会后悔一辈子。

三

我们共同的爱好是旅游。国内几乎跑遍，国外算算看，东南亚、西欧、北欧、俄罗斯、日本、韩国，也跑了不少地方。主要是她照顾我，有一次走在路上她帮助我系鞋带，被同游者偷拍下来传为佳话。

我们相偕走过大半生，是从风风雨雨中走过来的，老年的爱如同美酒，年月越久远味道越醇厚。10 年前我 70 岁她送我一块清代端砚作为寿礼，情真砚真，铭曰“双真砚”。我写了一首诗赠她：“忧患余生未祛痴，晚晴潇洒任栖迟。眼前白发相依日，心底红颜热吻时。玉晕青涵春水月，花肤紫透夕阳枝。感君不作婵娟詈，松麝凝香助咏诗。”

2006 年 6 月

从“东食西宿”说起

《风俗通》有一则小故事：“齐人有女，二人求之。东家子丑而富，西家子好而贫。父母疑而未能决，问其女，定所欲适。难指斥言，偏袒，令我知之。女便两袒，怪问其故。云：愿东家食，西家宿。”羞于直言婚嫁，是古代女子的常情。抉择大胆，欲求两全，出人意外。这个故事因其颇有歪趣艳传至今。

却说老画家侯一民，吾老友也。退居山林而心怀世事，以古寓言为题材画成多幅水墨画，借以讽世。画界誉为高水平的漫画。“东食西宿”是其中的一幅。一民要我逐画题诗，为这幅画我题的诗是这样的：“好个大姐巧计多，脚踩两船独爱河。东船红烧大鲤鱼，西船撑篙是帅哥。两边便宜一身占，不知爱情是什么。爱情到底是什么？糊里糊涂没法说。而今多少多情女，为食为宿换情哥。还有腐官和腐贾，七宿八宿不为多。”不瞒您说，我写讽刺诗是很专业的，写此诗自鸣得意，以示一民。一民说：“矛头指向现实的腐败，很好，但还很不够。”后来听到许多事，远远超过诗中所写，痛之于心。最近听到一件事堪与“东食西宿”媲美。

男人阔了就坏，阔而坏了的可没有古代的陈世美那么傻，面对包黑子的铜铡理屈词穷，他们有一套“坏了的理论”，用以证明其“坏”乃出于男人的天性。一曰“妻子不温柔”。妻子本是给男人提供“温柔”的机器，既然机器失灵，难怪男人另投温柔乡。二曰“男人天性如此”。男人的天性即占有多个异性。看那动物群体，通常是一雄多雌。这样有利繁衍后代，是物竞天择的结果。

有了“理论”支持，“坏了的”可以心安理得地坏下去了。然而仍有不如意之处，那就是经济问题。“坏了的”虽然广有资财，也还是有限的。须知二奶是要用银子包下来。而且不能一次性付清，“销金窝”便是个无底洞。而“坏了的”畜生原始野性是贪多无厌的，包了一奶，还想二奶、三奶。这样下去，就是有一座金山也要挖空。然而不难，“坏了的”鬼点子很多，于是，仿效古代戍边屯垦的办法，采取了奶们自养的妙计。比如东南西北各包一奶，给每个奶以一定的资本，让她们不呆在窝里养叭儿而去经商，或开美容厅或开咖啡馆或开时装店。这样一来，各奶便能自给自足，甚至自足有余，“坏了的”不必自掏一文钱，红的、粉的、香的、辣的，各种“温柔的机器”就都能转起来了。“坏了的”先生，尽情享用吧！这种把戏，美其名曰“情妇经济”，或曰“畜生经济”。

“坏了的”坏，此处专指男女之事，其实，这“坏”的外延颇为广大，宗宗件件“坏了的”无不运用“两全法”遮人耳目。既当婊子又立牌坊，既吃大五荤又要当素食者，既为恶鬼又要充神仙，既做贪官又要装铁面无私的包青天。只要你仔细留神，不难看到这种人面兽心的表演，好看得很呢！

然而，“坏了的”却仍然不如意，甚至是大不如意，那是因为无法欺瞒和抗拒火一样灼热的道德谴责和冰一样冷峻的法律裁判。

2006 年 7 月

充满生活气息的战斗者之歌

“抗洪组诗”共十首，见于《马凯诗词存稿·沧桑篇》。1998年，我国长江、松花江等几条主要江河发生重大水患，在神州大地上进行了一场惊天动地的抗洪斗争，牵动着亿万人民的心。“洪水无情人有情，荧屏日日牵心肠”，是当时的真实写照。马凯同志不但牵心于荧屏，而且作为国家抗洪领导的助手，走南上北，与抗洪大军日日夜夜战斗在一起。他的这组诗，不是旁观者的赞歌，而是战斗者的呐喊，充满生活气息。仿佛听到浊浪排空、惊涛拍岸的轰鸣，仿佛看到抗洪大军拔山盖世，犹如铜墙铁壁的高大身影。诗里有汗水，有眼泪，有忧愁，有欢乐，有勃勃的心跳。

我国抗洪的最大特色是领导与群众同心、军队与民众携手，气压洪峰，志在必胜。《众志成城》一首写得活灵活现：

号令下，红旗扬，橘红甲，迷彩装。
你挑沙袋我打桩，军民团结筑钢墙。
生死牌由丹心铸，管涌洞以铁胸当。
水涨堤长洪无奈，人在堤在气更昂。
蜿蜒灯火接天月，血肉长城锁大江。

诗人自注：有的领导在自己负责的堤段立下“生死牌”，誓与大堤共存。

看，这里没有丝毫怯懦和退避，只有气壮山河的豪情。兴风作浪的孽龙真的要退避三舍。结句“蜿蜒灯火接天月，血肉长城锁大江”，情景壮丽，动人心魄。

组诗中有几首集中描写克服重大险情的战役，极为精彩。且看《簰洲营救》。诗人自注：“簰洲湾位于湖北省嘉鱼县境内，由于千里长江到此突然拐了一道大弯而形成，是武汉市最后一道自然屏障。有云‘簰洲湾弯一弯，武汉水落三尺三’”。1998 年 8 月 1 日夜 8 点，由于大量管涌群造成堤脚沙基渗透坍塌，江堤撕裂，5 万群众被淹，开始了一场惊心动魄的营救战。诗云：

堤脚斜，堤身裂，狂浪啸，从天泻。
小院屋顶舟自行，大树梢头人同咽。
冲锋舟载父老还，救生衣暖情深切。
人家多少又团圆，战士一去竟永别。
生还希望留于人，感天恸地真英杰。

读此诗，如同感到大浪泻出溃堤压顶而来，听到群众求救的嘶声呼叫，看到战士舍己救民，在骇浪中消逝的背影。这场震撼人心的斗争定格在诗中，永远激动读者的心。诗人以无比崇敬的心情歌颂了战士把生还希望留给他人的伟大精神。“感天恸地真英杰”字字千钧。

《九江堵口》也是一首难得的好诗：

九江段，四号闸，泡泉涌，堤基塌。
轰然撕裂奔流急，直驱街巷赛野马。
投石断水无踪影，沉船堵口难作坝。
人头攒动传石链，木桩打就接钢架。
鏖战五天终合龙，雷鸣一声泪俱下。

诗人自注：九江堵口“采用钢木框架填充石料新技术，筑起三道围堰，终于堵口成功”。

“雷鸣一声泪俱下”，男儿有泪不轻弹，这一哭，如雷鸣电闪，惊天动地，这是胜利的哭，豪情的哭，是赤胆忠心的哭，真大丈夫之哭也。

《手足情深》写干部、军、民合力护堤，亲如手足。生动感人：

夜满星，月如银，天有心，亦动情。
同舟何必曾相识，共济应觉胜比邻。
百家饭菜香扑面，万户衣衫暖入身。
老翁义演豪气壮，稚童倾囊情意真。
一方有难八方助，炎黄子孙本同根。

在大堤上，吃的是八方送来的饭菜，穿的是全国送来的衣衫（全国救灾捐款35亿元，捐赠的衣物折合37亿元）。老翁献演节目，幼童倾囊捐赠，一派全国人民同舟共济、生气勃勃的景象，“同舟何必曾相识，共济应觉胜比邻”是饱含深情的佳句。更重要的是结尾，诗人由此看到我炎黄子孙实现大同的久远而深邃的精神根源。

诗人身居国家要职，不仅看到人民的万丈豪情，还看到这场大洪水暴露出水利工作的疏失。一是洞庭湖畔围湖造田堵塞水道，二是长江上游植被稀少泥沙拥占河床。“治水治国本相通，天人和谐堪称最”，“天人和谐”是古老的也是当代最先进的理念。

这组诗的风格是朴素自然，不着力于锻炼华美的词藻和运用新奇的想象，这件事本身比任何词藻更华美，比任何想象更奇特。事件本身即有浓郁的诗意，这是一组记录抗洪斗争的宏大史诗。这组诗又一次证明，当代诗词不仅能为我们的多彩时代服务，而且能充畅地反映处于我们时代前沿的、风口浪尖上的重大事件。

《马凯诗词存稿》内容十分丰富，不能不提到其中表现的生活情趣。《夜读》写道：

读书贪夜静，习草养心清。
不禁失声笑，妻曰已几更。

高尚亲切的情趣跃然纸上。诗人与夫人感情弥笃，同游香山有诗道“山衔落日霞为伴，水映浮莲影作双”，美丽的诗句把两人的感情高度深化了。诗人也极爱他的孩子，《小女恬睡》写道：

夜深竹有声，风过水无痕。
踮脚拂蚊去，恐惊睡梦人。

用一小不经意的驱蚊细节，把爱女之情表达得十分生动。还有一首《天净沙·巴中池园农家》值得一读：

春风云路人家，绯桃白李黄花。小院修竹新瓦。荷塘月下，陶公也想听蛙。

（“竹”按普通话读平声）

这首小令，是一幅明丽清新的田园风景画，“陶公也想听蛙”，异想天开，妙趣盎然，从诗的艺术上看，我认为，这一首就应是《马凯诗词存稿》的压卷之作。

2006 年 7 月

貔貅访谈

貔貅怎能访谈？自然是异想天开。

貔貅一词，古时就很少用，如今早已长眠在字典里了，《史记·五帝本纪》里说，轩辕“教熊罴貔虎貔貅与炎帝战于阪泉之野”。貔貅是什么样子？解说不一。或说是一种怪兽的统称，或说是白狐，或说是白熊，都是荒唐的臆想。总之，是一种非常凶猛的大型怪兽。近时，这种怪兽忽然复苏风光起来，在我国旅游市场上每每可见。

今夏我游丽江，玉雕店里常见一种怪兽，形状大同小异，问之，异口同声回答：貔貅。因为好奇，就买了一对适意的带回家，摆在书桌上细细观赏。这怪兽是用一种光洁如玉的美石雕成的，首尾长约半尺。头像龙，却无须，只有正中一角，像犀牛。大嘴仰天开张，露出尖利的大牙。尾巴很长，如狮如豹。两胁生出肉翅（莫非它会飞）。口、尾、肚皮呈黑色，角和肉翅呈白色，其余部分都是血红色，遍布网状血丝。两只颜色黑白红的位置一模一样，煞是难得。虽然狞恶，但体小如鼠，玲珑可爱。

一日赏玩间，我忽发奇想，貔貅如能讲话，来一次访谈该多好。

“好哇，我正闷得慌。”貔貅忽然开口，身子也动起来。

我说：“先生！想当年，你在坂泉之战上大显身手。像一阵暴风扑向炎帝的军队，一声大吼如沉雷震天价响。连人带马还有战车被吞食撕碎闯翻踢倒不计其数。那一仗你立了大功，轩辕为你斟酒添菜，还给你戴上黄帝一等勋章，何等风光！而今，你那大如山岳的身躯缩小为几寸长，‘可爱的小宝贝！’人们见到你总发出这样赞叹。你不感到如从九天坠入九地一般失落吗？你不感到屈辱和伤感，不感到人世无常，阳关路断，生不如死，吃它一百片安眠药更痛快吗？”

“哈哈！”貔貅抽出一支蚩尤牌纸烟，点着抽起来，那烟立刻从它的每个毛孔里喷出。我说：“先生，抽烟有害健康。”他答道：“那是你们人类的事。何况我这烟不仅没有尼古丁，反而有许多负离子。”他弹着烟灰，慢吞吞地说起来：“我亲自阅历了四五千年的历史。自龙战于野、其血玄黄的年代一路打打杀杀至今，毁坏了多少生灵的性命，尸骨堆积起来要比珠穆朗玛峰还高。造孽啊！于是你们人类的大理论家断言，这是历史发展的必然，也就是说未来还要一路打打杀杀下去，不打打杀杀就不能进步。这话对不对，我不懂得你们人类的道理。可我相信，这必然迟早要改变。变成什么？变成商量商量。这一天还很远很远，人类的鼠目寸光是看不到的。你们自身智慧的增长，终究会克服自身的愚蠢和悖谬。

“那时候，刀枪剑戟钢枪火炮乃至坦克导弹都会送进博物馆，或者复制出来充当玩物，跟今天的我一样，我不过先走一步。我从给人类以灾难变成给人类以快乐，正是我的所求。有什么失落、屈辱和伤感？唔，跟你说这些你也不懂。不可与之言而与之失言。”

我说：“你的历史观我不甚了然。我只知道，剪除腐恶和凶残要用铁腕，你是战争工具，竟向往和平，令人敬仰。可是，发挥你的优势为社会做点什么不好吗？你可以充当一名超级刑警，专门对付那些罪大恶极的腐败分子，准能建立奇功。”

貔貅忽然哀求起来：“哎哟，您饶了我吧！我宁可变成浑身涂满麦芽糖的鸭子挂在炉里挨烤，也不愿意钻进那个怪圈儿。干上那差事，我就如同堕入充满诱惑和杀机的缚臂缠身的盘丝洞，如同堕入毒火蒸腾，炙魄煎魂的十九层地狱，会弄得我满身污秽，头破血流，死无葬身之地。看在你们的祖先轩辕黄帝的面上，饶了我吧！”

我笑了笑说："难是难，没那么严重。大案要案的案犯不是一个个都绳之以法了吗？你总该干点什么。这么办，你既然长住在我书房里，就跟我学作诗吧。先找《红楼梦》来看看香菱学诗一章。"貔貅扔掉烟头说："我曾经在杏坛大学听仲尼先生讲《诗经》，在汨罗诗会上听灵均先生吟唱《离骚》，我也曾看过你的诗稿。恕我直言，你写的那些东西还能算作诗？勉强够得上幼儿园水平。"他说罢朗声大笑。

听惯了赞扬，怎能容忍这逆耳之言。"畜生，你怎么敢！"我勃然大怒，訇然拍案，震得貔貅一跳，落在原处，还原为石雕，一动不动了。那闪着幽光的玉石眼睛，像在嘲讽，也像怜悯。

2006年9月

赞“诗歌生成器”

听说诗歌生成器制成，我又喜又惊。这惊喜非同小可，简直如同遇到宇宙大爆炸或者大生成。只要输入几个名词，几秒钟就会作出一首诗来。“草根诗人”作首诗还要几分钟，够快了，这更快得多，好不快哉！大唐近三百年，全唐诗收录才四万多首。机器是不会疲劳，也不需吃喝拉撒睡，若干台机器一刻不停地生产上一年，诗怕是要像沙尘暴一般充塞天地之间了。人们走上街头，不免塞一鼻子诗，回家还要洗脸。一大批寒酸的诗人也可以从拈断胡须的苦楚中解放出来。他们不会失业，每人一把扫帚去清扫满街的诗，作诗废品的生意。卖废品能发大财，已不少见。他们操业不久，也许就可以坐上小轿车了。皆大欢喜。

诗以情为主，机器是无情的，用生成器写出的诗，能是感人的好诗吗？这么问，您就外行了。如今的诗以让人看不懂为好，或者说，诗是人内心宇宙中连自己也不甚了然的原始符号，抒的是宇宙之情，未来之情，只有外星人或三千年后的人才受感动之情，机器生成的正是此类诗。远离政治，远离社会，远离人生，远离人类思维固有的逻辑，远离人类语言固有的规则，远离诗歌传统的审美理念。许多诗人因为是人，很难远离这些诗的枷锁，用机器好了，犹如用驴子的尾巴作画，胜过人工百倍。什么屈原、杜甫，什么莎士比亚、但丁，机器造就的大诗人比彼等要高明得多。一个诗歌的真正的珠穆朗玛峰就要在大陆板块的挤压中拔入云霄了，让我们拍手欢迎它吧。

不瞒您说，小老儿有个爱诗的瘾，哼哼唧唧大半辈子，成绩甚微。买一台诗歌生成器，一夜之间就会变成著作等身的大诗人。名头大了，财就会滚滚而来，买一座豪华别墅何足道哉！然而这还是空中的天鹅，手中的天鹅就有很肥的一只，说起来我同生成器还有些瓜葛，远在半个世纪以前我早已创出生成器的雏形了，祖师爷不敢当，至少可称是先行者。嘿嘿，专利权当有我一份。那时我在中学读书，跟几位同学玩诗的游戏。剪一堆纸片，上面分类写上名词、动词、形容词等单词，按词类分别放置。作诗，随意排列不同的词类，然后按词类抓阄，组成诗句。这样作，不费脑筋，又快捷，只消几分钟就可以完成一首，那诗句都十分怪异，匪夷所思，如“美人在苍蝇的屁股上跳舞”之类，彼此哈哈一笑，解除了疲劳，上课铃响，跑进教室，那诗也就像鞋后跟留下的尘土一样痕迹无存了。一时玩玩的，没想到竟成了伟大创造的先河。不是吗？火药的发明，原也只是玩玩的。

然而，然而一大转，又觉得万事俱备，只欠东风。东风是什么？是老百姓的认可。说一千道一万，诗这东西得到老百姓的欢心，老百姓爱它，需要它，离不开它，它才是有生命的，爱之愈深，其生命力愈强，乃至诗人死了，其诗却一代代传下来，历久常新。否则，在自己的小圈子里，任你锣鼓打得山响，任你用下半身乃至全裸体的性吸引，任你自封为诗坛的大师、泰斗、霸王、天王，三十三天天外天的天王老子，也不过是自家纸糊的灶王爷牌位，如同祭灶的鞭炮，爆一阵青烟即消散了。这是生成器无法解决的，要解决，需要诗人一颗火热的心。

诗歌生成器之类，不过是无源之水，无本之木，无果之花，未受精之蛋。做梦娶媳妇，空欢喜。扫兴。

2006年10月

噩 梦

新疆和甘肃都发现了恐龙化石，一大一小，很有研究价值，由此想到另一条新闻，科学家正在利用高科技手段让恐龙再生。几亿年前的巨无霸要再活过来，在地球上繁衍滋长，好家伙，会有一场人兽大战的好戏看。想了想，还是让他老人家永远安息的好。

想着想着，有些朦胧。墨玉般的天空上，月牙儿眯起眼在怪笑，似乎在说："惹漏子了吧，恐龙老爷约见你!"我不认为月牙儿会说话，也不认为什么恐龙真的约见，但我身不由己，像羽毛般飘然飞去，以火箭的速度飞了很久，落在一个山洞前。那山有些异样，活像一排狼牙，山洞夹在牙缝里。洞口自动开了，屋里满是现代化设备。电灯通明，电话、电视、电脑都是名牌的，墙上挂着野兽派绘画。当中一张很大的餐桌，后面端坐着恐龙老爷。

凭我的学识，我认出那是一个巨大的食肉恐龙。坐在那里像一座小山，浑身披着青铜色的铠甲，看样子穿甲弹也打不透。一条尾巴长长的拖在地上，尾尖在得意地摆动。爪子大而尖利，齿牙像两排尖刀，比博物馆里复原的更加狞恶万分。真要对造物主的想象力佩服得五体投地，他能造出如此集百丑于一身的怪物，却也能造出世界小姐那样的超级美人。恐龙正抓住一只食草恐龙，撕裂啃咬，嚼得格铮铮响，腥血顺着嘴角淌出，流满一地。

"哈哈，稀客，稀客!"他伸过一只血污的爪子要同我握手，我连忙倒退。"别怕，我不吃你。你不是外人，我们有亲缘关系呢!请来是为同你交朋友，先吃点夜宵吧!"他把爪子伸到龙尸的下体，掏出一个恐龙蛋推给我，"这是高级补养品，可以壮阳。"

我勃然大怒："胡说，你是什么东西？也配同人类攀亲！你的口是地狱之门，你的爪是死神之镰，你是同类相残的能手。人的美德你一样没有。你不懂得什么是正义崇高，你不懂得什么是友谊和平，你不懂得什么是自由平等，你只懂得掠夺、占有、杀戮、吞噬，恨不得吞下所有生灵。耶稣和孔夫子站在你面前，你也会把他们当点心吃掉。人是天神，你是魔鬼，人是黄金，你是狗屎，人是椒兰，你是垃圾，人是天上的日月，你是地下的污泥，你比人差着十万八千里！何况你的残暴使上天震怒，你遭到天谴，已经几亿年断子绝孙。说同人类有亲缘关系，岂非弥天大谎！"

"那是你们人类浅俗荒谬之见，我不跟你一般见识。"恐龙反而满脸堆笑，"我是要请你合作，谈一桩生意。开门见山，你们人类不是要复活恐龙吗？一百年你们也办不到。我马上就能办到。搞成了能得厚利，咱对半分。你的财富很快会超过比尔·盖茨，我保证。"

"呸，你妄想同人谈生意！"

"住口！"恐龙冷笑道，"既然买卖谈不成，不妨谈谈科学，你那一套宏论不值一驳。你们人身上，不只有恐龙的基因，你们的所作所为，恐龙要自愧不如呢！这个问题我研究了上亿年，正在写一部重达一吨的专著。你们人，原来也是一种恐龙，但是你们比恐龙多了一样东西，多了许多层保护膜，凭着膜保护你们度过了那场大突变。如今这些膜已经同你们的身躯和为一体了。让我说说那些是什么膜吗？"

我忍无可忍，跳起来给他一个大耳光，可是感到疼痛的是我的手，它哈哈大笑："坐下来，听我给你上课！"轻轻按了一下肩膀，我感到如同筋骨碎裂，瘫软在座位上。

他居然像教授一样拖着长腔："简言之，人类的保护膜可分两种。一种是形象膜，一种是心灵膜。前者隐去恐龙狞恶的外貌，有的是慈眉善目，有的是道貌岸然，有的花容月貌，有的眉宇轩昂，有的风流潇洒，等等等等。后者隐去恐龙的凶残，膜上写着仁义道德，慈悲善良，宽厚平等，等等等等。把这保护膜层层剥去，那内核里是什么？是只恐龙，同我一样的恐龙，比我还不如的恐龙。不信吗？去掉保护膜的折射，请看从古到今几千年人类文明史，自我相残堆积的白骨怕是比喜马拉雅山还要高，而人类给自己加冕的高帽，堆起来怕是要顶住月亮了。我的胃口大不了吞下一整只恐龙，你们人的胃口可是个无底洞，一切资源，一切权势都要吞食，大到吞食地球，甚至是整个宇宙。人类中也有善良的圣贤，可是很少得势，多年被凶残者践踏、吃掉。喏，如同我正在吃这只食草恐龙一样，这一切，你能否认吗？”

“可是剥下人类身上的保护膜不容易，一代一代人类中的思想家曾经努力，可是徒劳。要剥就剥到自己身上了。何况需要一种高科技。我要宣布，我拥有了这项技术，我可以一瞬间把人还原为恐龙，也可以把恐龙变为伪善的人。”他说着，抓来一张人皮往自己身上一披，他马上变成一位温文尔雅的绅士，散发着高级香水的气味，“同一位绅士做生意，你该同意了吧？”他语含讽刺。

“怎么样？我也可以剥去你身上的膜，把你变成恐龙。”“我不要，你这无赖！敢用幻术戏弄我。”他哈哈大笑，笑得隆隆有声，震塌了山洞，我被压得喘不过气来，猛然惊醒。

原来正是午夜，月牙儿还在望着我怪笑。我抓起茶杯打去，月和茶杯一同裂成碎片。不对，月怎能碎，莫不是还在梦中么？

2006 年 10 月

金书玉饼为何来

黄金的不同遭遇有云泥之悬，有金丝编织的王冠，也有用黄金打造的马桶。用黄金马桶便溺，也是权势的象征，然而马桶与宝座不同，要是一边褪下裤子行方便一边接受百官朝贺，有失朝仪。倘遇便秘，那副咬牙努目的尊容更加有碍观瞻。

用黄金作碗，确有华贵的气派，故宫里就还可见。然而金碗又可以做刑具，传说崇祯帝惩办魏忠贤，抄了他的家却没将他处死，给他一只金碗讨饭。一面严令全北京官民，遇金碗乞讨，一律不准给一粥一饭。魏忠贤就这样捧着金碗饿死了。国外名人的一支烟斗、一副餐具，都可以拍出天价。这只魏忠贤讨饭的金碗如果出世，会拍出三十三天外天价来吧。

“书中自有黄金屋”。真的有黄金建造的房屋吗？不曾见过。而今确有黄金印制的图书。一种是署名和书脊烫金，表示书的贵重，这种早已有之。一种是通体内外都金煌煌的，命曰“黄金版”，这一种不是为了读，是为了装点门面。在书房里一字排开长长的队列，金碧辉煌，主人纵然胸无点墨，也俨然一位学识渊博的学者，富而文，该是当前许多富豪所企望的。可叹孔夫子、亚里士多德矮化成豪门大款的门童，千古学人为之一叹。

再一种可谓“超级黄金版”。不但金其书，而且以紫檀作书匣，还镶着宝石。这一种不会是买来填充自己的书房，是为了送礼，也就是行贿。有行贿就有受贿。投其所好，定然天颜大喜。一部书真的可以换来一所黄金屋呢。孔乙己说，偷书不算偷，用此类书行贿，也可以不称行贿吧。无奈法律铁着脸，说不。

“金玉满堂”语出《老子》，可见金玉早已联姻，说了金，不能丢了玉。考玉的遭遇也有云泥之悬。

玉不但贵重，而且有神秘色彩。《石头记》里的“通灵宝玉”弄得神乎其神，成了怡红公子的命根子。祭神，使用特制的玉器，可以上达天听。装饰，身带玉佩，可以平安多福。在我国文学传统观念中，玉，非指实体的玉，而是美的象征。“玉人”，一个“玉”字涵盖了许多美的品质。华文译成英文，西方人对此很难理解，有的翻译家只好意译为 rose（玫瑰）。

但玉也有极倒霉的遭遇。老年间，大人物死后，为求尸体不腐和灵魂升天，不但在口中含入一块美玉，而且还要把另一块塞入肛门。久而久之，尸体腐烂，玉浸泡在脓血里，便浸入一些血晕。这样的“屁塞”出土，倍加珍贵。得之者不但常在手中玩弄，而且还在脸蛋上摩擦（您别恶心，我是在一篇小说里看到的）。

在雕刻家手里，玉能雕成各种美好的事物，可是大出人意料，而今有人把上等的和田玉雕成月饼。玉月饼，不能吃，也无雅趣，这么做是发疯了吗？非也。中秋节是送礼的大好时机。这几年闹了一场又一场月饼风波。先是在包装的华贵上变花样，近年来明令禁止，外观朴素了，而商家自有对策，转而向内瓤下功夫。以燕窝鱼翅鲍鱼为馅者有之，玉月饼算是一种破格的创新。一块，要十几万元，我的天！商家为了赚大钱，买者呢？为了行贿。受此贿者，不知将此玉月饼作何处置？

金书玉饼要算是“雅贿”的一种，给肮脏的勾当涂上高情雅致的迷彩。莫怪商家，也休怨市场，要根绝这种文化怪胎，必须从源头抓起，加大反腐倡廉的力度。

2006 年 10 月

“现代诗自动生成器”

抗日战争年代沦陷的北平，如同一个密封的罐子，闷得人透不过气，处于其中极感苦闷。那时我正读中学，课余无聊，就同几个爱好文学的同学玩一种诗的游戏，剪出一堆纸片，每个纸片上写一个词，词性相同的放在一处，分类堆放，然后胡乱抓出词性不同的词，连缀成句，这诗句千奇百怪，匪夷所思，相与哈哈大笑。如同打纸牌一般，只为消遣。但那诗，确乎同当时报屁股上的诗十分相似。眨眼之间，过去了 70 年，这诗的游戏早已埋压在记忆的深层尸骨无存了。想不到近时却又复活起来，历历就在眼前。那诱因是近时出现的一项倾覆诗坛、抹杀一切诗人的发明。

原来一种自动快速生产现代诗的软件，或曰现代诗自动生成器问世。无须人的感情和艺术经营的参与，也无须动手写，只消输入一个词，就会自动生成一首现代诗。据报载，3 个月左右，已经生产作品 55 万多首，差不多相当于《全唐诗》的 15 倍。3 个月等于 15 个唐朝，哇，古今一切伟大诗人，连诗神缪斯或李太白（人们称他老人家诗仙，也算有中国特色的诗神吧）都要写下辞呈，敬谢不敏，去改行卖烤白薯了，包揽十年诺贝尔文学奖不算过分吧！切不要忘记，这项伟大发明的最早发明者是我和几位同学，分一杯羹想来不成问题，老了老了又走起鸿运，一座仙境般的小别墅正向我招手呢！

然而，诗多了也有多的难处，一方小小错版钞票，价值千金，为什么？物以稀为贵。诗多了，还贵吗？生成器是不知疲劳的，无休止地生产下去，用不了很长时间，势必造成诗灾。漫山遍野、长街大路，到处是诗，累得环保工人要同扫秋风落叶那样从早到晚扫诗，累得人们要不断抖掉沾满全身的诗和清除塞住鼻孔的诗，那时候，人们会如同厌恶垃圾那样厌恶诗，诗这颗玉皇大帝王冠上的明珠变成王母娘娘的洗脚水了。

您老且莫见怪，嘲刺须运用夸张，然而我讽刺的不是生成器的发明者，而是诗的失落。而且我认定，生成器的发明者是最伟大的讽刺家，他运用高科技手段以特异的行动，对某些所谓现代诗进行了讽刺，且看发明者是怎么说的："大多数现代诗都是扯淡和不知所云的呻吟，就是让人看不懂。不过仍然总结出一些现代诗的规律。1. 主谓宾的乱搭配；2. 形容词、动词、名词的乱搭配，了解这个规律，做诗就很容易了。于是突发奇想，何不做一个能够自动制造诗歌的东西？""读不懂就是现代诗的本质，胡乱搭配就是现代诗的法宝，在没有大师的年代，我们让所有所谓的诗人滚开。"如此规律，如此本质，如此法宝，按常理都是对诗的莫大亵渎，然而据此竟写出多如牛毛的现代诗来。这讽刺，不仅比嚼一百个朝天椒还更辛辣，而且预示一个不祥的征兆，诗的失落。如果这法宝掩盖一切，长此以往，偌大的诗国，将成为诗的坟墓了。当然，拯救者大有人在，我是个乐观的人。

由此引出一个问题，诗到底是什么，是做什么用的？对此有不同的看法。依我看，通观古今诗史，为人们喜爱，历古常新的好诗，大约有三类：一类是呼唤光明、鞭挞黑暗，关注民族国家兴衰、人民疾苦的；一类是写人生的悲欢离合，写大自然的花月，给人以人生的感悟和美的享受的；再一类是究诘天人之际，撷哲理之英华，聚智慧之强光的。以生活为根基，以真情为底蕴，而出以诗的构思、诗的语言，所以能惊天地动鬼神，令人哭，令人笑，深铭肺腑，永世不忘。如果把这些通通抛去，以词语错位为诗，那么诗便成为倒去蛋清蛋黄的空蛋壳，大不了在表面涂几笔颜料，画成小丑或制成不倒翁供人玩弄，终于滚到地上，被踩个粉碎。

老掉牙的理论！且慢，有些东西老而未必掉牙。麦稻等粮食，六千年前的人类文明遗存里就曾开掘发现，阳光、空气、水则老得不能再老了，至今还不曾听说有人因其老而拒绝饮食和享受，您说对吗？

2007年4月

《李汝伦诗词选》序

这是汝伦君又一本诗词自选集。选编的考虑和办法，诗人在后记中都讲清楚了，无须赘述。汝伦诗已产生广泛影响，有不少名家、大家作了很好很详尽的评论分析文章，也不待我多说。然而拿起笔来还是欲罢不能。想要说的很多，此处只讲点读诗的感受。

汝伦君是我三十多年的老友、好友。我敬重他的为人，酷爱他的诗作。他的诗有鲜明的个性，强烈的感染力，有短刃般的锋利，杂文家的幽默，风格多样。由表及里，似乎不在笔墨之间，而是从肺腑中挤压和喷涌而出。他的诗词成就，使他成为当代诗词从复苏到复兴时期的大家。

当他知道我将要为此集写序时，他来信说，不要尽说好话了，我听的好话太多了，而且大多是出于鼓励、客气、友情。他的耳膜在二十多年里听的大多是声讨、批判、诅咒，已经锻炼成正果："满堂洗尽筝琶耳，请君停手洗断弦。"（黄鲁直）即使数年前，还有南京左氏小丑尚在大加挞伐。因此他极想听听出于友情，出于诤直的批评，使他有所长进。但我上面这几句却不能不说。

古人云"文穷而后工"，穷，这里不单是指物资上的穷，道穷、路穷、命穷，数穷、思穷、心力穷、造化穷，等等，诗史上有很多例证。屈原放逐，乃著《离骚》……泰岳般的大诗人如李白、杜甫、苏轼、陆游，或遭迁谪，或颠簸道路，或流域天涯，或沉沦下僚、拘于牢房，志不得伸，才不得展。谁知这个"穷"，却成就了他们的诗。困顿于十丈红尘的底层，挣扎于生死线上。"险阻艰难备尝之矣，民之情伪尽知之矣"。他们的笔自然超出舞文弄墨者之上，传达出大地的呼吸、脉动、呻吟和呐喊。汝伦大半生遭遇可谓“穷”极，他生于多灾多难的沦陷的白山黑水之间，幼年家遭劫难。解放不久，则又遭网罗奴役之苦，长达 22 年，经历过“文革”的凶险“洗礼”，其磨难深重漫长可知。拨乱反正，才得长出一口气，为时不久，却又疢疾缠身，天公之不公，竟然如此。他几乎集极端之“穷”于一身，然而这极端反而成就了他极好的诗。

但这毕竟是外因，更重要的应是他的内因，他除了才分外，他天生一付硬骨头。他人很瘦，站在那里像支细长的笔杆，就是这支笔杆，霹雳当头，没有倒下；暴风骤雨，不曾折断。我仿佛看见一个单簿的孤零零的人影，在黑夜中，泥泞里艰难跋涉着，跋涉了几十年了。走到今天，那支瘦影依然，依然笔直，像具千斤顶。

关汉卿说他自己是“一颗蒸不烂煮不熟捶不扁炒不爆响当当一粒铜碗豆”，我想把这话移赠汝伦。

诗人的硬，并非无所依托，一个重要的依托就是诗。他说“诗是我第一位情人，也是最后一位情人”，“诗总是喜欢在我最困顿最压抑的时候来陪伴我”。1966 年夏，正当“文革”开始发狂时，已是五类分子的汝伦被从农村召回参加“文革”（实是召回挨整），他感到凶险在前，生死未卜。他在心中却蹦出诗来：“难料刑余头寄处，可怜白发不新添！”沉痛至极、悲愤至极。真是若无“情人”为伴，这一条路不知他该怎么度过？

诗是汝伦唯一的红颜知己，汝伦则是位多情种子。情是诗的土壤，诗是情的升华，情的花，情的实。

诗人汝伦自少年开始就是一位最真挚、强烈的爱国者，他爱生活，爱亲人、爱朋友。他也有强烈的憎、嫉恶如仇——嫉一切恶。诗是他真情的喷涌，性灵的流露，他有许多凌厉的鞭笞荒谬、丑恶、黑暗的诗篇。他对故国家乡、亲人、朋友、好人却有那么多温情脉脉撩人肺腑的诗作。70 年代他才有机会回到阔别二十多年的故乡，过北京时，他来看我，说他回乡流了许多泪，他特从故宅基上拾了一些碎瓦片、砖头和宅基土，随身带回，将来把它们混到他的骨碎之中，从那里来，回到那里去，可免“埋骨他乡”之憾，那些瓦片砖头泥土在他是秦砖汉瓦，而对盗墓贼却一文不值。

讲到汝伦那功力老到、大胆创新而精妙的诗歌艺术，不能不讲到杜甫。他青年时就崇拜杜甫，研究杜甫，有被学界称为独具眼光的专著问世。他的悲天悯人，忧国忧民，与杜甫可谓无有二致。但在诗上却与杜甫不同。汝伦就是汝伦，一个真实的汝伦。他提起笔来只是信马由缰、天马行空，走他自己的路，或一潭情深，或一泻千里，亦诗亦文，以庄以谐，如他的一些古体，在律诗中亦取得很大的自由，还要留意他不经意的妙笔。他自己就表示过，他不想生活在古人的光环底下。他说，学诗时心中不可无古人，写诗时，笔下不可有古人。最好把别人的一切都忘个干净。

写到这里，本可搁笔，但忽然想到，他对我说，他初恋时写过许多诗，可订成个小本子，可惜因战乱而失掉了。他一生都觉得可惜，我也觉得可惜。但我期待着有一天能失而复得，一是填补了他的遗憾，再能填补当代诗词一个弱项，我不怀疑汝伦的多情会不出令人动情的佳作。

2007 年 7 月

《孙铁青诗词集》序

今年春天，友好小聚，祝贺孙老八五华诞。孙老对我说，他准备将多年来的诗作结集问世，要我作序，我欣然应命。孙老是我的良师益友，为他的诗集作序，一大乐也。书稿编辑未竟，而孙老住进医院。而今即将付梓，不待与孙老商酌只好命笔了。

一

孙老，壮岁倥偬戎马，晚年寄情风骚，文武兼备。近二十多年来，中华诗词，这个国宝中之重宝，从遭到冷遇到复苏，从复苏到初步繁荣，已形成复兴的态势。在这曲折复杂而日益向上的过程中，孙老始终是领导者之一，居于领军地位。根据工作需要，他写了一系列论文，都收在他最近出版的《开创诗词新纪元》里。这是指导实践的理论，是当代诗词发展的历史记录，是研究诗史的重要文献。他倡导诗词改革，倡导在继承基础上的创新，主张当代诗词要反映时代，贴近生活，面向民众。这一指导思想，对于当代诗词的健康发展起了重要作用。

孙老不仅是理论家，而且是一位实践自己的创作主张的诗人。他十分谦虚 ，深自韬隐，写了大量的作品，却很少示人。一般知道他只是应某种需要而作，作品不多。这次结集，竟达千余首，泱泱乎大观矣。

二

《孙铁青诗词集》所收主要是近几十年的诗作。由于工作的需要，诗人的足迹，不仅遍天下，而且遍及城乡的许多基层单位，不仅关注当今而且深及历史。他吟兴颇浓，几乎一步一诗。他以极大的热情歌唱改革开放以来国家重大政治活动以及经济建设、文化建设和科技发展的重大成就，也包括战胜重大自然灾害（如非典、洪水）的胜利。他对诗坛倾注满腔热情，诗界每一次活动都见诸诗篇。其他如亲友赠答、出访旅游、文物收藏、法书笔砚无不有所吟咏。

这本诗选是孙老自身，一位老同志和诗人精神的集结以及生活的轨迹，是时代多彩的影像。

三

深圳特区的高速发展，成了全国的先锋，诗人以饱含深情的吟笔予以赞颂：

一座新城拔地起，群楼竞与白云齐。
车如流水人如织，开放先锋奔马姿。

奔马，令人想到汉代“马踏飞燕”和唐代的六骏。这些千里驹以现代科技武装更加百倍神勇地向前奔跑。奔马比“拓荒牛”更有历史感。港澳回归，是举国欢庆的大事，诗人兴高采烈，情见乎诗。他所写不只一篇，且举一首：

紫荆开后又莲花，宝岛回归四海夸。

一国原能行两制，台澎再莫隔天涯。

这诗不仅表现与广大华人共同的喜悦之情，还表现一位老同志冷静的思考，赞扬“一国两制”，对国家全面统一的殷切期盼。

“神五”“神六”上天，大振国威，大快人心。诗人的诗又欢欣鼓舞地迸发出来。他写了《庆飞天》及《庆飞天续篇》组诗，且引一首：

飞船似箭入苍穹，华夏精英天外行。
登月可期非梦幻，嫦娥狂喜广寒宫。

嫦娥的神话被人们多次引用，这里有特殊的含义。我们的登月飞船也将发射，诗人的祝愿将成为现实。有人说我们是一个保守的民族，不对，我们的先祖早已梦飞月宫神游八极了。

孙老积极指导和参加中华诗词的各项活动，写了大量的热情诗篇。开创诗词之乡和诗词之县是推动诗词发展的一项重要活动，诗人为永兴开创诗词之县写道：

诗国兴隆诗县昌，永兴立志变诗乡。
推行诗教成功日，素质增强民气张。

由此可见孙老热衷于中华诗词的复兴，不仅在于这项国宝的重光，更在于民族素质增强，民意奋张，国运兴隆。他在另一首诗中说：“今庆诗村碑石立，何年更庆国碑丰？”原来孙老有其更加高远的目标，他向往随国家的繁荣富强，诗词文化也实现真正的复兴，那时要立一块丰碑，上书“诗国”两个大字。

孙老不仅倾心传统诗词，也爱新诗，他对新旧兼工的大诗人臧克家敬爱备至，对臧老的不朽力作《有的人》，更加倾倒。他在

《悼臧克家》一诗写道：

诗坛今日陨高星，举国悲声兼赞声。
死活全由人品定，一诗哲理万民倾。

“一诗哲理万民倾”，包涵着诗人对臧诗的深刻理解与深情的赞誉。臧老的墓碑上就镌刻着“有的人死了，他还活着”几个大字。

孙老还是一位造诣很深的书法家，他的书法，温于外而劲于内，平实而厚重。他对书法，有独到的见解：

诗为骨肉字衣裳，翰墨情深韵自香。
书内功兼书外得，二王门下效苏黄。

这个“诗骨书裳”论十分精辟，令人叹服。书法要追求诗趣，书艺与诗艺同源，一幅好字即一首好诗。“腹有诗书气自华”，苏、黄皆大诗人，其书醇厚之书卷气，绝非只书艺本身所致也。此论对于某些满纸俗调的恶札是一付良药。

孙老平生最执著的爱好是砚台，可谓爱砚成癖。他藏砚甚丰，所写砚诗砚铭也很多。如《喜获金星砚》：

书城喜获金星砚，墨舞师承颜鲁公。
莫道闲情随逝水，添些文采润东风。

诗人玩砚怀着为盛世添风采的高情。金星砚是歙砚中的佳品，或如雨点，或如流云，金色辉煌，炫人眼目，允为文房之珍。

还必须提到孙老的一首赠答诗。他的《西湖偶吟》写道：

西湖荷美夏风斜，香入功高战友家。

忆及征程多血泪，和平信是最珍花。

这首诗清新晓畅，意蕴深沉。“和平信是最珍花”，是老诗人亲历半生战争、半生承平的倾心之语，一字千金。他为全世界祝祷和平。

孙老的诗，朴实厚重，不以藻饰炫人，而时有战士的豪情和才士的灵醒，于诗坛独树一帜。出此一编必为读者所重。

四

孙老与我相交已久，甚为相契，我从他那里学到许多东西。回想20年前，《中华诗词》创刊初期，孙老曾三次到我家相约主持编务。尔后长期相处，相知益深。再加上我也有砚癖，时时互赏藏砚，其乐融融。那天祝寿，即曾约定另一砚癖《中华诗词》的主编金亭同志和我择日赴孙老之高斋赏砚。

我这篇序，每个字都是对孙老的祝福。孙老的病况虽迁延时日，但日见好转。期待着这诗选的出版能带给他欣喜，期待着早日实现赏砚之约，期待着早日听到他那豪放而温雅的笑谈。时当中秋、国庆双节，云罗笼日，凉风飒然，序于京门之蓟轩。年八十有一，不自知老也。

2007年10月

《卢元镇散文》序

卢元镇教授，体育社会学专家，成就卓越，为体坛所重。这本书所收，不是他的专业著述，是他借以记事、抒情、遣兴的散文。韩昌黎说自己是“余事作诗人”。这位老先生自许“世无孔子不当在弟子之列”，以继承儒家道统为己任，视文学为余事，可是他的诗歌成就于李杜之外独树健帜，是唐代诗人中屈指可数的巨星之一。我无意将卢君与古贤作比，只是想说对于某些多才之士，往往有多方面的成就，余事并非小事，并非无足轻重。蕴才于中，好比蕴泉于山，大小的出口都会流出高质量的清净水。

说起来我和卢君相识，有一段佳话。元镇早年在北京八中读书，我老伴是他们的班主任。她同这班同学相处三年，结成深厚的师生友谊，相亲不啻亲子。直到现在，50年过去了，同学各有成就，都已白发苍苍，退休了，还常常和老师一起欢聚。这些聚会自然少不了我，这班同学也成了我的忘年之交，其中就有卢君。

卢君身材魁梧，温文儒雅，十足学者风度。他健谈，所谈多体育活动的轶闻趣事，满座为之倾倒。有一回，他朗诵自己的诗篇，诗好，朗诵也好，浑厚的男中音，很有吸引力。那时，我即知他是富有文学才能的。这次读他的书稿，才知道他已创作了不少作品，笔力已很老到。

他的散文，或追忆往事，或点击生活，或寄情芳草，或畅论所怀，无不入情入理感人至深。他的散文的一大特色是真。无心插柳，也未想成阴。举笔在手，无功利之求和得失之虑，所以能远离雕饰和矜持，直然以肺肝示人。这种文学第一义的品质是最可贵的。

他的文笔流畅而细腻，无丝毫火气。生活中一些细微之事，常被人们忽略，认为难入笔墨，而到卢君笔下则写得细致入微充满情趣。他写穿着脱落鞋底的旅游鞋给研究生上课的尴尬，从容而幽默。治大国如烹小鲜，此处则见到烹小鲜如治大国。他善于即小见大，他写牵牛花引出一段对人生的哲学思考。他写道：“我们去郊游的时候常常可以在灌木上、野草丛里看到牵牛花，她们自开自谢，任意走蔓，自在开花，任由他人评说，甚至任人采摘和践踏。但第二年依然故我，花开花落，人要活到这个份上不知该是一种什么境界?”这里我们看到一个强烈追求自由的灵魂，这是一个百折不挠有强大生命力的灵魂，我们也看出，卢君于此寄托了深沉的感慨。

卢君专攻体育，而有很好的文学修养，除了他自身品质使然而外，与受到良好的家庭熏陶有关。他父辈的亲友中有叶圣陶、俞平伯这样五四时期的新文学巨匠。叶老更是我们语文教育的一代宗师，运用语文达到炉火纯青的程度。卢君的父亲芷芬先生是我国教育出版界的前辈，具有很高的文化素养。1958 年受到不公平的待遇，惨死于贬所。卢君以悲愤的笔墨记叙了父亲二三事。在那年月，卢君受到莫大的政治压力，是不待言的。然而卢君未被压倒，他昂然自立，卓然有成，以此慰先人之灵。这使我对卢君更加一份敬重。但愿他在学术和创作上都会有更丰厚的收获。这本书，只是在前进中画的一个逗号，前进是无止境的。

时当十月，都下已入深秋，柳叶在凉风中抖动，那颜色仍是浓绿的。我爱这秋柳的绿。窗下展纸，为卢君的书写下这许多话，算是序。

2007 年 10 月，于蓟轩

话说“数字谐音”

一位大数学家说：“1+1=2，多么美!”凡夫俗子如我，很难理解其中的美。大音希声，大象无形，大美也不在色相之中吧。自色相之外观之，随着高科技的发展，而今已成为数字世纪了。举凡经济荣枯，战争胜败，国家兴衰，都与数字密切相关，数字的魅力真足以惊天地而泣鬼神。

这个大美是人类创造的，足证人的智慧多么高超。但，人却有时也不免玩一些愚蠢的把戏，数字的谐音就是这样。由于谐音不同，有些数字有了不同的待遇。在我国，有向隅而泣的4和大走红运的8。

4受到冷遇，只因为4与“死”谐音，有的人避之唯恐不及，乃至将它从数字序列中抹去。“死”固然可怕，与4何干？说谐音就不对。4是四声而死是三声。声调不同意思大异的字多的是，如“妈”和“骂”、“活”和“祸”，为什么偏将4与死联姻？说起来，我们的老祖宗是很看重和喜欢4的，论国，国有“四维”；论家，“四喜临门”；论文，“文房四宝”；论吃，“四喜丸子”。如4等同死，那么，简直要闹得国破家亡，焚琴煮鹤，乃至服毒自杀了。多么荒唐!

与4的命运相反，8如同走红的明星，到处受到欢迎。只因为8与发谐音，发，发财之谓也。发财，今日是国人梦寐以求的。然而，8与发何曾谐音？在普通话里，8与发的音并不相同，把“发财”说成“8财”，成了不可理解的胡话。只有某方言区二者才谐音。

其实，本不该如此较真。不过是一种游戏，玩玩解闷的。然而，这游戏竟变得正经起来，乃至干预人们的正常生活。有的酒店或公寓，取消了 4 号房间，甚至取消了第 4 楼层。而一切有 8 字所在，大家趋之若鹜。手机号、电话号、汽车牌号等等，带 8 字的人们抢着要。带一串 8 字的汽车牌号，拍卖能拍到十几万元，竟动了真格的。然而，这种正经毕竟带有游戏味，无伤大雅，千万留神，不要让这游戏真的正经起来，干预我们的重大决策，这个场合须要请出一位顶天立地的圣哲，他的名字叫“科学”。

但，数字谐音并非都是游戏，有的负荷着沉甸甸的感情，是十分正经的。

近来我住在一家老年公寓，同寓有一位老哥，他丧偶多年，而矢爱不渝，每当怀念故去的老伴，就给她写情书。到了大年三十晚上，他把一年来写的情书一起用火焚化，给老伴寄去。此情此举，感人至深。有些女士追求他，他都婉谢，常指着他精心选择的房间号码给人看“257”（爱我妻）。我虽不是大数学家，也要情不自禁地说一句：这数字谐音多么美。

2007 年 11 月

咬文嚼字

雄关漫道

“雄关漫道真如铁，而今迈步从头越”，是毛泽东同志《忆秦娥·娄山关》中的句子。“漫道”意思是“不要说”“莫要说”，这在传统诗词中每每可见。全句的意思是“不要说这雄关真的像铁一般牢固，而今我们要迈开大步从头超越它”。漫道，有人解作，即“漫长的道路”。这一解存在三个问题。一、尽管《离骚》中有“路漫漫其修远兮”的句子，而以一个“漫”字形容道路的长，却十分罕见。二、可以说关隘牢固如铁，却不能说道路牢固如铁，可以说“越过”关隘，不能说“越过”道路。三、原词全句前后搭配，有藐视“雄关”（困难）的意思，解为道路没有了这层意思，也松散了前后搭配，使这个极有时代精神的佳句大为减色。目前“道路”之解已登上荧屏，谨陈异议，就证于大雅。

美轮美奂

语出《礼记·檀弓下》，原是赞美建筑物的，“美啊，美在宏大；美啊，美在华丽”。后来一直相沿用来形容建筑物。而今泛化了。语言的运用发生合理的变化是常常有的。然而，有人说，这枚金戒指“美轮美奂”，这位小姐“美轮美奂”，这首歌“美轮美奂”，无异说戒指大如城门，小姐体似丈二金刚，歌曲不具形体，更莫名其妙，未免太离谱了。在下曾著文指出，但未引起注意，应该把这泛化约束在合理的范围内。

不以为然

意是“不以为是”，“不认为对头”。从来如此理解使用，不曾有异议，近年却出现相反的理解，解为“不以为非”，“视为固常”。比如说“这种奇怪的现象，大家已经习惯，不以为然了。”每每见诸传媒，问一位大学毕业工作多年的中年人，他即如此理解，也这么使用。生恐以讹传讹，积习难改。在此一辨。

迅雷不及掩耳盗铃

“迅雷不及掩耳”与“掩耳盗铃”是两个毫无关联的成语，竟联而为一使用，不知所云。我却不止一次从广播电视中听到，令人啼笑皆非，由此可知，有些人使用语言浮躁到何种程度！

关公战秦琼式的失误

前些时候播映的《鉴真东渡》是一部内容严肃的历史片，有一个场景是当时一些名流在楼上聚会。有一位学者凭栏远望，朗声诵道：“青山遮不住，毕竟东流去。”盛唐人竟背诵南宋辛稼轩的词句。前些年，看一部历史剧，一位唐朝的高官向皇帝举荐一位才士，得到接纳。这位高官脱口而出“江山代有才人出，各领风骚数百年”，唐人竟道出清人的诗句，闹出关公战秦琼的笑话。

以上只是举几个例子。其实，失误所涉，多系浅显，纠正并非难事，只要多想一想，多查一查辞书，大部分可以消除。特别是以语言表达为职业的朋友，书面或口头，准确使用语言乃是自身的职业道德，也是对公众应负的责任，切不可以“雕虫小技”视之。

2008年1月

严肃的主题，游戏的笔墨

——刘征访谈录

○**记者**：刘先生，您好！介绍您的时候，大多数人会把诗人的头衔放在首位，然后才是杂文家、教育家、书法家等。集多种“身份”于一身，一定和您的性格、爱好和学识经历相关，能否与我们的读者一同分享一下？

●**刘征**：这同我的学习生活有关，同秉性更有关。有人说，才能有两种类型：一是专一型，二是扩散型，看看历代文人，确有这个区别。比如杜甫被誉为“诗圣”，可是文章写得不怎么好，他留下的文章很少，可算作随笔的一篇叫《秋述》，我很喜欢。曾巩是“唐宋八大家”之一，可是诗写得不怎么好，有人劝他不要写诗。这是专一型的。扩散型的，古有苏东坡，今有郭沫若。东坡文章、诗词、书画都达到极高的水平，此公一生坎坷而心态怡然，充满生趣，是极可爱的。我是个笨人（非故作谦虚），才能有限，不能与古贤相比，以上举例，只是为了说明才能类型不同。

我“一身而入四门”，原因有二：一是年轻的时候，学得很杂，这四样都沾了一些边儿；二是我不厌旧而喜新，一种样式的文字写久了就想变一变，尝了梨子的味道还想尝尝桃子、杏子、苹果。喜新，也就不愿意总是踏着前人的脚印走，爱尝试走自己的路。我写寓言诗，写诗词，写杂文，都有我自己的一点东西在里面，也许可以说有我的个性吧。书法也如此。人们爱讲师承，讲“某某是我的老师”。我的启蒙老师是旧时代隐于教育界的两位诗书画大家，他们教我的就是这种“不愿称臣自作王的性格”。贪多无厌，搞的太多了也就出现了弊病，十八般武艺样样稀松。当初假若专注于一，也许能取得较大成就，但时至今日已不可收拾，由它去吧！我乐得守着我的小“杂货摊”，好在也时有同好来访，并不十分寂寞。我曾说，杜甫慨叹“百年歌自苦，未见有知音”，我比杜老幸运多了。

○ **记者**：一个诗人的“才”和“情”是与天赋分不开的；但杂文不然，杂文创作的情愫是与现实分不开的。您也曾说过自己是杂文界的新兵，从解放后开始一直从事诗歌创作，《海燕戒》《老虎贴广告》《春风燕语》等名篇广为传诵，在传统诗词上亦成就斐然。那么，是什么使您转而开始杂文创作的？

● **刘征**：准确地说，不是由诗转变到杂文，而是又添了杂文这个品种。1976 年粉碎“四凶”，结束浩劫，便如同扳倒了压在身上的五行山，我翻身爬起来。那年我才 50 岁，不算老，激情迸发，浑身是劲儿，把“不留一字在人间”的自戒抛在脑后，又拿起带刺的笔来，接着写寓言诗。这一时期的作品颇有几篇自鸣得意的，如《烤天鹅的故事》《凤凰的喷嚏》。然而，写寓言要经过一番奇特的构思，有些费力，不如杂文来得便当。便尝试写杂文，双管齐下。杂文一开笔遂不可收拾。尔后，渐渐冷落了寓言诗，更偏于写杂文。其实，寓言诗和杂文同是鞭挞黑暗，是相通的。细心的读者会发现，我的杂文里有几分寓言气，也有诗气。不知为什么，我的笔不开花，却便于长刺，这也是秉性所致，无可奈何的。

有人说杂文是艺术性论文，这并不确切。艺术性，不假，论文，却限制得太窄了。用东坡的话说，“文如行云流水”，杂文更应如此。杂文是变形虫，没有固定的形态；杂文是股山泉，是方是圆，是注流是挥洒，随地随势赋形。框入固定的程式，便索然无味了。

所谓“怪味杂文”，在迅翁的杂文里早已有了。这个名词，我记得，首先是刘成信先生在《人民日报》上提出的。而此名词一出，怪味杂文便大兴起来。我不愿意只踏前人的脚印走，写杂文也如此。尝试写这种式样的杂文，为着好玩，不是一种追求。必说追求，只是追求让读者更喜欢，让杂文不是盘子里的红烧鱼，而是江河里活泼泼的鱼儿。

那么，诗就罢了不成？非也。气候变暖，在我腹内沉睡了多年的一个魔鬼苏醒过来，那就是诗词。这一苏醒，魔力无穷，沸腾着我的血脉，终于占据了我创作的重要位置，20 年来写了两千多首。诗词创作，我同样不主张走老路，要以传统的诗艺，反映新的时代，创造新的诗美，如同古莲子开花那样。我有两句诗道："拜古大家为畏友，谱新时代入歌弦。"表述了我的主张，仍是双管齐下：诗词和杂文。

○ **记者**：追求作品的别致、新颖，犹如戴着镣铐跳舞，这是否给您的创作带来某些"约束"？您又是怎么克服这一矛盾的？

● **刘征**：严肃的主题、游戏的笔墨，是我杂文创作的思想。杂文不是小摆设，不是给人逗乐的。其本质是批判，批判人间一切假恶丑，横扫前进大道上的冰雪、陨石、路障，为历史的前进开路，好家伙，岂不大哉！然而必须出以幽默的讽刺，寓愤火与眼泪于讽笑之中才够味儿。有人说"戴着镣铐跳舞"是多么惨烈的场景。令人想起英国一位大诗人写的《奴隶船》。我们这里说的自然与那首诗所述迥然异趣。如果"镣铐"是指艺术创作须遵守的一些限制，那么任何艺术品种都有"镣铐"。如果特指杂文创作的怪味构思，那么这"镣铐"是自愿戴上的。戴上它，非但不感到受拘束，反而更激发出创作活力和兴趣。不戴这沉重的"镣铐"，放笔直书，同样能写出最好的杂文。因人而异，因秉性不同而异。写杂文的路子宽得很呢。

○ **记者**：很多杂文爱好者也喜爱借古典文学样式诗、词、曲、剧、寓言来创作杂文，但能熟练运用且有影响者甚少，作品牵强、轻浅，或不伦不类。请您给尝试写此类作品的爱好者提些建议。

●**刘征**：我虽是老兵，写杂文却是新传，困惑很多，一言难尽。给同道提不出什么有价值的建议。说说我自己吧。我年逾八旬，文兴未减，今后有生之年，大约不会停笔。只是精力不如从前，写的不会那么多了。这是因为：一、忧国忧民的脾气不会改变；二、舞文弄墨的积习不会改变。老了，干不了多少事，写几句让老百姓舒心解气的话，力所能及，乐此不疲。何况我是乐天派，忧愁总压不倒我，有时还会开怀大笑。人老心不老，心不老笔就不老，说不定能写出更好的东西呢！我期待着自己。

○**记者**：老诗人臧克家早在20世纪90年代初期就说过这样掏心窝子的话："我友刘征，一人而入四门：能诗，能文，能书，能画。四门之中，诗的成就尤突出。而诗分新旧，势均力敌，半斤八两，其中讽刺诗尤为优拔，名篇佳句，常在人口。"那么，"诗、文、书、画"也一定给您的生活带来了很多雅趣和快乐，能否为我们的读者介绍一下呢？

●**刘征**：在日常生活中我有几样爱好。

一是收藏砚台。已经收藏几十方，其中有几方是我极喜爱的。有些砚刻以砚铭，写砚铭是极有趣的事。我收藏砚台别具一格，不寻求也买不起那价比黄金的古董，只求最好石质。有一方端溪老坑佳石，算是镇柜之宝。几乎每方砚台都有一段故事，都是我生活的记录。再是旅游。几十年来我同老伴几乎跑遍全国和半个地球。每次归来都带回许多诗作和照片。如今老了，跑不动了，就看诗和照片，犹能卧游。三是书法。不追求时尚，只追求一种"刚健含婀娜"的境界，至今仍觉可望而不可及。越写越有长进，也越有兴趣。随着友人和社会承认度的提高，几乎要转成正业了。这些爱好与诗文创作的相得益彰，是不言而喻的。

○**记者**：在《杂文选刊》创办15周年的"特辑"中，您曾为我刊特别拟作"笔会"文章《无题》，谈及自己的杂文创作、杂文观。2008年是我刊创刊20周年，还望您再次寄语。谢谢！

• **刘征**：《杂文选刊》的朋友 20 年努力不懈，选辑和保留了一大批优秀的杂文，功在杂坛，有目共睹。作为一个杂文作者，我表示感谢和祝贺。前景是广阔的，希望进一步开展以下几项工作：

一、出版若干杂文作家的自选集；

二、出版大型的当代杂文选，力求高质量，有历史价值；

三、研究、编写当代杂文史，这是一个重大而伟大的工程，值得努力做一下。

2008 年 4 月

语文教育论述

“毫无自私自利之心”赞

今年11月12日是伟大的国际主义战士白求恩牺牲60周年，12月21日则是毛泽东的名著《纪念白求恩》发表60周年。思念及此，心潮起伏，浮想联翩。

《纪念白求恩》一文，长期以来选入中学语文课本。这篇课文深入浅出，至情感人，所称赞的“毫无自私自利之心”的精神，正是思想品德教育的重要内容，尤其是最后一段话，已成为广泛传颂的格言式的语句，使一代一代的革命者和建设者受到鼓舞。可是，就是这篇好课文，却受到北京大学教授钱理群的挞伐。《审视中学语文教育》一书代序《访钱理群教授》里披露了钱教授这么一段话：

“《纪念白求恩》很重要，是表现毛泽东人学思想的重要文献。他的这种理想讲起来很吸引人，‘毫不利己’和‘纯粹’，一般的中国知识分子很容易接受。而这种纯粹的精神在现实存在中的表现就是‘共同理想’，他由此提出要为共产主义这样一种全人类的‘共同理想’贡献一切。表面上看这是很美好很纯洁的词汇，但再往下推，为了某个崇高的共同理想就可以要求别人牺牲生命，甚至可以强迫你牺牲生命，也就是可以杀人，可以做一切他认为对实现‘共同理想’有利的事情，很美好纯洁的东西由此就转化成了很可怕的东西。”

钱教授的访问者摩罗说“语文学界的人都是些迂腐的老朽”。

（您不觉得打击面太宽了吗?）我不得不招认，在下不但是“语文学界的人”，而且曾长期从事语文教材的编写工作，属于摩罗加封的“迂腐的老朽”一族。因此，老朽对钱教授的高论特别关注。事业所关，并非多管闲事。

钱教授一眼就看出《纪念白求恩》非同小可，而且竟然大有“诱惑力”。教授说：“他的这种理想讲起来很吸引人，‘毫不利己’和‘纯粹’，一般的中国知识分子很容易接受。”又说：“要为共产主义这个全人类的‘共同理想’贡献一切，表面上看这是很美好很纯洁的词汇。”钱教授傲视士林的大多数。“一般的中国知识分子”呀，你们竟被表面上的“美好”和“纯洁”蒙住眼睛，以致那么容易被“吸引”，那么“容易接受”，直到而今仍有无数的人执迷不悟。只有钱教授这样非比一般的知识分子才看到了包在“美好”、“纯洁”内囊里的“可怕的东西”。那么，好吧，且看钱教授看到了什么：“再往下推，为了某个崇高的共同理想就可以要求别人牺牲生命，甚至可以强迫你牺牲生命，也就是可以杀人，可以做一切他认为对实现‘共同理想’有利的事情，很美好纯洁的东西由此就转化成了很可怕的东西。”原来如此！

在《纪念白求恩》里，毛泽东高度赞扬和推崇白求恩“毫无自私自利之心”的精神，号召大家向他学习。全文不足五百字，一字一句掰开揉碎地寻索，何曾“要求”和“强迫”任何人“牺牲生命”?更何曾提出“可以杀人”?“纯洁”和“可爱”又怎样“转化”为“可怕的东西”?这些指责如同天外飞来，无根无蒂。原来教授的“再往下推”，使用的是“一般知识分子”难以索解的独特逻辑，一推推到原文之外，如同球赛，您出界了。既然如此，这些话应属钱教授的发明创造，换言之，也可以说是钱教授泼给《纪念白求恩》的脏水。

但钱教授的推论饶有奇趣，不可不赏。你说我们大家要学习他毫无自私自利之心的精神，做一个纯粹的人，高尚的人，你就是

“要求别人牺牲生命”，你就是“强迫”别人去死，你就是提倡“杀人”，你的“美好”和“纯洁”就“转化”成“可怕”的东西。竟如此不讲道理！可怕的不是毛泽东的理论，倒是钱教授的逻辑！这里，“要求别人”，“强迫你（按：与“别人”同义）”等用语特别值得玩味。看，你毛泽东自己好端端地活着，却“要求”甚至“强迫”“别人”去蹈死地，多么可恶！教授先生为了顺手放出恶毒的一箭不惜节外生枝，却使自己陷于可笑的境地。不言自明，为理想而牺牲，是在非牺牲不可的条件下万不得已而为之的，一己之死是为了大众更好地生。没有遭遇这条件，自然应该好端端地活着，自然也可以谈论生死的道理。在自己，不必一面谈论牺牲，一面必须去上吊抹脖子；在人，也绝不会因自己尚生而谈论死亡，就斥为驱羊就屠的死亡制造者。这是常识，教授连常识也不顾了。

好在自己活着而谈牺牲，毛泽东不是首例，不过是在马克思主义的基础上继承和改造了传统美德而已。远在几千年前的大圣人就这样作了。孔子说：“无求生而害仁，有杀身以成仁。”孟子认为在生与义二者不可得兼的条件下，“舍生而取义者也”。依照钱教授的逻辑，两位大圣人不是在“要求”和“强迫”别人去死，不是在教唆杀人吗？“成仁取义”不是“转化”成“可怕的东西”了吗？然而铁的事实是，几千年来这种成仁取义思想并未使人们感到“可怕”，却受到世世代代的尊崇，奉为金科玉律，成为我们民族伟大精神的一个重要组成部分，成为无数仁人志士的精神支柱。卷帙浩繁的《乾坤正气集》收录了他们可歌可泣的心声。他们为国家、为民族、为正义而捐躯，难道不是出于自身肺腑中的浩然正气，而是由于某种外在的要求甚至强迫吗？

钱教授所指也许不是古事，是今事。《纪念白求恩》写于1939年，正当中华民族危急存亡之秋，那时地无分南北的“共同的崇高理想”是抗日救亡，把日本侵略者赶出中国去。敌人的大炮、机枪、坦克、飞机等杀人武器压过来了，刀子是敌人强加在我们的头上的，“怕”有什么用？民族在沦亡，山河在破碎，人民在流血，无数抗日烈士以大无畏的精神迎上前去，奋斗牺牲，前仆后继，抛头颅洒热血换来胜利。《纪念白求恩》正是这种伟大的民族精神的集中表现。哪里有什么“强迫”，又何曾使人感到“可怕”？白求恩同志不远万里来到中国，为中国的抗日战争而献身，无数烈士为救国救民壮烈牺牲，难道不是出于自身肺腑中的浩然正气，而是由于外在的某种要求甚至强迫吗？

而今，在改革开放和市场经济的大潮中，人们的各种不同的思想观念竞现纷呈，丰富多彩却也泥沙俱下。当此之时，尤其需要以《纪念白求恩》推崇的“毫无自私自利之心的精神”以及为实现“共同的崇高理想”的献身精神教育我们的青年一代。我们要高唱“毫无自私自利之心”赞，使之深入人心，在青年中乃至社会思想中成为一个宏大的强音，成为一道明亮的强光。我国实现社会主义现代化的征途还很长，还会遇到许多艰难险阻，还可能从外部压来狂风骇浪，我们的青年一代要能够继前贤之踵武，挺得住，站得牢，不怕牺牲去争取胜利。如果不是这样，他们在逆境和险境面前竟然抱头闭目，大叫“可怕”，我们民族的希望何在？我们这些教育者将成为千古罪人！

如果我仍有机会为编选中学语文课本提供意见，我仍要极力推荐《纪念白求恩》这篇“毛泽东人学思想的重要文献”选为课文，如果这就是“迂腐”，那么我将以“迂腐”为光荣。

1999年9月

课内与课外

我不愿意谈我的中学生活，因为我的经历不足为训，诚恐贻误现今的青少年。但又想，现今的青少年不比从前，他们有较强的辨别能力。不足取的，不会盲从；或有一二可取之处，也许并非无益。那就谈谈半个世纪以前我的往事，读者如看老影片，会感到奇特和有趣。

我是在沦陷的北平（今北京）读中学的，上的是主张尊孔读经的四存中学。社会环境，处于敌伪高压之下，如居铁桶中，令人窒息。学校环境则是讲学论道，在故纸堆中寻求自我麻醉。举一例可见一斑。1941 年，我才入学就赶上一场风潮，凡是该校的学生都要穿蓝色长衫，高三的学生联合起来反对，着短装上学，引起轩然大波。在礼堂开大会，学校领导站在讲台上，如临大敌。校长宣布今后仍拒绝穿长衫的一律开除。校长的孙子也是“短装党”，校长抖着长胡，狠狠打了他一个耳光，命他在众人面前罚跪。现在看来，简直是笑话。

再说我，我当时十几岁，还不十分懂事，恨日本鬼子，却嗜读古书。后一点，这学校合我的口味，一读就是 6 年，日本投降后，1946 年才毕业。这段学校生活充满艰难，却获益匪浅，对我以后的发展有巨大的影响。

我老家在当时河北省的宛平县（现已并入大兴县，属北京市），离北平一百多里，离宛平县城仅三十多里。1937 年七七事变时听到卢沟桥隆隆的炮声。这年冬天，全家逃难住进北平城。本来颇为殷实的家境一落千丈，过着贫民生活。住在北平城西南隅的一个丛葬区域，几间土屋，四面围着高高低低远远近近的坟墓，至今有时梦中仍再现夜行荒冢间的恐怖。上学，要骑自行车走很远的路。早饭午饭都吃自带的窝窝头，有时窝头里有几个枣，就算改善生活了。花几个钱在校门外吃碗老豆腐，可解窝头之凉，又可以润润喉咙。那老豆腐好吃极了。至今我在街头仍然爱吃此味，但似乎已不如昔日适口。不要说零花，买书也没钱。买些书，是从买豆腐钱里省出来的。

这所学校功课同其他中学有所不同，多了《孟子》《左传》《颜李学》《农学》这几门课。国文课全部读文言文，老师的教法也很特别。老派的讲桐城派的古文，新派的讲梁启超，不受课本的约束。课文是由老师指定的活页文选。有时老师还抛开课文，讲自己的或者时人的作品。记得有一次下大雪，老师兴致很高，讲了一首他自己做的诗，至今我还记得两句："疏林墨点缀寒鸦，展转稽迟卖炭车。"我偏科偏到极点，文科的课用心听，理科的课不好好听，也不做作业。凡是文科特好的学生，理科不及格也给 60 分。我占了这个便宜，却也因此考大学颇受了些窘。

我要谈的重点是课外。6 年间学有所得主要在课外。

话说我们有一位美术老师叫陈汝翼，字小溪。那时 40 岁上下，总是和颜悦色，慢条斯理。他是画家齐白石和古文家吴汝伦的学生，绘画、书法、篆刻和文学都有很深的造诣。但他秉性淡泊，不汲汲于名利，他的好友吴镜汀、王雪涛等都已享有盛名，他却还是一名普通教师。我们十几个爱好美术的同学课余在学校的书画会里学习，由陈老师指导；还时常到陈老师的宿舍里，请他详加指点。课余授徒他分文不取，同学生在一起，是他的乐事。我从陈老师学绘画，学书法，学做诗，打下了较好的底子。拿学诗来说，他指定我读的主要是两部书，一部是《杜诗镜诠》，一部是吴汝伦先生选的《古今诗范》（此书至今我仍保存）。听他和学他吟诵，他很少讲解。每吟到佳句，他喜形于色，连说："妙啊，嗯？"我看他的神色，听他说“妙”，渐渐也领会到诗的妙处。我写了诗，他改动也不多，动几个字，总是在关键的地方，使全诗振起了精神。

他的宿舍名“希声草堂”，取《老子》“大音希声”的意思。关起门来，外面风声雨声，屋内诗韵画韵。时间久了，去掉了谈时局的戒心，师生一起痛斥敌寇，慨叹国事，这希声之处，沸腾着爱国的声音。每当教务主任之流袭来则更换话题。陈老师的儿子在解放区，有一次他自老家来，携来一罐蜂蜜。倒出蜜，那罐底有个夹层，夹层里藏着解放区的出版物。我们见到这些东西，如在囚室里见到一线阳光。我倾向进步，后来终于走上革命道路，也是在希声草堂打下的底子。50年代初，陈老师作古了，我，至今不忘恩师的教诲，愿老师在天之灵安息。

我谈课内少，谈课外多。因为我上了一所特殊的学校，在课外，我遇到了一位好老师，学习我感兴趣的东西，不能由此否定课内学习的重要性，特别是在教育现代化的今天。我曾把课内课外比作鸟的两翼，两者是不可偏废的。我走过的路如果有可取之处，那就在于说明一个道理：不论课内课外，主动地学与被动地学，要我学与我要学，大不相同，大力加强学习的自觉性和主动性，才能事半而功倍。

1999年11月

世纪寄语

——为《中学语文教学》作

写下这个题目，作这篇大文章，颇感力不从心。不才连明天的事也看不大清楚，寄语一百年，如挟泰山以超北海，谈何容易！好在小题可以大作，大题也可以小作，我就斗胆命笔，就目前语文教学的热点素质教育，谈谈一己之见。

语文教育是素质教育，特别是思想和文化素质教育的重要阵地，对于塑造青年一代的灵魂，其他各门学科是难与伦比的。我们一向认为，在培养学生正确理解和熟练运用祖国语言文字的同时，要重视向学生进行思想政治教育和道德品质教育。但是不容否认，近年来有些地方存在着不同程度的忽视素质教育的现象；加以时代生活日新月异，为着适应新情况，必须研究新问题，对素质教育大力加强。

语文课的素质教育天地广阔，丰富多彩。这之中，思想素质的培养占重要地位。而培养学生的爱国主义精神，特别是为保卫和建设祖国无私奉献的精神，又是其中的重要内容。具有这种精神，再具有良好的文化素质和健全的体魄，如虎添翼；如果缺乏这种精神，那么虎犹未也，添翼何益？这种精神源远流长，体现着我国历代仁人志士为国家为民族奉献一切的优秀传统，是我们伟大的民族精神中最宝贵的东西。正是这种精神使我们的民族具有巨大的凝聚力，在强寇入侵、风雨飘摇的情势面前坚不可摧，反能克敌制胜。正是这种精神，使我们的国家克服一个个巨大的困难和挫折，化险为夷，转危为安，夺得今天的辉煌胜利。考虑到在未来的一百年，我们的前途未必步步都是鲜花铺地，玉帛相迎，必定有坎坷有泥泞，甚至很可能遭受狂风暴雨的猛烈袭击。用这种精神武装一代代青年，其重大意义是不言而喻的。

必须指出，把培养无私奉献精神同培养独立思考和发展个性对立起来是错误的。两者完全可以水乳交融，相得益彰。比如孔夫子以恢复周王朝的典章制度为己任，就在他一生栖栖奔走、到处碰壁的生涯中充分发展并展现了他的个性。屈原对楚国的政治黑暗和自己的遭谗受嫉感到极大的忧愤，宁愿赴水而死也不同流合污，一篇《离骚》淋漓痛快地展示了一个活生生的屈原，个性的强烈使人有千古一人之感。鲁迅先生“横眉冷对千夫指，俯首甘为孺子牛”，一部《鲁迅全集》充分展示了他的慈怀与劲骨。在记忆犹新的战争年代里，许多革命者抛头颅洒热血，前赴后继，他们的个性正是在火热的斗争中得以展现和发展，而决不是受到压抑和摧残。理想与个性是统一的，没有理想的个性是庸人的个性，不需要培养这种个性。

我有诗道：“悠悠世代千年瞬，默默书灯一穗光。”在这世纪之交，我对着书室里一穗吉祥的灯光默默祝福，为我们亲爱的祖国祝福，为我付出大半生心血的语文教育事业祝福，为并肩耕耘的好友广大的教师祝福，为踵武相继的无穷无尽的来者祝福。

2000 年 1 月

一只梨子的两半

老师把一只梨子切成两半，问学生："这是什么?"一个说："是梨子。"一个说："不是。"老师说："两个答案都不准确，应该说是梨子的一半。"诚然，梨子的一半是梨子也不是梨子，两半个合在一起才是一只完整的梨子。

语文教学也有两半。

一半属于实的部分。识字写字遣词造句布局谋篇这一部分偏于技术的训练，要认认真真，实实在在，严格要求，多次重复。有道是拳不离手，曲不离口，熟能生巧，来不得半点偷懒和马虎。不管什么天才，什么高超的训练方法，都不能违反只能顺应这条规律。更重要的是养成认真严肃的习惯，对于运用语言来说，这种习惯是十分重要的，非常可贵的。

另一半属于活的部分。进行上述训练是为着表达。表达是同表达者的思想感情以及对生活的体验、对是非的认识以及一吐为快的积极性紧密相联的。因此，学习语言运用（说话和作文）要给学生一个宽松的领域，以及想象和创造的余地，要给学生较大的自由度，这样才能生动活泼起来。表达训练不是个纯技术性的问题。认识的偏差只能导致学生把表达看成一种僵死的程式，厌弃说话和作文。

一个实一个活，虽说是语文教学的两半，却不能像梨子那样截然分开，毫不相联。在教学实践中我中有你，你中有我，互相渗透，相辅相成。

实和活的基本结合点是生活。生活会使学生扩大视野，获得丰富多彩的体验，激起喜怒哀乐纷繁复杂的感情。这些构成表达的主体。技巧只是附在主体上的色彩和花纹。比如一块大理石料，技巧只是雕刻在石料上的形象和纹饰。没有石料是谈不到技巧的。

生活是广义的，包括两个部分。一部分是直接生活，属于学生在生活所及的范围（家庭、学校和社会），直接的所见所闻所思所感。这部分是鲜活的，但毕竟是有限的。另一部分是间接生活，属于从各种传媒，特别是各种读物中所获得知识。这部分不是学生直接体验，但凭借它可以突破时空的界限，深入各知识领域，简直是无限的。两种生活都十分重要，构成语言表达的“大理石”。

通过学习语文（主要是学习精选的课文），要丰富学生的文化素养，培养他们高尚的思想感情和道德情操，这是不言自明的。

谈论语文教学，可以有许多条，可是依我看，最基本的东西只不过是一个梨子的两半。这，也许被视为简单化，算不得理论。可是以此指导教学，肯定是切实有效的。谓余不信，请尝试之。

2000年7月

《当代诗词诵读精华》前言

这册当代诗词读本是为中学生课外阅读编选的，也兼作社会读物。选取作品的要求是：一、力求有利于提高学生的文化素质和文学鉴赏能力，培养他们的爱国主义精神和为振兴中华无私奉献的精神，培养高尚的道德情操和生活情趣。二、力求有较高的写作水平和时代风采，给学生以又新又美的艺术享受。三、格律要求从宽，按过去的韵书押韵或采取今声今韵，兼收并蓄。

一

选取从五四运动迄今近百年间的诗词 300 首。初选万余首，反复筛选，留下这 300 首，可算得比较精粹。

五四运动期间，中国的诗坛发生了巨大变化。新诗诞生兴起，传统诗歌（旧体）遭到排斥。新诗的兴起是大好事，旧体诗遭排斥则是诗坛的不幸。这两朵好花，本来应该共生共荣，相竞相补，以不同的丰姿装点诗苑。却落得一荣一悴，使春光减色。旧体诗玉颜憔悴一下子就是几十年，直到近时开放搞活，才从冻土中抽出芽来，布叶开花，出现复兴的势头。

受到冷遇的诗词却表现了顽强的生命力。虽然不被提倡，难登诗坛，还屡遭白眼，而“地火在地下运行”，仍然取得令人瞩目的成绩。毛泽东、陈毅、鲁迅、郁达夫、田汉等许多革命家、文学家写出了不少无愧于时代的杰作。毛泽东同志的诗词震古烁今、高唱入云，是极为宝贵的收获。这一时期的成绩虽说不算丰富，却以传统诗歌的形式留下了时代的声音，继承不绝如缕的诗词一脉，开启光辉的未来，应与新诗比肩，同样彪炳于诗史。

生活常青，时代永新，摹写生活画卷、连通时代脉搏的诗（不论何种体式）也是常青的，永新的。我国传统的诗词体式，为与新诗相区别，通常称为“旧体”。入选的300首诗词足以证明：旧体不旧，同样可以依其自身的特点很好地表现新的时代精神，而且其所显示的民族气派和民族风韵，是独有的，无可代替的。

二

青年朋友怎样读这些诗词呢？要着重于反复诵读，熏陶感悟，体味诗的思想感情和艺术韵味。有些深深打动你的诗篇，更要熟读，直到能够背诵。有些一时不懂的诗意，或问师友或者查书，如果还不能明白，那就存疑，留待以后解决。“诗无达诂”，还可以有自己的创见。

“诗言志”，志，可以理解得宽些，包括一个人的整个精神内涵，特别是感情，无情不成诗。近百年来，是充满惊天动地的革命斗争的时代，是古老的中国浴火重生的时代。现当代的历史只能给予历史事实，而诗却能展示活动于历史舞台的重要人物的精神世界。他们真诚火热的爱国热情、百折不挠的斗争意志，无私无畏的奉献精神，他们可歌可泣的悲欢离合，朴素高尚的道德情操，通过诗都栩栩如生地显现在面前。读这些诗词，等于同诗人交了好朋友，虽不知面，却能知心，会受到感染是不言而喻的。

诗给人以美感。美源于情，脱离了诗美，情虽然也能得到表达，却不是诗。诗美，在于意象、形象和意境的美，在于语言的抑扬顿挫的音乐美，在于这诸多条件总合起来酿成的韵味美，其极点是可意会不可言传的。“熟读精思子自知”，要在熟读精思上下功夫。诗是语言的艺术，不用说，还能够从中学到运用语言的高超艺术。梦笔生花是幻想，多读诗，真的会使枯燥干瘪的笔生出花来。

课外读诗，固然可以一本正经地读，也可以信马由缰，当作休息、娱乐来读，不定目标，不讲方法，爱读几时读几时，爱读多少读多少，在自由自在中不仅可以获得教益，还可以增加学诗的兴趣。

三

近百年间的诗词，尚乏系统的、深入的研究和整理，没有成熟的诗词史和较完备的资料。近二十多年来诗词正在复苏和发展，更难把握。选编此书是一项开拓工作，难度之大可想而知。选取失当以及坠珠遗璧，在所难免。恳望读者批评指正，以便再版时加以修正。

2001年6月

〔**附记**〕此文是杨金亭同志与我合写的。

苦耶？乐耶？

中学期间（1941～1946），我住在沦陷的北平，读的是一所提倡读古书的学校四存中学（现在北京八中的前身）。文科包括国文、左传、孟子、礼记几门课。那时候，老师讲课有很大的随意性，似乎没有教学纲要之类的指导文件，学校领导对教学也从不过问。课本人手一册，但老师只选讲其中几篇，其余授课内容由老师自行安排。须知老师这样做，关涉到他的威信。一味照着课本讲，学生会认为老师“没学问”。当时的风气如此。

中学阶段，我获益最多的不在课内，在课外。

学校有个书画会，是课外活动组织。我参加了，并且得到美术老师陈小溪先生的赏识。陈先生绘画、书法、篆刻、诗文均有很高的造诣，但是不喜交游，拙于自谋，是个隐士型的艺术家。他住在学校宿舍，有屋两间，自命曰“希声草堂”，取老子“大音希声”的意思。书画会活动的时间是有限的，几个爱好相同的同学，课余常到希声草堂里向陈老师求教。陈老师心地和善，以教为乐，不收束脩，有时还请学生吃饭。希声草堂成了我们的课堂，成了谈文说艺舞文弄墨的乐园。

我从陈老师学画山水，有时为老师研墨观看他作画，有时秉笔学画，老师从旁指导。这样学，进步很快。我秉性愚鲁，又高度近视，画终于没学成，可是我的同学中，颇有几位后来成了大画家，如原中央美院副院长侯一民，是卓有成就的油画家、陶瓷艺术家；现在四川美协的宋广训，是著名版画家。

我走了另一条路：学诗。有一回，我在一个扇面上题了一首五言古诗：“三载客燕都，西岭当门碧。蔬食终日眠，短褐露两膝。睡起步竹篸，清阴筛素月。恨无知己来，临风独郁郁。”这要算是我的处女作。陈老师看了很高兴，说：“你可以学学诗，嗯!”在五六年间，他给我介绍了许多诗集，要我着重读《杜诗镜诠》（我通读了全部杜诗，并熟读背诵了其中一大部分）。他还赠给我一部极好的选本《古今诗范》，我得益于这部选集很多很多，这部书我至今收藏。但，陈老师从不成本大套地讲诗，只要我听他吟诵，读到难解处，略解几句，读到极好处，只说一句：“妙啊，嗯?”现在想来，这种引导学生自己心领神会的教学法，是很高明的。

希声草堂还是自由议论国家大事的避风港。在日寇铁蹄统治下的北平犹如一个不通风的铁屋，令人窒息。希声草堂的夕阳影里、灯烛光下，紧闭门窗，纵谈敌人残暴和我军抗战的点滴见闻，可以略舒一口闷气。陈老师是一个深情的爱国者，我和几位同学是受他的影响后走向革命的。

至于我在中学阶段的衣食住行，同今天相比真是天壤之别。只简单地说几点。那时，我家住在北京西南角城根一带，四存中学则在中南海附近，相距甚远（约在十公里以上）。我每天骑自行车上下学，要跑很长的路。我的家仅有三间土房，处在“乱葬岗子”中间。院墙外，被高高低低的乱坟包围着。乱坟之间有一条小道，每天都要走这条小道。白天还好，下学回家晚了，很害怕。冬天常有“倒卧”，衣服被未死的同伙通通剥去，赤条条横卧当路。至今思之，还感心悸。

每天在学校吃一顿饭，干粮是自带的两个玉米面窝头，有时加几个枣儿。一点零用钱只够在小摊上买一碗老豆腐（相当于南方的豆花）。后来学画着了迷，就把少得可怜的零用钱节省下来，到琉璃厂买画帖。这些画帖可惜都散失了。1945 年日本投降前，连玉米面也吃不到了，吃混合面蒸出的饽饽，深褐色的，里面夹杂着糠秕、树皮、红薯梗，还有沙子、石屑乃至畜毛、麻线之类，吃起来对不上牙，只好囫囵吞咽。这种不适宜人类食用的东西，还要打破头挤着去买。现在想来，够苦的，当时并没感到怎么苦。毕竟还能上学，流离失所、惨死沟壑的孩子多着呢。

杂七杂八说了这许多，现今青少年朋友看来，必定如同另一个世界的怪事，或者如《镜花缘》里的海外奇谈吧。但是从这些亦乐亦苦的旧事中也许能悟出点什么，请读来试试看。

2002年1月

摇 篮

我进入人教社，于今已52年，可算是开社老人了。进社那年，我27岁。青年、中年、老年，在社里度过多半个人生，度过人生的黄金时期。提笔为社庆写祝词，首先跳出两个字是“摇篮”。不错，人教社是我成长的摇篮。

回想初进社时，我才走出大学校门，只有满腔热情，毫无涉世和工作的经验，理论和实践都非常欠缺。我一进社，就从事中学语文教材的编辑工作，专业素养也很不够。经过“文革”前十多年在工作中的学习锻炼，我才逐步有所提高，比较成熟起来。这十多年是我迅速成长的时期，客观上，人教社提供了极好的学习条件，主观上，我还是肯学习的。

第一，向前辈学者学习。当时人教社人材济济，中语室集中了许多有真才实学的著名学者。道德文章堪称一代宗师的叶圣陶社长亲自领导中学语文的编辑工作。还有朱文叔、吴伯箫、张毕来、隋树森、王泗原等许多位先生都是我的好老师。受到诸公的言传身教，有如坐春风之感。我向他们学习渊博的知识，学习衡文的深刻识度，学习炉火纯青的文字功力，特别是学习又认真又宽容的学者风度。学术问题争得面红耳赤，彼此私交却十分淳厚，耳濡目染学到的东西终身受用不尽。

第二，勤奋地、甚至有些贪婪地博览群书。我社图书馆藏书甚丰，编辑室书也不少，有一部“四部丛刊”，足资阅读。我的业余生活主要是读书。孩子由我岳母家抚养，我和妻住人教社宿舍。不起火，吃食堂。也不烧开水，到胡同口一家老虎灶去买。在不加班的夜晚，我们两张三屉桌相对，各按自己的计划读书，作笔记。两个苹果，一包花生米，要算是难得的书边享受。读马克思主义经典著作，是共同的。读各自的专业书籍，在我，则读古今中外的文学名著。曾结合工作，搜集马克思主义经典作家和著名文学家关于语文教学的言论，出版了《论学习语文》；曾与朋友合作，广泛搜集中国古代寓言，出版了两卷本《寓林折枝》。如今生活已大有改善，鸟枪换炮了。可是忆及往事，并不觉得清寒和单调，倒是觉得有无穷的高尚情趣。

第三，在自己的工作中学习。正面总结经验固然重要，从反面总结教训更能受益，从工作中最容易发现自己的缺点和不足。比如，我发现文字功力不足，正好向身边的诸公学习，受益于叶老的教诲最多。不仅文章的修改，连一封复读者的信，经老先生改定，我都要细心琢磨修改的道理，渐渐摸到遣词造句布局谋篇的理脉。我爱好文学，业余常给报刊写稿，这也大大提高了我的文字功力。再如我有粗疏的毛病，自己随时注意改正。写出东西多看几遍再出手。至今我还保留着这个习惯。

“文王拘而演周易，孔子厄而作春秋。”我辈凡人也不例外。经过磨难，我增加了对生活的洞察力，去掉几分书生气。拨乱反正以来，由于摆脱了巨大的精神压力以及种种极左的束缚，我感到获得解放，在语文教学研究和文学创作两方面都有了较大的发展和提高。目前年届八旬，仍感到有使不完的气力。回顾走过来的路，我是在出版社这个摇篮里长大的。才进社的青年朋友们！你们一定清楚地了解出版社的职责是编辑出版中小学教科书的，然而，你想过吗？出版社是你成长的摇篮，是个培养人材的大学校。

2000 年

作文教学的实和活

（在井冈山作文教学研讨会上的发言）

这个研讨会开得很好，人数不多，时间不长，收效不小。在座的各位老师，都在教学第一线多年从事作文教学改革，取得了各有特色的经验，可喜可贺。我们需要这样的按照语文教学规律，从实际出发，在原有基础上不断探索创新的经验，哪怕还不够成熟，只要方向对路子对，锲而不舍，会日趋完善。我脱离教学第一线已多年，参加研讨会是来学习，这是真话。几天来自觉收获不小，谈谈我的几点学习体会，和同行们共同探讨。

语文课的工具性

是否承认语文课有工具性，曾是长期争论的一个焦点，近一时期又很有异议。我想先讲一讲工具性提法的来源。前两年，有人写文章批评叶圣陶老先生的“工具论”。叶老早年可能提过工具一词，但把工具性写入教学大纲，用以指导语文教学，决不是来自叶老，批评叶老是不了解这段历史。记得 60 年代初否定文学课之后，人民教育出版社的领导向中宣部的一位领导汇报工作，这位领导说：“语文敢不敢不讲政治？语文就是语文，是工具嘛！”我参加了这次会见，所以记得真切。后来，由中宣部一位副部长主持起草语文教学大纲的前言，其突出的特点就是写入了“工具性”和“文道不可分割”的思想。在这个大纲指导下，60 年代前期的语文教学是比较好的。但是，“文革”中工具论受到严厉批判，指为语文课搞修正主义的罪证，致使语文课濒临毁灭的边缘。粉碎“四人帮”拨乱反正，才又肯定语文课的工具性。这二十多年的语文教学怎么样?我以为是建国以来最好的一个时期，虽然存在着种种弊端。由此可见，承认语文教学有工具性，是我们和“左”的错误进行斗争的成果，得来不易。

而今反对工具论，与过去大有不同，不是认为工具论妨碍了突出政治，反而是认为工具论是导致语文教学“技术化”诸弊端的理论根源，所以对之深恶痛绝。所谓“技术化”，即把语文教学当作传授一种单纯的技术。比如写作教学，把内容与语言表达分割开来，并脱离学生的生活和思想实际，不问作文的内容是否言不由衷甚至虚假或编造，只要求符合预定的框框，表达不要求创新，只要求符合预定的模式。如果我的理解不错，那么我们所反对的是同一弊端，并无分歧。我本人即曾长期为作文的“八股调”忧虑，并且进行调查研究，形成自己的思考。许多同行也致力于这方面研究，并进行卓有成效的实验。如北京清华附中的赵老师，致力于清除作文中的“灰色污染”(“技术化”的种种表现)，取得了很好的成绩。对病情，我们的认识相同，但开出的药方却很不相同。

我以为，形成“技术化”的主要原因绝不在于工具论，而在于片面追求升学率，在于应试的高热。应试的作文，在内容方面只能提一般的要求，也不可能考查学生所说是否真实。在语文表达方面，则四平八稳，遵循一定的套路，这样写最为稳妥，创新虽然偶然可以得到赏识，却要冒很大的风险。须知考试指挥棒的威力是巨大的，作文训练自要围着指挥棒转，在语言技术方面使劲儿，以求迅速、高效，对得高分有较大的保险系数。许多老师并不愿意这样作，但是胳膊扭不过大腿，于是久而久之，蔚然成风，认为作文就该如此。工具论与“技术化”没有必然的联系，反对掉工具论不可能解决“技术化”的问题。

语言作为一种工具，有其特殊性。“工具”带有比喻的意义，形象地说明它是一种手段。语言的产生和发展，与不同时代的生活、不断积累的文化，以及运用者的所见所闻所思所感密切联系在一起，如胶似漆，不可分割。语言的规律可以独立地进行研究，学习语言的运用则时刻不能使两者分离，分离了势必陷于纯技术的训练。由此可见，工具论本身即拒绝“技术化”，认为工具论会导致“技术化”是对工具论的误解。

语言是一种交际工具，认为语文课具有工具性是合乎科学道理的，理应得到承认和恰当的表述。如果加以割弃，非但无补于消除“技术化”，而且可能产生负面影响：忽略和削弱学生为了掌握语文工具应该付出的艰苦的努力。借助语言所反映和摹写的客观对象是纷繁复杂的，要作到准确、鲜明、生动，需要下苦功磨炼。集古今中外文章大家的经验概莫能外。过去曾有一种说法，政治思想好了，语文自然就好了，事实证明并非如此；现在能不能说，学生聪明了，有创新精神了，素质提高了，语文自然就好了呢？也不能，语言文字的磨炼是无可代替的。我以为，语文课的基本任务仍然是教育学生理解、热爱和熟练运用祖国的语言文字，这个基本点历久常新，绝非陈旧，在理念、课程教材、方法的革新中要牢牢把握这一点。

作文要说真话

我高兴地看到，各位老师为了消除“灰色污染”所作的努力，同我的思考不谋而合。各路英雄与老朽之见略同。先说说作文要说真话，这是对待作文的基本态度问题。

各位老师在实践中深切感到，作文不说真话、任意编造的严重危害。北京的赵老师总结学生作文有三招：一凑、二抄、三套。千人一面，千篇一律，它来源于应试。赵老师又引了学生的话说“作文从不敢直抒胸臆，也不敢文思飘逸，生怕作文分数大打折扣”。山西的卢老师说：学生把作文当作身外物，作文思想可以是老师给的，语言来自书本，或照搬别人的，既没有自己的语言，更没有自己的思想，唯一的目的是为了考试。看来不摆脱八股腔，不说真话，学生永远学不会作文。

为了解决这个问题，老师们下了很大功夫，取得可喜成绩。许多学生摆脱了凭空编造的困境，把笔转向摹写自己的生活，产生了很大兴趣，对作文的厌恶情绪逐渐消除了。几位老师在会上读的几篇学生说真话的作文，写得很好，比如那篇谈自己早恋的作文，很真实感人。作文能说真话，这是一大进步。

根据老师们的经验，引导学生作文说真话。一是帮助学生认识作文说真话的必要。要让他们懂得在学校培养写作能力是为了将来在社会上实用，在实用中说假话会传达不真实的信息，导致种种误解，所以在校作文就要养成说真话的好习惯。要在学生中形成一种风气，说真话理所当然，说假话不光彩。再就是给学生开拓说真话的自由空间，施行童言无忌。提倡说真话，当然不是提倡暴露隐私。但是既然说真话，所说就不免有不当之处，这不要紧，必要时老师适当引导就是了。有的老师做得很好，不仅不使学生感到丝毫压力，而且感到老师慈母慈父般亲切。

什么是真话？真话有两种不同的情况。一是习作实用性的文字，写自己的所见所闻所思所感，记述实有的事件、表述自己的意见，等等。写这一类文字必须真实，事实怎么样就怎么写，不允许编造。二是习作小小说、童话、寓言等文学性文字，写这一类允许虚构，发挥想象，越大胆越奇妙越好。但虚构的目的仍然在于表达作者真实的思想感情，虚构不等同于说假话。此外，有一种情景作文，学生身处情景之中，有如演员，也不等同于说假话。把这几种情况区别开来，并进行分别指导，对于引导学生作文说真话是有益的。

作文与生活相联系

倡导学生说真话，就必须有话可说，有说不完的话。巧妇难为无米之炊，米在哪里？言之有物，物在哪里？答曰：在生活中。帮助学生开发写作资源，走进生活，打开生活之门，是消除作文“灰色污染”的最为重要的决定性步骤。在宜昌，我见到许多新活的经验，兴奋不已。这一次我又听到许多好经验，而且有新的发展。如组织参观访问，不只参观展览会，欣赏自然风光、名胜古迹，而且采访名人学者，调查民风民俗，到工厂打工，去农贸市场卖菜，不仅作旁观者，而且作参与者。再如利用电视，扩大学生视野，从家庭学校到社会，更穷千里之目看看世界。以前我认为只有大城市才容易利用电视，其实不然。在宜昌我看到边远贫困地区更需要电视。深山区十分闭塞，今天的《人民日报》要一周后才能看到，新闻变成旧闻。电视是他们快捷的“世界之窗”。通过电视，可以足不出户而知天下事，可以增进文化素养，可以学到标准的普通话，可以获得新活的写作材料，激发写作激情。现在得知，利用电视这个作文联系生活的利器，已经受到普遍重视。现在又有了新的项目——旅游。成都吕老师组织学生带着作文的任务到北京旅游，参加天安门的升旗仪式，写出很好的作文。他们路过秦岭，在站台上遇到一个小姑娘收集易拉罐，回赠你一束栀子花，用以换取微薄的生活费用。师生就此事写同题作文，共同评论，收效很好。

学生获得多种多样的写作材料，是否就一定能写出好文章来？不一定，引导他们学会观察，善于感悟。把接触到的事物，看明白，看仔细，了解其精神实质，捕捉到其中最感人的东西，达到非吐不快的地步。兴趣来了，感到有许多话涌上笔端，再让他说假话、套话，他不干了。近年提倡和推广的“研究性学习”或“探索性学习”，我深表赞同。我认为它是语文教学联系生活的极好的形式。山西卢老师有句话：看来从动态中学习作文最能取得好效果。这话很精彩。确定一个主题，师生共同研究，不断克服困难，不断发现，不断前进。学生不止于观察，也不止于一般参与，而是从事探索、研究，参加全过程。这样得来的东西是生动的，深刻的，据此写出的文章不会停留于一般的摹写，是扎实具体、富有活力的。何况不仅大有益于作文，更大有助于培养学生的创新精神，增进聪明才智。

课堂是语文教学的主要基地，各种课堂以外的活动，有的比较便捷，有的则需要许多条件，花费许多时间和精力。要精心策划，妥善安排，使课内课外协调进行，互相渗透。总之，贵精不贵多。

多读多写

有人以为多读多写的提法陈旧过时了。我还是要老调重弹。麦稻菽粟，古已有之，今天仍然以之充饥，并无陈旧的问题。古人的经验值得重视。“读万卷书，行万里路”，说的是文章的滋养来自两个方面，一是生活阅历，一是大量阅读。“读书破万卷，下笔如有神”，单说多读对写作的重要，阅读是写作的基础。“得知千载上，赖有古人书”，说的是借助读书可以超越时空的界限获取远离身边的知识。“腹有诗书气自华”，说的是多读能增进人的文化素养，改善人的气质。关于多读的好处，古人都说到了。

学生阅读，首先是语文课本，文章极好但数量太少。第二是指定的课外读物，也还不够。第三是大量的自由阅读。我很欣赏引导学生自选读物，无拘无束地读点书。书的内容只要是健康无害的，不论是文学还是历史，是人生还是宇宙，是武侠还是言情，都可以读。不必定计划，不必提要求，不必定时间和进度。一本书，读多少算多少，也不必每本都读到底。一方面在课堂上，把阅读当成学习；另一方面在课外，把阅读当成休闲，当成游戏。两相配合，会增进学生的阅读兴趣，阅读量自然大大增长。我注意到，各位老师采取了许多办法增加学生的阅读量，如在教室建立图书角，开设讲座，举行读书报告会，等等，这是十分有益的。

阅读，提倡写读书笔记。可以摘录精彩的段、句，可以写自己的感悟，如果与作者有不同意见，还可以同作者辩论。随手写来，不拘形式。

再说作文。按照教学安排，在教师指导下进行各种形式的作文，是完全必要的，但次数太少，十分不够。几位老师都提到倡导学生课外练笔，这不仅于作文之外，大大增加写作量，而且会提高写作兴趣，是一种极好的形式。我曾看过学生练笔的本子，封面非常漂亮，字写得工整，还配有插图，有的还起一个美好的名字。学生把它看成自己的著作，非常珍惜。对于学生的练笔，要提倡和鼓励，但不必提什么要求，给学生一个自己写作的自由空间。这种信马由缰、直抒胸臆的练笔实在好，从中出现过一些佳作。黎锦熙先生曾说笔札优于作文，是确实的。除练笔之外，还可以开展多样的写作活动，如办刊，办小记者站，举行有主题有特色的班会，采访校内外知名人士，都是极好的形式。要特别努力使学生的写作在校园、在社会发生实际的作用。如在校内刊出或广播，则在校内发挥了作用，给社会上报刊投稿得到发表、参加竞赛得到名次，则在社会上产生了影响。学生一旦得知他写出的文字不只是带着老师的批语在作文本里睡觉，居然在一定的群体中发挥了作用，对他的影响是巨大的，很可能影响他今后走的道路。我也要说一句：实用优于训练。

两种作文

建国初设文学课，不久翻了车，从此文学课成为语文课的禁区。粉碎“四人帮”后，张志公先生和我都提倡把文学纳入语文课，文学因素逐渐多了。中学各门课程中只有语文管文学，文学教育只能在语文课中得到发挥。它不仅能给学生以极高超的语文范本，而且影响学生人生道路、审美观念等。如今文学教育得到重视，是一件大好事。

各位老师讲的大都是指导学生写文学性作文的经验，我想提出另一种作文，即科学性的作文。两种作文的写作有很大不同。第一，写文学作品，诉诸于情，没情的不能称为文学作品。哲理诗，如《老子》也充满感情。而科学性文章则诉诸理，重在讲明白事物的发生发展规律。如介绍大自然沧桑变化，说明一项科学实验的过程和结果，论述一种历史现象和自己的见解等等，都重在理，不在情。第二，文学作品的表述重在生动感人，鲜明的形象，大胆的想象和动人的抒情是经常采用的。“白发三千丈，缘愁似个长”，科学家研究白发，则不采用这种笔法，必定要测定此人的白发长几尺几寸几分。科学性文章则在于准确的描述、可靠的论据，以及严密的逻辑推理。《过秦论》是一篇极好的政治论文，摆出六国存亡的大量史实，通过精严的推理，得出不容辩驳的结论：“仁义不施，攻守之势异也。”有些文学作品带有科学性，也有些科学性文章带有文学性，不能截然分开。尽管如此，两者毕竟是两股道上跑的车，各有其特点，需要分别加以指导。第三，写作所凭借的资源也不一样。文学作品主要源于生活，文学性作文自然也着重从生活中取材。科学性文章，一是源于亲自的实验，二是源于大量资料。资料太重要了，如地球变暖、宇宙航行、环境保护，一种稀有生物的兴衰，一项重大历史事件的得失，等等，研究和了解其中任何一个局部问题都要查阅大量的资料。运用资料，包括检索、摘录、分析和运用，以及使用电脑，有一套专门的知识和技术，需要让学生掌握。希望老师们注意指导科学性作文，搞出经验来。青年不但喜爱文学，也喜爱科学，如让他们凭资料探索各种秘密，从不知到知，同样可以激起他们很大的兴趣。学生将来升学或步入社会，写科学性文章的需要广泛存在，中学语文教育不能搞清一色的文学。

咬文嚼字

雕虫并非小技，只因为如今社会上往往视为小技而忽之，闹出许多笑话。报刊、广播、电视以及日常交际，往往用词不当。有一年，吕叔湘先生和我一起去某地讲学，当地一位领导热情地接待，他说：“这次讲学不但有录音，还要录像，你们年事已高，留个资料吧！”一番好意，但话不得体。报刊电视用语常出错，如“美轮美奂”，本来是形容建筑物的高大华美，有人却用来形容小姐的美丽，形容金银首饰的光采，令人啼笑皆非。这是中国语言的灾难，不是小事，是大事。文人，特别是语文教师切不可忽视咬文嚼字的重要。我们的前辈是以十分严肃的态度对待语言文字问题的，叶老可算楷模。叶老审阅书稿，用日历页裁成小条，把改文写在小条上夹在书稿里，一本书能有上百个小条子。叶老晚年出版《叶圣陶集》二十多卷，他把作品统统作了一番文字加工。朱泳燚先生，摘出叶老所改之处，与原作对照分类整理，出了一本书叫《叶圣陶语言修改艺术》。这本书很有价值，值得读一读。在编文学课本时期，叶老采取一种修改课文的方式，传为佳话。如修改《最后一课》，叶老请来主管副总编辑、编辑室主任和责任编辑，还有一位精通法文和一位精通普通话的先生共同修改，逐句推敲。叶老还写过一篇文章，题目就叫“咬文嚼字”，曾选为课文。我们应该学习叶老对文字精益求精的精神。

有些学生的作文，尽管立意新颖，颇见才华，但语言表达难免有错误不当之处。各位老师在论文中引用学生的作文佳例，也有少数语言方面的毛病。教师帮助学生推敲修改，是绝对必要的，万不可少的，须知这是语文课职责所在，其他的课管不到。作文中出现的语言毛病，经老师过目而未加改正，学生即以误为正，可能要错一辈子。你说这事还小吗！

我写文章，第一遍写好后放在抽屉内冷处理，隔一段时间拿出来再改，如此反复几遍才能脱稿。我手边常备一本《新华字典》一部《汉语大辞典》，常常使用，成了习惯。我才疏学浅，文字功夫又不到家，依靠咬文嚼字，避免了许多失当之处。“下笔千言，倚马可待”“文不加点”，只有极少数绝顶天才也许能如此。杜甫晚年还说“新诗改罢自长吟”，许多好文章是改出来的。要引导学生把语言表达当成大事，养成咬文嚼字一丝不苟的好习惯，他们终生受用不尽。

教师的素养

语文教学的成败，很大程度上取决于老师的语文素养，语文素养高，课就能上得好，老师要给学生真东西。改进教学方法，改善教学手段，比如当前使用电脑，对促进语文教学改革有很大助益，但是如果老师语文素养不高，空有现代化教学手段，徒然变换不少花样，可能热闹一时，却难以收到理想效果。语文老师，一要多读书，古今中外的名著不可不读，现今流行的、学生关注的书，也应浏览。二要多写“下水文”，写一手好文章。要指导、批改学生的作文，教师要亲尝甘苦深通文理才能指导在点子上。三要练得一笔好字，写得规范，美观，足为学生榜样。字写得如何，也是门面。教师一上课板书写得不成样，会影响学生的信任。现在使用电脑好像笔可以丢了，我看不会，书写还有它不可代替的用途。四是要说普通话，方言区的教师要努力学普通话。要争取作专家型或杂家型的语文老师，叶圣陶先生、朱自清先生、夏丏尊先生等许多学有大成的先生是我们的榜样。

2002年6月

变和不变

——在中国教育学会中学语文教学专业委员会第八届年会上的发言

首先向与会的全体同行们致以亲切的问候和衷心的祝福。在座的有的是多年在一起摸爬滚打的老朋友，都已经两鬓苍苍，仍然精神抖擞；有的是风华正茂的新朋友，正如旭日东升，充满活力。群贤毕至，少长咸集，是一次盛会，会址在黄鹤楼侧畔。几十年前曾经是“黄鹤一去不复返”，如今万千黄鹤喜归来。我同大家一样是非常高兴的。

我从六岁起开始读私塾，同语文结下不解之缘，至今已整整70年，经验教训不少。这里只说说我近来思考的一个问题。从改革的角度观察，语文教学包含两种因素，一是相对稳定、很少改变的因素，即语文教学的基本任务。要使学生正确理解和熟练运用祖国的语言文字，在阅读、说话、写作几方面达到合格的程度；同时，通过语文教学，充实和提高学生的精神世界以及文化素养。回顾几十年来，这个基本任务的表述时有不同，实质无大变化。远溯历史，虽然还没有提出基本任务这个概念，实质上也是存在的。

经验证明，培养语文能力的主要途径是阅读和写作的实践，是在实践中大量的反复的磨炼，舍此别无它途。新的课程标准和教材，编入了大量精选的好文章，指定了课外阅读书目，设计了许多生动活泼的课内外写作专题，这就保证了基本任务的完成。要在新的理念指导下，让学生认真地在阅读和写作上下功夫，这是十分重要的。毫无疑问，丰富学生的人文素养大有益于提高语文能力，应该看到，许多好文章本身即含有丰富的人文因素，并不需要外加许多东西。比如《赤壁赋》的教学，首要的是让学生熟读背诵课文，并且引导学生理解某些高妙的语言艺术以及变与不变的哲学思考；还可以扩展开来，欣赏东坡的“大江东去”，参阅《仇池笔记》和陆游《入蜀记》中的有关记述；还可以介绍东坡的墨迹《赤壁赋》，增进学生欣赏书法的兴趣。教学时间有限，如此丰富的内容只能精选一二用于课堂，还用得着外加吗？

语文教学还有另一个因素，一个相当活跃、时有变化乃至大的改革的因素，这就是语文教育的理论和理念、语文教学的设计和方法，等等。不变，形同一潭死水；变，才能发展和前进。变是为着学生学习语文更有效、更便捷、更快乐，更能增进聪明才智。回顾几十年来，我们进行过多次教学改革，当前正在实施和发展的教学改革，既深且广，可谓波澜壮阔。我们中语会和广大语文教育工作者正以极大的热情和与时俱进的姿态投入改革。促进教学改革是中语会的一项重要任务，应该凭借联系第一线广大群众的优势，积极研究一些问题，主动充当决策机关的参谋。

多年来的经验证明：在强调不变因素时，往往忽略变的因素；在强调变的因素时，往往又忽略不变的因素。我们要自觉地把两个方面统一起来，使之相得益彰，协调发展。

我讲的这番话，只是表达一个老年同行对语文教学的关切，难免有不当之处，仅供参考。祝大会圆满成功。

2003 年 11 月

语文教学与生活

一、语文教学与生活相联系是一个重要的教学指导思想，生活也是一项教学的重要内容。语文教学的内容是个包涵多种因素的复合体，主要有三条。1. 语文基本功的培养，即读写听说语文运用能力的培养。2. 思想道德的培养，包括诸多方面人的基本品质的培养。3. 生活的参与，包括学生自身的生活，青少年群体的生活、家庭生活、校园生活和社会生活等等，内容十分广泛。人们经常提到前两项内容，很少提到后一项内容。本文着重论述语文教学需要生活参与的问题。

二、综观多年来我国的中学语文教学，存在的问题基本上有三种状况。一是片面强调思想道德教育（道），其结果不但削弱了语文教育（文），而且思想道德教育也多是空洞的说教，两败俱伤。二是片面强调语文教育（双基），其结果是丢掉了思想道德教育，语文教育也成了单纯的技术训练，同样是两败俱伤。三是“文”与“道”能够兼顾。但仍是两张皮。无论哪种情况，难免导致：教学事倍功半，学生失掉学习兴趣，社会对于毕业生语文水平低下反映强烈。这个问题成了老大难，语文教育工作者长期困惑，难以找到有效的解决办法。

三、症结何在？我曾提出语文教学要实和活，既要扎扎实实又要生动活泼，以提高语文教学的效率和增进学生的学习兴趣。但是如何实起来活起来，仍乏具体门路。经长期观察和思考，我认识到，症结在于没有充分认识语文教学与生活相联系的重要性，教学与生活相脱离。

四、我国语文教学有悠久的优秀传统，也有弊端。最大的弊端之一是与生活相脱离。建国以来进行过多次语文教学改革，也都不曾解决这个问题。因此，与生活相脱离成了一条拖到现今的长长的消极尾巴。但是，一些有卓越见解的语文教育家，如尊敬的叶圣陶、夏丏尊等先生，对于联系生活的重要性都曾加以强调或实际示例。许多教学改革的先进经验，都包涵对生活参与的肯定。邢台八中的张孝纯老师更提出“大语文教育”的卓越思想，系统地论述了语文教学与生活相联系的思想和实施方案。张老师已故去，我仍很怀念他。

五、语文教学与生活相联系的思想在孕育，在发展。近十多年来，城乡有些地方进行实验。湖北宜昌的“课内外衔接”的教改实验，时间最长（已近十年），面积最大（几乎遍及宜昌城乡），收效也最显著。他们的课堂扩大了，学校课堂为主课堂，此外，校园、家庭、街村和社会都是不同层次的课堂。他们的阅读扩大了，除了教科书，还有纳入课内外的大量的自选阅读（作读书笔记），他们的写作扩大了，安排有多式多样结合生活的作文，灵活运用生活资源，结合本地、全国和世界的新闻热点和学生的兴奋点，进行写作。有些写作项目，强调学生自己思考、自己动手，发扬创新精神，形成自己的写作主题。他们的课外活动扩大了、多样了。有些活动与社会相联系，强调实用，使学生看到自己的写作产生了实效。近年来，正在研究考试的改革。他们的实验取得了很好的效果（详见《刘征文集》第一卷第 385 页～395 页）。宜昌使我们加强了信心，加深了认识，尽管只是初创，还存在不足，但他们已取得的成果足以证明，语文教学和生活相联系是正确的，是教改的关键所在。

六、成功的经验要求理论的说明。但我说不周全，只想探讨一下语文教学工具性问题。说语文教学有工具性，有人赞成，有人反对。不论赞成还是反对，都不曾深入探讨语言作为工具的独特性及这种工具的本质特征。原来语言作为一种工具，有着不同于其他工具的独特性，它规定着语文教学的工具性。

七、语言工具的独特性在于它与生活的密切关系，语言是适应文明人类在生活中的交流需要而产生的，从简单到复杂，从粗放到精密，这样逐渐发展和完善，也是适应生活日益发展和进步的需要而完成的。它的存在和发展时刻离不开生活，说生活是语言的母胎还不够确切。母胎孕育婴儿是一次完成的，而生活孕育语言是不间断的，无穷尽的。“鱼儿离不开水，瓜儿离不开秧”，也许可以比喻语言和生活的关系。人们运用语言也是为着生活的需要，运用语言的工拙利钝，不完全决定于基本功是否扎实，还受到生活需要的迫切性以及生活带给发言者的激情所左右。古代有些文章大家一时才华横溢，继而却江郎才尽，恰是说明这个道理。这，也许带有规律性。语文教学只能顺应它，不能违反它。违反了，就不能取得好的结果。

八、实验证明，施行语文教学与生活相联系，由于以学生在生活中的经历和感悟以及自己创造所得为学习资源，牵动学生的思想感情，叩动他们的心扉，最有利于激发学生的兴趣和主动性，最有利于实和活相辅相成，最有利于语文基本功和思想道德的培养有机地结合起来，最有利于使学生有效地学到读写听说实际应用的真本领，最有利于通过语文教学培养学生的创新能力、独立思考和通力合作的能力，以及作为现代人的种种应有的素质，而且可能最有效地消除当前语文教学存在的种种弊端。

九、新颁布的中学语文课程标准，我已学习过。从我的视角来理解，新课标为语文教学与生活相联系开拓了广阔天地，根据新课标编写的新教材改变了以能力训练为主线，采取了以生活为主线。德不孤，必有邻，我是很高兴的。在这里，我比较系统地阐述了我的浅见，到底有几分正确几分谬误，谨就正于海内外尊敬的同行们，希望得到指教。

2004年9月

《语文教师发展丛书》序

出版“语文教师发展丛书”可算是语文教学改革的一项基本建设，有助于教师积累和更新专业知识，不但逐渐达到学识渊博，而且与时俱进。

依我看，进行语文教学改革，提高教学质量，教师的专业素养是个极为重要的因素。教师专业素养丰实，教起来会游刃有余，学生会有如坐春风之快。反之，教师专业素养不足，理念再新，方法再好，也难以收到理想的效果。改革日益深入，教师的在职学习和发展，应该特别受到关注。

我们的广大教师是称职的，不少是十分优秀的。为什么还要学习、还要求发展呢？一般地说，我们这个时代日新月异，要想不落伍，就得不断充实和提高自己。具体地说，教师的教学要给学生“一碗水”，自己就要有“一缸水”，最好有个“大海”。教师的专业水平再高也不嫌其高的。前辈朱自清、叶圣陶几位老先生都当过国文老师，他们是我们的表率。我们要争取做学者型的教师。

语文科在诸学科中可算是以语文为主体、多方面专业知识的综合学科。适应这种情况，语文教师应该成为名副其实的杂家。要博古通今，学贯中西，要沟通社会科学、自然科学诸多方面。说起来有些吓人，其实抓住主体研习，务求深广，其他只是广泛涉猎，重点吸取，不要求也不可能样样精通。要不以胜任教学为满足，时时奔向更高的峰顶，不固步自封，时时注意更新自己的知识库。

这套丛书就是为语文教师的学习和发展提供的读物。一、内容丰富、全面，含有当代新的研究成果。二、精要，实用，撷取各门学问的精华，切近教学的需要。三、通俗，有趣。这套丛书不是作品或论文的选辑，而是请各领域著名专家撰写，专业水准高，视野开阔，实际上是专著。

希望这部丛书的出版对于提高教师的专业素养有实实在在的助益，尤其希望借以倡导教师在职学习的好风气。同时，这部丛书的读者当不限于语文教师，也包括致力于语文进修的社会人士。

2006年6月

漫话"传统"

一

我国语文教育有着悠久的传统，从孔夫子算起已有两千多年。如何对待传统，是关系到语文教学改革成败的大问题。历次大争论都与此有关。有些人视传统如垃圾，如赘疣，如毒品，必欲打倒、砸烂而后快；次之，也觉得它束缚思想，碍手碍脚，如背着沙袋走路，抛开才能快步前进。果真如此吗？否。这方面我们有过沉痛的教训。诚然，传统中有精华，也有糟粕，但精华是主体，是第一位的，是语文教学安身立命、改革发展的靠山和足下的大地。

二

精华何在？拿不出证据就是瞎吹。看看我们语言文学发展的历史，散文家从孟轲、庄周、司马迁算起，诗人从《诗经》、屈原算起，犹如珠峰一般高大的语文巨匠不下数十辈。他们暂时未能在全世界广泛扬辉，是因我国曾经国势衰微又加语言隔阂严重，才造成西方人无知的傲慢。近年法国人曾说："不知道《红楼梦》，是法国人的耻辱。"

这些语文巨匠都经语文教育的启蒙，获得亩产千斤的成果，能说土壤不肥沃吗？制出天下第一等美味，能说厨艺不高明吗？踢开传统闹改革，如同行万里路却抛弃千里马。我们要尊重传统，研究传统，学习传统，像吸吮母乳那样吸取其中的营养成分。

三

开放搞活，国门大开，西方发达国家的东西如潮水般涌进来。打破闭关锁国的局面，是大好事。但我们要划清两条线：一条是有益与无益乃至有害的界限，一条是适应与不适应的界限。切不可认为人家是发达国家，一切都放着诱人的珠光宝气。

外国语文教学的理论和经验不是很好吗？为什么不能全盘拿过来为我所用？不能全盘照搬。一是国情不同；二是语情不同。汉语是一种历史悠久、使用广泛又十分独特的语言，与其他语种有共同处也有很大差异。改革的法门只能求助自身，外来的好东西一定要吸取，但不能喧宾夺主。这里用得着一句老话：“中学为体，西学为用。”

四

改革，改什么？

照我的理解，不是改变语文教学的基本任务，而是改革教学理念、教学方法。培养和增进学生的语文能力，达到一定学段的合格程度，是语文教学的基本任务。识字、写字、读书、作文、说话是学生应掌握的语文能力。改革是要消除教学中的种种弊端，使学生学得既扎实又活泼，越学越聪明，越学越有兴趣，越学越有成效，事半功倍。

我们的改革已经取得很大成绩。对于这些经过艰苦实验才获得的宝贝，要倍加珍惜，加以研究，使之发扬光大，切不可一朝天子一朝臣，世殊事异，把它们淡漠了。

须知使学生具备合格的语文能力，本身就是学生必备的素质，关系到人才的成长和文化的荣悴，关系到民族和国家的命运，不可以“雕虫小技”视之。

五

文与道，是半个世纪没有打清的官司。“文”，指语文教育，是清楚的；“道”的内涵则几经变化，先是思想教育，再是思想道德教育，而今是人文教育，着重培养人的素质。

语文课对培养人的素质有非常重要的作用。可是，切不可认为语文课主要是培养人的素质，素质提高了，人变得聪明了，语文能力自然就掌握了。实际上绝非如此。学习语文决不是轻而易举的，非下苦功不可。要给学生充足的时间，进行扎实的语文训练。这是无可代替的。人文教育必须通过语文教学进行，不能脱离语文教学另搞一套。

六

我们曾经提倡学习“三老”，特别是学习我们的一代宗师叶老。现在，我们仍然坚持提倡学习“三老”。他们的理论是真正具有中国特色的当代语文教育学，不知诸位以为如何？

桃源中人，久违教事，闭门造车，岂能合辙？权当与老友聊天，误谬之处，必不我责。就此向老朋友、新朋友问好！

2007 年 8 月，于京门之寄轩。

附录　杜撰曲

四霸闹学

（幕启，四霸后台唱）

［自供曲］扣帽子他头不低，打棍子他膝不跪。皱眉头，施巧计，造一个活样板，为老娘闹学夺阵地。看妙人儿来矣！

（丑上，唱）

［乞怜调］实指望高官及第，重来个光显门楣。怎奈何脑壳儿空如洗，骂一声笔杆儿不争气。我也曾考卷上轻摇乞怜尾，怕只怕泥糕画饼难充饥。望考场，泪珠儿滚滚多少酸滋味，心儿似，乱鸦飞……

（丑痛哭。四霸上，急忙扶丑。丑接唱）

［感皇恩］一个拉胳膊，一个抬大腿，一个捶胸脯，一个擦眼泪。睁开眼，问是谁？哎呀呀，云端飘下了四菩萨，四天王显神威，我这里，忙下跪。

（四霸唱）

［鬼画符］访苍蝇，问蚂蚁，掏干了茅坑，翻遍了垃圾，到而今才找到你！真个是白卷不白，又何曾乞怜摇尾？你就是交白卷的英雄，你最有反潮流的勇气。分明是天下第一，怎能叫状元落第？来来来，到后台秘授你平步青云计。

（四霸拥丑下）

（灯转暗，四霸后台唱）

［自供曲］篡党要什么红与专，夺权管什么德智体？抬轿子宁可要文盲，充打手最好是阿飞。只要你身生毒刺头生角，老娘有奶甜如蜜。我给你施朱抹粉，我给你画鬓描眉，看

妙人儿出落得猫儿样乖、猴儿样精、驴儿样美。

（电闪雷鸣，乌云乱翻。丑跳上，唱）

［跳加官］乐陶陶斗大金印从天坠，喜洋洋纱帽红袍换旧衣，有今天响当当的名声，全仗着老娘的栽培。眼看着卷乌云，耳听着响炸雷，要学那林家小舰队，闹他个腥风血雨飞。请老娘，降旨意。（四霸后台搭腔）趁良机，莫迟疑！做一块打人的石头臭又硬，有道是听话的叭儿喂得肥。

（丑抽刀乱舞，唱）

［滚乌云］有老娘撑腰打气，像蛤蟆胀起肚皮。恨不得铁蹄踏得山河碎，恨不得大棒搅混三江水，恨不得扇风吹倒昆仑山，恨不得点火烧焦天和地。对太阳，放毒箭；对百花，喷毒气。打倒中央地方一大批，张开咱，血盆嘴，杀出个昏天黑地，保老娘坐殿登基。

（群众喊声四起，四霸跑上，与丑乱作一团，伏地唱）

［破黄粱］昏惨惨灯儿烧尽了捻，咔嚓嚓鼓儿捶破了皮，猛古丁来个嘴啃地，霎时间仙山琼阁化成灰……

（台下群众拥到台上，将霸、丑团团围住。彩霞飘舞，红光满天。众合唱）

［得胜令］轰隆隆一声怒吼惊霹雳，气昂昂遍地英雄捉四鬼，忽拉拉推翻戏台砸烂戏。扫乌云园丁欣喜，育英才桃李芳菲，展宏图朗朗神州遍朝晖。

1977 年 11 月

葬　花　记

（一折逗笑的小杂剧）

时间：不久前的一个冬天

地点：某公园里的牡丹园

人物：林姑娘和老花工

布景：大雪飘飘下得正欢

（林姑娘上，边走边抖长袖上的雪花）

［梦中游］似这般茫茫飞絮随风卷，像当年遮天铺地飞花片。花啊，莫不是你香消难忘旧时情，化冰魂重来幻作春风面。

（白）这雪好大啊！重来寻找我当年葬花之地，不想被这雪迷了路。呀，眼前是什么所在？

［埋香曲］眼前，惊见：一抔抔黄土连成串，冷清清树影儿稀，扑楞楞鸦翅儿翻，忽悠悠几茎枯草像铜丝儿颤。留神，细看：分明是牡丹园，是何人在此埋香艳？

（白）这么多花冢，有上百个哩！

［盼知音］葬花的是谁？渺茫茫不见。埋这许多花冢，该手心磨起了茧，该衬衣湿透了汗，该带来了七个姨娘八个丫环。也不知是女是男，是双是单，是俏是憨，是人是仙？知音不见知音面，叹一声一阵心酸。（哭）

（老花工上）

工：这大雪天儿，谁在牡丹园里哭哭啼啼？（看）敢情是个闺女！

林：这些牡丹是您埋起来的吗？

工：俺是花工，不是俺还有谁！

林：原来是知音到了！

［声声问］千古奇缘，今朝相见，说不尽万千言：你可有愁肠九曲黄河转？你可有清泪能填碧海宽？你可有情思难共春蚕尽？你可有美梦终同蜡炬残？为什么埋花冢接二连三，胜似我葬花在大观园？

花工：姑娘您这是怎么啦？

［问声声］姑娘说些啥？俺一点儿听不懂。看花要四月来，乘凉要六月中，像这样滴水成冰，你为啥跑到公园里来挨冻？姑娘啊，你可是头晕？你可是胃痛？你可是得了那颠颠倒倒、哭哭啼啼的精神病？要是上医院，俺快去找个急救的车子送。

林：我哪里有病？请问这一堆堆黄土不是您葬埋落花的坟墓吗？

工：看，越发说起疯话来了！

［喜迎春］你道是落花有恨埋香冢，我道是育花温室酿新红，这黄土恰好似金丝被儿盖重重。那里头，花儿可忙着哩！她何曾心儿懒？她何曾意儿慵？她何曾两眼哭得桃儿肿？你看她裁就了一片片花叶儿翠生生，你看她捧出了一簇簇花芽儿紫茸茸，你看她染红了一朵朵花团儿笑盈盈。待明儿雪化冰融，姑娘你再来看啊，这花园定变成姹紫嫣红锦绣丛，管教你笑眯了眼睛。

（忽然每个花冢裂开，从里面飞出一队美丽的花神来。她们扬起翅膀翩翩起舞，边舞边唱。）

［嫣然笑］这出戏演得好，忍不住哈哈笑。咱这里道一声林姑娘久违了！花落预示花开近，今花更比昨花好，切莫为一些儿风雪生烦恼。你那手绢儿，为什么擦泪不擦汗？你那锄头儿，为什么葬花不锄草？还有你那悲悲切切凄凄惨

惨的葬花词，到而今也该改作高高兴兴的迎春调。

（林姑娘嫣然笑了）

花神和雪花舞作一团，飞满整个剧场。

观众带着会心的微笑也舞蹈起来。

但这才是序幕。

1982 年 3 月

余话：北方冬天寒冷，公园里的牡丹和芍药大都用土埋起来防寒，远远望去，很像是一个个的花冢。徘徊在花冢间的朋友都想些什么呢？我不知道。谨以我所想献给读者。

南郭新传（杂剧新编）

［开场白］

郭先生丢了饭碗，郭夫人好言相劝。
请两位就此登场，演一出南郭新传。

南郭（神气沮丧，踉踉跄跄上）

［相见愁］出离了大王宫殿，回到了自家庭院。再不能吹竽队里悠哉站，从今后王门咫尺天涯远。呀，迎出来老公鸡，叫喔喔睁怪眼，也笑我到家怎把夫人见。

郭妻：老郭，你为何这般模样？

［声声问］往日，下班，喜地欢天，声声唤咱。为啥今天，愁锁眉尖，不笑不言？好一似倒干的茶壶嘴儿闭，油烹的大虾腰儿弯，吹火的风箱一迭连声地叹。早备下肥敦敦烧鸡满盘，白生生啤酒花翻，香喷喷肉丝汤面。老郭啊，你吃着一边，说着一边，有甚愁烦，你我同担。

南郭：这话咱怎说得出口啊！

［砸碗调］烧鸡怎吃酒怎咽，面条赛过铁条串。咱泪到睫边，话到唇边，满腹凄惶欲吐难。实指望一辈子长吃大锅饭，无忧无虑赛神仙。一样的衣履华鲜，一样的站立朝班，一样的盆镶竽管，一样的抱在胸前，一样的口中吹气，一样的鼓腮眯眼，一样的皂白不分，一样的工资百元。咱乐得懒懒散散，游游逛逛，糊糊涂涂送流年。谁承望形势变，没来由

换了个新大王，当啷啷砸破了咱的铁饭碗。

郭妻：哎呀呀，但不知这饭碗是怎样砸破的？

南郭：说出来好难为情！

［出丑令］今天上午站朝班，新大王笑开言。他道是吹竽的制度从今变。人人技艺分高下，高下待遇不一般。一个个单独考核，轮到我，咳，轮到我心虚手乱，倒吹竽管像抽旱烟。他将我这瞎眼的鱼鹰朝浪里赶，他要我这瘸腿的骡子单驾辕。我好比驴粪蛋的包子露了馅，底朝天的筛子现了眼。只听大厅里一阵笑，我抛竽撒腿一溜烟。

郭妻：你这般丢丑，我都替你害羞！

［闺中怨］平日将你劝，你道我古板。你在家中啊，口不吹，手不弹，为包糖果裁工尺，厚积灰尘蒙管弦。手不离黑桃方片，心不离明星剑仙，做的是沙发衣柜，养的是金鱼米兰。到如今，后悔晚！但不知，临出王门有何言？

南郭：新大王倒也嘱咐了几句。

［救生草］咱泪汪汪，出宫殿，手冰凉，眼昏眩。只听得，叫稍站，新大王，把话传：他要我回家勤操练，考核及格再上班。

郭妻：这就好了！

［破涕笑］这新章程不简单，把咱的糊涂老郭吓破胆。你眉莫皱，心莫烦，记取出门那一言，我帮你抄乐谱，我帮你擦竽管；你则去延名师，你则去苦操练。纵吹得口舌生疮指头烂，你也要夏练炎蒸冬练寒。定争取下次考核中状元，吹吹打打去上班。

［伴唱］　他夫妻仔细商量把功练，一霎时破涕为笑生气添。酒花儿，唇边泛，笑窝儿，杯中闪。老公鸡，在一边，高声啼，翅膀扇，扑楞楞飞上墙头站，扇的那满墙的牵牛花儿微微颤。

（幕在吹竽声中徐徐落）

[后记]

南郭处士吹竽的故事见《韩非子·内储说上》。竽，据《礼记》和《风俗通》等书所记，大约是一种竹制的类似笙的管乐器。马王堆曾出土，惜未见之，这个小杂剧是游戏之作，仿迅翁《故事新编》例，古事里掺入了今事。曲牌是我杜撰的，曲文是我信笔胡诌的。盖嬉笑怒骂，弄得非驴非马，转为有趣。不知读者对之皱眉耶，抑报之以掩口胡卢一笑乎？

1982年12月

卧 龙 谈 心（套曲新编）

［开场白］南阳风物好，草庐松竹高，香馥馥开了报春花，扑楞楞飞下高枝鸟。这番皇叔独自来到，听卧龙把衷情表——

［咏叹调］你几番来，我都知晓。但后堂里玩琴书，北窗下佯睡觉。又何曾访友寻僧探梅采药，暗吩咐童儿把柴门关了。你那里黄尘染脏了战裙，山程跑乏了马脚；我这里指头错拨了琴弦，毛锥错抄了吟稿：两处心焦！

［诉衷情］非是我眼睛生在额角，非是我此生甘老渔樵，非是我要同云鹤比孤高。这绿水隔不断，这青山遮不了，我枕上闻野哭，我梦中听战角，几番热泪湿青袍。

［横吹萧］只因为啊，只因为二弟三弟有点蹊跷。来到草庐前，如同捕强盗。一个面色铁青，眉头皱得紧；一个满脸通红，没有一丝笑。一个指着童儿举马鞭；一个朝着柴门踢一脚，险些儿踢得围墙倒。

［叨叨令］他道是，南征北战有他的丈八矛，开基立业有他的偃月刀。竹管儿上顶着一撮老羊毛，石板儿上聚着一汪臭松胶，纸片儿上画着几行猴儿尿，那些捞什子顶个鸟！那书生啊，哼哼唧唧，摇摇摆摆，粉团儿般嫩，雏鸡儿般娇，只堪吟个诗儿，唱个曲儿，演个戏儿，懂得什么安邦治国道！

［急急锋］他道是，快不要两次三番往山里跑，快不要对着紧锁的柴门大弯腰，快不要望见童儿面堆笑，快不要低声下气把先生叫。只消一根麻绳儿往他脖子上套，踉踉跄跄，

跌跌撞撞，推推搡搡，打打敲敲，哪怕他不到哥哥跟前来报到。似这般捉了来，还免得他尾巴翘。

［凌霄曲］我几番放眼望云霄，夜深静悄悄；几番红烛烬还烧，笔动影摇摇；几声荒鸡听报晓，未觉睏难熬。谋划着天下三分龙虎战，推敲着墨香万字中兴稿，单盼着，明主到。要是二弟三弟也知音，我早就跨上驴儿把你找。何须你，奔走劳！

［尾声］皇叔哈哈笑，二弟三弟齐来到。不须负荆畅谈心，肝胆相照，谈个通宵，谈到天明红日高。四匹马，齐上道。

1983 年 4 月

某仙诉苦（拟叨叨令）

有位仙人，有位仙人飞上天宫来落户，
拍着玉皇，拍着玉皇的龙案像擂牛皮鼓。
一会儿皱眉一会儿抹泪一会儿冲冲怒，
听他诉说，听他诉说吃尽天上人间的苦：

“你分给我巴掌大的花园还不到一亩，
你分给我只有两层楼房的一座小别墅。
你总是强调分配仙居要遵守什么鸟制度，
我的生活千难万难你从来不照顾！

“我修仙，炼丹烧药多亏老伴来相助，
我升天，哪能留下她独自人间住！
我的两个儿子大的四十、小的三十五，
已经娶了娇娇滴滴两房儿媳妇。

“孙女像朵花儿，孙子像个小老虎，
还有许多至亲好友我数也难细数。
全都是亲亲热热一脉连根的树，
我成仙，怎好六亲不认独自腾云雾。

“还有那驴儿马儿鸡儿狗儿鹅儿鸭儿，
锅儿碗儿瓢儿勺儿床儿帐儿席儿扇儿，

屋檐上的麻雀，墙洞里的小老鼠，
都要求随着我升天，我怎好相拦阻？

“我飞升那天啊，浩浩荡荡派头真十足，
有的抱腿，有的拉手，有的牵胡须。
租用了十架专机飞上云端路，
机舱里挤得密密层层险些出事故。

“如今飞上天宫难道为了来受苦？
我的要求合情合理，并不难满足。
我的子孙亲朋都该各有一处神仙府，
鸡儿狗儿都该有个现代化的窝儿住。

“我修行的时候你还穿着开裆裤，
我的汗马功劳可以写满几本光荣簿。
你不给我解决问题可别怪我粗鲁，
我就在你的凌霄殿上搭上个窝棚住。”

写到这里点上支香烟且坐喷云雾，
让我想想这场闹剧该怎样来结束。

1987 年 3 月

武大打虎

科员（唱）：好端端一个打虎先进县，没来由武老二上了梁山。今年连根虎毛也没捞到，写上报材料难上难。请主任，多指点。

主任（唱）：细思量，暗盘算。这事啊，说难也难，说不难也不难。掌心里虚实变换，又何妨李戴张冠。武二走了有武大，全凭你，滑溜溜转笔尖，你就说哥哥接了弟弟的班。

科员（白）：啊！您的意思是……可是，武松身高丈二，膀大腰圆，一身好武艺。武大可差远啦。他身材短小，只会卖炊饼。

主任（唱）：说什么身材短，你就说他伸伸腰顶破天。说什么猴子脸，你就说他豹头环眼五绺髯。说什么胳膊细如麻秸秆，你就说他两膀膂力可担山。说什么只会卖饼街头转，你就说他给关老爷扛过刀，给穆桂英扶过鞍，拜达摩到过少林寺，访悟空上过花果山，精通武艺十八般。

科员（白）：可他从没打过虎，今年只捉过一只耗子。

主任（唱）：你就说啊，那一夜是个月黑天，武大喝酒十八碗，醉醺醺登上景阳山。忽啦啦狂风起，扑通通大树倒，崩登登滚石翻，跳出来猛虎一大串，张牙舞爪扑上前。好武大，面不改色心不跳，笑嘻嘻掐灭烟，喝一声举起拳。拳头打下像炮弹，那猛虎一个一个血肉模糊地上瘫。数一数，整一连。

科员（白）：这么写够玄乎的。这上报材料是要县太爷审批的呀！

主任（唱）：县太爷那里，好办好办。既涉及咱全县脸面，又涉及他官级升迁，保准他睁一眼闭一眼，葫芦提画上个似圆不圆的扁圆圈。再说他不曾访景阳地面，不曾找壮士交谈，哪还记得打虎的是武大武二还是武三！

科员（白）：那，要验收团来了呢？

主任（唱）：怕什么验收团，灶王爷的嘴巴要糖粘。先送茅台酒，再送云南烟，一日三餐好茶饭。烤乳猪，炒黄鳝，葱烧海参，清蒸元鱼，凤尾大虾，芙蓉鸡片，你只管一道一道往上端。

科员（旁白）：似这般伪造胡编，怎容他过海瞒天！扫歪风不讲情面，写杂文公诸报端，问刘征你敢也不敢？

1988年4月

叶公骂龙

——一折严肃的小笑剧

恐龙：觅知音难比登天，寻遍了碧落黄泉。来叩响叶家门环，或许能肝胆相见。(叩门)

叶公：[长相思] 我房梁上画着龙，墙壁上画着龙，衣冠上画着龙。龙啊，我为你不惜千金建龙宫，我为你焚香打坐诵龙经，我为你三更泪湿相思梦。我爱挚心诚，你无影无踪。不来时也该现个云中影。听得门儿响也，怕又是风撼柴荆。(开门)

恐龙：叶先生，真是相见恨晚！

叶公：兀的那厮！你是什么妖怪，敢来相扰！

恐龙：[相见欢] 哎呀呀！你怎么相逢对面不相识？我须不是吃人的夜叉，索命的幽魂！我就是你睡思梦想的龙手足、龙心肝、龙知音。来来来！我走上前把你的肩儿抱，把你的脸儿亲……

叶公：滚开！你这妖精胆敢冒充龙！

[骂龙曲] 我是龙学的专家，见多少龙书龙画，慧眼何难辨真假？那龙啊，一双眼灯笼大，扎煞着红须发，你那小脑壳光秃秃、扁塌塌，活像是竹竿顶上悬癞瓜。那龙啊，披一身金鳞金甲，泼剌剌迸火花；你那乔身躯大得傻，拖一条又长又粗的笨尾巴。那龙啊，摆摆尾满天飞，眨眨眼大雨下，圣人书里留大名，皇帝袍上绣着它，真个是高山点灯名头大；你嚼几口树根草芽，滚一身水沫泥巴，名不见圣经贤传，形

不入诗文书画，还不如戏水的鱼虾！

恐龙：[反嘲曲] 好一个好龙的风魔，知龙的学者！你好的是海市乌托，信的是无根妄说。金鳞金甲幻中影，腾云吐雾空中色。你好的那龙啊，没有情，没有欲，没有肉，没有血，是个笔尖描出的傻二哥。你盼到胡子白，踏得铁鞋破，到头来不过是凭着臆想战风车。

叶公：你说我好的只是幻影，你倒把你这真龙的本事说一说。

恐龙：[自我之歌] 我我我，我有饥有渴，知冷知热，能哭能歌；我咽苔藓，栖沼泽，争雌雄，燃爱火，生儿养女过生活。这就是龙呀，这就是脚踩大地、头顶蓝天、堂堂正正、磊磊落落、平平常常、实实在在的我。

邻人：听叶家门前吵吵闹闹，过去看个明白。（见恐龙）啊，老兄，久仰！快请到寒舍叙话。几亿年前的天文地理，都要向您请教哩！叶公，也来一起谈谈如何？

叶公：不啦！我忙得很。正在赶写一篇谈龙的论文，是要在一次国际研讨会上宣读的。失陪，失陪！

[幕后音] 云光电火有无中，望眼朝天笑叶公。

不解低头观大泽，满身泥水是真龙。

1988 年 9 月

仙女降猴记

时间：桃子成熟的时候。

地点：王母娘娘的蟠桃园（在天上）。

人物：孙悟空，桃园管理处主任；

仙女，王母的宝贝女儿。

开场：仙女开着一辆货车，车上载满蟠桃，要出园门，被悟空的金箍棒拦住。

悟空（唱）：

［急急锋］施法力筋斗穿云，身负着看桃重任。蟠桃宴临近，玉殿会仙宾。这五百年一熟的仙桃，一颗也不许损。王母的懿旨，谁敢不遵！哪怕是凤子龙孙，偷桃的一律格杀勿论。我这棒就是护法的尊神。

仙女（白）：这一车倒卖到下界，上亿元就到手里，不料刁猴打横，得开导于他。（唱）：

［调笑令］嘻嘻，大圣哥，发威作甚？快来抽三五，喝可乐。我是王母娘娘的女儿，你初来乍到认不得。我的名儿赛那九天沉雷响，我的法力能迷倒如来佛。那凌霄殿上峨冠博带、腰金佩玉一个个，都是我的叔我的伯我的姐我的哥。我要星有星要月有月，要几个桃子算什么？我保你官运亨通，财源茂盛，只要你，能合作。嘿（拍肩），咱到前面小咖啡厅坐坐。

悟空（白）：咱有王母懿旨，怎能容你胡来！（举起金箍棒）。

仙女（用拂尘架住，唱）：

［撒泼调］我打你这不识抬举的泼猴！琼浆玉液当成掺尿酒，云锦天衣当成破布头，一片好心当成臭驴肉，好言相劝当成瞎胡诌。你非神非仙，浑身骚臭，也配向金枝玉叶跟前凑，我说你这石头缝里蹦出来的泼猴，无靠山，无亲故，来天庭作官，好比残灯放在大风口。我动动指头，砸烂你猴头。

悟空（唱）：

［威风锣鼓］喝一声，休逞凶！可知道，法律无情；可知道，我顶天立地的孙大圣！我手拿定海神针，晃一晃山摇地动；更炼就火眼金睛，哪怕你狡诈变形；发声喊，震塌那天下的妖魔洞。你泰山压顶，奈何不了我臂铁头铜。要想出这园门啊，除非你留下蟠桃留下命。

仙女（唱）：

［揭老底］你这贼坯子，别假装正经！说个故事，你别扫兴。那一夜，黑洞洞，桃园里，悄悄静。没有月，没有风，连夜唱的莺儿也寂无声。你拔下毫毛，变成磕睡虫，睡倒了守夜的园丁。你攀上大树，挂上高枝，摘下仙桃，拣那大的红的，一个个往嘴里送，你还向花果山偷运一飞艇。这事件，我有录像，有录音，有赃物，有见证。要不要曝曝光，我的齐天大圣？

悟空（唱）：

［撒气球］一字字戳我心尖，不由得胆战心寒，办那事密又严，不承想露了馅。金猴面变成死灰面，铁臂膀变成软面团，金箍棒变成麻秸秆，真赛过万丈崖失脚，扬子江翻船。即使逃过审判，也难写入吴承恩的书卷。上西天我怎把唐僧伴？朝南海我怎见观音面？铜锣敲，锁链牵，当个供戏耍的毛猴也要被羞红脸。我这里，

暗盘算，不吃亏，是好汉，施一礼，忙转圈。尊一声公主大仙，开个玩笑您别翻脸。我紧闭双眼，只当你批件齐全；你启动马达，一溜烟开出桃园。水流云散，彼此方便。

［画外音］如此结局皆大喜欢，只有蟠桃大大减产，冷落了蟠桃盛宴。不要紧，报它个风蝗水旱。有一事未免遗憾：没多久，悟空调离了桃园，他把行囊搬回御马圈，我亲眼得见。

1999 年 1 月

小官殉酒记

报载某小官陪上司喝酒，竟然醉死。令人忍俊不禁，演为曲文。

[酒德颂] 升官梯，护官符，神通广大的幺三五①。上司面前不喝酒，灰灰溜溜避猫鼠；上司面前能喝酒，伶牙俐齿俏鹦鹉。一杯酒下肚，眼儿会笑，眉儿会舞；二杯酒下肚，捧得舒心，拍得醉骨；三杯酒下肚，娇声表功，哭声诉苦。四杯五杯七八杯，凭上司吹口气，醉醺醺踏上青云路。要在酒字上下功夫，才不把终身误。

[丧门宴] 话说某官心比天高，自叹官卑职小。肚子里墨水少，毕业在胡涂庙，只有个响当当的酒鬼绰号。这一天，机缘来到。好一席山珍海味，烹炸煎炒；好一桌豪华名酒，特曲老窖；好一班坐奔驰的贵客，都是长字号。花儿点头，小姐微笑，春风满座，兴致正好。

大官高坐，体胖气傲；随员在旁，派头不小。只见他双手捧杯，耸肩弯腰，眼角含媚，眉梢挂笑。一连敬酒数巡，喝得神魂颠倒，酒令越说越黄，脸色越红越俏。大官暗想：此人颇堪大用，人材难找，但还要考一考。忙把大指一翘："我来回敬三杯，连中三元，步步登高。"这时的他呀，眼花心跳，血压增高，醉了醉了。可是，上司给了天大的面子，又透露出升官的吉兆，到口的肥肉，怎能吐掉？咕咚咚，一口气喝下三大杯，扑通通，一头栽倒。浑身抽搐，横流屎尿，哇，有些不妙！

大官急匆匆夹起皮包，随员慌张张紧跟着跑，霎时间人儿散了，灯儿灭了，宴会厅变成了荒山野庙。谁在推门？那是风声响；谁在走动？那是月影摇。一桌子剩饭残羹，留给老鼠咬。

［声声叹］你看他，跌跌撞撞，踉踉跄跄，一头栽进卧房。酒淹了肚肠，酒沸了血浆，酒烧了心脏。你看他腰儿弯成醉虾样，脸儿惨似九秋霜，眼儿半闭半张，活像死鱼卧沸汤。眼巴巴升官的喜报变成索命的无常，锦片般的前程通到了望乡台上。

［安魂曲］他那出窍的灵魂迷忽忽酒气醺，荡悠悠像轻烟，惨凄凄在尸体旁边站。听着爹娘喊地呼天，听着爱妻嘶声呜咽，听着娇儿一迭连声地把爹喊。他才要大放悲声，可是脑筋忽地一转，亚赛夜行望见灯，溺水遇到船，山穷水尽转为花明柳暗。他兴冲冲高声喊："一家老小休悲叹！此一番到阴间，凭我的海量一定能交上小鬼，攀上判官，一路高升登上阎罗殿。遇到巡查地狱的关二爷，只要几番拼酒猜拳，说不定我会脚下生风，平步青云，名列仙班。到那时，爹呀娘呀妻呀儿呀连同猫儿狗儿坛儿罐儿，都会跟着我冉冉飞上天。"

［余韵］这曲儿唱起来，你听也爱，他听也爱，千万莫惊醒天子呼来不上船的李白。他若听到啊，定会推倒了酒樽，摔碎了酒杯，踢翻了酒楼，拆平了糟台，败坏了八斗诗才。酒店高挂的"太白遗风"遭亵渎，索性换个招魂幡儿迎风摆。

注：①幺三五，酒也。

1999年2月

新官问卜记

报载某官上任前算命打卦。油然命笔，唱一段绝妙小曲。

新官（上，念定场诗）：

芝麻官小跳加官，升官上任在眼前。
上任要挑好日子，问卜来找张半仙。

（白）说到就到了。半仙在上，且听我问来。

［问一］上任择吉非同小可，关系到吉凶福祸。黄道日有青云捧腚，那月宫里的丹桂可折；黑道日有小鬼绊脚，一准会平地翻车。我哪月哪日哪时穿官服戴官帽，出家门上小卧？车上要哪一位吉人陪坐？是小秘是保镖，还是大款二哥？车窗上贴什么？是大红的倒“福”是镶金的绿“发”，还是明星裸？一路上放什么音乐？是“爱就爱个够”，还是念几句阿弥陀佛？

我要几时几分在衙门外停车？几时几分走进办公室，几时几分在办公桌前坐？几时几分打开皮包，几时几分要下属来见我？第一个见我的人姓钱属狗可妥吗？

［问二］那一天，我穿红还是穿紫，穿青还是穿蓝？老年间，穿青穿蓝是小官，穿红穿紫是大官。我虽官不大，前程正无限。取个吉利，内穿红紫外穿青蓝。先生您看，可否这般打扮？那一天我该吃什么饭？吃寿桃还是吃喜面，吃年糕还是吃

汤圆？我一样吃一点，又长寿又喜欢又高升又团圆。先生您看，能否如此这般？那一天啊，夜深人静烛花暗，掩了房门，放下窗帘，红罗帐放下小银钩，鸳鸯枕正好并头眠。亲热一番，会不会冲官运，招鬼缠？先生啊，要是有半点妨碍，咱情愿敲木鱼，展经卷，打坐通宵古佛前。

[问三] 送礼的来到，可以从宽。不论迟早，不论早晚，不论半夜叩门环。我私宅的后门总是大开，出入方便。我已准备几间储藏室，安放那绫罗绸缎，家电古玩，名酒洋参，鹿茸狗鞭；我打开个个保险柜，收藏那名表钻戒，金银细软，大额存折，马克美元。先生啊，我要供哪山菩萨，拜哪方神圣，烧什么高香，念什么经卷，一天跪拜要几番，才能不被偷不被骗？要知道偷了骗了我难报案，闹个哑巴吃黄连。怎样才能不被举报，不被传讯，不被查办，平平安安，评上个明正清廉？先生啊！你要掐指头，摆铜钱，批八字，细推算。

[尾声] 问题提罢，洗耳恭听。半仙端坐，启齿掀唇。忽听得呜哇哇乌鸦啼，扑通通老猫跳，急匆匆叩宅门。一阵风，进来了送急件的差人。连忙拆封，细看公文，哎呀，飞了七魄，丢了三魂。原来是通知他：官已免职，勿庸上任。

1999年2月

阳 关 五 叠

报载清明扫墓，有人用纸糊的“三陪小姐”为祭品，令人忍俊不禁，不免代唱阳关曲送行。

[曲一] 乌云天，白花地，望无边，野草萋萋。我这里发财恭喜，花天酒地：怎忍心咱老爹啊，在地下幽居孤寂？恰便是，清明时节雨霏霏。小姐啊，车儿已备好，马儿打着响鼻，送你一箱子珠宝，送你几百万冥币，去吧，去到那边做三陪。要不是老爷子我怎舍得你？

[曲二] 问人间什么最宝贵？算来只有钱钱钱，币币币。老爷子已超过一百岁，是白森森、冷冰冰的骷髅骨，没血没肉，没哭没笑，没有一点活人气，全不知爱滋味。可是他有的是钱，金银积成山，钞票叠成堆。你不妨拿钱当枕头拿钱当被，抱着钱说我爱你。饿了吃些钱，南北大菜没有这般鲜滋味。只要有钱啊，要你陪的男人，管他是人还是鬼，是在夜总会还是在棺材内！

[曲三] 醋海生澜，男猜女嫉，何必认真，逢场作戏。我老妈可是个醋坛子，她要是知道有了你，准闹个昏天黑地。你会被抓破桃花面，老爷子少不得搓板上跪。可是老妈也已是白骨一堆。你要是讨厌她那黑洞洞的眼睛和没唇的牙齿，钱能够救你，让你称心如意。你可以买一处别墅，养几只波斯猫，叭儿狗，外国鸡；还可以养几个帅哥陪伴你。

[曲四] 你为什么紧锁愁眉，你为什么满脸怨气，像拒绝又像求乞。

什么？你不愿意！你说："一失足，悔不及，此生休矣。到那边，要争一个干净的灵魂，做一个自由的鬼，绝不再做色情奴隶。""小姐啊，别冒傻气！灵魂就是钱，钱就是灵魂，没有钱的灵魂值几个钱？没有灵魂的钱依然是掌管灵魂的上帝。什么干净，什么自由，你那没有钱的灵魂，还不是任人笑、任人骂、任人踩、任人踢，还不是在金钱面前乖乖地下跪。"

[曲五] 你这个婊子，别怪我不客气！你的灵和肉都攥在我的手心里，去不去由不得你！看桃花片乱飞，听杜鹃鸟哀啼，有道是不如归去。我咔一声打着打火机，火焰摇摇像鬼吹。顷刻间，只烧得你长发焦，皮肉黑，你四肢五脏六腑都化成灰。一缕青烟平地起，像一条虎尾鞭赶着你去，去，去。

2001 年 2 月

笔的碑文

得一柱状假山石，顶端尖削，洁白如雪，顶以下青苍如碧玉，酷肖一支羊毫笔。供在案头，命曰笔之碑。我喜欢弄讽刺作品，笔相助相依，真良友也。为制碑文。

［曲一］叹茫茫人生天地，遇多少虚情假意？谈心的隔着肚皮，含笑的戴着面具，握手的脚下使绊，拥抱的背后用计。笔啊笔，你与我悲欢与共，朝夕相依，你是我的铁哥们，真知己。

［曲二］狂风撼窗，书斋岑寂，笔不生花，偏生老棘。眼前浮现，幢幢鬼魅。笔如钢鞭，一鞭打去，丑类顿缩，小如蚂蚁，纷纷逃散，散而复聚。聚而再打，打之不已。仰天大笑，颤动天地，眉飞色舞，此乐无比。为的是天晴地朗无风雨，为的是熙熙百姓无忧戚。咱一双八角眼，洞彻鬼画皮，猴儿戏。

［曲三］亲人劝我，眼含热泪：你忘了那追魂夺魄的压顶雷，攒身万箭的瓢泼雨；你忘了头上没有一尺天，脚下没有立锥地，那不祥的文字成了书生的累。好友相劝诚心诚意：老兄已过古稀，两眼昏昏，白发垂垂，早就该种种花儿，喂喂鸟儿，养养鱼儿，逗逗猫儿，只管那书画琴棋。世上的是是非非，给他个葫芦倒提，犯不上操那份心，怄那份气。说出来不怕得罪你，你就是笔罄南山竹，墨干北海水，写上一万首诗文，还不是废纸一堆！

［曲四］只有你，笔啊笔！你了解我，怎样气得发抖，怎样愁得叹气，怎样仰天大笑，怎样拍案而起。你了解我的怪脾气，万卷书海偏爱那草堂诗集，清平世却生着屈原肝肺。放着好花不赏，偏要斩除那丛生荆棘。当我写得痛快淋漓，你油然兴起，如马跑如鹰飞，如风狂如雨疾，同我手我心通一气，在格子上一路奔腾直到底。我掷笔，如霹雳，满地落花纷纷起，满天星斗纷纷坠，神飞到人天之际。

［曲五］旧船桅望着鲸波万里，老骅骝望着鸿雁飞去。甚矣吾衰矣！戒烟戒酒戒甘肥，但愿与你长相依。端午佳节，奇石店里，见一根石柱如美玉，顶端雪白躯干苍绿，活脱一支羊毫笔。天赐我也，不胜欣喜。石啊石，我把你几番磨洗，我请你砚边伫立，我供你几片绿叶，我与你窗前相对。你就是不老的青山拔地起，你就是不折的长剑倚天立，你就是锋锋棱棱的笔之碑，你就是亲亲热热的我的笔。

2001 年 3 月

杏花村的愤怒

报载某县一帮干部用公款在杏花村歌厅大吃大喝，一位局长竟醉死在舞厅里。我思绪联翩，渐渐隐去歌厅，幻出杜牧诗中的杏花村。那是何等高雅优美的所在，岂能容忍受到如此玷污！援笔疾书，代拟愤语。

[杏花] 在春雨中发芽，在春风中开花，白雪姿容，白玉无瑕，傍村边水涯，映青帘酒家，莫来由，闯来一帮鸟官员，把我的肺气炸。这杏花村怎容你撒酒疯，发色狂，逞淫威，蔑国法？俺所有的枝条都化成钢鞭钉耙，所有的花瓣都化成走石飞沙，一股脑儿扑向你，搂头盖顶将你打。

[春雨] 丝丝荡轻风，润物细无声，向枝头拍得花儿醒、逗得莺儿惊；向山坡染一片芳草青青，给杏花村添十二分画意诗情。呀呸！你这丑乌鸦飞进凤仪亭，癞蛤蟆爬进水晶宫，狗尾草插进白玉瓶，老鼠屎搀进桂花羹。俺化成翻江倒海的暴雨，俺呼来摇山撼地的暴风，把污秽冲刷净，还杏花村一片清明。

[牧童] 坐在老牛背，短笛信口吹，一种春天的旋律，一种自然神味。唤来了画眉，唤来了黄鹂，只吹得鱼儿浮出水，蝶儿款款飞，卖酒的妹子笑眯眯。谁料到这般晦气，偏闯来一伙戴纱帽的醉鬼，演一出七颠八倒猴儿戏，吼一腔呜里哇啦大叫驴，灌儿瓶价值千金猫儿尿，洒一床呜呜咽咽小姐泪，拿国库的钱财当泡沫吹。俺猛拍一下牛背，看老牛大

声吼叫喘粗气，挺着两只大角，乌油油像钢叉，冷森森像剑戟，掀翻了那一席山珍海味，打碎了那一桌金盏玉杯，直吓得一个个浑身发抖，面如死灰，出窍的幽魂朝地狱里飞。我再把笛儿吹，吹一曲得胜令、旱天雷。

［诗人］杏花村重到，酒店里歇脚。呵呵，老相识都来了，坐好坐好，喝酒听我唠：话说这腐败啊，根儿深，蔓儿绕，皮儿厚，性儿狡。闹大了，不得了，凄惨惨众芳凋零，呼啦啦大厦塌倒，咱这杏花村算什么，渺乎其小。根除它，靠严明的律条，靠铁面的老包，靠锋利的铡刀。我是个诗人，也要砚海里翻波涛，笔杆当梭镖，字字擂得鼓声豪。杏花、春雨、牧童哥，你们满腔气恼，好！就到我诗里来压住韵脚，咱一起融入反腐倡廉的怒潮，把乾坤清扫。正是：落花如雨洒纷纷，路上行人莫断魂。荡尽污泥浊水日，人间随处杏花村。

2001年3月

拜 石 记

报载某中学校长，追求升学率竟祈灵于风水迷信，在校园里埋下泰山石作镇物。

［曲一］年年高考我发愁，这一番又剃了光头。咱这校长啊，见领导心虚发抖，见家长满面含羞，过长街靠边溜走，目光射来冷飕飕，冷语甩来赛砖头。咱作了雨打萍，风折柳，失群雁，落荒狗，比慢火儿烧烤还难受。

［曲二］一门心思把原因找，咱可不愿胡里胡涂闷坐胡涂庙。这个说教学方法老一套，题海茫茫把学生的智慧淹没了。那个说学校管理太不好，松松垮垮乱糟糟。哎呀呀，大道理我怎生不晓？眼看着烈火烧，眼看着楼塌倒，怎能等到三百里外把水淘？夜深沉，心烦难睡觉，且让咱望着惨白的月牙儿想高招。

［曲三］有了，有了。备一桌酒席，请杨半仙来到。人家是科学看阴阳，周易加电脑。你看他这边瞄瞄那边瞧瞧，这边摸摸那边敲敲，眯眯眼睛，纵纵眉毛，掐掐指头，念念叨叨，神神兮兮开口道："您这校园犯五鬼，牛头马面进课堂，黑白无常满院跑，把那文曲星吓跑了，高考还考个鸟！送走这些鬼大爷要用钞票，问问大爷们要多少您得给多少。"

［曲四］夜深人静，淡月疏星，棱角风声，墙阴树影。咱手提铁锹，走进校园，连忙行动。把远道请来的泰山石掩埋定。咱烧上一炷香，急忙下跪祷告：石呀石，咱的泰山老奶奶、泰

山老祖宗！泰山石敢挡，挡住那些丧门神、晦气精；泰山石也能请，为咱请来那点状元的魁星，保佑毕业生一个个金榜题名，得意春风，咱必报恩情。东海的龙须、南山的麟角、老君的仙丹、王母的蟠桃，一箱一箱往您后门里送。

［曲五］这一夜，睡得香。真好像十冬腊月盖上鸭绒被一床，五劳七伤喝了十全大补汤。做梦也心花放。咱梦见办学有功得大奖，忙伸手，接奖状，碰碎了茶缸，吵醒了师娘，胡卢提挨了一巴掌。天光亮，进学堂，没料到大祸从天降。一声霹雳当头响，一纸撤职的命令，盖着红彤彤公章，忽悠悠落在校长的办公桌上。

［后记］

报上的这篇报道，有名有姓有地名，必定不假。老汉是教书出身，读之十分痛心。报道写道：从山东买来的一块泰山石竖在学校一个夹道内。“补风水”这天，按风水先生所授，校长亲自上街买回两只白公鸡，数十斤桃仁和五块五色石，当晚埋下这“镇物”，并在教学楼的楼顶燃放鞭炮，大搞庆典活动，数百名学生和群众围观。竟然明目张胆地搞这样荒唐透顶的“庆典”！但我把这个情节改成夜里偷偷地干。不是有什么忌讳，而是实在写不下去，我的手发软发颤了。我曾说，当现实的荒唐超过讽刺的夸张，讽刺即将涅槃，我的讽刺的诗神即将涅槃了吗？

2001年11月

叹五更

——买官者的独白

［曲一］天上的上帝看不见，地上的上帝是金钱，能买地，能买天，能买魔鬼买神仙，能买得皇帝老子团团转，能买得鸡皮鹤发变红颜。咱说了不算，这是莎翁的名言。谢天谢地，而今咱有了钱，要问上帝是谁？嘿，就是咱。

［曲二］上帝说，要日月星辰，日月星辰立刻出现。咱说，要豪宅深院，别墅花园，奔驰宝马，超级家电，黄金魔杖一指，一切如愿，咿，还缺少灵犀那一点。咱，还要那如嗔似笑勾魂的眼，如花似玉迷人的脸，打情骂俏辣又甜，扭捏腰身娇又懒，来它十个八个，按质论价由着咱选。

［曲三］吃腻肥甘要清淡，搓腻麻将玩书卷，咱要登大雅堂，领文艺班，不必寒窗苦十年，春水行舟风一帆。但则见，一本本大著烫金面，一张张照片见报刊，一次次会议露头脸，一篇篇评论捧上天，一份份聘书奖状飞雪片。呀，多少狂蜂浪蝶围着钱眼儿转。

［曲四］这些都玩腻了，还要买买买，买他个大老官，买一顶乌纱，买八抬大轿，买回避肃静，买旗锣伞扇，买一方斗大黄金印，印大胆大手遮天。买官我投资三百万，一本万利，无赔只赚，只要稍微眨眨眼，日进斗金有何难。呀，猕猴儿爬上高竿，风筝儿飞上青天，不成想断了竿和线。这一回，万丈高楼失了脚，扬子江心翻了船，哭一声咱的钱呀钱！

［曲五］一更里呀月牙儿爬上来，泪眼望着铁窗外。往日里多快哉，今日里哭哀哀。二更里呀月牙儿向西歪，沉甸甸的手铐难把胳膊抬，哭一声咱的车咱的别墅，咱的她咱的保险柜，锦片似的日子化尘埃。三更里呀月牙儿被云遮盖，咱心头一团乱麻解不开，作个糊涂鬼怎个望乡台？钱啊钱，你什么都能买，为什么一个官职买不来？听人说，张家买李家买，为什么只有我把泥崴？怪怪怪！四更里夜色发黑月影儿歪，夜风忽忽树影儿摆，思前想后总算想明白：钱还是太少太少太少，钱要是多多多，什么高官不能买！哼，快把爷的一座金山搬了来！

五更里，东方发亮窗发白，猛当头，响炸雷。狱警提他上法庭，哗啦一声门打开。

2002 年 5 月

盗臂者言

在哥本哈根听说，美人鱼雕像的肢体乃至头颅有时被盗，管理处不得不预制一些，以便从速修补。

[曲一] 莫说是好梦难圆，今夜晚天随人愿。看天边月儿弯弯，望海上半明半暗，忽悠悠，树影儿好像鬼影儿闪。你孤零零坐在岸边，俏声儿如歌似叹，像女娲黄泥乍变，像夏娃逃出伊甸，赤条条风流曲线。

[曲二] 那丑小鸭要笔杆，骗你这海底的明星出人间。孩子们为你着迷，小姐们手帕不干，老人们一迭声的叹，一个个如痴如癫，梦绕魂牵。你呀你，眼泪有如珍珠串，肩膀有如金银山，什么紫水晶，什么羊脂玉，什么祖母绿，什么金钢钻，比起你来呀，不过是断裂的瓦，摔碎的砖，鞋底的泥，桶中的便，不值一钱。

[曲三] 我早就爱上你，实不相瞒。你是我的眼中花，心头肉，意中仙。我为你不思茶，不想饭，梦里还在打算盘，一天几遍，海边来看，游人太多，不敢向前。来路去路，早已打探，港湾深处，备好快船，夜深人静，咱怎敢迟延。

[曲四] 咱背起工具包，出离隐蔽点，偷眼向四方看，游人早已走散，留下脚印一串串；月牙儿也已掩面，抛下浮云一片片。没有巡逻的警察，没有守护的保安。鱼儿沉入水底，夜鸟也已疲倦，一切停当，保准安全。咱猫一般轻，箭一般快，鸟一般翩，一闪身凑近你身前。

［曲五］你不要躲闪，我痴情一片，摸摸你的胳膊香温玉软，心儿发颤。便如同炸鸡翅撒上椒盐，烤羊腿蘸着孜然，怎不教人三尺垂涎！咱岂肯枉作个厨房外的猫儿把爪子舔，花轿旁的乞丐把眼珠儿翻，少不得施出些手段，亲爱的你要忍着点。

［曲六］休怪我蛇蝎心肝，为了爱怎能手软！急匆匆打开工具包，鞅溜溜扯出钢锯片。一声声拉锯响，乱纷纷石沫溅，凄惨惨筋骨断。咱抱定断臂忙逃窜。听得一声吠，虽说很远很远，也教人肝儿颤。咱连忙进港湾，咱连忙上快船，咱连忙开马达，快艇出海一溜烟。

［曲七］定定神，好喜欢，这支断臂换了钱，足够住几夜豪华套间、吃几顿宫廷大餐，当几回赌场的好汉。有多少呆学者、傻博士，美学著作累牍连篇，还有这位傻妞儿，依旧脑筋不转弯。美是什么？一个字“钱”。

冷不防一道强光照眯了眼。一声断喝叫停船。哎呀不好！却原来一只巡逻艇追到近前。

［评点］

甲：外国的事，离咱们远着哩！

乙：钱即是美，美即是钱。远在天边，近在眼前。

2003年3月

大 卫 之 死

《大卫》雕像是文艺复兴时期米开朗基罗的杰作，至今仍为世界性的瑰宝。听说我国某城曾树立这雕像的复制品，竟被砸碎。

[曲一] 大卫大卫，你是哪位？连个名字也没有，可是行大姓卫？听说你爹叫老米，那名字老长好难记。听说在老家意大利，你比凤子龙孙还牛气。广场上高高站立，漫悠悠神仙滋味。顶着青天，披着白云，现着星星，伴着上帝，听着一迭连声的美美美。有人请你来中国，咱倒要看看是俊是村，是人是鬼。

[曲二] 轻风扫去云霞，广场揭开雾纱，天朗气清雨才罢。这么多人赶了来，为个啥？不是春节赶庙会，不是庆典看烟花，都是来看大卫他。有的举着相机，有的捧着鲜花，老人拄着拐杖，母亲抱着娃娃，一个个眼迷心醉成痴哑。咱连忙挤上前，忙把眼镜擦，睁眼一看啊，咱加快了心跳，升高了血压，五脏六腑都气炸。

[曲三] 呀，却原来抬花轿娶来个母夜叉，招凤凰引来个丑老鸦，钓金龟扯出个癞蛤蟆。你看他大模大样假装潇洒，却浑身上下一丝不挂。呀！腿裆里垂着那活儿，不遮不掩，不藏不夹。让毒蛇露出头、魔鬼探出爪，这还了得，霎时间地陷天要塌！坏了人心，伤了风化，败了风俗，违了礼法，丑也丑到家，黄也黄到家，呜呼，世风日下！围拢着一群傻瓜，竟容忍这小子把流氓耍。

[曲四] 趁着夜深人入梦，月黑星微明，雾蒙蒙遮昏了路灯，静悄悄困乏了巡警，咱扛起铁锤快步蹿行。啊，夜色衬出了大卫的雪白身影。咱好比那劈鬼怪的天上雷公，捉白蛇的金山老僧，咱这铁锤啊，好比那诛叛逆的鬼头刀锋，警人心的金钟玉磬。施行这庄严的一击，休怪我手下无情。冷飕飕，锤带风，只听得当啷一声，鬼哭神惊——天下太平！

[曲五] 晨风吹，鸟唱歌，广场上，人渐多。议论纷纷，七嘴八舌：嘿，这是为什么？嘿，谁是谋杀者？嘿，难怪砸掉，国情不合。嘿，太不像话，不讲公德。嘿，没他不少，有他不多。

嘿，留他何妨，小题大做。嘿，我要是塞万提斯，定要写一部“中国的堂吉诃德”。

[评点]

甲：国情不同嘛！写得不好。

乙：没读懂。作诗必此诗，定知非诗人。

2003 年 3 月

贪官憾

［曲一］实指望好梦长圆，谁曾想水流云散，万种悔恨千重憾，长夜难眠。再没人捧茶点烟陪笑脸；再没人热烈鼓掌忙称赞；再没人埋头记录摇笔尖。对着高墙四面，对着这人影孤单，对着这月儿冷冰冰半张脸，咱自语自言，自思自叹。

［曲二］憾只憾，误了一席豪华筵。咱吃遍了海陆珍馐、中外大餐，熊掌驼峰嫌太腻，鲍鱼燕翅不够鲜，早就想尝一尝全席满汉。一百单八件金盘银碗，数不清的炸炒烹煎。玉堂金殿，宫廷御膳，摆出一回也要等贺岁祭天。接到大款的请柬，听说是二十万买单。啊！倒霉的开席那一晚，慢悠悠车到店门前，嘎一声车门打开，猛抬头一身冷汗，正对看刑警刺刀般的眼。憾的是到嘴边的鸭子飞上天，带手铐的当儿还把唾沫咽。

［曲三］憾只憾，那辆轿车刚刚开进咱家院，送礼的说一点小意思，为了咱办公方便。这车啊，超豪华，最新款，大红的车漆光闪闪，坐在里边会如同太上皇坐在养心殿，伊丽莎白坐在白金汉，跑起来会如同轻飘飘宇宙飞船。咱还没来得及靠一靠车坐垫，摸一摸方向盘；没来得及在长街闹市兜儿圈，心急的法院，就写进赃物清单。眼看着要宣判，眼看着赴黄泉，难道叫我徒步去赴阎王筵。

［曲四］憾只憾，那小心肝、二奶之后排老三。就为这啊，她总是别别扭扭不就范。我为你不思茶饭，我为你牛腰瘦减，我为你梦绕魂牵，我为你买了钻石项链，我为你买了西洋名

犬，我为你买了一处别墅，当作咱七夕长生殿。那一日你秋波一转，我暗喜佳期不远，又谁知美姻缘被拆散，一眨眼便隔了蓬山一万，青鸟无由为探看。

［曲五］憾只憾，咱春风得意正当年，眼前是锦程一片。玉带乌纱巍巍颤，多少目光献媚乞怜，多少手捧来金山银山，多少猫儿狗儿围着咱滴溜溜转。传媒锣鼓，廉明干练，政绩考评，成绩斐然。眼巴巴指日升官，闹哄哄贺喜函电，就在这紧要的关节，咔嚓嚓连根折断，忽悠悠扬起帆，猛可里沉入深渊；美滋滋云里仙，猛可里跌进鬼门关，留下了多少遗憾！有道是人不为己枉为人，官不为钱枉为官，有权不贪，不如去卖山药蛋。那老掉牙的道德和法律，为甚不引入这个新观念？

［尾声］憾似乱丝团，心似万剑攒。嘿，那该死的月牙儿透过铁窗笑得嘴角儿弯。哼，我要是再掌权，定要赏你双玻璃小鞋儿穿。

2003年3月

某官诉状

引言：一官员花钱买官未果，于是状告受贿者……

[曲一] 法官先生清如水明如镜。下官被人欺诈，海样冤情。法律啊，给被欺者以公平，给欺人者以严惩。因此咱上诉法庭，先生细听。

[曲二] 状告局长，我们顶头上司，他有铁腕，有靠山，呼风唤雨有手段。鞍前马后咱随他转，骂娘瞪眼咱随他便。咱就是他手中揉来揉去的一团面，他脚下踢来踢去的一枚毽。陪多少笑脸，吞多少辛酸，应声虫当了五六年，为的是他成仙，咱作个飞升的鸡犬。千不该万不该，他仗势欺人把咱骗。

[曲三] 这一天，喜讯传。扑通通天上掉下天鹅蛋，明晃晃地下挖出黄金砖。局长平步青云高升迁，谁坐他这把交椅由他推荐。瞧阵势，暗盘算：盯住这位子有几双狼眼，嘀嗒嗒，口流涎。咱必须血淋淋割块肉，才能够击败对手鳌头独占。有朝一日局长的纱帽头上颤，滔滔滚滚来财源。有官才有权，有权才有钱，赚大钱要冒大风险，咱要做一桩大交易——买官。

[曲四] 那一夜，静悄悄，密云罗满天罩，没有星月偷眼瞧。咱把局长家的后门轻轻敲。局长回避，夫人来到。传来一串高跟鞋声，扑来一阵巴黎香，秋娘风韵三分俏。这里啊，脱去官场的伪善，摘掉原则的面罩，一锤定音成交，高价买

得纱帽，30万元定期送到。

［曲五］实指望结局圆满，谁曾想月缺花残，猕猴儿爬上高竿，风筝儿飞上青天，他撒手抛却竿和线。金鲤鱼落进他人网，咱赔了鱼饵剩空篮。他这流氓痞、诈骗犯，欺压我忍气吞声不敢言。咱青筋暴，眼发蓝，暗吞黄连心不甘。实心的石头变炸弹，老鼠敢把猫儿舔。咱手捧诉状呼青天——冤啊冤！

［**点评**］

胡闹胡闹，请君莫笑。
并非此官，气迷心窍。
阴阳两面，搞得多了，
因此弄得，两不分晓。
如此荒唐，古今难找，
请来贾贵，当堂跪倒，
大声宣读，哀哀上告。

2006年3月

金 月 饼

[曲一] 敛云罗，秋水长天；涌冰轮，中秋月圆。有一样应节礼品，说出来让人嘴馋。中秋夜宴，喜笑开颜，象征团圆，入口香甜，那月饼不可缺短。美好的商机，乐坏了老板。

[曲二] 祝丰收好运年年，好风俗代代相传，天上盘中，两个月儿一般圆。天上的，嫦娥笑脸；盘中的，儿女流涎。枣泥豆沙、椰蓉五仁、火腿蛋黄，有甜有咸。那包装或像花篮，或像楼船，或画月桂，或描牡丹。争奇斗艳，花样新翻。市场上任你挑选，准让您眼花缭乱。物美价廉，大众心欢。

[曲三] 哎呀，怪啊！莫不是柳枝上开出桃花，麻绳上结出西瓜，牛身上长出草芽，白云上游来鱼虾。听说推出了黄金月饼，可是我梦中游走进了荒唐的神话？哎呀，怪啊！金月饼，不假不假！黄澄澄，明晃晃，真亚赛黄金铸黄金打，凌霄殿里偷来的金娃娃；蟠桃宴上把金盘抛下。细看，哎呀，金月饼标出了天价。吴刚惊呆，嫦娥吓傻，捣药翁不敢翘尾巴。你要是知道了，准保笑我说疯话，不说也罢。

[曲四] 那老板啊，莫不是你饮了狂泉水，患了疯牛症，喝了孟婆汤，做了颠倒梦。神差鬼使打错了算盘星，这笔买卖算赔定！捧着个讨不来饭的金饭碗，只落个镜花水月的黄金梦。那老板，笑盈盈。论作诗我不如先生，做买卖我比你精。这金月饼早有客户放了定，要不然我岂敢使帆不看风。定户是谁，不便透露他姓名。买了去做什么，我可说不清。可笃定笃笃定，不是为自家享用。一个金月饼换来颜如玉，

换来黄金屋，换来蟒袍金带五眼花翎。嘿嘿，折桂登龙，都在这法力无边的金月饼。您休打听，买的准比卖的精。

［巷议］甲：市场经济，重在发财，只要合法，即非胡来。商家赚钱，客户心开，周瑜黄盖，愿打愿挨。诗人写诗，对月开怀。这笔生意，与你何碍？横加干涉，所为何来？

乙：尊驾所谈，不敢苟同。掩饰腐败，贿赂公行，况且助长，奢侈之风。一饼虽小，其患无穷。我有隐忧，借诗以鸣。有何不可？可以不听。

2003 年 10 月

芳 名 劫

广东丰顺县一副镇长因名字没上“芳名碑”，于是把碑砸了——

［曲一］马路红彤彤霞染，林阴稀溜溜风软，万家灯火才亮两三点，镇长大人用罢晚饭。热腾腾酒海肉山，香喷喷翠绕珠环，请酒人深鞠一躬送到门前。他，打着饱嗝，摸着肚皮，走出酒店。赛过微服的乾隆、夸官的状元，巡视自己的领地，好不喜欢。

［曲二］眼望着霓虹一串，照长街七彩迷幻，走到了中央广场，来欣赏音乐喷泉。眼前，一闪，小学门前，好一块高大的石碑。坚固，结实，“芳名碑”仨字特别显眼。选谁，谁选，要我画圈。我怎么不知道？是谁如此胆大包天。

［曲三］皱皱眉，揉揉眼，芳名榜，细察看。从头看到尾，从后看到前，有的是教师、医生、售货员、民企的老板、种田的老汉，镇长的官讳找也找不到，看也看不见。哪回表扬，不是镇长占先，这回啊，烧鹅大窝脖，丢尽了脸。气炸了肺，气爆了肝，哼，得给点颜色看看。

［曲四］画美人不画杨玉环，耍大刀不请关美髯，把天尊赶下了龙虎山，把玉皇逐出了凌霄殿，咱的大名啊，是牡丹，是芝兰，是法国香水，是南海龙涎，写上芳名榜，会香满街香满巷、香满地香满天，看他三天三月三十年。这些鸟名字灰溜溜一片，香气无半点，妄把金榜占。镇长忽地拎起大

铁锤，砰唧唧，砸碎了芳名碑。

［曲五］惊鸟啼啼破了静夜，流水落花春去也，碎片满地如落花，泪痕血点多悲切。但见那赵字身首异地，钱字脊梁断裂，孙字开肠破肚，李字肢体残缺，周字吴字郑字王字一个个尸横遍野。好一个凄凄惨惨的刑场，照一弦泪流满面朦胧月。镇长舒口气，自己很满意。毕竟手中权，大有杀伤力。这事不算完，吓猴须杀鸡。追究主办人，处罚不姑息。

［尾声］镇长砸碎芳名，惹的麻烦不轻。很快遭到罢免，纱帽落地扑通。

2004 年 7 月

饼中自有黄金屋

[开篇]

月饼使鬼通神，年年花样翻新。
曾咏黄金月饼，再唱饼里黄金。

[曲一] 你看他腰儿弯得像芦苇遇到雨后风，头儿低得像霜打的莲蓬，脚步儿悄无声，眼睛眯成一条缝，笑嘻嘻走进高官的客厅，手捧着一匣月饼。

[曲二] 他道是，月到中秋分外明，怎能忘您老的恩深义重。您是天上的月，我是月边的星；您是盘中的饼，我是饼上的蝇。您和我啊，是两只蚂蚱拴在一条绳，您大如牛，我小如虫。一匣月饼，不成敬意，请您笑纳，一片深情。单等那，圆溜溜月儿上天东，明晃晃云外飞明镜，香喷喷美酒正开瓶，娇滴滴嫦娥拣玉盘，您打开这匣儿，匣儿里准有您开心梦。您千万亲自开封！

[曲三] 这高官什么阵势不曾见？皱起眉头，心生厌。千般好话不解馋，动真格的只这一点点，这小小的饼匣儿看不上眼。色彩简单，包装寒酸，品牌一般，休道礼轻情意重，门缝里看人把咱看扁。但看他眼球一转，又喜上眉间。咱何不把匣儿上交局办，就说是受礼交公，理所当然，报端美谈，落个清廉，这正是提升的好条件。哎呀且慢！猛想起送礼人最后的留言，暗叫好险！咱这久钓江湖的鱼竿，差一点

嘣一声折断；咱这多年宦海的修炼，竟不解言外之禅。他连忙捧起匣儿走进内室。把门儿关，窗帘儿掩。

［曲四］解开绳儿，拆开封儿，果然猫儿，闻到腥儿，月饼下面压着个房产证儿，上面写着高官的名儿姓儿；还有一把钥匙，系着红丝绳儿。呀，真亚赛扑啦啦把鸭子飞进烤炉中，扑棱棱大鲤鱼朝船舱里蹦，天上掉下一百斤大馅饼。神不知鬼不觉，风不惊草不动，无凭无证，无影无踪，这便宜捡来无把柄。在人前我来个满口原则装正经，买通传媒炒政声，何损咱高悬明镜两袖清风。至于批给他那笔生意，咱只消笔尖儿一动。

［余韵］好福气，好运气，想起咱那心肝儿宝贝。早想别筑香巢藏美人，这回是袖手拾来不费力。乘中秋来个新居幽会，嘿，美！马上给她个惊喜。高官伸手抓起电话机……

［唱曲人语］

知道您活得挺累，唱支曲开心顺气。
这世界果然奇妙，麻辣烫细细品味。

2004 年 10 月

少年和人头

[小开门]

看题目就让人心惊胆战，
莫不是吓人的恐怖大片？
葫芦里卖啥药仔细看看，
看下去别忘记掏出手绢。

[曲一] 明明，很乖。奶奶带大，他爱奶奶。奶奶见他喜笑颜开，他总是腻着奶奶耍赖。明天是奶奶七十大寿，可把明明乐坏！攒了半年的零用钱，要买件特别的礼物给奶奶。

[曲二] 不要那又甜又腻的奶油蛋糕，俗了俗了。不要那巴黎的美酒葡萄，绍兴的陈年花雕，奶奶戒酒了。不要那野山人参灵芝瑞草，奶奶不吃补药。不是东海的龙鳞，不是昆山的凤毛，不是月殿的桂花，不是瑶池的蜜桃。想也想不到，猜也猜不着，这件礼物最刺激最时髦，笃定给奶奶一个大惊喜，夸咱明明乖巧。

[曲三] 盼来这一天，给奶奶开寿筵。全家大团圆，奶奶坐中间。喜盈盈满脸皱纹展，笑吟吟满头银丝颤。抬昏花老眼，看寿字高悬。捧上礼物一件件，吩咐放一边。单等明明的礼物送上前。大红的匣子沉甸甸，奶奶连忙打开看。

[曲四] 打开匣子看，满堂忽惊变。呀！真赛过晴天霹雳劈倒万仞山，吞天大浪打翻万吨船，无情风雨遮掩了中秋月儿圆，

把个个喜气盈盈的笑脸变成悲悲切切的哭丧面。奶奶啊奶奶，手脚冰凉，面色惨淡，昏倒在地，浑身打战，忙呼急救送医院。

[曲五] 匣儿里有什么？血淋淋人头一颗！恰好似刀光闪处，骨碌碌才滚落。那样的逼真，那样的丑恶，凶神恶煞也要打哆嗦。兀的不吓煞人也么哥！莫不是天地翻了个，高山大海朝上飞，日月星辰往下落。莫不是匣儿里有妖魔，好端端的寿桃变成血馍馍。满堂的目光看明明，吃惊，恐惧，责备，疑惑，如针刺，如刀割。

[曲六] 明明啊明明，哇地一声哭出来。我不是有意的，可是我害了奶奶！我怎么啦？我不明白！这玩具是从恐怖商店买来的名牌，酷毙帅呆，同学们人人爱，有什么大惊小怪！我爱奶奶可奶奶吓坏，大家爱我可把我责怪。什么是对，什么是错？什么是好，什么是坏？我不明白啊，不明白，一百个不明白！

[画外音]

这场悲剧怎样造成的？
是明明之过吗？不对不对。
万端忧虑让人撕肝裂肺，
难怪您一边看一边擦泪。

2005年3月

卖乌纱

[引子]

“马德卖官案”在社会上引起了很大关注。身为黑龙江省绥化市原市委书记，马德把其执掌的市委大院变成了一个乌纱帽批发部。小到乡镇党委书记、乡镇长，大到县委书记、县长，每个官职都有其价位。怎见得?

有曲为证。

[曲一] 垃圾里拾来破旧牛皮，古墓里挖来破铜烂锡，地摊上顺来劣质油漆，祖传秘方加高科技，打造成这乌黑油亮的乌纱帽，翅儿颤巍巍。脑门上写着“清正廉明”，脑勺上刻着“一本万利”。金字招牌叫“高升”，老百姓偏叫它“腐败”，可气!

[曲二] 小小纱帽，法力无边，头顶乌纱，手握大权，管教你威风八面。这乌纱是聚宝盆，给你个金山银山，这乌纱是鸳鸯窝，给你个翠绕珠环，这乌纱是蜜糖罐，喂出那馋嘴的奴才一大串。春风得意钞票换，平步青云上青天，登上凌霄殿，住进白玉楼，参加蟠桃宴。玉皇把盏，嫦娥打扇，飘飘然身列仙班。

[曲三] 做买卖，上市场，卖葱卖蒜卖臭豆腐卖甜酱，卖鸡肝狗肺猪大肠。乌纱帽，全一样，商品一桩，我卖你买好商量。论尺码有大有小，论型号有扁有方，论颜色有黑有黄，论

行情有落有涨。你必须打通层层关系网，绕过重重监督岗。好色的请他玩三陪，好玩的请他游外洋。那后门好比鲨鱼口大张，白花花的银子可劲地朝里装。听到一声饱嗝，乌纱到手才有希望，面对财神像，叩上三个头，烧上三炷香。

［曲四］纱帽市场，无凭无证，无迹无形。作卖的扮作两袖清风的包文正，作买的暂作无私奉献的螺丝钉。交易进行，神不知鬼不觉，来无影去无踪，只道是经过考评，上级任命。三重锦被蒙，三米水泥封，一千倍的显微镜也找不到一丝缝。调查的让他面对痴聋，举报的推他坠身陷阱，哈哈，官运亨通。天下太平。哎哟，且慢！不提防变阴晴，急匆匆电话铃，一声霹雷炸头顶——纪检部门有请。

［煞尾］

咕咚咚跌下高楼，
忽悠悠浪里翻舟，
扑通通纱帽落地，
这买卖自饮鸩酒。
落法网自作自受！

2005年4月

小白醉酒

[开篇]

都夸他八斗高才，
说他是当代李白。
只缘他年纪小小，
取个笔名小白。

[枯肠叹] 天才杯诗文大赛，瞩目神童小白。准是他独占鳌头，呀，怪！这一回文章写不出来。脑壳儿一个空袋，心儿里一片空白。思绪儿忽悠悠飘向天外，破风筝在云头摇摆，一头跌进胡涂海。搜尽枯肠无一字，咬唇皱眉，抓耳挠腮，半晌发呆。

[酒源论] 天才毕竟不平凡，忽想起杜甫的名句“李白斗酒诗百篇”。适才间山穷水尽，这一霎开朗豁然。文章不是镜里花水中月，空中楼阁梦中仙。太白诗文千百篇，古今著作填满国家图书馆。那源头都在酒里边。花雕剑南，干红白兰，一滴生产一个字，一口生产一篇，只要原料充足，诗文不难批量生产。你看小白，打开爸爸的酒柜，拿出一瓶老白干，满满倒一碗。

[一杯酒] 一杯酒，喉咙像吞刀，肠胃像火燎，两只眼金花冒，怀里像抱炸药包。呀，看月亮生出四角，地板荡荡飘飘，书桌活了，在跳，瓶花醉睡了，在笑。要说舌头短，要

走软了脚。拿起笔杆说是香蕉，咬不动，抛向墙角。

［二杯酒］二杯酒，哈哈大笑，笑得像哭，笑得像叫，合不拢嘴巴弯了腰。小猫三只脚，可笑；酒壶会撒尿，可笑；摔碎杯盘会舞蹈，可笑；爸爸的照片头颠倒，可笑；稿纸长翅膀，满屋子飞散了，可笑。你看小白，一起身跌倒，躺在地板上还在笑。

［三杯酒］三杯酒，写文章的事都忘掉，化作稀稀软软一摊泥，飘飘忽忽一缕烟，乱乱蓬蓬一团草。他，口角流涎睡着了。忽然一掌推过来，大声呵斥不学好，强开醉眼，吓了一跳，原来是老爸来到。他一咕噜站起来，翻了又翻，找了又找，哪里有锦心绣口好文章。有的是摔碎的酒瓶，打翻的酒杯，还有那满襟满袖呕吐的秽物乱糟糟。

［观者点评］

小白醉酒演完，多少苦辣咸酸！
不笑小白幼稚，爱他童心烂漫。
否则抄点编点，撒点调侃椒盐。
只消一瓶可乐，大好文章一篇。

2005 年 8 月

“仙人”指路

［开篇］都骂咱枉顶着纱帽巍巍颤，都骂咱枉住着官邸深宅院，都骂咱面对这小城破烂摊，行尸走肉没心肝，不是贪官也是个昏天黑地胡涂官。咱有口难辩。你道是荒城野甸，咱道是黄金百万。你道咱走火入魔，咱道你凡胎肉眼。说什么科学致富，哪能比风水灵验。

［曲一］莫焦心工资拖欠已三年，莫焦心下岗的职工吃饭难，莫焦心危房告警千百间，莫焦心失学的儿童满街串。树有根，水有源，为捉住这贫困的根源，咱寻思了三分三时三日三月又三年。也是咱时来运转，得到了高人指点，说变就变，致富何难。

［曲二］咱也曾拜过名山寺院，烧香许愿；咱也曾访过铁嘴半仙，问卜求签。老天见怜，一位高人毛遂自荐。好一张三秋古月淡金脸，好一部三冬白雪五绺髯，好一位神机妙算的活神仙。他道是早把小城看个遍，易经卦，又卜占；计算机，敲键盘，却原来毛病出在城南那道山。切断了北来的龙脉，挡住了南来的好风，压住了小城的通天关。这穷要穷一百年。

［曲三］要化解，有方案。修一座寺庙在山巅。金碧辉煌的大雄宝殿，神光缭绕的五百罗汉，还要铸一座 20 米高的观音像，净水瓶，杨树枝，浑身瓔珞百宝缠。到那时，好风来，龙脉贯，这小城啊，如同大鹏展翅飞上天。眼看着紫气冲霄汉，眼看着平地起金山，眼看着天不下雨下金元。当然，

眼看着你这个官，平步青云追火箭。

［曲四］咱先一惊，万丈涛头折断帆；后一喜，夹岸烟花春水船。快请高人住进五星饭店，迎贵宾摆开全席满汉，高人摇头说且慢，神仙的事神仙办，修建寺庙只有我承担。精打细算，费用至少 5 000 万，还要 1 000 万打点各路神仙，我，滴水不沾。

［点评］

迷信早已死去，幽魂却又重来。
啃食愚者心灵，已经造成灾害。
谨防这位瘟神，钻进官员脑袋。
染此无形“非典”，危哉危哉危哉！

2005 年 11 月

铁窗华宴

［钱神咏叹］你呀你，你能把青面獠牙的母夜叉变成雪肤花貌的玉环，你能把肮脏破旧的瓜皮帽变成珠光宝气的王冠，你能把对付鸡眼的修脚刀变成龙光射斗的尚方宝剑，你能把无上尊严的法律变成任意揉搓的面团。你呀你，你姓钱名钱别号钱，一切权上的权，一切官上的官，一切鬼上的鬼，一切仙上的仙。不信，请看——

［监狱变奏］别看那隔绝内外的有十丈高墙，别看那墙上有层层电网，别看那高耸的岗楼监视四方，别看那从里到外重重设岗，别看那狱警紧握电棍子枪，别看那冷冰冰铁窗，吹不透风，飞不进鸟，月儿探头也惊慌。别看咱是罪犯，咱手眼通天，法力无边，抛出一座金山，喝一声变，一所黑地狱应声儿变成玉软香温的大饭店。

［铁窗华宴］推开牢房门，猛地吃一惊，拍拍天灵，揉揉眼睛，莫不是走进豪华的餐厅。但则见，挂宫灯四壁通明，放光盘唧唧哼哼，摆餐桌正在当中，香喷喷煎炒炸烹，热腾腾红烧清蒸，鳜鱼白着眼睛，龙虾翘着尾棱，鲍汁滴滴香浓，燕窝丝丝透明，酒香喷出玉瓶。一把老板椅上坐着罪犯正服刑。他打着饱嗝，撒着酒疯：“真他妈笨蛋，没手段弄来咱的心肝宝贝，小狐狸小妖精，想得咱心疼！有她陪酒，服刑才有人性。”

［难得糊涂］天荒荒，地荒荒，云茫茫，月茫茫，沉沉夜雾锁高墙，摇摇花影遮铁窗，就这样，就这样，不声张，天晓得

有鬼内中藏。狱警懒洋洋，装模作样；狱犬卧屋角，闭目静养；狱长巧回避，住进病房。连狱神也借口巡察，足踏祥云，云游四方，要参透此中的玄机，难坏了南阳卧龙诸葛亮。

［西江新月］此曲并非杜撰，是以事实为源。稍加渲染即成篇，演出好戏一段。切莫眉头紧锁，无须怒发冲冠，客来闲话夕阳天，权当苦茶半盏。

2006 年 4 月

蝴 蝶 劫

[道情] 咱曾飞进雪芹先生的《红楼梦》，风儿来只当是牡丹花儿动。轻罗扇追着咱扑来扑去，咱忽儿高忽儿低把美人戏弄。咱曾飞进古今画家的妙笔丹青，陪衬着桃花影、绿柳风，都赞我比掌上舞还要轻盈，画似真真似画不知谁胜。咱曾飞入博士的诗中，成双成对翩翩地飞上天空。剩一个折回来怕太冷清，只有我最懂得博士心情。

呀！百花之灵，百美之英，虫中鸾凤，人类爱宠，要问咱的最爱，那就是人，咱的姐妹，咱的弟兄，同是大自然之子，一母所生。

[迎宾] 秋高气清，风和景明。黄金周到处欢腾，百花间张起大棚。大棚内结彩张灯，联欢会与众不同。八方客到此一游，两万只蝴蝶欢迎。咱恰似：驾祥云仙女下凡，散天花焰火腾空，舞嫦娥抖乱彩虹，醉杨妃剪碎花绫。咱翅儿轻盈，满怀热情，急切切把游客等。

多少人拥进大棚！笑哈哈老翁，蹦跳跳儿童，妖娆娆女士，步昂昂先生，一个个睁大眼睛，又喜又惊，真赛过参加王母的蟠桃宴，走进月中的广寒宫，梦到天女散花的魔幻境。咱扑向怀抱亲吻脸颊，停在肩头，舞在掌中。假如咱有泪，相亲的泪，相知的泪，相爱的泪，倒泻天河也流不净。美滋滋，乐融融，好一幅锦绣图，画的是天人合一；好一曲清平乐，唱的是众生共荣。喜得那孔夫子不知肉味，老佛祖鼓掌有声。

[惊变] 手啊手，人的手，圣洁如玉指纤纤。挽过爱人的臂弯，逗过婴儿的笑脸，捧过含苞的玫瑰，翻过圣贤的经卷。手呀手，他的手，也是人的手，为什么与人不一般？拿残忍当笑谈，不要文明要野蛮。虐杀了美，虐杀了善，虐杀了生命的神圣，虐杀了弱者的尊严，八千蝶尸横满地，八千蝶魂诉苍天，抵得上万人坑残生一万！你看他，心情很好，笑堆满脸，像踏碎一地枯叶，捎带着满足感。问儿子“可好玩?”“唔，好玩”。惨！

灯熄人散，大地困倦。分明是蝶尸狼藉、断头残体纷零乱，却忽见万翅齐飞、如海如潮如风如雨如浪翻；分明是风高月黑、萤火微微星眨眼，却忽见通天彻地、忽明忽暗、劈裂长空划闪电；分明是冷冷清清、万籁绝响，不闻夜鸟一声叹，却见那蝶翅扇，山崩地裂、暴风霹雳苍城撼。你呀你，看看自己的手，莫不是长出粗黑的毛尖利的爪，如虎如豺如狼犬？中夜难眠，恶梦纠缠，扪心自问可安然?!

[尾声]

就地建座万蝶坟，更立石碑警世人。

碑上镌字声声泪，愿将此曲做碑文。

注：报载十一黄金周，某地高张大棚，放入两万只蝴蝶，允许游人入内与蝶共戏。结果八千只蝴蝶死于游人手中。

2006年10月

不孕的桃花

[前奏曲] 彩云天，桃花地。蜜蜂嗡，蝴蝶飞。把山村盖上几床绣花被，把山坡装成几处锦绣堆，把小河变成落英缤纷的桃花水，把姑娘变成簪花满头的桃花妹，把老爷爷乐得年轻三十岁。笑呵呵，全村老幼欢天喜地。

[桃园惊梦] 小山村，转运气，山坡上开桃园，盼到三年结果期。说不尽投资剜却心头肉，说不尽一把汗水一把泪，说不尽跋山涉水学科技，说不尽治虫防旱跑断腿。梦儿里花开了花谢了，缀满枝头果儿肥。梦儿里桃子熟了，果香飘十里。梦儿里签订单，忙送货，梦儿里眼看着腰包鼓胀起。哎呀呀，不料想晴天霹雳，好梦成灰!

[不孕的桃花] 花开了，花谢了，绿叶满枝条。问桃儿结了多少?拨开绿叶仔细瞧，怪道，一个毛桃也找不到。莫不是神偷鬼盗，或不然一夜狂风扫?只落得，竹篮打水剩空篮，水中捞月空欢笑。山妹子紧锁眉梢，小伙子哇哇直叫，老大娘唉声叹气，村干部急把病根找。专家来察看，梦也没想到：原来是骗子在捣鬼，用不结果的桃树苗偷换了王母宴上的大蟠桃。

[斥骗] 气煞陶潜，才要记桃花源，却爆出个轰雷上笔端。来呀，沸扬扬，舆论谠言，红彤彤领导批件，沉甸甸道德之鞭，明晃晃法律之剑，忽隆隆怒浪排山，哗啦啦霹天立闪，蝴蝶翅膀扇风暴，蜜蜂毒刺万万千，来呀来，一齐来!一齐扑向那欺农诈农坑农害农、丧尽天良的黑心骗!

2006 年 11 月

鼠界寿宴

[曲一] 鼠界酒店，大摆寿宴，各色寿帐，绫罗绸缎，各式花篮，玫瑰牡丹，老寿星坐在中间，圆睁着昏花老眼，正对着盈门的贺客春风满面。

[曲二] 贺客光临，盛况空前，珠光宝气，毛色光鲜。鼠小姐娇滴滴珍珠项链，鼠太太香喷喷白粉满面，鼠老爷笑呵呵口衔香烟，鼠将军挺胸脯身佩宝剑，鼠大款翻白眼鼻孔朝天。鼠记者举相机来回乱窜。听一声入座就要开宴，几十双眼球盯着餐桌面。

[曲三] 餐桌上定然有爆炒蚊子心，干炸跳蚤胆，清炖老猫舌，红烧花蛇尾巴尖。定要尝个鲜。呀，怎不见青花磁碗白玉盘，怎不见炖煮烹炸烧烤煎？怎不见镂凤的金樽玛瑙碗，怎不见茅台花雕老白干！但只见各色的毒鼠药盛满一大盘，一瓶瓶敌敌畏摆在座位前。难道这寿宴是最后的晚餐，难道要贺客一块儿上西天？难道这寿堂可是阎王殿？问主人是甚心肝？贺客们铁青着脸，重拳击案，忽碌碌站起身就要走散。老寿星忙开言：勿躁少安！

[曲四] 为这桌菜，我几夜未眠。真真真，真埋假中真亦假；假假假，假乱真时辨假难。买买买，假假真真迷了眼，钱钱钱，最怕手中是假钱。肉是病死肉，鱼是污染鱼，油是泔水油，面是石粉面，烟是冒牌烟，酒是掺甲醛。要这寿筵第一保安全，难难难，难于登上三十三天天外天。

[曲五] 天无绝人路，上帝可怜见。昨夜偷听主家谈，他家爱犬吃

了毒鼠药，不料想这位狗先生更加壮健，追着狗太太求欢。他家小姐闹失恋喝了敌敌畏，全家哭地嚎天，不料想她一夜好睡消了愁烦。

贵客呀，尽情吃，尽情喝，放大胆！管教你小的聪明，老的长年，男的刚猛，女的妖艳。这分明是仙家长生药，十全大补丹。

全场笑开颜，一阵叮当碰杯响：道声干！

［曲外音］

假货人人喊打，打假武器多般。

老汉也来打假，用咱小曲杜撰。

2007 年 9 月

编后寄语

顾振彪

国正同志是诗人、杂文家和语文教育家。在人民教育出版社以叶圣陶先生为首的老一辈语文专家中，他最年轻，又长期主持中学语文教材的编写工作，是新中国语文教材事业的奠基者之一，又是传承者和创新者。我就是在国正同志的引领、指导和帮助下，编写了几十年中学语文教材。

一

我第一次见到国正同志是在 1965 年 8 月。当时，我刚从上海华东师大毕业，分配到人民教育出版社中学语文室。国正同志作为中学语文室的领导，到我的宿舍来看望我。我出生于农村，操着一口浓重的吴方言，猛然单独面对领导，心情难免有点忐忑不安。大概是仁者爱人吧，国正同志微笑着，亲切地问寒嘘暖，我的紧张心情顿时无形中消失得一干二净。令我印象深刻、没齿不忘的是，在这次谈话中，国正同志仔仔细细地询问我，在专业上有什么爱好和特长，经常读什么样的书，写什么样的文章。惭愧得很，虽然我大学读了五年，但当时“阶级斗争是一门主课”，下乡搞了一年多“四清”，选修课没有上多少，因此对这个问题简直无言以对。我只是吞吞吐吐地介绍自己业务上的一些具体情况，加上口音重，估计国正同志没有听出个子丑寅卯。但他还是微笑着，一股劲儿地勉励我在打好基础的前提下，积极发展自己的爱好和特长，多读书，多写作，力争在专业的某一方面有所成就。

国正同志企图把我当接班人来培养。人们都知道人民教育出版社有一批国家级的教材编辑家，就语文学科来说，有作家、语文学家、教育家叶圣陶，散文家吴伯萧，文学史家张毕来，语言学家张志公，元曲专家隋树森，楚辞专家王泗原，学者、作家张中行和诗人、杂文家、语文教育家刘国正。国正同志寄希望于我的，无非是我能迅速成长为像他们一样的术业有专攻的语文编辑家。

谁知世事难料，紧接着我就参加“四清”，在“文革”中下放，发展专业特长云云，根本无从谈起。直到 1977 年，邓小平同志指示编写全国通用教材，我才得以从下放地重回国正同志麾下。而这时离国正同志同我的第一次谈话，已过去整整 12 年，我从 20 岁出头的小伙子变成拖家带口的 30 多岁中年人了！然而想不到的是，重逢后的第一次谈话，国正同志还是像 12 年前的那次谈话一样，除问寒嘘暖外，还是仔仔细细地询问我在下放的大学里教什么课，常读哪些书，常写哪些文章；还是鼓励我今后要多读书、多写作，争取业务上有一定专长。国正同志依然是殷殷期望我能成为学有所长的编辑家，而不要沦落为平庸的编书匠啊！

二

从 1977 年起，我在国正同志领导下，正式开始编辑生涯。我无数次地向国正同志请示和讨教。听国正同志常常讲，选课文一定要选文质兼美的经典，千万不要像叶老批评的那样“拉在篮里就是菜”；作注释不要满足于摘抄《现代汉语词典》或《辞海》，必须查到原始出处，搞清楚来龙去脉；设计练习务必注意启发性，力求形式多样、生动活泼，等等。我尽力遵照国正同志所说的去做。国正同志审阅我编写的书稿，有称赞有批评。如果我选了一篇精彩的课文、作了一条准确的注释或出了一道有探究性的练习，国正同志都高兴地给予肯定。而我的书稿上的不足乃至错误，国正同志都不客气地一一指出，充分地讲清道理，有的他用铅笔改在边上，有的叫我拿回去自己修改。正是在国正同志的耳提面命中，我逐步悟到了语文教材应该怎样编写。

最难忘的是国正同志指导我撰写语文知识短文。吕叔湘先生讲过，编教材有三难，其中第三难就是教材的行文，要求简洁、概括，但不枯燥、呆板；要求生动、有趣，但又准确、规范。人们俗称教材的行文为“教材体”。我自以为教了五年写作课，编过大学写作教材，对写作学、文章学知识并不陌生，所以欣然接受了撰写知识短文《谈谈散文》的任务。然而一动笔，问题接踵而来，不是写着写着就长了，不够简洁，就是理论术语多了，超过学生接受水平，或者语言不够生动、优美，不能激发学生兴趣。我写一遍，国正同志审一遍，提出修改意见；我再写一遍，国正同志再审一遍，再提出修改意见。就这样反复了三五回，达半个月之久，最后才由国正同志一字一句改定。紧接着，又分配我写了《谈谈小说》《比较复杂的记叙》《说明文的科学性》等三篇知识短文。尽管有了撰写《谈谈散文》的经验，我可以少走弯路，然而这三篇短文也都是经过国正同志审改几遍后才定稿的。在我的编辑历程中，经过撰写这四篇语文知识短文，才多少把握了所谓“教材体”，而这同国正同志的言传身教密不可分啊！多年后，有一位资深教研员跟我聊天时忽然说，人教社 80 年代初教材中《谈谈散文》《谈谈小说》那几篇短文写得真好，简洁生动，没有一句废话。我说“你过奖了”，心中想你不知道我用了九牛二虎之力，尤其是耗费了国正同志多少心血啊！

1990 年，我跟随国正同志担任九年义务教育初中语文教材的主编。这足见组织上和国正同志提携后进、培养接班人的良苦用心。对于这套教材，国正同志提出了“语文与生活密切联系”的编写指导思想，使整套教材面目一新，与今天新课改的某些理念不谋而合。我协助国正同志制定编写方案，组织编辑、专家和一线教师三结合的编写队伍，处理教材编写中的各种问题。国正同志就像师傅带徒弟那样，几乎是手把手地教我怎样当教材主编。后来，碍于审查委员不能兼任教材主编的规定，国正同志改任这套教材的顾问，退居二线，我倒成教材的第一主编了。不过国正同志始终指导着这套教材的编写，我是“背靠大树好乘凉”。

可以说，至今为止，凡是我经手的教材，都缺不了国正同志的指导。这里仅举一例。与义务教育教材配套的1997年版全日制高中语文教材，打破了流行已久的传统结构模式，采用新的体系，加大文学教材的分量，突出学生探究能力和应用能力的培养。出版后连当时正在炮轰中学语文教育的大学教授也表示认可。这一改革的成果从何而来？当然出自于中语室同仁及社外专家、教师的共同努力，但我作为这套教材编写的主要主持者，有责任在这里说明国正同志在教材编写中所起的关键性作用。是他指导我们突破记叙——说明——议论的“三阶段”框框，是他主张大力加强文学教育，是他呼吁增强教材中传统文化的底蕴。如果没有国正同志以他深厚的学养和丰富的教材编写经验作支撑，这套教材是无论如何立不起来的。

三

学高为师，身正为范。国正同志在业务工作上一直指导着我，在品行修养上也对我帮助多多。

国正同志宽厚待人，平等地对待每一位同志。他从不以领导自居，不以专家自居，也不以长辈自居。我明明是他的下级、晚辈，他却只称我是他的老朋友。就举审稿这个例吧。叶圣陶先生有一个习惯，把用过的日历裁成宽约一寸的纸条，把修改意见写在纸条上，把纸条贴在稿件相应的地方，从不在稿件上写字。国正同志也有一个习惯，用铅笔改稿，修改意见大都写在稿件的空白地方；只有稿件上明显的错误，才直接用铅笔改正。他常常把稿件编写者请来，先倾听编写者的编写意图，然后说明自己的修改意见，征求编写者对他的修改的看法。他总是声明，如果不同意他的修改，可以把他的铅笔字擦去。尽管他是专家，他高出我们不止一个档次，他审稿的质量很高，但他决不把他的意见强加于人。这就是国正同志从叶老传承的大家风范，足够我一辈子学习、效法。

有一件事至今难以忘怀。1977 年至 1979 年全国中小学教材会议期间，国正同志要我负责答复中学语文组的读者来信。复信先由我草拟，经国正同志审阅后才能发出。还让我把来信中有价值的意见和建议，随时整理出来供大家参考。一旦发现特别有价值的意见，国正同志就指示编辑们立即研究按意见实施。我因为又要做教材编辑，又要答复读者来信，有时复信难免草率。于是国正同志语重心长地对我说："认真处理读者来信是对群众的尊重，体现我们编辑的职业道德，同时有助于我们做好编辑工作。你是人教社的老职工，在语文组又年龄最小，是否多辛苦一点做好这份工作？"从此，我对每一封读者来信都不敢怠慢。在国正同志的率先垂范下，我学习着尊重群众，尊重别人的意见。

我同国正同志交游近半个世纪之久。我们先后离开工作岗位，过着老年生活，仍然住在一座楼房里，时时见面，晤谈一室。谈的仍然多是语文教学的问题。他委托我担任《刘征文集续编》的编者，我十分高兴。一方面，得以分担他的辛劳；另一方面，以此作为我们深厚友谊的见证。

2008 年 7 月

写在卷尾

李阿龄

近一段时间，刘征和我一边考虑、安排两卷续编的编辑出版，一边谈及他近六十年的笔墨生涯。兴之所至，谈东说西。既谈教育研究，又谈文学创作。有回忆交流探讨，也有质疑答询。现就他的教育思想和文学创作主张，作一简述。

我也是从事中学教育工作的，谈到他的语文教育研究我很理解。我认为刘征几十年编辑语文教科书、研究语文教学，形成他独特的主张和心得，可以概括为两个字和一句话。两个字是“实”和“活”，一句话是“教学与生活相结合”，后者是达到前者的必要的也是重要的途径。一共十个字，看似简单，但这是他真真切切的心得，也得到了很多同志的认同，有些学者还开辟试验田亲自实验，宜昌的经验当是最好的验证。这曾被语文界热议，被教育部领导支持的语文教育改革实践，后来却淡漠了。但我坚信他的这一主张是适合中国国情的，坚持实践这个主张定会取得很好的效益。谈到此，刘征笑笑说，你概括得不错。

说到文学创作，就是另一番景象了，因为我是外行，对他的文学创作主张特色，说不明白，我提问经他解答。

刘征在岗位上是“余事作诗人”，离休后，正当拨乱反正，主客观条件都适合大搞文学创作，他确实如鱼得水，收获颇丰。朋友说他的文学作品有强烈的个性，寓言诗“五四以来，罕有其匹”；杂文被论者称“怪体杂文”；诗词“以丰富的想象为鲜明特色，激浊扬清，反映时代”。读了专家们的评论，我产生了两个问题。一、他创作的这些作品都不同寻常，肯定有他独特的创作主张，是什么？二、他创作涉及那么多方面（还有书法），战线长，分散精力，何不集中搞一两个品种，成果不是更好吗？

刘征想了想说：我有一句词“不愿称臣自作王”，绝不是狂傲，绝不是要关门作皇帝，而是要使创作的精神得到极大的解放。我们要十分尊重前贤或时贤的任何成就，虚心学习。他们已走了一百步，我们接着走，就是一百零一步，否则只有重新从零开始。一切妄想打倒旁人来给自己垫脚的人都是徒劳的，没出息的。但是进入创作过程，则要目空一切，使万象皆为我所用，尽一切力量使自己想表达的东西活起来，跳起来，能感动人也感动自己。我主张如此，但并未完全做到，还在追求。拿诗说，从古到今一代一代大师的艺术成就，已长成一颗繁茂的长青大树。我想毕一生之力能给这棵大树添一片小叶，即或添一个叶芽，于愿足矣。如果舞文弄墨一生，只不过原地画圈，圈画得再圆，也非所愿。至于我创作涉及那么多方面，而不能单门独进，我也知道，伤其十指不如断其一指，但这不由我，或者说不由理智来决定。性情使然，兴之所至，只好由它去。我说：“说得好，不这样就不是你了。”

适才振彪同志送来编竟的两卷续编书稿，我想上面一些话也许对大家阅读此书有所帮助，就整理出来附在卷尾。

2008年7月

检
4